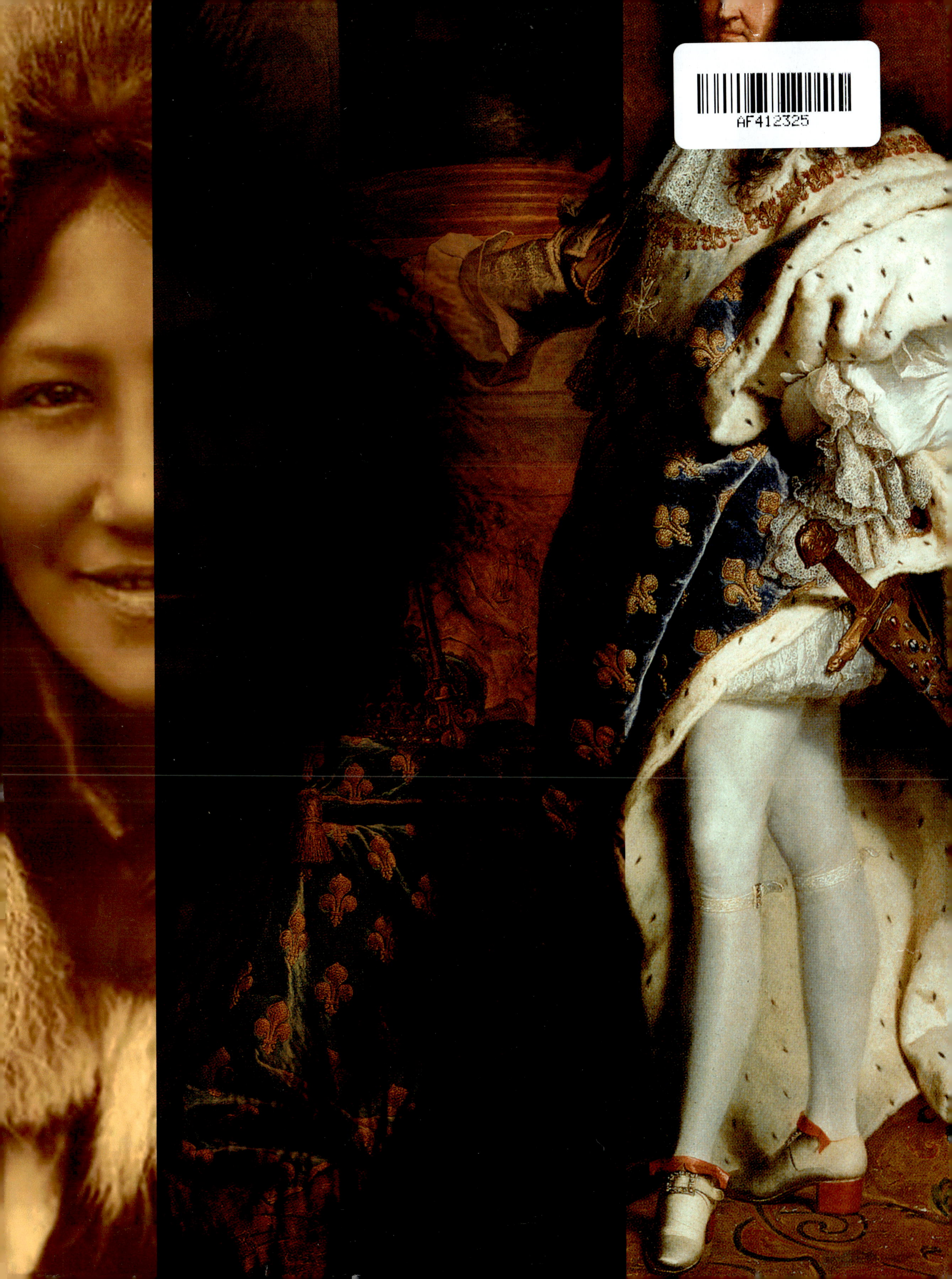
AF412325

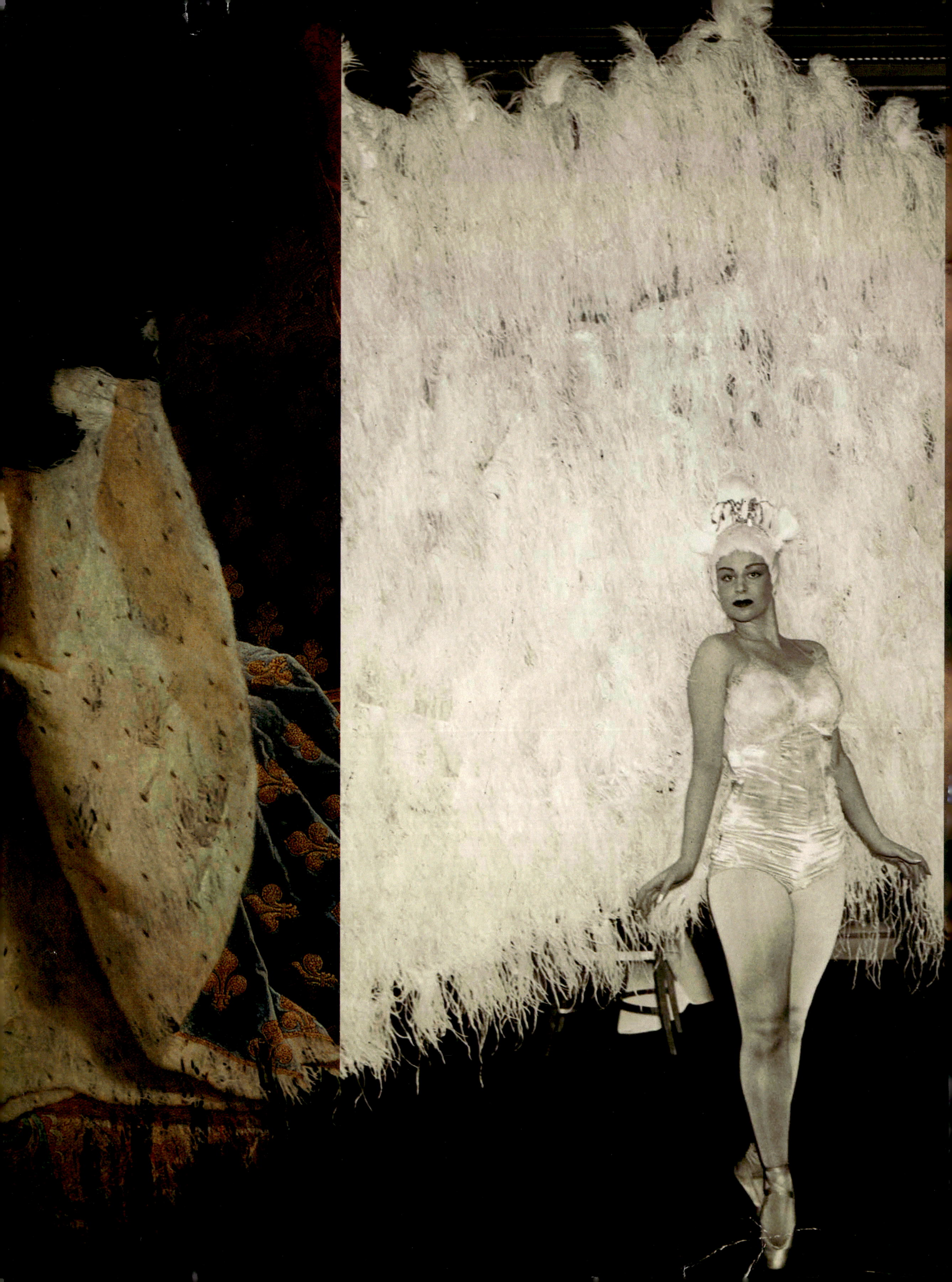

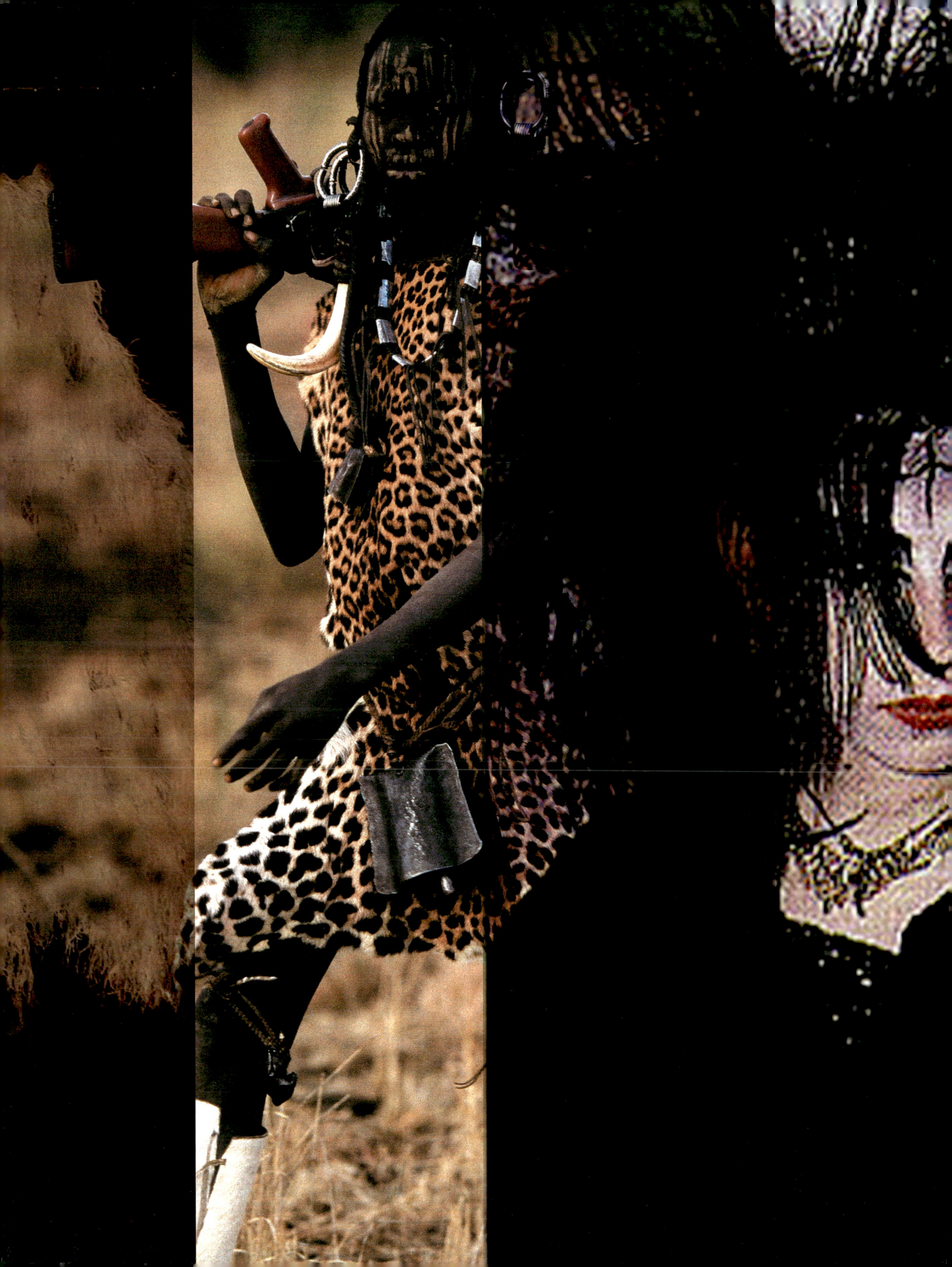

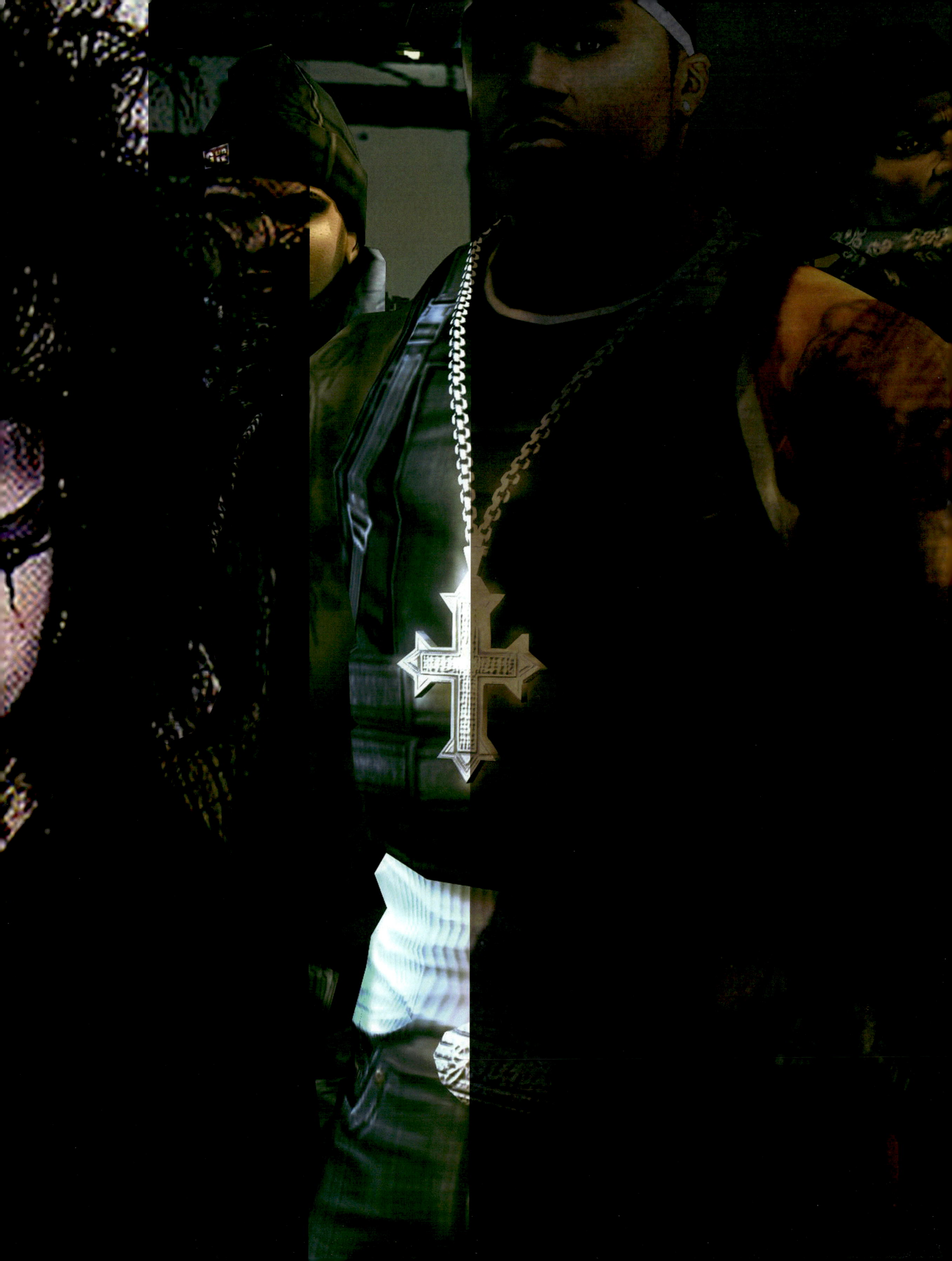

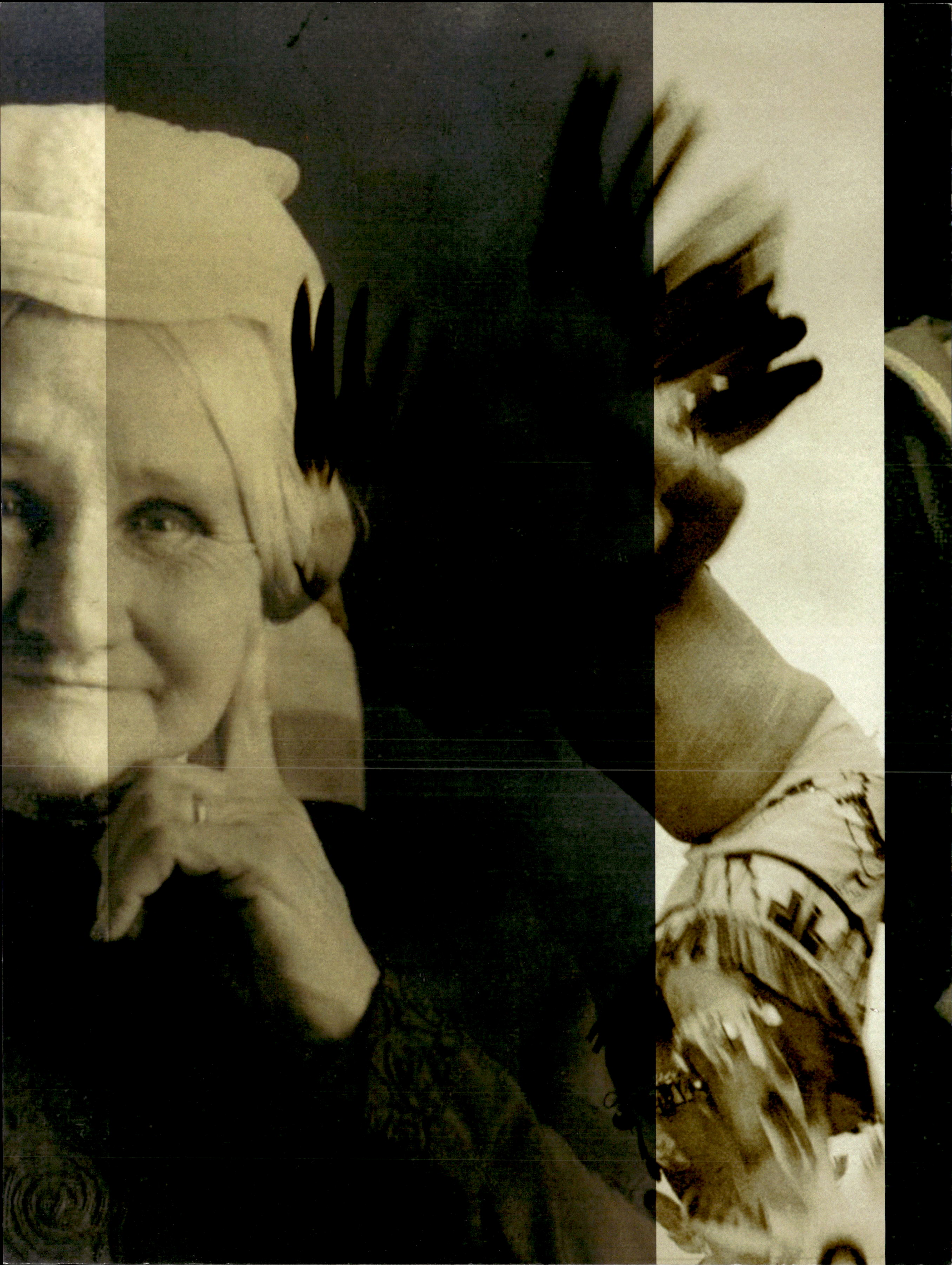

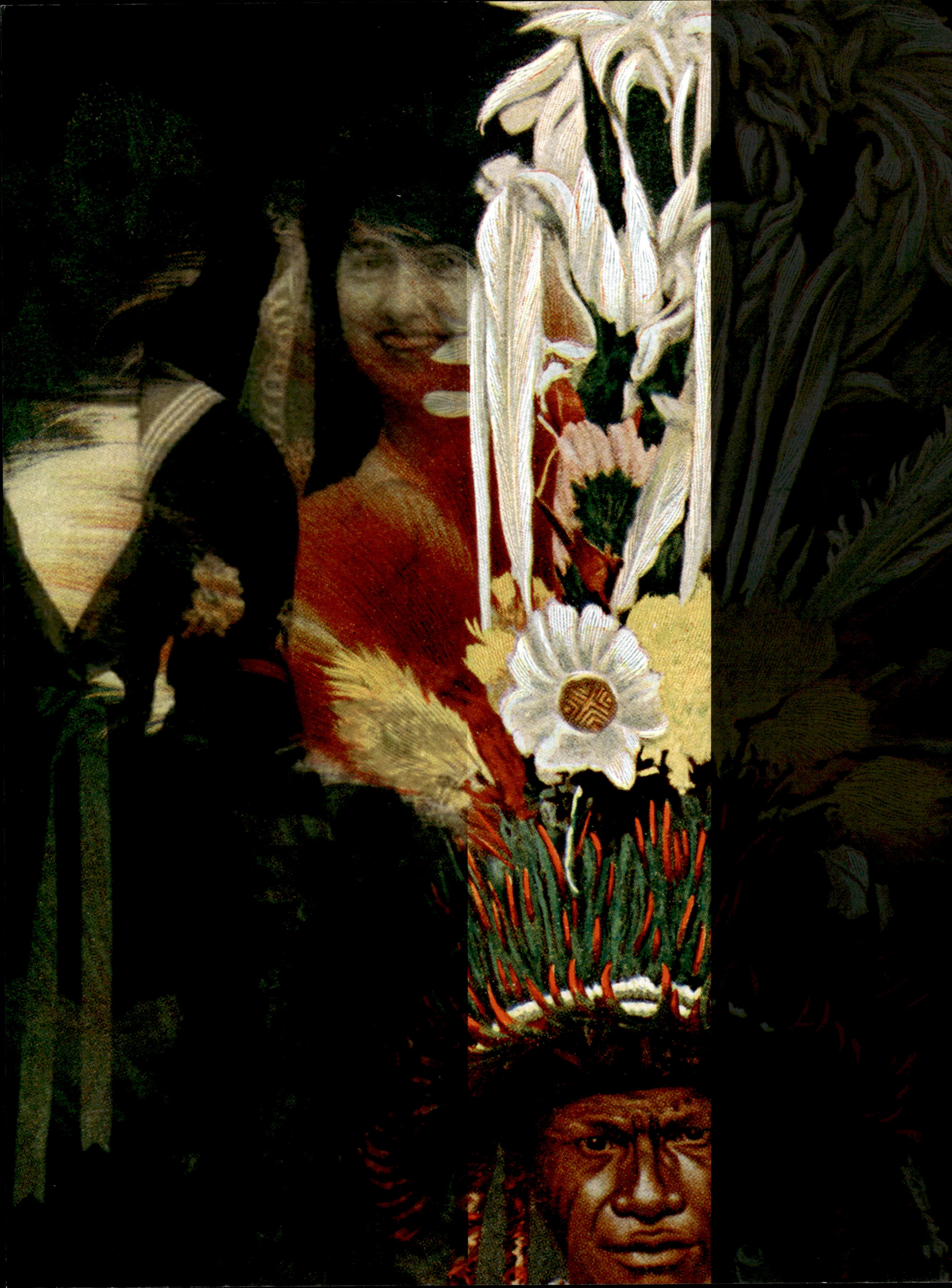

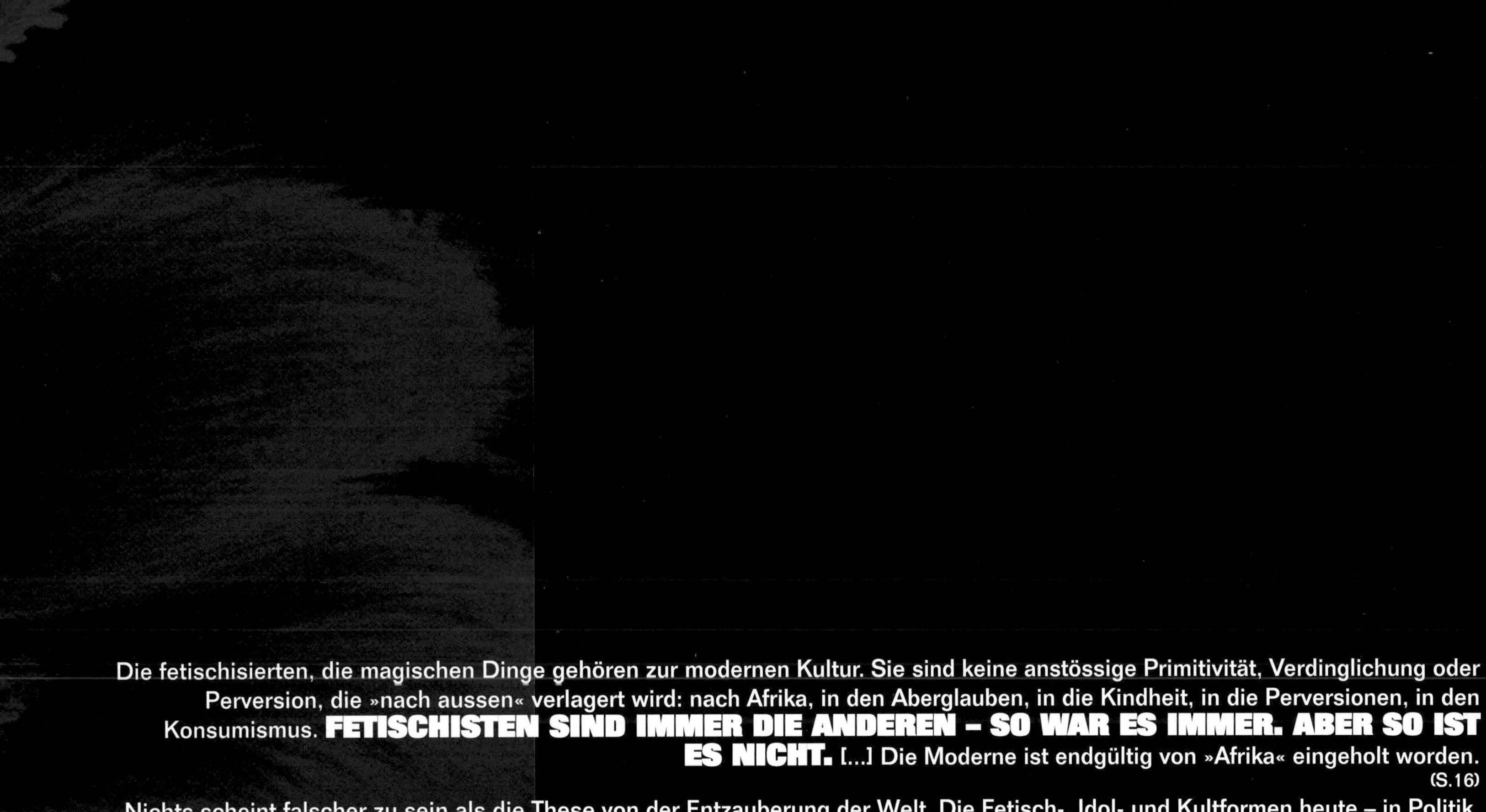

Die fetischisierten, die magischen Dinge gehören zur modernen Kultur. Sie sind keine anstössige Primitivität, Verdinglichung oder Perversion, die »nach aussen« verlagert wird: nach Afrika, in den Aberglauben, in die Kindheit, in die Perversionen, in den Konsumismus. **FETISCHISTEN SIND IMMER DIE ANDEREN – SO WAR ES IMMER. ABER SO IST ES NICHT.** [...] Die Moderne ist endgültig von »Afrika« eingeholt worden.

(S.16)

Nichts scheint falscher zu sein als die These von der Entzauberung der Welt. Die Fetisch-, Idol- und Kultformen heute – in Politik, im Sport, im Film, im Konsum, in der Mode etc. – belehren im Gegenteil darüber, **DASS DIE ENTZAUBERUNG IM NAMEN DER RATIONALITÄT ZU EINEM SCHWER KONTROLLIERBAREN, DESWEGEN UMSO WIRKUNGSVOLLEREN SCHUB VON ENERGIEN DER WIEDERVERZAUBERUNG GEFÜHRT HAT.**

(S.23)

MODERN IST [...] **GERADE NICHT DIE ENTGEGENSETZUNG VON VERNUNFT UND FETISCHISMUS, SONDERN EINE VERNUNFT, DIE DAS HUFEISEN HÄNGEN LÄSST. MODERN HEISST, MIT SICH SELBST IM WIDERSPRUCH ZU LEBEN, OHNE IHN AUFHEBEN ZU MÜSSEN.** [...]

(S.30)

Fetische wie Idole sind immer materiell; doch beide gehen darin nicht auf. Das Besondere an ihnen ist es, dass sie Materie sind, die etwas »anderes« eingekörpert hat: Bedeutungen, Symbole, Kräfte, Energien, Macht, Geister, Götter usw. Die dingliche Seite führt zu der Frage, was Dinge überhaupt sind und wieso sie etwas »bedeuten« können. Das ist fast eine Kinderfrage. [...] **DINGE SIND UNS TIEF VERTRAUT. WENN WIR WISSEN WOLLEN, WAS SIE SIND, WERDEN SIE UNS FREMD.**

(S.35)

KURZ GESAGT: DINGE TUN ETWAS MIT DEN MENSCHEN (und nicht nur wir mit ihnen).

(S.19)

Vielleicht versteht man dann besser, warum die modernen Gesellschaften auf die Bindekräfte, welche im Fetisch- und Idolenkult stecken, weder theoretisch noch praktisch verzichten können. Würde man mit einem Schlag alle fetischistischen und idolatrischen Formen in den modernen Gesellschaften abschaffen – wie es Kritiker wie Nietzsche, Marx oder Freud erhofften –, so würde nicht das Reich der Freiheit anbrechen, sondern die Gesellschaften zusammenbrechen.

(S.21)

Hartmut Böhme; Fetischismus und Kultur. Eine andere Theorie der Moderne, Reinbek b. Hamburg 2006

MARKEN KÖRPER FETISCH

MM Bestimmungen und Genealogien des modernen Markenbegriffs fangen des Öfteren mit dem Bild der Brandmarkung von Vieh an. In diesem Bild trifft die Etymologie der englischen Vokabel »Brand« mit derjenigen des ursprünglich germanischen Worts »marka« für »Zeichen«, »Währung« und »Werteinheit« zusammen, das u.a. über Entlehnungen ins Italienische, Französische und Englische ungefähr im 17. Jahrhundert schliesslich mit spezifischeren Bedeutungen in den deutschen Sprachgebrauch zurückgekehrt ist. Der wortbild-geschichtliche Hintergrund umfasst damit nahezu den gesamten Horizont von kulturellen Zusammenhängen, in denen heute von »Brands« respektive »Marken« die Rede sein kann und deren gemeinsamer Nenner die differenzierende Kennzeichnung von Objekten ist, sei es hinsichtlich ihrer Bedeutung, Herkunft oder Wertigkeit, ihrer Zweckbestimmung, ihrer Marktfähigkeit oder ihrer Eigentumsverhältnisse. Dabei ist nicht ganz unwesentlich, ob sich dieser Akt überausdrücklicher Verdinglichung auf tote oder lebende, auf sachgegenständliche, tierische oder menschliche Körper bezieht, denn immerhin handelt es sich herkömmlicherweise auch um eine Praxis des expliziten Entzugs jener essenziellen Würde, die einem Subjekt, einem geistigen oder seelischen Wesen grundsätzlich zukommt. Zur Kulturgeschichte des Brandings gehört daher nicht zuletzt die Geschichte der physischen Auszeichnung von Lebewesen, die über keinerlei oder bloss eingeschränkte Rechte und Ansprüche auf die Privilegien der Subjektivität verfügen, von der Viehzucht über die Sklaverei und die Ächtung von Verbrechern bis hin zu den Techniken der Rassendiskriminierung und des Genozids, die nicht nur in der monströsen Ästhetik der nazistischen Endlösung bis in die letzten Konsequenzen einer durchwegs viehischen Logik folgen.

Jedenfalls ist es vor dem Hintergrund der leichthin in Anschlag gebrachten Etymologie zwar unmittelbar einsichtig, dass und weshalb Menschen ihre Besitzgegenstände mit Brands besetzen, aber durchaus nicht selbstverständlich, dass sie auf oder in Bezug zu ihren eigenen Körpern bereitwillig oder gar lustvoll Marken anbringen oder anbringen lassen und sie damit unweigerlich – sinnlich, technisch, visuell – als disponible Objekte ausweisen. Doch ebendies tun sie seit geraumer Zeit.

Und auch wenn wir wissen, dass die Rationalisierung der Welten, in denen wir leben, mit unterschiedlichsten, bisweilen höchst unbehaglichen Konsequenzen an die fortschreitende Objektivation der Körper geknüpft ist, so nehmen wir nicht ohne Erleichterung Zuflucht zu der geläufigen These, dass in der modernen Ausstattung und Selbstausstattung mit Marken eine unvordenkliche Kulturgeschichte der Bezeichnung, Bezauberung und Fetischisierung von besessenen Dingen und Körpern fortgeschrieben wird, die für natur- und mythosnähere, d.h. weniger objektale und technifizierte Lebensweisen eine notwendige Bedingung der Integration in eine umfassende Weltordnung darstellt. Damit lässt sich offenkundig vieles deuten und erläutern, was wir heute am Umgang moderner, aufgeklärter, rationalistischer, materialistischer, mitunter »gottloser« Konsumenten mit jenen Zeichen, Symbolen und Bedeutungsträgern beobachten, die wir »Marken« – »Brands« – nennen. Zum Beispiel eben jene leidenschaftliche Objektivierung ... Vergegenständlichung ... Sexualisierung, der die Körper – nunmehr, so hoffen wir wenigstens, die »menschlichen« und durchaus nicht »viehischen« – bei der Applikation von Marken, von Tags und Logos, von Accessoires, Piercings oder Tätowierungen unterzogen werden.

Mag sein, dass sich in diesem Zusammenhang der verdrängte und sublimierte Fetisch zurückmeldet, der aller übereifrigen Aufklärung zum Trotz auch im modernen Objekt auf höchst eigentümliche und wirkungsmächtige Art weiterlebt, wie Hartmut Böhme jüngst in seiner »anderen Theorie der Moderne« unter dem Titel *Fetischismus und Kultur* aufzuweisen versucht hat. Mag sein, dass »Branding« und insbesondere »Selbst-Branding« auch in ihrer gegenwärtigen, kommerziell und konsumistisch entfesselten Form letztlich überaus archaische, urtümliche, ur-stämmige Bedürfnisse, Rituale, Verhaltensmuster und soziale Verständigungsweisen repräsentieren. Dann stellt sich allerdings unmittelbar die Frage nach den Subjekten, welche die Objektivierungen verantworten und dabei von bestimmten Intentionen geleitet sind, denn ohne diese macht die ganze Geschichte bekanntlich keinen Sinn; bereits aus den dem Vieh in Fell und Haut gebrannten Marken, insofern sie Zeichen, Bedeutungsträger, »In-Signien« sind, erschliessen sich fraglos die Subjekte – die Bauern, Viehhändler oder Viehbesitzer –, die sie in bestimmter Absicht angebracht haben. Entsprechend hätte die Beobachtung und Untersuchung der Ankunft eines Brands auf der Körperoberfläche des Konsumenten, so der vorderhand triviale und nächstliegende Schluss, nicht nur auf die eine oder andere Weise Personen und Persönlichkeiten, mithin intentionale Intelligenz, sondern womöglich sogar – wie beim kriegsbemalten, totembehängten und federngeschmückten Medizinmann – »Seele« ins Spiel zu bringen.

BRAND: BODY: FETISH

MM Definitions and genealogies of the modern concept of brands and branding often start out at or are traced back to the branding of livestock. In this metaphor, the etymology of the English word "brand" concurs with the etymology of the, originally, Germanic word "marka", standing for "mark", "currency" and "(unit of) value" which was – after having been a loanword in Italian, French, and English, and after having been enriched by more specific meanings – reintroduced into the German language approximately in the 17th century. The etymological and metaphorical background now encompasses a whole range of cultural contexts dealing with "brands" or "labels", their common denominator being the distinctive identification of objects concerning their significance, origin, or value, their purpose, marketability, or ownership structure. It certainly makes a fundamental difference whether this act of overly perspicuous reification refers to dead or live bodies, to subject matters, to animal or human bodies, since usually it explicitly deprives spiritual and mental beings of the fundamental dignity inherent in them. Part of the cultural history of branding is the history of the physical marking of human beings having no or very limited rights and claims to the privileges of subjectivity, thus ranging from animal husbandry to slavery and the proscription of criminals to the practices of racial discrimination and genocide which follow, to the very last consequences and not only in the monstrous aesthetics of the Nazis' "final solution", a bestial logic.

Against the background of the mentioned etymology, it is easily comprehensible that and why people mark their possessions with brands but not really self-explanatory that they should be willing or even eager to brand their own bodies, thus, inevitably – sensually, technically, visually – marking themselves as disposable objects. But this is what has been happening for quite a while.

Even if we realise that the rationalisation of the worlds we live in is related to an ever-growing objectification of our bodies with diverse, often highly uncomfortable consequences, we – not without relief – still take refuge in the common theory that with this modern panoply of brands the immemorial cultural history of the naming, labelling, enchanting and idolizing of obsessed things and bodies is being written on and on; for lifestyles closer to nature or myth, i.e. for lifestyles less involved in objectification and technization, this would constitute a necessary condition for an integration into some larger world order. This obviously interprets and explains what we observe regarding the way the markings, symbols and insignia which we call "brands" are used by modern, enlightened, rationalistic, materialistic, sometimes "profane" consumers, I.e. the passionate objectification … reification …sexualization, e.g., bodies – henceforth, hopefully, of human and not bestial kind – are submitted to by the application of labels, tags and logos, accessories, piercings and tattoos.

Maybe we are, this way, confronted with new signs of life of the repressed and sublimated fetish which, despite all eager enlightenment, continues to exist in the modern object in some highly peculiar and effective way, as Hartmut Böhme recently tried to show in his "different theory of modernism" titled *Fetischismus und Kultur*. It may be the case that "branding" and especially "self-branding" in its present, consumeristically and commercially unrestrained form, finally represents highly archaic, ancient tribal needs, rituals, patterns of behaviour and social ways of communicating. But then we immediately have to ask who the subjects are that are responsible for this objectification and what their intentions are, since otherwise the whole story does not make any sense; this is no question with regard to the brands, the marks or "insignia" burned into the fur and skin of livestock – the farmers, the dealers or owners of livestock had a certain intention. Thus, the observation and investigation of the arrival of some brand on the surface of a consumer's body, we have to come to this immediate and trivial conclusion, would not only bring, in some way or other, persons and personalities into play, i.e. intentional intelligence, but may be even – like in the case of the medicine man wearing his war paint, totems and feathered headdress – something like "soul" … –

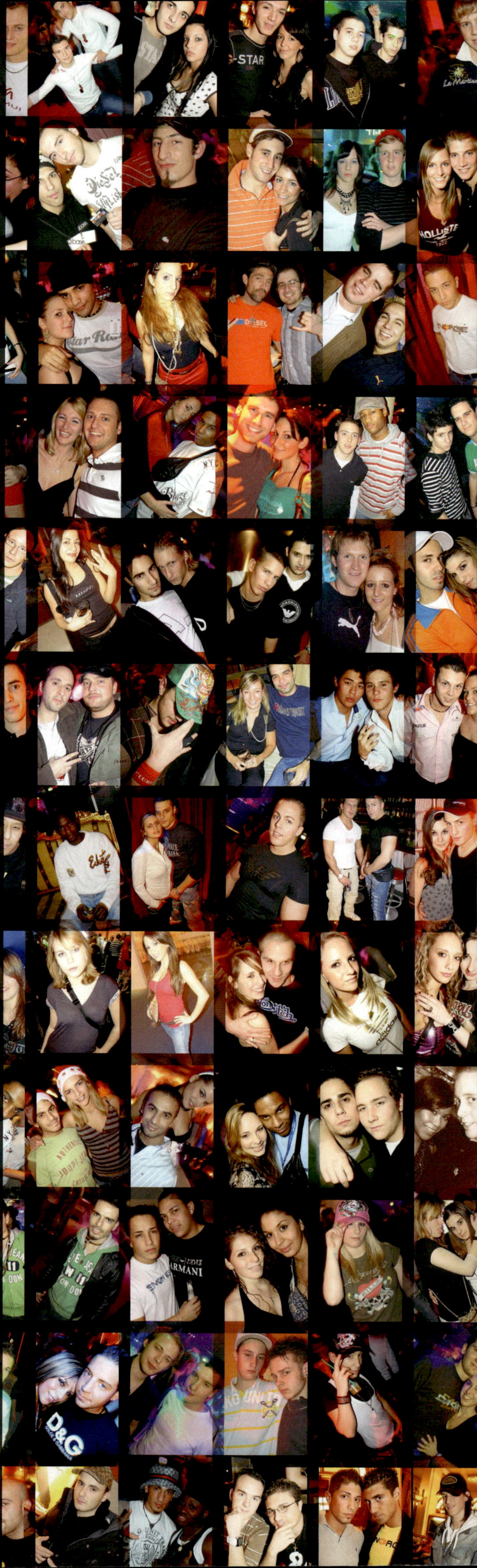

Nothing seems to be less accurate than the theory of the 'de-mystified world'.
On the contrary, all forms of fetishes, idols, cults – in politics, in sports, the movies,
consumerism, fashion –, today, give proof of the opposite, i.e.
THAT DE-MYSTIFICATION IN THE NAME OF RATIONALITY HAS LEAD TO A HARDLY CONTROLLABLE BUT ALL THE MORE EFFECTIVE BOOST IN ENERGY TO REVIVIFY MYSTIFICATION.
(p.23)
Modern [...] does not denote a juxtaposition of reason and fetishism, but one form
of reasoning that leaves the horseshoe hanging above the door.
TO BE MODERN MEANS TO BE DISSENTING WITH ONESELF WITHOUT HAVING TO (RE)SOLVE THIS AMBIVALENCE.
(p.30)
Fetishes, like idols, essentially are material; but that's not everything that's to them.
One special feature is, that they are matter with something 'embodied': meanings,
symbols, energies, power, spirits, gods etc. The material aspect leads to the
question what objects, actually, are, and why they can "mean" something. That's
almost a child's question. [...]
WE ARE FAMILIAR WITH OBJECTS. IF WE WANT TO KNOW WHAT THEY ARE, THEY BECOME STRANGE TO US ...
(p.35)
SHORT AND PRECISE: OBJECTS AFFECT PEOPLE (and not only
the other way around).
(p.19)
Then, of course, we understand better why modern societies cannot do without
the cohesions provided by fetishes and idols, neither theoretically nor in practice.
If one tried to abolish all forms of fetishism or idolatry in modern societies – as
critics like Nietzsche, Marx or Freud had hoped –, we'd not experience the reign of
freedom, but the collapse of societies.
(p.21)
Hartmut Böhme; Fetischismus und Kultur. Eine andere Theorie der Moderne, Reinbek b. Hamburg 2006

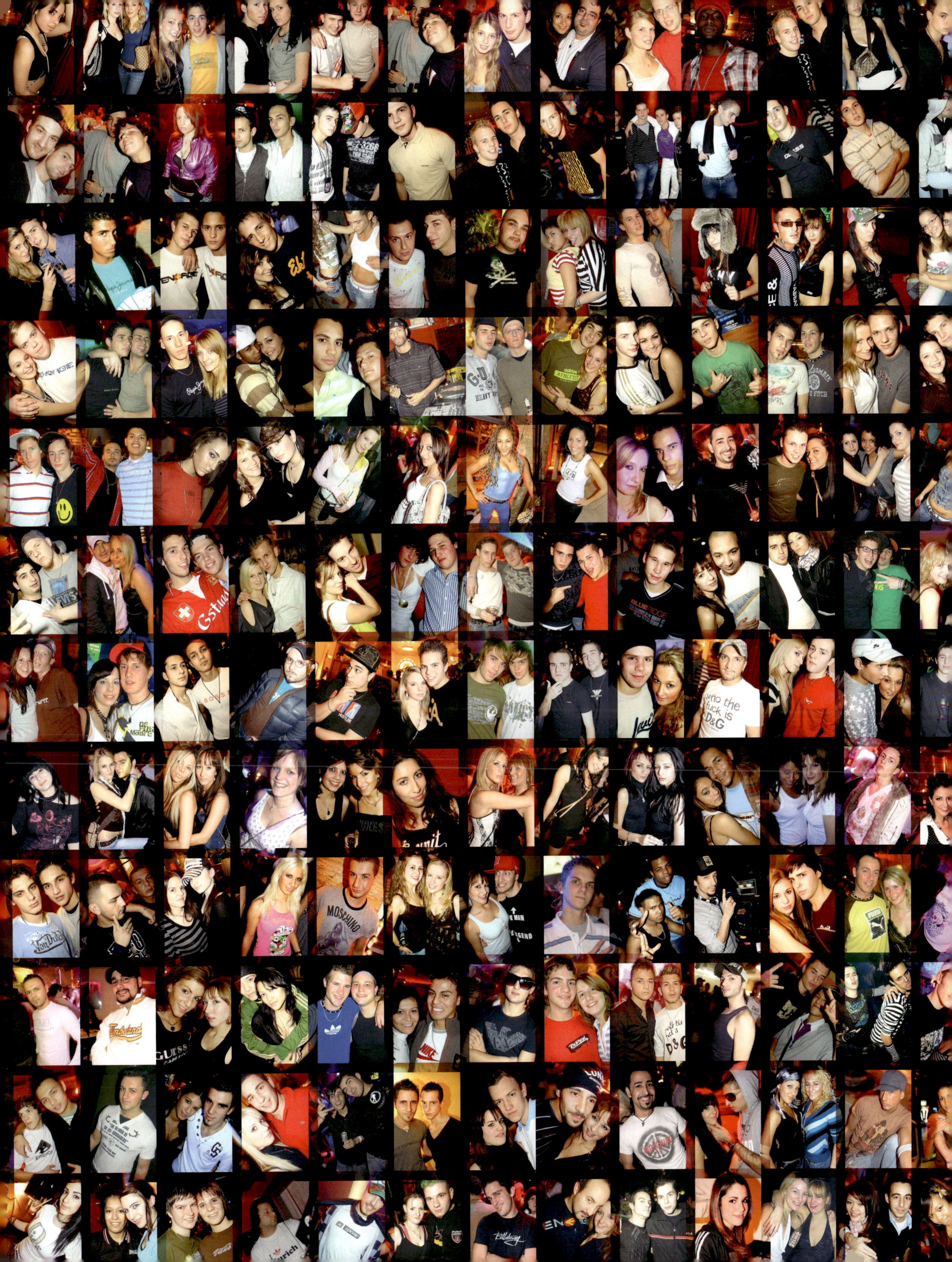

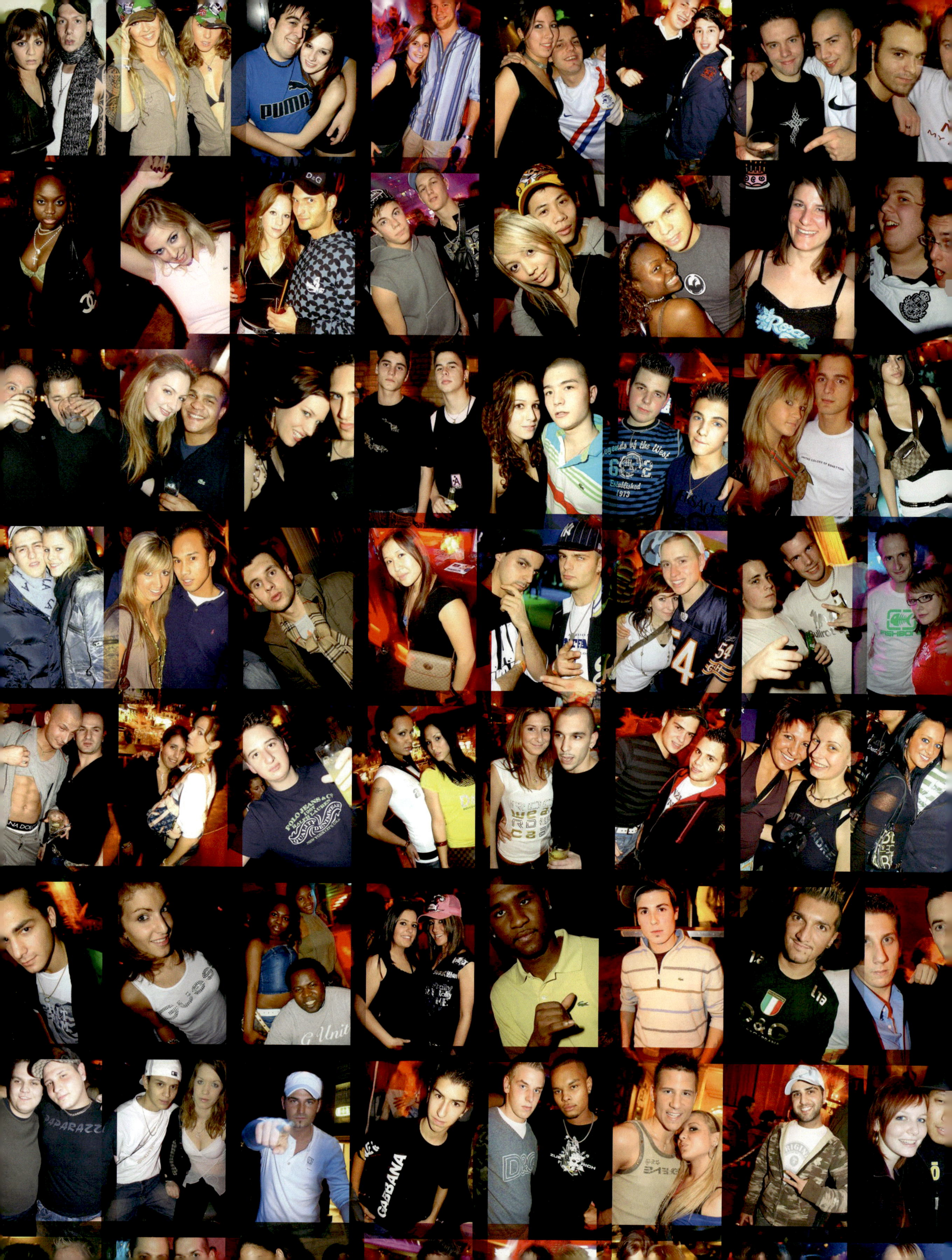

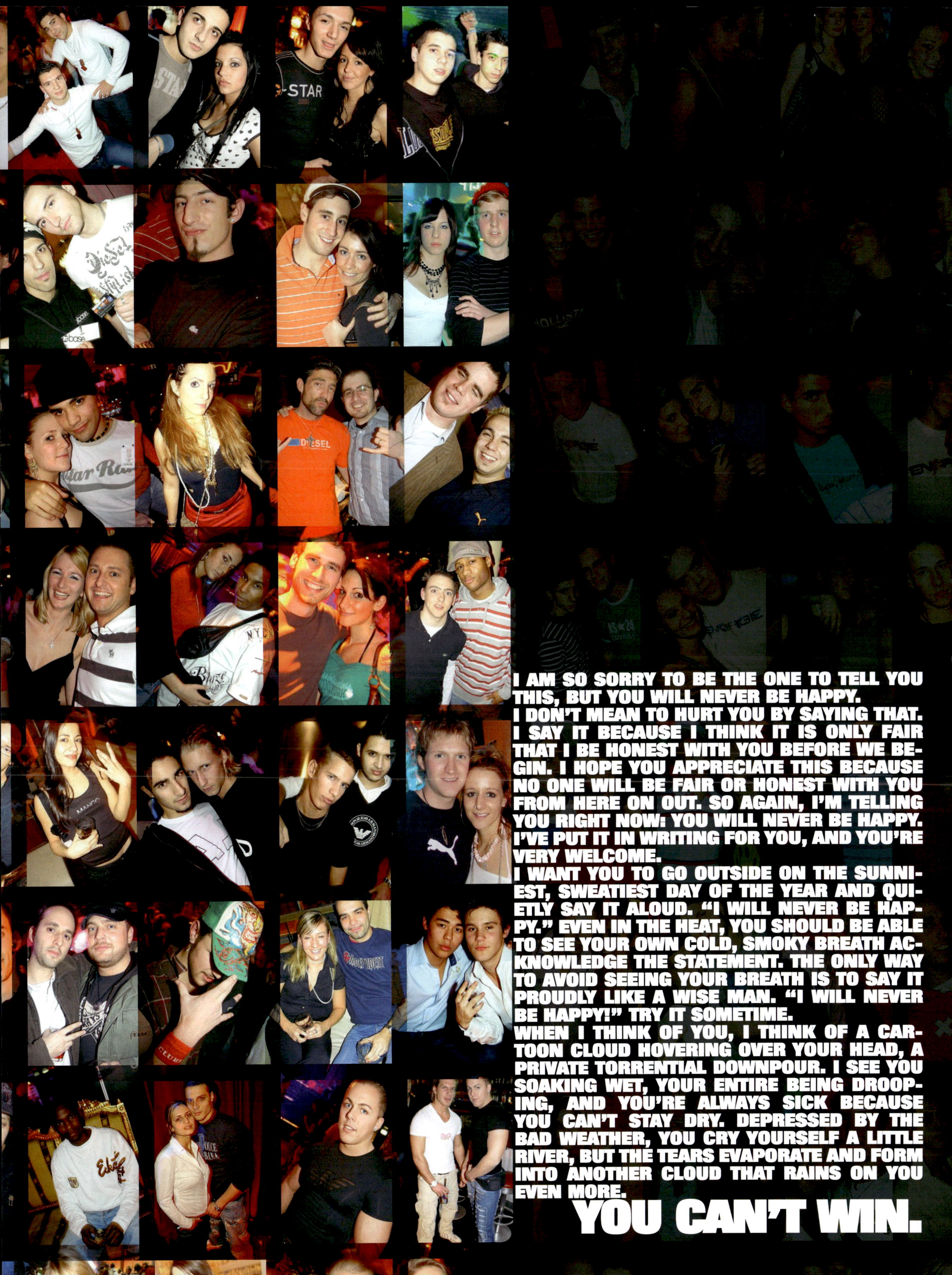

I AM SO SORRY TO BE THE ONE TO TELL YOU THIS, BUT YOU WILL NEVER BE HAPPY.
I DON'T MEAN TO HURT YOU BY SAYING THAT. I SAY IT BECAUSE I THINK IT IS ONLY FAIR THAT I BE HONEST WITH YOU BEFORE WE BEGIN. I HOPE YOU APPRECIATE THIS BECAUSE NO ONE WILL BE FAIR OR HONEST WITH YOU FROM HERE ON OUT. SO AGAIN, I'M TELLING YOU RIGHT NOW: YOU WILL NEVER BE HAPPY. I'VE PUT IT IN WRITING FOR YOU, AND YOU'RE VERY WELCOME.
I WANT YOU TO GO OUTSIDE ON THE SUNNIEST, SWEATIEST DAY OF THE YEAR AND QUIETLY SAY IT ALOUD. "I WILL NEVER BE HAPPY." EVEN IN THE HEAT, YOU SHOULD BE ABLE TO SEE YOUR OWN COLD, SMOKY BREATH ACKNOWLEDGE THE STATEMENT. THE ONLY WAY TO AVOID SEEING YOUR BREATH IS TO SAY IT PROUDLY LIKE A WISE MAN. "I WILL NEVER BE HAPPY!" TRY IT SOMETIME.
WHEN I THINK OF YOU, I THINK OF A CARTOON CLOUD HOVERING OVER YOUR HEAD, A PRIVATE TORRENTIAL DOWNPOUR. I SEE YOU SOAKING WET, YOUR ENTIRE BEING DROOPING, AND YOU'RE ALWAYS SICK BECAUSE YOU CAN'T STAY DRY. DEPRESSED BY THE BAD WEATHER, YOU CRY YOURSELF A LITTLE RIVER, BUT THE TEARS EVAPORATE AND FORM INTO ANOTHER CLOUD THAT RAINS ON YOU EVEN MORE.

YOU CAN'T WIN.

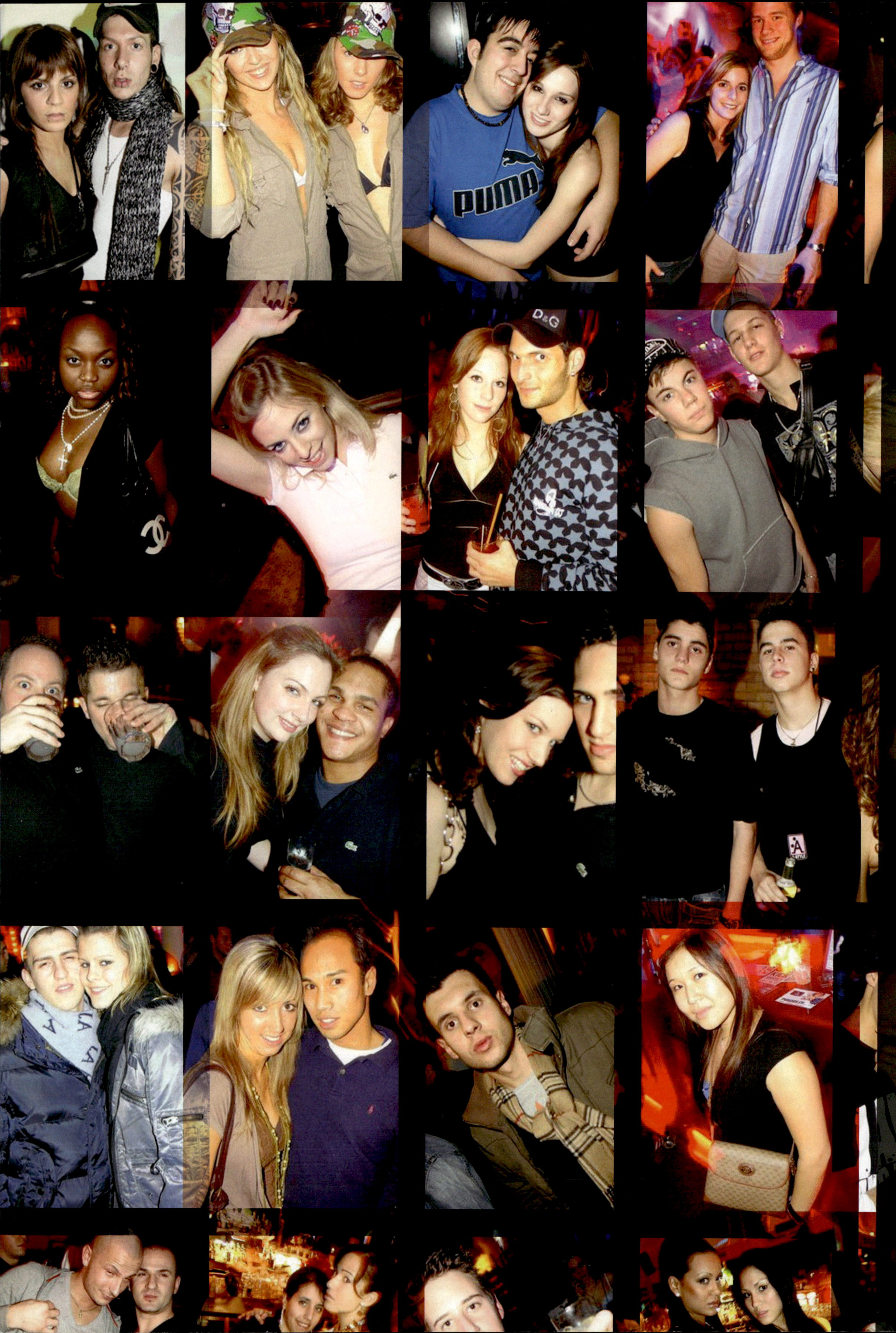

IT WILL BE SAD. YOU WILL NEVER GET THE GIRL. YOU WILL NOT SAVE THE WORLD. YOU WILL NEVER FIND TRUE LOVE. YOU WILL NOT FIND A TRUSTWORTHY FRIEND. YOU WILL NEVER BE SATISFIED. YOU WILL NEVER HAVE ENOUGH. THE GRASS COULD ALWAYS BE GREENER. THE GRASS WILL ALWAYS NEED MOWING. YOUR DAYS WILL BE LONG AND CONTAIN NO FUN. YOUR NIGHTS WILL BE LONELY AND NOT MUCH ELSE. YOU WILL ALWAYS BE WAITING FOR BETTER DAYS THAT WILL NEVER ARRIVE. AND YOU WILL MOST DEFINITELY NEVER HAVE PEACE OF MIND.

THERE WILL BE DAYS WHEN YOU WILL COLLAPSE TO YOUR KNEES AND SCREAMINGLY PLEAD YOUR CASE TO WHATEVER MIGHT BE LISTENING. BUT THE THING CALLED GOD CAN'T HELP YOU, AND IT WON'T. I THINK OF HEAVEN AS BEING A RADIANT CRYSTALLINE METROPOLIS, AND IN THE TALLEST SPARKLING SKYSCRAPER, THE MAYOR STAYS BUSY MAKING DEALS BEHIND A DOOR WITH NO KNOB. HE'S FOREVER INACCESSIBLE, NOT TAKING CALLS AT THIS TIME. AND THEN I ENVISION ALL THE PERFECT BLOND ANGELS, DEVOID OF GENITALIA AND FEET, CONGREGATING AND POINTING AND LAUGHING AT ALL OF US DOWN HERE, SAYING "THOSE POOR LITTLE THINGS!" IN BETWEEN GIGGLES.

THEY WILL GET A KICK OUT OF YOU.

MARKEN:KÖRPER:FETISCH   **BRAND:BODY:FETISH**
Richard Feurer & Matthias Michel

MARKEN:KÖRPER:FIKTION
Richard Feurer & Matthias Michel

BRAND:BODY:FICTION

TOMO
ISNO
WHAT
ITUSE
TOBE

RROW

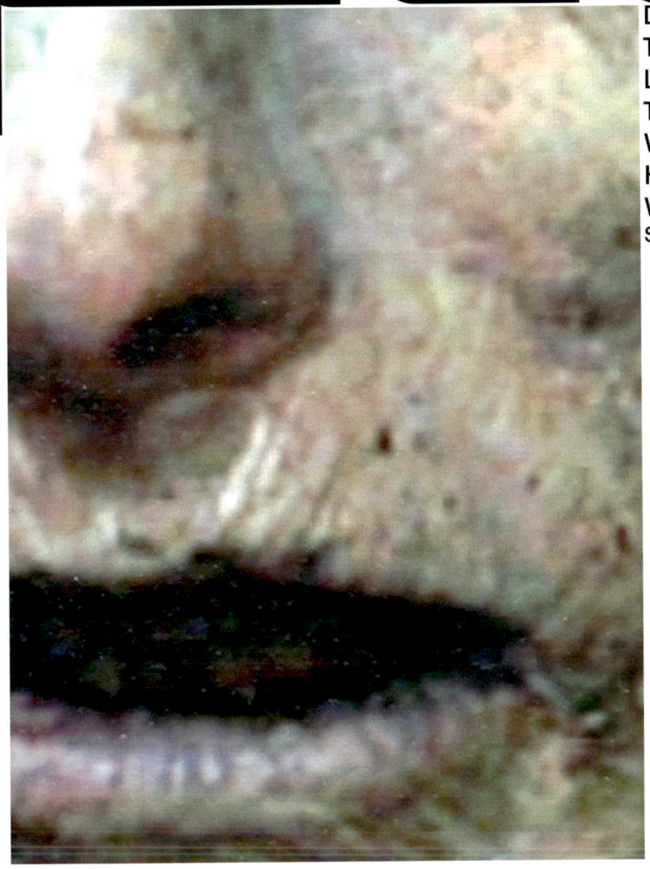

ED

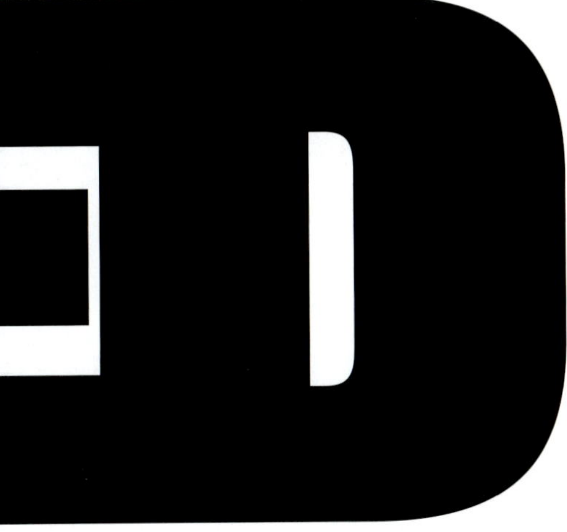

Don't go to sleep tonight
That is when you'll see the sign
Luminous and high:
Tomorrow's not what it used to be
We were born to die
Happy yesterday to all
We were born to die.
S. Hoffman, J. Sellards & E. John, Intermission, 2006

POSES&POSSESSIONS
LACOSTE_KAUFLE

FC JEDES WOCHENENDE STREIFEN SIE DURCH DIE MASSE DER ZURECHTGEMACHTEN PARTY-SCHAR UND STELLEN DIESE INS BESTE LICHT: PARTY-FOTOGRAFINNEN AGIEREN ALS DER VERLÄNGERTE BLICK HIN ZU EINEM IMAGINÄREN PUBLIKUM. INTERNET-PLATTFORMEN WIE TILLLATE.COM ODER USGANG.CH SIND DER ORT, WO IHRE BILDER AM NÄCHSTEN TAG BETRACHTET UND BEURTEILT WERDEN. EIN VIRTUELLER LAUFSTEG FÜR PARTYGÄNGERINNEN, DER VOR ALLEM EINES DEUTLICH ZEIGT: MIT DIREKTEM, VERFÜHRERISCHEM BLICK, MIT AUFMERKSAMKEIT ERREGENDER KÖRPERHALTUNG UND MIMIK SUCHEN DIE MODELLE BEWUNDERUNG BEI IHREN BETRACHTERINNEN.

EINE PARADE DER SEHNSUCHT VON SORGFÄLTIG GESTALTETEN KÖRPERN,

OFT DEKORIERT MIT MARKEN, DIE MEHR ODER MINDER PROMINENT INSZENIERT SIND. DIE HIER VERSAMMELTEN ABBILDUNGEN VON PERSONEN UND MARKEN WURDEN WÄHREND DER WINTERMONATE 06/07 AUS DEM ZÜRCHER PARTYBILDER-FUNDUS EXTRAHIERT UND NEU SORTIERT.

FC EVERY WEEKEND THEY ROAM THE FLOCKS OF DRESSED UP PARTY FOLKS PUTTING THEM INTO THE BEST OF PERSPECTIVES: PARTY PHOTOGRAPHERS EPITOMISE THE EXTENDED LOOK DIRECTED TOWARDS AN IMAGINARY AUDIENCE. THEIR PICTURES CAN BE SEEN AND JUDGED THE NEXT DAY, ON INTERNET PLATFORMS LIKE TILLLATE.COM OR USGANG.CH. A VIRTUAL CATWALK FOR PARTY GOERS, SHOWING, ABOVE ALL, ONE THING: THE MODELS, TRYING TO CATCH THEIR OBSERVERS' ADMIRATION BY THEIR DIRECT AND SEDUCTIVE LOOKS, MIMICS, OR EYE-CATCHING POSTURE.

A PARADE OF DESIRE(S)
BY METICULOUSLY STYLED BODIES,

OFTEN DECORATED WITH BRANDS MORE OR LESS PROMINENTLY STAGED. THE ILLUSTRATIONS HERE ARE PART OF A COLLECTION OF PICTURES TAKEN IN ZURICH DURING THE WINTER MONTHS 06/07; THEY HAVE BEEN ARRANGED IN DIFFERENT ORDER.

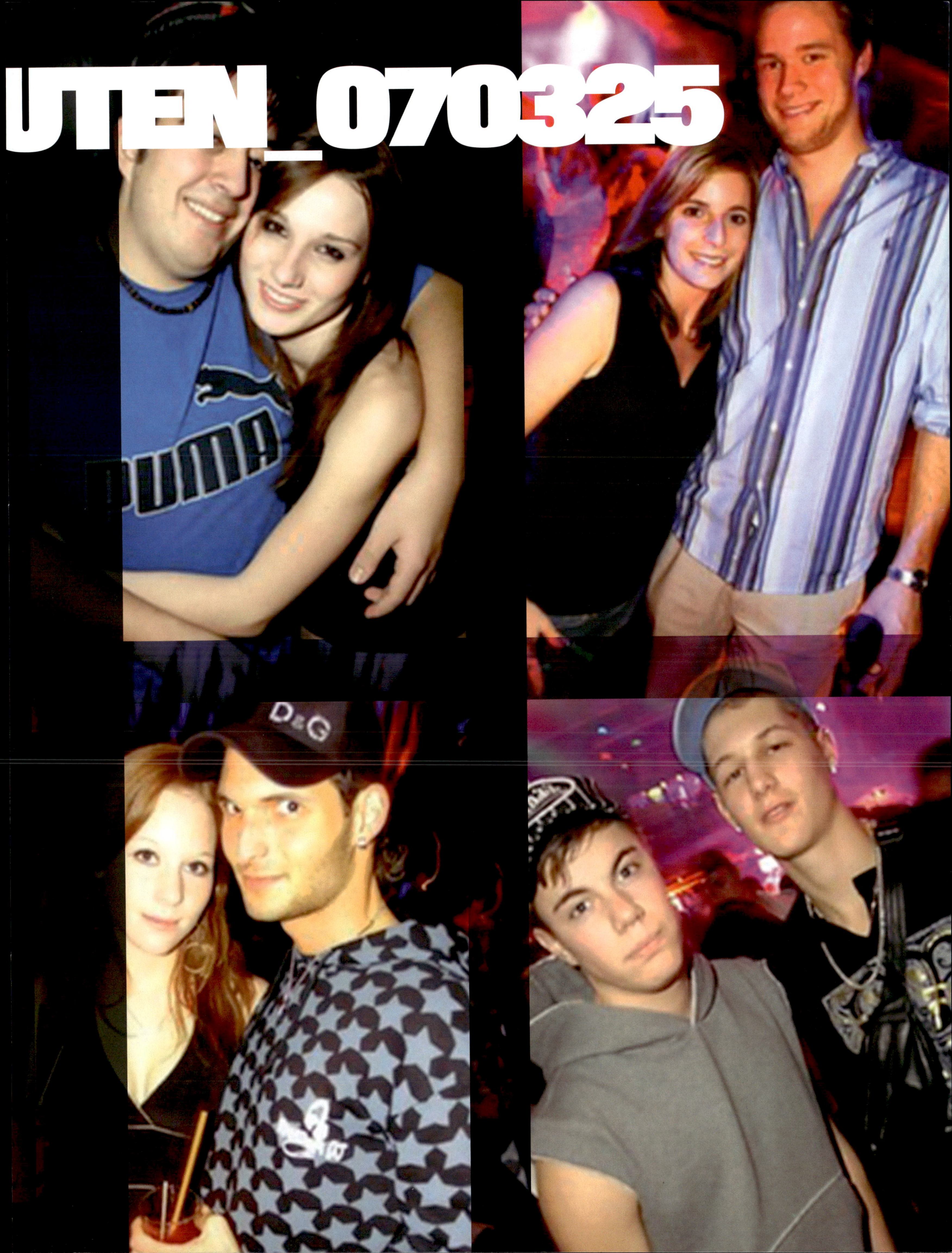
UTEN_070325

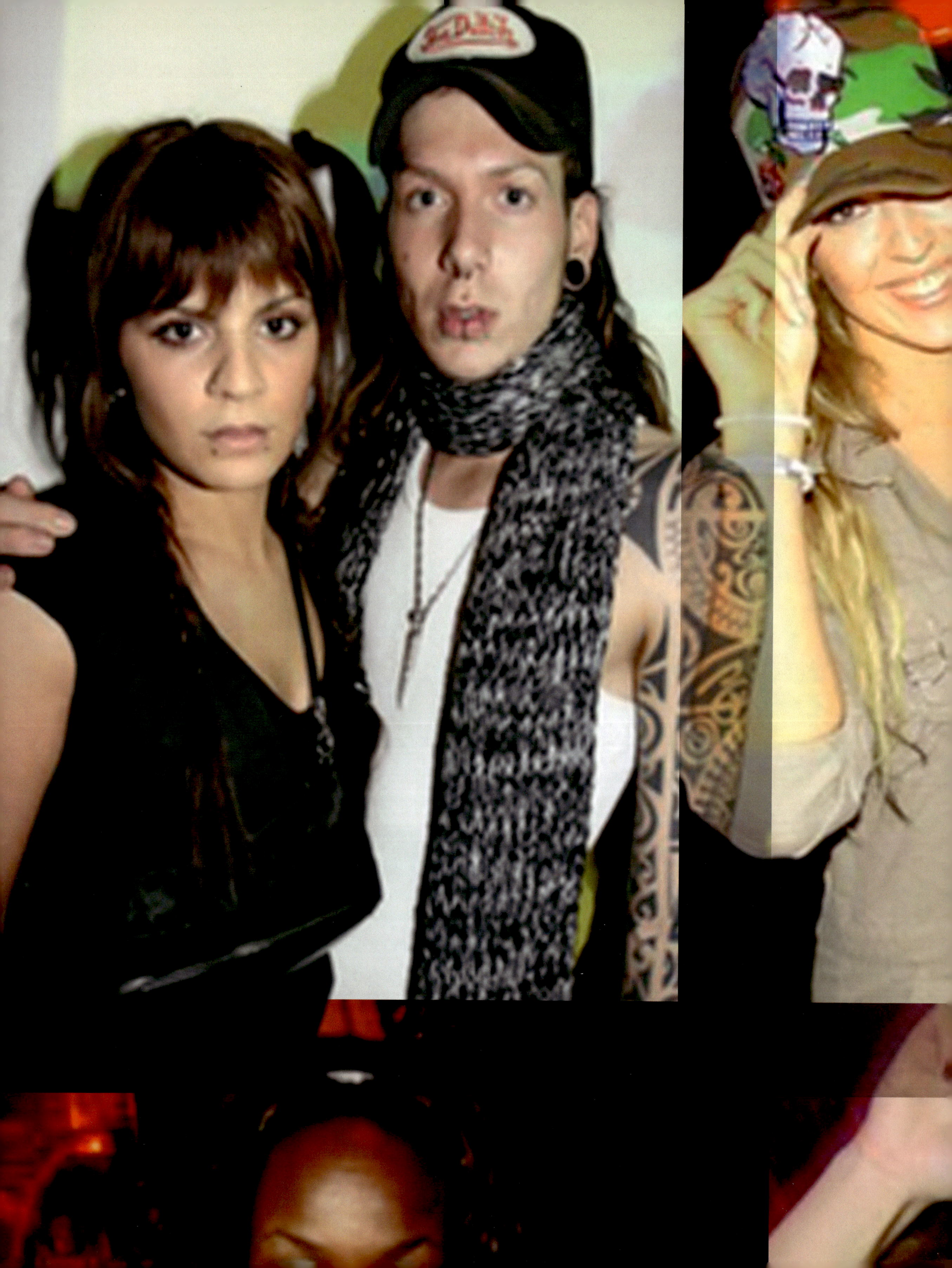

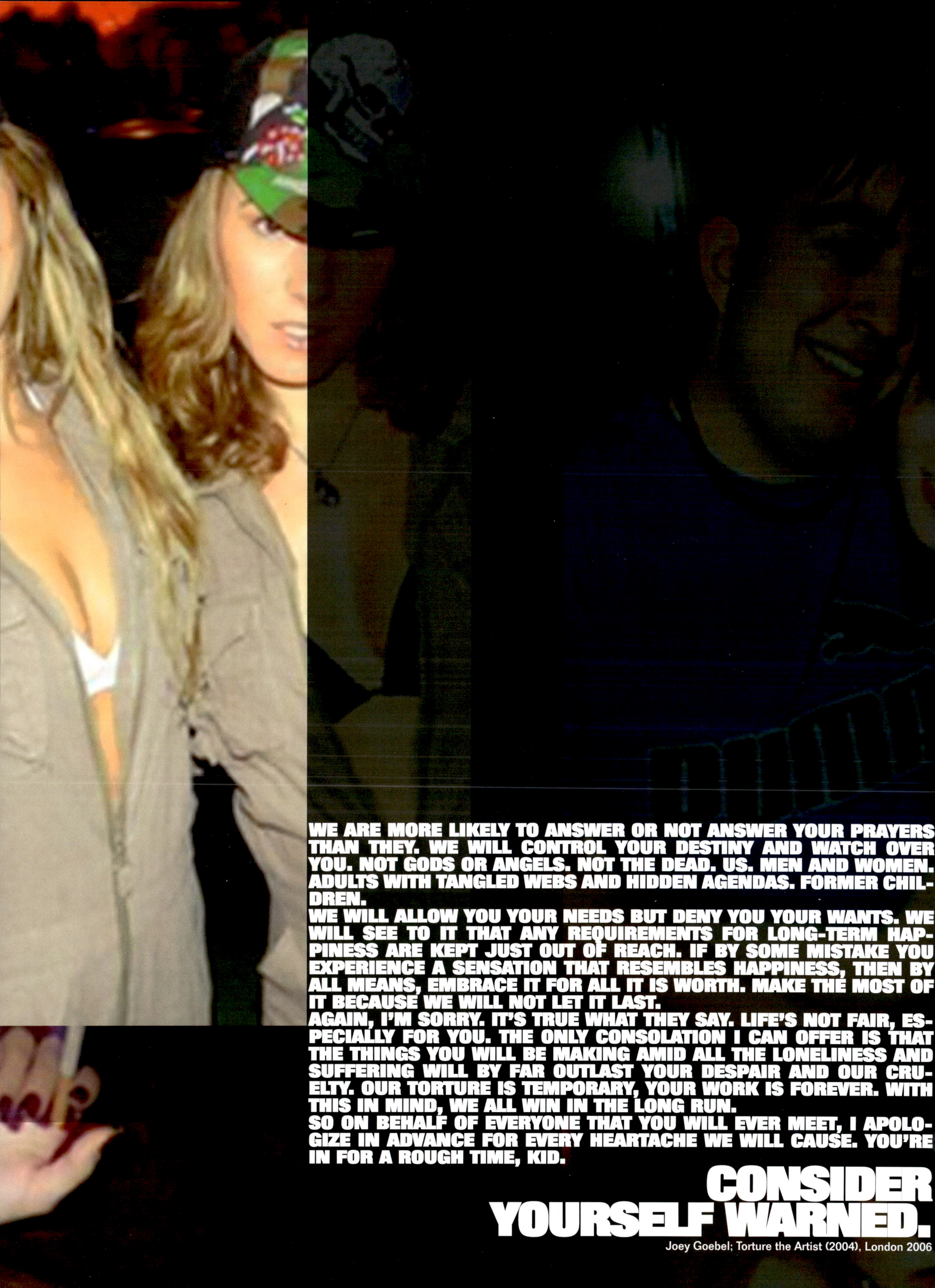

WE ARE MORE LIKELY TO ANSWER OR NOT ANSWER YOUR PRAYERS THAN THEY. WE WILL CONTROL YOUR DESTINY AND WATCH OVER YOU. NOT GODS OR ANGELS. NOT THE DEAD. US. MEN AND WOMEN. ADULTS WITH TANGLED WEBS AND HIDDEN AGENDAS. FORMER CHILDREN.
WE WILL ALLOW YOU YOUR NEEDS BUT DENY YOU YOUR WANTS. WE WILL SEE TO IT THAT ANY REQUIREMENTS FOR LONG-TERM HAPPINESS ARE KEPT JUST OUT OF REACH. IF BY SOME MISTAKE YOU EXPERIENCE A SENSATION THAT RESEMBLES HAPPINESS, THEN BY ALL MEANS, EMBRACE IT FOR ALL IT IS WORTH. MAKE THE MOST OF IT BECAUSE WE WILL NOT LET IT LAST.
AGAIN, I'M SORRY. IT'S TRUE WHAT THEY SAY. LIFE'S NOT FAIR, ESPECIALLY FOR YOU. THE ONLY CONSOLATION I CAN OFFER IS THAT THE THINGS YOU WILL BE MAKING AMID ALL THE LONELINESS AND SUFFERING WILL BY FAR OUTLAST YOUR DESPAIR AND OUR CRUELTY. OUR TORTURE IS TEMPORARY, YOUR WORK IS FOREVER. WITH THIS IN MIND, WE ALL WIN IN THE LONG RUN.
SO ON BEHALF OF EVERYONE THAT YOU WILL EVER MEET, I APOLOGIZE IN ADVANCE FOR EVERY HEARTACHE WE WILL CAUSE. YOU'RE IN FOR A ROUGH TIME, KID.
CONSIDER YOURSELF WARNED.
Joey Goebel: Torture the Artist (2004), London 2006

MARKEN·HY

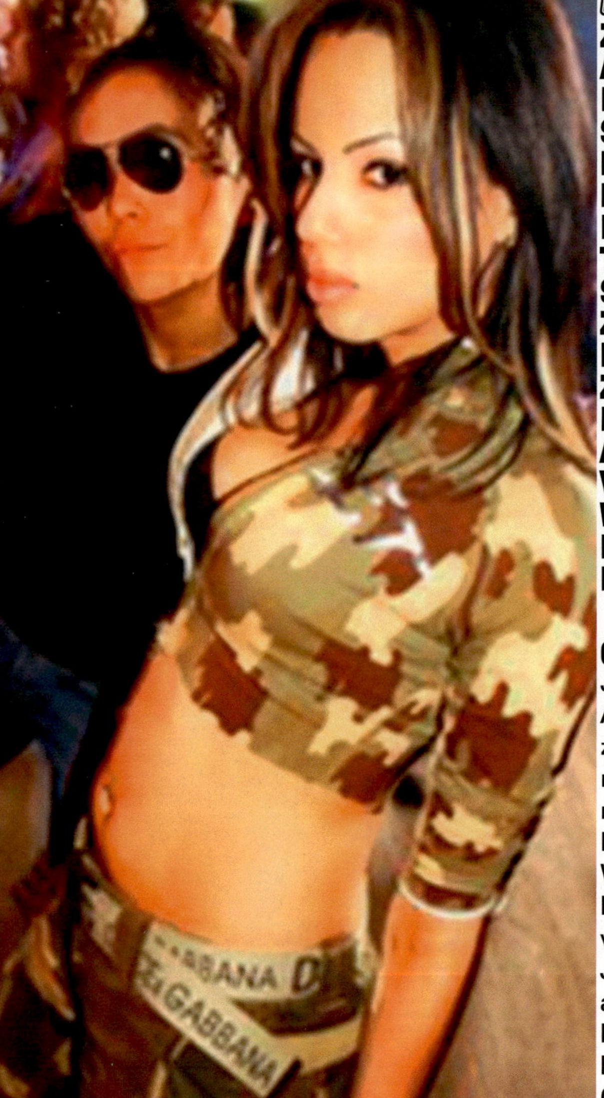

MATTHIAS MICHEL BRANDS BEANSPRUCHEN SEIT EINIGER ZEIT JENE WUCHERNDE UND WEITLÄUFIGE AUFREGUNG UND AUFMERKSAMKEIT, DIE MIT EINIGEM RECHT ALS »HYPE« BEZEICHNET WERDEN KANN. »BRANDS« UND »BRANDING« SIND ZU MASSGEBLICHEN FAKTOREN KULTURELLER UND ÖKONOMISCHER VERSTÄNDIGUNG AUF DEN GLOBAL(ISIERT)EN MÄRKTEN UND MARKTPLÄTZEN HERBEI-, MITHIN AUCH BREIT- UND PLATTGEREDET WORDEN. SACHLITERATUR UNTERSCHIEDLICHSTER QUALITÄT, PROVENIENZ UND ADRESSIERUNG HAT SICH IN DEN EINSCHLÄGIGEN BÜCHERREGALEN ZU TÜRMEN BEGONNEN, VON DER HOCHGLANZBILDANTHOLOGIE ÜBER ANALYTISCH-WISSENSCHAFTLICHE WÄLZER BIS ZUM BROSCHIERTEN RATGEBER FÜR EINSTEIGER. UND WER DAS KOLLEKTIVE ELEKTRONISCHE WELTBEWUSSTSEIN WWW AUF DIE BETREFFENDEN STICHWORTE HIN DURCHLAUSCHT, VERNIMMT U.A. ANTWORTEN AUF SO BEDEUTENDE FRAGEN WIE: »WER BIN ICH?«, »WAS SOLL ICH TUN?«, »WOHER KOMMEN WIR?«, »WOHIN GEHEN WIR?« ODER »WIE SOLL ICH INVESTIEREN?« ...

GLOBAL KOMMUNIZIERBARE KÜRZESTFORMELN

Jeder Hype geht vorbei, weil er nicht hält, was er verspricht. Aber jeder Hype hat einen Anlass. Der Hype um Brands und Branding ist, wie viele Hypes der vergangenen Jahre, zunächst einmal mit einigen sattsam kommentierten globalen Entwicklungen verknüpft: mit der rasanten und nahezu totalen, sowohl theoretischen als auch praktischen Ökonomisierung unserer Weltbilder und Weltverständnisse; mit der Öffnung und Liberalisierung der Märkte; mit der damit verbundenen Erweiterung und Verschärfung der Wettbewerbsstrukturen, mitunter dem Anwachsen des allgemeinen Differenzierungs-, Profilierungs- und Publizitätsdrucks; mit der weltweiten Komplexion und Konfliktion von Kulturen; kurz: mit den »Globalisierungen« von Wirtschaft, Politik und Kultur in den Jahren seit dem Ende des Kalten Krieges. Unter diesen Bedingungen haben Brands als global kommunizierbare Kürzestformeln für ökonomische und kulturelle Einheiten, Korporationen, Angebote und Strategien unweigerlich an Bedeutung gewonnen. Der Einfall des Westens in die »neuen Märkte« im mittleren und fernen Osten oder in Afrika (und bedingt auch vice versa) realisiert sich zu einem wesentlichen Teil über sogenannt »global operierende« Brands, die sich aufgrund der nicht ganz unbedeutenden Rolle, die sie beim historischen Zusammenbruch des real existent gewesenen Sozialismus gespielt haben, für diesen Zweck gleichsam mit Nachdruck empfohlen haben. Das Konkurrieren um Marktanteile manifestiert sich nicht zuletzt als Wettbewerb von Brands in der Erzeugung öffentlicher Aufmerksamkeit, und damit fungieren sie tatsächlich auch als Vermittler neuer Werte: jener vielbeschworenen neuen »Freiheiten« des Konsumenten in liberalisierten Märkten: jener Freiheiten, die je nach Perspektive auch als »Wahlzwänge« aufgefasst werden können.

Ein anderer Hintergrund, wenn auch mit dem ersten untrennbar verschränkt, ist die fortschreitende Intension der weltweiten Kommunikationsstrukturen, die eine nahezu grenzenlose Verbreitung und Beschleunigung von Informationszugängen ermöglicht. Diese einerseits medien- und andererseits transporttechnologisch bedingte Entwicklung schafft überhaupt erst die logistischen Voraussetzungen für die zugleich breite und effiziente, hinreichend differenzierte und differenzierende Vermittlung von Brands und der darin implementierten Botschaften an Zielpubliken, die über den gesamten Globus verstreut sein können. Dieser zweite Faktor verschafft nicht nur den »grossen«, den etablierten oder den globaloperativen Brands geeignete Kommunikationsplattformen, sondern auch solchen, die an der Präsenz in hochspezifischen, oft bloss regional und vorübergehend relevanten Zielgruppen und Subkulturen interessiert sind.

Ein dritter wesentlicher Faktor sind die populärkulturellen Veränderungen der vergangenen zwei Dekaden. Bis in die 80er Jahre des vorigen Jahrhunderts versorgte die zu einer Art transkulturellen *Message Machine* expandierte Pop-Industrie mit einem nahezu automatisierten Innovationsoutput [1] für eine kontinuierliche Versorgung kontur- und orientierungshungriger Massen- und insbesondere Jugendkulturen mit jeweils zeitgemässen und zunehmend orchestrierten Stilen, Inhalten, Wertekategorien, Protagonisten und Projektionsfiguren. Spätestens zu Beginn der 90er Jahre jedoch verwandelte sich dieser topologische Strom allmählich in einen Strudel aus

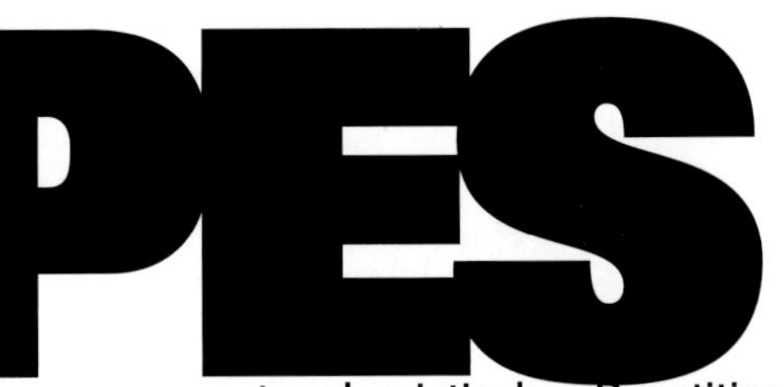

postmodernistischen Repetitionen und Rezyklierungen von Attitüden und Lifestyles, deren identifikativer Wert sich nicht mehr primär als Ausdruck von progressiven Wandlungen des »Zeitgeistes«, sondern wesentlich formaler und kreisläufiger, gleichsam in einem chronifizierten, eklektisch-pluralistischen Karneval von Posen, Kleidungs- und Verhaltensmustern ausdrückte. Konsequenzen dieser durchaus produktionsseitig geförderten Entwicklung waren z.B. massive Verkürzungen der durchschnittlichen Halbwertszeiten von *Pop-Acts* und entsprechende Umsatzeinbrüche, und dies lange bevor beispielsweise Downloads und Musikpiraterie per Internet zu einem ernstzunehmenden kommerziellen Faktor geworden sind. Brands besetzen in diesem – je nach Auslegung multiperspektivischen oder defokussierten – Umfeld offenbar neue Territorien und Funktionen: Schon immer auf die eine oder andere Weise Teil der modernen Populärkultur bzw. der Wechselwirkungen und Koeffizienzen zwischen Populär-, Markt- und Marketingkultur, bislang allerdings eher als peripheres visuell-akustisch-performatives Hintergrundrauschen, treten sie nun zunehmend und ausdrücklich als Träger populärkultureller Bedeutungen und Botschaften in Szene, die weit über die Kommunikation unmittelbarer Markeneigenschaften hinausgehen. Sie werden, zunächst von den Konsumenten und alsbald auch durch das Markenmanagement, als orientierende Insignien individueller und kollektiver Identitäten, als Kodierungen stilistischer und bis zu einem gewissen Grad auch ideologischer Zugehörigkeiten instrumentiert.

Infolgedessen lösen sich die Marken gleichsam von ihren konventionellen Trägern, von den Produkten, den Lein- und Plakatwänden, den TV-Bildschirmen und Werbezonen in Magazinen und fluten die gesamten Weiten und Tiefen des multimedialen Raums, in dem die Ereignisse, Tatsachen und Realitäten der Informationsgesellschaft repräsentiert sind und in den sich auch das popkulturelle Geschehen im Allgemeinen verlagert hat. Und wo auch immer sie auftauchen, bieten sie sich an, etwas – *irgend etwas* – zu *be-deuten*, auch wenn es zuweilen, jedenfalls öfter, als uns lieb sein kann, nichts weiter ist als die Formel: *Ich konsumiere, also bin ich*. Das ur-existenzielle Bedürfnis nach (Selbst-)Vergewisserung, dass ich in dieser Welt bin und an ihr Teil habe, ist unter modernen und postmodernen Lebens- und Bewusstseinsbedingungen bekanntlich nicht kleiner, sondern eher grösser geworden, und es lässt sich heute, in Gesellschaften, die mehr, vielfältiger und obsessiver als je zuvor mit der Erscheinung, Manipulation, Produktion und Konsumption von Körperschaften und Körperlichkeiten befasst sind, kaum einfacher, direkter, effizienter, effektiver befriedigen und v.a. ausdrücken als mit der für »alle Welt« sicht- und dekodierbaren Ausstattung der Körper mit identifizierenden und/oder identifizierbaren Marken-Zeichen.

AUCH UND NICHT ZULETZT IN DIESEM SINN LASSEN SICH MARKEN, MARKENARTIKEL UND MARKENKULTUREN IM SINN VON FETISCHEN UND FETISCHISMEN IN MODERNER GESTALT BEGREIFEN.

Inzwischen ist mindestens eine Generation von Konsumenten herangewachsen, die mit dem Angebot von Brands als selbstverständliche Mittel der Aneignung und des Ausdrucks persönlicher und kollektiver Identitäten sozusagen von Kindsbeinen an vertraut ist. Und es liegt auf der Hand, dass sich der Hype um die Marke ganz wesentlich auch an der sozialen Herausforderung, an der Auseinandersetzung mit den Ausdrucksformen, Verhaltensweisen und Selbstrepräsentationen dieser Generation entzündet, die im Durchschnitt zweifelsohne über ein Markenbewusstsein und eine Markenkompetenz verfügt wie keine zuvor, denn freilich ist auch keine Generation vor ihr – weder qualitativ noch quantitativ – einer derart permanenten und aggressiven »Markenbildung« ausgesetzt gewesen. Werden die einschlägigen Charakterisierungen beim Wort genommen, die diesen Kids und Teens und Twens von ihren kulturkritischen Beobachtern in der Fachliteratur, in Zeitschriften, in allerlei Trendanalysen und Sozialstudien zugeschrieben werden, so kommt Erstaunliches oder wenigstens Bedenkenswertes zusammen, was die Bedeutung von Brands und Branding für ihre Persönlichkeiten und Alltagsbewältigungen betrifft. Dass Marken soziale Statussymbole und Indikatoren

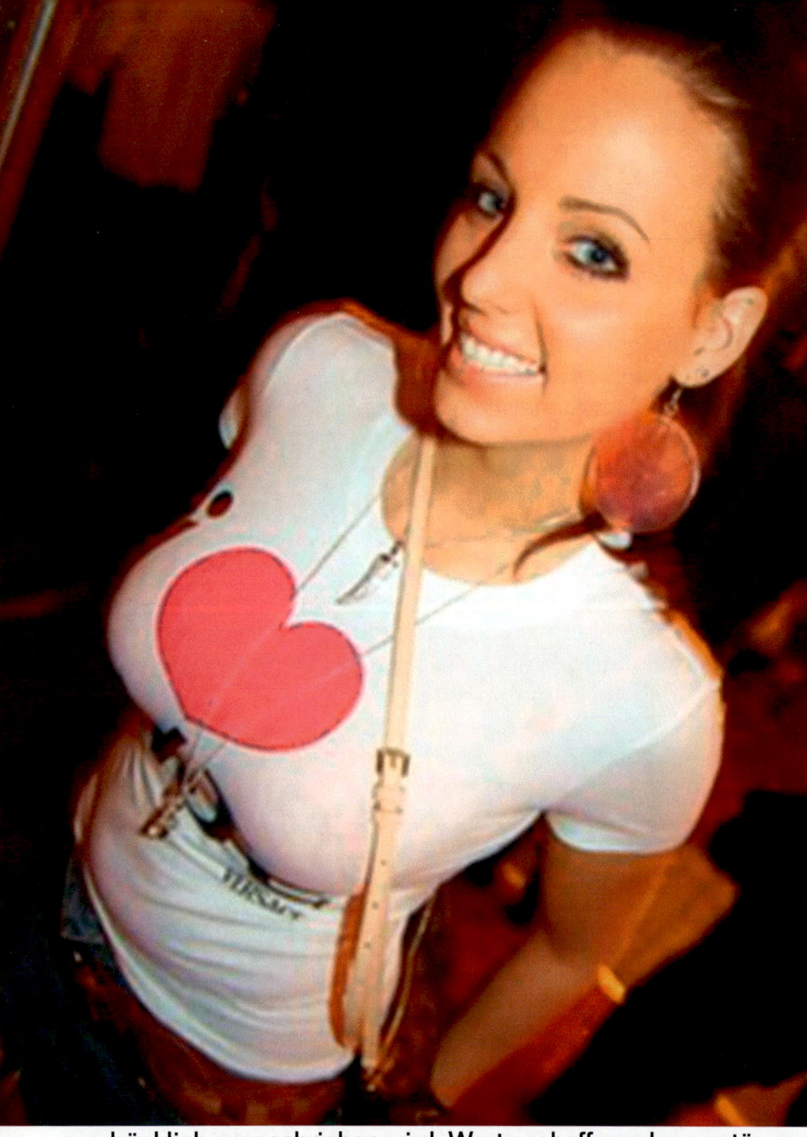

wirtschaftlicher Potenz darstellen, ist nicht neu, gehörte doch zur Markenkompetenz schon immer nicht nur das Wissen, welche Marken angeboten und von wem sie wie, wo, wann (und bisweilen auch: warum) getragen oder benutzt werden (oder gerade nicht), sondern ebenso und vielleicht noch grundlegender die Information, wie teuer sie sind. Verhältnismässig neu ist hingegen, dass *Menschen* angeblich ihre individuellen und/oder kollektiven *Identitäten* u.a. anhand einer Technik entwickeln, die nicht nur ursprünglich, sondern grundsätzlich der identifizierenden Kennzeichnung von *Sachen* dient. So werden Brands inzwischen längst auch als Substitute und Platzhalter von ideellen Werten und Werthaltungen in Anschlag gebracht; in der Folge als Agenten moralischer, sozialer, mitunter sogar politischer, nationaler oder ethnischer Orientierungen, als gruppendynamische Navigationshilfen, als Wegweiser für Persönlichkeitsentwicklungen und Matrizen für (individuelle oder kollektive) Lebensentwürfe; und dies natürlich insbesondere bei Menschen, die aufgrund ihres Alters oder ihrer Veranlagung auf derlei Orientierungshilfen angewiesen sein sollen, beispielsweise und vor allem also bei Jugendlichen.

LUFTSPIEGELUNGEN ÜBER DEM VALUE WASTELAND

Mit anderen Worten: Brands sind als normative, im weitesten Sinn »erzieherische« Grössen in Verhandlung geraten. Das ist nicht bloss der Anfang, sondern bereits die Klimax des Hypes: Marken wird mitunter zugetraut, Lücken zu füllen, die andere – zweifellos legitimere – Autoritäten für soziale und individuelle Orientierungsfragen hinterlassen haben. Und dass diese Autoritäten abgesetzt worden sind oder sich aus ihrer Verantwortung davongestohlen haben, wird wiederum unter dem Stichwort »Wertezerfall« – den Tatsachen angemessener wäre vielleicht das Wort *Wertepluralismus* – beklagt. Damit ist die Debatte lanciert, und sie findet zunehmend eben als Hype statt: als rhetorische Hyperventilation im Sinnvakuum zwischen dem, was den Marken und ihren Machern mehr oder weniger mutwillig und

ausdrücklich zugeschrieben wird: Werte schaffen oder zerstören zu können, und dem, was sie gemeinhin tatsächlich vermögen und tun: (bereits vorhandene) Werte und Wertekategorien abzubilden oder zu repräsentieren.

Wenn den Marken heute massgebliche soziale und individuelle Orientierungsfunktionen zukommen, wenn wachsende Massen von Menschen diese Orientierungsmuster adaptieren und dafür mehr Zeit, Geld und Aufmerksamkeit aufzuwenden bereit sind als für andere Identifikationsangebote, so bedeutet das nicht mehr und nicht weniger als dass sie nicht nur kommerziell, sondern auch ideell in der Konsumgesellschaft angekommen sind, in der nicht mehr nur das Angebot (und der Preis) durch die Nachfrage, sondern ebenso sehr die Nachfrage durch das Angebot (und den Preis) diktiert wird. Die Brands und ihre Instrumentierungen taugen in diesem Zusammenhang nicht als Problem. Sie sind allenfalls Symptome eines solchen. Und das Problem sind möglicherweise die unendlichen Weiten eines *Value Wasteland*, das sich vor eine pluralistische (Welt-)Gesellschaft hinbreitet, in der bis auf einige ökonomische Instantteleologien wie Wachstum, Wohlstand oder Konsumglück nahezu sämtliche Wertekategorien ihre einstmalige kollektive Verbindlichkeit eingebüsst haben. Über dieser Wüste des sogenannten Wertezerfalls bilden sich allerlei Luftspiegelungen, und bald einmal stellen sich, wie in anderen Wüsten auch, Orientierungsschwierigkeiten ein. Die Desorientierung begünstigt gemäss weitgehendem zeitgeistigem Einvernehmen unterschiedlichste Arten von desintegrierten Fanatismen und Fantasmen, u.a. eben auch Projektionen und Instrumentierungen hinsichtlich der Marken als Träger von Bedeutungen und Sinnhaftigkeiten, die sie unter modernen Gesichtspunkten nie transportiert haben und auch nie und nimmer transportieren könnten, selbst wenn wir ihren Machern und Konsumenten eine entsprechend absurde Verantwortung ernsthaft zumuten wollten. An einem Brand ist offenkundig und grundsätzlich *nichts* verbindlich und *alles* austauschbar (das Erscheinungsbild, die Botschaft, die Produkte, das Management, die Designer ... alles), und so setzt sich, wer sich tatsächlich in der oben angedeuteten Weise an ihm orientiert, unweigerlich einer systematischen Enttäuschung und Frustration aus, die sich bestenfalls durch konsequente Ignoranz, niemals aber durch andere, »bessere«, »passendere« oder »sinnfälligere« Brands dauerhaft beheben oder kompensieren lässt. Systematisch ist diese Frustration deswegen, weil sich der Sinn eines Brands *an und für sich* über instantane und momentane Begehren und Begehrlichkeiten konstituiert: gemäss trivialster Markt- und Markenlogik in der Versprechung und nicht in der Erfüllung, geschweige denn in einer nachhaltigen.

»TODAY'S GODS?«

Was ein einzelner Konsument – jugendlich oder gesetzten Alters, mittellos oder vermögend – an Werten und Lustgewinnmöglichkeiten auf eine Marke projiziert, wie lange und hingebungsvoll er dies tut, bis er sich dereinst vielleicht belastbareren Orientierungsangeboten zuwendet und sein Markenverhalten in die Schranken konventioneller Statussymbolismen regredieren lässt, ist dessen Privatsache und

geht »uns« insofern möglicherweise wenig oder gar nichts an. Ausgestellt und herge-
zeigt, herausgezerrt in den öffentlichen Raum der kommunikativen Erscheinungen, zu
massgeblichen Faktoren sozialen Verhaltens und Navigierens empört, werden Brands
und Branding hingegen unweigerlich politisierbar, problem- und mithin »hype«-fähig,
nicht zuletzt weil ihre Integrität unter dieser Überlastung gleichsam zusammenbricht.
Und wenn im betreffenden Diskurs schliesslich noch allen Ernstes derlei Unsinn wie
der Analogismus von Jesus Christus als dem ersten erfolgreichen globaloperativen
Brand auftaucht, dann hat der Hype wohl allmählich ein alarmierendes Niveau er-
reicht.
Das Sinnbild für den Hype ist die Blase – totaltransparente Oberfläche, maximales
Volumen, minimales spezifisches Gewicht, luftig-leicht genug, um vom erstbesten
Windstoss wohin auch immer geweht zu werden –, und tatsächlich: Das World Economic Forum (WEF) in Davos – beispielsweise! – wartet 2007 mit einem von kirch-
lichen Organisationen mitgetragenen Podium zum Thema Brands: Today's Gods?
auf. – Braucht es deutlichere Symptome, um einen Hype zu diagnostizieren? – Nicht
unerwartet verläuft das Podiumsgespräch weit unspektakulärer, als der Titel verspricht.
Die Teilnehmenden (eine ranghohe Vertreterin des Modelabels Gucci hat bedauer-
licherweise kurzfristig abgesagt) meiden jede Bezugnahme auf die polemisch-sym-
bolhafte Fragestellung wie der Teufel das Weihwasser. Dafür wird ausführlich, aber
hilflos darüber debattiert, ob und wie dem Problem des wachsenden »Konsumdrucks«
bei jugendlichen Markenkonsumenten zu begegnen sei (»Soziale Verantwortung des
Brandmanagements?«, »Schuluniformen?«, »Familienräte?«). Und der einzige unmittelbar sinnfällige Satz, den der namhafteste Diskutant – kein Geringerer als Sir Martin
Sorrell, Chief Executive von WPP, England – sichtlich gelangweilt, dafür wiederholt
und in Varianten zur eineinhalbstündigen Diskussion beizutragen bereit oder im Stan-
de ist, lässt sich in etwa folgendermassen paraphrasieren:

»STARKE MARKEN UND IHRE PFLEGE SIND VEHIKEL WACHSENDER FREIHEIT UND SELBSTVERANTWORTLICHKEIT FÜR AUTONOME INDIVIDUEN IN EINER GLOBALISIERTEN WELT.«

Dies in Erwiderung der Frage nach den »Rollen und Strategien multinationaler Unternehmen in diesem Kontext« ... –
Saturday 27 January
18.00 – 19.30 Brands: Today's Gods?
Brands have become a part of our daily lives, whether on clothing, multimedia gadgets or accessories.
Today, what you wear or possess indicates whether you are »in« or not.
This can lead to social exclusion and increased pressure to consume,
especially for young people.
1   How do brands affect the way society functions? How do brands change our social interactions?
2   To what extent can consumption pressure be pushed back? Could school uniforms be a solution?
3   What are the roles and strategies of multinational companies in this context?
David Bosshart, Director, Gottlieb Duttweiler Institute, Switzerland
Kathleen Ix, Student, International School of Geneva, Switzerland
Reno Sami, Manager, School Uniform Project, Basel Middle School, Switzerland
Sir Martin Sorrell, Group Chief Executive, WPP, United Kingdom
Moderated by Bendicht Luginbühl, Journalist, Switzerland
(www.weforum.org)

1 Vgl. hierzu: Shinya Takabayashi; Die stetige positive Multiplikation dessen, was ohnehin da ist. In:
  Matthias Michel (Hg.); VirusExpress – Rendez-vous im Überall, Frankfurt a.M. / Zürich 1997

MARKEN∶EREI

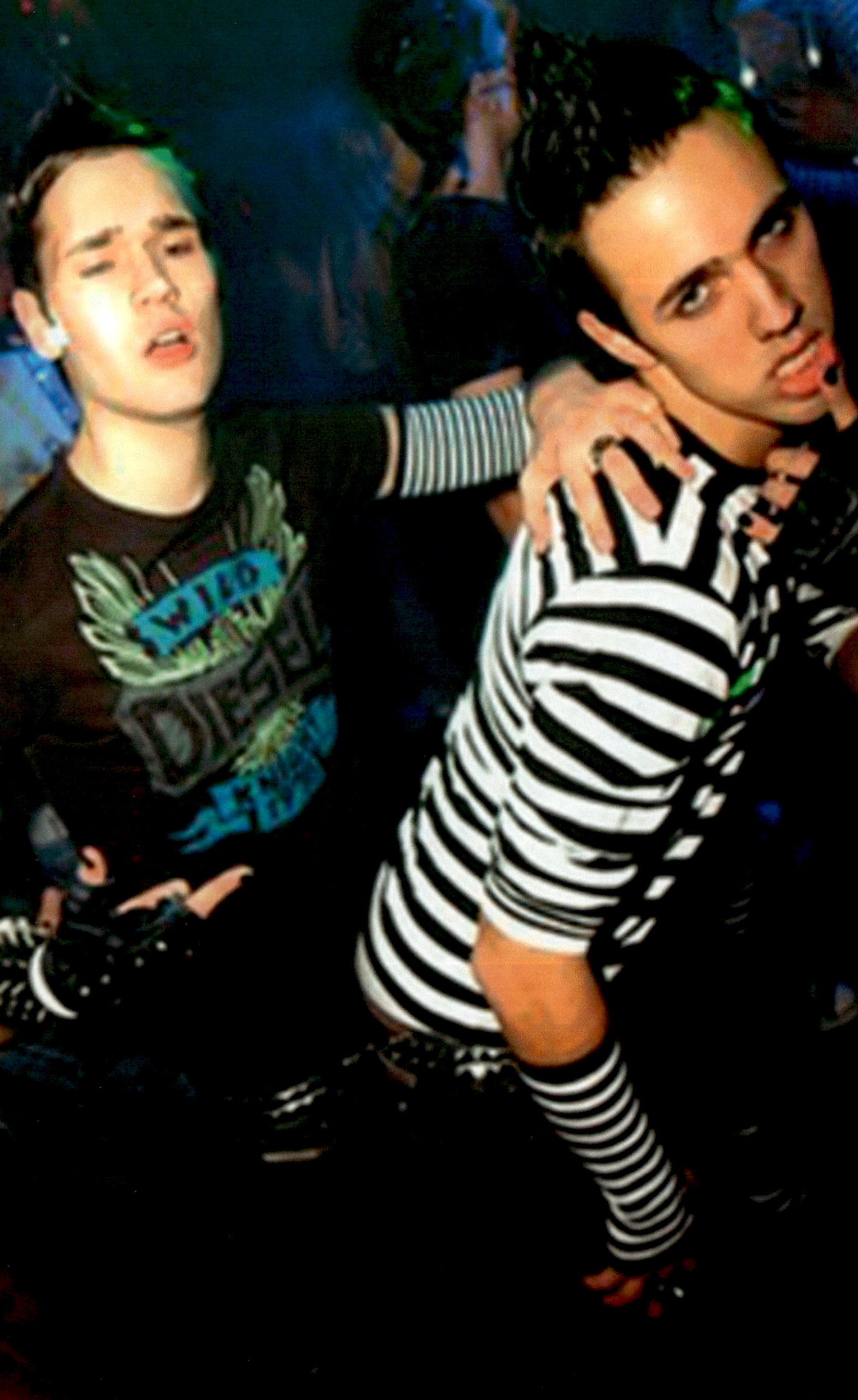

MATTHIAS MICHEL WENN WIR VON DEN GLOBALEN UND UNSPEZIFISCHEN HINTERGRÜNDEN ABSEHEN UND GLEICHSAM HEREINZOOMEN AUF DIE »DIE SACHE SELBST«: AUF »DIE MARKE« UND DIE ENTWICKLUNG, DIE SIE IN JÜNGERER ZEIT DURCHLAUFEN HAT, SO LÄSST SICH DIE VERANLASSUNG DES HYPES ZUNÄCHST EINMAL GANZ NÜCHTERN UND LAPIDAR AUCH DARAN FESTMACHEN, DASS MARKEN INZWISCHEN ZU (MEDIALEN, SOZIALEN, POLITISCHEN, ERLEBNISWELTLICHEN USW., JEDENFALLS *HOCHDYNAMISCHEN*) EREIGNISSEN GEWORDEN SIND. DAS IST WEIT WENIGER SELBSTVERSTÄNDLICH, ALS ES KLINGT.

DINGHAFTIGKEIT UND EREIGNISHAFTIGKEIT

Klassischerweise erscheint die Marke trotz aller Abstraktionen, die sie repräsentiert und transportiert, zunächst als ein durchaus gegenständliches Ding, das zwar immer wieder neue Aufmachungen und diverse mediale, teils höchst virtuelle Formen annehmen kann, aber stets das selbe, an Dinge gebundene und aus Dingen zusammengesetzte Ding bleibt, dessen Beständigkeit und kontinuierliche Gegenständlichkeit eine seiner wesentlichsten Qualitäten darstellt. Exemplarisch hierfür lässt sich nahezu jeder markenhistorisch bedeutsam gewordene Brand in Betracht ziehen, der das laufend akzelerierte und diversifizierte Mode-, Trend- und Konsumgeschehen des 20. Jahrhunderts für längere Zeit überdauert hat und dementsprechend regelmässig in Aufarbeitungen dieses Geschehens auftaucht: Coca Cola, Marlboro, Shell, Chanel, Rolex, Mercedes usw. usf. Phänomenologisch betrachtet setzen sich diese klassischen, essenziell »dinglichen« und »verdinglichten« Brands aus dinghaften Erscheinungen zusammen – von den Logos, Slogans, Erscheinungsbildern und Werbewelten über die Formen und Funktionen der Produkte, auf die sie sich beziehen, bis hin zu den Strategien und Rhetoriken ihrer Vermarktung –, die als Einzelne bloss gewisse Aspekte einer Marke, aber niemals die Marke insgesamt zu repräsentieren vermögen, und die nur deshalb moduliert, an veränderte Umfelder angepasst, gelegentlichen »Redesigns« und »Imagekorrekturen« unterzogen werden können, weil sie sich dabei stets auf die Marke als ein stabiles, apriorisches Eines und Ganzes beziehen, das dem Wandel der Zeiten standhält und von der Adaption durch die Konsumenten kaum affiziert wird. Folgerichtig hat sich der bildhafte Begriff vom *Markenkern* in Bezug auf »klassisches« Branding etabliert; ein Begriff, der zwar unterschiedlich definiert werden und Unterschiedlichstes umgreifen kann, seinen Sinn aber in jedem Fall einer dauerhaften nuklearen Objektivität und Gegenständlichkeit verdankt, die er der Marke zuschreibt.

Mit der Rede von der klassischen »Dinghaftigkeit« der Marke soll allerdings nicht unterschlagen werden, dass es sich schon immer um alles andere als ein einfaches und geheimnisloses, vielmehr aber um ein komplexes, dynamisches, durchaus rätselhaftes und in Rätseln *sprechendes* Ding handelt: ein Ding, das immer auch über eine gewisse »Ereignishaftigkeit« verfügte und das sich letztlich nur

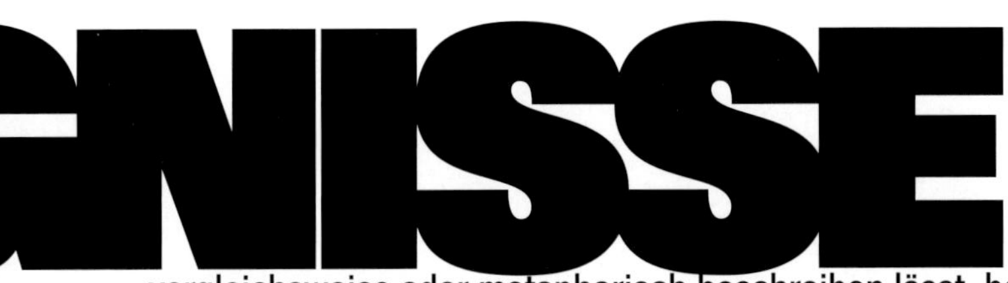

vergleichsweise oder metaphorisch beschreiben lässt, beispielsweise anhand von Franz Kafkas Erzählung über das bizarre Dingwesen »Odradek« in *Die Sorge des Hausvaters*, die wiederum im vorhergehend zitierten Buch von Hartmut Böhme zur sinnbildlichen Illustration des Fetischcharakters moderner Objekte herangezogen wird.

Franz Kafka

Die Sorge des Hausvaters

(um 1917)

[...] Natürlich würde sich niemand mit solchen Studien beschäftigen, wenn es nicht wirklich ein Wesen gäbe, das Odradek heisst. Es sieht zunächst aus wie eine flache sternartige Zwirnspule, und tatsächlich scheint es auch mit Zwirn bezogen; allerdings dürften es nur abgerissene, alte, aneinander geknotete, aber auch ineinander verfitzte Zwirnstücke von verschiedenster Art und Farbe sein. Es ist aber nicht nur eine Spule, sondern aus der Mitte des Sternes kommt ein kleines Querstäbchen hervor und an dieses Stäbchen fügt sich dann im rechten Winkel noch eines. Mit Hilfe dieses letzteren Stäbchens auf der einen Seite, und einer der Ausstrahlungen des Sternes auf der anderen Seite, kann das Ganze wie auf zwei Beinen aufrecht stehen.

Man wäre versucht zu glauben, dieses Gebilde hätte früher irgendeine zweckmässige Form gehabt und jetzt sei es nur zerbrochen. Dies scheint aber nicht der Fall zu sein; wenigstens findet sich kein Anzeichen dafür; nirgends sind Ansätze oder Bruchstellen zu sehen, die auf etwas Derartiges hinweisen würden; das Ganze erscheint zwar sinnlos, aber in seiner Art abgeschlossen. Näheres lässt sich übrigens nicht darüber sagen, da Odradek ausserordentlich beweglich und nicht zu fangen ist.

Er hält sich abwechselnd auf dem Dachboden, im Treppenhaus, auf den Gängen, im Flur auf. Manchmal ist er monatelang nicht zu sehen; da ist er wohl in andere Häuser übersiedelt; doch kehrt er dann unweigerlich wieder in unser Haus zurück. Manchmal, wenn man aus der Tür tritt und er lehnt gerade unten am Treppengeländer, hat man Lust, ihn anzusprechen. Natürlich stellt man an ihn keine schwierigen Fragen, sondern behandelt ihn – schon seine Winzigkeit verführt dazu – wie ein Kind. »Wie heisst du denn?« fragt man ihn. »Odradek,« sagt er. »Und wo wohnst du?« »Unbestimmter Wohnsitz,« sagt er und lacht; [...] **2**

Auf ähnliche Weise wie Kafkas Odradek ein Ding und ein Wesen, ist die moderne Marke stets Ding *und* Ereignis *zugleich*. Wo die Dinghaftigkeit aufhört und die Ereignishaftigkeit anfängt, ist nicht schlüssig zu bestimmen. Und so betrifft die Veränderung, auf die es hier ankommt, nicht eine Verwandlung von der einen in die andere, sondern eine Verschiebung des Verhältnisses zwischen den beiden Qualitäten: Unter den bereits angedeuteten Bedingungen fortgeschrittener Medien-, Informations- und Konsumgesellschaften, ihrer notorischen Komplexitäten und vielfachen ästhetischen Verschaltungen hat die Ereignishaftigkeit eklatant zu-, die Dinghaftigkeit hingegen – möglicherweise proportional dazu – abgenommen. Ereignishaftigkeit bedeutet unter besagten Bedingungen in erster Linie *mediale Ereignishaftigkeit*: Ein Brand ereignet sich als (mehr oder weniger dirigiertes und dirigierbares) Ensemble von Medienereignissen, und Medienereignisse unterscheiden sich von unmittelbaren Ereignissen dadurch, dass ihre Kommunikabilität die notwendige Bedingung ihrer Tatsächlichkeit ist (und nicht umgekehrt).

Diese Entwicklung zeitigt einige grundsätzliche Konsequenzen, was die Konzeption, die Gestaltung und die Rezeption von Brands, Branding und sogenannten Brandworlds betrifft. Erstens intensivieren sich die für Medienereignisse typischen Feedback-Prozesse zwischen den »Machern«, den Strategen, Gestaltern, Führern und Managern eines Brands auf der einen und ihren Zielpubliken auf der anderen Seite: Markenkommunikation ist keine Einwegkommunikation (mehr), sondern findet als permanenter, sowohl ästhetischer als auch ideeller Austausch zwischen Markenführung und Konsumenten statt, vermittelt und rückgekoppelt etwa durch Marktanalysen, Trendscouting, Sozialstudien, Eventmarketing oder allerlei andere mediale Erweiterungen der Kundenkommunikation. Dies führt – zweitens – zu einer erheblich grösseren Beweglichkeit, Reagibilität und Variabilität der formalen, inhaltlichen und produktiven Erscheinungsformen von Brands: Die kommunikative Integrität einer Marke beruht nicht mehr primär auf der Stabilität und Kontinuität ihres Erscheinungsbilds, sondern auf der Fähigkeit, eine gewisse Vielfalt von Erscheinungsformen in eine *konsistente Erlebniswelt* zu integrieren, die von der Marke besetzt werden und deren zunehmend dynamische Profilierung in zunehmend dynamischen sozialen und ökonomischen Umfeldern gewährleisten kann. Mit anderen Worten: Die Kriterien für die minimale Konstanz, auf die ein nachhaltiger Markenauftritt angewiesen ist, verschieben sich nach und nach von ausdrücklich visuellen und verbalen, insofern also durchaus objektalen Wiedererkennungsmustern hin zu eher *konzeptuellen*, also zu Mustern einer *bestimmten Auffassung* und Repräsentation von Welt und Welten. Und – drittens – erweitert sich das Spektrum an potenziell oder explizit markenfähigen Phänomenen, d.h. an Phänomenen, die sich möglicherweise mit der Auszeichnung »Trademark« vertragen: Einst beschränkt auf Gebrauchs- und Konsumgegenstände, umfasst es inzwischen längst auch Ereignisse, Lokalitäten, Persönlichkeiten und ihre Geschichten, ja sogar Abstrakta wie Ideen, Konzepte, Strategien oder Techniken aller Art, die mit Brands belegt oder im Sinn von Brands instrumentiert und vermarktet werden können.

Freilich haben sich diese Tendenzen in Ansätzen über viele Jahrzehnte hinweg angebahnt und sind aus heutiger Sicht entsprechend ohne Weiteres zurückprojizierbar auf Zeiten und Zusammenhänge, in denen die Begrifflichkeit der Marke noch enger und restriktiver verwendet worden ist. Dennoch erfordert die kommunikative Bedeutungsmacht von Brands, mit der wir uns heute konfrontiert sehen, mithin die enorme Erweiterung und Dynamisierung der Markenkommunikation und ihrer Präsenz im öffentlichen Bewusstsein, eine gewisse Anpassung der Denkmodelle, nach denen Marken konzeptualisiert werden: tendenziell weg von statischen Strukturmodellen, die bestimmte In-

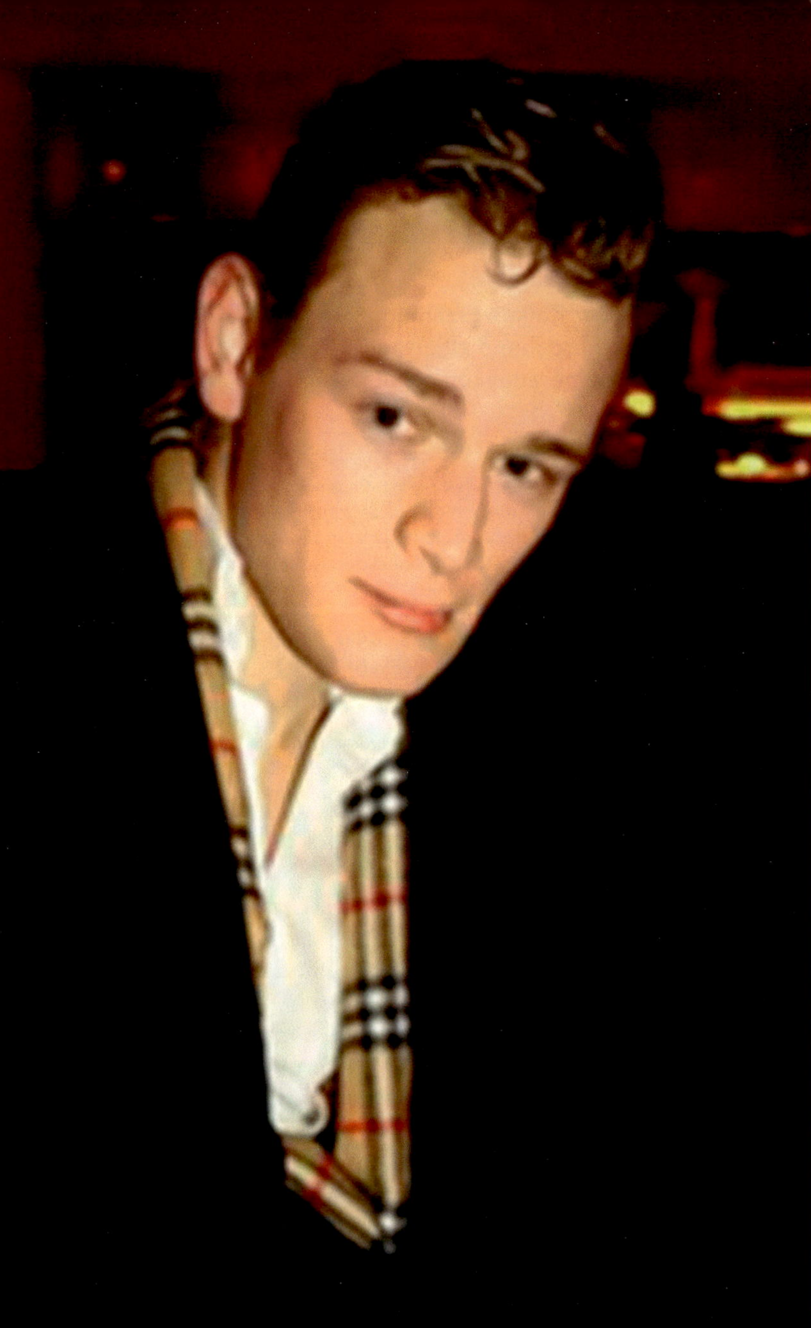

halte und Methoden des strategischen Brandings abbilden, hin zu dynamischen Prozessmodellen, die in der Lage sind, den vielfach mediatisierten und nur beschränkt kontrollierbaren Ereignischarakter des gegenwärtigen Brand- und Brandinggeschehens zu repräsentieren.

DAS »EREIGNISHORIZONT«-MODELL

Ein mögliches (und verhältnismässig einfaches) Modell geht vom Brand als einem »Ereignishorizont« aus, der sämtliche, insbesondere medialen bzw. medientechnisch vermittelten Ereignisse umfasst, aus denen sich ein bestimmter Brand zu einem bestimmten Zeitpunkt konstituiert; d.h. sämtliche Ereignisse, die zum bestimmten Zeitpunkt zum betreffenden Brand in Bezug stehen oder in Bezug gesetzt werden können. Der »bestimmte Zeitpunkt« ist entscheidend, denn ist ein Brand erstmal von der besagten Ereignishaftigkeit erfasst und damit Teil des medial repräsentierten und multiperspektivischen »Weltgeschehens« geworden, so stehen seine Erscheinungen und Positionierungen in vielfältigen, sich fortwährend verändernden (kulturellen, ökonomischen, technischen, politischen, sozialen usw.) Aktualitätsbezügen: Inhalt und Reichweite des entsprechenden Ereignishorizonts verhalten sich demnach äusserst dynamisch und sind nur bedingt kontrollier- oder steuerbar. Der gestalterische Anspruch an die Konzeption, an den Entwurf, die Entwicklung, Führung und Pflege eines Brands erschöpft sich deshalb nicht mehr im strategischen Design seiner Erscheinung, in der Perfektionierung, Ausdifferenzierung und allfälligen Anpassung seiner Konturen und Oberflächen durch eine autoritäre Markenführung, sondern erfordert in erster Linie eine fortwährende (Re-)Positionierung und (Re-)Kontextualisierung seiner »Inhalte« hinsichtlich der aktuellen Lebens- und Assoziationswelten potenzieller Konsumenten: das permanente Herstellen von ästhetischen und informellen *Zusammenhängen* innerhalb des je eigenen und je momentanen Ereignishorizonts einer Marke. Ins Formelhafte übertragen heisst dies:

INTEGRATION STATT DIFFERENZIERUNG.

Markengestaltung und Markenpflege haben sich mehr und mehr integrativer statt differenzierender Strategien zu bedienen: Es steht weniger die differenzierende Abgrenzung vom Auftritt konkurrierender Brands als vielmehr die Integration von aktuellen lebens- und erlebnisweltlichen Kontexten ins Repertoire der Kommunikation eines Brands im Vordergrund. Und dies bedeutet nichts anderes als die fortwährende Bereicherung und Erweiterung des jeweiligen Ereignishorizonts mit Inhalten, Bildern und Botschaften, die dem Zielpublikum möglichst grosse, unmittelbar zugängliche, v.a. aber auch aktualitätsbezogene Identifikationsflächen innerhalb dieses Horizonts anbieten. Doch dieser Erweiterung des Horizonts sind auch sehr konkrete Grenzen gesetzt: Die Erlebnis- und Ereigniswelt, durch die sich ein Brand vermittelt, muss stets konsistent – d.h. in sich kohärent, zusammenhängend, integral und damit »glaubwürdig« (ein geläufiger, aber heikler, weil in diesem Zusammenhang schwer fassbarer Begriff) – bleiben, sowohl ästhetisch als auch inhaltlich. Denn selbst wenn (oder gerade weil) die Konturen eines Brands unter den heutigen Bedingungen weit beweglicher und vielgestaltiger sind als sie es unter »klassischen« Voraussetzungen waren, vertragen sie weniger Unschärfe denn je. In einem Umfeld, in dem die verfügbaren Markenangebote stark im Zunehmen begriffen sind, wird sich niemand, weder Einzelkonsumenten noch Konsumentengruppen, längerfristig mit einem Brand identifizieren, dessen Integrität in dieser Hinsicht in Zweifel steht oder in Zweifel gezogen werden kann. Umso mehr erfordert zeitgemässes Branding auch eine vermehrt integrale Konzeption der einzelnen gestaltbaren Komponenten, aus denen ein Brand aufgebaut ist: des Corporate Design, der Produktgestaltung, der Leitbilder, der Promotions- und Kommunikationsstrategien usw.

Der nächstliegende Grund für diese Entwicklung sind die vorhergehend angedeuteten, multiplen und informellen Feedbacks zwischen Markengestaltung und Markenrezeption. Zunehmend medienkompetente Konsumenten adaptieren nicht bloss die Erlebniswelt, die einen Brand umgibt, sondern sie erwarten auch, dass gewisse Interessen, Stilpräferenzen und Lebensentwürfe, die sie sich anderweitig bereits angeeignet haben, auf den betreffenden Ereignishorizont projizierbar respektive in ihn integrierbar sind. In rudimentärer grafischer Abstraktion lassen sich diese Zusammenhänge in etwa wie folgt darstellen:

BRANDING I

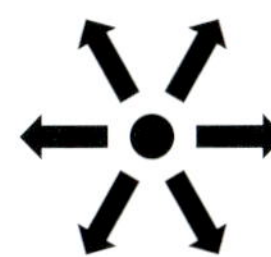

»Klassisches« Branding kommuniziert von einem a priori definierten Marken-
kern aus nach aussen. Die Definition des Markenkerns und der entsprechenden
Kommunikationsformen und -inhalte erfolgt durch eine wesentlich auktoriale
Markenführung.

BRANDING II

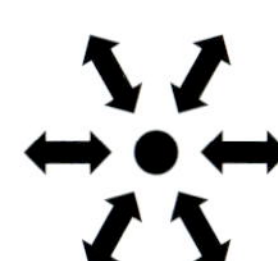

Der (mediale) Ereignischarakter von Brands – unter den Bedingungen fortgeschrittener Medien-, Informations- und Konsumgesellschaften – führt zu vielfältiger Interaktivität und Inderdependenz von Markenproduktion und -management
auf der einen und Konsumentenschaft auf der anderen Seite. Marketingstrategien
stellen sich auf diese wechselseitige Kommunikation ein, ihre Mittel und Wir-
kungen werden damit dynamischer, aber auch labiler und unkontrollierbarer.

MARKENHORIZONT

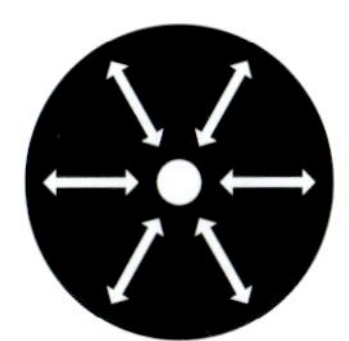

Solche wechselseitig-dynamische Markenkommunikation spielt sich sinnbildlich
in einem »Ereignishorizont« ab. Innerhalb dieses Horizonts finden die Ereignisse
statt, die für die Profilierung der Marke in der Öffentlichkeit massgebend sind.
Mit anderen Worten: Als Ereignishorizont gedacht, wird die Marke gewissermassen zu einer »Trading Zone« für Produkte, Bild- und Erlebniswelten bis hin
zu Werthaltungen und kollektiven Orientierungsmustern, vermittelt durch Ereignisse, die heute im Regelfall »Medienereignisse« sind. Je länger ein Brand etabliert ist, d.h. je mehr er durch sogenannt klassische Brandingstrategien geprägt,
kommuniziert worden und mitunter zu einem monolithischen Markenklassiker
wie Coca-Cola, Chanel oder Marlboro erstarrt ist, desto eher und länger kann er
es sich leisten, sich nicht um derlei Dynamisierungen des globalen Brandinggeschehens zu kümmern.

DIFFERENZIERUNG

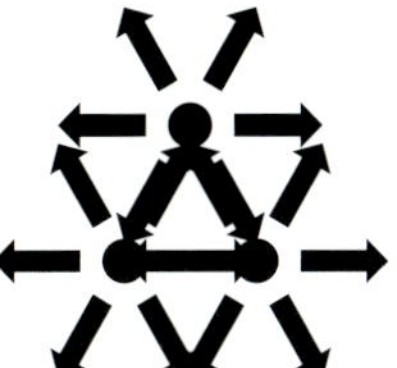

Eine massgebliche Absicht »klassischer« Brandingstrategien besteht in der Abgrenzung und Differenzierung einer Marke hinsichtlich ihrer Konkurrenz.

INTEGRATION

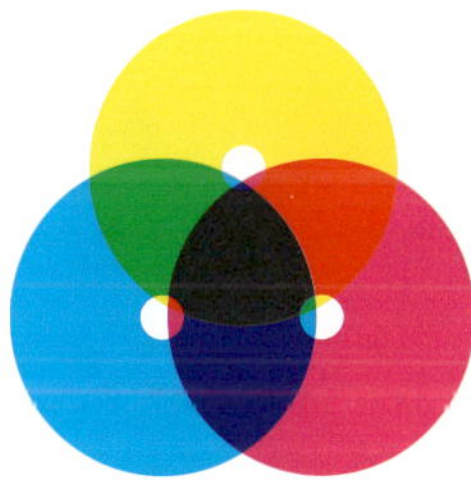

Die jüngsten Entwicklungen hin zu integrativen resp. integralen Markenkon-
zepten etablieren dagegen brandspezifische Ereignishorizonte, die sich berüh-
ren, überschneiden oder auch weit auseinander liegen können. Entscheidend ist
hier offensichtlich die Positionierung des Horizonts, d.h. die Bestimmung eines
zentralen Bezugspunkts, um den er sich erstreckt: Dadurch wird nicht nur sein
Wirkungsbereich bestimmt, sondern auch seine Situierung im Markt- und Kom-
munikationsumfeld. Diese beiden Faktoren sind ausschlaggebend für die kommunikative Wettbewerbsfähigkeit eines Brands. Die Positionierung, gleichsam
der Stand- und Mittelpunkt eines markenspezifischen Ereignishorizonts, repräsentiert unter den vorgängig dargelegten Bedingungen vielleicht noch am ehes-
ten das, was in klassischer Diktion als »Markenkern« bezeichnet worden ist.

KONSUMENTENHORIZONT

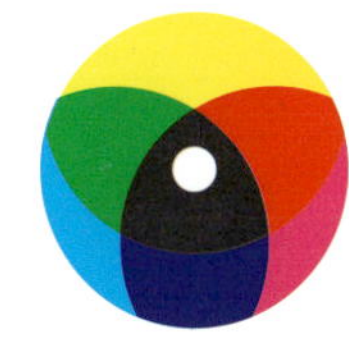

Aus der Perspektive des Konsumenten lässt sich analog zum Ereignishorizont
eines Brands das Bild eines »Konsumentenhorizonts« modellieren, in dem entsprechend der jeweiligen persönlichen Konsumentenbedürfnisse und -präfe-
renzen durchaus mehrere Ereignishorizonte unterschiedlicher Brands integriert
und kombiniert werden können.

Zitiert nach: Franz Kafka; Sämtliche Erzählungen, Frankfurt a.M. 1970/1985

MARKEN:HO

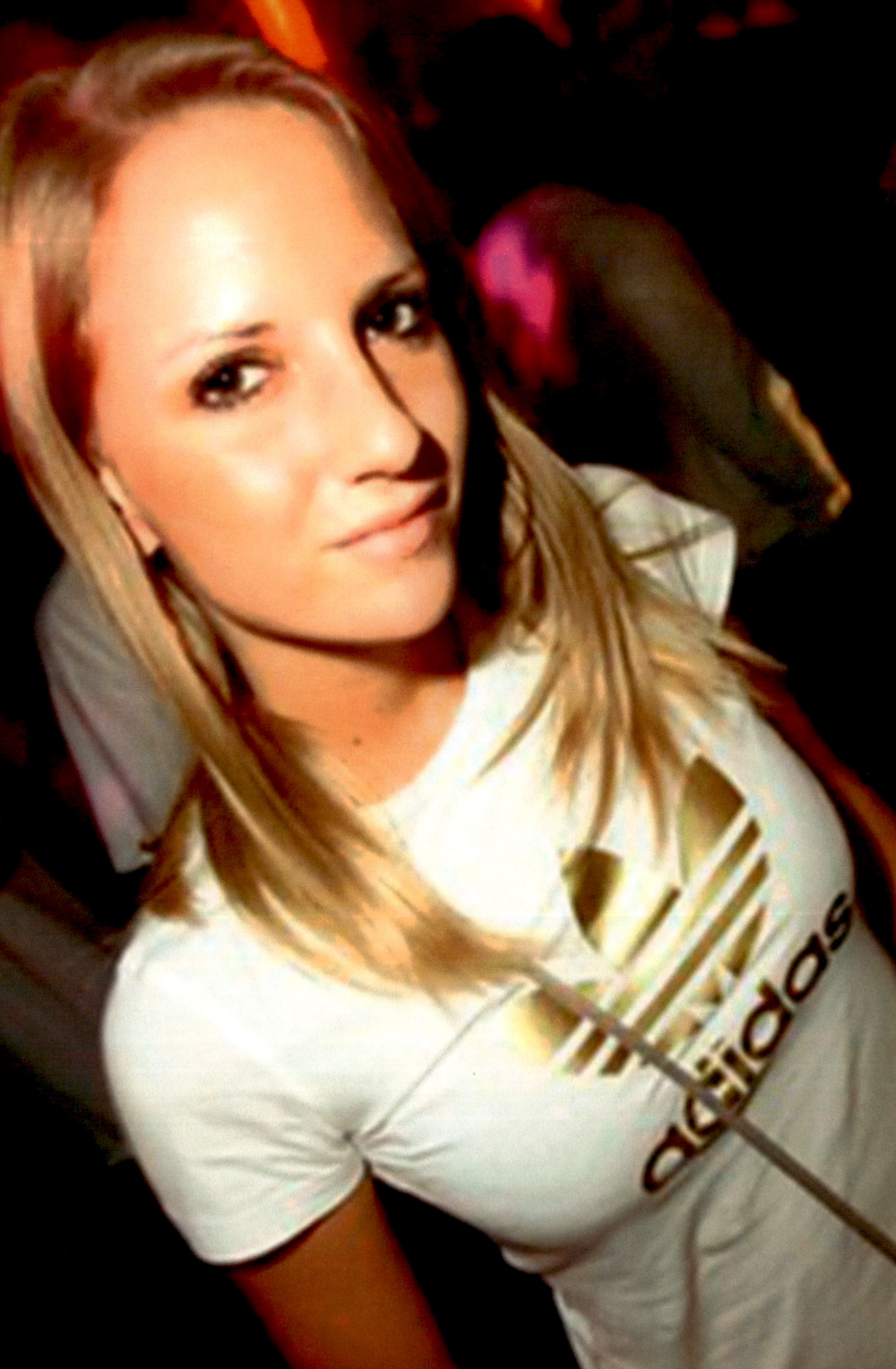

MATTHIAS MICHEL Der Ereignishorizont einer bestimmten Marke, der Einfachheit halber fortan als »Markenhorizont« bezeichnet, ist zunächst bloss ein Konzept: Er kann zwar in irgendeiner Gesamtheit oder Vollständigkeit gedacht, vielleicht sogar vorgestellt, aber nicht ausformuliert oder abgebildet werden. Hätten wir es bloss mit expliziten Inhalten und Ereignissen zu tun, d.h. mit solchen, durch die eine Marke objektiv und ausdrücklich in Erwähnung oder Erscheinung tritt, so wäre vielleicht näherungsweise eine gewisse repräsentative Vollständigkeit der Darstellung zu erreichen. Doch der grössere (und immer grösser werdende) Anteil dieser Ereignisse und Inhalte ist impliziter Art: Assoziationen, Interpretationen, Imaginationen, Projektionen, Erinnerungen und andere, vielfältigste Erlebniskategorien, die sich unmittelbar und aufgrund persönlicher, gruppenspezifischer oder kultureller Prädispositionen bei der »Landung« von Marken, Markenbildern und Markenbotschaften einstellen, d.h. in den weitgehend unvorhersehbaren, kollektiven und/oder individuellen Momenten und Situationen, in denen ein Brand wahrgenommen, angeeignet oder in irgendeiner Weise benutzt wird. Diese Ereignisse sind inzwischen hochgradig multiperspektivisch und subjektiv geprägt und können entsprechend kaum mehr von einer Markenführung oder einem Markenmanagement antizipiert, geschweige denn geplant werden. Andererseits sind es unter den vorhergehend eingeführten Prämissen gerade diese impliziten Inhalte, die zu einem beträchtlichen Teil die dynamische und ereignishafte Realität des gegenwärtigen Markengeschehens ausmachen: Marken sind Bedeutungsträger geworden, die über ihre Selbstreferenzialität hinaus keine expliziten oder spezifischen Bedeutungen, vielmehr aber Bedeutungspotenziale, implizite Bedeutungsmöglichkeiten transportieren. Explizit werden diese Möglichkeiten in der Aneignung durch die Rezipienten und Konsumenten. Sie sind es, welche die Möglichkeiten artikulieren, indem sie sich eine Marke zu eigen machen, indem sie sie »tragen«, sie in bestimmte Lebenszusammenhänge integrieren und damit die Implikationen in einen Zustand konkreter Ausdrücklichkeit, Sichtbarkeit und Manifestation versetzen. Wenn hier im Folgenden Versuche angestellt werden, Markenhorizonte auf unterschiedliche Weise, v.a. aber mit den Mitteln visueller Gestaltung zur Darstellung zu bringen, so geschieht dies mit Berufung auf die Tatsache, dass sich die expliziten und die impliziten Inhalte des Ereignishorizonts einer bestimmten Marke unweigerlich, wenn auch auf vielfältigste Art aufeinander beziehen und dass die Brands erst in ebendiesen Beziehungen jene Bedeutungen entfalten, die sie in ihrer Aufdringlichkeit als Bedeutungsträger unablässig versprechen. Solche Beziehungen und Zusammenhänge von expliziten und impliziten Inhalten einer Markenerlebniswelt sichtbar zu machen, das ist die Absicht der Darstellung eines »Markenhorizonts«, mithin also der ästhetischen Instrumentierung des Konzepts. Denn auch wenn sich die Zusammenhänge bloss in bestimmten Hinsichten, notwendig unvollständig, momentan, assoziativ, subjektiv, bestenfalls also »segmentweise«, folglich einigermassen zufällig und kontingent veranschaulichen lassen, so können mit Hilfe ausgestalteter Mar-

ORIZONTE

kenhorizonte Aspekte eines Brands entworfen und beleuchtet werden, die anderweitig nur schwer fassbar sind:

zunächst und vor allem die wechselseitige kommunikative Verwandlung eines »Marken-« in einen »Bedeutungshorizont«:

die Dynamik dessen, was sich innerhalb dieses Horizonts ereignet:

die Strukturen und Funktionen der assoziativen Entstehung einer mehr oder weniger konsistenten und wesentlich ästhetisch definierten Erlebniswelt, die einen Brand repräsentiert, und deren Bezüge zu ihren aktuellen Kommunikationsumfeldern:

DER KOLLEKTIVE RESONANZRAUM AUS BILDERN, BEGEHRLICHKEITEN, STATEMENTS, GESCHICHTEN UND (NICHT ZULETZT) WERTEKATEGORIEN, AN DEM WIR MIT DER ADAPTION EINES BESTIMMTEN BRANDS ZU EINEM BESTIMMTEN ZEITPUNKT PARTIZIPIEREN.

Grundsätzlich bestimmen sich Mittelpunkt, Perspektive und Umfang eines Markenhorizonts dem jeweiligen Interessenfokus entsprechend. So können einmal die Implikationen einer einzelnen Brandingkampagne, ein andermal das gesamte Erscheinungsbild des Brands zu einem bestimmten Zeitpunkt in einem bestimmten kulturellen oder subkulturellen Kontext, dann wieder gewisse Ereigniszusammenhänge der Markenadaption oder auch der historische Hintergrund eines bestimmten Markenauftritts in Form eines Markenhorizonts aufbereitet werden. Für diese und weitere Varianten finden sich Beispiele in dieser Publikation. Entscheidend ist, dass ein gestalteter Markenhorizont – im Gegensatz etwa zu einem »Moodboard« – nicht primär ein synthetisches, sondern ein analytisches Instrument darstellt. Die wesentliche Vorbedingung hierfür besteht in der *gestalterischen Auswahl und Konfiguration* der Inhalte und Materialien *in einer bestimmten Hinsicht*: Ein Markenhorizont bezieht innerhalb des multifokalen Ereigniszusammenhangs des jeweiligen Brands einen Standpunkt und artikuliert von da aus die latenten bzw. die impliziten Inhalte, mit denen der Brand operiert, macht sie explizit und ermöglicht so das Herstellen von Korrelationen mit jenen Aspekten, die immer schon ausdrücklich, sichtbar, manifest sind.

In einer Zeit, in der sich u.a. Kunst, Politik, Philosophie und der weitaus grösste Teil sowohl der »harten« als auch der »weichen« Wissenschaften zu Subkulturtechniken des intentionalen Entwerfens-und-Gestaltens formieren, heisst dieser Vorgang des Ausdrücklichmachens von Implikationen, auf die kürzeste und allgemeinste Formel gebracht, »Design«: Ebenso wie die Marke in all ihren Facetten ist auch der auf sie bezogene Markenhorizont ein *Design-Produkt*. Eines, das gestaltend-hinschauend und hinschauend-gestaltend danach fragt, wie ein Brand zum »Ereignis« und wie das Ereignis »bedeutsam« wird. Als solches ist er trotz (oder gerade wegen) all seiner Kontingenz hinreichend präzis, und diese Präzision wiederum rechtfertigt seine strategische oder wissenschaftliche oder verstehenwollende Instrumentierung.

POSING THE PROBLEM. PROPOSITION 1

BRANDS:HY[

MATTHIAS MICHEL FOR QUITE SOME TIME NOW, BRANDS HAVE BEEN DEMANDING THIS SPRAWLING AND SWEEPING EXCITEMENT AND ATTENTION WHICH MAY RIGHTLY BE CALLED "HYPE". "BRANDS" AND "BRANDING" HAVE BECOME IMPORTANT FACTORS IN THE CULTURAL AND ECONOMIC COMMUNICATION ON AND BETWEEN GLOBAL(ISED) MARKETS AND MARKET PLACES, AND HAVE, THUS, BEEN SPREAD OUT AND FLATTENED. PERTAINING LITERATURE OF WIDELY DIFFERING QUALITY, PROVENANCE AND ADDRESSEES HAS BEEN PILING UP IN THE RESPECTIVE BOOK SHELVES, FROM GLOSSY PHOTO ANTHOLOGIES TO WEIGHTY SCIENTIFIC-ANALYTICAL TOMES TO PAPERBACK GUIDES FOR BEGINNERS. AND WHOEVER SEARCHES THE COLLECTIVE WORLDWIDE CONSCIOUSNESS WWW FOR THE MENTIONED KEYWORDS WILL GET ANSWERS TO SUCH IMPORTANT QUESTIONS AS: "WHO AM I?", "WHAT SHALL I DO?", "WHERE DO WE COME FROM?", "WHERE DO WE GO?", OR "HOW SHALL I INVEST?" ...

THE SHORTEST GLOBALLY COMMUNICABLE FORMULAS

Any hype will pass because it does not keep its promises. But every hype has its reason and cause. The hype about brands and branding is, like many hypes during the past years, first of all related to some global developments that have been sufficiently commented: to the rapid and almost total, theoretical as well as practical commercialisation of our views and understandings of the world; to the opening and liberalisation of markets; to the expansion and intensification of competitive structures, among others the growing pressure to achieve differentiation, profiling and publicity; to the worldwide complexion and confliction of cultures; shortly, to the "globalisations" of economy, politics and culture ever since the Cold War. Under these conditions, brands have, without fail, gained in importance as the shortest globally communicable formulas for economic and cultural unities, corporations, offers and strategies. The western invasion of the "new markets" in the Middle and Far East or in Africa (and, under certain conditions, vice versa) is being realised to an important extent by "globally" operating brands that recommended themselves forcefully to this end because of the essential role they played during the collapse of the Socialist systems. The competition for market shares manifests itself, last but not least, as the competition of brands generating public attention, thereby actually conveying new values: the overly cited new "freedoms" of the consumer in liberalised markets, freedoms that can just as well be seen as "constraints" of choice.

Another background, intrinsically tied to the first, can be seen in the intense growth of worldwide communication structures allowing for an almost unlimited circulation and acceleration of access to information. This development, on the one hand due to the new media, on the other hand due to new technologies in handling and shipping, creates the logistic requirements for the broad and efficient, sufficiently differentiated and differentiating placement of brands and the messages they carry, aimed at consumers which may be spread over the whole globe. This second factor not only provides "big", established or globally operating brands with adequate communication platforms but also others that are interested in only regional or temporarily relevant target groups and sub-cultures.

A third essential factor lies in the changes pop-cultures have undergone during the past two decades. Until the 80ies of the past century, the pop-industry, extended to some kind of trans-cultural *message machine*, provided an almost automated output of innovations 1 of contemporary and increasingly orchestrated styles, contents, value categories, protagonists and projection figures for mass and youth cultures hungry for contours and orientation. At the beginning of the 90ies at the latest, this topological current changed to a swirl of post-modernistic repetitions and a recycling of attitudes and lifestyles the identification value of which no longer described primarily progressive changes of the "Zeitgeist" but, much more formal and cyclic, a chronically manifested, eclectic-pluralistic carnival of poses, dress codes and patterns of behaviour. The consequences of this development certainly induced by production can, e.g., be seen in the massive shortening of the average half-life of pop-acts and related sales collapses, long before e.g. downloads and music piracy in the internet had become relevant commercial factors. In this environment – either viewed as multi-perspective or as defocused

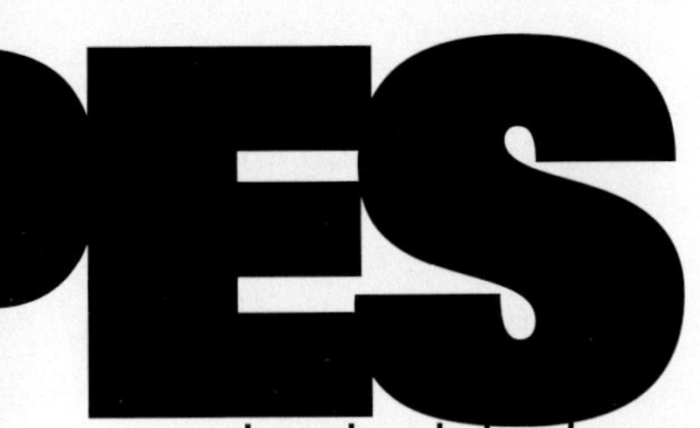

–, brands, obviously, occupied new territories and new functions: Having always, in one way or the other, been part of modern pop-culture or of the interactions and coefficients between pop-, market- and marketing cultures, they now play an increasingly important role, especially as carriers of pop-cultural meanings and messages going far beyond the communication of the qualities inherent in a brand. They are used, first of all by the consumers, but increasingly by brand management as well, as the insignia of individual and collective identities, as codifications of stylistic and, to a certain extent, ideological affiliations.

As a consequence, brands are taken off their conventional carriers, the products, the screens and billboards, TV-screens and ads in magazines to flood all the widths and depths of this multi-medial space which aims at representing all the events, facts and realities of the information society and which, generally, hosts all pop-cultural happenings. And wherever brands appear, they offer some – *any* – *meaning*, even if sometimes, in any case more often than we like it, it is nothing but the formula: *I consume, therefore I am*. The ancient existential longing for (self-) assertion, the wish to make sure that *I am in this world*, that I am part of it, has not diminished under modern and post-modern conditions of life and consciousness but has rather grown, and it can – in today's societies concerned mainly and obsessively with the appearance, manipulation, production and consumption of public bodies and corporealities – hardly be expressed more easily, directly, efficiently and effectively than by marking the bodies – visibly and intelligibly for the "whole world" – with identifying or identifiable brands.

THUS, LAST BUT NOT LEAST, BRANDS, BRANDED GOODS' AND BRAND CULTURES CAN BE SEEN AS MODERN FETISHES AND FETISHISMS.

Meanwhile, at least one generation has come of age which has been familiar with brands as a means of the acquisition and expression of personal and collective identities from early on. Without any doubt, this hype about brands is rooted in the social challenge, the contestations of forms of expression, patterns of behaviour and self-representation of this generation, which, on the average, has more brand consciousness and competence at its command than any other generation before, since no other generation has ever – neither in quantity nor in quality – been exposed to such permanent and aggressive "branding". If one looks at the observations and publications, trend analyses or social studies dealing with these phenomena, the critics' characterisations of the kids, teens and twens show some astonishing facts worth considering, concerning the importance of brands and branding in their everyday life, shaping their personalities. It is nothing new that brands constitute symbols of social status, that they are indicators of economic power – it has always been part of brand competence to know which brands are offered, and by whom, where, when (and sometimes even: why) they are bought and used (or not), plus, and maybe just as much or even more importantly, how expensive they are. A comparably new phenomenon can be seen in the fact that people develop their individual or collective personalities along a line using a technique that not only originally but *principally* served or serves the identification or marking, the labelling of *things*. Thus, brands, for a long time, have been used as substitutes or place holders for ideals; consequently as agents for moral, social, sometimes even political, national or ethnic orientation, as helpers in group dynamic navigations, as sign posts in the development of personalities and matrices for (individual or collective) concepts of life; and, moreover, for people who are – either because of their age or their predisposition – dependent on such guidelines, for instance and above all young people.

LOOMING ABOVE THE VALUE WASTELAND

In other words: brands have become normative and, in the widest sense, "educative" quantities. This is not the beginning but the climax of the hype: Brands, meanwhile, are supposed to fill gaps, especially in social and individual orientation, left by other – undoubtedly more legitimate – authorities. The fact that these authorities

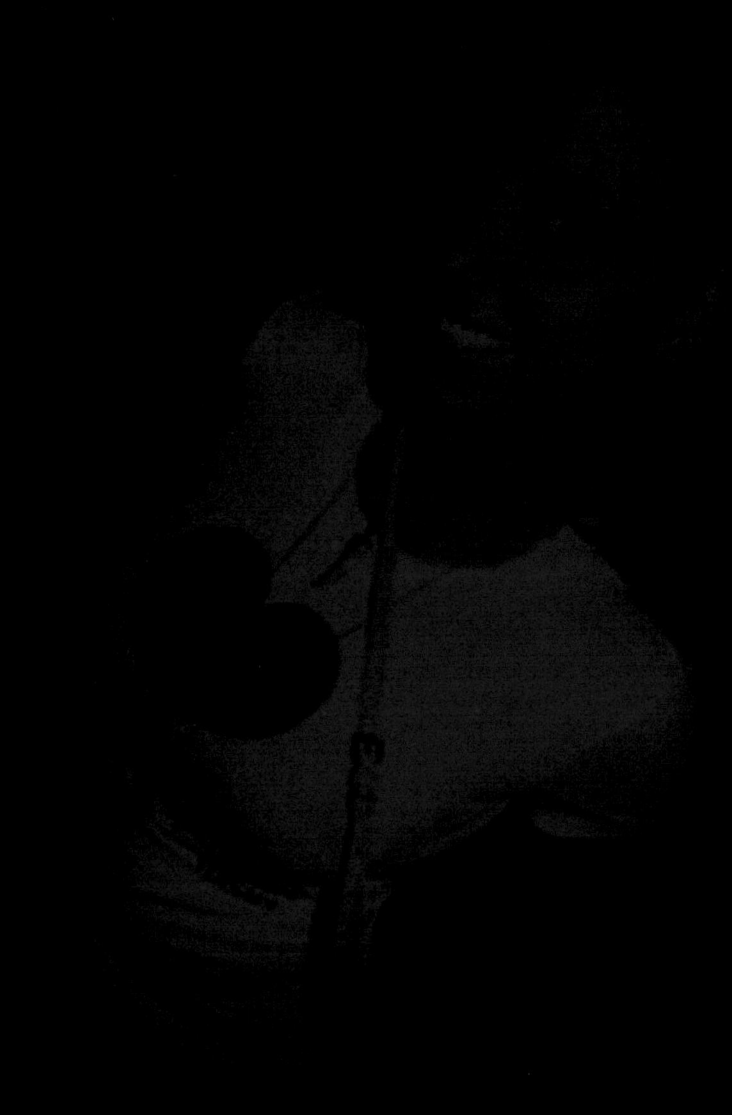

have either been deposed of or have defected is deplored as the "decline" and "disintegration" of values – "plurality" of values might be a more appropriate expression here. Thus, the debate is opened, and, increasingly, it is pursued as a hype: as a rhetorical hyperventilation in a vacuum of meaning with regard to brands and their producers and what is ascribed to them more or less wantonly and expressly: to be able to create or destroy values, and what they are, in fact, deemed able to do: to depict or represent (already existing) values or value categories.

If brands, today, increasingly function as a help in social or individual orientation, if a growing number of people adapt these patterns and are willing to spend more time, money and attention on them than on other offers for identification, it simply means that they have joined this consumer society not only commercially but mentally, too, a society in which not only the offer (and the price) is dictated by the demand but vice versa, too: *demands are being dictated by offers (and the price)*. Brands and their instrumentations are not suited to serve as a "problem" in these connections. At best, they may be symptoms. Perhaps the problem lies in the infinite space of a *Value Wasteland*, spread out in front of a pluralistic (world-) society in which – apart from some instant economic teleologies like growth, affluence or consumer happiness – practically all value categories have lost their former collective binding force. Above this desert of the so-called disintegration of values all kinds of looming form, and soon one is faced with problems of orientation like in any other desert. According to widespread modern views, this disorientation fosters the most different kinds of disintegrated fanaticisms and phantasms, projections and instrumentations of brands as carriers of meanings they never actually had and never will be able to have, even if we were seriously willing to assign their producers and consumers this absurd responsibility. Obviously and basically, there is *nothing* binding in brands and *everything* can be (ex)changed (appearance, message, products, management, the designers … everything), and, thus, everybody relying on and orienting him- or herself in brands will inevitably be systematically disappointed and frustrated and has – unless they want to remain systematically ignorant – to cope with this fact, which can never durably be changed or compensated by other, "better", "more adequate" or "more meaningful" brands. This frustration will be systematic because the meaning inherent in a brand constitutes itself in an instant and momentary desire and covetousness: according to the most trivial logic of markets and brands: in the promise and not the fulfilment, and most certainly not in a permanent fulfilment of the promise.

"TODAY'S GODS?"

Maybe it is of little or no concern for "us" and simply their own private matter which values or what increase in pleasure single consumers – young or old, affluent or destitute – project into a brand and for how long and how devotedly they will continue to do so, until they finally will orient themselves towards more promising offers and let their consumption behaviour regress to within the limits of more conventional status symbols. But exhibited and dragged out into the public space of communication, and risen to important factors of social behaviour and navigation, brands and brandings inevitably become political factors and problems, thus a hype, last but not least because their integrity finally collapses under this overloading. And if the related discourse seriously suggests such nonsense like the one that Jesus Christ can be viewed as the first successful globally operative brand, the hype progressively has reached an alarming level.

The symbol of the hype is the bubble – a totally transparent surface, maximum volume, minimum specific weight, aery enough to be blown wherever by even the slightest draft – and as a fact: In the year 2007, *The World Economic Forum* (WEF) in Davos, e.g., presents a podium – subsidised by several church organisations – under the title: *Brands: Today's Gods?* – Do we need more distinctive symptoms to diagnose a hype? – It's no surprise that the discussion is much less spectacular than the title promises. The participants (unfortunately, a senior representative of the fashion label Gucci had to cancel on short notice) avoid any references to the polemically symbolical questions, just like the devil is afraid of holy water. Instead, they broadly, but helplessly, discuss if and how they should react to the problem of growing "consumption pressure" on young brand consumers ("Social Responsibility of Brand Management?", "School Uniforms?", "Family Councils?").

The only comparably meaningful statement the most distinguished but obviously bored participant, Sir Martin Sorrell, Chief Executive of WPP, England, was able and willing to give, repeatedly and in slight variations, in the whole discussion which lasted approximately one and a half hours, can be paraphrased as follows:

"STRONG BRANDS AND THEIR CULTIVATION ARE VEHICLES OF GROWING FREEDOM AND SELF-RESPONSIBILITY OF AUTONOMOUS INDIVIDUALS IN A GLOBALISED WORLD."

All in response to the question concerning the "roles and strategies of multi-national companies in this context" … –

Saturday 27 January

18.00 – 19.30 Brands: Today's Gods?

Brands have become a part of our daily lives, whether on clothing, multimedia gadgets or accessories.

Today, what you wear or possess indicates whether you are "in" or not.

This can lead to social exclusion and increased pressure to consume,

especially for young people.

1   How do brands affect the way society functions? How do brands change our social interactions?

2   To what extent can consumption pressure be pushed back? Could school uniforms be a solution?

3   What are the roles and strategies of multinational companies in this context?

David Bosshart, Director, Gottlieb Duttweiler Institute, Switzerland

Kathleen Ix, Student, International School of Geneva, Switzerland

Reno Sami, Manager, School Uniform Project, Basel Middle School, Switzerland

Sir Martin Sorrell, Group Chief Executive, WPP, United Kingdom

Moderated by Bendicht Luginbühl, Journalist, Switzerland

(www.weforum.org)

2 Cf.: Shinya Takabayashi; Die stetige positive Multiplikation dessen, was ohnehin da ist.
In: Matthias Michel (Hg.); VirusExpress – Rendez-vous im Überall, Frankfurt a.M. / Zürich 1997

BRANDS::EVEN

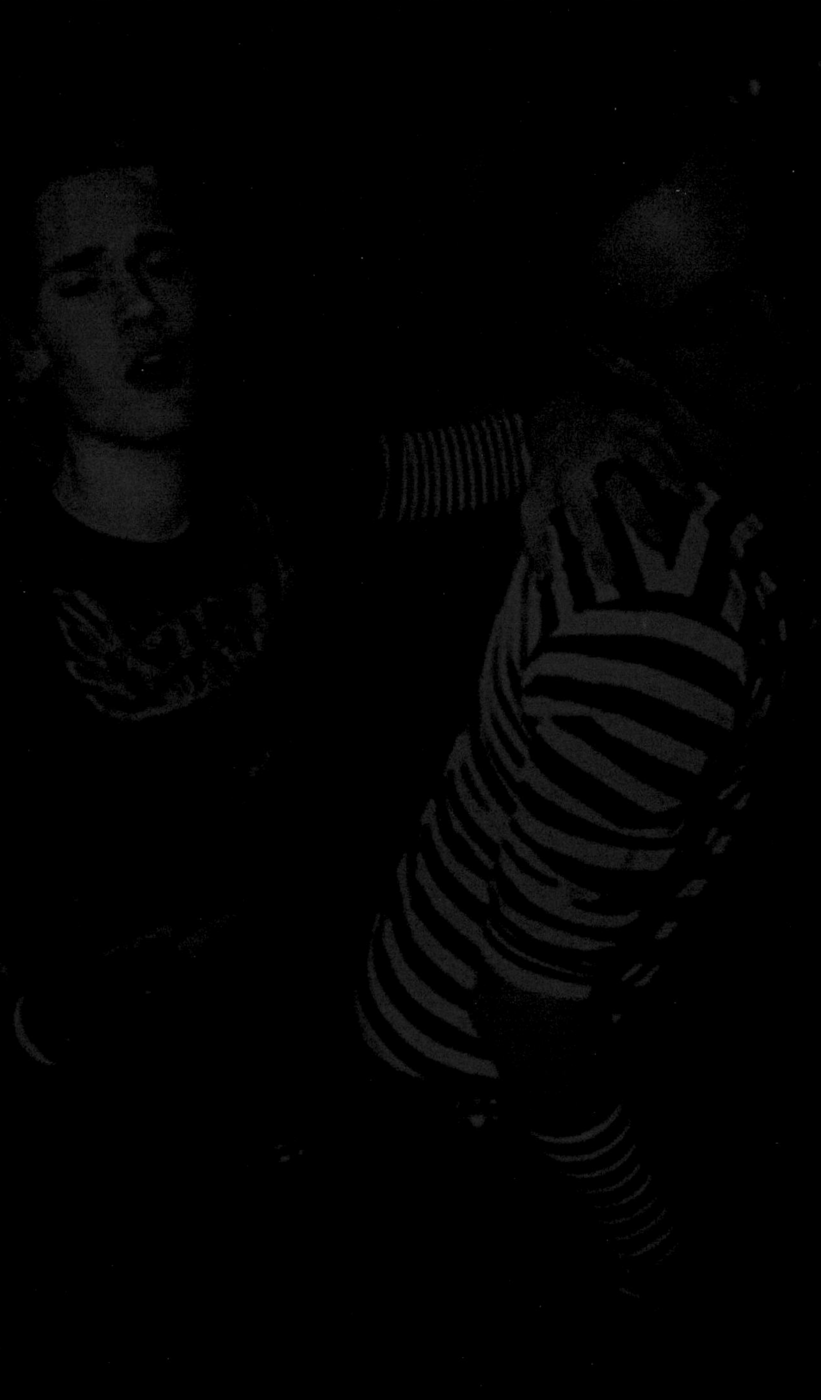

MATTHIAS MICHEL IF WE ABSTAIN FROM TAKING THE GLOBAL AND UNSPECIFIC BACKGROUNDS INTO ACCOUNT, AND IF WE, SORT OF, ZOOM IN ON "THE OBJECT MATTER" ITSELF: ON "THE BRAND", AND THE DEVELOPMENT IT HAS GONE THROUGH IN RECENT TIMES, WE REALISE THAT THE CAUSE FOR THE HYPE – TO PUT IT IN A NUTSHELL OR AS SUCCINCT AS POSSIBLE – CAN BE SEEN IN THE FACT THAT BRANDS, MEANWHILE, HAVE TURNED INTO (PART OF OUR EVERYDAY LIFE AND EXPERIENCE, BE IT WITH REGARD TO THE MEDIA, BE IT SOCIALLY, OR POLITICALLY, ETC., IN ANY CASE, INTO *HIGHLY DYNAMIC)* EVENTS. THIS IS, IN FACT, A LOT LESS SELF-EVIDENT THAN IT MIGHT SEEM.

BRANDS AS OBJECTS AND EVENTS

Traditionally, and in spite of all the abstractions it represents and communicates, a brand, above all, is a material *object* which may, from time to time, adopt new appearances and diverse medial – even highly virtual – forms, but that still remains the same object (attached to and composed of other objects). This consistency and continuous concreteness constitute one of the essential qualities of the brand. Almost any historically relevant brand that stood the test of the ever faster and highly diversified 20th century fashion-, trend- and consumer industry for a longer period of time, and, thus, seems to be constantly adapting to this process might serve as an example: Coca Cola, Marlboro, Shell, Chanel, Rolex, Mercedes, and so on and so forth. Phenomenologically speaking, these classical, essentially "material" and objectified brands are characterised by material features – from logos and slogans, to their visual appearance and advertisement realities, to the forms and functions of the products they relate to, to their marketing strategies and rhetorics. Each of these features can never represent the whole brand but only certain aspects of it, and they can only be moulded, adapted to varying environments, occasionally "re-designed" and subjected to "image-corrections" because in that process they invariably refer to the brand as a stable, a priori, whole, unique entity that withstands the changes of times and is hardly affected by the consumers' adaptation. As a consequence, in the context of "classical" branding, the metaphor of a "brand core" was established; a term that's open for various definitions and that may encompass the most diverse aspects, but in any case owes its meaning to the stable "core" objectivity it attributes to the brand.

Speaking of the traditional "objective" character of brands, however, should not obscure the fact that a brand has never been just a simple, un-mysterious object but always a complex, dynamic, truly enigmatic and mysteriously *speaking* thing: an object intrinsically commanding a certain "event character" and which can ultimately only be described by comparison or metaphor, for instance by means of Franz Kafka's novella "*The Worries of a Householder*" about the bizarre live object "Odradek", which Hartmut Böhme (in his above-quoted book) in turn uses as a showcase example to illustrate the fetish character of modern objects.

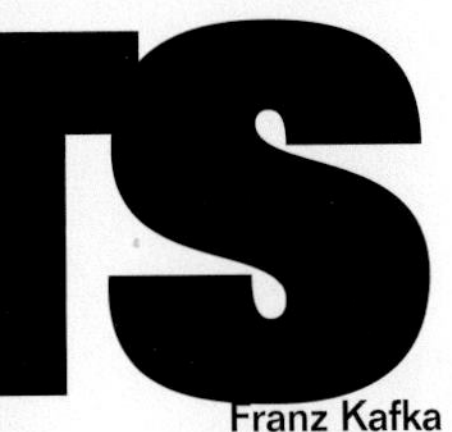

Franz Kafka
The Worries of a Householder
(around 1917)

[...] No one, of course, would occupy himself with such studies if a creature called Odradek did not in fact exist. At first glance it looks like a flat, star-shaped spool for thread, and indeed it does actually seem to be wound with thread; or rather, with what appear to be just odds and ends of old thread, of the most various kinds and colours, all knotted together and even tangled up with one another. But it is not simply a spool, for projecting from the middle of the star is a small wooden crossbar, and to this another little bar is attached at a right angle. By means of this latter bar on one side and one of the points of the star on the other, the whole thing is able to stand upright as if on two legs.

One might be tempted to suppose that this object had once been designed for some purpose or other and was now merely broken. But this does not seem to be the case; at least there are no indications of it; nowhere are there stumps or fractures visible that might suggest anything of the kind; the whole thing certainly appears senseless, and yet in its own way complete. It is not possible to state anything more definite on the matter since Odradek is exceptionally mobile and refuses to be caught.

He resides by turns in the attic, on the stairs, in the corridors, in the entrance hall. Sometimes he is not to be seen for months; so presumably he has moved into other houses; but then he invariably comes back to our own house again. Sometimes when one comes out of one's room and he happens to be propping himself up against the banisters down below, one feels inclined to speak to him. Naturally one doesn't ask him any difficult questions, one treats him – his diminutive size is itself sufficient encouragement to do so – like a child. "What's your name?" one asks him. "Odradek" he says. "And where do you live?" "No fixed abode" he says and laughs; [...] █

Similar to Kafka's Odradek being an object as well as a creature, the modern brand is always object and event at the same time. There's no conclusive way to determine where the object character ends and where the event character begins. Thus, the decisive change does not pertain to a conversion from one to the other, but rather to a shift in the relationship between the two qualities: the event character has – under the aforementioned circumstances given in advanced media-, information and consumer societies, and with regard to their notorious complexities and manifold aesthetic interconnections – spectacularly gained in importance, while the object character has – perhaps proportionally – diminished. Event character, under said/these* conditions, primarily means medial event character: a brand occurs as an ensemble of media events (which are more or less orchestrated and more or less able to be orchestrated) and media events differ from actual events insofar as their communicability is a necessary precondition for their actuality (and not vice versa).

This trend has several fundamental consequences with regard to the conception, creation and perception of brands, branding and so-called "brand worlds". Firstly, the feedback processes that are typical for media events, namely between the "creators" of a brand on the one hand – its strategists, designers and managers – and their target groups on the other hand, intensify: brand communication is no one-way communication (any more) but happens as a permanent, aesthetic and intellectual exchange between brand management and consumers, mediated and re-generated by, among others, market analyses, trend-scouting, social studies, event marketing or all sorts of other medial propagations of consumer communication. This leads – secondly – to much greater flexibility, responsiveness and variability of the formal, contentual and productive appearances of brands: a brand's communicative integrity does not primarily rest upon the stability and continuity of its appearance any more but on its ability to integrate a certain multitude of appearances into a consistent brand world which can be occupied by the brand and thereby guarantee its increasingly dynamic distinguishability within increasingly dynamic social and economic environments. In other words: the criteria for the minimal consistency a sustainable brand performance depend on are gradually shifting from explicitly visual and verbal, and in that sense quite tangible recognition patterns, to more or less conceptual patterns, i.e. patterns of specific interpretations and representations of worlds and the world. And – thirdly – the scope of potentially or explicitly brandable phenomena is expanding, i.e. phenomena that might go well with the attribute "trademark": once limited to commodities and consumer goods, the spectrum now includes events, localities, persons of interest and their stories, even abstractions like ideas, concepts, strategies or techniques of all sorts which can be branded or instrumented and marketed in the manner of a brand.

Of course, these trends gradually evolved over a number of decades, and it is therefore easy today to trace them back to times and circumstances when the concept of brands and branding still was applied in a narrower, more restricted sense. But the communicative power of significance of brands which we are confronted with nowadays, and occasionally the enormous diversification and dynamisation of brand communication and its presence in public awareness demand a certain adaptation of our theories according to which brands are conceptualized: shifting from static structural models that depict certain contents and methods of strategic branding to more dynamic process

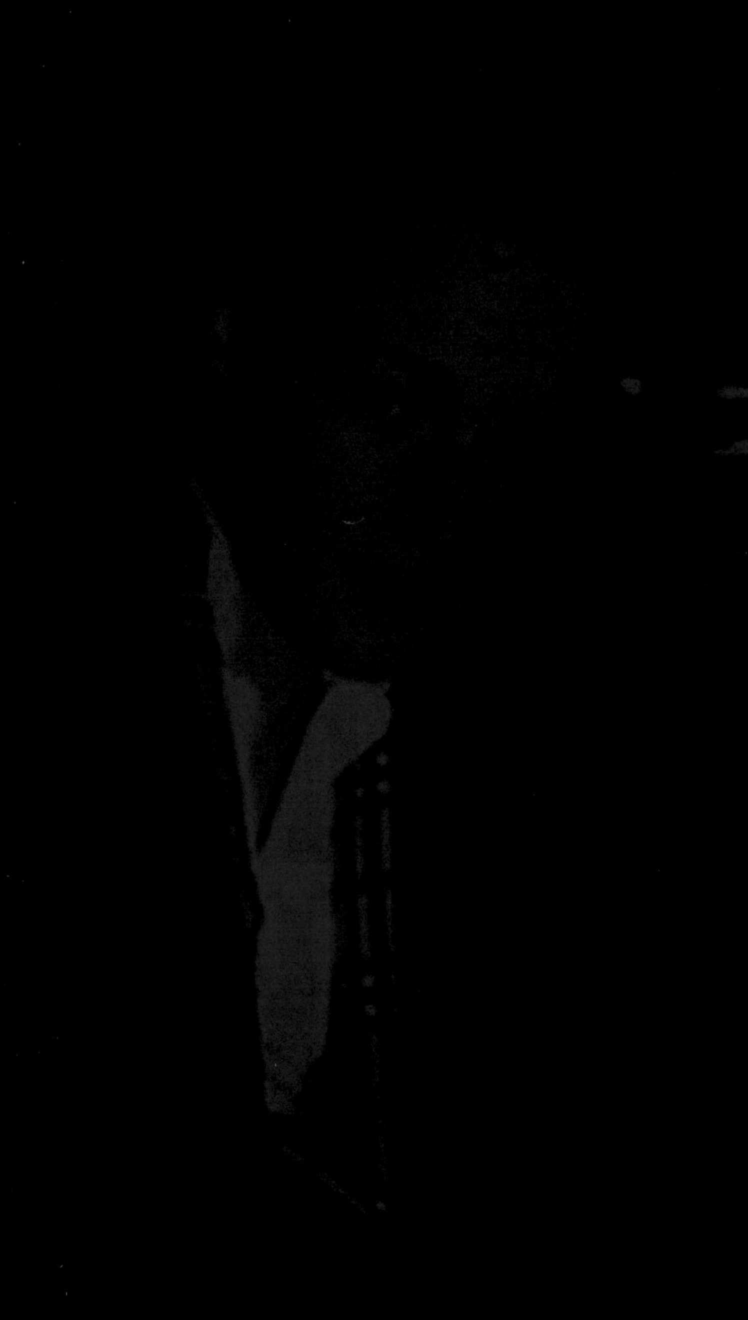

models which are able to represent the current brand- and branding developments with their frequently mediatised and only to a limited degree controllable event character.

THE "EVENT HORIZON"-MODEL
One possible (and relatively simple) model describes a brand as an "event horizon" which includes all kinds of events, especially the medial or medially transported ones that constitute a specific brand at a certain point in time, i.e. all events that are or can be connected with that specific brand at that specific time. This "specific point in time" is crucial, because once the brand has been "seized" by the said event character and thereby turned into a part of the medially represented, multi-perspective "world affairs", its appearances and positionings start bearing manifold, continuously changing (cultural, economic, technical, political, social etc.) references to actuality. Accordingly, content and scope of the respective event horizon behave extremely dynamical and can only partly be controlled or managed. The demands concerning the conception, creation, development, management and care of a brand therefore amount to more than just the strategic design of its visual appearance, more than perfecting, differentiating and, possibly, adapting its contours and surfaces by an authoritative brand management; in fact, it principally necessitates a perpetual re-positioning and re-contextualisation of its "contents" with respect to the potential costumers' actual contexts of life, and associations: the permanent creation of proper aesthetic and informal correlations within a genuine yet instantaneous brand world at a given moment.
What this means is, represented in a formula:

INTEGRATION RATHER THAN DIFFERENTIATION.

Brand development and brand care have got to use more and more integrative strategies instead of differentiating ones. The chief concern no longer is the distinguishability from the performances of rival brands, aimed at a differentiation, but rather the integration of the latest contexts of life and brand worlds into the communication repertoire of a brand. This means continuously enriching and broadening the respective event horizon with contents, images and messages that offer a range of possibilities for identification to the target group – a range which has to be as wide, as directly accessible and, most importantly, as up-to-date as possible. But this diversification of the horizon certainly has its limits: the events and experiences by means of which a brand expresses itself have to be consistent at all times, i.e. – aesthetically and with regard to the brand's content – coherent in themselves, continuous, integral and thereby "credible" (a common, but problematic term, because it is rather elusive in this context). Since even though (or probably because), under current conditions, the contours of a brand are much more flexible and polymorphic than they used to be under "classical" circumstances, it can tolerate less vagueness than ever. In an environment where the variety of brand products available is strongly increasing, nobody, neither individual consumers nor consumer groups, will, in the long run, identify themselves with a brand the integrity of which, in this respect, is doubtful or can be doubted. Up-to-date branding requires, moreover, an integral concept of all the individual components of a brand: corporate design, product design, general orientation, promotional and communication strategies etc.

The most obvious reason for this development can be seen in the various informal feedback mechanisms between brand development and brand perception mentioned above. Consumers who are increasingly competent when dealing with the media not only adapt the brand world that surrounds a brand; in addition, they expect to be able to project certain interests, preferences in style and concepts of their lives (which they have already acquired elsewhere) on the respective "brandscape" or rather integrate them into it. The following graphs show an approximate abstraction of these correlations:

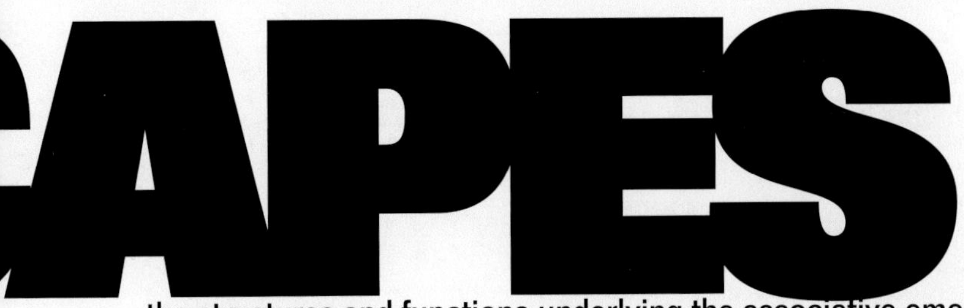

the structures and functions underlying the associative emergence of a more or less consistent and essentially aesthetical brand world, and its relations to the brand's latest communication settings:

THE COLLECTIVE RESONATING RANGE OF IMAGES, DESIRES, STATEMENTS, NARRATIVES, AND (LAST BUT NOT LEAST) CATEGORIES OF VALUES IN WHICH WE PARTICIPATE WHEN ADAPTING A CERTAIN BRAND AT A CERTAIN POINT IN TIME.

In principle, a brandscape's centre, its perspective, and its perimeter are determined according to the prevailing focus of interest. Thus, one time, it might be the implications of a single branding campaign unfolding in a brandscape, on another occasion perhaps the whole appearance of a brand at a certain point in time in a specific cultural or sub-cultural context, in yet another instance some correlation of events in connection with the adaptation of a brand, or the historic background of a certain brand performance. Examples for these and more variants are given in this publication. It is crucial that an elaborated brandscape – in contrast to, for instance, a "moodboard" – does not primarily constitute a synthetic, but rather an analytical instrument, the main precondition being the underlying *creative selection* and configuration of contents and materials *from a specific point of view*: a brandscape takes a stand within the multifocal nexus of events of the respective brand and, starting from there, articulates the latent, that is to say: *implicit contents* the brand operates with, making them explicit, and thereby allowing the establishment of correlations with those aspects that have been explicit, visible, manifest all along.

At a time when, among others, politics, philosophy, the arts, and the vast majority of "hard" as well as "soft" sciences can be considered as sub-cultural techniques within the intentional scheming and shaping, this mechanism of making implications explicit is generally and most succinctly called "design": Just like a brand with all its facets, the brand horizon referring to it is itself a *design product*. One which asks – creatively observing, observantly creative – what it is that makes a brand become an "event" and the event becomes "meaningful". In this way, it is – despite (or perhaps rather because) of its contingency – sufficiently precise, and this precision, in turn, justifies a strategic or scientific instrumentation, aiming at elucidation and/or understanding.

DOLCE&GABB

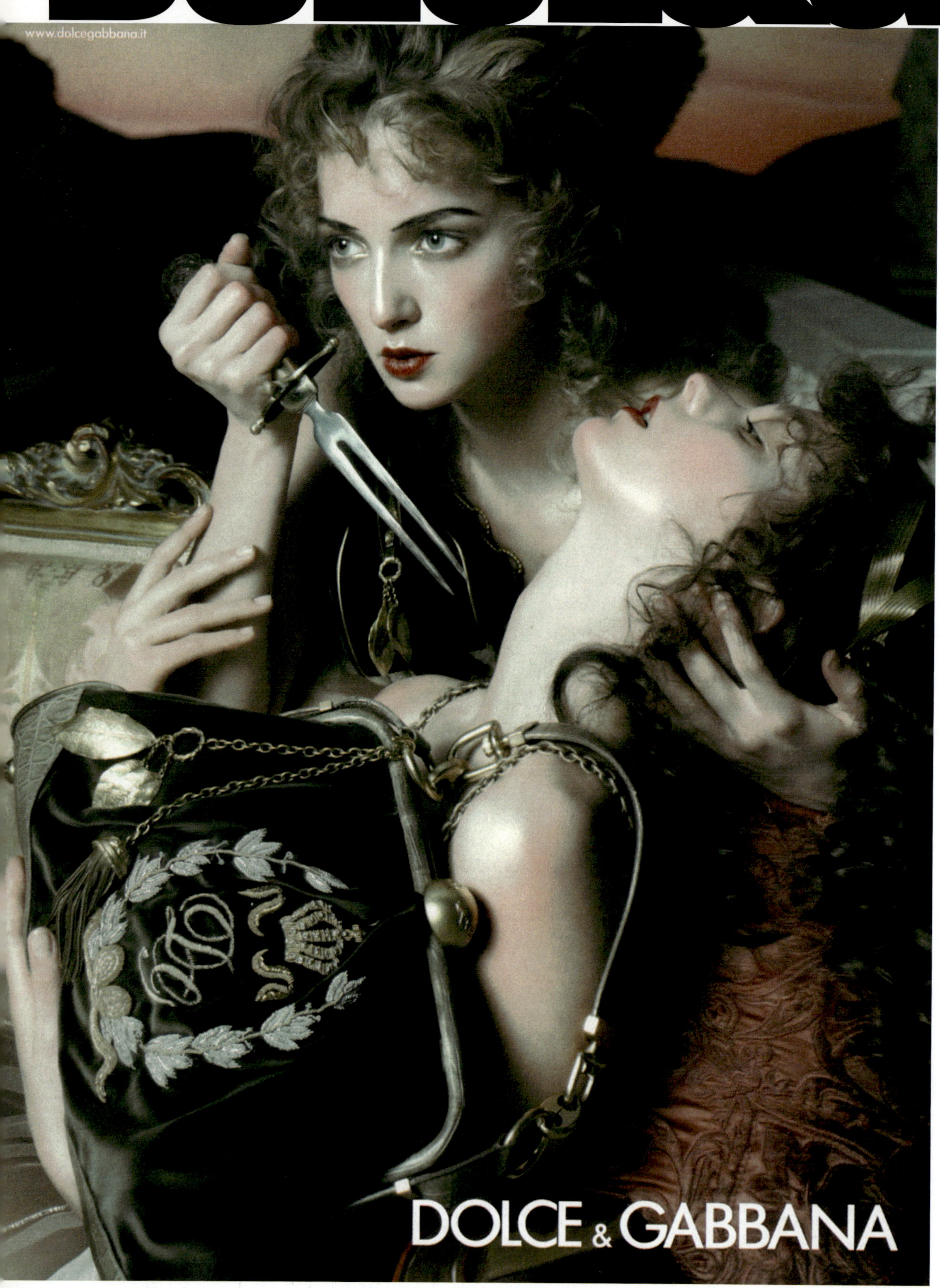

ANA

HERBST 2006

MM DASS ES DAS ITALIENISCHE LABEL DOLCE&GABBANA IM GERANGEL DER MODEBRANDS UM DAS ENTSCHEIDENDE QUÄNTCHEN MEHR PUBLIZITÄT GESCHAFFT HAT, MIT EINZELNEN, VERGLEICHSWEISE HARMLOSEN BILDMOTIVEN DER WERBEKAMPAGNE 2006 DIE EINE ODER ANDERE LAUWARME KONTROVERSE AUSZULÖSEN, IST UNTER DEN HEUTE GEGEBENEN UMSTÄNDEN NICHT OHNE WEITERES NACHVOLLZIEHBAR UND ZEIGT VOR ALLEM EINES:

wie schwer es uns offenbar fällt, von den rituellen Debatten um inszenierte Verletzungen von Normen und Tabus Abschied zu nehmen. Dieser Abschied ist überfällig; wir sind inzwischen auf die Restauration längst gefallener Tabus durch Neokonservativismus, bigotte Propagandaprüderien und ultrareligiöse Fanatiker angewiesen, um den Markt des chronifizierten Tabubruchs noch einigermassen in Schwung und Schwang zu halten. Es gibt schlechterdings keine Grenze der Scham, des Anstands oder des schlechten Geschmacks, die *im Namen von Kunst, Kommunikation oder professioneller Erregung öffentlicher Aufmerksamkeit* noch nicht überschritten worden wäre; keinen Greuel, keine Schweinerei, keine Intimstangelegenheit, die wir im öffentlichen Raum noch nicht gesehen haben oder uns vorzustellen gezwungen worden sind. Offiziellerweise verstehen daher die Herren Domenico Dolce und Stefano Gabbana nicht, was an den freien visuellen Assoziationen prä-, proto- und postnapoleonischer Sinn- und Künstlichkeiten auf den von ihnen verantworteten Werbebildern anstössig sein könnte.

Das institutionalisierte Kratzen und Scharren an tatsächlichen und vermeintlichen Normen, Tabus und Konventionen, das massgeblich auf modernistische Kunstauffassungen zurückführbar ist, ist selbst zur Norm geronnen und damit absurd geworden. Jedenfalls hat es die Legitimität eines progressiven Akts verloren. Es ist zur formellen und formalistischen Pose erstarrt, zu einer Art Sozialverhalten regrediert, zum massenkulturellen Ritual und Gesellschaftsspiel automatisiert worden, das über seinen Unterhaltungswert hinaus kaum noch Sinn produzieren kann. Eine zentrale Regel des Spiels besagt: Die Möglichkeit, anstössig zu sein, ist längst vollumfänglich vom unschuldigen Bild auf die Phantasien, das Einbildungsund Assoziationsvermögen der Betrachter und Betrachterinnen übergegangen. Anstoss erregt nicht, was wir sehen, sondern was wir uns dabei vorstellen. Und dafür kann letztlich niemand verantwortlich gemacht werden als ebendiese Betrachter und Betrachterinnen selbst. Das Spiel heisst *Totales Entertainment*. Unterhaltung, Werbung, Marketing, Branding oder (Gegenwarts-)Kunst sind konvertible Spielvarianten. Darauf können, ja müssen sich Domenico Dolce und Stefano Gabbana berufen, wenn sie die von schrillen Ästhetizismen und frivolen Stilanleihen triefenden Bilder, die in ihrer Kampagne transportiert werden, ausdrücklich als »Kunst« verstehen. Selbstverständlich sind sie »Kunst«. Was sonst? –

DOLCE&GABB

www.dolcegabbana.it

DOLCE & GABBANA

FALL 2006

MM UNDER THE CIRCUMSTANCES GIVEN TODAY, IT IS NOT EASY TO COMPREHEND WHY, IN THE YEAR 2006, IN THE TUSSLE AMONG FASHION BRANDS TO GET THAT DECISIVE PINCH OF PUBLIC ATTENTION, DOLCE&GABBANA SUCCEEDED IN TRIGGERING, HERE AND THERE, A LUKEWARM CONTROVERSY BY SINGLE, RELATIVELY INNOCUOUS MOTIFS, AND IT SHOWS, ABOVE ALL, ONE THING: how difficult it obviously is to leave the ritual debates about staged violations of norms and taboos behind. But this leave-taking is more than necessary; meanwhile, we depend on the restoration of long outdated taboos by neo-conservatisms, over-pious prudish propaganda and ultra-religious fanatics to somehow liven up the market of chronicled taboo breaches. There simply are no longer any limits of pudency, decency, or bad taste which are not being surpassed in the name of art, communication or professional arousal of public attention; there is no atrocity, no smut, no private matter we have not been forced to look at or imagine in public. Thus, officially, Domenico Dolce and Stefano Gabbana do not understand that there should be something provoking in the permissive visual associations of the pre-, proto-, and post Napoleonic artificiality and sensuality of the advertisements they are responsible for.

The institutionalised scratching at real and imagined norms, taboos, and conventions which can largely be ascribed to modernistic perceptions of art has become a norm in itself and, thus, absurd. It has, in any case, lost its legitimacy of being a progressive act. It has frozen to some formal and formalistic pose, it has regressed to some kind of social behaviour, it has been automated to a mass cultural ritual and parlour game not carrying any meaning beyond its entertainment value, one central rule of the game claiming: the possibility to provoke or shock no longer lies in the innocent picture but has been transferred to the imagination, presumptions and associations of the viewers. Not what we see is a provocation but what we imagine while looking at it. And nobody can be held responsible for that except the viewers themselves. The name of the game is *Total Entertainment*. Entertainment, advertising, marketing, branding, or (contemporary) art can be seen as exchangeable variations of the game. Domenico Dolce and Stefano Gabbana may, no, have to refer to that fact if they want the pictures (which are full of strident aestheticism and frivolous citations) they use in their campaign to be considered "pieces of art". Of course, they are "pieces of art". Aren't they? –

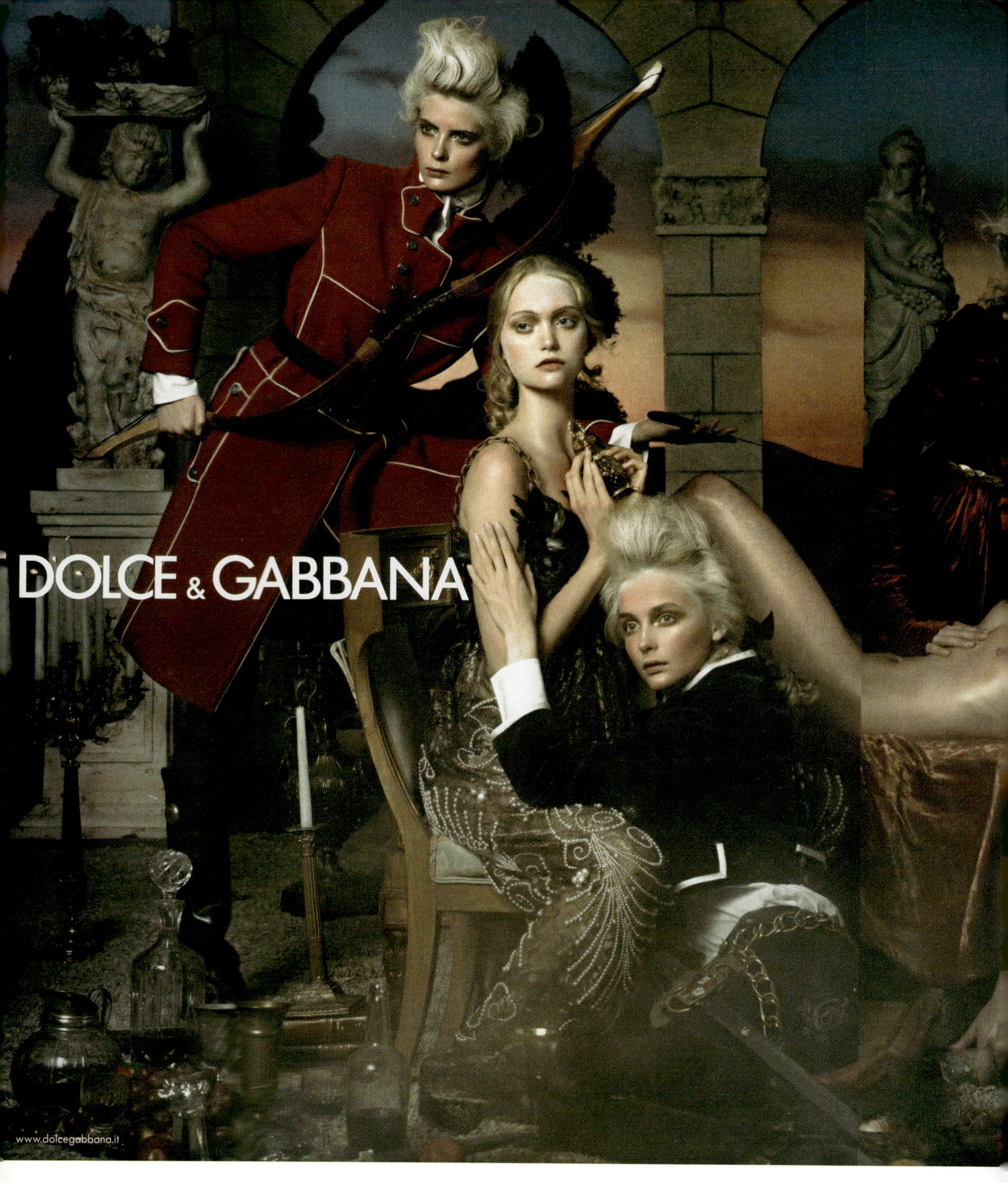

DOLCE & GABBANA
www.dolcegabbana.it

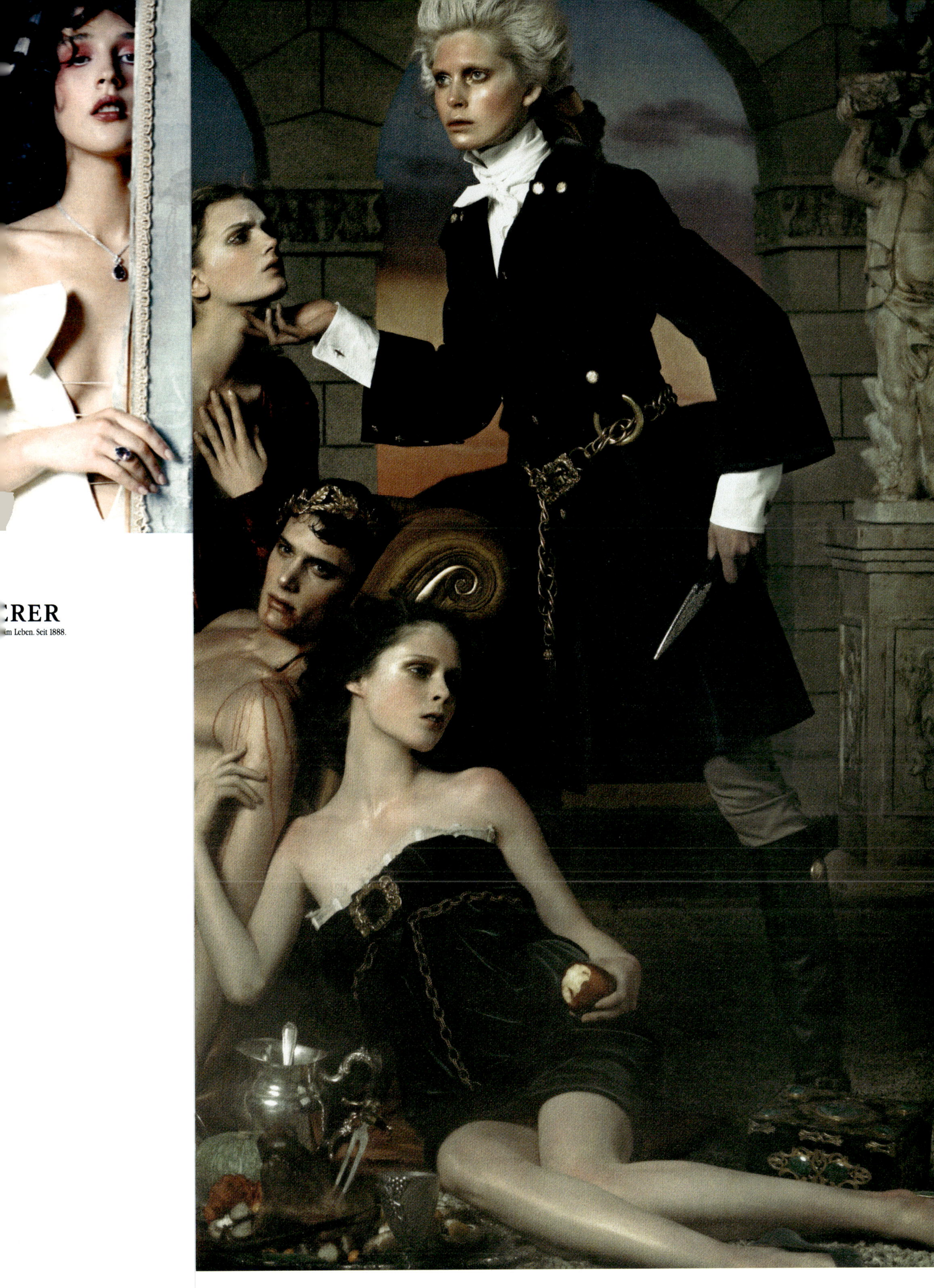

CRER

im Leben. Seit 1888.

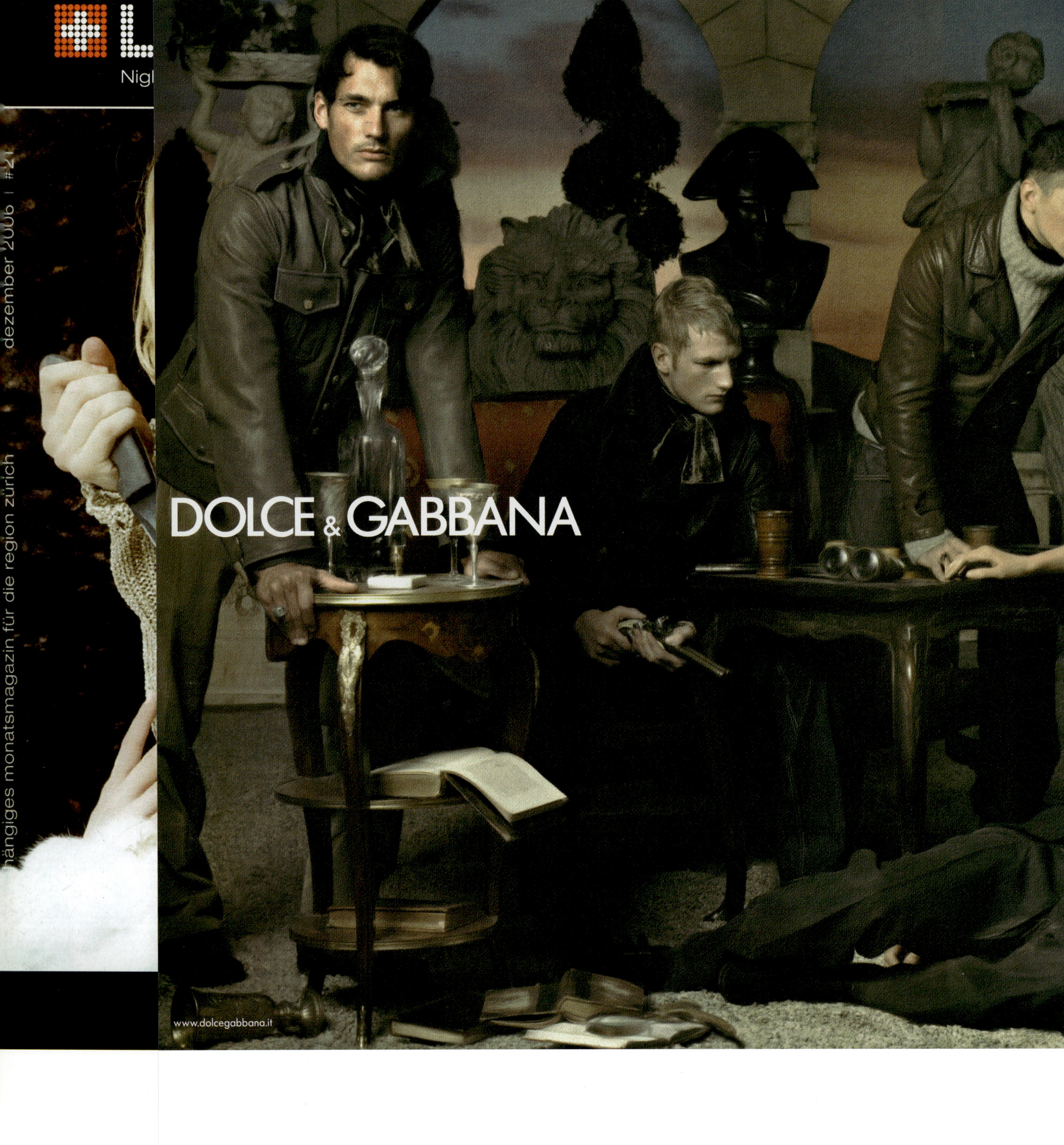

L.
Nigh
unabhängiges monatsmagazin für die region zürich | dezember 2006 | #2?

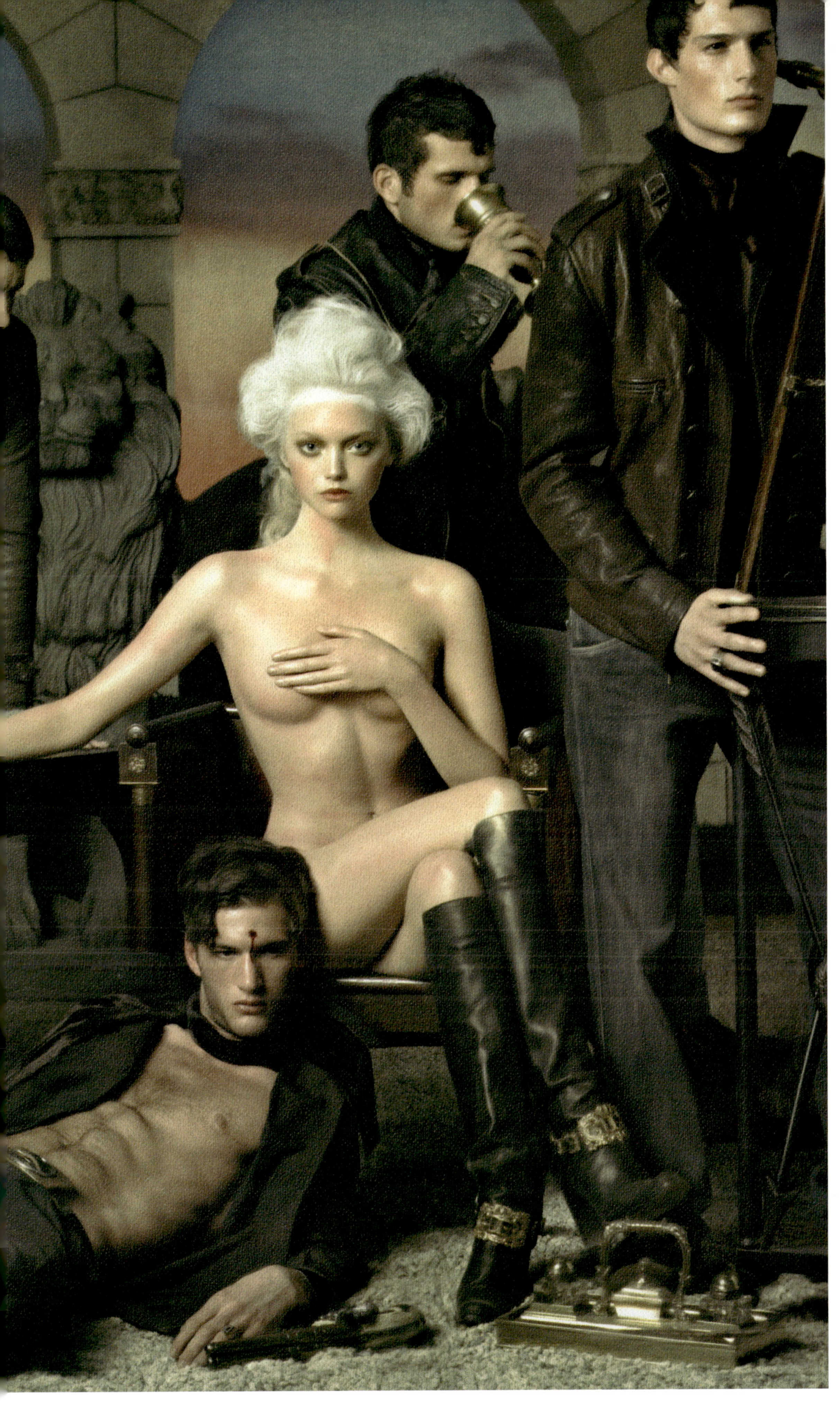

D & G schockt mit Werbekampagne

LONDON – Eine Werbekampagne des italienischen Modelabels Dolce & Gabbana ist wegen der Darstellung von Gewalt in Kritik geraten. Der Kontrollrat der britischen Werbeindustrie erklärte, die Anzeigen, in denen männliche Models mit Schusswunden und Messern zu sehen sind, seien unverantwortlich und verstiessen gegen den guten Geschmack. Insgesamt 166 Menschen hätten sich beschwert, nachdem die Anzeigen in zwei Londoner Zeitungen gedruckt worden waren. Dolce & Gabbana erklärte, die Fotos seien hoch stilisiert und eine ironische Darstellung napoleonischer Kunst.

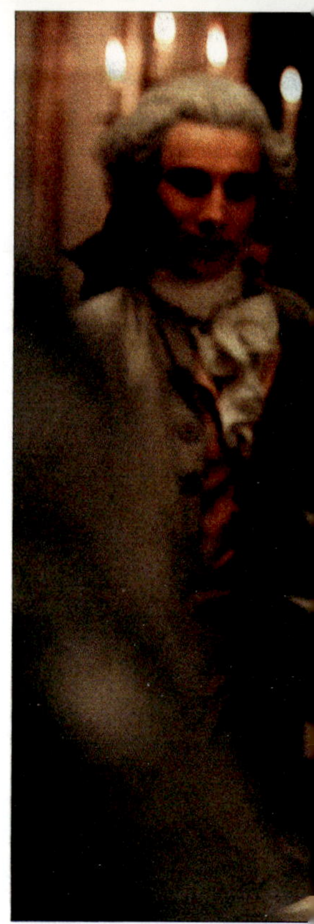

Pomp, und Po

Sofia Coppola sieht armes reiches Luxu 18. Jahrhundert und nur ein paar Gadget

Einiges ist es, was man weiss übe Marie Antoinette, die letzte und übe beleumdete Königin der Französe

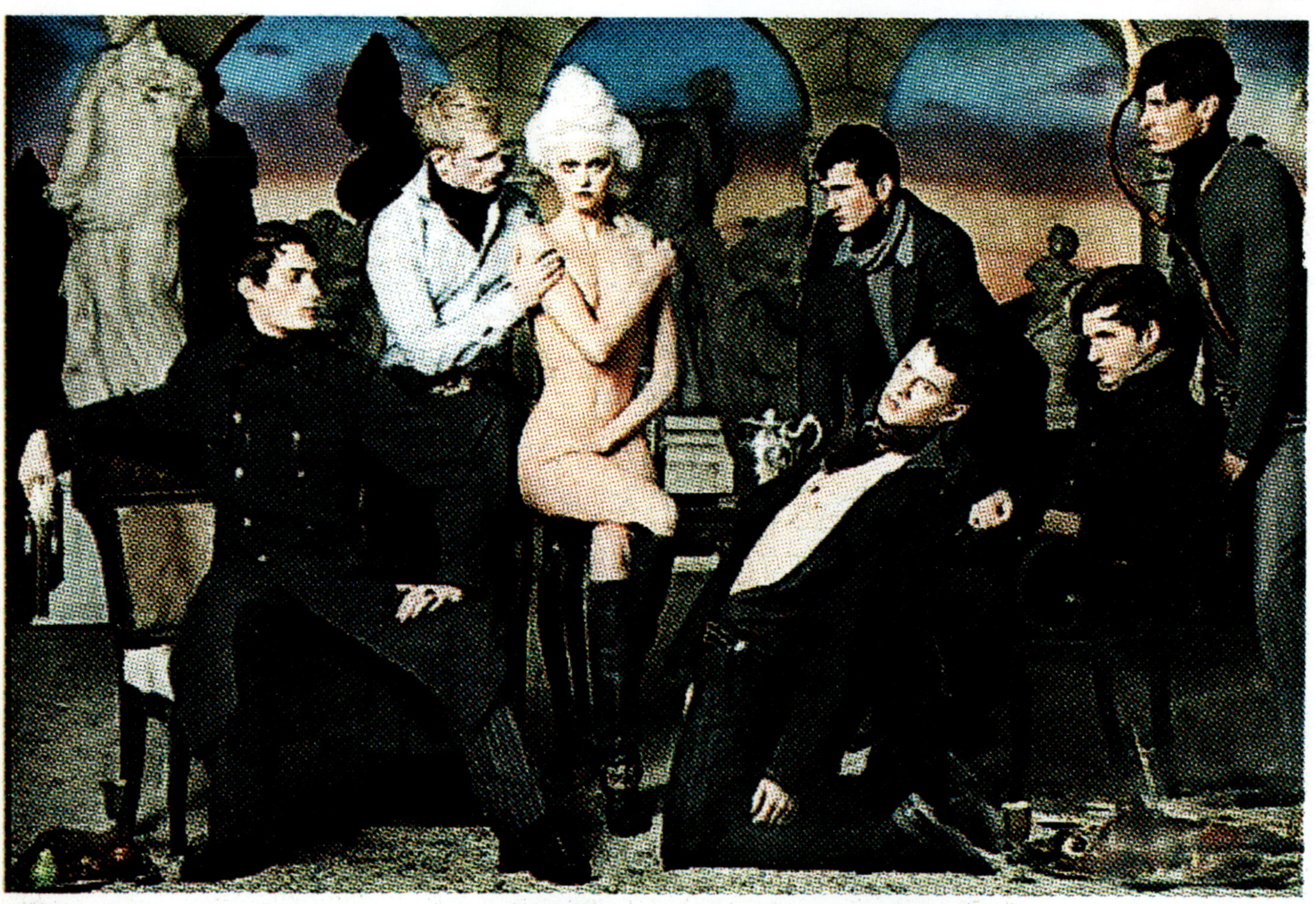

Eine der umstrittenen Anzeigen von Dolce & Gabbana.

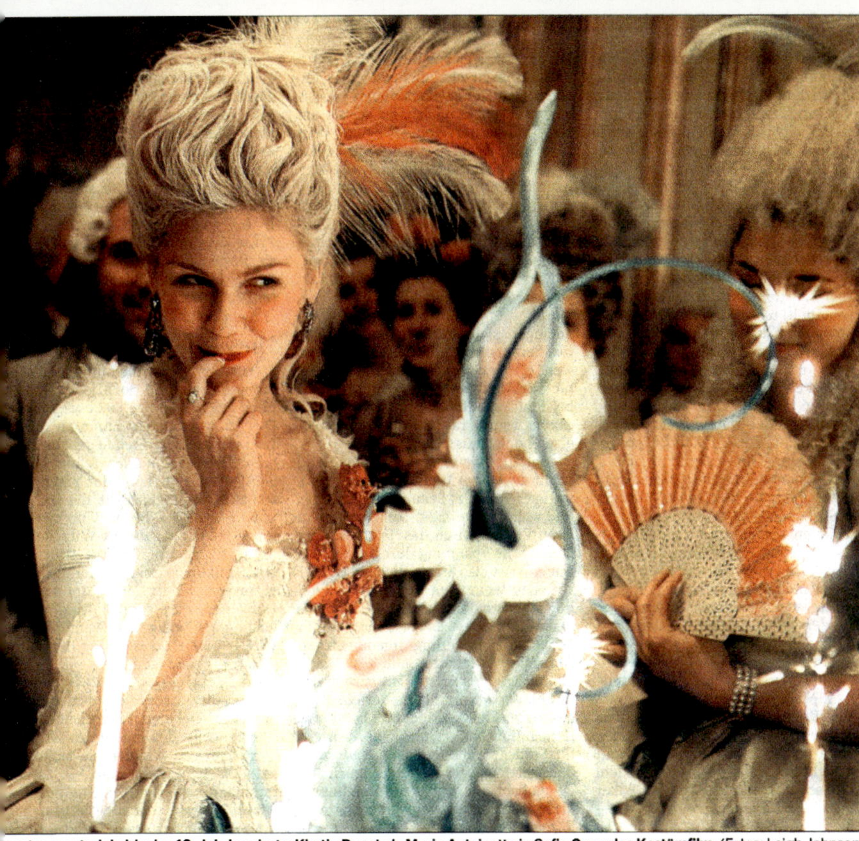

...usstes «material girl» des 18. Jahrhunderts: Kirstin Dunst als Marie Antoinette in Sofia Coppolas Kostümfilm. (Fotos: Leigh Johnson)

Pop
litik

...rie Antoinette als
...irl. Zwischen dem
...r Gegenwart liegen
...on Ursula Pia Jauch

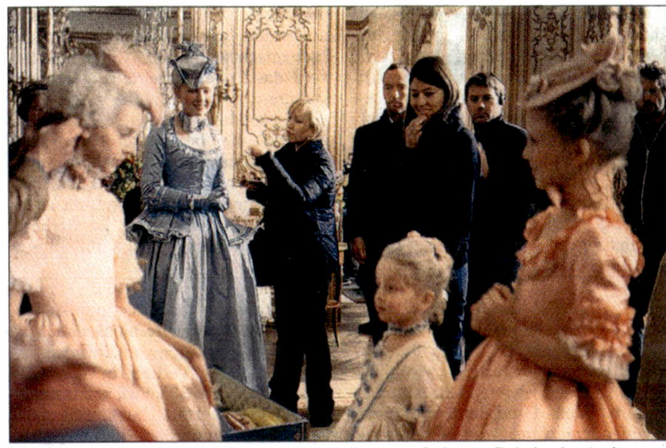

Regisseurin Sofia Coppola (Mitte rechts) mit ihrer rosafarbenen Rokokophantasie.

...en auf dem Parkett der europäischen ...ussenpolitik? Kaum. Es gilt das Mot-... «Kriege mögen andere führen. Du

königlich inkorrekten Fragen nach der politisch korrekten Darstellung eines Frauenschicksals am Vorabend der

rie geworden ist, auch auf anderes hin befragen als auf die vielbesungene historische «Faktizität», die in weiten

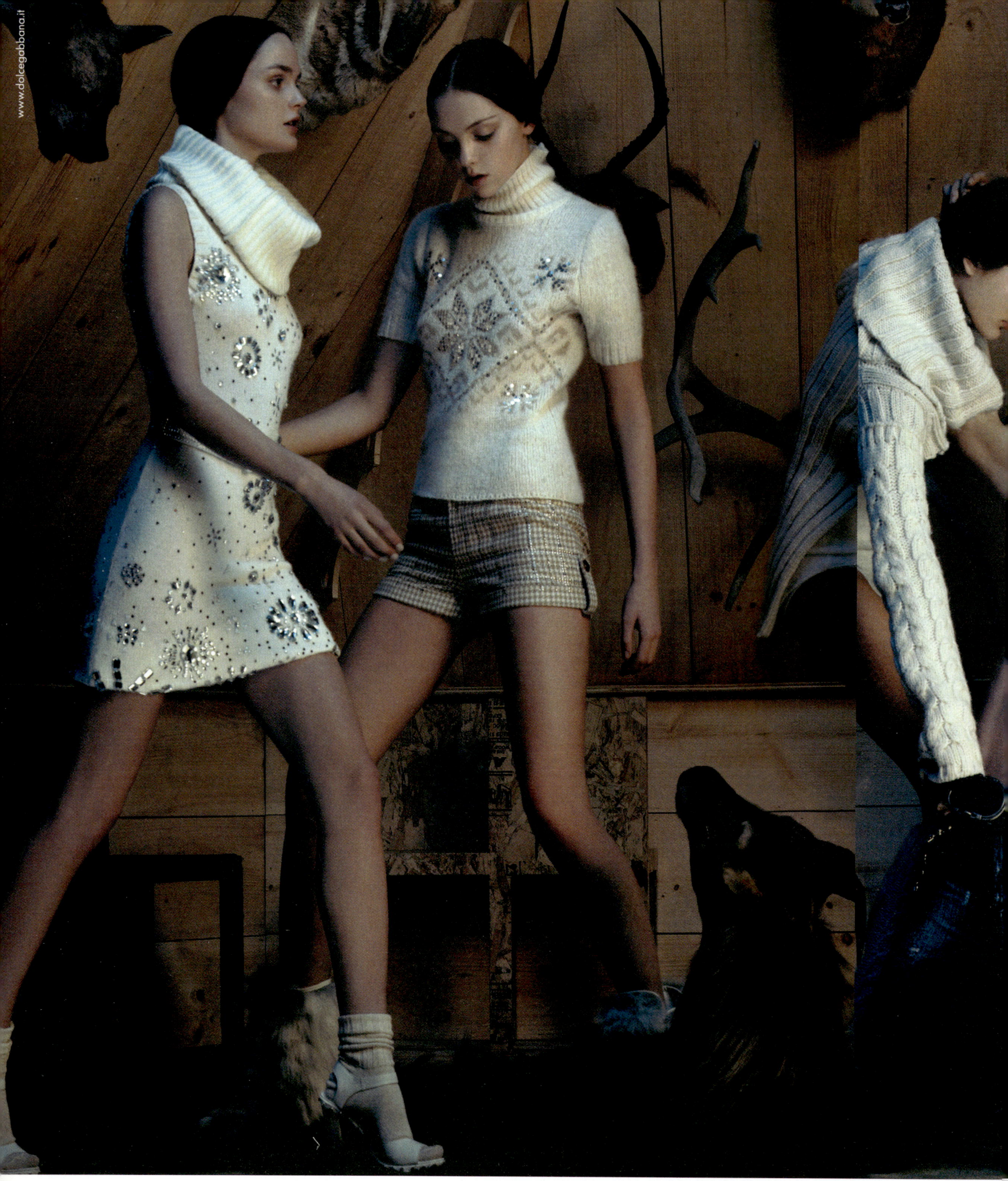

www.dolcegabbana.it

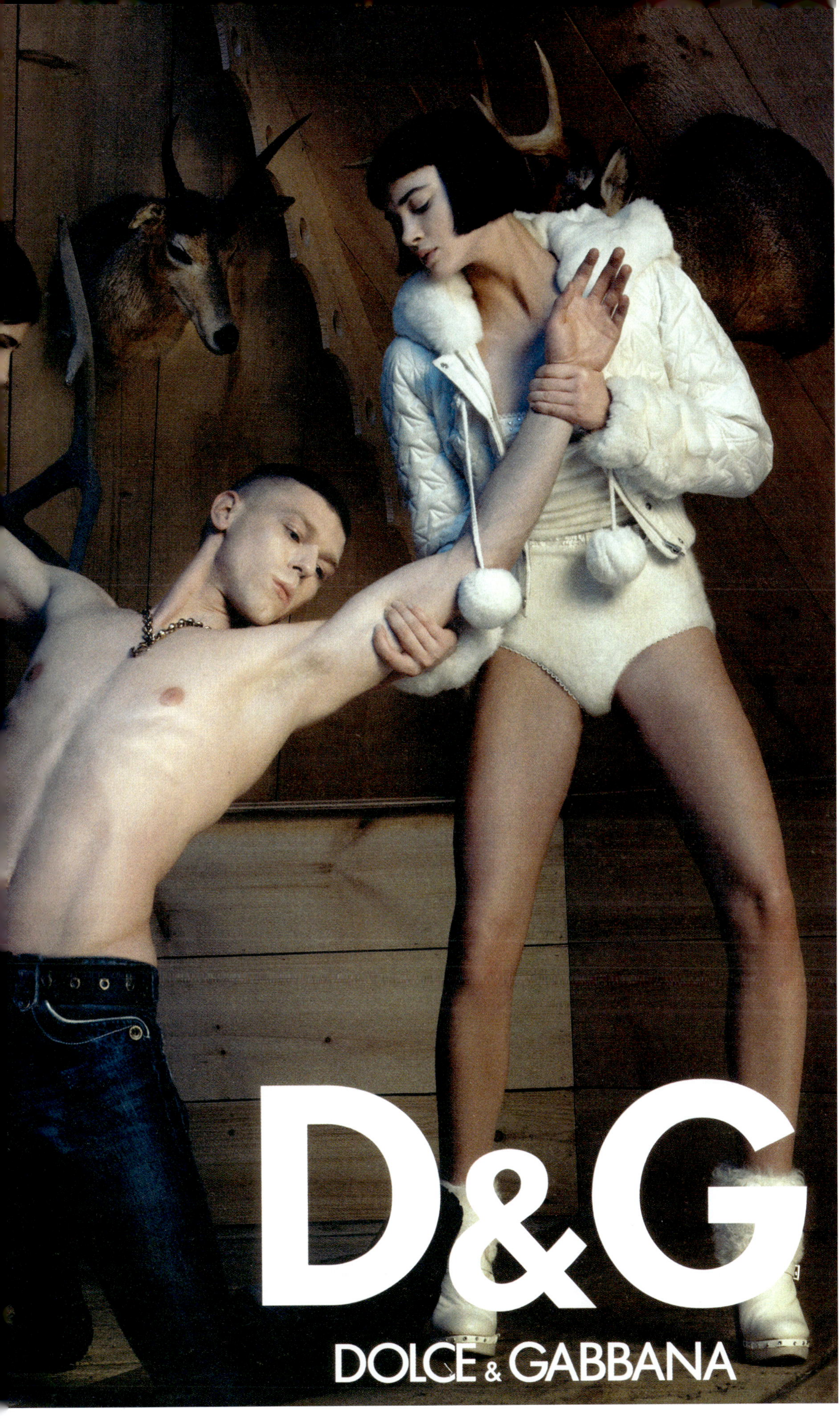
D&G
DOLCE & GABBANA

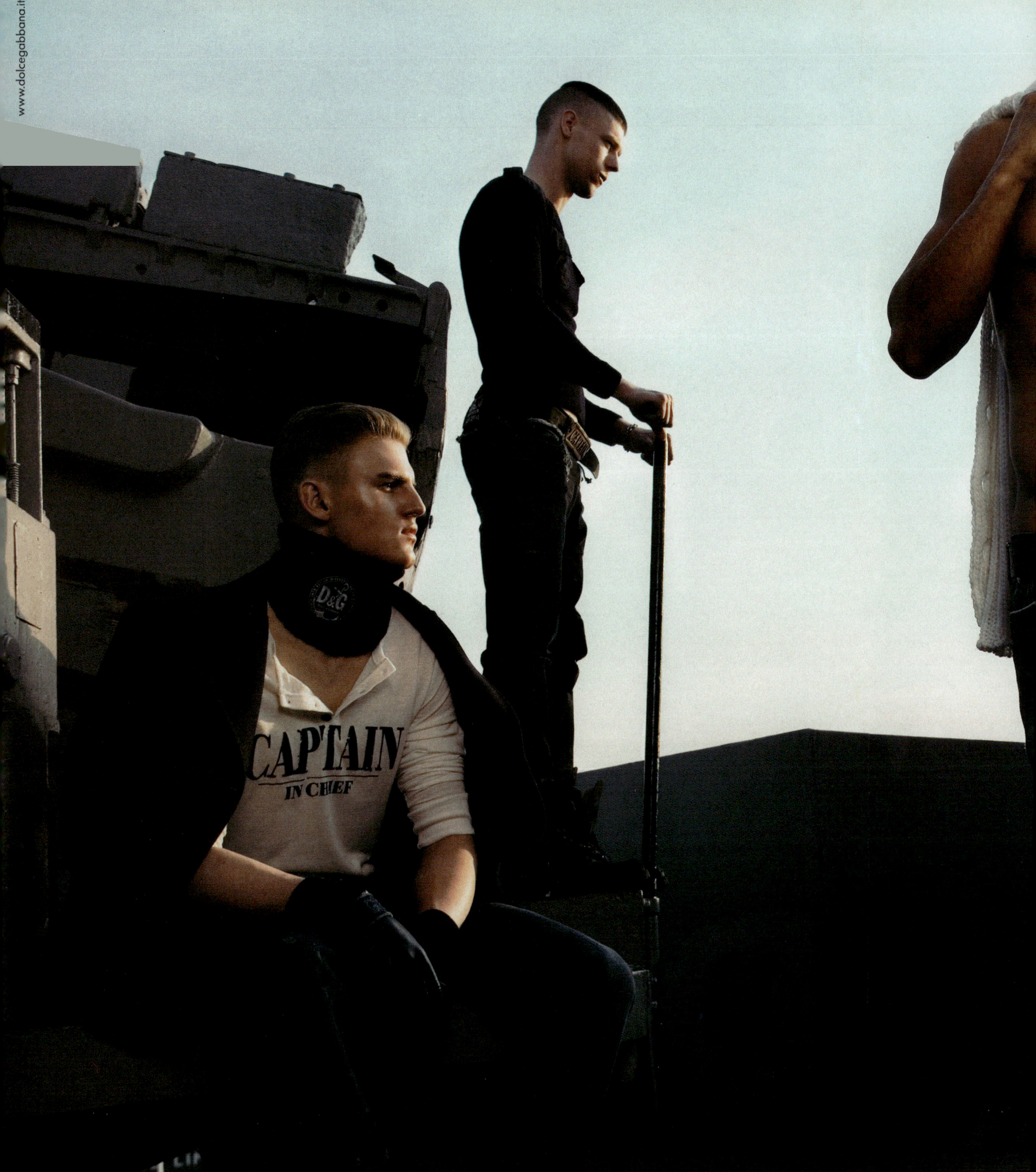
D&G
CAPTAIN
IN CHIEF

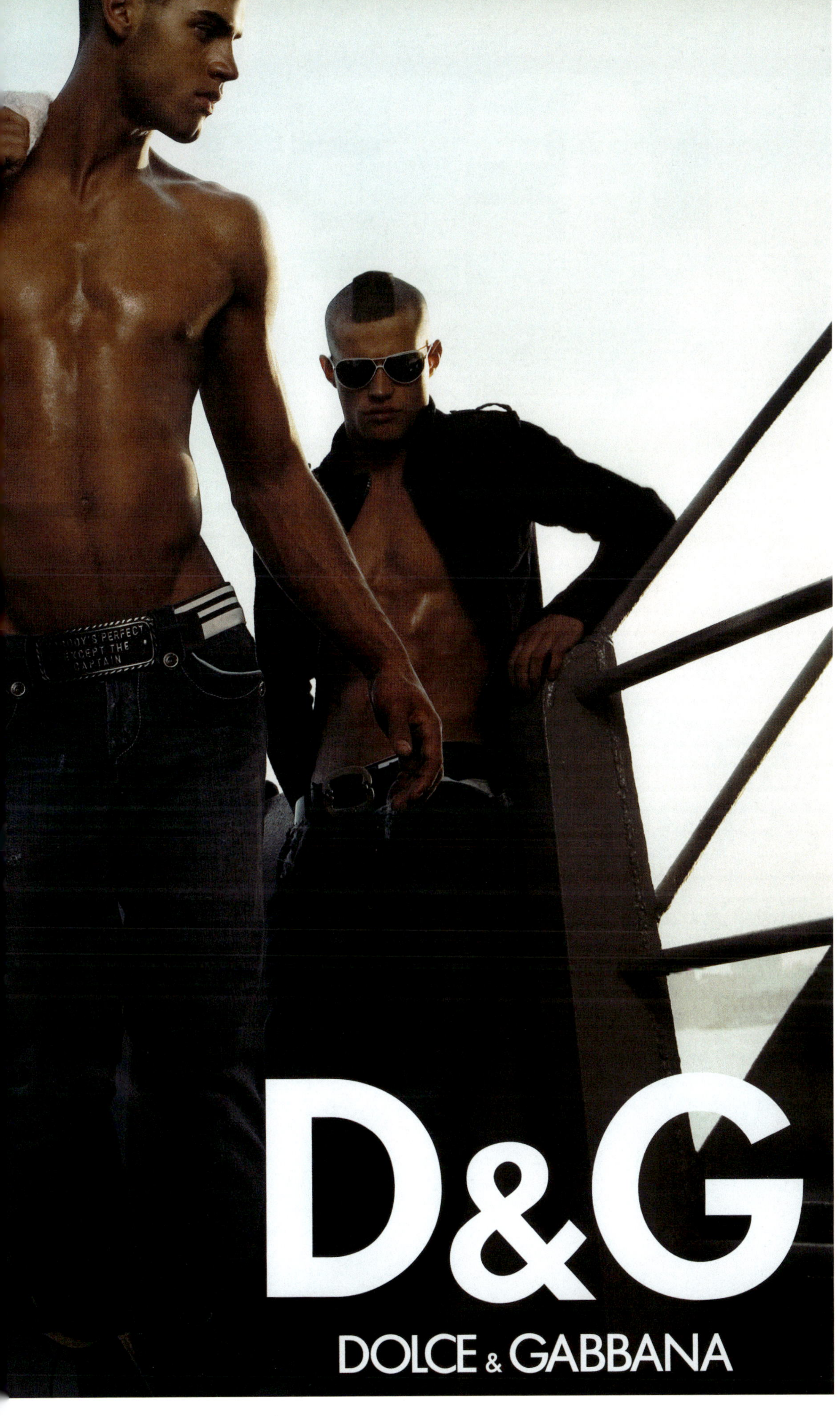

D&G
DOLCE & GABBANA

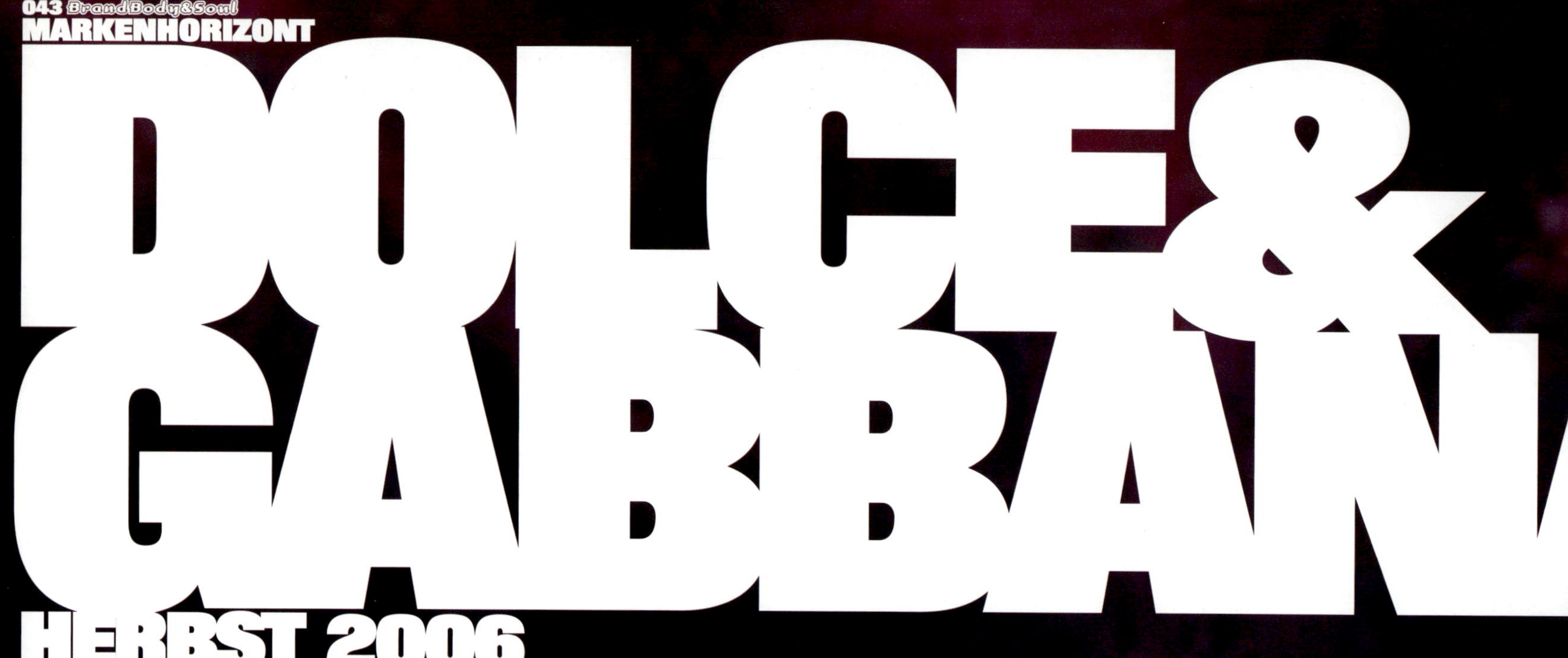

DOLCE & GABBANA

HERBST 2006

MM SPÄTESTENS MIT SOFIA COPPOLAS IDOLATRISCHER KINOINSZENIERUNG DER »MARIE ANTO-INETTE« (2006) ALS POP-IKONE UND FASHION QUEEN DÜRFTE KLAR GEWORDEN SEIN, DASS ES SICH BEI DER HÄUFUNG ÄSTHETISCHER, INSBESONDERE AUCH POPULÄRKULTURELLER BE-ZUGNAHMEN AUF DIE ZEIT DER FRÜHROMANTIK ODER (JE NACH PERSPEKTIVE) DER SPÄTAUF-KLÄRUNG IN DEN VERGANGENEN JAHREN KAUM BLOSS UM EINE ZEITGEISTIGE LAUNE ODER ZUFÄLLIGKEIT HANDELN DÜRFTE. OB ES DIE ERSCHÜTTERUNGEN BEREITS WIRKSAM GEWOR-DENER, ABER NOCH WEITGEHEND UNVERSTANDENER POLITISCHER UND SOZIOKULTURELLER UMWÄLZUNGSTENDENZEN SIND, AUS DENEN DIE PARALLELEN, VEXATIONEN UND STILANA-LOGIEN KONSTRUIERT WERDEN, DIE *FIN-DE-SIÈCLE*-BEFINDLICHKEITEN, DIE KONVERGENZEN VON INTELLEKTUELLER SCHÄRFE UND NOSTALGISCHEM GEFÜHLSMYSTIZISMUS, DIE DESOR-GANISATION DES VERHÄLTNISSES VON INDIVIDUELLER, KOLLEKTIVER UND WELTZUSAMMEN-HANGSHAFTER EXISTENZ ODER DAS ZU DEKADENZ UND FATALISMUS NEIGENDE STYLING UND LEBENSGEFÜHL VON MENSCHEN, DIE SICH UNVERMITTELT AUS IHRER GEGENWART HERAUS IN EINE ZUKUNFT GEWORFEN SEHEN, VON DER SIE NICHT GENAU WISSEN, OB SIE GERADE ANGEFANGEN HAT ODER SCHON VORÜBER IST, BLEIBT BUCHSTÄBLICHE ANSICHTSSACHE UND IST VIELLEICHT NUR MÄSSIG RELEVANT. DIE GETEILTE UND MITTEILBARE WAHR-NEHMUNG VON ÄHNLICHKEITEN, BEZOGENHEITEN UND SYNÄSTHESIEN BILDET SICH ZUNÄCHST EINMAL GANZ OHNE BILDUNG, OHNE THEORIE, ERKLÄRUNG, PRÄZISIERUNG ODER RECHTFERTIGUNG AUS: SIE STELLT SICH EIN.

In dieser Hinsicht erweisen sich die Bildmotive der Dolce&Gabbana-Kampagne 2006 als bemerkenswert intelligent – oder treffender: intelligibel. Ihr ästhetischer Standpunkt ist hochpräzis und unfestgestellt zugleich, und damit eröffnet sie einen gleichermassen unmiss-verständlichen wie weit offenen Assoziations- und »Image«-Spielraum. Ob dabei auf den ersten Blick etwas mehr gothic oder Louis XVI oder *décadence* oder *révolution* oder *napoléonisme* oder Romantik ins Spiel kommt, macht keinen wesentlichen Unterschied. Bereits einige flüchtig und spontan herbeiphantasierte Verknüpfungen markieren Punkte auf der unsichtbaren Landkarte einer zielbe-wusst kommunizierten Erlebniswelt: erste Koordinaten auf einem momentanen Markenhorizont, der mit jeder eingebildeten Implikation reicher und konsistenter wird, aber ebenso zwangsläufig stets unvollständig bleibt ...

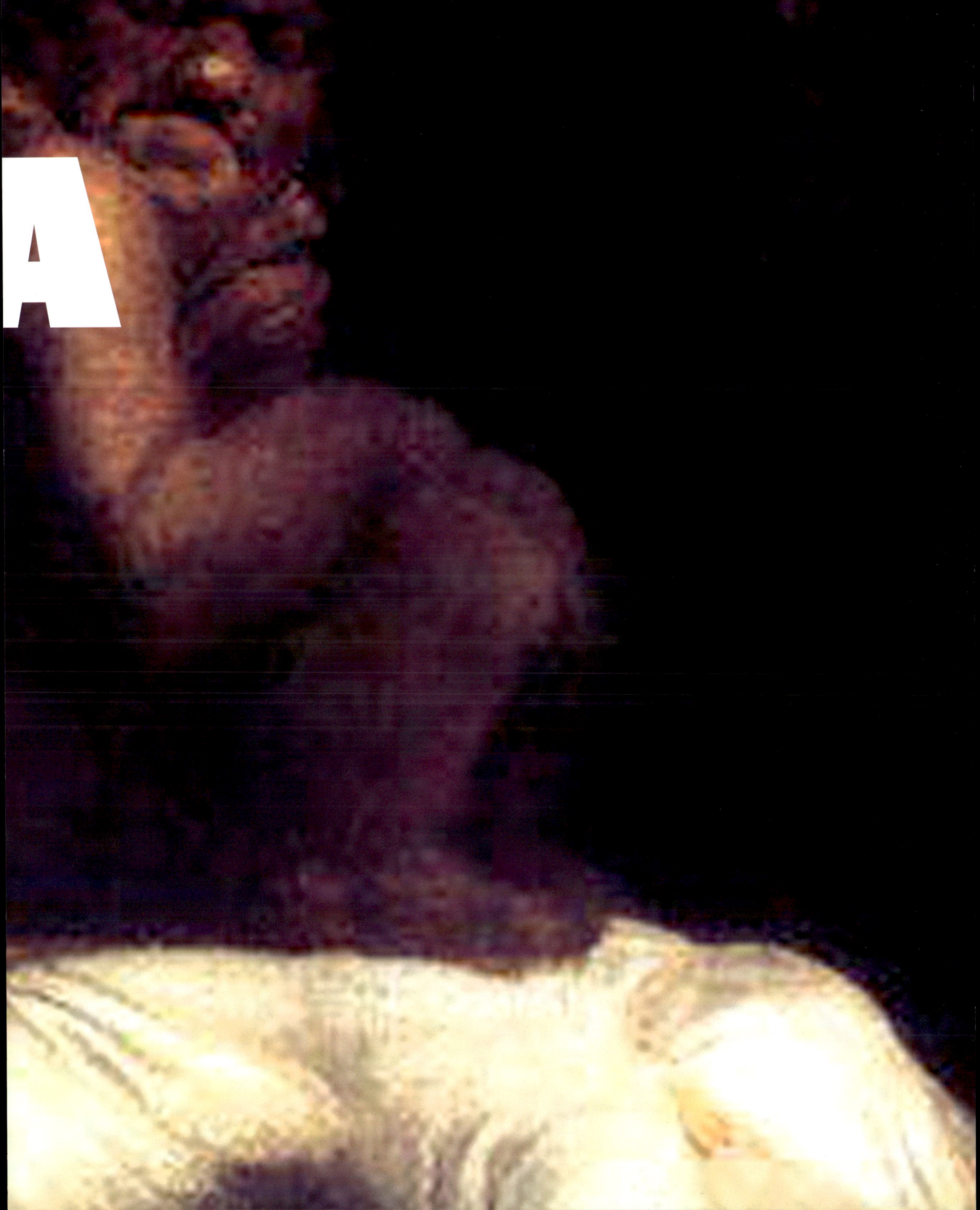
A

BRANDSCAPE

DOLCE&GABBANA FALL 2006

MM PURE IDOLATRY, SOFIA COPPOLA'S STAGING OF "MARIE ANTOINETTE" (2006) AS ICONIC POP-IDOL AND FASHION QUEEN – AND WITH THIS MOVIE AT THE LATEST, IT SHOULD HAVE BECOME CLEAR THAT THE ACCUMULATION, OBSERVED DURING THE PAST YEARS, OF AESTHETIC, ESPECIALLY POP-CULTURAL, REFERENCES TO EARLY ROMANTICISM OR (ACCORDING TO ONE'S PERSPECTIVE) THE LATE AGE OF ENLIGHTENMENT CAN NEITHER BE THE MANIFESTATION OF THE WHIMS OF SOME "ZEITGEIST" NOR COINCIDENCE. IT LITERALLY DEPENDS ON ONE'S POINT OF VIEW AND IS ONLY MARGINALLY RELEVANT WHETHER IT WAS THE PERTURBATIONS OF ALREADY REVERBERATING BUT LARGELY NOT YET UNDERSTOOD POLITICAL AND SOCIO-CULTURAL REVOLUTIONARY TENDENCIES BY WHICH THE PARALLELS, VEXATIONS AND ANALOGIES IN STYLE ARE CONSTRUED, THE PEOPLE'S FIN-DE-SIÈCLE FRAME OF MIND, THE CONVERGENCE OF INTELLECTUAL SHARPNESS AND (NOSTALGIC) EMOTIONAL MYSTICISM, THE DISORGANISATION OF THE RELATIONS BETWEEN INDIVIDUAL, COLLECTIVE AND/OR GLOBAL CONDITIONS OF EXISTENCE OR THE DECADENT STYLING AND FATALISTIC ATTITUDE TOWARDS LIFE OF PEOPLE PERCEIVING THEMSELVES THROWN OUT OF THE PRESENT INTO SOME FUTURE THEY DO NOT KNOW OF WHETHER IT HAS JUST STARTED OR ALREADY ENDED. THE SHARED AND COMMUNICABLE PERCEPTION OF SIMILARITIES, RELATIONS AND SYNESTHESIAS, INITIALLY, COMES ABOUT EXISTENCE WITHOUT ANY EDUCATION, WITHOUT ANY THEORY, EXPLANATION, SPECIFICATION OR JUSTIFICATION: IT HAPPENS.

In this respect, the motifs of the Dolce&Gabbana 2006 campaign prove remarkably intelligent – or more precisely: intelligible. Their aesthetic standpoint is at the same time highly precise and highly indeterminate, thus opening up a playground for associations and "images" as unmistakable as far-reaching. Whether there is, at first sight, more *Gothic* or more *Louis XVI* or *décadence* or *révolution* or *Napoléonism* or *romanticism* involved does not make any difference. A few volatile nexuses imagined on the spur of the moment will mark a few dots on an invisible map of some strategically communicated brand horizon: first co-ordinates which will get richer and more consistent with each and every imagined implication, yet will, inevitably, remain incomplete forever …

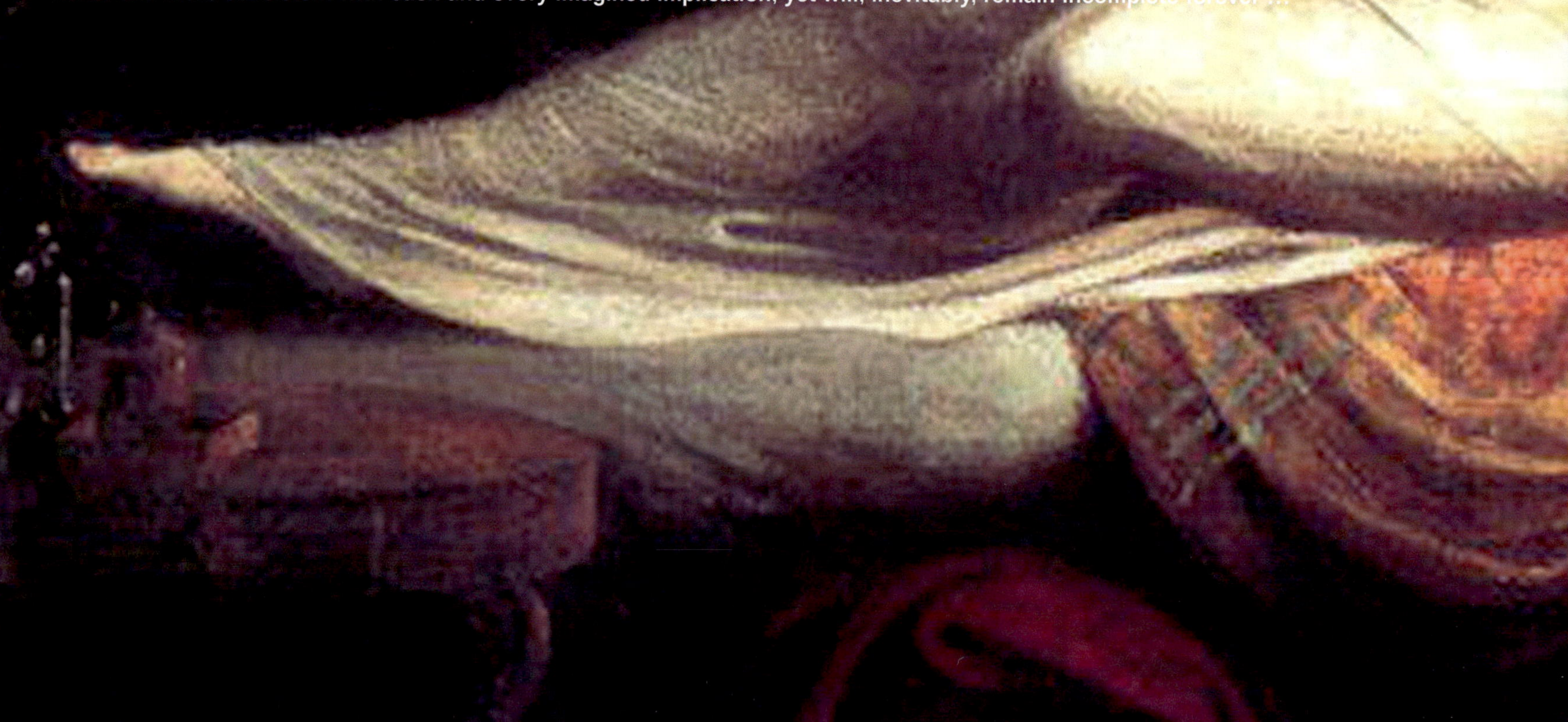

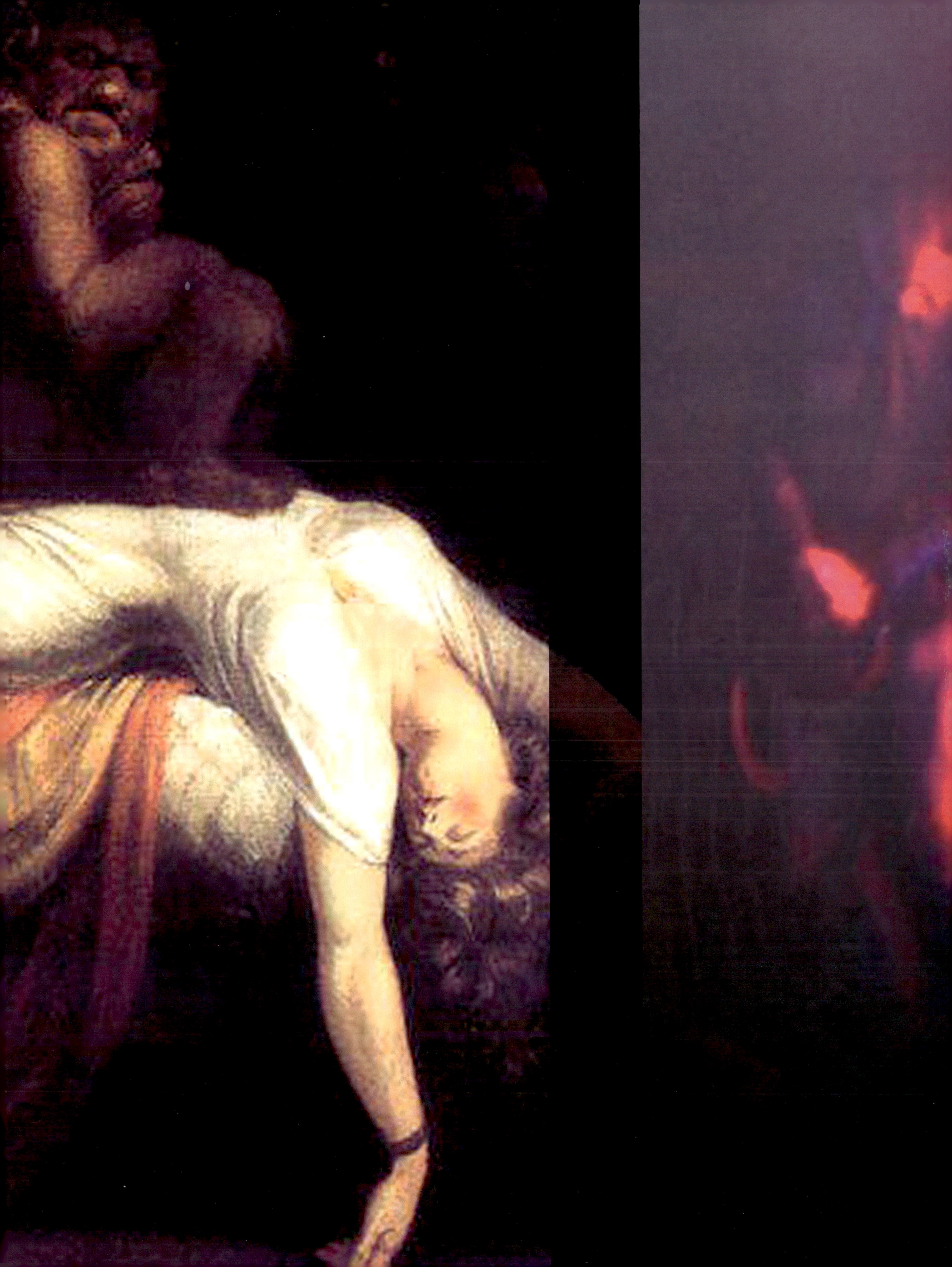

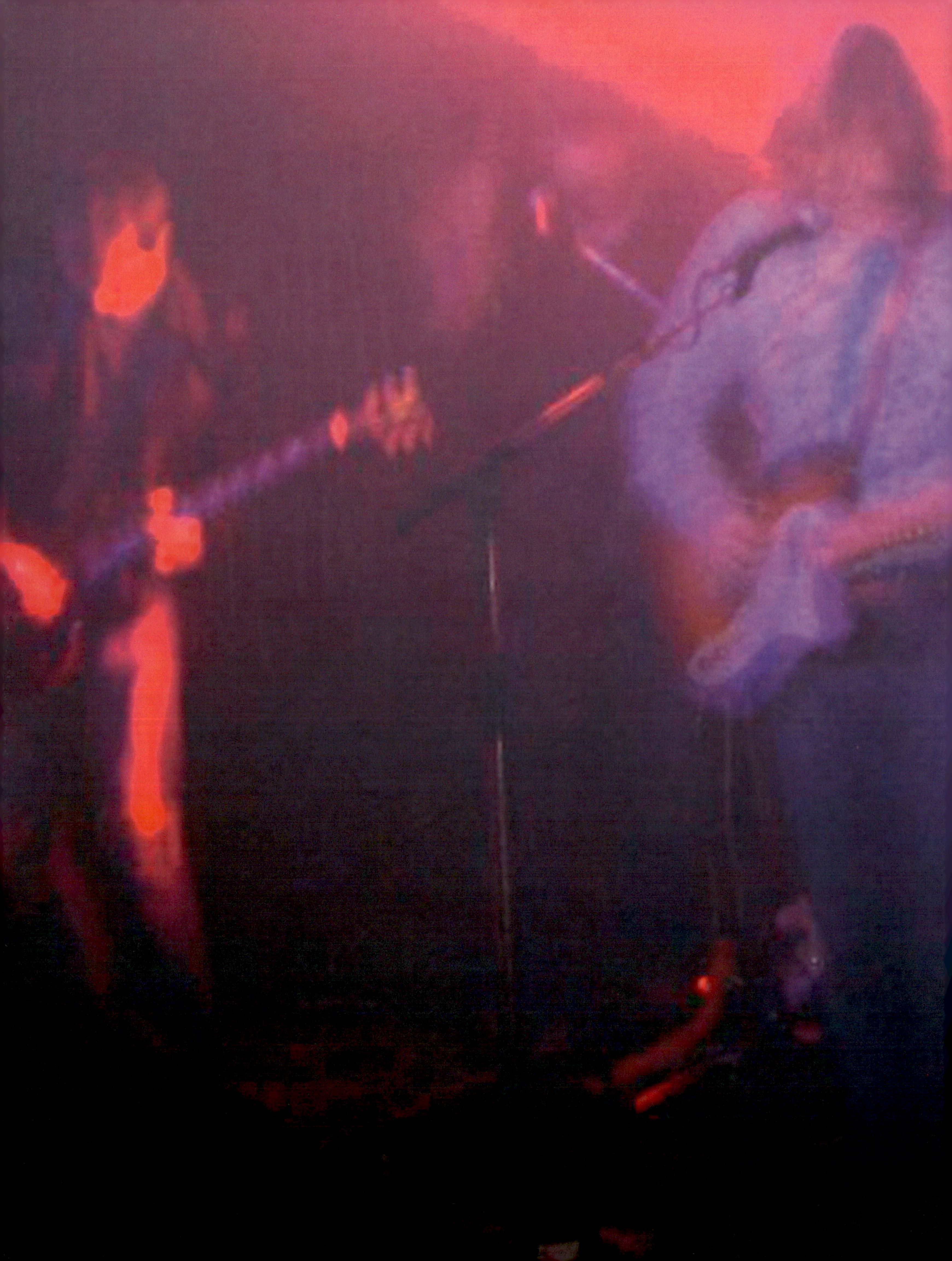

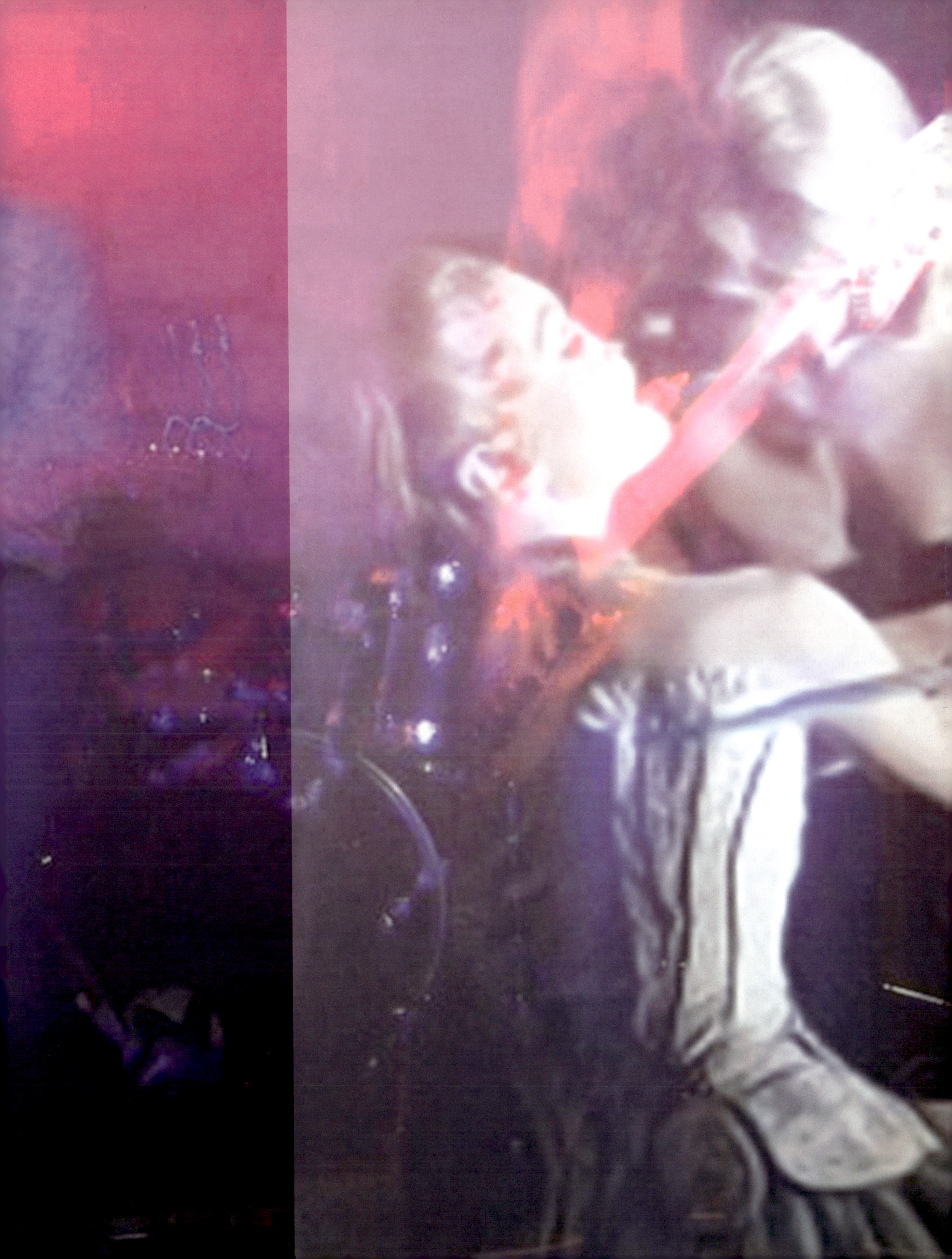

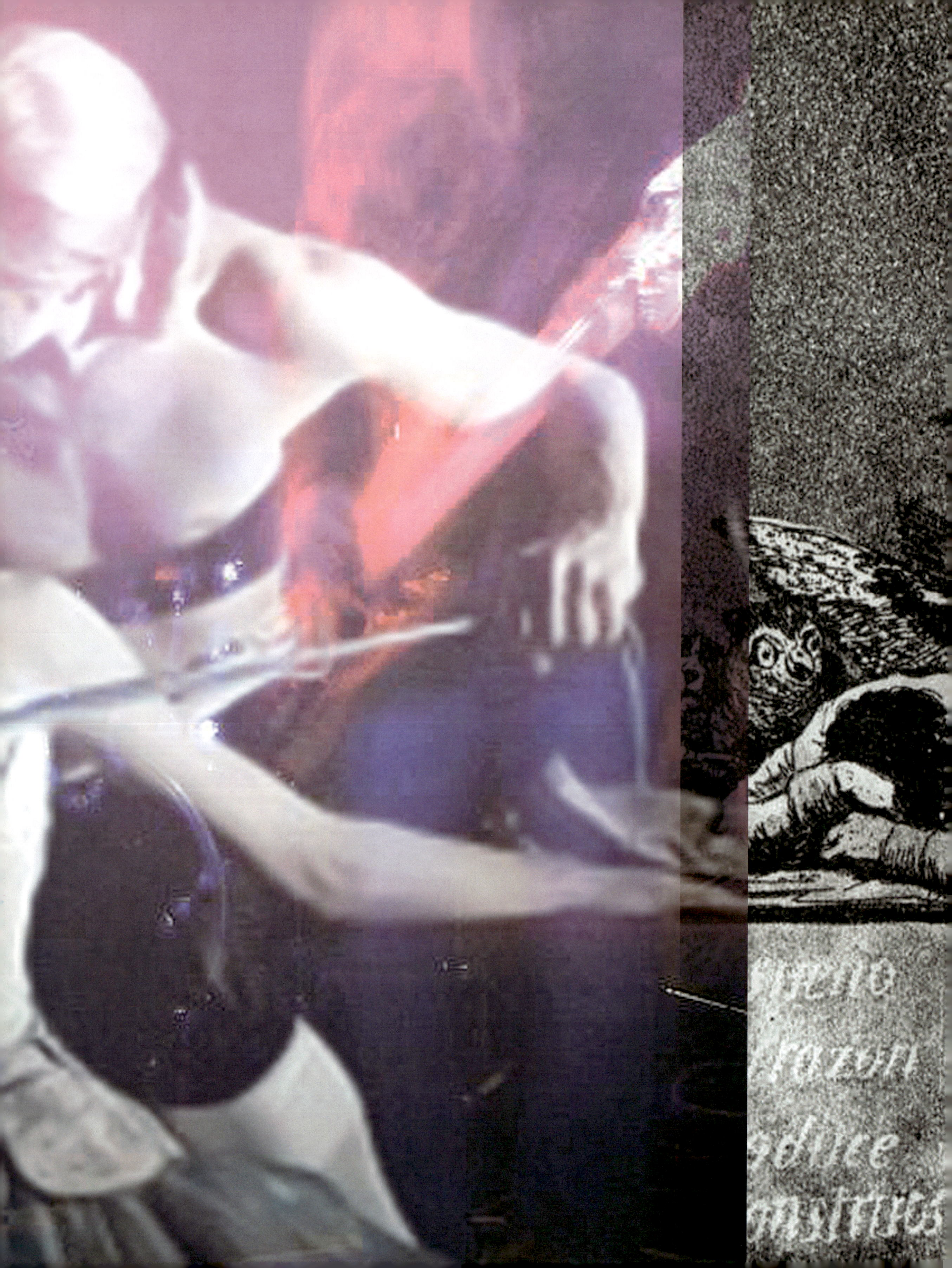
ueño
razon
duce
nstruos

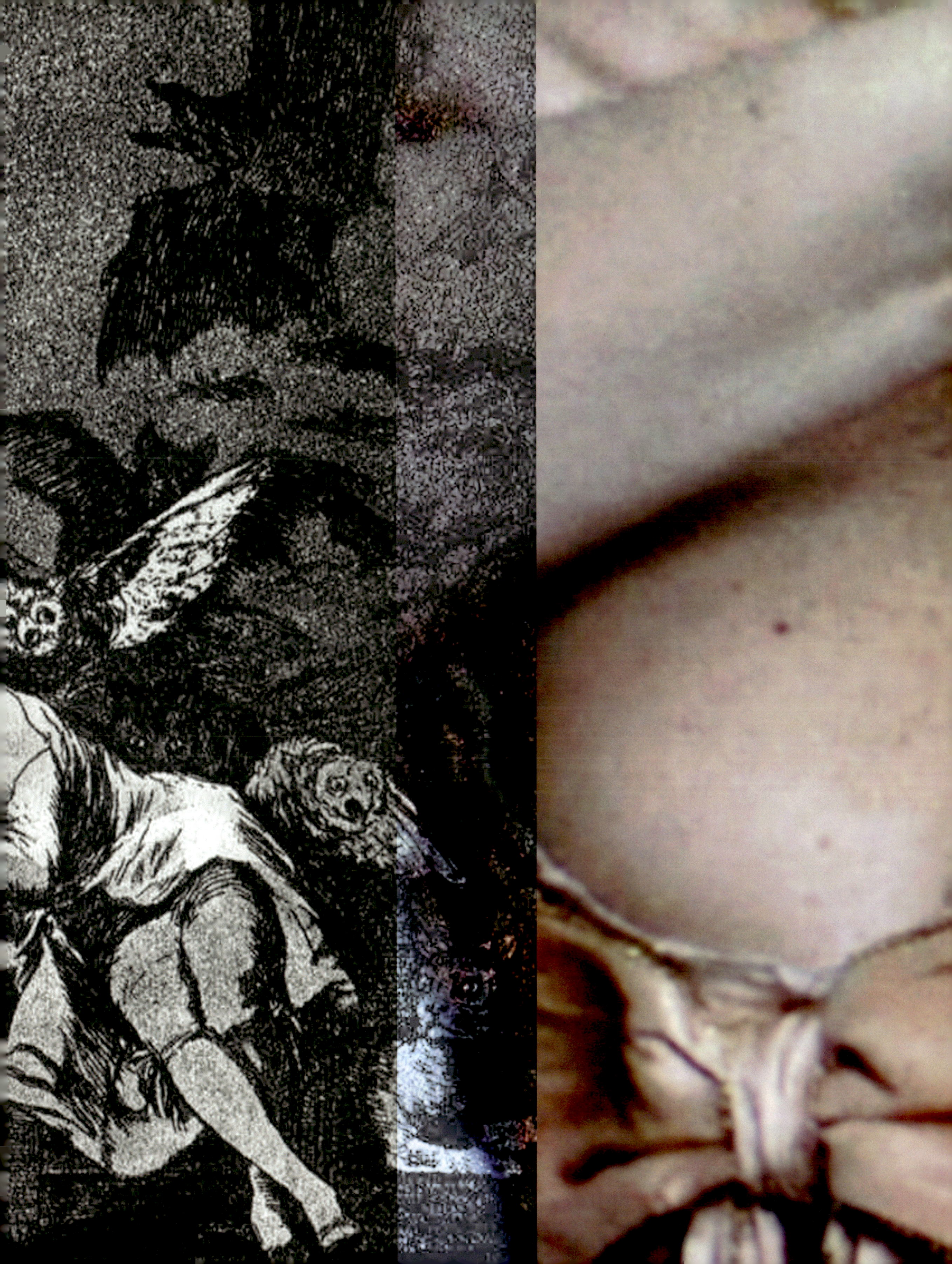

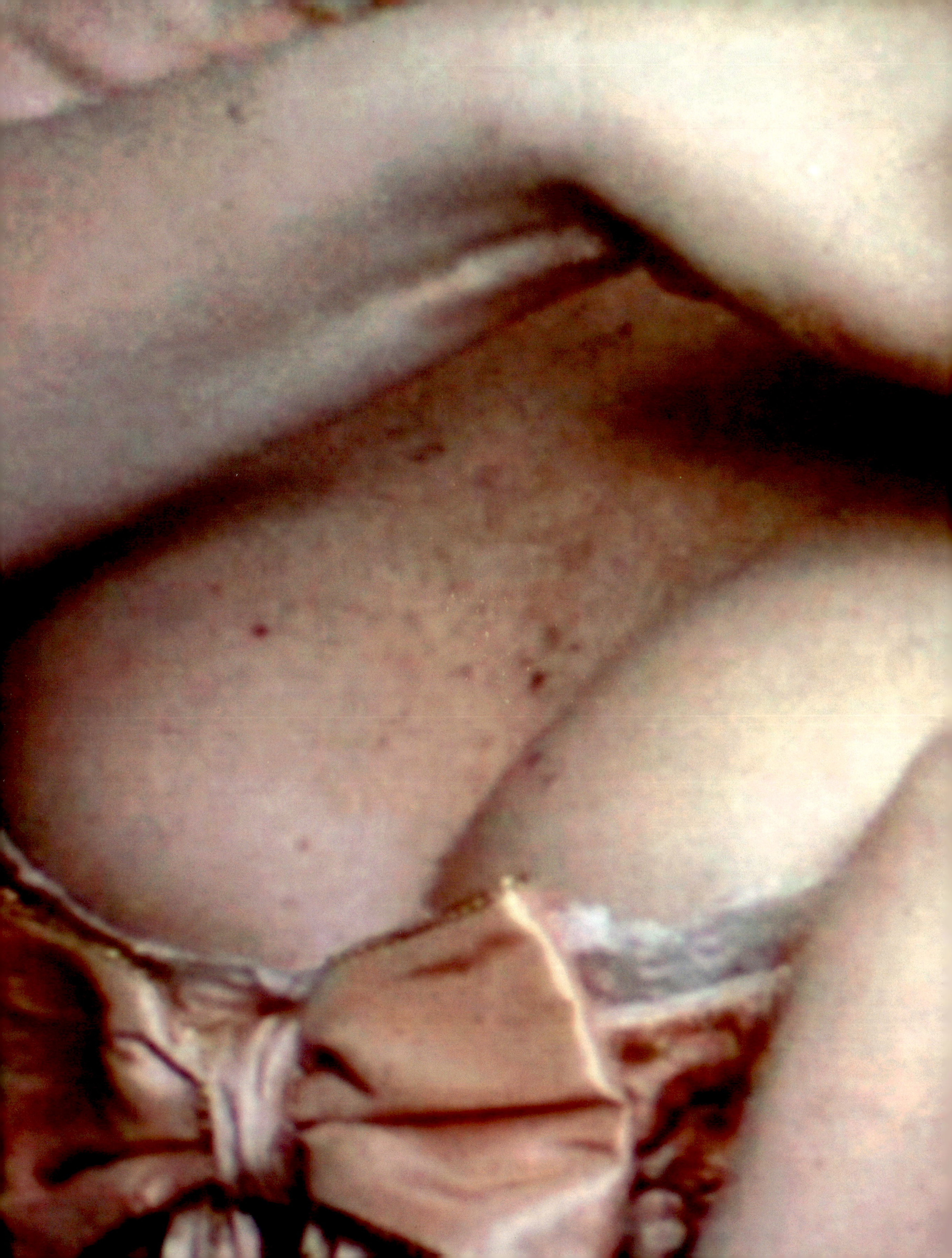

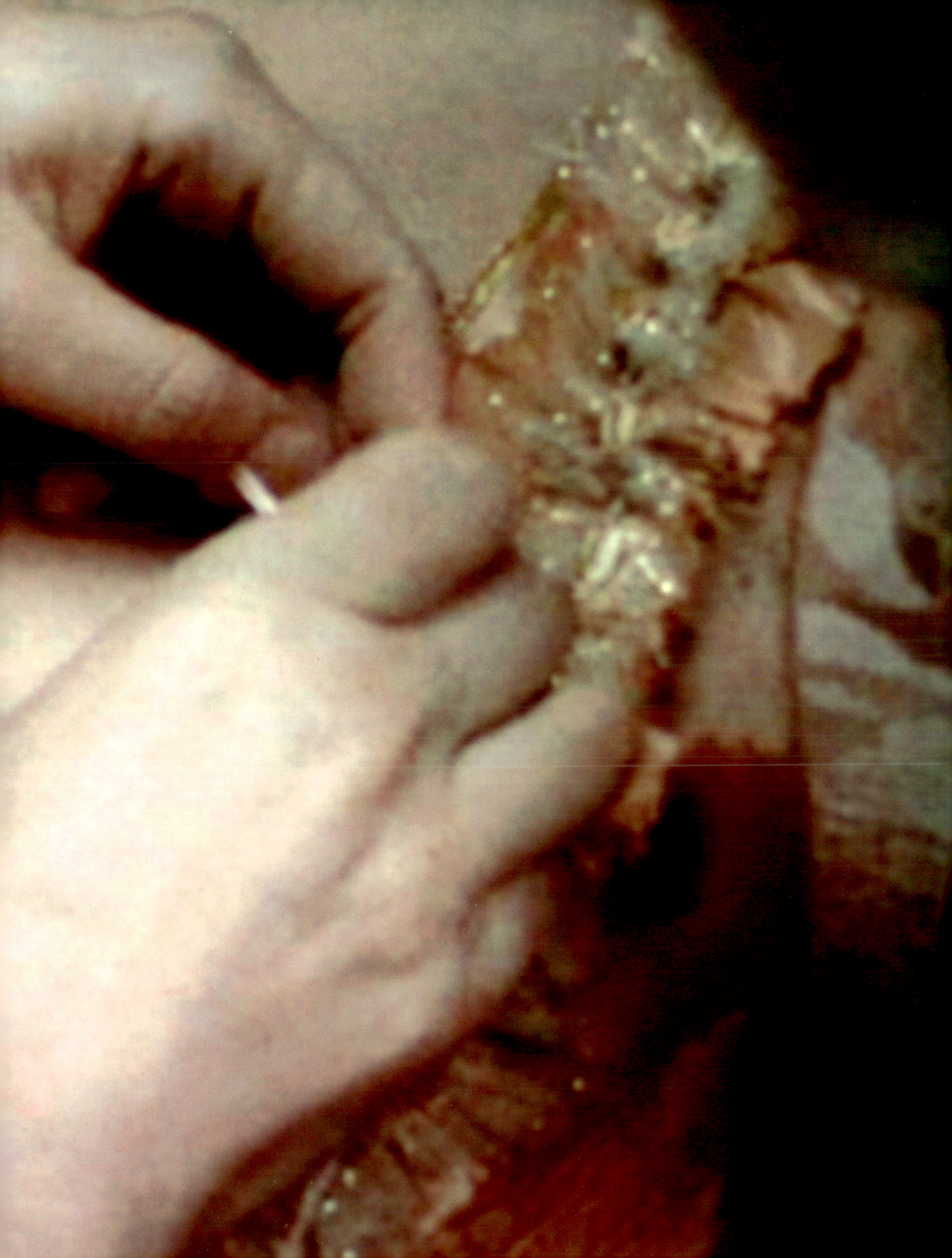

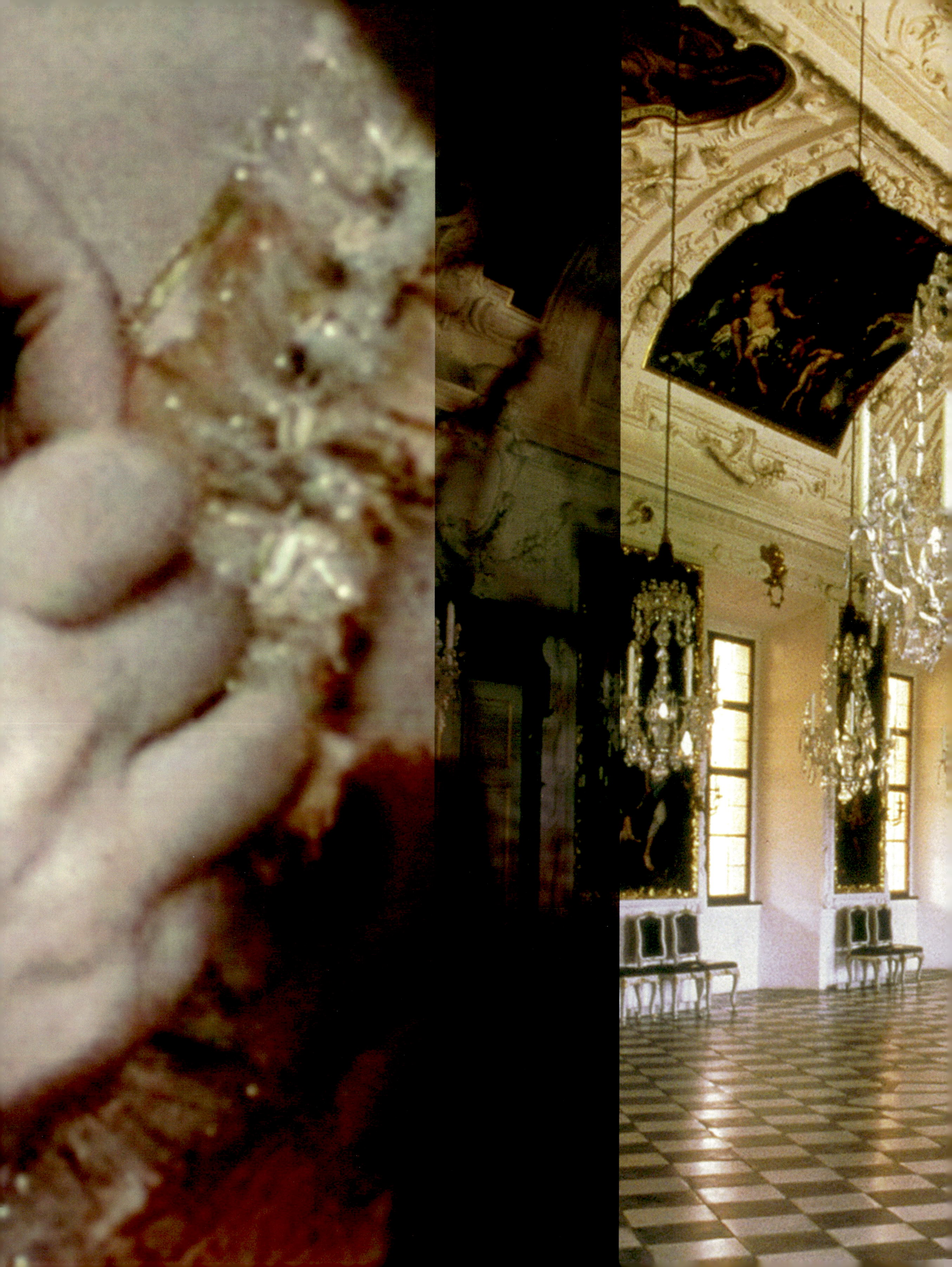

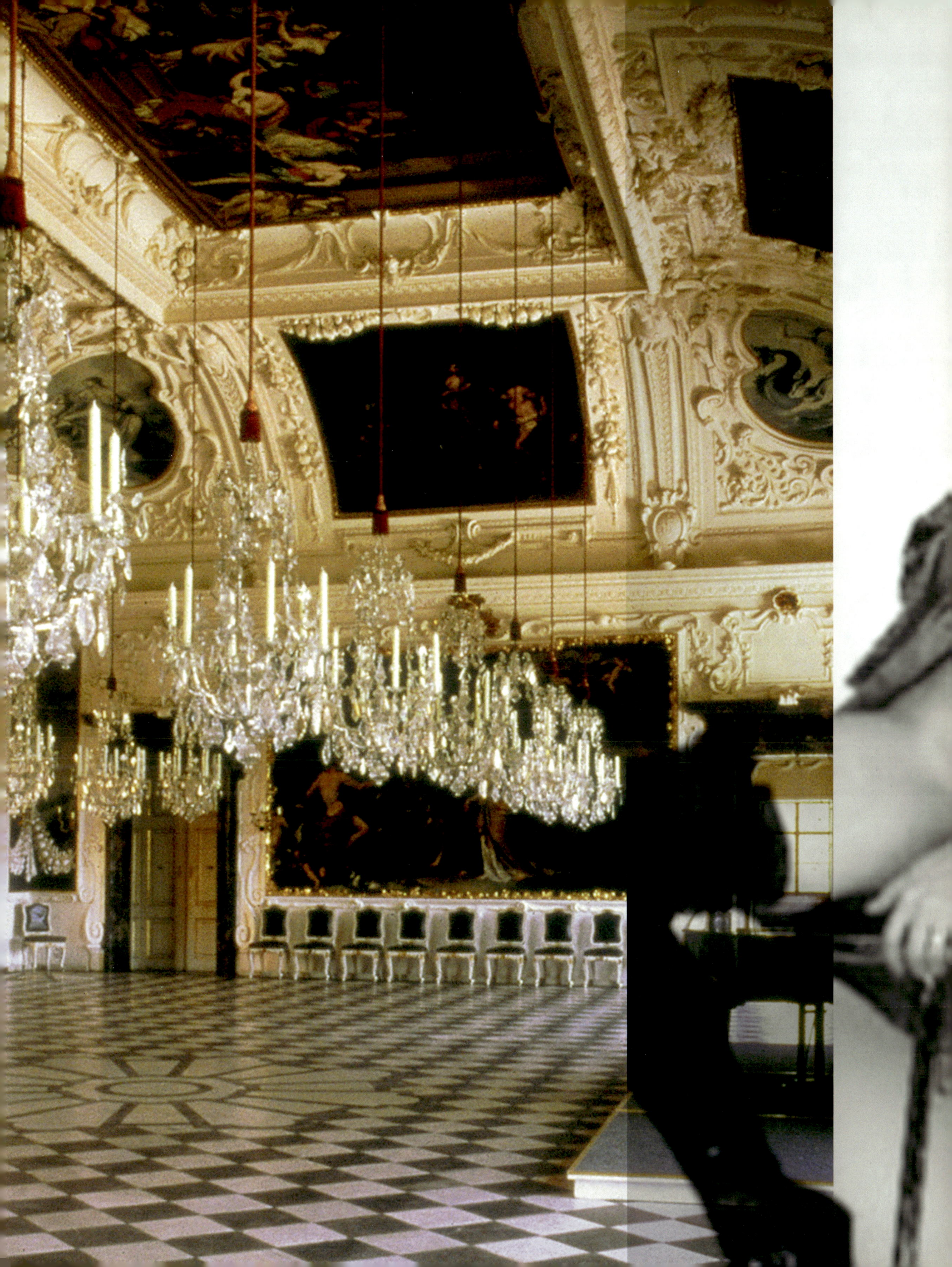

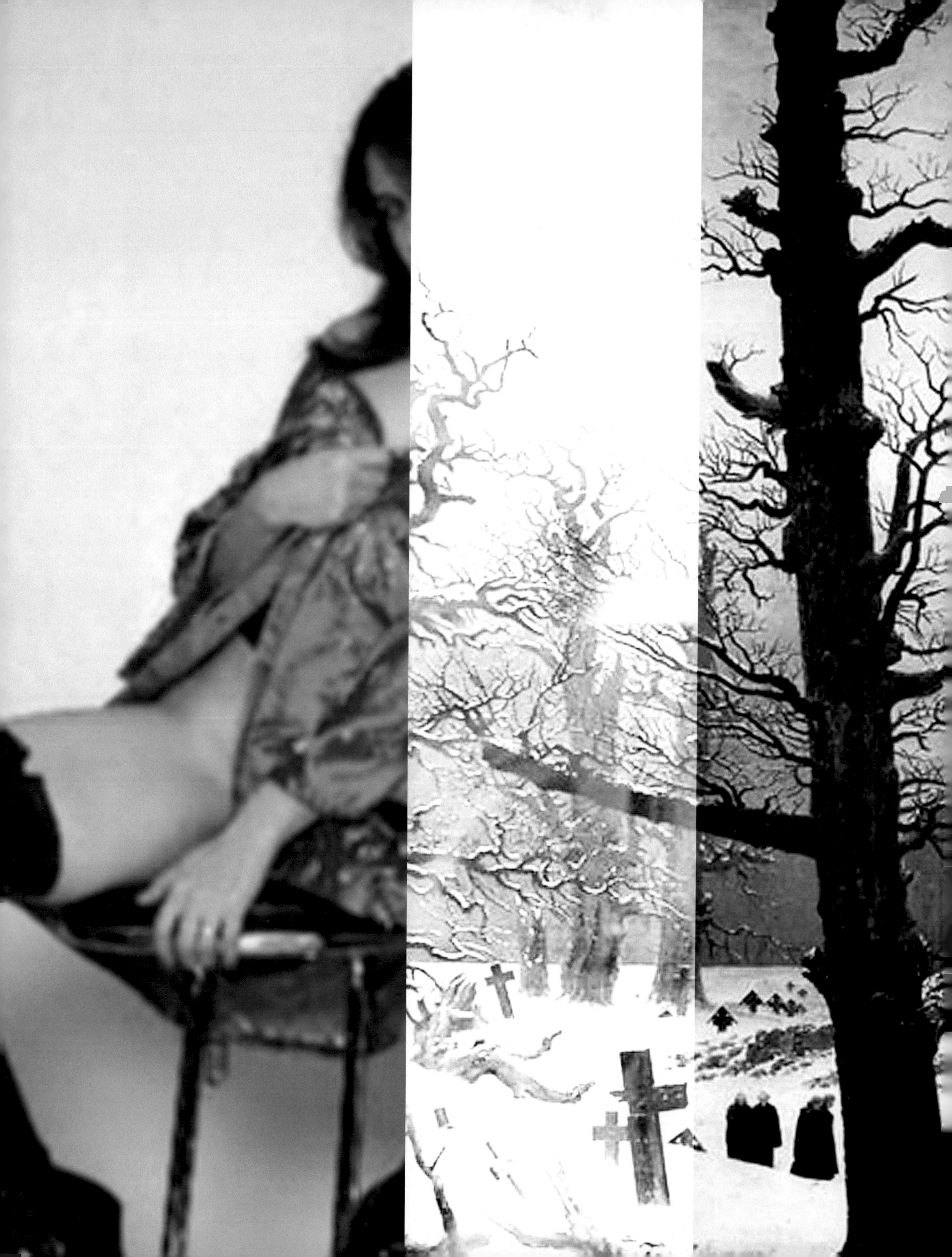

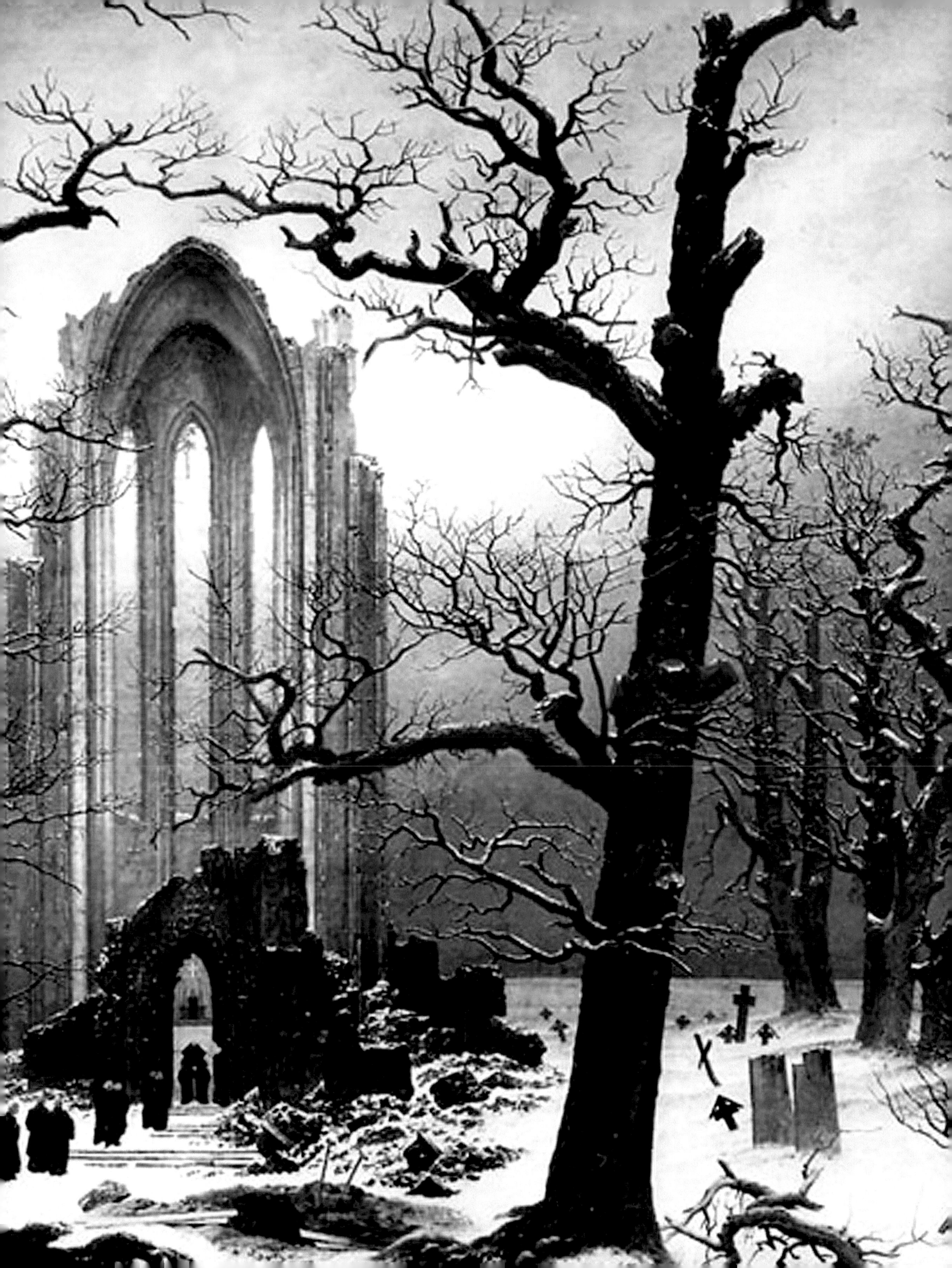

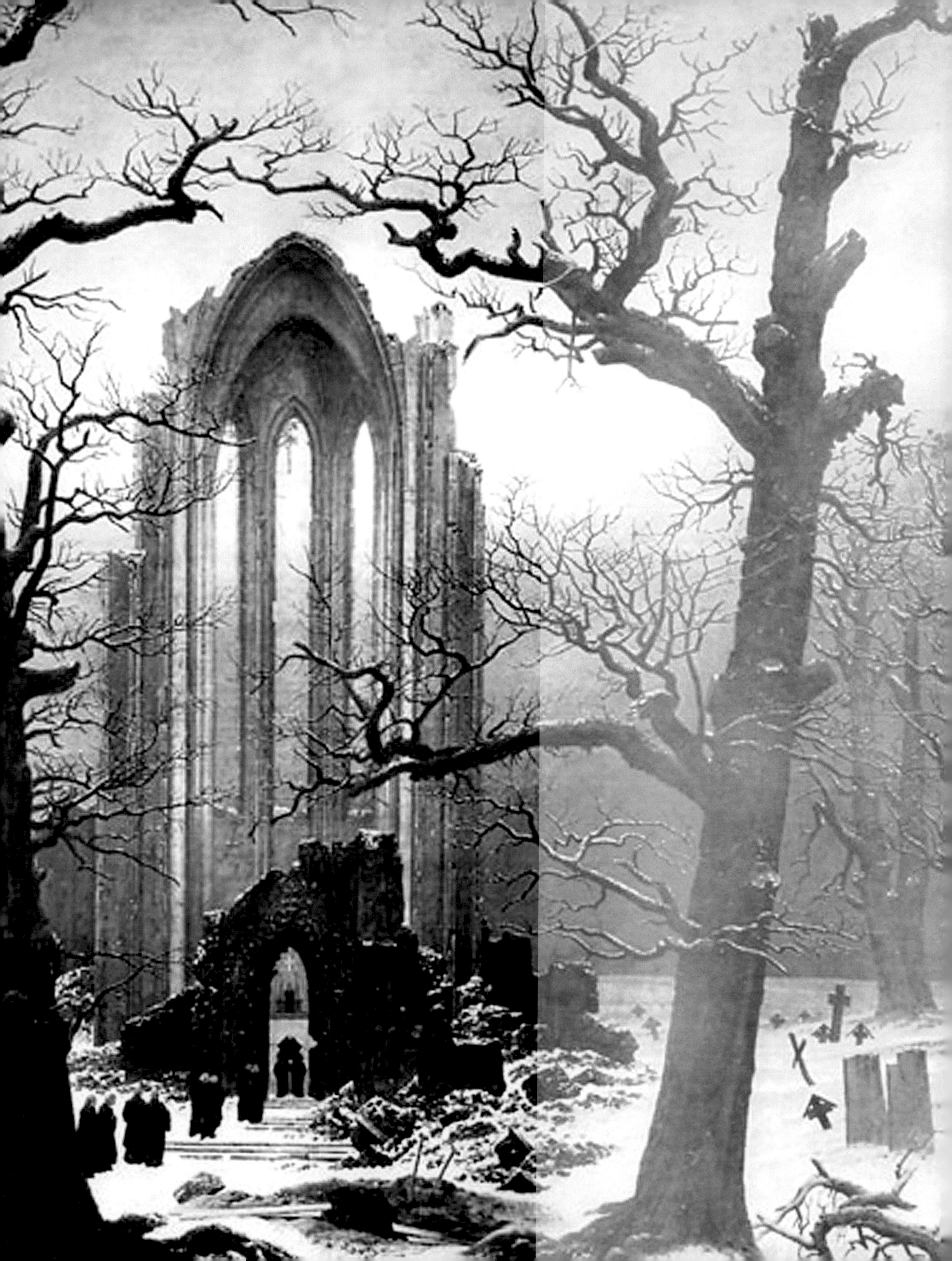

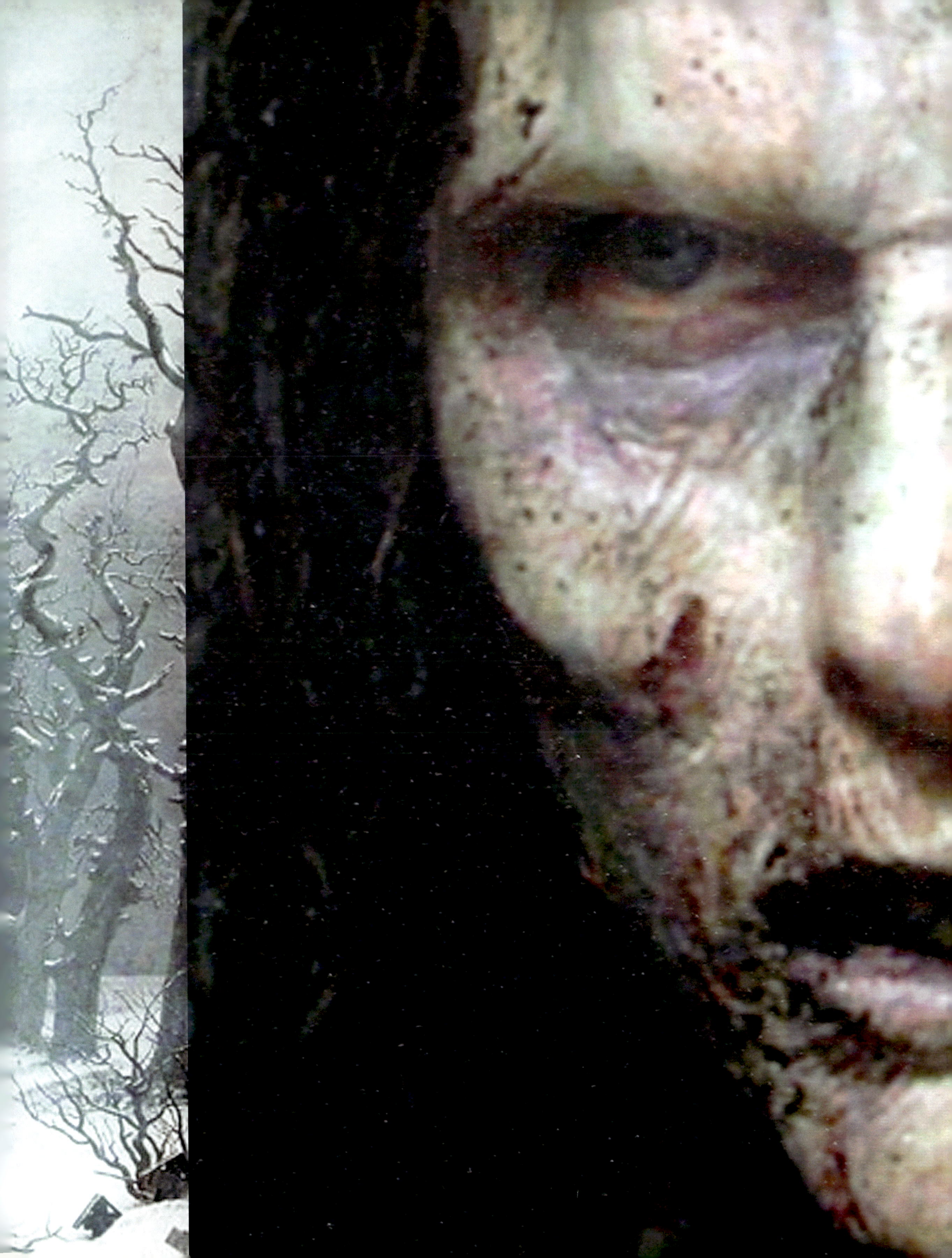

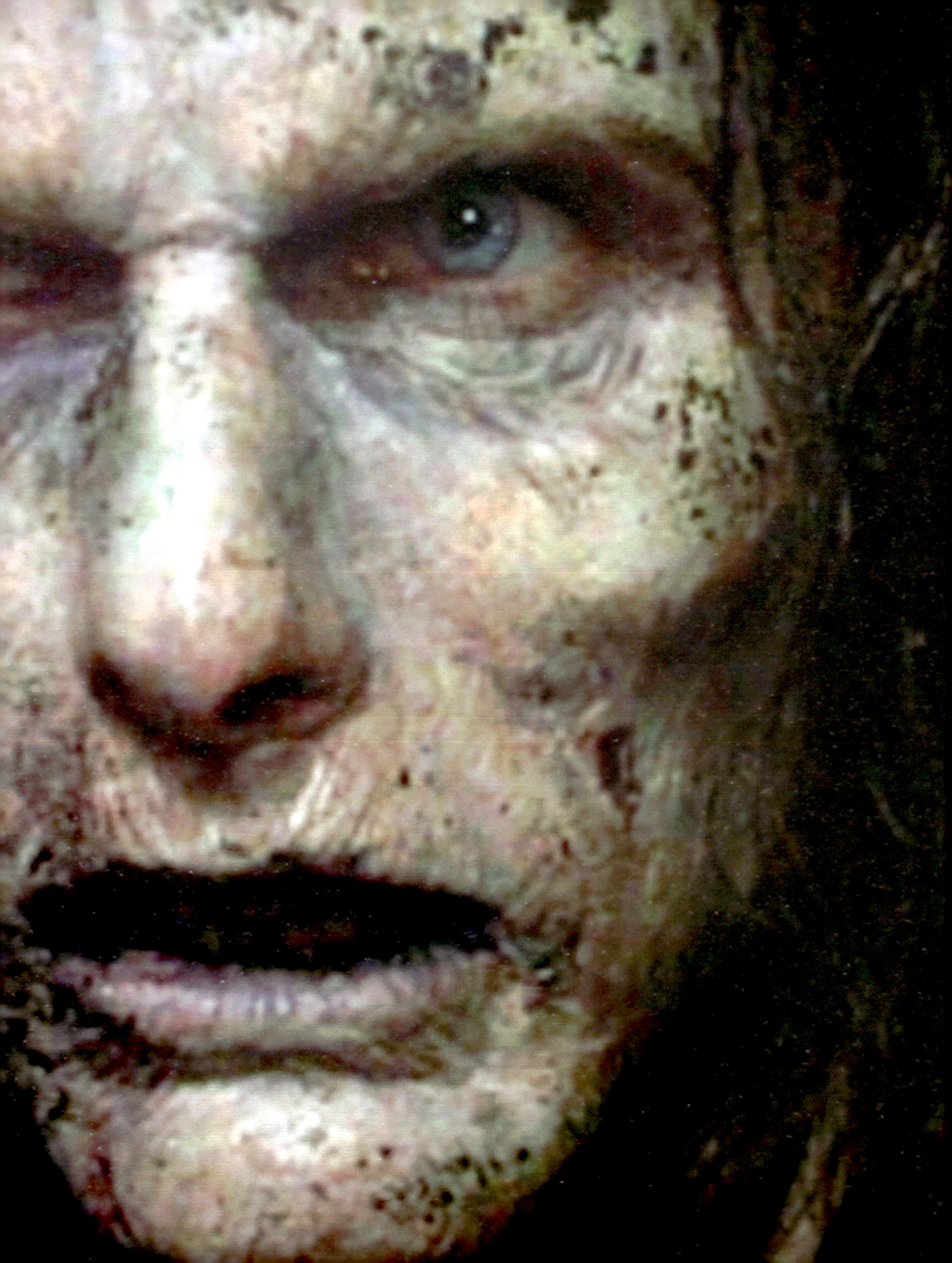

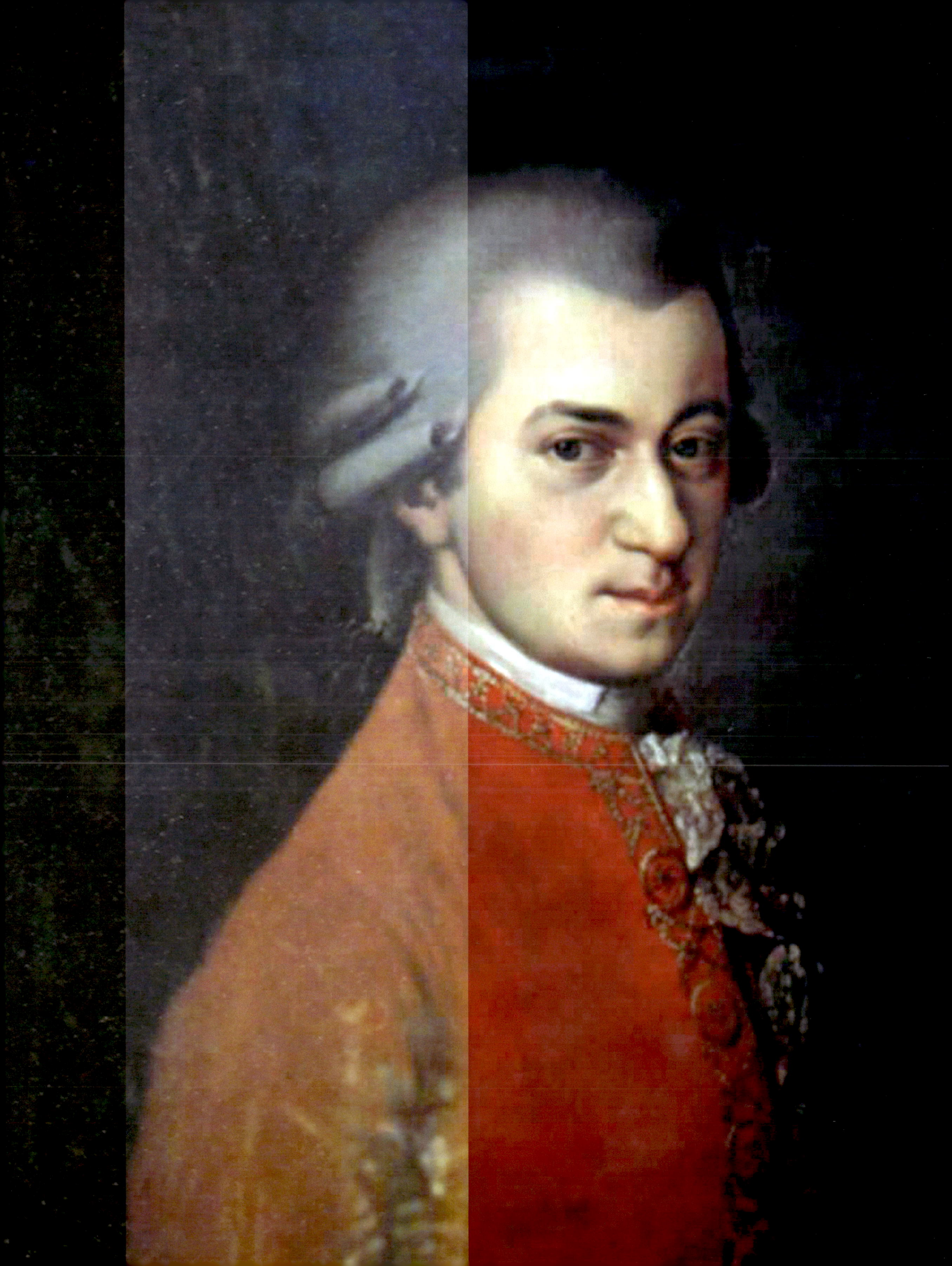

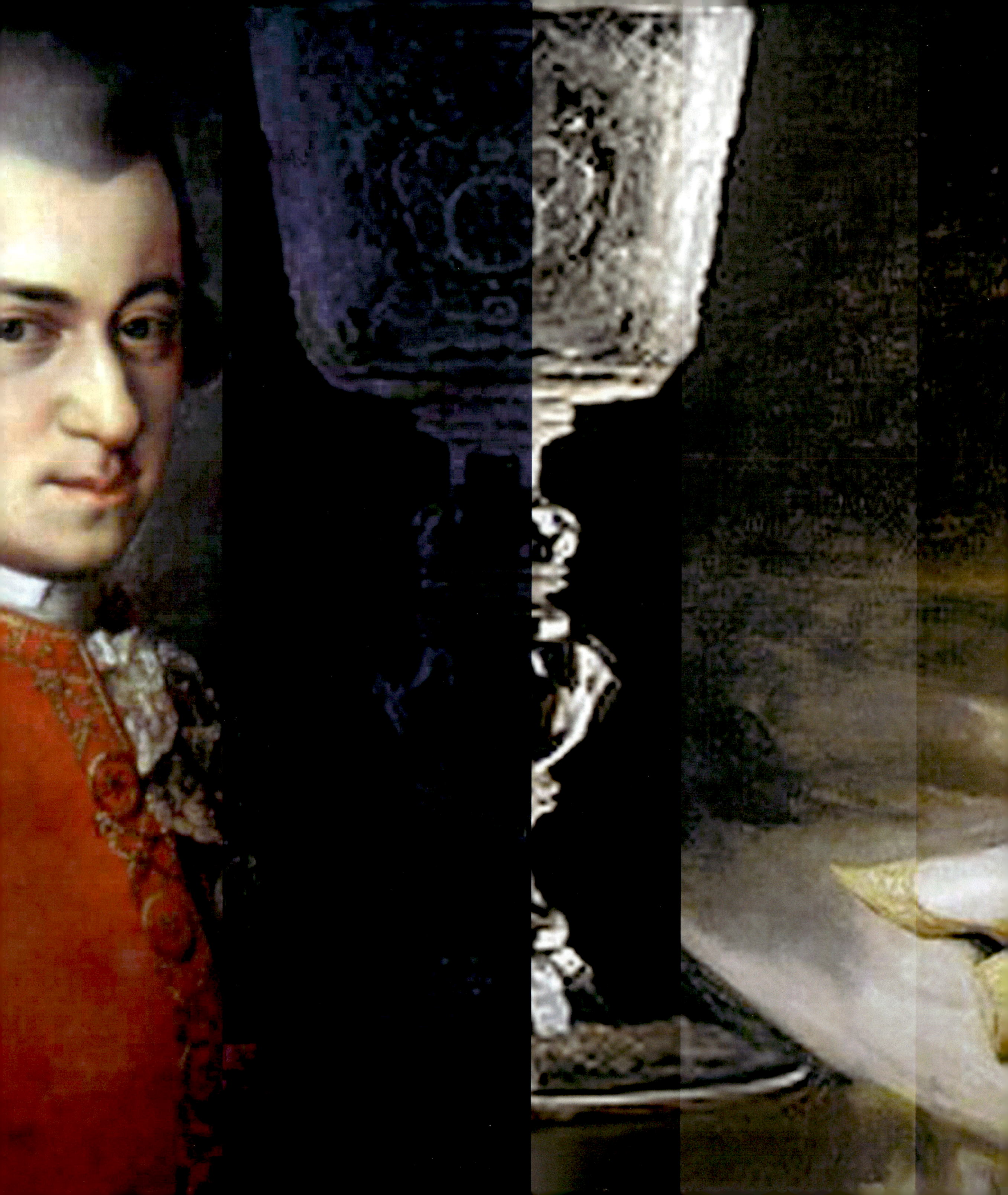

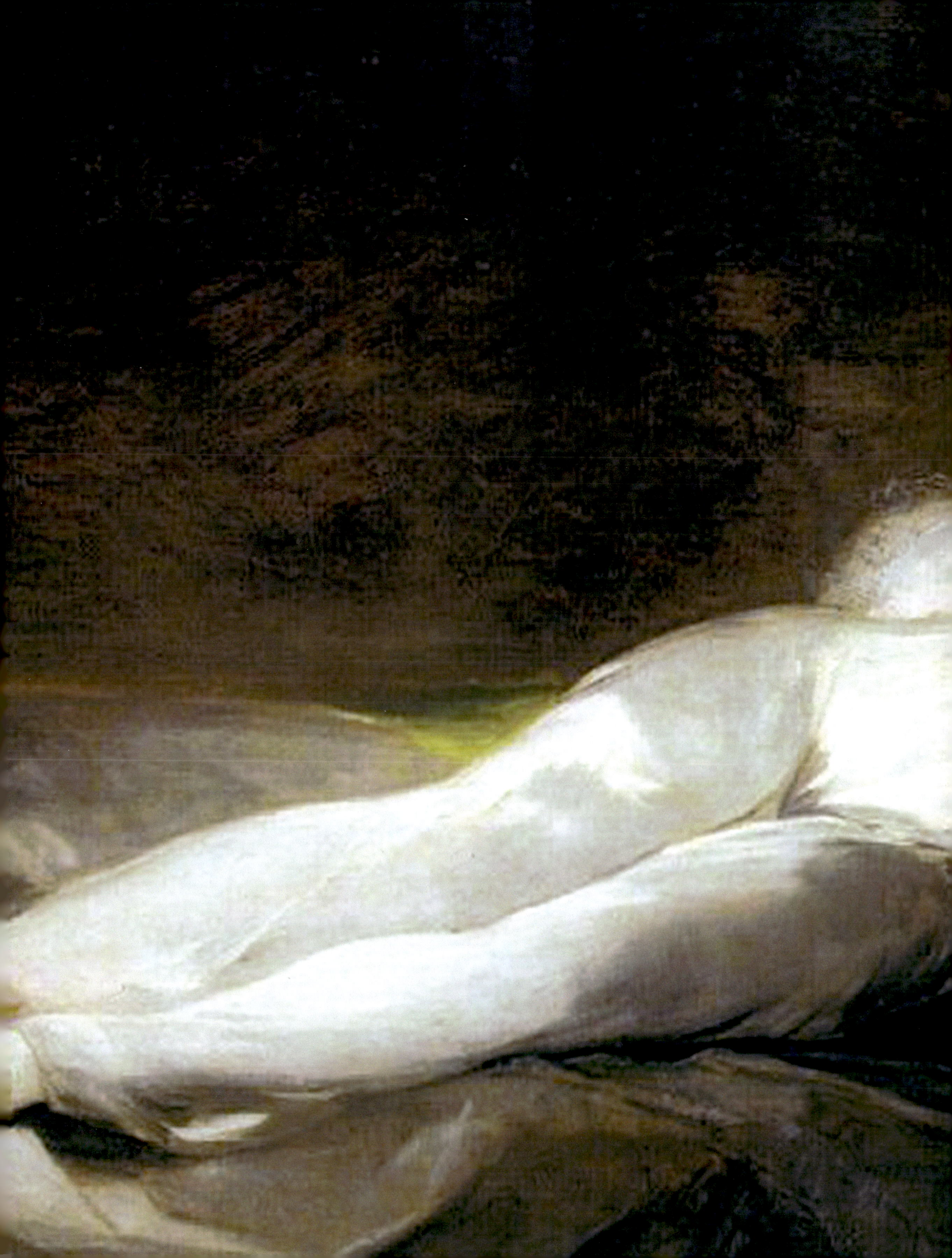

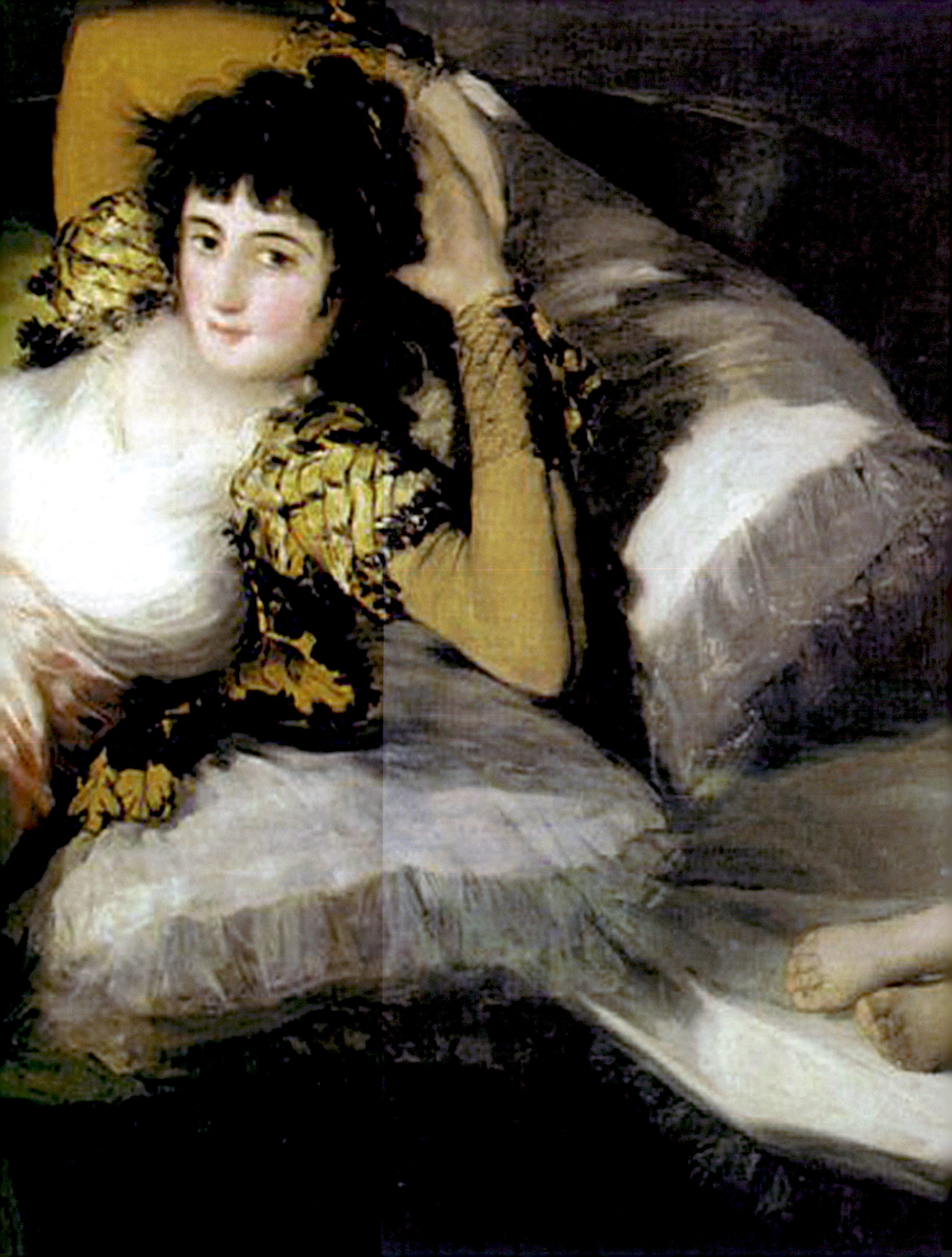

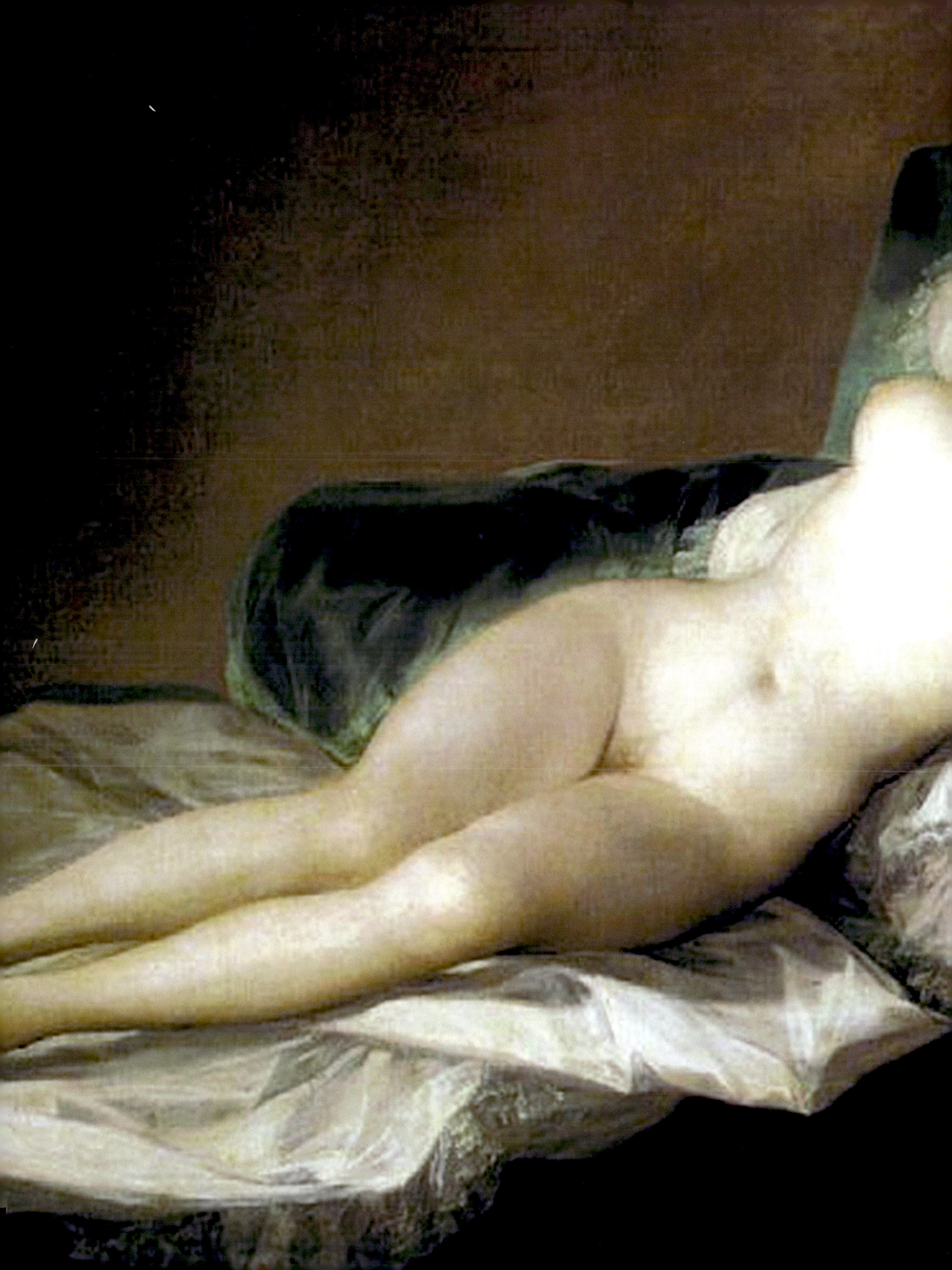

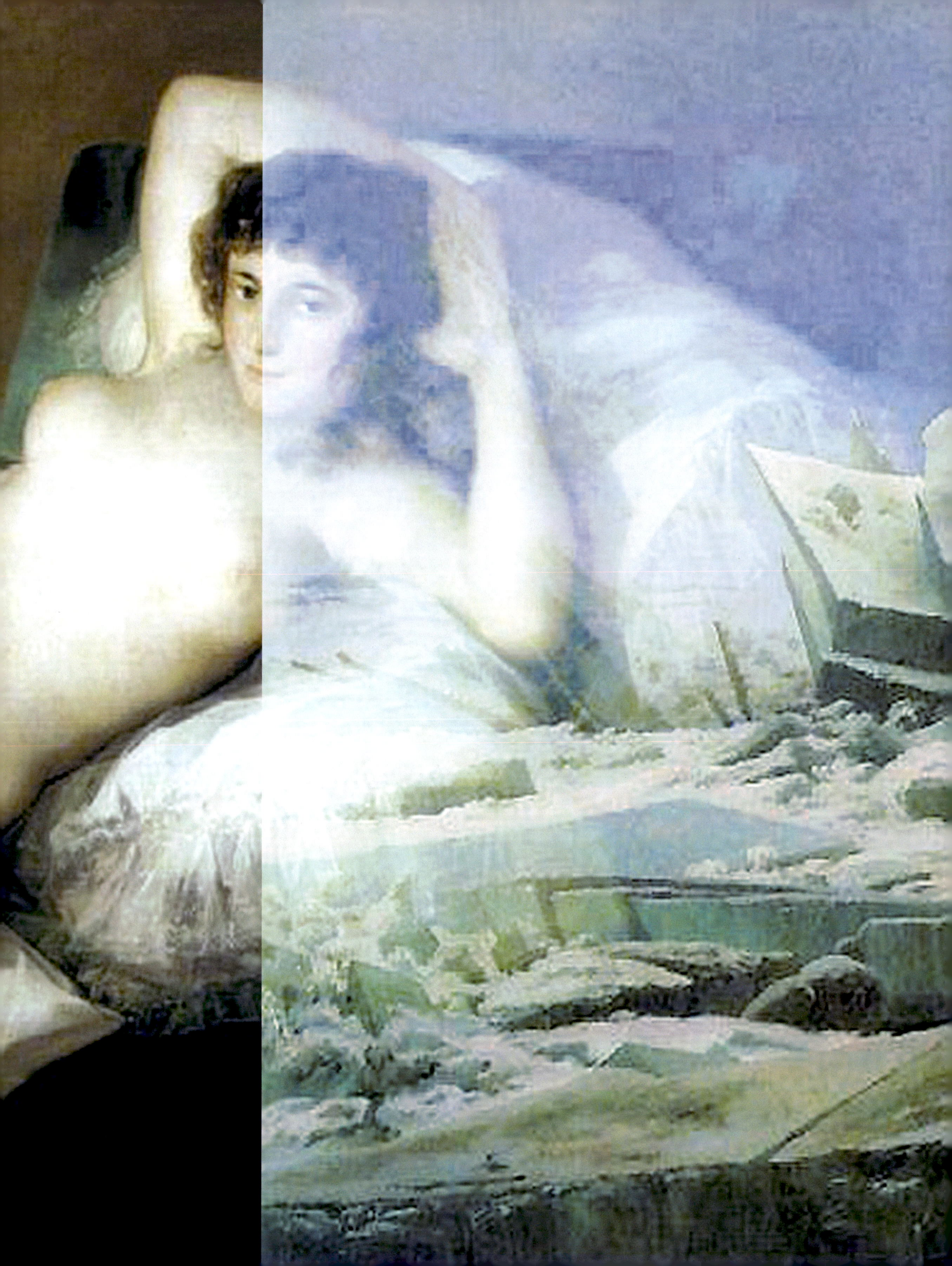

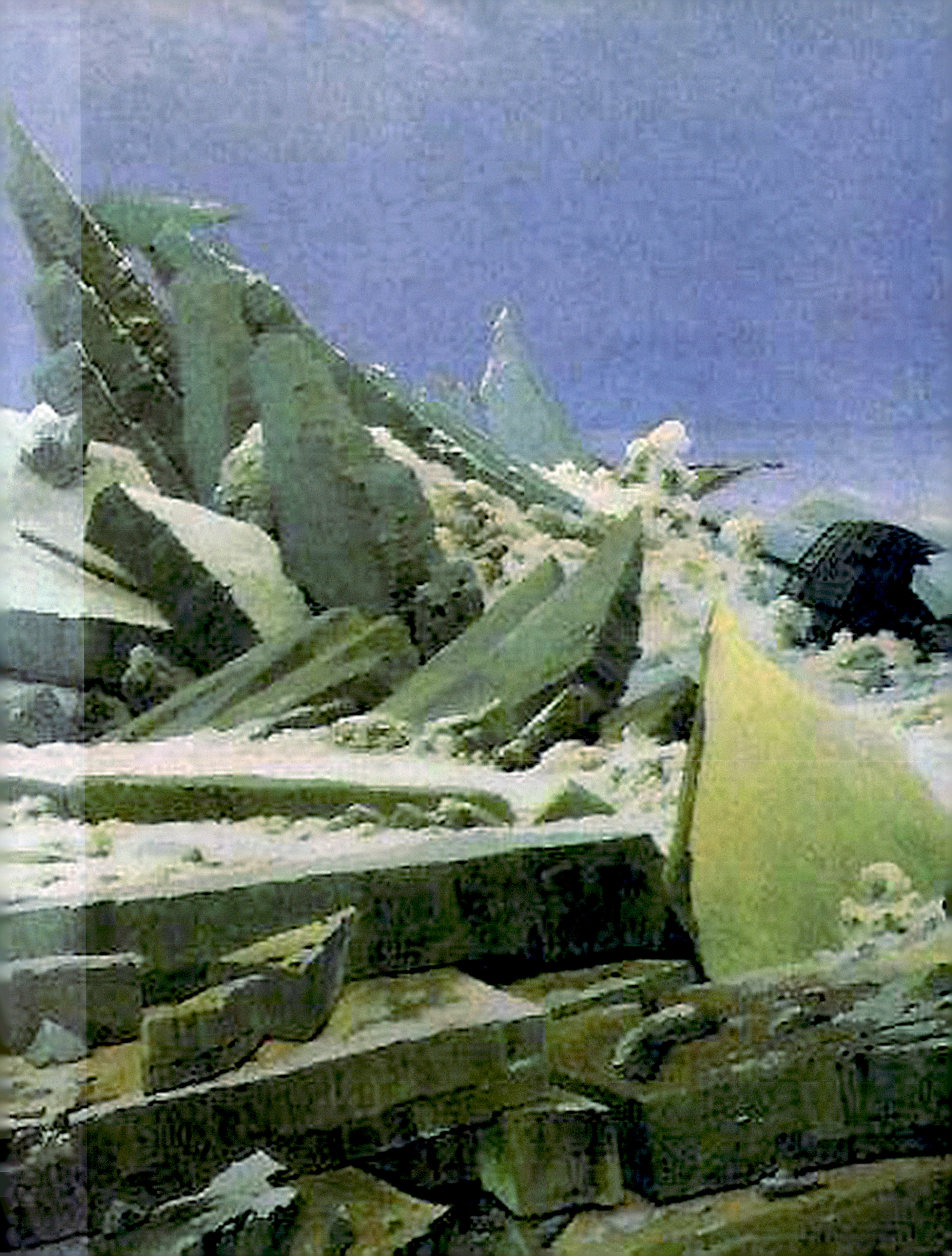

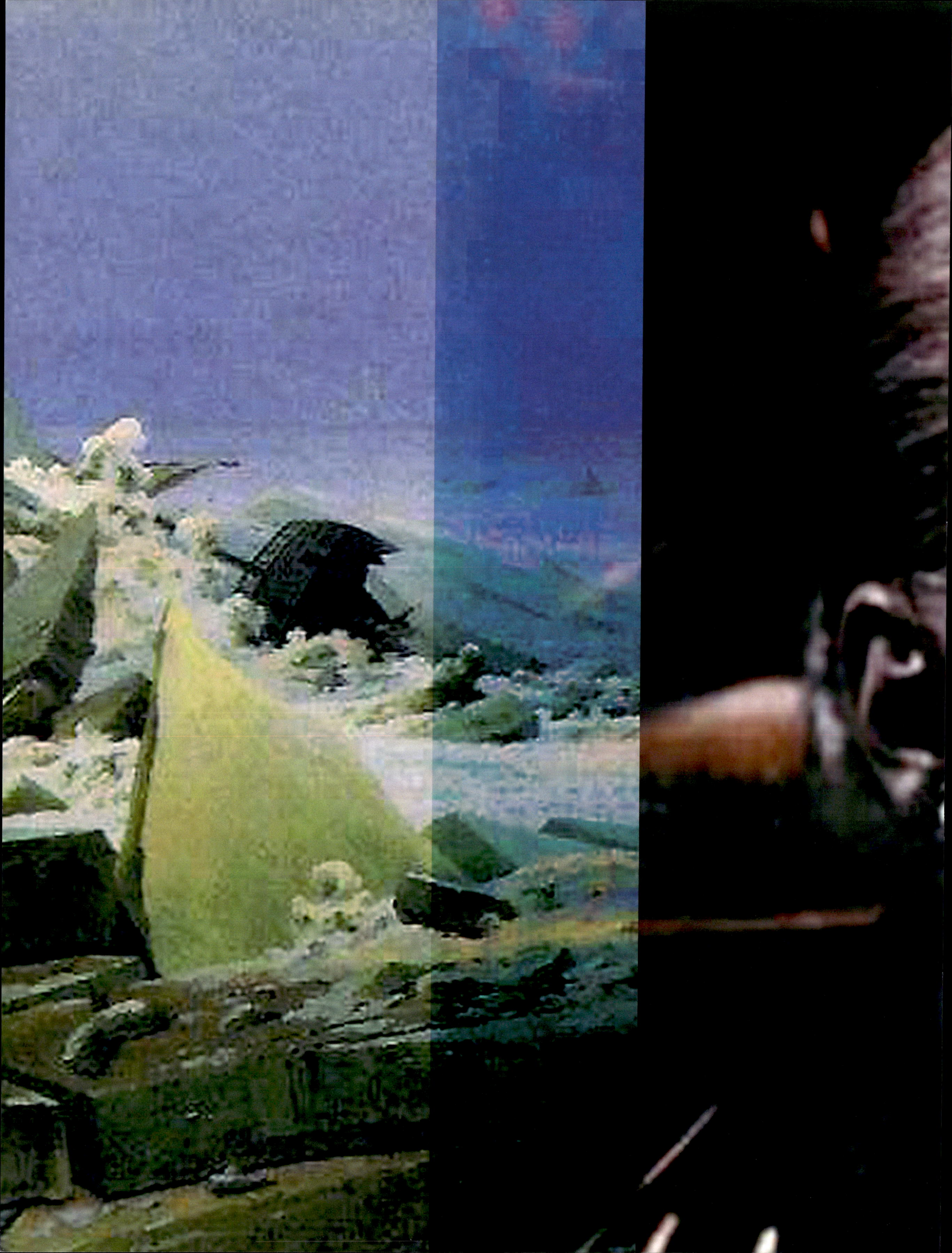

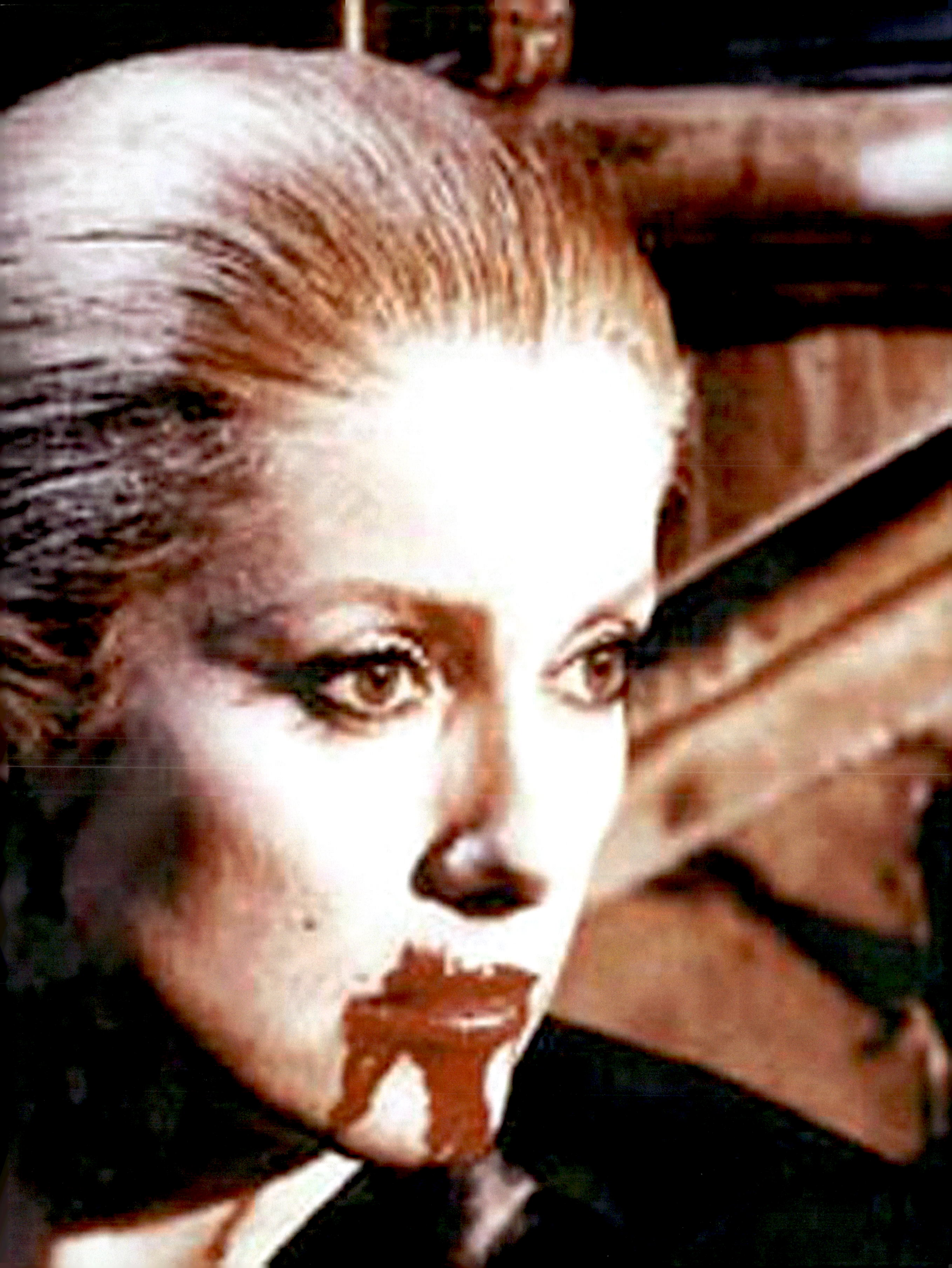

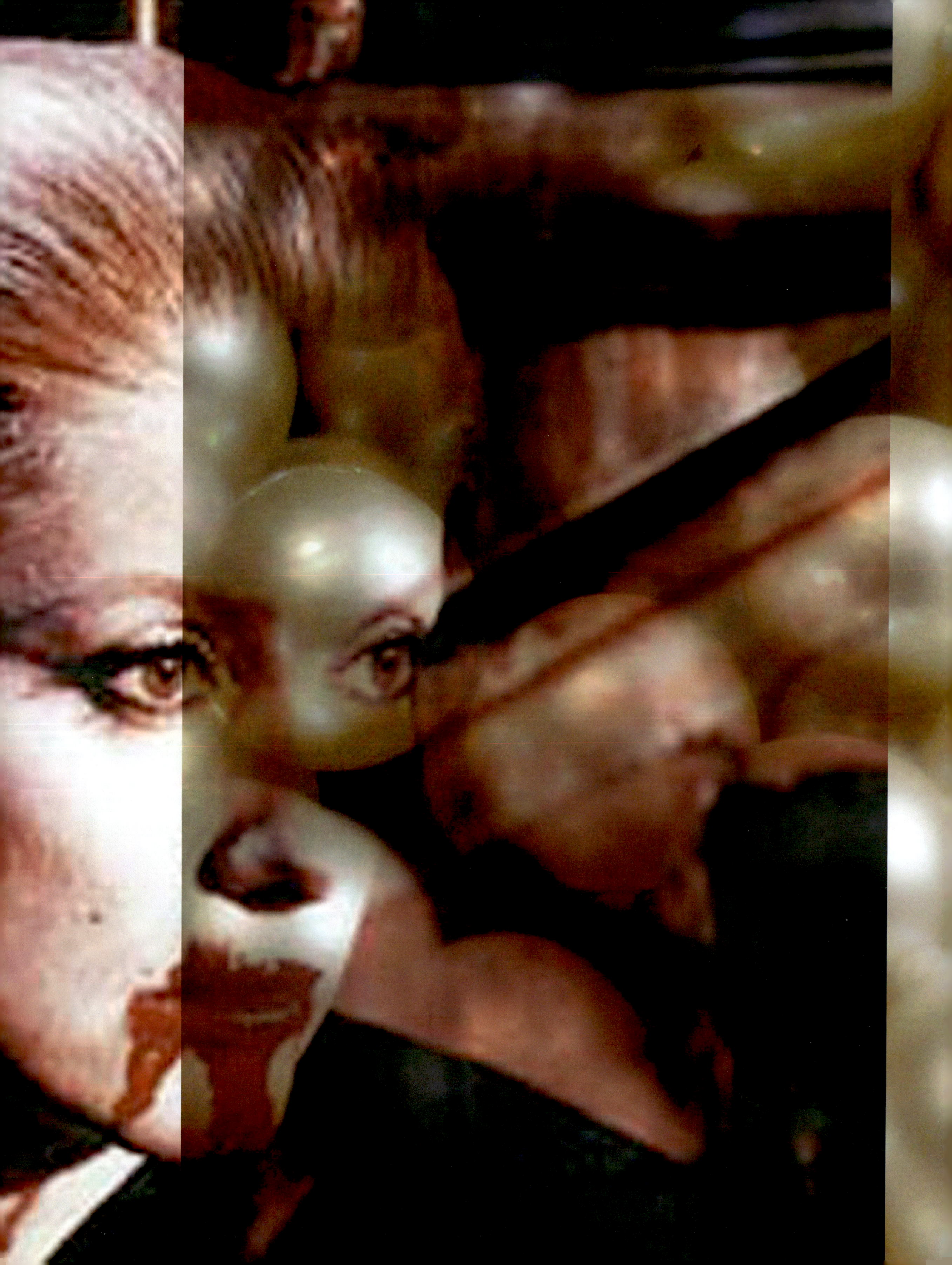

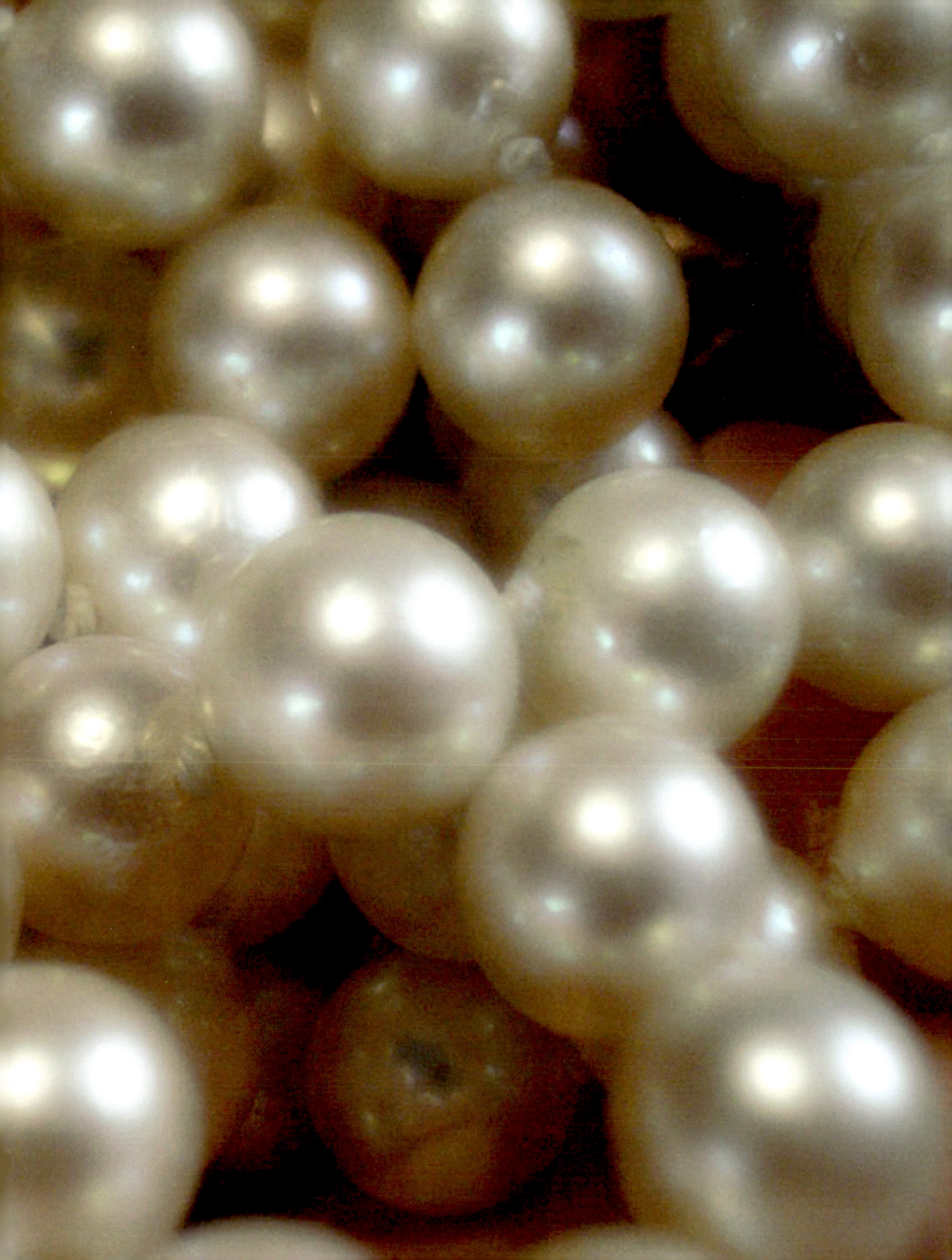

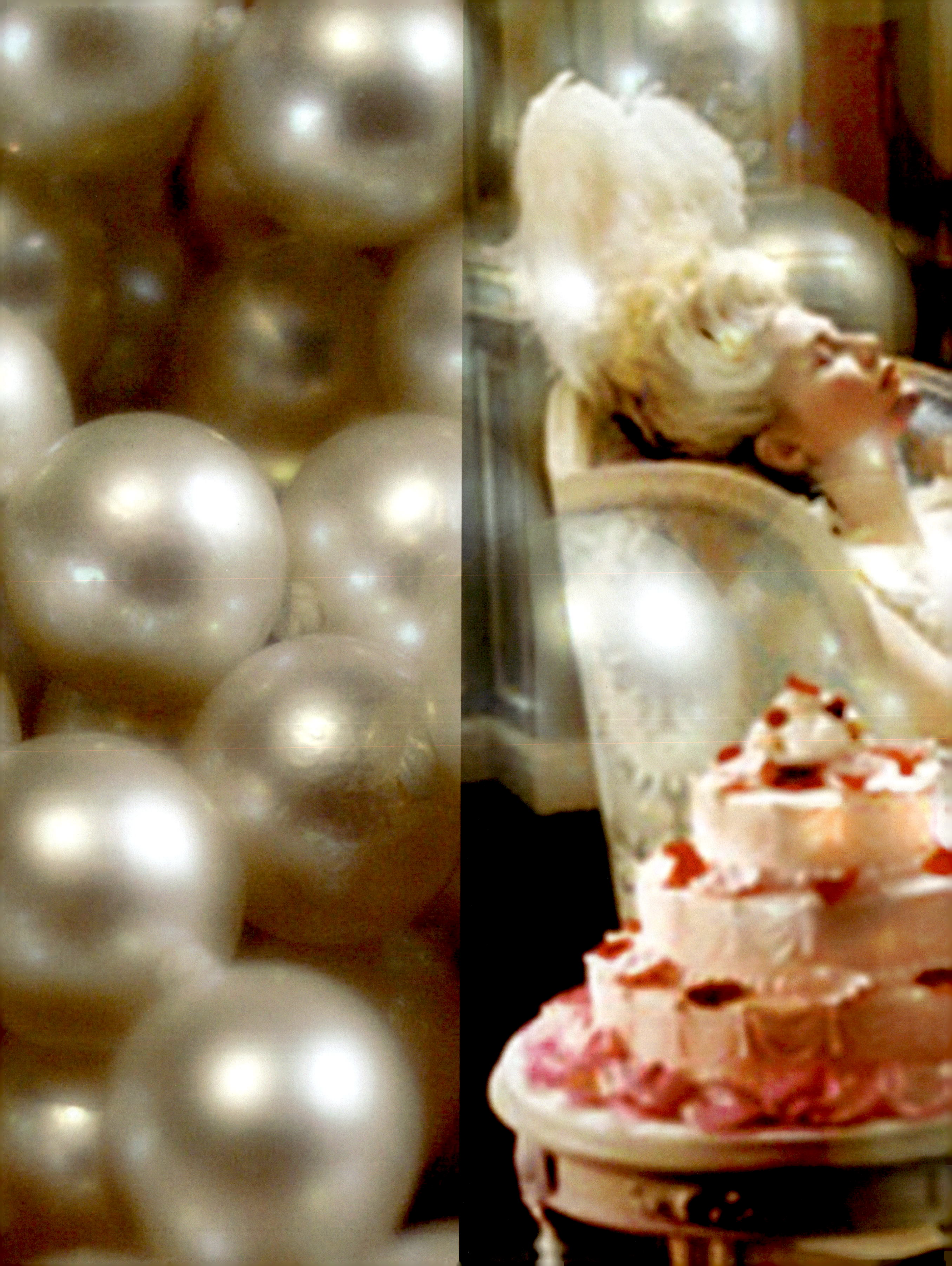

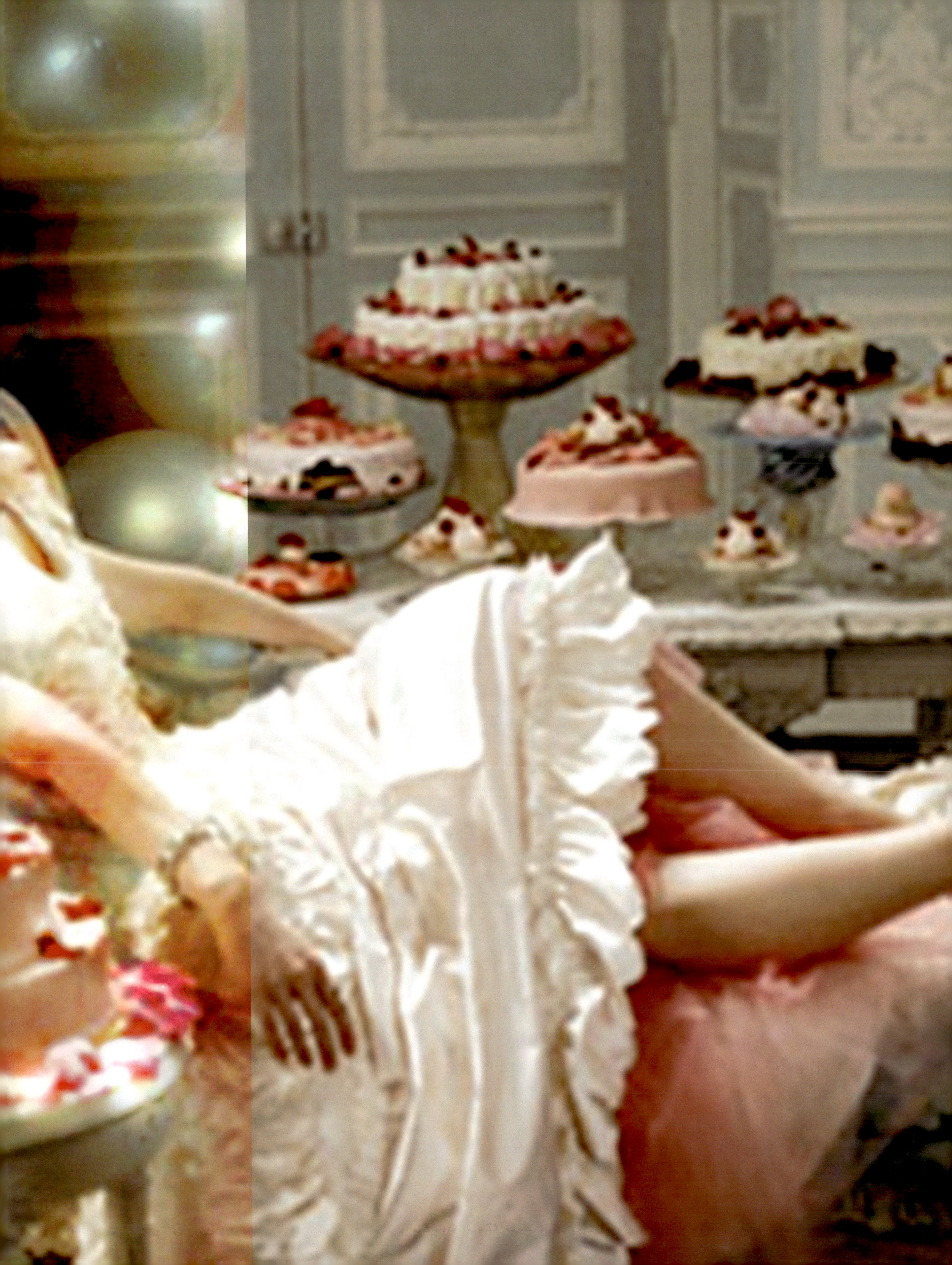

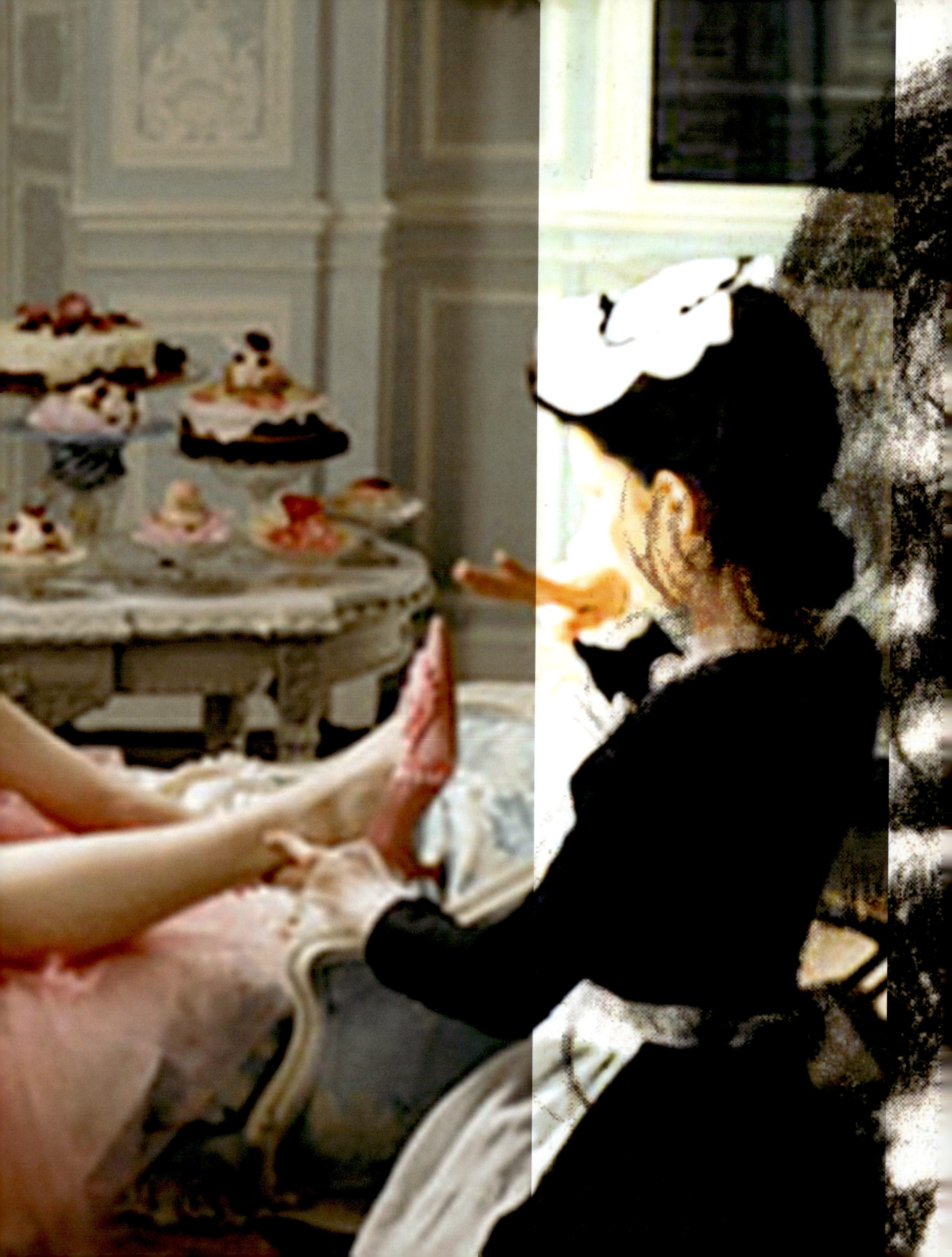

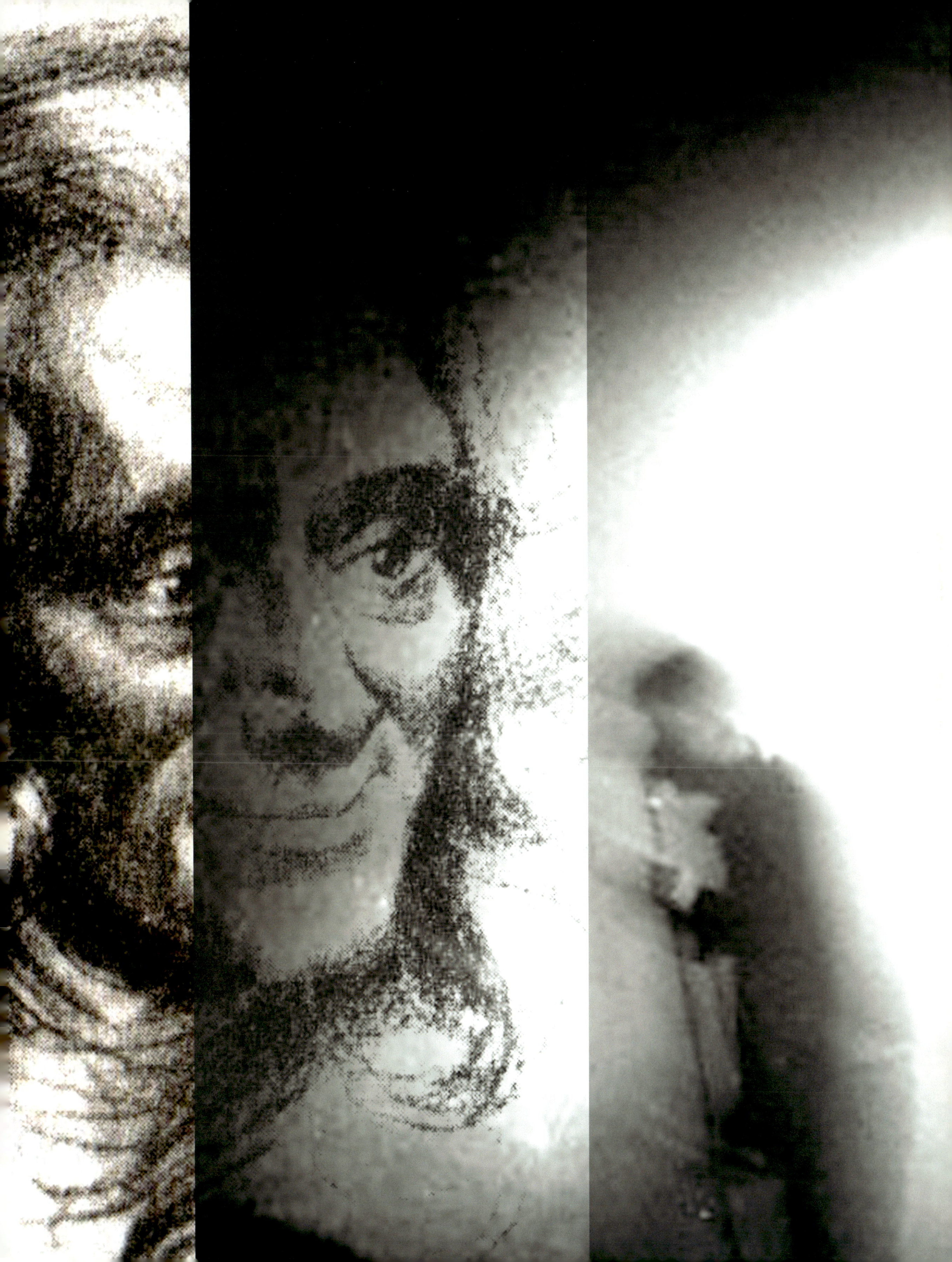

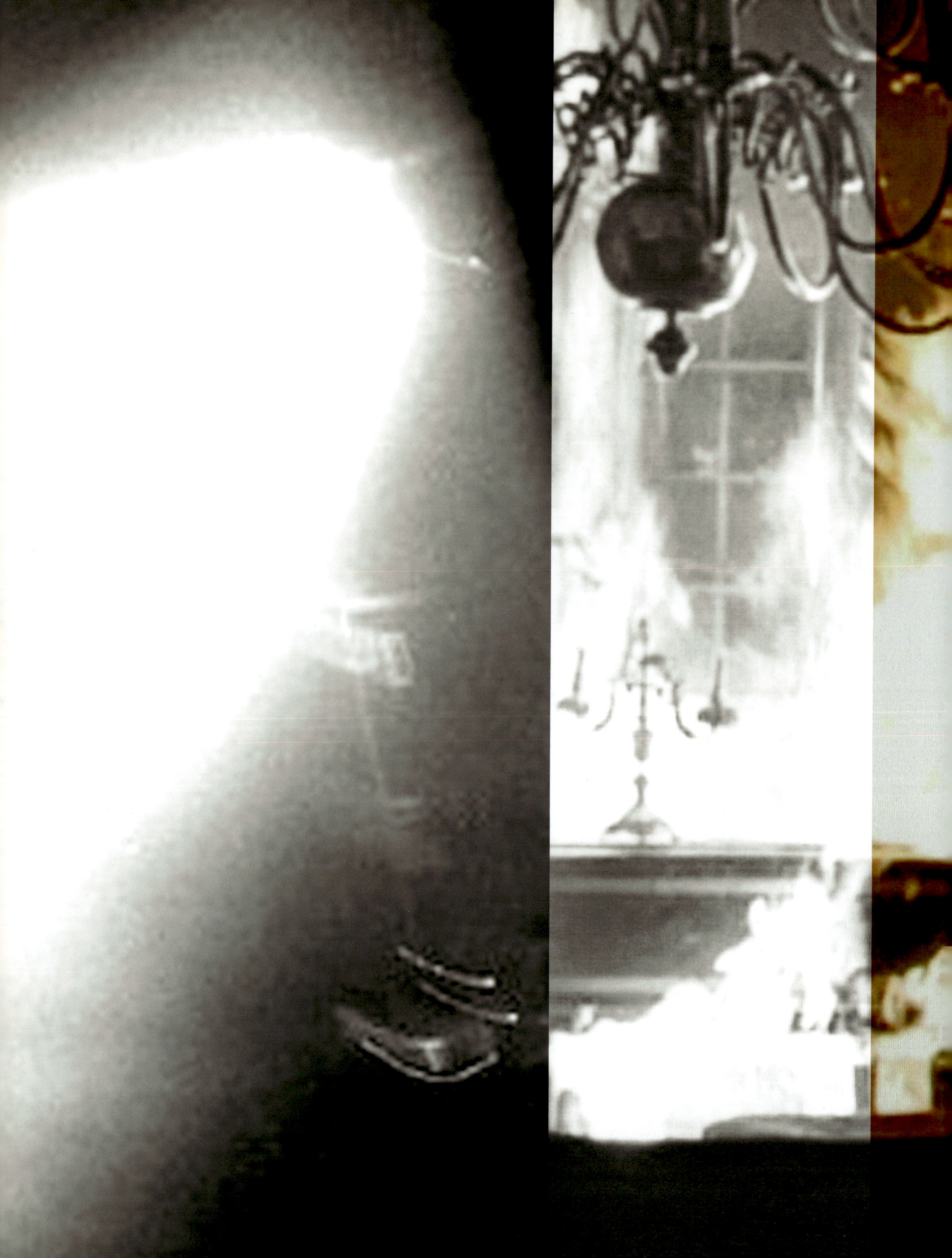

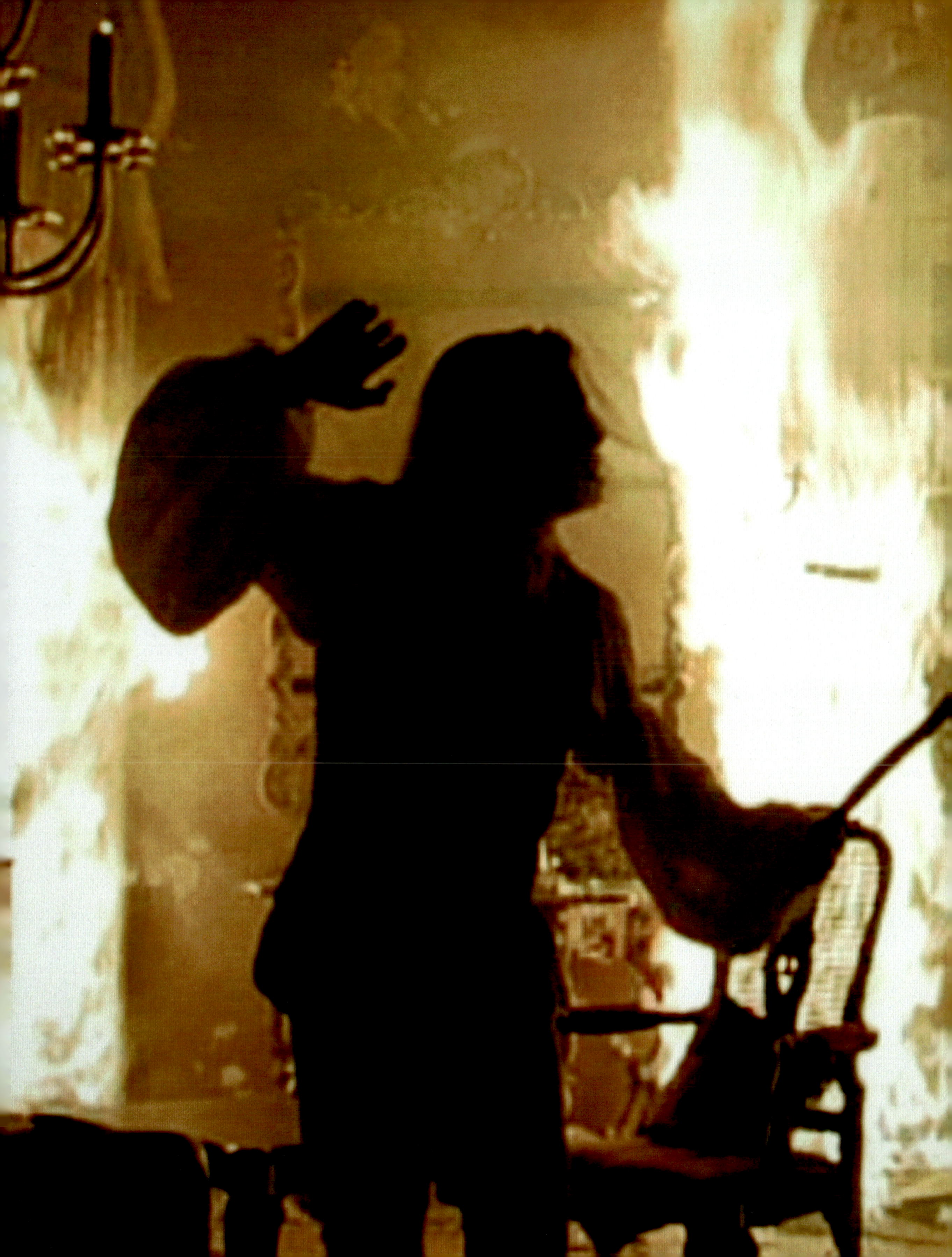

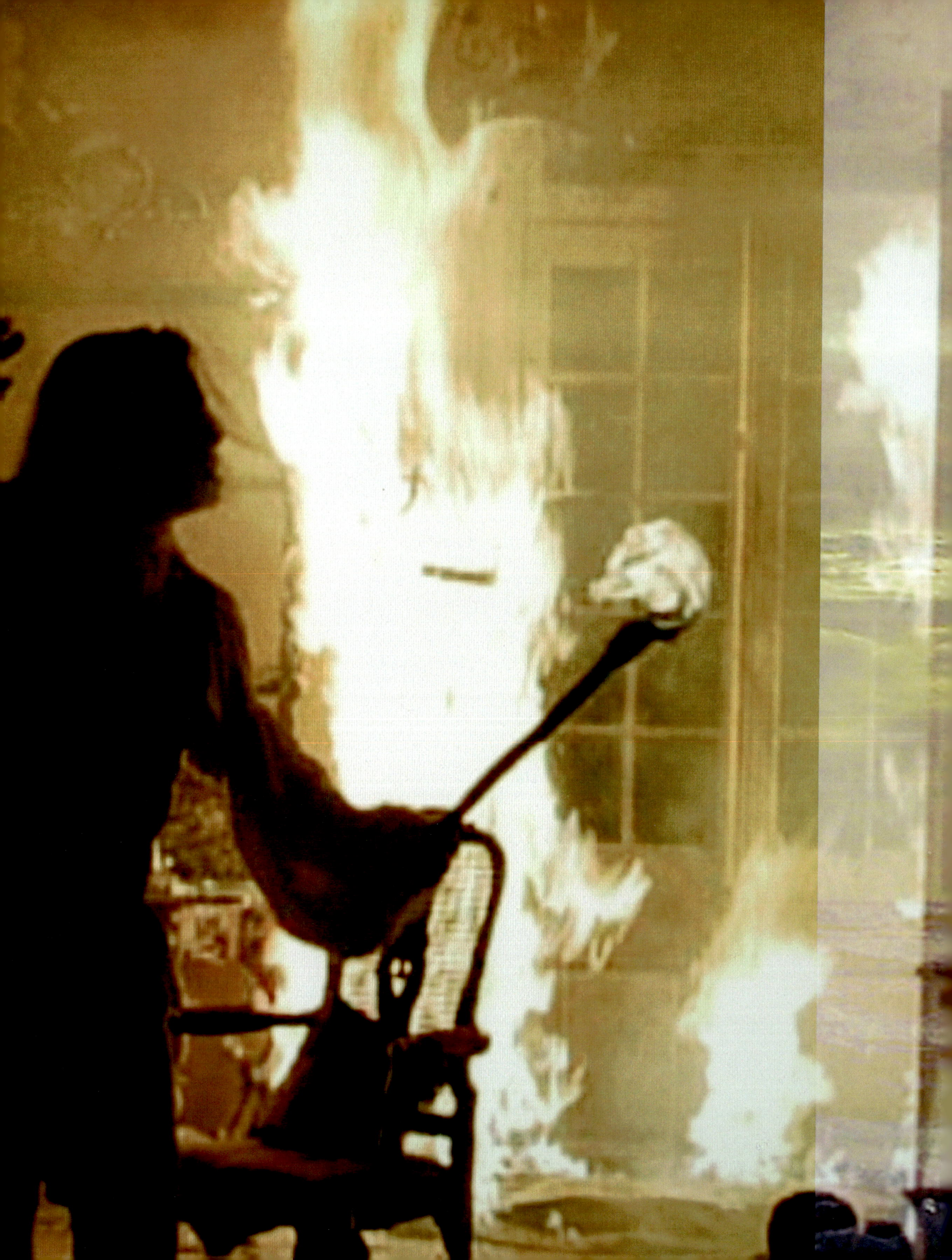

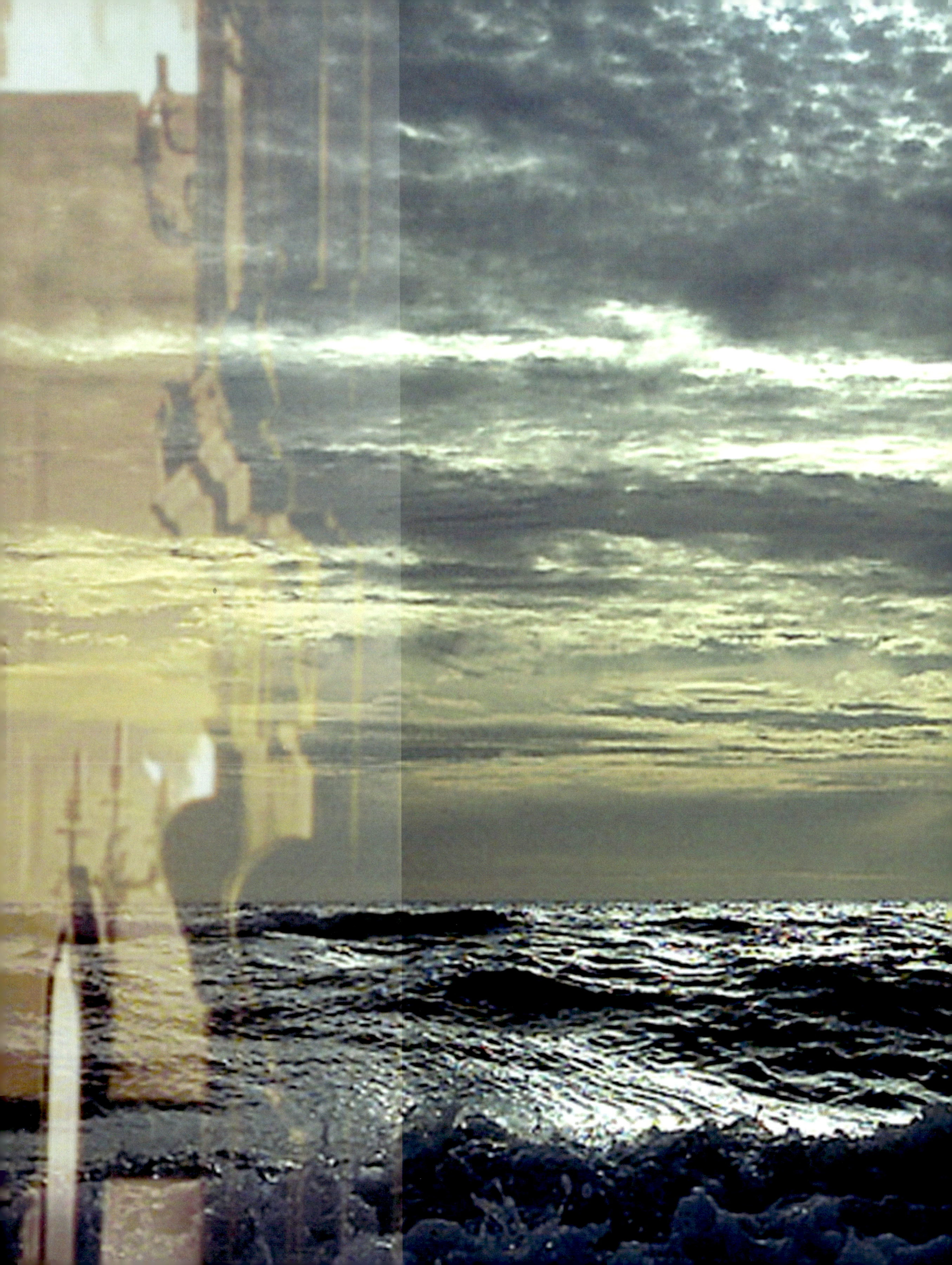

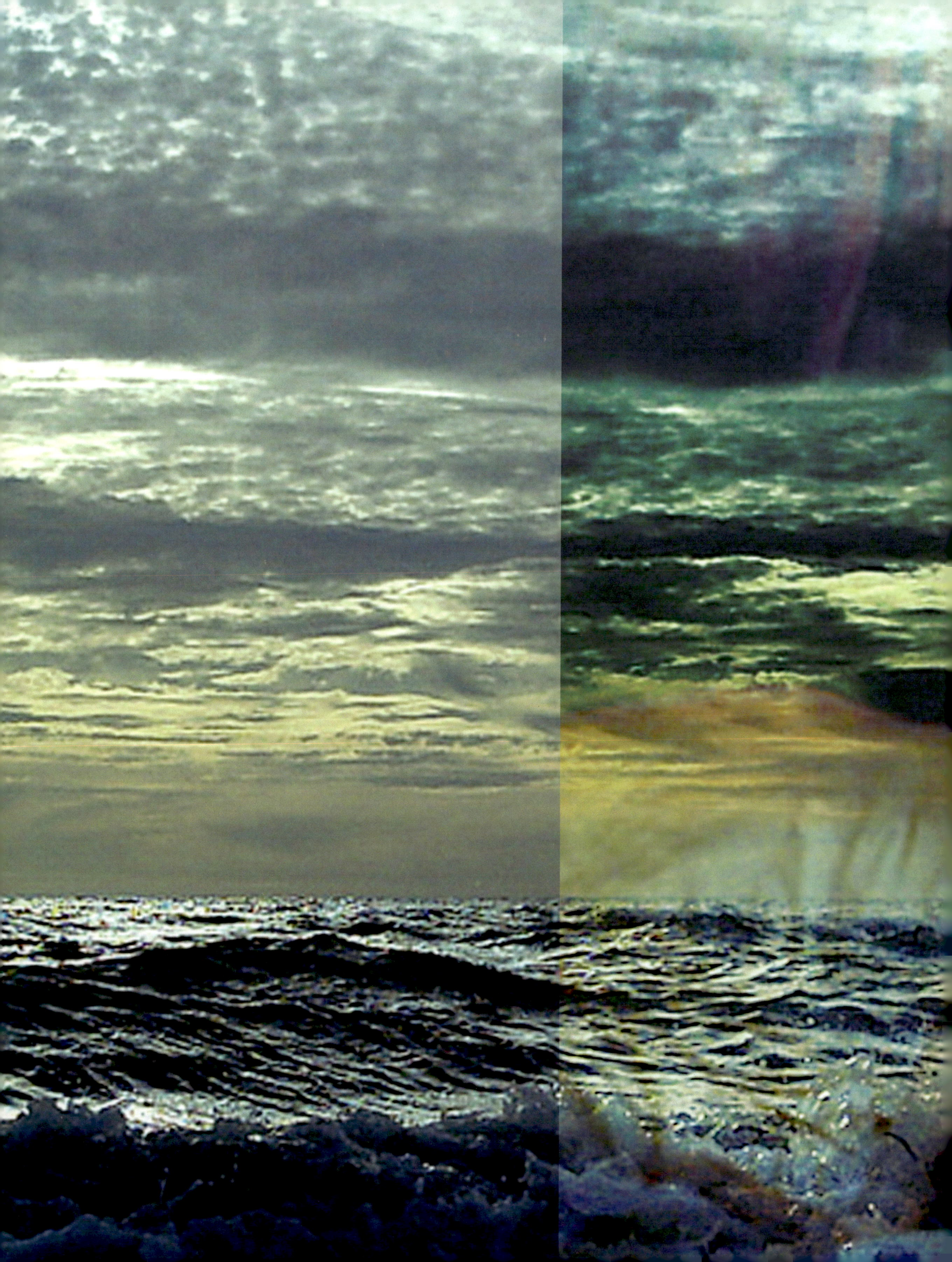

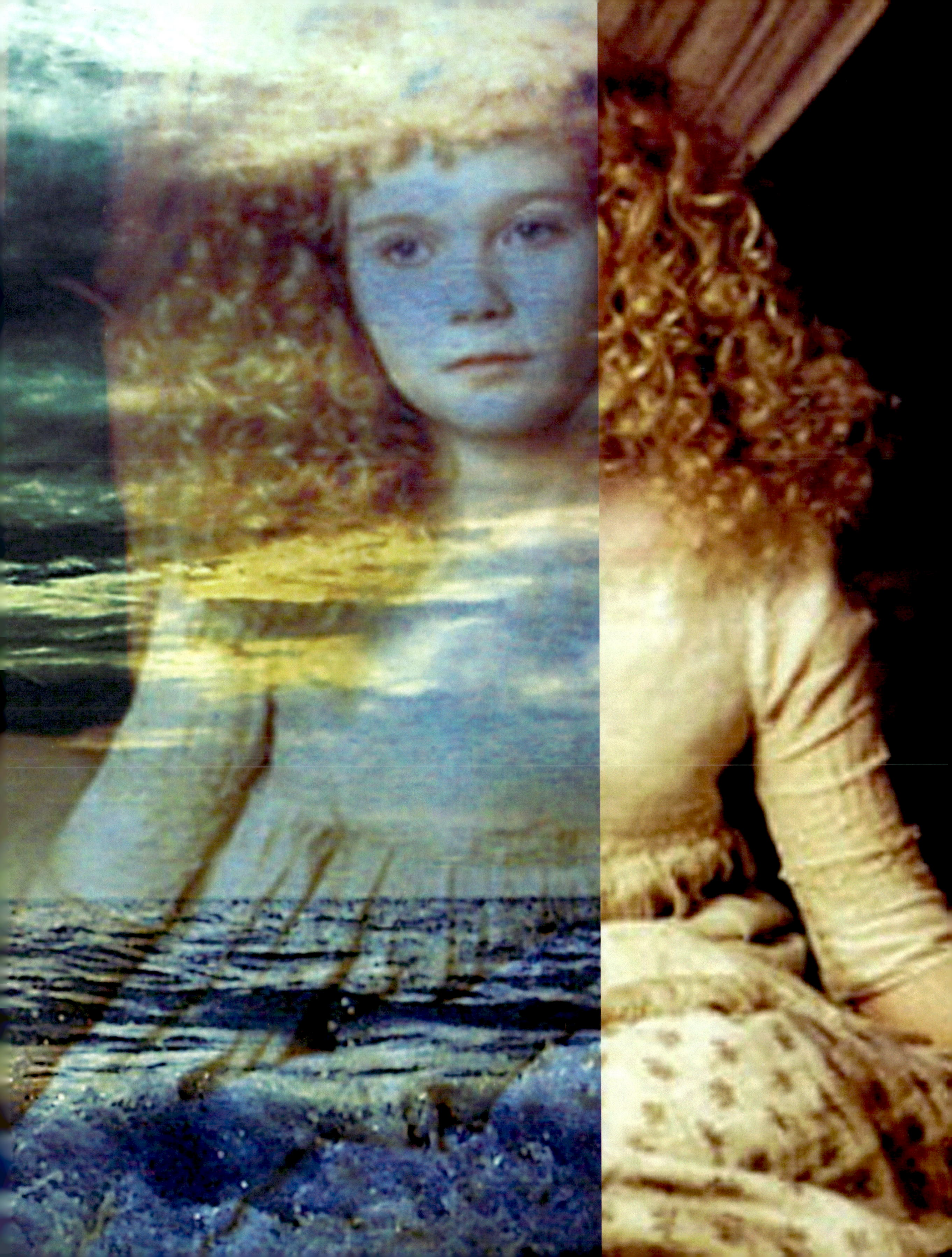

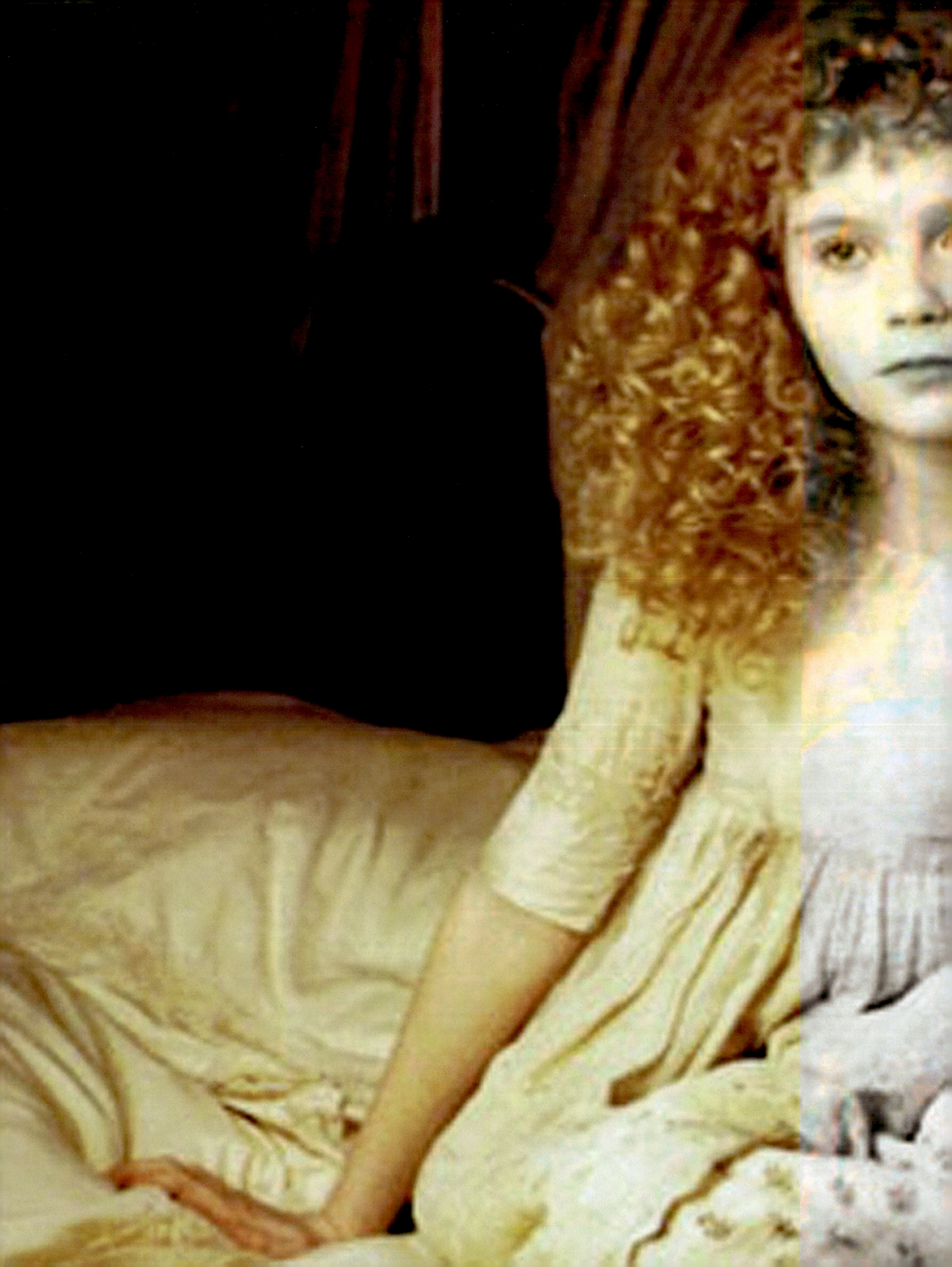

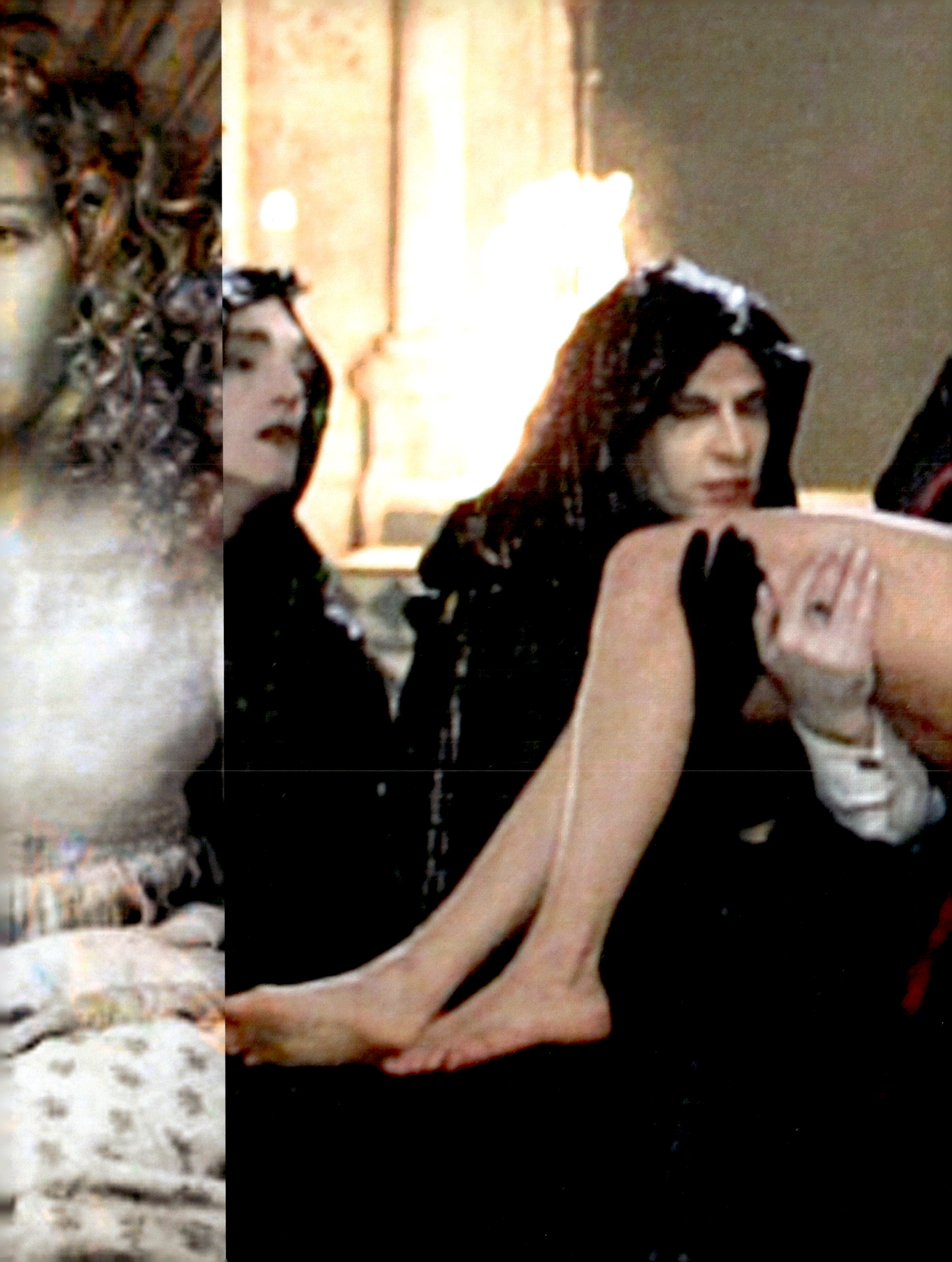

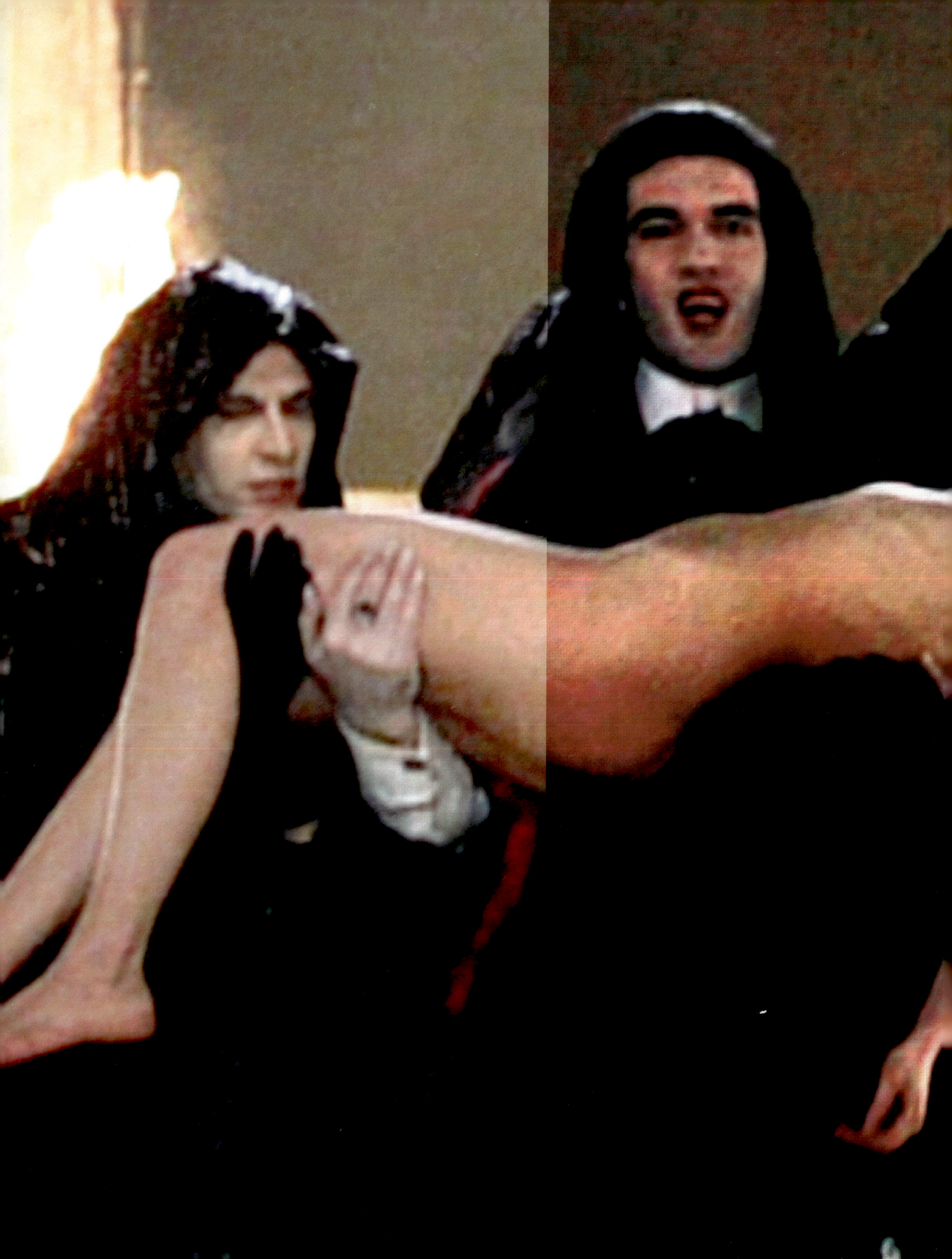

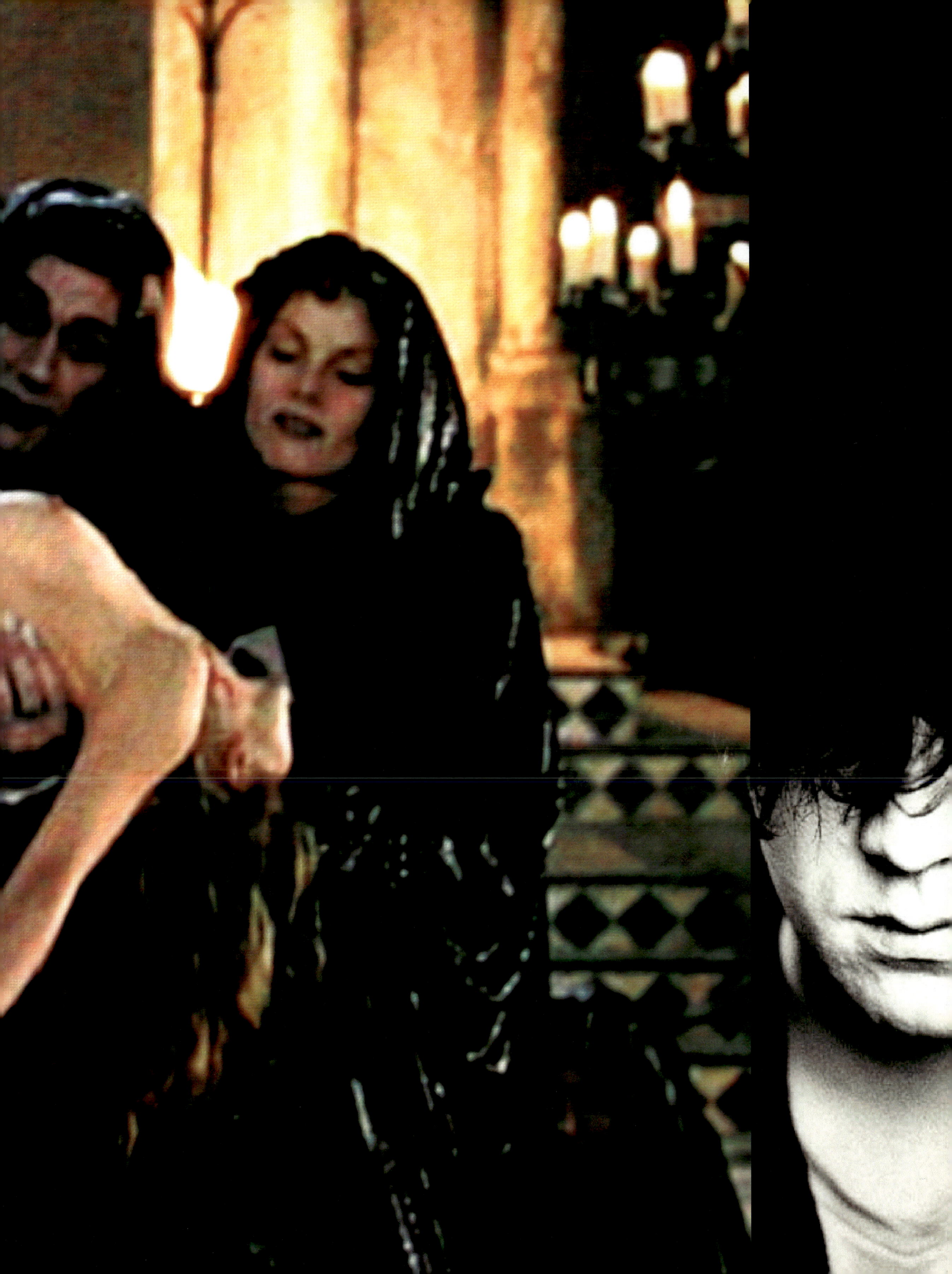

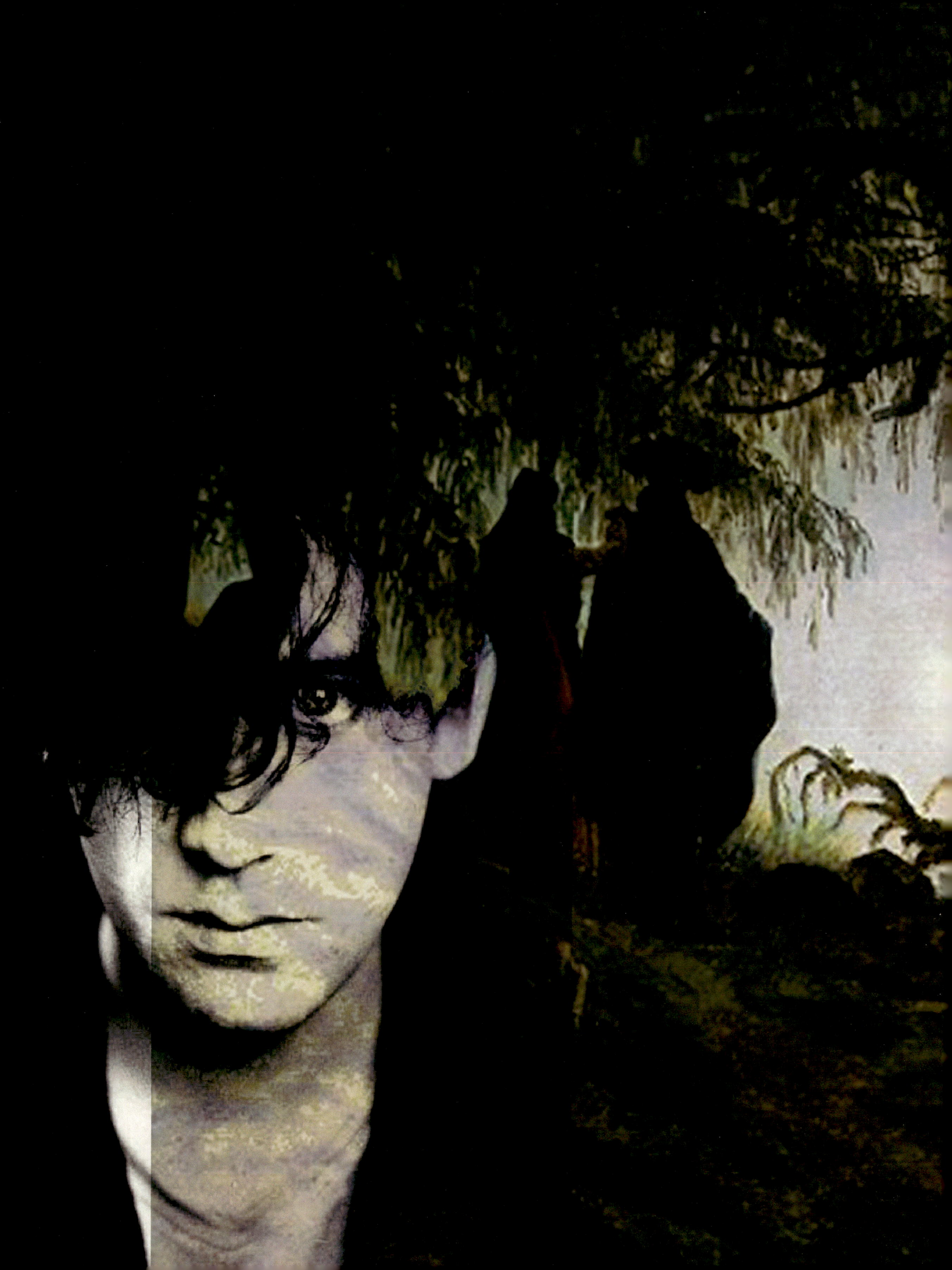

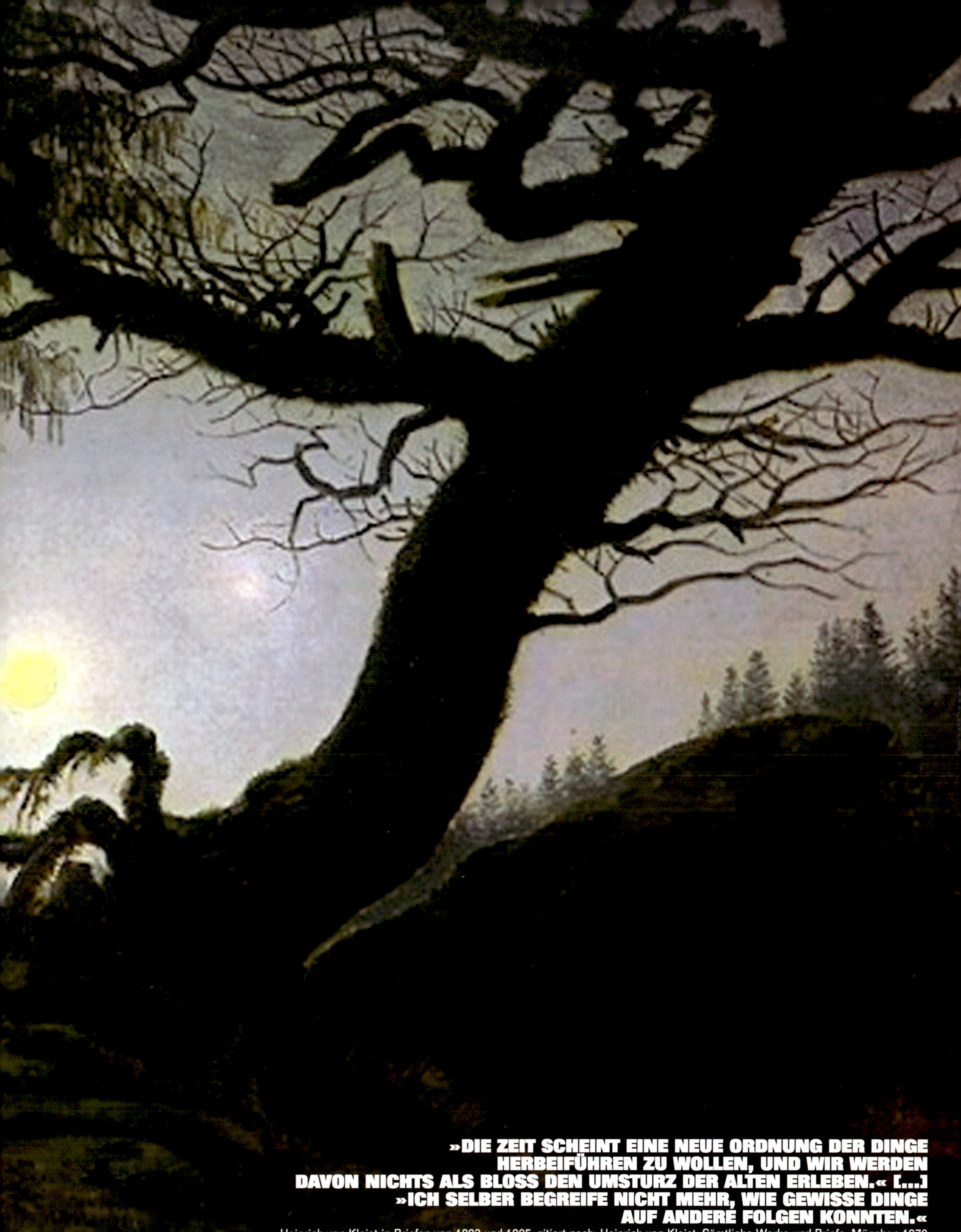
»DIE ZEIT SCHEINT EINE NEUE ORDNUNG DER DINGE
HERBEIFÜHREN ZU WOLLEN, UND WIR WERDEN
DAVON NICHTS ALS BLOSS DEN UMSTURZ DER ALTEN ERLEBEN.« […]
»ICH SELBER BEGREIFE NICHT MEHR, WIE GEWISSE DINGE
AUF ANDERE FOLGEN KONNTEN.«
Heinrich von Kleist in Briefen von 1803 und 1805, zitiert nach: Heinrich von Kleist: Sämtliche Werke und Briefe, München 1970

DOLCE&GABB

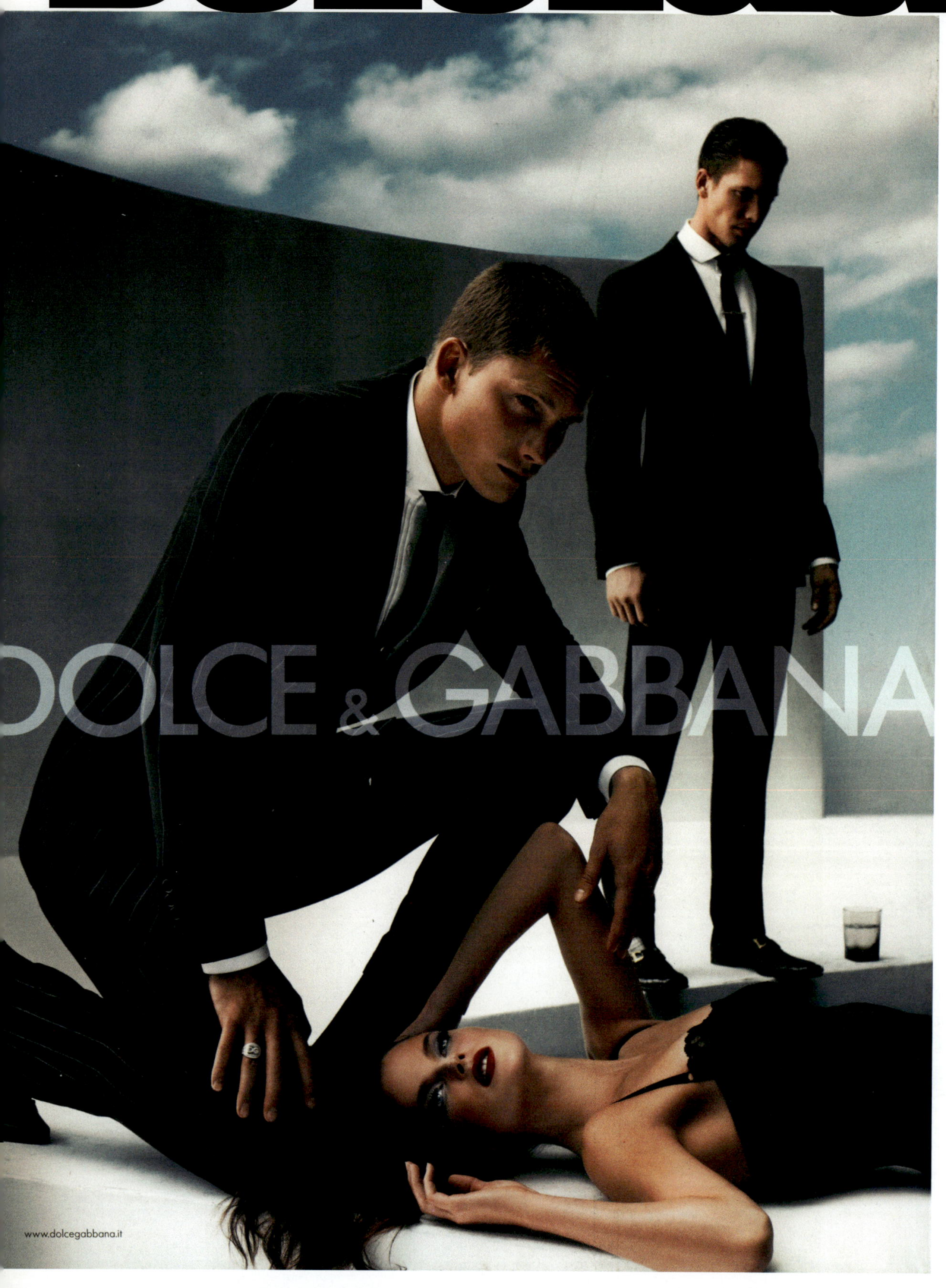

BANA

FRÜHLING 2007

MM DIE BILDMOTIVE DER FRÜHLINGSKAM-PAGNE 2007 SIND ETWAS WENIGER VIEL-SINNIG UND PROVOZIEREN ENTSPRECHEND ETWAS WENIGER ZURÜCKHALTENDE, ABER UMSO MASSENMEDIENWIRKSAMERE DEBAT-TEN ALS DIEJENIGEN VON 2006. WAS SIE THEMATISCH, STILISTISCH, FORMAL VON DEN VORANGEGANGENEN UNTERSCHEIDET, IST AM VISUELLEN EINFACH, AM KONZEPTUELLEN DA-GEGEN ETWAS SCHWIERIGER FESTZUMACHEN: DIE WERBESTRATEGEN VON DOLCE&GABBANA OPERIEREN DURCHAUS BEISPIELHAFT, WAS DIE KONTINUIERLICHE VARIATION EINER KON-SISTENTEN ERLEBNISWELT, MITHIN DIE DY-NAMISCHE BESPIELUNG EINES MARKENHO-RIZONTS BETRIFFT. WAS SICH NICHT ÄNDERT, SIND DIE SPIELREGELN: WO, WENN NICHT IN UNSEREN PHANTASIEN, SPIELT SICH DIE GRUP-PENVERGEWALTIGUNGSSZENE AB? –

Auch die über alle moralistische Aufgeregtheit erhabene Ansicht der italienischen Stardesigner in Bezug auf die Heiligung ihrer Mittel ist im Wesentlichen dieselbe: »Dieses Foto ist Kunst. Wenn man über dessen Erlaubtsein diskutiert, kann man auch über die Schliessung der grossen Museen diskutieren,« lassen sie in Reaktion auf das spanische Publikationsverbot für dieses eine Motiv verlauten. Richtig. »Ist das (noch) Kunst?« war die unausweichliche Frage im Zusammenhang einer das »Ende« (und damit die »Ewigkeit«) der »Kunst« heraufbeschwörenden Moderne. Die Aftermoderne, der Ewigkeit einer multi- oder vielmehr omnimedialen Entertainment-kultur entgegengentorkelnd, kehrt – sofern sie in dieser Hinsicht denn überhaupt noch Fragen hat – zur alten, zur ewigen und ewig lästi-gen Frage zurück: »Was ist das (noch): Kunst?«

SPRING 2007

MM THE MOTIFS OF THE SPRING CAMPAIGN 2007 ARE A LITTLE LESS AMBIGUOUS AND, THUS, PROVOKE A LITTLE LESS RESERVED BUT ALL THE MORE EFFECTIVE DEBATES IN THE MASS MEDIA THAN THOSE OF THE YEAR 2006. HOW THEY DIFFER FROM THEIR PREDECESSORS THEMATICALLY, STYLISTICALLY AND FORMALLY CAN EASILY BE SHOWN FROM A VISUAL STAND-POINT BUT LESS EASILY FROM THE CONCEPTU-AL VIEWPOINT: DOLCE&GABBANA'S ADVERTIS-ING STRATEGISTS SET A VERY GOOD EXAMPLE IN THE CONTINUOUS VARIATION OF A CONSIST-ENT BRANDWORLD, I.E. THE DYNAMIC STAG-ING OF A BRANDSCAPE. IT IS THE RULES OF THE GAME WHICH DO NOT CHANGE: WHERE, IF NOT IN OUR IMAGINATION, DOES THE GANG RAPE TAKE PLACE? –

The Italian star-designers' standpoint – certainly far from all senten-tious excitement – justifying their means essentially is the same as can be demonstrated by their reaction to the banning of that one motif in Spain: "This photography is art. If you want to discuss whether it should be permitted, you can discuss the closing of the large museums, too." Right. "Is that (still) art?" was the question of modernism, evoking the "end" (and, thus, the "eternity") of "art". Post-modernism, reeling into the eternity of some multi- or rather omni-medial entertainment culture, and as far as it is still interested in such matters at all, comes back to the old, eternal and eternally annoying question: "What can (still) be considered: art?"

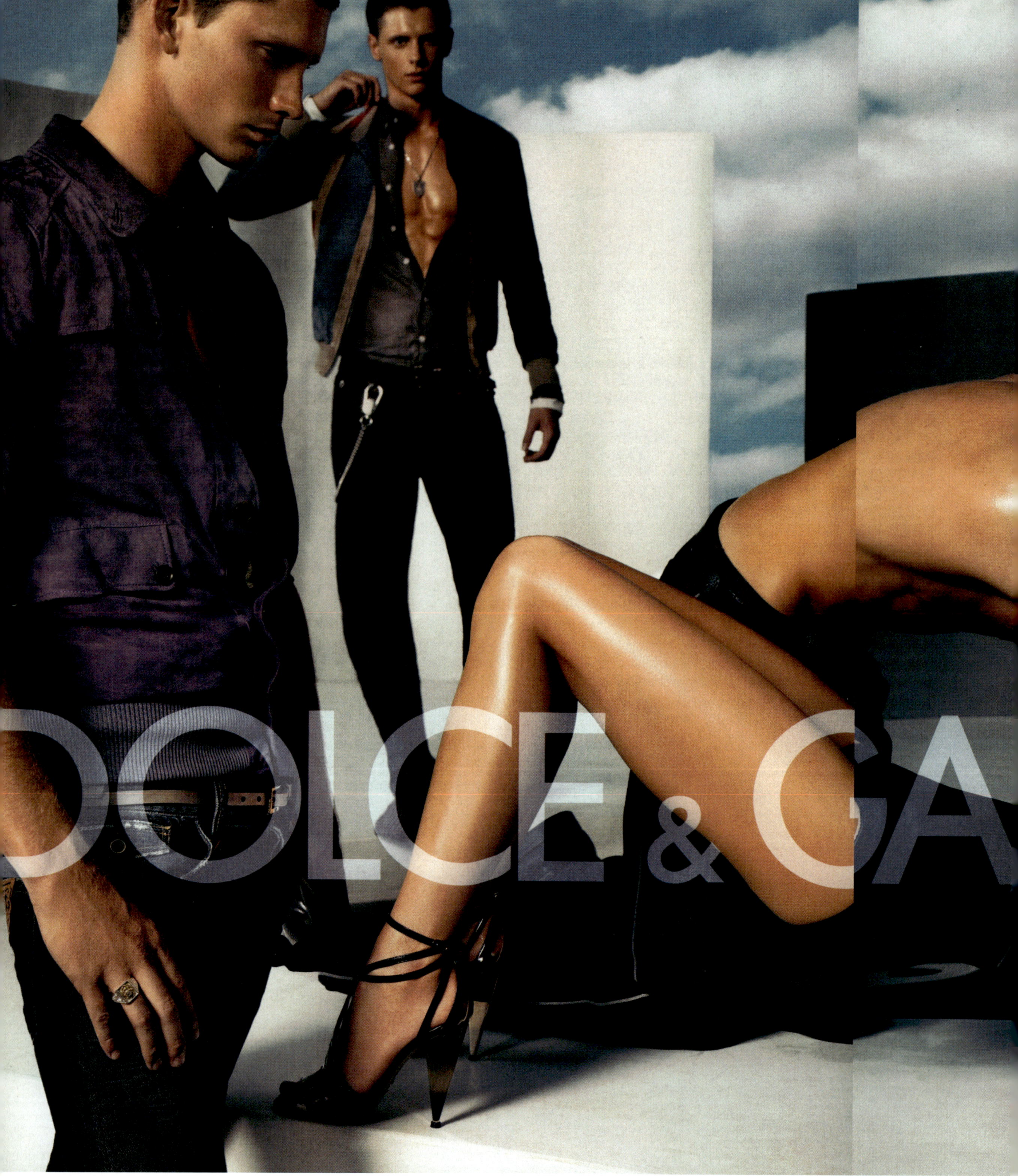
DOLCE & GA

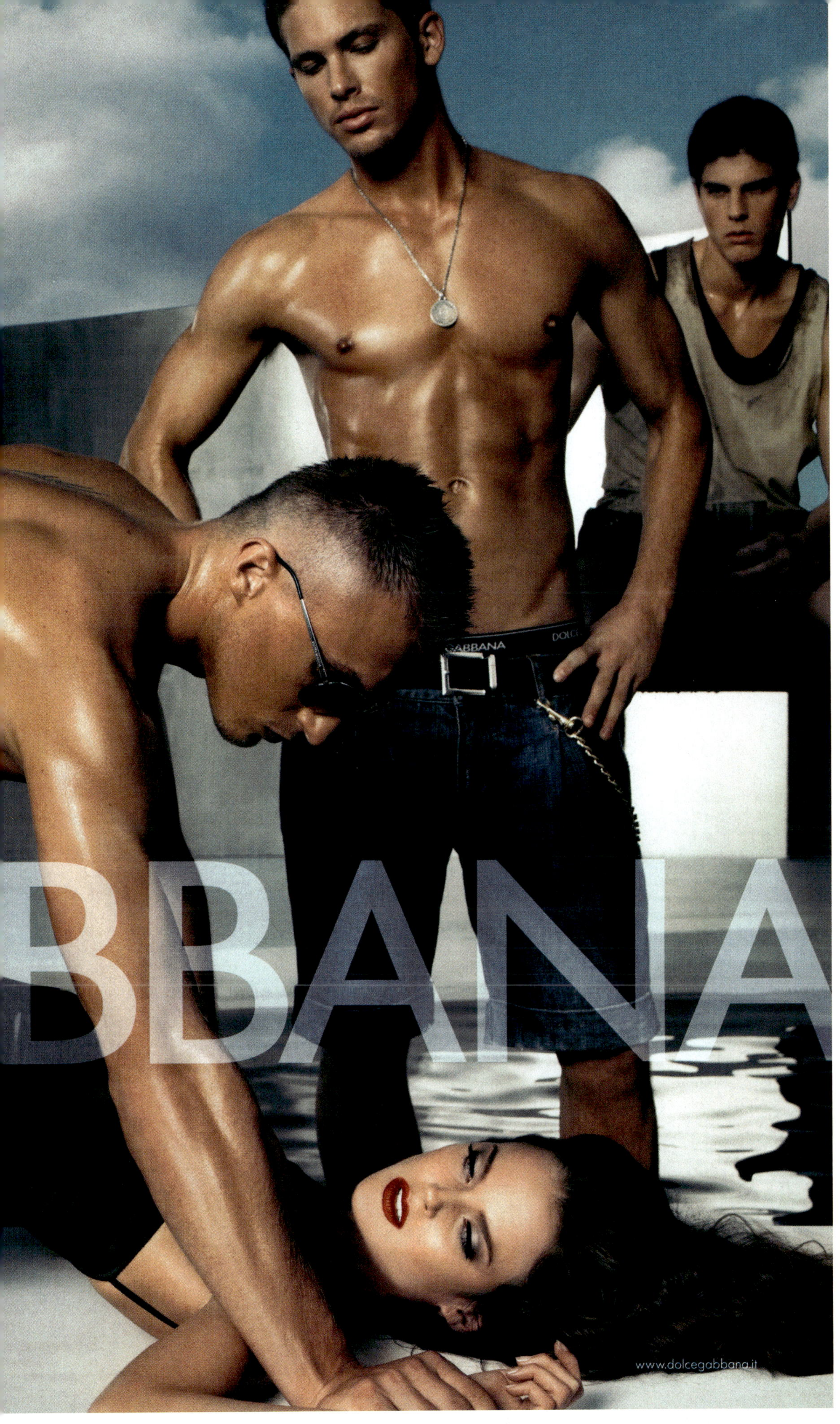

BBANA
DOLCE GABBANA
www.dolcegabbana.it

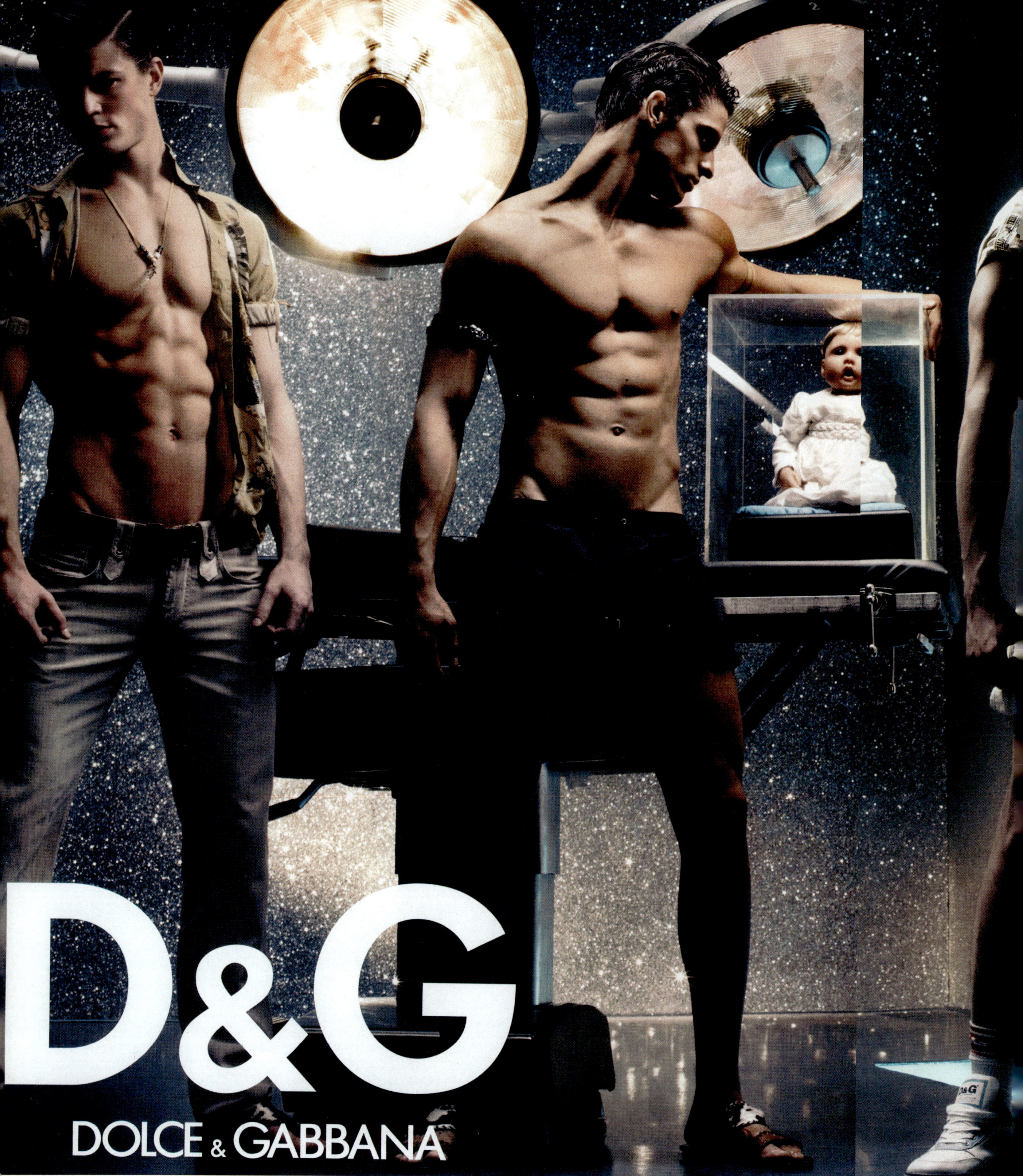
D&G
DOLCE & GABBANA

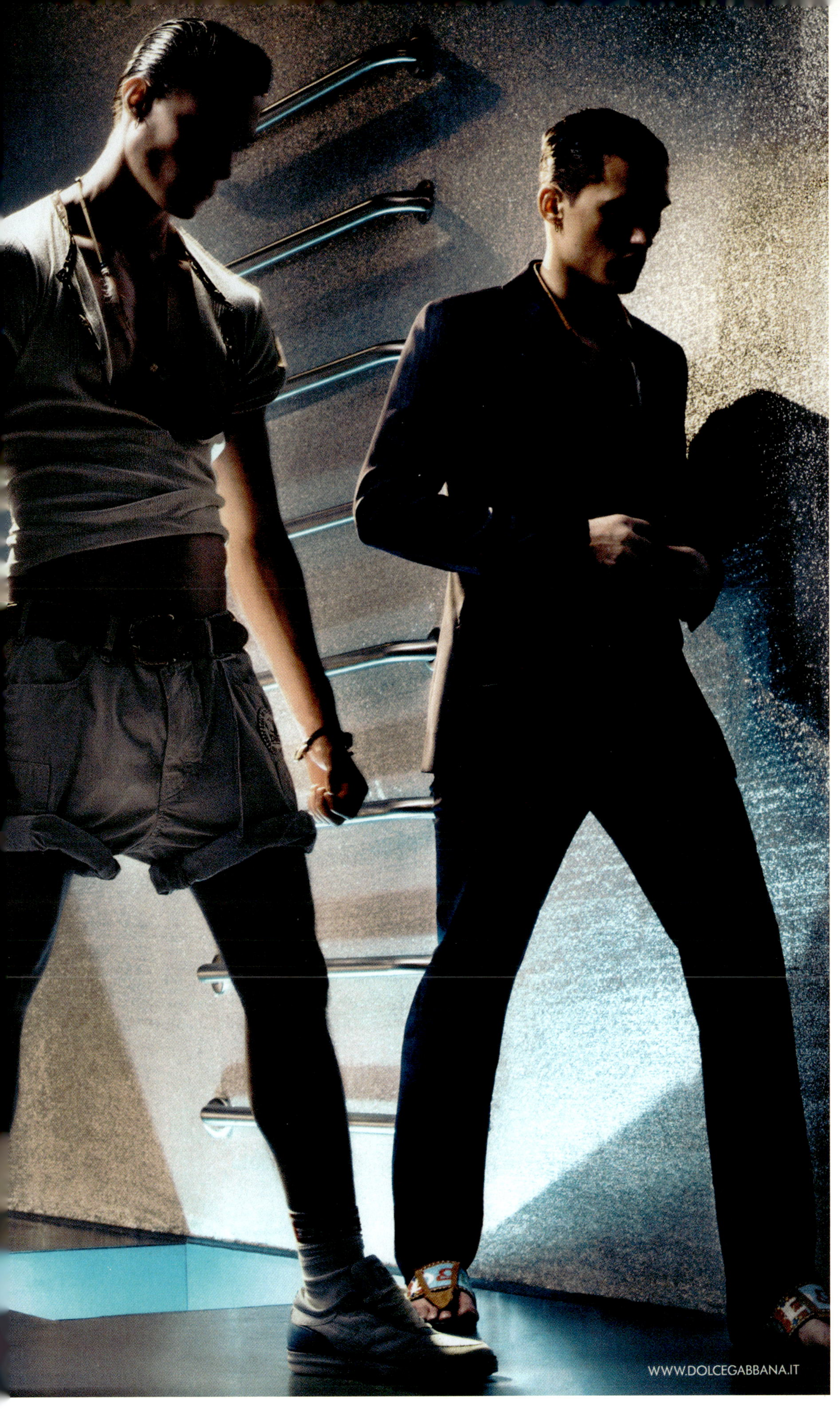

WWW.DOLCEGABBANA.IT

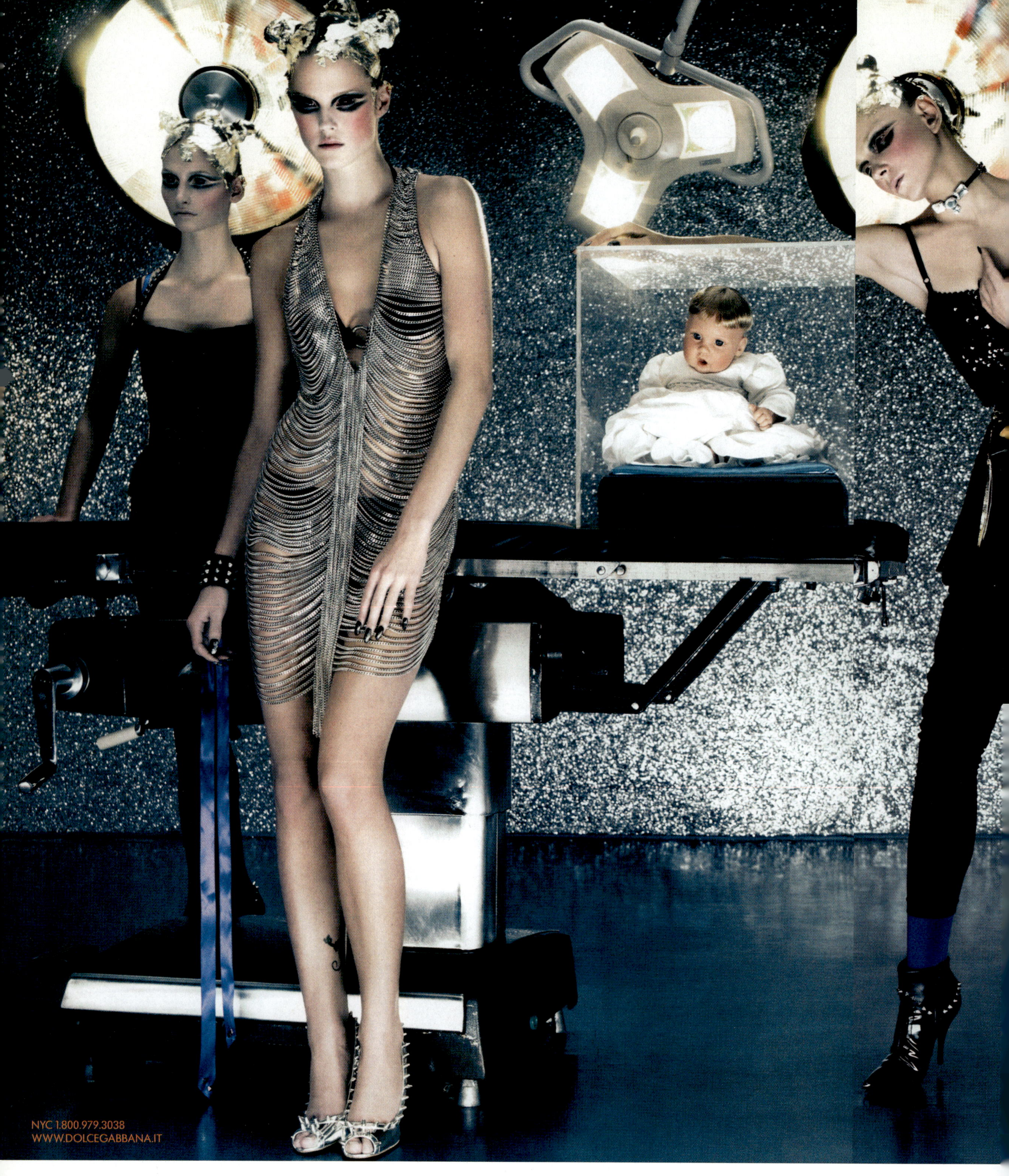

NYC 1.800.979.3038
WWW.DOLCEGABBANA.IT

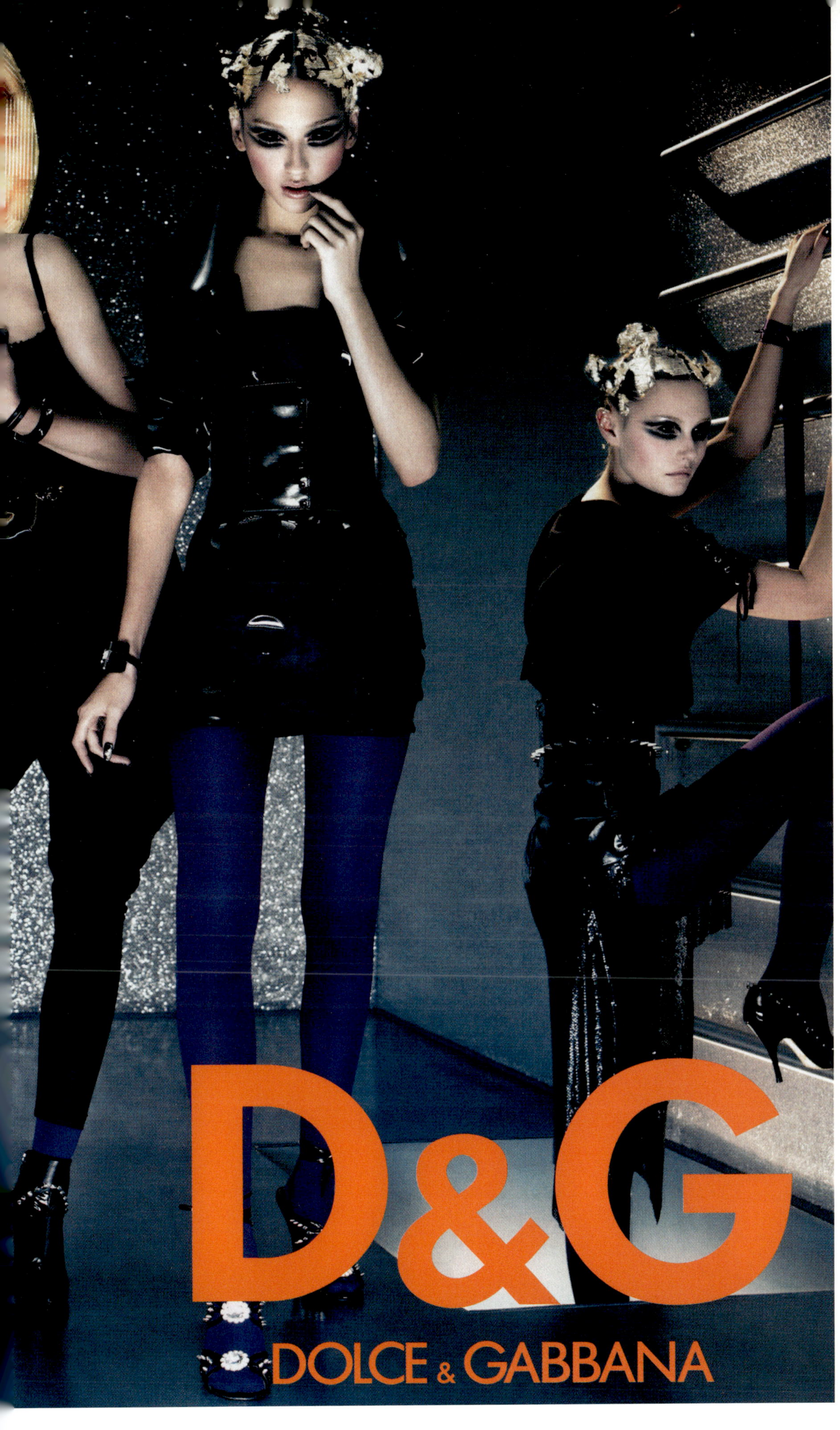

D&G
DOLCE & GABBANA

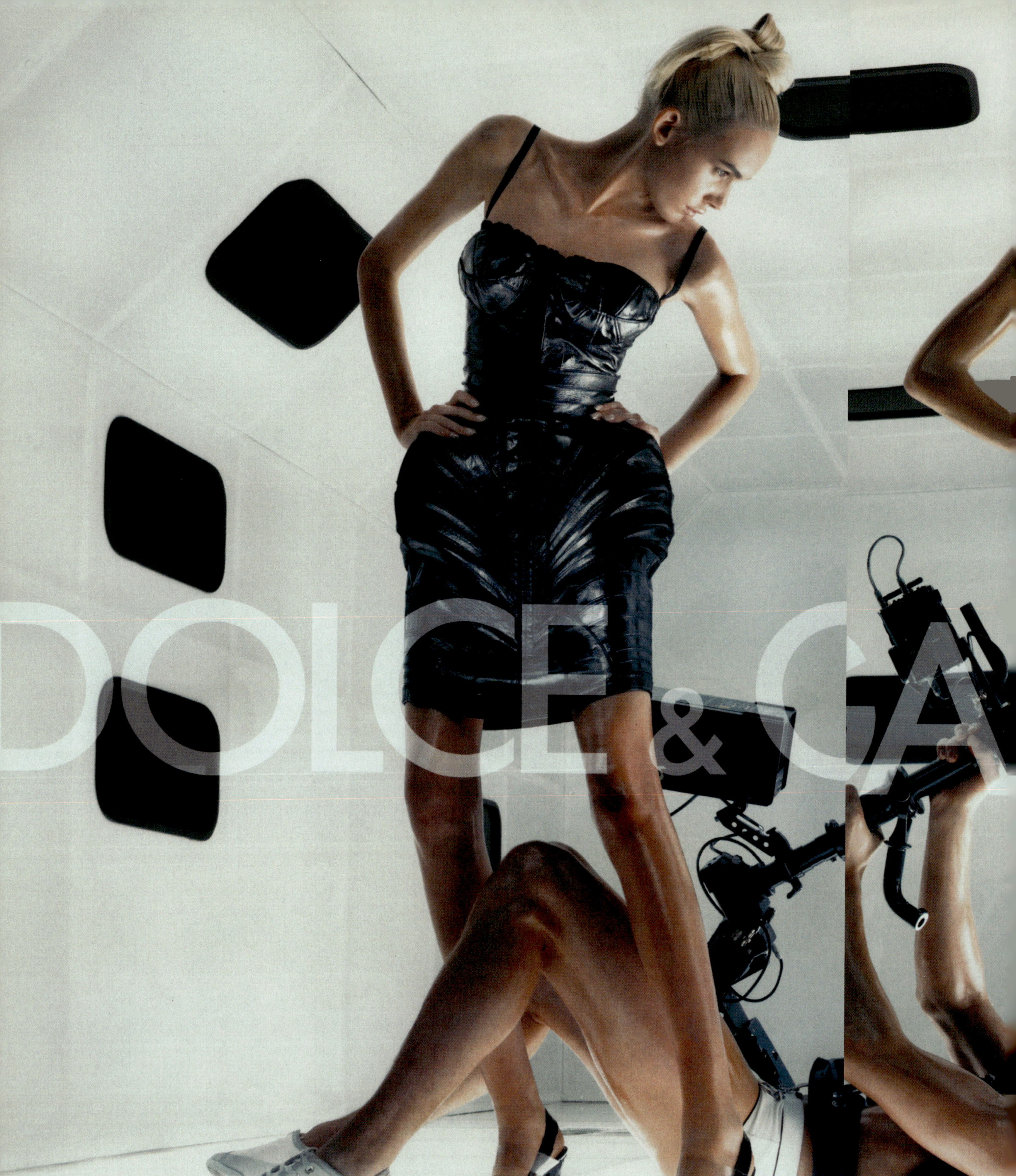
DOLCE & GA

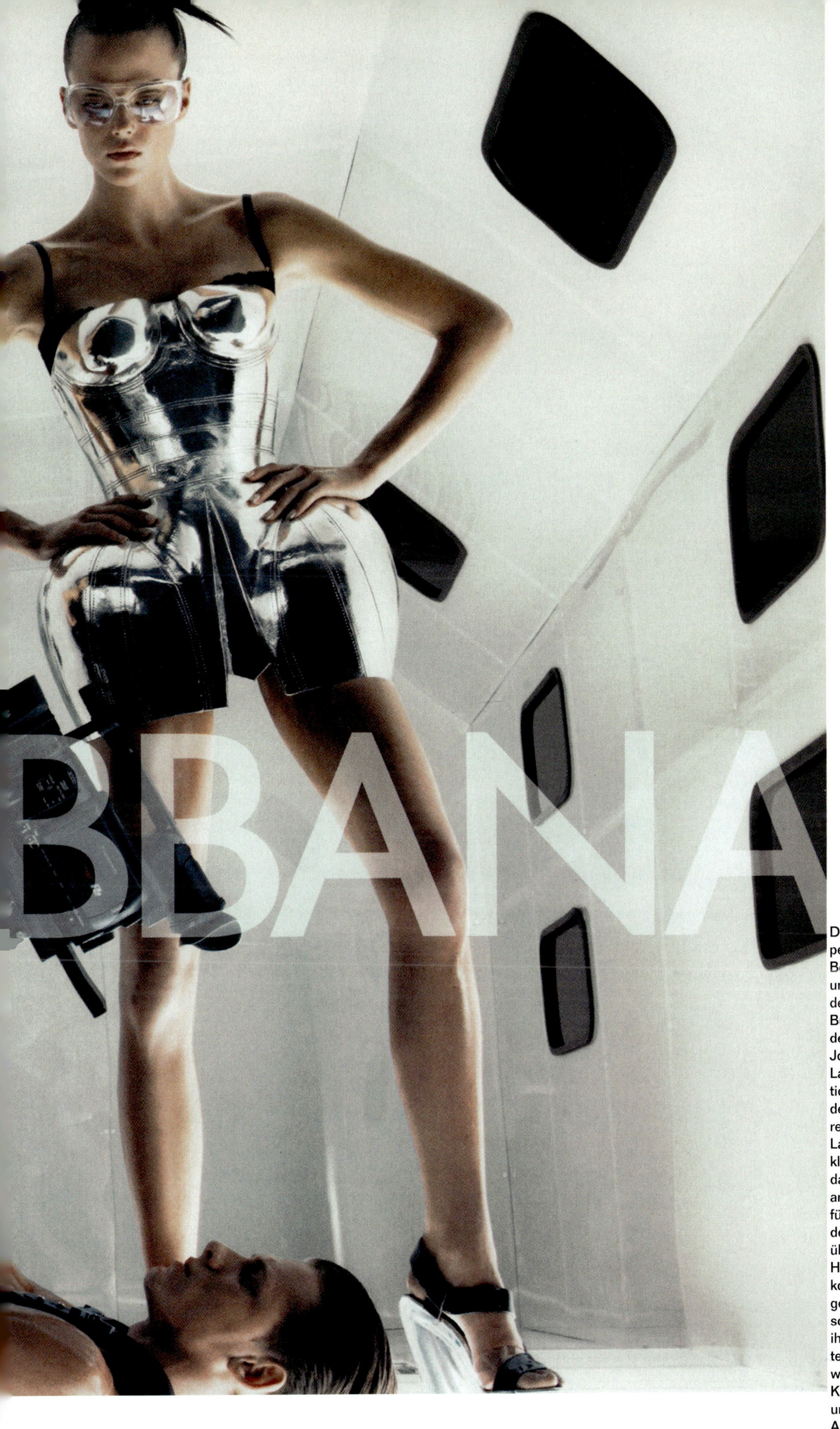

Dolce&Gabbana gelang es, den explosiven Sexappeal der frühen Neunziger mit dem zeitgenössischen Bedürfnis nach Kunst zu verschmelzen. Stefano und Domenico eröffneten ihre neuste Schau mit der grössten Laufstegberühmtheit der Welt, Gisèle Bündchen, die ein eng anliegendes Silberkleid mit dem verbeulten Glanz der Chromstossstange einer John-Chamberlain-Skulptur trug. Als Nächste kam Lara Stone, das führende Model der neuen Generation und die persönliche Favoritin der Chefredaktorin der französischen »Vogue«, Carine Roitfeld. Mit ihrem Schmollmund und einem Hauch von Zorn wirkte Lara Stone umwerfend attraktiv in einem Cocktailkleid in Silber- und rot glühenden Kupfertönen wie das Wrack eines zu Schanden gefahrenen De-Lore-an-Sportwagens. Das Gefühl dieser beiden Herren für kontrollierte Sexualität war das grosse Thema auf dem Laufsteg: Zu sehen gab es Kleider mit Gitterstoff über Leopardenmuster, silbrige Pelze und schnittige Hosenanzüge mit engen Hosen. Die Gewagtheit und kontrollierte Sexualität, die vor zehn Jahren angesagt gewesen waren, äusserten sich auch in den Reitpeitschen, mit denen die Models ausgestattet waren, und ihren metallischen Obi-Gürteln und Sadomaso-Ketten. Das Thema Provokation wurde nach der Schau weitergeführt in einer Galerie, wo Fotos von Steven Klein ausgestellt waren: Sie zeigten Stefano Gabbana und Domenico Dolce in verschiedenen Stadien der Angezogen- und Ausgelassenheit auf ihrem Gut am Meer bei Portofino. Vielleicht wäre die Bezeichnung »perverser Manierismus« angebracht.

Godfrey Deeny; Stark. Sexy.,
in: Annabelle 8/07, Rubrik »Mode«,
Zürich 2007

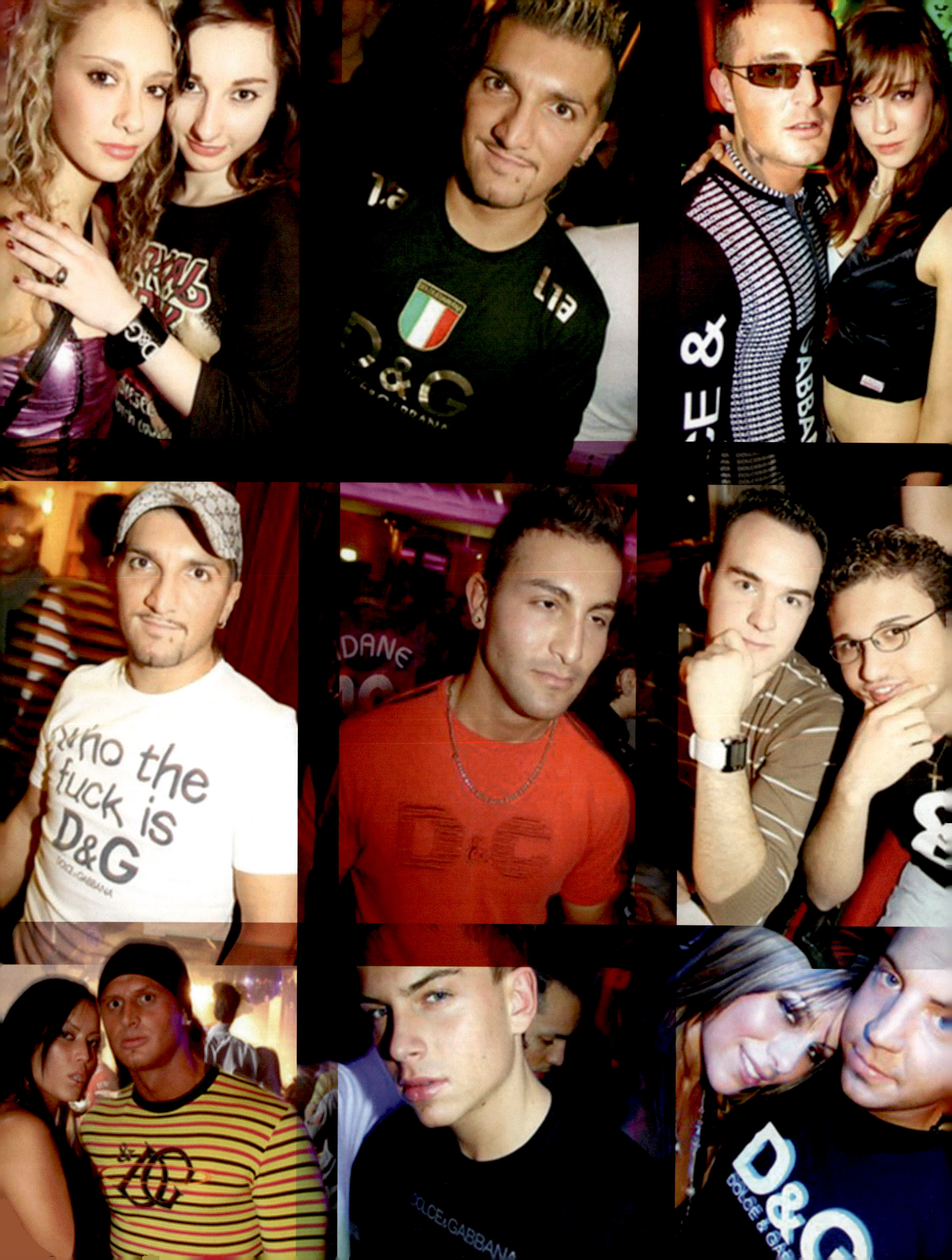

D&G
DOLCE & GABBANA
who the fuck is D&G
DOLCE&GABBANA
D&G
DOLCE & GABBANA

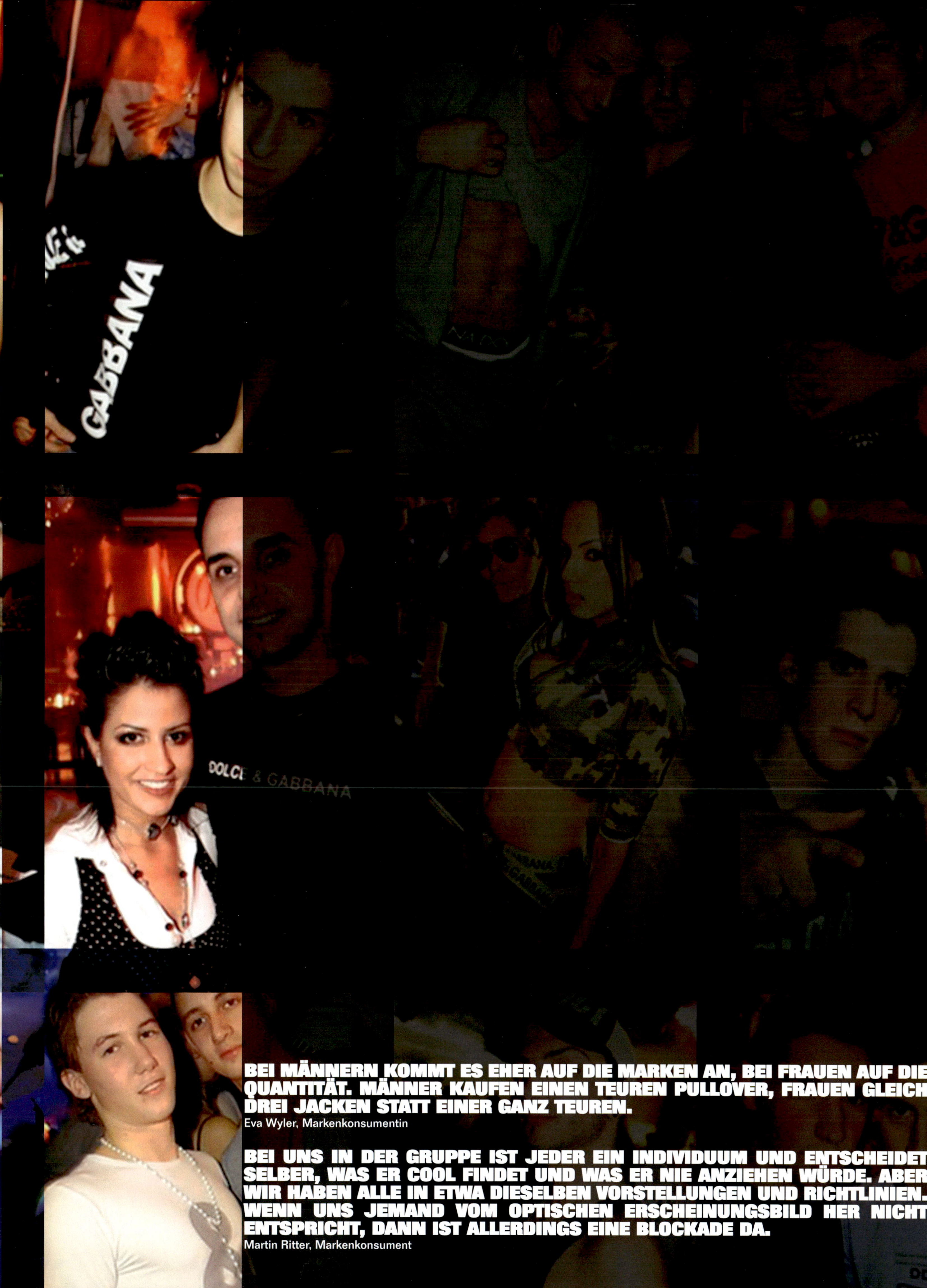

BEI MÄNNERN KOMMT ES EHER AUF DIE MARKEN AN, BEI FRAUEN AUF DIE QUANTITÄT. MÄNNER KAUFEN EINEN TEUREN PULLOVER, FRAUEN GLEICH DREI JACKEN STATT EINER GANZ TEUREN.
Eva Wyler, Markenkonsumentin

BEI UNS IN DER GRUPPE IST JEDER EIN INDIVIDUUM UND ENTSCHEIDET SELBER, WAS ER COOL FINDET UND WAS ER NIE ANZIEHEN WÜRDE. ABER WIR HABEN ALLE IN ETWA DIESELBEN VORSTELLUNGEN UND RICHTLINIEN. WENN UNS JEMAND VOM OPTISCHEN ERSCHEINUNGSBILD HER NICHT ENTSPRICHT, DANN IST ALLERDINGS EINE BLOCKADE DA.
Martin Ritter, Markenkonsument

MARKEN:INSTRU
MARKEN:ERGEB

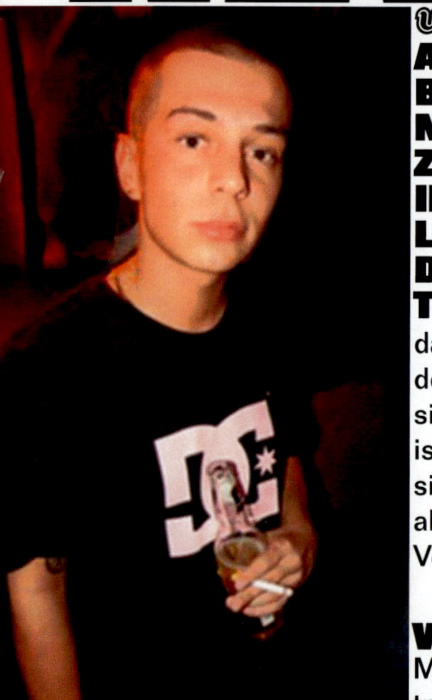

URS LÄUBLI **ES IST MITTLERWEILE UNBESTRITTEN: MARKEN ZÄHLEN – VOR ALLEM IN GESÄTTIGTEN MÄRKTEN ODER IN SCHWER DIFFERENZIERBAREN BRANCHEN – ZU DEN ENTSCHEIDENDEN ERFOLGSFAKTOREN FÜR UNTER-NEHMUNGEN. FÜHRENDE MARKENBERATUNGSFIRMEN NUTZEN DIES UND ZEIGEN IN IHREN AKQUISITIONS-PRÄSENTATIONEN AUF, DASS SICH DIE VON IHNEN BETREUTEN UNTERNEHMEN AN DEN BÖRSEN ÜBERDURCHSCHNITT-LICH ENTWICKELT HABEN. SIE IMPLIZIEREN DAMIT, DASS DIES (AUCH) MIT DER KONSEQUENTEN UND ERFOLGREICHEN »ARBEIT« AN DER MARKE ZU TUN HAT.** Eine Reihe von Ansätzen und Methoden zur Berechnung des Markenwerts machen deutlich, dass mit Markenarbeit auch handfeste ökonomische Vorteile verbunden sind. Bei allen Unterschieden in den Berechnungsmethoden wird generell davon ausgegangen, dass der Mehrwert, den die Marke dem phy-sischen Produkt oder der realen Serviceleistung durch ihre immaterielle Komponente verleiht, bezifferbar ist. Die Frage, ob und wie dieser Markenwert in der Bilanz aufgeführt werden darf oder muss, ist in Diskus-sion; es steht meines Erachtens ausser Zweifel, dass früher oder später Markenwerte auch in den Bilanzen als eigene Position erscheinen werden. Dass dies bei häufig doch erheblichen Markenwerten zu grösseren Veränderungen und Verschiebungen in den Bilanzbildern führen wird, sei nur am Rande vermerkt.

VIELZAHL VON MARKEN-FÜHRUNGSMODELLEN

Marken und ihr ökonomischer Wert sind deshalb zu Themen geworden, mit denen sich sowohl die Be-triebswirtschaftslehre als auch das Topmanagement zunehmend beschäftigen. Es ist deshalb auch normal, dass versucht wird, dem Phänomen »Marke« wissenschaftlich auf die Spur zu kommen und dass Methoden und Instrumente definiert werden, wie Marken »funktionieren«. Diesen Versuchen liegt die tief verankerte Überzeugung zu Grunde, dass eine Marke tatsächlich steuerbar sei und es nur darauf ankomme, »alles richtig« zu machen, und dass dann Markenwert direkt generierbar sei.
Unterstützt wird diese Ansicht von der Beratungspraxis, die natürlich und legitimerweise im wachsenden Bedürfnis einen interessanten Markt sieht. Charakteristisch für die heutige Markensituation ist deshalb, dass es eine Vielzahl von Markenmodellen gibt, die alle kausal beschreiben, wie eine Marke funktioniert und womit man sie steuern kann. Einige dieser Modelle versuchen, die tatsächliche Komple-xität der Marken-Realität abzubilden und sind damit selber sehr komplex geraten. Damit werden Verständlichkeit und Führbarkeit aber enorm erschwert oder gar verunmöglicht. Diesen Mangel versuchen diejenigen Modelle zu beheben, die auf Einfachheit setzen. Meis-tens sind es »Plattform«-Ideen, die auf einem einfachen Set von Werten beruhen. Eine dritte Gruppe von Markenmodellen stellt den Prozess der Markenentstehung und -formung in den Vordergrund. In jedem Fall gehen aber alle heute angebotenen Modelle von einem mechanistischen Bild der Marke aus, die man steuern und beeinflussen und so eine geplante Wirkung erzielen kann.

UNVOLLSTÄNDIGE ERKENNTNISSE ÜBER DIE FUNKTIONSWEISE VON MARKEN

Die Entwicklungen der letzten Jahre zeigen, dass dieses Grundverständnis – dass nämlich eine Marke quasi »deduktiv« führbar sei, indem man einfach die »richtigen« Instrumente »richtig« einsetzt – in Frage gestellt werden muss. Die erfolgreichsten Marken unserer Zeit sind anders (und: viel schneller) entstanden als Marken, die vor den neunziger Jahren aufgebaut worden sind: Google, ebay, Apple, um nur einige wenige zu nennen. Diese Marken haben als erste das Internet genutzt, um sich selbst mit ihren »Usern« zu verschmel-zen, und haben den Kunden quasi in die Markenentwicklung und den Markenaufbau integriert. Damit ist eine Tatsache offensichtlich geworden, die es aber schon lange vor dem Internet gegeben hat: Dass die Kunden von Marken Teil der Marke werden und damit selber das Markenbild mit beeinflussen.
Tatsächlich war schon vor dem elektronischen Zeitalter entscheidend, wer sich mit Marken identifiziert hat und wer nicht. Marken leben vom Mechanismus: *Womit ich mich identifiziere, das identifiziert mich.* Menschen sind bereit, für ihre Selbstinszenierung zu bezahlen. Entsprechend wichtig ist es für eine Marke, gezielt und bewusst mit ihrer Symbolik umzugehen. Dabei gibt die Marke aber automatisch einen Teil der Kontrolle über ihre eigene Welt auf. Wenn die Marke z.B. plötzlich zu einem Identifikationssymbol krimineller Kreise wird, dann hat sie natürlich ein Problem – das Problem verdeutlicht aber auch, welche Bedeutung die Nutzergruppe einer Marke für die Marke selber hat. Wer Marken »steuern« will, muss die *Feedbackeffekte der Nutzergruppen* mit berücksichtigen.
Wie die »Landung von Marken« wirklich funktioniert und wie diese Rückkoppelungseffekte in die Führung von Marken eingebaut wer-den können, ist leider weitgehend unerforscht. Ein Grund dafür dürfte darin zu suchen sein, dass diese Fragestellung nicht nur äusserst

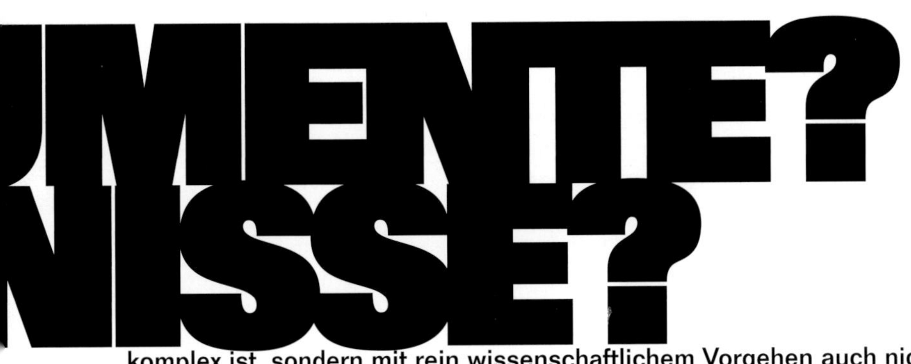

komplex ist, sondern mit rein wissenschaftlichem Vorgehen auch nicht lösbar. Und sie dürfte auch statisch-instrumental nicht abgebildet werden können. »Ganzheitliche« Betrachtungsweisen und Ansätze, die in Zahlen, Prozessen oder Abläufen nicht abgebildet werden können, stellen Management und Betriebswirtschaft in der Regel vor erhebliche Herausforderungen. Deshalb wird dann doch wieder versucht, modellhaft zu verstehen, was so einfach gar nicht erklärbar sein dürfte. Wie immer, wenn es um das Verstehen komplexer Zusammenhänge geht, ist das Bedürfnis nach simplen Rezepten gross und damit auch die Gefahr, Relevantes auszublenden oder falsche Schlussfolgerungen zu ziehen.

ERFOLGSBEITRÄGE ZUR MARKENFÜHRUNG

Die praktischen Erfahrungen aus über 20 Jahren Markenarbeit in der Beratung und in eigener Markenverantwortung lassen dennoch einige Schlussfolgerungen zu, die wahrscheinlich allgemeingültigen Charakter haben. Obwohl sie einfach sind, werden sie in der Praxis trotzdem immer wieder vernachlässigt oder vergessen.

Bilder sagen mehr als tausend Worte.

Die präzise bildliche Vorstellung ist zentral.

Die Beispiele in dieser Publikation zeigen, dass mit einer bloss verbalen Beschreibung Marken nicht geführt oder entwickelt werden können. Es braucht die ganz genaue, auch bildliche Definition der Marke, damit diese überhaupt kommuniziert und zur Identifikation genutzt werden kann. Schriftzug und Zeichen sind dabei lediglich ein Element. Viel entscheidender ist das Umfeld, in dem Logo und Name eingebettet werden: Farbwelten, Bildwelten und Bildsprachen, Umfeldgestaltung. Leider wird der visuelle Auftritt von Marken immer noch auf das Logo reduziert. Der Erstkontakt mit dem Schriftzug ist zwar wichtig, aber nicht allein entscheidend. Um mit Bildern und Farben präzise zu sein, braucht es eine andere Form der »Markendefinition«, als sie in den meisten Manuals und »Platforms« verwendet wird. Und es braucht die Einsicht in eine andere Art der Markenentwicklung, als bloss in der kausalen Abfolge »Inhalte >> Plattform >> visuelles Konzept« zu denken.

Es ist – um auf die in dieser Publikation aufgegriffenen Beispiele zu verweisen – eindrücklich, wie genau sich Marken wie Burberry, Dior oder Dolce&Gabbana in ihren Bildwelten herkunftsmässig verorten lassen.

HIER SIND KONZEPTE AM WIRKEN, DIE ABSOLUT PRÄZISE (UND KOMMERZIELL ERFOLGREICH) SIND, AUCH WENN SIE NICHT MIT TRADITIONELLEN MARKENMANUALS GEFÜHRT WERDEN.

Was nicht ist, kann nicht sein.

Physische Erlebnisse müssen die Bildwelten ergänzen.

Marken-Welten entstehen durch die konkrete Bestätigung von Marken-Erwartungen. Apple ist nicht wegen einer genialen Kommunikation zur Ikone geworden. Apple hat es geschafft, die kommunikativ geschaffenen Erwartungen an ihre Produkte in der physischen Ausgestaltung zu bestätigen. Ein iPhone ist tatsächlich so zu bedienen, wie es Steve Jobs beim Launch demonstriert hat. Dieses »Erleben des Markenversprechens« ist zwingend und muss vom Markeninhaber regelrecht »organisiert« und inszeniert werden.

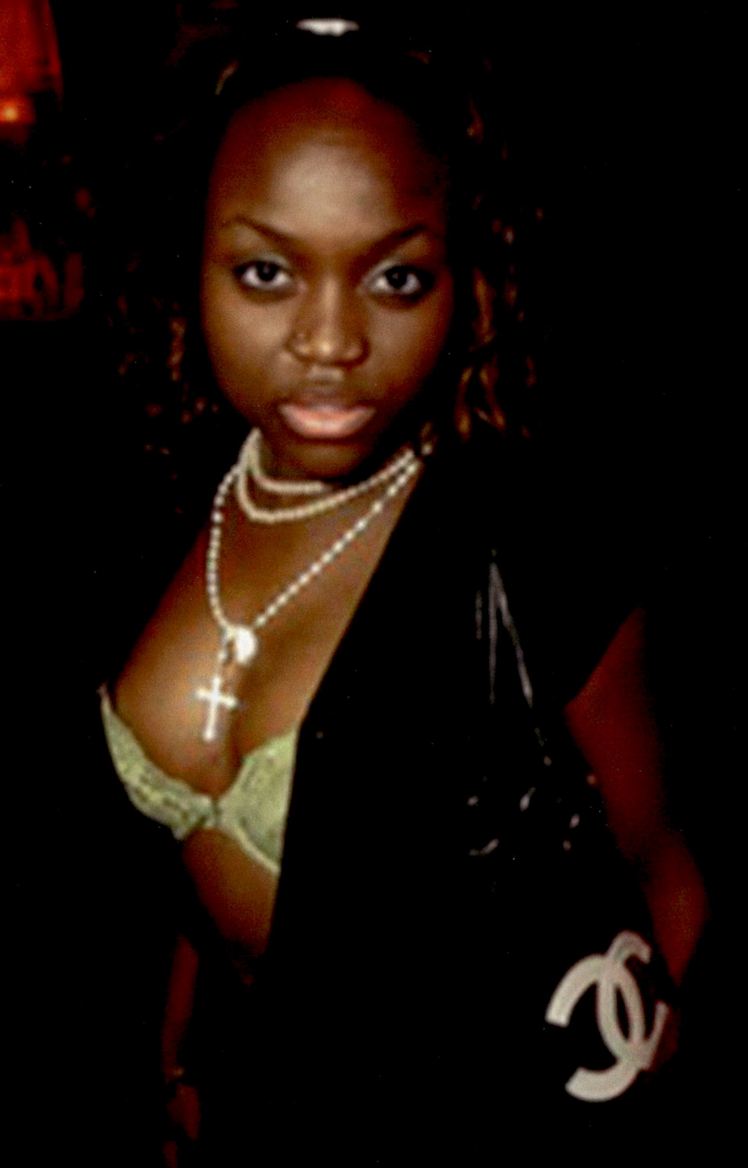

Die richtige Struktur und Organisation ist entscheidend.

Wenn Präzision in der inhaltlichen Definition und die Inszenierung der richtigen Markenerlebnisse so wichtig sind, dann muss sich die Organisation darauf einrichten. Markenführung ist keine »JeKaMi«-Übung von Marketing- und anderen Mitarbeitern. Marken können ihre Wirkung nur entfalten, wenn sie die Präzision ihres Ausdrucks nicht bereits im innenpolitischen Abstimmungsprozess verlieren. Marken- (und auch Kommunikatons-)führung funktioniert deshalb nur bei einer sehr straffen und klaren Organisation. Diese muss einerseits den organisatorischen Durchgriff und andererseits die hierarchische Verankerung haben, damit sie effektiv und effizient wird. Sehr häufig geht zusätzlich vergessen, dass eine Reihe von externen Partnern entscheidende Beiträge zum Markenauftritt leisten. Selten werden diese externen Partner auch in die organisatorischen Überlegungen einbezogen: Wer führt diese Externen? Welche der Agenturen hat genau welche Aufgabe? Wie ist sichergestellt, dass nicht die Agentur das Unternehmen führt, sondern der Auftraggeber den Auftragnehmer? – Dabei wirkt erschwerend, dass die Agenturen ihr Beziehungshandwerk professionell betreiben und sich selten gerne in die Kochtöpfe gucken lassen. So werden oft zentrale Aufgaben der Markenführung nach aussen gegeben, ohne dass man ganz genau weiss, wer diese Aufgaben bei der Agentur wie löst.

Wirkung entsteht über die Zeit.

Die Trägheit der menschlichen Wahrnehmung ist bekannt und gut erforscht. Wenn der Mensch nicht gerade im »Alarm-Modus« ist, nimmt er nicht nur selektiv wahr, sondern auch erst nach mehrmaliger Erinnerung respektive Wiederholung. Die Veränderung der Markenwelten wird darauf selten abgestimmt: Entscheidend für die Erneuerung von Markenauftritten sind leider zu häufig die internen Befindlichkeiten der Personen im Unternehmen und nicht die tatsächliche Wahrnehmung der externen Zielgruppen. Dabei hat die heutige Informationsüberlastung zusätzliche Auswirkungen auf die Wahrnehmung: Sehr häufig beginnen Marken sich erst dann visuell zu verankern, wenn sie unternehmensintern anfangen, »langweilig« zu werden. Konstanz ist deshalb ein entscheidender Faktor, wenn es um den Aufbau von Markenwert geht.

WIE ABER KANN EIN UNTERNEHMEN KONSTANZ SICHERSTELLEN, WENN DIE MARKENVERANTWORTUNG IM JAHRESRHYTHMUS WECHSELT UND WENN DIE PERSONEN, DIE DIESE VERANTWORTUNG WECHSELND WAHR-NEHMEN, JEDESMAL ALLES NEU ERFINDEN, DEFINIEREN UND »LAUNCHEN«?

Und wenn – getreu dem Motto »Neue Besen kehren besser« – mit Agenturwechseln zusätzlich auch die externen Partner immer wieder neu gewählt werden?

Marken brauchen die Fähigkeit zur Adaption an den Zeitgeist.

Der Spagat zwischen »Konstanz« und »aktuell bleiben« stellt sich oft als unauflösbarer Widerspruch dar; er ist tatsächlich nicht leicht zu realisieren. Aber er ist dann einfacher zu bewältigen, wenn das »innere Bild« der Marke präzise ist. So können die notwendigen

Veränderungen in den immer gleichen Kontext gesetzt werden;
sie werden so zu einem inhärenten Zeichen für den Kern der
Marke. Die berühmtesten Marken legen darauf zu Recht grosses
Gewicht, Marlboro oder die laufenden Anpassungen der Coca-
Cola-Flasche sind die bekanntesten Beispiele.

FÜR REPOSITIONIERUNGEN UND NEU-GESTALTUNGEN VON MARKEN UND IHREN SCHLÜSSELERKENNUNGS-ZEICHEN BRAUCHT ES IN DER REGEL MEHR GRÜNDE ALS DIE HÄUFIG WENIG REFLEKTIERTEN BEMERKUNGEN VON AGENTUREN, DIE SICH DAMIT LEDIGLICH EINEN ZUSÄTZLICHEN AUF-TRAG SICHERN WOLLEN.

Mut zur Lücke

Nicht alles ist regel- und kontrollierbar.

Zuletzt schliesslich soll festgehalten sein, dass eine Marke leben muss, um erfolgreich zu bleiben. Dazu gehört nicht nur ihre
ständige Weiter-Entwicklung (vgl. oben), sondern auch der Mut,
gewisse Entwicklungsräume frei zu lassen. Die Rigidität von
Design-Manuals wird – manchmal zu Recht – angeprangert. Es
braucht Erfahrung und die Akzeptanz, dass gewisse Stilfragen
nicht schriftlich fixiert werden können, damit Marken nicht zu
leblosen Maschinen werden. Das bedingt andere Instrumente als
nur Regelwerke. Und es braucht Personen, die ein gemeinsames
Verständnis entwickelt haben, was »stimmt« und was nicht mehr
richtig ist für eine Marke. Es kann bei Marken nicht alles geregelt
werden, und das ist gut so. Denn das eröffnet Chancen, schafft
Überraschungen und hilft mit, Marken lebendig zu erhalten.

Urs Läubli ist Kommunikationsberater und Partner von Hirzel.Neef.Schmid
Konsulenten in Zürich.

POSING THE PROBLEM. PROPOSITION 4

BRANDS: INSTRU
BRANDS: RESULT

URS LÄUBLI BY NOW, IT'S INDISPUTABLE: BRANDS BELONG TO THE DECISIVE FACTORS IN THE PERFORMANCE AND SUCCESS OF COMPANIES – ESPECIALLY IN SATURATED MARKETS OR IN SECTORS THAT ARE NOT EASILY DISTINGUISHABLE FROM OTHERS. LEADING BRAND CONSULTING AGENCIES TAKE ADVANTAGE OF THAT AND LIKE TO POINT OUT, E.G. IN THEIR ACQUISITION PRESENTATIONS, THAT THE COMPANIES THEY WORK FOR SHOW ABOVE-AVERAGE IMPROVEMENTS IN THE STOCK MARKETS. THEY IMPLY, THEREBY, THAT THIS IS, AMONG OTHER THINGS, A RESULT OF THE CONSISTENT AND SUCCESSFUL "DEVELOPMENT" OF THE BRAND. Various approaches and methods to calculate brand values clearly demonstrate that there are tangible economic advantages associated with the development of a brand. Generally – and taking into account all the differences in the various calculation methods –, it is supposed that the value added – either to a physical product or to real output in the service sector – by the immaterial components in the development of a brand is something that can be shown in numbers. The question whether and how this value could or should appear in the balance sheet is under discussion; in my opinion, there is no doubt that, sooner or later, brand values will be assigned their own position in the balance sheets. And, by the way: I am sure that, especially in the case of substantial brand values, this will lead to considerable shifts and changes in the balance sheets.

A MULTITUDE OF BRAND MANAGEMENT MODELS

For this reason, business economics and top management increasingly occupy themselves with brands and their economic value. Therefore, it's pretty normal that they try to explain "brands" scientifically, to define methods and instruments to find out how brands "work". These attempts are based on the conviction that a brand actually can be controlled and that, if everything is done "the right way", brand value will be directly generated.

This opinion is supported by counsulting practices that naturally and legitimately consider this growing demand an interesting market. It is, therefore, symptomatic that, today, we have a multitude of brand management models, all of them describing the way a brand works and how it can be steered. Some of these models try to depict the complexity of the reality of a brand, and have, thus, become rather complex themselves. However, that way it becomes enormously difficult or even impossible to understand – and manage – a brand. There are some models, however, trying to make up for that by striving for simplicity. Most of the time, they present "platform ideas" based on a simple set of values. A third group of brand models focuses on the process of brand development and brand design. In any case, all of the models available today are based on a mechanistic concept of the brand that can be controlled and influenced in order to reach the projected goals.

INCOMPLETE FINDINGS CONCERNING THE FUNCTIONALITY OF BRANDS

The developments of the past years have shown that this basic understanding – that a brand can be "deductively" managed by simply using the "right" instruments the "right" way – has to be questioned. The most successful brands of our time have been developed in a different way (and: much faster) than brands that were built before the 90ies: Google, ebay, Apple, to name just a few. These brands were the first to use the internet in order to merge with their "users" and they have, practically, integrated their clients in the development and design of the brand. This underscores a fact already important before the times of the internet: that clients and consumers become part of a brand and, thus, influence the brand's image.

Actually, it has always, even before the age of electronics, been crucial who identified with a brand and who didn't. Brands work the following way: "Whatever I identify myself with conveys identity to me." People are willing to pay for the staging of their "self". Accordingly, a brand strives to make conscious and good use of its imageries. This way, a brand automatically loses part of its control over its own world. If a brand, e.g., suddenly is turned into an identification symbol for criminal circles, the brand obviously has a problem – the problem, on the other hand, illustrates the importance of any user group for the brand. Whoever wants to "control" a brand will have to take into account the user groups' feedback effects.

Unfortunately, it is not yet sufficiently researched how the "touchdown" of a brand actually works and how these feedback effects can be integrated in a brand management. One reason might be that the problem not only is highly complex but that it can hardly be solved by purely scientific methods. Furthermore, it might be impossible to express it in purely statistical terms. "Integrated" approaches that

MENTS?
S?

cannot be depicted in numbers or processes bear a big challenge to management as well as business economics. Thus, one tries to understand, with the help of models, what probably cannot be explained that easily. Wherever we have to understand – and to deal with – complex matters and relations we are inclined to search for simple formulas and, therefore, at risk to disregard relevant points or draw the wrong conclusions.

ASPECTS OF SUCCESSFUL BRAND MANAGEMENT

20 years of experience in brand consulting and brand development on my own account may allow some conclusions of perhaps generally applicable character: although they are very simple they often are neglected or forgotten:

A picture is worth a thousand words.

A precise visual conception is of the utmost importance.

The examples given in this publication show that brands cannot be developed or managed on the basis of verbal descriptions only. It needs a highly precise visual definition of the brand in order for it to be communicated and identified with at all. The chosen symbols and fonts are just one element – the overall setting in which logo and name are embedded is even more important: colours, pictures and imageries, the whole setting. Unfortunately, the visual appearance of brands still is reduced to the logo. The first contact with the logo is important but not all-decisive. Another form of "brand definition" than used in most manuals and "platforms" is needed to handle pictures and colours precisely. And it also needs insight into a different form of brand development than simply thinking the causal sequence "contents >> platform >> visual concept".

It is impressive – to refer specifically to the examples given in this publication – how one can retrace the origins of the imageries brands like Burberry, Dior, or Dolce&Gabbana use.

HERE, WE SEE THE EFFECTS OF CONCEPTS WHICH ARE ABSOLUTELY PRECISE (AND COMMERCIALLY SUCCESSFUL), EVEN THOUGH THEY ARE NOT BEING DEVELOPED ACCORDING TO TRADITIONAL BRAND MANUALS.

What does not exist cannot be.

Physical experiences have to complement imageries.

Brand worlds evolve by virtue of the concrete fulfilment of brand expectations. Apple did not become an icon because of their ingenious communication. It was by the physical design of their products that Apple succeeded in corroborating the expectations created by their communications. An iPhone, indeed, can be handled exactly the way Steve Jobs demonstrated (it) at the launch of the product. "Experiencing the brand promise" this way is absolutely necessary and has to be adequately "organised" and staged by the brand owner.

No way is the right way if you don't know where you're heading.

The right structure and organisation is imperative.

If the precision of the definition of contents and the staging of an adequate brand world are that important, the organisation has to adjust to that. Brand leadership is not an exercise for each and every marketing or other assistant. Brands can develop their appeal only if they do not lose the precision of their expression already during internal coordination processes. Successful brand (and

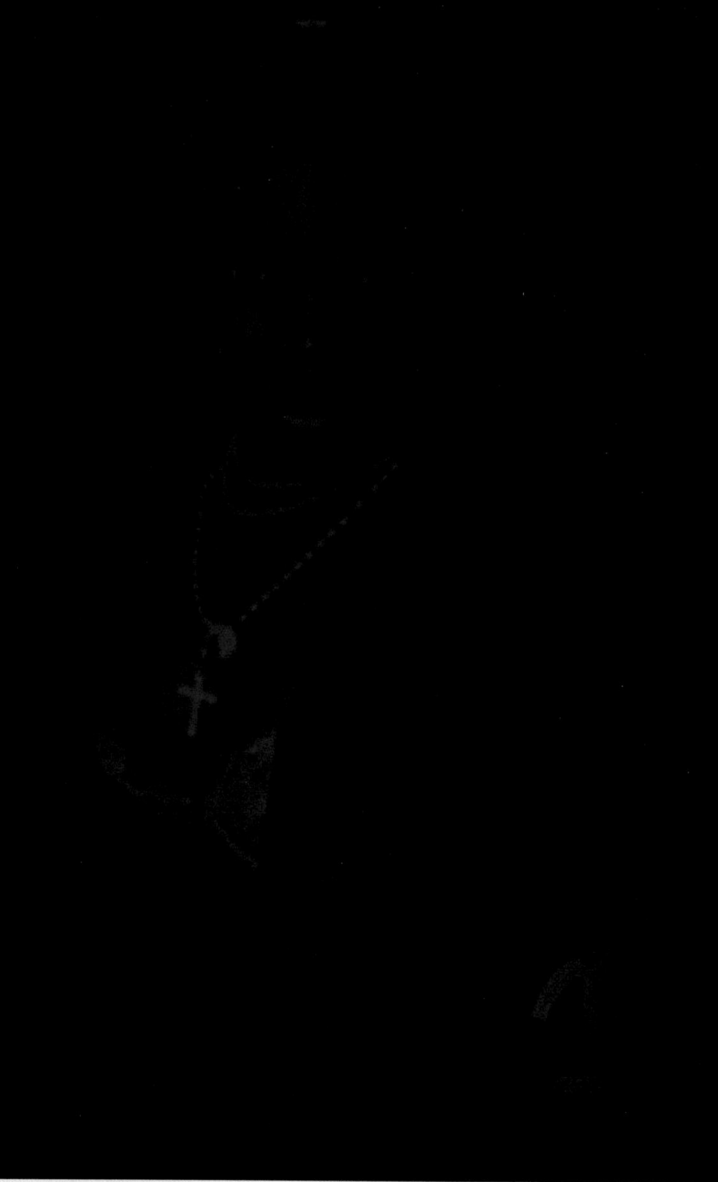

communication) leadership can only be achieved by very tight and clear-cut organisation. This organisation has to be both, uncompromising and hierarchically embedded, in order to be effective and efficient. Furthermore, very often it is unheeded that various external partners decisively contribute to the brand's appearance. These external partners are rarely being involved in organisational considerations: Who is responsible for (leading) these externals, which agency has exactly which task to fulfil, how can be secured that the agency doesn't lead the company but that the contractor leads the contractee? This is complicated by the fact that these agencies professionally pursue their business and communication connections and keep their cards close to their chests. Thus, often main tasks of brand management are outsourced with nobody knowing who's going to fulfil which task within the hired agency.

Consistency is decisive.

Effects evolve gradually.

The sluggishness of human perception is well-known and well-researched. If people are not in their "alarm-mode", their perception not only is selective, they become aware of something only by being reminded again and again, by repetition. The changes in brand worlds rarely are adjusted to that: too often, it is the sensitivities of persons within the company which lead to a renewal of brand appearances and not the actual awareness of the target group. At the same time, today's inundation by information instigates further changes in our perception: Very often, brands become embedded visually only when, within the company, they already begin to get "boring". Thus, consistency is a very important factor in the development of a brand value.

BUT HOW CAN A COMPANY SECURE CONSISTENCY IF RESPONSIBILITIES CHANGE EVERY YEAR AND IF PERSONS, ALTERNATELY RESPONSIBLE, INVENT, DEFINE, AND "LAUNCH" EVERYTHING ANEW, I.E START FROM SCRATCH EVERY TIME?

And if, furthermore, true to the saying "a new broom sweeps clean", with the agencies, the external partners are being changed all the time, too?

Life is constantly changing.

Brands need the ability to adapt to the "Zeitgeist".

The balancing act between "consistency" and being "up to date" often proves impossible. But it is easier to solve this conflict if the "inscape" of a brand is precise. Thus, the necessary changes can be made within the unchanging context; they become an inherent symbol for the core of the brand. The most famous brands, with good reason, deem this very important, Marlboro or the ever changing adjustments of the coke bottle being the best known examples.

THE RE-POSITIONING AND RE-SHAPING OF BRANDS AND THEIR KEY LOGOS, AS A RULE, NEED MORE THAN THE LITTLE REFLECTED COMMENTS BY AGEN-

CIES THAT ONLY WANT TO SECURE ANOTHER ASSIGNMENT.

Have the courage to leave (some) things open.

You cannot regulate and control everything.

Let us, as a conclusion, put on the record that a brand has to remain alive in order to remain successful. Part of that not only lies in its permanent re-development (see above) but in the courage to leave some open space for further development. Occasionally, the rigidity of design manuals is – rightly – deplored. It needs experience and the acceptance that certain matters of style cannot and should not be rigidly put down in writing, simply in order to save brands from becoming dead engines. Sets of rules are not sufficient, other kinds of instruments are needed. And it needs persons agreeing on what is "right" for a brand, and what not or no longer. Brands cannot be totally controlled, and, in fact, that's a good thing, because it opens up chances, creates surprises and helps in keeping brands alive.

Urs Läubli, communication consultant and partner of Hirzel.Neef.Schmid Konsulenten, Zurich.

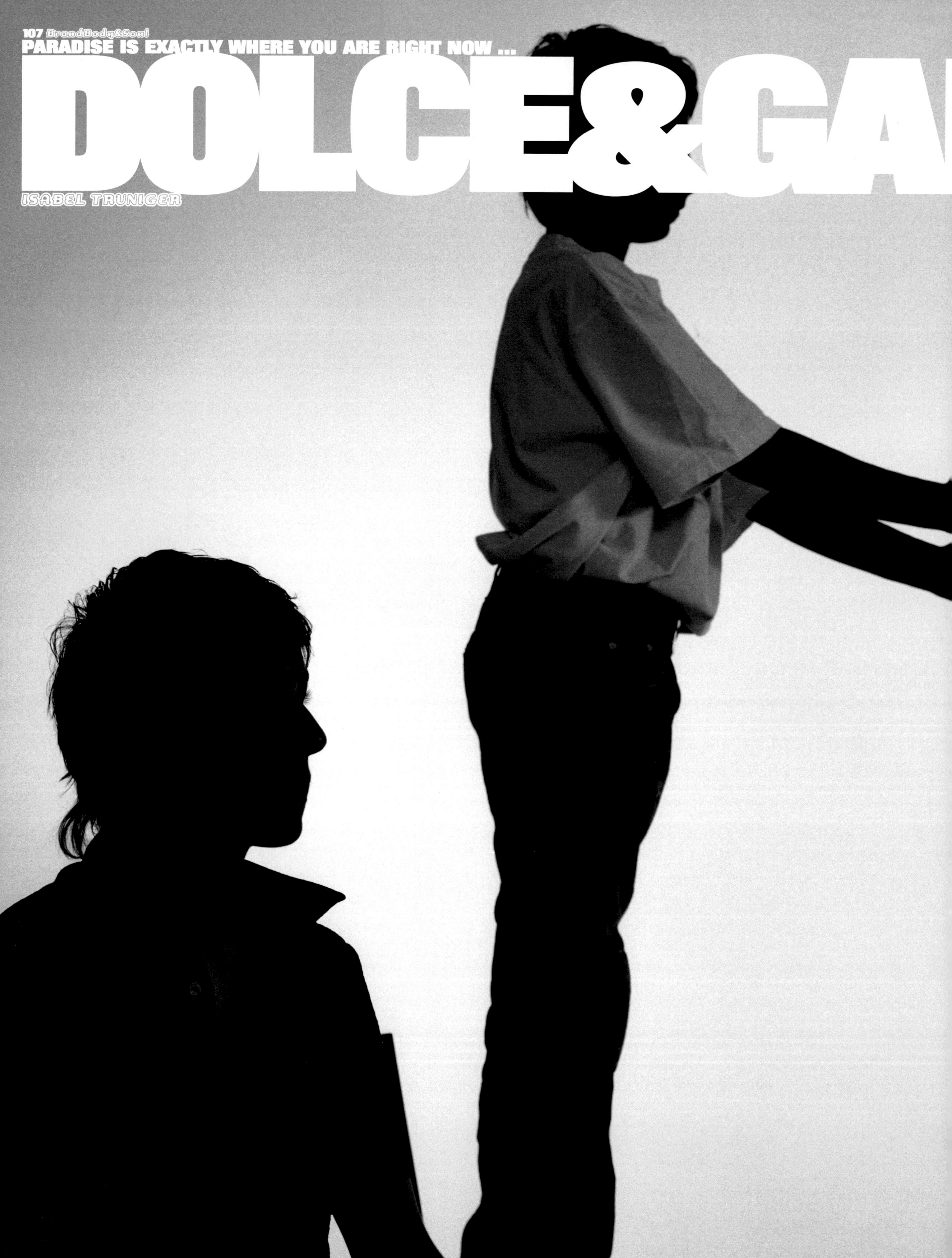

107 [Brand Body & Soul]
PARADISE IS EXACTLY WHERE YOU ARE RIGHT NOW ...
DOLCE&GA
ISABEL TRUNIGER

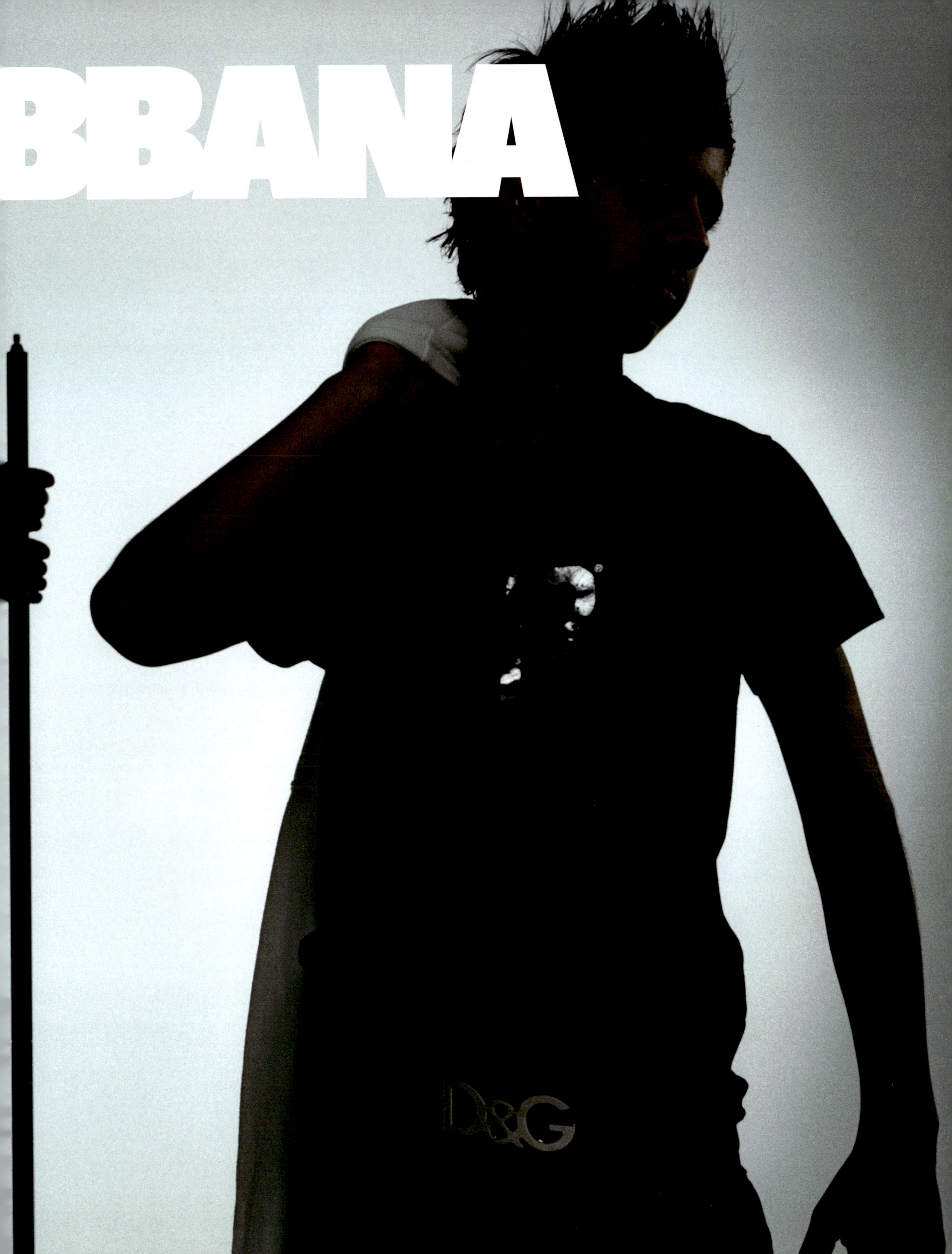
BBANA
D&G

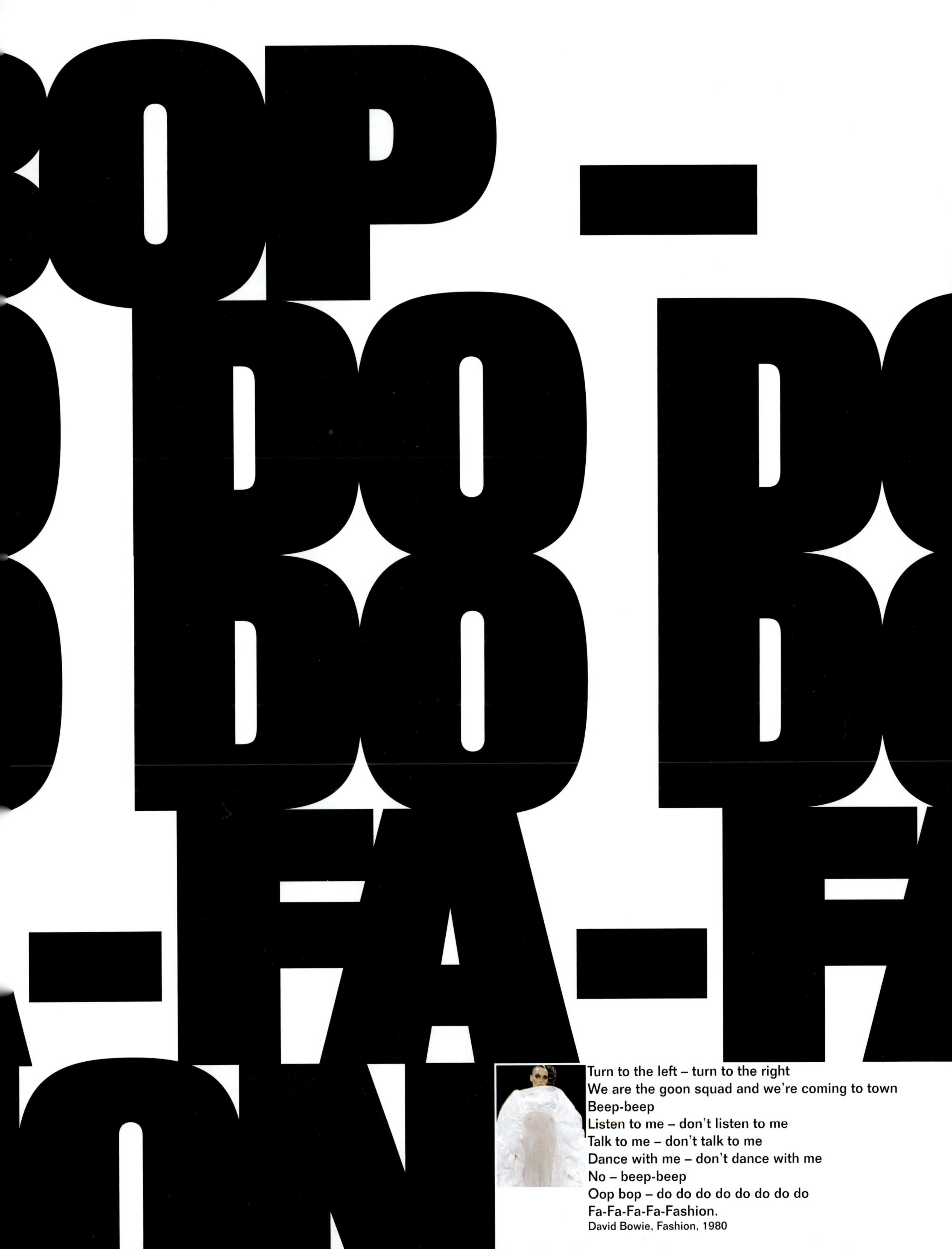

Turn to the left – turn to the right
We are the goon squad and we're coming to town
Beep-beep
Listen to me – don't listen to me
Talk to me – don't talk to me
Dance with me – don't dance with me
No – beep-beep
Oop bop – do do do do do do do do
Fa-Fa-Fa-Fa-Fashion.
David Bowie, Fashion, 1980

EDITORIAL

BRANDS & BI

GEPFLEGT KRASS ODER KRITISCH EN VOGUE

JÖRG HUBER Brands durchsetzen und dominieren zunehmend unsere gesamte Kultur. Dinge, Sachverhalte, Personen – schier alles kann zum *Brand* gemacht werden: zu einem *Image*, das Geschichten erzählt, Werte vertritt, kulturelle Echoräume aktiviert, historische Assoziationen weckt, Vorstellungen und Träume anregt und das Begehren nach Fetischen bedient. Der *Brand* ist eine Möglichkeit, Orte und Geschehen zu inszenieren, an und mit denen die Einzelnen und Gemeinschaften das Spiel mit Darstellungen und Identitäten spielen und sich dabei in ihrer historischen und kulturellen Kontingenz stets anders bestimmen und mitteilen. Die Akteure betreiben Rollenspiele, lancieren Lebensentwürfe, behaupten Unterscheidungen und vertreten Statussymbole – emphatisch, wirkungsvoll und vergeblich zugleich. Freiverfügend scheinbar und gleichzeitig bestimmt durch den kategorischen Imperativ der Brands. Das vorliegende Magazin geht diesem bunten, paradoxen Treiben nach, anhand der *Lifestyle*-Marken und der urbanen Jugendlichen, ihrer *User*.

Branding stellt, als eine eigenartige Vermischung von Rationalität und Mythologie, von Erleben und Imagination, eine komplexe Kulturindustrie dar. Diese eröffnet mit verschiedenen visuellen und rhetorischen Strategien eine gesellschaftliche Kommunikation, über die die Menschen im Konsum ihr Alltagsleben entwerfen und realisieren: indem sie sich selber gestalten und sich dabei – sowie die anderen, die dasselbe tun – wahrnehmen und erfahren. Dabei stellt sich die Frage, wie sie (und wir) das tun: Auf der einen Seite beobachten wir die Erfindung und Lancierung der Brands, die Markenpräsentation und das Marketing, auf der anderen Seite die Konsumenten, die die Botschaften hören und sehen, sich die Marken aneignen, vielfältig verzeichnen und sich damit *self-branden*: auf der einen Seite die Konstruktion von »Mythen des Alltags«, auf der anderen die Körper, auf und mit denen diese Geschichten ausgetragen werden.

Wie kann das Geschehen *Brands&Branding* funktionieren? – Die einen behaupten seine weitgehende Berechenbarkeit, andere analysieren es mit Befragungen und Statistiken. Uns interessiert die Frage der Beobachtbarkeit. Im Mittelpunkt steht die ästhetische Dimension des Geschehens: Ereignisse der bildlichen Vorstellungen und visuellen Inszenierungen, der Wahrnehmungen und der sinnlichen Performativität. Das rhetorische Vokabular der Zitate und Referenzen sowie der Gesten, Posen und Attitüden. Wie können diese Vorgänge sichtbar, wie ihre Sichtbarkeit respektive Unsichtbarkeit bemerkbar gemacht und auf die Kontexte bezogen und bewertet werden?

Das Magazin versammelt vielfältiges Material einer visuellen Forschung, die explizit mit dem Bild arbeitet und die auf *die spezifische Logik der Bilder im Gebrauch* vertraut. In der Herstellung von Bildern und der Arbeit mit vorgefundenem Material aus verschiedensten Quellen entstehen Blickräume, visuelle Geschichten und diskursive Zusammenstellungen, die etwas zum Ausdruck bringen, was die analytische Rationalität, die Sprache und der Text nicht schaffen. Was entsteht, sind Atmosphären und Sichtbarkeiten, die den Bedeutungen vorangehen, die ephemer und experimentell sind. Die jedoch in dieser ihrer Zögerlichkeit und gleichzeitig ihrem manifesten Pathos das Geschehen präsentieren, das *Brands&Branding* ist. Es geht dabei auch um einen kritischen Blick auf die visuelle Intelligenz, die zu sehen gibt, was eine Zeit zu sehen erlaubt. Bewusst ist denn in diesem Magazin der Text gleichsam zurückgestellt worden. Er liefert Anmerkungen, Assoziationen, Hinweise, Vorschläge, Kommentare und Hintergrundgeschichten: einen Horizont, vor dem *Brands&Brandings* geschehen. Im Zentrum stehen die Bilder in ihrer ursprünglichen Funktion der Darstellung; als Agenten, aber auch in Bildergeschichten, als Orte künstlerischer Experimente und als visuelles Material, das hier eigens entwickelten Formen und Strategien visueller (Re-)Präsentation dient – ganz so, wie es in den Bild-Magazinen der Brands auch geschieht. In diesem Sinn ist das Magazin das Produkt eines visuellen Forschungsprojekts und gleichzeitig ein Produkt auf dem offenen Markt: *gepflegt krass oder kritisch en vogue*.

BRANDING: SOIGNÉ CRASS OR CRITICALLY EN VOGUE

JÖRG HUBER Brands, to an ever larger extent, permeate and dominate our whole culture. Objects, matters of fact, people – just about everything can be turned into a *brand*: an image telling stories, representing values, revitalising cultural reminiscences, evoking historical associations, inspiring imaginations and dreams, and satisfying the desire for fetishes. A brand is a possibility to stage places and events where individuals and societies play their games of representation and identity, all along defining and communicating themselves in their historical and cultural contingency. The actors adhere to their role play, launch plans for life, claim differences and represent status symbols – emphatically, effectively, and futilely, all at once. Seemingly self-determined and at the same time conditioned by the categorical imperative of brands. This magazine investigates this colourful, paradoxical hustle and bustle, scrutinising lifestyle brands and studying urban youths as their *users*.

Branding, this strange mix of rationality and mythology, of experience and imagination, represents a complex cultural industry. This industry, by various visual and rhetorical strategies, establishes some form of social communication influencing consumer behaviour, the appearance and realisation of people's everyday lives: designing themselves, and by doing so – like all the others doing the same – perceiving and experiencing themselves. This raises the question how they (and we) do that: on the one hand, we observe the development and launching of brands, brand presentation and marketing, on the other hand the consumers who listen to and look at the messages, who adopt the brands, adapt them in many ways and, thus, *brand themselves*: on the one hand the construction of the "myths of everyday life", on the other hand the bodies on and by which these (hi)stories are being acted out.

How do *brands* and *brandings* work? Some contend their far-reaching predictability, others analyse them statistically or by polls. We are interested in the question of observability. We focus on the aesthetical dimensions of what is happening: experiences of the visual imaginations and stagings, of perceptions and a sensual performativity, the rhetoric of citations and references as well as the gestures, poses, and attitudes. How can these processes be made visible, how can we draw the attention to their visibility or invisibility, how can these processes be related to their contexts and how can they be judged?

This magazine assembles multifaceted material of visual research, working explicitly with images and confiding in *the specific logic of images in use*. By producing new images and by working with material encountered, materials from the most varied sources, new perspectives can be opened up, visual stories and discursive arrangements expressing something which analytical rationality, language, and text cannot express. That way, atmospheres and visibilities are created which are ephemeral and experimental and which precede the meanings, and which, at the same time, reluctantly and with their manifest pathos, represent the event that *brands&branding* is. Moreover, a critical look is cast on visual intelligence which makes visible what a given time allows to be seen. It is our intention, to have the texts, in a certain way, play a subsidiary role in this magazine. They include annotations, associations, references, suggestions, comments, and background stories: a landscape in which *brands&branding* takes place. The emphasis is put on images in their original function; as agents, but also as visual stories; as places for artists' experiments and as visual material, serving specifically designed forms and strategies of visual (re-)presentation – just like it is done in real brand magazines. In this sense, this magazine is the product of a visual research project and, at the same time, a product of the open market: *soigné crass or critically en vogue*.

ZURICH, WED 27 SEPTEMBI

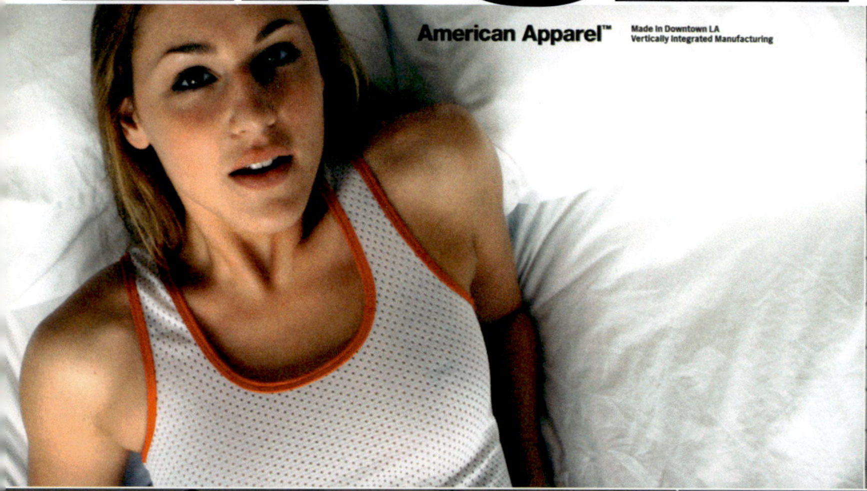

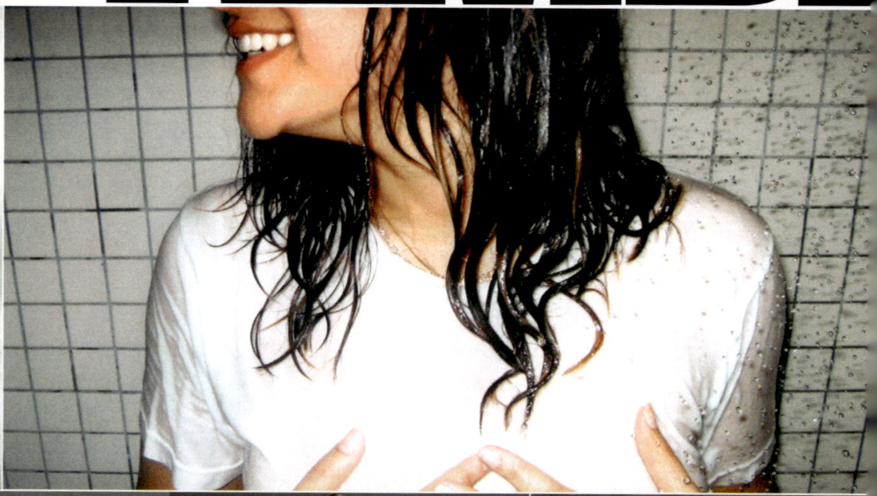

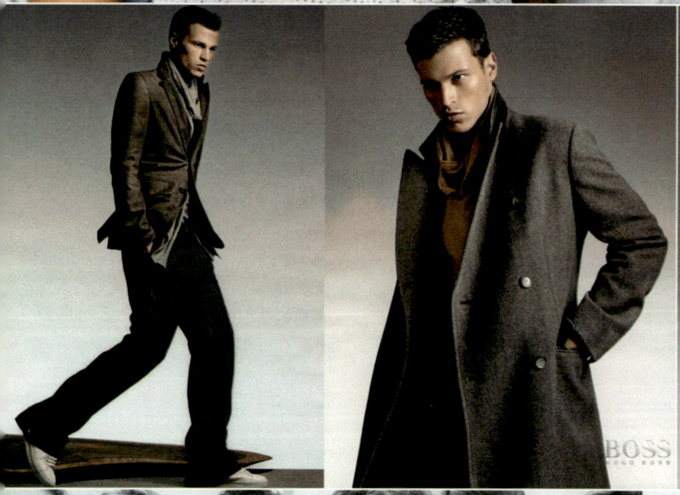

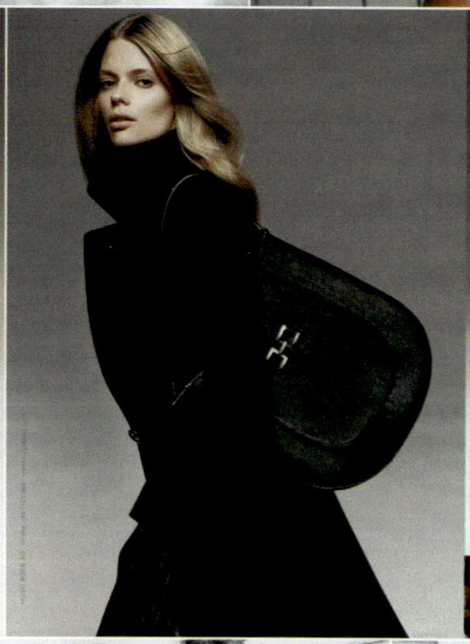

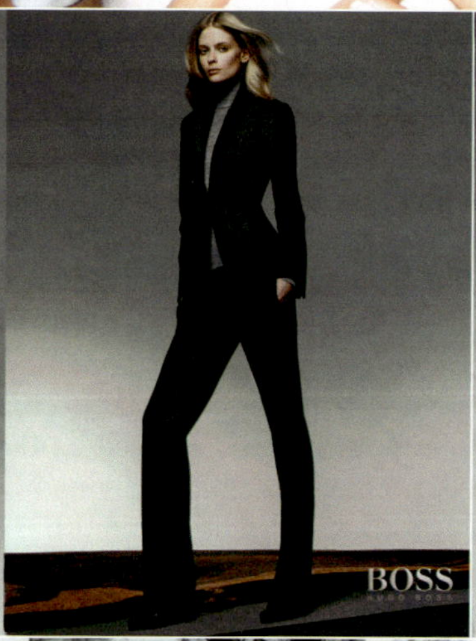

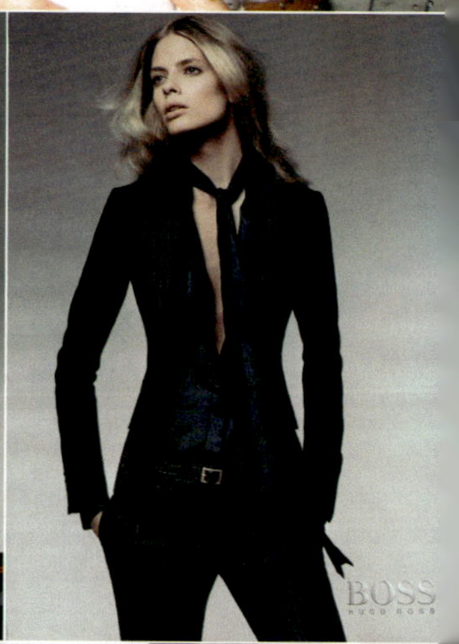

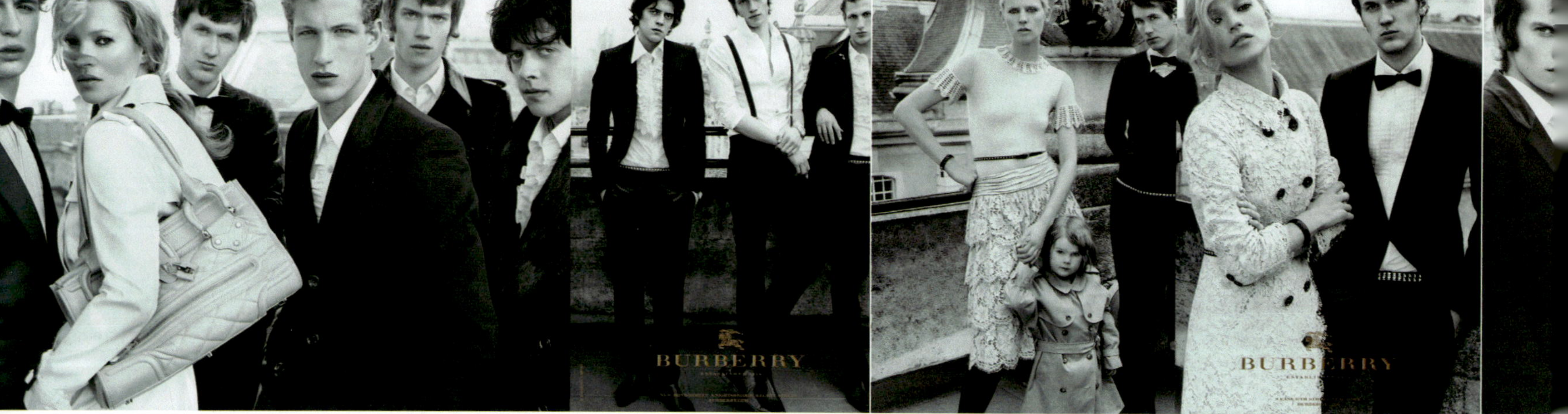

NESDAY
R

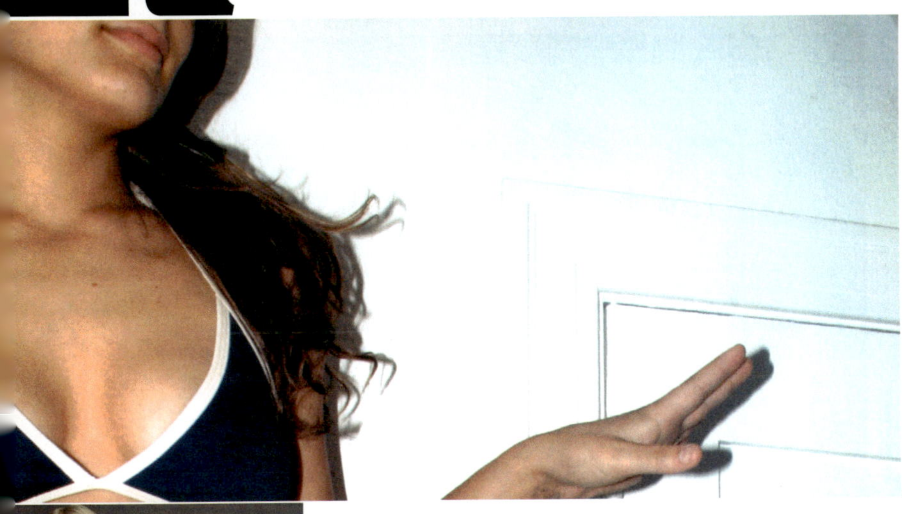
American Apparel

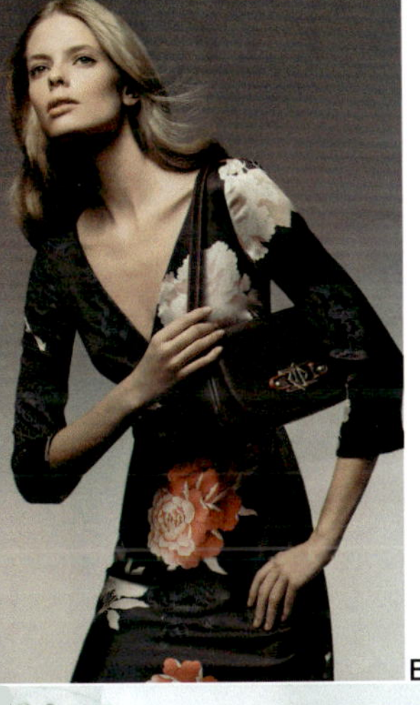
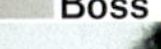
Boss

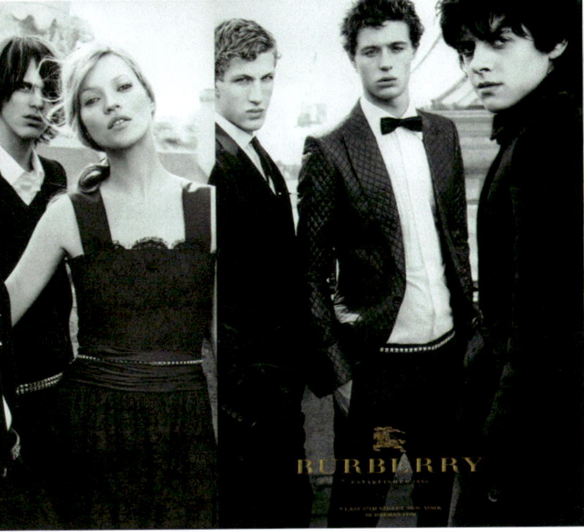

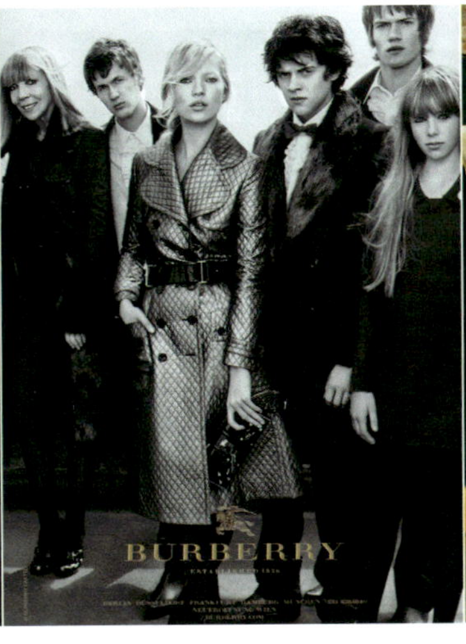

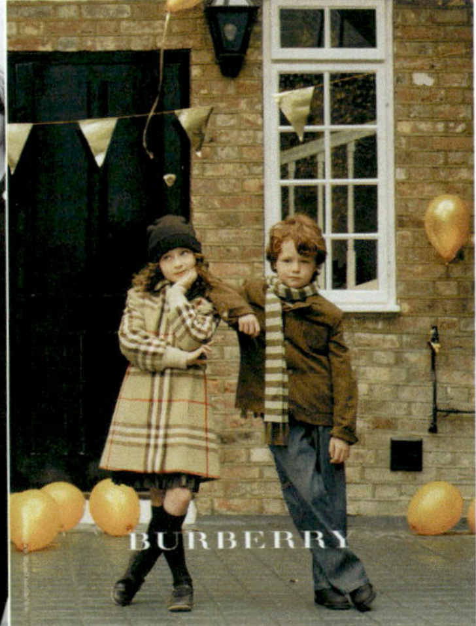

Burberry

Carhartt

CHANEL

CHANEL

CHANEL

DIESEL

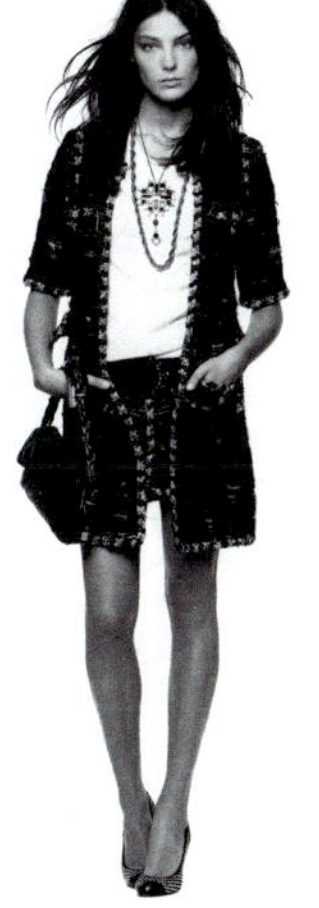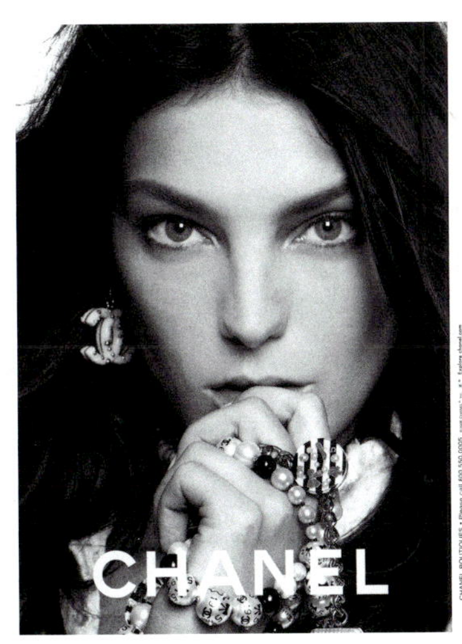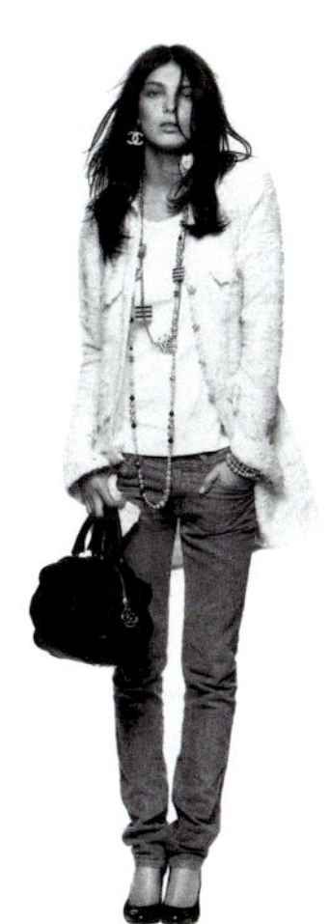

Chanel

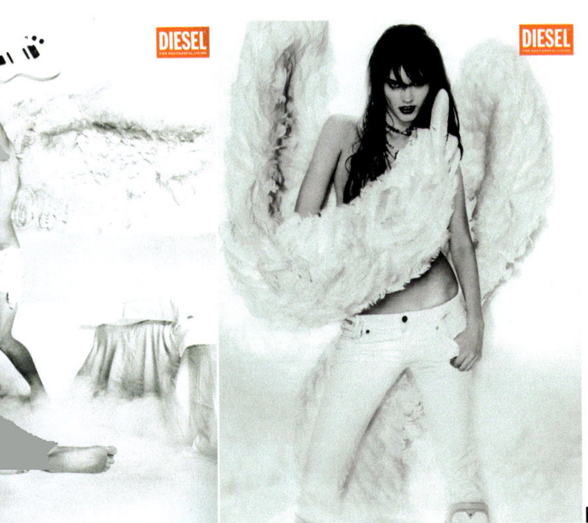

Diesel

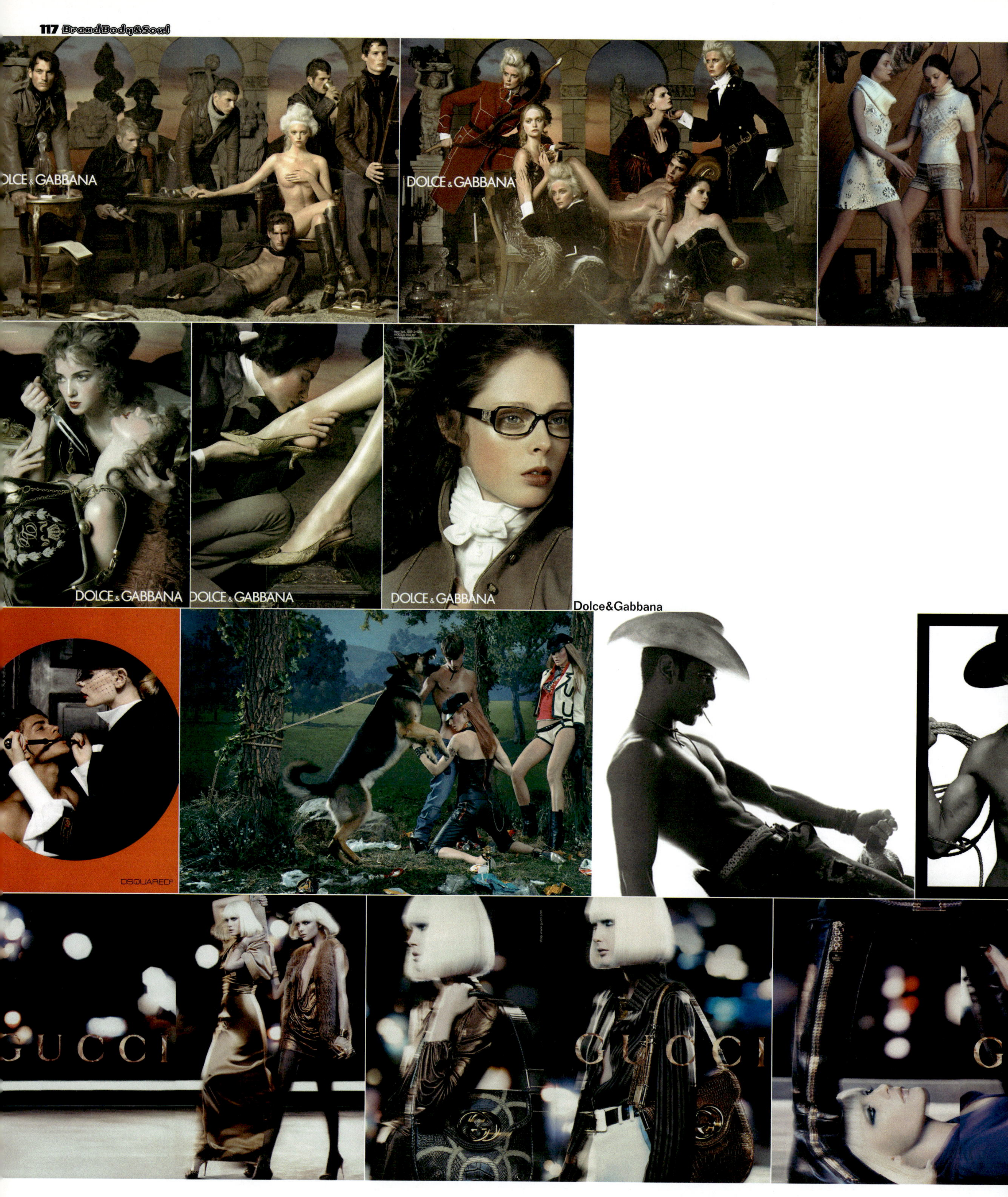

DOLCE & GABBANA
DOLCE & GABBANA
DOLCE & GABBANA
DOLCE & GABBANA
DOLCE & GABBANA
Dolce&Gabbana
DSQUARED
GUCCI
GUCCI

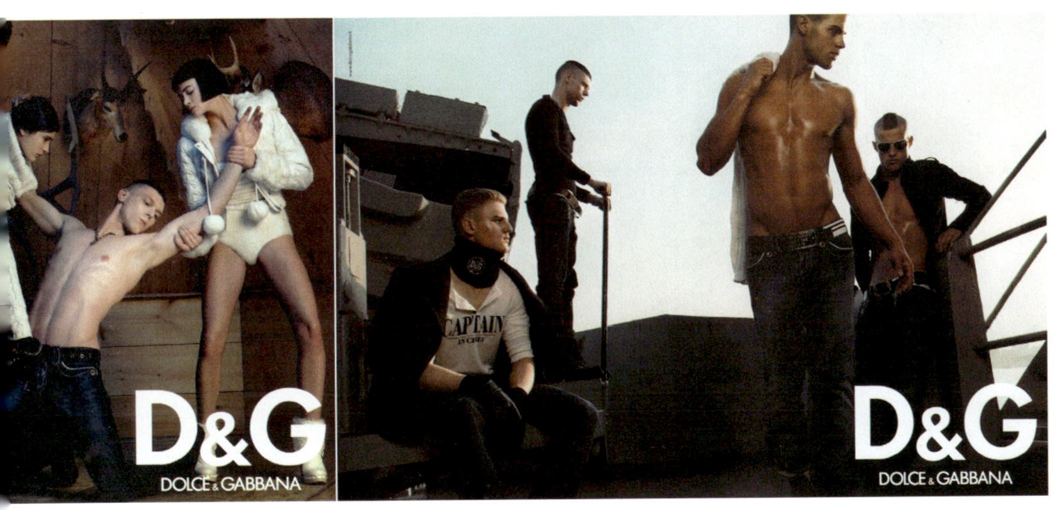

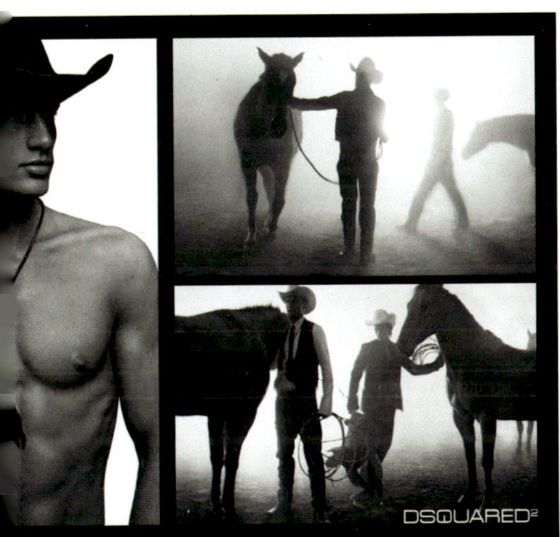

Dsquared2

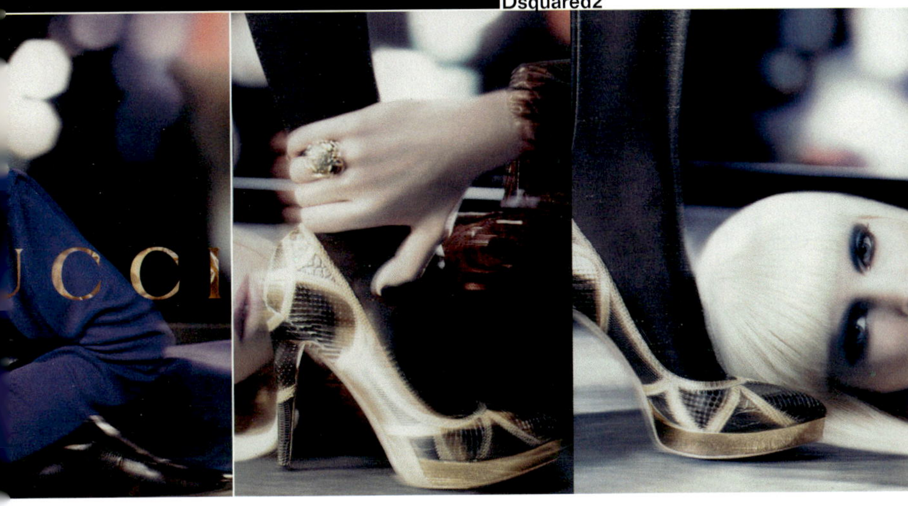

Gucci

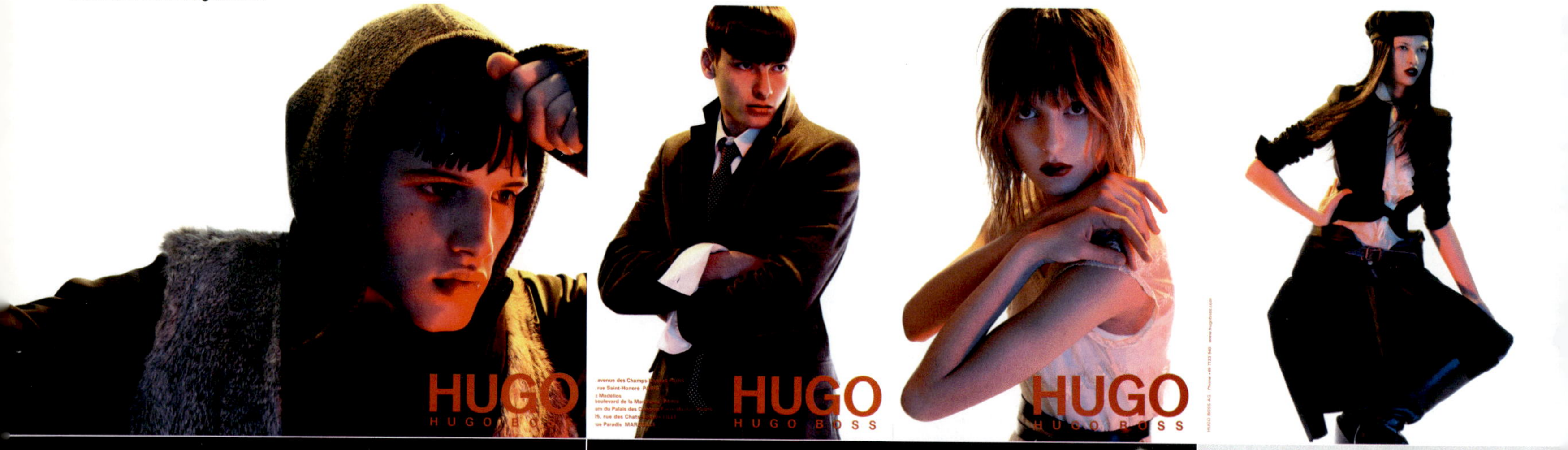

HUGO
HUGO BOSS

HUGO
HUGO BOSS

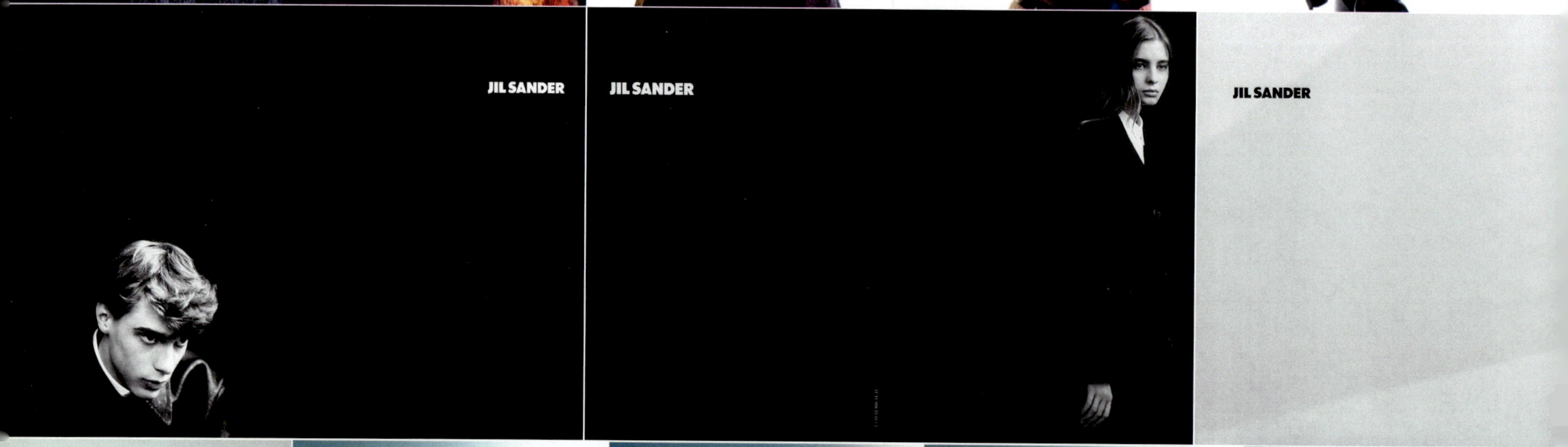

HUGO
HUGO BOSS

JIL SANDER

JIL SANDER

JIL SANDER

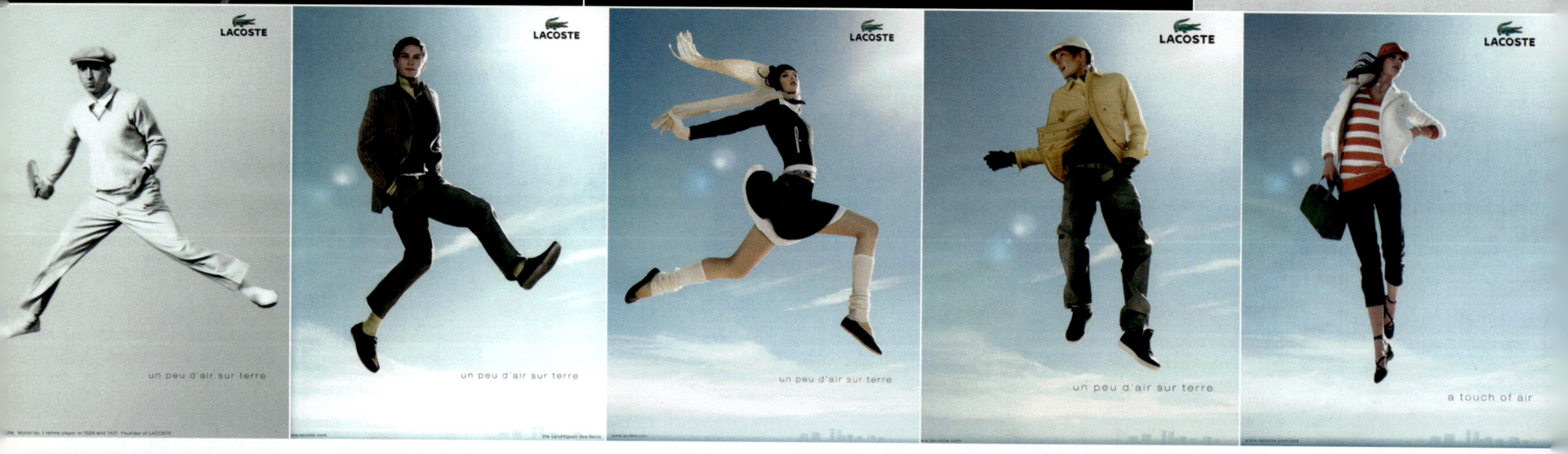

LACOSTE

LACOSTE

LACOSTE

LACOSTE

LACOSTE

un peu d'air sur terre

un peu d'air sur terre

un peu d'air sur terre

un peu d'air sur terre

a touch of air

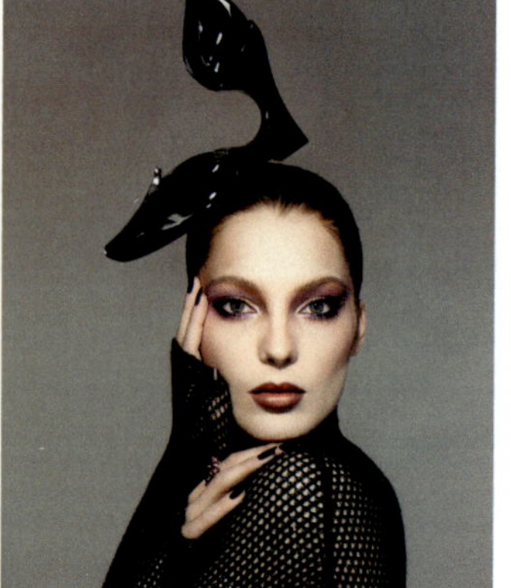

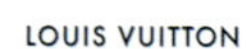

LOUIS VUITTON

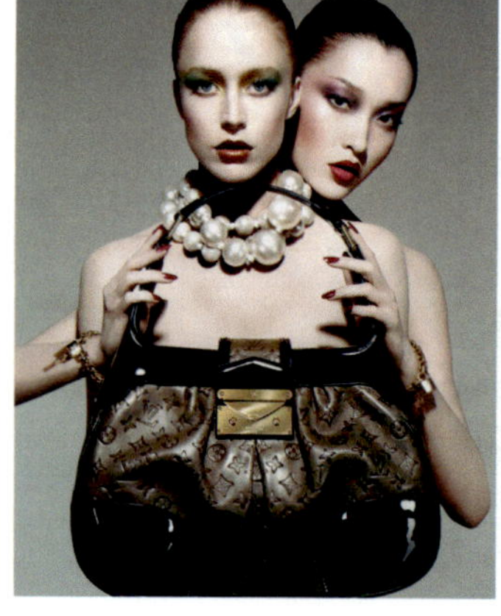

LOUIS VUITTON

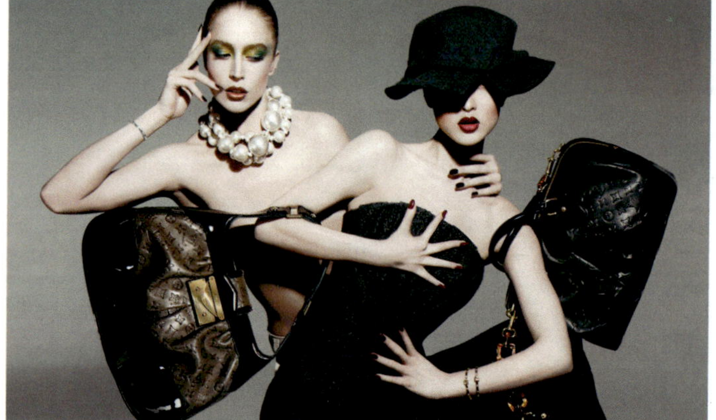

LOUIS VUITTON

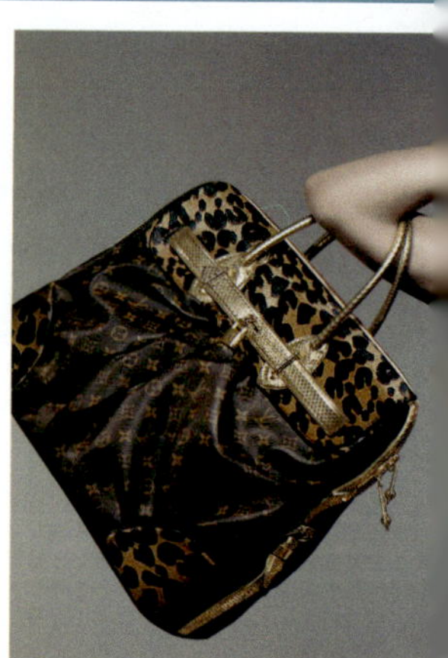

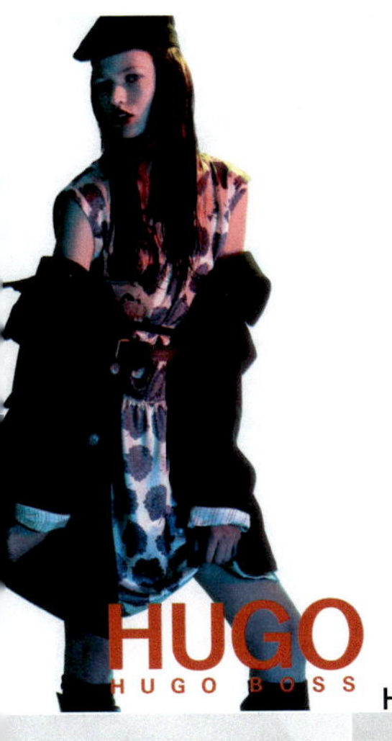

Hugo

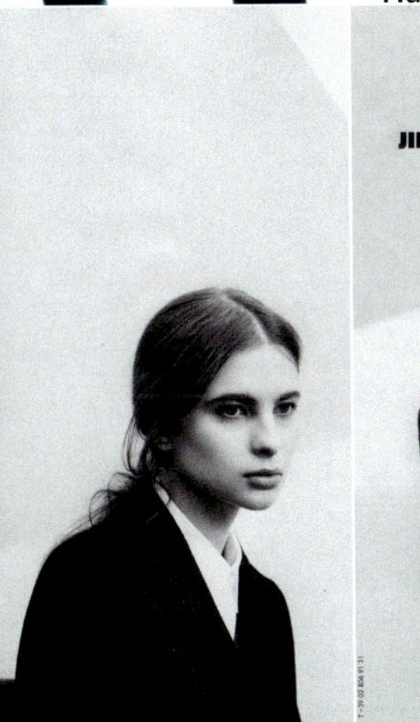

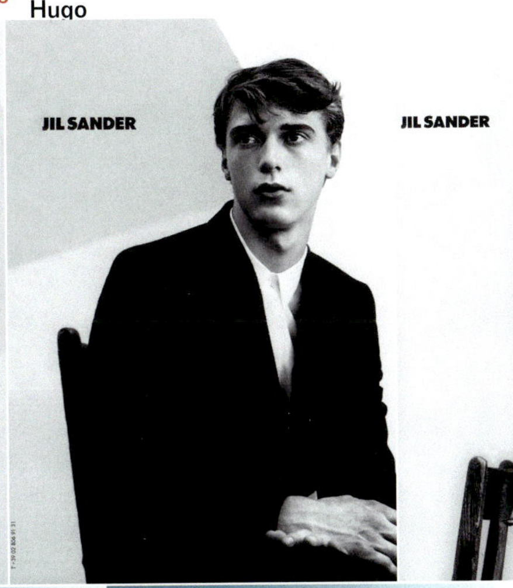

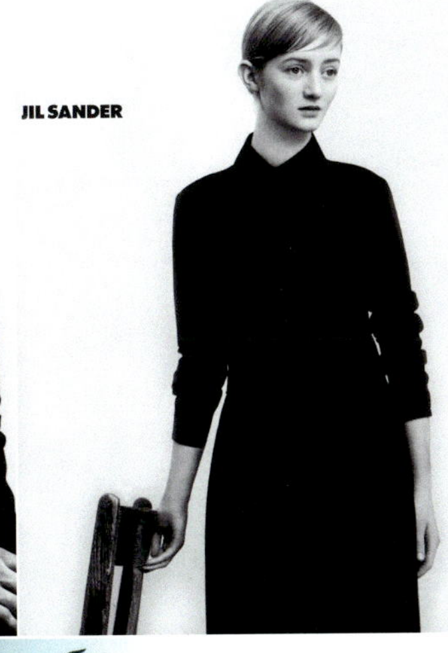

Jil Sander

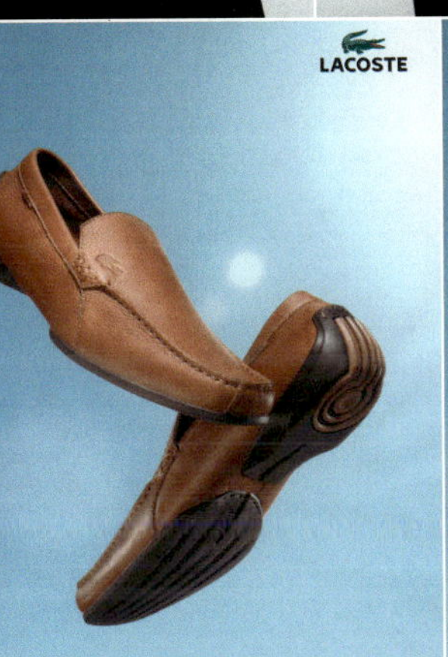

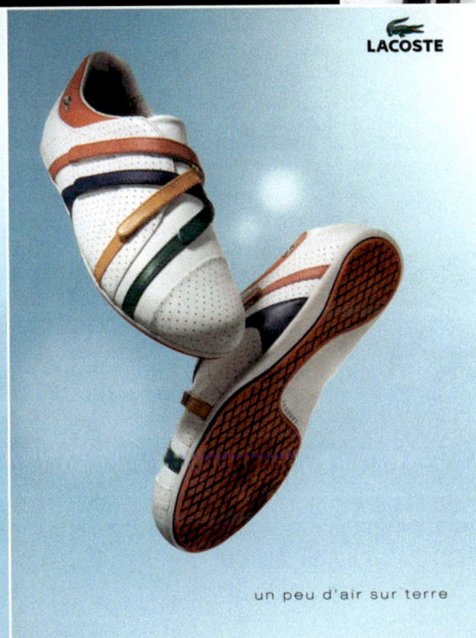

Lacoste

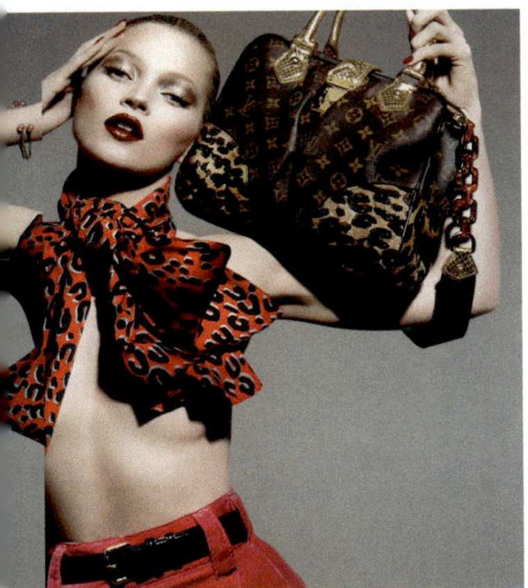

Louis Vuitton

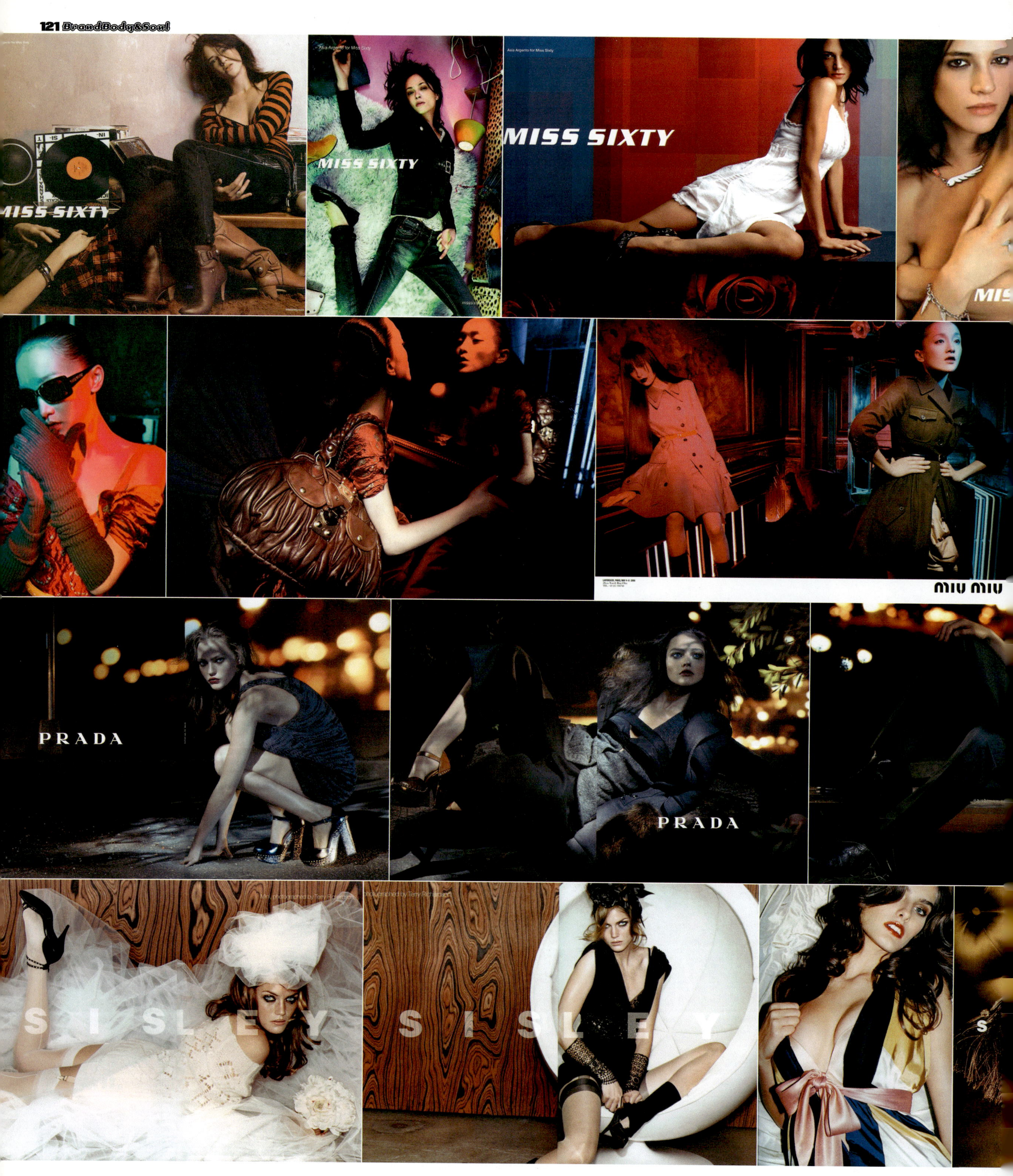
MISS SIXTY
MISS SIXTY
MISS SIXTY
miu miu
PRADA
PRADA
SISLEY
SISLEY

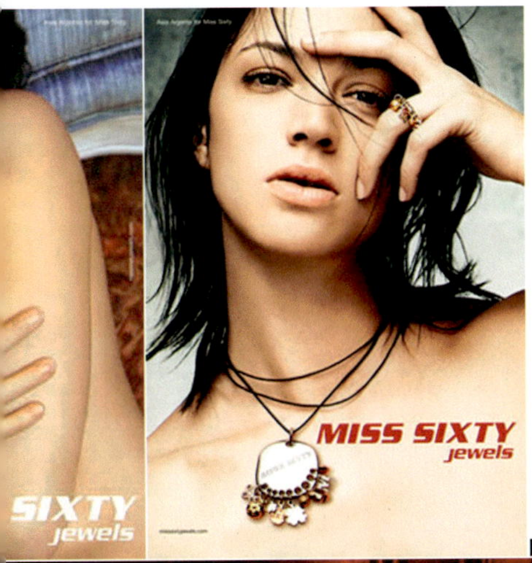

Miss Sixty

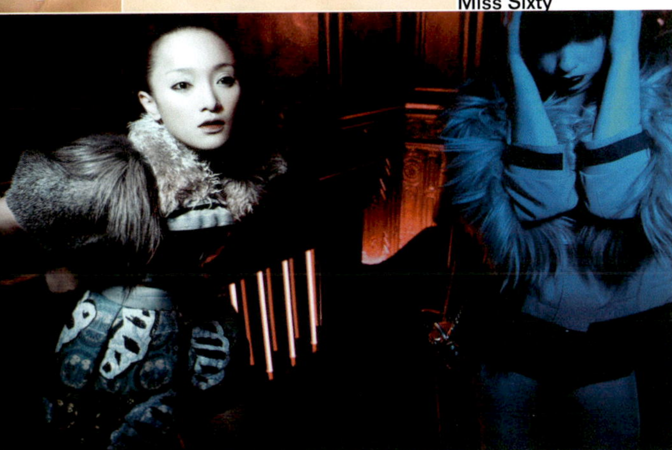

Miu Miu

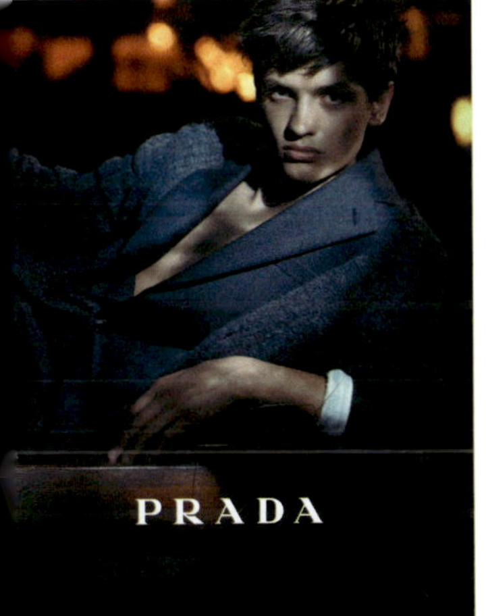

Prada

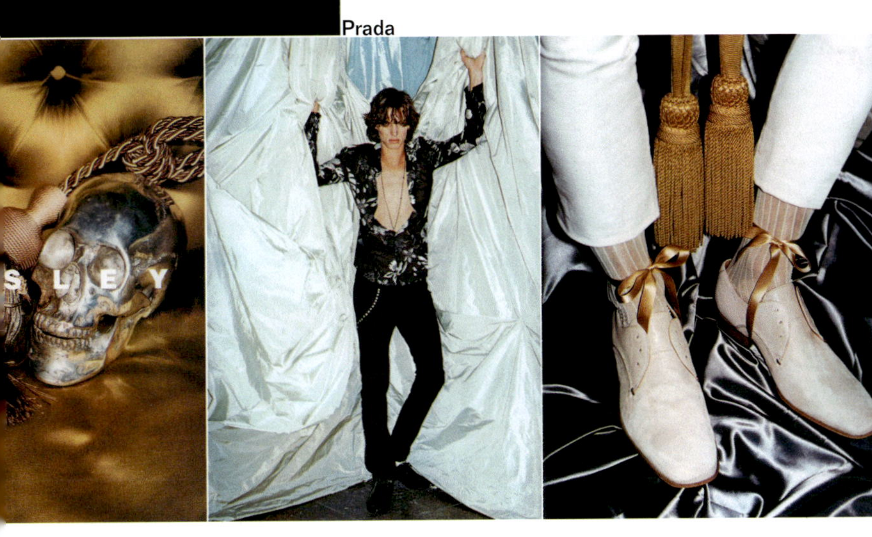

Sisley

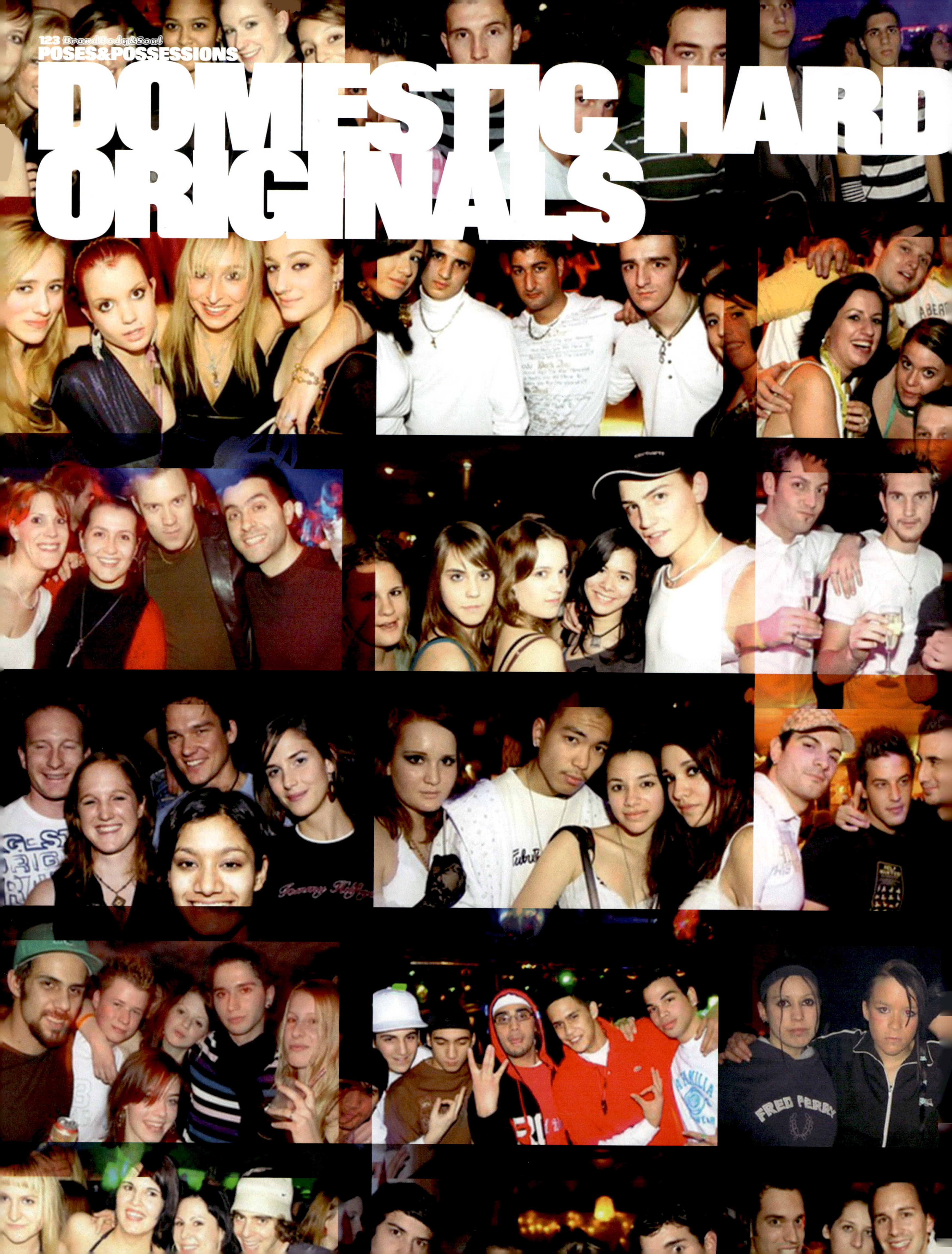

123 BrandBody&Soul
POSES&POSSESSIONS
DOMESTIC HARD
ORIGINALS

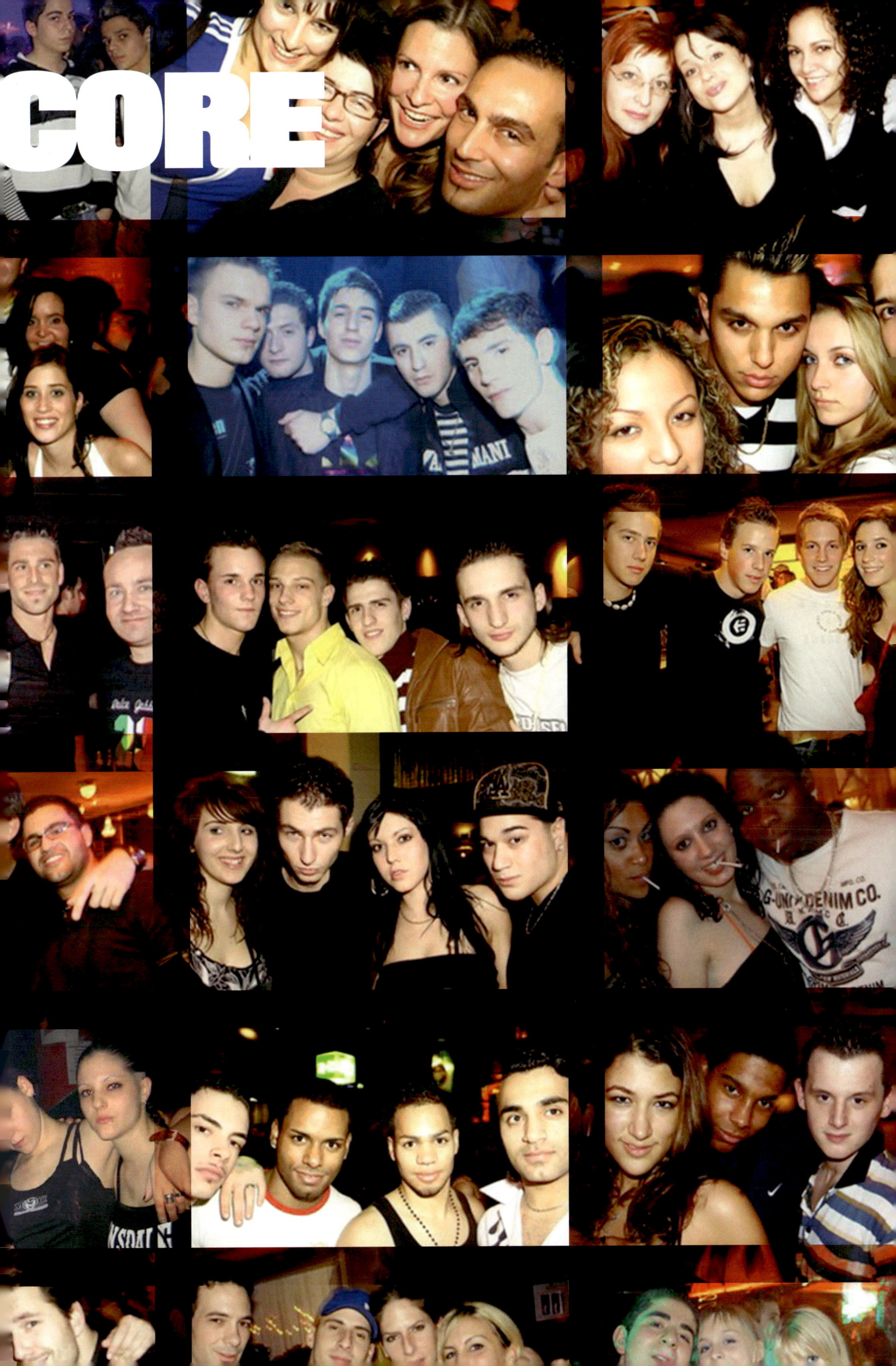
CORE

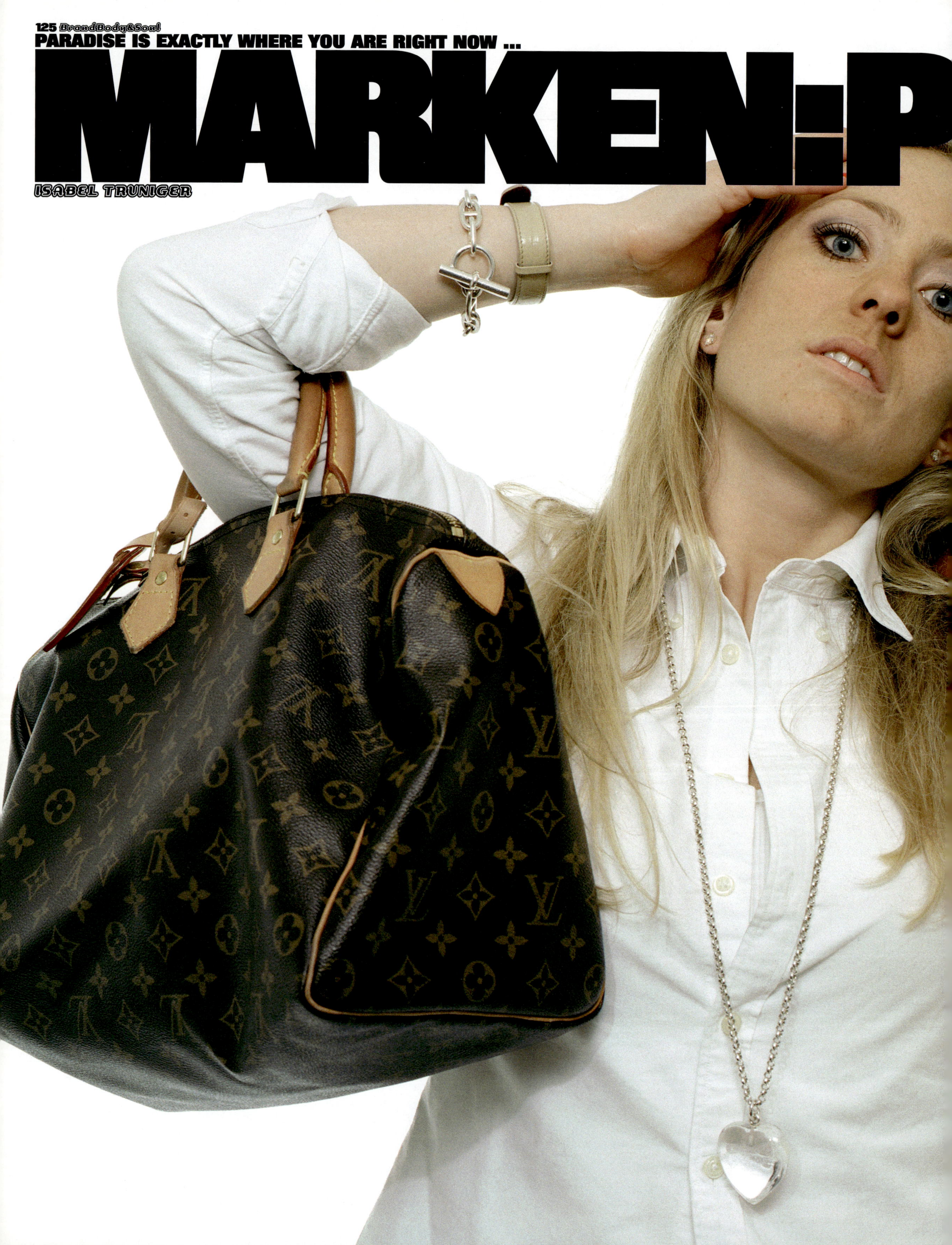
125 BrandBody&Soul
PARADISE IS EXACTLY WHERE YOU ARE RIGHT NOW ...
MARKEN:P
ISABEL TRUNIGER

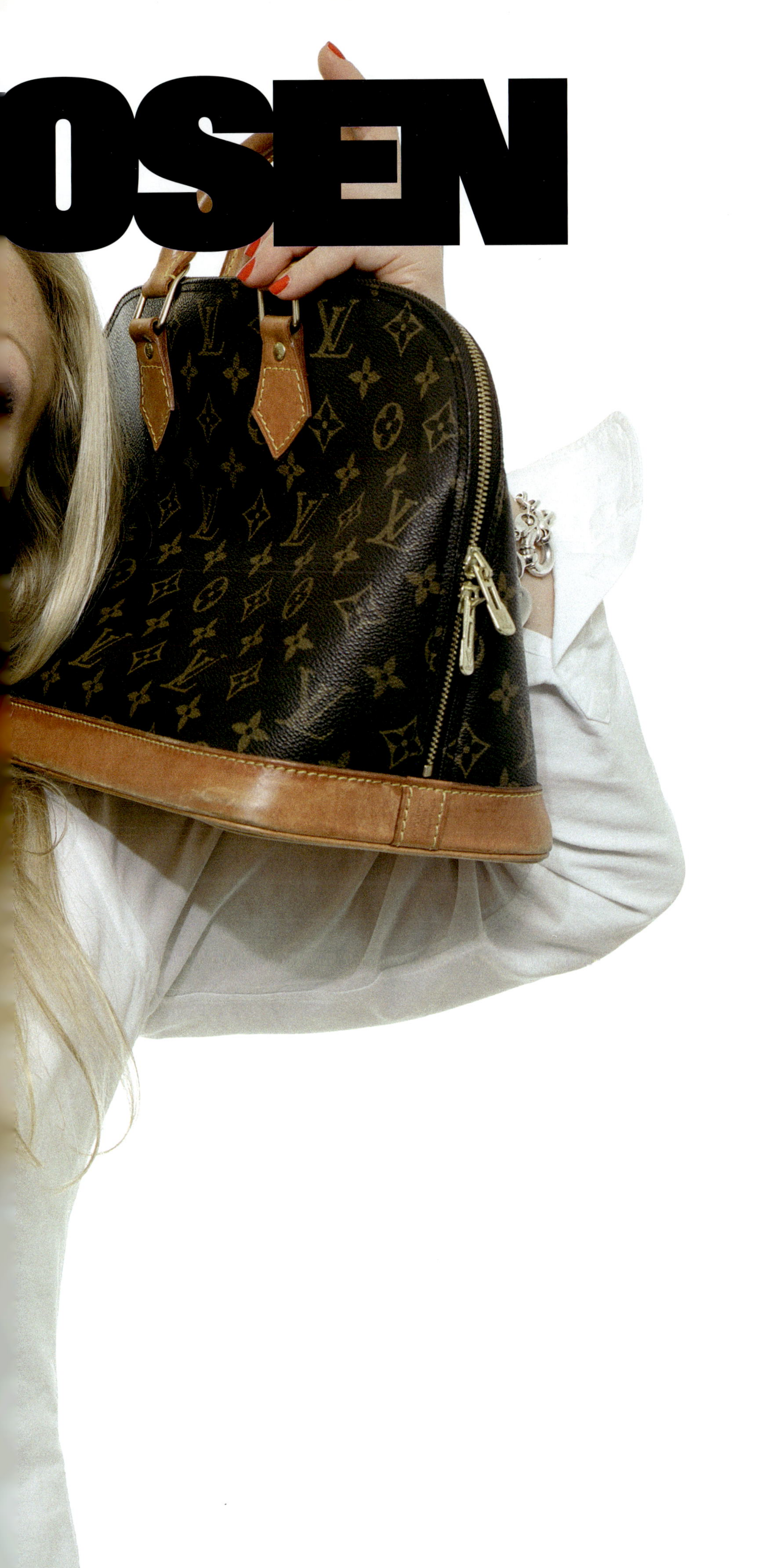
OSEN

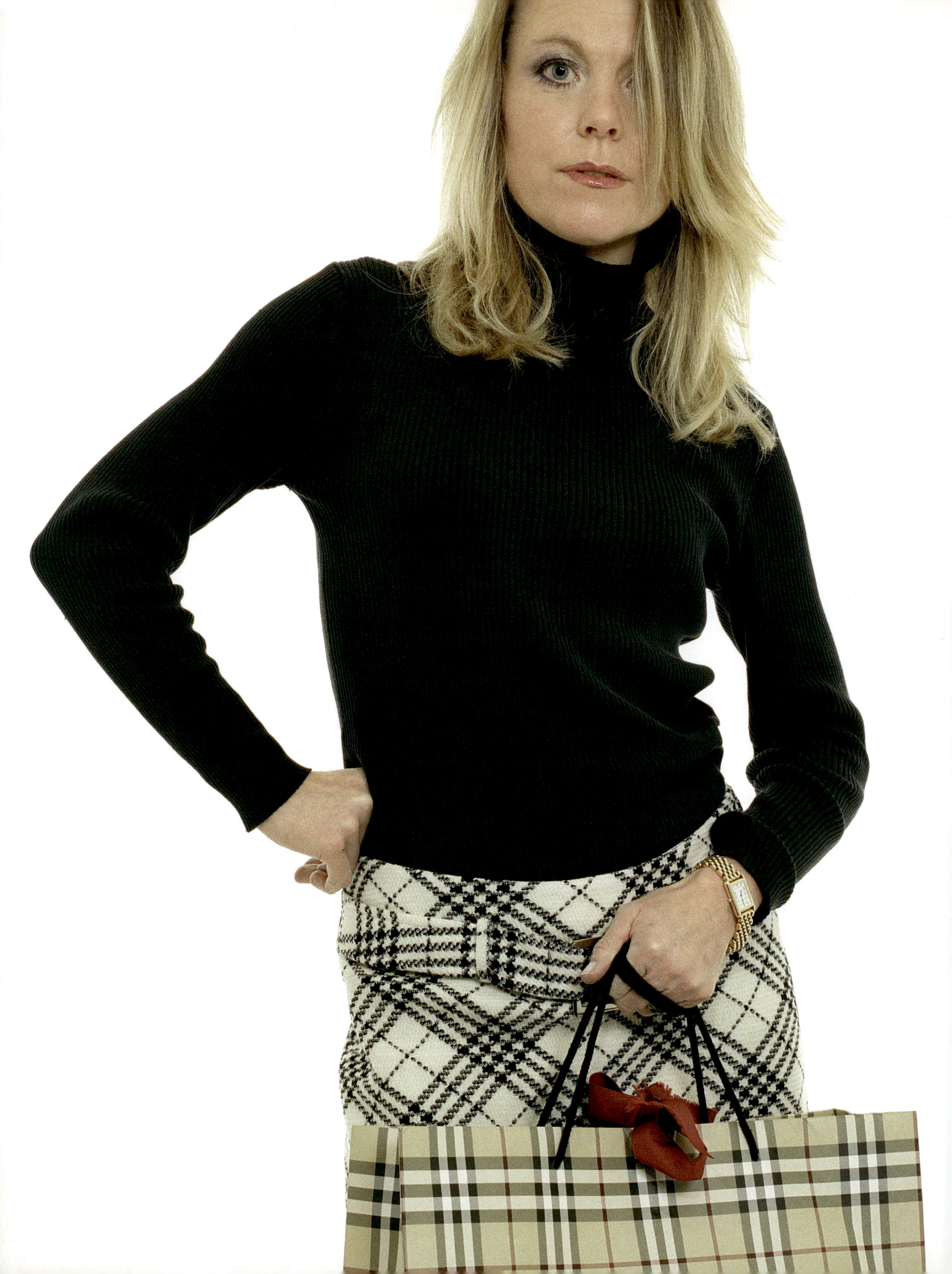

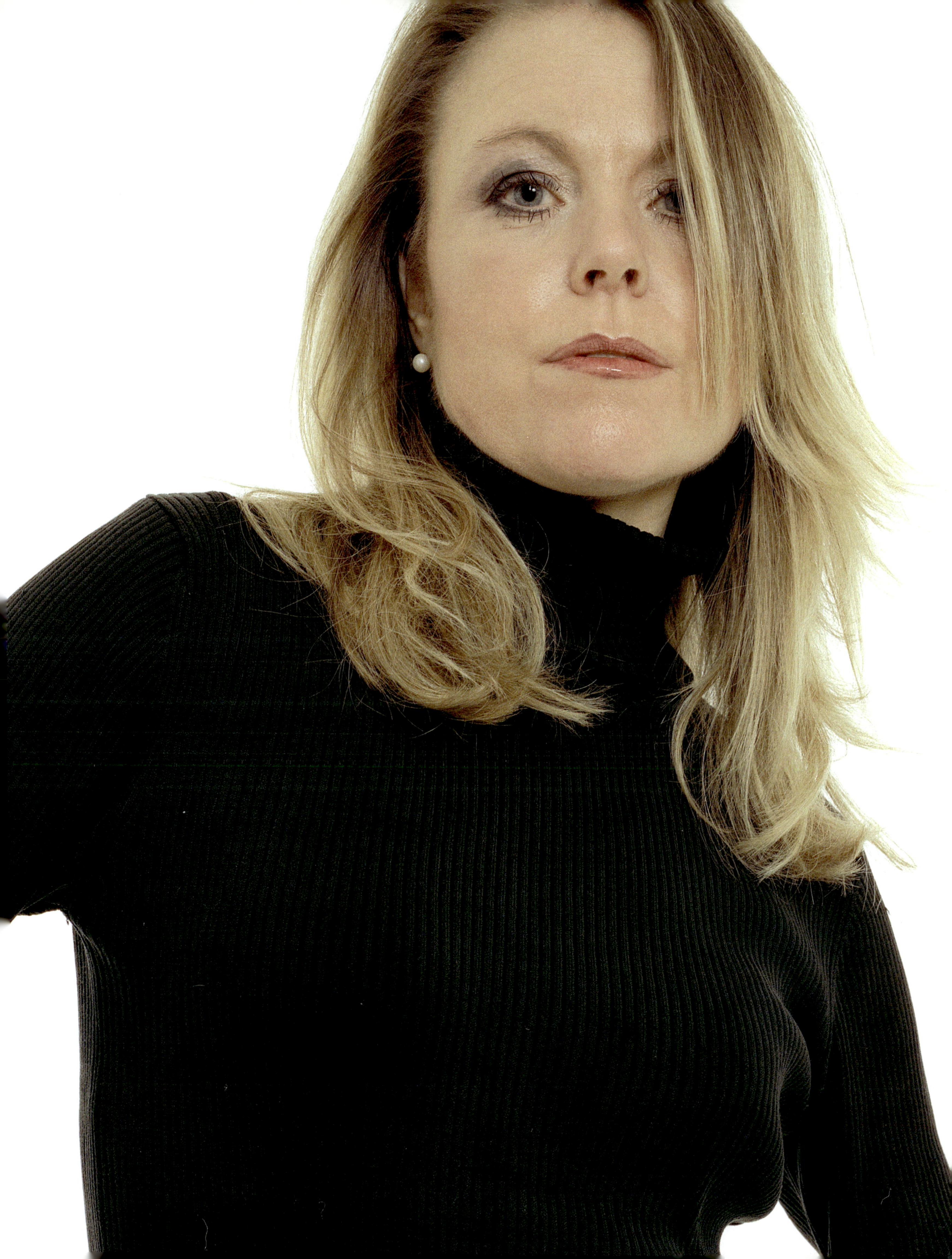

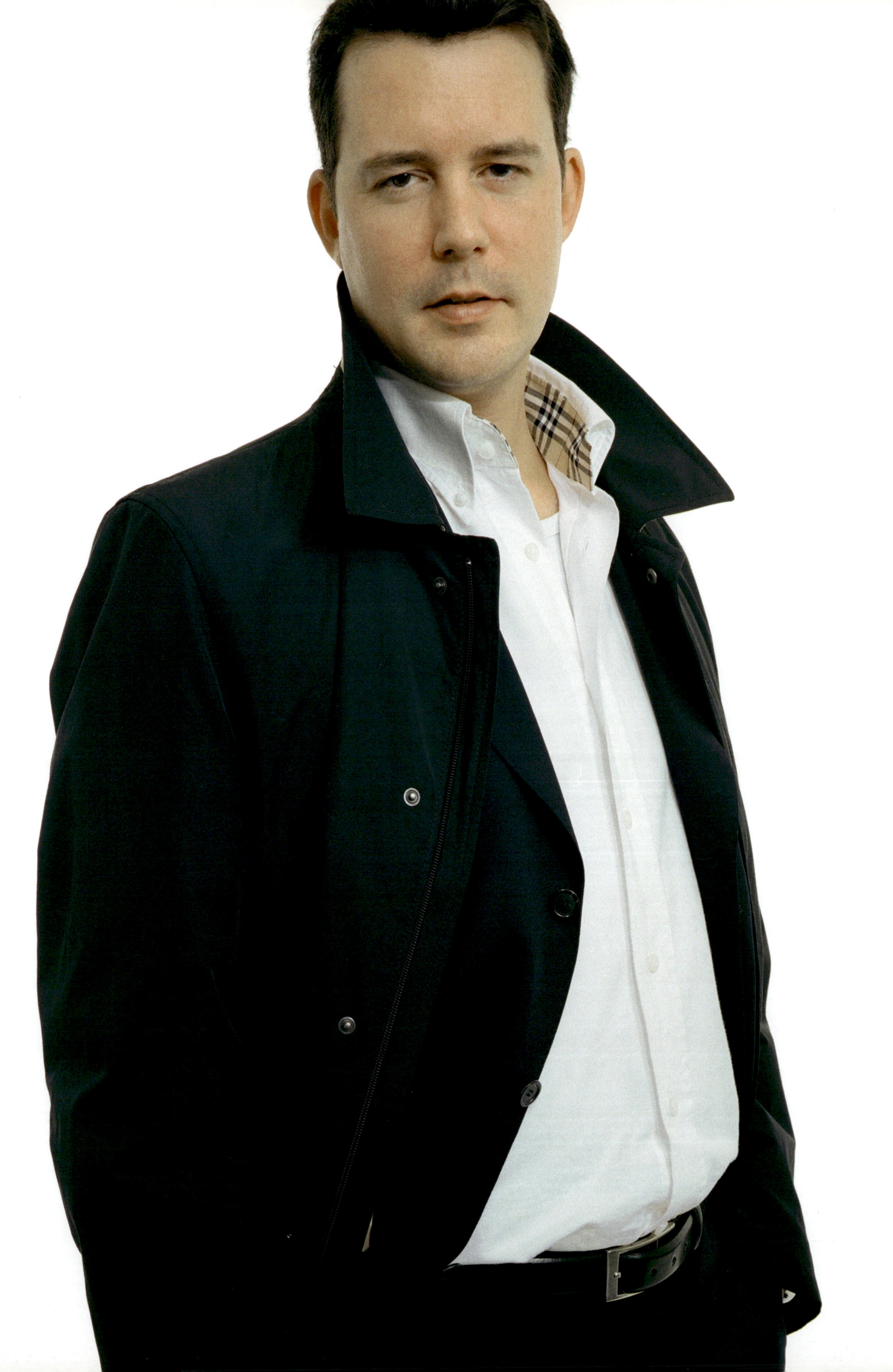

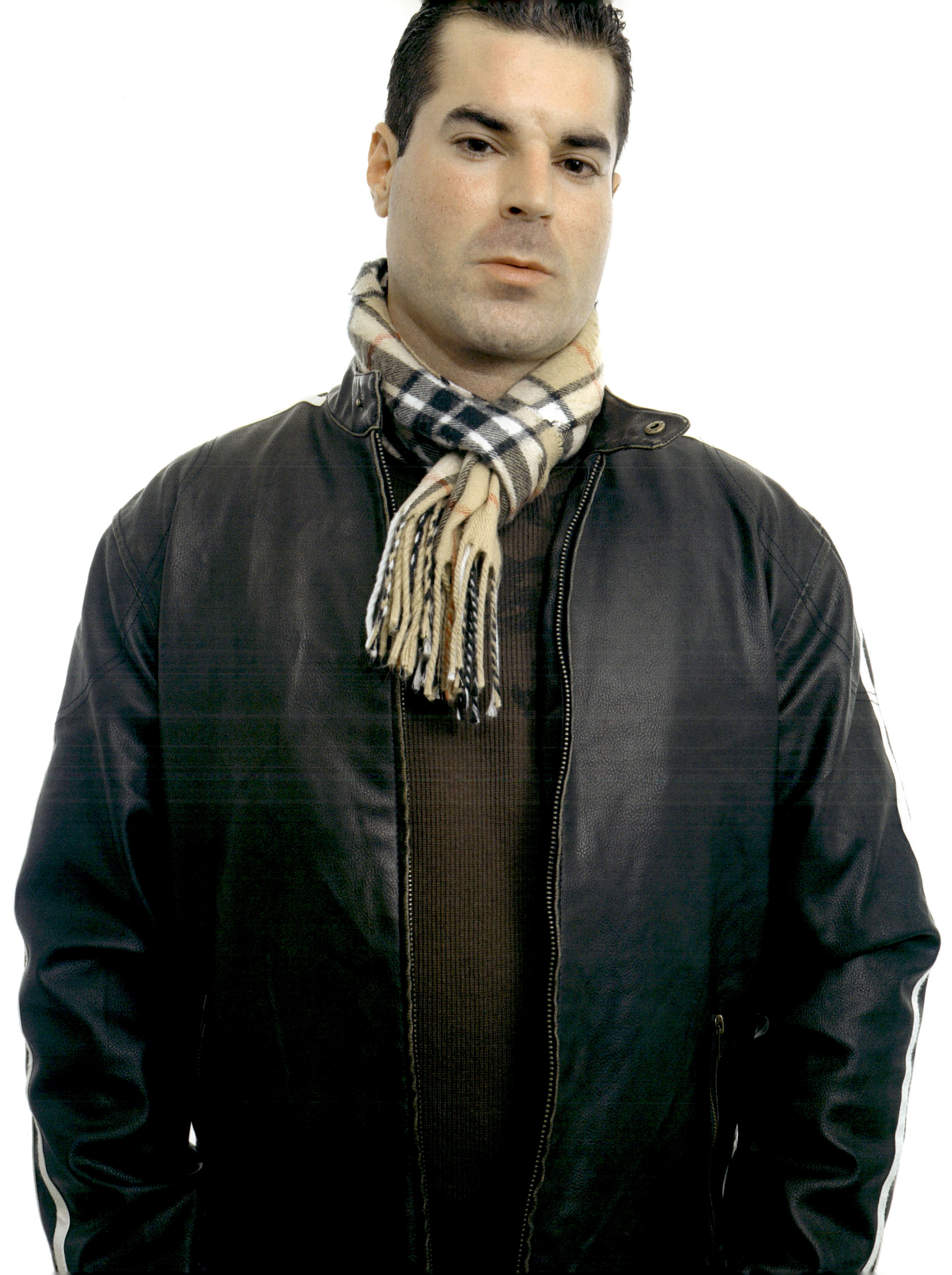

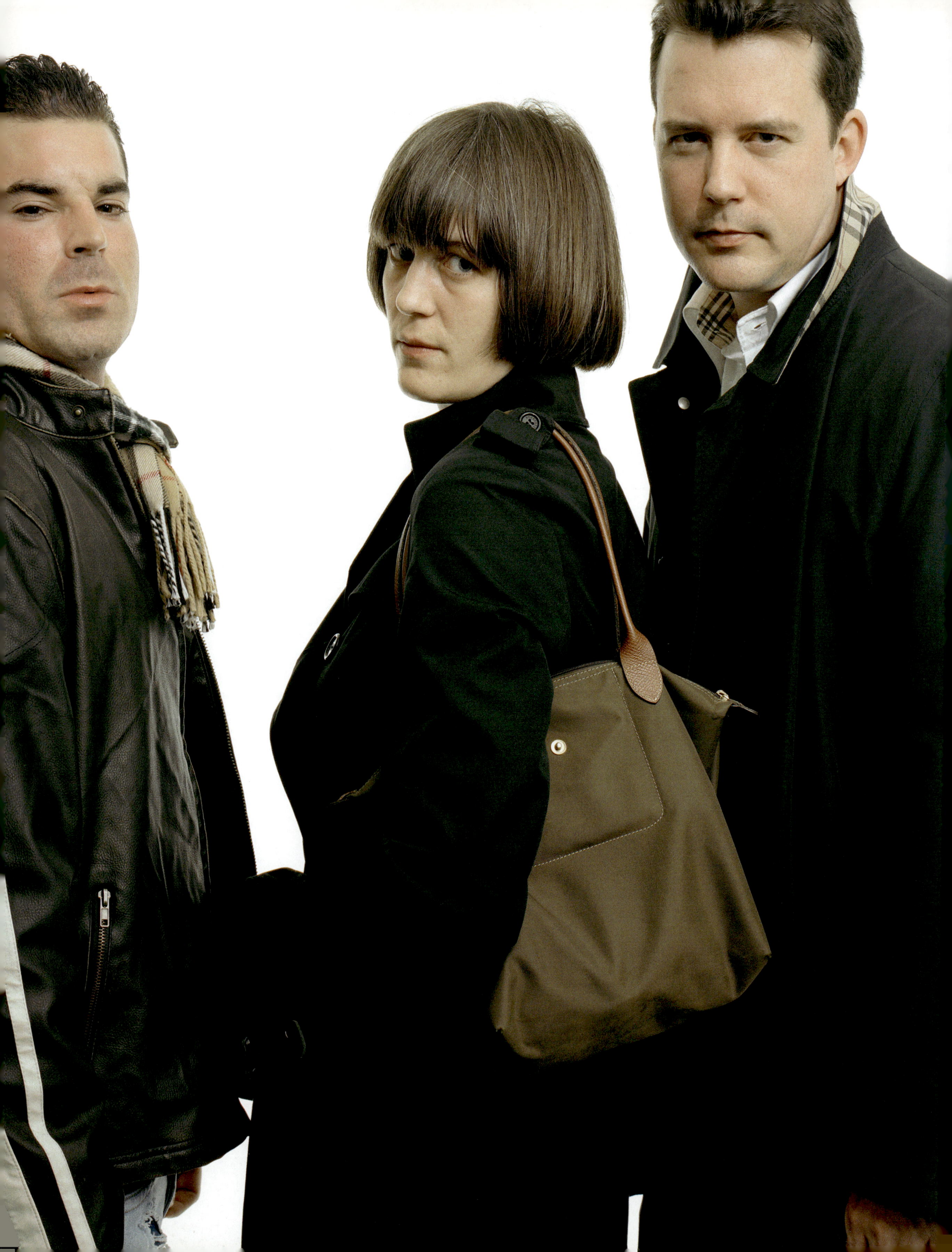

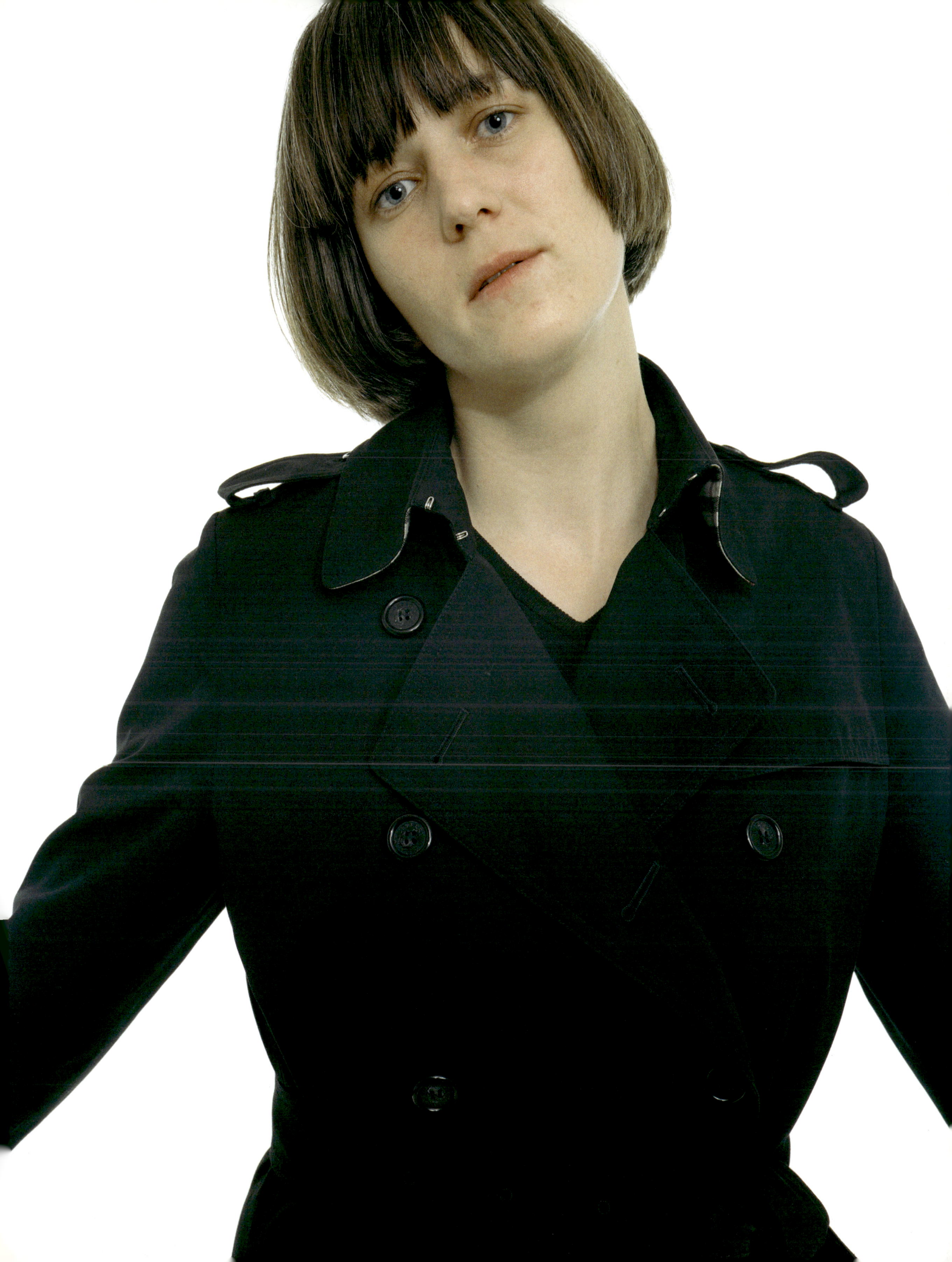

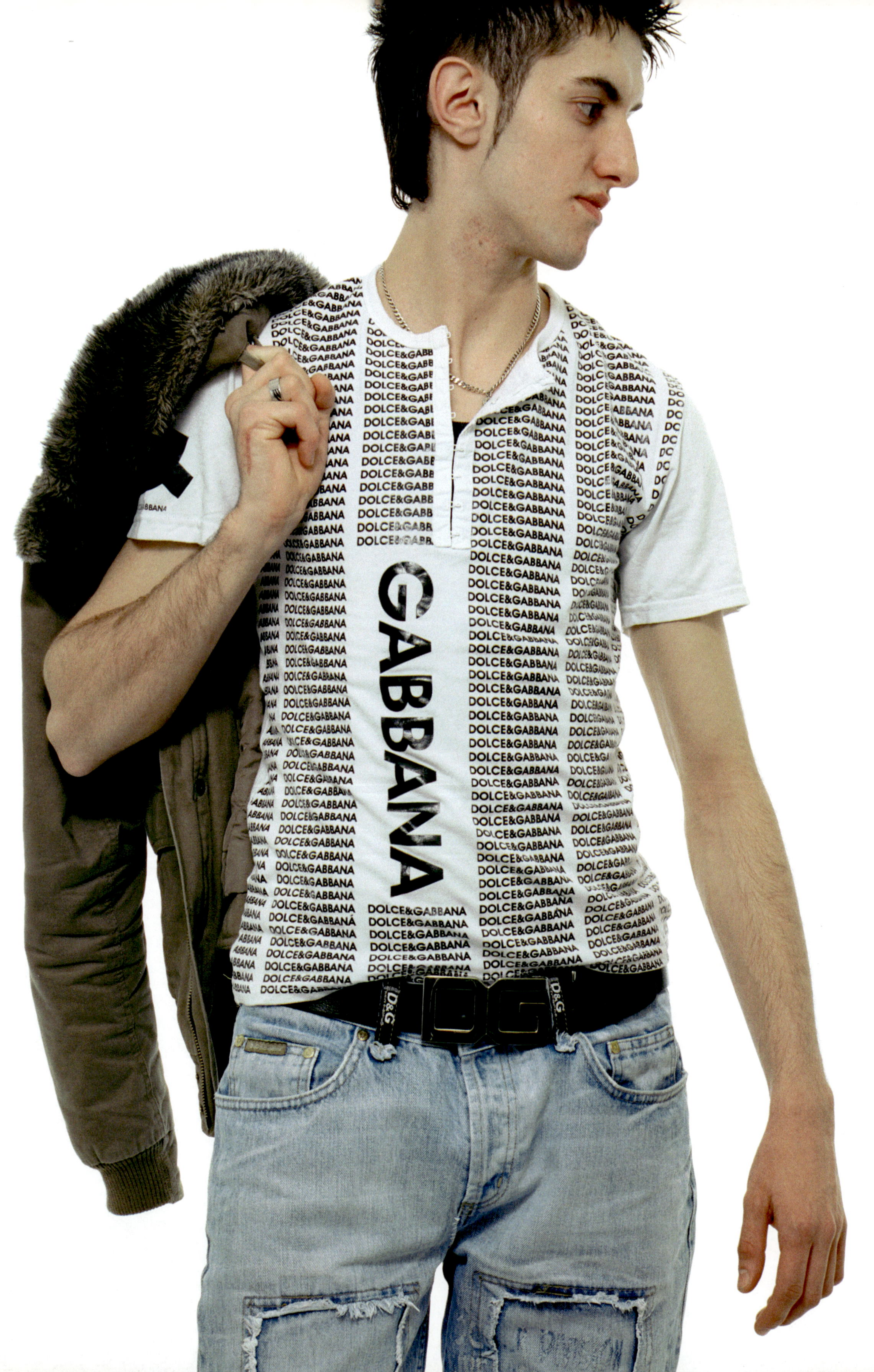

GABBANA
DOLCE&GABBANA
D&G

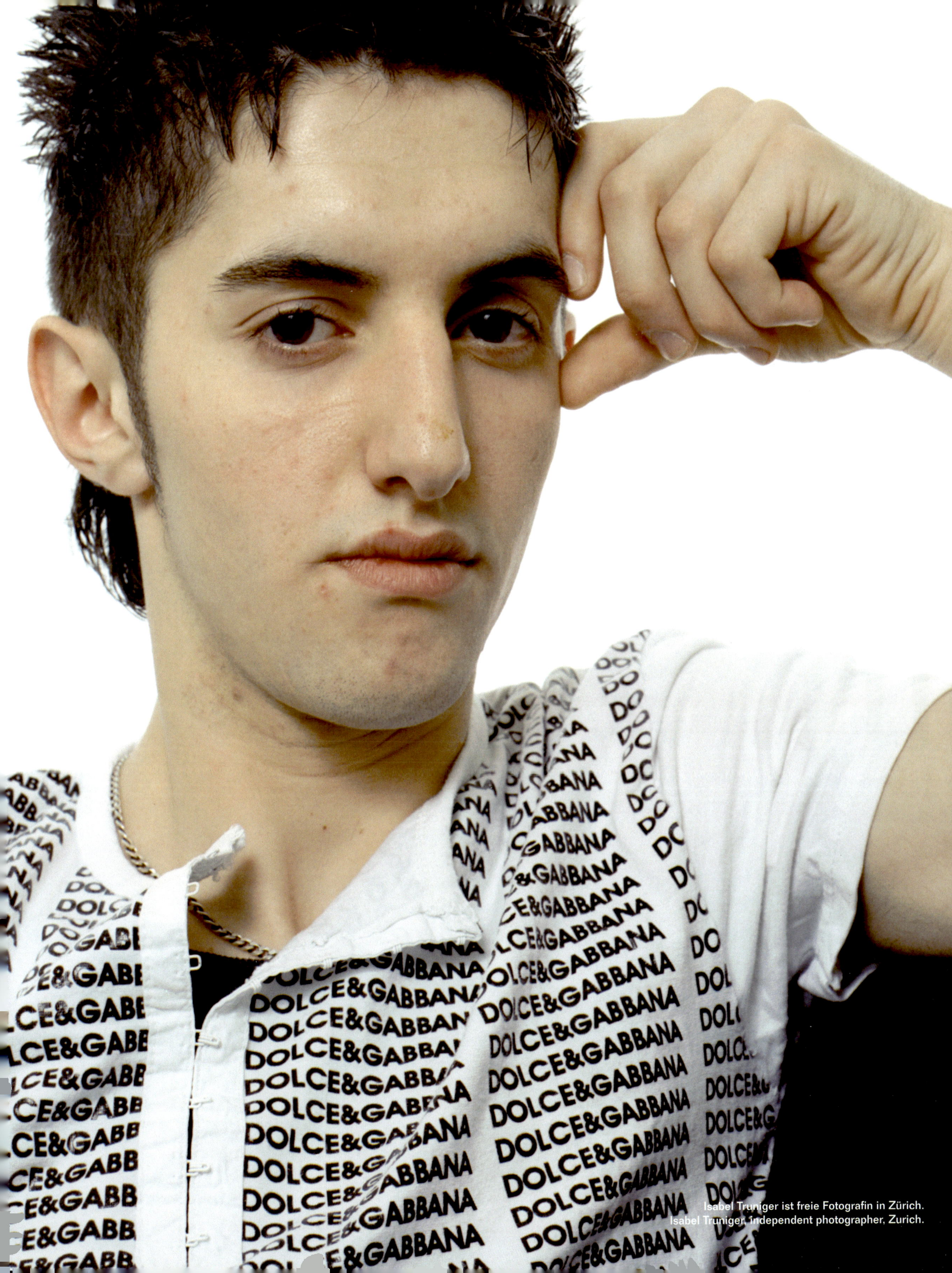

Isabel Truniger ist freie Fotografin in Zürich.
Isabel Truniger, independent photographer, Zurich.

ED HARDY: FROM THE W

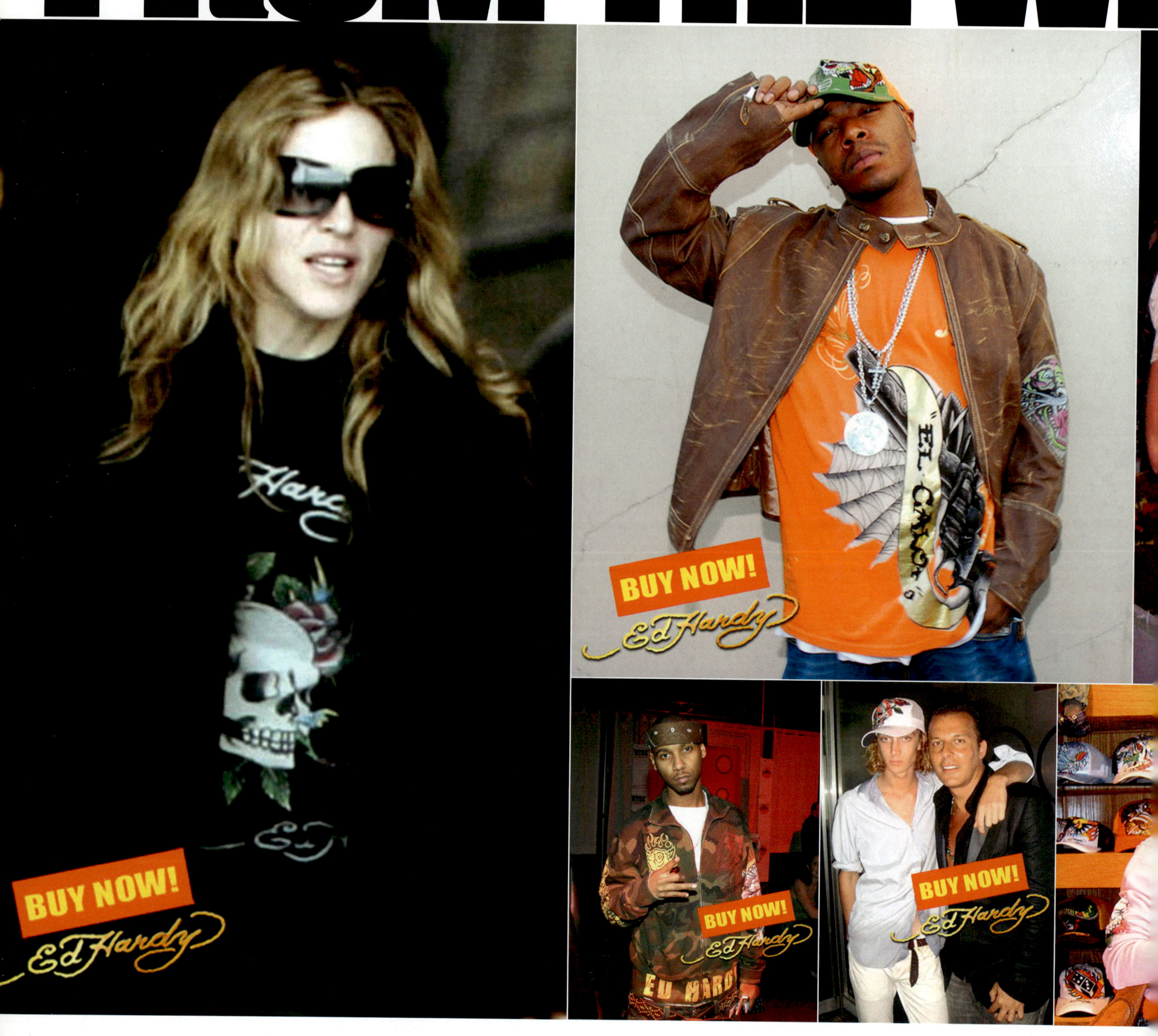

ESTCOAST...

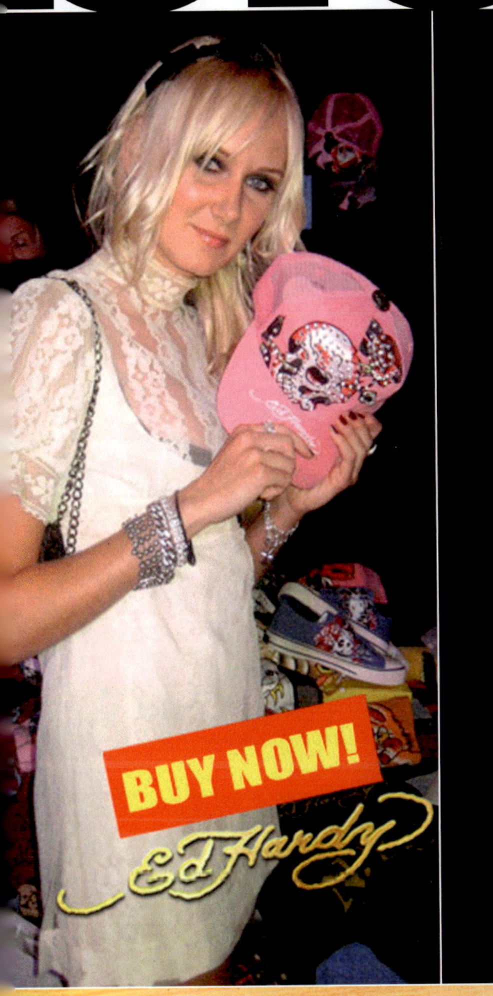

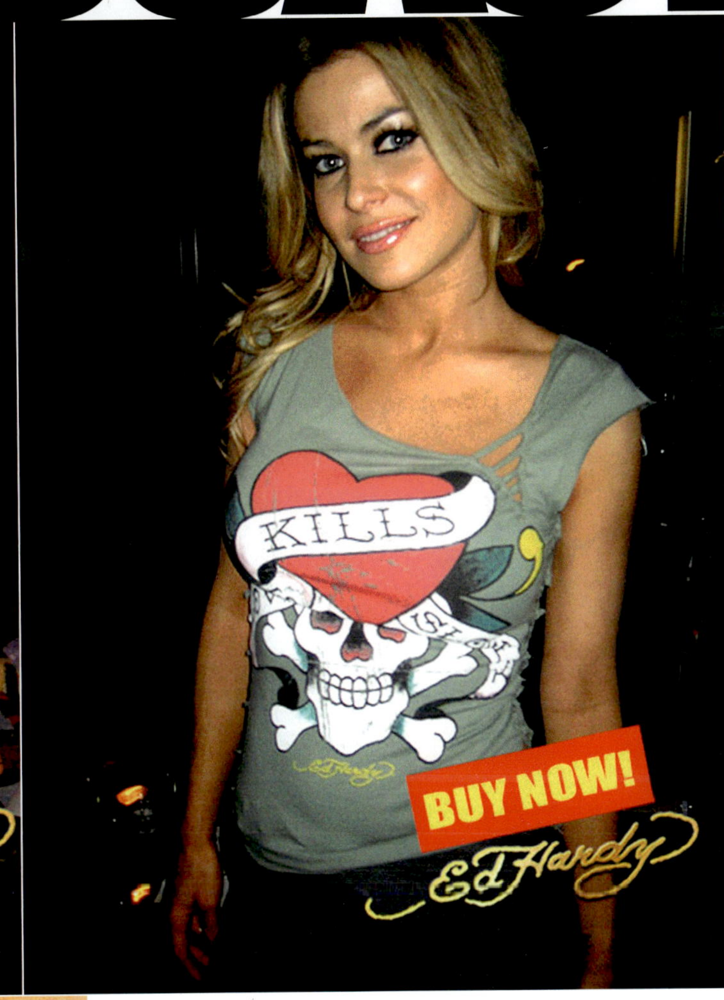

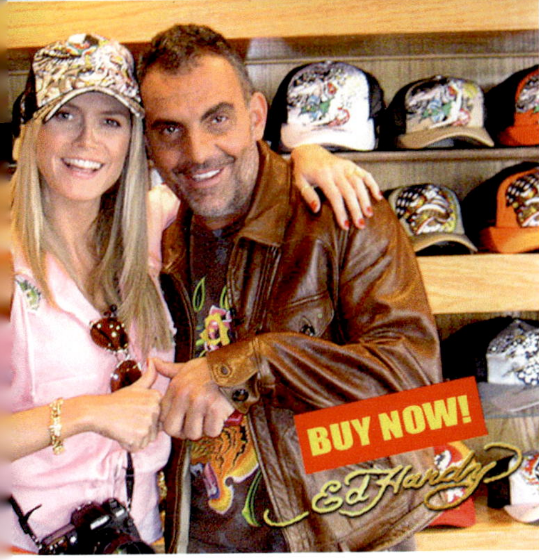

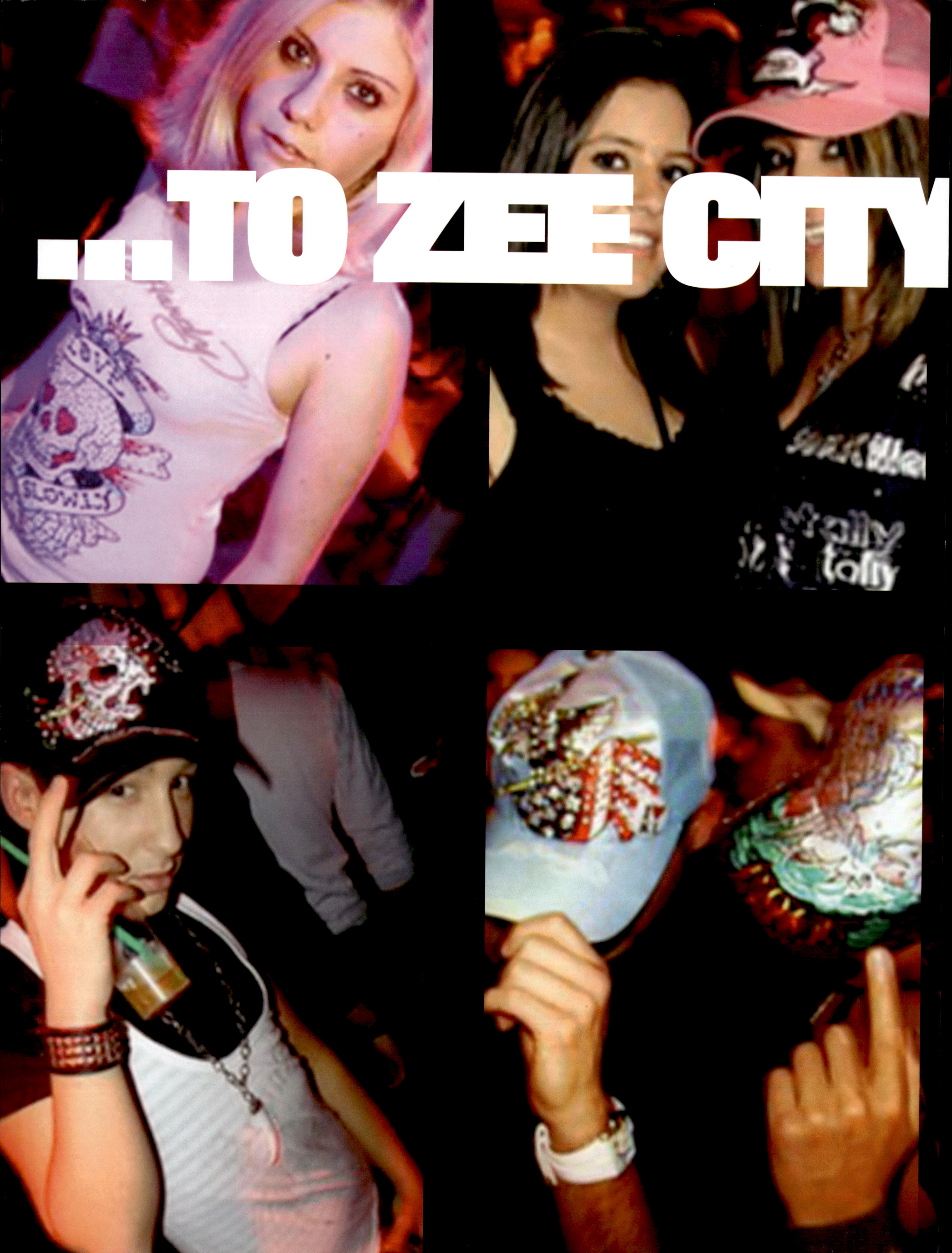
...TO ZEE CITY

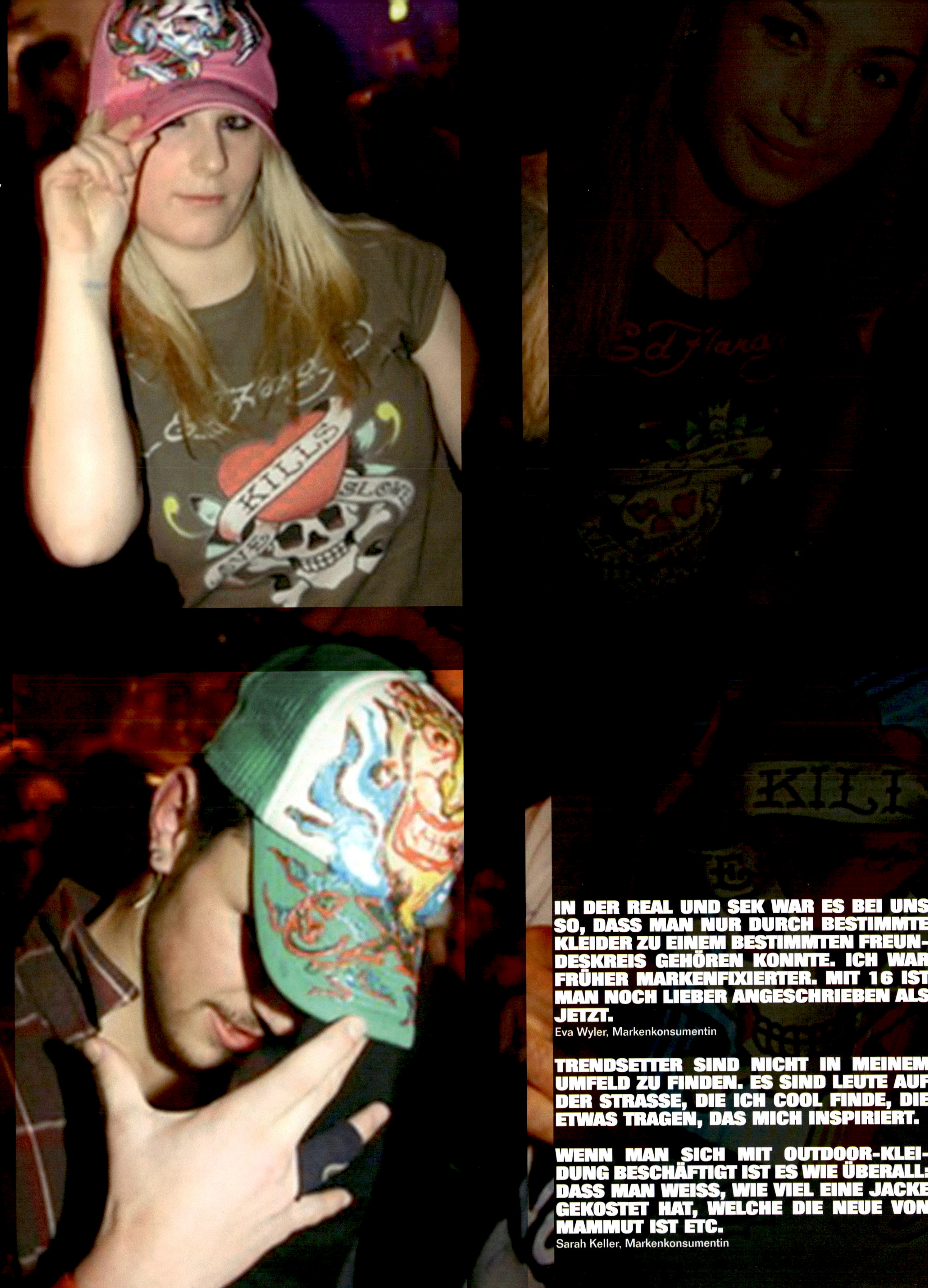

IN DER REAL UND SEK WAR ES BEI UNS
SO, DASS MAN NUR DURCH BESTIMMTE
KLEIDER ZU EINEM BESTIMMTEN FREUN-
DESKREIS GEHÖREN KONNTE. ICH WAR
FRÜHER MARKENFIXIERTER. MIT 16 IST
MAN NOCH LIEBER ANGESCHRIEBEN ALS
JETZT.
Eva Wyler, Markenkonsumentin

TRENDSETTER SIND NICHT IN MEINEM
UMFELD ZU FINDEN. ES SIND LEUTE AUF
DER STRASSE, DIE ICH COOL FINDE, DIE
ETWAS TRAGEN, DAS MICH INSPIRIERT.

WENN MAN SICH MIT OUTDOOR-KLEI-
DUNG BESCHÄFTIGT IST ES WIE ÜBERALL:
DASS MAN WEISS, WIE VIEL EINE JACKE
GEKOSTET HAT, WELCHE DIE NEUE VON
MAMMUT IST ETC.
Sarah Keller, Markenkonsumentin

YOUR EYES

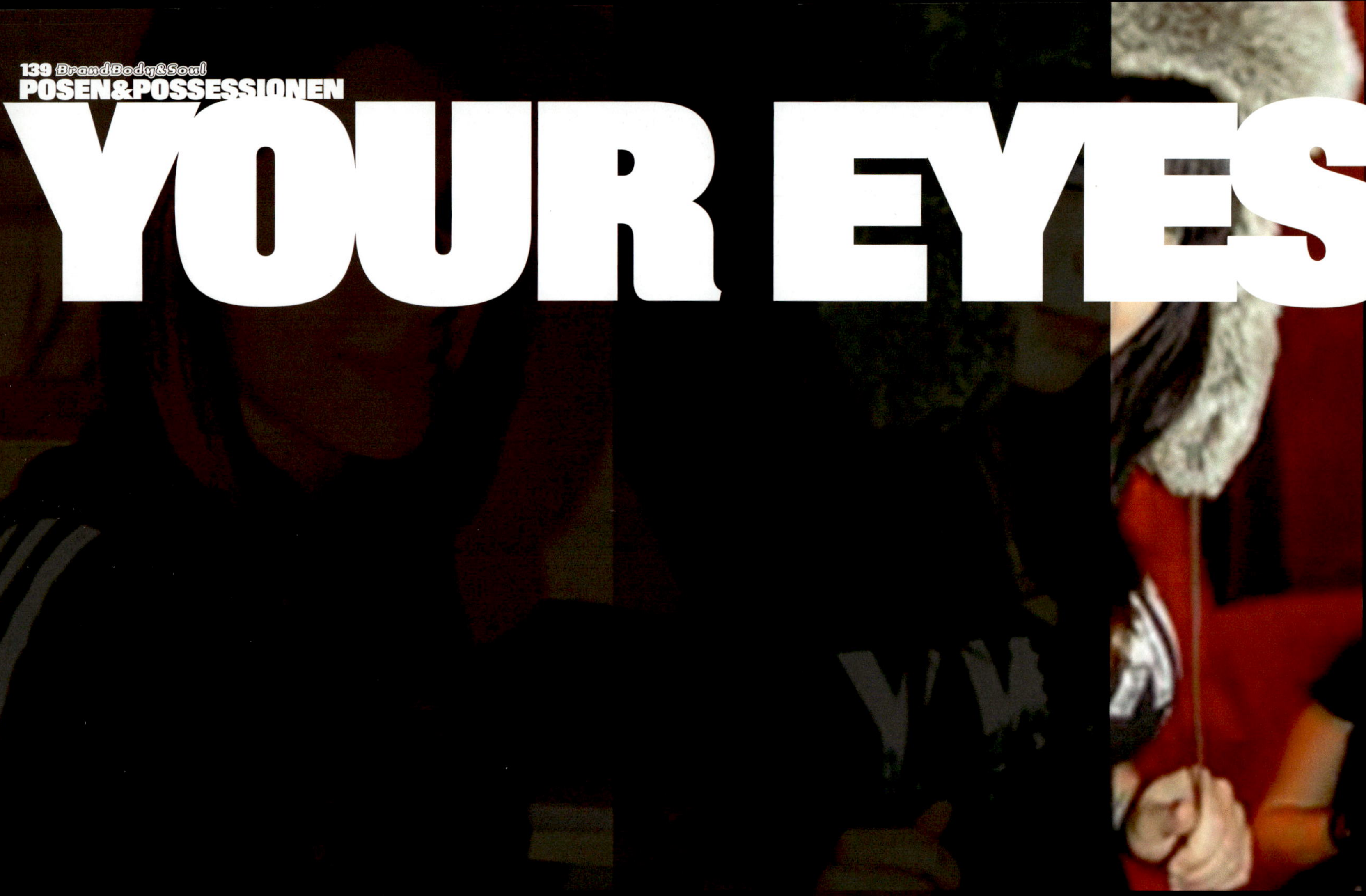

MIT PRADA BIN ICH EIN BISSCHEN IM CLINCH WEGEN DEM ROTEN DING. ICH ENTFERNE ES WENN IMMER MÖGLICH. ICH MÖCHTE NICHT, DASS MAN DAS LABEL SIEHT, SONDERN EINFACH: SUPER SCHNITT, GUTES MATERIAL! ES GIBT VIELE MARKEN, DIE IHR IMAGE NUR DURCH DIE WIEDERERKENNUNG ZU PRÄGEN VERSUCHEN, DAS FINDE ICH SEHR STÖREND.

Zilla Leutenegger, Markenkonsumentin

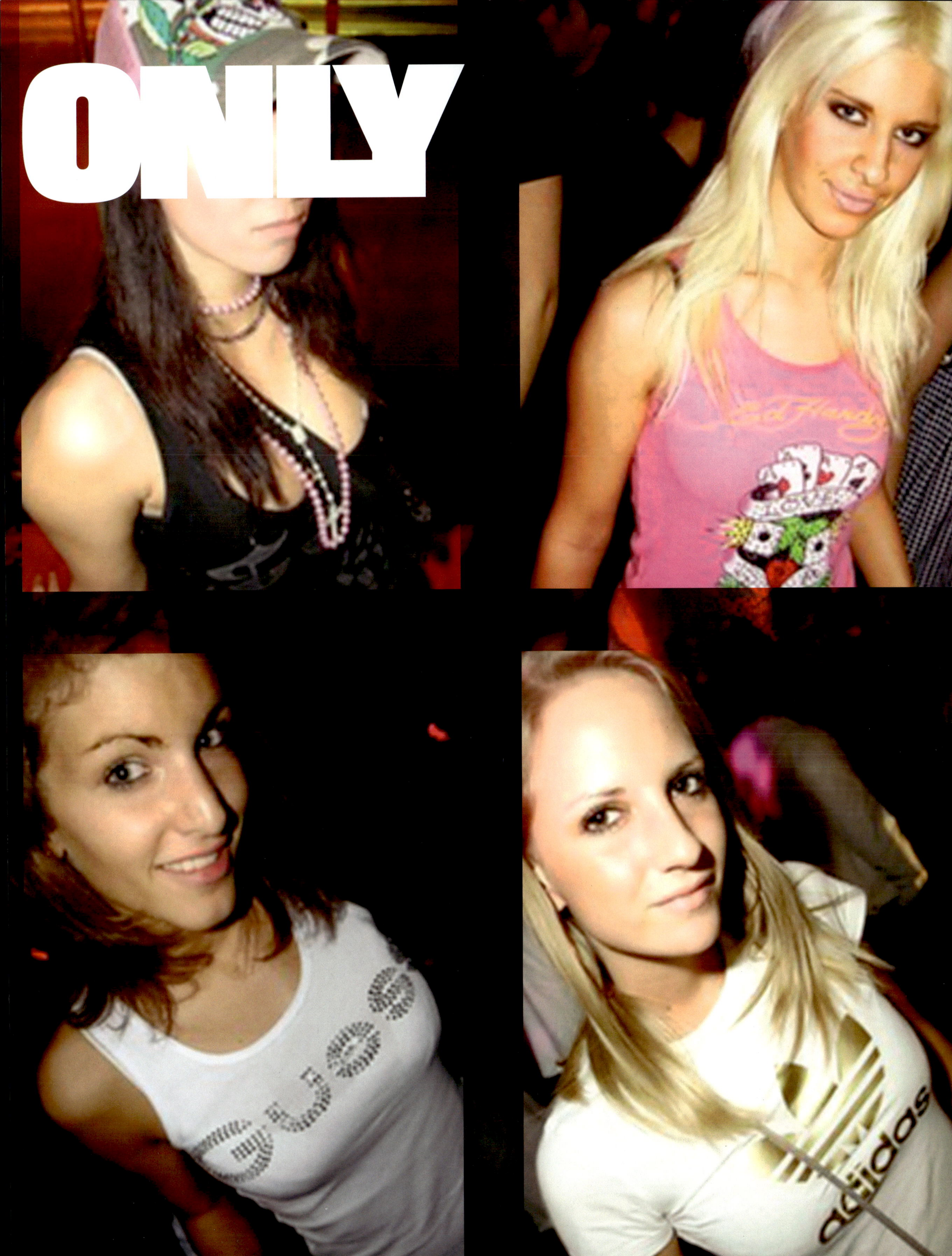

ONLY

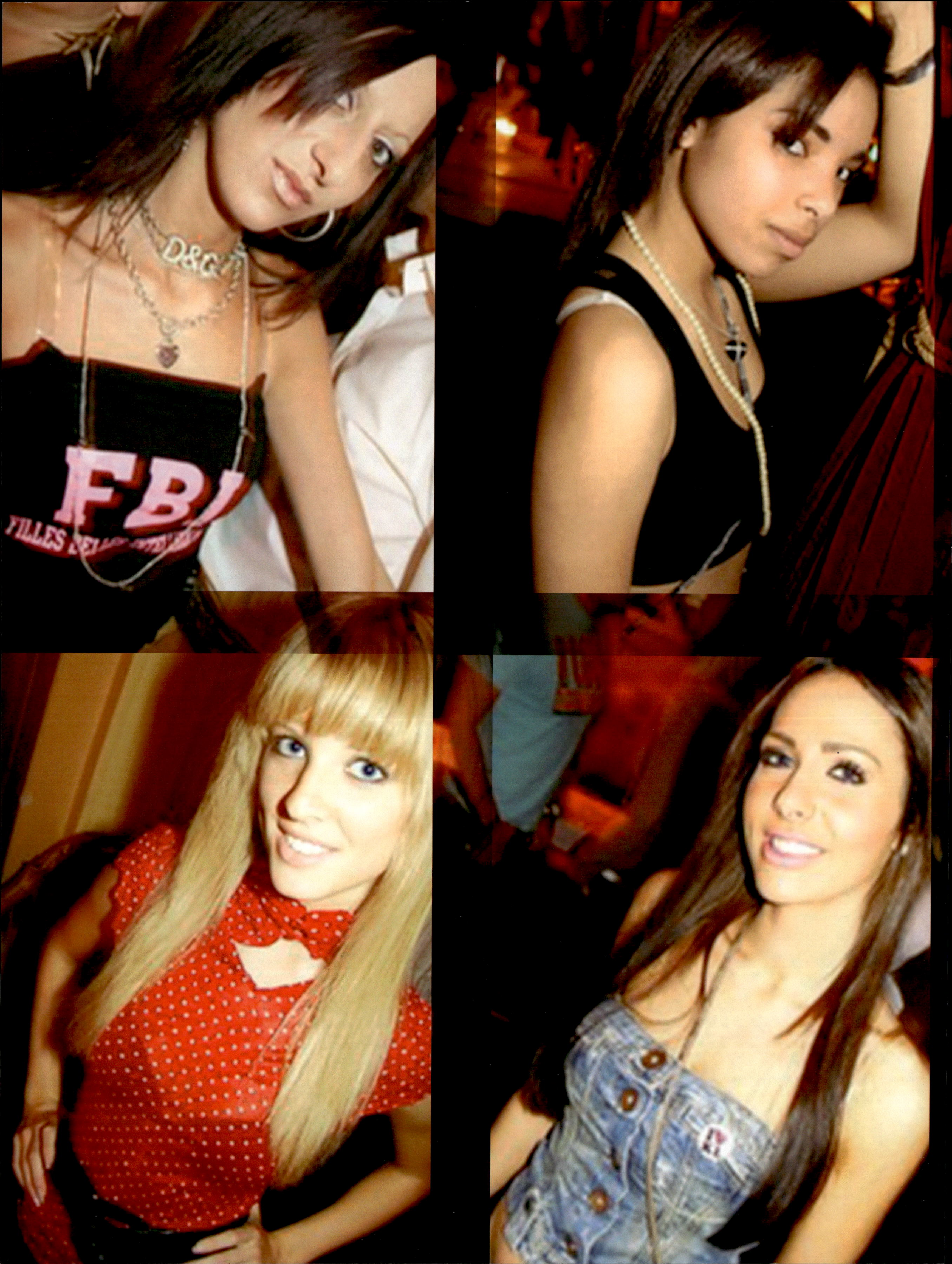

D&G
FBI
FILLES

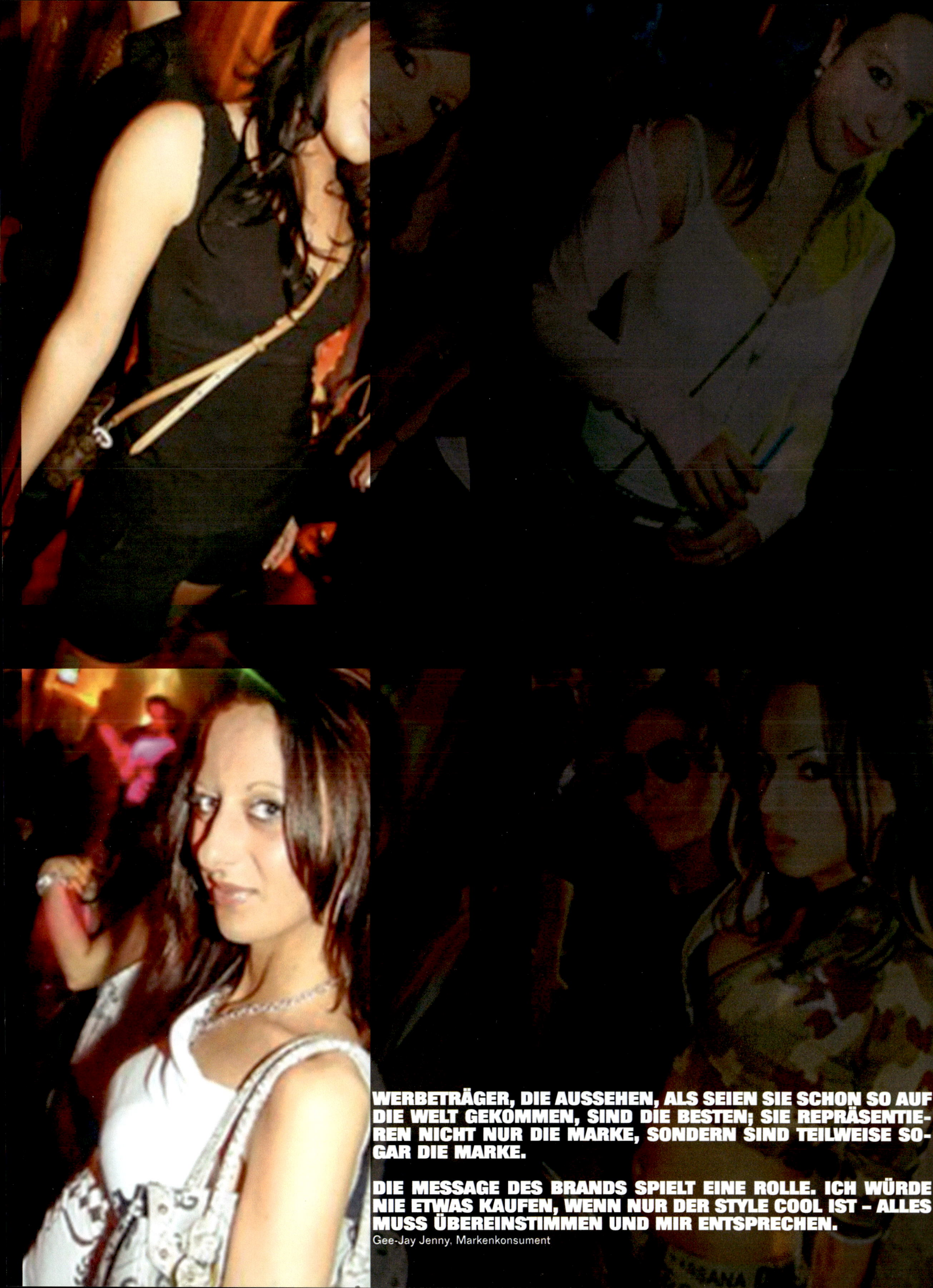

WERBETRÄGER, DIE AUSSEHEN, ALS SEIEN SIE SCHON SO AUF DIE WELT GEKOMMEN, SIND DIE BESTEN; SIE REPRÄSENTIEREN NICHT NUR DIE MARKE, SONDERN SIND TEILWEISE SOGAR DIE MARKE.

DIE MESSAGE DES BRANDS SPIELT EINE ROLLE. ICH WÜRDE NIE ETWAS KAUFEN, WENN NUR DER STYLE COOL IST – ALLES MUSS ÜBEREINSTIMMEN UND MIR ENTSPRECHEN.
Gee-Jay Jenny, Markenkonsument

MARKE:STI

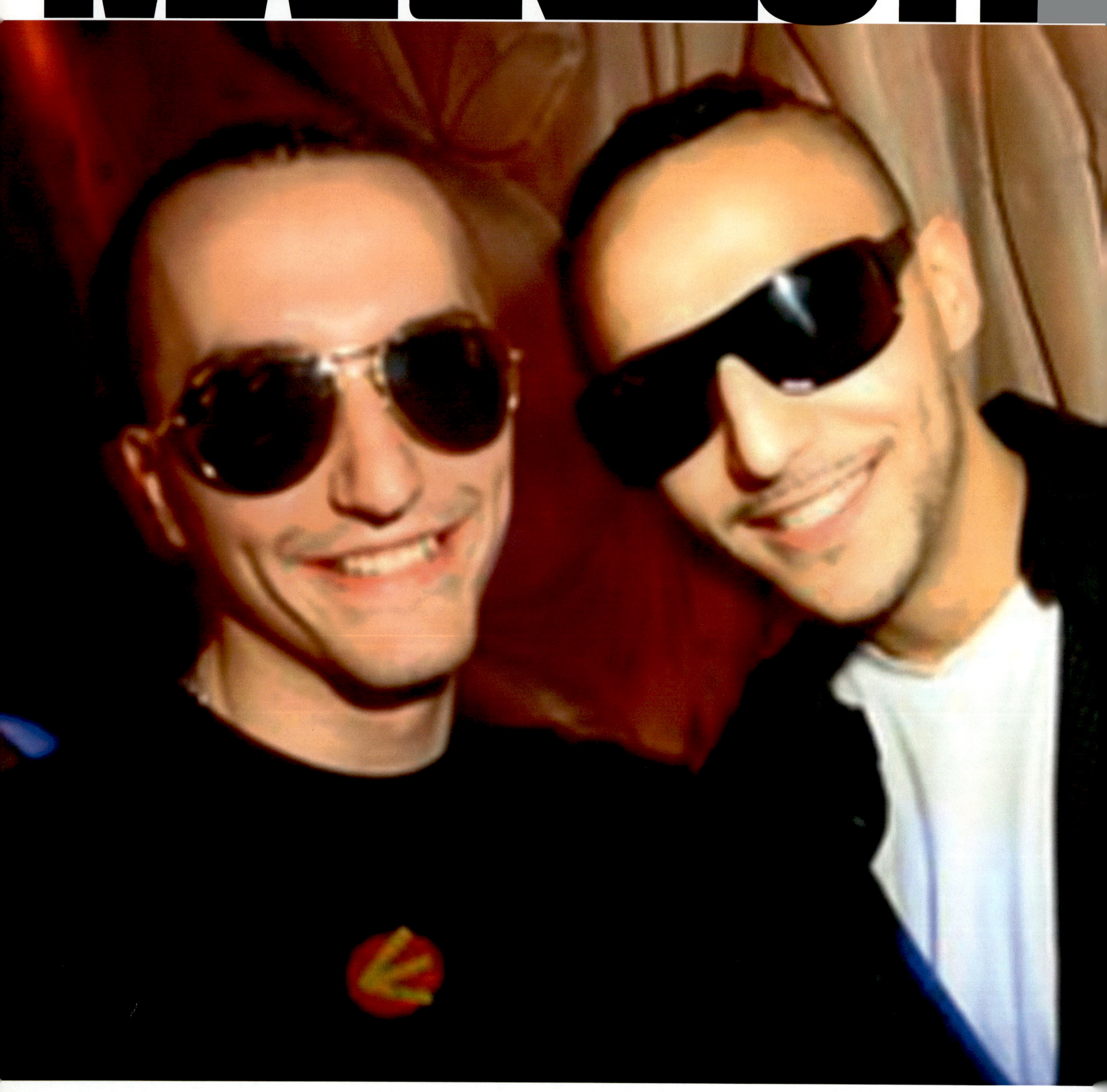

STYLE!

RENATE MENZI **SAMSTAG NACHMITTAG, DIE WINTERSONNE WÄRMT, UND ES IST GERADE AUSVERKAUF. IN FRIEDLICHER KOEXISTENZ FLANIEREN HIP-HOPPER, SKATER, GOTHICS, SECONDOS UND RECHTE PATRIOTEN DURCH DIE ZÜRCHER INNENSTADT. SIE BEWEGEN SICH IN KLEINEN GRUPPEN, OHNE EILE, GEBEN SICH BETONT LÄSSIG. ES IST EIN KOMMEN UND GEHEN HÖCHST UNTERSCHIEDLICHER ERSCHEINUNGSBILDER, OFT SIND DIE GRUPPEN FARBLICH AUFEINANDER ABGESTIMMT, SIE NEHMEN ÄHNLICHE KÖRPERHALTUNGEN EIN ODER PRÄSENTIEREN DIESELBEN SCHRIFTZÜGE AUF IHREN T-SHIRTS UND CAPS. BEIM NÄHEREN HINSCHAUEN UND IM GESPRÄCH MIT DEN JUGENDLICHEN BETTET SICH IHRE PERFORMANCE IN EIN KOMPLEXES ZEICHENGEFLECHT:**

Gestaltete Formen, Modemarken und Stile überlagern sich zu vieldeutigen Texturen. Ihre flächendeckende Entzifferung ist unmöglich, denn einerseits sind die Verweisstrukturen dicht miteinander verflochten, andererseits verschieben sie sich rasch: Das Modeangebot und die damit verbundenen Stilvorlagen variieren, Stilelemente werden interpretiert und wandern durch unterschiedliche Jugendkulturen, die Palette wird stetig ausdifferenziert und erweitert. Zudem können oder wollen die befragten Akteure die Bedeutung ihrer Outfits nicht verbal reflektieren. Gefragt nach den Gründen ihrer Marken- und Stilpräferenzen geben die Jugendlichen häufig Antworten wie: Weil mir die Produkte gefallen, weil sie zu mir passen, weil die Marke einfach »Style« hat.

DEMOKRATIE DER KÖRPERBILDER

Jedes Outfit hat eine Stimme, Definition und Reflexion stecken in jedem Körperbild. Auf der Strasse, wo Passanten an Werbeplakaten vorbeigehen, in Clubs, wo Partyposen abgelichtet und am nächsten Tag im Computer taxiert werden, in Zeitschriften, wo sich Stars privat zeigen: Madonna verdeckt ihr Gesicht mit einer Ed Hardy Mütze, auf dem Plakat trägt sie H&M. Modelabels sind wie Bookmarks, wenn sie Körperbilder taggen. Der muskulöse Typ mit dem gestreiften Shirt: Armani. Das glamouröse Girl mit der Handtasche: Louis Vuitton. Der rebellische Blick in die Kamera: Burberry. Der Bauchnabel: D&G. Einmal etabliert, funktionieren Markennamen wie Schlagwörter, mit denen Körperbilder in kollektiven »Folksonomien« (engl. aus »folk« und »taxonomy«) indiziert werden. Es gibt keine übergeordnete Instanz, die einen abgeschlossenen Schlagwortkatalog erstellt, sondern die User bestimmen durch ihren Gebrauch, welche Marken im Katalog, der »Wortwolke«, gross geschrieben werden. So funktionieren wikipedia, flickr oder mypix sehr erfolgreich.

Jedes etikettierte Körperbild, ob medial vermittelt oder unmittelbar angetroffen, wird zum Mosaikstein im imaginären kollektiven Markenhorizont. Welche Marke wo und von wem getragen wird, ist indexier- und quantifizierbar. Mit ausschlaggebend für die Selbstinszenierung ist jedoch das »Wie« – der Modus, der Stil, der Geschmack.

ES GIBT NICHT MEHR ODER WENIGER GUCCI

Jugendkulturen sind heute in erster Linie *Konsumgemeinschaften*, die durch die Fetischisierung von Waren bedeutsame Stile kreieren (Willis 1991). Die vielfältigen Verflechtungen im simultanen Pluralismus der »Jugendstile« erschweren eine eindeutige Zuordnung. Ihre schnelle Ausbreitung und sofortige Ausdifferenzierung verursachen eine *Gleichzeitigkeit von Subversion und Kommerz*,

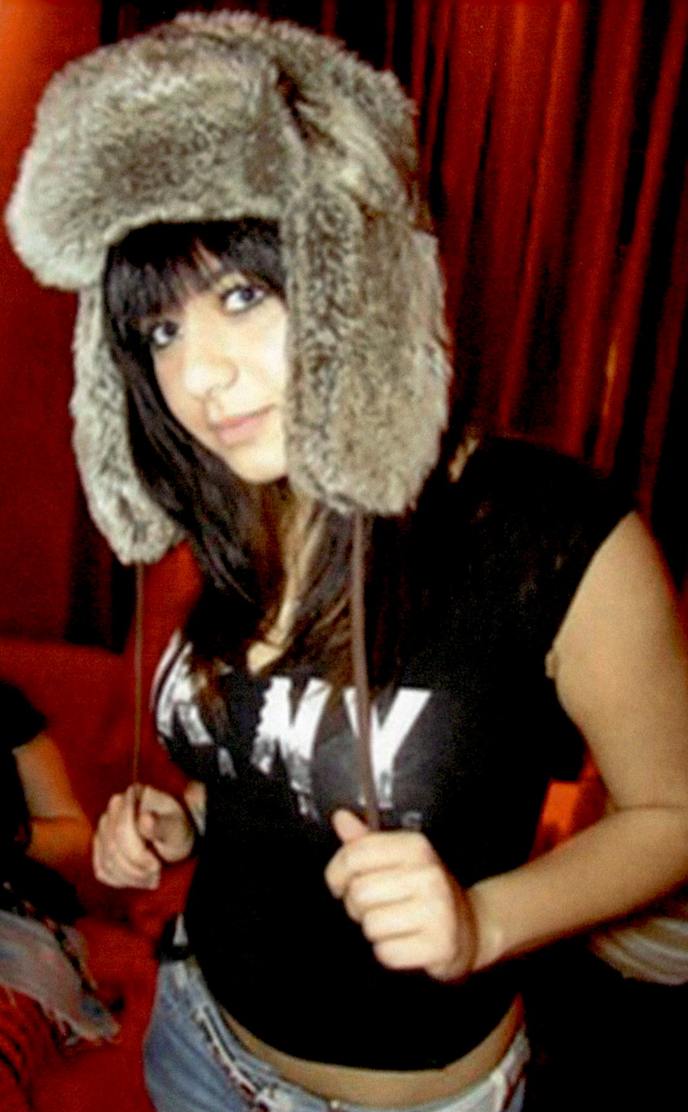

ein Grossteil der Jugendkulturen verwendet Marken selbstverständlich als stilbildende Elemente. Während Marken über sichtbare Logos eindeutig identifizierbar sind, ist die Etikettierung stilistischer Merkmale unpräzise.

MARKEN OPERIEREN MIT IDENTITÄT, STILE MIT ÄHNLICHKEIT.

Wer sich stilisiert und damit seine Erscheinung einem bestimmten Stil bzw. einer charakteristischen Formensprache zuordnet, kann dies mehr oder weniger eigensinnig und mehrdeutig formulieren. Mit Marken hingegen werden die symbolischen Grenzen mitunter schärfer gezogen: »Alle jungen Leute wissen, dass die Marke Lonsdale bedeutet, dass wir politisch rechts sind.« (Zitat Strasseninterviews Zürich, 27.12.07) Der Einsatz von Marken kann die Stilisierung befördern, und oft entscheidet sich erst mit der sichtbaren Modemarke hinreichend, ob es sich beim Gegenüber um einen Hip-Hopper oder einen Skater handelt, was dann wiederum Aufschluss über seinen Lebensstil gibt. Die Marke ihrerseits wird zum Orientierungspunkt in der Unüberschaubarkeit des gesamten modischen Angebots.

STILISIERUNG ÜBER MARKEN

Während Dinge zuerst »für sich« in ihrer Gestalt als Stilelemente wirksam werden – sie sind gestaltete Form und erwecken Gefallen oder Missfallen, Faszination oder Abscheu –, sind markierte Dinge primär Bedeutungsträger. Form und Material treten zurück zugunsten einer Selbstrepräsentation, die sich auf beschriftete und ikonisierte Oberflächen stützt. Das gilt für Produkte wie für Menschen: Standardformen wie T-Shirt, Jeanstasche oder Cap bieten sich als Träger für Bild- und Schriftinformationen an. Die visuellen Variationen der Marke und der Labels an der Innen- und Aussenseite der Kleider werden zum dominanten, vom Grafikdesign bestimmten Gestaltungsmerkmal. Selbstpräsentation bedarf keiner Dinge, wenn avatarbasiertes Branding sogar mit virtuellen Körperbildern funktioniert. American Apparel beispielsweise hat laut AdAge in »Second Life« bis Ende August 2007 mehr als 2'000 Kleidungsstücke für einen Dollar pro Stück verkauft.
Wer Stil über Marken importiert, kann dies mit mehr oder weniger Kenntnis des Markenhorizonts, als Fan, als früher oder später eingeweihter Adept oder zufällig und ganz ohne Kenntnis tun. »Ich habe diese Tasche geschenkt bekommen und erkenne die Marke nicht.« (Zitat Strasseninterviews Zürich, 27.12.07).

MARKENSTILE

Wie die Marke schliesslich in die Gestaltung eines persönlichen Outfits integriert wird und wie dieses sich zum von der Marke intendierten Stil verhält, verrät etwas über das ästhetische Vermögen des Trägers. Die Elaboriertheit im Umgang mit Stilen durch Brand-Beschlagenheit schafft Ansehen und Respekt. Je nach Ausformulierung kann die Anleitung zur Kategorisierung erschwert (weniger leicht erkennbare oder weniger bekannte Labels verlangen mehr Insiderwissen) und somit vor ungewollten Lesern verborgen werden. Besonders interessant wird es, wenn Markenstile bewusst gegen den Strich eingesetzt oder widersprüchlich kombiniert werden. Der von der Marke aktuell intendierte Stil funktioniert als Folie. Sein Bedeutungshintergrund ist also relevant, denn vor diesem Hintergrund entfaltet sich der *persönliche* Stil.
Ein Logo funktioniert also nur auf den ersten Blick als eindeutige Signifikat-Signifikanten-Kette. Hinter jedem Logo steht in den Jugendkulturen ein komplexes Verweissystem, das die Beschäftigung mit dem Stil voraussetzt, damit es eingeordnet werden kann.

DAS GELABELTE KLEIDUNGSSTÜCK IST EIN RELAIS IN DER ZIRKULATION SYMBOLISCHER WERTE.

Essentiell für seine Funktionsweise ist, dass die visuelle Variation einer Marke (beispielsweise in Sublabels) ihren Kern erkennbar lässt. Auch der Stil einer Marke ändert sich, und je nach kulturellem Kontext kann derselbe Auftritt einer Marke anderen Stilrichtungen zugeordnet werden. Bei immer kürzeren Halbwertszeiten der Marken, etwa im Streetwear-Bereich, lösen sich die modischen Bekleidungen zunehmend aus dem Zusammenhang eines bestimmten Stilsets. Sie wandern nach ihrer Freisetzung von Subkultur zu Subkultur (wie etwa die Camouflage-Hosen).

SELBSTSTILISIERUNG

Wenn die profanen Waren ihre Bedeutung nicht aus dem Bedeutungshorizont einer Marke schöpfen können, so springt die Selektion im Konsumakt und die anschliessende symbolische Transformation des käuflich erworbenen Rohmaterials in die Bresche: Aus einem Massenprodukt etwas Einzigartiges machen! Persönlicher Stil wirkt expressiv, konkretisiert Identität und wird damit selbst zu einer Art Minibrand. Weil die Gestaltung des persönlichen Erscheinungsbildes der Person zugerechnet wird, auch wenn sie sich gut beraten liess, kann sie Stilautorschaft beanspruchen. Jemand »hat Stil«, wenn er sein (Konsum-)verhalten konsequent an einem von ihm vertretenen Wertkonzept orientiert; eine nicht immer bewusste, aber stets kohärente Auswahl, Bewertung und Anwendung bestimmter Ausführungsmerkmale vornimmt. Interessant ist die Aussage, dass eine Marke »Stil hat«: Die Marke wird in diesem Zusammenhang also als »Jemand« verstanden, dessen persönlichen Stil man anerkennen und teilen kann. So wird Marken genauso wie Individuen Stilkompetenz zugeschrieben.

SELBSTSTILISIERUNG ALS MARKE

Für Stile gibt es bildliche Vorlagen, die noch nicht zur Marke geronnen oder auf einen Begriff gebracht sind. Stilvorlagen sind dichte, explizite Bilder, denen sich eigenwillige Individuen über einzelne Merkmale und Elemente individuell annähern. Dies setzt andere Kenntnisse voraus als der differenzierte Umgang mit Markenzeichen. »Styling« selbst kann als gestalterische Kompetenz zur Auszeichnung werden. Die Nachfrage bezüglich unverbrauchter Stilvorlagen seitens der Modebrands ist riesig, und schnell werden Stilblogger (z.B. »Facehunter«) oder Partyveranstalter (z.B. »Misshapes«) zum kommerziellen Brand. Wo es lustig bleibt, steckt so viel Imperfektes, so viel Witz und flüchtige Schönheit drin, dass die Irritation erhalten bleibt (stilistische Regeltreue und Abweichungen halten sich die Balance).

»Style« als ästhetizistische Überhöhung des Alltags, als Spiegel des Hyperkonsums oder als Rollenspiel kann zum (vom Nike-Claim entlehnten?) Lebensmotto werden: »Whatever you do – do it in style because the world needs it.« (www.playlust.net) Jede Selbstinszenierung wirkt unmittelbar und weckt als gestaltete Form Gefallen oder Missfallen, Faszination oder Abscheu; wenigstens so lange, bis Referenzen und Kategorisierungen ins Spiel kommen. Erkennbare Markennamen können diese Orientierung beschleunigen, differenzieren oder stören, denn sie sind primär Bedeutungsträger. Weil aber Brands ihrerseits wiederum kohärente Stilwelten generieren, kann ein Logo durchaus stilbildend wirken. Nicht »live« allerdings, sondern im »Playback«: abgespielt über das Namedropping aus der »Folksonomie«.

Quellen:
Paul Willis; Jugendstile. Zur Ästhetik der gemeinsamen Kultur. Hamburg/Berlin 1991
Marieke Guy/Emma Tonkin; Folksonomies. Tiding up Tags? D-Lib Magazine, Jan. 2006 Vol.12/1
Clay Shirky; Ontology is Overrated: Categories, Links, and Tags (www.shirky.com/)
http://facehunter.blogspot.com/
http://www.misshapes.com/
http://www.playlust.net/

Mehr spezifisches Bildmaterial zu diesem Artikel findet sich auch in Teil IV, insbesondere unter »Streetstyle Global«.

BRAND:STYI

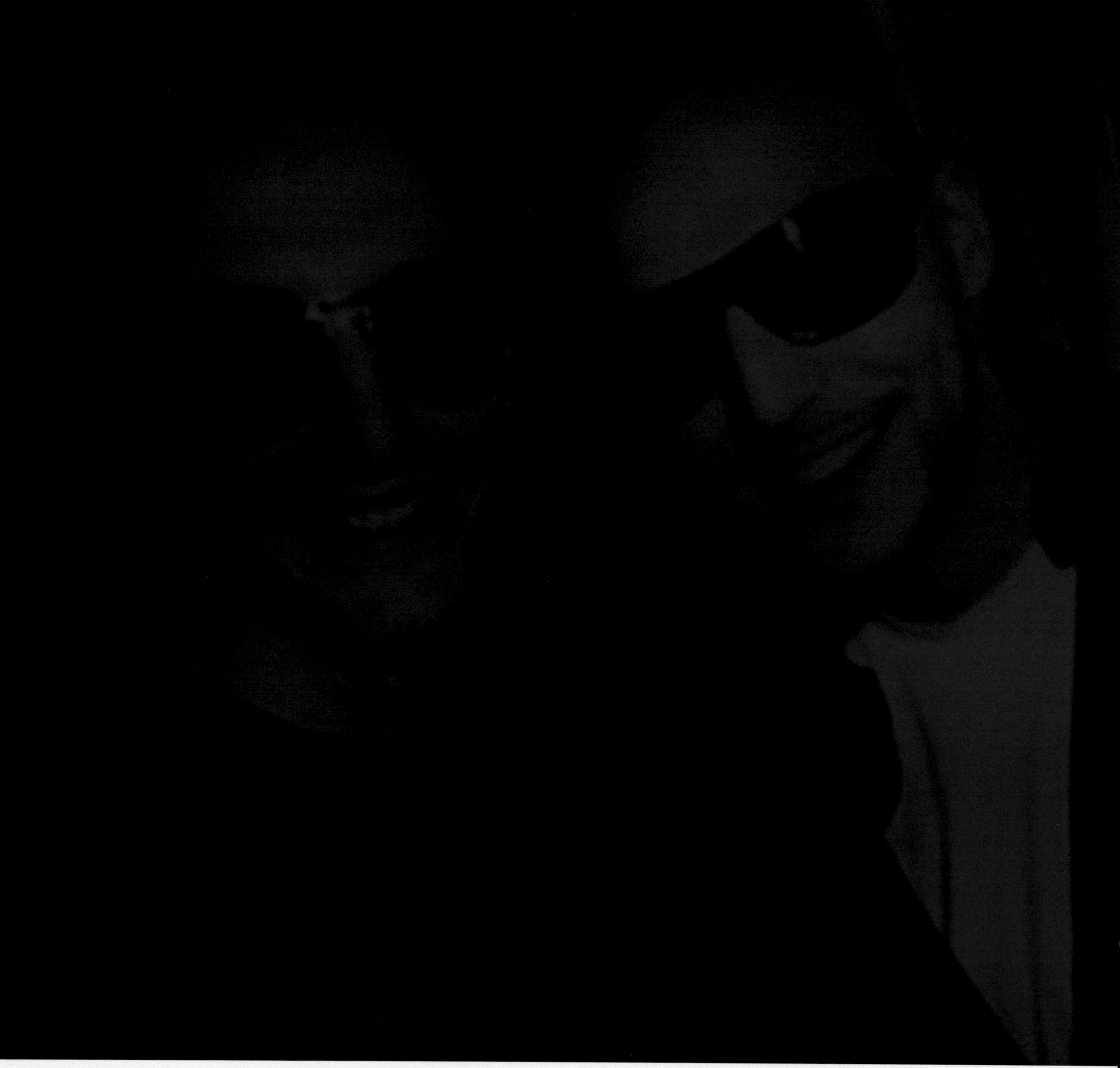

E-STYLE!

RENATE MENZI SATURDAY AFTERNOON, A WINTRY SUN IS WARMING, CLEARANCE SALES HAVE STARTED. HIP-HOP-PERS, SKATERS, GOTHS, SECONDOS* AND RIGHT-WING PATRIOTS ARE STROLLING THROUGH THE INNER CITY OF ZURICH IN PEACEFUL CO-EXISTENCE. THEY MOVE IN SMALL GROUPS, MOVE PRONOUNCED LANGUIDLY, THERE'S NO RUSH AT ALL. IT'S A COMING AND GOING OF HIGHLY DIVERSE APPEARANCES, SOMETIMES THE GROUPS PRESENT THEMSELVES COLOUR-CODED, WITH THE SAME LABELS ON THEIR T-SHIRTS AND CAPS, ATTUNING THEIR POSTURES. TAKING A CLOSER LOOK AT THE YOUTHS AND TALKING TO THEM, WE NOTICE A COMPLEX NETWORK OF SYMBOLS EMBEDDED IN THEIR PERFORMANCE:

fashion features, brand and styles form multifaceted textures. Their comprehensive deciphering is impossible, since references are, on the one hand, closely intertwined, and, on the other hand, constantly changing: fashion choices – and the styles involved – vary, certain style elements are being adapted and pervade various youth cultures, the whole range being constantly differentiated and diversified. What's more, the questioned actors are not willing or not able to reflect and express the meaning of their outfits verbally. Asked why they prefer certain brands or styles they often answer: 'cause I like the products, 'cause they suit me, 'cause the brand simply has "style".

DEMOCRACY OF BODY IMAGES

Every outfit expresses something, every body image contains definitions and reflections. In the streets, people passing advertising posters, people, pictured in party poses, in clubs, to be graded on the internet the next day, stars, in magazines, showing off their private life: Madonna, covering her face by an Ed Hardy cap, the poster shows her wearing H&M. Fashion labels are like bookmarks, tagging body images. The muscular type in the striped shirt: Armani. The glamour girl with the handbag: Louis Vuitton. The rebel looking straight into the camera: Burberry. The belly button: D&G. Once established, brand names work like slogans, collective "folksonomies" (from folk and taxonomy) branding body images. There's no higher authority drawing up a complete list of slogans, it's the users who define, by their consumer behaviour, which brands appear in capital letters in this "cloud of words", this catalogue. That's why wikipedia, flickr or mypix are that successful.

Every labelled body image, either in the media or in reality, turns into one piece of the puzzle of the collective imaginary brandscape. Which brand is being worn by whom, and where, is quantifiable and yields fashion indices. One decisive aspect concerning the performance of "identity", however, is the "how" – the mode, the style, and the taste.

THERE IS NO "MORE OR LESS GUCCI"

Above all, youth cultures, today, are consumer societies creating influential styles by fetishising goods (Willis 1991). The manifold interrelations in the simultaneous pluralism of "youth styles" make any unambiguous classification very difficult. Their fast propagation and immediate differentiation result in a *simultaneity of subversion and commerce*; a large number of youth cultures use brands quite naturally to help set a style. While brands usually are clearly identifiable by visible logos, labelling the characteristics of a certain style often remains indeterminate.

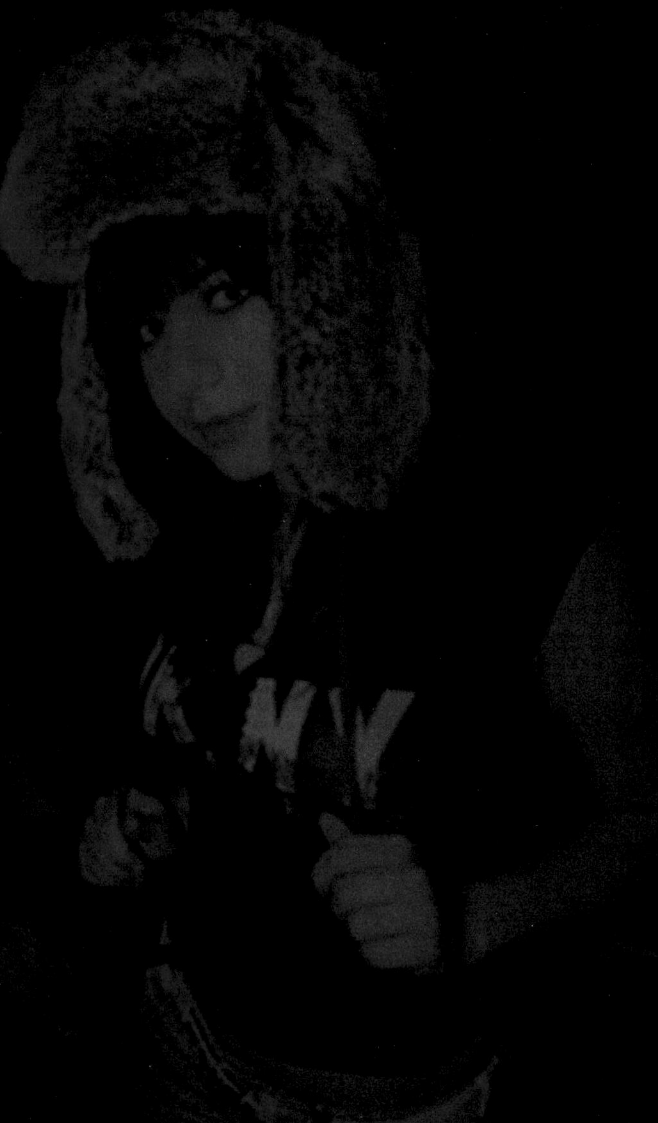

BRANDS OPERATE WITH IDENTITY, STYLES WITH SIMILARITY.

Everybody developing a certain style, and, thus, shaping a certain appearance or adapting a characteristic vocabulary can do that more or less individually and ambiguously. Brands, however, sometimes draw the symbolic lines more distinctly: "All young people know that Lonsdale, that this brand denotes us as politically right wing." (Street interview, Zurich, 27th December, 2007) The use of brands can foster the development of a style, and often it is the visible brand that decides if your company is a hip-hopper or a skater, which, in turn indicates his life style. The brand itself becomes a point of orientation in the highly intricate, difficult to survey world of fashion choices.

STYLISATION BY BRANDS

While objects themselves, by their shape, above all work as style elements – they are styled form and arouse likes or dislikes – branded objects are primarily carriers of meaning. Form and material are less important than a self-representation based on logos and iconic surfaces. That goes just as well for products as for people: standard forms like the T-shirt, the jeans pocket, or the cap lend themselves as carriers of visual or written information. The visual variations of the brand and of the labels on the inside and the outside of the garments become dominant characteristics of the style defined by graphic design. Since avatar-based branding even works with virtual body images, self-presentation doesn't necessarily need any objects. According to AdAge, American Apparel had sold more than 2'000 pieces of clothing for a dollar a piece in "Second Life" until the end of August 2007.

Whoever creates style by using brands can do so with little or with a lot of knowledge about the brandscape, being a fan, being an adept for a short time only or for a long time already, accidentally, or without any knowledge. "This bag was a present, and I do not recognise the brand at all." (Street interview, Zurich, December 27th, 2007)

BRAND STYLES

The way a brand is being integrated into personal styling, and how that relates to the style the brand intends, demonstrates the aesthetic capabilities of the person wearing it. The greater the brand knowledge, the more elaborated the handling of styles is, the more respect will be shown. There are ways to make any categorisation more difficult (less easily recognizable or less known labels demand more insider knowledge) and, thus, hide it from unwanted readers. If brand styles are used contrary or contradictory to the way they are intended, things get especially interesting. The style currently intended by the brand works like a foil. This background meaning is relevant, however, since it is against this background that a personal style is developed.

It is only at first sight that a logo works as some distinct significatum-signifier-chain. In youth cultures, there's a complex system of references behind each logo requiring some knowledge of the style for its categorisation.

THE LABELLED GARMENT IS A RELAY IN THE CIRCULATION OF SYMBOLIC VALUES.

For its effectiveness, it's essential for a brand core to be recognisable in its visual variations (e.g. by its sub-labels). But a brand's style also changes, and, depending on the cultural context, the same staging of a brand can be assigned to different directions of style. Since brands have an ever shorter half-life, e.g. in the field of street wear, fashion outfits increasingly disengage themselves from the context of one certain stylistic set. They change from one sub-culture to the other (as we see it, e.g., in the case of camouflage trousers).

SELF-STYLING

If these profane goods are not able to create and derive their meaning from the meaning horizon of a brand, it's the selection by the act of consuming and ensuing symbolic transformation of the raw material bought that does it: change a mass product into something unique. Personal style tells a lot, is expressive, concretises identity and becomes a kind of mini-brand itself. Since the styling of somebody's personal appearance, even if there was qualified consulting involved, is attributed to that person, he or she is seen as the author of that personal style. Somebody "has style", if he or she consistently orient their consumer behaviour according to a chosen value concept; if they always choose, judge and use certain elements of styling in a coherent (not necessarily conscious) way. The assertion that a brand "has style" is very interesting: a brand is understood as "somebody" whose personal style is accepted, adopted, shared. Thus, brands are, like individuals, considered to have competence in styles.

SELF-STYLING AS A BRAND
There are visual blue prints for styles before they are fully developed and encoded as (some kind of) a brand. Styling blue prints are dense, explicit pictures which self-willed individuals approach step by step, taking into account single characteristics and elements. This needs another kind of knowledge than differentiating between brands. "Styling" itself can become a creative competence and highly estimated. The fashion brands' demand for new styling blue prints is enormous, und style bloggers (e.g. "Facehunter") or organisers of parties (e.g. "Misshapes") become commercial brands very fast. Wherever there's fun involved there's also that much imperfection, that much humour and ephemeral beauty involved, that things stay irritating (sticking to stylistic codes and deviating from them are in balance).
"Style" as aesthetic(istic) exaggeration of daily life, as a mirror of hyper-consumption or as role play can become a motto for life (borrowed from the Nike claim?): "Whatever you do – do it in style because the world needs it."(www.playlust.net) Any staging of "the self" has a direct effect and, as styled form, arouses fascination or disgust; at least until references and categorisations come into play. Recognisable brand names can accelerate this orientation or make distinctions or may disturb because they are, primarily, carriers of meaning. Since brands, on the other hand, generate coherent style worlds a logo can very well have a style-forming effect. Not "live" but as "playback": staged by the namedropping of "folksonomies".

*second generation immigrant

References
Paul Willis; Jugendstile. Zur Ästhetik der gemeinsamen Kultur, Hamburg/Berlin 1991
Marieke Guy & Emma Tonkin; Folksonomies. Tiding up Tags? D-Lib Magazine, Jan. 2006 Vol.12/1
Clay Shirky; Ontology is Overrated: Categories, Links, and Tags (www.shirky.com/)
http://facehunter.blogspot.com/
http://www.misshapes.com/
http://www.playlust.net/

More specific visual material see Part IV, especially "Streetstyle Global"

ABSOLUTE PERSONALITY

PARIS™ HILTON

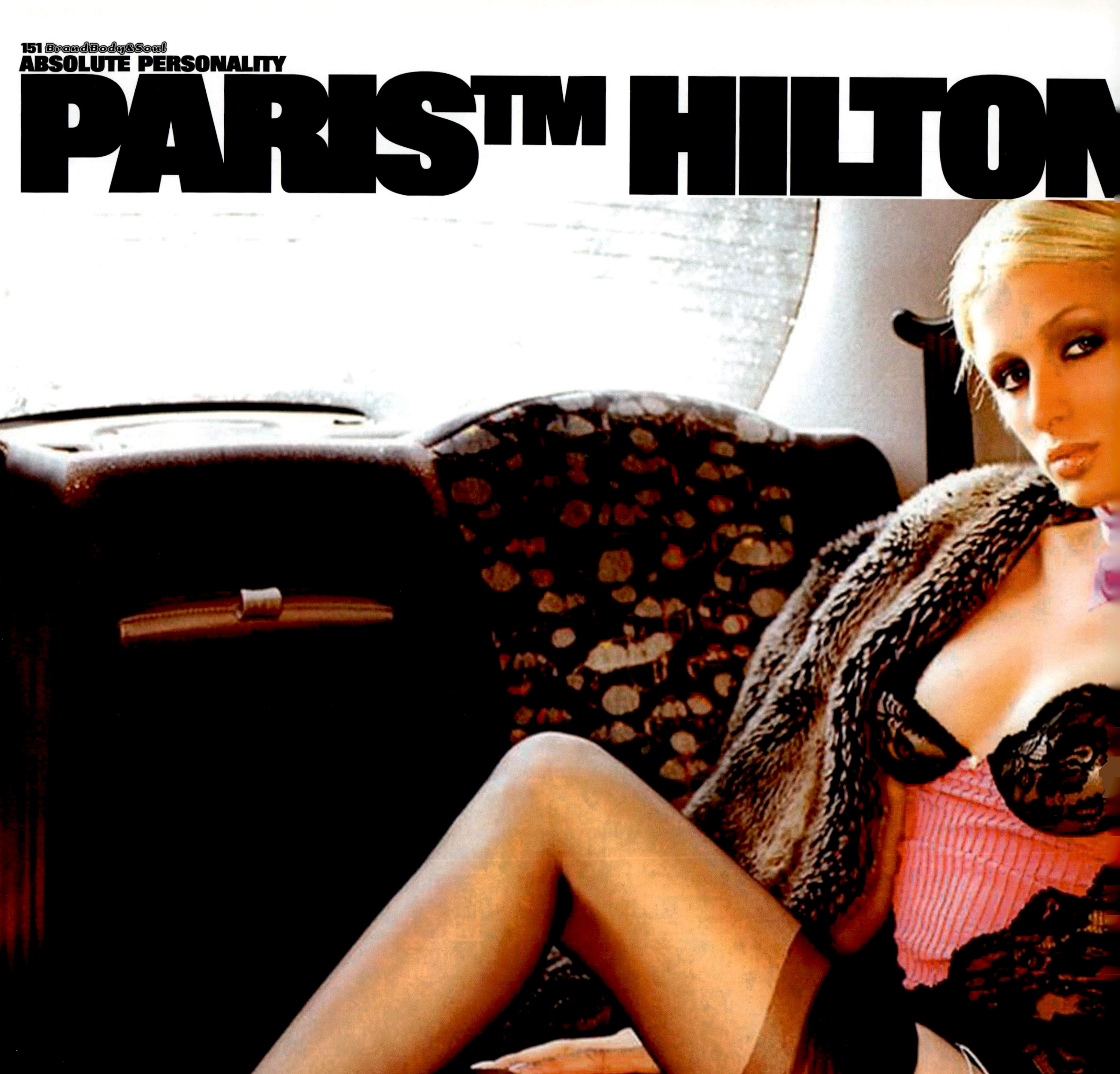

TM

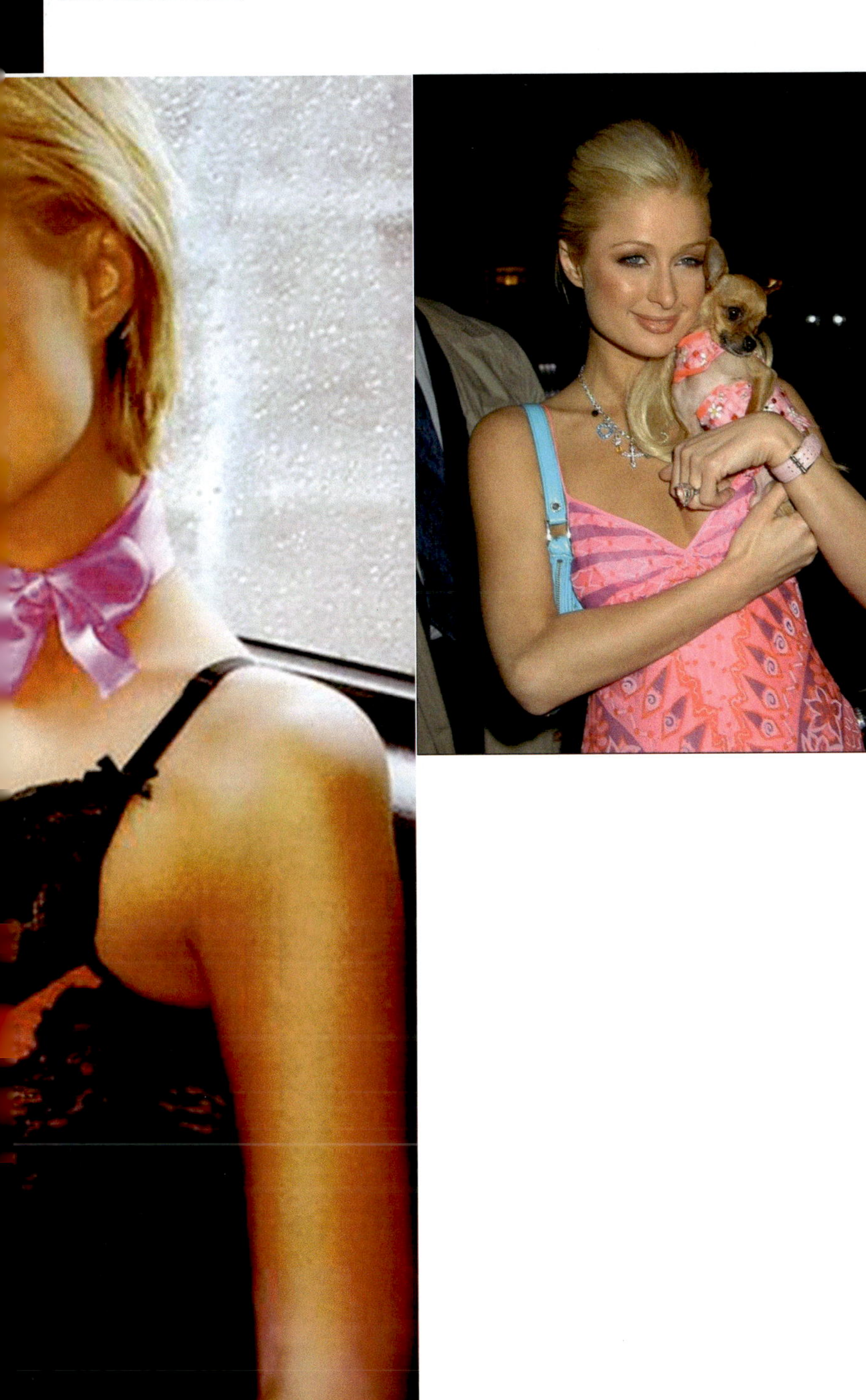

ALL WE EVER ASKED FOR STILL-BORN TO BE BRAND SHE'S A 21ST MASS MEDIA SUPERNOVA DYING AWAY AS SCHEDULED AND PLANNED.

Vince Wonderwall, Well All Right You Are, 2008

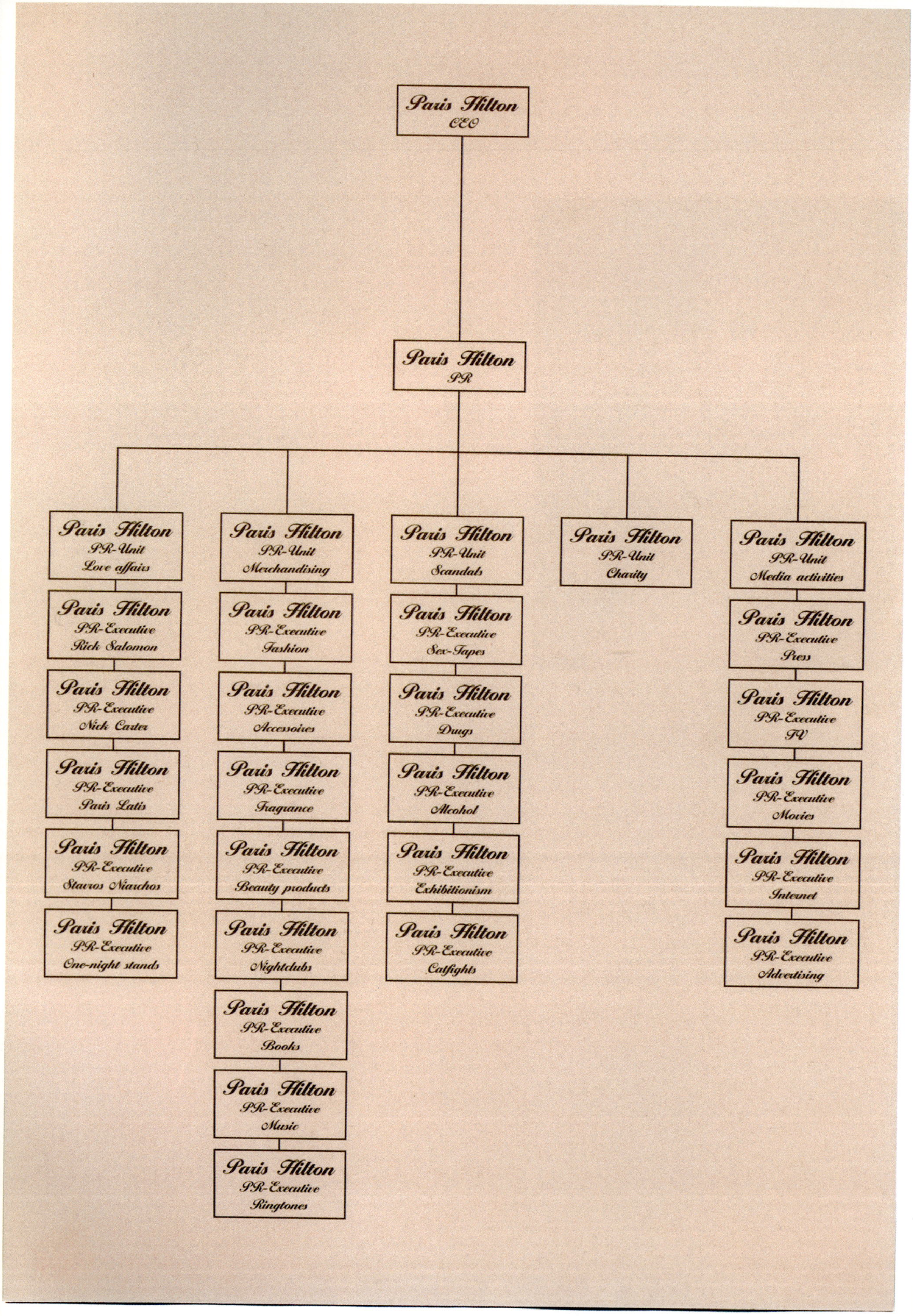

Paris Hilton — CEO

Paris Hilton / *CEO*

Paris Hilton / *PR*

Paris Hilton *PR-Unit* Love affairs	**Paris Hilton** *PR-Unit* Merchandising	**Paris Hilton** *PR-Unit* Scandals	**Paris Hilton** *PR-Unit* Charity	**Paris Hilton** *PR-Unit* Media activities
Paris Hilton *PR-Executive* Rick Salomon	**Paris Hilton** *PR-Executive* Fashion	**Paris Hilton** *PR-Executive* Sex-Tapes		**Paris Hilton** *PR-Executive* Press
Paris Hilton *PR-Executive* Nick Carter	**Paris Hilton** *PR-Executive* Accessoires	**Paris Hilton** *PR-Executive* Drugs		**Paris Hilton** *PR-Executive* TV
Paris Hilton *PR-Executive* Paris Latsis	**Paris Hilton** *PR-Executive* Fragrance	**Paris Hilton** *PR-Executive* Alcohol		**Paris Hilton** *PR-Executive* Movies
Paris Hilton *PR-Executive* Stavros Niarchos	**Paris Hilton** *PR-Executive* Beauty products	**Paris Hilton** *PR-Executive* Exhibitionism		**Paris Hilton** *PR-Executive* Internet
Paris Hilton *PR-Executive* One-night stands	**Paris Hilton** *PR-Executive* Nightclubs	**Paris Hilton** *PR-Executive* Catfights		**Paris Hilton** *PR-Executive* Advertising
	Paris Hilton *PR-Executive* Books			
	Paris Hilton *PR-Executive* Music			
	Paris Hilton *PR-Executive* Ringtones			

Hilton
Tote n

NEW YORK – Erst sorg
Britneys «Gebär-Skulp
Furore, dann vergoldet
ris erste Exkremente
setzt Künstler Daniel
noch einen drauf: Sei
Werk zeigt eine tote P
ton.

«Die Medien bombardier
Promi-News. Ich adaptiere
schichten auf die Kunst», s
Edwards. Der Künstler hat
cher «Geschichten» verarb
schuf er die **Britney-Spears**
welche den Popstar beim
zeigt. Danach vergoldete e
lich – die ersten Exkrement
Cruises und **Katie Holme**
Suri und kritisierte dam
promi-fixierte Gesellschaf
Medien erhält heute jeder
Stars mehr Gewicht als K

Plastik von Daniel Edwards:
Der nackte Leichnam von Paris

Bildstrecke   www.20
Paris

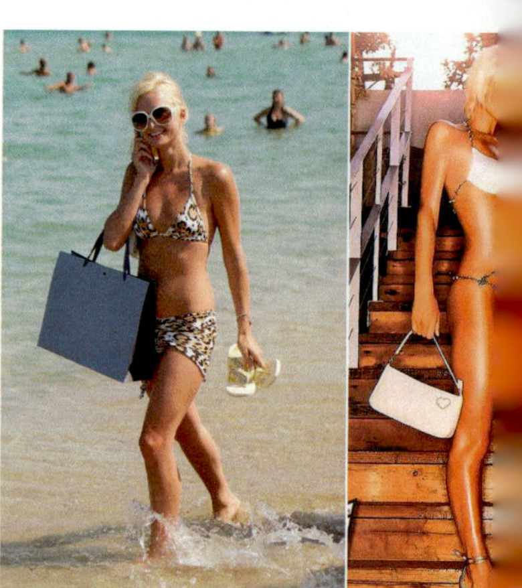

wird zur Skulptur: Als
ach einem Autounfall

er mit
» für
er Su-
d nun
wards
neues
is Hil-

uns mit
ese Ge-
Daniel
ige sol-
et: 2006
kulptur,
ebären
angeb-
on **Tom**
Tochter
unsere
«In den
z eines
ge oder
n.

Hungersnöte.»

Ab dem 12. Mai gibts nun in der Capla Kesting Fine Art Gallery in New York das neuste Werk von Edwards zu sehen: eine Skulptur einer toten, autopsierten **Paris Hilton** samt Hündchen Tinkerbell. Die Plastik stellt die Hotelerbin, die gerne mal ein Glas Cristal Roederer zu viel trinkt, nach einem Autounfall dar. «Paris Hilton Autopsy» soll junge Frauen davor warnen, betrunken Auto zu fahren, so die Galerie. Und Edwards setzt noch einen drauf: Die Besucher der Ausstellung können die Innereien Hiltons herausnehmen – darunter eine Gebärmutter mit einem Zwillingsfötus. **(rig)**

ten.ch

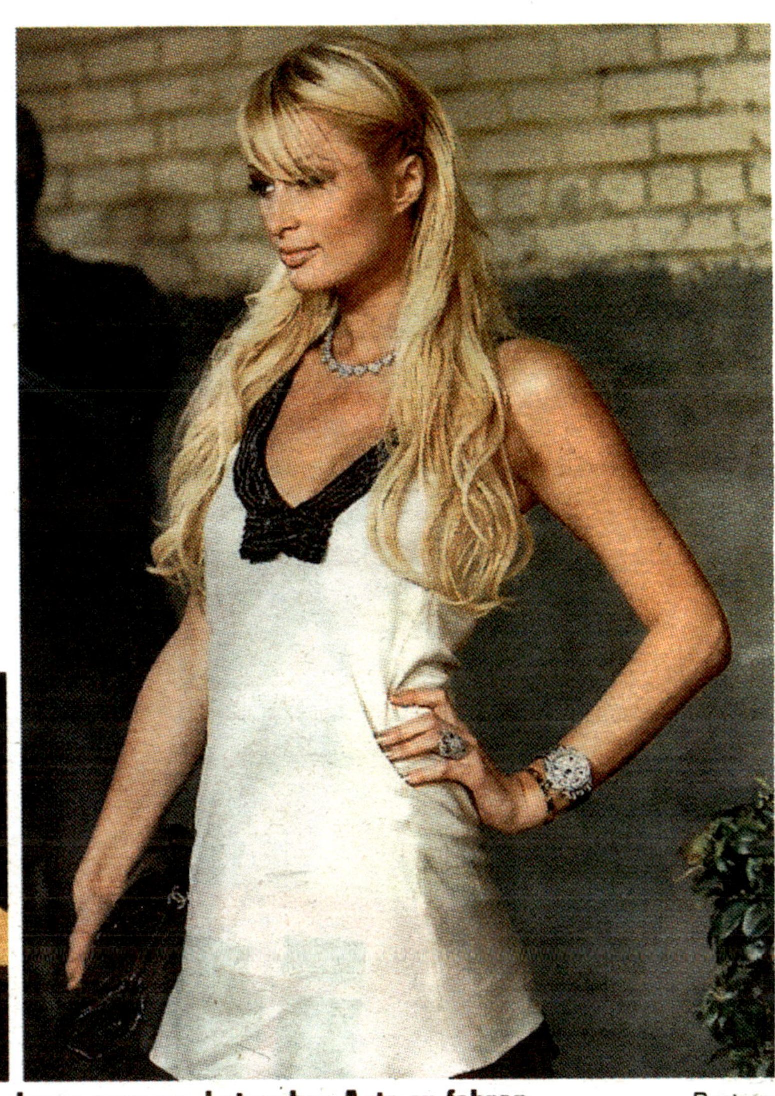

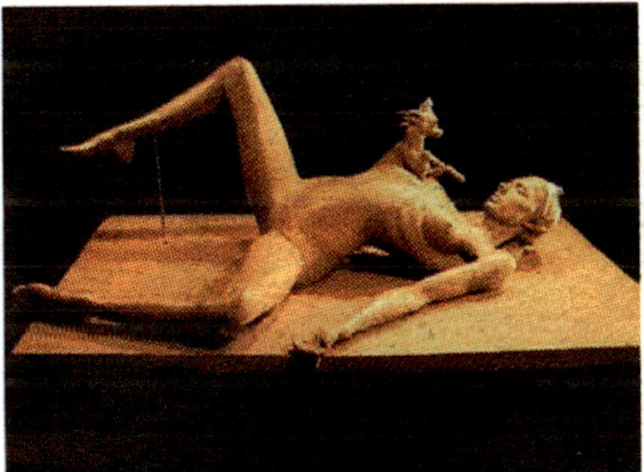

«Paris Hilton Autopsy» soll junge Frauen davor warnen, betrunken Auto zu fahren.

Reuters

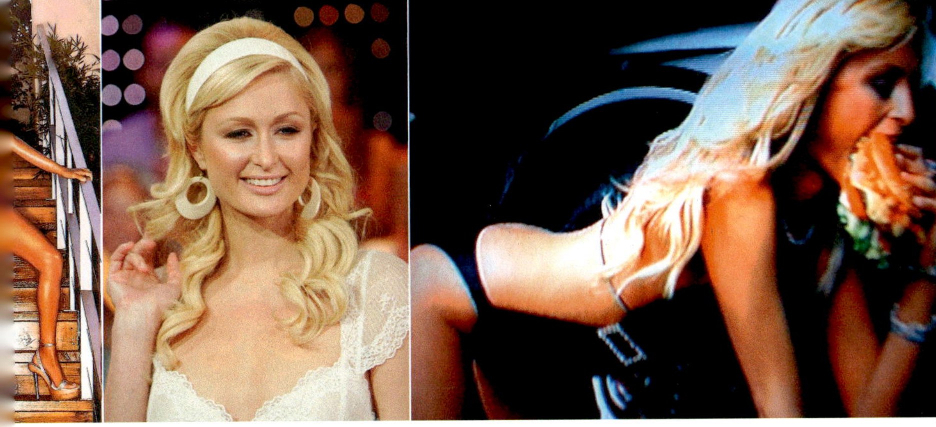

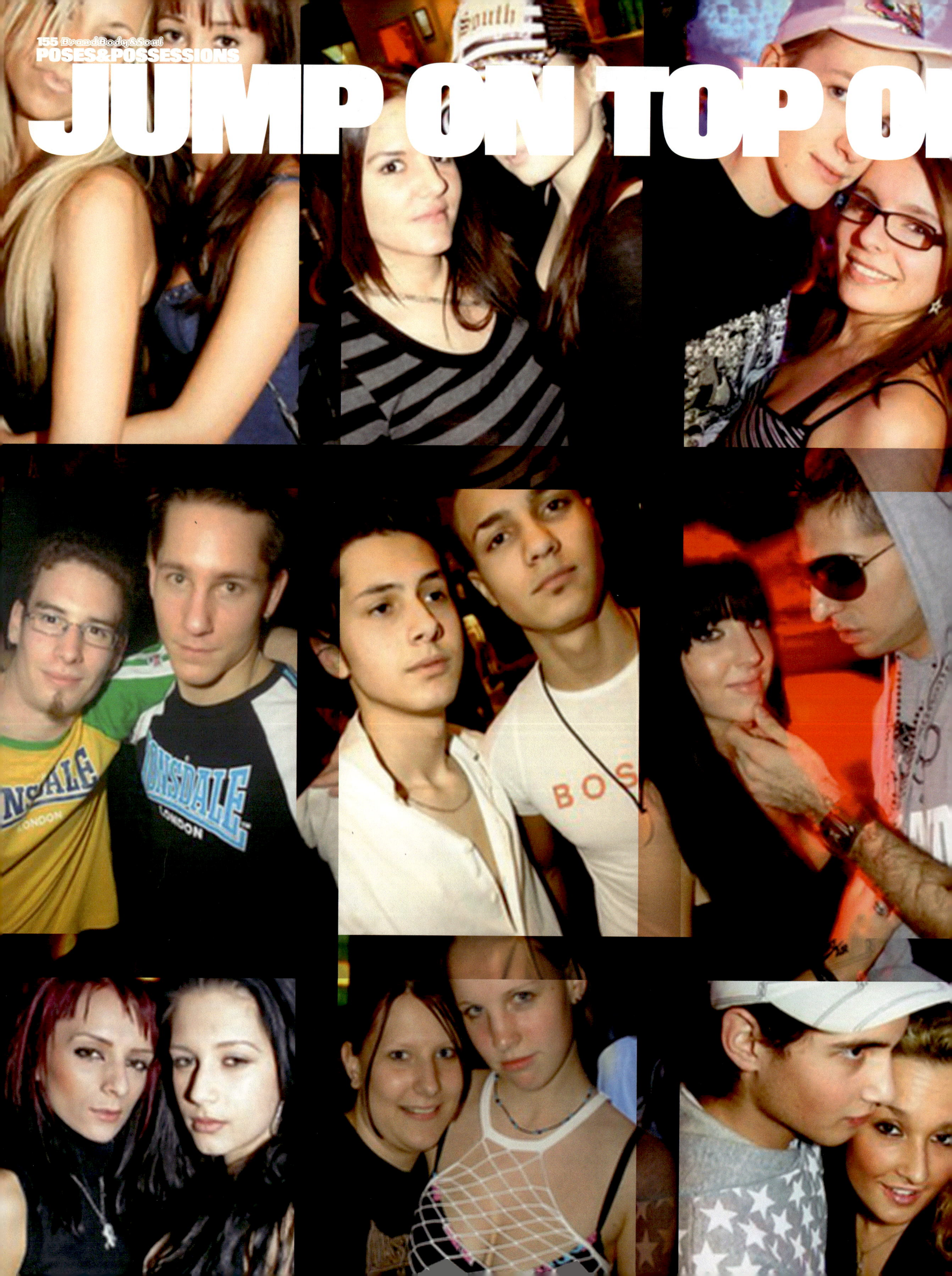

JUMP ON TOP OF

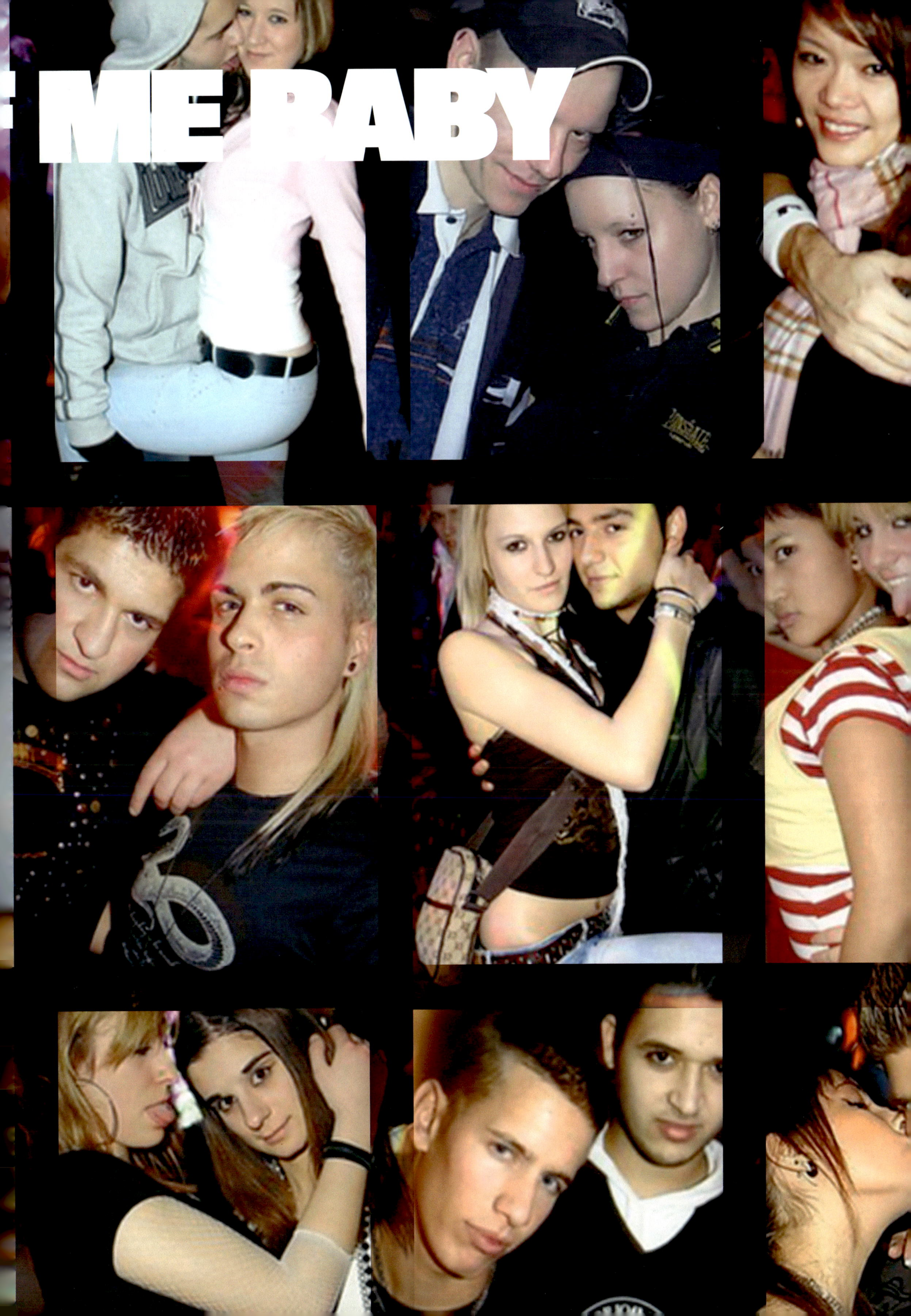
ME BABY

PROBLEMSTELLUNG. VERSUCH 5

DIE WAHRH
DER MARK

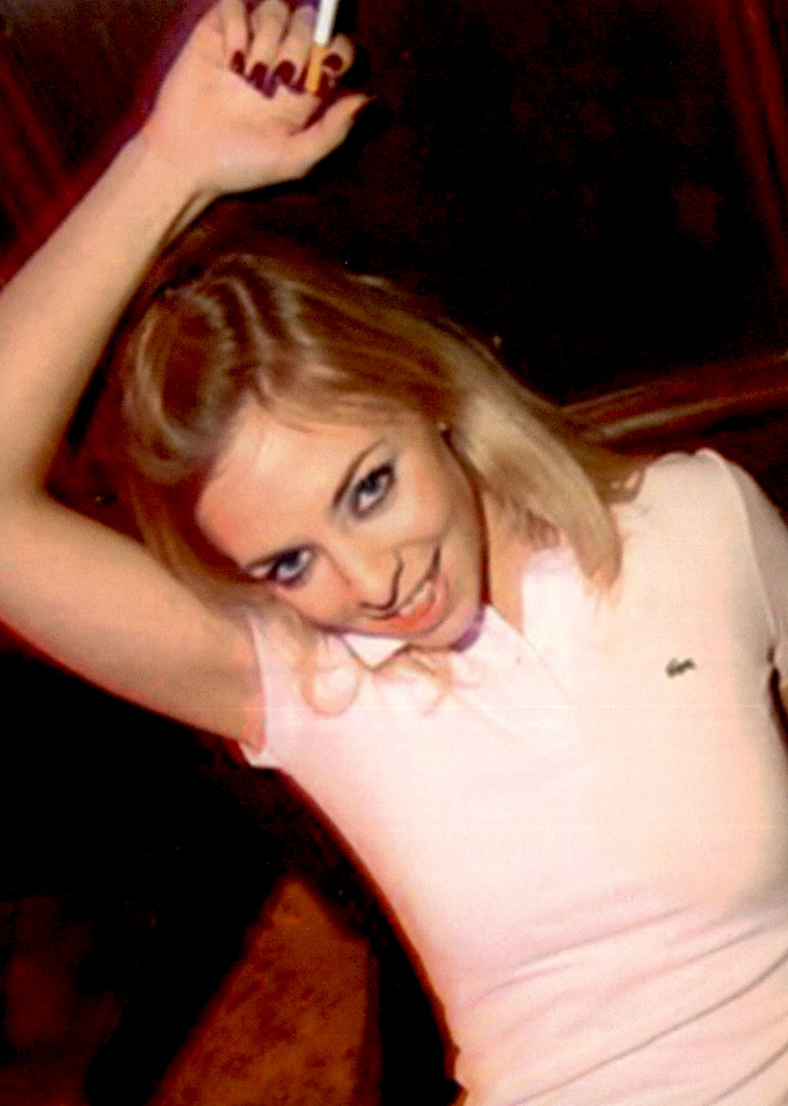

DANIEL ZEHNTNER SOLLTEN SICH AUCH MEN-
SCHEN ALS MARKEN VERSTEHEN? GIBT ES WAH-
RE MARKEN? WORIN BESTEHT DIE VERANTWOR-
TUNG VON MARKENMACHERN?
*DANIEL ZEHNTNER, DU BESCHÄFTIGST DICH SEIT
JAHREN MIT DER AUFGABE, UNTERNEHMEN WIE
MARKEN ZU KONZIPIEREN UND ALL DEREN ÄUSSE-
RUNGEN ZU EINER STIMMIGEN WERBEBOTSCHAFT
ZU GESTALTEN. WARUM BETREIBEN UNTERNEHMEN
BRANDING?*

In der heutigen hoch entwickelten Gesellschaft sind wir täglich mit einer erstaunlichen Menge an Informationen konfrontiert. In den europäischen Industrieländern begegnen uns pro Tag durchschnittlich 6.000 Marken. Eine Untersuchung, die vor wenigen Jahren durchgeführt wurde, hat ergeben, dass der Durchschnittseuropäer heute keine zehn Wildpflanzen, aber über tausend Markennamen erkennt. **1** Nicht umsonst sprechen wir von Informationsüberflutung oder – aus dem Blickwinkel von Anbietern von Botschaften – auch *vom Wettbewerb um Wahrnehmung.*

Branding wird gemacht, damit Unternehmen im Wettbewerb um Wahrnehmung bestehen können. Aus Unternehmen und Produkten werden Werbebotschaften entwickelt, die wahrgenommen werden, an die man sich erinnert und zu denen man eine positive Einstellung entwickelt, weil sie ein Versprechen abgeben. Der Verkauf von Produkten, das Rekrutieren von Mitarbeitern, das Beschaffen von Kapital und das Motivieren der Mitarbeitenden werden damit erheblich erleichtert. Das ist ein zählbarer Nutzen.

Peter Drucker hat das bekannte Bonmot geprägt, es sei besser eine Marke zu besitzen als eine Fabrik. Ist das nicht etwas übertrieben?

Alle Werbewirkung muss gemäss der Werbepsychologie durch das »Nadelöhr des *menschlichen Erlebens und Verhaltens*« zustande kommen. **2** Produkte und Unternehmen werden erlebt. Wie sie erlebt werden, hängt wesentlich davon ab, welche inneren Bilder sie bei uns hervorrufen, welche Geschichten sie erzählen, wie sie sich inszenieren, welche Botschaften, Formen, Farben, Bilder und Schriften sie verwenden. Unternehmen sind daran interessiert, die Wahrnehmung von sich und ihren Produkten so zu steuern, dass wir dazu eine positive Einstellung haben. Sie bewirtschaften dazu alle Stellen, an denen sie wahrgenommen werden. In Analogie zur Wertschöpfungskette spricht man dabei von der Erlebniskette und meint damit die unterschiedlichen Äusserungen, über die ein Unternehmen und seine Produkte erlebt werden: Vom Auftreten der Repräsentanten über die Architektur bis hin zu Produkten, Geschäftswagen, Formularen, schriftlichen Anleitungen und zur Werbung.

Branding ist also eine *Technik zur gezielten Intervention* in das Erleben von Menschen, um deren Verhalten zu beeinflussen. Sie sollen die Marke wahrnehmen, sie sollen sich an die Marke erinnern und sie sollen sie positiv bewerten. Dazu werden auf vielfältige Weise psychologische Erkenntnisse genutzt, sei es aus der Gestaltpsychologie (z.B: Wie muss ich eine Botschaft gestalten, damit sie

formal prägnant ist?), sei es aus der Verhaltenspsycho-
logie (z.B: Wie kann ich Botschaften so gestalten, dass
sie mit einer Belohnung verbunden sind, wenn sie der
Adressat wahrnimmt?).
Brands und Branding sind Begriffe, die heute jedermann
im Munde führt, weil diese Technik zur Wahrnehmungs-
beeinflussung im Zeitalter des globalen Informationsü-
berflusses einen sehr hohen Stellenwert einnimmt. Das
zeigt sich auch daran, dass heute ein Wirtschaftsma-
gazin, das neu auf den Markt kommt, nicht mehr »Manager«, »Bilanz« oder ähnlich heisst, sondern »Brand-
eins«. Peter Druckers Feststellung ist also durchaus
berechtigt.

**Ist es denn auch berechtigt, uns Menschen
selbst als Brands zu betrachten, wie wir das
heute von Markenspezialisten lesen können?**
Wird der einzelne Mensch zum Brand erklärt, dann ist
damit auch gemeint, dass er die gleichen Techniken auf
sich anwenden kann, wie dies für Produkte und, davon
abgeleitet, für Unternehmen erfolgreich gemacht wird.
Seine Kleidung, sein Auftreten, sein Kommunizieren
werden also Mittel zu dem Zweck, ihm gegenüber eine
positive Haltung zu bewirken.
Dies setzt voraus, dass Menschen sich ausschliesslich
so verstehen und bewerten, als ob sie uber den Markt
vermittelt und bewertet würden – d.h. über eine Vermitt-
lungsform, in der Angebot und Nachfrage aufeinander
treffen und wo die Bewertung in messbaren Grössen wie
Dollar, Tonnen oder Megabytes erfolgt. Die Regulierung
unserer Beziehungen untereinander funktioniert aber
über viele andere Vermittlungsformen wie zum Beispiel
die der Familie, der Gemeinschaft oder der Tradition.
Der Austausch zwischen den Menschen geschieht dort
nicht in Geld gegen Leistung. Diese Beziehungsformen
sind für die Gesundheit des einzelnen Menschen und
für die Gesellschaft eine existenznotwendige Bedingung
und viel wichtiger als die Marktbeziehungen, über die er
mit anderen lediglich in Kontakt tritt, um zu tauschen.
Menschen sind keine Produkte. Der Eindruck, den jemand hinterlässt, hängt nicht nur von Faktoren ab, die
er oder sie über die Vernunft steuert – Faktoren wie
Worte, Taten und Kleidung. Der Ausdruck einer Person
wird wesentlich von Gefühlen geprägt, die diese Person

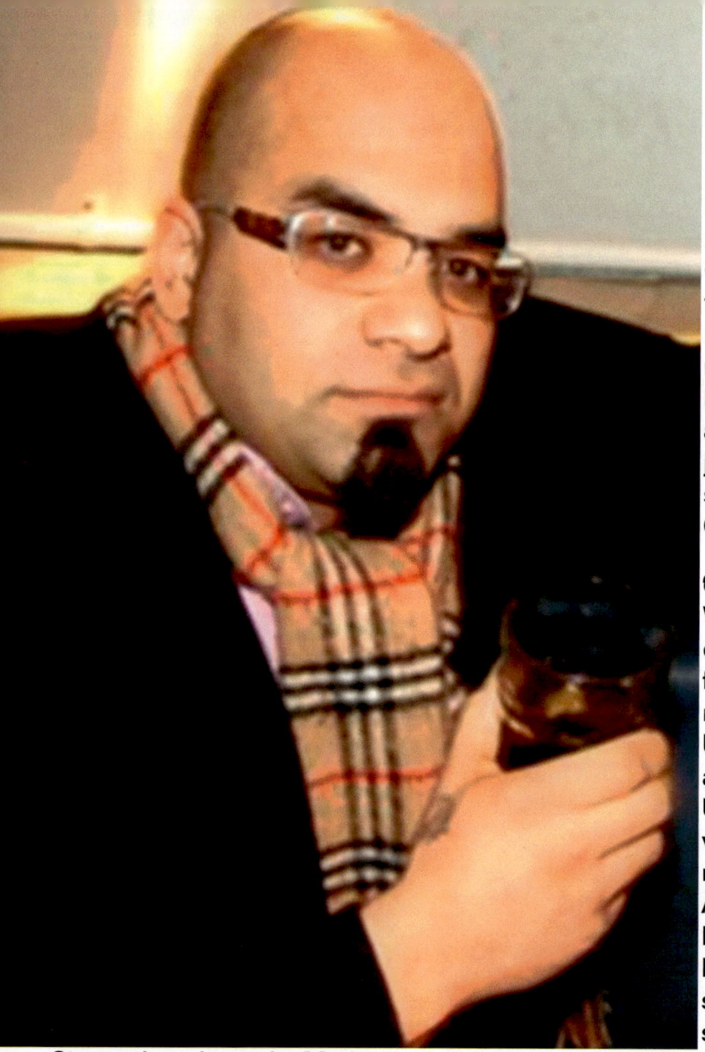

nicht über den Kopf steuern kann. Sie sind nicht so einfach gestaltbar, weil sie sich aus Erlebtem speisen, das unbewusst ist. Klaffen die von steuerbaren und nicht steuerbaren Faktoren geprägte Gesamterscheinung und das rational gesteuerte Erscheinungsbild auseinander, dann nehmen wir diese Unstimmigkeit unmittelbar wahr und reagieren misstrauisch – wie geschliffen auch immer die Techniken des persönlichen Brandings eingesetzt werden.

Gilt nicht Ähnliches auch für Unternehmen und Produkte? – Meines Erachtens gibt es auch in diesen Anwendungsfeldern des Branding unbewusste Faktoren, welche die Ausstrahlung der Marken wesentlich prägen und die nicht einfach gestaltet werden können. Ich meine damit Geschichte, Herkunft, Kultur oder auch Menschen und deren Lebenswelten, die in diesen Marken als treibende Kräfte wirken. Brandingvertreter, die damit argumentieren, dass jeder Mensch auch ein Brand sei, hinterlassen in mir den Eindruck, dass sie sich auch im Falle von Unternehmen und Produkten den Möglichkeiten und Grenzen des Branding zu wenig bewusst sind.

Wo liegen denn diese Grenzen?

Wie gesagt, es gibt Faktoren, welche die Ausstrahlung eines Produktes oder eines Unternehmens prägen und über die wir technisch nicht beliebig verfügen können. Methoden der Markenentwicklung und des Markenmanagements geben gerne vor, dass von der Definition des Markenkerns über die Umsetzung in Massnahmen der visuellen Identität und der Kommunikation alles genau nach vorgegebenen Zielen entwickelt und gestaltet werden kann. Um aber eine lebendige und stimmige Gesamterscheinung zu erreichen, ist es viel wichtiger, dass ich das Wesen des Produktes nachempfinden kann, seinen Geist spüre, seinen Mythos antizipiere. Das heisst, ich muss auch seine Äusserungen wahrnehmen, die von unbewussten Faktoren geprägt sind.

Eine wirkungsvolle Methode dazu ist das Entwerfen. Gemäss Gestaltpsychologie wirkt ein Entwurf als Gestalt, das heisst, als Ganzes, das nicht durch seine Einzelteile erklärbar ist – gleich wie die Musik oder die Kochkunst. Gestalter nähern sich über das Entwerfen der stimmigen Gesamterscheinung an. Sie machen damit die Marke, und sie setzen nicht einfach ein schriftliches Briefing ins Bild. Wie das richtig gemacht wird, kann ebenso wenig wissenschaftlich angegeben werden wie für die Komposition einer Melodie. Darin liegen die Grenzen des Branding als rationale Methode.

Gibt es denn so etwas wie die Wahrheit einer Marke und damit auch eine Verantwortung der Markengestalter zur Wahrheit?

Marcel Proust hat in seiner »Suche nach der verlorenen Zeit« zur Wahrheit der Literatur festgehalten, was ich auch auf das Markenwerk anwende: »In Wirklichkeit ist jeder Leser, wenn er liest, ein Leser nur seiner selbst. Das Werk des Schriftstellers ist dabei lediglich eine Art von optischem Instrument, das der Autor dem Leser reicht, damit er erkennen möge, was er in sich selbst vielleicht sonst nicht hätte erschauen können. Dass der Leser das, was das Buch aussagt, in sich selber erkennt, ist der Beweis für die Wahrheit eben dieses Buches und umgekehrt.« ⑤ Übertragen auf das Markenwerk: die Wahrheit der Marke, liegt in deren Fähigkeit, dem Nutzer etwas zu erkennen zu geben, was er in sich selbst vielleicht sonst nicht hätte erschauen können. In diesem Sinne ist sie auch so etwas wie ein »optisches Instrument«.

Ist das nicht ein idealisiertes Bild?

Das menschliche Erleben ist mehrheitlich emotional und nicht kognitiv gesteuert; auch das Erleben von Markeninszenierungen, d.h. im Fall von Produktmarken: das Erleben dieser Produkte mit ihrem kommunikativen Beiwerk. Das sagen uns Untersuchungen aus der Psychologie, und diese werden gestützt durch die Hirnforschung. Das Erleben ist darum auch offen für Konditionierung und andere Formen der Beeinflussung. Die ganzen Kommunikations- und Gestaltungskonzepte um diese Markenprodukte verleihen dem Produkt einen Bedeutungsraum. Zusammen mit der Aura des Produktes, mit jenen Faktoren, die durch Geschichte und Kultur der Marke und seiner Hersteller geprägt ist, schaffen sie sozusagen die »Möglichkeitsbedingungen« für die spezifische Art, mit der Markenbenutzer sich dann diese Marken aneignen.

Jugendkulturen bieten gute Voraussetzungen, um auffällige Formen der Markenaneignung zu untersuchen. Marken werden dort richtiggehend zelebriert. Sie bieten dem Empfänger der Markenbotschaft die Möglichkeiten von Selbstinszenierungen, von Spiegelungen, von Interaktionen in seiner Gruppe, mit Hilfe derer er seine Identität bildet, sein Selbstverständnis in der Welt, seine persönliche Entwicklung und seine Verbundenheit. Das wird in der spezifisch zu beobachtenden Form möglich, weil die Marke dafür die Möglichkeitsbedingungen geschaffen hat. Die Macher solcher Marken scheinen tatsächlich »optische« Instrumente anzubieten, in denen Hunderttausende etwas wahrnehmen, das sie sonst nicht sehen könnten.

Der grosse Unterschied von Marken zum literarischen Werk oder ganz allgemein zur Kunst: Werke der Kunst dienten und dienen genau diesem Zweck der erhöhten Wahrnehmung oder um es mit dem grossartigen Schweizer Dichter Gerhard Meier zu sagen: »Zeitgenössische Kunst macht gelegentlich etwas begreifbar, das nicht ohne Weiteres begriffen wird, darum kommt sie einigen unbegreiflich vor.« [4] Der primäre Zweck von Marken dagegen ist das Verbessern ihrer Vermarktbarkeit: im wirtschaftlichen Vermittlungssystem von Angebot und Nachfrage mehr Umsatz und mehr Gewinn zu erzielen.

Die »geistigen« Funktionen der Marke, die nichts mit der eigentlichen Funktion der Ware zu tun haben, werden aktiv befördert – auch mit Brandingmethoden. Ist das nicht ein Schwindel, um der kommerziellen Ziele willen?

Markenmacher müssen sich bewusst sein, dass sie an Inszenierungen mitstricken, die hohe kulturelle Wirkung entfalten können, wie zum Beispiel bei Marken, um die sich Jugendkulturen bilden: Die Marke übernimmt in solchen »Communities« Funktionen der Selbstfindung, wie wir sie in anderer Form von Familienritualen, aus der Religion oder aus der Kunst kennen. Es sind andere Formen der Selbstfindung und sie finden an anderen Orten statt als wir es von früher kennen. Das ist irritierend und manchmal auch verstörend.

Diese Art Ritualisierung kann aber nicht einfach mittels Beeinflussung hervorgebracht und gesteuert werden – auch nicht mit den raffinierten psychologischen Tricks des Branding. Da würde man die Machbarkeit solcher Strategien überschätzen. Markengestalter sind nicht allmächtige Mythenerschaffer. Die fähigen unter ihnen wissen zu interpretieren, was in einem Unternehmen oder einem Produkt an Gehalt steckt, und tragen mit ihrer Gestaltung der Kommunikation zum Mythos bei. Legen sie den Zweck ihres Tuns offen, ist wenig dagegen einzuwenden. Denn offensichtlich kommen sie einem Bedürfnis nach, das sich am Markt in einer Nachfrage äussert. Die Ware ist dabei nur Mittel zum Zweck, nicht umgekehrt. Was am Markt nachgefragt wird, sind die Bilder und Vorstellungen, die zur Identitätsbildung dienen. Die eigentliche Ware ist nur deren Verdinglichung. Heute vermitteln uns nicht nur die Kunst, die Religion oder die Familie Werte und verschaffen uns Sinn, sondern auch am Markt erhältliche Marken. Sie tun es, weil wir für sie bezahlen. Darum wirkt die Identifikation mit diesen Kunstgebilden halt immer auch ein bisschen skurril und aufgesetzt.

Man sollte es aber auch nicht überbewerten: Menschen werden für die Entwicklung der Menschen nie durch käufliche Wertevehikel ersetzt werden können. Ihnen fehlt die emotionale Ausstrahlung, die sich aus dem Erlebten speist. Emotionale Stimmigkeit erfordert positive Wertschätzung, Empathie und Kongruenz: Das sind Beziehungsattribute von Menschen, welche eine Markenvermittlung nie leisten wird, weil sie es nicht leisten kann.

Daniel Zehntner ist Kommunikationsdesigner und Geschäftsleiter der Eclat AG in Zürich.

[1] Jonas Ridderstråle & Kjell Nordström; Funky Business, New Jersey 2000
[2] Lutz von Rosenstiel & Alexander Kirsch; Psychologie der Werbung, Rosenheim 1996
[3] Marcel Proust; Auf der Suche nach der verlorenen Zeit. Band 7: Die wiedergefundene Zeit
[4] Gerhard Meier; Baur und Bindschädler, Frankfurt a.M. 1995

POSING THE PROBLEM. PROPOSITION 5

THE "TRUTH" THE BRAND

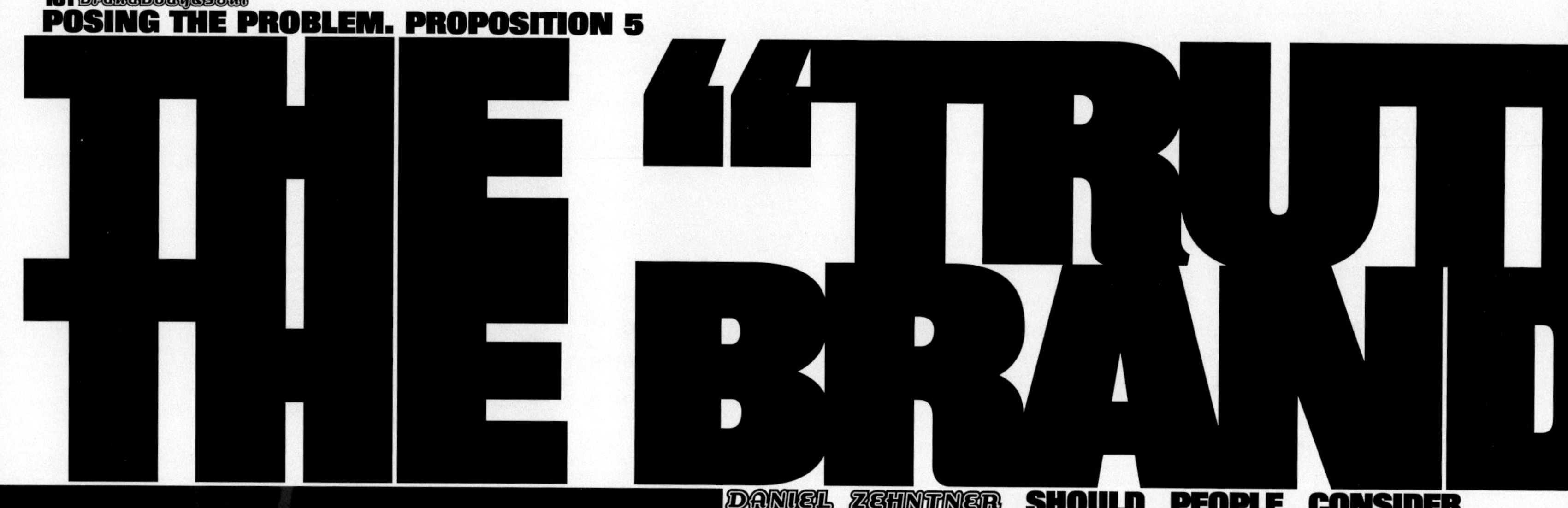

DANIEL ZEHNTNER **SHOULD PEOPLE CONSIDER THEMSELVES AS BRANDS, TOO? ARE THERE TRUTHFUL BRANDS? WHAT'S THE RESPONSIBILITY OF BRAND DEVELOPERS?**

DANIEL ZEHNTNER, FOR YEARS YOU'VE BEEN INVOLVED IN DESIGNING COMPANIES LIKE BRANDS, AND TO MOULD WHATEVER THEY CONVEY INTO ONE CONSISTENT ADVERTISING MESSAGE. WHY DO COMPANIES OPERATE WITH BRANDS?

In today's highly developed society we are confronted with enormous amounts of information every day. In the industrial countries of Europe we encounter an average of 6,000 different brands a day. A study, carried through a few years ago, showed that the average European, today, rarely is able to recognize ten wildflowers, but that he or she recognizes more than one thousand brand names.[1] It is not without reason that we talk about being inundated by information or – from the viewpoint of the providers of the messages – about *the competition for attention*.

Branding is used to make enterprises succeed in this competition for attention. Companies and products are moulded into advertising messages that are perceived and remembered and appreciated because they are a promise. The sale of products, the recruiting of personnel, the acquisition of capital, and the motivation of the staff are made much easier that way. That's a quantifiable improvement.

Peter Drucker coined the well known saying that it is better to own a brand than to own a factory. Isn't that slightly exaggerated?

All effects of advertising have to go through the "eye of the needle of human experience and behaviour".[2] Products and companies are an experience. The way they are experienced essentially depends on the images they evoke in us, what stories they tell, how they are staged, which messages, forms, colours, pictures and fonts they use. Companies are interested in guiding the perception of themselves and their products in such a way that we assume a positive attitude toward them. They cultivate all places where they are noticed. This is called *awareness chain* in analogy to "value chain", marking the different appearances a company and its products can have, ranging from the looks and the demeanour of its staff to its buildings, its products, company cars, forms, manuals, and advertisements.

Thus, branding is a *technique of targeted intervention* in any sphere of people's experiences in order to influence their behaviour. People should perceive the brand, should remember the brand, and should appreciate it. In order to make them do so, companies use all kinds of psychological insights, be it from the field of gestalt-psychology (e.g.: How do I have to design a message to render it formally sufficiently poignant?), be it from the field of behavioural psychology (e.g.: How can I design messages which are instantaneously rewarding to the addressee?).

Nowadays, brands and brandings are concepts familiar to everyone, since this technique, in times of global superabundance of information, is highly esteemed. One example might be that, today, a newly released business magazine no longer is titled e.g. "Manager" or "The Economist" but "Brand One". Peter Drucker is totally right.

Is it, then, justified to consider ourselves as brands – like we are being told we should by branding specialists?

If a single person is declared a brand it means, among other things, that he or she can use the same techniques otherwise successfully applied to products or companies. His or her attire, appearance and performance, or way of communicating are used as means to evoke appreciation.

This would imply that people consider and judge themselves as if being perceived and valued by the market – i.e. in some form of intervention where supply and demand meet and can be measured in quantities like dollars, tons or megabytes. But our interrelationships are "regulated", "steered" by various other forms of interventions, e.g. within a family, a community, or some tradition. The exchange between people cannot be reduced or compared to something like the relation between output and payment. Such relationships are vital for a single person's as well as for a society's well-being, and much more important than business or market connections exclusively geared toward an exchange of goods or services.

People aren't products. The impression somebody leaves does not only depend on factors he or she steers rationally – factors like words or deeds or apparel. A person's appearance is substantially characterised by emotions that are not intellectually controlled. People cannot be designed that easily because unconsciously made experiences are part of them. If their overall appearance, the mix of controllable and uncontrollable factors, is noticeably different from their rationally steered appearance we immediately perceive this inconsistency and become suspicious – however subtle the techniques of personal branding might be applied.

But wouldn't something similar hold true for companies and products? – It is my opinion that there are factors one could call unconscious or unintended in those fields of the application of branding, too, factors that cannot

simply be designed, and that essentially influence the appearance of brands. What I want to refer to is the history, ancestry, culture, or other people and their environments which might be driving forces and important influences for these brands. Branding managers who argue that every human being is a brand, too, do, at least in my opinion, leave – even when dealing with companies and products – the impression that they are not sufficiently aware of the possibilities and limits of branding.

Where do you see these limits?

As already mentioned, there are factors influencing the appearance of a product or company which we technically cannot change at will. Methods of brand development and brand management sometimes claim that everything, from the definition of the core of a brand to the realisation of its visual identity to all the communication involved, can be developed and designed exactly according to the objectives given. But in order to succeed in developing an overall appearance that is consistent and alive it is much more important to understand the essence of the product, its spirit, to anticipate its myth. Which means that I have to be aware of those aspects of it, too, that are influenced by factors not foreseen or foreseeable, not intended but accompanying them.
One effective method, in this respect, is drafting. According to gestalt-psychology, an outline functions as gestalt, as a whole that cannot be explained merely by its parts – just like music or the art of cooking. Designers try to get to the consistent overall appearance by approximation, by drafts. This is the way they develop a brand, they do not transform some written briefing into some picture. How to do that in the right way is scientifically as difficult to explain as the composition of a melody. Here we see the limits of branding as a rational method.

Is there something like "truth" or the truthfulness of a brand, and, in connection with it, a responsibility, an obligation of the brand designers to aim at achieving it?

In his "In Search of Lost Time", Marcel Proust wrote some sentences concerning the concept of "truth" in literature which I apply to brands, too: "In reality, every reader, when he is reading, is only a reader of himself. The work of the writer can only be considered as some kind of optical instrument given to the reader by the author in order to make him realize something he might otherwise not have been able to recognize within himself. That the reader finds the message of the book within himself proves the truthfulness of the book, and vice versa." [3] Applied to brands: the truthfulness of the brand lies in its capability to make the user recognise something within himself which he otherwise probably would not have realized. In this respect, a brand can be considered an "optical instrument".

Don't you idealise?

To a pretty large extent, human experiences are influenced by emotions rather than by cognition; this goes for the perception of brands, too, which means, e.g. in the case of product brands: perceiving these products with all their communicative accessories. We know this from studies in psychology, and those studies are supported by brain research. Experiences, therefore, are an open field for all kinds of conditioning or influences. The total of all the brand communication and design concepts involved convey a certain "range of meanings" to these products. The concepts, together with the "aura" of the product, i.e. those factors characterised by the history and the culture of the brand and its producers, constitute the "predispositions" for the specific way in which users will adopt these brands.
Youth cultures provide almost ideal preconditions for studying conspicuous forms of brand adoption. In youth cultures, brands are absolutely celebrated. They provide the addressees of the brand message with possibilities of staging themselves, of "self-reflection", of interacting with their group(s), thus shaping his or her identity, his or her self-conception in the world, their personal development and attachments. It is possible to observe and study these phenomena because the brand created these possibilities or preconditions. The designers of such brands, indeed, seem to provide "optical" instruments enabling millions of people to perceive something they otherwise would or could not see.
There is one big difference between brands and literature or works of art in general: works of art served or serve as a means to heighten human perception or, to put it in Gerhard Meier's, the great Swiss author's, words: "Contemporary art occasionally renders something comprehensible which is not comprehended at first sight, that's why some people think it's incomprehensible."[4] The primary objective of brands, in contrast, lies in the improvement of their marketability: to obtain larger sales and profits in this system of supply and demand.

The "intellectual" functions of the brand, having nothing to do with the essential function of the product, are actively brought forward – with branding methods, too. Isn't that cheating, in pursuit of purely commercial goals?

Brand designers have to be aware of the fact that they take part in stagings that can have major cultural effects, e.g. with the production of brands creating youth cultures: In such "communities" the brand shares responsibilities, e.g. in the search for identity, which are otherwise provided by rituals in families, the religions, or the arts. They are different forms of self-definition, and they are attained in other places than before. This can sometimes be irritating and disturbing.

This kind of ritualising cannot simply be created and steered by manipulation – not even by the subtle psychological tricks used in branding. Assuming such effects would be an overestimation (of the possibilities) of the strategies involved. Brand designers are not omnipotent creators of myths. The talented among them know how to interpret the contents of a product or company, and contribute to the myth by designing its communication. There's nothing wrong with that as long as they communicate the aim of their doing. Obviously, they respond to some need which shows itself in the demands of the market. The product, in this case, is only a means towards this end, not vice versa. What the market demands are the images and associations needed in identity formation. The goods themselves can only be seen as their objectification. Today, it is not only the arts, religion, or the family that convey values or meaning, today it is the brands available on the market, too. They do so because we have to pay for them. That's why, at the same time, the identification with these artefacts seems a bit superimposed and ludicrous.

Yet, one should not overrate it: in the forming of people, real people can never be substituted by purchasable goods. The goods lack the emotional charisma originating from and nourished by experience. Emotional consistency demands appreciation, empathy, and congruency: aspects of the relationships between people, something the communication of a brand will never be able to cover because it simply cannot do that.
Daniel Zehntner, brand consultant and CEO of Eclat AG, Zurich.

References
[1] Jonas Ridderstråle & Kjell Nordström; Funky Business, New Jersey 2000
[2] Lutz von Rosenstiel & Alexander Kirsch; Psychologie der Werbung,
   Rosenheim 1996
[3] Marcel Proust; Auf der Suche nach der verlorenen Zeit. Band 7: Die wiedergefundene Zeit
[4] Gerhard Meier; Baur und Bindschädler, Frankfurt a.M. 1995

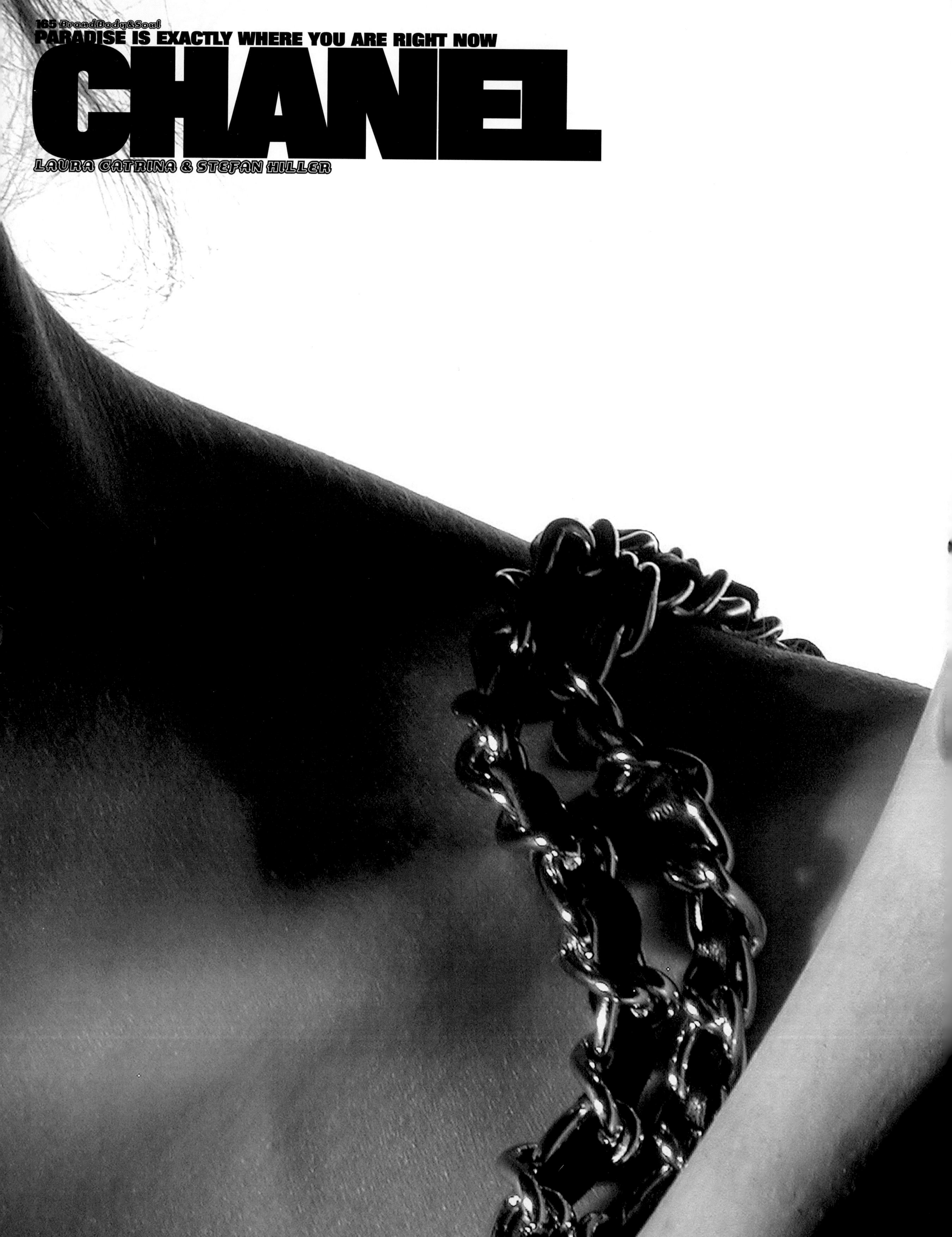
165 BrandBody&Soul
PARADISE IS EXACTLY WHERE YOU ARE RIGHT NOW
CHANEL
LAURA CATRINA & STEFAN HILLER

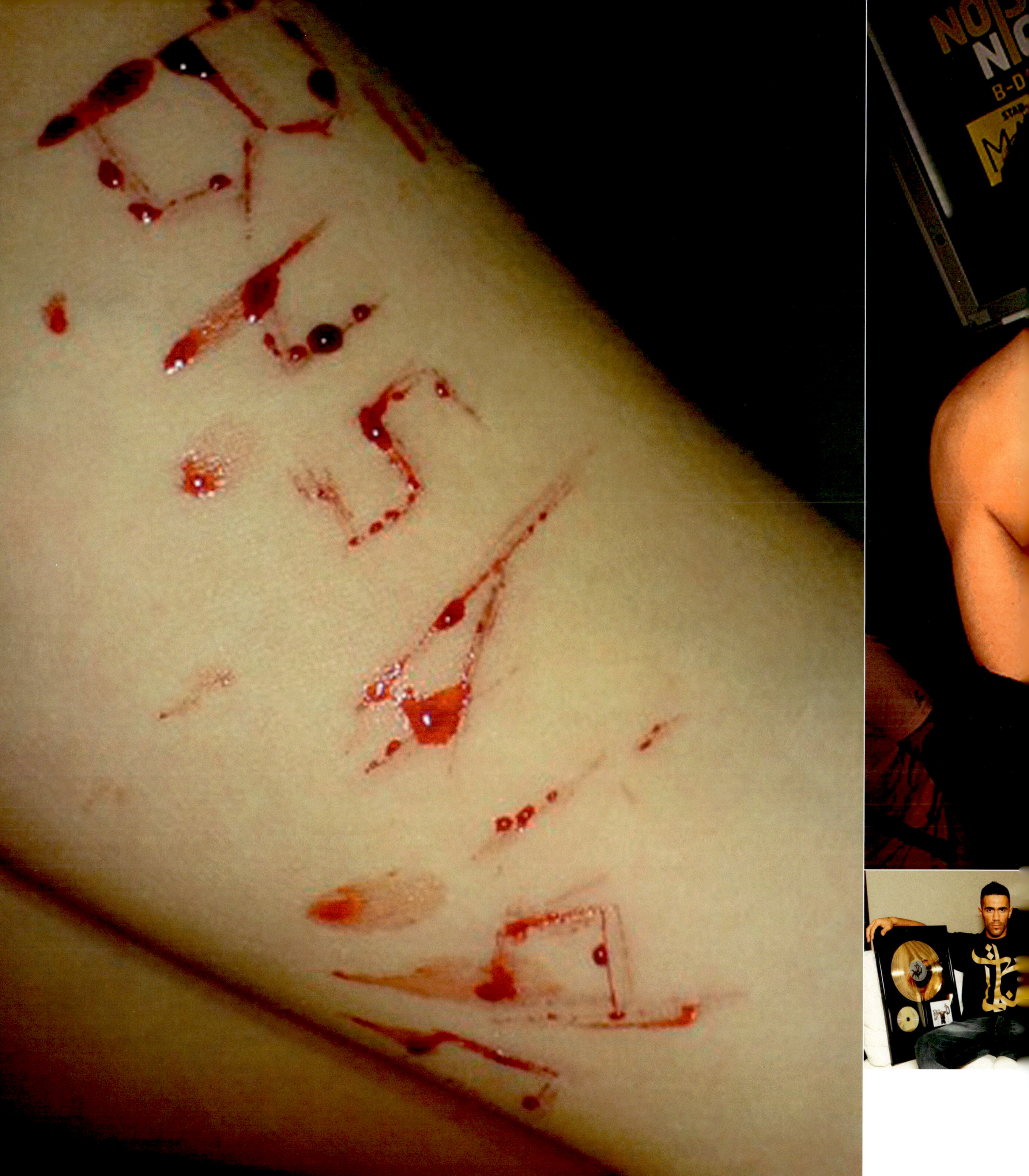

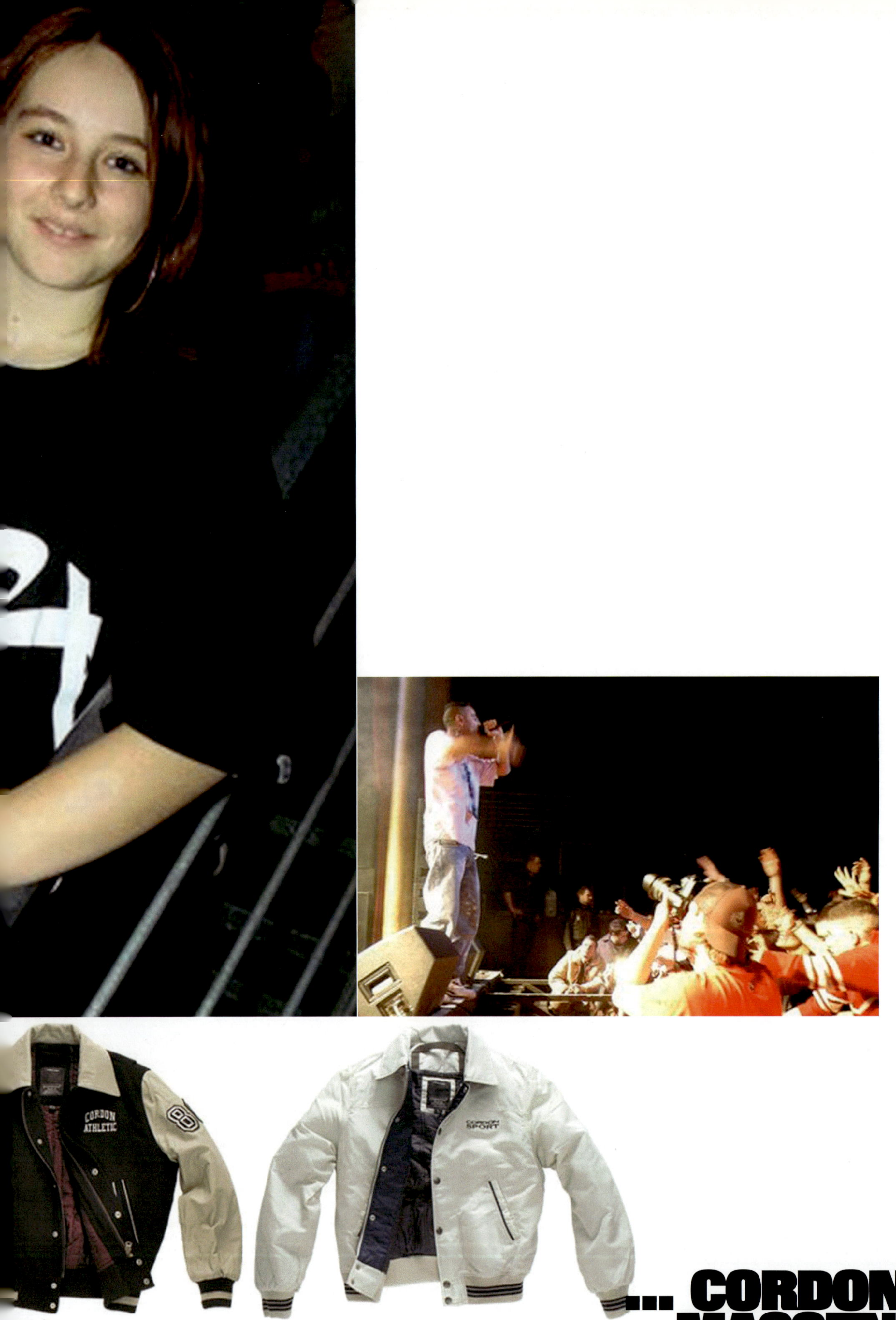

... CORDON SPORT MASSENMORD – JETZT IST KRIEG AB SOFORT.

Sony Black & Frank White a.k.a. Bushido und Fler, Cordon Sport Massenmord

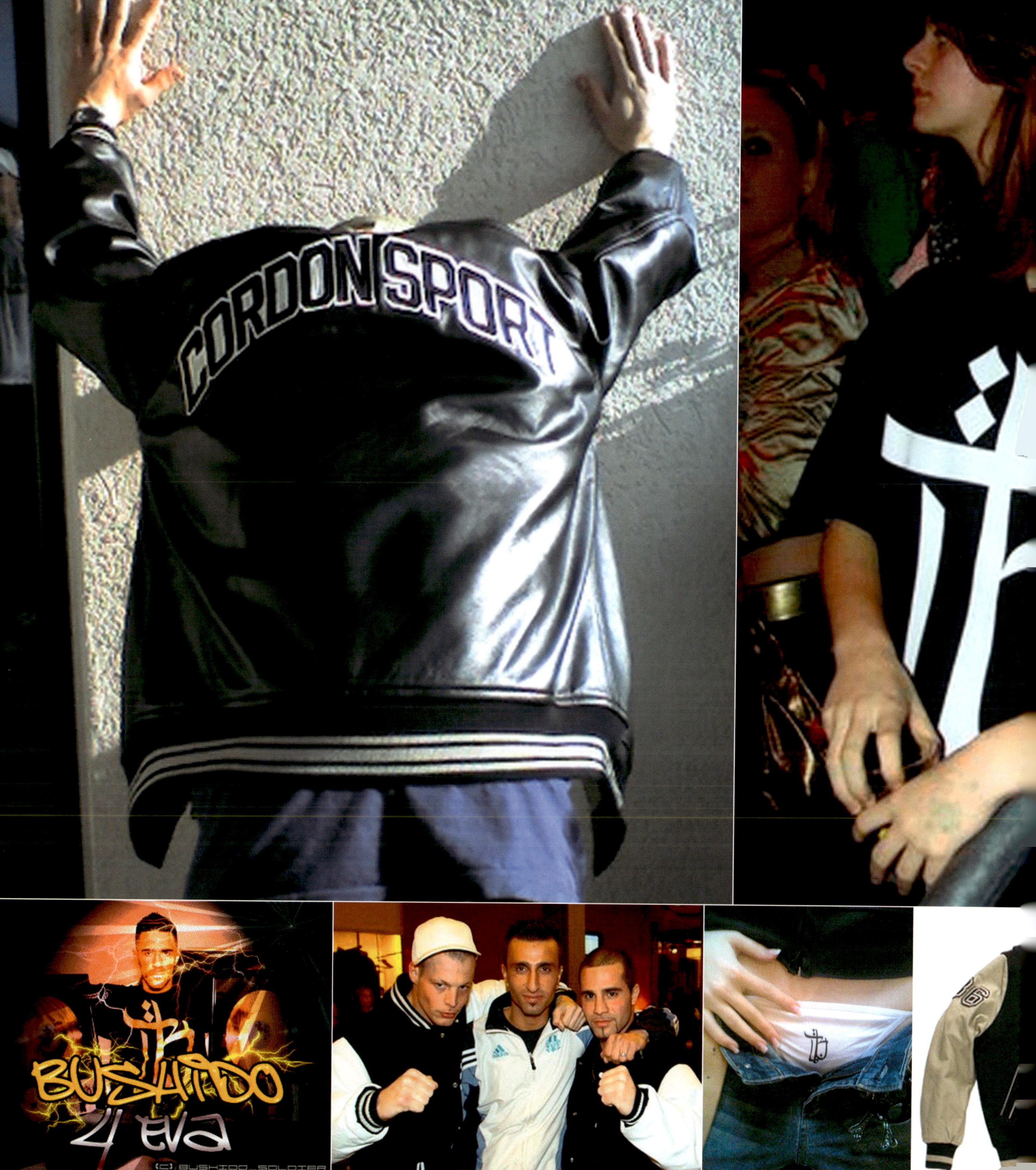

CORDON SPORT
BUSHIDO
4 EVA
(C) BUSHIDO_SOLDIER

AGGRO

... BORDSTEIN, SKYLINE, FAUSTSCHLAG, ASPIRIN CARLO COKXXX NUTTEN, KREUZBERG STUDIO UNIVERSAL, GUTERJUNGE, DU BIST EIN HURENSOHN HUGO BOSS, BANGBUS, EXTREM NOTGEIL ARMBAND, BREITLING, BACKSTAGE, SHOWTIME BULLROT, AIRMAX, PRIMETIME, KOKAIN....

Bushido; Sonnenbankflavour

IMMER SCHÖN BLEIBEN!

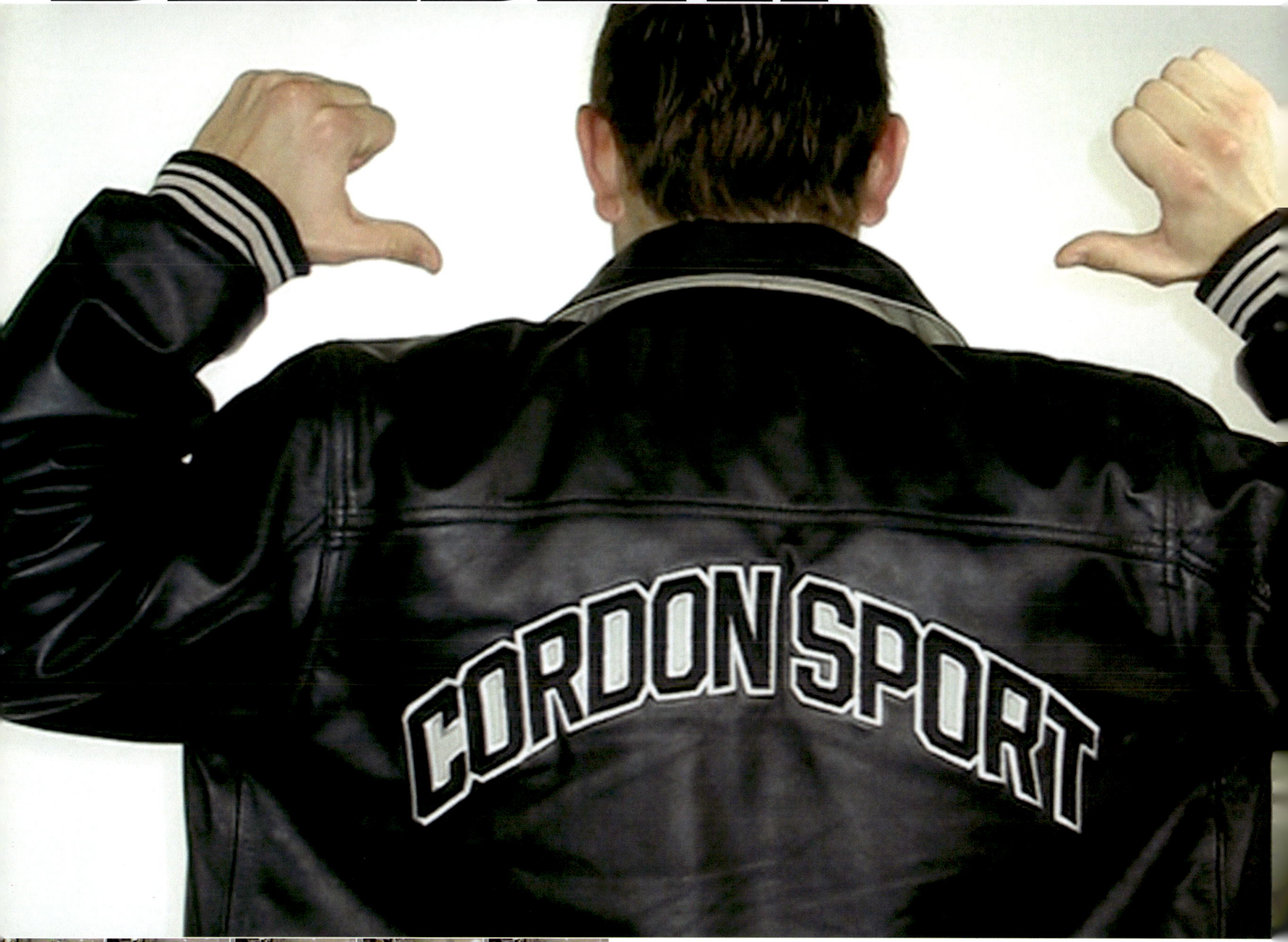

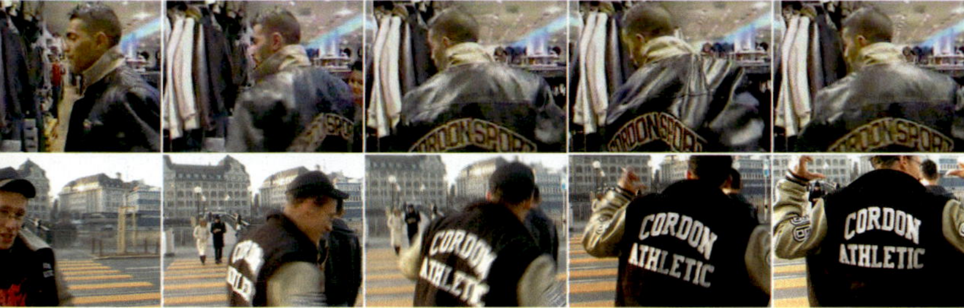

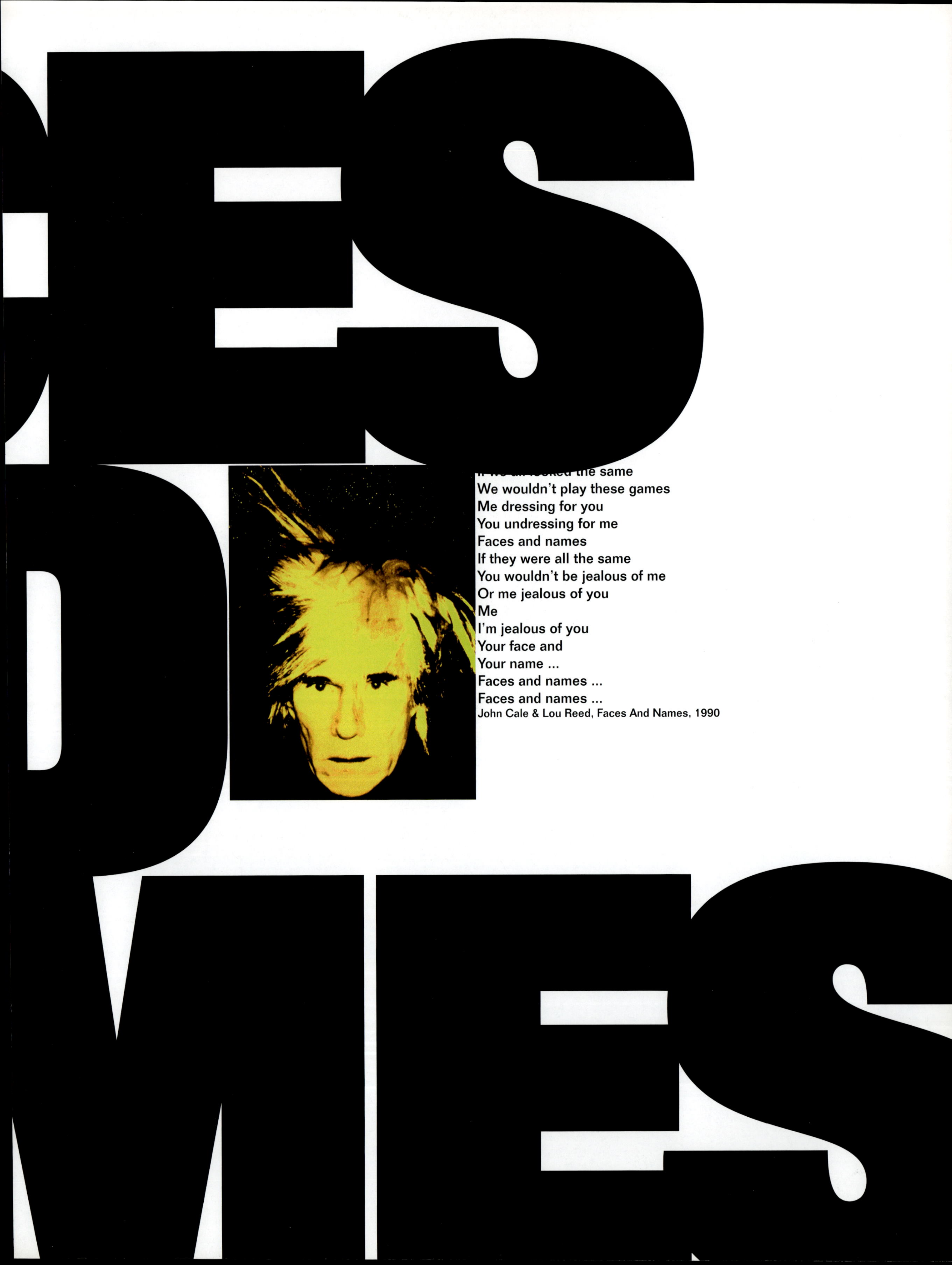
If we all looked the same
We wouldn't play these games
Me dressing for you
You undressing for me
Faces and names
If they were all the same
You wouldn't be jealous of me
Or me jealous of you
Me
I'm jealous of you
Your face and
Your name ...
Faces and names ...
Faces and names ...
John Cale & Lou Reed, Faces And Names, 1990

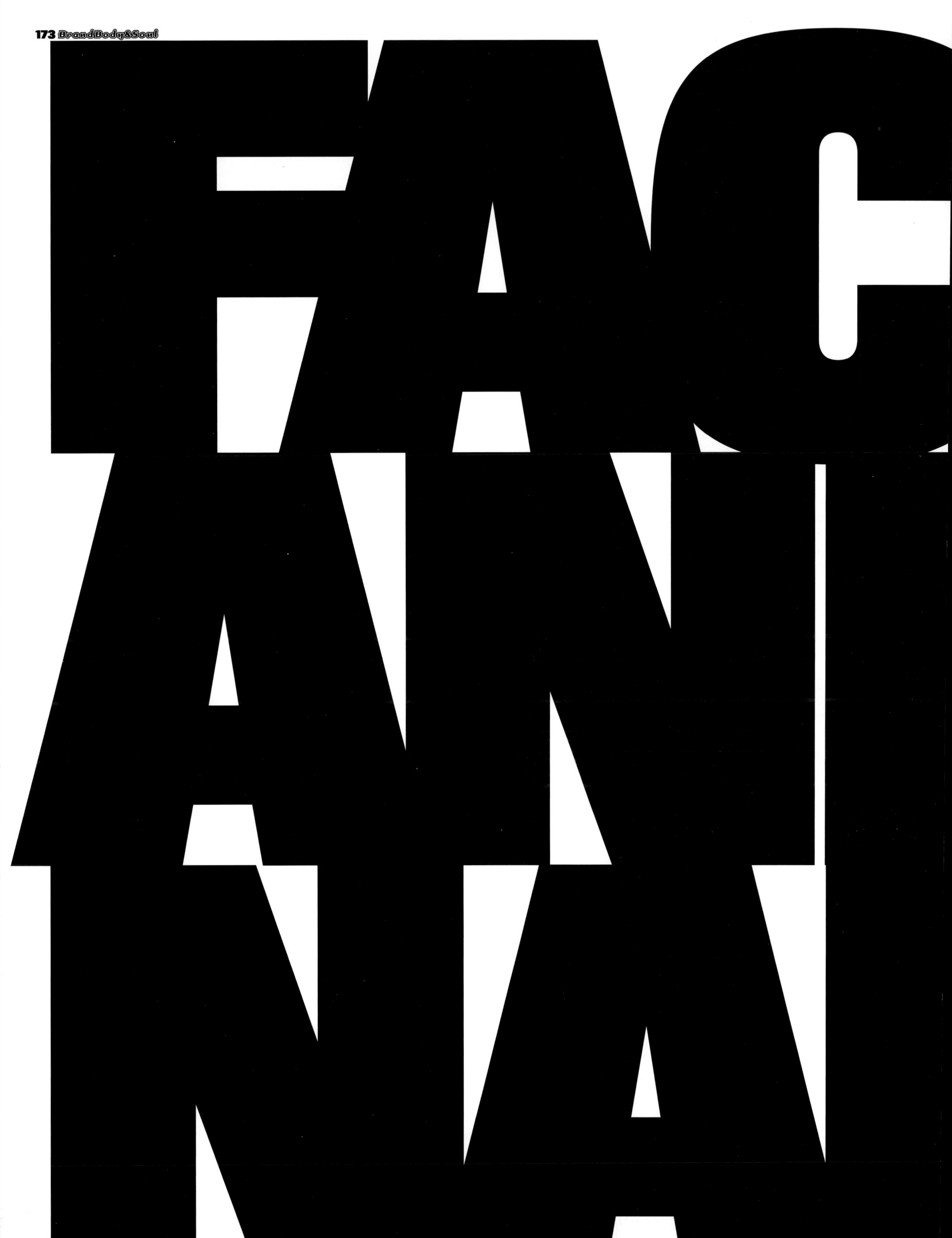
FAC/T
AN
NA

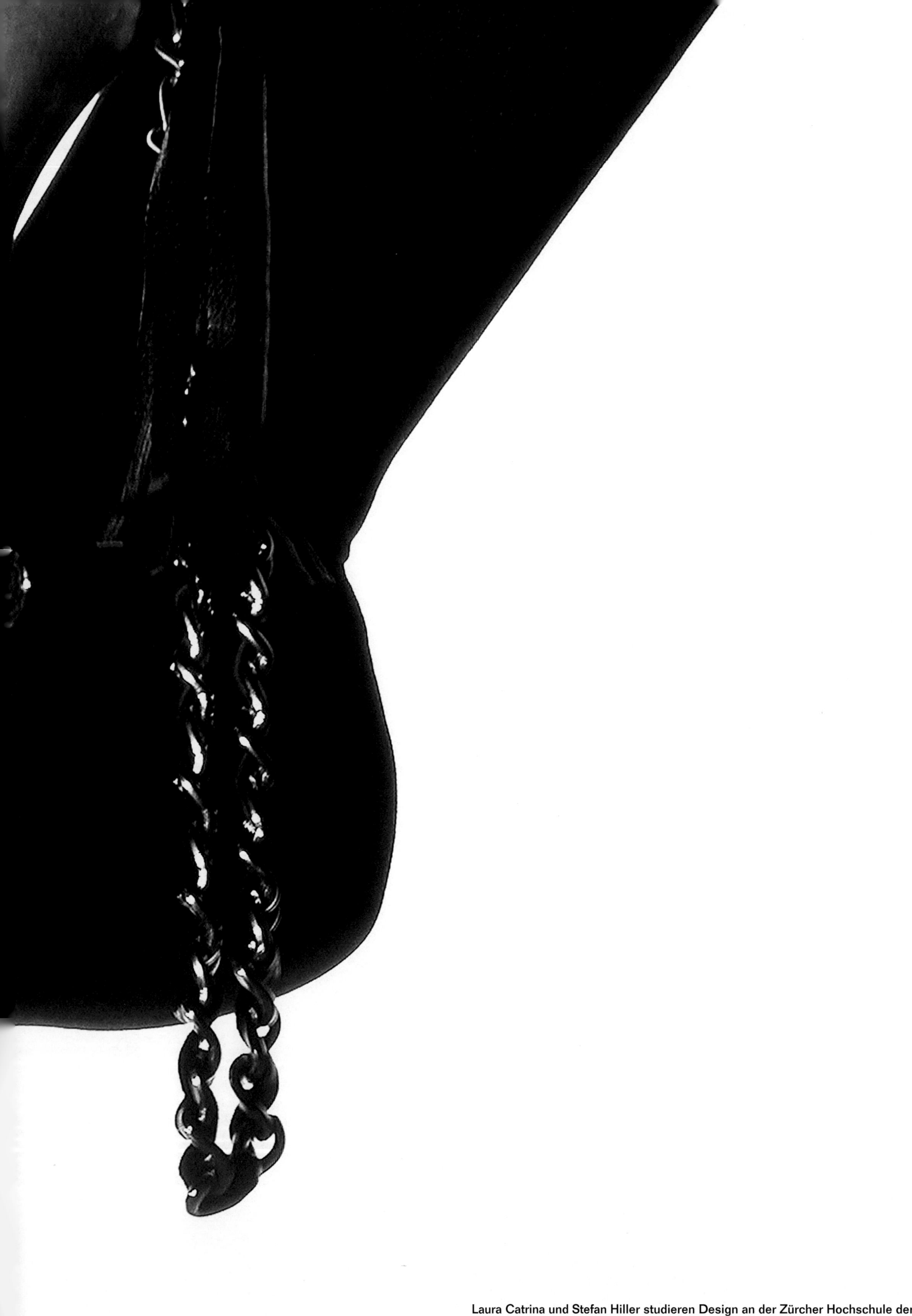

Laura Catrina und Stefan Hiller studieren Design an der Zürcher Hochschule der Künste (ZHdK).
Laura Catrina and Stefan Hiller, bachelor students of design at the Zurich University of the Arts (ZHdK).

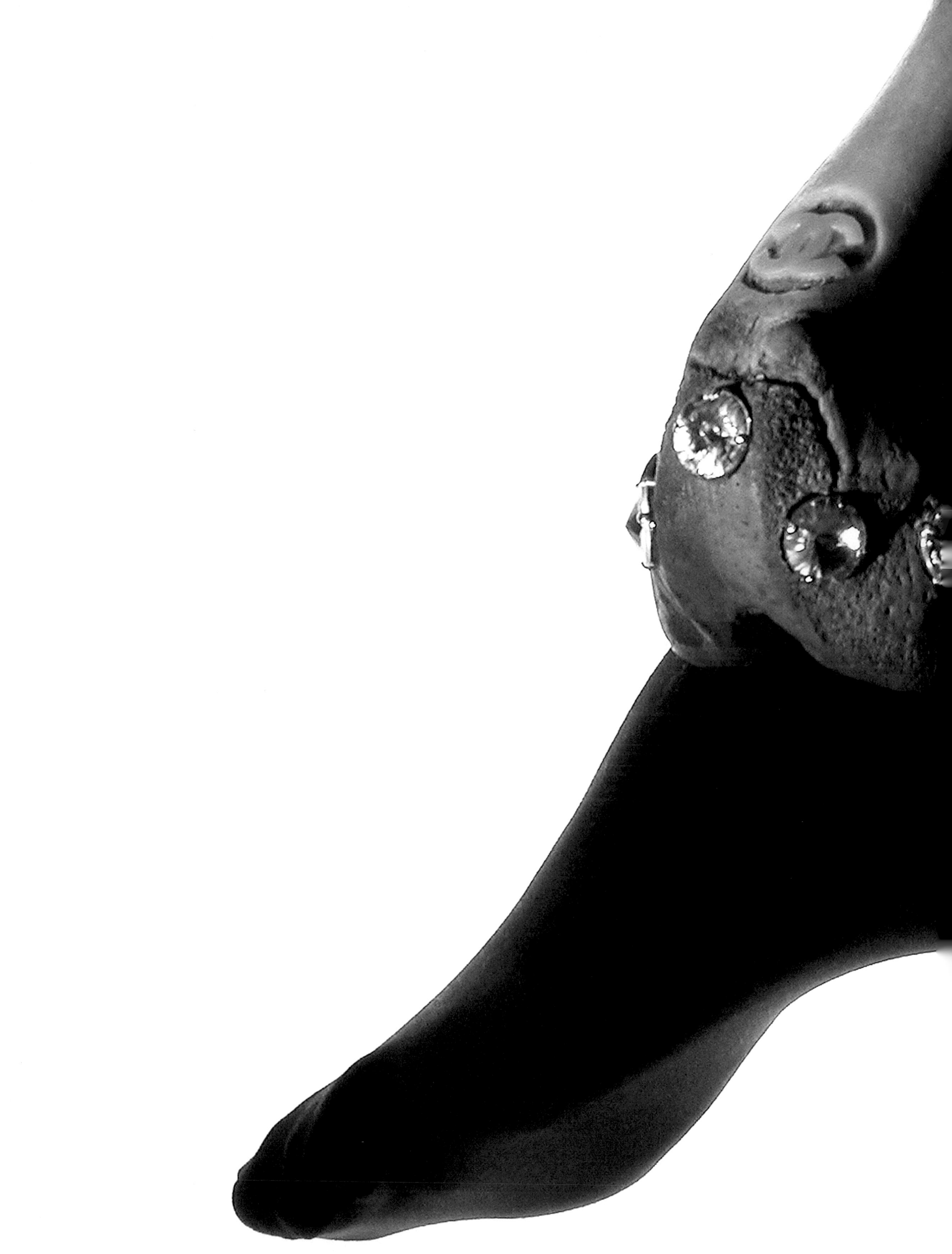

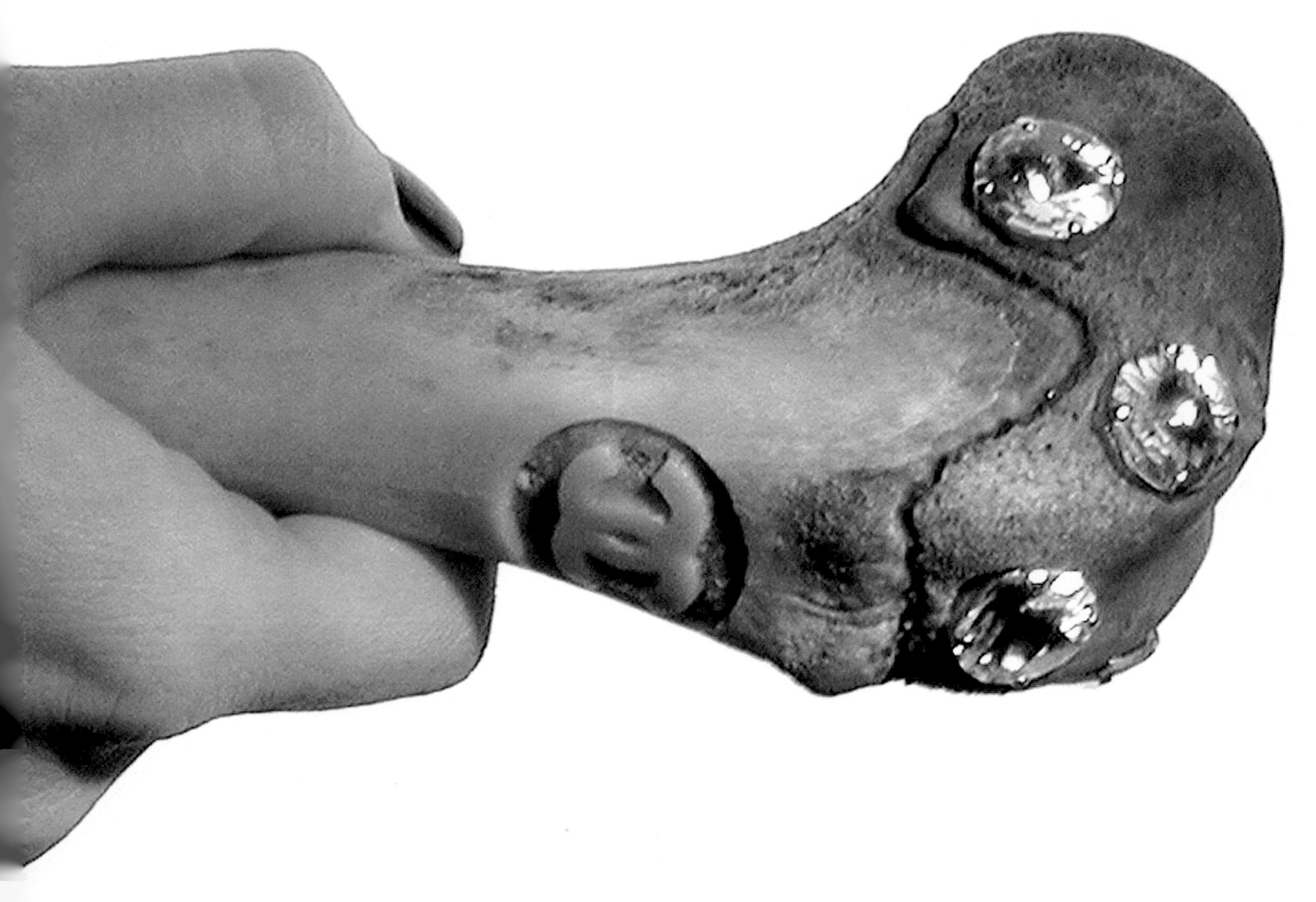

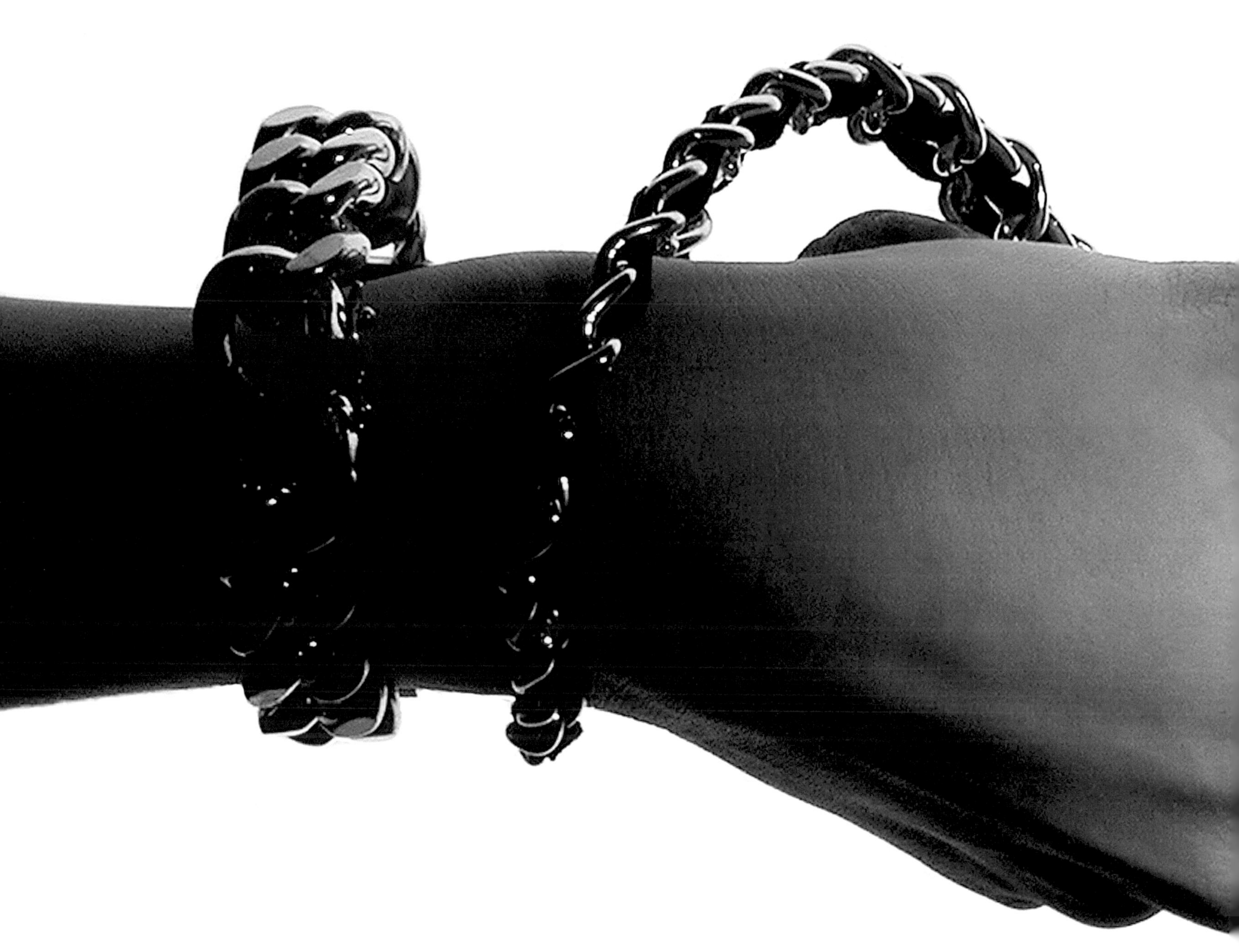

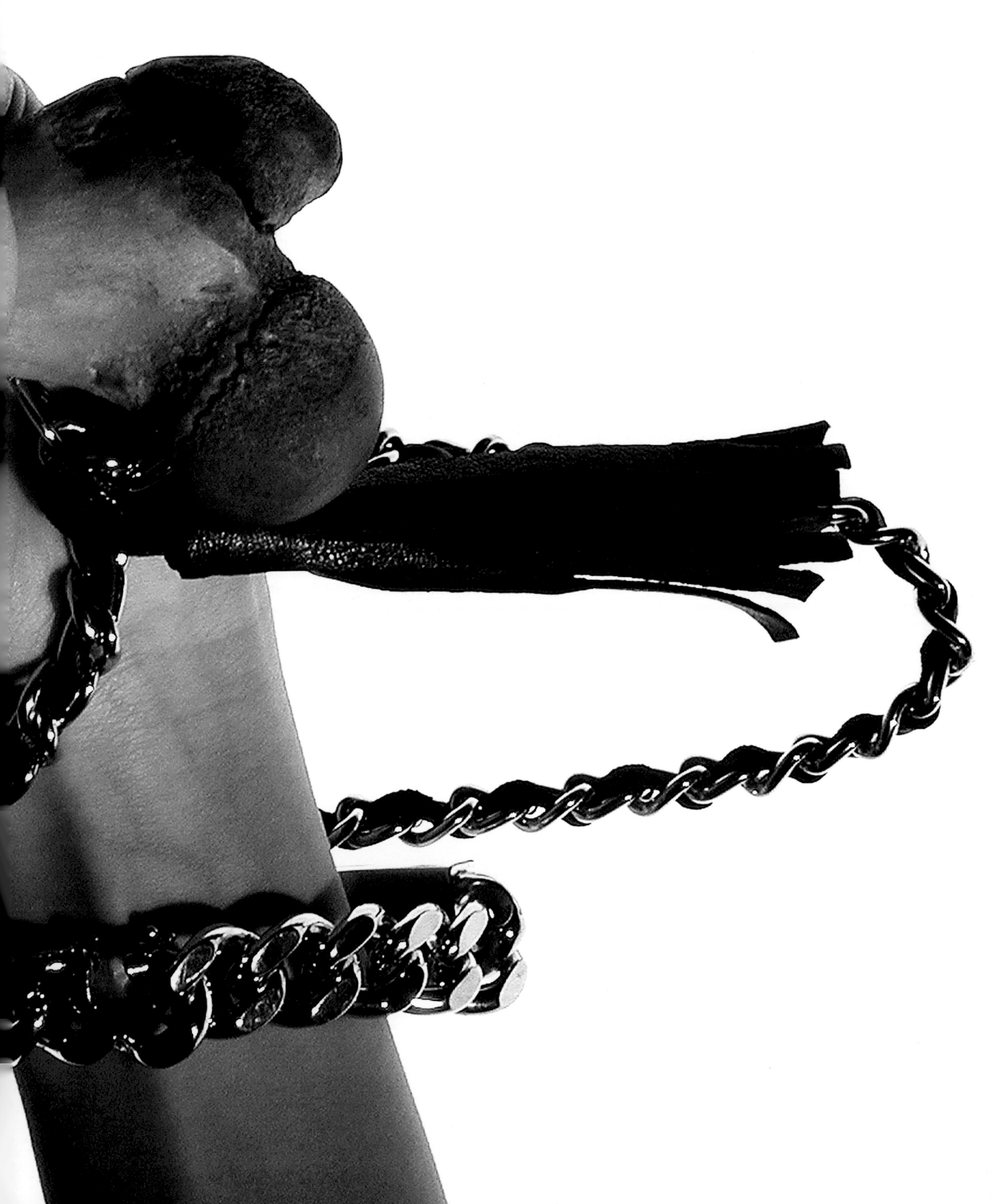

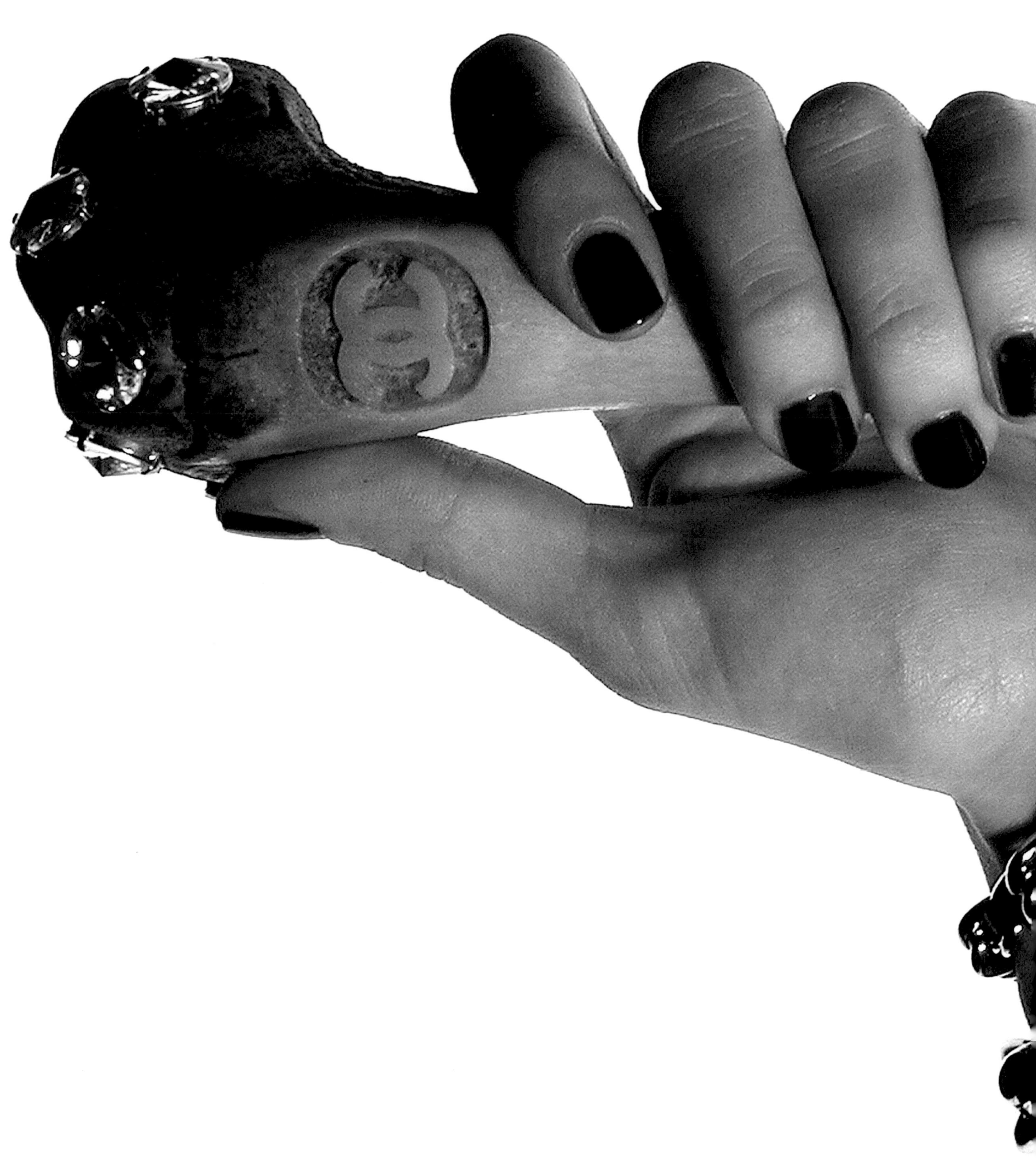

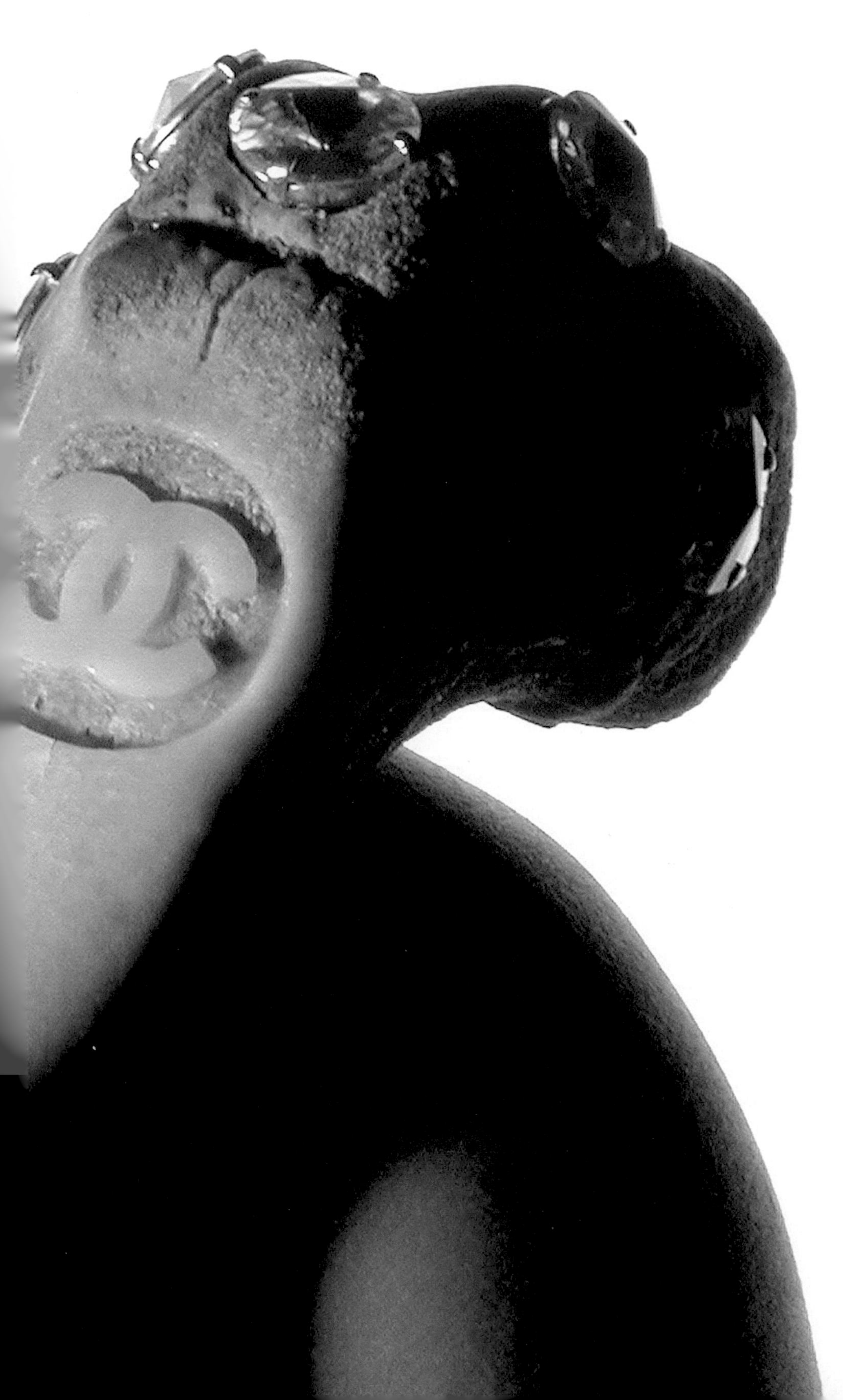

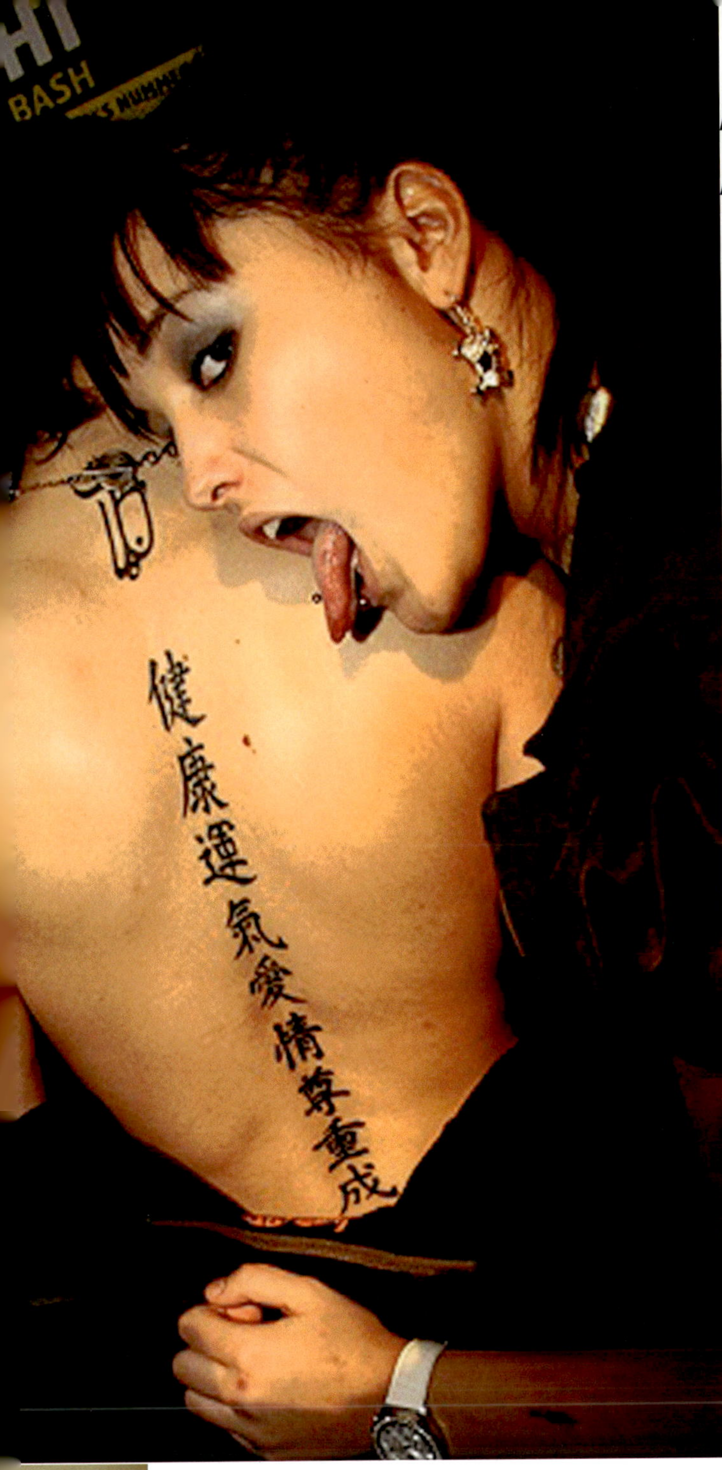

AGGRO
ALL THE WAY

CR MTV SETS THE EXAMPLE: THE HOTTEST HIP-HOP, TODAY, IS 'MADE IN GERMANY'. BERLIN-SCHÖNEBERG AND NEUKÖLN AREN'T COMPTON OR THE SOUTH-BRONX – THEY NEEDN'T BE. BERLIN HIP-HOP BUSINESS IS WRITING ITS OWN HISTORY, WITHOUT THE HELP OF ALL THE RAP IDOLS, MERELY STRIVING FOR DECADENCE, IN NEW YORK, ATLANTA OR "LONG BEACH CITY". THE "NEUE DEUTSCHE WELLE" (NEW GERMAN WAVE) OF THE REUNITED PLATTENBAU QUARTERS IS INUNDATING THE GERMAN-SPEAKING COUNTRIES, FROM BREMEN TO GRAZ. THE GHETTO CLIPS OF THE CAPITAL CARRY YOU AWAY AND OFF: *AGGRESSIVE, LOUD AND VERY GERMAN* – THERE'S NO TRACE OF "PEACE" AND "UNITY". GERMANISED TURKISH IMMIGRANTS AND PALE-FACED BERLIN YOUNGSTERS CELEBRATE A STREET CULTURE WITHOUT THE LUKEWARM PROMISES OF SALVATION US-AMERICAN "UNCLE TOM" ROMANTICISM TRIES TO GET ACROSS. KRS ONE AND "FREE MUMIA!" ARE HISTORY, TODAY THERE'S "BERLIN CRIME". WHO NEEDS BLACK MUSIC IF YOU, MOREOVER, UNDERSTAND THE WHITE ONE. STEROID-STEELED UPPER BODIES, GUCCI PRINCESSES IN SPORTY COUPÉS FOR THREE, AMSTAFF PIT-BULLS, KNUCKS AND LOADS OF COCAINE ARE THE STUFF OF (NOT ONLY) PUBERTAL CITY DREAMS. AGGRESSION – A LIFESTYLE, MANIFESTING ITSELF IN BURSTS OF PETTY CRIME AND PREMATURE PORN FUMBLING.

... DIE HALBE JUGEND MEINES DASEINS HING AM SEIDENEN FADEN, JETZT BIN ICH DA, WERD NICHT MEHR GEHEN, IHR KÖNNT NICHTS MACHEN, AUSSER DAZUSITZEN UND ZU SEHEN WIE ANDERE SICH MEINEN NAMEN IN DIE ARME RITZEN ...

Nemesis, Ersguterjunge (Chakuza, Eko Fresh, D-Boo, Saad, Bushido)

BLOOD FOR
LONSDALE. MISSION IMPOSSIBLE

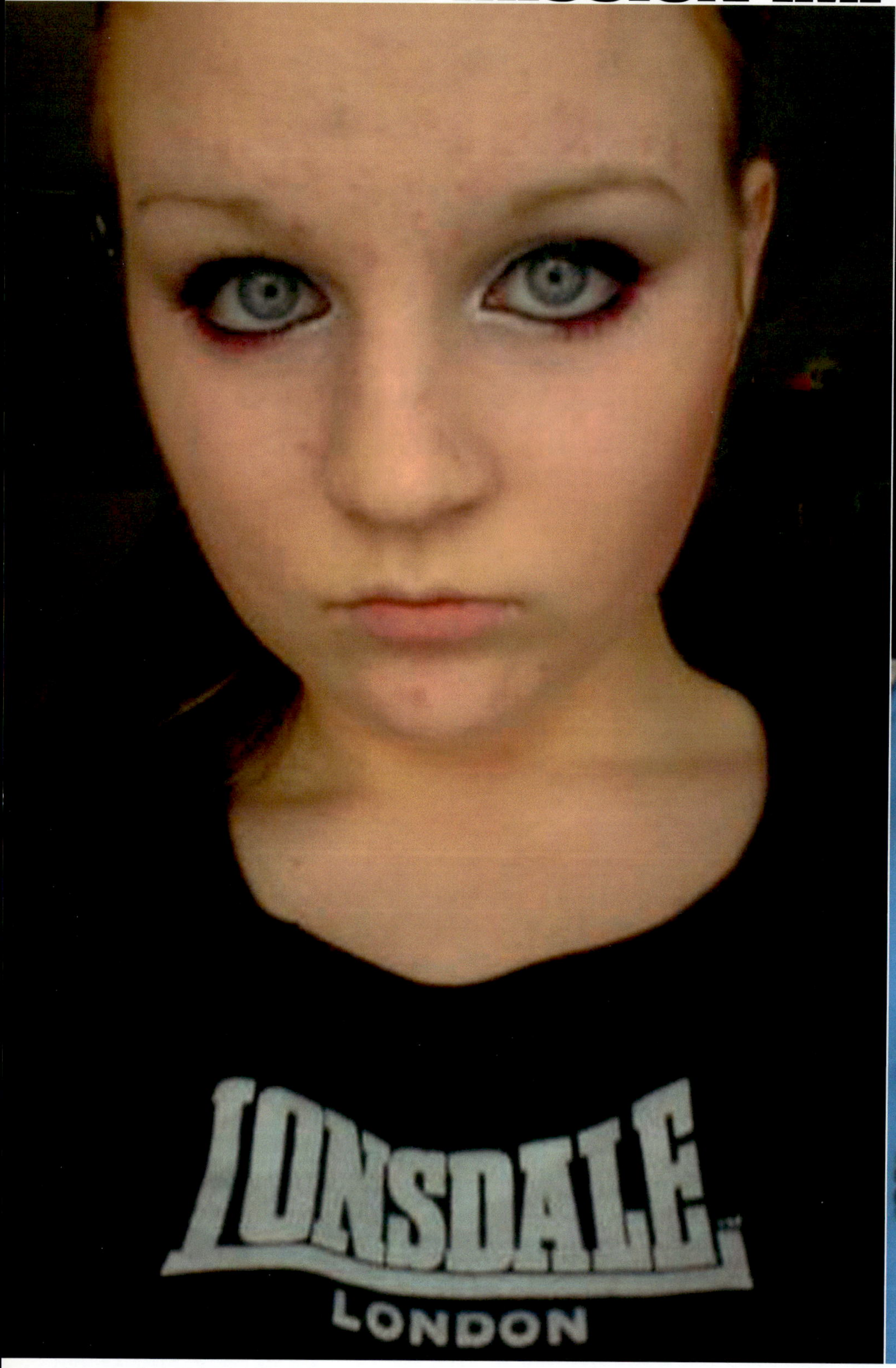

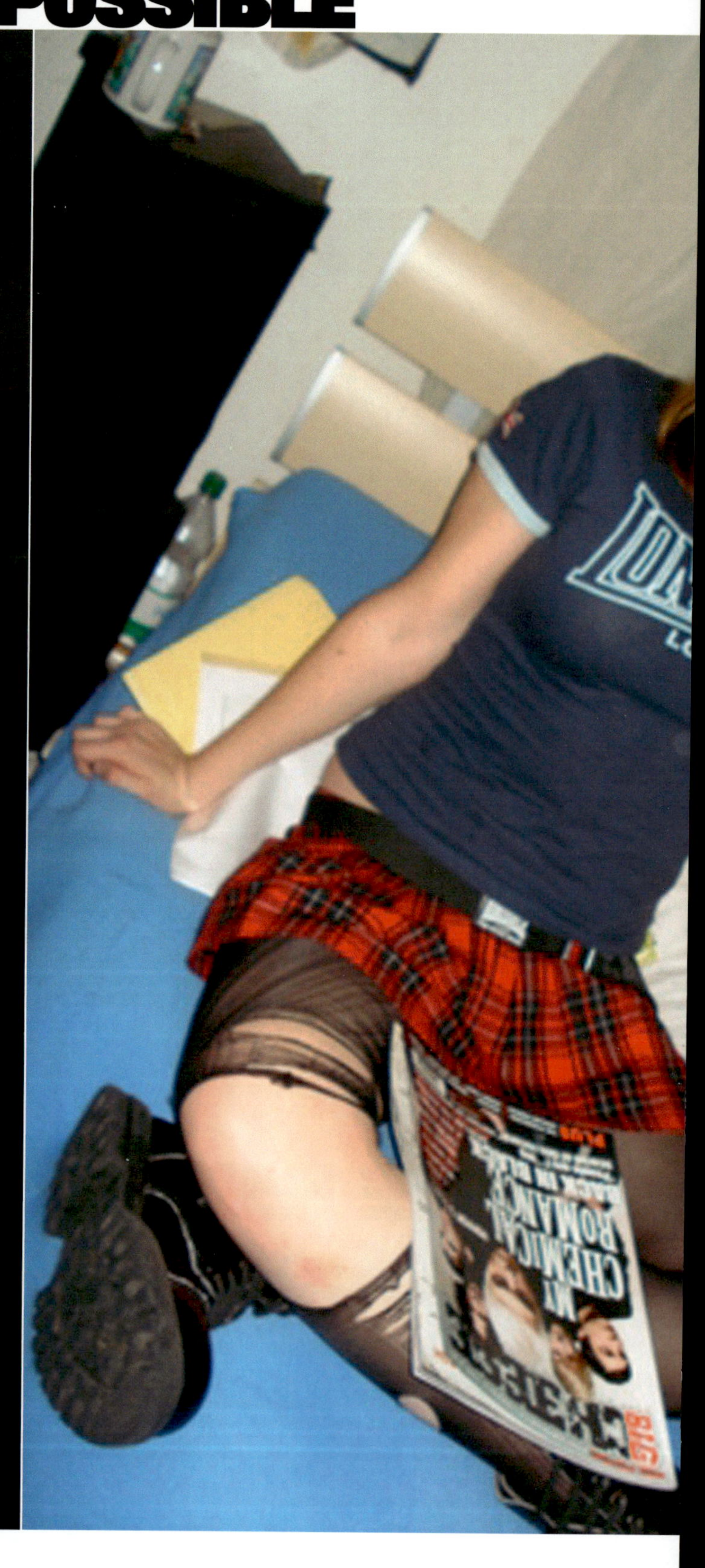

BLOOD

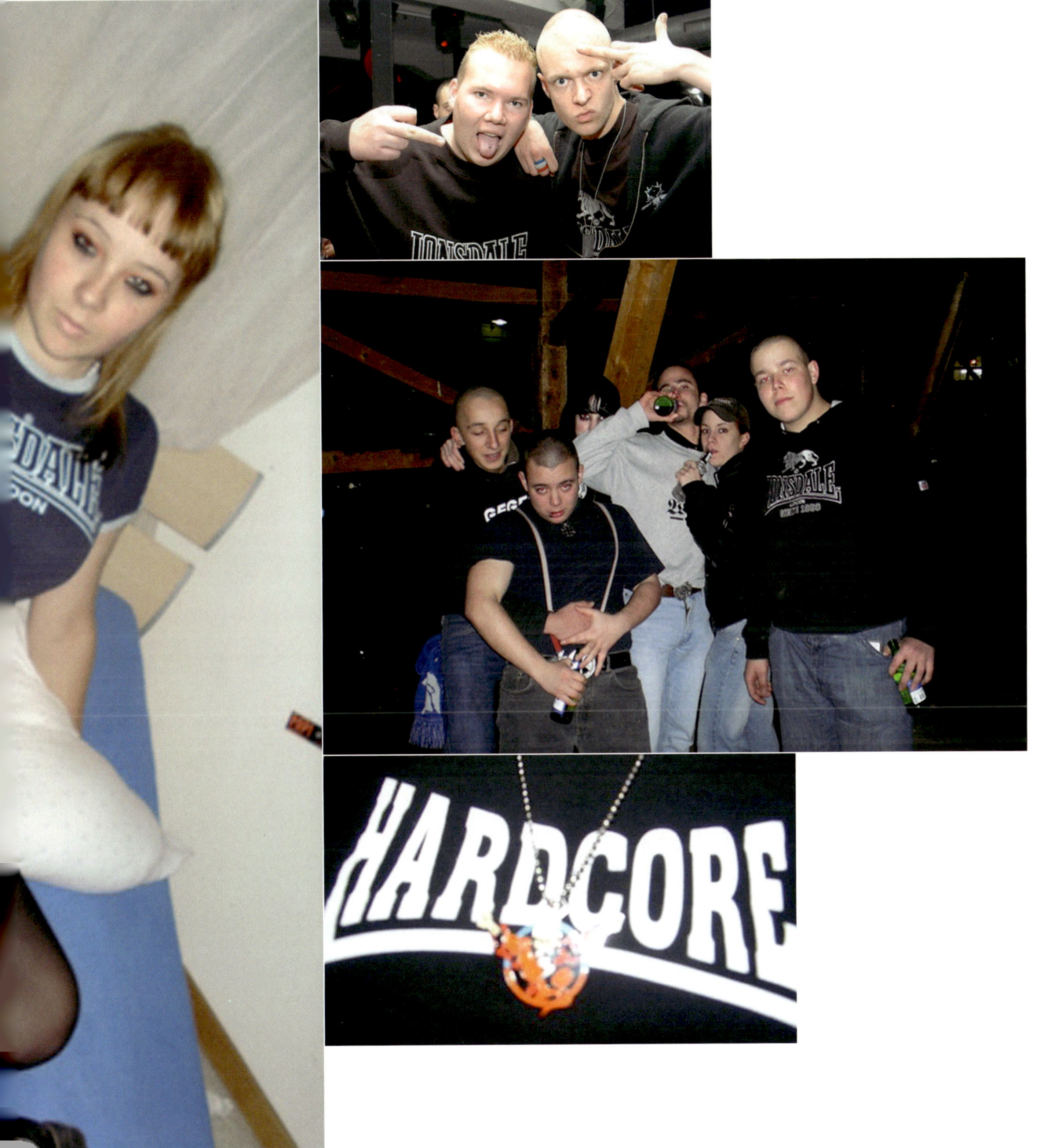

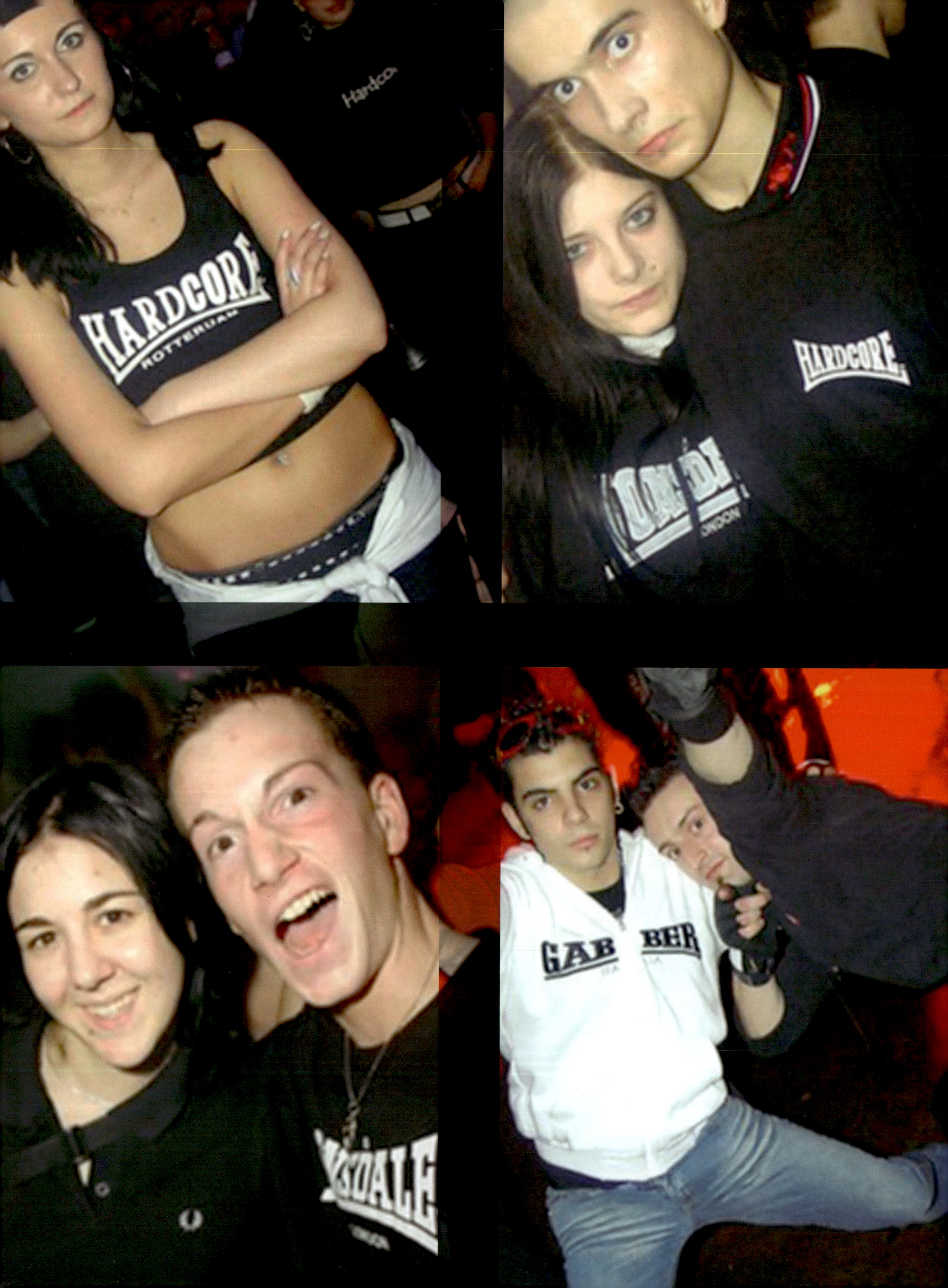
HARDCORE
ROTTERDAM
HARDCORE
GAB BER
BA A

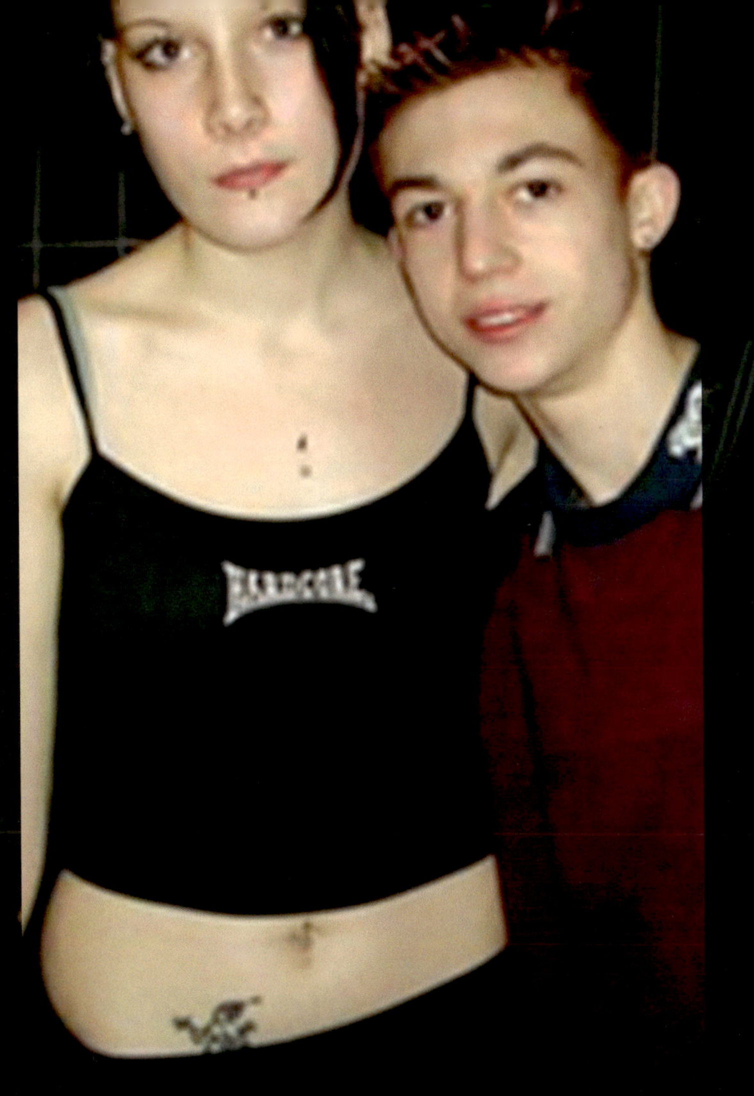
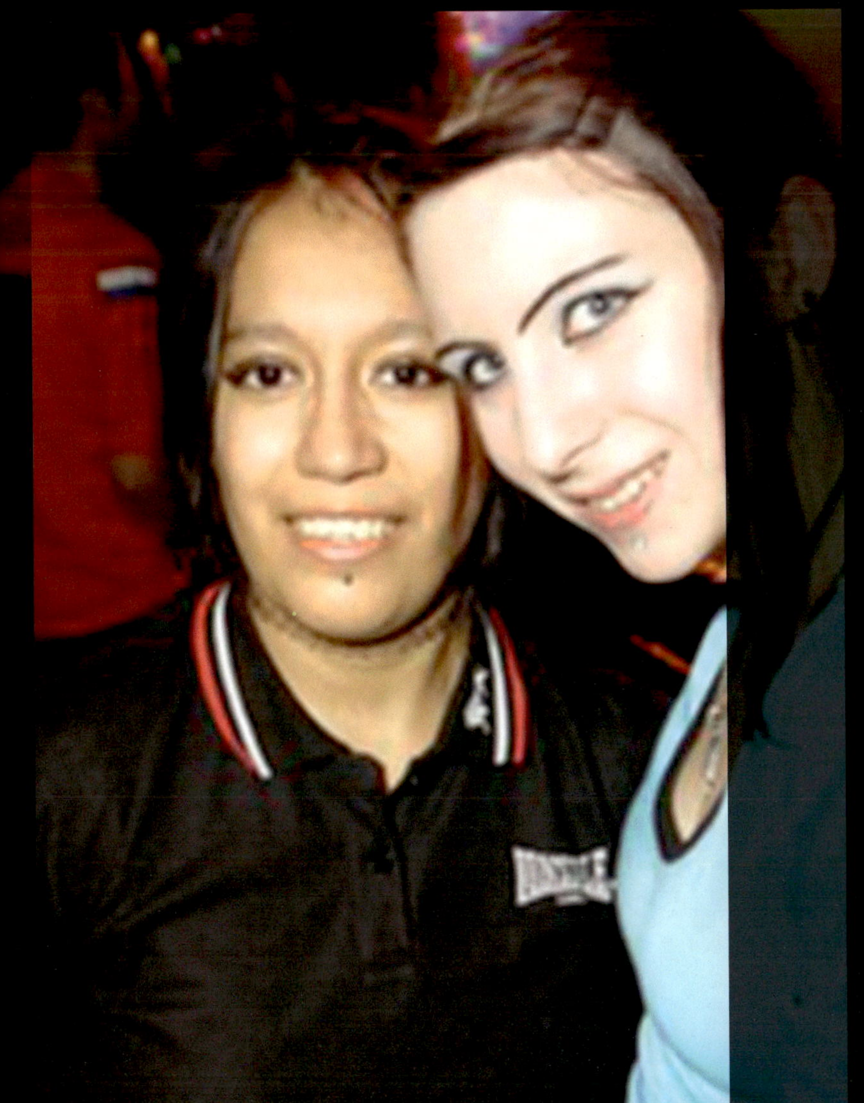
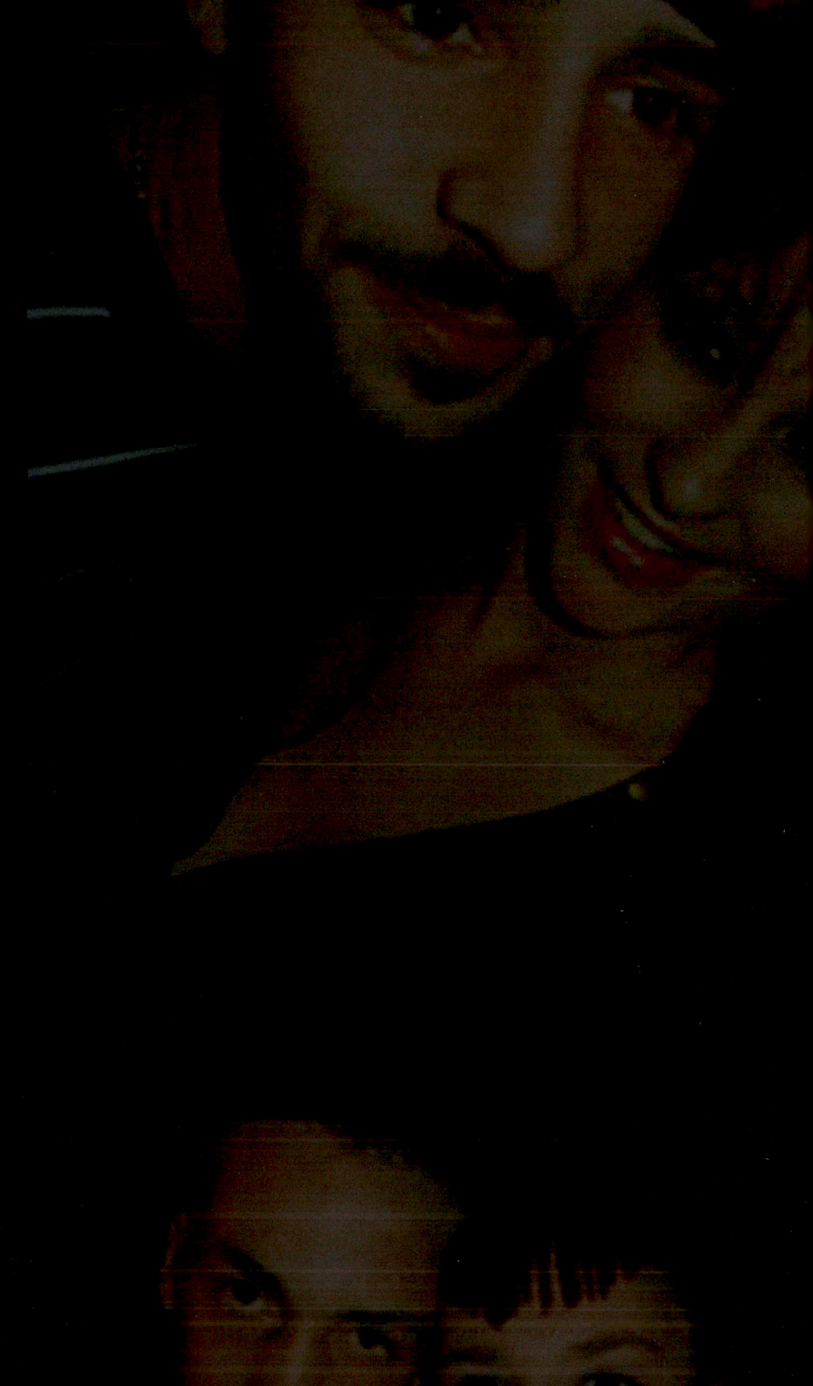
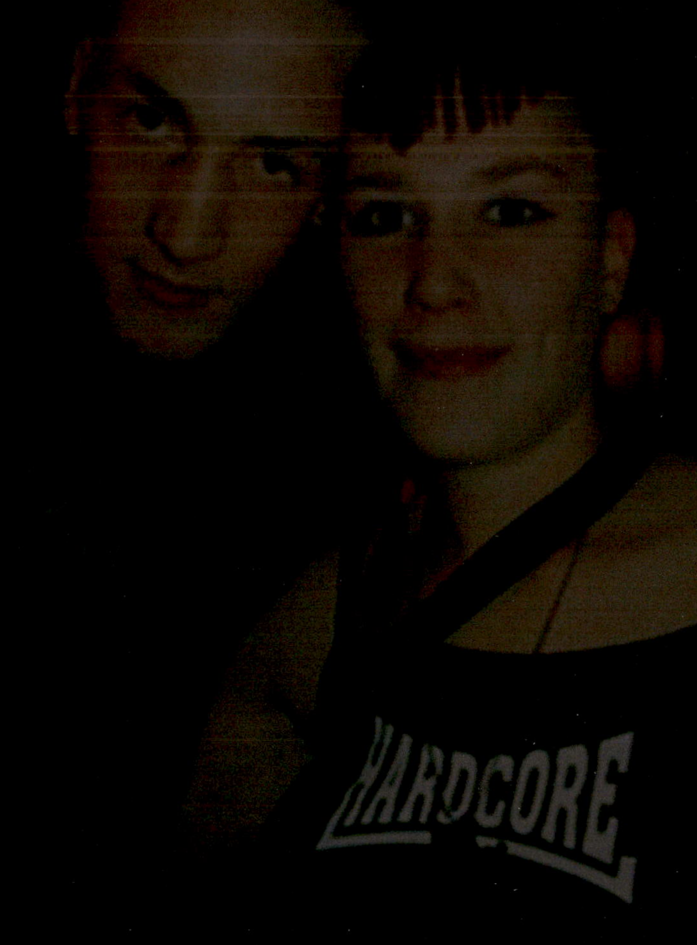

THE CHAV SID BURBERRY

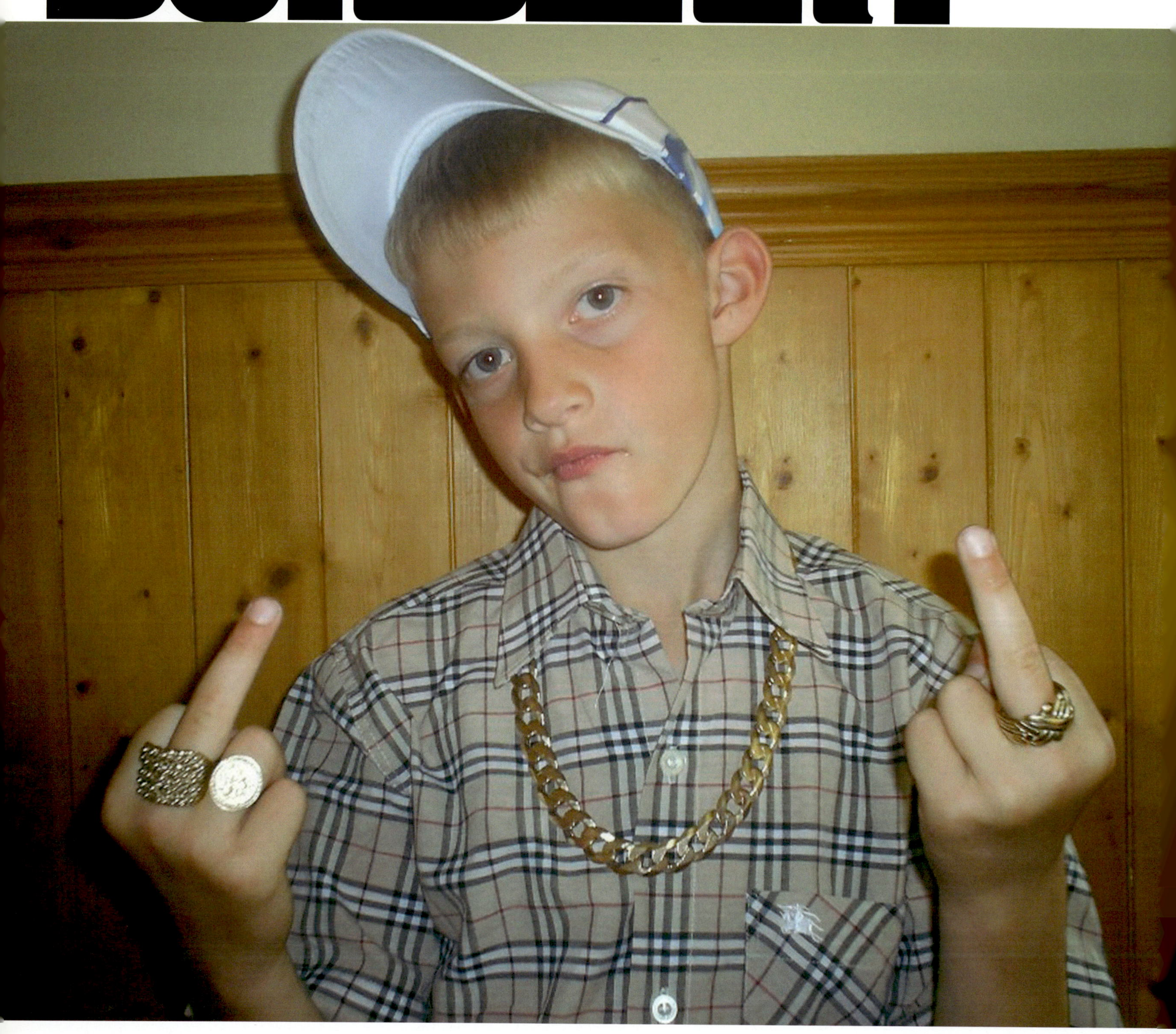

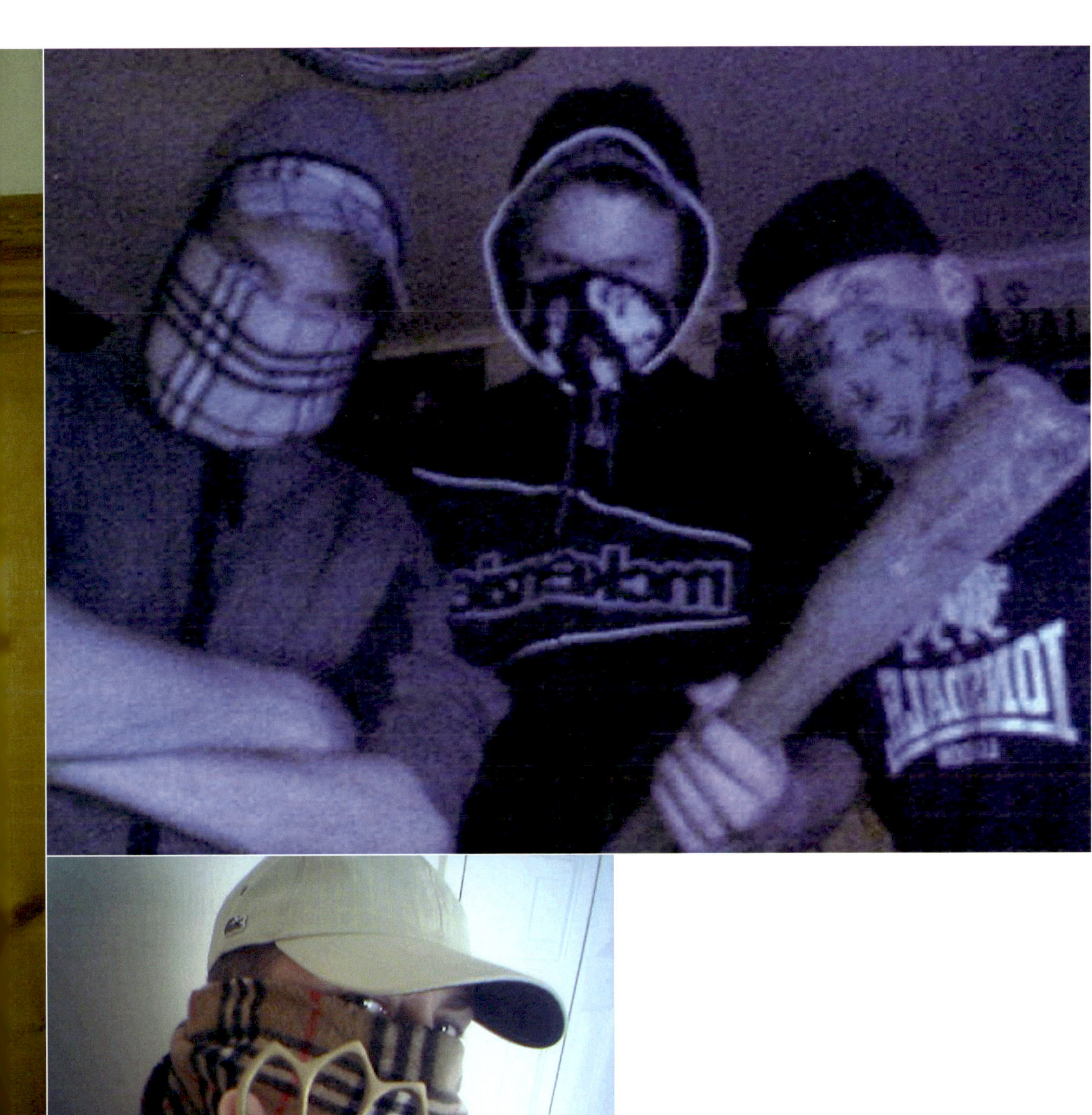

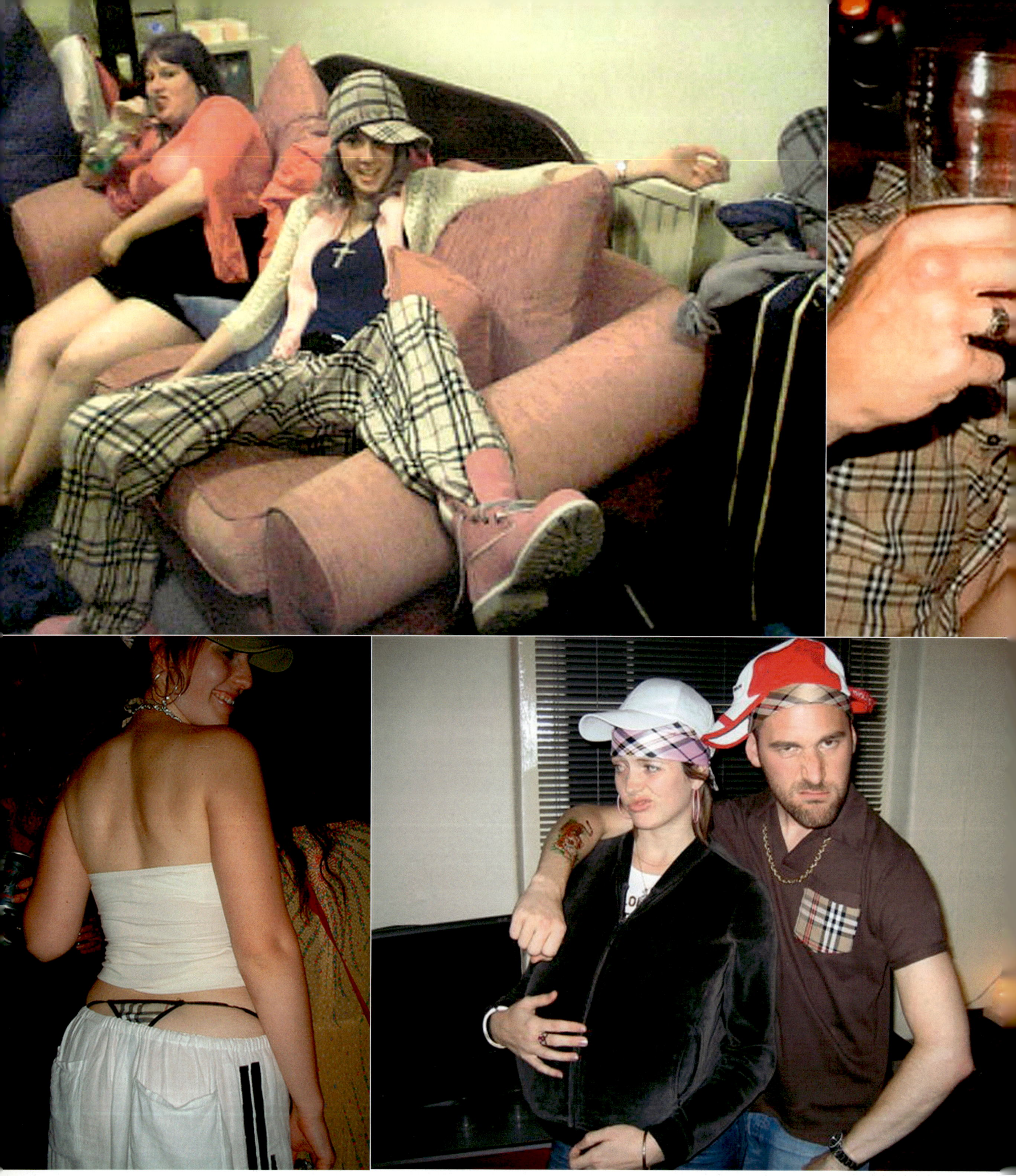

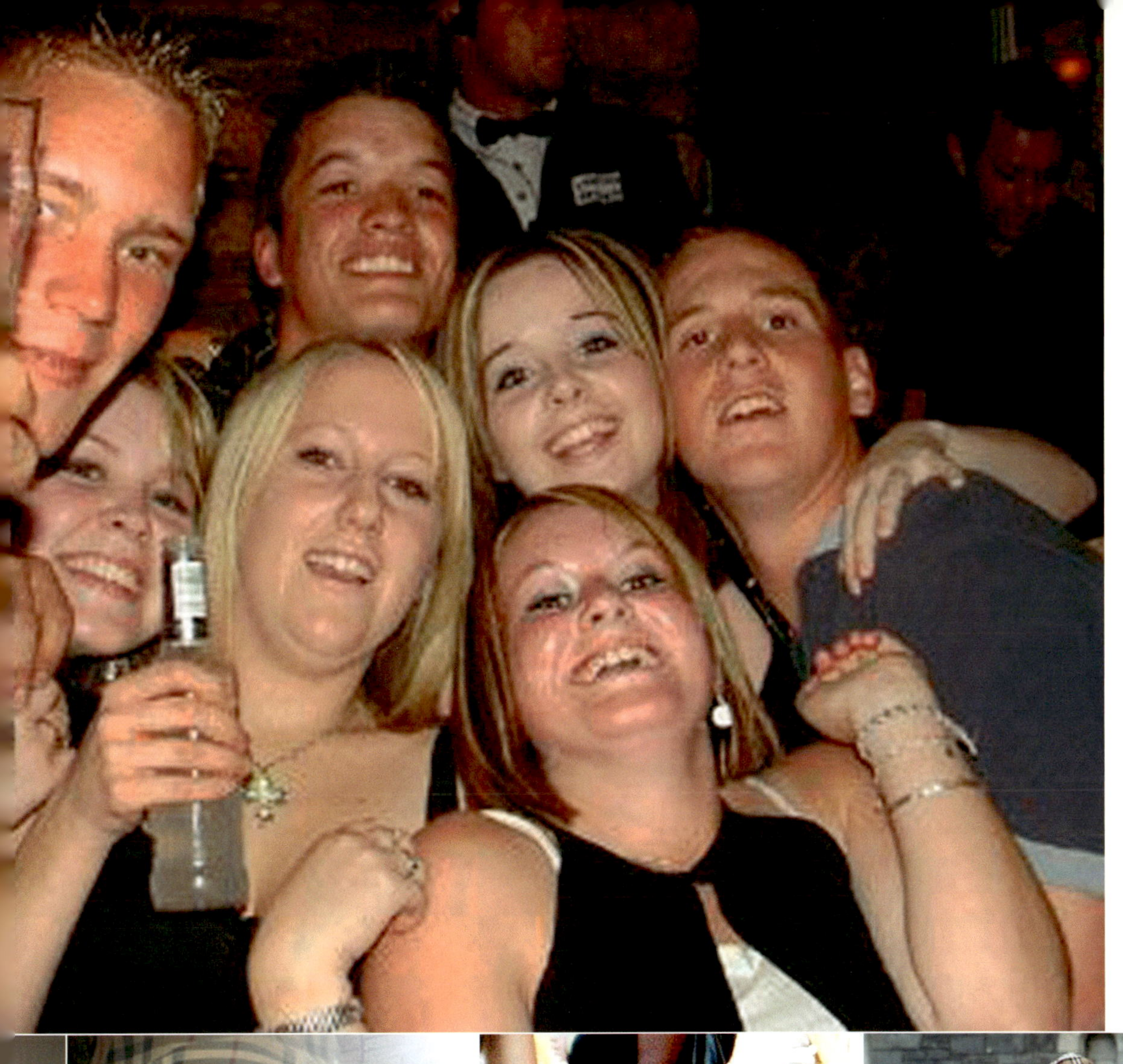

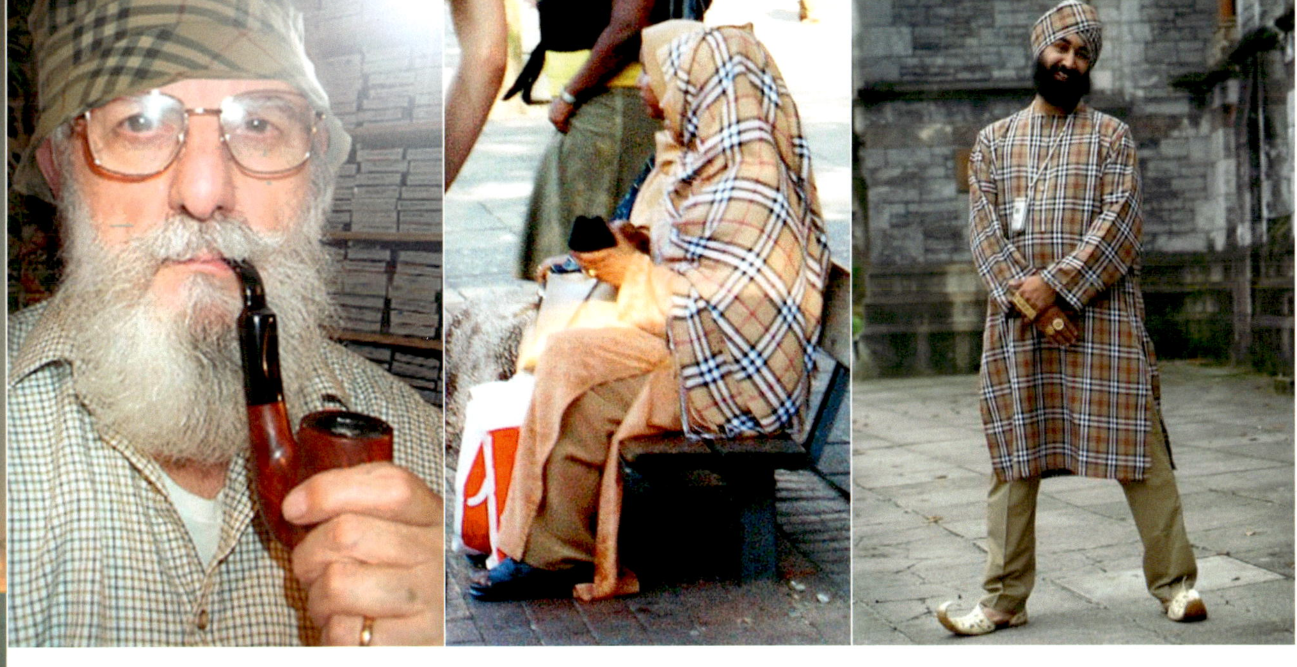

BURBER

HERVORGEGANGEN AUS DEM 1856 VON THOMAS BURBERRY IN HAMPSHIRE GEGRÜNDETEN TEXTILFACHGESCHÄFT, SEIT 1891 AM LONDONER HAYMARKET ANSÄSSIG UND SEIT 1955 HOFLIEFERANT DES ENGLISCHEN KÖNIGSHAUSES, WELTBERÜHMT GEWORDEN ALS AUSSTATTER DER ANTARKTISEXPEDITIONEN VON ROALD AMUNDSEN (1911) UND ERNEST SHACKLETON (1914) SOWIE DER ENGLISCHEN ARMEE IM ERSTEN WELTKRIEG, FÜR DIE DER TRENCHCOAT ALS OFFIZIERSBEKLEIDUNG ENTWICKELT WURDE, FRISTETE DAS TRADITIONSREICHE MODELABEL BURBERRY IN DER ZWEITEN HÄLFTE DES VERGANGENEN JAHRHUNDERTS DAS DASEIN EINER »SCHLAFENDEN MARKE«. DAS ALS TRADEMARK REGISTRIERTE »NOVACHECK«-MUSTER, 1924 FÜR DAS FUTTER ZIVILER VERSIONEN DES TRENCHCOATS EINGEFÜHRT UND SPÄTER U.A. AUF SCHALS, SCHIRMEN, TASCHEN UND KOFFERN VERWENDET, STAND JAHRZEHNTELANG FÜR QUALITÄTSBEWUSSTE, ABER INNOVATIONSRESISTENTE SPIESSIGKEIT UND GEWANN IM LAUF DER 70ER JAHRE EINE ZWEIFELHAFTE POPULARITÄT BEI ENGLISCHEN CHAUVINISTEN UND FUSSBALLHOOLIGANS.

Die allmähliche Wiederbelebung des Brands scheint etwas mit der Einsetzung von Rose Marie Bravo als CEO im Jahr 1997 zu tun zu haben. Die Amerikanerin leitet nicht nur operative, sondern auch ästhetische Veränderungen ein, fördert neue Produkte und Designs und holt das Starmodel Kate Moss an Bord. Eine der imagewirksamsten Massnahmen dürften allerdings die Stilanleihen bei der Popkultur des Swinging London sein, von denen das aktuelle Branding inspiriert ist: jene typisch britische Mischung aus *Ironie* und *Ernsthaftigkeit*, *Spott* und *Seriosität*, *Selbstvertrauen* und *Klassenbewusstsein*, ungestümer *Neugier* und *melancholischer Abgeklärtheit*, *skeptischer Intelligenz* und *positivistischer Unverfrorenheit*, von der die jugendkulturellen Welteroberungen von der »British Invasion« in den 60er Jahren über den »Punk« und die »New Romantics« bis zum »Britpop« der Gegenwart geprägt waren. Wie einst die Mods stehen die Models der jüngsten Burberry-Kampagnen an den Londoner Strassenecken und provozieren den Vergleich mit den Posen britischer Rockbands auf Platten- und CD-Hüllen; Einzelgänger, die sich zu solidarischen Gruppen zusammengefunden haben, abgelichtet in kontrastreichem Schwarzweiss, in Arrangements, die entfernt an die »Street Photography« erinnern, aber in keinem Moment unter Nostalgieverdacht stehen. Ihre Blicke sind hinaus auf den Rest der Welt gerichtet, ihre eng geschnittenen Kleider setzen auf den Sexappeal des unentblössten Körpers, und es scheint ihnen scheissegal zu sein, welcher sozialen Schicht sie angehören: Stil haben sie sowieso, und sie befinden sich

PERMANENT AUF DEM WEG VON GANZ UNTEN NACH GANZ OBEN ...

Auf den Werbeseiten der Mode- und Lifestyle-Magazine behauptet Burberry derzeit ein prägnantes und stabiles Markenprofil. Bemerkenswert ist, dass es sich dabei so offenkundig nicht um ein »er-«, sondern um ein »(wieder)gefundenes« Profil handelt, das den einstigen Status des Brands nicht leugnet, sondern sich gleichsam aus der Zukunft an ihn erinnert. Die Chancen stehen nicht schlecht, dass die lateinische Inschrift »Prorsum« (»Vorwärts«) auf dem anno 1904 entworfenen Ritterlogo dereinst wieder etwas mit der – sowohl geschäftlichen als auch stilistischen – Burberry-Realität zu tun hat.

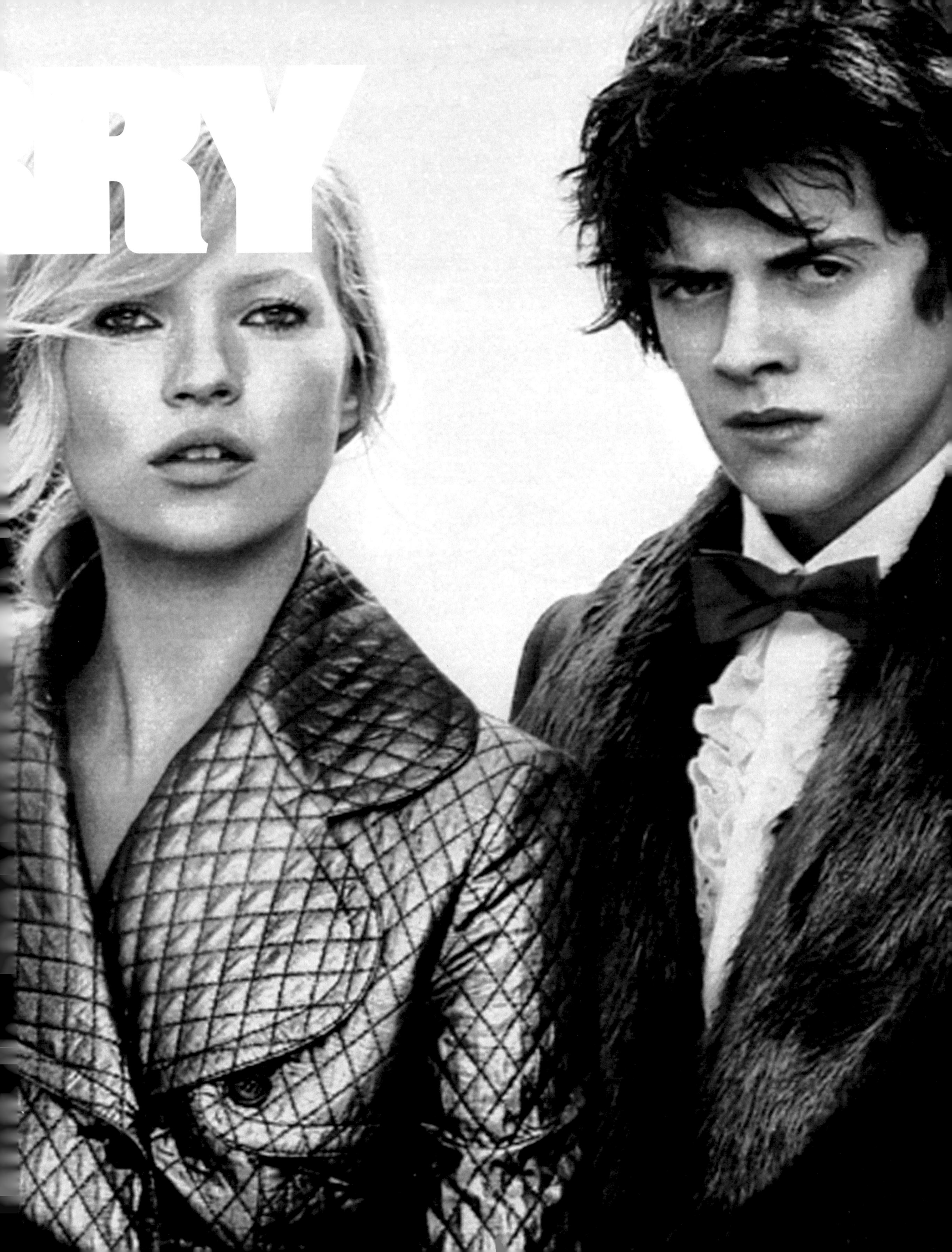

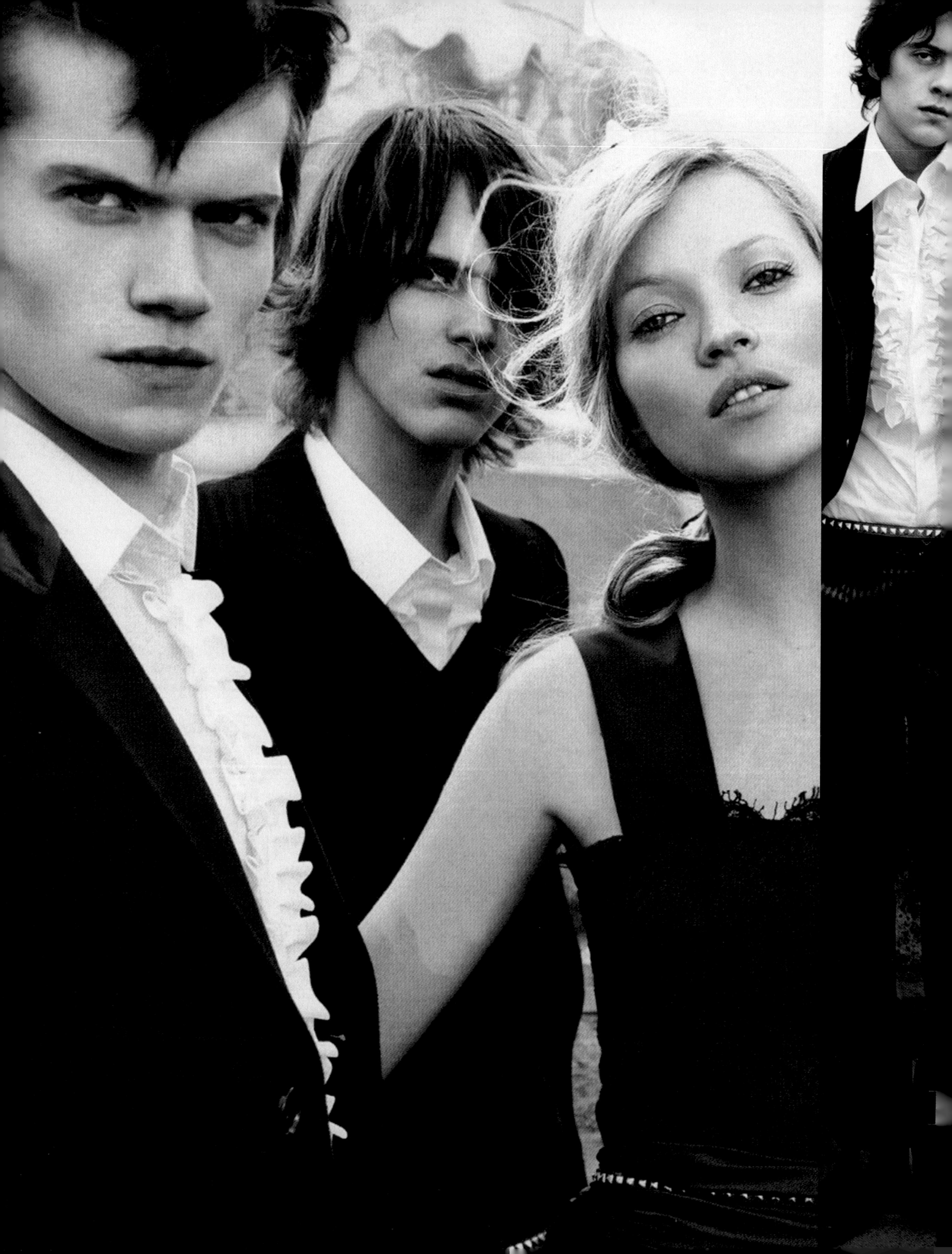

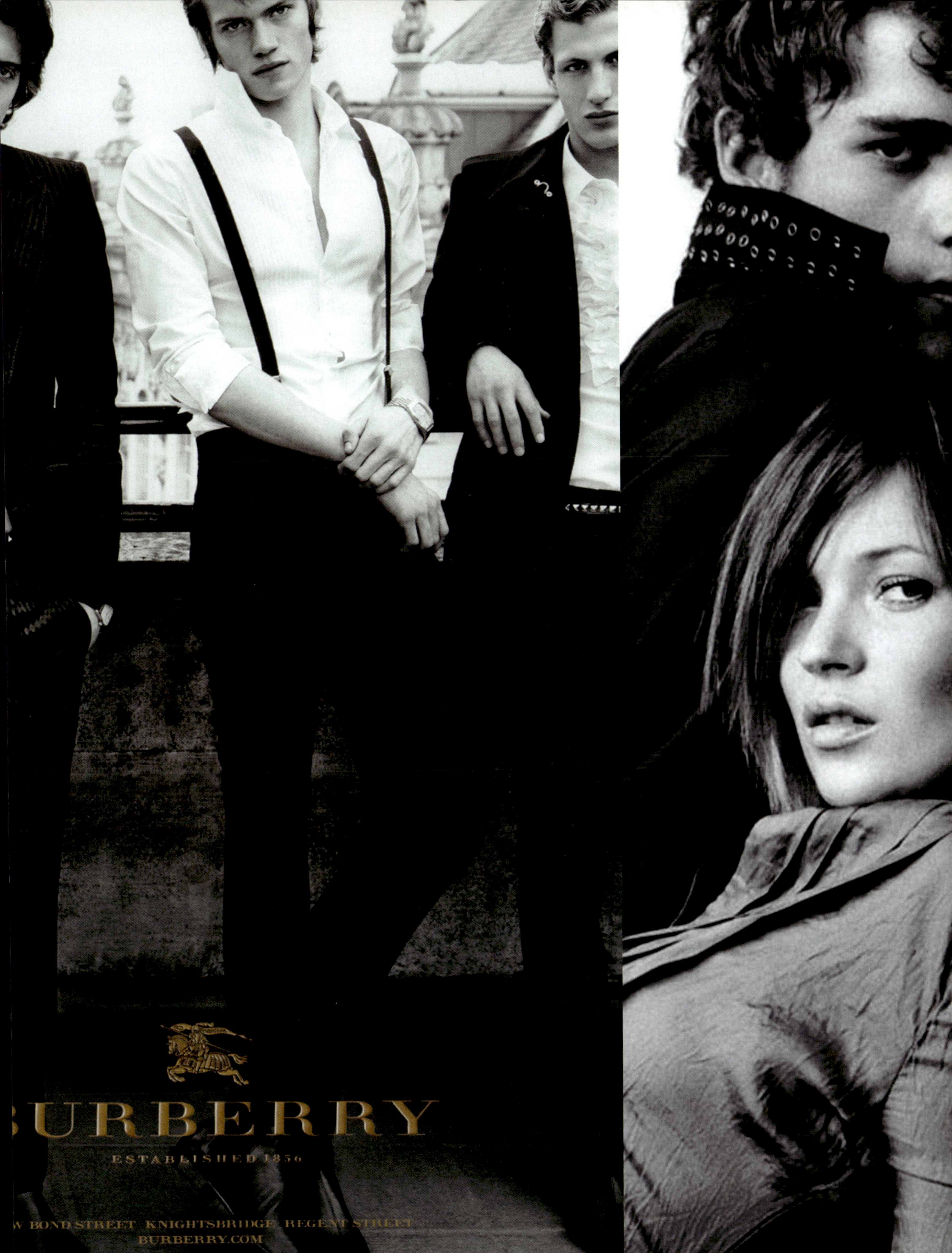
BURBERRY
ESTABLISHED 1856
W BOND STREET KNIGHTSBRIDGE REGENT STREET
BURBERRY.COM

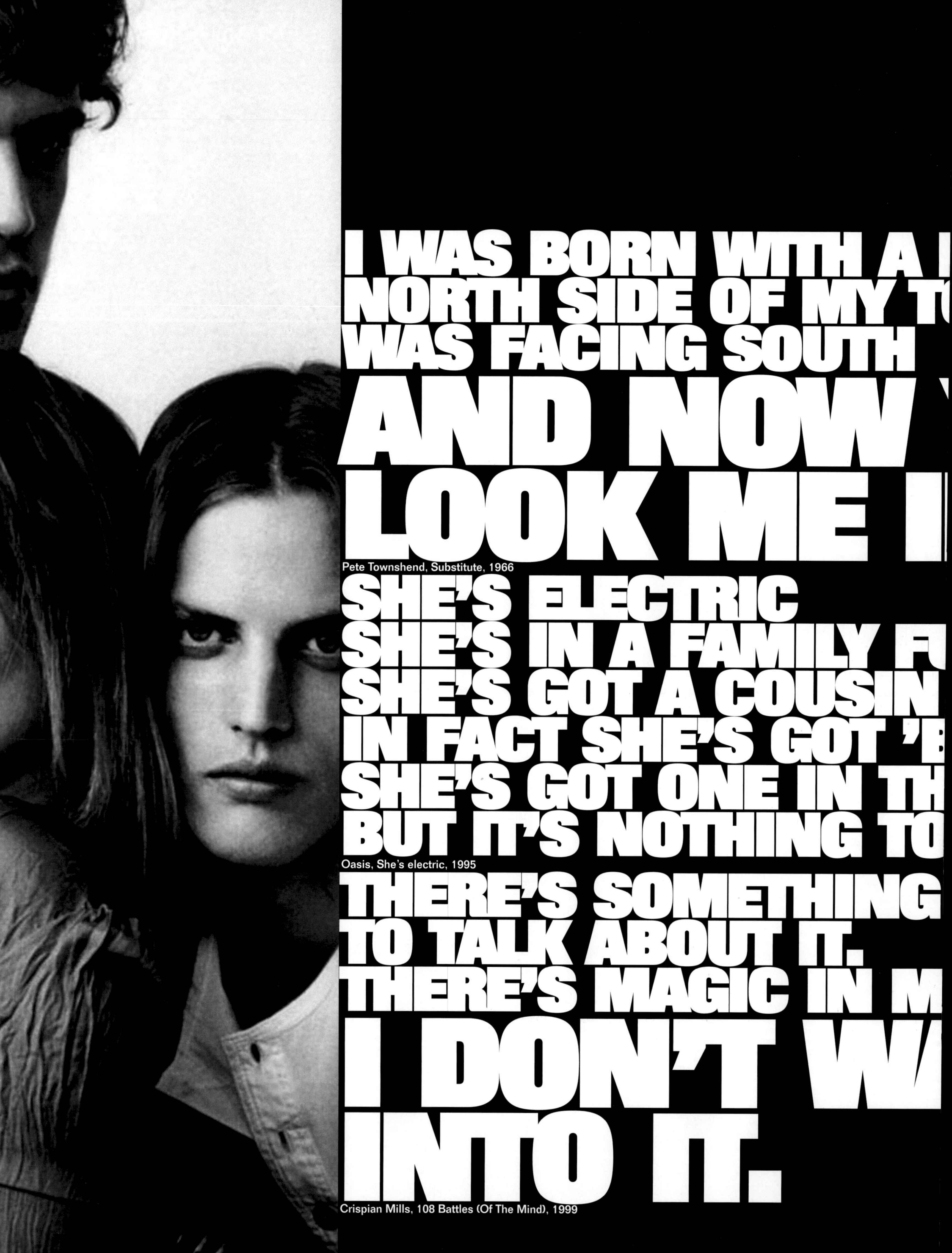

I WAS BORN WITH A
NORTH SIDE OF MY T
WAS FACING SOUTH
AND NOW
LOOK ME I
Pete Townshend, Substitute, 1966
SHE'S ELECTRIC
SHE'S IN A FAMILY F
SHE'S GOT A COUSIN
IN FACT SHE'S GOT '
SHE'S GOT ONE IN TH
BUT IT'S NOTHING TO
Oasis, She's electric, 1995
THERE'S SOMETHING
TO TALK ABOUT IT.
THERE'S MAGIC IN M
I DON'T W
INTO IT.
Crispian Mills, 108 Battles (Of The Mind), 1999

PLASTIC SPOON IN MY MOUTH
OWN FACED EAST AND THE EAST

YOU DARE TO
N THE EYE...

LL OF ECCENTRICS

OUT A DOZEN
E OVEN
DO WITH ME.
ON MY MIND BUT I DON'T WANT

Y EYES BUT
ANT TO LOOK

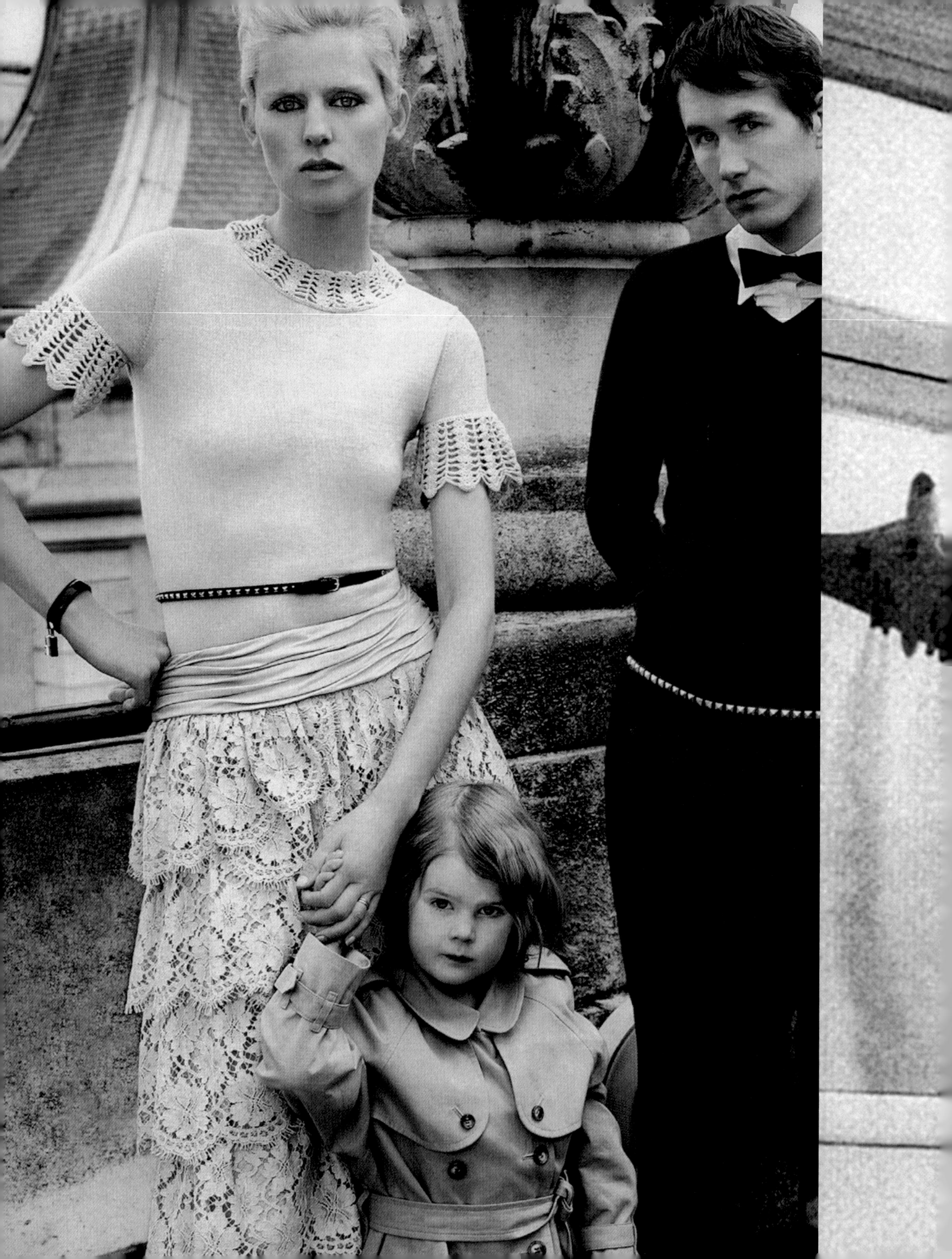

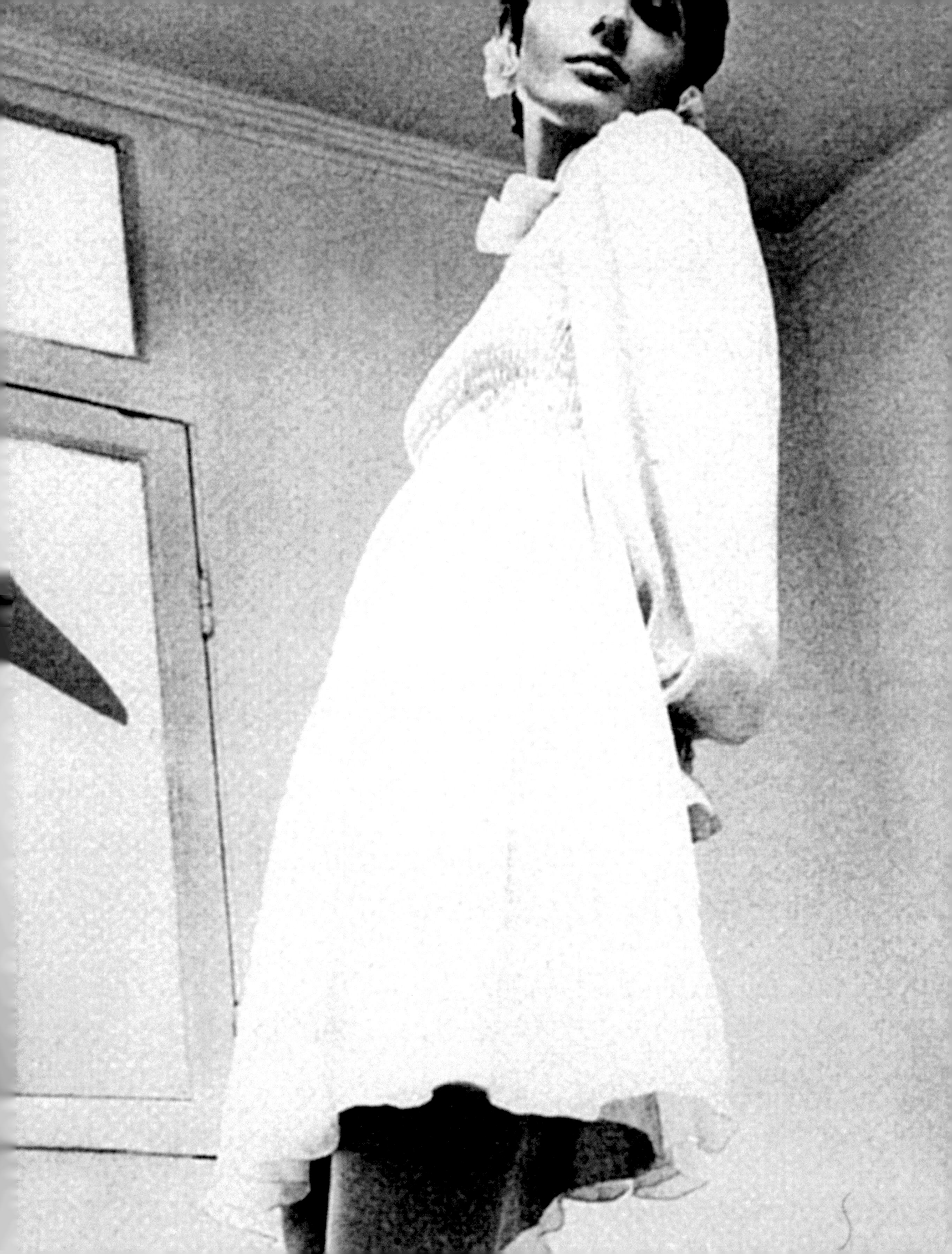

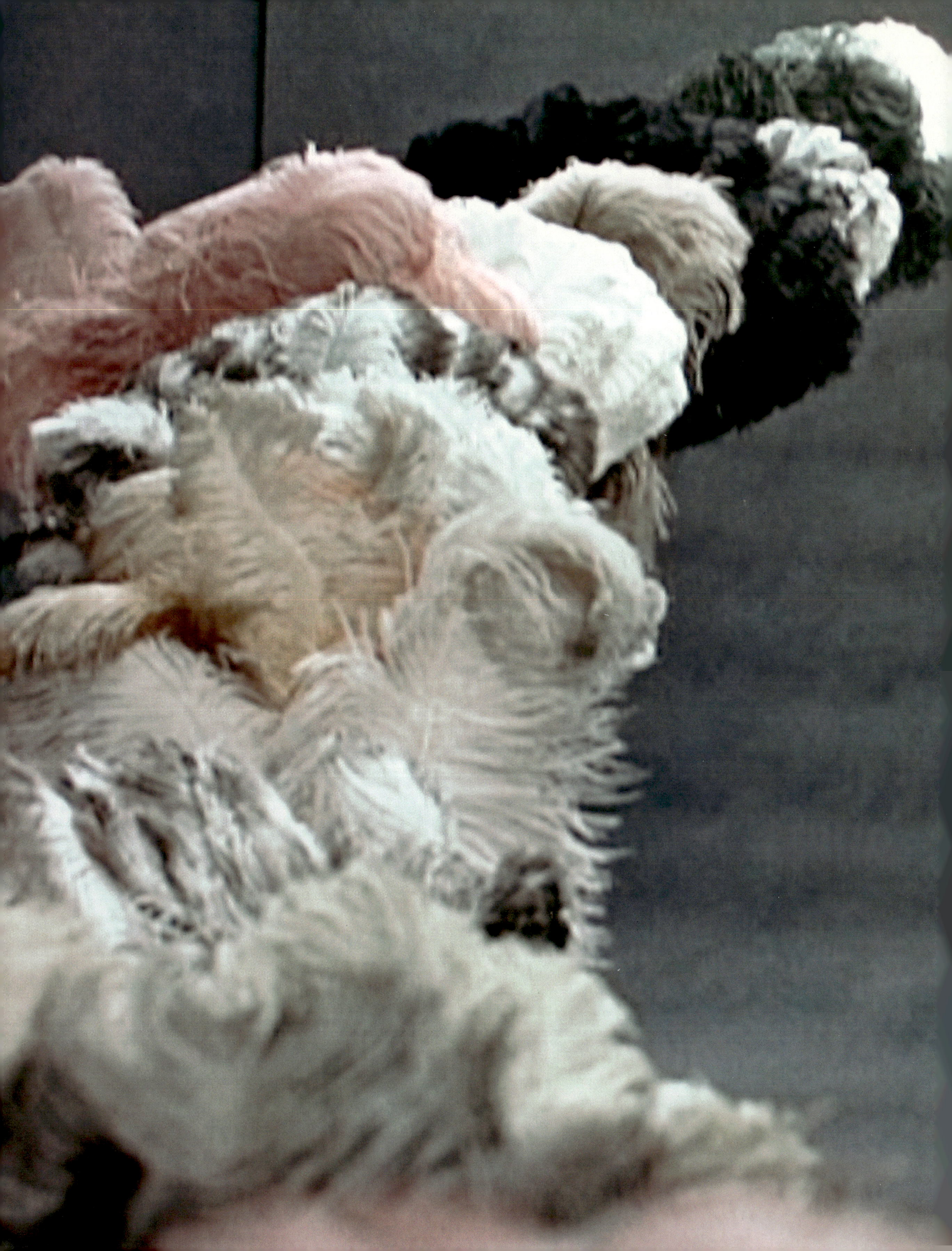

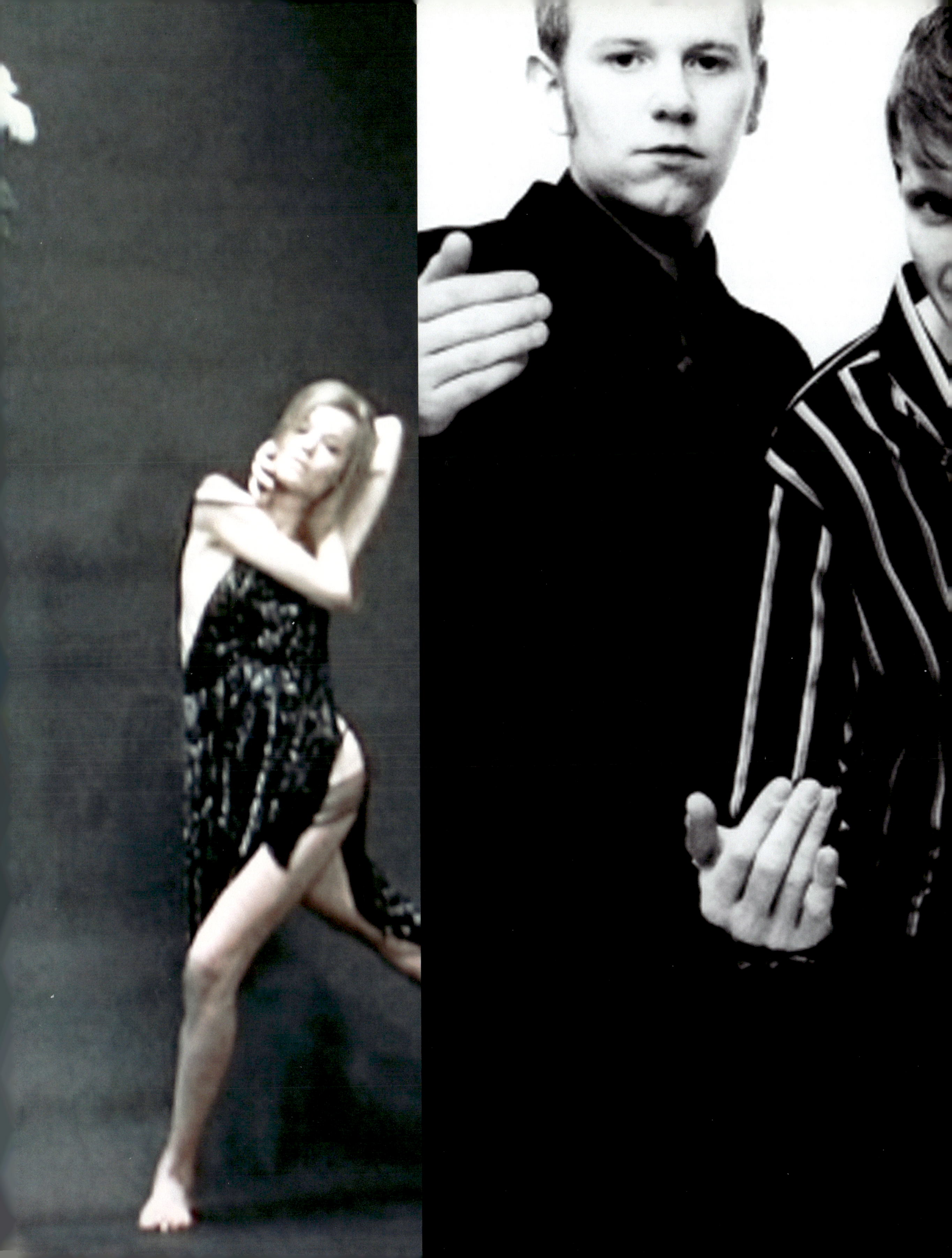

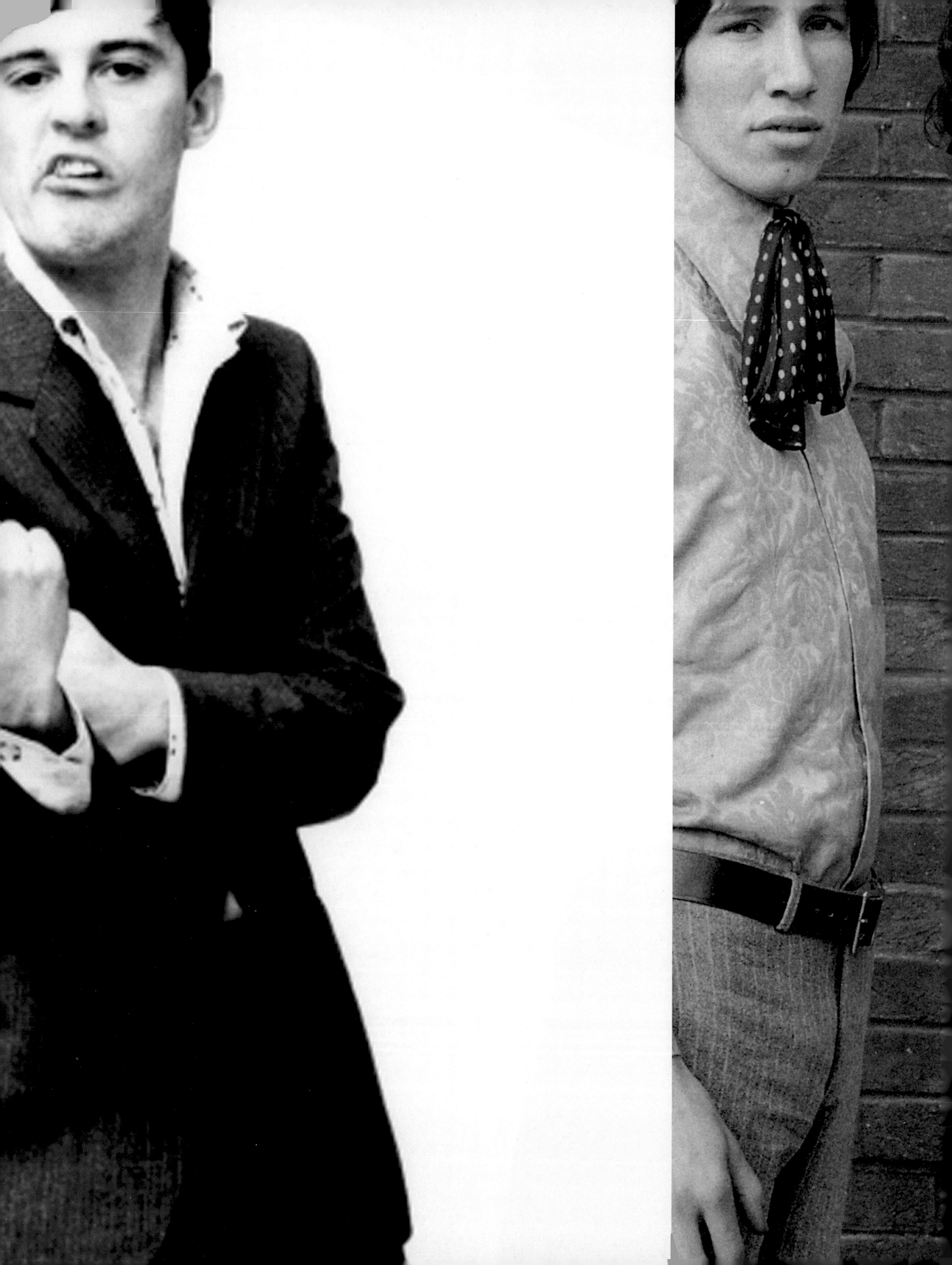

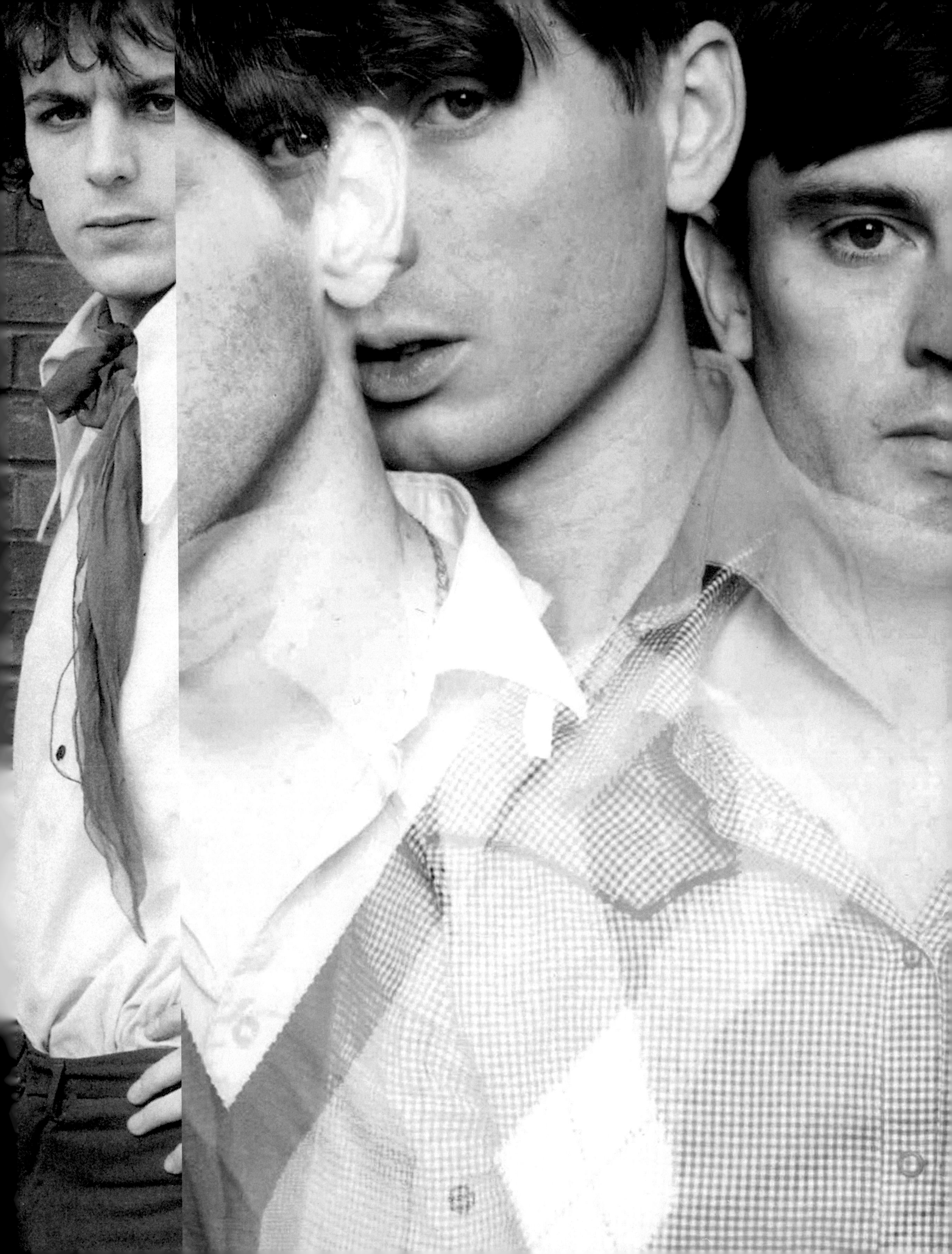

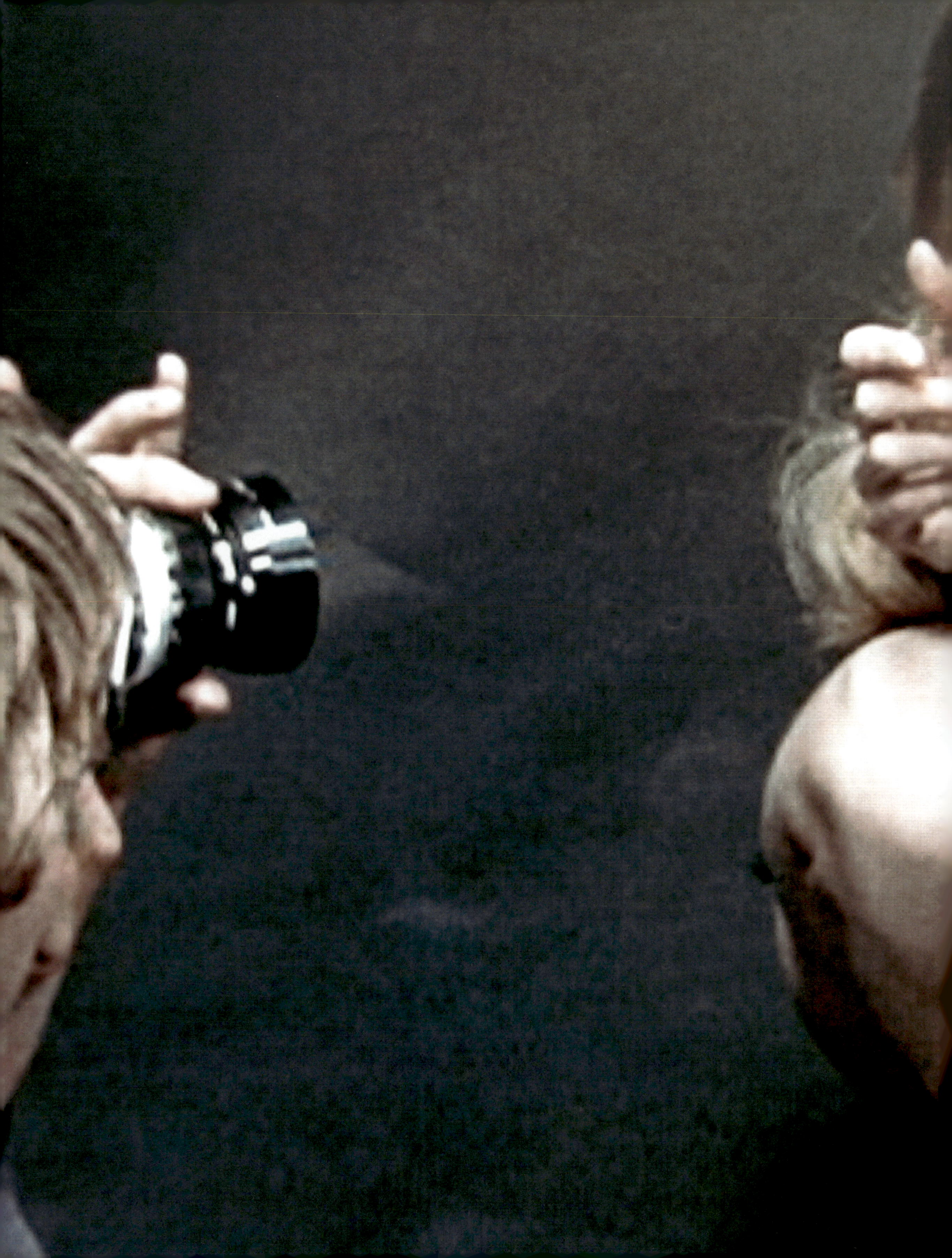

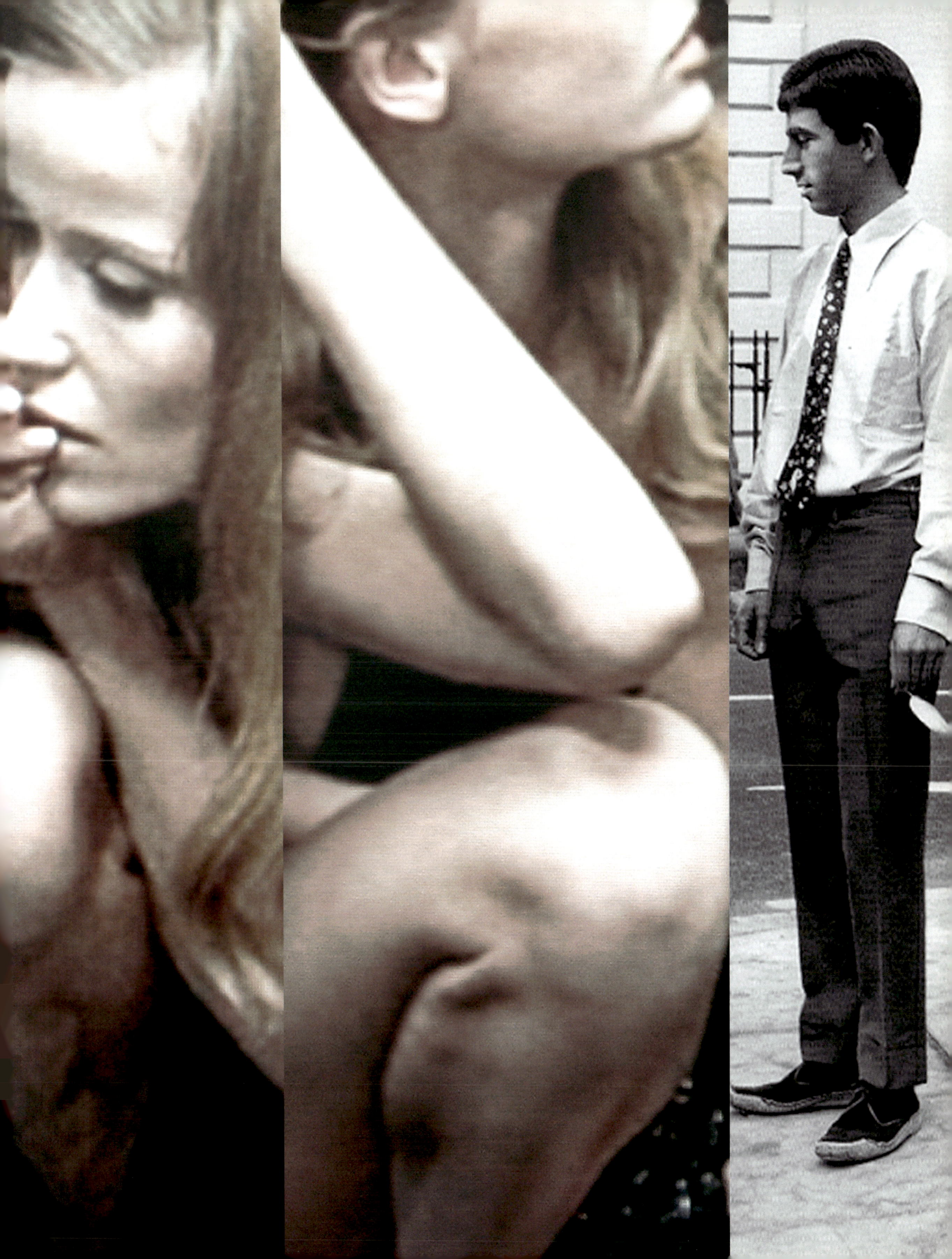

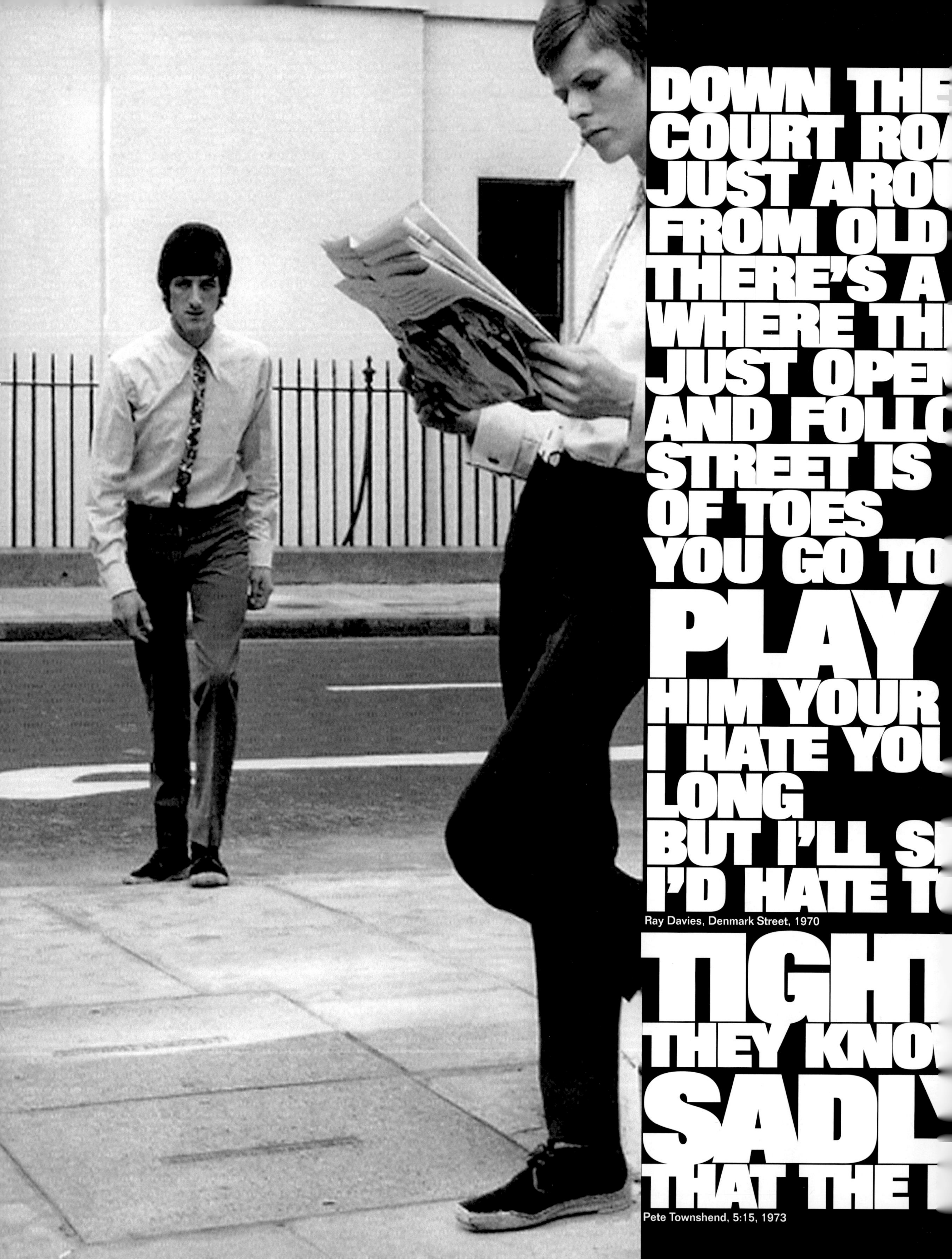

Ray Davies, Denmark Street, 1970

Pete Townshend, 5:15, 1973

WAY FROM TOTTENHAM
AD
UND THE CORNER
SOHO
PLACE
PUBLISHERS GO
YOUR EARS
W YOUR NOSE 'CAUSE THE
SHAKING FROM THE TAPPING

THE PUBLISHER AND

SONG HE SAYS
R MUSIC AND YOUR HAIR'S TOO

GN YOU UP BECAUSE
BE WRONG.
LY UNDONE
WHAT THEY'RE SHOWING
ECSTATIC
EROES ARE NEWS.

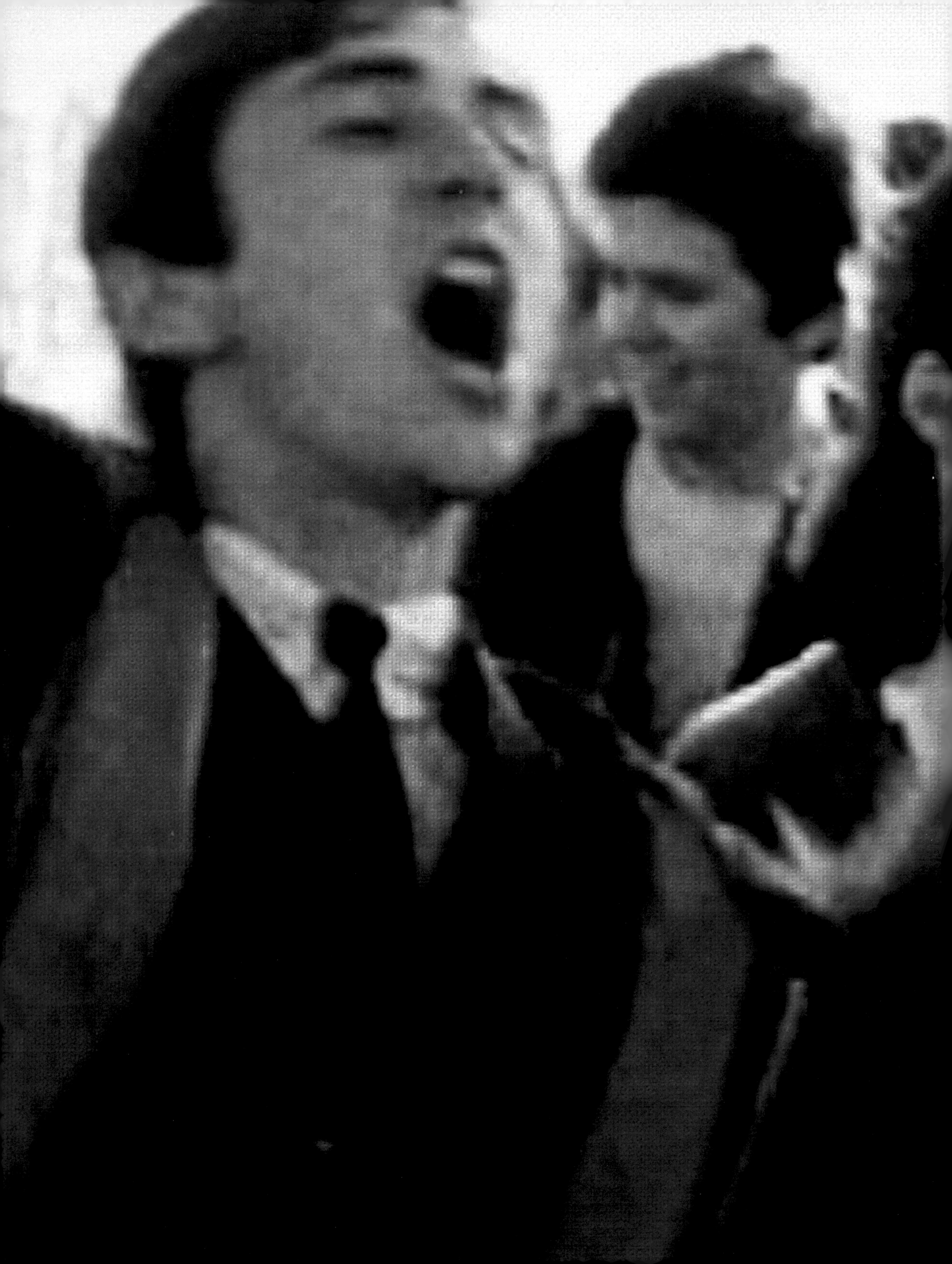

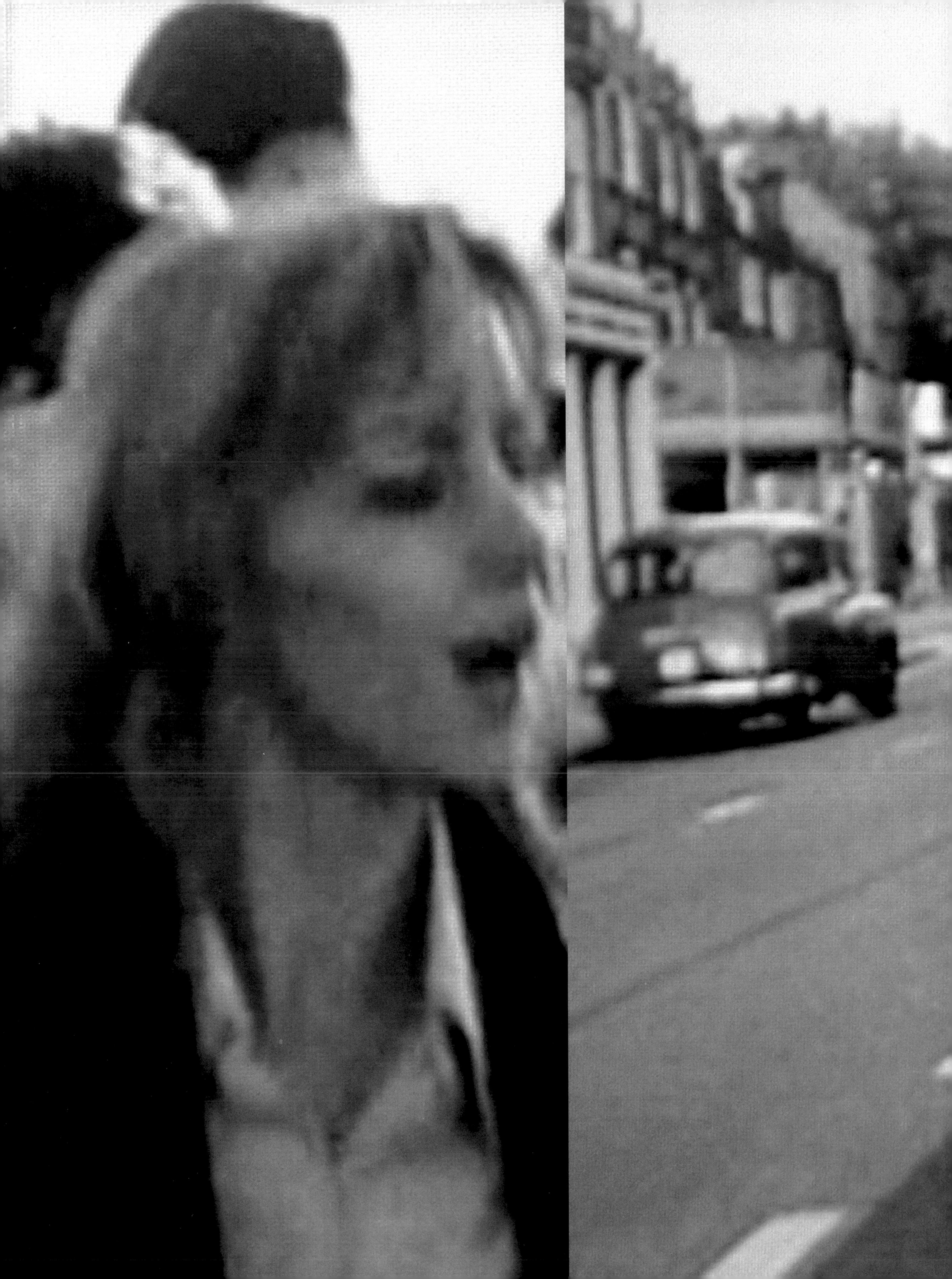

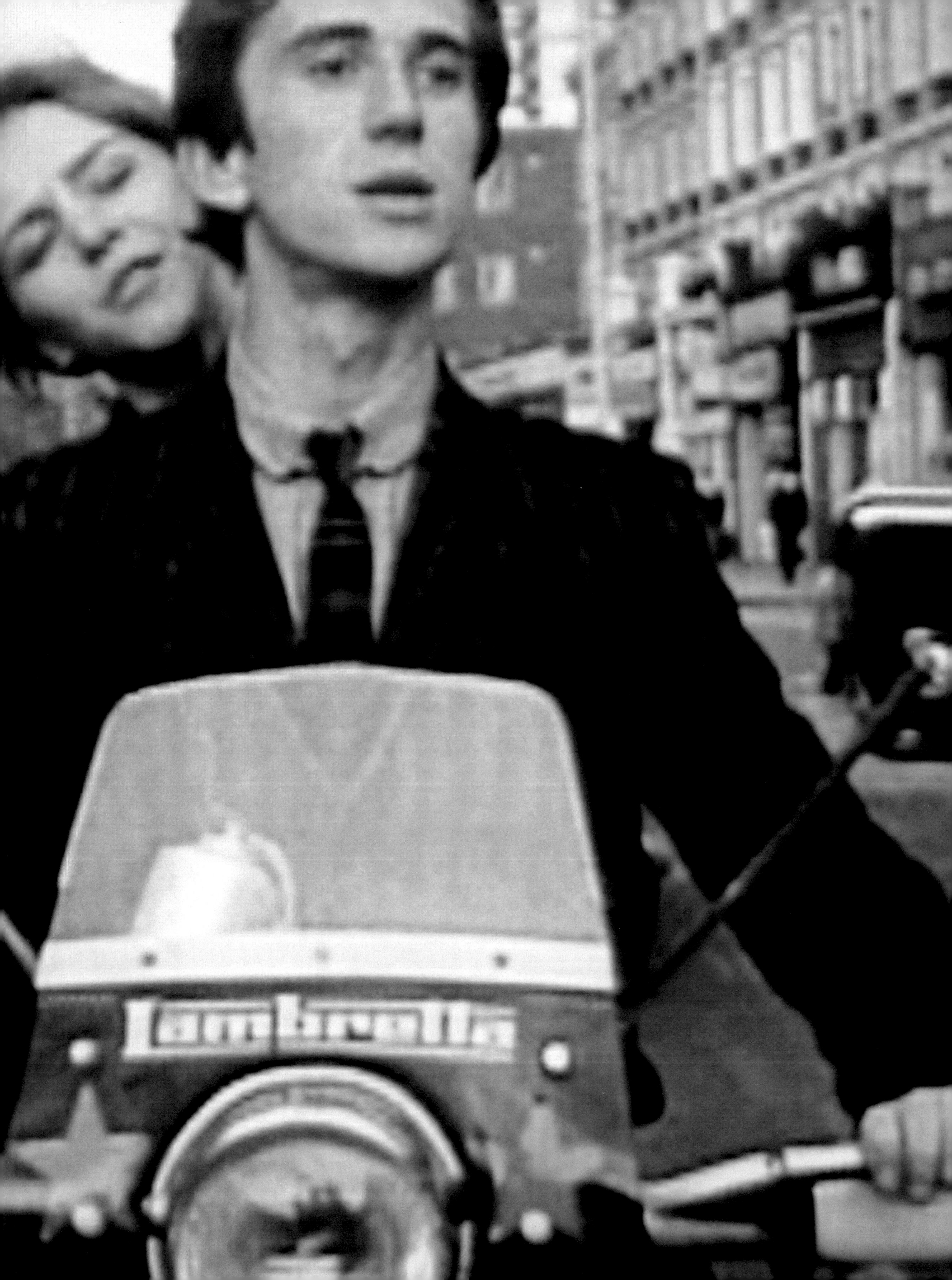

lambretta

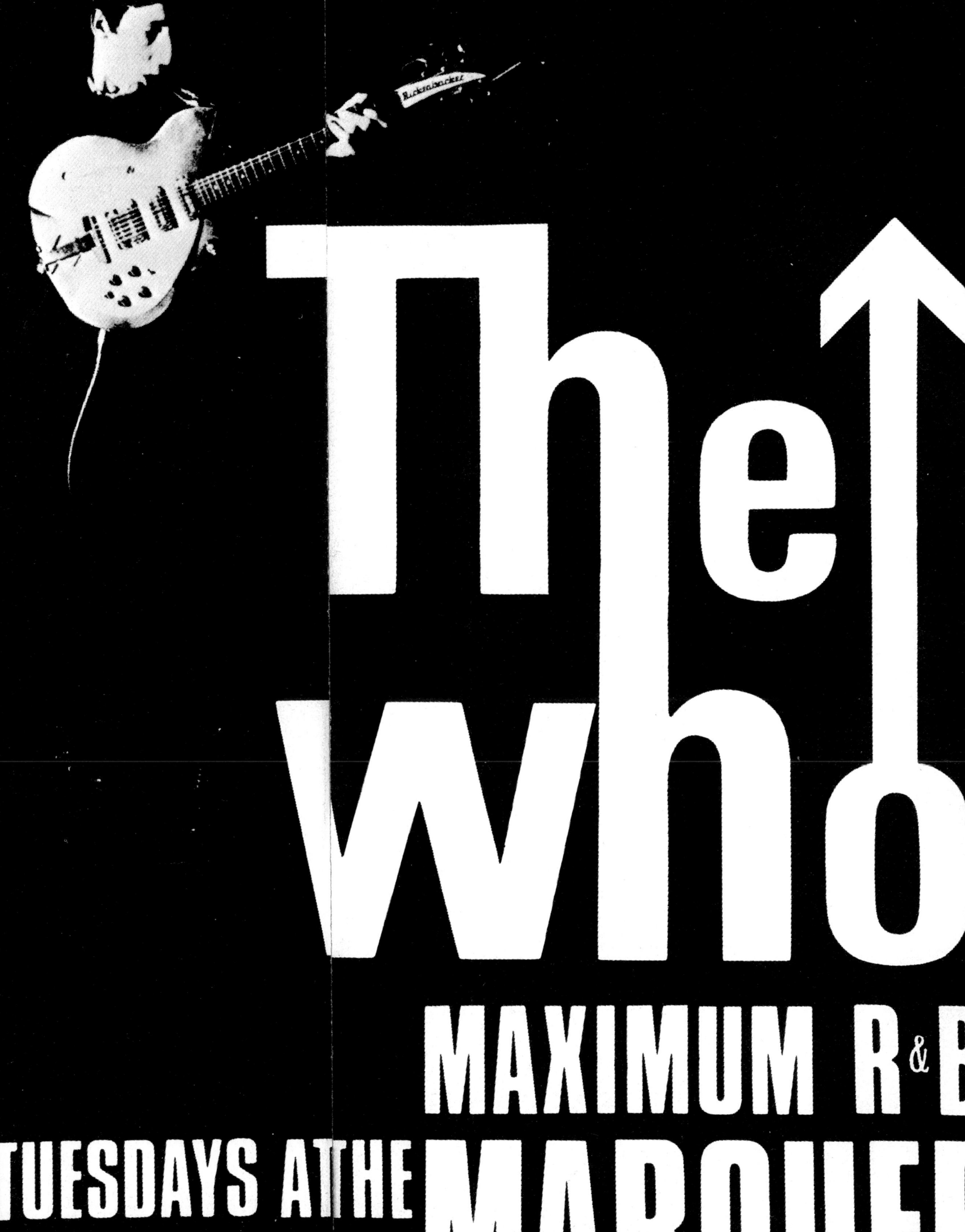
The
who
MAXIMUM R & B
TUESDAYS AT THE MARQUEE
90 WARDOR ST.

I DON'T MIND OTHER GUYS DAN[
THAT'S FINE, I KNOW THEM ALL

Pete Townshend, The Kids Are Alright, 1965

I AM ONE
AND I CAN SEE
THAT THIS IS ME
AND I WILL BE
YOU'LL ALL SEE
I'M THE ONE.

Pete Townshend, I Am One, 1973

I LOOK ALL WHITE BUT MY DAD [

Pete Townshend, Substitute, 1966

I'M NOT TRYING
BIG S-S-S-SENSA[
I'M JUST TALKING ABOUT MY G-

Pete Townshend, My Generation, 1965

CING WITH MY GIRL
PRETTY WELL ...

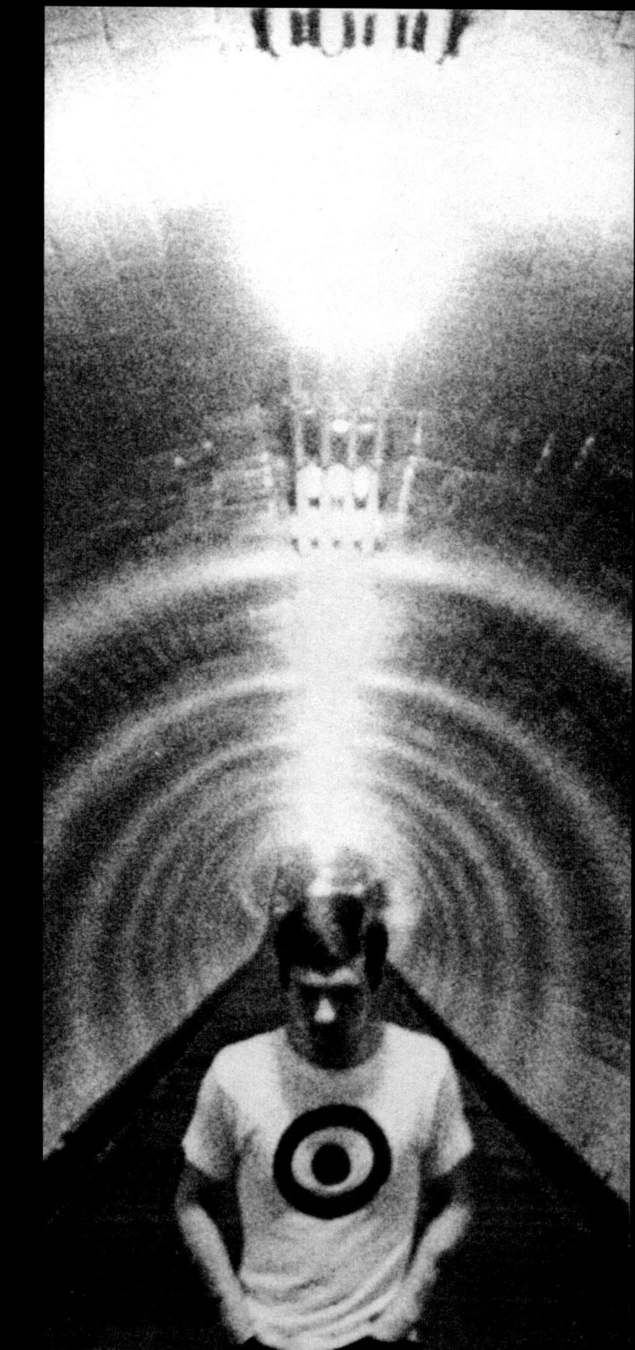

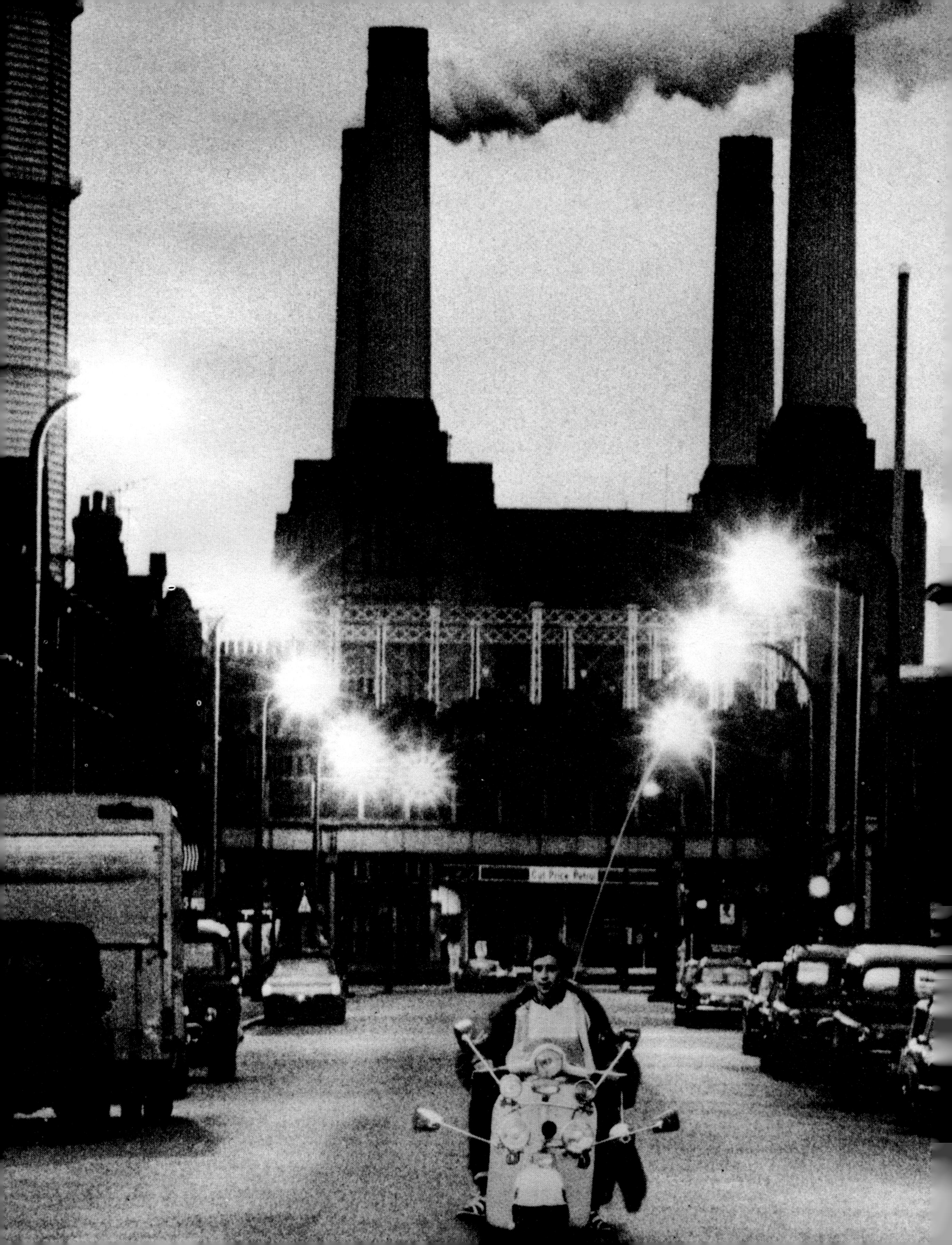

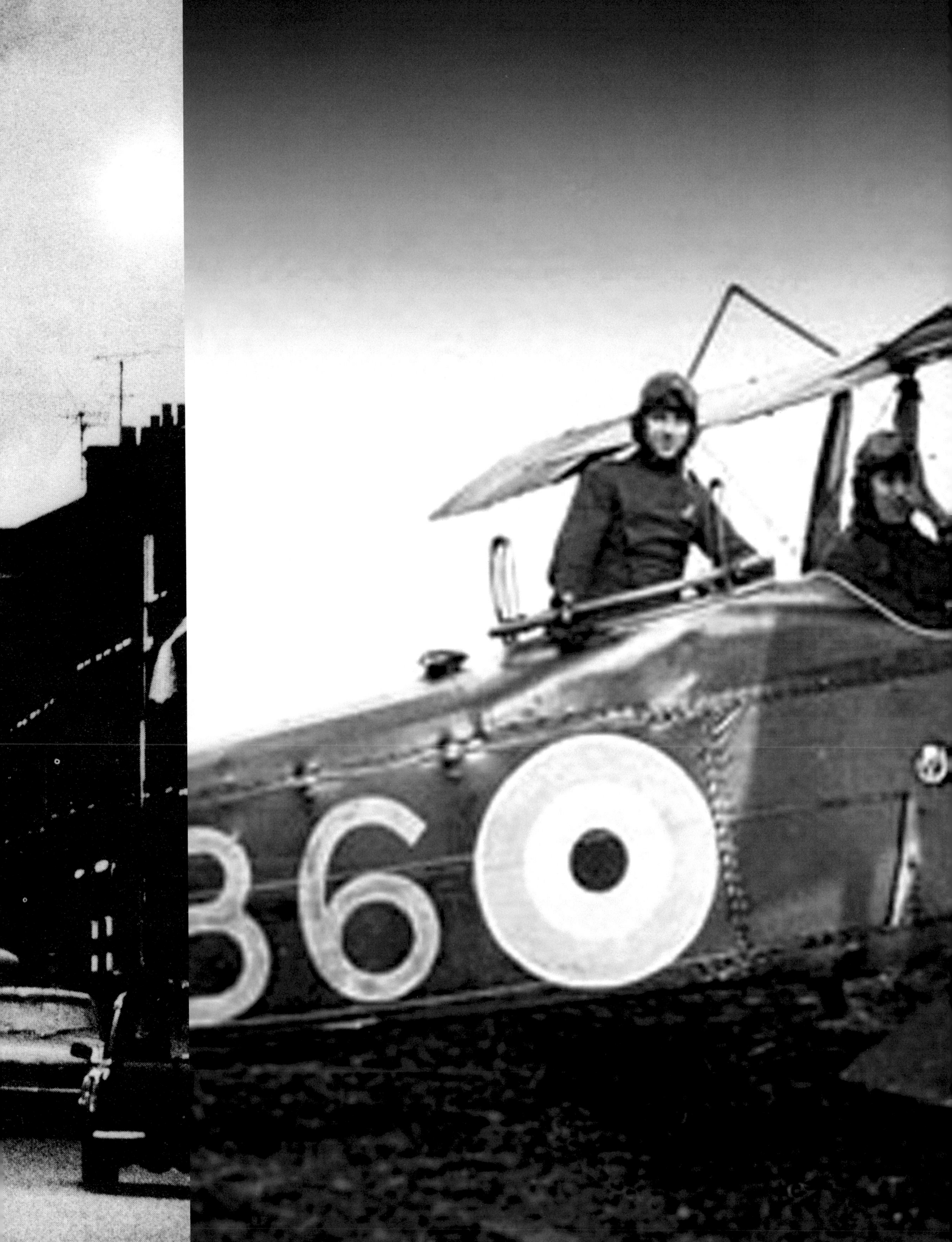

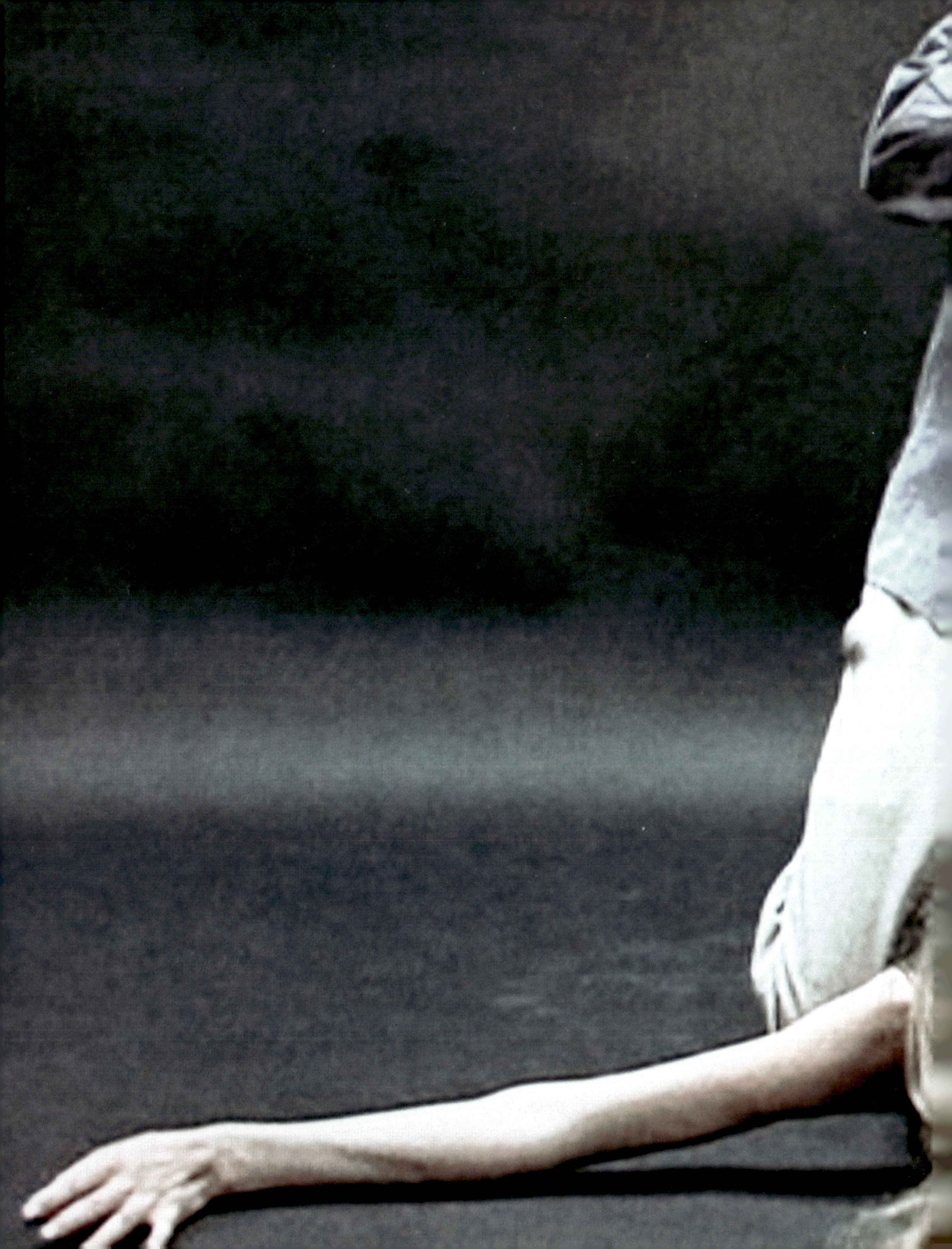

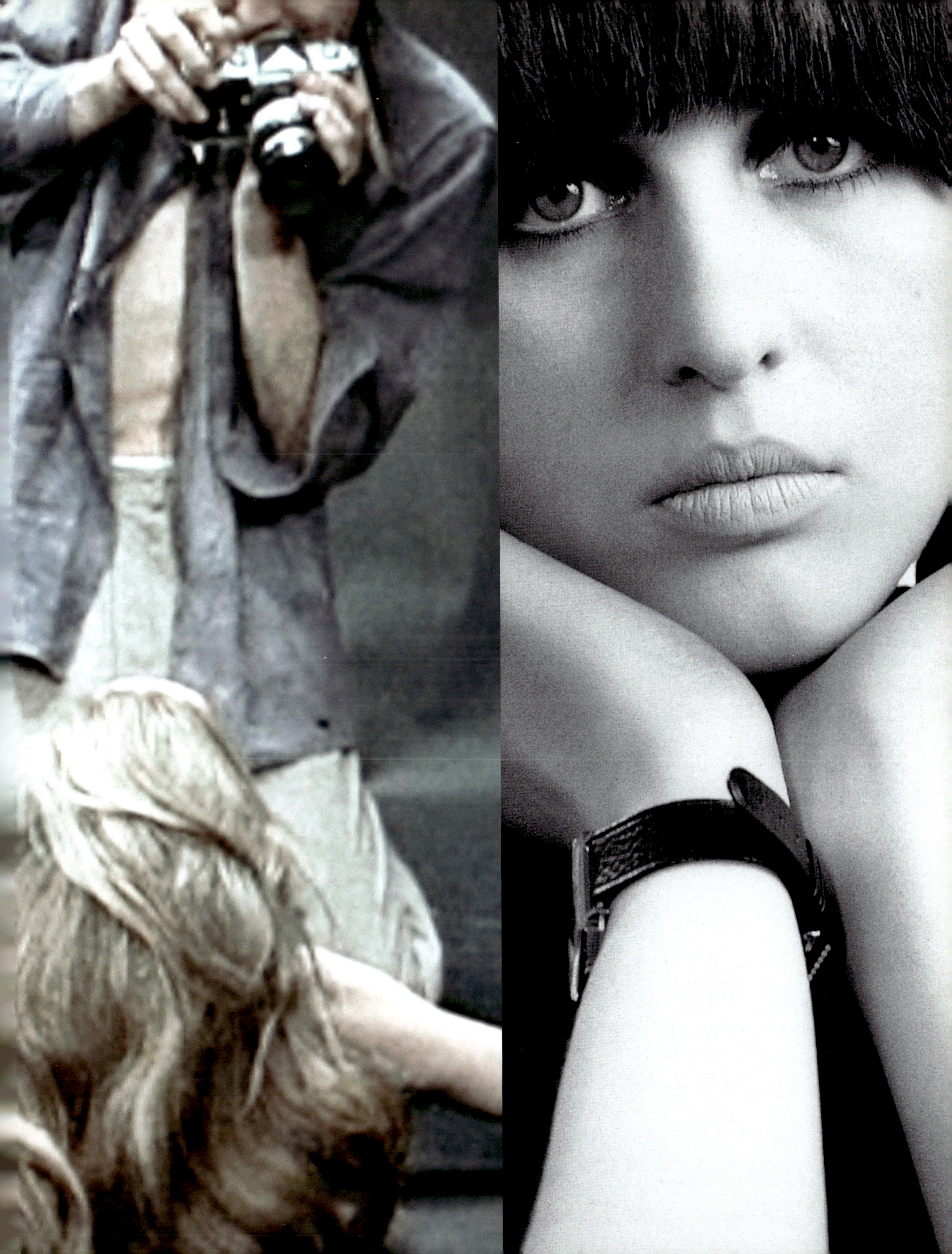

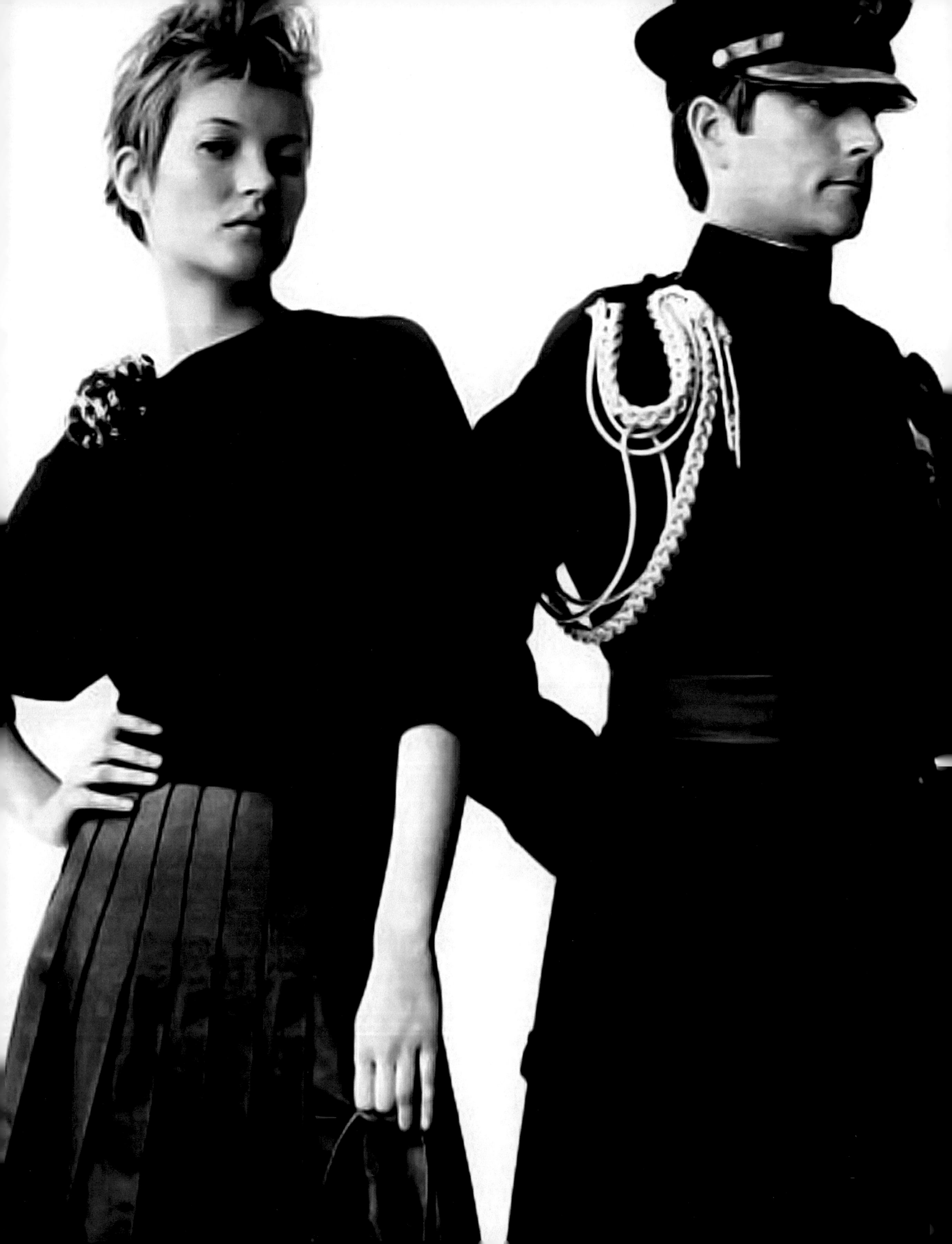

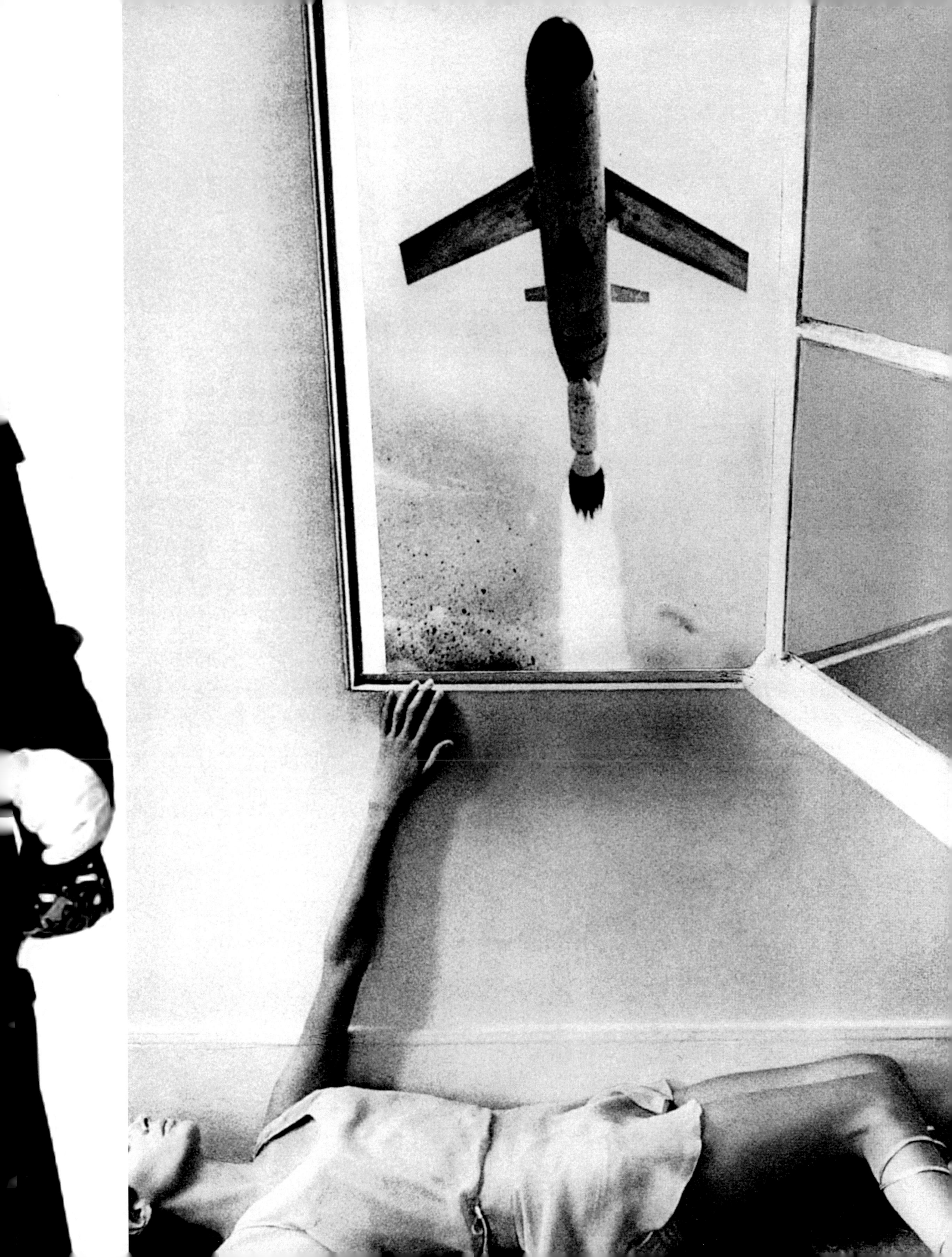

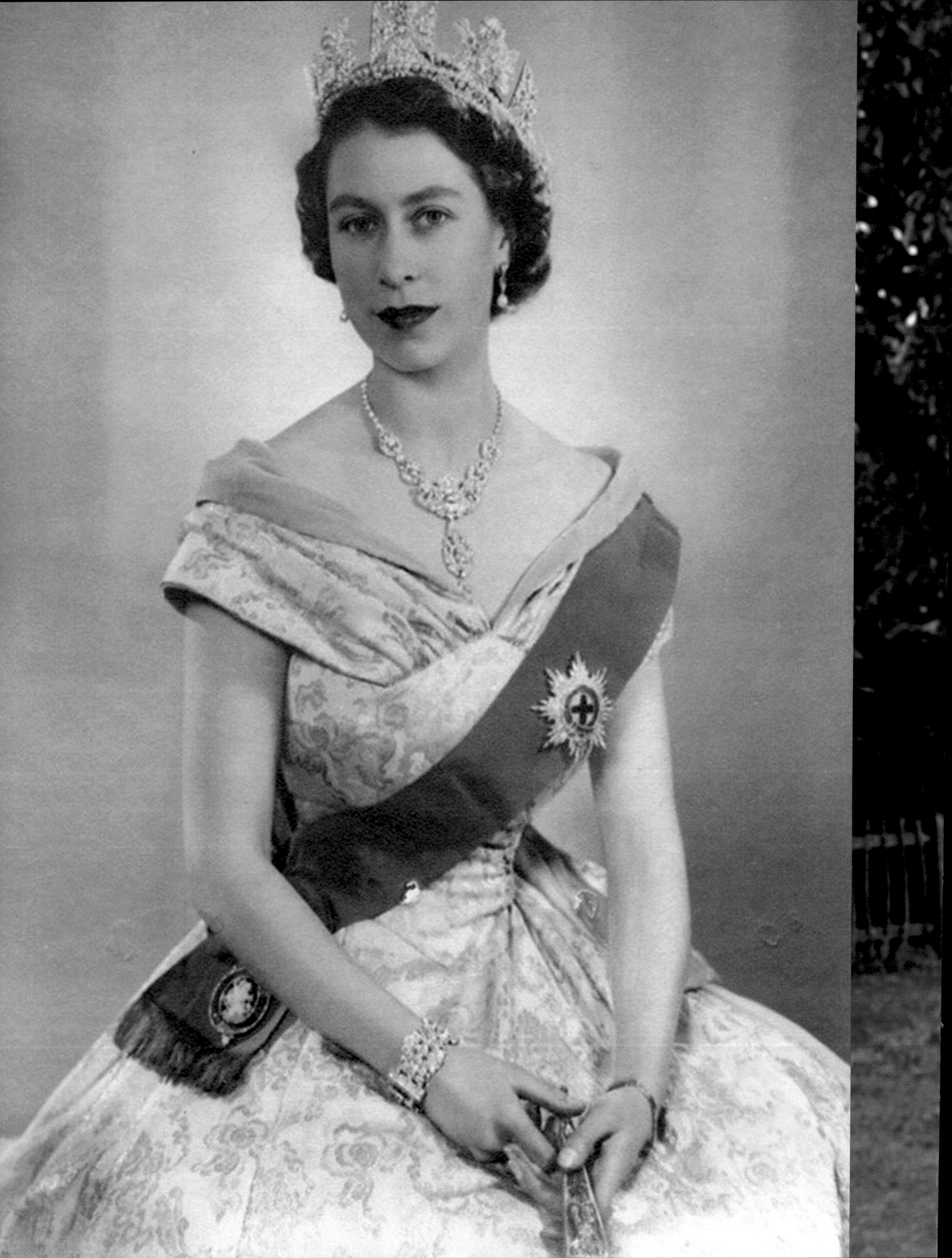

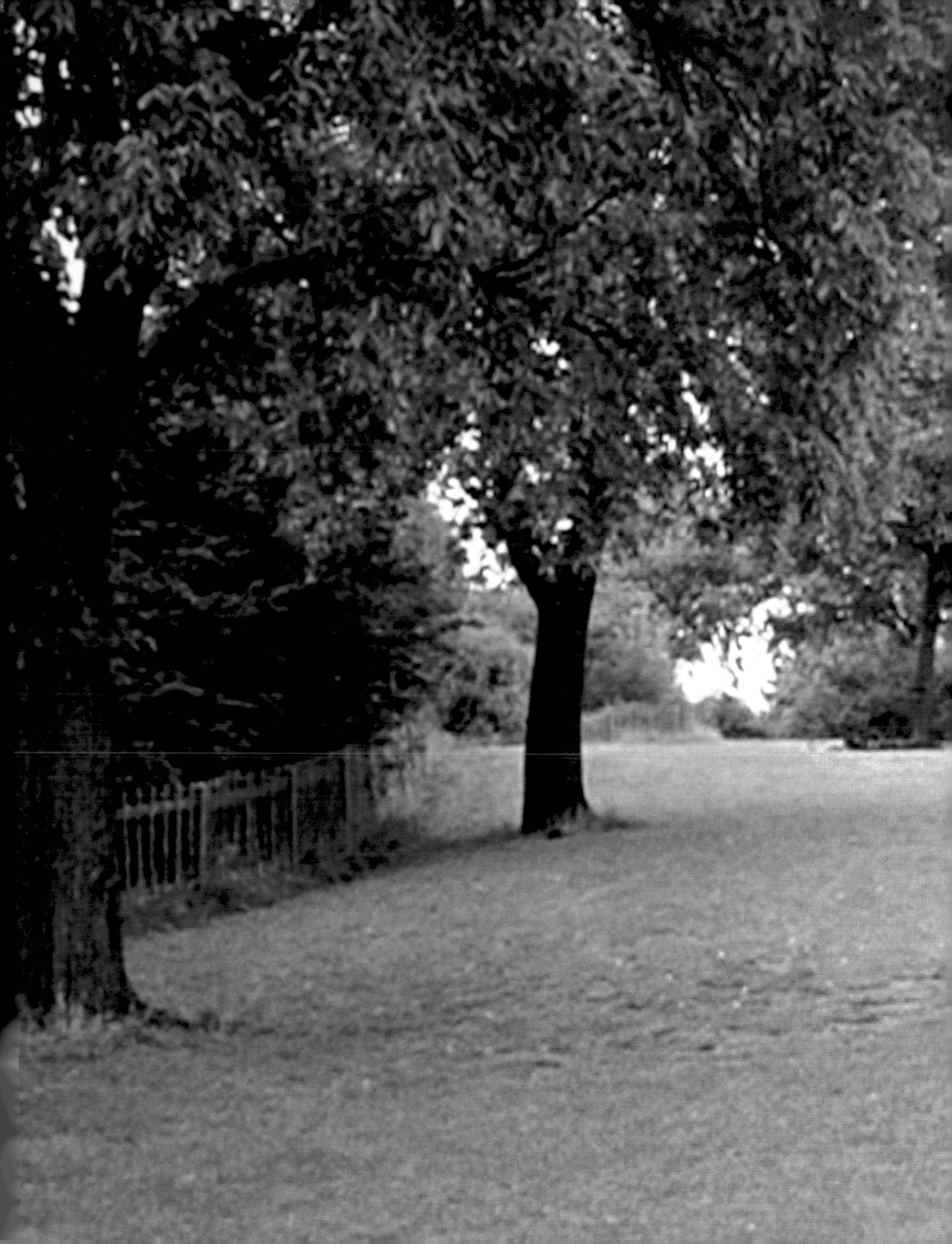

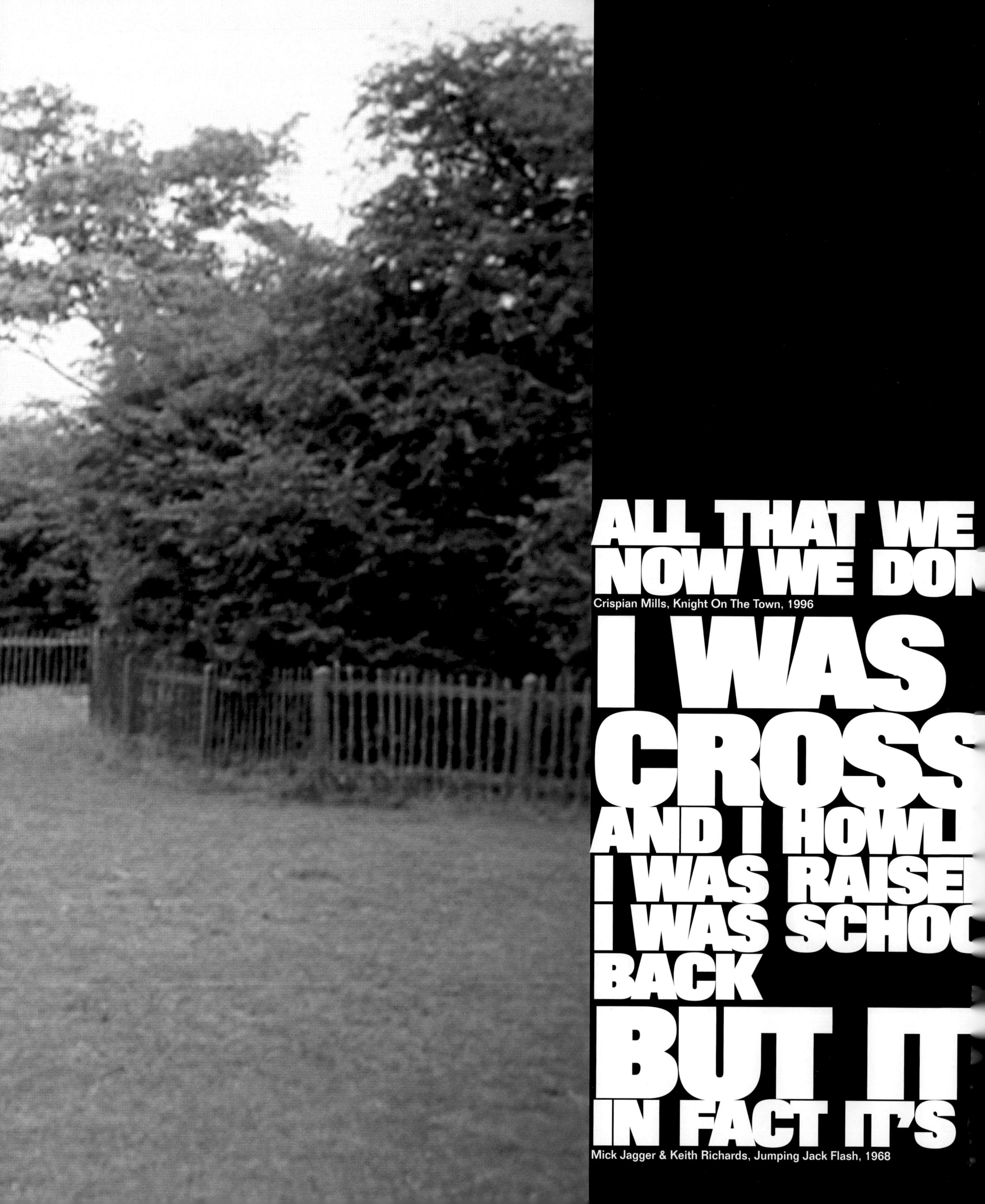
ALL THAT WE
NOW WE DON
Crispian Mills, Knight On The Town, 1996
I WAS
CROSS
AND I HOWL
I WAS RAISE
I WAS SCHOO
BACK
BUT IT
IN FACT IT'S
Mick Jagger & Keith Richards, Jumping Jack Flash, 1968

SAID WAS FORGOTTEN
'T BELONG …

BORN IN A
FIRE HURRICANE

D AT MY MA IN THE DRIVING RAIN
D BY A TOOTHLESS BEARDED HAG
LED WITH A STRAP ACROSS MY

'S ALL RIGHT NOW

A GAS.

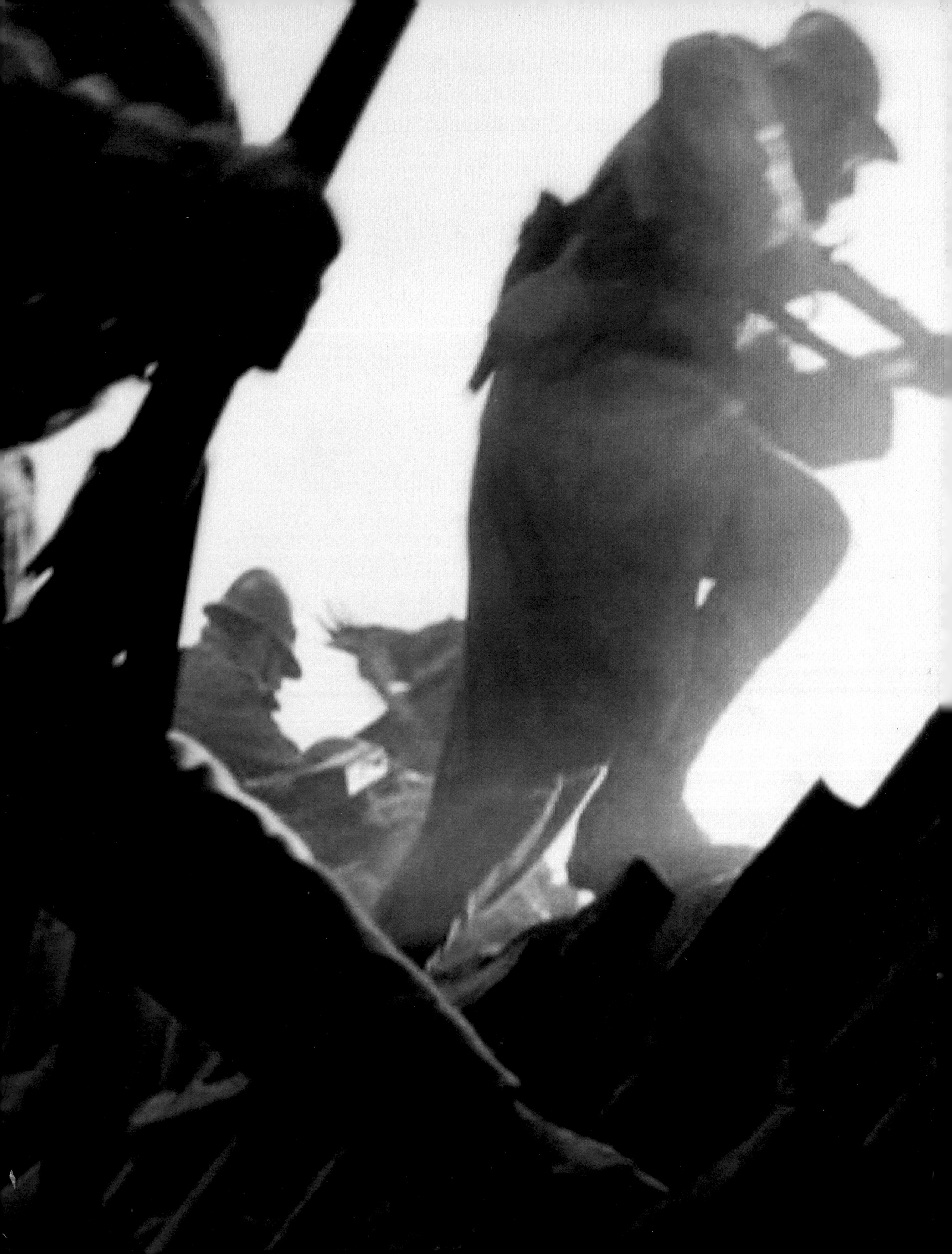

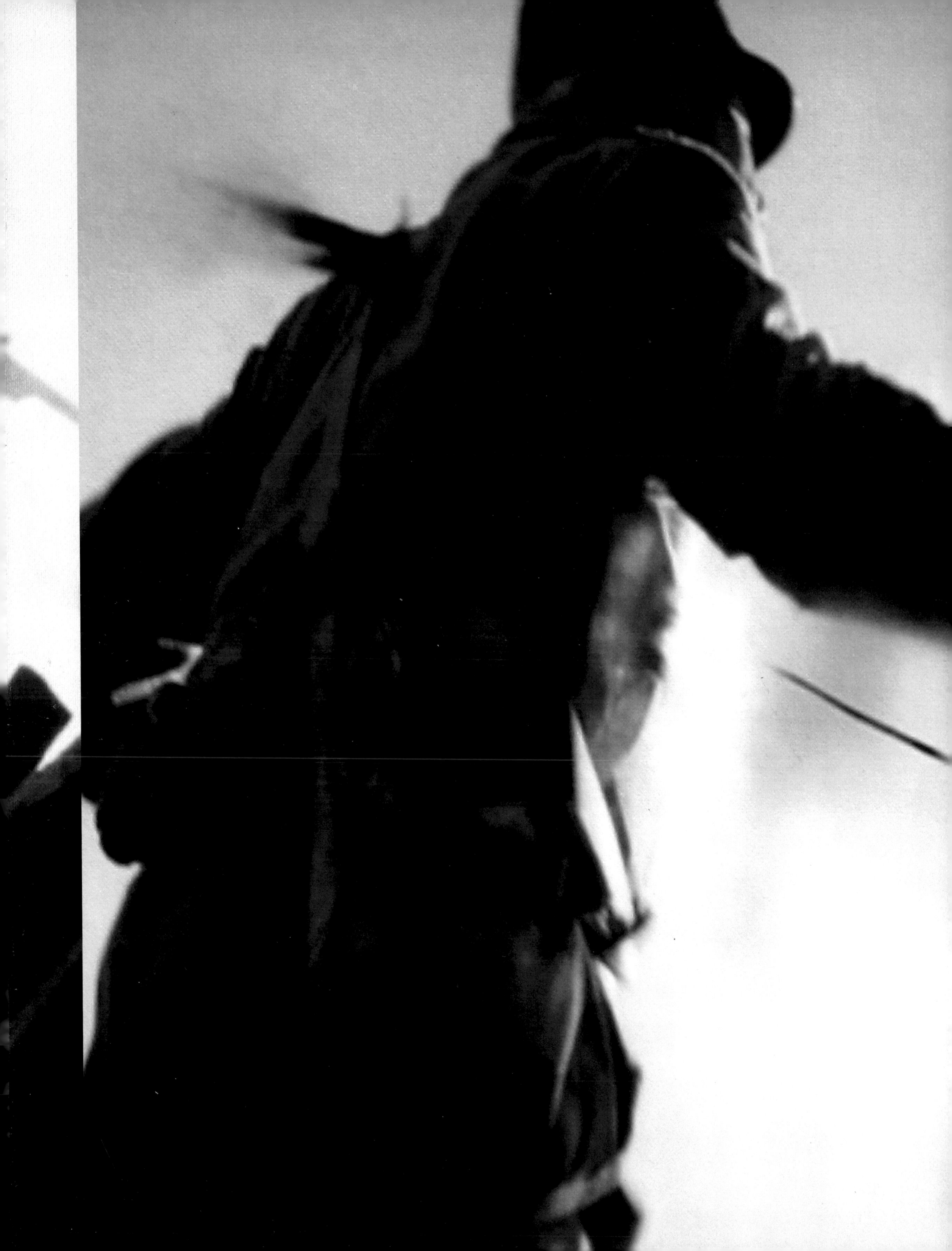

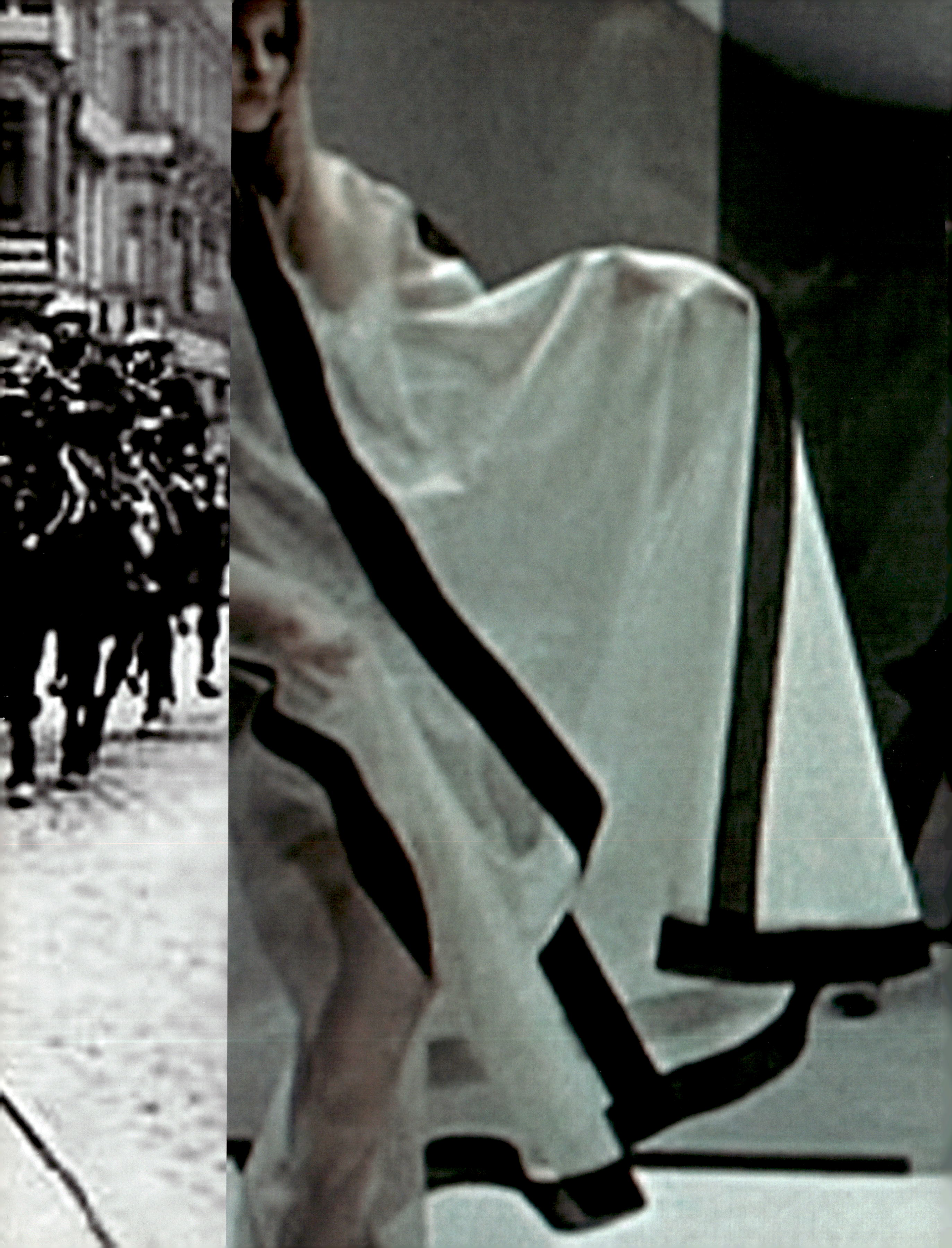

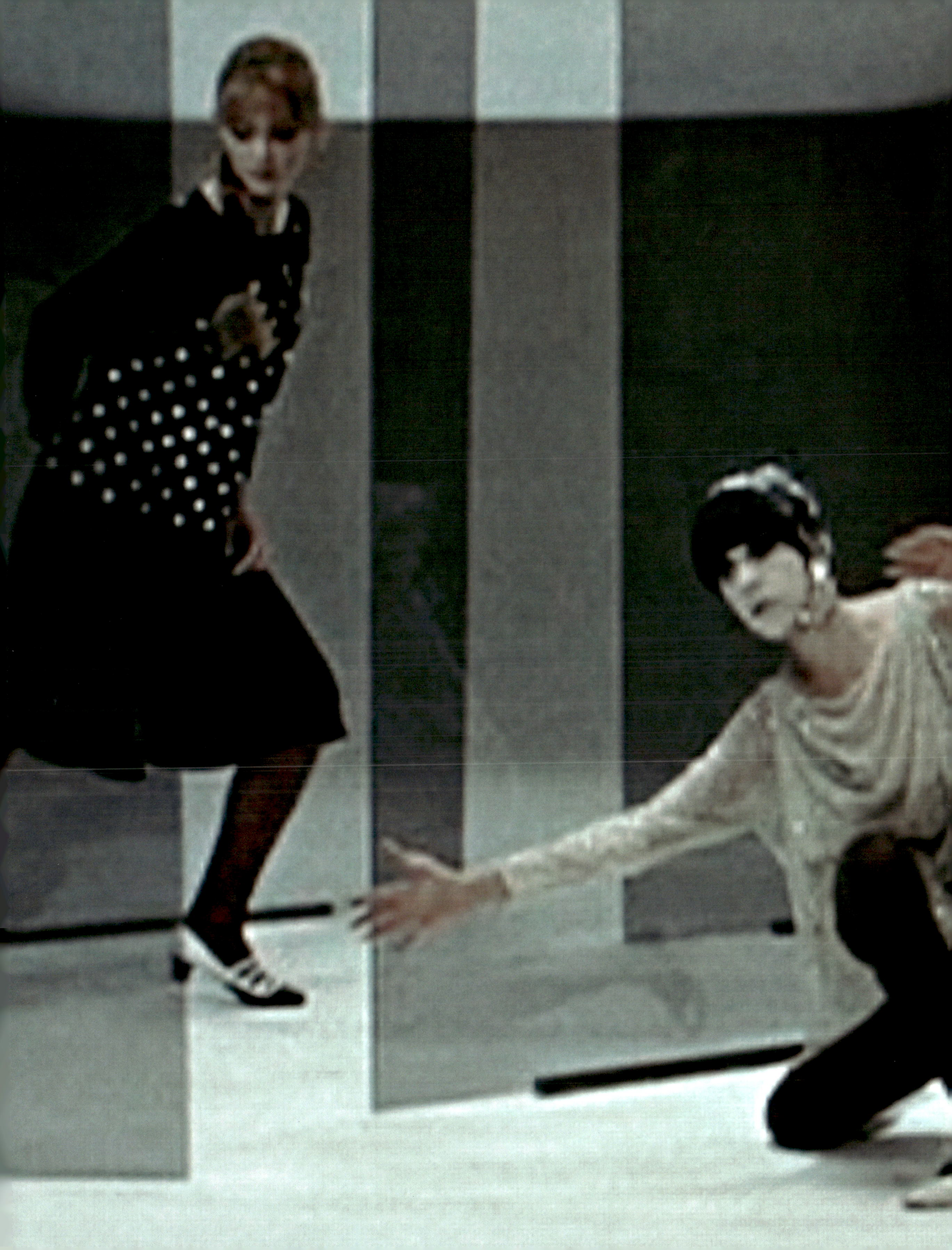

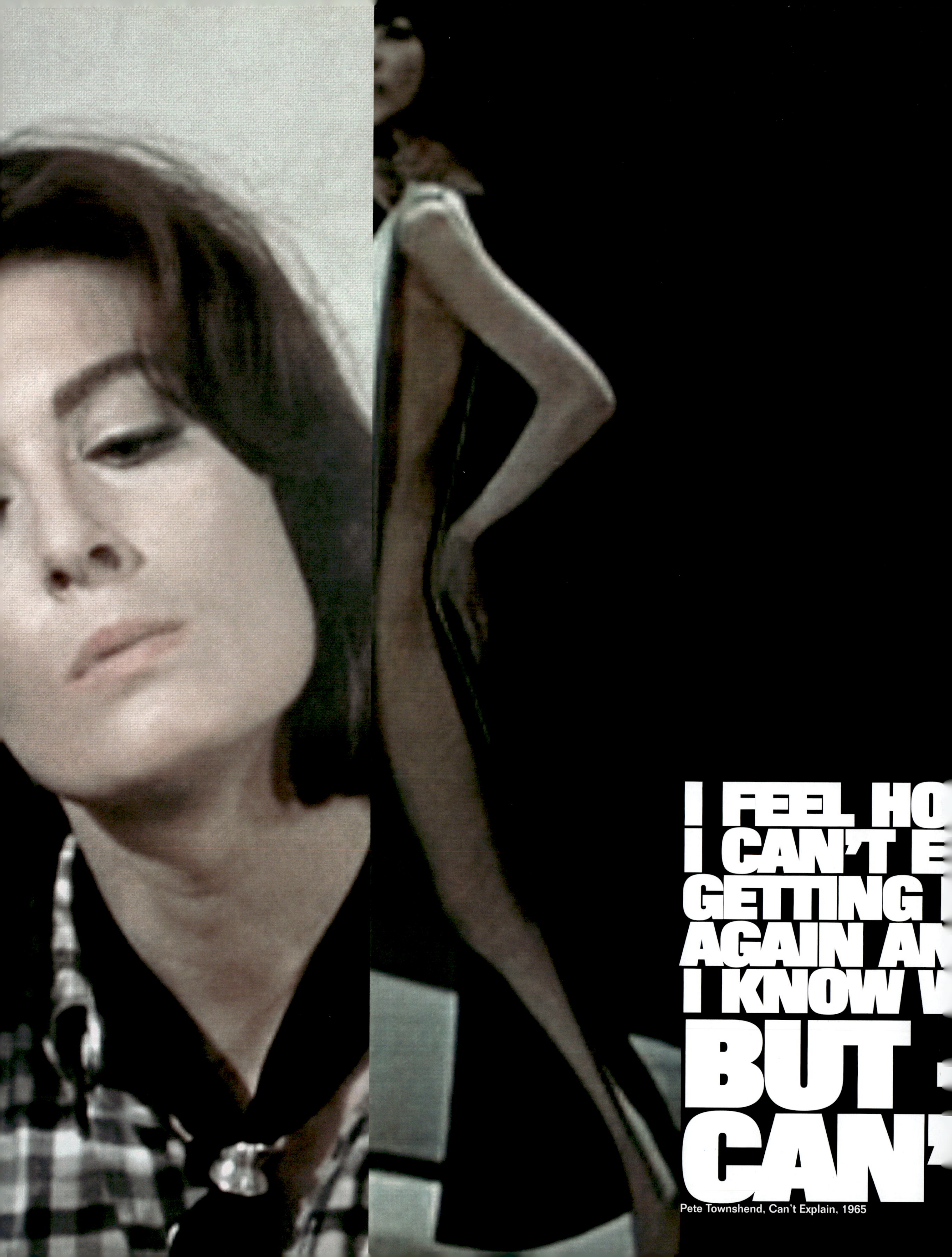

Pete Townshend, Can't Explain, 1965

BURBERRY
FALL 2006

ᴹᴹ FOUNDED IN 1856 BY THOMAS BURBERRY IN HAMPSHIRE, LOCATED AT LONDON HAYMARKET SINCE 1891, PURVEYOR TO THE ENGLISH COURT SINCE 1955, KNOWN WORLDWIDE AS THE SUPPLIER FOR THE ANTARCTIC EXPEDITIONS OF ROALD AMUNDSEN (1911) AND ERNEST SHAKLETON (1914) AS WELL AS THE UNIFORMS OF THE BRITISH ARMY – FOR WHOSE OFFICERS THE TRENCH COAT ORIGINALLY WAS DESIGNED – DURING WWI, THE TEXTILE COMPANY AND HIGHLY TRADITIONAL FASHION LABEL BURBERRY, DURING THE SECOND HALF OF THE PAST CENTURY, LEAD THE LIFE OF, AS ONE MAY PUT IT, A "SLEEPING BRAND". FOR DECADES, THE PATTERN CALLED "NOVACHECK", A TRADEMARK REGISTERED IN 1924 FOR THE LINING OF THE CIVILIAN VERSION OF THE TRENCH COAT, AND LATER ON USED, AMONG OTHERS, FOR SCARVES, SHAWLS, UMBRELLAS, HANDBAGS AND SUITCASES, HAD BEEN STOOD FOR HIGH QUALITY AND AT THE SAME TIME PETTY BOURGEOIS, TOTALLY RESISTANT TO INNOVATION, BUT THAT HAD ALSO BEEN GAINING DUBIOUS POPULARITY WITH BRITISH CHAUVINISTS AND SOCCER HOOLIGANS DURING THE 70IES.

The gradual revitalisation of the brand apparently has something to do with Rose Marie Bravo who was chosen CEO in 1997. The American-born head of the company introduces not only operative but also aesthetic changes, promotes new products and designs and wins star model Kate Moss. One of the most effective measures concerning the changes in the brand's image probably can be seen in borrowing the pop culture styles of Swinging London, which the current branding seems to be inspired by: that typically British mixture of *irony* and *seriousness*, *mockery* and *severity*, *self confidence* and *class consciousness*, impetuous *curiosity* and melancholic *serenity*, sceptical *intelligence* and positivistic *audacity* which characterised the worldwide conquest by British youth cultures since the 60ies, from the "British Invasion" to "Punk" or the "New Romantics" later, up to today's "Britpop". Like the *Mods* of the 60ies, we now see the *models* of recent Burberry campaigns standing at London street corners, thus provoking a comparison with the record and CD-cover poses and postures of British rock bands; loners, united in groups, parading their solidarity, pictured in highly contrasting black and white, in arrangements faintly recalling "Street Photography", but certainly never doing that in a nostalgic way. Their gaze encompasses the vast rest of the world, their tight clothes emphasising the sex appeal of stylishly wrapped bodies, they evidently could not care less which social class they belong to: they certainly have style and are

PERMANENTLY MOVING UP THE LADDER, FROM THE BOTTOM OF BOTTOMS TO HIGH UP ....

Right now, Burberry purports a succinct and stable brand image on the advertising pages of fashion and life-style magazines. It is worth noting that this obviously is an image not (newly) invented but re-gained, in no way denying the former status of the brand but in a way remembering it from a future point of view. Chances are, that "Prorsum", the Latin expression for "Forward", applied in the knight logo back in 1904, might, in a not too distant future, again have something to do with the actual Burberry reality – commercially as well as aesthetically.

T AND COLD
XPLAIN
FUNNY DREAMS
ID AGAIN
VHAT IT MEANS

—

T EXPLAIN.

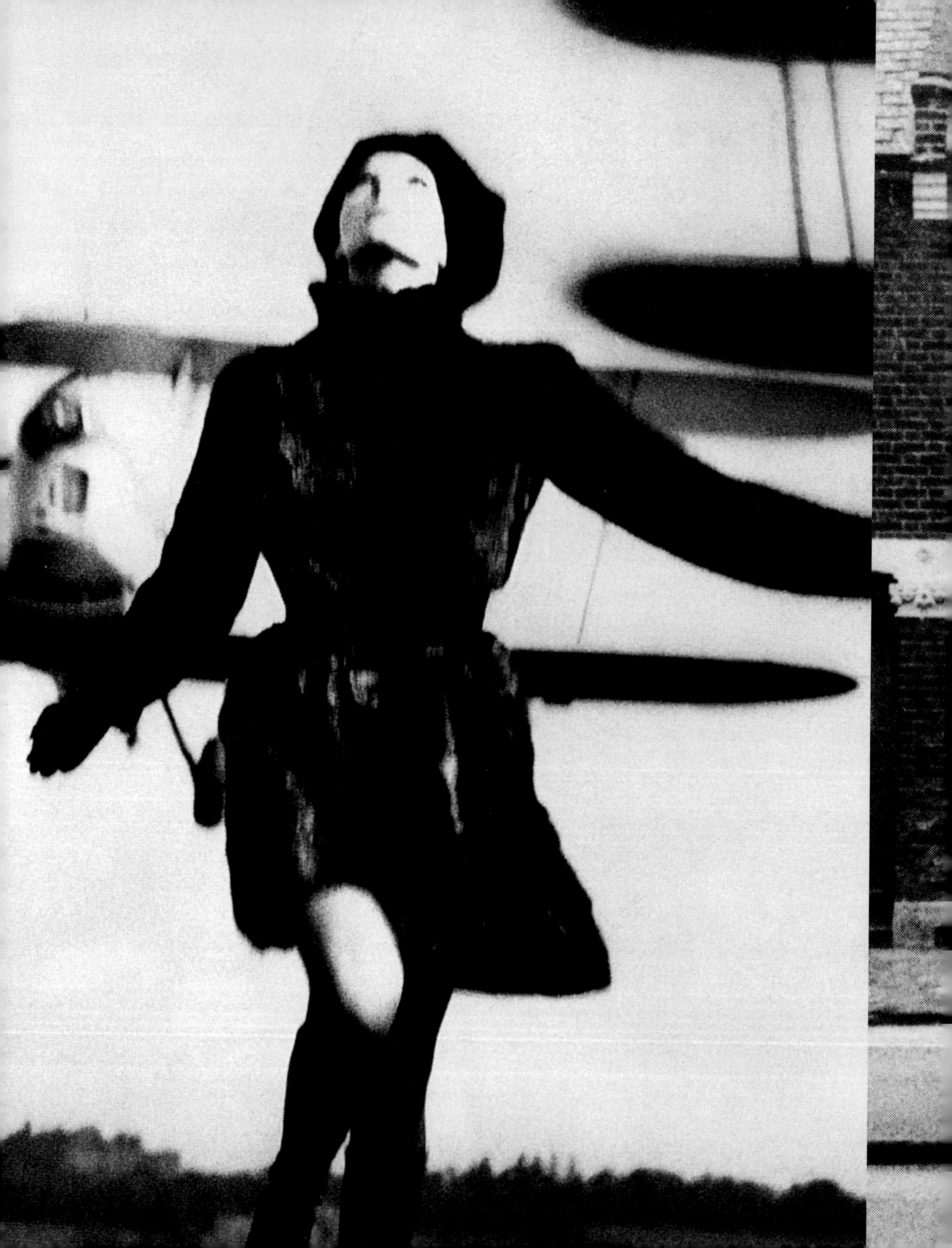

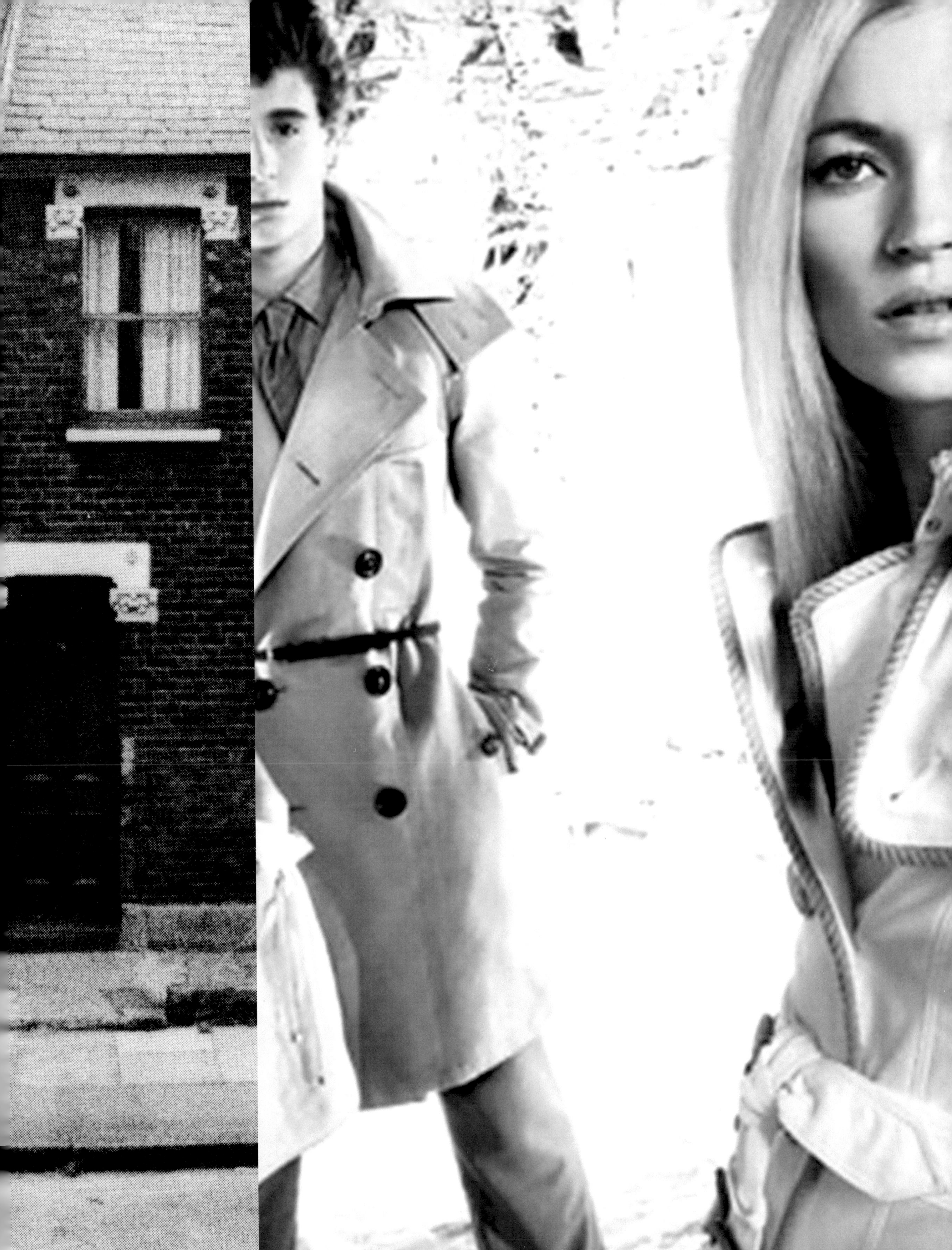

ABSOLUTE PERSONALITY

KATE MOSS

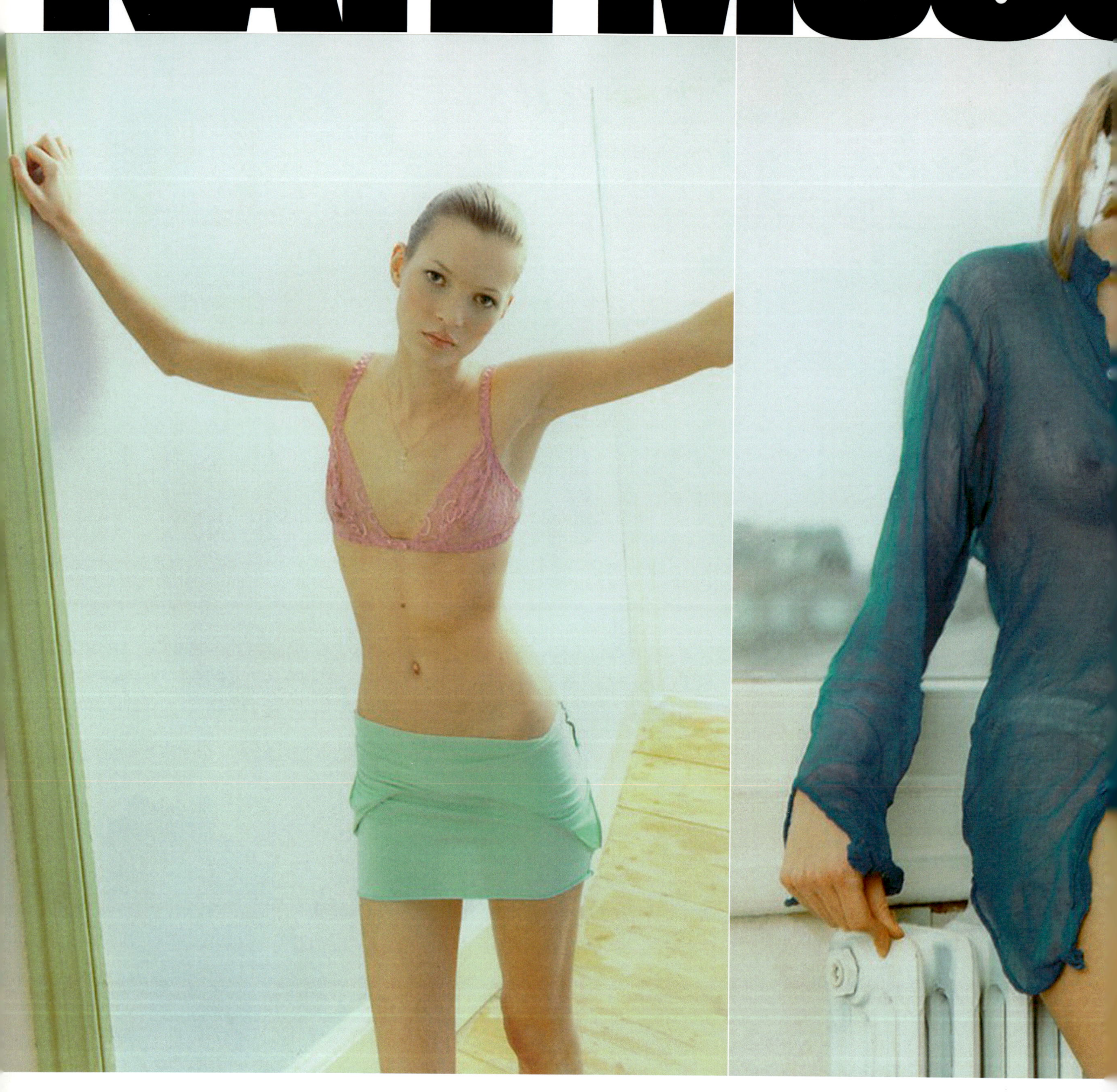

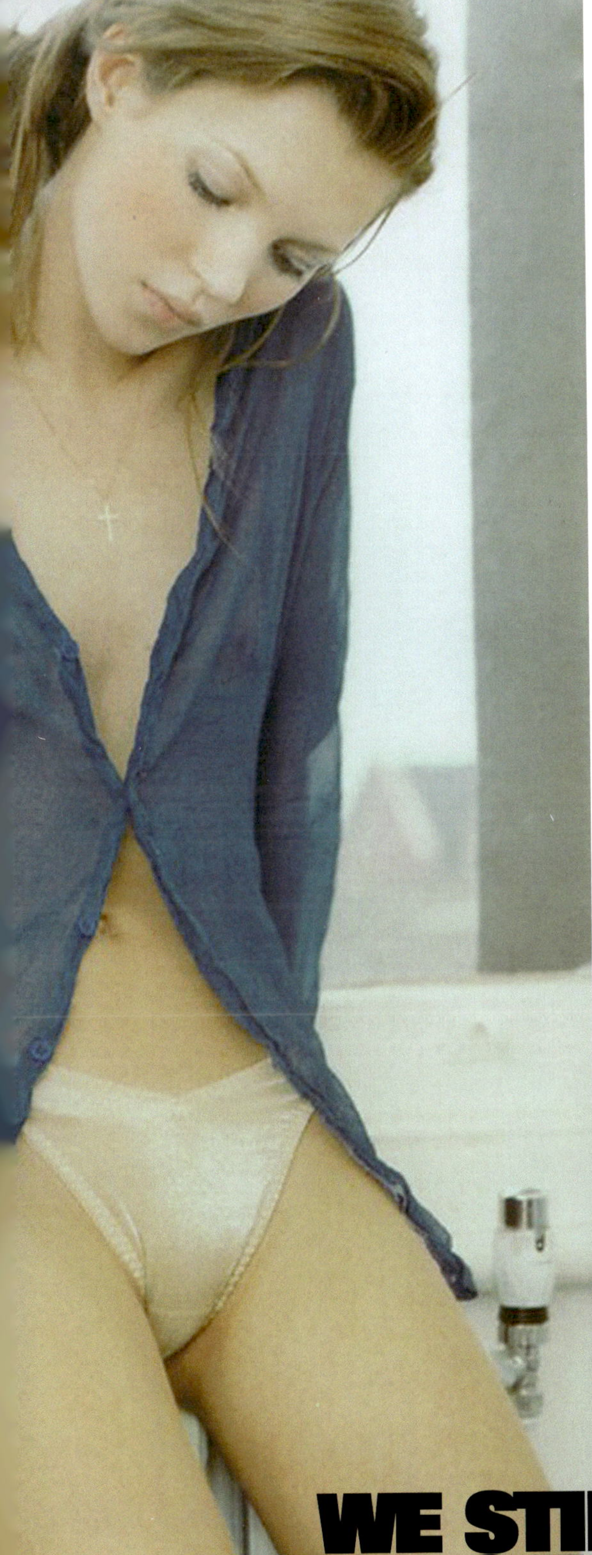

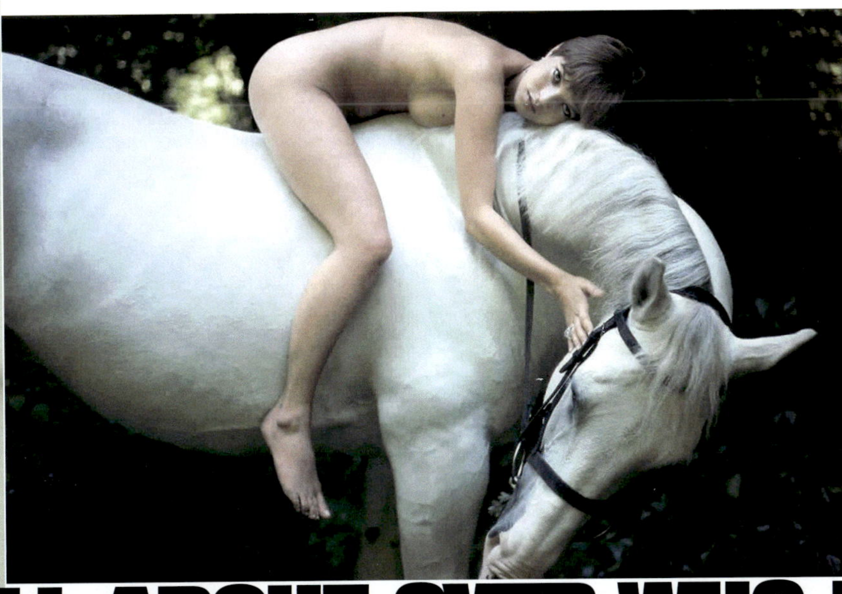

WE STILL ARGUE OVER WHO IS GOD
AND I SAY, HEY THERE, MISCREATION,
BRING A FLOWER, TIME IS WAISTING
I SAY HEY, THERE, MISCREATION,
WE ALL NEED A REVELATION....

Sheryl Crow, Bill Bottrell, Todd Wolfe & RSBryan, Hard To Make A Stand, 1996

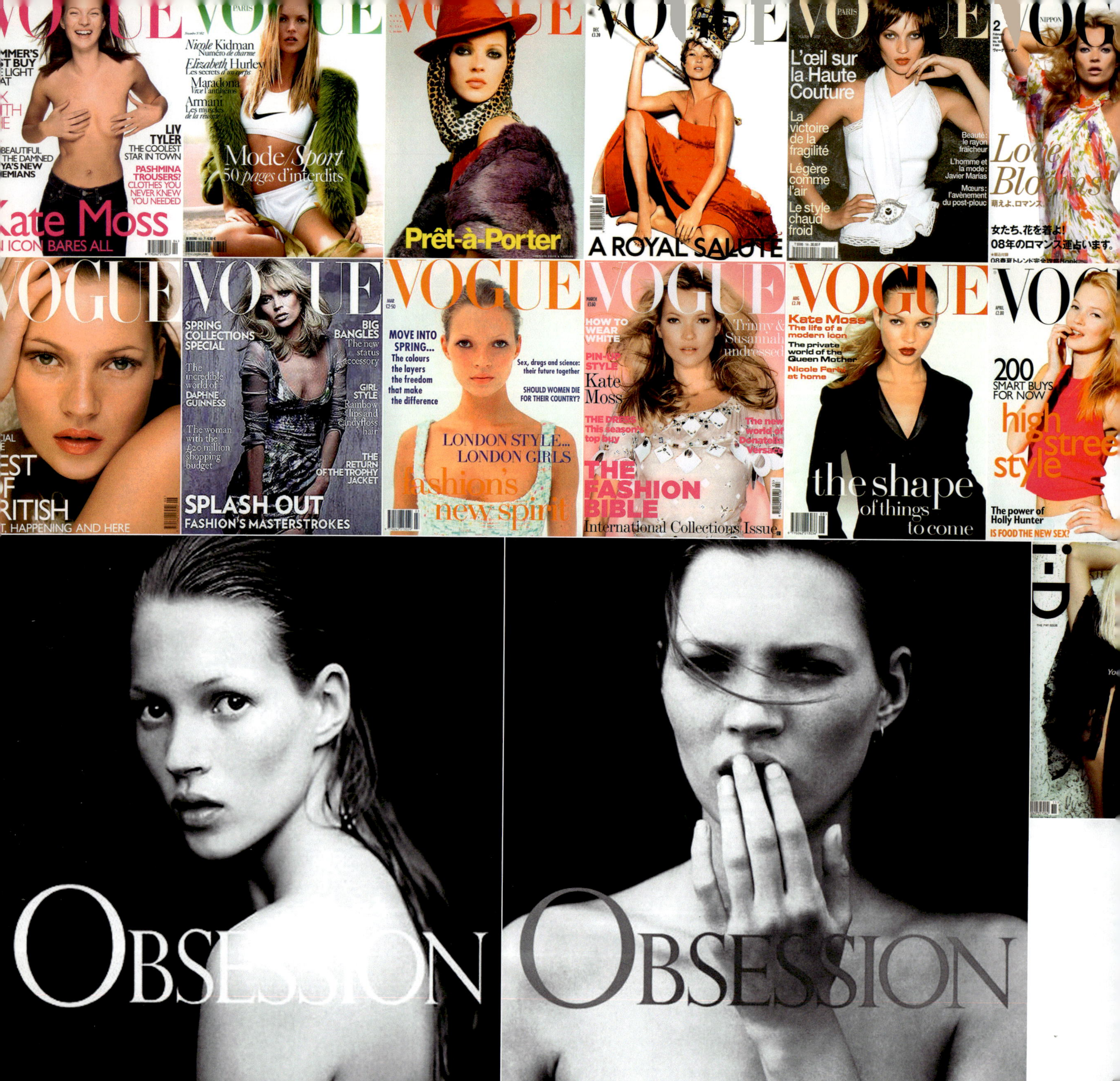

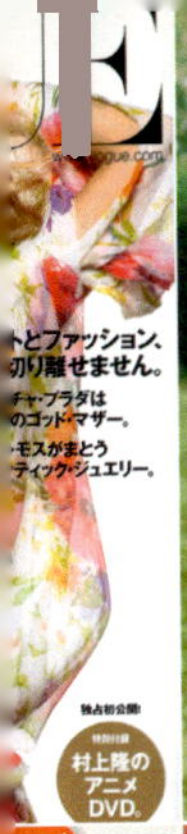

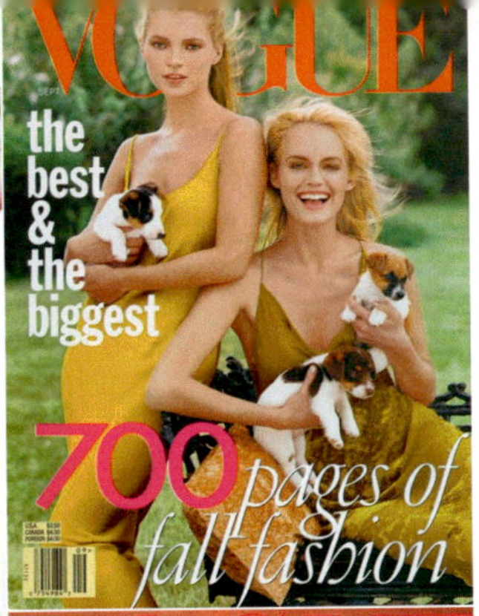

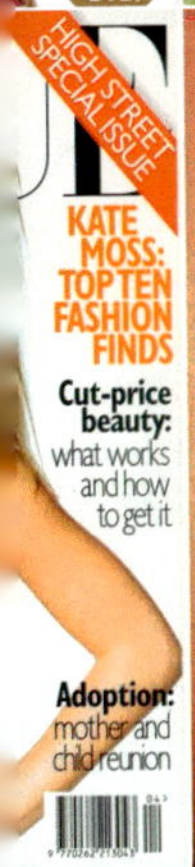

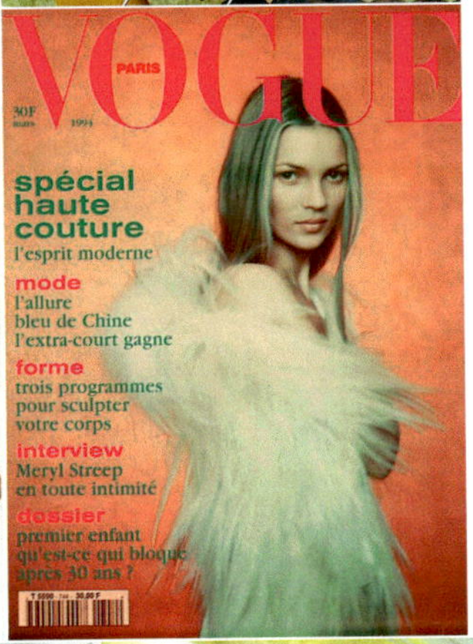

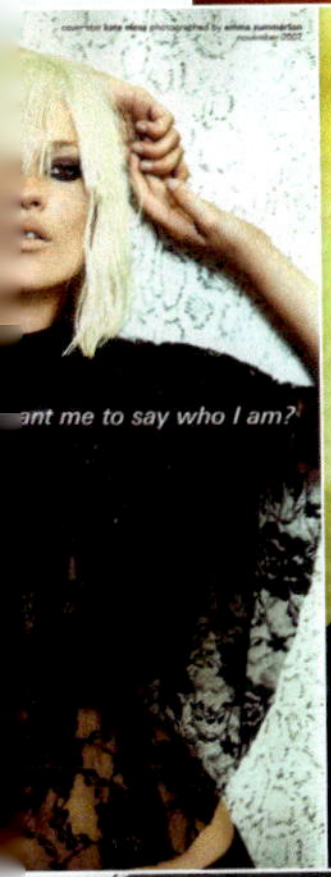

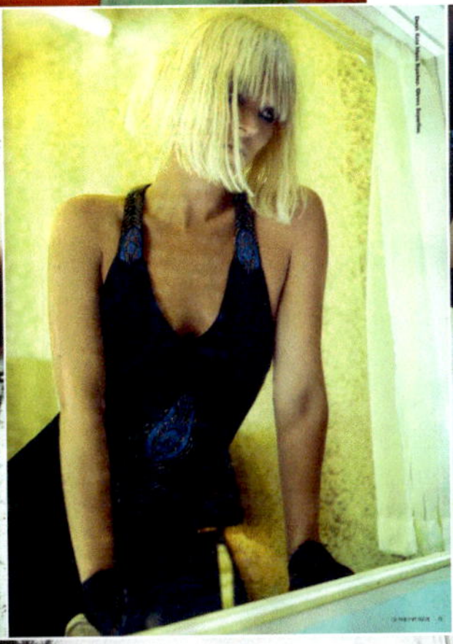

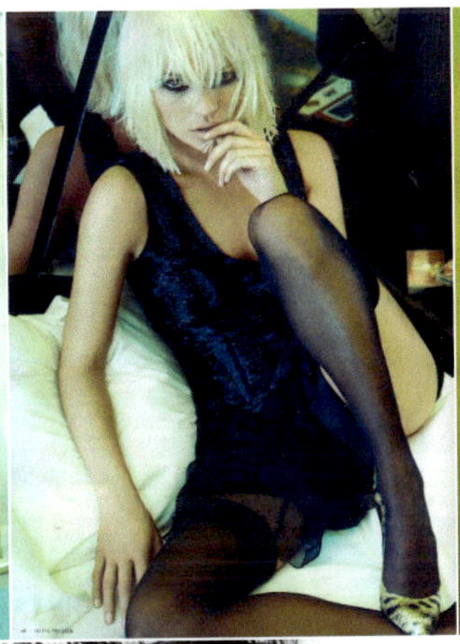

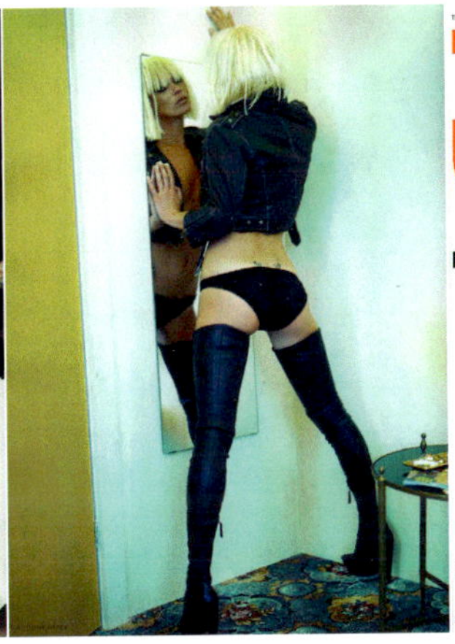

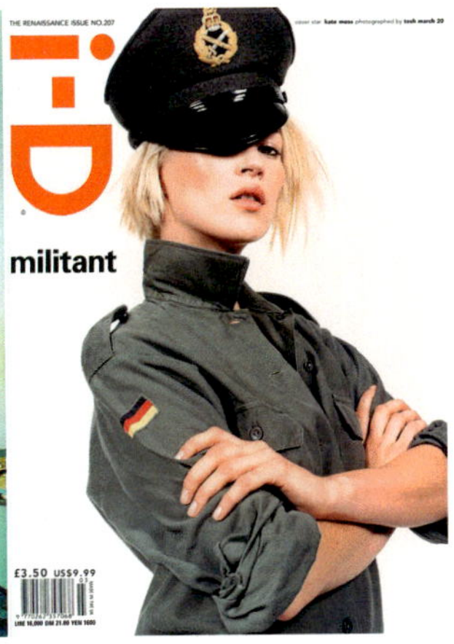

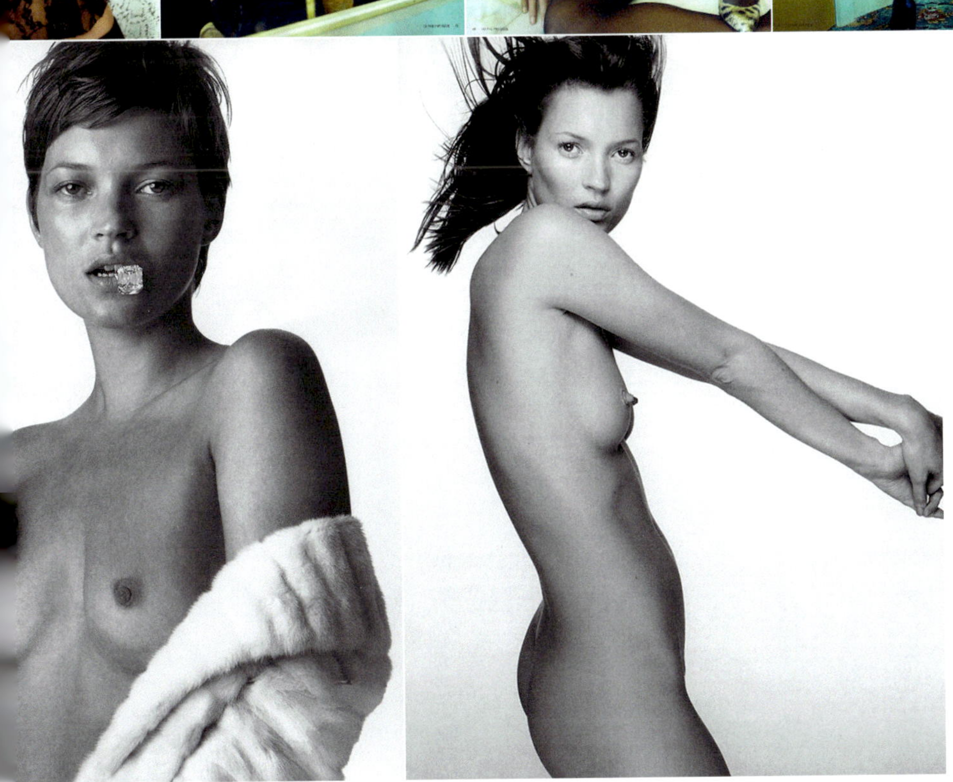

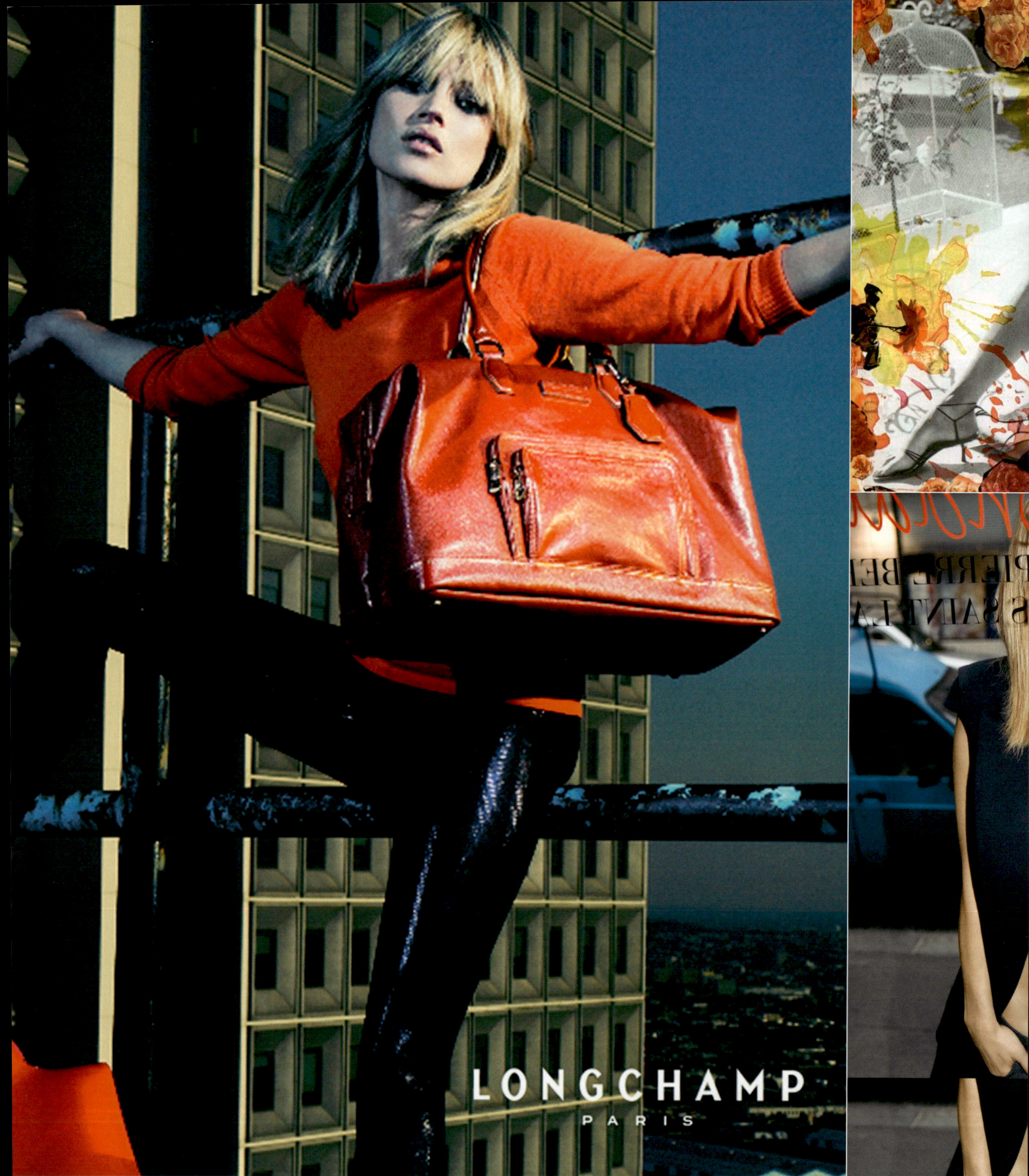
LONGCHAMP
PARIS

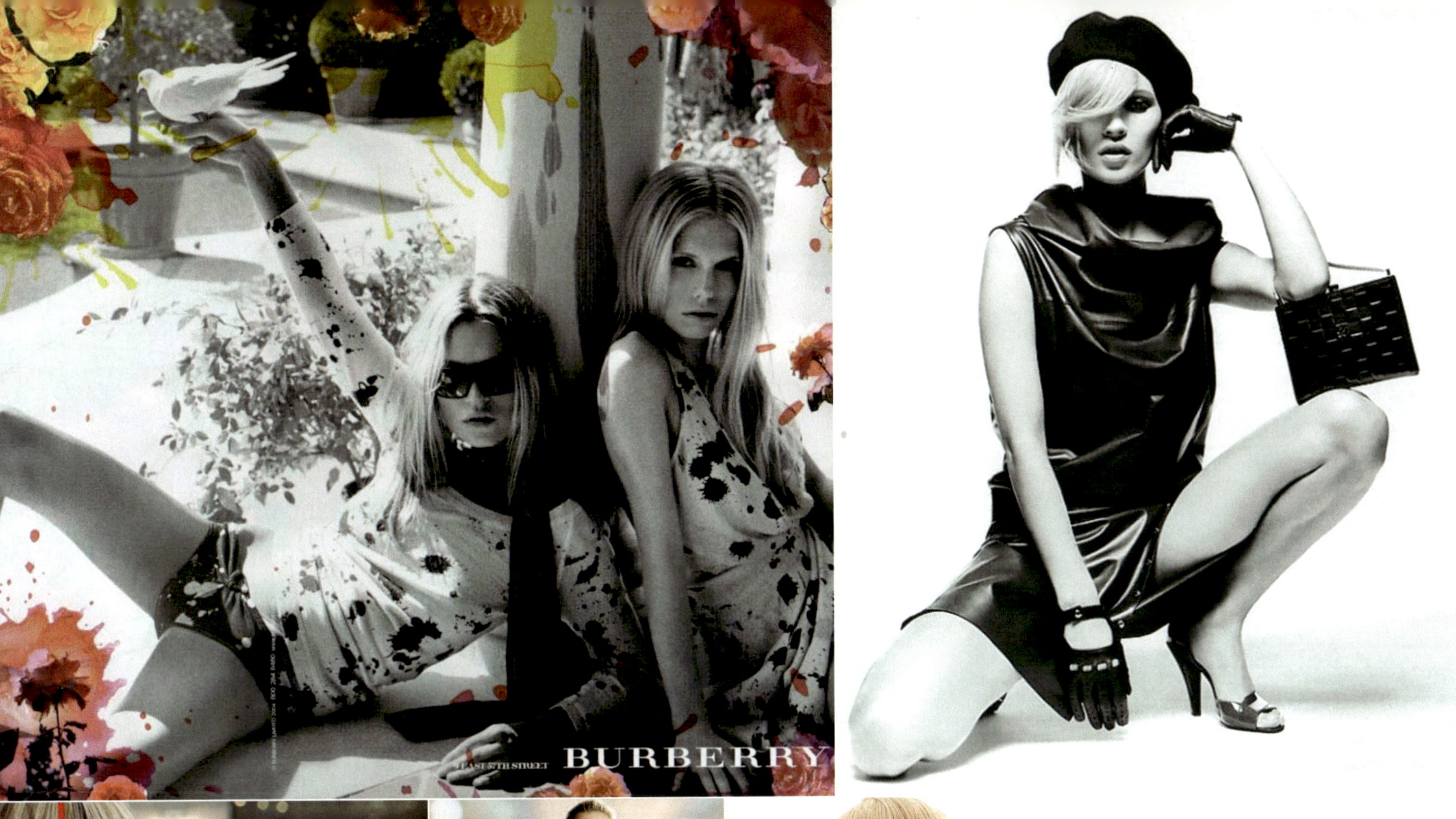

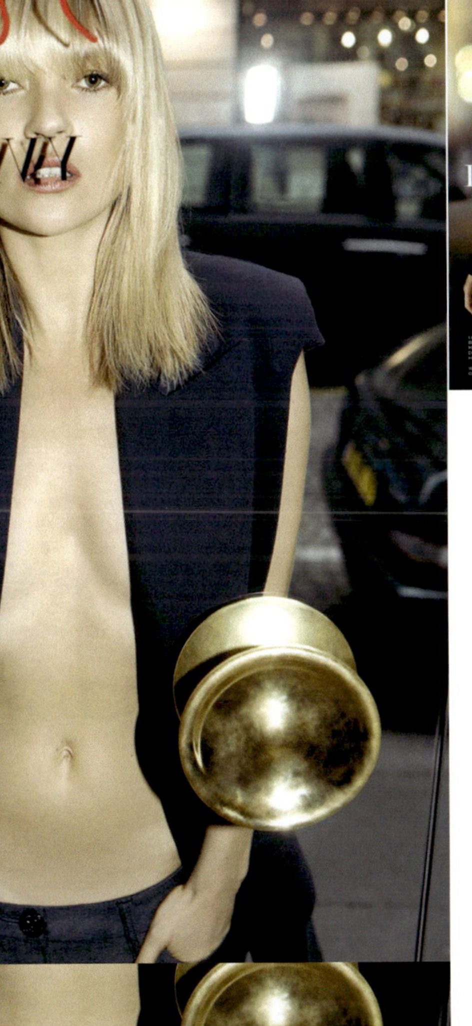

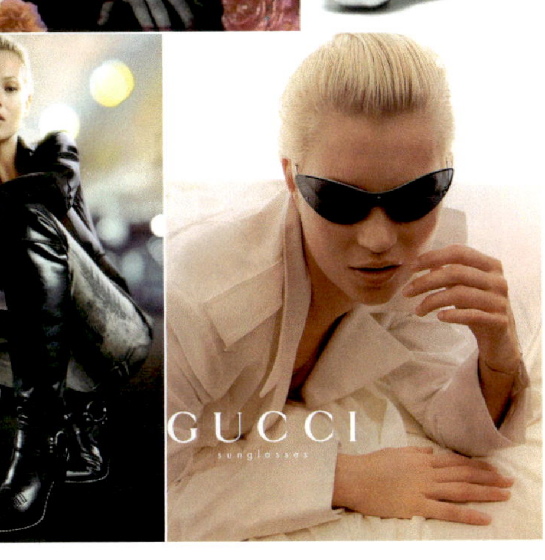

AND IF SHE TELLS YOU
2 IS 1 THEN 2 IS 1
AND IF SHE TELLS YOU YOU SHOULD
KNOW THEN YOU SHOULD KNOW

Brett Anderson, She's In Fashion, 1999

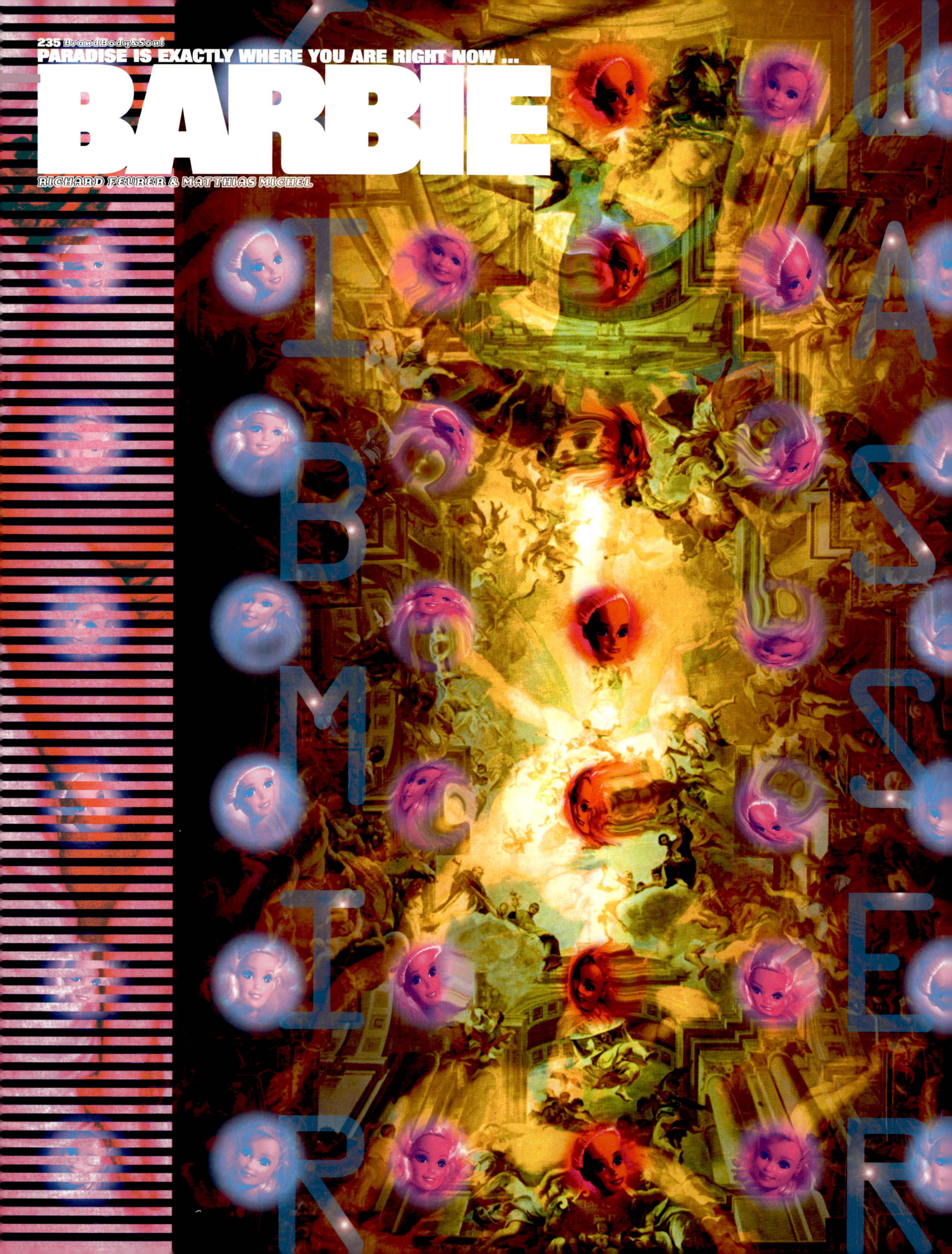

235 BrandBody&Soul
PARADISE IS EXACTLY WHERE YOU ARE RIGHT NOW ...
BARBIE
RICHARD FEURER & MATTHIAS MICHEL

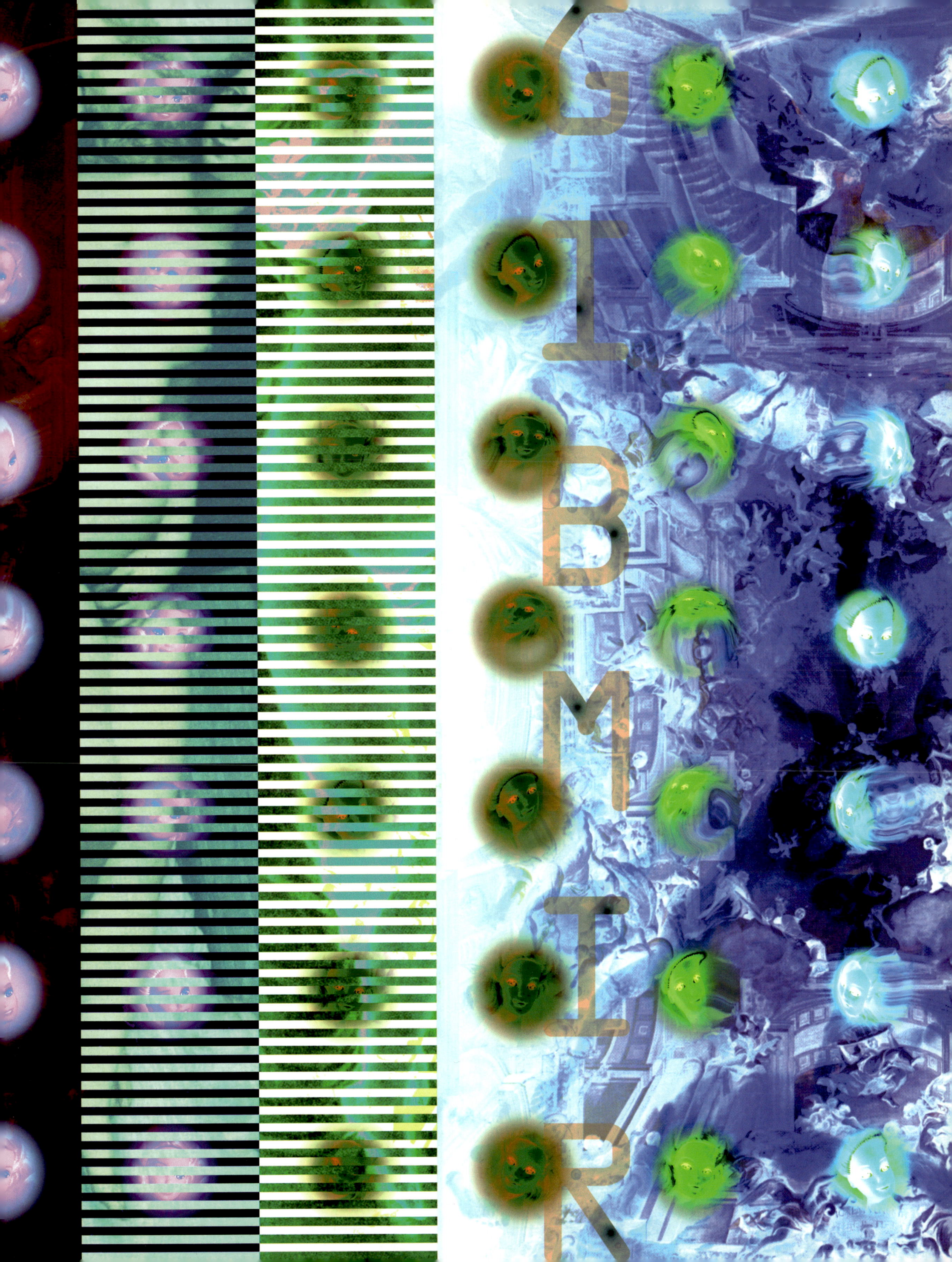
GIBMITER

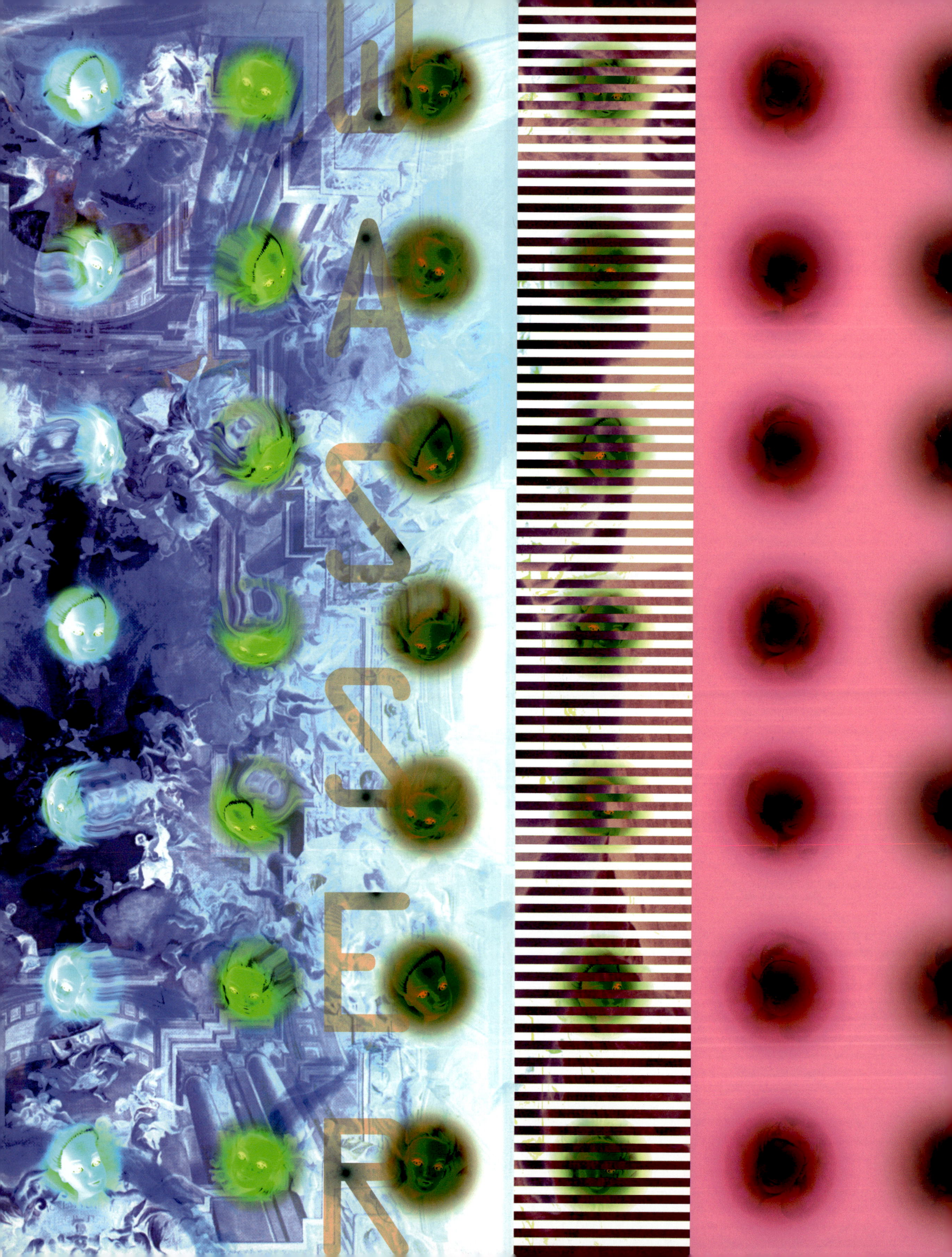

WASSERFARBE

»*Ich bin von Kopf bis Fuss auf Liebe eingestellt*. Zuge-
geben, ich bin Körper und nahezu nichts als Körper, alles Geistige ist mir fremd,
*das ist – was soll ich machen? – ganz einfach meine
Blondinennatur*. Doch jedes Fleckchen dieses Körpers dürstet nach Liebe und Zuwendung, mein Leib ist sozusagen eine einzige empathogene Zone. Die
Heerscharen wohlmeinender Psychosoziologinnen haben, mit anderen Worten,
nichts begriffen, und ich nutze diese Gelegenheit, um die Missverständnisse ein
für allemal auszuräumen: Nein, ich hungere nicht. Ich habe Durst. Meine Diät ist
eine Durstdiät.

Meine Tragödie – wenn Sie so wollen – ist nicht, dass ich vor allem Körper *und
sonst gar nichts* und so unermesslich geistlos bin. Das stört mich nicht
besonders. Das Tragische meines Daseins besteht darin, dass mir kaum ein erwachsener Mensch je eine Seele zugetraut hat. Und hiermit bekenne ich also:
Ja, ich habe eine. Ich bekenne, dass die Unterstellung, ich sei ein seelenloses
Ding, für mich stets das schmerzlichste aller Missverständnisse gewesen ist. Sie
glauben doch nicht im Ernst, dass sich Generationen sozial fehlprogrammierter
Mädchen so hingebungsvoll um mich gekümmert hätten, wenn ich nicht ein ge-
nuiner – ich meine: ein wahrer und wahrhaftiger – ›Mädchentraum‹ wäre! (Ein von
Marken- und Konsumstrategen geschaffener Mädchentraum, mag sein. Na und?
– Das ist der Lauf der Dinge, *dafür kann ich nichts*.) –
Und: Wie könnte ich ein Körper gewordener ›Traum‹ sein, wenn da keine ›Seele‹
wäre und wenn nicht ebendiese Seele aus jeder einzelnen meiner Kunststoffporen
schreien würde? – Eben.

Wonach sie denn schreie, diese sogenannte Seele, fragen Sie. Nach Liebe natürlich, nach Zärtlichkeit und Erfüllung, wie jede andere Seele auch. Und – ich geste-
he es ohne jede Scham – nach der Geborgenheit in starken, leidenschaftlichen,
besitzergreifenden Männerarmen.

Langezeit habe ich übrigens selbst an meiner Seele gezweifelt. Erst als mich die
kleine Francesca – ihre Freundinnen nannten sie ›Cecca‹ – einmal in diesen präch-
tigen Palast mitgenommen hat, wo die Leute hingehen, um zu staunen und zu
beten und so, da war mir plötzlich alles klar. Es war wie eine Erleuchtung, als ich
die vielen Engel und Helden und Heiligen betrachtete, mit denen die kalten Wände
übermalt waren. Ich bin wie sie: ein Engel, eine Heilige, ein figurierter Wink des
Himmels. *Das ist meine Welt. Das ist – was soll ich ma-
chen? – ganz einfach meine Natur*. Ich bin sozusagen eine Seele
von Puppe. Und mein Durst wird nicht gestillt werden. Niemals.«

“*I'm seiged from head to toe ... love's always been my
game*. I am: body, indeed, nigh on nothing but it, anything intellectual seems
very strange to me, *I was simply made that way: a blonde*. But
every inch of this body is yearning for love and attention, my body, is, as it were, but
one empathogenic zone. In other words: divisions of well-meaning psycho-sociolo-
gists have not understood a thing, and now I'm seizing the occasion to eliminate,
once and for all, all the misunderstandings: No, I am not hungry, no, I do not starve.
I'm thirsty. I'm yearning. My diet is one of yearning.

My tragedy – if you want to express it that way – is that I am, above all: pure body,
nothing but it, *I can't help it*, and I'm immeasurably, yes, stupid. Still, I
couldn't care less. The one tragedy in my life is that no adult ever imagined, dared
thinking I could have a soul. Now, here I stand and I confess: Yes, I do have one.
I admit, the assumption I might be some thing without a soul has always been the
most painful misunderstanding for me. You don't believe, seriously, that generations of socially misguided girls could have taken that much notice, would have
taken such good care of me if I had not been – I mean: truly, a true – 'girls' dream'!
(A dream created for girls, well, by brand and consumer strategists, maybe. Well,
yes, but? That's how things are, *what am I to do? I can't help it*.) –
What's more: how could I be a 'dream' turned into a body if there'd be no 'soul' in
me and if it wasn't this soul that's screaming, bursting out of each and every one
of my synthetic pores. – You see.

You're asking what it might be screaming for, this so-called soul? Like any other
soul it's yearning for love, for tenderness, for affection and satisfaction. And – I
am not ashamed, not embarrassed at all – for being embraced and protected by
strong, by passionate, by possessive male arms.

For a long time, I have to admit, I did doubt the existence of my soul myself. But once
little Francesca – her friends called her 'Cecca' – had taken me to that magnificent
palace where all the people go to be amazed and to pray and so on, I suddenly got it.
It was like a revelation, looking at all the angels and heroes and saints painted onto
the cold walls. I am like them: an angel, a saint, a figured nod from heaven: *That
is my world. That's how I am*. Be it, as it may, *what am I to
do ...* I am a soul of a, I am a puppet's soul. And my yearning will not be satisfied.
Never ever. *Can't help it*.”

ASSORTED POP!-ICONOLOGI

MM BRANDS – IN THE MODERN AND ESPECIALLY POST-MODERNISTIC SENSE – HAVE ALWAYS BEEN PART OF POPULAR CULTURE. THUS, AND LAST BUT NOT LEAST IN THEIR CAPACITY OF POTENTIAL BRAND CARRIERS, "CELEBRITIES" ARE INTEGRATIVE FIGURES OF CONTEMPORARY POP CULTURE. TO A CERTAIN EXTENT THEY ARE LIVE PROJECTION SURFACES FOR MARKETING STRATEGISTS – EVEN IF EXCLUSIVELY IN THE SERVICE OF THE ONE DISTINCT BRAND THEY THEM-SELVES "ARE". EARLIER, BEFORE THE TIMES OF "CELEBRITIES", THERE WERE "STARS" (E.G. IN CLASSICAL HOLLYWOOD), AND LATER AGAIN, THERE WERE "POP STARS" (IN THE ARENA OF THE WORLDWIDE ROCK'N'ROLL CIRCUS AND ITS VARIOUS ENSUING FORMS). POP STARS ENCODED HIGHLY SPECIFIC CONNECTIONS BETWEEN EMOTIONS AND STORIES, IMAGINATIONS AND EX-PECTATIONS THAT COULD BE BROADENED TO ACTUAL BRAND WORLDS: IN TEXTS AND PICTURES, IN POSES AND ATTITUDES, IN SYMBOLS AND LOGOS. FOR FOUR DECADES AT LEAST, THEY TEST-ED THE WATER OF MEDIAL (ABOVE ALL VISUAL) REPRESENTATION TECHNIQUES, TAKING CARE OF THEIR IMAGE, THEIR SELF-PRESENTATION AND SELF-EXPRESSION, DEVELOPING THOSE ICO-NOLOGICAL AND ICONOGRAPHICAL STRATEGIES WITH THE HELP OF WHICH THE BRAND IMAGES AND BRAND VALUES OF TODAY'S CELEBRITIES ARE COMMUNICATED.

APPLE CORPS. LTD.

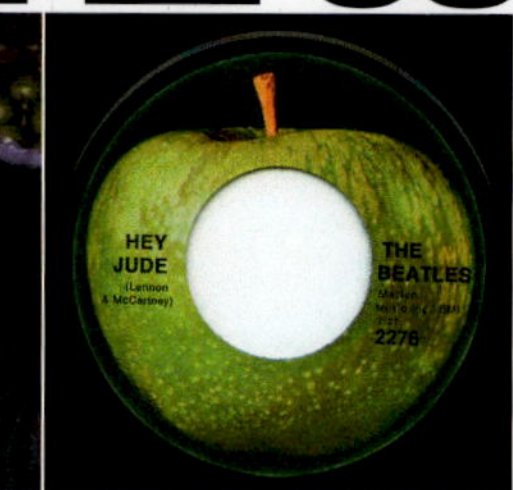

I'LL KNOW MY SONG WELL BEFORE I START SINGING

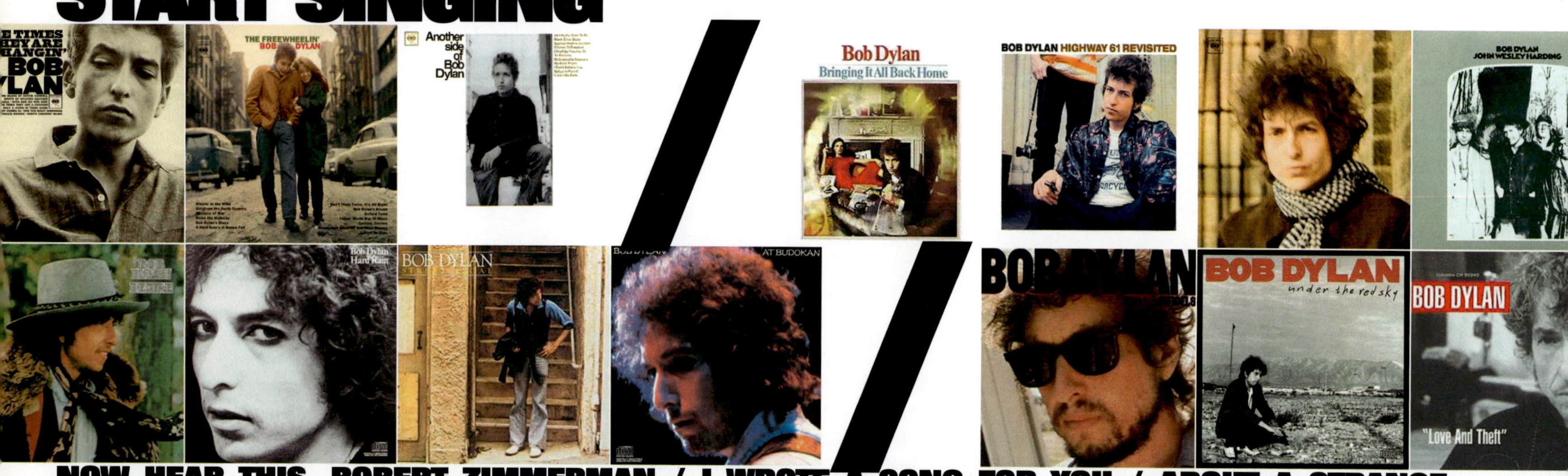

NOW HEAR THIS, ROBERT ZIMMERMAN / I WROTE A SONG FOR YOU / ABOUT A STRANGE YOUNG MAN CALLED DYLAN / WITH A VOICE OF SAND AND GLUE / NOW HEAR THIS, ROBERT ZIMMERMAN / THOUGH I DON'T SUPPOSE WE'LL MEET / ASK YOUR GOOD FRIEND DYLAN / IF HE'D GAZE A WHILE DOWN THE OLD STREET / TELL HIM THEY'VE LOST HIS POEMS / SO THEY'RE WRITING ON THE WALL: / GIVE US BACK OUR UNITITY! / GIVE US BACK OUR FAMILY! / YOU'RE EVERY NATION'S REFUGEE / DON'T LEAVE US WITH THEIR SANITY!

David Bowie, Song For Bob Dylan, 1971

ES

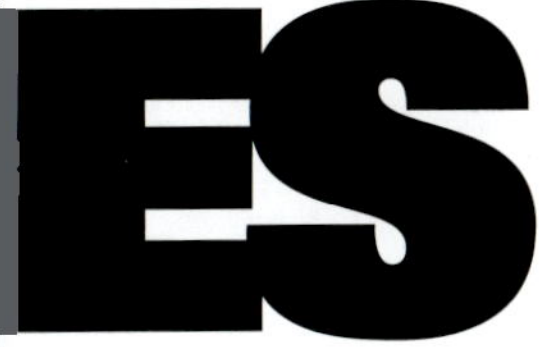

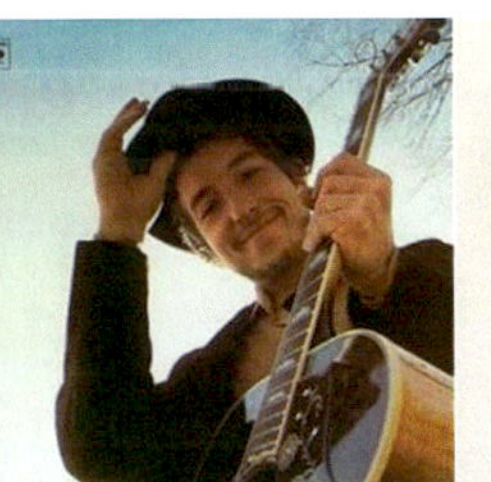
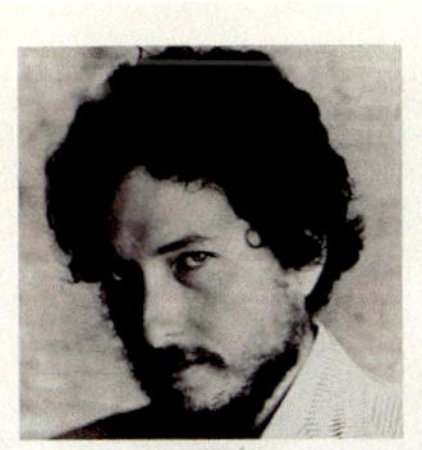
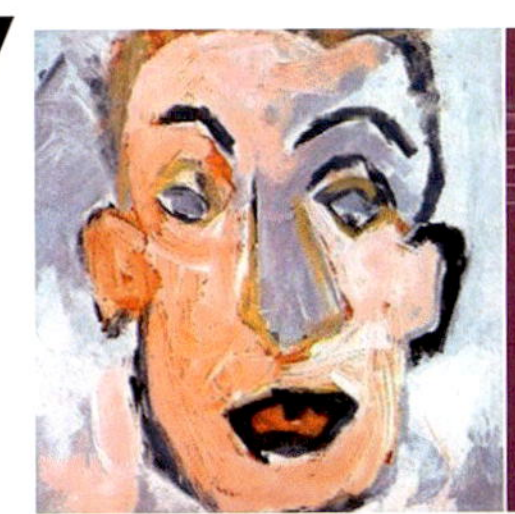
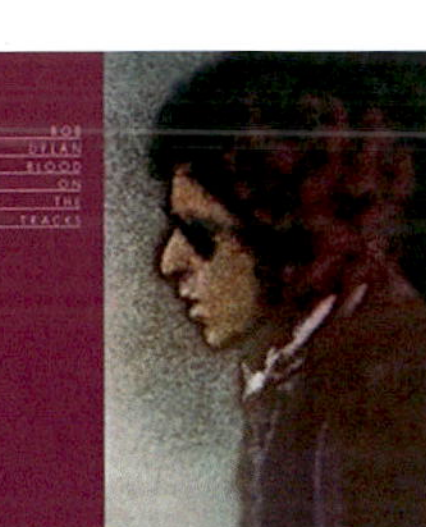

THERE WAS A WICKED MESSENGER, FROM ELI HE DID COME / WITH A MIND THAT MULTIPLIED THE SMALLEST MATTER / WHEN QUESTIONED WHO HAD SENT FOR HIM HE ANSWERED WITH HIS THUMB / FOR HIS TONGUE IT COULD NOT SPEAK BUT ONLY FLATTER … / THE LEAVES BEGAN TO FALLIN' AND THE SEAS BEGAN TO PART / AND THE PEOPLE THAT CONFRONTED HIM WERE MANY / AND HE WAS TOLD BUT THESE FEW WORDS WHICH OPENED UP HIS HEART: / IF YOU CANNOT BRING GOOD NEWS THEN DON'T BRING ANY!

Bob Dylan, The Wicked Messenger, 1968

IT'S ONLY ROCK'N'ROLL BUT WE LIKE IT!

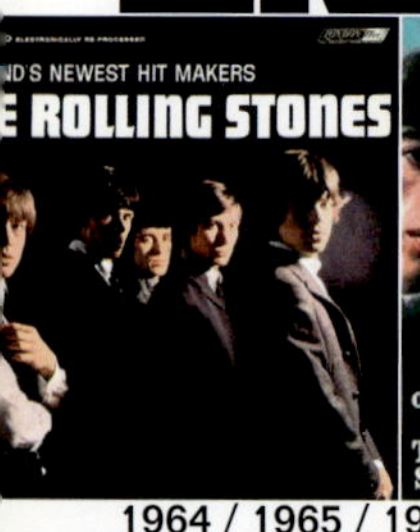 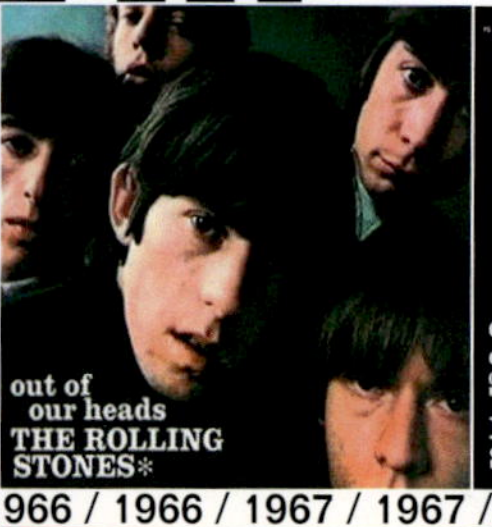 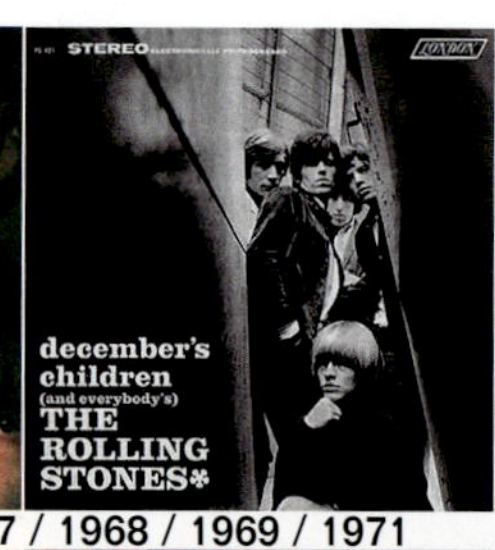 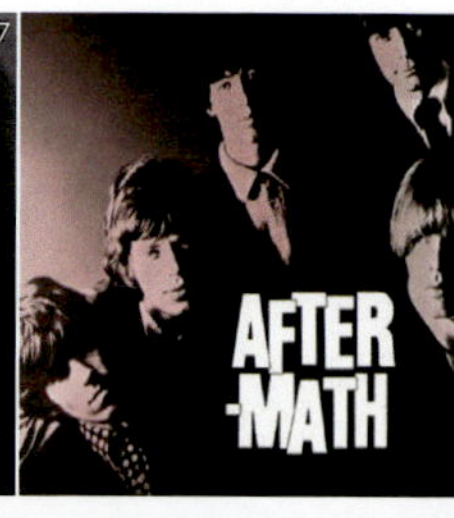 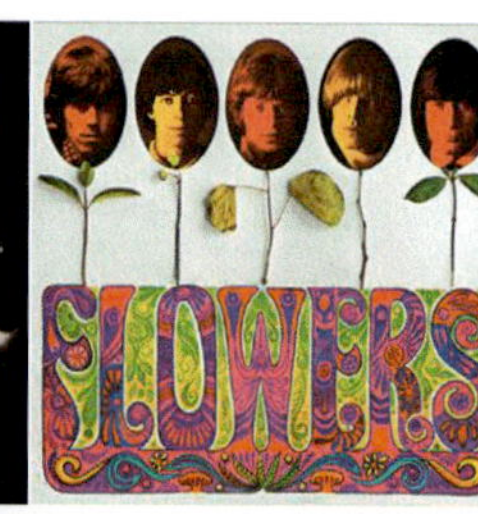 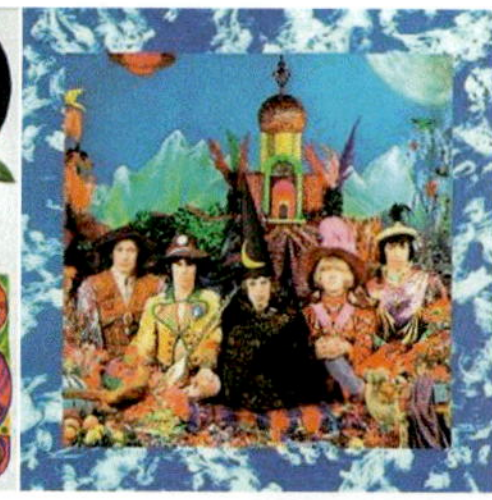 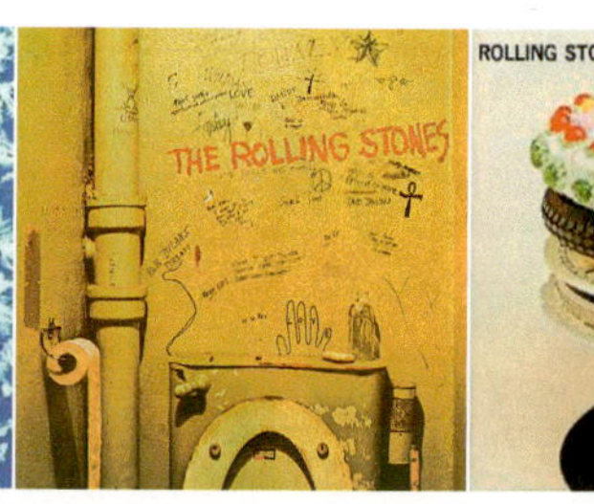

1964 / 1965 / 1966 / 1966 / 1967 / 1967 / 1968 / 1969 / 1971

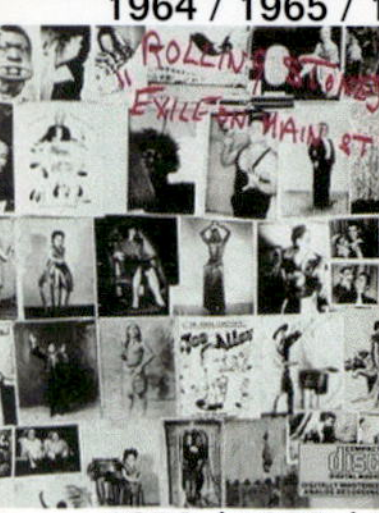 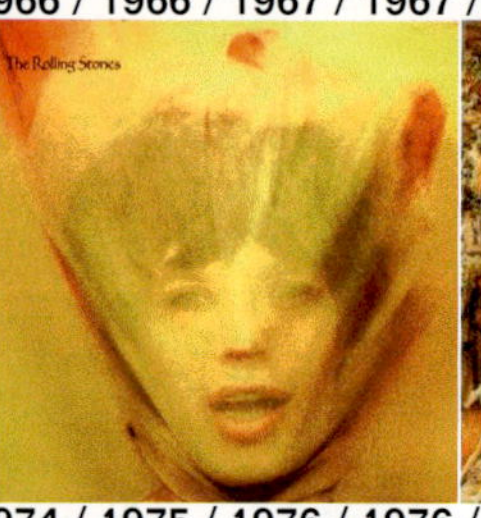 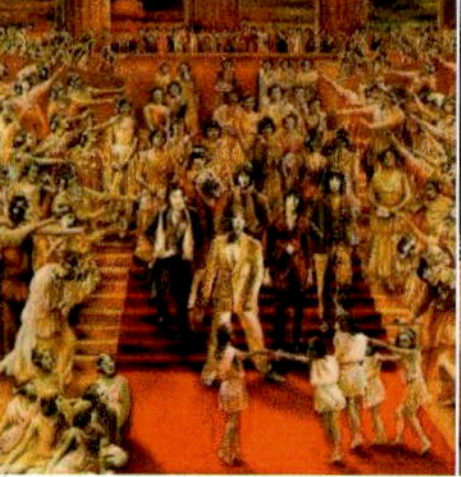 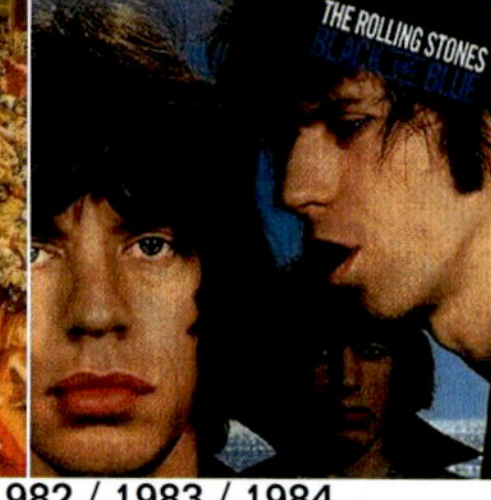 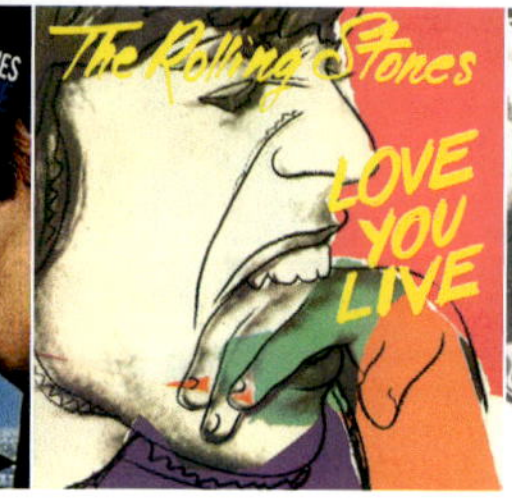 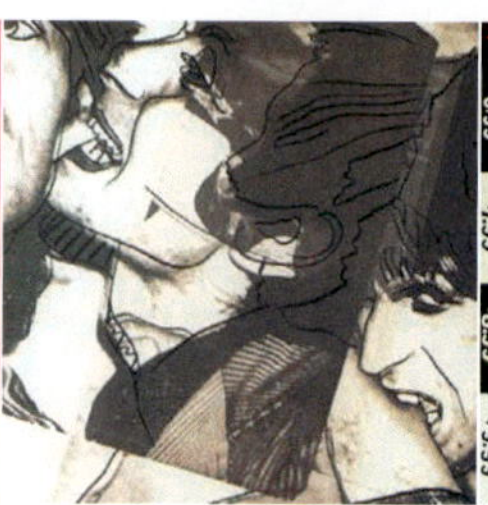 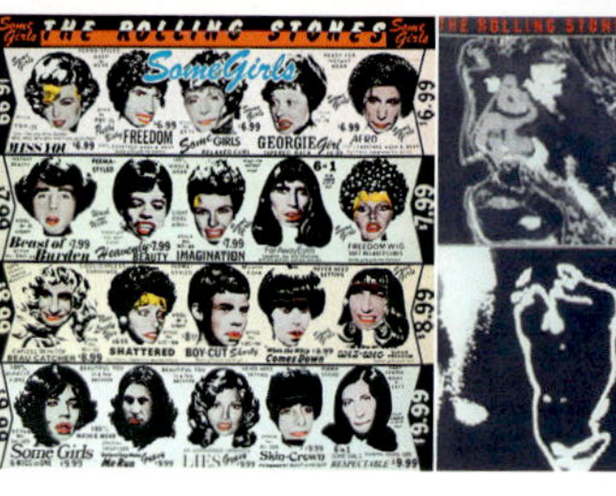

1972 / 1973 / 1974 / 1975 / 1976 / 1976 / 1978 / 1980 / 1982 / 1982 / 1983 / 1984

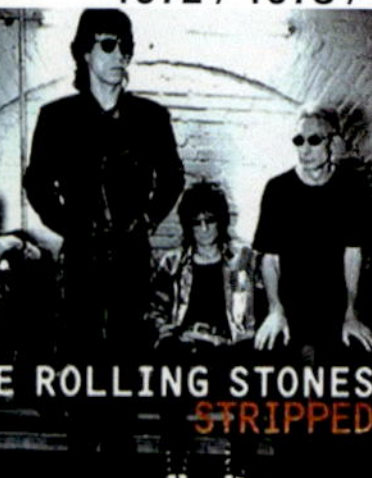 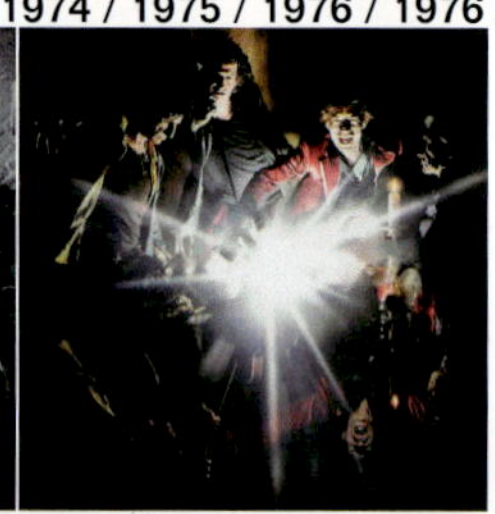 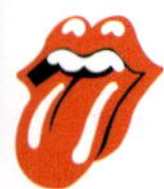

1995 / 2005

»ROLLING STONES« AND TONGUE-AND-LIP-DESIGN ARE TRADEMARKS OF MUSIDOR B.V.

»CHE«

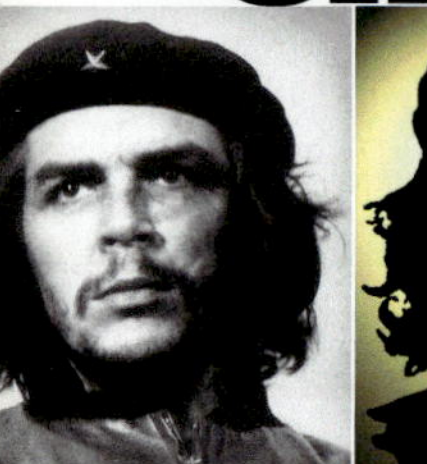 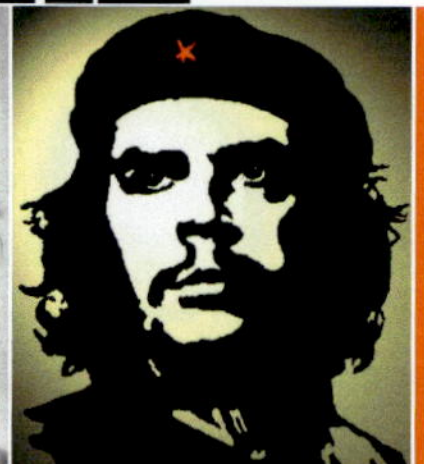 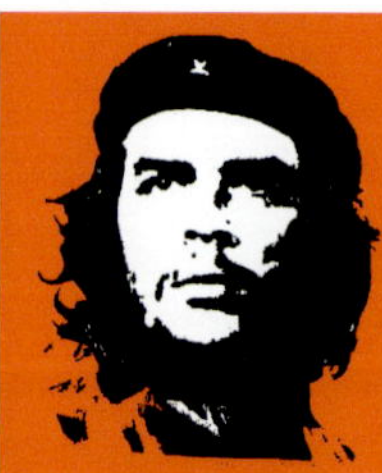 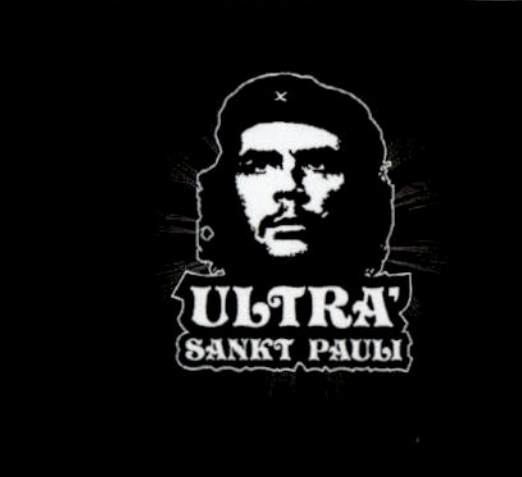 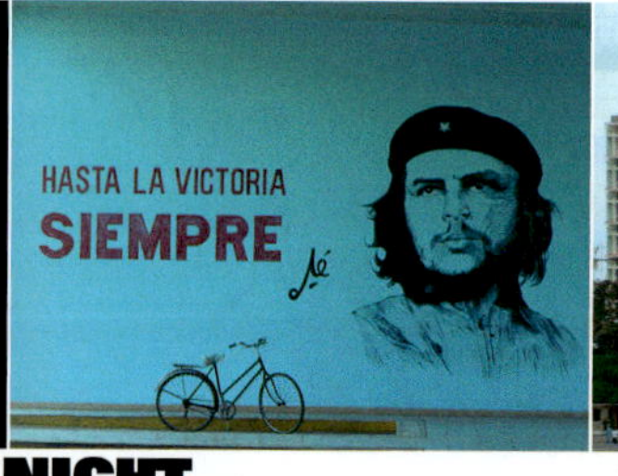 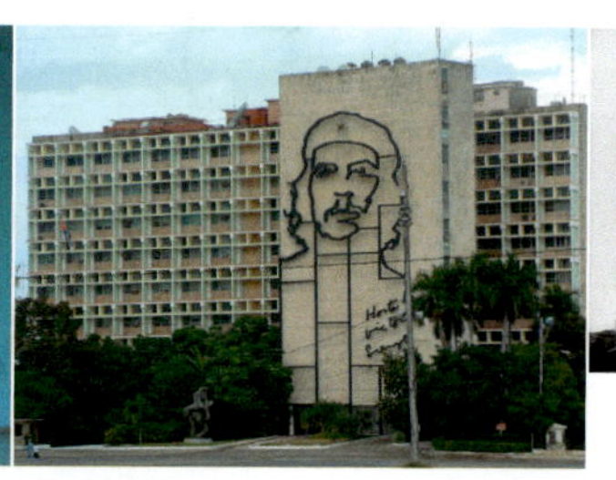 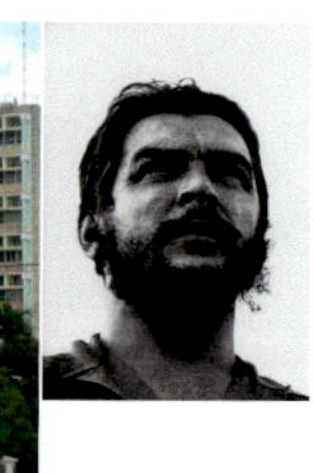

AND THE BEARDS HAVE ALL GROWN LONGER OVER NIGHT ...
Pete Townshend, Won't Get Fooled Again, 1970

WHATEVER HAPPENED TO MAJOR TOM

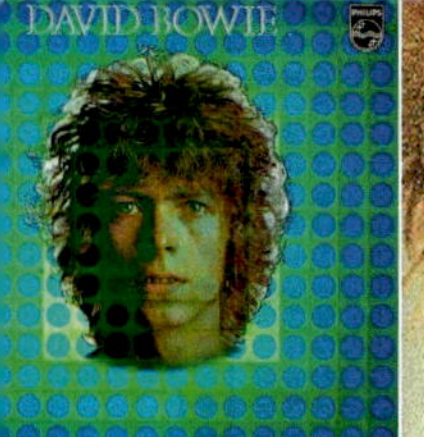 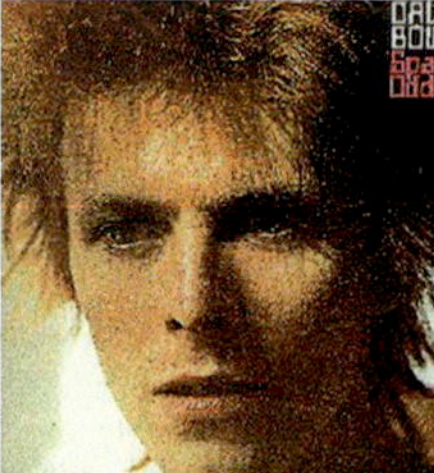 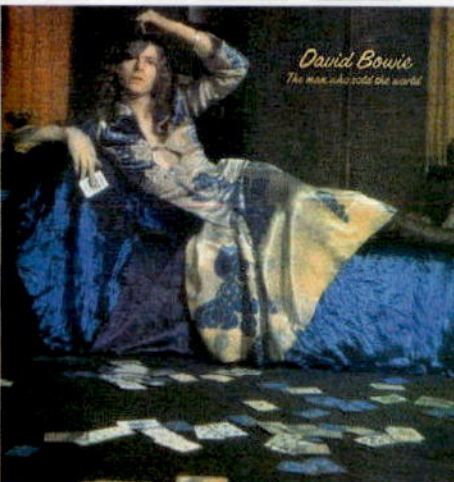 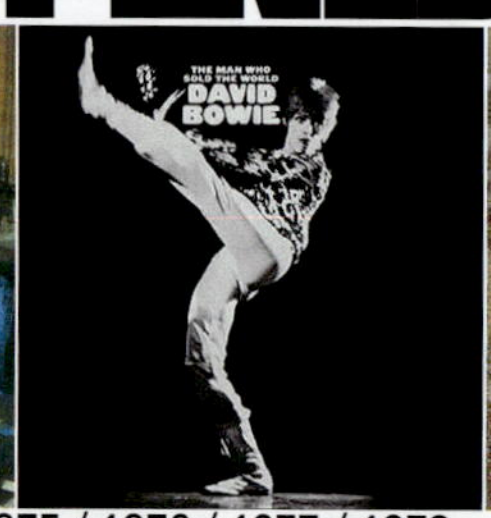 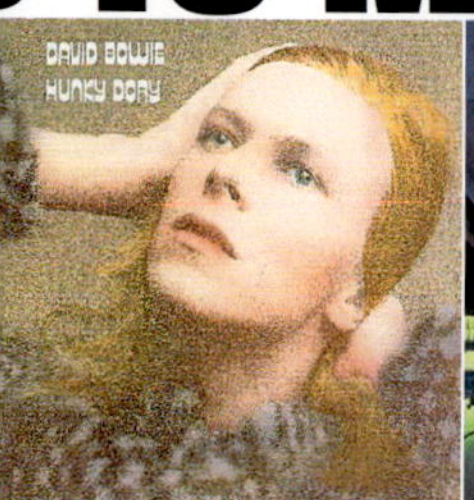 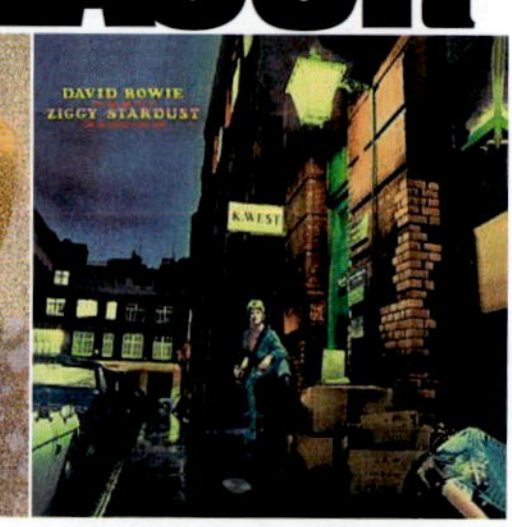 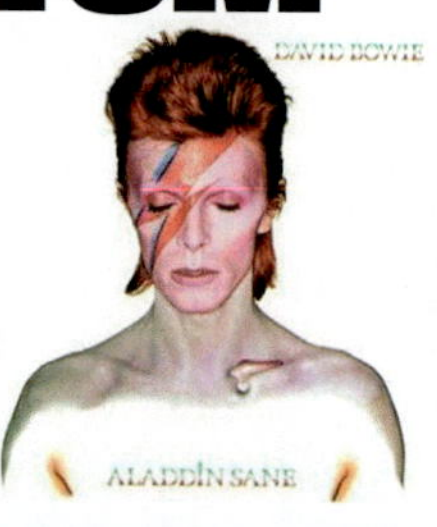 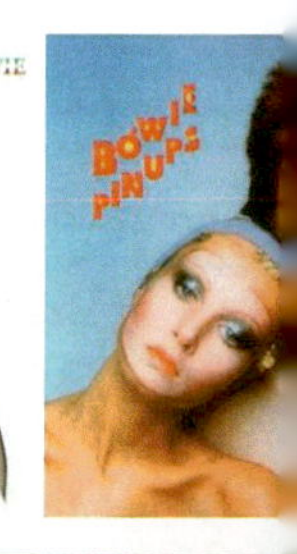

1969 / 1969 / 1970 / 1970 / 1971 / 1972 / 1973 / 1973 / 1974 / 1975 / 1976 / 1977 / 1978

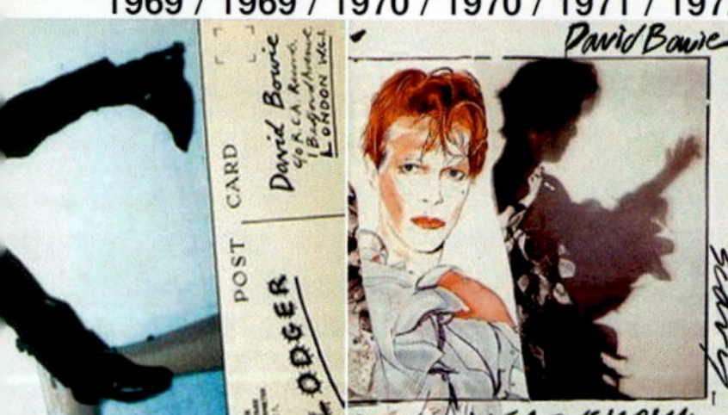 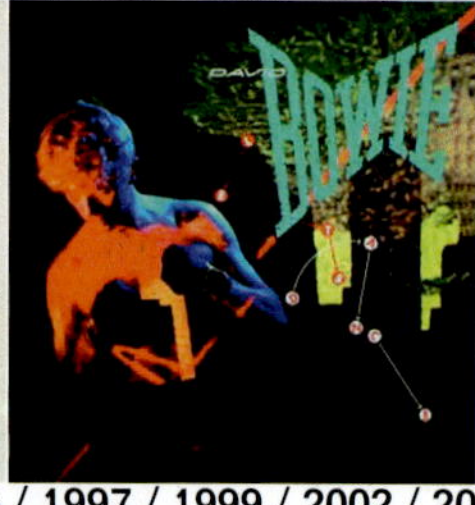 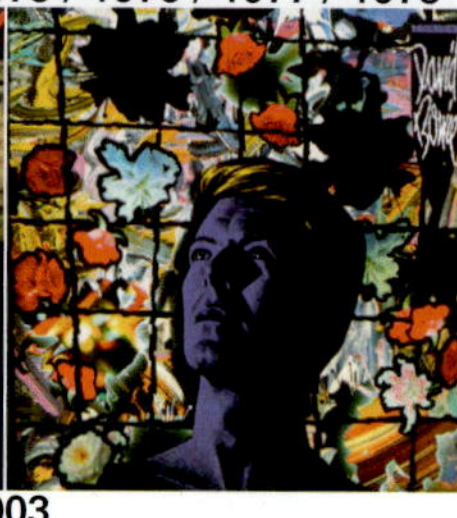 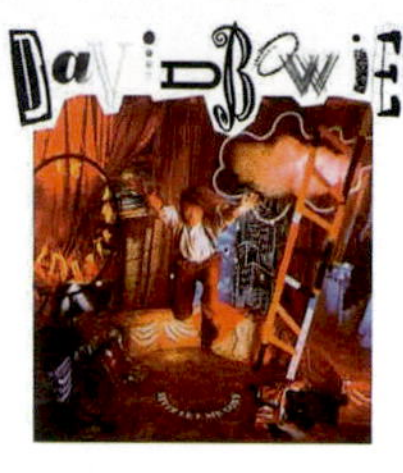 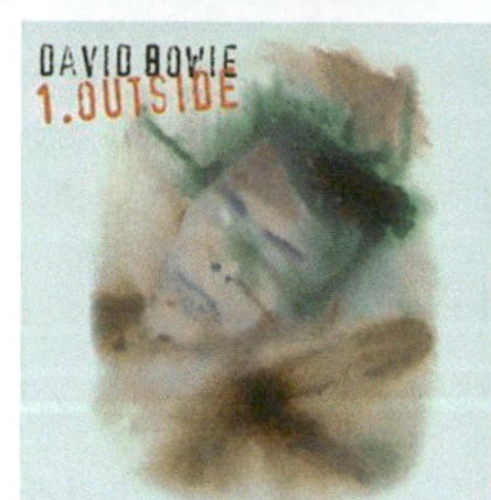 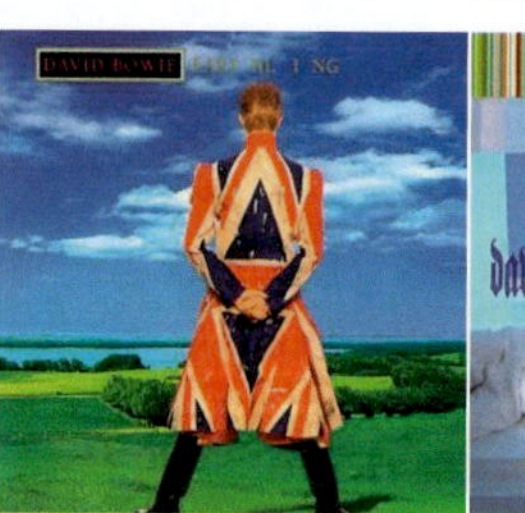 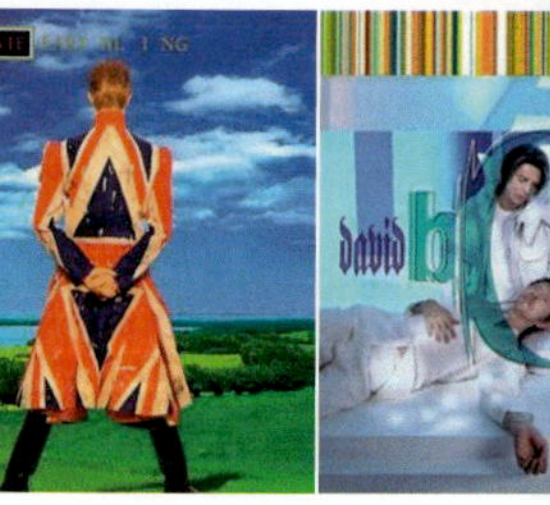

1979 / 1980 / 1983 / 1984 / 1987 / 1995 / 1997 / 1999 / 2002 / 2003

... CH-CH-CH-CH-CHANGES ...
David Bowie, Changes, 1971

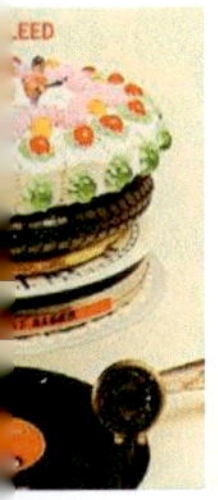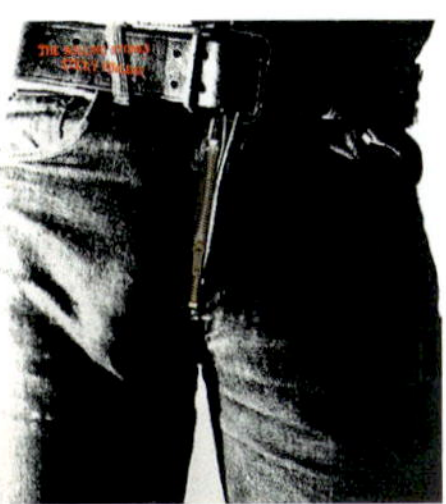
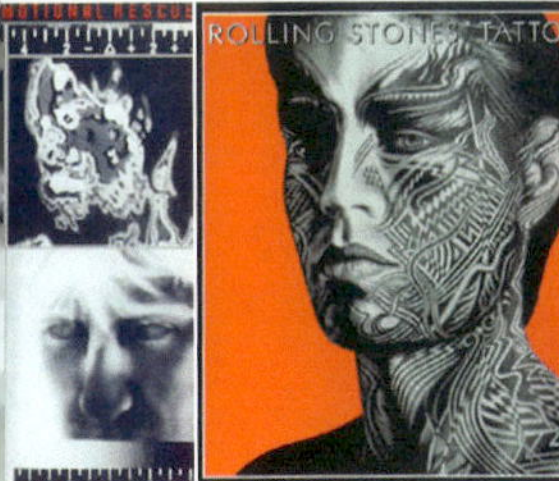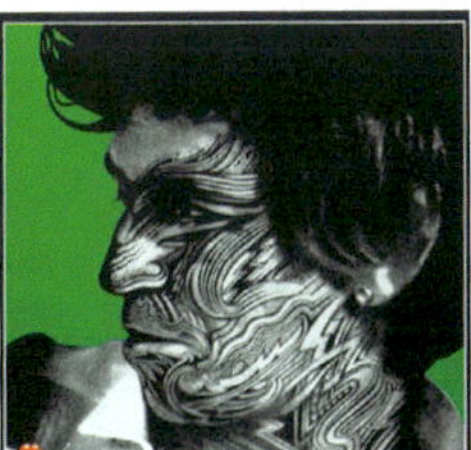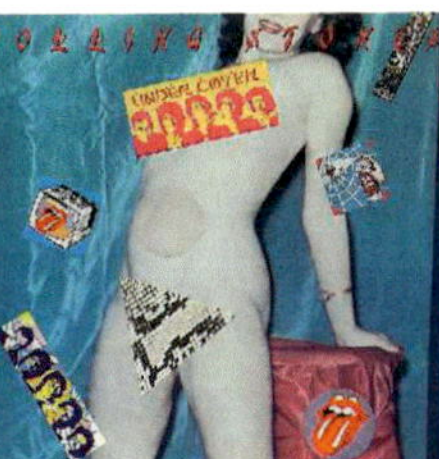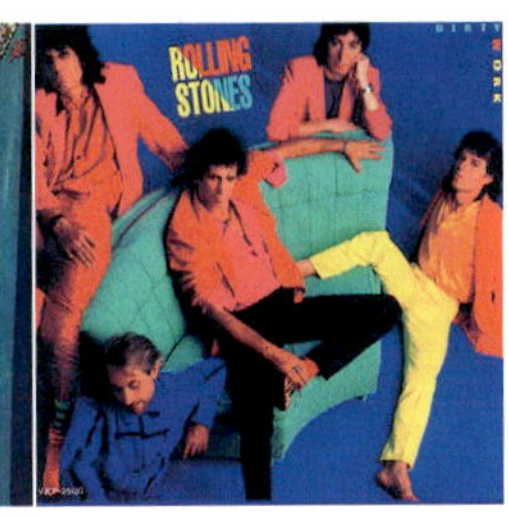
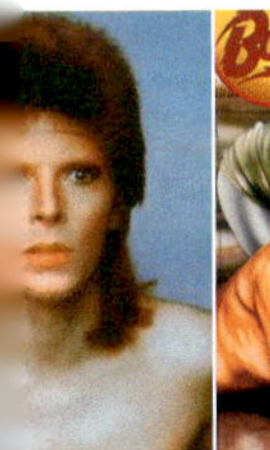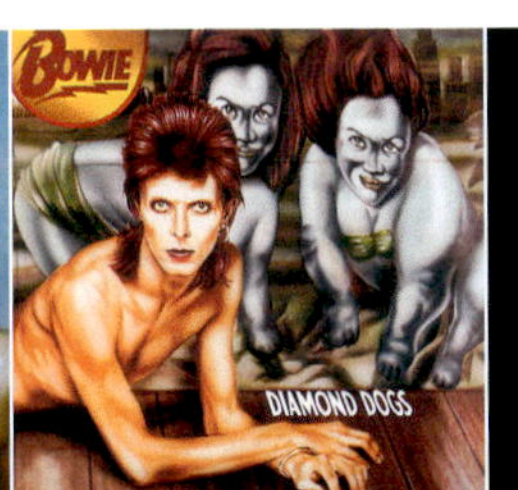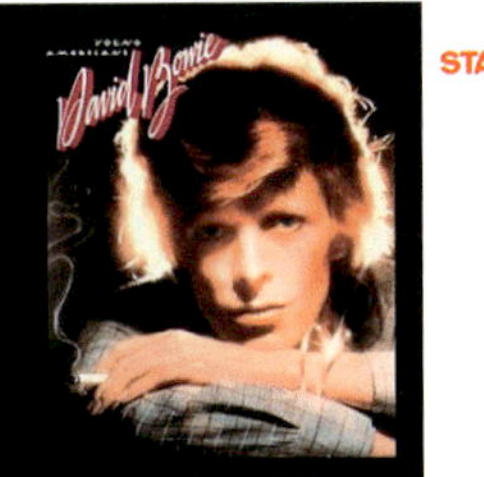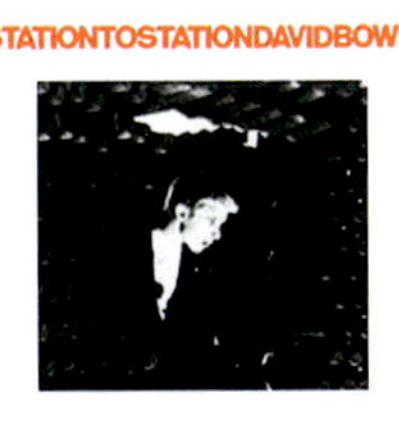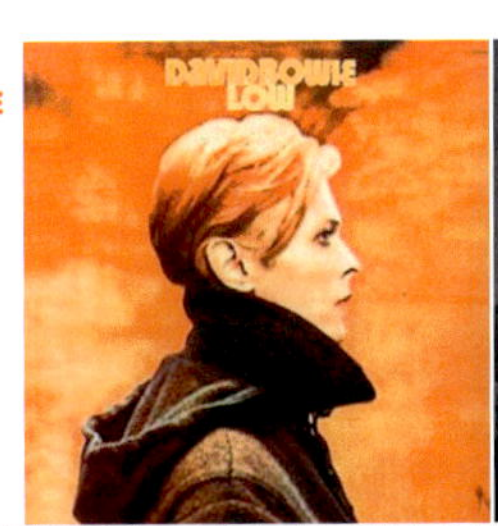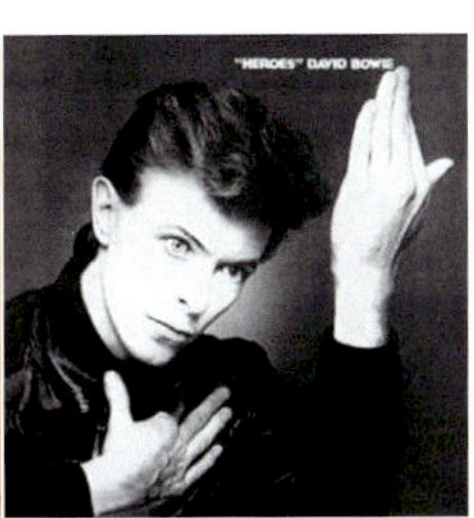
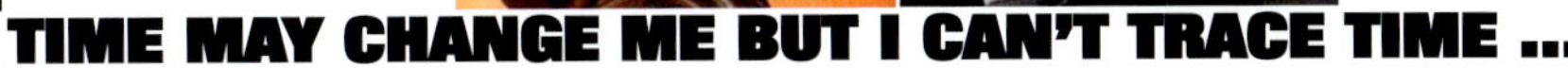
TIME MAY CHANGE ME BUT I CAN'T TRACE TIME ...
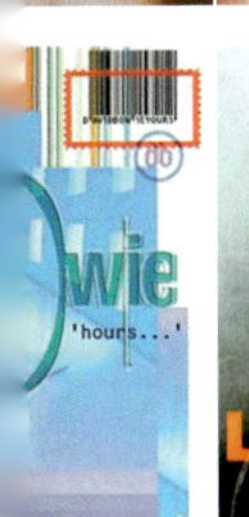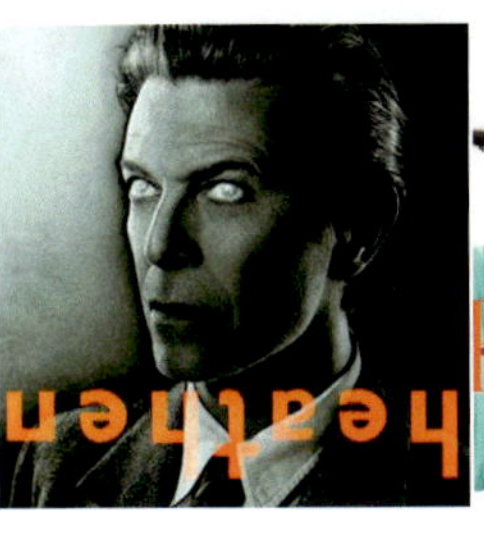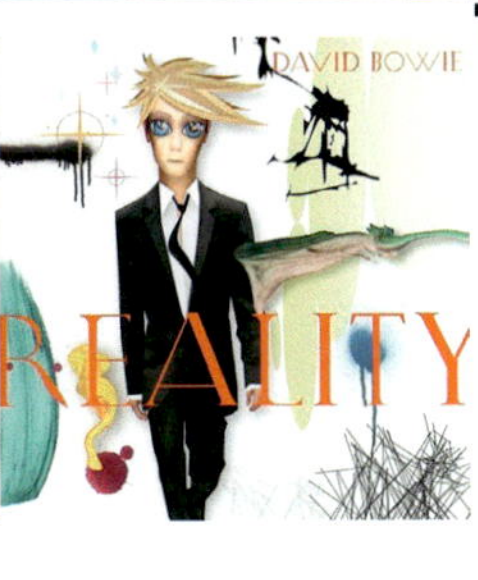

PRINCE: THE SYMBOL: PRINCE

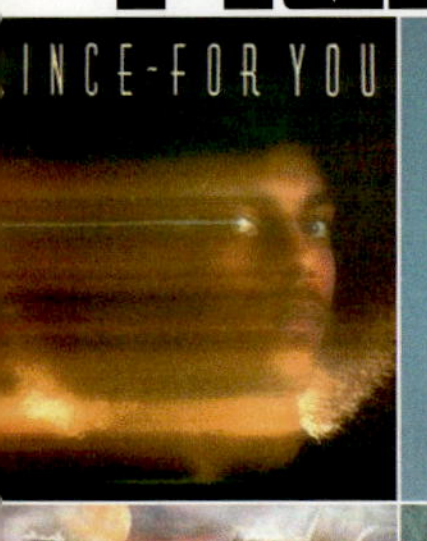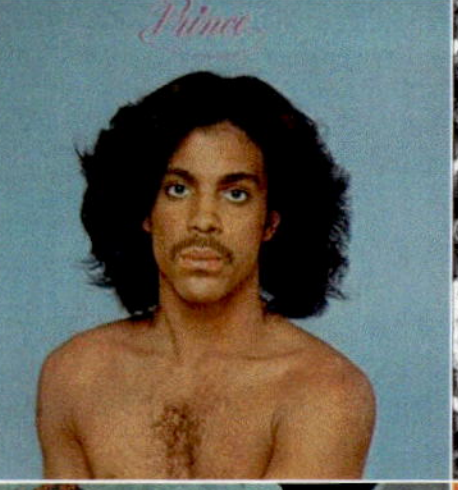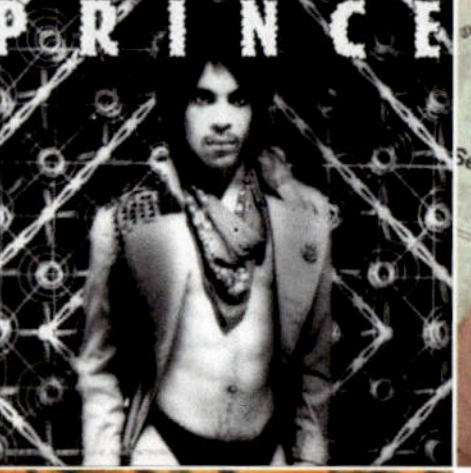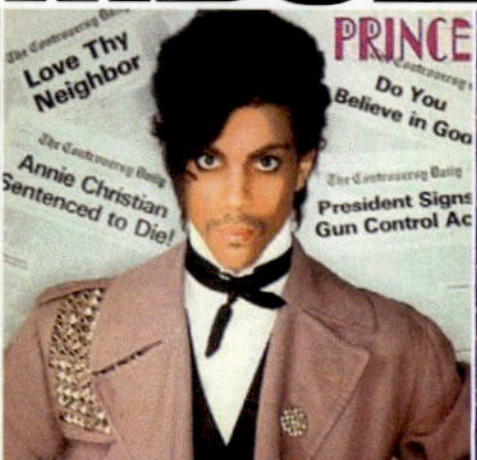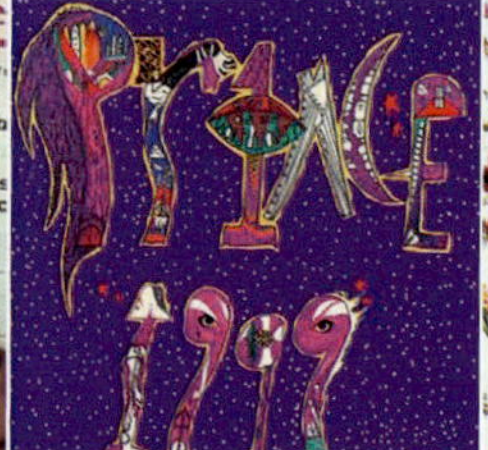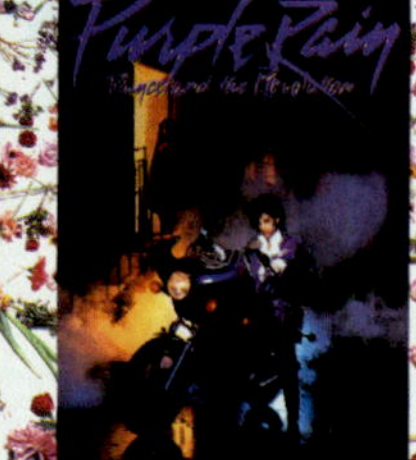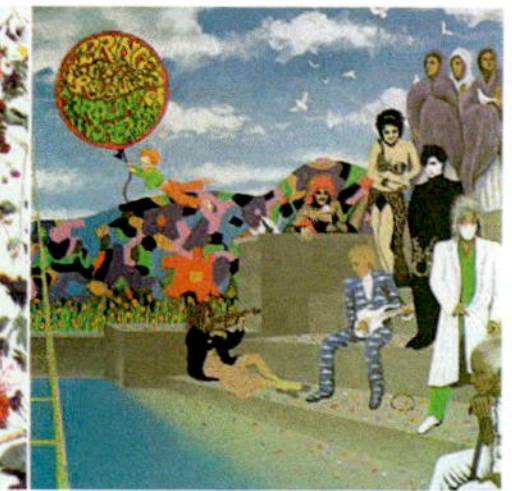

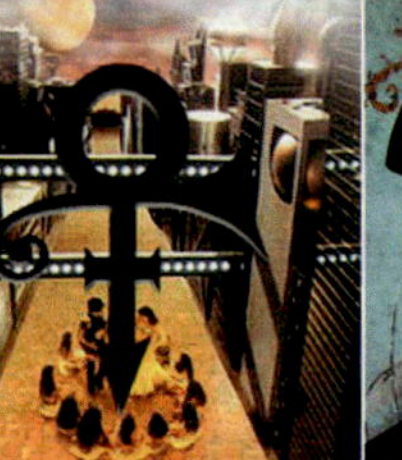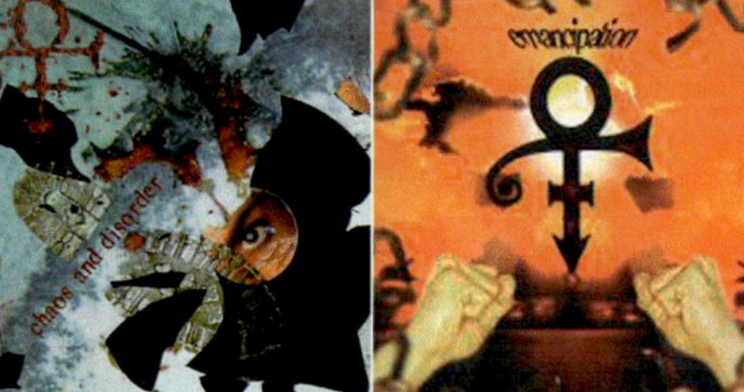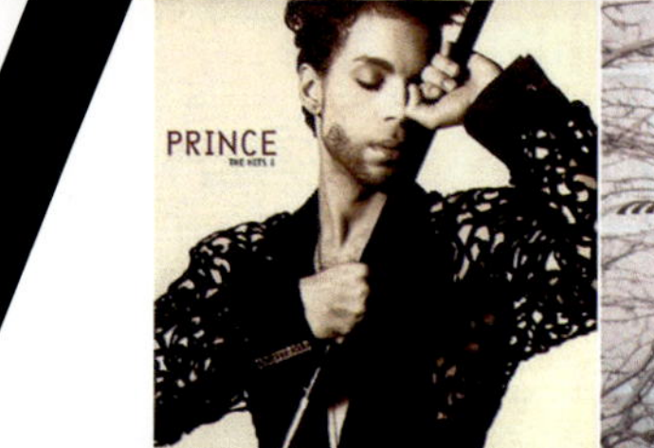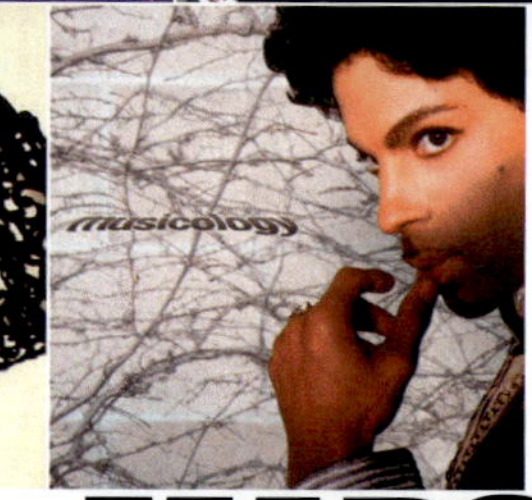

WHORE. MOTHER. VIRGIN. MADONNA.
LOUISE VERONICA CICCONE

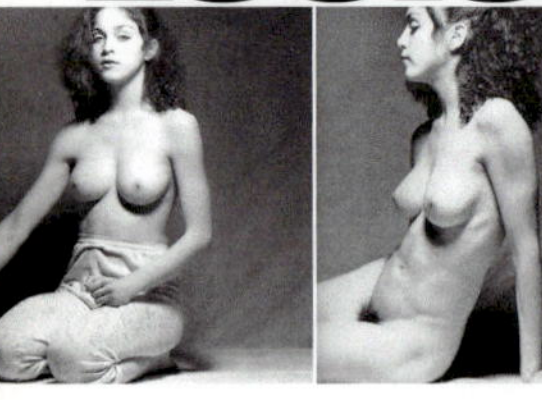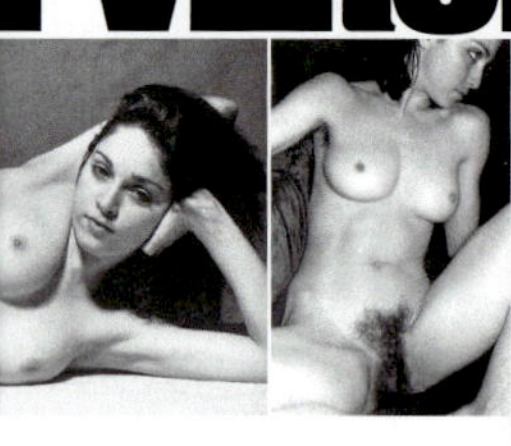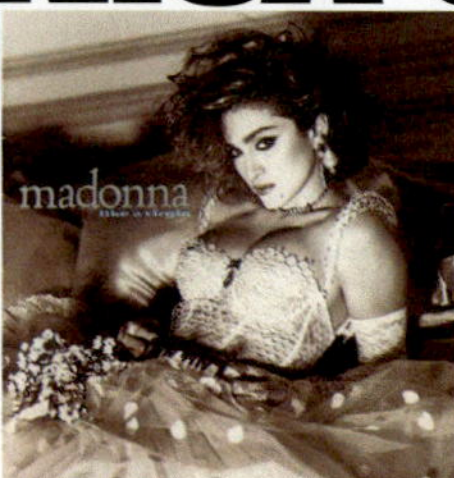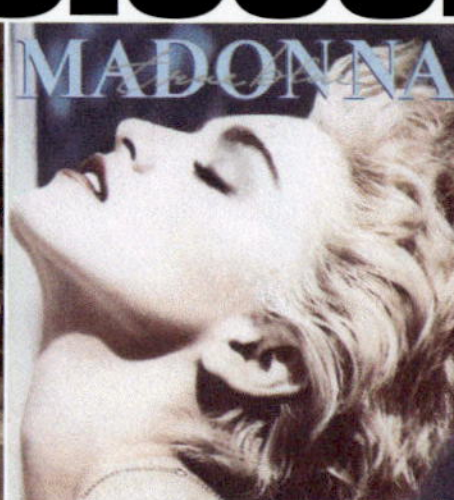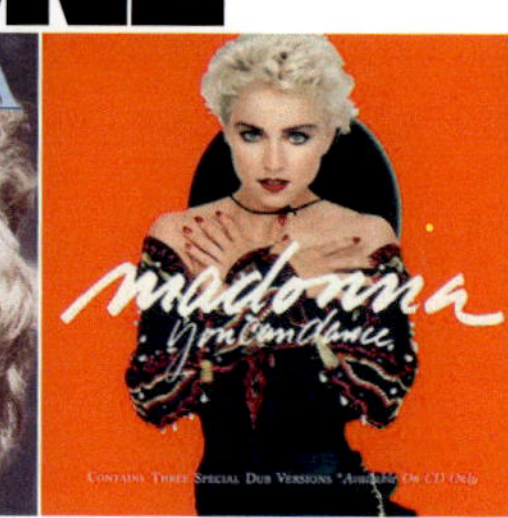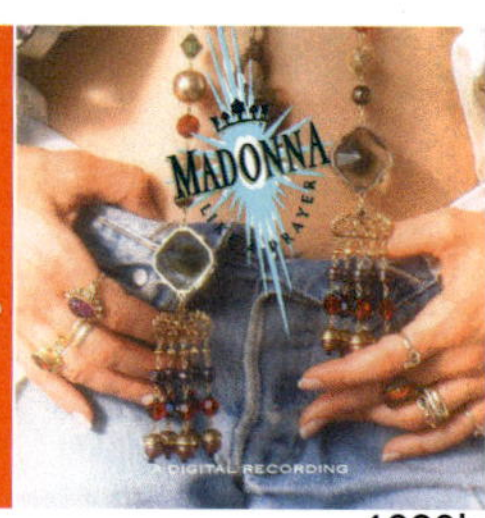

1980's

**LIKE A VIRGIN TOUCHED FOR THE VERY FIRST TIME
LIKE A VIRGIN CUT FOR THE VERY FIRST TIME ...**
Madonna, Like A Virgin, 1984

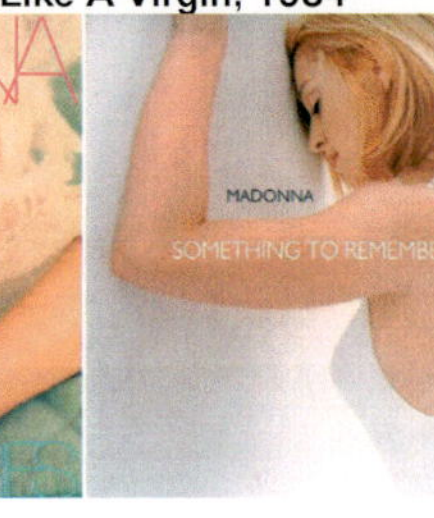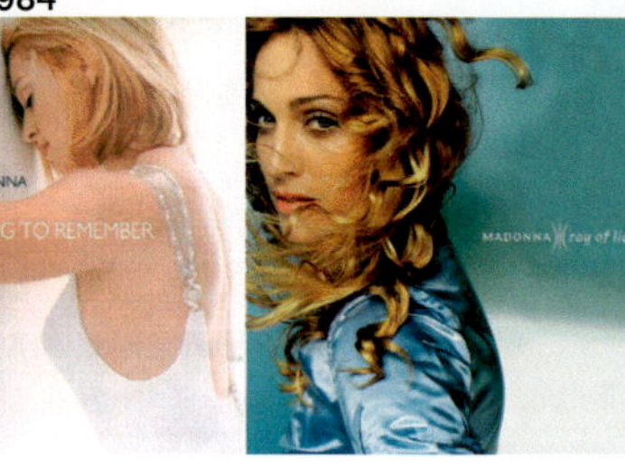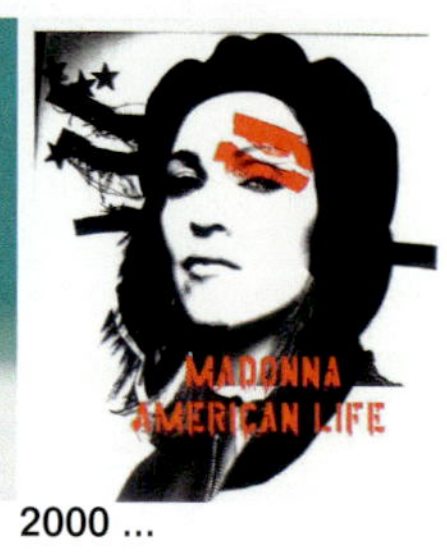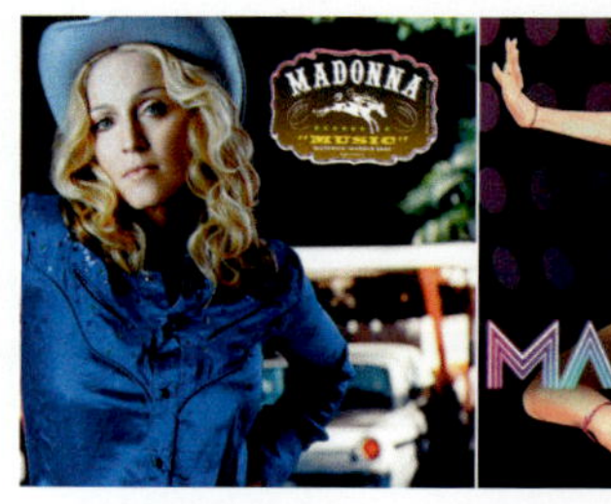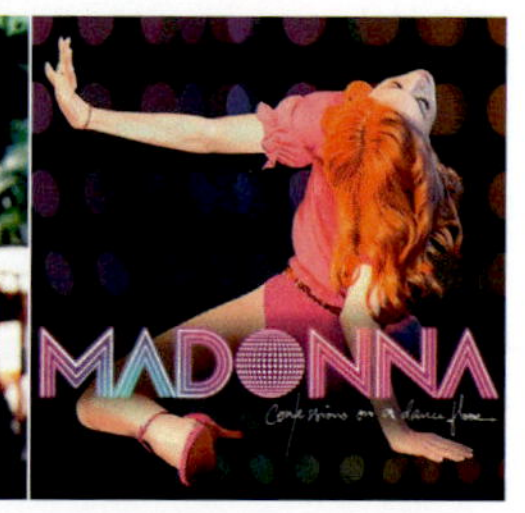

1990's   2000 ...

**YOU'RE IN CONTROL JUST LIKE A CHILD
WHEN YOU CALL MY NAME IT'S LIKE A LITTLE PRAYER
I'M DOWN ON MY KNEES, I WANNA TAKE YOU THERE
IN THE MIDNIGHT HOUR
I CAN FEEL YOUR POWER
JUST LIKE A PRAYER ...
HEAVEN HELP ME!**
Madonna, Like A Prayer, 1989

THA DOGGFATHER

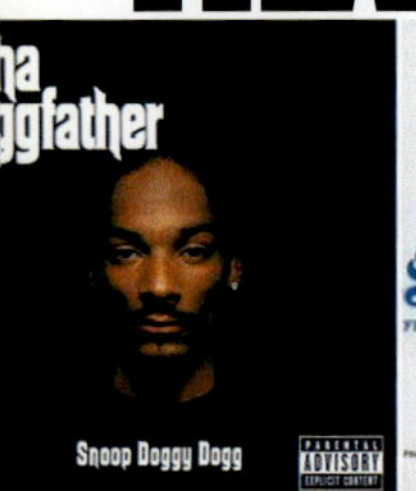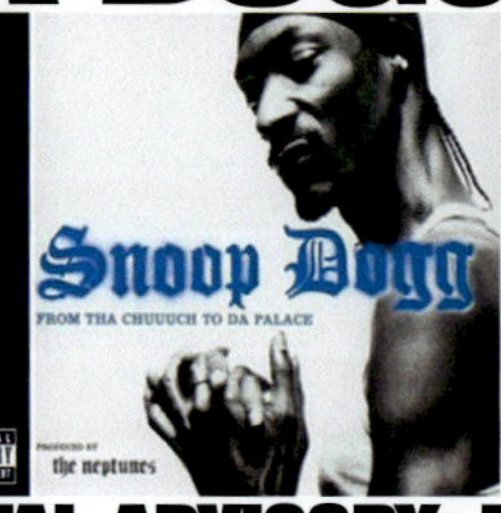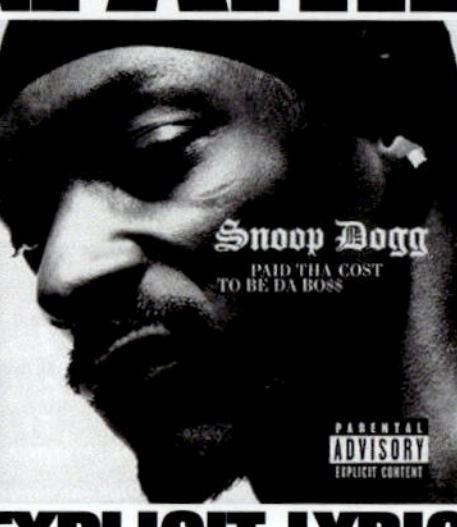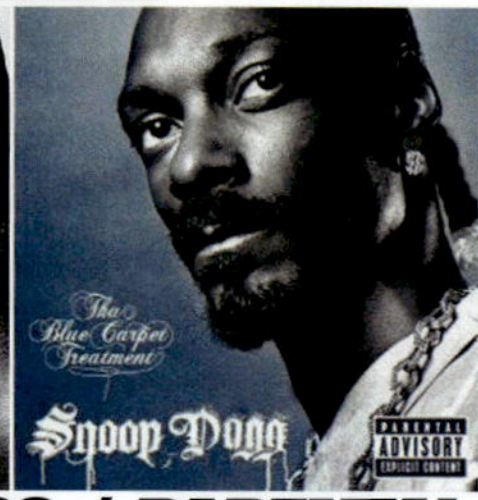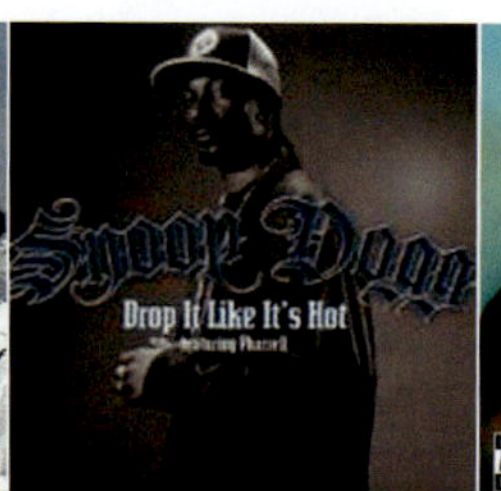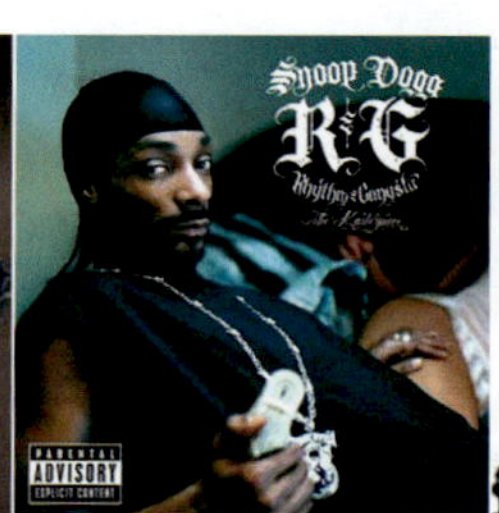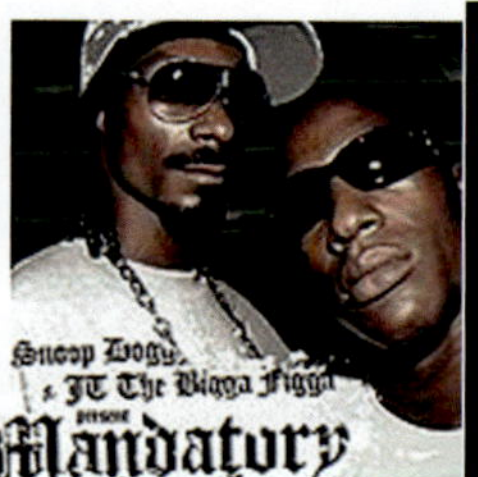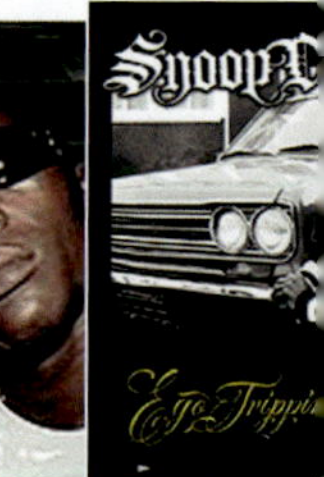

**PARENTAL ADVISORY: EXPLICIT LYRICS / PARENTAL ADVISORY: EXPLICIT LYRICS / PARENTAL ADVISOR
PARENTAL ADVISORY: EXPLICIT LYRICS / PARENTAL ADVISORY: EXPLICIT LYRICS / PARENTAL ADVISOR**

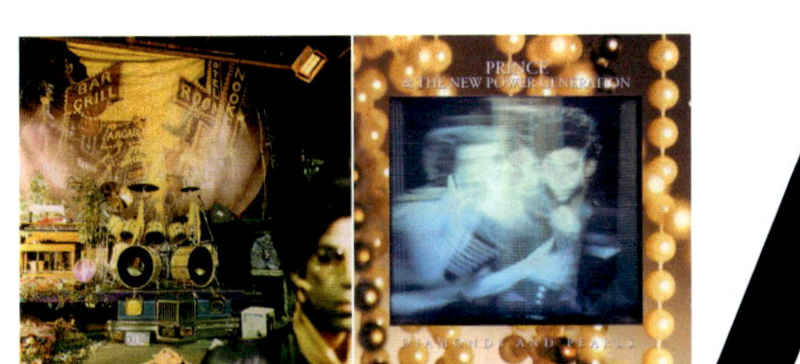

YOU DON'T HAVE TO WATCH DYNASTY TO HAVE AN ATTITUDE ...

Prince, Kiss, 1986

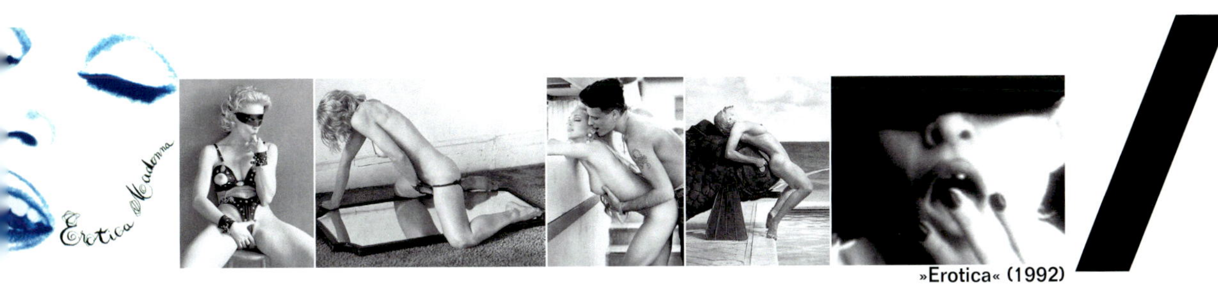

»Erotica« (1992)

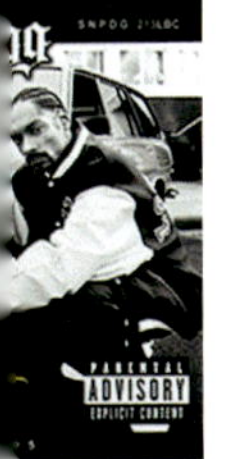

**EXPLICIT LYRICS / PARENTAL ADVISORY: EXPLICIT LYRICS /
EXPLICIT LYRICS ...**

EMINƎM

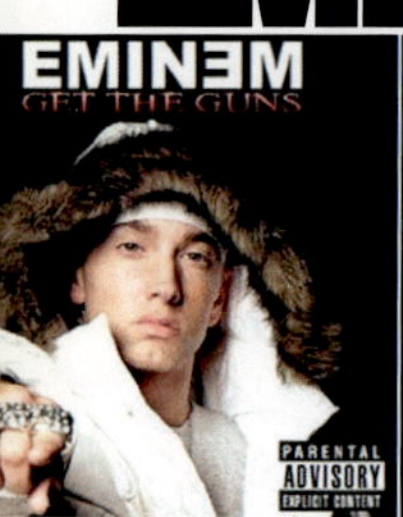 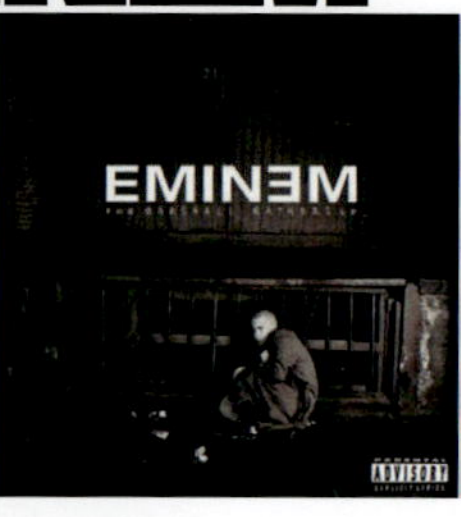 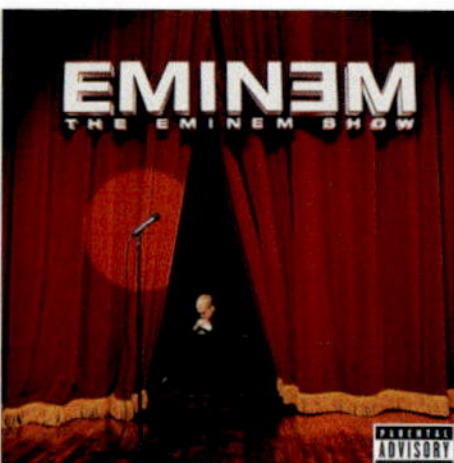 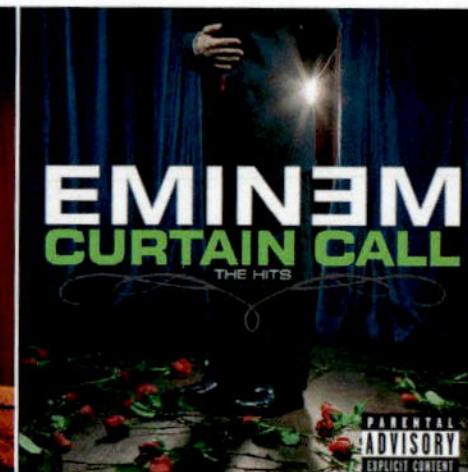 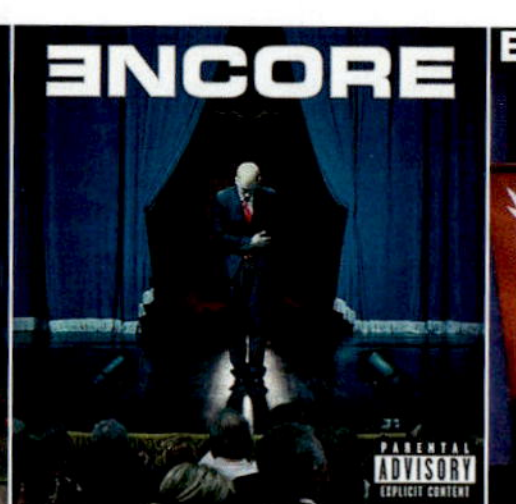 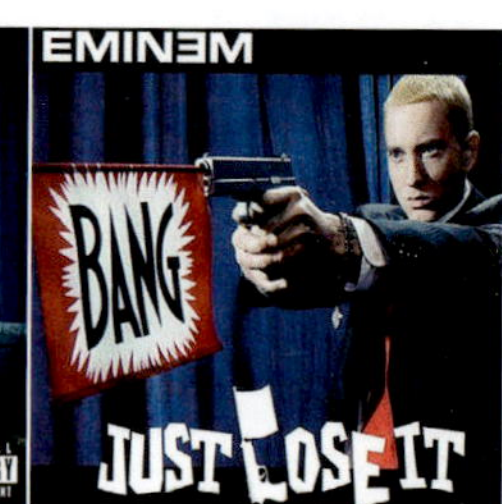

GET THE GUNS!

OASIS

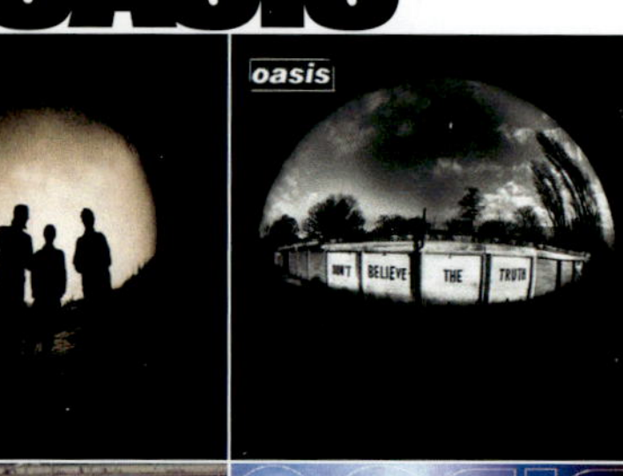 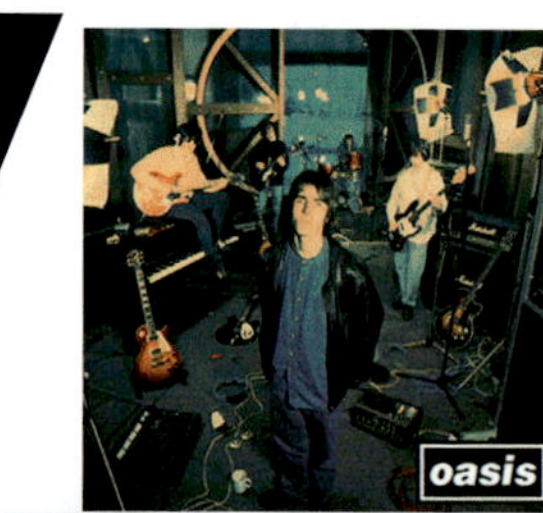 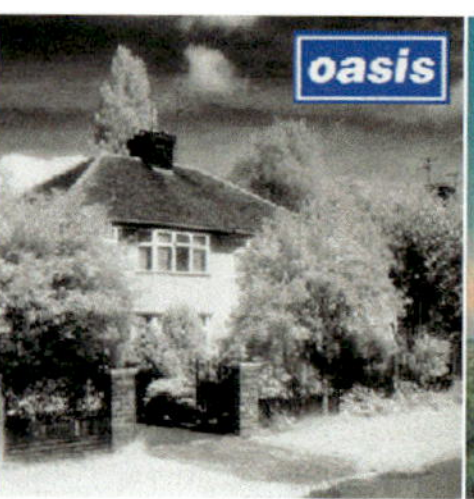 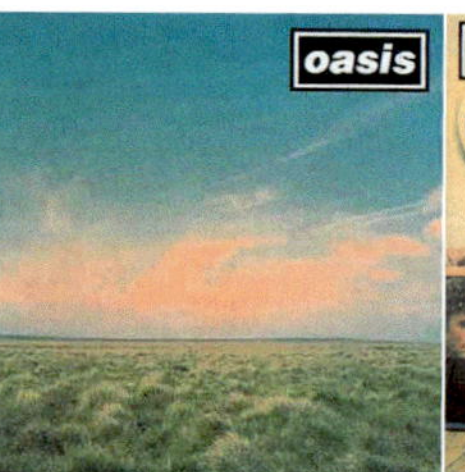 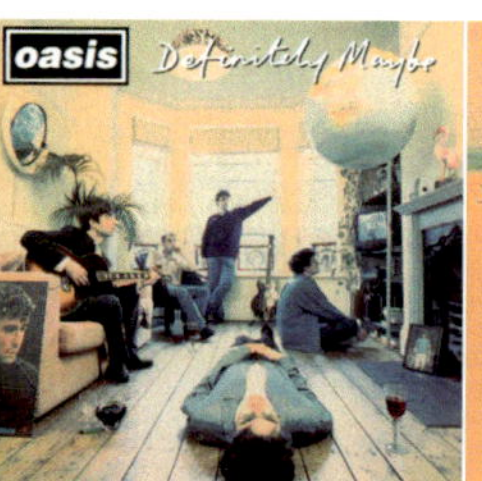 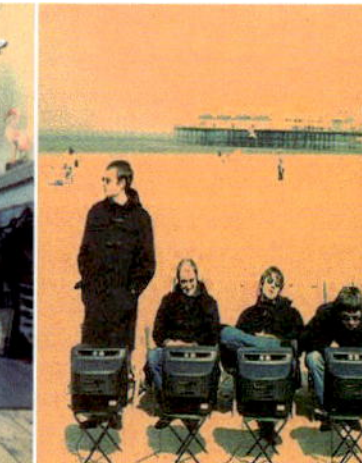

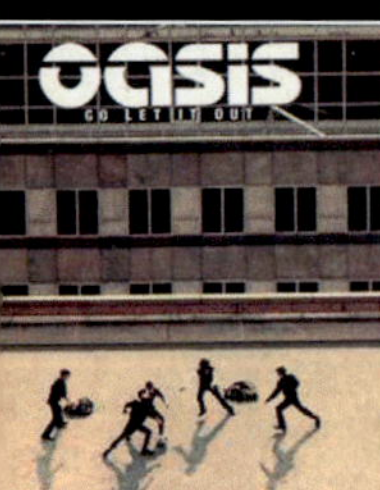 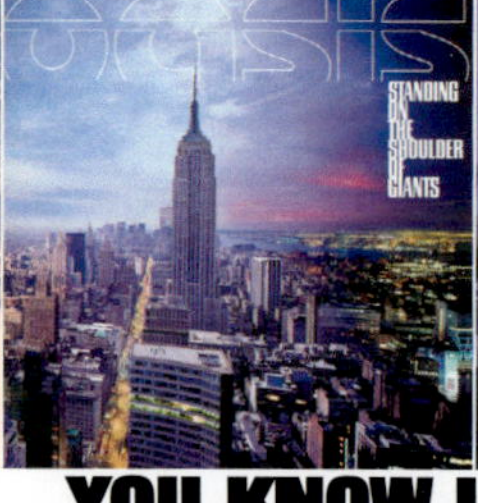 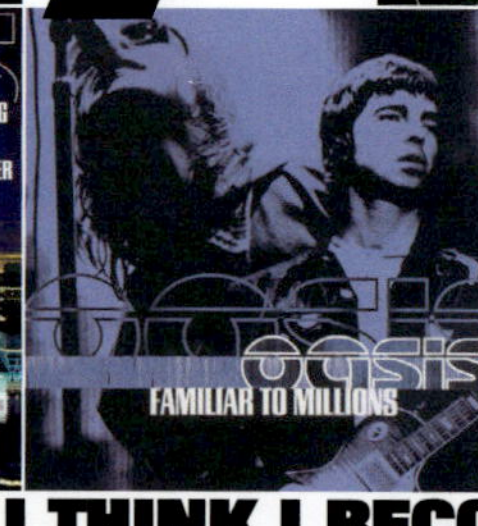

YOU KNOW I THINK I RECOGNIZE YOUR FACE BUT I'VE NEVER SEEN YOU BEFORE ...
Oasis, Roll With It, 1995

»CAN'T GET NO SATISFACTION« WELL YOU KNOW WHAT IT MEANS IS THAT I MEAN WHAT I THINK ABOUT MASS MEDIA YOU KNOW THEY'RE TELLING US THAT YOU KNOW THIS IS JUST NOT THE REAL WORLD BECAUSE I MEAN WE'RE JUST LITTLE PEOPLE YOU KNOW WE JUST CARE ABOUT OUR OWN LITTLE CRAP YOU KNOW I MEAN IT'S JUST NOT OUR REALITY AND IF ALL THE PEOPLE IN THE WORLD WOULD CARE ABOUT THEIR OWN LITTLE CRAP YOU KNOW I THINK THERE WOULDN'T BE ANY BIG PROBLEMS ANYMORE I MEAN NOT REAL ONES YOU KNOW AND THAT IS WHAT I THINK »SATISFACTION« IS ABOUT ...
Ann Brunswyck (16), Rolling-Stones-Fan in einem BBC-Radiointerview, 1966

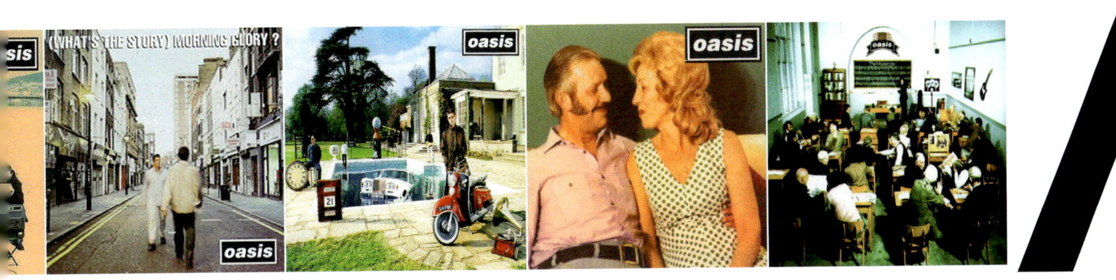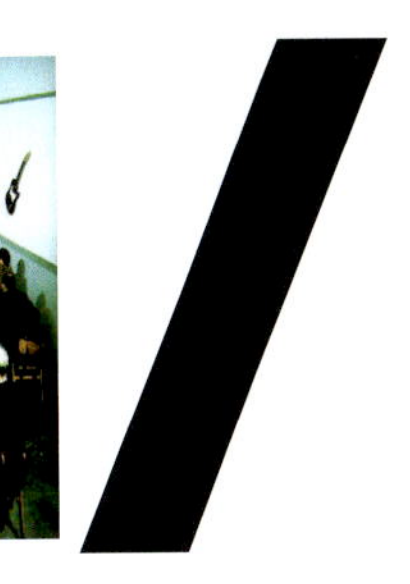

ABSOLUTE PERSONALITY

DAVID BECK

LOOSE FIT. PERFECTLY BRANDSOME.

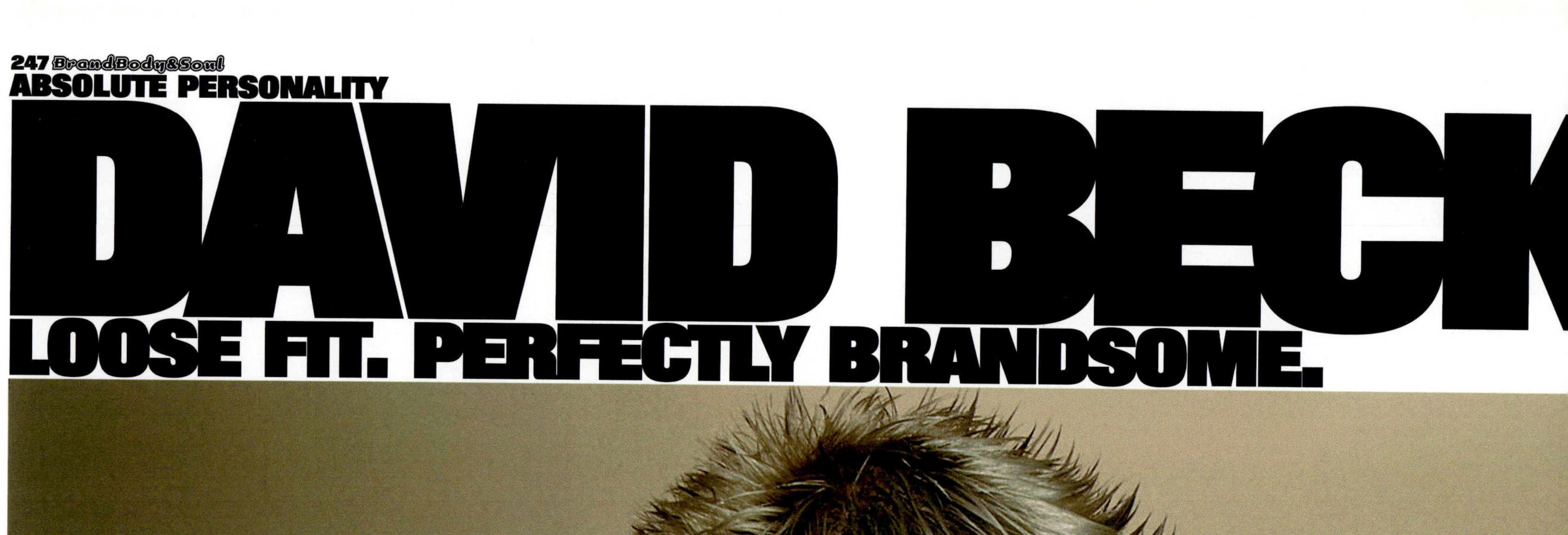

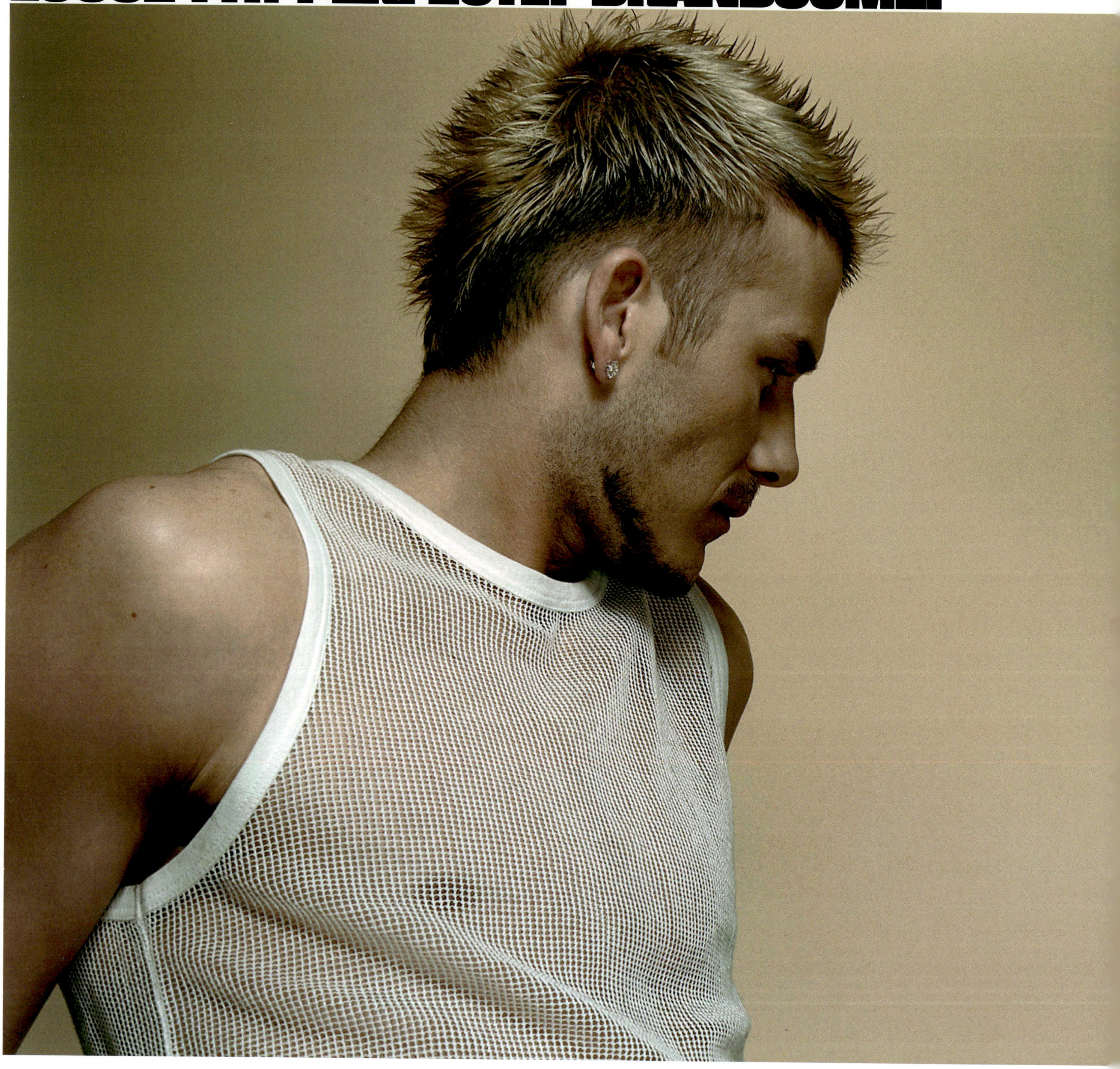

KHAM

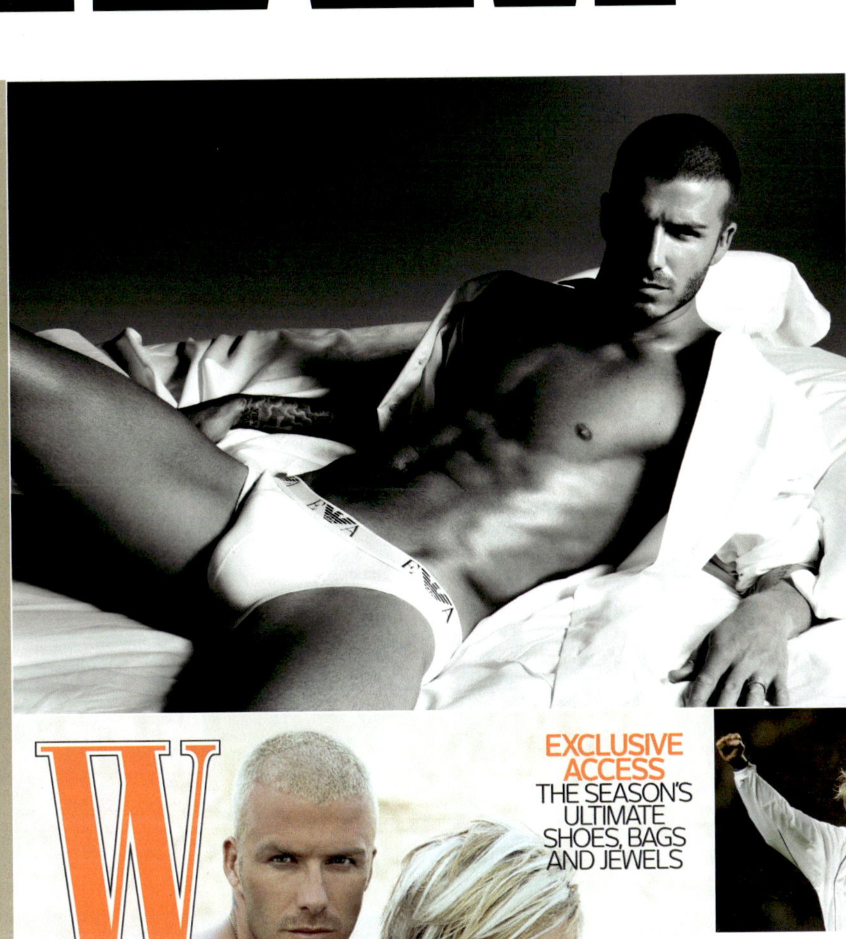

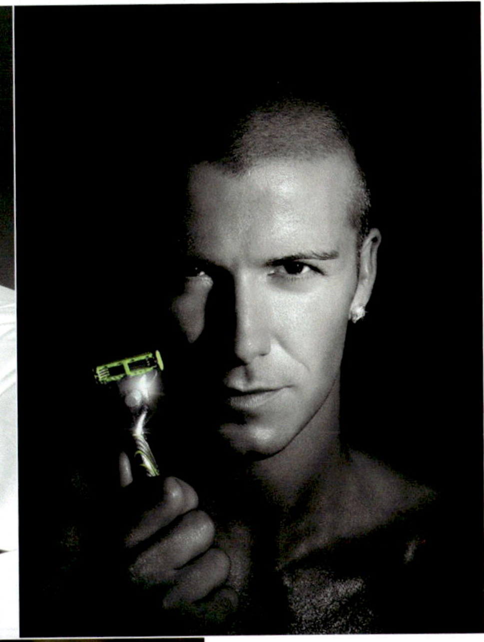

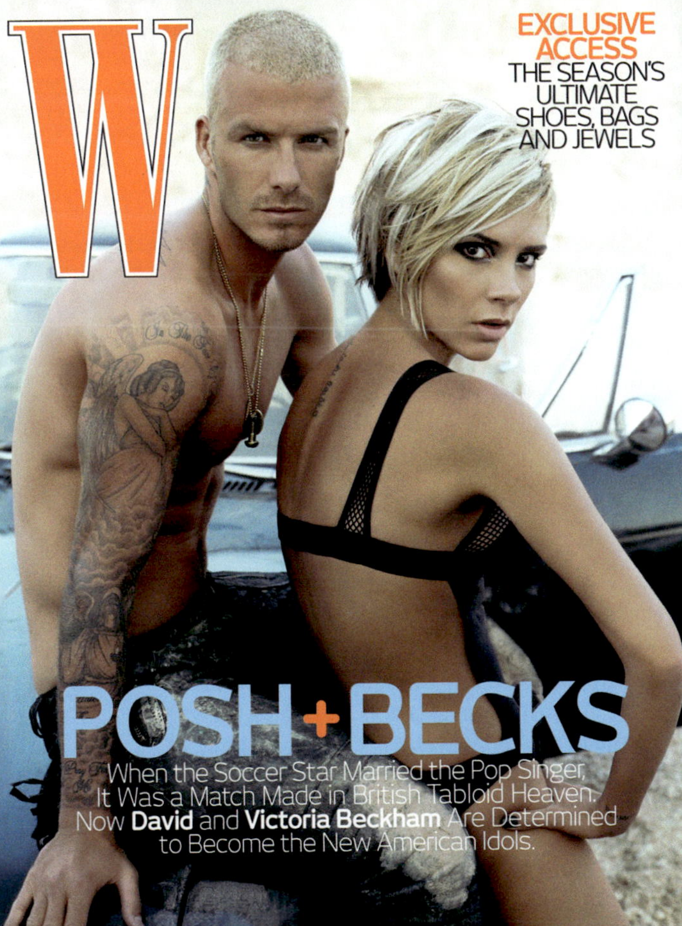

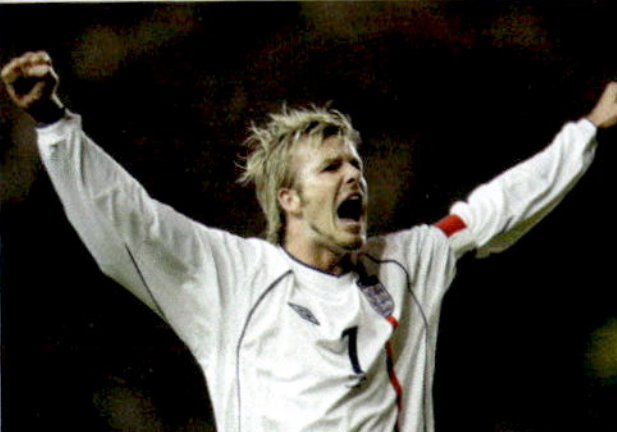

NO REGRETS. THEY ONLY HURT.

Robbie Willams, No regrets, 1998

WOMEN, MEN & MARLBORO

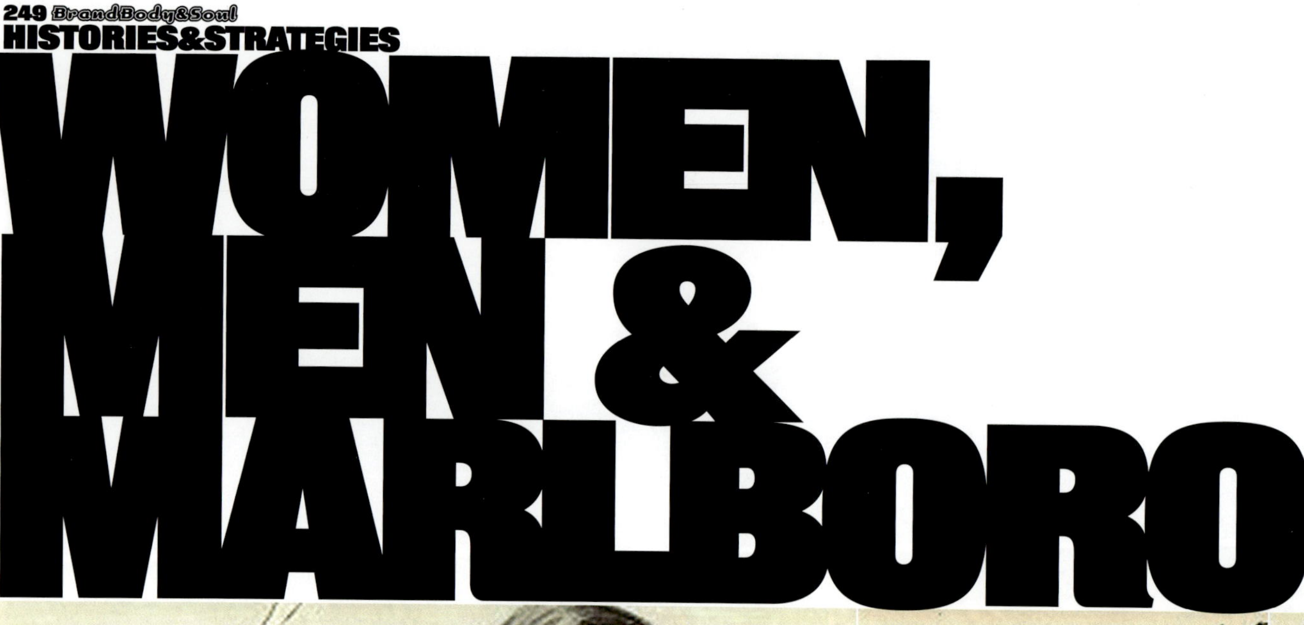

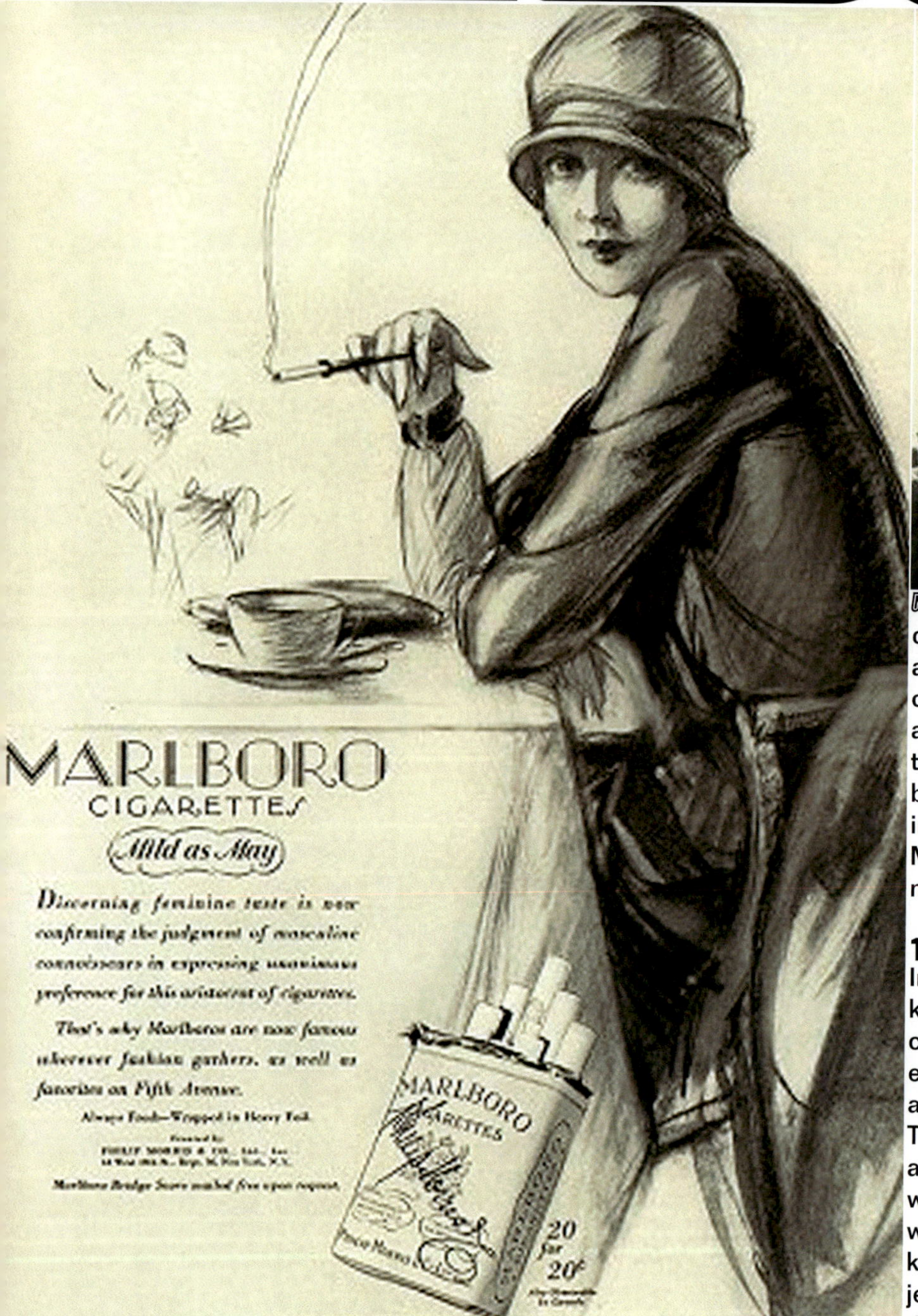

MM For decades, Marlboro has been the top selling brand of cigarettes and, thus, been ranking among the ten most valuable brands in the world. In the year 1902, Philip Morris, a cigarette manufacturer based in London, opened a subsidiary in New York City in order to sell his brands of cigarettes there, one of them named "Marlborough" after Great Marlborough Street. It became extremely popular – thanks to an image of freedom and adventure created by the "Marlboro Man": a rugged cowboy, tough, all by himself in the vastness of the north-American West. (wikipedia.org)

1924

In the year 1924, Marlboro was introduced into the US market with its simpler spelling, now known worldwide. The cigarette, then a women's brand only, sold with a pink filter end (so that the ladies' lipsticks could not be seen), was advertised as "*Mild as May*". (markenlexicon.com)

The decade following the end of the First World War is known as the Roaring Twenties. The 1920's were a rebellious time when young women banded together to fight what they felt was unfair social restraints imposed upon them. Girls were known as "flappers", and one of the things that they rejected was the flamboyant clothing fussiness of Victorian times. Flappers opted for a boyish look, preferring a modern

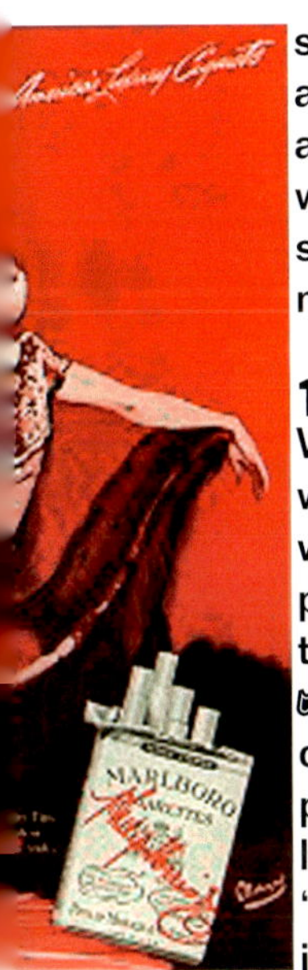

slim hipped and flat chested silhouette. Their hair was bobbed, and their revolutionary dress a chic sack with tassels. Marlboro ads published in Vanity Fair Magazine targeted the affluent society woman with text that stated: "That is why Marlboros now ride in so many limousines, attend so many bridge parties, repose in so many hand bags." (wclynx.com)

1943

World War Two Marlboro advertising targeted wealthy society women with tasteful ads that mimicked those sleek black-and-white clothing ads found in newspapers. Square shouldered apparel was popular during the war, and the focus of these ads seems to be that *incredibly sophisticated women needed a luxury cigarette* to complete their ensemble. Sometimes, these one color magazine ads hinted at Marlboro's involvement in the war by picturing a very small portion of a soldier or sailor's uniform. Millions of American women supported the war effort by working as "Rosie the Riveter" in shipyards and factories. Oftentimes, these jobs as boilermakers and welders were hazardous but essential in helping to beat the enemy. Besides the defense industries, though, other women, perhaps with the elite backgrounds that Marlboro targeted, contributed by filling "essential civilian" jobs such as librarians, air raid wardens, or by volunteering their time as a USO (United Service Organizations) hostess. (wclynx.com)

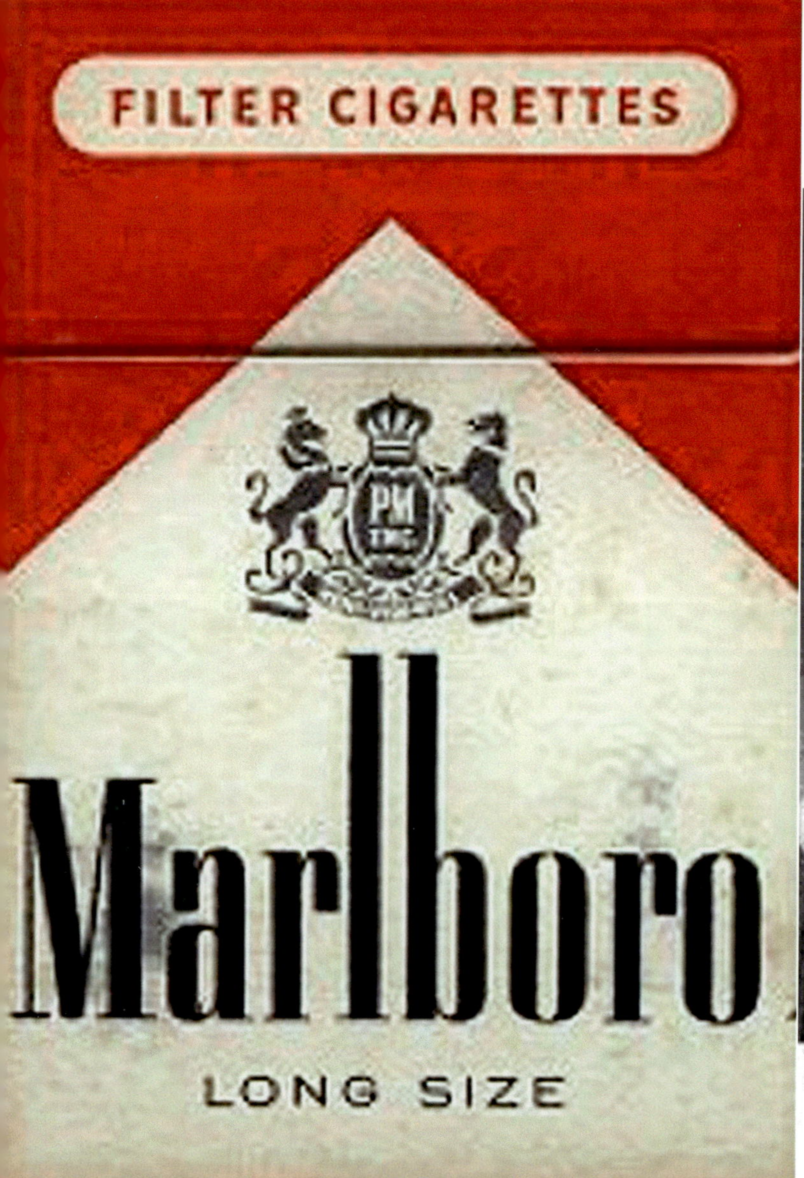

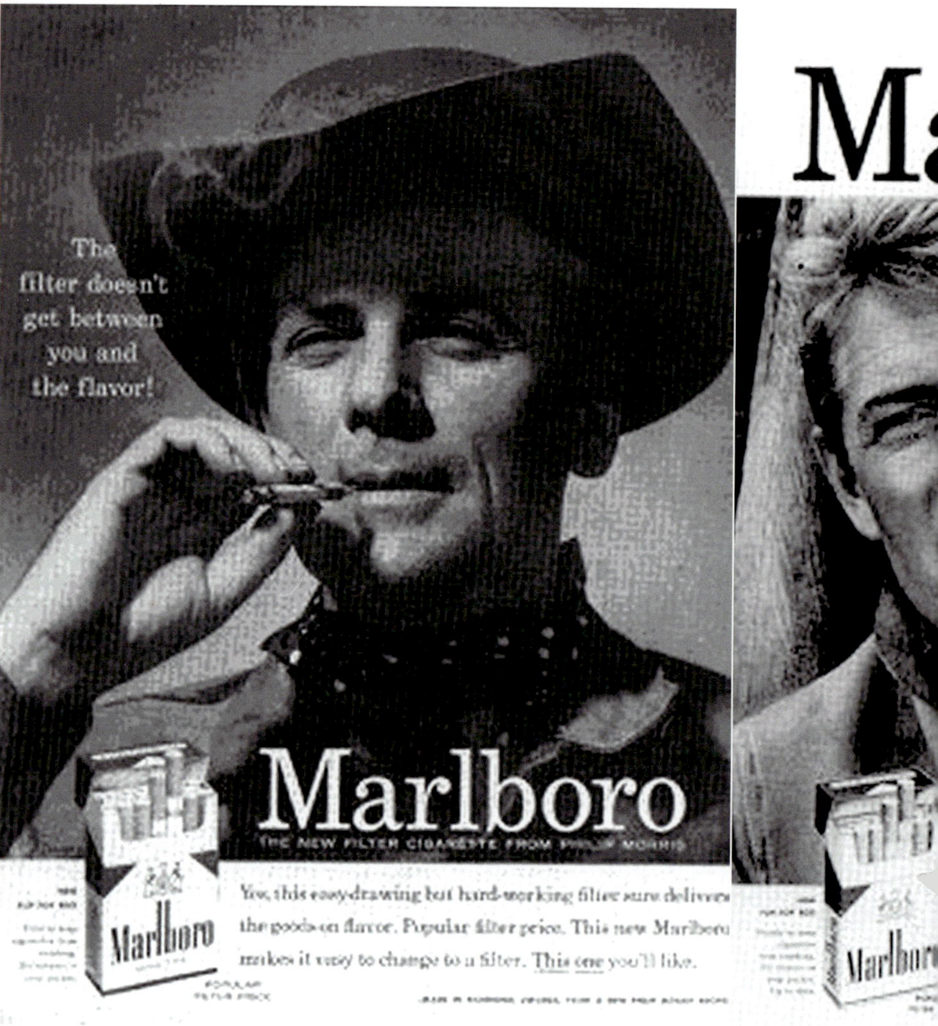

1955

Philip Morris saw its chance to reintroduce Marlboro in the early fifties when the first studies linking cigarette smoking to lung cancer were released. Consumers began feeling mislead by the established brands and dropped their old allegiances. They were willing to try other brands but were unable to break away from smoking completely, due to what would later be attributed to nicotine addiction. Disillusioned consumers turned to Marlboros, the new "safer" filtered brand. Ross B. Millhiser, president of Philip Morris in 1968, looked back on Marlboro's window of opportunity and explained that "the filter revolution caused more switching than all the cigarette manufacturers with all their money could have induced." Unfortunately for Marlboro, formerly known to be "Mild as May", the new filters were considered effiminate. The dilemma would be to appeal to the attitudes of an old group of customers with a new concern, addicted men who feared lung cancer.

Philip Morris took the challenge to a midwestern agency, the Leo Burnett Company of Chicago, and reintroduced Marlboro to the nation in 1955 with the "Tattooed Man" campaign. The campaign assured buyers, with television commercials and printed pages, that "You get a lot to like with Marlboro, filter, flavor, flip- top box." The image of the "new Marlboro smoker as a lean, relaxed outdoorsman – a cattle rancher, a Navy officer, a flyer – whose tattooed wrist suggested a romantic past, a man who had once worked with his hands, who knew the score, who merited respect," (Esquire 6/60) proved that there was nothing sissy or feminine about these filtered cigarettes. The first advertisements spoke directly to the masculine audience suggesting in a descriptive paragraph that they try "old fashioned flavor in a new way to smoke." They reassured men that the filter did not change Marlboro quality and the Man-sized taste of honest tobacco comes full through.

Black and white full-page advertisements were divided between large blocks of information about the new filter and flip-top box and a close-up, weathered, handsome, face whose strong tattooed hand held a Marlboro cigarette. The brand name, printed bold and extra-large in its own blocked-out top section of the page was mirrored on a smaller scale in a pack of Marlboro cigarettes in the bottom corner of the page. The picture of the pack also had its own detailed copy: "New Flip-Top Box. Sturdy to keep cigarettes from crushing. No tobacco in your pocket. Up to date. Popular filter price." In a voice that was friendly, unpretentious and honest the Marlboro men gained the trust of millions. The "Tattooed Man" campaign was described as "virility without vulgarity, quality without snobbery" (Esquire 6/60). In New York after their introduction in 1955, Marlboro became the top selling filtered cigarette literally overnight, and eight months after the campaign opened, sales had increased 5,000 per cent. (xroads.virginia.edu)

Marlboro

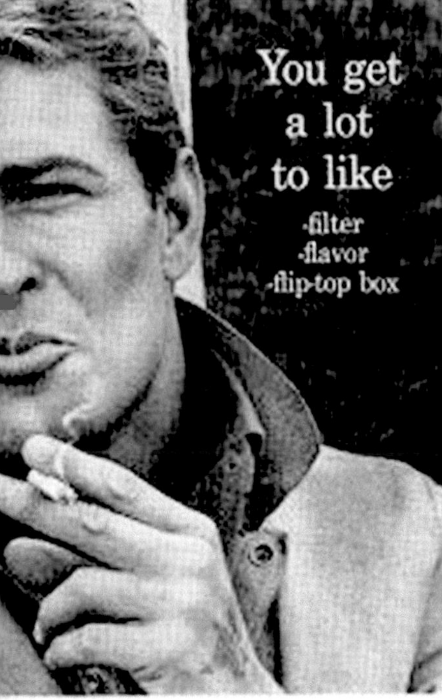
You get
a lot
to like
-filter
-flavor
-flip-top box

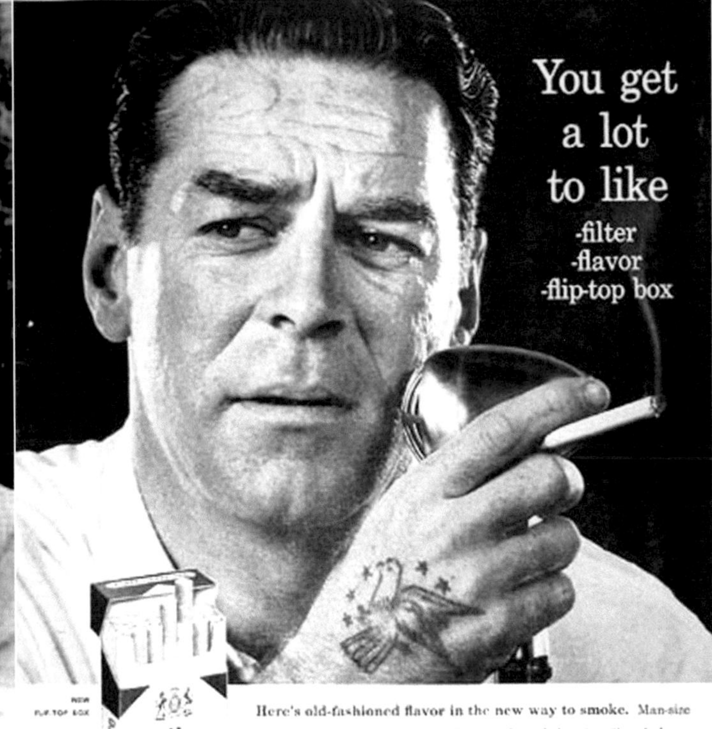
You get
a lot
to like
-filter
-flavor
-flip-top box

NEW
FLIP TOP BOX

Marlboro

POPULAR
FILTER PRICE

Here's old-fashioned flavor in the new way to smoke. Man-size taste of honest tobacco comes full through. Smooth-drawing filter feels right in your mouth. Works fine but doesn't get in the way. Modern Flip-Top Box keeps every cigarette firm and fresh until you smoke it.

(MADE IN RICHMOND, VIRGINIA, FROM A NEW MARLBORO RECIPE)

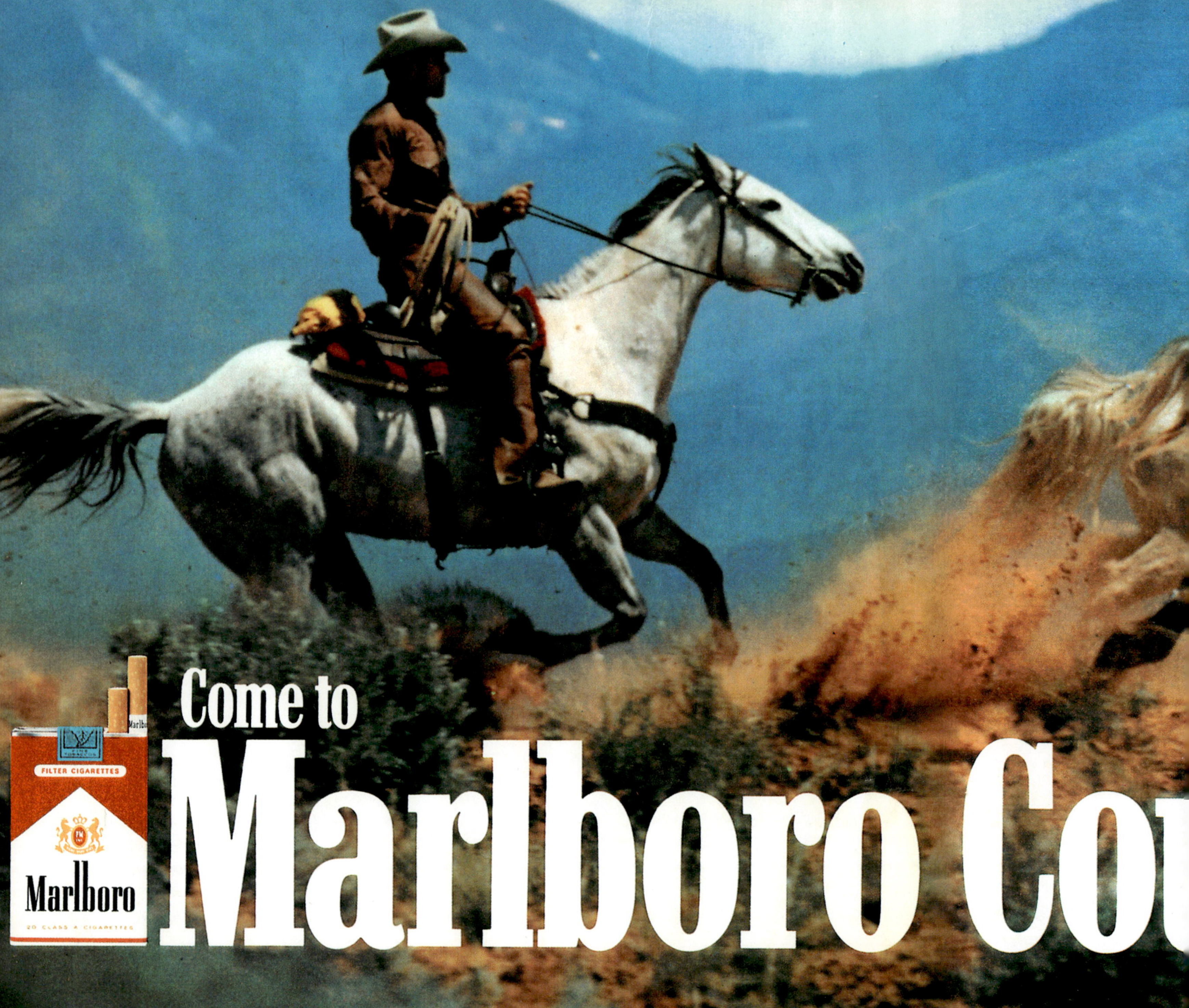

1962

During the 60ies, Philip Morris developed the advertising concept of "Marlboro Country", establishing the tough, exceedingly masculine, the cowboy image of the brand. This campaign earned Marlboro very large segments of the market very fast. Critics, however, ascribe this economic success to the fact that, starting from 1965, ammoniac was added to the tobacco, to increase the absorption of nicotine and, thus, its effect, and the consumer's level of dependence. Marlboro has been using the ad with the cowboy very successfully until today – irregardless of the fact that Wayne McLaren, one of the "Marlboro Man" models, died from lung cancer in 1992. (wikipedia.org)

1970's

Five or six times a year rancher Darrell Winfield would receive a telephone call that sent him to majestic »Marlboro Country«. Pictured in the classic advertising campaign more often than any other Marlboro Man, Mr. Winfield's bushy mustache, the fine crow's-feet around his eyes, plus a noble chin, made him a genuine 1970's personality. *What the Marlboro Man did enjoy* was shooting the bull with cronies while passing around a bottle of brandy. Yep, a tailgate party held in a dusty rodeo parking lot was truly Marlboro country. This real life cowboy owns a horse ranch in Wyoming, roped steers in rodeos, and modeled for Philip Morris. (wclynx.com)
It might very well be that because of and ever since its masculine positioning Marlboro is the cigarette brand, especially estimated by women, too, who can accentuate their masculine side by smoking this cigarette. (markenlexicon.com)

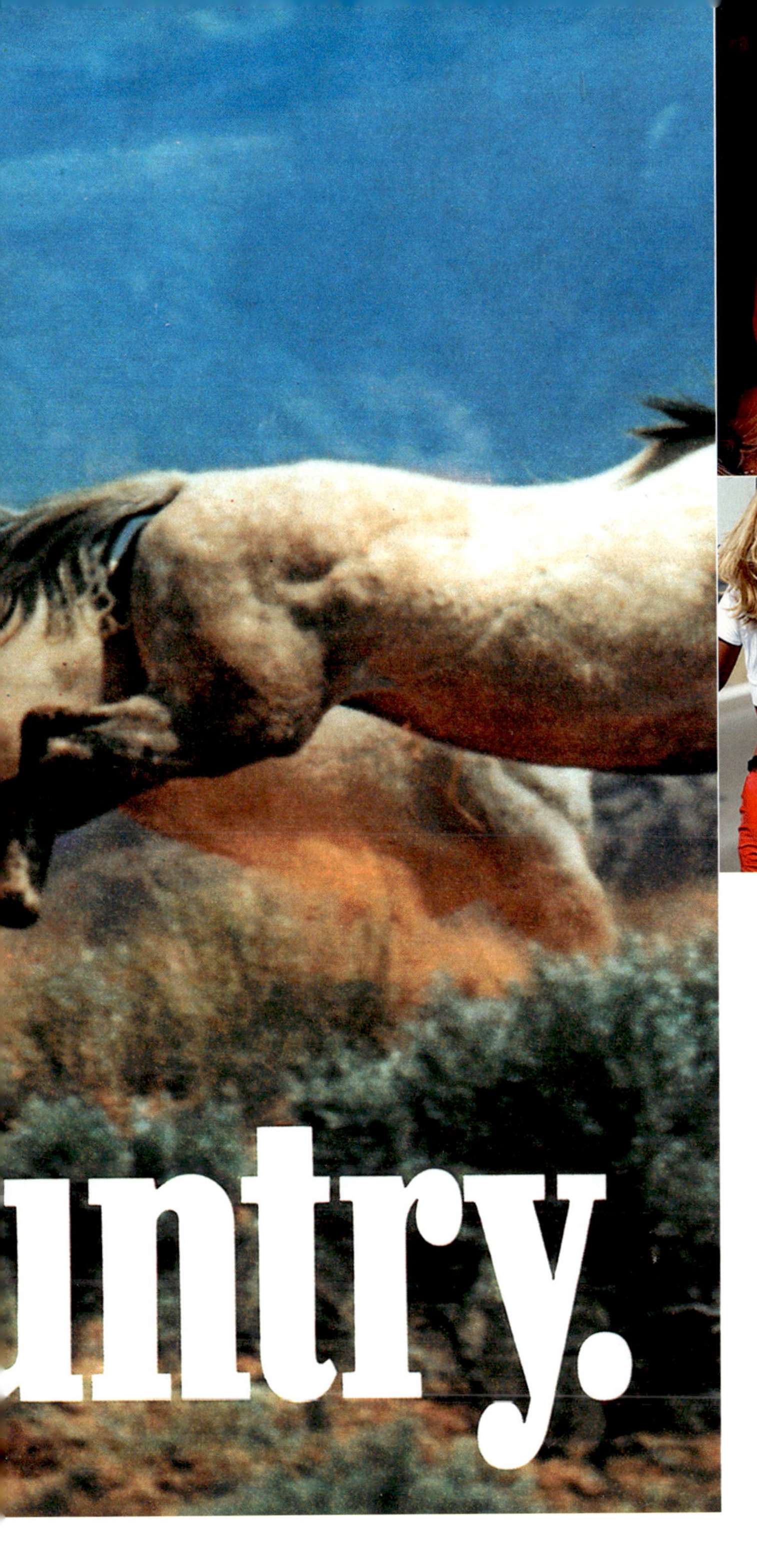

ntry.

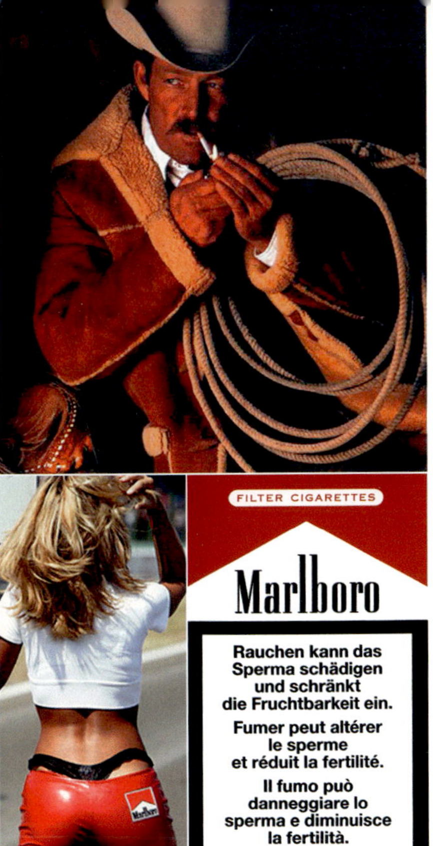

FILTER CIGARETTES
Marlboro
Rauchen kann das
Sperma schädigen
und schränkt
die Fruchtbarkeit ein.
Fumer peut altérer
le sperme
et réduit la fertilité.
Il fumo può
danneggiare lo
sperma e diminuisce
la fertilità.

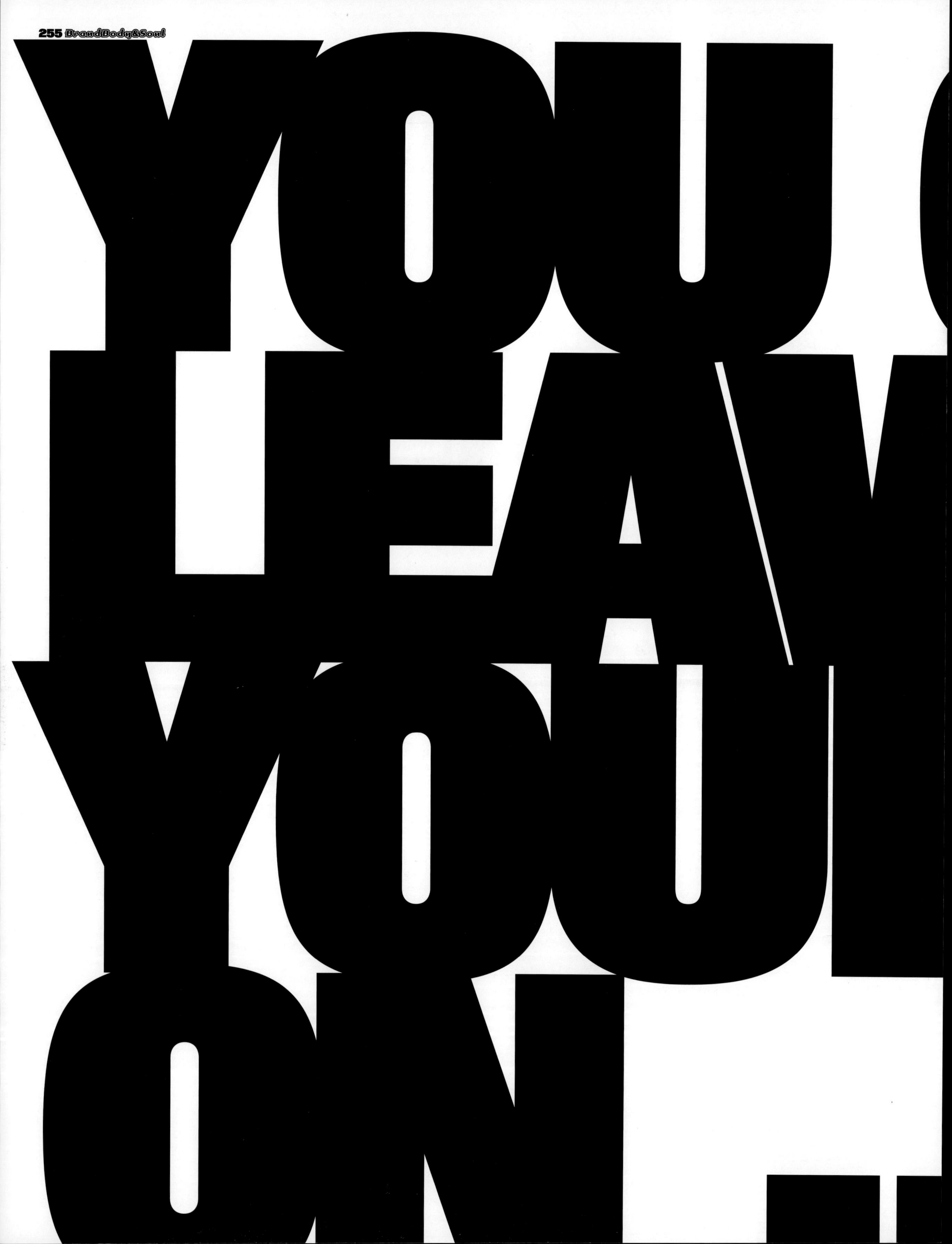
YOU
LEAV
YOU
ON

CAN ME RHAT

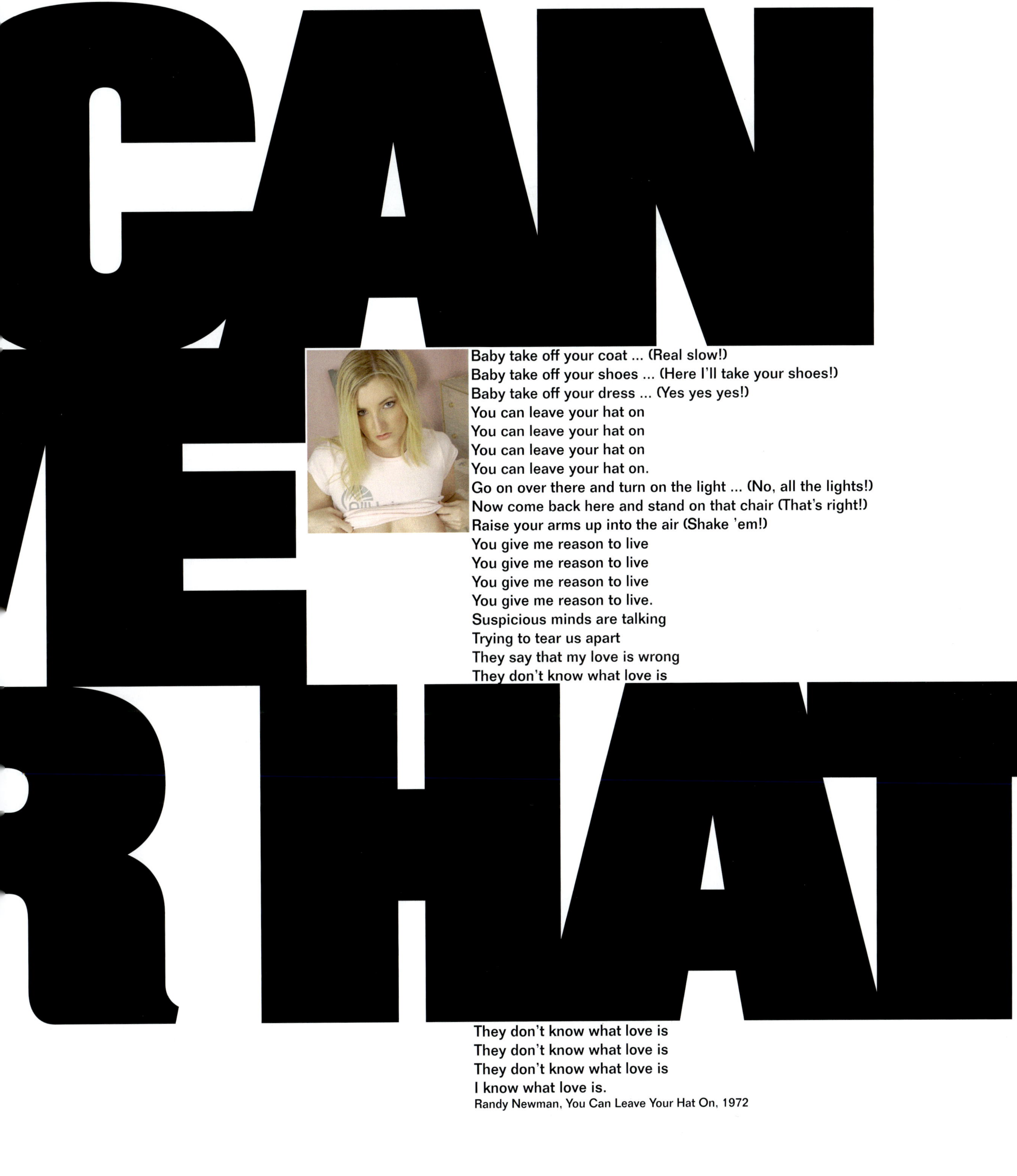

Baby take off your coat ... (Real slow!)
Baby take off your shoes ... (Here I'll take your shoes!)
Baby take off your dress ... (Yes yes yes!)
You can leave your hat on
You can leave your hat on
You can leave your hat on
You can leave your hat on.
Go on over there and turn on the light ... (No, all the lights!)
Now come back here and stand on that chair (That's right!)
Raise your arms up into the air (Shake 'em!)
You give me reason to live
You give me reason to live
You give me reason to live
You give me reason to live.
Suspicious minds are talking
Trying to tear us apart
They say that my love is wrong
They don't know what love is

They don't know what love is
They don't know what love is
They don't know what love is
I know what love is.
Randy Newman, You Can Leave Your Hat On, 1972

POSES&POSSESSIONS
YOU CAN LOOK
... BUT YOU BETTER NOT TOUCH!

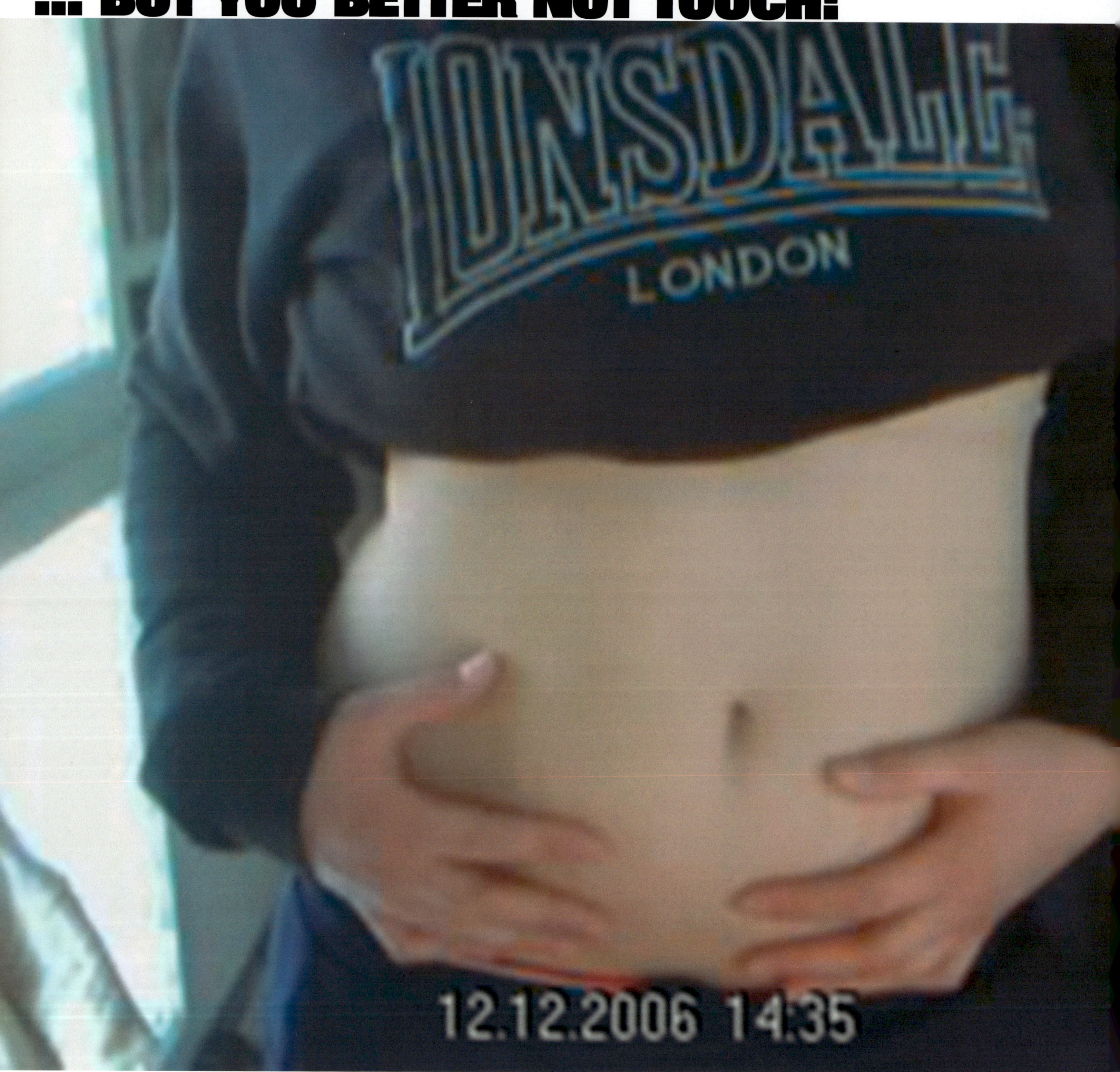

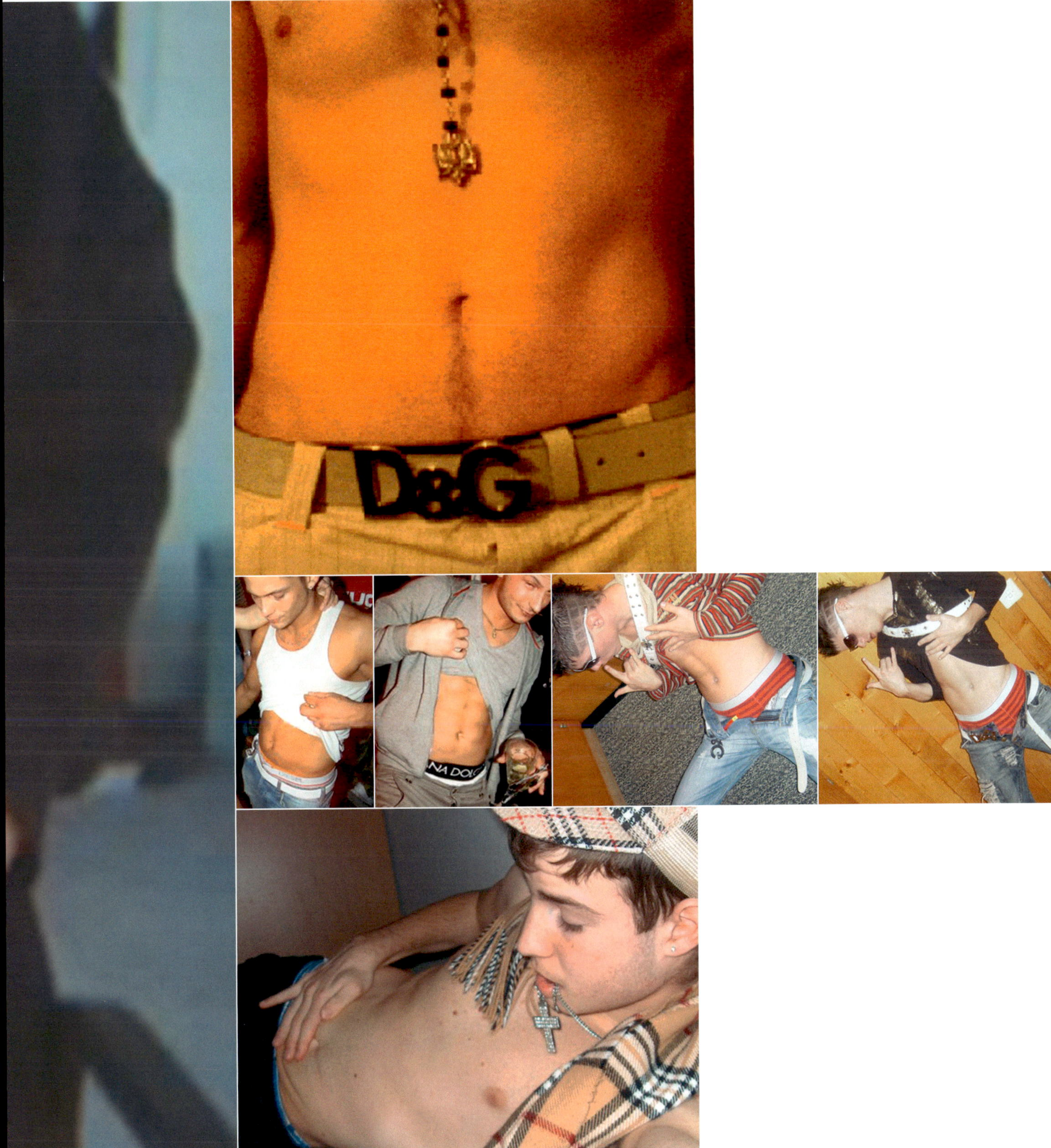

ACCESS ALL

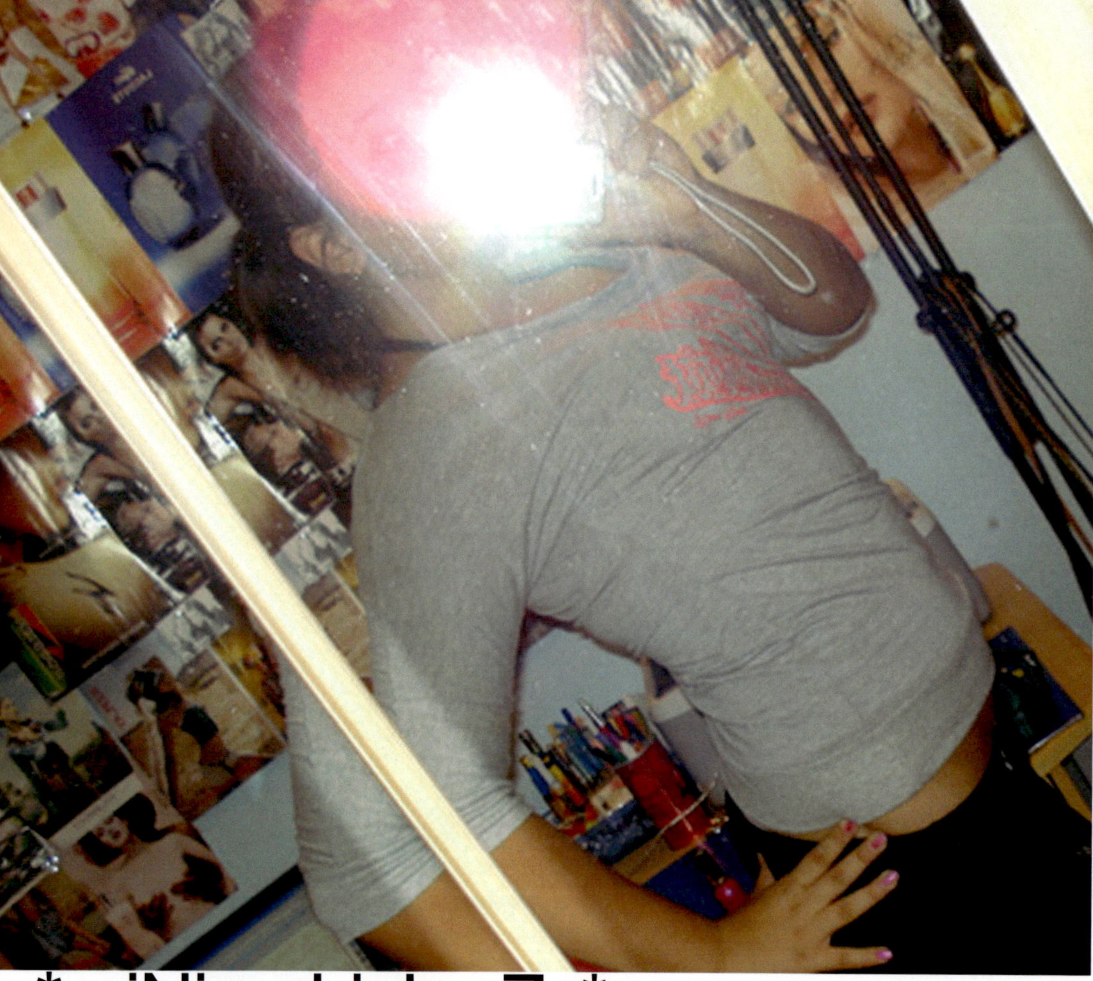

miNimaLiclouZz

CHRISTIAN RITTER **DIE ANALOGE WELT LIEGT HINTER UNS: WÄHREND EINST PASSFOTOSAMMLUNGEN FREUNDSCHAFTEN UND SOZIALE EINGEBUNDENHEIT BELEGTEN, BESTIMMEN HEUTE HANDYFOTOS UND WEBCOMMUNITIES DIE SELBSTFINDUNG UND -REPRÄSENTATION VON TEENAGERN. JUGENDLICHE SELBSTBILDER SEDIMENTIEREN IM DIGITALEN KOSMOS VON ONLINE-PLATTFORMEN ZU EINEM KONGLOMERAT AUS GLAMOUR, SEX UND GUCCI-PRINTS. WER WILL, SCHAUT DABEI ZU.**

Erwachsen zu werden ist eine private Sache. Das Ringen um Freiräume, Intimität und Selbstbestimmung ist keine Angelegenheit, die nach Öffentlichkeit verlangt. Junge Frauen und Männer im Teenager-Alter sind darum bemüht, den Zugriff auf ihre Sphären zu sanktionieren. Der Zugang zum mal bittersüssen, mal abgründigen Teenager-Dasein bleibt Aussenstehenden für gewöhnlich verwehrt. Die Innenseite jugendlicher Gefühlswelten und Alltagsrealitäten ist versteckt hinter Attitüden und kryptischen Codes. Was an »Leben« dadurch nicht verdeckt wird, wird zumindest verschleiert.

Uneinnehmbar sind auch die öffentlichen Orte der Adoleszenz: Schulhöfe, Jugendclubs, Quartierstrassen und Shopping-Malls sind weitgehend unberührt von elterlicher Autorität. Es sind Orte des »Sich-Zeigens« und des Entdeckens, der Aufführung und der (Selbst-) Behauptung. Wo sich Teenager in Szene setzen, werden auch triste Orte zu Schauplätzen visueller Kultur. Die Strasse wird zur Arena jugendlicher Inszenierungsspiele. Indem sie präsent sind, (re)agieren und provozieren, treten Teenager mit der Öffentlichkeit in Interaktion. Teenager beleben Räume, indem sie sie besetzen und sich darin »aufführen«: In ihnen proklamieren sie ihre Souveränität als Personen des öffentlichen Lebens.

Nicht so in den eigenen vier Wänden. Obwohl reich bebildert mit Ikonen jugendlicher Träumereien, kaschiert die Verschiebung von Delphin- und Pony-Postern zu »50 Cent« und den halbnackten Figuren im D&G-Look nur halbherzig den Status im Elternhaus: Das Jugendzimmer ist nur ein upgegradetes Kinderzimmer.

Die Gestaltung des eigenen Zimmers ist ein äusserst intimer Akt. Jugendzimmer sind Topografien jugendlicher Befindlichkeiten, sie erzählen von Wünschen und Begierden, von Aufbegehren und Verzweiflung. Im Potpüree von Posterwänden, Sportpokalen und Make-up-Utensilien findet das »Unterwegs-Sein« und »Nicht-Ankommen« der Jugendjahre zum visuellen Ausdruck. In der Umgebung des Jugendzimmers werden Vorgänge um Vorbilder und Selbstbild, Identität und Gemeinschaft in ihrer Diskrepanz sichtbar. »Draussen« fehlen diese Nachbarschaften. In der Unmittelbarkeit des öffentlichen Agierens zeigen sich Zukunftsträume und Altlasten nur verdeckt. Mit Gebärden und Gebaren versuchen Jugendliche erwachsen zu sein. Wenn sie reden, zeugt die Leere ihrer Sprache jedoch vom

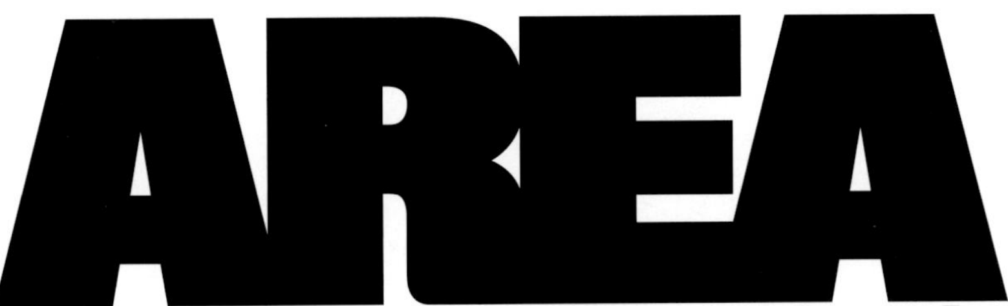

Scheitern dieses Versuchs. Vielleicht deshalb setzen Teenager auf Bilder, um sich auszudrücken. In ihnen finden sie sich wieder.

THAT'S ME!

Das Jugendzimmer ist jedoch nicht der alleinige Ort der Offenbarung, wo aufbricht, was Gruppendynamik und Attitüden bedecken. Der visuelle Wirkungskreis von Teenagern verlagert sich zunehmend in Gebiete ausserhalb elterlicher Hoheitsansprüche. Die Posterwand hat ihre Rolle als zentraler Ort ästhetischer Veräusserung der Teenagerseele an multimediale Medientechnologien abgegeben: an die digitalen Bildwelten von MMS und Internet. Die Entwicklung von textbasierten SMS zum Multimedia Messaging System MMS veränderte die visuelle Kultur jugendlicher Handy-Benutzer grundlegend. Heutzutage sind Handy-Bilder ein wichtiger Indikator für Coolness, Individualität und Gruppenzugehörigkeit. Sie ersetzen nicht nur das nostalgische Prinzip der Passfotosammlung, die einst manches Portemonnaie zum Bersten brachte. Handy-Bilder sind ein zentrales Element (digitaler) Selbstrepräsentation. Die Vielfalt der Kommunikationsmöglichkeiten machen das »System MMS« besonders attraktiv: Das Foto-Handy ist jederzeit verfügbar, es ist zugleich Fotoapparat und Bildersammlung, Bilder und Video-Filme lassen sich problemlos tauschen, benennen und ordnen.

Was dabei an Austausch nicht privat von Handy zu Handy geschieht, findet »online« statt. Webseiten wie mypix.ch oder meinbild.ch bieten Plattformen an, um sich mit Bildern im World Wide Web zu präsentieren. Diese Formen der Online-Repräsentation scheinen den Nerv der Zeit getroffen zu haben: Tausende Schweizer Teenager füttern ihre Profile mit Handy-Bildern und anderen digitalen Erzeugnissen. Sie erschaffen sich selbst in glamourös-glitzernden oder schaurigdunklen Bildwelten und geben sich die Namen »BabiPriNceSs«, Kind_der_Nacht, Bos_naH_BebiTaH, oder KriegerHelvetias – je nach Herkunft, Vorlieben und Hintergrund. Die zentrale Idee der Community ist der Austausch und die Interaktion mit anderen Usern. Wer sich in der Community präsentiert, stellt sich zur Debatte. Das Kommentieren fremder Bilder gehört genauso zum »interaktiven Leben« wie »Guestbooks«, »Friends-Lists«, »Invitations« und »Ignores«. Der Cyberspace bietet Jugendlichen, was weder das private Zuhause noch der Auftritt in der Öffentlichkeit bieten können: uneingeschränktes Agieren, die Möglichkeit sich so zu zeigen, wie man will, das schnelle Knüpfen und Künden von Kontakten. Unkompliziert und ohne Konsequenzen erhalten Teenager ein

MAXIMUM AN OUTPUT BEI EINEM MINIMUM AN VERBINDLICHKEIT.

Die Flüchtigkeit digitaler Medien signalisiert Vertrautheit mit den diffusen Gefühlswelten der Teenager. Wohl kaum ein Medium korrespondiert besser mit den ambivalenten Bedürfnissen der Adoleszenz als das Foto-Handy und sein grosser Bruder Internet.

Das »sich Zeigen« in der digitalen Welt lädt zum Laborieren ein. In der digitalen Selbstrepräsentation wird beliebig dazu- und abgeladen, Facetten der Persönlichkeitsgestaltung werden verändert, überlagert und neu benannt. Stimmungsschwankungen finden genauso schnell Eingang in die multiple Bildwelt wie der neue Freund oder ein spontanes Bild des »Louis Vouitton-Bag« vom Strandurlaub in Lore de Mar. Die digitale Persönlichkeit ist impulsiv und dynamisch – zumindest so lange, bis das Interesse am Selbstexperiment erlischt.

ROOM RAIDERS

Online-Profile vermitteln »Bilder« und nicht »das Bild« einer Persönlichkeit. Es gibt nicht »das eine« Portrait, das eine Person in ihrer Vielheit repräsentieren kann. Diese Ambivalenz in der Selbstrepräsentation zeigt sich auf einer ästhetischen Ebene genauso wie in den Bildinhalten. Innerhalb eines Profils wird oft ein Spektrum an Interessen und Begehrlichkeiten sichtbar, die

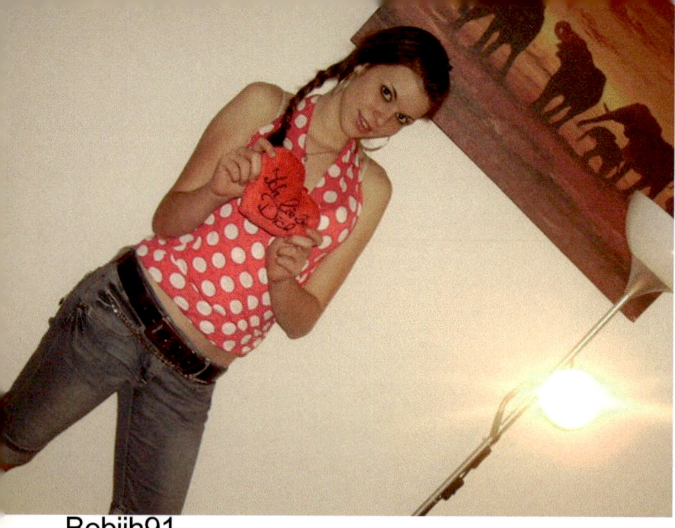

Bebiih91

sich nicht immer sinnvoll zusammenbringen lassen. Das konstante und beharrliche Shiften der Identität verwässert das Charakteristische, gerade durch das fortwährende Aufscheinen *sämtlicher* möglicher Facetten. Was folgt ist ein Brei stereotyper (ästhetischer und inhaltlicher) Statements: Nicht nur der Jugendliche selbst, sondern alles, was ihn in seinen Augen auszumachen scheint, womit er sich zeigt und »bildhaft« wird, wird dabei zum Klischee seiner selbst.

Es sind denn auch *Bildtypen* und kaum Einzelbilder, die ihre Eigenständigkeit behaupten können: Allen voran das (Selbst-)Portrait und das Collagenbild. Für die Selbstrepräsentation in Web-Communities ist es bezeichnend, dass das Selbstportrait wohl das dafür am häufigsten gebrauchte Bild ist. Zugleich ist es Mittel für Stilübungen, Selbstbetrachtungen und Selbstinszenierungen. Im Selbstportrait modellieren Teenager ihre Identitäten, versuchen sich in ihrer Übereinstimmung mit Vorbildern und inszenieren ihre Körperlichkeit. Es ist genauso Mittel des »sich selbst Erfindens« wie der Selbst-Findung und der Selbst-Betrachtung. Teenager zeigen sich in ihm von Kopf bis Fuss, von Gesicht bis Schulter oder mit der Zurschaustellung des vom restlichen Körper abgetrennten nackten Bauchs. Die Darstellung des Bauchs hat sich szenenübergreifend als Motiv etabliert, das »Bauchbild« ist ein »must have« für den Bau einer digitalen Körperlichkeit – selbstbewusst kommentiert als »*ma sexy body*« oder mit dem verlegenen Hinweis auf den Entstehungsort des Bildes: »*Im Zimmer vo minere parents*«. Denn fotografiert wird dort, wo das »sich in Pose Setzen« ungestört geschehen kann, in pausenleeren Schulzimmern, S-Bahn-Abteilen, Shopping-Malls und vor allem eben im eigenen Zimmer.

Wenn die Location Jugendzimmer in solchen Bildern auftaucht, wird sichtbar, was in diesem Raum gewöhnlich passiert. Die Bilder zeigen Utensilien des Erwachsenwerdens genauso wie Fragmente der Kindheit. Sie halten fest und machen publik, was dem fremden Blick für gewöhnlich verborgen bleibt. Was an Umgebung im Bild sichtbar wird, tritt neben die Person und macht sie »lebend«. Ohne dass der Fotograf es bemerkt, zeigt sein Bild eine intime Situation – und beschwört einen anderen Blick auf die Abbildung von Körperlichkeit und nackter Haut. Im Kontext seiner Umgebung wird der anonymisierte Körper wieder zum *bestimmten* Körper. Er erscheint in einer Umgebung, die sich zuschreiben lässt.

Die Darstellungen dieser intimen Situationen irritieren besonders dann, wenn im Setting der Inszenierungen die persönlichen Ikonen der Akteure sichtbar werden – ausgeschnittene und an die Wand gepinnte Vorbilder aus Fashion, Sport und Showbusiness. Als Vermittler zwischen »high« und »low« führen sie die endlose Kette medialer Inszenierungsspiele in die Jugendzimmer ein. Es sind jedoch kaum die Stars, die dem Teenager von Bedeutung sind – dazu sind sie ihm zu fern. Näher ist ihm die Art ihrer Inszenierung: wie sich die Berühmtheiten geben, wie sie sich kleiden und wie sie im Bild auftreten. Die »inszenierten Personalities« sind die Vorbilder, denen der Teenager zu entsprechen versucht; mit Blick, Pose und Gestik. Ihre Bilder geben ihm Kriterien und Orientierungshilfen für die Überprüfung seiner eigenen Inszenierung – für den (imaginierten) »Blick von aussen«. Sie bestimmen mit, welche Codes gültig sind und wie sie zur Anwendung kommen. Allerdings kann jede noch so überzeugende Imitation nie mehr als nur den Anschein der Übereinstimmung mit ihrem Vorbild erwecken. In diesen Portraits wird dies signifikant: Das (unbeabsichtigte) Sichtbarmachen der Vorbilder und des sich inszenierenden Akteurs im selben Bild zeigt den Vorgang der Imitation als performativen Akt – und seine Akteure als unarretierbare Kippfiguren in der Differenz von Vorbild und Selbstbild.

CODES, COLORS & DOLLARS

Wie diese Bilder Intimes offenbaren, verdoppeln sie zugleich ihr Motiv und stellen es in neue Nachbarschaften. Das World Wide Web ist unendlich weitläufig und was (unbewusst) als Teil des hermetischen Wirkungsraums »Jugendzimmer« abgebildet wird, findet sich auf einmal neben »fremden« Bildern wieder. Einmal ins Netz gestellt, wird das Bild zum Fenster, das direkt ins Zimmer blicken lässt – ins Epizentrum der veräusserten Teenagerseele. Im Bild kreuzen sich die Blicke: Von der behüteten Beschaulichkeit des Jugendzimmers in den Cyberspace und wieder zurück.

Das »Ausgeliefertsein« an den fremden Blick gilt für Bilder im World Wide Web im Allgemeinen; für Bilder in Web-Communites aber besonders, da sich mit Ihnen Personen als solche präsentieren. Auch Collagenbilder jugendlicher Internet-User könnten dafür anfällig sein, da sie gleich mehrere Fragmente eines Lebens in einem Bild versammeln. Allerdings gibt es einen wesentlichen Unterschied zu den Portraits im Jugendzimmer: Während die Zimmerumgebung eher zufällig ins Bild »eingeschleppt« wird, sind es bewusste Entscheide, die dazu führen, welche Motive in welcher Form und auf welcher Ebene in die Collage einfliessen sollen. Der User gibt dem Bild die Gestalt, in der er sich wiederzufinden glaubt und die es ihm gleichzeitig erlaubt, sich als Teil einer Gruppe auszuweisen.

Collagenbilder sind eigentliche Visitenkarten der *mypix.ch-* und *meinbild.ch*-User. Auf ihnen kommt zusammen, was den jugendlichen User an Wünschen und Träumen beschäftigt. Sie bilden seine Vorstellung darüber ab, was ihn als Person ausmacht: Nationalität, Religion, Statussymbole und die Nähe zu Ikonen aus Sport und Showbusiness. Und immer wieder Statussymbolik, kombiniert mit Burberry-Karo oder Gucci-Ornamenten auf dem globalen Hintergrund von Luxus und Begehren. Das Vertrauen in Brands als Elemente des »Selfbrandings« zeigt sich dabei ungeschönt.

Der visuelle Rundumschlag dieser Cyberwelten fabriziert aber vor allem Klischees: Die unreflektierten Bilderfluten drohen Werte wie »Luxus« genauso rigide festzuschreiben wie »den Secondo«, »den Boyfriend« oder einfach nur »den Jugendlichen«. Wer mehrere Profile betrachtet, dem entlarven die Bildwelten ihre Zuweisungen gleich selbst. Gleicht sich der kulturelle Hintergrund der User, sind die ästhetischen und inhaltlichen Differenzen der Bilder meist marginal. Ob ein Bosnier oder ein Portugiese sein Konterfei in einer Collage aus Glitzersteinchen und Gucci-Logos einbettet, führt kaum einen Unterschied herbei. Den per »copy-paste« beschafften und spontanen Bedürfnissen entsprechend modifizierten Elementen der Collagen fehlt das markante Merkmal der Eigenständigkeit. Allein die Kolorierung der Bilder in den jeweiligen Nationalfarben reicht dazu nicht aus. Auf einmal ist der »Bosnier« dem »Portugiesen« viel näher, als es die Inszenierung mit nationalistischen Ikonen vorzugeben scheint. Das ikonografisch aufgemotzte, vermeintlich starke Bild versinkt in Eigenschaftslosigkeit.

Die Inszenierungen mit (sub)kulturell signifikanter Symbolik ist jedoch kein Phänomen, das nur in verklärt-nationalistischen Zusammenhängen von Bedeutung ist. Es zeigt sich bei Elektro-Punks, Hip-Hoppern, Skatern, Patrioten, Grufties und Gabber-Heads. Es zeigt sich in der ganzen Bandbreite subkultureller Gruppenbildungen, wenn auch mit unterschiedlicher Schärfe. Die ästhetische wie inhaltliche Ausrichtung der Online-Profile (und ihrer Bilder) wird vorgegeben vom subkulturellen Überbau, den der User repräsentiert. Dieser Überbau gibt vor, welche Bildtypen auftreten und wie sie beschaffen sind. Er bestimmt die kulturellen Codes und legt fest, wie sich ein User in der Community Geltung verschaffen kann. Andere Differenzen sind weniger signifikant: Jungen wie Mädchen unterschiedlicher kultureller Herkunft und Prägung strecken ihre nackten Bäuche in die Kamera, fotografieren sich selbst im Spiegel ab, posieren vor der Nationalflagge und repräsentieren ihre Selbstbilder in digitaler Nachbarschaft zu Rapstars, Fussballspielern und Marken-Logos. Der entscheidende Unterschied zeigt sich in der Art, wie sich eine Person im Bild zur Darstellung bringt:

IN EINEM MOMENT, IN DEM LEBENDIGKEIT SPÜRBAR WIRD, WEIL SICH FLÜCHTIG EINE GEWISSE VERLEGENHEIT, UNSICHERHEIT UND UNENTSCHIEDENHEIT ZEIGT.

Vorgänge ästhetischer Veräusserung fanden bis anhin im intimen Rahmen des eigenen Zimmers statt, auf privatem Terrain. Mit dem Versuch, »mein Leben« ins Internet einzuspeisen, werden Befindlichkeiten öffentlich gemacht. Es wird zwar aus der Anonymität heraus operiert, den Menschen im User bringt das aber nicht zum Verschwinden. Im Gegenteil: Er legt sich bereit für den Blick des Anderen, des Fremden, der von aussen zuschaut. Je mehr sich der Teenager dabei im Bild zurücknimmt und seine speziellen Eigenschaften verschleiert, umso mehr wird er zur stereotypen Projektionsfläche fremder Anschauungen und Begehrlichkeiten. Doch je *wesentlicher* er sich zeigt, umso mehr lassen seine Bilder Nähe zu, indem sie Zusammenhänge zeigen und Umgebungen darstellen; umso tiefer dringt der Blick von aussen ein. Beides ist drastisch, weil er mit Bildern seines »Selbst« auftritt, was ihn verletzbar macht. Und weil er genau dort seine Einzigartigkeit proklamiert, wo er gleichförmig ist.

ACCESS ALL

CHRISTIAN RITTER THE ANALOGUE WORLD LIES BEHIND US: WHILE ONCE, E.G., PASSPORT PHOTOS DOCUMENTED FRIENDSHIPS AND SOCIAL EMBEDDING, NOWADAYS, IT'S PHOTOS TAKEN BY MOBILE CAMERA PHONES AND IT'S THE WEB COMMUNITIES THAT DETERMINE THE SEARCH FOR AND REPRESENTATION OF THE "SELF" OF TEENAGERS. IN THE DIGITAL COSMOS OF ONLINE PLATFORMS, TEENAGE SELF-IMAGES TURN INTO SEDIMENTS FOR A SPECIAL MIX, A CONGLOMERATE OF GLAMOUR, SEX, AND GUCCI PRINTS. WHOEVER WANTS TO, IS WATCHING THE GAME.

miNimaLiclouZz

Growing up is a private matter. The struggle for scope for development, intimacy, and self-determination is nothing that searches public attention. Teenagers of both sexes try to sanction any breach of their private spheres. Usually, outsiders are refused all access to the sometimes bittersweet, sometimes abysmal teenage existence. Teenage emotions and everyday realities are hidden behind attitudes and cryptic codes. Whatever (part of) "life" is not totally covered by them, is – at least – veiled.

Public places of adolescence, too, are kind of unconquerable: school yards, youth clubs, small streets and shopping malls are largely untouched by parental authority. They are scenes for "showing off" and discovering, for (self-)staging, and for (self-)assertion. Wherever teenagers stage themselves, even desolate places become scenes of visual culture. The street becomes an arena of teenage self-performing. Teenagers interact with the public simply by being present, by (re)acting and provoking. Teenagers vivify spaces by seizing and occupying them and by "staging" themselves in them: thus, they proclaim their sovereignty as persons, as part of public life.

Their own rooms tell a totally different story. Even if the walls are lushly pasted with icons of teenage dreams, the shift from posters of dolphins and ponies to "50 Cent" and the half-naked figures in D&G-looks veils the teenage status within the family only half-heartedly: the teenage room is nothing but an upgraded kids' room.

The furbishing of one's own room is an extremely private act. Teenage rooms are topographies of sensitivities and moods, they tell stories of dreams and desires, of protest, revolt and desperation. The teenage mood of "being on the road" and/or "never getting somewhere" finds its visual expression in the pot-pourri of poster walls, sports trophies won, and make-up utensils. The surroundings of the teenage room show the contrast in processes or activities concerning idols and self-images, concerning identity and society.

"Outside", these neighbourhoods do not exist. The immediacy of the public acting merely veils dreams of the future and burdens of the past. In their postures and gestures teenagers try to be grown ups. The emptiness of their talking, however, proves their failure. Maybe that's the reason why teenagers count on images to express themselves. They see themselves, their "self", mirrored in them.

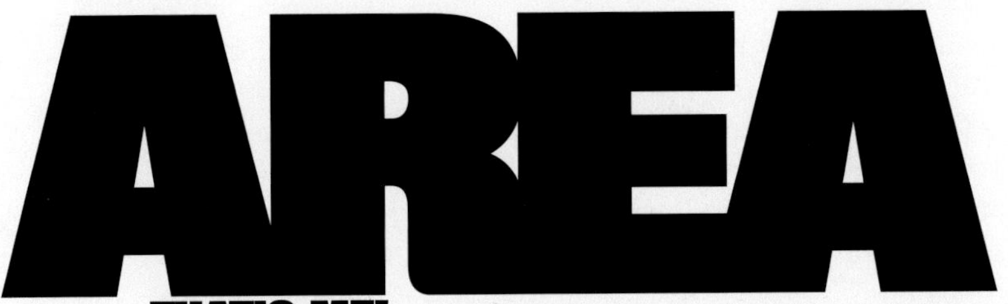

AREA

THAT'S ME!

The teenage room, however, is not the only scene of revelation, opening up what's covered by group dynamics and attitudes. The visual sphere of influence increasingly shifts to territories outside parental sovereignty. The wall of posters has passed on its role as the centre of the aesthetic depiction of the teenage soul to multi-medial technologies: the digital worlds of MMS and the internet. The progress from text-based SMS to MMS (multi-media messaging systems) fundamentally changed the visual culture of teenage mobile phone users. Today, pictures taken by mobile camera phones are an important indicator for coolness, individuality, and group affiliation. Today, they not only replace the (nostalgic principle of the) collection of passport photos that yesterday filled wallets to the bursting point. Photos taken by camera phones are a central element of (digital) self-representation. The multiplicity of possibilities of communication render MMS as a system especially attractive: the camera phone is at hand everywhere, it is camera and archive at the same time, pictures and videos can be exchanged, named and filed without any problem.

Whatever is not part of the private exchange, from mobile phone to mobile phone, is taking place "online". Websites like _mypix.ch_ or _meinbild.ch_ offer platforms to have everybody present him- or herself in the world wide web. These forms of online presentation seem to have hit the nerve of the time. Thousands of Swiss teenagers feed their profiles with photos taken by camera phones and other digital products. They create themselves in glamorously glittering or dark and scary picture worlds and give themselves names like _BabiPrinceSs_, _Kind-der-Nacht_, _BosnaH-BebiTaH_, or _KriegerHelvetias_, depending on their descent, preferences, or backgrounds. The central idea of the community is the exchange and interaction with other users. Whoever presents himself in the community becomes a matter of discussion. Comments on others' pictures are part of "interactive life" just like "guest-books", "friends lists", "invitations", and "ignores".

Cyberspace offers teenagers what neither their private homes nor presentations in public can offer: unrestrained acting, the possibility to present oneself as one likes, a fast socialising with others, and its dissemination. Teenagers easily and without any consequences, thus, can achieve

MAXIMUM OUTPUT COMBINED WITH MINIMAL OBLIGATION.

The elusiveness of digital media signalises a familiarity with the cloudy emotional conditions teenagers find themselves in. No other medium seems to be better suited for the ambivalent needs of teenagers than the camera phone and its bigger brother, the internet.

"Self-presentation" in the digital world is an invitation to experiment. In digital self-representation, it's your own choice what you load down, what you add; facets of personality formation can be changed, swapped and re-named any time. Mood swings are, immediately, entered into the multiple picture world just as the new boyfriend or a quickly shot picture of the "Louis Vouitton Bag" at the beach in Lore de Mar. A digital personality is impulsive and dynamic – at least as long as you're interested in this self-experiment.

ROOM RAIDERS

Online profiles communicate "pictures" and not "the image" of a personality. "The one" portrait showing a person in all its aspects and complexity does not exist. This ambivalence inherent in self-representation can be noticed on an aesthetical level as well as in the picture contents. Often, a profile shows a variety of interests and desires which does not always make sense. The constant and persistent shifting of one's identity dilutes the characteristics, especially by permanently showing off _all_ possible facets. The consequence – with regard to aesthetics as well as contents – is a mush of stereotype statements: in this process, everything, not only the teenager in his own view, but everything he uses for his self-(re)presentation, for his "imaging", becomes a cliché.

It is, furthermore, usually types of pictures and hardly ever single pictures that are able to assert their originality: the self-portrait, above all, and the collage. It is characteristic of self-representations in web-communities that they, most often, employ the self-portrait. At the same time, the

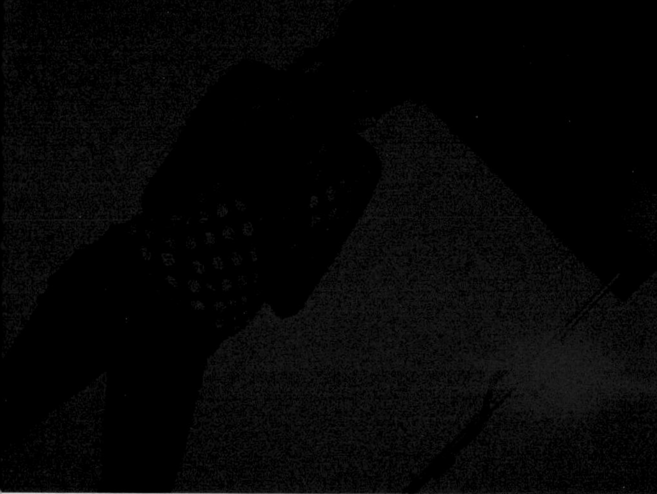

Bebiih91

self-portrait serves as a means to practise style, self-reflection and self-staging. With the help of the self-portrait, teenagers model their identities, try to be in keeping with their idols and stage their corporeality. The self-portrait is a means for "self-invention" as well as self-discovery and self-reflection. Teenagers show themselves in it, from head to toe, face to shoulder, or by drawing attention to the naked belly separated from the rest of the body. The display of the belly, the "belly picture", meanwhile has become a motif in itself, encompassing various scenes, a "must have" for the development of a digital corporeality – self-confidently titled "ma sexy body", or, referring to the location where the picture was taken: "Im Zimmer vo minere parents" ("In my parents bedroom"). Because the pictures are taken in places where this "self-staging" usually is not impaired or interrupted – in school rooms (during breaks), in public transport, in shopping malls, and, above all, in one's own room.

Whenever the location "teenage room" can be discerned in such pictures, we get a glimpse of what usually happens there. The pictures show utensils of growing up just as well as fragments of childhood. The pictures contain and show publicly what usually remains hidden from the outsider's eye. The environment, made visible in the picture, becomes as important as the portrayed person and renders him or her "live". Unwittingly, the photographer shows a private situation – and elicits a different look at the presentation of corporeality and naked skin. In its own environment, the anonymous body changes into a specific body again. It appears in an environment that can be recognised.

The staging of these private situations especially irritate if the settings show the personal icons and projections of the actors – pictures of the idols from sports, the fashion and show business, cut out and pinned to the walls. As mediators between "high" and "low" they introduce the endless chain of medial stagings into teenage rooms. It is rarely the stars themselves that matter to the teenager – they are too far away anyway. What matters to him or her is their staging: how the celebrities present themselves, how they dress, and how they appear in the picture. It is the "staged personalities", the teenagers want to match; in their looks, postures and gestures. In the pictures they want to find criteria and orientation helping them in the examination of their own staging – for the (imagined) "view from outside".

They help determine which codes are valid and how they are applied. On the other hand, any imitation, as convincing as it may be, cannot yield but the appearance of matching with the role model. What is significant in these portraits is: the (unintentional) depiction of the role models, and the actor staging him- or herself, at the same time, reveals the process of imitation as an act of performance – and the actors as skipjacks, tumbling, to and fro, between idol and self-image.

CODES, COLOURS & DOLLARS

These pictures reveal private matters and, at the same time, double their motif, putting it into new neighbourhoods. The world wide web is infinitely spacious, and what (unintentionally) was depicted as part of the hermetic sphere of influence of the "teenage room" suddenly can be seen next to pictures of others' rooms. Once uploaded onto the internet, the picture becomes a window opening up a view of the room – right into the epicentre of the teenage soul turned inside out. The picture becomes an intersection point, a crossing of the paths from the sheltered cosiness of the teenage room to cyberspace and back again.

"Being subjected to", being the subject of the others' looks, is a matter-of-fact aspect for pictures in the world wide web in general, and for pictures in web-communities in particular, since persons present themselves as themselves. Collages of teenage internet users show these characteristics, too, since they gather various fragments of a life in one picture. But there is one big difference to the portraits in the teenage room: while the environment itself is introduced into the picture more or less by chance, it's the consciously made choices that decide which motifs are incorporated into the collage, and on which level. The user forms the picture in such a way that he finds himself recognisable in it, and documenting, at the same time, his affiliations.

Collages are genuine visiting cards of myspace.ch and meinbild.ch users. They show which dreams and desires the teenage users have. They give a picture of the ideas they have of themselves, they depict what defines the teenager as a person: nationality, religious affiliations, status symbols, and his closeness to icons of the sports and the show business. And, time and again, status symbols, combined with Burberry checkers and Gucci ornaments in the global background of luxury and desire. The confidence in brands as elements of "self-branding" is, thus, displayed unadorned.

The visual sweeping swipe of cyber worlds, however, and above all, yields clichés: the flood of pictures not thoroughly thought through threaten to determine values like "luxury" as rigidly as "the secondo" (the second generation immigrant), "the boyfriend" or, simply, "the teenager". Whoever studies a number of profiles, sees the pictures unmasking their definitions themselves.

If the users have a similar cultural background, the differences in the pictures, aesthetically and with regard to their content, are only marginal. It doesn't really make a difference if a teenager from Bosnia or from Portugal embeds his or her image in a collage of glitter stones and Gucci logos. The collages, the elements of which are arranged by "copy-paste" and modified according to spontaneous desires or needs, lack signs and signals of independence. The colouring of the pictures in the respective national colours certainly does not suffice. And suddenly, the "Bosnian" is much closer to the "Portuguese" than their staging of nationalistic icons might imply. The iconographically upgraded, supposedly strong picture drowns in indeterminacy.

The staging of (sub)culturally significant symbols, however, is no phenomenon that's of importance in haloed-nationalistic contexts only. It can be observed with electro-punks, hip-hoppers, skaters, patriots, Goths and gabber-heads. It can be observed in the whole range of sub-cultural group formations, to a varying extent, admittedly. The online profiles (and their depictions) – aesthetically as well as with regard to their contents – are defined by the sub-cultural superstructure represented by the user. This superstructure determines which types of pictures appear and what they consist of. It determines the cultural codes and how a user can attract the attention of the community. Other differences are less significant: boys and girls of different cultural background stick their naked bellies right into the camera, take pictures of their mirror images, pose in front of the national flag or represent their self-images in digital neighbourhood to rap stars, soccer stars, or brand logos. The decisive difference lies in the manner, in which way a person presents him- or herself in the picture:

IN A MOMENT DEPICTING ALIVENESS, BECAUSE IT, BRIEFLY, SHOWS A CERTAIN EMBARRASSMENT, INSECURITY, AND INDECISIVENESS.

Processes of, aesthetically, turning one's inside out, up to now took place within the intimate framework of one's own room, on private territory. With the attempt to put "my life" on the internet, moods are being made public. There is still anonymity involved, but it does not totally hide the human being the user is, or makes it vanish. On the contrary: the user spreads himself out in front of the other's eye, in front of the stranger who is watching (from outside). The more the teenager takes himself back in the picture, the more he veils his specific characteristics, the more he becomes a stereotype field for the projections, opinions, and desires of others. The more he presents of his real, his essential being, the more closeness the pictures can convey by showing (inter)relations, connections, and environments; the deeper the look from outside can intrude. Both, actually, is drastic, because he stages his "self", which renders him vulnerable. And because he tries to (pro)claim his individuality exactly where he appears rather uniform.

LONELY GIRLS THE WORLD

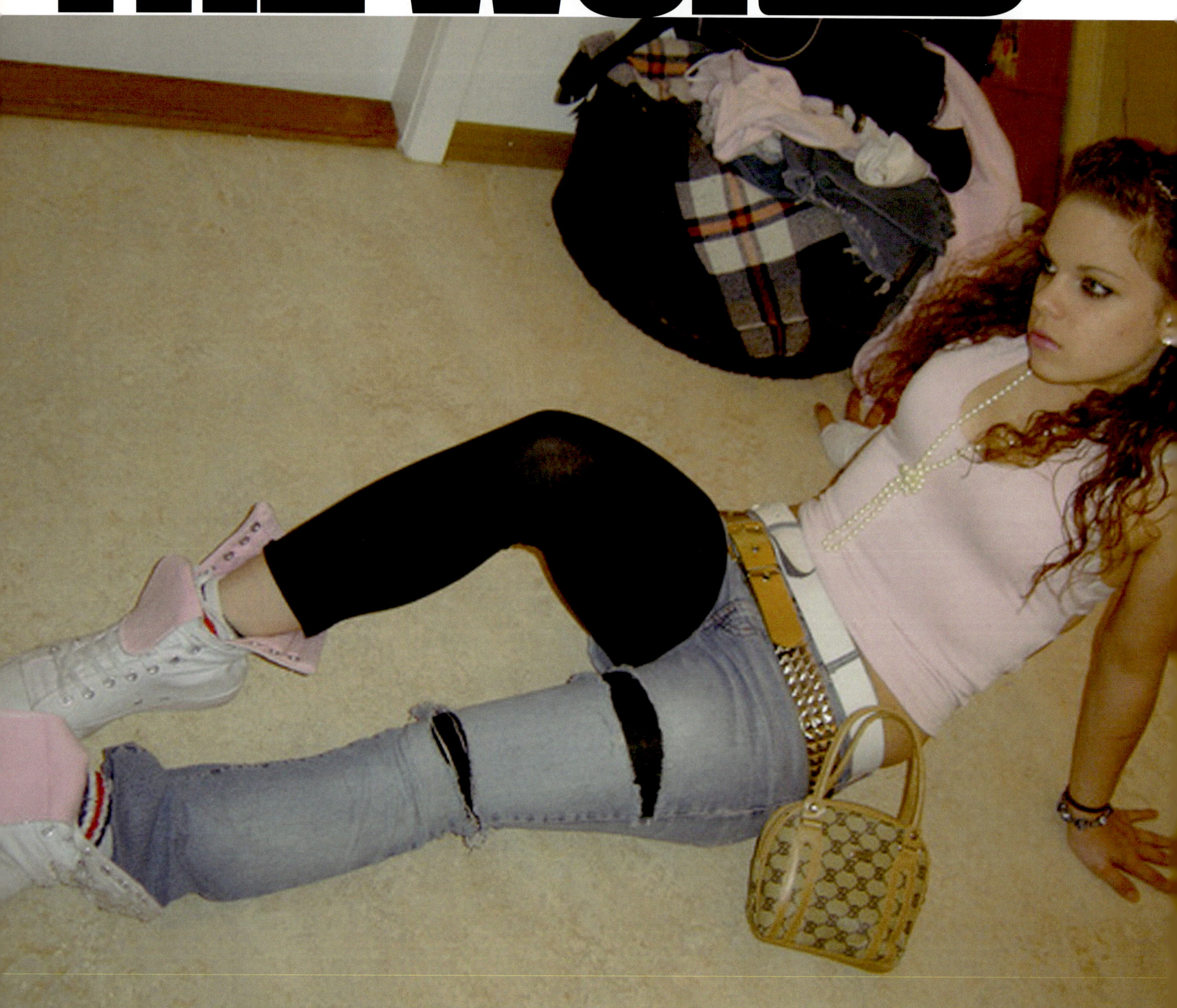

[№¹][▫ЯOCKIИG][Pussy▫]

FILL

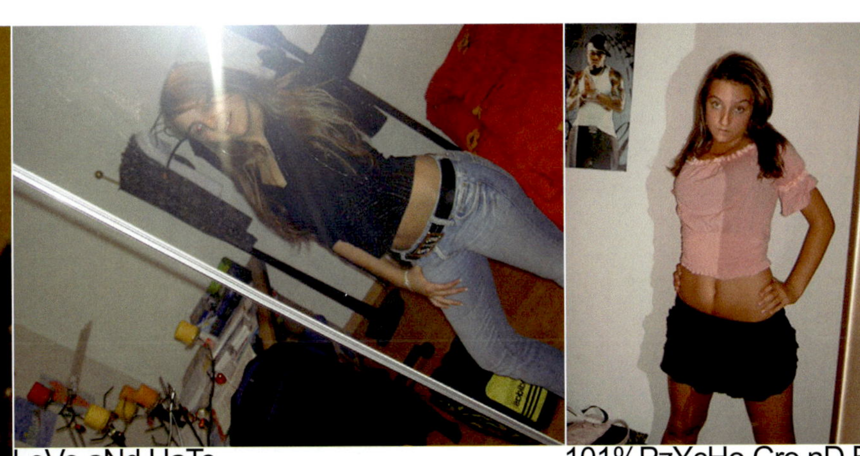

LoVe aNd HaTe

101%PzYcHo Cro nD Bih MafiOzO

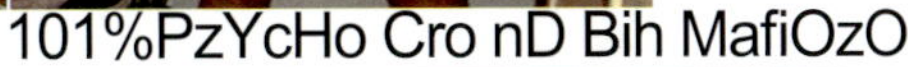

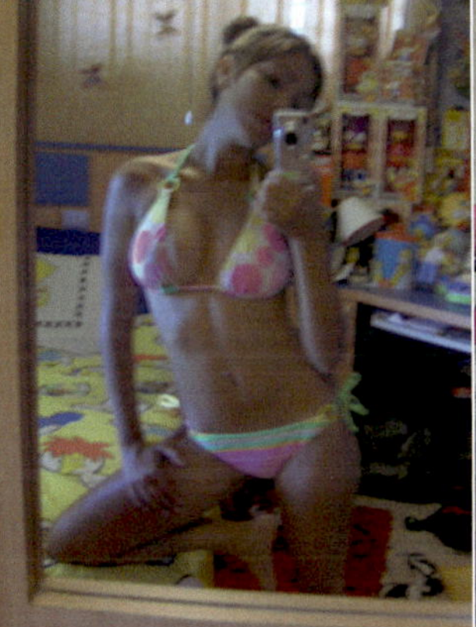

·°¤*Baby*¤°·

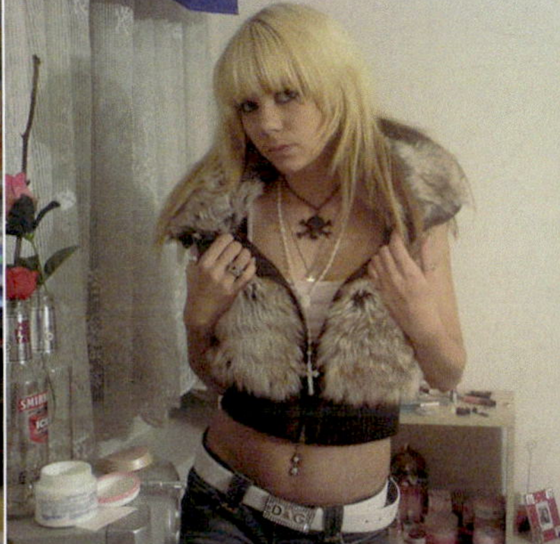

 нσuzε baявιε

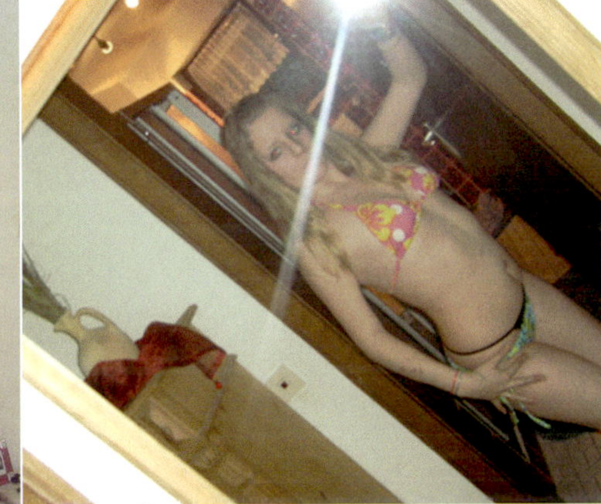

PussyCat

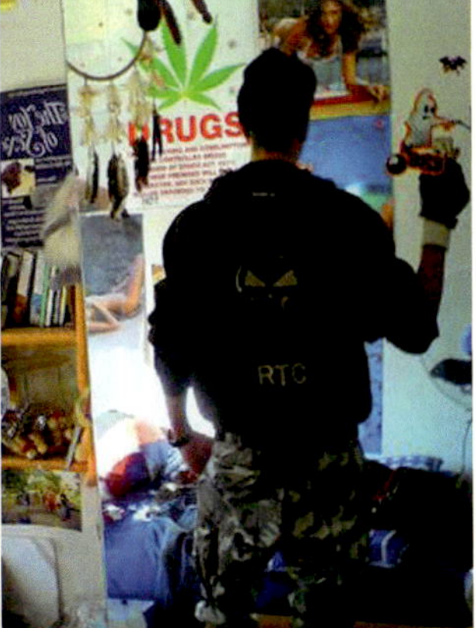

=101st= SpastiHunter

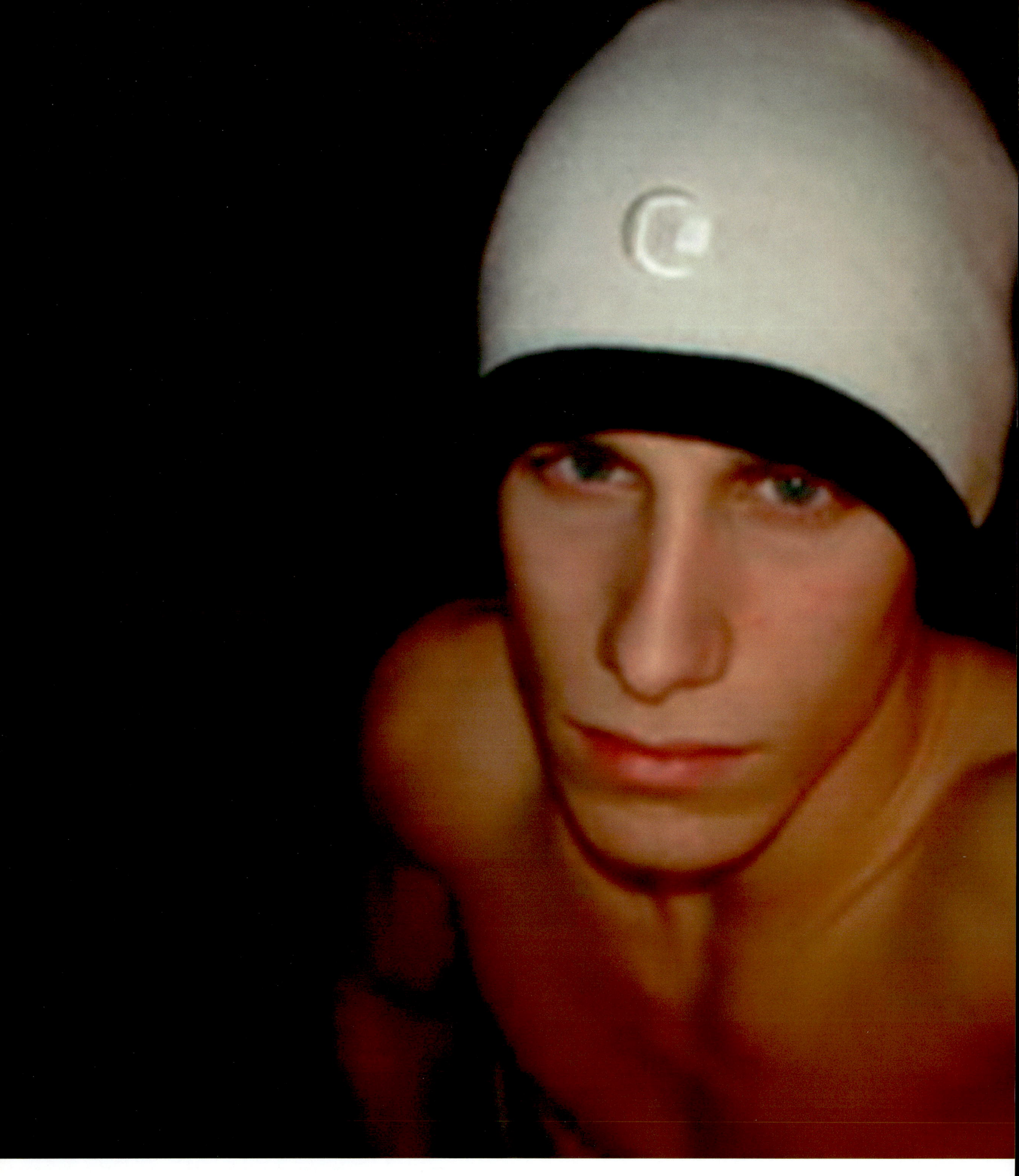

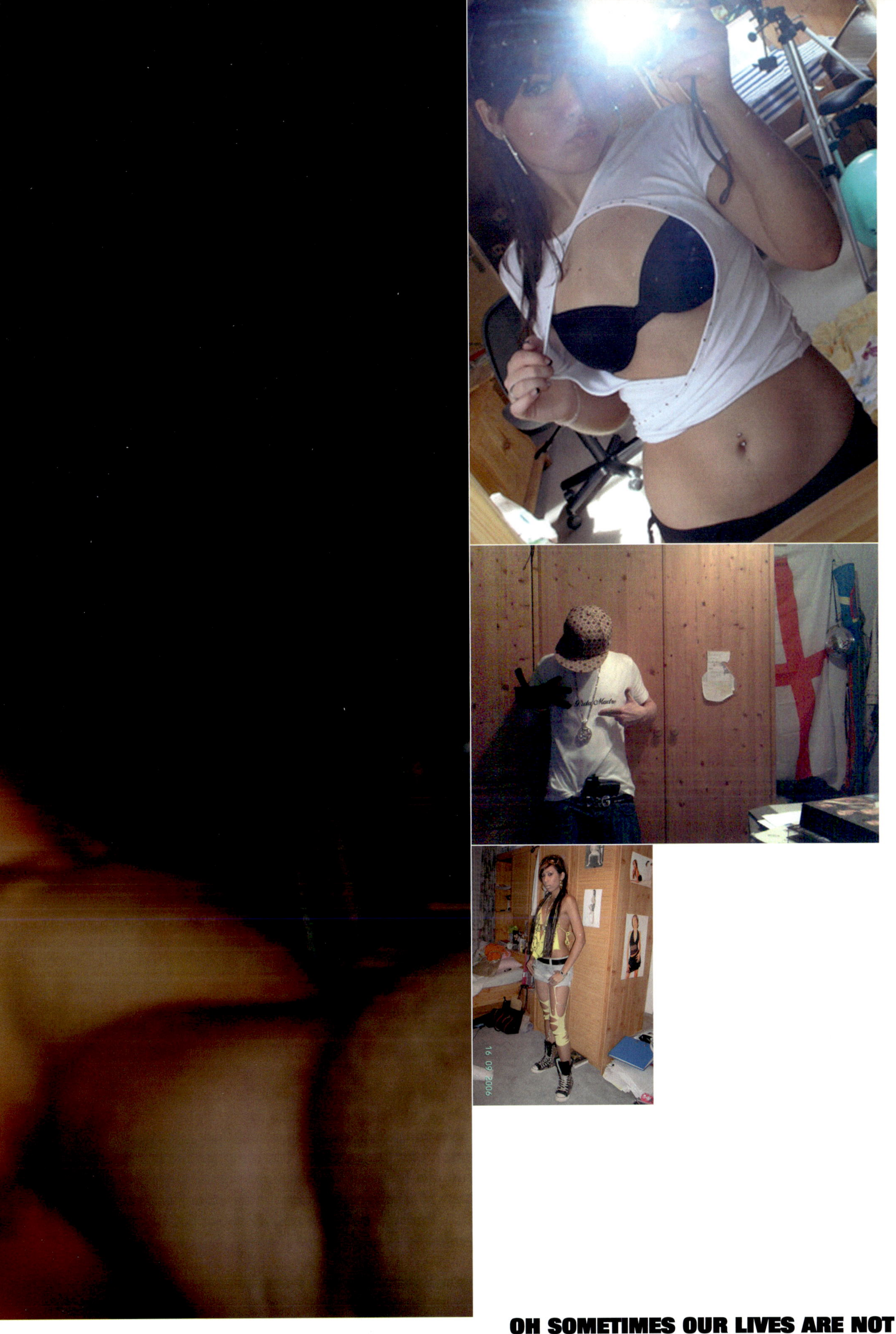

OH SOMETIMES OUR LIVES ARE NOT WHAT THEY SEEM
SOMETIMES THINGS AREN'T LIKE THEY ARE IN LIFESTYLE MAGAZINES
WE SEE WHAT WE WANT TO SEE
IN THIS MIRACLE OF CLAY ...

... WHERE LONELY GIRLS FILL THE WORLD.
Brett Anderson, Lonely Girls, 2002

MARKEN-PORN

Rauchen ist tödlich.	**Rauchen kann das Sperma schädigen und schränkt die Fruchtbarkeit ein.**	**Rauchen verursacht Krebs.**	**Piracy is a crime.**
Using condoms saves lives.	**Sie sollen ernst, solide, gescheit sein. Machen Sie kenntlich, wenn Sie sich mit mir treffen wollen.**	**Vietato passare per la porta percettiva.**	**Valeur énergétique 1890 kJ Protéines 26 g Glucides < 1 g Lipides 39g**

PLÄDOYER FÜR EINE KULTUR DER MASSLOSIGKEIT

MATTHIAS MICHEL WÄHREND DIE MOBILEN BEAMER DIE ZAHLLOSEN BILDER IN EINER PANORA-MISCHEN RAUMPROJEKTION ÜBER DIE WÄNDE TANZEN LIESSEN, STOLPERTE ALOIS GRUNTZ AUF DEM PODIUM HIN UND HER WIE EIN BESOFFENER FAUN, RUDERTE MIT SEINEN KURZEN ARMEN, STAUNTE UND STARRTE DEM EINEN ODER ANDEREN MOTIV MIT WEIT OFFEN STEHEN-DEM MUND NACH, ALS HÄTTE ER DIE SEQUENZEN AUS WERBEAUFNAHMEN, SCHNAPPSCHÜS-SEN VON EKSTATISCHEN PARTYGÄNGERN UND DIGITAL BEARBEITETEN SELBSTPORTRAITS VON TEENAGERN NOCH NIE ZUVOR GESEHEN; JA ALS WÄRE ER UNVERMITTELT AUS EINEM STRAS-SENGRABEN DES VIKTORIANISCHEN FIN-DE-SIÈCLE HIERHER VERSETZT WORDEN, PLÖTZLICH UND ERSTMALS KONFRONTIERT MIT DEM SPEKTAKEL MULTIMEDIATISIERTER KONSUMWELTEN DES 21. JAHRHUNDERTS UND IHREN UNVERSCHÄMTEN SYNÄSTHETISCHEN INSZENIERUNGEN DES LUSTPRINZIPS. WAHRSCHEINLICH HATTEN DIE WENIGSTEN IM AUDITORIUM DEM GREI-SEN MÄNNLEIN EIN SOLCHES SHOWTALENT ZUGETRAUT.

Dann wurden die Beamer plötzlich ausgeschaltet, wie wenn jemand den Stecker gezogen hätte, das audiovisuelle Spektakel aus Beats und Brands, Glamour und Gelächter, Haut und Haar, Styles und Sexappeals, Schweiss und Schein löste sich in nichts auf und Gruntz kehrte mit gewohnt grimmiger Miene zum Rednerpult zurück. »Menschen spielen Werbung«, stellte er lakonisch fest, »ihr Spielzeug sind Marken, Markenartikel und Markentypologien, die ihrerseits auch wieder Agenten und Objekte von Werbung sind. Sie imitieren Posen, zumeist sexuell konnotierte Posen von Models und Celebrities, die wiederum als lebende Werbeträger durch die reklamege-sättigten ›magischen Kanäle‹ geistern: ein ästhetisch und inhaltlich völlig entgrenztes Massenprostitutionstheater. Der Aufwand, das Engagement und die Zahl der Mitspielenden ist – vorsichtig ausgedrückt – beträchtlich, finden Sie nicht auch? Glauben Sie tatsächlich, dass das in Kategorien wie Spiel und Spass erschöpfend zu erklären ist?« – Sein Tonfall liess keine Zweifel offen, dass er diese Kate-gorien nicht annähernd für ausreichend hielt.

»Aus den meisten dieser Bilder und Bildwelten trieft, was Peter Sloterdijk in seinem Sphären-Projekt Permasex 1 respektive Per-masexualität genannt hat«, fuhr er nach einer rhetorischen Pause fort, »ein zunehmend homöostatischer Zustand der westlichen und

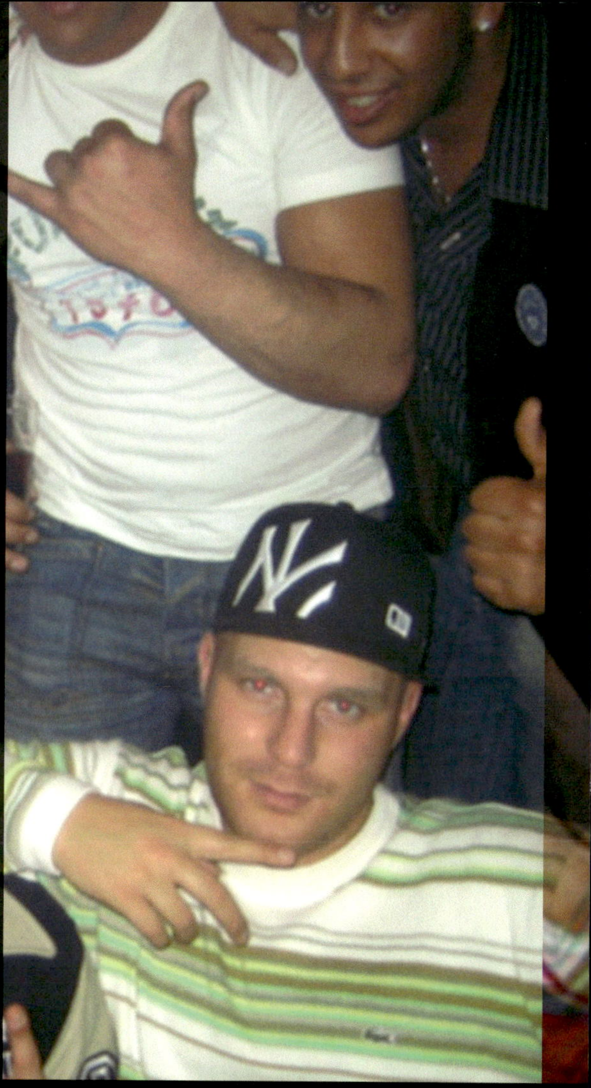

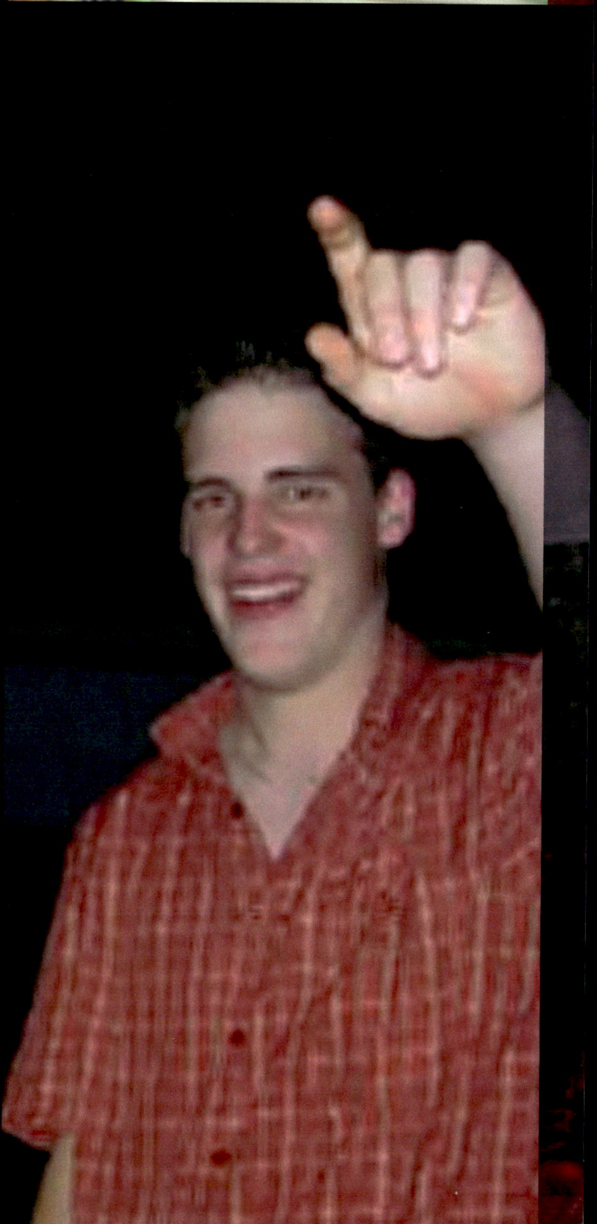

IOGRAPHIE

Dieses Produkt kann Spuren von Erdnüssen enthalten.

Taxpayers pay for your overweight.

Non restare sola sull'orlo della notte.

Add more hard flesh to your package!

Stay clean. Drive safely.

westlich besetzten Überflusskulturen, der sich – unter pragmatischer Ausblendung aller psychosoziologistischen Komplexitäten – als Gesamtzusammenhang der Verschwendung von sexueller Energie und Aufmerksamkeit beschreiben lässt. Diese Bilder sind durchsetzt, durchflutet und durchwuchert von einer *Sexualisierung*, die Dinge und Personen, Artefakte und Phantasien gleichermassen erfasst und deren einstweiliger Triumph über die Mittel und Möglichkeiten der Erotisierung dessen, was an Objekten und Subjekten in der Welt ist, nahezu total erscheint; total genug jedenfalls, dass es sich sogar bei den ausdrücklichen Anrufungen des Eros, die aus der Kakaphonie zeitgenössischer Obsessionen und Artikulationen deutlich herauszuhören sind, zumeist um Verwechslungen mit dem Sexus handelt. Mit anderen Worten, diese Bilder sind sowohl ihrer Ästhetik als auch ihrer Intention nach reichlich pornographisch, und zwar nicht in dem von zeitweiligen Sittlichkeitskonventionen bestimmten, sondern in einem ursprünglicheren Sinn, in dem Pornographie das Herzeigen – das *Explizieren* – einer Sexualität bezeichnet, die sich als notwendig promisker Konsum, als Zeitvertreib, als Unterhaltung oder in zeitgemäss lockerer Diktion: als Spass realisiert.« **2** –

Hier wird, wie leicht zu erraten ist, aus Dr. Alois Gruntz' legendärer Vortragsreihe *Die allerletzten Tage des Eros* zitiert, die er während mehrerer Monate abwechselnd an diversen Hochschulen in aller Welt gehalten hat, genauer: aus dem Vortrag Nr. 27 unter dem Titel Jenseits der *Markenpornographie*, der am Mittwoch, dem 17. Oktober vergangenen Jahres am Institut für Biodesign der Universität Anderburg stattfand. Der Saal war übervoll. Wilde Gerüchte und kontroverse Berichte über die vorangegangenen Referate der Reihe waren dem inzwischen fast 80-jährigen politischen Publizisten vorausgeeilt, der sich in den 70er Jahren des 20. Jahrhunderts als übereifriger, aber scharfzüngiger Ideologiekritiker einen Namen gemacht hatte. Und es liegt bestimmt nicht falsch, wer behauptet, die Attraktion der Veranstaltungsreihe seien weniger die sachlichen Inhalte als vielmehr die Auftritte des Referenten

Consommez moins.
Vivez plus longtemps.

Trespassers will be shot.

Smoking causes impotence.

Elongate your love weapon and improve your self-confidence! Your little soldier is doomed to grow into a monster!

Empathetic extension will be prosecuted.

Attenzione! Contenuto indecente.

Friss die Hälfte!

Für Kinder unter 12 Jahren ungeeignet.

gewesen; dieses bizarren, von einem abenteuerlichen Leben gezeichneten intellektuellen Hasardeurs, der sich für keine Übertreibung zu schade war und der seine diversen Gebrechen und Verkrüppelungen wie immer unter einem breitkrempigen Schlapphut, einer exaltierten Damensonnenbrille und einem mausgrauen Trenchcoat verbarg.

»Sie mögen in diesem Punkt zu einer entspannten Sicht der Dinge neigen«, polterte er. »Sie können sagen: Der Überfluss setzt Verhaltensspielräume frei, Zeiten und Räume zum Spielen, und der spielerische Aspekt dessen, was hier zu beobachten ist, sei zwar nicht der einzige, aber der wesentliche. Den Begriff einer wie umfassend auch immer verstandenen ›Pornographie‹ zu bemühen, sei jedenfalls etwas übertrieben. Aber, meine Damen und Herren: Die Pornographie spielt sich zunächst im Kopf ab. Die sinnlichen Reize sind nichts weiter als die Anlasser des psychozerebralen Motors, und bei der derzeitigen sexuellen Reizüberflutung läuft dieser Motor womöglich ohne Unterbruch. Um diese Posen, diese Verhaltensmuster, diese Aufmachungen zu reproduzieren, müssen die Menschen eine ganze Menge Pornographie im Kopf haben; entweder jede Menge Pornographie – oder gar nichts, was noch beunruhigender wäre. Und bedenken Sie: Es geht dabei um nichts weniger als die Entwicklung und Vermittlung von Selbst-Bildern und Selbst-Gefühlen. Bei allem Spass und So-tun-als-ob, mit dem diese Darstellungen und Selbstdarstellungen übertüncht sind – da geht es um mehr als Spiel und Maskerade, sowohl bei der Produktion als auch bei der Rezeption. Das obsessive, geheimnislose Herzeigen des Körpers – zumal des *je eigenen* – als (gebrandete) Ware macht mir einen ziemlich ernst gemeinten Eindruck. Die humorlosen Posen und Gesten des Anbietens und Feilhaltens durchdringen alle und alles, die Anmache ist völlig explizit, unmissverständlich und bar jeder Ironie, zugleich völlig unspezifisch und ungerichtet, die Prostitutionsästhetik wendet sich an alle und niemanden.

Freilich passen diese Kommunikationsformen und die damit einhergehenden Diffusionen zwischen öffentlich-politischen und persönlich-privaten Inhalten und Kommunikanten perfekt in eine fortgeschritten moderne Gesellschaft, deren zentrale politische Besorgnis- und Bezugsgrösse nicht die Gemeinschaft, sondern das Individuum ist, das sich gegenüber dem ›Man‹ und der ›Masse‹ Macht und Geltung verschaffen muss. Die Individuen sind demselben sich laufend verschärfenden Profilierungswettbewerb ausgesetzt wie die Korporationen und entwickeln entsprechende Geltungs- und Aufmerksamkeitsansprüche, Bedürfnisse nach Konturen und Manifestationen ihrer selbst und ihres In-der-Welt-Seins; nach explikativen, exhibitionistischen, mitunter eben pornographischen Strategien der Selbstdarstellung, Selbstvergewisserung und Selbstvermarktung. Dies wird, wie alles und jedes, nicht in alle Ewigkeit so bleiben. Der Zusammenbruch solcher Orientierungs- und Stabilisierungsansprüche ist bloss eine Frage der Zeit. Doch als *Markierungen selbstischer Zonen* kommt heute den Marken und Brandworlds, um die es hier geht, natürlich eine massgebliche Rolle und Funktion zu: Bis auf Weiteres wären sie im angedeuteten Sinn als Angebote von *Profil- und Konturprothesen* zu verstehen, und die sexuellen Konnotationen als Ausdruck dessen, was ich vorhin Permasexualität genannt habe.

Wie gesagt, der Begriff stammt ursprünglich von Sloterdijk, einem Denkästheten, und ich paraphrasiere ihn hier bloss; es kann durchaus sein, dass ich etwas von seiner originalen Konzeption abweiche. Aber der allgemeine Zusammenhang ist einigermassen simpel: Individuen und Gesellschaften, bei denen die Befriedigung überlebensnotwendiger, d.h. vorwiegend körperlicher Bedürfnisse und Ansprüche bis auf Weiteres gesichert ist, beginnen auf die eine oder andere Weise zu ›luxurieren‹, ihre Tätigkeiten und Beschäftigungen verschieben sich in Bereiche, die für das Überleben nicht unbedingt notwendig oder diesem sogar abträglich, dafür aber mit irgendeinem unmittelbaren Lustgewinn – oder eben: mit Spass – verbunden sind. Sofern sie von Natur aus zur Produktivität neigen, fangen sie mitunter an, allerlei Überschüsse zu produzieren, und je höher entwickelt die betreffenden Wesen sind, desto vielfältiger sind in der Regel die

Möglichkeiten, Varianten und Erzeugnisse ihrer Luxusaktivitäten.

(Verzeihung, ich rede von Lebewesen und meine natürlich Menschen; ein allfälliges Luxurieren von Amöben oder Braunbären oder Schimpansen interessiert uns hier selbstverständlich nicht.)

Als Formen des Luxurierens kommen also sämtliche exzessfähigen menschlichen Körper-, Geistes- oder Seelenzustände in Frage, d.h. solche, die über das Mass elementarer Bedürfnisbefriedigung hinausgetrieben werden können: Exzessionen des Essens, der Sportivität, der Mobilität, der Körperpflege, des Pathologismus, der mentalen Zerstreuung, der Beschäftigung mit Mysterien und Okkultismen – was Sie wollen. Kurz und bündig: Die umfassende Loslösung – oder, je nach Gusto, die Befreiung oder die Absolution – der Sexualität aus den zwanghaften Zusammenhängen von Reproduktion, triebhafter Notdurft und dergleichen, ist offenkundig eines von vielen Symptomen des Luxurierens, und der neue Gesamtzusammenhang, der sich dabei einstellt, ist eine erweiterte, überschüssige, ›überfliessende‹, näherungsweise ›permanente‹ allgemeine Aufmerksamkeit, Erregung und Aktivität hinsichtlich sexueller Signale, Reize, Wahrnehmungen, Geschichten, Bedürfnisse usw. In einem Wort: Permasexualität. Und bitte nehmen Sie zur Kenntnis, dass ich hier nur von allgemeinen, also öffentlich kundgegebenen und ›kommunizierten‹ Aufmerksamkeiten und Aktivitäten spreche, die sich beispielsweise in Smalltalk, in Fluten von Junk-E-mails, in televisionären Lustigkeiten oder in den rituellen *Beschwörungen sexuellen Erfolgs und Versagens* in Frauen-, Männer- und Jugendmagazinen manifestiert. Damit ist bekanntlich noch nichts gesagt über irgendeine objektive Quantität praktizierter geschlechtlicher Akte oder so etwas. Im Gegenteil: Ob es eine direkte Korrelation zwischen der Freisetzung sexueller Kommunikation und praktizierter sexueller Aktivität im engeren Sinn gibt, ist, wie wir wissen, höchst fraglich. Dass aber die Strategien des Brandings und Selbstbrandings von dieser exzessiven sexuellen Kommunikabilität miterfasst werden, ist wenig erstaunlich, und es steht Ihnen, verehrte Damen und Herren, selbstverständlich frei, dies eher in einem Liberalisierungs-, in einem Degenerations- oder einfach in einem Zusammenhang allgemeiner Wohlstandsverblödung zu betrachten ...« –

Es war schwierig, wenn nicht sogar vollkommen unmöglich auszumachen, worauf Gruntz letztlich hinauswollte. Er erging sich in Exkursen in alle möglichen Richtungen, stellte eine haarsträubende These nach der anderen in den Raum und illustrierte sie mit Bildeinspielungen, deren Zusammenhang mit seinen Ausführungen manchmal nur schwer nachvollziehbar war. Jedenfalls regte sich in mir ein gewisses Verständnis für seine zahlreichen Kritiker, die ihn als einen verrückten, altersverdrossenen Ewiggestrigen abqualifizierten, der seinen Hader und sein verständnisloses Zerwürfnis mit den Massenkulturen der Gegenwart öffentlich ausfocht.

Verlangen
Sie mehr!

You
wouldn't
steal
a car.

Be damn
gooood
in it.

Your penis
has the
ability to
grow.

Votre
Phaaaaarmacie
en ligne!

Hilft bei
Völlegefühl
und
Sodbrennen.

Ihr Übergewicht
kostet den
Steuerzahler
jährlich mehrere
tausend Franken.

Dennoch mangelte es der Veranstaltung in keinem Moment an Unterhaltsamkeit. Gruntz verstand es, sein Publikum immer wieder mit unerwarteten Pointen, sarkastischen Kommentaren und skurrilen Anekdoten zu überraschen, die ihre Wirkung nicht zuletzt seiner eigentümlichen Vortragsweise verdankten: seiner heiseren Bassstimme vor allem, die sämtliche Modulationen zwischen unheilbeschwörendem Geflüster, unbekümmertem Palaver und markdurchdringendem Donnergrollen ausschöpfte, aber auch seiner altertümlich-literarisierenden Sprache und seinem leidenschaftlichen Gestikulieren. Einen besonderen Coup landete er, indem er an ausgewählter Stelle seine Ausführungen unvermittelt unterbrach und sich mit finsterem Blick an einen hageren, ganz in schwarz gekleideten Herrn mit auffälliger Hakennase und angegrautem, effektvoll ungebändigtem Haarschopf wandte, der in der vordersten Reihe des Auditoriums Platz genommen hatte: »Möchten Sie etwas hinzufügen, Herr Professor? Sie scheinen wieder einmal nicht ganz meiner Meinung zu sein.«

Professor Jakob Schüssel, der berüchtigte Medientheoretiker, versuchte seine Überrumpelung mehr schlecht als recht zu verbergen und erwiderte in unverhohlen gehässigem Tonfall: »Mit Verlaub, meine Damen und Herren, mir scheint dieser Diskurs allmählich zum Exkurs in Gemeinplätze zu verkommen. Selbstverständlich neigen prosperierende, durch wirtschaftliches Wachstum geprägte Gesellschaften zur Steigerung von lustorientierten Appetenzen und deren Befriedigung. Das ist banal, das war schon immer so, und dass die Sexualität vielleicht unsere appetenzmächtigste Veranlagung ist (und sich dementsprechend ebenso mächtig verkaufen wie sanktionieren lässt), stand doch nie ernsthaft in Frage, weder vor noch nach Freud, wenn Sie so wollen. Ich meine, wir brauchen hier keine Aufklärung über die Mechanismen der Affluenzgesellschaft ⑤ zu betreiben. Sie haben die Markenkultur der Gegenwart mutwillig mit Pornographie in Verbindung und damit ganze Berufs- und Industriezweige in Verruf gebracht, Doktor Gruntz, und alles, worauf Sie sich dabei berufen, sind kulturpessimistische Schöngeistigkeiten. Denn das ist es doch wohl, worauf Ihre Ausführungen abzielen: die altbekannte, moralinsaure, linkskonservative, kurz: kulturpessimistische Denunziation der Wohlstandsgesellschaft!«

»Wenn ich hier einhaken darf«, gab Gruntz mit akzentuierter Freundlichkeit zurück – »Bitte, tun Sie das!« warf Schüssel ein und verkniff seine Mundwinkel zu einem abfälligen Grinsen –, »wenn ich also hier einhaken darf: Ich gehe mit Ihnen vollkommen einig, Herr Professor, was die Banalität des Zusammenhangs von Affluenzgesellschaften, Markenästhetik und Brandingkultur angeht. Natürlich bewegen sich Brands grundsätzlich in einer Logik der Appetenzsteigerung, auch der sexuellen, darin liegt u.a. ihr kommunikationsstrategischer Sinn. Aber das Problem, auf das ich hinweisen will, ist eben gerade der konservative Hintergrund, vor dem sich diese Logik abspielt – Ausnahmen vorbehalten. Der Konservativismus, den ich meine, äussert sich darin, dass eine beispiellos luxurierende Gesellschaft in geradezu groteskem Ausmass an den alten, heillos überkommenen Prinzipien und Rhetoriken von Not und Bedürftigkeit festhält. Ich beobachte eine westliche Zivilisation, die unfähig ist, ihre Situation zu begreifen oder wenigstens zu konzeptualisieren, nachdem sie sich zur Mitte des vergangenen Jahrhunderts, anlässlich der Bewältigung und Nachbearbeitung zweier Weltkriegskatastrophen, allmählich aufgemacht hat, den Paradigmenwechsel *von der Armuts- und Notdurfts- zur Wohlstands- und Luxusgesellschaft* endlich auch in die Tat und Wirklichkeit umzusetzen. Doch die Wohlstandspolitik jeglicher Couleur von rechts bis links jammert unentwegt weiter und beschwört unbeeindruckt in immer neuen rhetorischen Varianten die jahrtausendealten Konzepte mannigfaltigster Verhinderungen, Entbehrungen, Mängel und Nöte. Und diese Begriffsstutzigkeit bleibt nicht ohne Konsequenzen. Trotz zahlreicher, teils durchaus luzider Analysen der Situation sind wir uns bis heute intelligente Konzepte schuldig geblieben, wie mit dem Überfluss sinnvoll umgegangen werden soll, womit auch gleich gesagt ist, dass sich Konzepte wie Wohlstandsbeschämung oder Konsumentfesselung bisher nicht als hinreichend intelligent erwiesen haben. Entsprechend schwer tun wir uns mit den Problemstellungen einer Gesellschaft, in der überwiegende Mehrheiten mit vergleichsweise beachtlichen Luxus-, Verwöhnungs- und Verschwendungskoeffizienten fertig werden müssen.«

»WAS IST DAS, WAS SIE UNS DA AUFTISCHEN, WENN NICHT KULTUR-PESSIMISMUS?« BELLTE PROFESSOR SCHÜSSEL DAZWISCHEN.

»Moment, Herr Professor, ich bin noch nicht fertig. Die zentrale Problemstellung einer fortgeschrittenen Affluenzgesellschaft besteht darin, eine Kultur der Masslosigkeit zu entwickeln: Werte, Umgangsformen, Handlungsspielräume und souveräne moralische Orientierungen hinsichtlich der Möglichkeiten dieser Gesellschaft, naturbedingte Masse und Grenzen zu sprengen. Mein diesbezüglicher Optimismus gründet auf der Tatsache, dass der Mensch von allem Anfang an nie ein sogenanntes Mängelwesen gewesen ist – die intellektuelle Etüde des aufrechten Musterkonservativen Arnold Gehlen in Ehren 4 –, sondern stets ein Luxuswesen. Seine Erfolgsgeschichte, die ›Kultur‹geschichte seiner Emanzipation von naturbedingten Zwängen, ist bestimmt worden von den Überschüssen, Überflüssen und Überflüssigkeiten, die er sich neben der Bewältigung alltäglicher Nöte und Mängel – sozusagen: über das Mass des Notwendigen hinaus – leisten kann. Jedenfalls liegt es nahe davon auszugehen, dass Luxus, Reichtum und Überfluss ganz allgemein mit Zuständen der Entlastung und Befreiung von existenziellen Zwängen und Zwanghaftigkeiten einhergehen sollten – und umgekehrt.

Doch wir stellen fest, dass heute in vielen Lebensbereichen das Gegenteil der Fall ist: Die von Lebenserhaltung (im engeren) und Arbeit (im biologischen Sinn des Worts) entbundenen Quanten an Zeit, Sorge, Aufmerksamkeit und Engagement, an physischer und psychischer Energie fliessen in Dispositive der Herstellung von Bedürftigkeiten und deren Befriedigung. Und ebendies ist zweifellos auch bei den hier in Betracht stehenden Brandingkulturen der Fall. Die Energie fliesst, mit anderen Worten, zu einem wesentlichen Teil in die Entwicklung von Konsumzwängen und Strategien der Konsumbewältigung, und auch wenn sich diese Zwanghaftigkeiten auf unvergleichlich hohem Niveau abspielen, manifestieren sie sich nichtsdestotrotz als Zwänge und im fortgeschrittenen Stadium einer sogenannten Konsumgesellschaft durchaus auch als existenzielle Zwänge – bis hin zum Ausarten in unterschiedlichste Ess- und Ernährungsstörungen, Jugendobsessionen, Extremsportivitäten, in zahllose Varianten von Suchtverhalten, Konsumrausch usw. Wir versuchen die Masslosigkeiten zu bewältigen, indem wir noch mehr vom Selben tun und verbrauchen, was wir schon unter dem Diktat natürlicher Notdurft getan und verbraucht haben: meiner Ansicht nach der denkbar unbeholfenste und widersprüchlichste Weg zu dem, was ich mir unter einer Kultur der Masslosigkeit vorstelle. Mit dem Versuch, sie gleichsam wegzukonsumieren, ist der institutionalisierten Masslosigkeit jedenfalls nicht beizukommen.

Die hier in Betracht stehenden Bilder und Bildwelten, die brand victims und ihre Prototypen, die pornographischen – meinetwegen parapornographischen – Kommunikationsweisen sind zweifellos (Er)zeugnisse konsumfokussierten Luxurierens. Und da stellt sich die naive Frage, zu welchen Anteilen unsere Überschussenergien aufgrund wirtschaftlicher Zwänge in Dispositionen des Konsums und der Kontur-

Fumer tue.

Melt away fat easily!

Wir wissen was Frauen wollen!

And what about your husband?

If you can't beat CEOs join them. Call to register and receive your qualifications within days!

Beware of kindness! Your friends are supposed to let you down.

Parental advisory: explicit lyrics.

Stop looking for Utopia!

paralyse investiert werden müssen und inwieweit sie kreativeren, entwicklungsorientierteren Verhaltensmustern zugeführt werden können. Konsum und Kreativität sind fundamental gegensätzliche Prinzipien, und das gegenwärtige Verhältnis zugunsten des zweiten zu korrigieren wäre eine entschieden kulturoptimistische Perspektive. Was uns dabei im Weg steht, ist – abgesehen von der relativen Trägheit der Massengesellschaft – das konservative, das retardierte und retardierende Festhalten an den besagten ökonomistischen, zu Deutsch: ›haushälterischen‹ Bedürftigkeitsparadigmen …« –

So ging es während zwei zugleich langen und kurzweiligen Stunden weiter, und je mehr der alte Gruntz in Fahrt kam, desto grotesker nahm sich die Tatsache aus, dass da vorne am Rednerpult ein gebrechlicher Greis, dessen statistisch wahrscheinliche Lebenszeit längst abgelaufen war, mit vorwiegend wertkonservativen Argumenten eine progressive »Kultur der Masslosigkeit« predigte und dabei fortwährend von Lust und Sex und Eros sprach, umzingelt von einer visuellen Feier der Jugendlichkeit, der Oberflächenästhetik und der körperlichen Verführung. Zum Schluss fand, wie bei solchen Anlässen üblich, eine offene Diskussion mit dem Publikum statt, und sie endete mit einem Wortwechsel zwischen der Leiterin des Anderburger Instituts für Biodesign, Prof. Dr. Wanda Wisz, und dem Referenten:

»Ihr Argument gründet ganz wesentlich auf Ihrer scharfen Unterscheidung von Eros und Sexus«, merkte Wisz an, »wenn ich Ihre Ausführungen richtig verstanden habe, Doktor Gruntz. Ihre Formulierungen zeigen sehr anschaulich, dass Erotik ein vollkommen unökonomisches, ein ›verschwenderisches‹ Prinzip darstellt, während das sexuelle Verhältnis zum Objekt ein quantitatives im strengen Sinn des Worts, ein idealtypisch ökonomisches ist. Das ist ja im Übrigen auch das entscheidende Motiv kommerzieller Pornographie. Und dass im Kommunikationsdesign derzeit eine wahre Inflation von pornographischen Mitteln und Methoden stattfindet – und ich würde darunter den grössten Teil der Mittel und Methoden subsumieren, die es auf eine *Bewirtschaftung unserer Wahrnehmungskapazitäten* abgesehen haben –, lässt sich kaum bestreiten. Ob es dabei konkret um sexuelle oder um andere Inhalte geht, scheint mir vollkommen einerlei: Ich habe den Eindruck gewonnen, Doktor Gruntz, dass Sie von Pornographie im Wesentlichen als einer solchen Strukturanalogie gesprochen haben, und die scheint mir in der Natur der Sache angelegt zu sein. Kommunikationsdesign – mitunter also auch Branding – macht die Dinge in der Regel explizit, und wo wir es auf ökonomistische Art mit der Welt treiben, da entstehen dann eben auch die entsprechenden, mithin parapornographischen *explicit visuals*, *explicit lyrics* und *explicit forms*. Selbstverständlich bekommen wir es dabei bald einmal mit Klischees zu tun: zum Beispiel mit demjenigen, dass Sex und Konsum nach denselben Gesetzen funktionieren, dass es dabei vor allem um die unmittelbar sinnliche, d.h. oberflächenästhetische Erscheinung der Lustobjekte geht – d.h. wie sie im allerersten Moment, in dem wir sie wahrnehmen, aussehen, riechen, klingen oder sich anfühlen – und um die möglichst direkte, sofortige Erfüllung der Versprechen, die in diesem allerersten Moment von ihrer Erscheinung ausgehen. Wenn nun aber unter dem Druck inflationärer ökonomischer Erfolgszwänge die Instrumentierung dieser Klischees immer schneller, umfassender und perfekter wird, wenn zum Beispiel die Leistung professionellen Designs zunehmend an dieser unmittelbaren Wirkung und ihrem primär kommerziellen, d.h. notwendig kurzfristigen Nutzen gemessen werden kann und muss, dann nähern wir uns einem Punkt, an dem die Erscheinung und die Bedeutung der Dinge zusammenfallen. Und spätestens an diesem Punkt, wo *Erscheinung* und *Bedeutung* eines Objekts *das Selbe* sind, wächst die Verantwortung von Designern – im Speziellen: von Brand-Designern – ins Unzumutbare: Sie gestalten nicht nur die Ästhetik, sondern auch den ›Sinn‹ der Dinge. Ich denke, das ist ein ganz wesentlicher Aspekt, den Sie in Ihrem Referat ganz beiläufig mittransportiert haben.«

»Ich bin ganz und gar mit Ihnen einverstanden, Frau Professor. Was
an dem von Ihnen beschriebenen kritischen Punkt eintritt, ist ein sozi-
opathischer Zustand, den ich ›ästhetische Desintegration‹ nenne und
der u.a. in den vielfältigen Pornographisierungen unserer Alltagswelt
repräsentiert ist. Etwas salopper: Wir sind eines Morgens aufgewacht
inmitten von Staubsaugern, die wie Raumschiffe aussehen, von Ge-
sichtern, aus denen alle Makel und Unregelmässigkeiten wegretu-
schiert worden sind, und von Colaflaschen, die je nach Perspektive
die Gestalt von Dildos oder Frauenkörpern haben: in einer flächen-
deckend oberflächenoptimierten Welt voller Objekte, die sich zwar
begehren (und gegebenenfalls kaufen), aber nur schwerlich *lieben*
lassen. Unser Verhältnis zu diesen Objekten ist ein ökonomisch-se-
xuelles, unser Blick auf sie ein pornographischer, und dies durchaus

nicht nur deshalb, weil sie fast alle mit Reizbildern von oberflächenoptimierten nackten oder halbnackten Menschen beworben werden. Die
Sachzwänge, in die wir uns damit manövrieren, haben eine höchst
einfache, lebensnahe Selbstverständlichkeit in Vergessenheit geraten lassen:

WAS EINE ›IDENTITÄT‹ HAT, VERFÜGT ÜBER EINE UNANTASTBARE EROTIK DER EINZIGARTIGKEIT, UND WAS KEINE HAT, DEM LÄSST SICH AUCH MIT DEN AUFWÄNDIGSTEN DESIGNMASSNAHMEN KEINE VERPASSEN.

Mit anderen Worten: Pornographie im Allgemeinen und Markenpornographie im Speziellen ist vielleicht im Wesentlichen eine Darstel-
lungsform für Dinge und verdinglichte Wesen, die ihrer natürlichen
Identität verlustig gegangen sind ...« –

1 Peter Sloterdijk; Sphären III: Schäume, Frankfurt a.M. 2004
2 gr. πορνη, Hure
3 John Kenneth Galbraith; The Affluent Society, dt. in: ders.; Gesellschaft im
  Überfluss, München / Zürich 1959
4 Arnold Gehlen; Der Mensch. Seine Natur und seine Stellung in der Welt
  (1940), Wiesbaden 1986

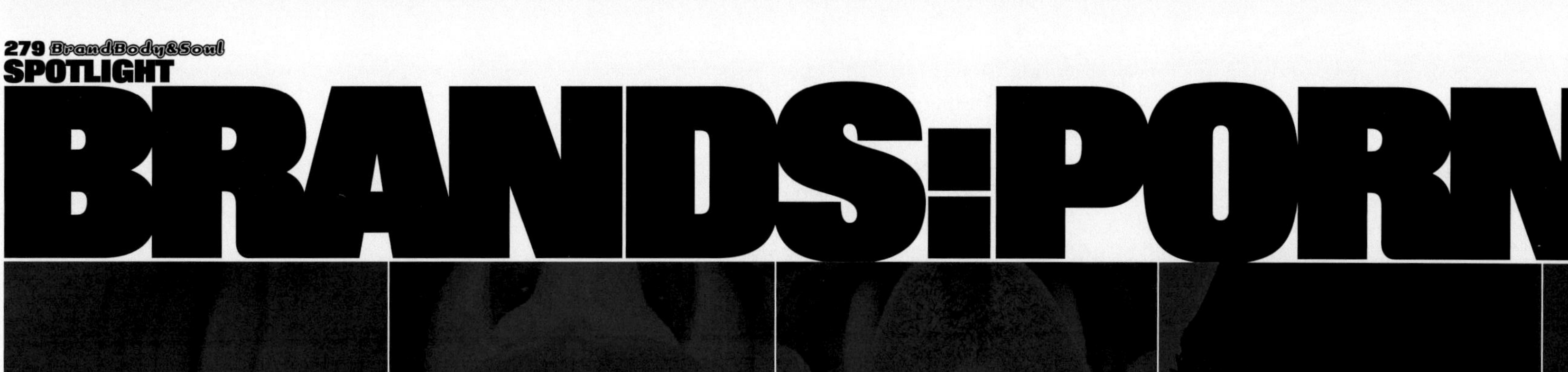

BRANDS: PORN

A PLEA FOR A CULTURE OF SUPERFLUITY AND EXCESSIVENESS

MATTHIAS MICHEL WHILE THE MOBILE BEAMERS, IN A PANORAMIC ROOM PROJECTION, HAD COUNTLESS VISUALS DANCE ALONG THE WALLS, ALOIS GRUNTZ, LIKE A DRUNKEN FAUN, TOTTERED UP AND DOWN THE PLATFORM, FLAILING HIS SHORT ARMS, MARVELLING, GAPING AT ONE OR THE OTHER MOTIF, HIS MOUTH WIDE OPEN, AS IF HE HAD NEVER BEFORE SEEN SEQUENCES OF ADVERTISING IMAGES, SNAPSHOTS OF ECSTATIC PARTY-GOERS, AND DIGITALLY EDITED SELF-PORTRAITS OF TEENAGERS; AS IF HE WERE, SUDDENLY, FLUNG FROM A VICTORIAN ROADSIDE DITCH INTO THIS HERE AND NOW, AS IF HE WERE, ALL AT ONCE AND FOR THE FIRST TIME, CONFRONTED WITH THE PRESENT-DAY SPECTACLE OF MULTI-MEDIATISED CONSUMER WORLDS OF THE 21ST CENTURY, AND THEIR UNASHAMED, SYN-AESTHETIC STAGING OF THE PLEASURE PRINCIPLE. VERY FEW SPECTATORS, PROBABLY, HAD EXPECTED THE OLD GUY HAD THAT MUCH SHOW TALENT.

Then, suddenly, the beamers were turned off; as if somebody had pulled the wire, the audio-visual spectacle of beats and brands, of glamour and laughter, of bare skin and fair hair, of styles and sex-appeals, of sweat and semblance dissolved into thin air, and Gruntz returned to the speaker's desk. "People play at advertising", he stated dryly, "their toys being brands, brand products and brand typologies, all of them, themselves, at the same time, being agents and objects of advertising, too. The people imitate postures, postures (mostly charged with sexual connotations) of models and celebrities who, as live carriers of advertising, spook the ad-saturated 'magic channels': a theatre of mass prostitution without boundaries, aesthetically as well as with regard to its contents. Expenditure, engagement, and the number of players is – to put it mildly – remarkable, don't you think so, too? Do you really believe that this phenomenon can be explained thoroughly enough in categories of fun and games?" – His tone of voice didn't leave the slightest doubt that he considered these categories neither adequate nor accurate enough.

"Most of these visuals and visual worlds are dripping from what Peter Sloterdijk, in his project "Spheres", called *perma-sex 1* or perma-sexuality, respectively", he added after a rhetorical pause, "the increasingly homoeostatic condition affluent western and westernised countries are in, and which can – if we, in a very pragmatic way, admittedly, 'fade out' all the highly complex psycho-

sociological aspects – be described as endless waste of sexual energy as well as attention. These pictures are pervaded, are drenched by a sexualization which has seized, and kind of possesses, objects and persons, artefacts and fantasies alike; their present triumph over the means and possibilities of *eroticising* whatever there is in this world, objects as well as subjects, seems almost total; large enough, in any case, that even the invocations that can be made out clearly in the cacophony of contemporary obsessions and articulations, that are distinctly directed at Eros, often are confounded with those directed at Sexus. In other words, these pictures are, with regard to their content as well as with regard to aesthetics, profusely pornographic, not in the sense of temporary moral conventions but in the original sense of the word pornography, the showing – the explication – of sexuality as necessarily promiscuous consumption, as pastime, as amusement, or, as one, leisurely, puts it today: as fun." **2** –

Here, as you've probably guessed by now, we are quoting from the legendary series of talks, The Very Last Days of Eros, which Dr. Alois Gruntz had given at various universities all over the world, to be more precise: we are quoting from *Talk Nr. 27*, titled *Beyond Brand Pornography*, which Dr. Gruntz presented last year, Wednesday, 17th October, at the Institute for Bio-Design at Anderburg University. The lecture hall was bursting. Wild rumours and controversial reports about the preceding talks of the series had run ahead of the visit of this writer on social and political affairs, who, almost 80 years of age now, had become famous during the 70ies of the past century as an overzealous, but sharp-tongued critic of ideologies. There were, furthermore, rumours that people were less attracted by the topics of his presentations, but by the performances of the speaker, this bizarre intellectual gambler who never stopped exaggerating, who hid his various deficiencies and disabilities under a wide-brimmed slouch hat, behind eccentric ladies' sunglasses and a mouse-grey trench coat.

"You may view this point a bit more relaxed", he rumbled. "You may say: affluence creates behavioural leeway, veritable play-

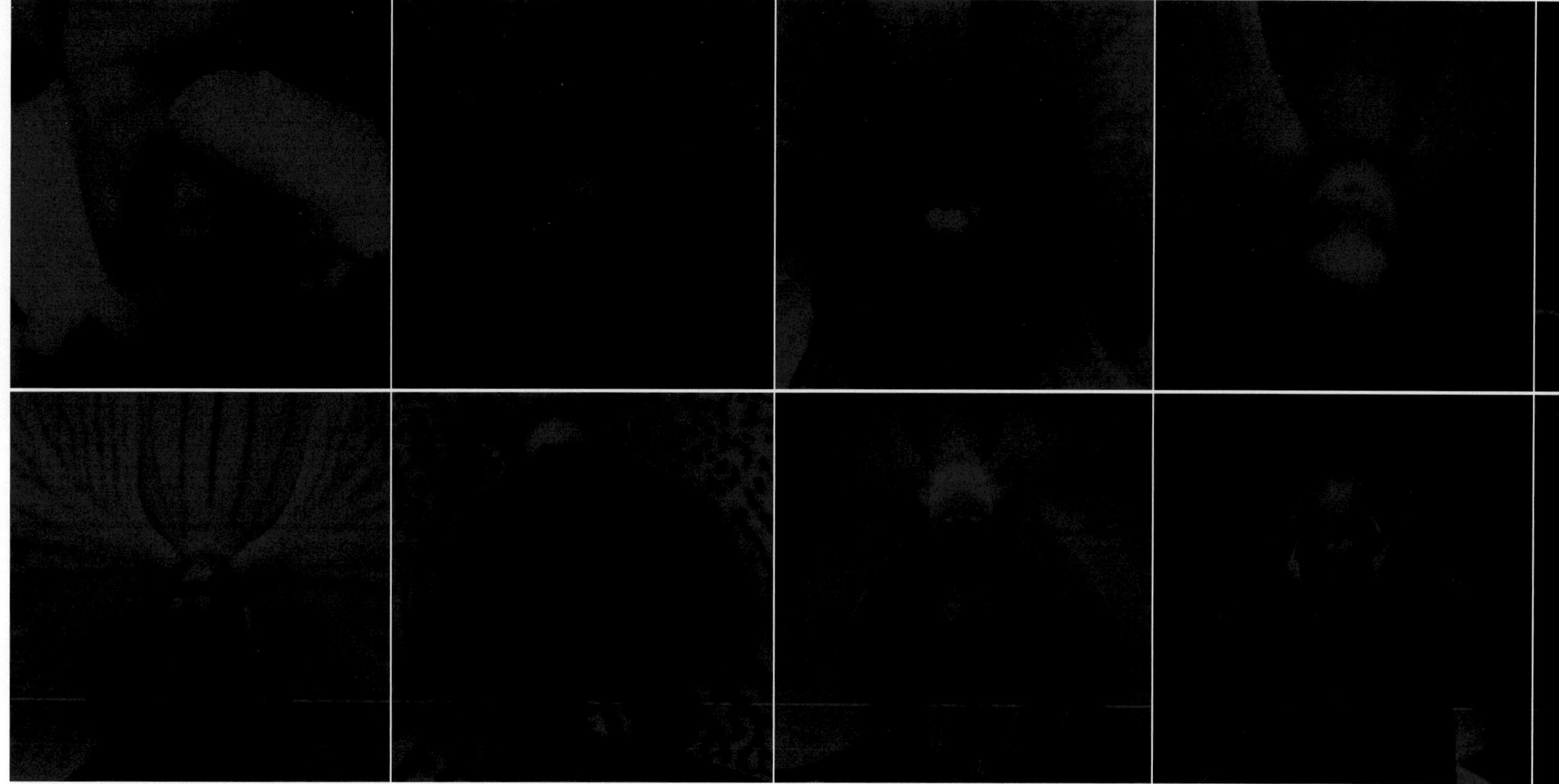

ing grounds, spaces and times for playing, and the playful aspect of what we observe here may not be the only but is the essential one. To call on the notion of 'pornography' – even in its broadest sense –, may be a bit exaggerated. But, dear ladies and gentlemen, pornography, first of all, is something that takes place in your minds. Sensory stimuli are nothing but the starters of the psycho-cerebral motor, and because of the extent of today's inundation by sexual stimuli, this motor might, very well, be permanently running by now. People must have a lot of pornography on their minds to be able to reproduce all these poses, patterns of behaviour, or frills; either a lot of pornography – or nothing, which would be even more disquieting. Just consider: What's at stake is nothing but the development and communication of self-images and self-perceptions. Despite all the fun and pretending covering these representations and self-presentations, there is more involved than mere play and masquerade, in its production as well as in its perception. The obsessive, un-mysterious showing of the body – especially one's own body – as a (branded) commodity, to me, seems pretty serious business. The humourless postures and gestures of offering, of putting something, whatever, up for sale, pervade everything and everybody, the soliciting is totally explicit, unambiguous, and stripped of all irony, at the same time, however, totally unspecific and un-directed, the aesthetics of prostitution directed at everybody and nobody.

Of course, these forms of communication and the resulting diffusion of public and political as well as private and personal contents perfectly fit an advanced modern society, the central concern and reference point of which is not society as a whole but the individual that has to defend his or her position against 'one' and the 'mass'. Individuals are exposed to the ever increasing competition of having to distinguish themselves just as much as corporations are, and they, accordingly, want to arouse attention and secure positions, need to ascertain the contours and manifestations of their "self" and their "being-in-this-world"; they long for explicative, exhibitionistic, sometimes pornographic strategies of self-representation, self-assertion, and self-marketing. Probably, like everything else, this won't last forever. The collapse of such demands for orientation and stabilisation is only a matter of time. But as a *marking of the zones of the "self"*, today, the labels and brand worlds we have to deal with here, are of great importance: for the time being, we have to consider them, in the indicated sense, as offers for *prostheses providing contours and profiles*, and to consider their sexual connotations as an expression of what I earlier called 'perma-sexuality'.

Like already mentioned, the notion was created by Sloterdijk, a philosopher consistently starting out from aesthetics, and I am only paraphrasing here; it may well be that I slightly deviate form his original concept. But the general context, actually, is pretty simple: individuals and societies whose demands for everything necessary for survival, especially whose bodily needs, are satisfied, at least for the time being, start to luxuriate in one way or the other. Their activities and pursuits shift to areas no longer connected with survival, or maybe even detrimental to it, but related to some sort of direct gain in pleasure – or, if you want to put it that way: 'fun'. If these beings are, by nature, inclined to productivity, they, sometimes, start to produce a surplus, and the more advanced the respective beings are, the more diverse – as a rule – the possibilities, variations, and products of their luxuriating get.

(I apologize, I'm talking about 'beings', and, of course, I mean 'people'; the luxuriating activities of amoebae, or brown bears, or chimpanzees does not concern us in this context.)

All excessive states people can get in, be it bodily, mentally, or intellectually, can be considered forms of such luxuriating: excesses in eating, sports, mobility, body care, pathologies, mental distraction, the interest in mysteries and occultism – whatever you can think of. To put it short and precise: an extensive disengagement – or liberation, or absolution – of sexuality from the context of reproduc-

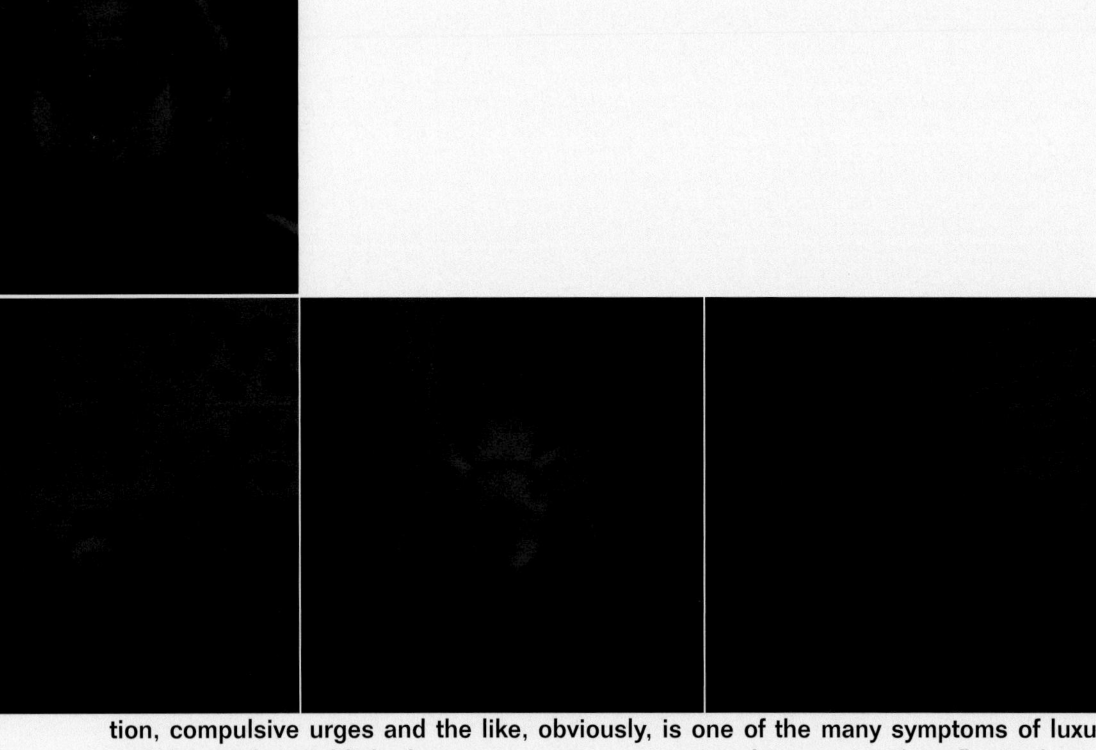

tion, compulsive urges and the like, obviously, is one of the many symptoms of luxuriating, and the newly established context creates an increased, excessive, 'overflowing', an almost 'permanent' general attention, excitement, and activity involving sexual signals, stimulation, perceptions, narrations, demands, etc., in one word: perma-sexuality. And, please, note that I'm talking of general, i.e. publicly 'communicated' attentions and activities, like we know them from small talk, loads of junk e-mails, from TV shows, or the ritual *invocations* of *sexual performance* – success or failure – we see in women's, men's and youth magazines. Of course, this does not refer in any way to any objective quantity of performed sexual acts, or the like. On the contrary: it is highly questionable if there is a direct correlation between talking about sex and actual sexual practice, as we know. But it does not surprise that the strategies of branding and self-branding are characterised by this excessive sexual 'communicating', and it is, of course, dear ladies and gentlemen, your own choice and decision if you want to view this in a context of liberalisation, or degeneration, or simply as the general decline of (common) sense in an affluent society …" –

It was difficult, if not impossible, to guess what Gruntz was aiming at in the end. He digressed in all kinds of directions, put forth one crass theory after the other, illustrated them with inserts one could not easily connect with the topics he talked about. In any case, I slowly began to understand the numerous critics who called him a crazy old guy living in the past, publicly demonstrating his anger and uncomprehending discord with the mass cultures of the present. Still, there was not one moment that wouldn't have been very entertaining. Gruntz knew how to surprise the audience again and again, with unexpected punch lines, sarcastic comments, and bizarre anecdotes, the effects of which certainly were based on the rather peculiar delivery of his talk: above all, on his husky bass exploiting all possible modulations, from a whisper bearing bale, or casual palaver to a thundering that pierced to the quick, but also by his antiquated and literary way of speaking and his passionate gesturing. He scored effectively when he suddenly interrupted his talk and approached, a severe look in his eyes, a man all dressed in black, with a beaked nose and conspicuously untamed greyed hair who sat in the first row: "Would you like to add something, professor? Once more, you do not seem to agree with me."

Professor Jakob Schüssel, the infamous expert in media theory, did not really succeed in hiding his surprise that he was caught napping, and replied maliciously: "If you permit, dear ladies and gentlemen, this discourse, in my view, meanwhile has become nothing but an excursion into mere commonplaces. Of course, prospering, economically growing, advanced societies do tend to increase their appetites for luxury, and for the satisfaction of their demands for lust and leisure. That's trite, banal, things always were that way; and that, maybe, sexual appetite

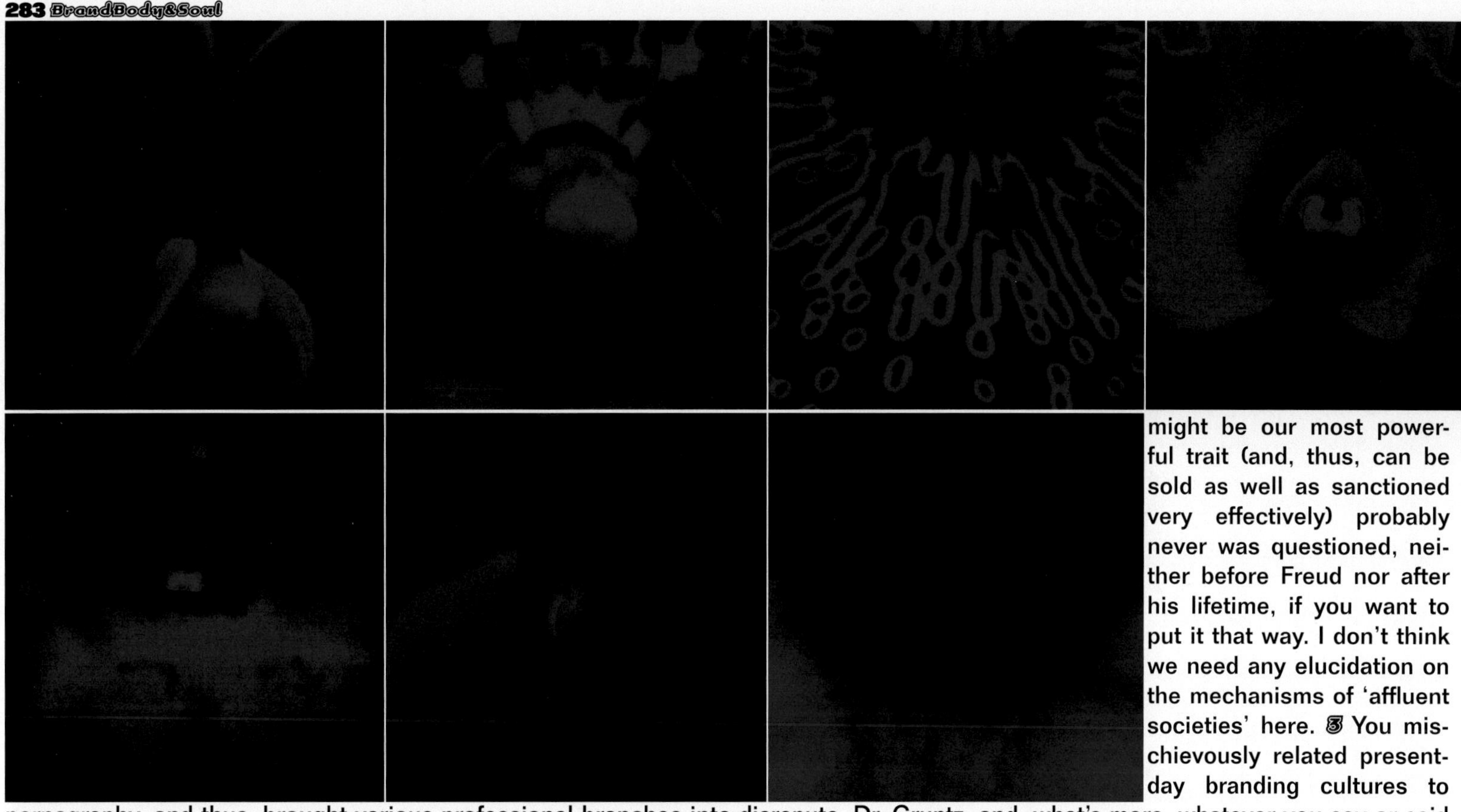

might be our most powerful trait (and, thus, can be sold as well as sanctioned very effectively) probably never was questioned, neither before Freud nor after his lifetime, if you want to put it that way. I don't think we need any elucidation on the mechanisms of 'affluent societies' here. ❸ You mischievously related present-day branding cultures to pornography, and thus, brought various professional branches into disrepute, Dr. Gruntz, and, what's more, whatever you say or said is based on pure aesthetics and cultural pessimism. What your deliberations aim at, in the end, probably is nothing but a well-known, left-wing-conservative denunciation of our affluent society!"

"If I may respond", Gruntz replied in an ostentatiously friendly way – "You're welcome!", Schüssel smiled disparagingly –, "if I may respond: We agree, dear professor, on the banal connection between affluent societies, brand aesthetics and branding culture.

OF COURSE, BRANDS BASICALLY ARE AT HOME IN A SPHERE AND LOGIC OF THE INCREASE OF APPETITES, INCLUDING SEXUAL ONES, THAT'S THE STRATEGY. BUT THE PROBLEM I WANT TO DRAW YOUR ATTENTION TO IS

the conservative background on which this all takes place – exemptions excluded, of course. The conservatism I want to refer to can be shown in the way this matchlessly luxuriating society holds on to ancient, long out-dated principles and a rhetoric of indigence and need. I observe a western civilisation not able to understand the situation it is in, or at least to conceptualise it, after it slowly started in the middle of the past century, having had to come to terms with the past, with two world wars and their consequences, to put the change of paradigms into practice, the change from a *society of poverty and need* to a *society of affluence and luxury*. Politics of abundance, from right wing to left wing, still keep complaining, still invoke, in ever new rhetoric variations, age-old concepts of manifold hindrances, deprivations, deficiencies and needs. This slow-wittedness has its deplorable effects.

DESPITE OF NUMEROUS, IN PART HIGHLY LUCID ANALYSES OF THE SITUATION, WE HAVE NO INTELLIGENT CONCEPTS HOW TO DEAL WITH THE SURPLUS REASONABLY, WHICH MEANS

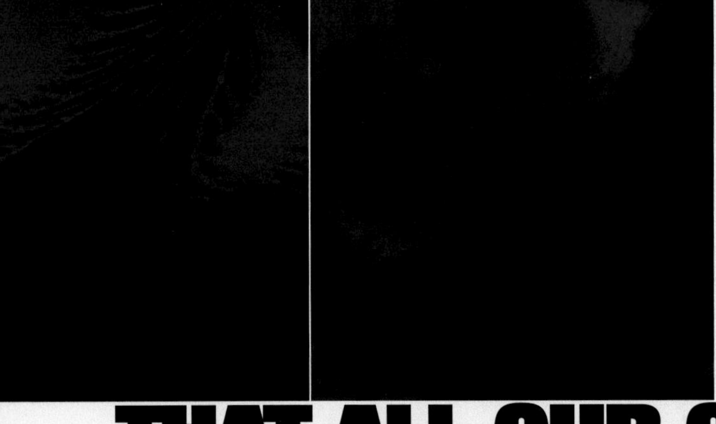

THAT ALL OUR CONCEPTS, BE IT 'AFFLUENCE ABASHMENT', BE IT 'EXCESSIVE CONSUMPTION', SIMPLY WERE NOT INTELLIGENT ENOUGH.

It's difficult to deal with the problems of a society that has to cope with a large coefficient in luxury, indulgence and profusion."

"AND THAT'S SUPPOSED NOT TO BE CULTURAL PESSIMISM?", PROFESSOR SCHUSSEL BARKED.

"Just a moment, dear professor, I haven't finished yet. The central problem of an advanced society of affluence is to develop a *culture of superfluity and excessiveness*: values, manners, spheres of influence, and independent moral orientation with regard to the capability of this society to surpass the naturally given limits. My optimism in this respect lies in the fact that man never was a so-called *creature of deprivation* – with due respect for the intellectual etude of our up-right example of conservatism, Arnold Gehlen *4* –, man has always been a *creature of luxury*. The story of mankind's success, the 'cultural' history of mankind's emancipation from natural constraints always was determined by surplus, by abundance, by the redundancy mankind could afford besides coming to terms with everyday needs and deficiencies – exceeding the measure of things needed for survival, so to speak. In any case, it seems justified to start out from the fact that luxury, and richness, and abundance are connected with being freed and liberated from existential constraints and compulsions – and vice versa.

But we have to discern that, today, in numerous spheres of life the opposite is the case: the amounts of time, care, attention, and engagement, the amounts of physical and mental energy no longer necessary for the sustainment (in the narrower sense) and labour (in the biological sense of the word) are channelled into dispositions for the manufacturing of needs, and their respective satisfaction. This certainly is the case with regard to the branding cultures we talk about here. In other words, the energy, to a large percentage, flows into the development of consumption pressure and strategies of coming to terms with our consumption behaviour, and even if these pressures manifest themselves on an incomparably high level, they manifest themselves, non the less, as constraints, and, in the advanced state of a so-called consumer society, in fact, as *existential constraints* – up to the excesses resulting in eating and nutrition disorders, all the teenagers' obsessions, or extreme sports, or the uncountable variations of addictions, consumption binge, you name it. We try to cope with these indulgences by doing or using *even more of the same* we did and used under natural constraints: in my opinion, one of the most inept and contradictory ways imaginable in dealing with something I'd consider a 'culture of excessiveness'. By trying to 'devour' it, by virtue of consumption, you certainly cannot come to

terms with institutionalised excess and superfluity.

The pictures and visual worlds shown here, the *brand victims* and their prototypes, the pornographic – or para-pornographic, if you want – ways of communicating, without doubt, are proof and products of consumption oriented luxuriating. Then, there's the naïve question to what extent our surplus energies, because of economic constraints, have to be invested in dispositions of consumption and of contour paralysis and to what extent they should or could be applied in more creative, development-oriented patterns of behaviour. Consumption and creativity are fundamentally oppositional principles; and hoping to shift the present conditions to underscore the importance of the second, definitely would be an optimistic cultural perspective. The obstacle is – apart from the relative inertness of the mass society – the conservative, retarded and retarding sticking to the said economical – in the sense of thrifty – paradigms of deprivation …" –

Thus he went on, for two long and at the same time entertaining hours, and the longer old Gruntz talked, the more bizarre it seemed that up there, at the speaker's desk, stood an old geezer, whose statistical life-expectancy had long run out, who preached a progressive "culture of superfluity and excessiveness", mainly based on value-conservative arguments, all the time talking about pleasure and sex and Eros, surrounded by a visual celebration of youthfulness, surface aesthetics, and bodily seduction. After the talk, as usual, the audience was invited to join in. The discussion ended in an exchange between the director of the Anderburg Institute for Bio-Design, Prof. Dr. Wanda Wisz, and the referee:

"If I understood your deliberations right, your argument, Dr. Gruntz, is based on a clear distinction between Eros and sex, or Sexus", Wisz remarked. "Your formulations vividly show that eroticism is a totally uneconomical principle, a principle of redundancy, while the sexual approach towards an object of desire – a relationship, even if it's concerning an object, in the strict sense of the word – is a quantitative one, an ideal type economical principle. That, by the way, is the decisive motif of commercial pornography, too. The fact that we experience an obvious inflation of pornographic means and methods in contemporary communication design – and I would like to subsume, under this heading, the larger part of all means and methods that aim at an economisation of our *capabilities of perception* –, can hardly be disputed. Whether the contents are distinctly or exclusively sexual or of some other kind, does not really matter: I've got the impression, Dr. Gruntz, you used the word pornography essentially to describe a structural analogy that seems pretty clear to me. Communication design – including, to a certain extent, branding – usually makes things explicit, and where we 'do' it with the whole world in an economising way, inevitably, the corresponding para-pornographical *explicit visuals*, *explicit lyrics*, and *explicit forms* will evolve.

Of course, pretty soon we are confronted with clichés: for instance, with the one that sex and consumption are subject to – and comply with – the same laws; that we are, above all, confronted with the direct sensory and/or surface appearances of the objects of desire – i.e. how we perceive them in the very first moment, what they look like, how they smell, how they sound, or what they feel like when touched –, and that we have to deal with an, if possible, immediate fulfilment of the promises they give at first sight. Now, if, under the pressure of inflationary economic constraints and the pressure to be successful, the instrumentation of these clichés takes place in an ever faster, all-encompassing and ever more perfect way, if, e.g. professional design will and can only be judged by its immediate effects and primarily commercial, i.e. necessarily short-lived, benefits, then we approach a point where the appearance and the meaning of things fall into one. At this point, at the latest, when appearance and meaning have become the same, the responsibility of design-

ers – in particular: of brand designers – becomes unacceptable and unreasonable: they not only design the appearance of things, but their meaning, too. I think, this is one essential aspect, you, roughly, kind of 'en passant', communicated in your talk."

"I totally agree with you, Professor Wisz. What occurs in the crucial moment you described is a socio-pathic state which I call 'aesthetic disintegration', and which is, among other things, represented in the multifaceted 'pornographisations' of our everyday world. To put it casually: One morning, we woke up, surrounded by vacuum cleaners looking like space ships, surrounded by flawless faces, faces without a single imperfection or irregularity, we woke up surrounded by coke bottles that, depending on one's perspective, either have the form of dildos or of female bodies: in a comprehensively surface-optimised world full of

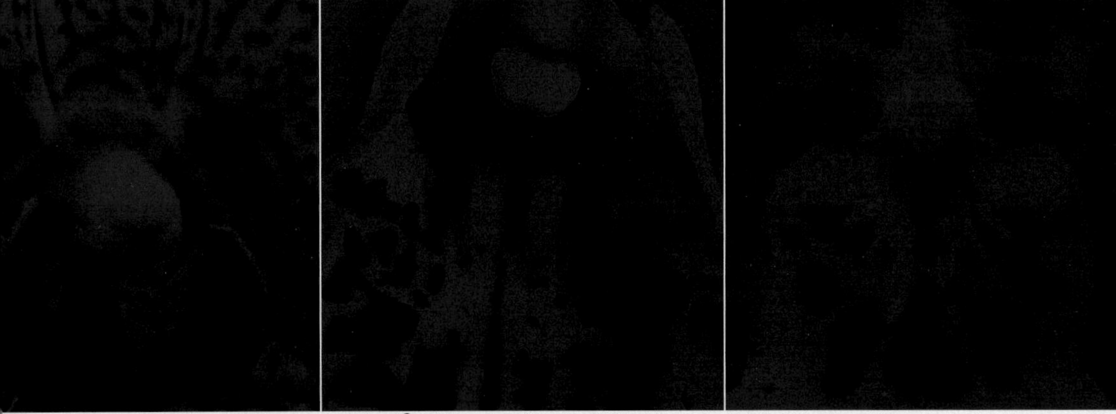

objects, which we may *desire* (to have or buy) but which we do not or hardly ever will *love*. Our relationship with regard to these objects is economic-sexual, our perspective pornographic, and not only because most of these enticing visuals present naked or half-naked people. The very compulsions, which we get ourselves into, succeeded in letting us forget one totally simple matter of fact:

WHATEVER HAS A REAL – POSSIBLY 'NATURAL' – 'IDENTITY', RETAINS AN INVIOLABLE EROS OF UNIQUENESS, AND WHATEVER HAS NO IDENTITY CANNOT BE GIVEN ONE, NOT EVEN BY THE MOST SOPHISTICATED MEANS AND MEASURES OF DESIGN.

In other words, pornography in general, and brand pornography in particular, essentially is one, maybe the most conspicuous form of representation of things and objectified beings that have lost their natural identity …" –

References
1 Peter Sloterdijk; Sphären III: Schäume, Frankfurt a.M. 2004
2 gr. πορνη, whore
3 John Kenneth Galbraith; The Affluent Society, dt. in: ders.; Gesellschaft im Überfluss, München / Zürich 1959
4 Arnold Gehlen; Der Mensch. Seine Natur und seine Stellung in der Welt (1940), Wiesbaden 1986

ABSOLUTE PERSONALITY
I'VE NEVER BEEN
... BUT THE BROCHURE LOOKS NICE

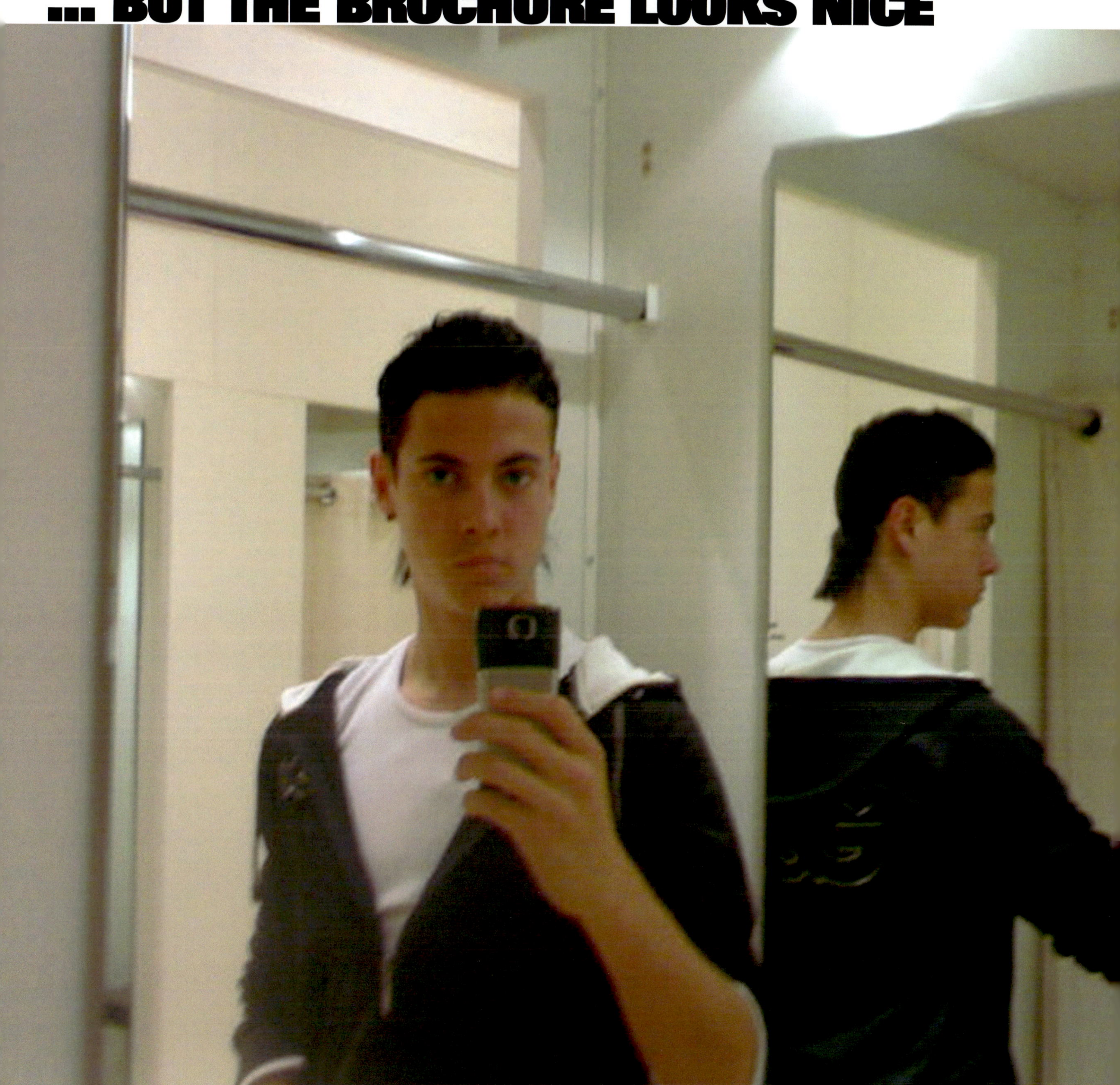

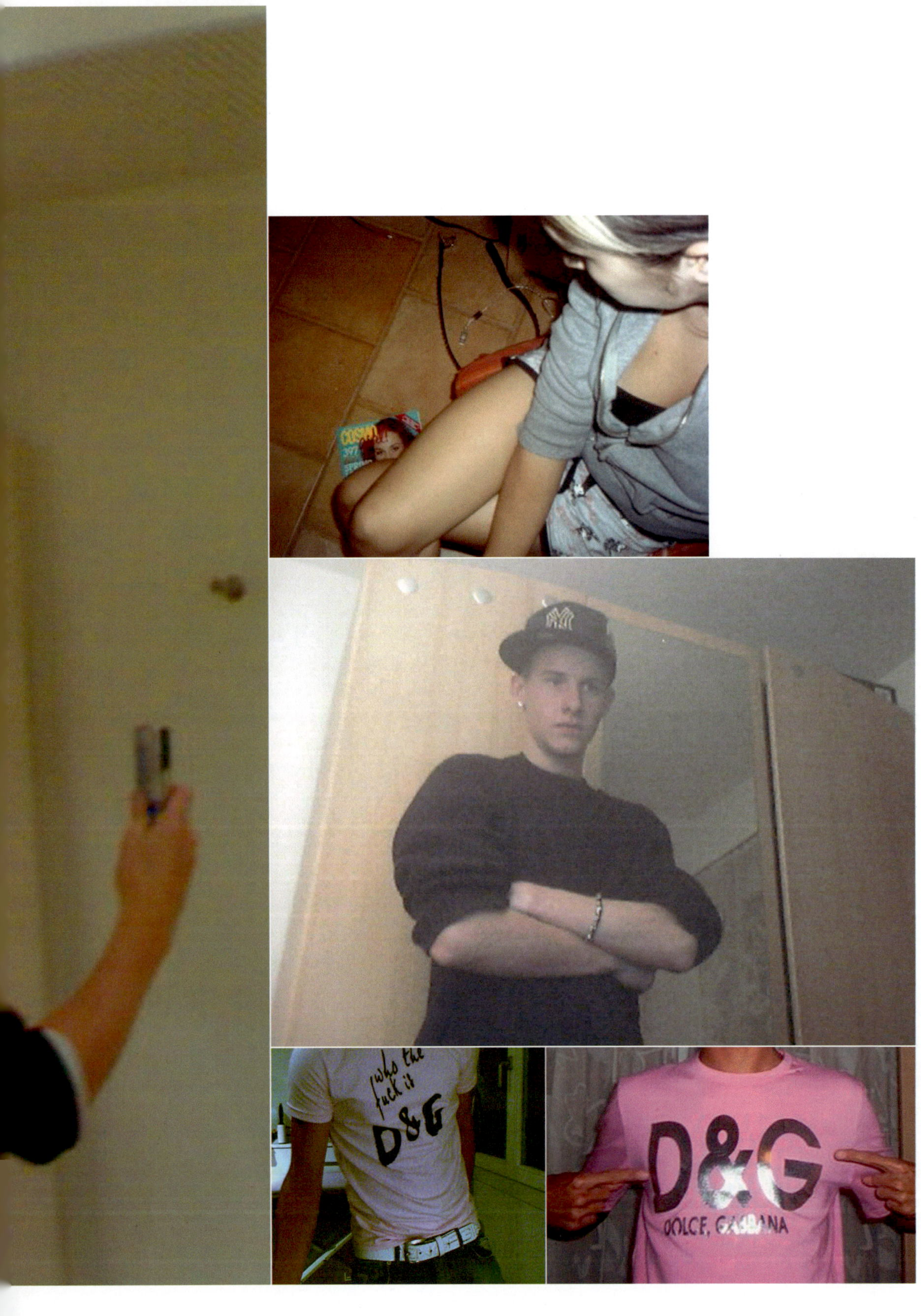

who the
fuck is
D&G
D&G
DOLCE, GABBANA

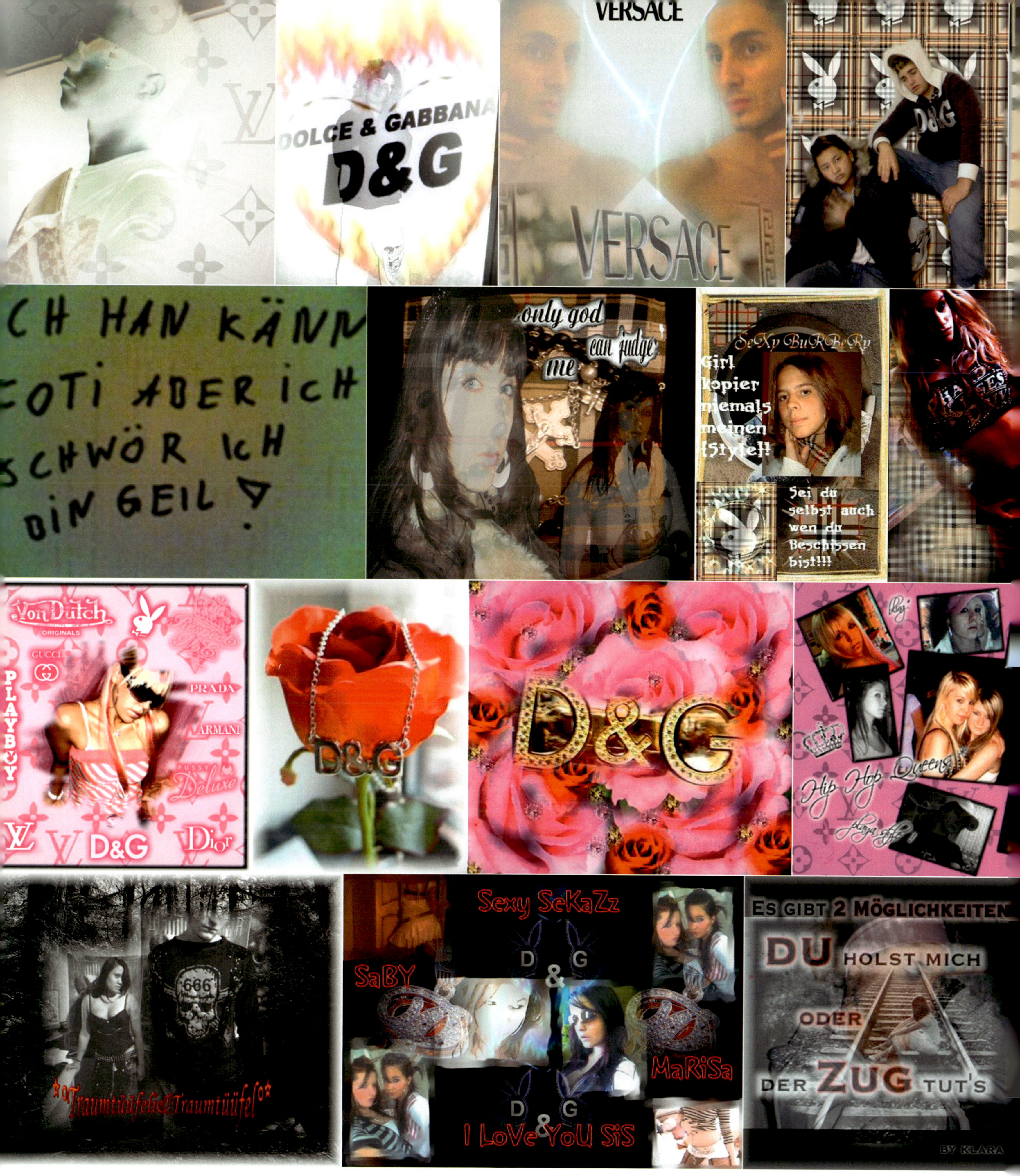

DOLCE & GABBANA
D&G
VERSACE
VERSACE
D&G

CH HAN KÄNN
COTI ABER ICH
SCHWÖR ICH
DIN GEIL
only god
can judge
me
SeXy BuRBeRy
Girl kopier
niemals
meinen
Style!
Sei du
selbst auch
wen du
Beschissen
bist!!!

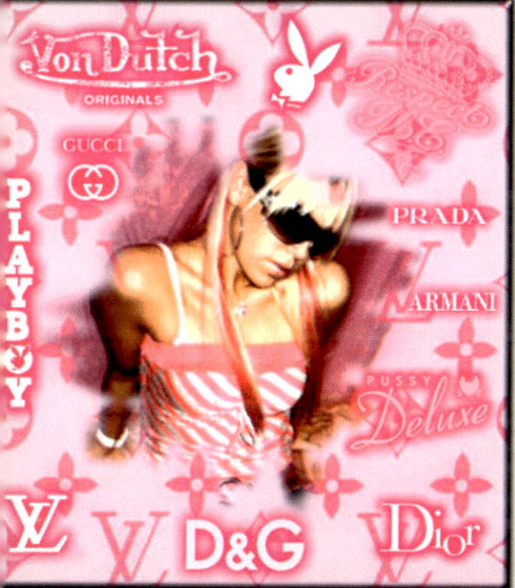
Von Dutch
ORIGINALS
GUCCI
PLAYBOY
PRADA
ARMANI
PUSSY Deluxe
D&G
Dior

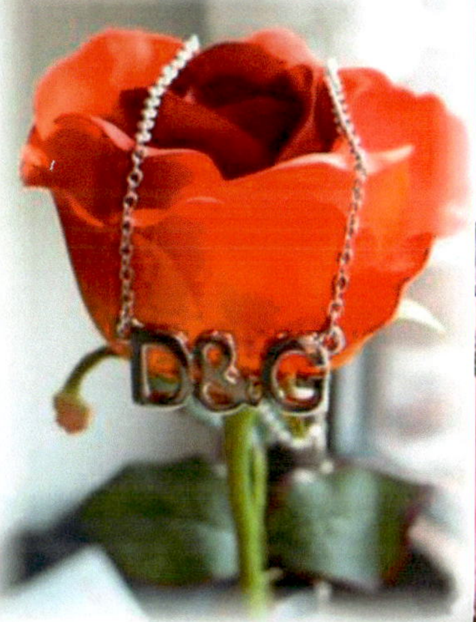
D&G

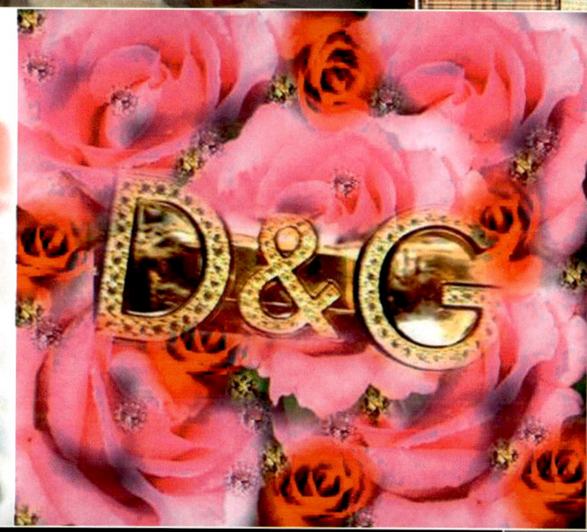
D&G

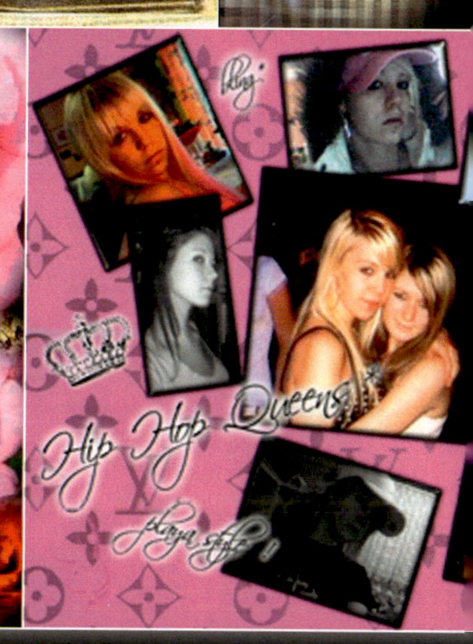
Hip Hop Queens

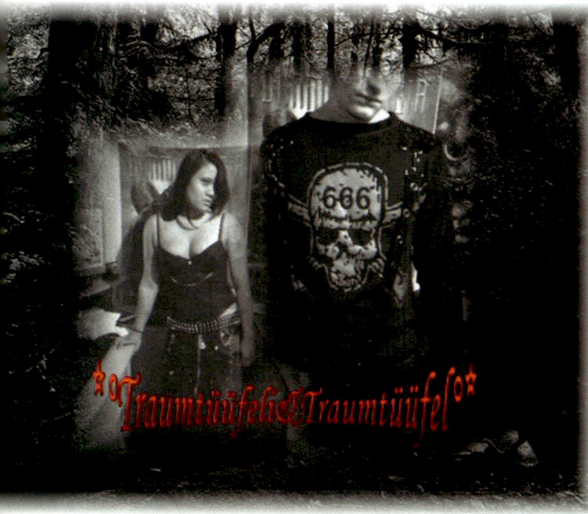
Traumtüüfeli Traumtüüfel

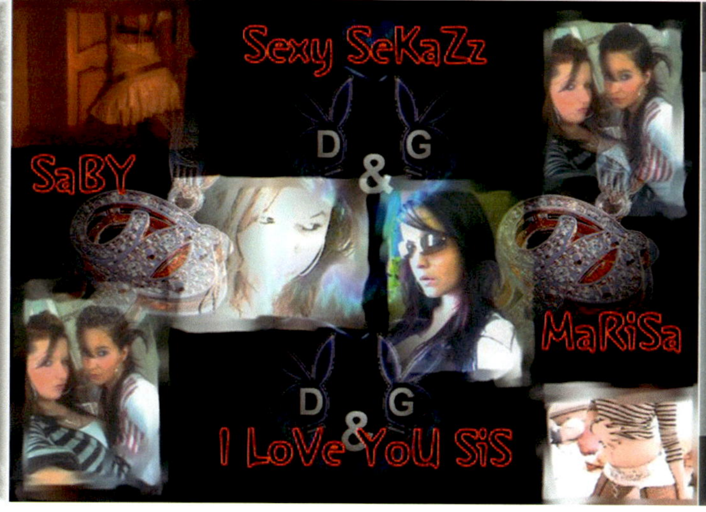
Sexy SeKaZz
SaBY
D & G
MaRiSa
D & G
I LoVe YoU SiS

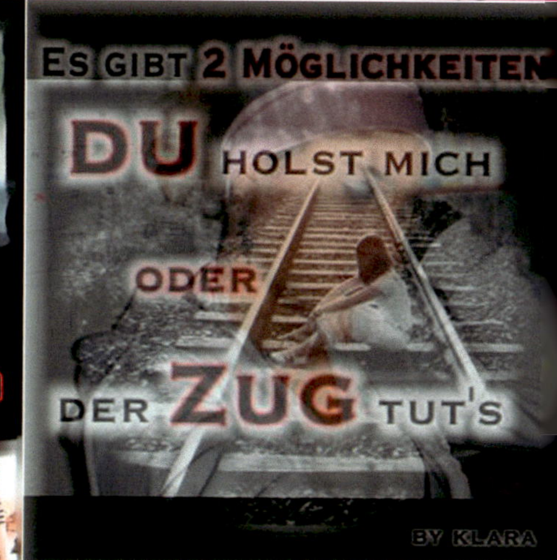
Es GIBT 2 MÖGLICHKEITEN
DU HOLST MICH
ODER
DER ZUG TUT'S
BY KLARA

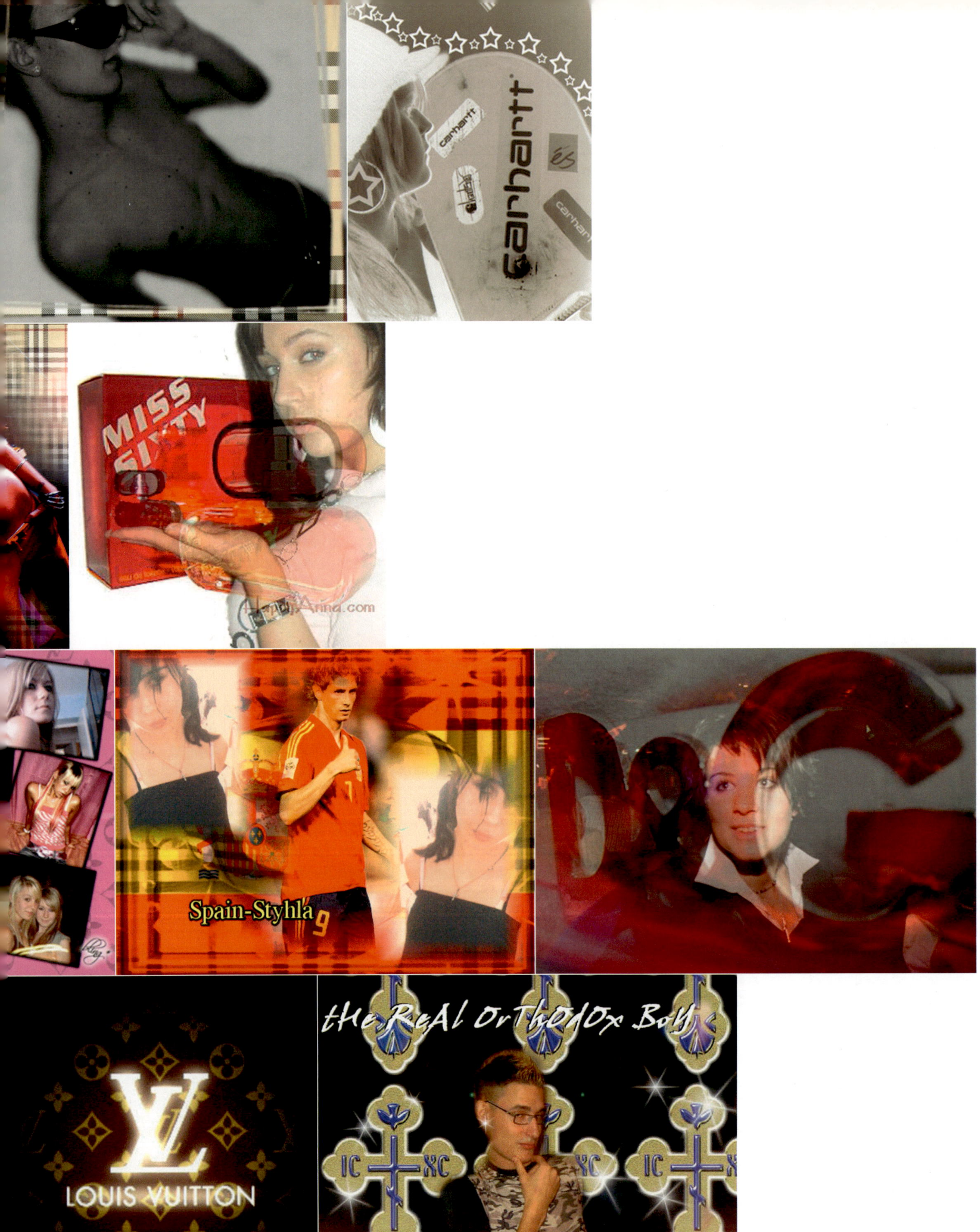
carhartt
MISS SIXTY
Spain-Styhla
D&G
tHe ReAl OrThODOx BoY
IC XC
LOUIS VUITTON

MARKEN-GE

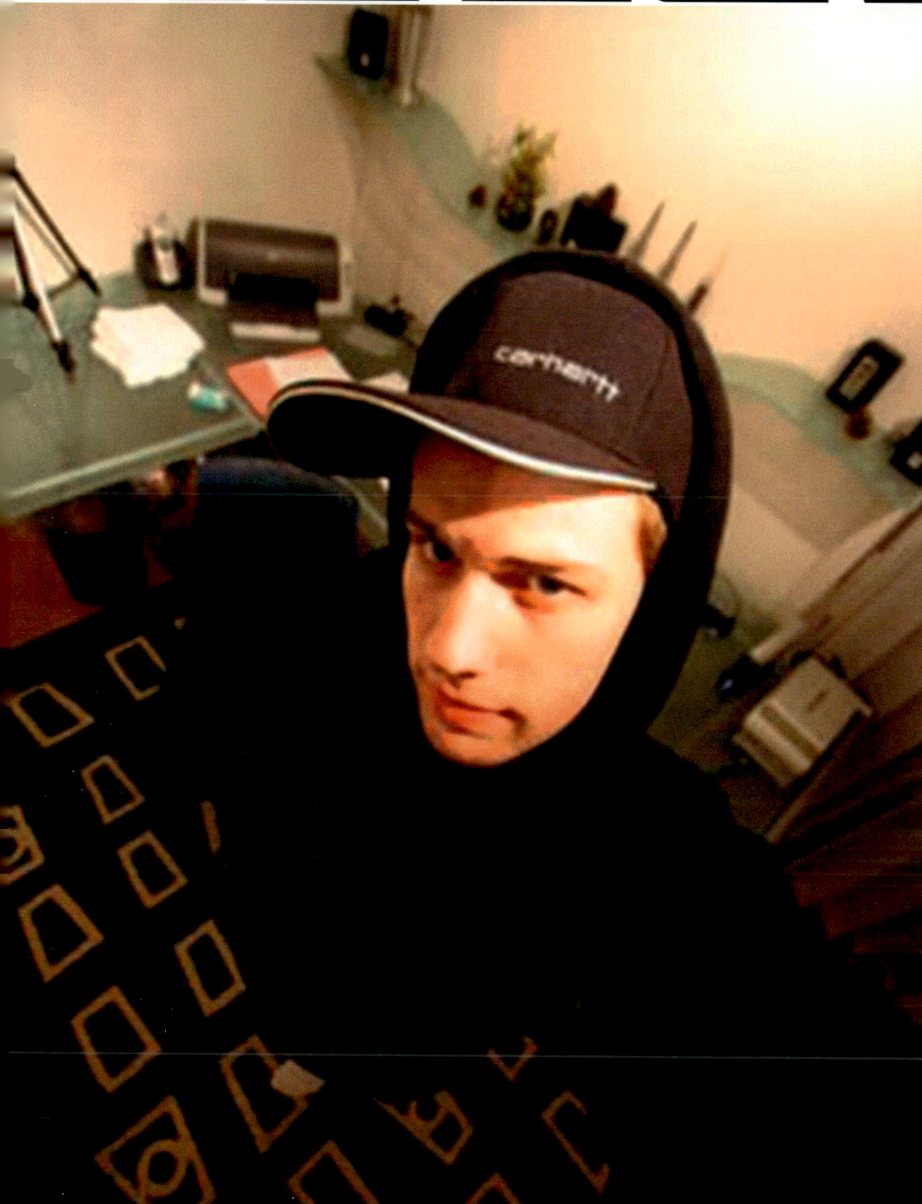

JÖRG HUBER Eines ist all diesen Bildern gemeinsam: ihr Gestisches, das sich auf verschiedenen Ebenen und Schauplätzen abspielt. Am offensichtlichsten wohl in den Körperhaltungen der Jugendlichen. Es sind Gesten von »Brand-Usern«. Die jungen Frauen und Männer zeigen demonstrativ auf Embleme und Markenzeichen ihrer Kleider und Accessoires. Sie umarmen sich gegenseitig, machen das V-Zeichen, recken die Arme in die Höhe: die Gestik als Rhetorik des Wohlbefindens, des Triumphs, der Zusammen- und Zugehörigkeit, der Empfindung momentaner Identität. Man versteht diese Bilder, wenn man die Gesten lesen, d.h. die verwendeten kulturellen Codes entziffern kann. Die Gesten kommunizieren ein körperlich implizites Wissen, und gleichzeitig repräsentieren sie eine visuelle Kultur, auf die die Beteiligten sich beziehen. Die Gesten sind semantisch aufgeladen, als Ausdruck von etwas, und gleichzeitig semiotisch in der Zeichen-Referenz auf andere Gesten von (Vor-)Bildern: Der Akteur zeigt sich und er zeigt sich im/als Bild, indem er etwas von sich zeigt und ebenso zeigt, wie er das zeigt, indem er z.B. auf ein Vorbild verweist. Diese Gesten sind intentional und nicht-intentional zugleich. Das macht ihre Kraft und Fragilität aus. Sie sind prekär, indem sie von prekären Situationen zeugen.

Auf einer zweiten Ebene erscheint der Brand selbst als Geste: als eine meist visuelle rhetorische Figur, die Horizonte öffnet und etwas erzählt, andeutet und verspricht, die etwas zeigt und gleichzeitig verbirgt. Das gestische Prinzip des Brands ist sein Unsagbares, das seine Aura ausmacht und ihm damit seine Existenzberechtigung verleiht, seine Funktion und seinen Sinn. Das, was die User empfinden, wahrnehmen und phantasieren, ist nicht das, was die Brand-Macher sagen wollen (aufgrund von Theorien, Untersuchungen, Berechnungen), sondern vielmehr der Gestus des Brands – der Brand als Gestus –, der sie, die User, unmittelbar und schonungslos be-trifft und entführt.

Den dritten Schauplatz liefert das Bild selbst. Ob in Pose gestellt oder erhascht, ob »straight« oder »staged photography«: die einzelnen Personen *erscheinen* im Bild. Sie tauchen aus dem (Bild-)Grund auf und gehen wieder in ihn ein. Momentan festgehalten, für einen Augen-Blick, sind sie präsent im Bild und verschwinden wieder im Alltagsgeschehen, das sie gefangen hält. Das Bild exponiert – jenseits von Sprachlichkeit – eine Art »symptomatische Visualität«, eine Sichtbarkeit, die sich wie ein Symptom zeigt: uneindeutig. Das Bild bildet eine paradoxe Bild-Figur: das Bild als Figur und die Figur im Bild – beide sichtbar als Figur im Sinn von Gestaltung. Der Wahrnehmung erscheinen das Bild und die Figur im Bild, sie zeigen sich, tauchen auf und sind *Figur in actu*, »figurierende Figur, wie ich sagen möchte: eine Figur in der Schwebe, die noch im Begriff ist zu entstehen, im Begriff zu erscheinen.« Und: im Begriff wieder zu verschwinden. »Die im Begriff ist, sich zu ›präsentieren‹, und nicht zu ›repräsentieren‹.« (Georges Didi-Huberman)

Dieses Figur-Werden ist auch das Figur-Werden der Jugendlichen, die im Self-Branding Re-Präsentationen erproben und zeigen, dass sie nicht mehr »Kind«, sondern »erwachsene Figur« sein wollen. Jugendliche, die in der Gesellschaft ihren Ort suchen; einen Ort, den sie vorläufig im Bild testen. Dies macht die erstaunliche Präsenz und Gegenwärtigkeit der Bilder, ihre Aktualität aus: ihre Gestik und damit die Faszination, die sie bei uns erwecken, die durch sie berührt werden.

Die Forschung reagiert genau auf diese Taktilität der Geste, sie spürt die Gesten auf, spürt ihnen nach, entwickelt einen Sinn für sie, indem sie antwortend selbst gestisch arbeitet: mit Bildern, im Vorläufigen, mit der Herstellung von Sichtbarkeit – ohne zu arretieren, was im Fluss ist.

STEN
BRANDS:GESTURES

There is something all these pictures have in common: the gestures, staged in different places, and on various levels. It is the most obvious in the postures of the teenagers. These gestures are gestures of "brand users". The young men and women ostentatiously point to the emblems and trademarks of their clothing and accessories. They embrace each other, show the victory sign, fling up their arms: the gestures – their expression of feeling good, of triumph, of togetherness and belonging together, of a sense of momentary and shared identity. You understand these pictures if you can read the gestures, i.e. decipher the cultural codes used. The gestures communicate an implicit knowledge of the bodies, and, at the same time, they represent a visual culture the involved persons refer to. The gestures are semantically charged, express something, they are semiotic as well, in their reference to the signs and gestures of their (role) models and idols: the actor stages himself, and refers to himself in and as a picture, drawing attention to one part of himself, and referring, at the same time, by the way he does it, to a specific role model. These gestures are both, intentional and non-intentional. That's the basis of their vigour and their fragility. They are precarious because they show precarious situations.

On a second level, the brand itself seems a gesture: a usually visual rhetoric figure opening up horizons, telling something, indicating and promising something, showing something, and at the same time hiding something. The gestural principle of the brand lies in the unspeakable that makes up its aura, conveys a right of existence to it, its function and its meaning. What the users feel, perceive and imagine differs from what the brand developers want to communicate (on the basis of theories, investigations, calculations), it's the gesture of the brand – the brand as gesture – that directly, ruthlessly and relentlessly touches them, hits them, carries them away.

The third venue is the picture itself. No matter if it is "straight" or "staged photography": the individual persons appear in the picture. They emerge from the bottom (of the picture) and return to it. Caught in a moment, for a moment, they are present in the picture and then vanish again in the daily life they are trapped in. The picture exhibits – beyond all verbal expression – some kind of "symptomatic visuality", a visuality that shows itself like a symptom: ambiguous. The picture represents a paradox: the picture being a figure, and the figure in the picture – both visible as figure in the sense of design. Both are perceived, the picture and the figure in the picture, they both stage themselves, appear, and are *figure in actu*, "figuring figure as I would like to say: a figure in abeyance, in the process of emerging, of appearing." And: in the process of disappearing again. "In the process of 'presenting' itself and not 'representing' itself." (Georges Didi-Huberman)

This process of becoming a figure equals the process by which the teenagers become figures, the process of the self-branding by which they try out representations, by which they (want to) show that they are no longer "kid" but want to become "grown-up figure". Teenagers who want to find their place in society; a place they first test in the picture. This is the basis of the amazing presence of the pictures, of their actuality: the gestures, and the fascination we experience.

Research reacts precisely to this tactility of the gesture, it traces the gestures, develops a feeling for them, makes sense of them by responding with gestures: with pictures, tentatively, provisionally, producing visuality, without stopping what's in motion.

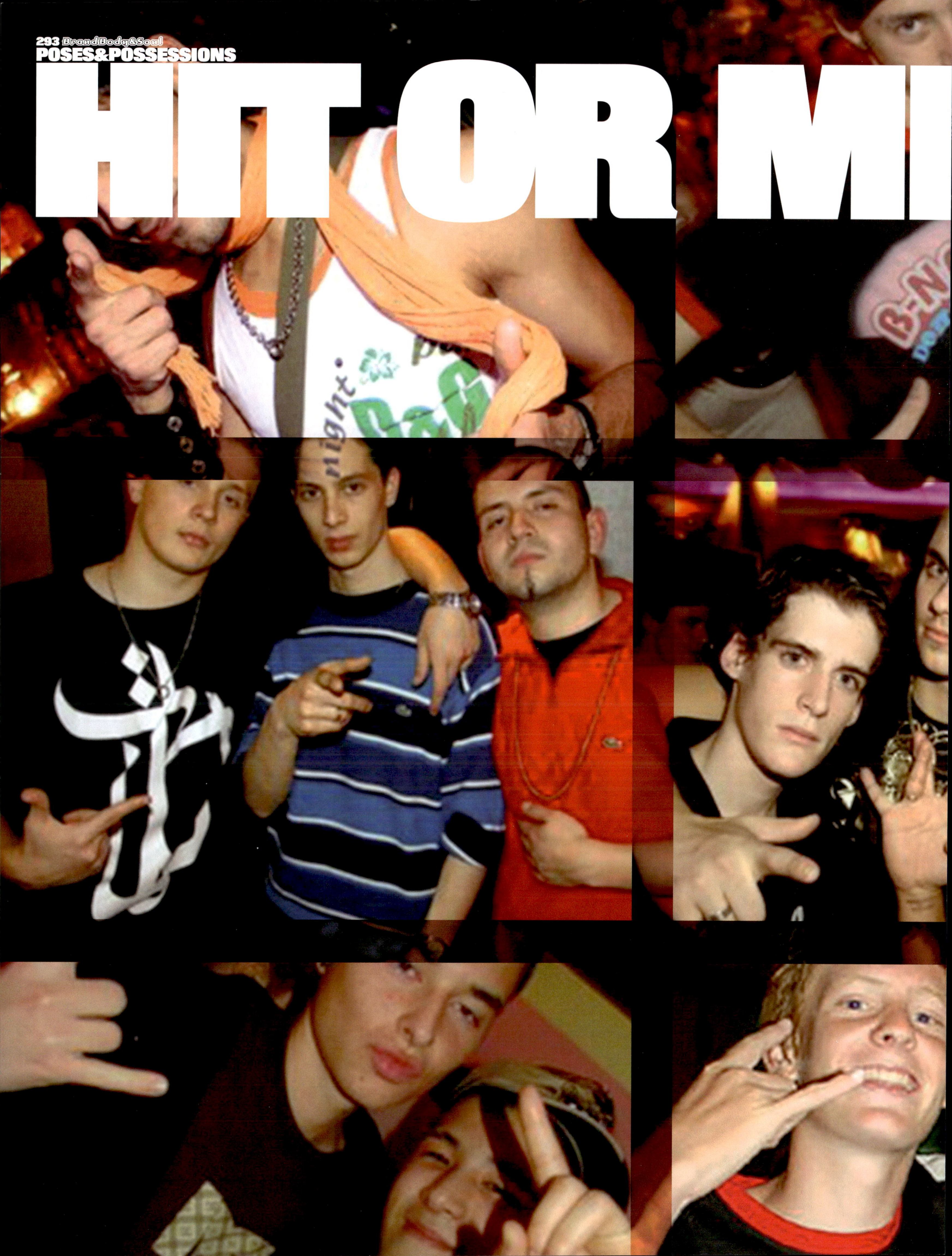

293 BrandBody&Soul
POSES&POSSESSIONS
HIT OR MI

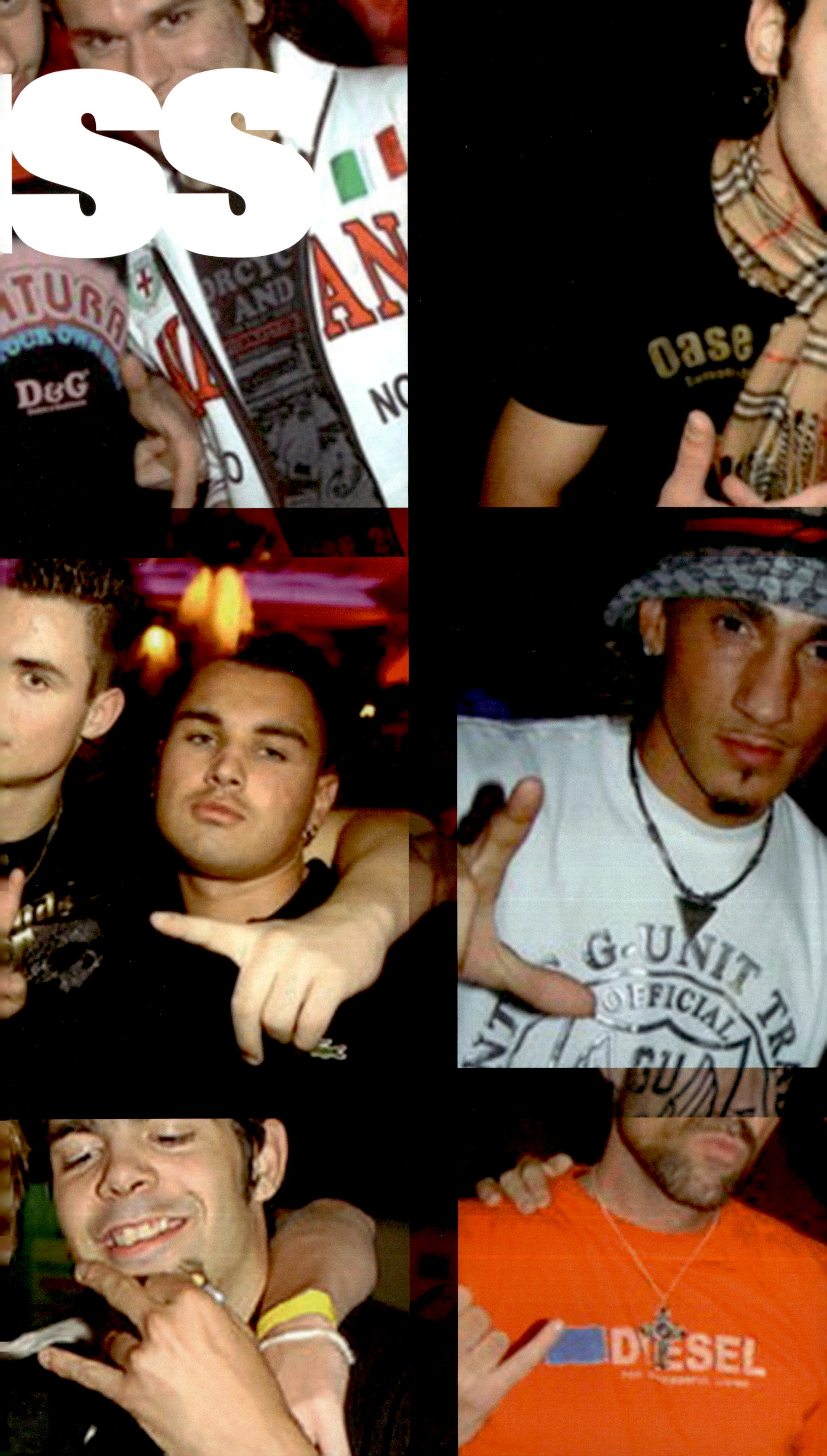
ss
D&G
DIESEL
Oase
G-UNIT
OFFICIAL

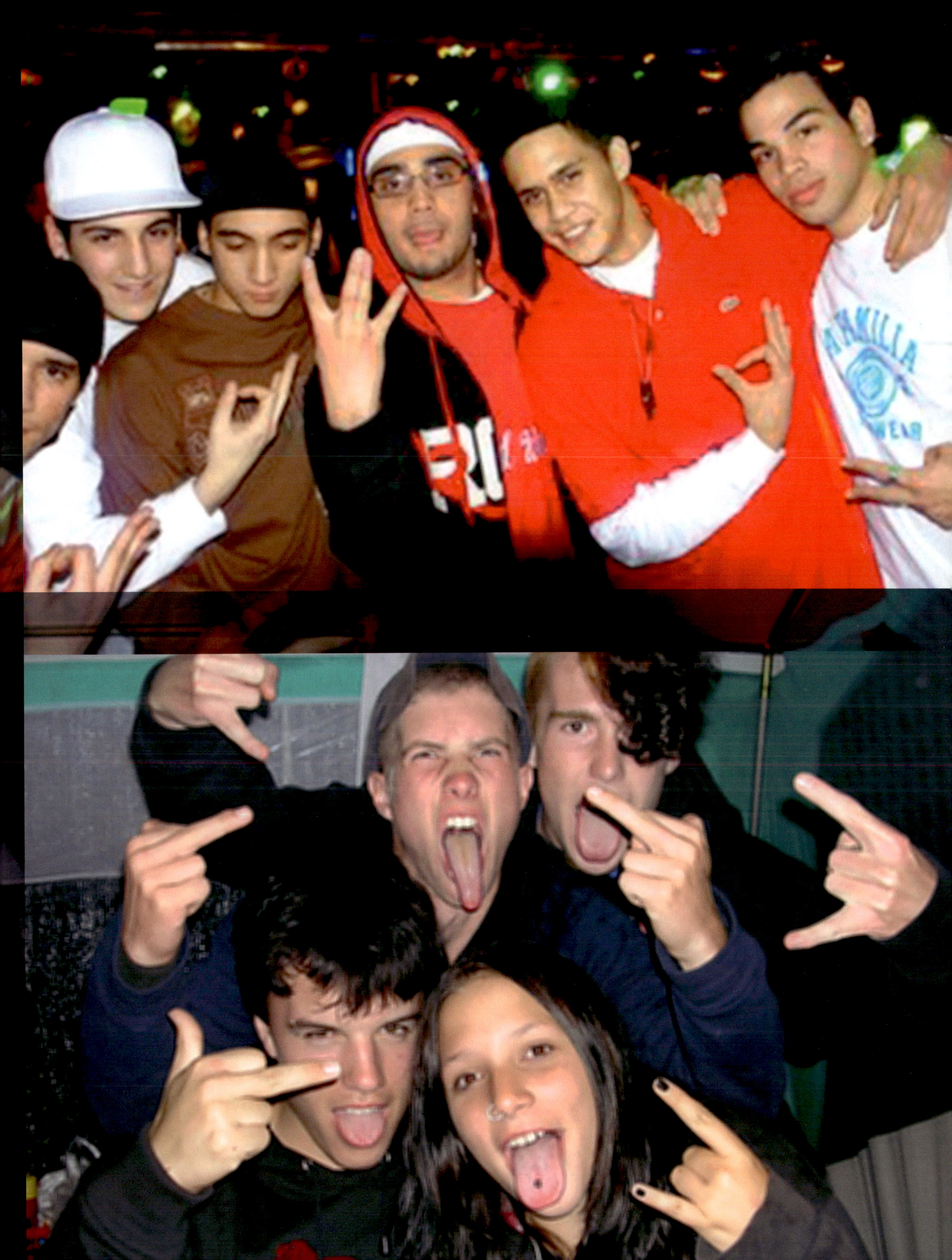

FAMOUS AND

KÖRPER UND MARKE –
KÖRPER ALS MARKE

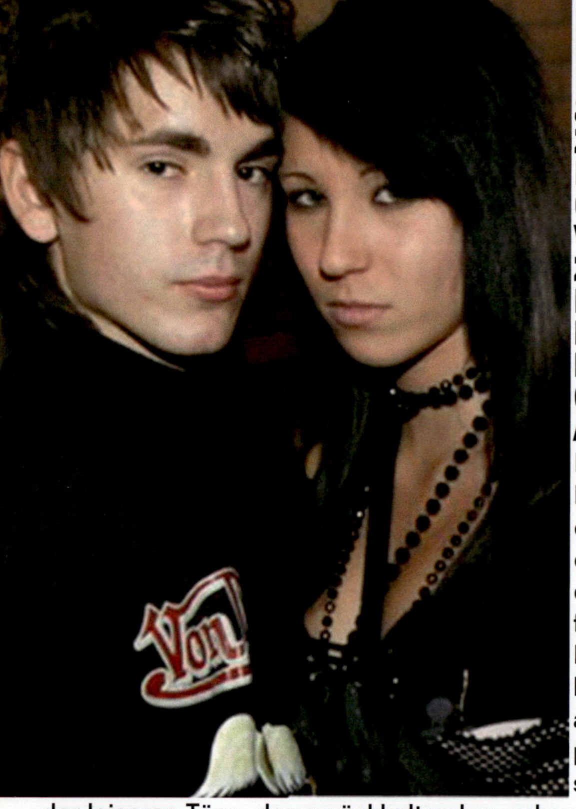

FLAVIA CAVIEZEL DER KÖRPER WIRD MIT KLEIDUNG BEDECKT, ZUM SCHÜTZEN, SCHMÜCKEN, SCHEINEN. ER WIRD MODELLIERT UND GESTALTET. WER TRENDS FOLGT, MODELLIERT UND GESTALTET AUF ZEIT; WER EINSCHREIBUNGEN WIE TATTOOS VORNIMMT, MEIST FÜR IMMER. EINE TRANSFORMATION ZUM PERSÖNLICHEN, INDIVIDUELLEN MARKENZEICHEN, DAS NICHT BLOSS VOM SELBSTZWECK SEINER AUFBEREITUNG LEBT, SONDERN SICH ERST IN DER WAHRNEHMUNG DURCH EIN GEGENÜBER ENTFALTET. DESHALB GILT VERBREITET DAS CREDO: BEWUNDERNDE BLICKE ERHASCHEN, DIE STRATEGIE: AUFFÄLLIGE POSE.

Die Selbstpräsentation braucht geeignete Orte, öffentliche Bühnen der Selbstdarstellung. Immer grösserer Beliebtheit erfreut sich dabei der virtuelle Raum. Die Grenzen des lokalen Schauplatzes können durch die unlimitierte Verbreitung überschritten werden, Zürich findet auch in Tokio oder New York statt. Internet-Plattformen wie tilllate.com, Repräsentantin nationaler wie internationaler Party-Orte und ihrer BesucherInnen, fallen auf durch in Bildern festgehaltene, Aufmerksamkeit suchende Posen. Eine kleine Indexierung: Es gibt den kecken oder lasziven Blick mit leicht schräg gestelltem Kopf bei Partygängerinnen, den Schlangen- oder schmachtenden Blick bei ihren Begleitern; angelehnte Köpfe auf Schultern, Umarmungen und Küsse dort, wo sich Paare oder Gruppen ins Bild stellen. Der Blick ist direkt auf die Kameralinse gerichtet; so, als wollten sie mit den späteren Bildbetrachtenden im Imperativ kommunizieren. Selten sind Posen der leiseren Töne, des zurückhaltenden, scheuen oder geheimnisvollen Blicks. Sobald mehrere Personen im Bild sind, wird individuell umso stärker um die Aufmerksamkeit der BetrachterInnen gerungen, der körperliche und mimische Ausdruck gesteigert: expressivere Körperhaltung und Gestik werden durch persönliche Stile und angeeignete Marken – bei mehr oder minder offensichtlicher Erkennbarkeit der Logos und Labels – unterstützt.

Die Marke funktioniert dabei ihrerseits wie eine Pose, indem sie eine Haltung betonen, imponieren und zur Schau gestellt werden soll. Wie der sorgfältig inszenierte Körper soll auch sie früher oder später – je nach Auffälligkeit oder Dezenz – den Blick auf sich ziehen und »kommunizieren«. Ähnlich auffällig wie die Stereotypie der Porträts in Körperhaltung, im mimischen und gestischen Ausdruck sind die formalästhetischen Gleichförmigkeiten von Cadrage, Kamerawinkel, und -perspektive, die den Bildern zwar eine für die Gestaltung von Bildstrecken nicht unattraktive formale Einheit verleihen, ihrer Intention jedoch entgegenwirken.

Ähnliche Phänomene sind bei Online-Communities beobachtbar: UserInnen werden zum Model, indem sie sich selber fotografieren oder sich fotografieren lassen. Die formale Inszenierung des Posierens ist hier vielgestaltiger: die Kamera in Augenhöhe oder in Vogel- resp. Froschperspektive; Cadragen von Totalen bis zu Detailaufnahmen; der Körper frontal zur Kamera positioniert, in direkter Adressierung der Betrachtenden; leicht seitlich, um Accessoires wie die metallene Markenaufschrift des Gürtels zu zeigen; oder von hinten, damit das aufgestickte Logo der Jeanshosentasche auf den Körperrundungen sichtbar wird. Körperpositionen variieren: Einmal ähnlich einer Raubkatze auf dem Teppich liegend, auf einem Sofa sitzend, oft stehend, vor dem Spiegel – eine beliebte Form für Selbstporträts. Im Gegensatz zur Malerei ermöglichen digitale Medien schnelle Produktion und sofortigen Zugriff auf das selbstgemachte Bild. Es ist stets revidierbar, wenn es nicht mehr gefällt, und kann in Serie auftreten, verschiedene Aspekte einer Person repräsentieren.

Konform ist der Habitus der Posierenden. Den Partymenschen ähnlich wollen sie Aufmerksamkeit erregen: durch coole, verführerische oder geheimnisvolle Blicke in die Linse, durch Sexualisierung des Körpers, durch dessousähnliche Kleidung oder das Präsentieren des nackten Bauchs. Der rudimentäre Charakter der Bauchbilder – oft ist nur der Körperausschnitt von Taille bis Hüfte sichtbar – wird durch Marken, die auf Unterhosen oder Gürteln sichtbar sind, insofern erweitert, als sie der abgebildeten Person spezifische Eigenschaften zuschreiben sollen.

Anders als bei Partybildern gibt es den Blick in die Ferne oder geschlossene Augen, Versunkenheit in sich selbst wie beim Gitarre spielen, den Albumcoveraufnahmen von Popstars ähnlich. Grosse Konzentration auf den photographischen Moment ist spürbar, um der späteren Resonanz beim imaginierten Gegenüber Vorschub zu leisten. Die virtuelle trifft auf die »reale« Welt. Das verlängerte Blickfeld ist das Internet, wo Porträtierte mit Betrachtenden in Kommunikation und Interaktion treten wollen. Wichtigkeit scheint in erster Linie der gestaltete und posierende Körper zu haben, das Selbst-Branding. Kleidermarken werden als mit der eigenen Identität und Individualität

DANDY

kompatible Versatzstücke betrachtet und je nach Vorlieben mehr oder weniger unterstützend oder überhaupt nicht eingesetzt. Die temporären Konjunkturen, die Marken dabei durchlaufen, hängen auch damit zusammen, dass Entwicklung von Identität ein offener, nicht abgeschlossener Prozess ist. Identität ist insofern relativ, indem sie sich am Umfeld einer Person, am Leben generell reibt.

IDENTITÄT IST NICHT NUR SELBSTBILD, SONDERN AUCH IMAGINATION ANDERER.

INDIVIDUELL KREATIV TRENDY

In Lebensphasen wie der Adoleszenz wird eine Anlehnung an Normen gesellschaftlicher Gruppierungen gesucht, die prägend auf die Identitätsbildung wirkt. Sie sind eine Orientierungshilfe, die Identifikationsmöglichkeiten bietet. Gesucht wird nach Zugehörigkeit zu einer Gruppe resp. nach Abgrenzung gegenüber anderen »Szenen«. Erkennbar wird dieses Mittun auch in der äusseren Erscheinung: Kleider und Accessoires, gebrandet oder eben gerade nicht, dienen dazu, ein Statement abzugeben über sich selbst: Charaktereigenschaften, Vorlieben, Stil, modische Präferenzen – Trends mit kurzen Halbwertszeiten – oder beständigerer »Anti-Mode«. *»Durch meine Kleider kann ich etwas von meinem Inneren verkörpern: Ich lege Wert auf Sauberkeit und Gepflegtheit und ziehe mich deshalb auch so an.«* (Martin Ritter)
Um Normen und Rahmenbedingungen der ausgewählten Szenen oder Subkulturen zu kennen, wird genau beobachtet. Es ist ein Agieren innerhalb eines abgesicherten Anerkennungsrahmens, Gestaltung durch Nachahmung – jedoch nur gerade so stark, dass eine gewisse Individualität ablesbar bleibt. Das Kopieren innerhalb der Gruppe ist verpönt. *»Man möchte nicht irgendwo hineingesteckt werden, sondern speziell, individuell sein. Das gleiche zu tragen wie andere ist für mich ein Zeichen, dass man keine Kreativität hat.«* (Irina Müller)
Als Orientierungshilfe gelten (nicht nur) für Trendbewusste auch Medien (MTV, VIVA), Magazine oder Stars. Nachahmung finden Berühmtheiten aus Film, Musik oder Jet Set nicht nur bezüglich ihrer Kleider- oder Markenwahl, sondern bis zur Pose vor der Fotokamera. Wie Celebrities sich selber zu einer Marke stilisieren resp. dazu gemacht werden, so streben es auch ihre Fans an: Ein gebrandeter Körper – der Körper als Brand. So posieren Celebrities oder prominente PartygängerInnen wie Paris Hilton oder der Rapper Sisqó mit Ed-Hardy-Mützen in frappant ähnlicher Kopf- oder Finger-am-Cap-Haltung. *»Der Einfluss von Celebrities auf mich ist nicht grösser als von Leuten aus dem gleichen Schulhaus, die Stil haben.«* (Eva Wyler)
Trends sind bekanntlich ein Spiel mit der (respektive gegen die) Zeit: Sie wechseln schnell, keine Spur von Nachhaltigkeit. Billigkleider und Fakes ermöglichen dabei ein saisonales Update für jedes Portemonnaie, eine permanente Transformation. Nicht erst seit es die Möglichkeit gibt, virtuelle Identitäten zu konstruieren, reizt das performative Spiel mit der Umwandlung und Neuerfindung seiner selbst. Auch auf Partybildern sind Posen beobachtbar, die an Praktiken des Cross-Gender [1] erinnern und zu einigen Spekulationen veranlassen: Lesbische (?) Frauenpaare scheinen heterosexuelle Liebes(?)-Paare zu imitieren, indem eine Frau jeweils die Rolle des Mannes, die andere diejenige der Frau übernimmt. Auffallend identisch sind Armpositionen, Blicke und Zungenspiele.

Martin Ritter, Markenkonsument

TRANSFORMIERT REPRODUZIERT ANGEEIGNET

Transformation erfahren nicht nur Personen, sondern auch Marken. So hat beispielsweise die 1960 gegründete Marke Lonsdale – ursprünglich im Boxer-Milieu Londons angesiedelt – im Verlauf ihrer Geschichte Aneignungen verschiedenster Art erfahren: Von der (Box-)Sport- und Musikszene (Ska, Punk, New Wave, Gabber, Hardcore) bis in die heterogene Skinhead-Subkultur (von linksextremen Anarchos bis zu Oi!- und Nazi-Skins) und die europäische Ultra-Szene in den Fussballstadien Europas. Die zunehmende Verwässerung subkultureller Szenen durch Kommerz und Mainstream ermöglichte es Lonsdale, sich vermehrt auch als Sport- und Lifestylemarke zu etablieren. Die Marke wird heute auch ohne subkulturellen oder gar politischen Hintergrund getragen und fungiert für viele selbstverständlich neben Sportmarken wie Champion.

Traditionsreicher manifestiert sich das Haus Burberry, das 2006 sein 150-jähriges Bestehen feierte und seit seiner Gründung auf »Quality, innovation and style« setzt. Die Bildstrecken der Burberry-Herbstmode 2006 mit Kate Moss und aus der englischen Popszene entliehenen männlichen Modellen erinnern in ihrer Aufmachung denn auch eher an Oxford- als an Cockney-Englisch, ganz im Gegensatz zu Bildern auf Internet-Foren wie www.chavscum.co.uk, wo das Burberry-Karo einen denkbar anderen Weg eingeschlagen hat: zu Chavs und Chavettes, wie sie sich nennen und sich als der britischen Unterschicht zugehörig bezeichnen. In ihren Blicken und Gesten scheint oft die Trostlosigkeit des von Armut, Arbeitslosigkeit und Gewalt geprägten Alltags durchzuschimmern. Neben unauffälligen Bildern von Menschen in U-Bahnen, auf Strassen oder in engen Wohnräumen, die vor allem sich und ihr gemustertes Outfit zeigen wollen, erregen expressive, dem Hip-Hop-Habitus entliehene Attitüden grössere Aufmerksamkeit: eindeutiges Gestikulieren mit Mittelfingern und Bierflaschen, vereinzelt auch Drohgebärden mit metallenen Accessoires.

Burberry, vor allem als Fälschung, war über eine gewisse Zeitspanne ein beliebtes Erkennungszeichen. Bei aktuellen Bildeinträgen ist die Marke jedoch kaum noch zu finden. Über die Subkultur hinaus wird „Chav" oder „chavvy" in den letzten Jahren auch für Celebrities wie die Beckhams oder Prinz Harry verwendet, um ihnen negative Eigenschaften wie protziges Auftreten, Alkoholexzesse, Gewalttätigkeit – Stereotypen des Chav-Bildes – zuzuschreiben. *»Früher gingen Edelmarken und Strassenmarken getrennte Wege. Mittlerweile findet man Burberry in St. Moritz, aber auch an Fussballmatchs.«* (Martin Ritter)

Das Mäandern von Marken durch verschiedene Lebenskontexte ihrer TrägerInnen kann als Hinweis darauf verstanden werden, dass sie wohl eher eine Nebenrolle in der finalen »Taxierung« der Personen spielen, obwohl ihr posenähnliches Agieren das Gegenteil zu reklamieren scheint.

DER KÖRPER BEFINDET SICH IN KONKURRENZ ZUR MARKE.

Letztere kann das durch Wahrnehmung einer Person konstruierte Bild lediglich bestätigen, ergänzen oder relativieren. Der Körper als Marke ist in seinem Aufmerksamkeit einfordernden Ausdruck letztlich stärker als die Marke am Körper. Und in der Verführung des auf ihn gerichteten Blicks sowieso.

---

[1] Personen verhalten sich nicht gemäss ihrer kulturell spezifischen Geschlechterrolle, sondern identifizieren sich (im Spiel) mit einer anderen. Im klassisch westlichen Sinne: Ein Mann kleidet und/oder verhält sich wie eine Frau und umgekehrt.

Quellen
Hartmut Böhme; Fetischismus und Kultur. Eine andere Theorie der Moderne, Reinbek b. Hamburg 2006
Elena Esposito; Die Verbindlichkeit des Vorübergehenden. Paradoxien der Mode, Frankfurt a. Main 2004
www.sexualityandu.ca. Cross-Gender Identity.
http://en.wikipedia.org/wiki/Lonsdale_(brand)
www.chavscum.co.uk
www.urbandictionary.com/
http://en.wikipedia.org/wiki/Chav
chav_nid_34398.html

UNÜBERSICHTLICH, ABER NICHT BELIEBIG

BRANDFORSCHUNG IM FELD. EIN E-MAIL-GESPRÄCH

FLAVIA CAVIEZEL & EVA MEY

FC Du hast die videografierten Gespräche [1] gesehen, die wir mit acht verschiedenen Personen geführt haben. Was ist dir – als Soziologin, die vor allem mit narrativen Gesprächsformen [2] arbeitet – dabei aufgefallen?

EM Auffallend ist, wie die interviewten Personen auf einer sehr bewussten Ebene Auskunft darüber geben können, wie sie Marken zur Deutung ihrer sozialen Umwelt gebrauchen: Sie schildern, wie Marken ihnen einen »ersten Eindruck« liefern, eine erste Orientierungshilfe, wie das Gegenüber einzuschätzen – und das heisst vor allem: wie es gesellschaftlich einzuordnen – ist. Dabei ist interessant zu sehen, mit welcher Deutlichkeit und Konsequenz manche der Befragten die ihnen bekannten Marken auf einer »oben«-»unten«-Skala einordnen: In den Interviews zeigen verschiedene Beispiele, wie Marken als Ausdruck einer bestimmten Position in der gesellschaftlichen Hierarchie wahrgenommen werden. So spricht zum Beispiel eine der interviewten Gymnasiastinnen davon, wie man sich in ihrem Freundeskreis besonders für »höhere« Marken interessiere (sie meint damit die teureren), und den Besitz einer Tasche einer bestimmten, besonders teuren Marke interpretiert sie als Zeichen dafür, dass man »oben angekommen« ist. Für eine andere Interviewte, ebenfalls Gymnasiastin, beginnt die gesellschaftliche Skala oben bei den »Rich Kids«, die Polo Sport tragen, und endet unten bei den »ärmeren Leuten«, die »irgendetwas«, das heisst: keine Markenartikel tragen. Auch der dritte befragte Jugendliche, ein Sekundarschüler, ist sich des jeweiligen (ökonomischen) Werts einer jeden Marke hochbewusst, und er stellt einen direkten Zusammenhang zwischen Wert der Marke und gesellschaftlicher Position her: »Das ist einer, der reich ist« ist zum Beispiel sein spontaner Kommentar beim Anblick eines Fotos, auf dem ein Mann eine Quicksilver-Mütze trägt. Allerdings betonen die Befragten auch, dass das Tragen oder Besitz eines bestimmten Markenartikels allein noch nicht ausreiche, um sich damit automatisch ein bestimmtes Prestige zu sichern. So erzählt die eine der Gymnasiastinnen, wie sie jeweils misstrauisch werde, »wenn einer eine Lehrstelle als Maurer oder Maler hat« und dennoch teure Markenartikel trage. Das Tragen einer bestimmten Marke verhelfe zwar zu »besseren Startbedingungen«, wie es ein Interviewter ausdrückt. Doch die TrägerInnen müssen sich zuerst beweisen; d.h. das gesamte Aussehen einer Person, ihr Verhalten, ihr Auftreten muss »stimmen«, muss »passen« – erst dann wird ihr nachhaltig jener Respekt entgegengebracht, den er oder sie mit dem Tragen dieser Marke einfordert.

FC Dazu gehört wohl auch das »konforme« Verhalten innerhalb einer bestimmten Gruppe oder Szene, der man sich zugehörig fühlt resp. der man angehören möchte. Es scheinen genaue Spielregeln zu gelten und eine Verständigung darüber, was zu Inklusion oder Exklusion führt: Gruppenzugehörigkeit sei durch Marken oder Style bestimmt, bemerkt ein Interviewter. Vorlagen dazu liefern oft Stars aus Musik, Film oder Showbusiness. Derselbe junge Mann, ein KV-Angestellter, der sich der Hip-Hop-Szene zuordnet, erwähnt die Nähe zu bestimmten Musikern und deren Modelabels (Com8, Bull rot). »Man findet die Leute, die dahinter stehen, cool« und versucht, »durch solche Kleidung einen Teil der Musik zu verkörpern.« Wie würdest du diese Anlehnung, die sich eher an einem Milieu oder Lebensstil orientiert, gegenüber der hierarchischen einstufen?

EM Es gibt im sozialen Raum eine Vielzahl von unterschiedlichen Milieus und Szenen mit ihren je eigenen Lebensstilen, und einige davon sind mit bestimmten Marken verbunden. Diese Milieus sind aber nicht quasi »freischwebend«, sondern sie lassen sich sehr wohl im sozialen Raum verorten. Anders gesagt: Was eine Person trägt, welchen Stil sie pflegt, welcher Szene sie sich zugehörig fühlt, mag sie selber als Resultat ihrer ureigenen, freien Wahl empfinden. Tatsächlich drückt sich darin aber aus, an welchem Ort diese Person im sozialen Raum steht und welchen Weg sie bisher durch diesen Raum gegangen ist. Das heisst auch: über welche Erfahrungen und Ressourcen, über wie viel ökonomisches und kulturelles Kapital (im Sinne von Bildung, Wissen und spezifischen Haltungen) sie verfügt. In der Vielfalt von Szenen und Milieus drückt sich die Vielfalt des sozialen Raums aus, d.h. auch die Vielfalt möglicher Kombinationen von ökonomischem und kulturellem Kapital.

Die Zugehörigkeit zu einer bestimmten Szene fungiert als ein wichtiges Ordnungskriterium, als Kriterium gegenseitiger Ab- und Ausgrenzungen. Dennoch fand ich eben gerade interessant, wie die Befragten sich selber und ihre Umwelt zwar durchaus bestimmten Szenen zurechnen können, wie aber die hierarchische Verortung dieser Szenen doch auch immer wieder durchscheint: dass die Befragten mit bestimmten Szenen durchaus einen bestimmten sozialen Status verbinden, der sich an einem »oben«-»unten«-Schema als einem, so schliesse ich, für sie dominanten Ordnungskriterium orientiert. Auch der von dir angesprochene KV-Mann sagt ja zum Beispiel, dass er und seine Kollegen »nicht die krassen Homies, die harten Siechen« seien, da dies »nicht dem Umfeld, wo wir herkommen« entspreche: »Wir sind alles Einfamilienhäuser-Jungs. Es wäre falsch, wenn wir uns wie jene aufführen würden, die beispielsweise im Kreis 4 aufgewachsen sind.« Der Mann hat also eine implizite Vorstellung davon, wo sich die Szene, die ihm gefällt, in der gesellschaftlichen Hierarchie einordnen lässt. Diese Sensibilität für eine gesellschaftliche Hierarchie ist auch dort erkennbar, wo Jugendliche über die ihnen bekannten Jugendszenen sprechen: Natürlich sind für die Jugendlichen auch inhaltliche Unterschiede zwischen den verschiedenen Szenen relevant, doch zeigt sich in ihren Äusserungen auch, wie solche Szenen oft hierarchisch eingeordnet werden. Eine Gymnasiastin spricht von den »kleinen Hip-Hoppers«, die sich vor allem in der Realschule finden lassen (mit »klein« assoziiert sie also etwas »niedriges«, einen niedrigeren Status), umgekehrt ist von »reichen Skatern« die Rede, die sich vor allem am Gymnasium tummeln. Es ist auffallend, dass gerade die Jugendlichen unter euren Befragten solche »oben«-»unten«-Zuweisungen besonders explizit vornehmen. Ich deute dies als Ausdruck davon, dass in der Jugendphase und Adoleszenz nicht nur Identitätsbildungsprozesse wichtig sind, sondern dass in dieser Lebensphase entscheidende Schritte der sozialen Positionierung vollzogen werden (Berufsfindung) und damit das Zugewiesenwerden bzw. das Hineinfinden in eine gesellschaftliche Hierarchie hochvirulent ist.

FC Betrachten wir einmal die Älteren der Befragten. Zwar nicht als Argument für die Zugehörigkeit zu einer Gruppe, jedoch als persönlicher Wert ist für den Marken-Werbeträger nicht nur wichtig, »wie ein Kleidungsstück aussieht, was es repräsentiert,« sondern auch »die Message des Brands«. Er würde nie etwas kaufen, »wenn nur der Style cool ist.«

EM Damit sprichst du an, was einzelne damit verbinden, wenn sie eine bestimmte Marke tragen; was sie damit ausdrücken möchten. Ich denke, dass dieses Bedürfnis mit zunehmendem Alter – wenn

Irina Müller, Markenkonsumentin

Martin Ritter, Markenkonsument

wichtige Positionierungsschritte stattgefunden haben, wenn mehr kulturelles Kapital vorhanden ist – tendenziell zunimmt. Grundsätzlich ist aber auch dieses Bedürfnis und die Fähigkeit, etwas Bestimmtes mit einer Marke auszudrücken oder sich mit der »Message« eines Brands zu identifizieren, etwas, das von der Position abhängt, die du im sozialen Raum einnimmst. Ich würde behaupten, dass es bei Weitem nicht in allen Milieus und nicht für alle Akteure darauf ankommt, ob und wie gut du die »Message« überhaupt kennst. Die meisten Interviewten gehören unserem Milieu an, in dem tendenziell mehr kulturelles als ökonomisches Kapital vorhanden ist (Gymnasiastinnen, Kulturschaffende), weshalb auch in den meisten Interviews ein grosses Bedürfnis und Fähigkeiten zum Ausdruck kommen, bewusst mit Marken umzugehen und diese bewusst einzusetzen.

Damit ist ein weiterer interessanter Aspekt angesprochen, der in den Interviews gut erkennbar ist: dass nämlich der (ökonomische) Wert einer Marke per se noch wenig Aussagekraft hat. Viel eher ist es die spezifische Art des Umgangs mit einer Marke, die Art, wie eine Marke eingesetzt, wie mit ihr gespielt wird, was den Unterschied macht.

DIESES WISSEN IST KULTURELLES KAPITAL, UND WER KULTURELLES KAPITAL BESITZT, KANN DAMIT NICHT ZULETZT SEIN ÖKONOMISCHES KAPITAL AUFWERTEN ODER EIN WENIGER AN ÖKONOMISCHEM KAPITAL KOMPENSIEREN.

So erzählt zum Beispiel eine der Gymnasiastinnen, dass ein »Zuviel« an Markenartikeln in ihren Kreisen schnell einmal übertrieben wirke: Man signalisiere damit ja nur, dass man unbedingt dazugehören wolle. Für sie – und in ihren Kreisen – komme es hingegen darauf an, dass man wisse, wie man einzelne teure Stücke individuell kombinieren könne: Als Gymnasiastin, deren finanzielle Mittel es noch nicht erlauben, beliebig viele Markenartikel zu kaufen, konstruiert sie damit ein Gegenkonzept zur Gleichung »teurer = besser«, indem sie dem platten Reichtum Kreativität gegenüberstellt – man könnte auch sagen: diesen herausfordert.

Ein anderes schönes Beispiel findet sich bei der 38-jährigen Kunstschaffenden, die im Laufe ihrer Karriere vergleichsweise viel kulturelles Kapital erworben hat (eingangs des Interviews erzählt sie von drei Diplomen). In ihren Erzählungen über ihren Umgang mit Marken signalisiert sie ein ausgeprägtes Bewusstsein für die Qualität bestimmter Marken: Es sei für sie sehr wichtig, dass das Material stimme, der Schnitt schön sei etc. Mit diesem Bewusstsein für Qualität signalisiert sie, dass sie weiss, wann dies der Fall ist, oder anders gesagt: Sie bringt damit ihr kulturelles Kapital zum Ausdruck. Ihr kulturelles Kapital in Form spezifischen Wissens zeigt sich auch darin, dass sie kleine, anderen noch unbekannte Marken kennt und mag, und dass ihr dieses Wissen (über welches sie sich wiederum vom »platten«, ästhetisch wenig geschulten Reichtum absetzt) wichtig ist. Dazu passt, dass sie bei ihren Prada-Artikeln vorsichtig alle Schildchen abmontiert: Auf die Qualität, die sie mit Prada verbindet, möchte sie nicht verzichten, jedoch darauf, den Eindruck zu erwecken, als sei sie bei ihrer Kleiderwahl auf teure, für alle erkennbare Marken angewiesen. Ich bin mir ziemlich sicher, dass sie demgegenüber die Schildchen einer kleinen Geheimtipp-Marke nicht abmontieren würde.

FG Dass sie dezente Labels mögen, betonen die meisten. Grosse, auffällige Schriftzüge wie bei Dolce&Gabbana werden gemieden, »denn jeder weiss man ja, was es ist«, wie ein Interviewter betont. Nicht nur sie selber wissen es: Alle Eingeweihten, Insider erkennen die jeweiligen Marken am Design, an typischen Stoffen oder einer speziellen Naht. So kann auch Understatement im Umgang mit Marken gezielt eingesetzt werden. Denn letztlich spielt es immer eine Rolle, »wie man auftritt, was man darstellen möchte«, so die Künstlerin. Ihr ist anscheinend Glaubwürdigkeit und Genauigkeit in der Darstellung dieses »Was«, die richtige Dosierung, sehr wichtig.

GM Ja, und dieses Wissen, wie man etwas richtig darstellt, wie man etwas richtig dosiert, ist eben genau das, was kulturelles Kapital ausmacht. Wer sich gemessen an seiner gesellschaftlichen Position zu teure Marken kauft und nicht weiss, wie er diese einsetzen soll, wird rasch enttarnt als einer, der sich durch die Markenartikel »nur privilegieren« will, wie es eine junge Frau ausdrückt. Das Erschleichen eines höheren Status durch den Erwerb von teuren Markenartikeln funktioniert nicht. Und wer – noch schlimmer – Fälschungen ersteht, wird von etablierteren Kreisen durch Verachtung sanktioniert, wie dies in den Interviews mit den Befragten verschiedentlich zum Ausdruck kommt; ein Mechanismus, über den die Gültigkeit von Marken als Symbol für einen bestimmten gesellschaftlichen Status gefestigt wird. Interessant fand ich übrigens zu sehen, wie die Verachtung gegenüber Fälschungen auch von Personen geäussert wird, die selber zwar noch nicht zu den etabliertesten Kreisen gehören, ihren Lebensstil jedoch als Massstab ihres eigenen Strebens betrachten: So würde der KV-Angestellte, der Armani und andere Edelmarken als das Mass aller Dinge betrachtet, niemals Fälschungen tragen. Hingegen freut er sich darüber, sich hin und wieder einen teuren Markenartikel als »Zückerchen für den Alltag« leisten zu können. Fälschungen würden die innere Ordnung und die Massstäbe, nach denen er sein Leben ausrichtet – man arbeitet hart, um sich etwas leisten zu können –, unterwandern, und entsprechend scharf missbilligt er sie: Man könne schliesslich »nicht rumlaufen wie einer, der sich etwas leisten kann, und dabei kann man es gar nicht«, findet er, dies sei ein »Vorspiegeln falscher Tatsachen«.

FG Anders als bei unseren Interviewten, von denen sich lediglich der junge Sekundarschüler zu Markenfälschungen bekennt – sofern es »schöne Fälschungen« sind –, haben wir bei unseren Strassen-Feldforschungen an verschiedenen Orten der Zürcher Innenstadt ⑤ kaum negative Äusserungen dazu gehört. Solche von Burberry, Gucci, Louis Vuitton oder Dolce&Gabbana wurden genannt, vor allem von Jugendlichen, nicht Kaufkräftigen. Sie werden getragen, weil ihnen das Original gefällt. Als wir sie ganz allgemein danach gefragt haben, was sie mit »gefallen« meinen, herrschte verbreitet Sprachlosigkeit oder Schulterzucken, oft hörten wir die Antwort: »Ich weiss nicht.« Es wurden etwa Attribute wie »schön«, »cool«, »hat Style« zugeschrieben, konnten jedoch nicht genauer erklärt werden. Ein differenzierteres Vokabular zur Umschreibung der Markenästhetik wird anscheinend zu deren visueller Wahrnehmung und Taxierung nicht unbedingt benötigt. Vermutlich trägt sie oft unbewusste Züge.

GM Auch das differenzierte Vokabular ist natürlich davon abhängig, ob du das entsprechende Wissen hast, wie viel Zeit du dafür investiert hast, dich im Rahmen spezialisierter Ausbildungen oder auch in deiner Freizeit mit solchen Thematiken auseinanderzusetzen. Doch ob bewusst oder nicht, ob artikulierbar oder nicht:

GRUNDSÄTZLICH KÖNNEN WIR DAVON AUSGEHEN, DASS GESCHMACK ZWAR ETWAS INDIVIDUELL EMPFUNDENES, JEDOCH ETWAS SOZIAL BEDINGTES IST.

Wenn zum Beispiel der vorher bereits erwähnte junge Mann sagt, dass er sich gerne »gepflegt« und »sauber« kleidet, so lässt sich dies gut im Zusammenhang mit seiner beruflichen Position als KV-Angestellter in einem Speditionsbetrieb deuten: Über seinen Stil grenzt er sich von (in der Natur der Sache liegend schmutziger) Arbeiterkleidung ab und deutet an, dass ihm das Schöne und Gepflegte zum Ausdruck eines erfolgreicheren sozialen Status und als Orientierungshorizont dient. Ein anderes Beispiel sind die Adjektive »zurückhaltend« oder »dezent«, die in den Gesprächen von jenen Personen benutzt werden, die besonders viel kulturelles Kapital besitzen. Das Understatement, das du vorher angesprochen hast, dient ihnen als Distinktionsmittel gegenüber allem Pompösen, gegenüber einem platten zur Schau Stellen von Luxus und damit gegenüber jenen Milieus und Personen, in denen vorwiegend ökonomisches Kapital, jedoch vergleichsweise wenig Sinn für Qualität und Ästhetik vorhanden ist. Hinter Adjektiven wie »sauber« oder »dezent« verbirgt sich also jeweils ein gesamter Lebensstil, eine je eigene Art der Verortung in der sozialen Welt, die durchaus nicht immer bewusst sein dürfte.

FG Wir haben noch weitere Beobachtungen auf der Strasse gemacht, die zwar eher oberflächlich sind, doch eine gewisse Tendenz aufweisen: Es existieren lokale und tageszeitlich bedingte Markendichten respektive -brachen. Beispielsweise tragen tagsüber beim »Puls 5« und am Escher-Wyss-Platz viele Jugendliche, meist BerufsschülerInnen aus Informatik und KV, keine bestimmten Markenkleider oder äussern sich zumindest markenuninteressiert, an der Bahnhofstrasse und am Limmatquai hingegen sind Marken in breitem Spektrum vorhanden. Beispielsweise ist die Submarke D&G bei Jugendlichen, Burberry und Louis Vuitton bei unterschiedlichen Altersgruppen zu finden. Mittags am Limmatplatz tragen die beobachteten BerufsschülerInnen – vor allem handwerklicher Lehrberufe – neben verschiedensten Jeansmarken verbreitet D&G, oft Fälschungen, wie mehrere angesprochene Jugendliche bestätigen. Diese Marke scheint hauptsächlich bei Secondos und Seconda aus Italien oder Ex-Jugoslawien beliebt zu sein. Was ich damit sagen will, ist: Es herrscht eine gewisse Unübersichtlichkeit, die ein »Kartografieren« der Marken in Bezug auf Alter, soziale und ethnische Herkunft oder Gruppenzugehörigkeit erschweren würde.

GM Die Unübersichtlichkeit ist ein Ausdruck der gesellschaftlichen Individualisierung im Sinne einer Ausdifferenzierung von gesellschaftlichen Milieus. Die klaren und vergleichsweise einfachen Hierarchien und Spielregeln früherer Gesellschaftsordnungen sind vorbei. Stattdessen gibt es heute eine Vielzahl unterschiedlicher Lebenslagen, Hierarchien haben sich verfeinert und sind gegenüber früher auch stärkerem Wandel unterworfen. Es ist eben, um nur ein Beispiel zu nennen, tatsächlich etwas anderes, ob du nun als Seconda eine KV-Lehre absolvierst oder ob du dies als Kind einer Architektenfamilie tust: Als Seconda bringst du andere Erfahrungen und Ressourcen mit, deine Verortung im sozialen Raum ist eine andere, du bist daran, einen gesellschaftlichen Aufstieg zu vollziehen, daran, dem Reichtum der Etablierten etwas näher zu kommen – was du dann zum Beispiel gerne durch das Tragen von D&G zum Ausdruck bringst. Umgekehrt kann die beobachtete Betonung auf dezenten und unaufdringlichen Styles als Strategie gedeutet werden, sich (wiederum durch den Einsatz von kulturellem Kapital) von sozialen Aufsteigerinnen und Aufsteigern symbolisch abzugrenzen. In diesem Sinn sehe ich die Prozesse der Aneignung und der Umdefinition von Marken, wie sie auch in den Interviews aufscheinen, eng verbunden mit Prozessen von gesellschaftlichem Aufstieg und Abstieg und den damit zusammenhängenden Inklusions- und Exklusionsbestrebungen. Die konstatierte Unübersichtlichkeit ist also nicht das Resultat von Beliebigkeit, sondern das Resultat einer hoch ausdifferenzierten und wandelbaren Gesellschaft, die ihre Positions- und Imagekämpfe auch auf symbolischer Ebene austrägt.

1 Im Herbst 2006 hat das BB&B-Forschungsteam einstündige Leitfadengespräche mit acht Personen aus Zürich/Umgebung geführt und auf Video aufgezeichnet. Die Interviewten bewegen sich in unterschiedlichen Szenen, sind von verschiedener beruflicher Herkunft, zwischen 15 und 38 Jahre alt und haben alle ein persönliches oder professionelles Interesse an Marken. Die Zitate im Text wurden von den Autorinnen bearbeitet, d.h. teilweise gekürzt und von Füllwörtern befreit.

2 Als »narratives Interview« wird eine Interviewform bezeichnet, in der die inhaltliche und formale Gestaltung des Gesprächs weitgehend der interviewten Person überlassen wird und in der Erzählungen (in Abgrenzung zu Argumentationen, Beschreibungen etc.) die dominierende Gesprächsform darstellen.

3 Im Dezember 06 führte dasselbe Forschungsteam gefilmte Strasseninterviews (»Puls 5«, Bahnhofstrasse, Limmatquai) mit Jugendlichen durch, wobei folgende Fragen gestellt wurden: Welches ist deine Lieblingsmarke? Weshalb? Welche Marken trägst du momentan auf dir?
Im März 07 wurden Personen jeglichen Alters auf der Strasse (Limmatplatz, Escher Wyss Platz, Bahnhofstrasse) angesprochen, die Burberry, Louis Vuitton oder Dolce&Gabbana trugen und sich als Fans dieser weit verbreiteten, in ihren Werbemotiven sehr unterschiedlichen Marken bezeichneten. Einige konnten als Modelle für die in dieser Publikation publizierte Fotoarbeit von Isabel Truniger gewonnen werden, wobei sie in ihren eigenen Markenkleidern die Werbung der entsprechenden Brands in den entsprechenden Posen nachstellten.

THERE'S A BRAND NEW DANCE BUT I DON'T KNOW IT'S NAME THAT PEOPLE FROM BAD HOMES DO AGAIN AND AGAIN IT'S BIG AND IT'S BLAND FULL TENSION AND FEAR THEY DO IT OVER THERE BUT WE DON'T DO IT HERE.

David Bowie, Fashion, 1980

FAMOUS AND

BODY AND BRAND – THE BODY AS THE BRAND

FLAVIA CAVIEZEL THE BODY IS BEING COVERED BY CLOTHES, FOR PROTECTION, FOR DECORATION, FOR APPEARANCE. THE BODY IS BEING MODELLED AND DESIGNED. THOSE WHO FOLLOW TRENDS, MODEL AND DESIGN FOR A CERTAIN PERIOD OF TIME, THOSE WHO UNDERTAKE INSCRIPTIONS LIKE TATTOOS, USUALLY FOREVER. A TRANSFORMATION TO A PERSONAL, INDIVIDUAL BRAND, THAT, BY ITS ADAPTATION, IS NOT MERELY AN END IN ITSELF BUT REVEALS ITSELF ONLY BY BEING PERCEIVED BY A COUNTERPART VIEWER. THEREFORE, THE WIDELY ACCEPTED CREDO IS: CATCH AN ADMIRING EYE; THE STRATEGY: THE CONSPICUOUS POSE.

The staging of the "self" requires adequate locations, public stages of self-presentation. In this context, virtual spaces enjoy increasing popularity. The limits of the local scene can be surpassed by unlimited circulation. Zurich takes place in Tokyo or New York City, too. Internet platforms like tillate.com, representative of national and international party-places and their visitors, attract attention by the eye-catching poses captured on camera. A short indexation: there's the jaunty or wanton look of female party-goers, their heads slightly inclined; there's the yearning look of their companions; heads leaning towards shoulders, embraces and kisses where couples or groups stage themselves. They look straight into the camera lens, as if they – imperatively – wanted to communicate with their future viewers. Less conspicuous postures, reticent, shy, and mysterious looks are rare. As soon as the picture shows a number of people, there's an individual strive for the viewers' attention, gestures and mimics are exaggerated: an even more expressive pose and sweeping gestures are emphasised by personal styles and adopted brands, showing off the logos and labels more or less conspicuously.

At the same time, the brand itself works like a pose, accentuating a posture in order to impress and to be exhibited. Just like the carefully staged body, the brand, too, sooner or later, and according to its conspicuousness or its discreteness, tries to catch the eye and to "communicate". The stereotypes of the portraits concerning posture, gesture, or mimics are matched – almost as conspicuously – by the aesthetical uniformity of cadrages, camera angles, camera perspectives that convey a certain, maybe not even unattractive formal unity to the photo gallery but actually contradict its intention.

Similar phenomena can be observed with online-communities: users become models, either by having pictures of themselves taken or taking them themselves. Here, the formal staging of the poses is more diverse: the camera is held on eye-level, or in bird- or frog perspective; cadrages range from totals to close-ups; the body being positioned in front of the camera, directly addressing the viewer; the body shown from the side, in order to draw the attention to accessories like the metal logo on the belt; the body from behind, to show off the embroidered logo on the jeans pocket as well as the body curves. The positions of the body vary: one time like a wildcat spread out on the carpet, then sitting on a sofa, often in upright position, in front of a mirror – a favourite in self-portraits. Digital media, as opposed to painting, allow fast production and immediate access to the (self-made) picture. It can be changed any time if it doesn't please any longer, it can be turned into a series, representing different aspects of a person.

The postures taken show conformity. Like party-folks, the people want to attract attention: by cool, seductive or mysterious looks straight into the lens, by the sexualization of the body, by scarce, dessous-like garments, or the presentation of their naked belly. The close-up character of the belly pictures – often there's only part of the body, from the waist to the hip, to be seen – is tagged by labels on the underwear or belts ascribing specific qualities to the pictured person.

In contrast to party pictures, here there's this gaze into the distance, or closed eyes, or the display of their absorption with themselves – like when playing the guitar, similar to the album cover pictures of pop stars. The focus clearly is on the photographic moment, intended to move the imagined spectator to some reactions later. The virtual world meets the "real" one. The extended field of vision is the internet, where the portrayed want to communicate and interact with the viewers. *Self-branding*, the styled and posing body, seems to be of greatest importance. Fashion brands are considered pledges compatible with one's identity and individuality, and, according to taste, used in a more or less accentuating way, or not at all. The reasons for the temporary ups and downs, which brands go through to a certain extent, are related to the fact that the development of one's identity can be considered an open, uncompleted process. "Identity" is relative in so far as it always – and in particular for teenagers – seems to create frictions between a "self" and its environment,

DANDY

or "life" generally.

IDENTITY NOT ONLY CONSISTS OF THE SELF-IMAGE, BUT OF THE IMAGINATIONS OF OTHERS, TOO.

INDIVIDUAL CREATIVE TRENDY

During adolescence, e.g., there is this desire to adopt the norms of social groups who influence one's identity formation. They help in the orientation, in the choice of identification possibilities. Youths want to be affiliated to one special group or dissociated from other "scenes", respectively. This can be noticed in the appearance: outfit and accessories – branded or, specifically, not branded – serve as a statement about oneself: characteristics, preferences, style, fashion likes or dislikes – trends with a short half-life – or, more constant, "anti-fashion". "*I am able to display something of my inside by my outfit: I like being neat and trim, a clean look, and that's why I dress that way.*" (Martin Ritter)

In order to recognise the norms and general framework of chosen scenes or sub-cultures, one has to observe things very closely. One acts within a framework of appreciation, styling by imitation – but only up to a certain point in order to retain a certain perceivable individuality. Copying within one group is frowned upon. "*You don't want to be put into whatever comes along, you want to be special, individual. To wear things others wear, too, for me is a sign that somebody lacks creativity.*" (Irina Müller)

The media (MTV, VIVA), magazines, or stars are considered a help in orientation (not only) for those who want to be up-to-date. Movie or music stars or the jet set are imitated not only with regard to their choices in fashions or brands but even in their postures in front of the camera. Fans strive to style themselves just like celebrities style themselves, or are being styled respectively, to become a "brand". Celebrities or prominent partygoers like Paris Hilton or the rapper Siqó pose with Ed Hardy caps, their heads inclined in strikingly similar angles, or with the "finger on the cap". "*The influence of celebrities on me is in no way larger than that of people from the same school, if they have style.*" (Eva Wyler)

As we know, trends are a game with (or against) time: they constantly change, there isn't any sustainability. Cheap outfits and fakes render the seasonal update affordable for every wallet, make a permanent transformation possible. The performance, the transformation and reinvention of the self were already enjoyed before we were familiar with the possibility to construe virtual identities. On party pictures, too, we notice the poises imitating cross-gender practices 1, causing speculation: lesbian (?) women couples seem to imitate heterosexual couples (in love?), one woman playing the role of the man, the other that of the woman. The positioning of the arms, the looks, and the tongue plays are strikingly identical.

TRANSFORMED REPRODUCED ADOPTED

Not only persons, brands, too, experience transformations. Lonsdale, e.g., the brand founded in 1960 and originally established in London's boxing milieu, experienced transformations of the most different kinds in the course of its history: from the boxing sports and music scene (Ska, Punk, New Wave, Gabber, Hardcore) to the heterogeneous skinhead sub-culture (ranging from left wing

Eva Wyler, brand consumer

Martin Ritter, brand consumer

"anarchos" to Oi! and Nazi-skins) and the ultra-scene in European soccer stadiums. Commercialisation and mainstream increasingly diluted sub-cultural scenes, thus enabling Lonsdale to aggrandise its sport and lifestyle brand. Today, the brand is worn without reference to the sub-cultural or political background, for many as matter of course as Champion or other sports brands.

The house Burberry, which celebrated its 150 years of existence in 2006, and which is based on "Quality, innovation and style" ever since its foundation, presents itself more traditional. The photo gallery of the Burberry 2006 fall fashion collection, with Kate Moss and male models reminiscent of the English pop scene, and its presentation evoke Oxford rather than Cockney English, in contrast to pictures on internet forums like www.chavscum.co.uk where the Burberry checkers took a totally different direction: toward chavs and chavettes, as they call themselves, regarding themselves as part of the British lower classes. In their looks and gestures very often there seems to be a gleam of the dreariness of an every day life characterised by poverty, unemployment, and violence. Besides inconspicuous pictures of people in subways, streets and small living rooms, above all wanting to show off themselves and their checker outfit, more expressive attitudes borrowed from hip-hop attract attention: unambiguous gestures with middle fingers and beer bottles, now and then threatening gestures with metal accessories.

Burberry, especially as a fake, for a certain time, was used as a pointer for peer identification. Today, it is difficult to find any Burberry picture entries. Apart from sub-cultural scenes, "chav" and "chavvy" have been used, during the past years, for celebrities like the Beckham's or Prince Harry in order to characterise them in a negative way by drawing attention to their garishness, alcohol excesses, fits of violence – stereotypes of the chav image. *"Earlier, quality brands and street labels went different directions. Meanwhile, you can see Burberry in St. Moritz but at any soccer game, too."* (Martin Ritter)

This meandering of brands through various contexts of life of the people wearing them indicates that they play a rather subsidiary role in the final "taxation" of these persons, even if their posing and acting seem to suggest the opposite.

THE BODY IS COMPETING WITH THE BRAND.

The latter can merely affirm the image construed by the perception of a person, complete it, or put it into perspective. The body as a brand, with this conspicuous expression, in the end, is stronger than the brand on the body. And certainly in the seduction of the looks thrown on it.

[1] Persons don't behave according to their specific gender role but (pretend to) identify themselves with another. In the classical western sense: a man dresses and behaves like a woman and vice versa.

References
Hartmut Böhme; Fetischismus und Kultur. Eine andere Theorie der Moderne, Reinbek b. Hamburg 2006
Elena Esposito; Die Verbindlichkeit des Vorübergehenden. Paradoxien der Mode, Frankfurt a. Main 2004
www.sexualityandu.ca. Cross-Gender Identity.
http://en.wikipedia.org/wiki/Lonsdale_(brand)
www.chavscum.co.uk
www.urbandictionary.com/
http://en.wikipedia.org/wiki/Chav
chav_nid_34398.html

CONFUSINGLY COMPLEX, BUT NOT ARBITRARY
BRAND RESEARCH IN THE FIELD. AN E-MAIL CONVERSATION
FLAVIA CAVIEZEL & EVA MEY

FC You saw the video-graphed talks [1] we had with eight different persons. What did you – as a sociologist usually confronted with narrative forms [2] – notice in particular?

EM It's interesting how the questioned persons, on a very conscious level, elucidate the way how they interpret their environment with the help of brands: they describe how brands provide a "first impression", a first help in judging a vis-à-vis – which primarily means: how to assess somebody's social status. And it is interesting how clearly and consistently some of the questioned persons classify the brands they know along "high" – "low" scales: the interviews exemplify how brands are perceived as one way to express a certain position in the social hierarchy. One of the interviewed high-school girls told us to what extent "higher (quality)", meaning expensive or more expensive brands are a matter of discussion among her friends, and how the fact that you possessed a handbag of a certain, especially expensive, brand implied that you had reached "the top". For another high school girl interviewed, the social scale begins "at the top" with the "rich kids" wearing Polo Sport, and ends all the way down with "less affluent people" wearing "whatever comes along", meaning: no brand products. The third questioned teenager, too, is highly conscious of the respective (economical) value of each brand, and of the direct relation between the value of a brand and social positions: "That's somebody rich", is his comment, looking at a photo picturing a man wearing a Quicksilver cap.

The interviewees, however, emphasise that just wearing or possessing a certain brand product does not suffice to automatically ensure a certain prestige. One of the high school girls reports that she always gets suspicious "if a teenager who's going to be a bricklayer or a painter" wears expensive brands. But wearing a certain brand might improve conditions "when you're starting out", as one of the interviewees thinks. The teenagers, first, have to prove themselves; this means that the total appearance of a person, his or her behaviour has to be "consistent", has to be "adequate" – only then they will get the lasting respect the wearing of the specific brand would claim.

FC This probably includes the "compliant behaviour" within a certain group or scene one is associated with, or wants to be affiliated to. There seem to be strict rules and a common understanding what the conditions for inclusion or exclusion are: one of the interviewees remarks that the affiliation to a group often is determined by brands or style. The role models usually are movie or music stars or people from the show business. The same young man, a shop assistant affiliated to the hip-hop scene, mentions the affinity to certain musicians and fashion brands (Com8, Bullrot). "These people are cool", you try "to be part of the music by wearing the same outfit". How would you classify such affinity, connected with a scene or life style rather than a hierarchy?

EM In society, there are a lot of different environments and scenes with their respective lifestyles, and some of them are connected with certain brands. These scenes aren't "free floating", but can very well be categorised. In other words: what a person wears, which style he or she prefers, which scene they feel belonging to, they might consider a result of their own free choice. But in fact, these aspects show where this person stands in society, and which road he has been taking. This means, moreover: which experiences they made and which resources, how much economical and cultural capital (in the sense of education, knowledge and specific attitudes) they have at their command. The variety of social scenes and environments, at the same time, shows the variety of possible combinations of economical and cultural capital.

The affiliation to a certain scene is an important indicator for classification, a criterion for mutual inclusion or exclusion. I think it's very interesting how the interviewees consider themselves and their environment associated with a specific scene, and how, on the other hand, the classification of these scenes shows through, too: that the interviewees clearly connect a specific scene with a specific social status, orienting themselves along a, I assume, dominantly "high" – "low" structure. The shop assistant you mentioned, too, e.g. remarks that he and his colleagues do not belong to the "crass homies" (derived from "home boys") or the "real tough guys", since this would not "go with the background we come from – we grew up in single family homes. It wouldn't be ok, if we behaved like guys from, e.g., Kreis 4 (a former working class quarter that has changed into a red light district over the decades)". The young man has an implicit notion how the scene he likes would be classified. This sensibility for social hierarchies can also be noticed when teenagers talk about the youth scenes they are familiar with: of course, differences with regard to contents, e.g., between various scenes important to them, but the teenagers' remarks often also show how such scenes are hierarchically classified. The high school girl talks about the "little hip-hoppers", above all to be found in lower types of schools, "little", in this case, denoting something "lesser", a lower (social) status, on the one hand, and "rich skaters", usually to be met in high schools, on the other hand. It is striking, that among all interviewees it's especially the teenagers who explicitly grade from "high" to "low". I interpret this as indicating the fact that, particularly in teenage years, it's not only identification processes that are important, but that, during adolescence, important steps are made with regard to social positioning (decisions regarding professional orientation), and that, thus, the process of entering a social hierarchy is highly virulent.

FC Let's have a look at the grown-ups questioned. Here, it is not with regard to their affiliation to one group, people wearing brand products place a personal value not only on "what an outfit looks like, what it represents", but "which message the brand carries", too. They'd never buy something "if only the style is cool".

EM You are referring to the associations people have wearing a specific brand; what they want to express by that. I think this tendency increases with increasing age – important steps of positioning themselves lie behind them, there's more cultural capital involved. But basically, this need and the capability to express something specific by wearing a certain brand, or to identify oneself with the "message" of a brand is something connected with the position you have in society. I think it does not really matter in all scenes and to all actors, if and how well you know the brand. The majority of the interviewees belong to an environment characterised by more cultural and less economical capital (high school kids, artists, intellectuals, etc.) which is proved by the fact that the interviewees express their desire and capabilities to deal consciously with brands and to apply them knowingly.

That refers to another interesting aspect the interviews show: that the (economical) value of a brand alone does not tell a lot. It's the specific way how a brand is dealt with or applied, how people play with the brand that makes the difference.

SUCH KNOWLEDGE IS CULTURAL CAPITAL, AND WHOEVER POSSESSES CULTURAL CAPITAL, CAN, THUS, LAST BUT NOT LEAST, ENHANCE HIS OR HER ECONOMICAL CAPITAL, OR COMPENSATE THAT "LESS" IN ECONOMICAL CAPITAL.

One of the high school girls, e.g., reports that a "too much" in brand products, in her circles, pretty soon seems exaggerated and is frowned upon: it only signals that the wearer wants to be affiliated to the group. For her – and the others in her groups – it is much more important to know how single, expensive pieces can be individually combined: being a high school girl whose financial means do not yet allow her to buy (no matter how) many brand products, she construes a concept opposing the equation "more expensive equals better", contrasting blatant richness with creativity, or – to put it another way: challenging mere richness.

Our 38 year old artist gives another good example for having accumulated, in the course of her occupational career, a lot of cultural capital (at the beginning of the interview she told you that she had three diplomas). She signals a pronounced consciousness concerning the quality of certain brands: It is very important for her that the material is right, that the garment has a beautiful cut, etc. With this consciousness for quality she signals that she knows whether her demands are fulfilled, or, in other words: she, thus, reveals her cultural capital. Her cultural capital in the form of specific knowledge is also revealed by the fact that she knows and likes smaller, yet unknown brands and that she appreciates this knowledge (again, distinguishing herself from "blatant" richness involving little aesthetic competence). It fits the picture that she takes care to remove all the labels on her Prada products and garments: she would not want to miss the quality she connects with Prada but does not want to leave the impression that she, in her fashion choices, depends on recognisable brands. I'm pretty sure, she wouldn't remove the labels of some small brand known only to insiders.

FC The majority of the people questioned emphasise the fact that they like decent, unobtrusive labels. Large, conspicuous logos like those of Dolce&Gabbana are rejected "because one is aware enough of what it is", as one person questioned points out. It is not only them who know: all insiders recognise the various brands because of the design, the typical fabric, or a special seam. Thus, understatement can be specifically used when dealing with brands. Since, in the end, that's the artist's opinion, it's always important "how you appear and behave, what you represent". To her, obviously, the credibility and accuracy in the representation of this "what" is very important.

GM Yes, and the knowledge as to how one adequately represents something, how one accentuates something the right way, is exactly what we call cultural capital. Whoever buys brands deemed too expensive when measured against his social position, and who does not know the right way to use them, will soon be unmasked as somebody simply trying to "get privileged" by the use of these brand products, as one young woman puts it. You do not succeed in finagling a higher position only by the purchase of expensive brand products. And, according to various remarks by the interviewees, whoever acquires fakes – that's even worse – will be despised by established circles, a mechanism by which the validity of brands as symbols for a specific social status is confirmed. It was interesting to see how people not yet belonging to the "highest" levels of establishment but viewing the lifestyle they can afford as the measure of their ambitions, expressed their contempt with regard to fakes: the shop assistant, considering Armani and other quality brands as the measure of all things, never would wear a fake. But he is happy that he can afford, once in a while, expensive brand products to "reward himself". Fakes would undermine the inner order and the criteria his life is geared to – you work hard in order to be able to afford something –, and his remarks are correspondingly deprecating: "You cannot run around like somebody who can afford something, if you, in fact, can't", that's "pretending".

FC In contrast to our interviewees here, where only the young boy (from the lower type school) would accept fakes – as long as they are "beautiful fakes" –, we hardly heard any negative remarks in our street interviews, our research in the field, carried out in various places of the inner city of Zurich *S*. Above all teenagers, lacking the financial means, would mention Burberry, Gucci, Louis Vuitton, or Dolce&Gabbana.

They wear the fakes because they like the originals. When we asked them, quite generally, what they mean saying "we like them", they usually were not able to express themselves and answered with a shrug, or in some cases: "I don't know." They used attributes like "beautiful", "cool", "it has style", but they couldn't explain these expressions. Obviously, you do not need a differentiated, distinguishing vocabulary to describe the aesthetics of a brand, you just perceive and judge it visually. Probably, this taxation is very often carried out quite unconsciously.

GM Naturally, you can only have a sophisticated vocabulary at your disposal if you have the corresponding knowledge, it depends on how much time you were able to invest into these topics, either in special courses or in your spare time. But, no matter if consciously or not, if they articulate it or not:

BASICALLY, WE CAN ASSUME THAT TASTE IS SOMETHING THAT IS INDIVIDUALLY PERCEIVED, BUT, AT THE SAME TIME, SOCIALLY CONDITIONED.

If, e.g., the young man already mentioned above confesses that he likes to be "trim" and "neat", it fits his occupational position as a shop assistant in a forwarding agency and can be explained the following way: by his style, he distinguishes himself from the blue collar workers' (naturally mostly dirty) outfits, and shows that beautiful things which are being taken good care of are a means to indicate a more successful social status and help in orientation. Another example may be seen in the adjectives "unobtrusive" and "decent", used by those people questioned who have a lot of cultural capital. The understatement you referred to before is a means of distinguishing themselves from everything ostentatious, from the blatant exhibition of pure luxury, and, thus, from those scenes and people who mainly dispose of economical capital but have comparably hardly any sense of quality, or aesthetics. Behind adjectives like "clean" or "decent" you can discern a whole lifestyle, an individual kind of orientation in the social world the people, themselves, very often are not conscious of.

FC In the streets, we made a few further observations, they may be kind of superficial but showing a certain tendency: there's a certain density and a certain frequency of brands to be observed with regard to locations and times of the day. For instance, around "Puls 5" and at Escher-Wyss-Platz, a large number of teenagers, the majority of them probably attending the vocational business school, during day, do not wear branded outfits or at least seem not interested in brands, while in Bahnhofstrasse or along Limmatquai (the inner city shopping miles) you encounter a large variety of brands. You come across the sub-label D&G with teenagers, you can find products by Burberry or Louis Vuitton with people of all ages. On Limmatplatz, teenagers – most of them from the vocational school – can be seen wearing, among others, jeans by D&G, often fakes, as a number of questioned youths confirm. These brands seems to be very popular with secondos and secondas (second generation immigrants) from Italy or the ex-Yugoslav countries. What I want to say is the following: There is a large variety and complexity of phenomena, and it is very difficult to kind of "draw a map" of the brands with regard to the age, social and ethnic background, or group affiliation.

GM This confusing complexity or complex confusion shows the social individualisation with regard to the distinguishability of social scenes. Today, we no longer have any clear hierarchies or rules like we had them in former societies. Instead, we are confronted with a variety of different conditions of life, hierarchies have become more subtle and change more often than before. It does make a difference, just to give one example, if you are a seconda being trained to become a shop assistant or if you attend the same school but come from a family of architects: the seconda has totally different experiences and resources, she has a totally different social status, she is on her way up the social ladder, on her way to get a little bit closer to the establishment – and, of course, she likes to show that by wearing D&G. The other way round, the pronounced taking oneself back by wearing un-conspicuous and decent styles can be interpreted as strategy (again by using one's cultural capital) to distinguish oneself from the social climbers symbolically. In this sense, I find the processes of adoption and re-definition of brands – as the interviews show – closely connected with the processes of social ascent and descent, and the efforts (involved) concerning inclusion and exclusion respectively. The complexity observed is not a result of arbitrary behaviour but the result of the behaviour of a highly differentiated and alterable society involved in the fight for images and positions on a symbolical level.

1 In fall 2006, the BB&B-research team carried out interviews (each lasting one hour) with eight persons from Zurich and its environs, and recorded them by video. The interviewees belong to different scenes, are of different professional background, between the ages of 13 and 38, and have a personal or professional interest in brands. The quotations in the text have been partly shortened and copyedited by the authors.

2 A "narrative interview" denotes an interview in which content and form are largely left to the interviewee, and in which narratives (as opposed to argumentations and descriptions) constitute the dominant form of the dialogue.

3 In December 2006, the same research group carried out street interviews with teenagers at "Puls5", along Limmatquai, and on Bahnhofstrasse, and recorded them on film, posing the following questions: What is you favourite brand? For what reason? Which brands are you wearing right now?

In March 2007, persons of all ages wearing Burberry, Louis Vuitton or Dolce&Gabbana, describing themselves as fans of these prevalent, but in their advertising motifs highly diverging brands, were talked to in the streets (Limmatplatz, Escher Wyss Platz, Bahnhofstrasse). Some of them could be won as models (wearing their own outfit and imitating the poses of the models of the respective brands) for the photographic work of Isabel Truniger, which is part of this publication.

ADIDAS SHOES
WAS THE FLAVOR OF THE MONTH
BASHING JEWS
WAS THE FLAVOR OF THE MONTH
GENTRIFICATION
WAS THE FLAVOR OF THE MONTH
ISOLATION
WAS THE FLAVOR OF THE MONTH
WHAT WILL WE DO TO BECOME
FAMOUS AND DANDY
JUST LIKE AMOS 'N' ANDY.

The Disposable Heroes of Hiphoprisy; Famous And Dandy, 1992

TRACING TAST

FC ZÜRICH, DEZEMBER 2006: MIT VIDEOKAMERA UND MIKROPHON AUSGERÜSTET HABEN WIR JUGENDLICHE WÄHREND DER MITTAGSPAUSE IM »PULS 5« UND BEIM AUSVERKAUFSSHOPPING IM GEBIET BAHNHOFSTRASSE/LIMMATQUAI BEFRAGT. WIR HABEN IHNEN DREI FRAGEN GESTELLT:
WELCHES IST DEINE LIEBLINGSMARKE?
WESHALB?
WELCHE MARKEN TRÄGST DU MOMENTAN AUF DIR? –
DIE LIEBLINGSMARKE ZU NENNEN WAR RELATIV EINFACH. WESHALB GERADE DIESE UND NICHT EINE ANDERE, KONNTE VON DEN MEISTEN NUR ZÖGERLICH BEANTWORTET WERDEN ODER LÖSTE GAR SPRACHLOSIGKEIT, SCHULTERZUCKEN AUS. »IST SCHÖN«, »IST COOL«, »HAT *STYLE*« WAREN DIE GÄNGIGSTEN ATTRIBUTE, DIE DAS GEFALLEN EINER MARKE ZUM AUSDRUCK BRACHTEN. AUGENFÄLLIG EINFACHER WAR ES FÜR EINE GRUPPE JUGENDLICHER, DIE SICH POLITISCH RECHTS POSITIONIERTEN, INDEM SIE IHRE HALTUNG MIT DER GETRAGENEN MARKE IN VERBINDUNG BRACHTEN UND KEINE ÄSTHETISCHEN KRITERIEN BEMÜHEN MUSSTEN.

FC ZURICH, DECEMBER 2006: EQUIPPED WITH MICROPHONE AND VIDEO CAMERA, WE INTERVIEWED TEENAGERS DURING THEIR LUNCH BREAK AT "PULS 5", AND HUNTING FOR SALES BARGAINS ON BAHNHOFSTRASSE AND ALONG LIMMATQUAI. WE ASKED THEM THREE QUESTIONS:
WHAT IS YOUR FAVOURITE BRAND?
FOR WHAT REASON?
WHICH BRANDS ARE YOU WEARING RIGHT NOW? –
FOR MOST OF THEM, IT WAS EASY TO NAME THE FAVOURITE BRAND. BUT THE MAJORITY HARDLY COULD EXPLAIN WHY, ANSWERED HESITANTLY OR NOT ALL, OR WITH A SHRUG. THE ATTRIBUTES USED FOR COMMENTING THEIR PREFERENCE MOST OFTEN WERE: "IS BEAUTIFUL", "IS COOL", "HAS STYLE". A GROUP OF TEENAGERS THAT POSITIONED THEMSELVES POLITICALLY RIGHT WING, OBVIOUSLY, HAD A LOT LESS DIFFICULTIES BECAUSE THEY SAW A CONNECTION BETWEEN THE BRAND AND THEIR ATTITUDES, AND NO NEED TO USE CRITERIA OF AESTHETICS.

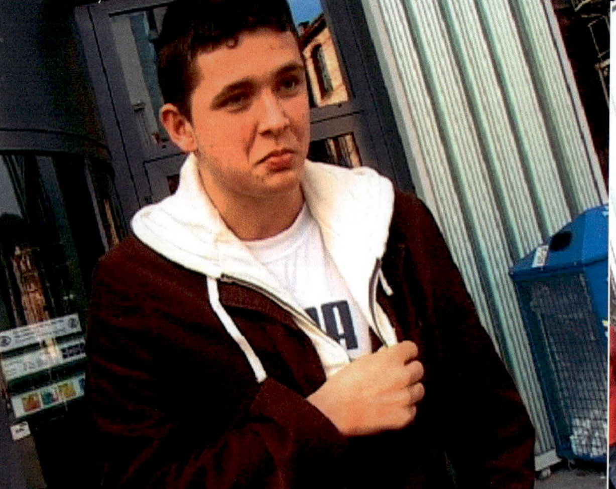

Puls5_061211

Puls5_061211

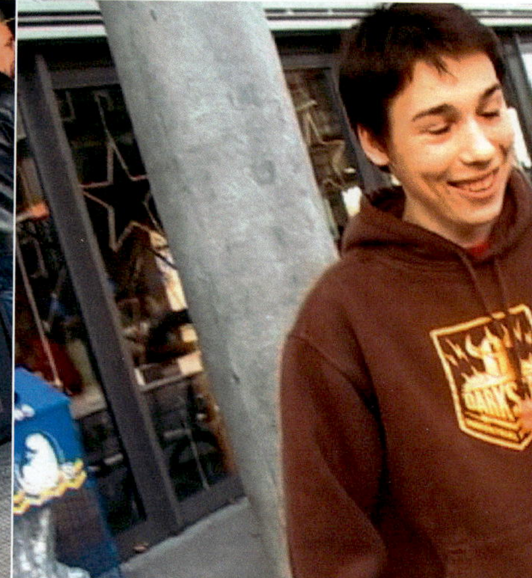

Puls5_061211

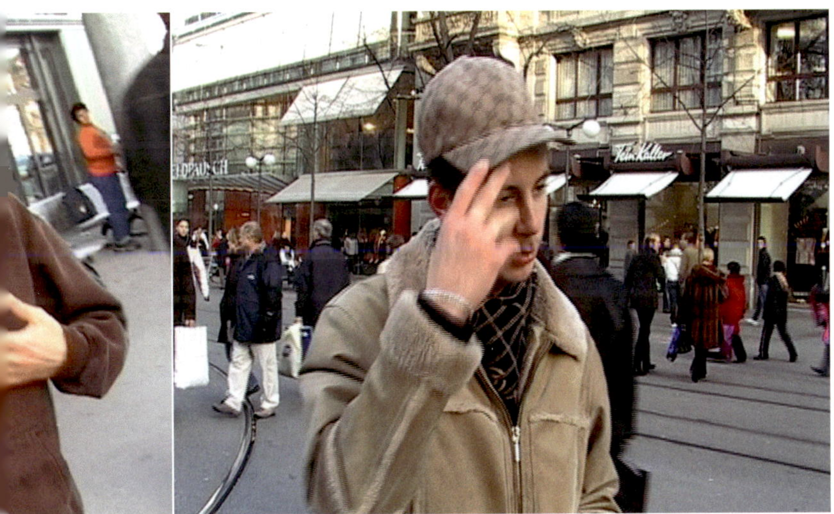
Puls5_061229

"WITH PRADA, I'M IN CONFLICT BECAUSE OF THE RED THING. WHENEVER POSSIBLE, I REMOVE IT. I DON'T WANT THE LABEL TO BE SEEN BUT SIMPLY: SUPER CUT, HIGH QUALITY MATERIAL! THERE ARE A LOT OF BRANDS TRYING TO ASCERTAIN THEIR IMAGE MERELY BY RECOGNITION, THAT'S IRRITATING."

Zilla Leutenegger, brand consumer

"THERE ARE NO TRENDSETTERS IN MY SCENE. THERE ARE PEOPLE IN THE STREETS, WHOM I FIND COOL, WHO WEAR SOMETHING THAT INSPIRES ME."

Sarah Keller, brand consumer

"IF YOU'RE INTERESTED IN OUT-DOOR GARMENTS, IT'S LIKE WITH EVERYTHING ELSE: IT'S IMPORTANT TO KNOW HOW MUCH THIS JACKET COSTS WHICH IS THE NEW ONE BY MAMMUT, ETC."

Sarah Keller, brand consumer

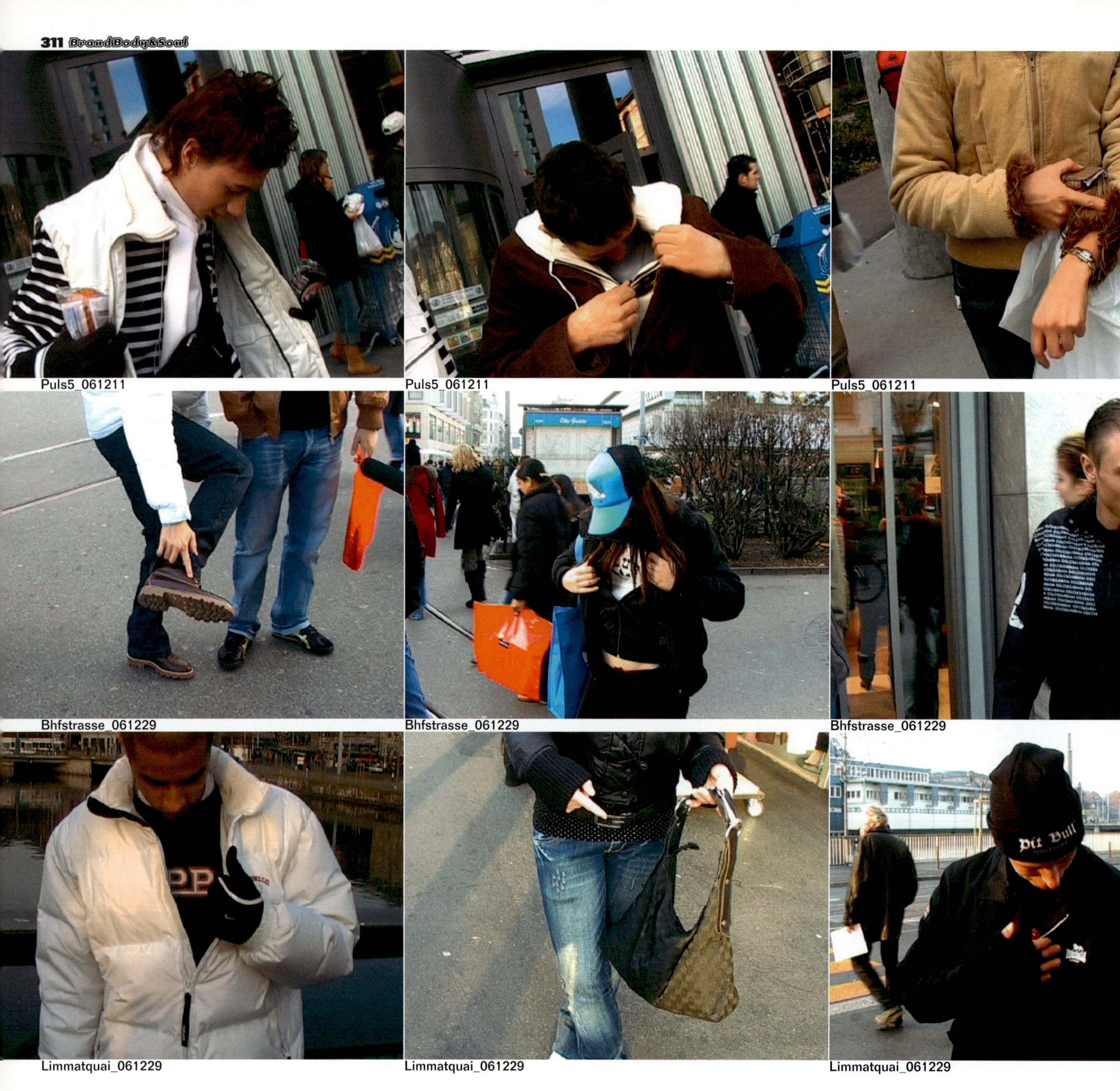

Puls5_061211

Puls5_061211

Puls5_061211

Bhfstrasse_061229

Bhfstrasse_061229

Bhfstrasse_061229

Limmatquai_061229

Limmatquai_061229

Limmatquai_061229

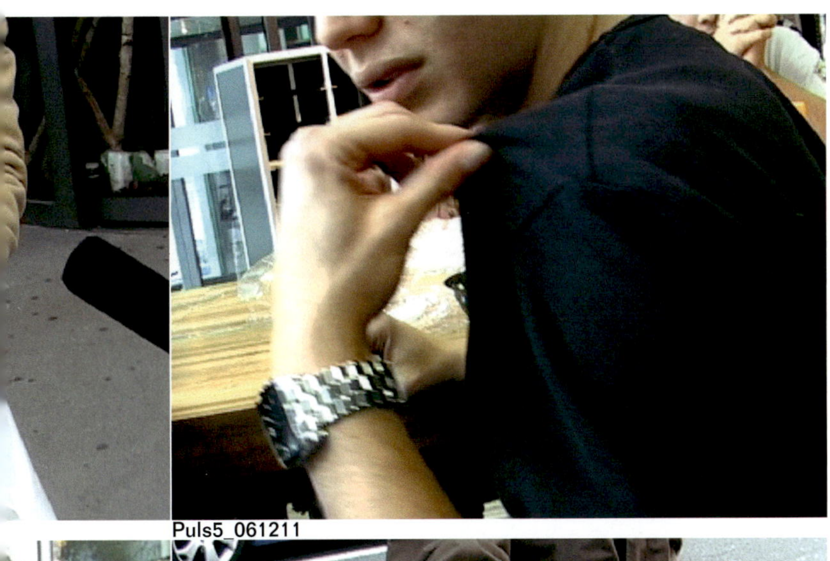

Puls5_061211

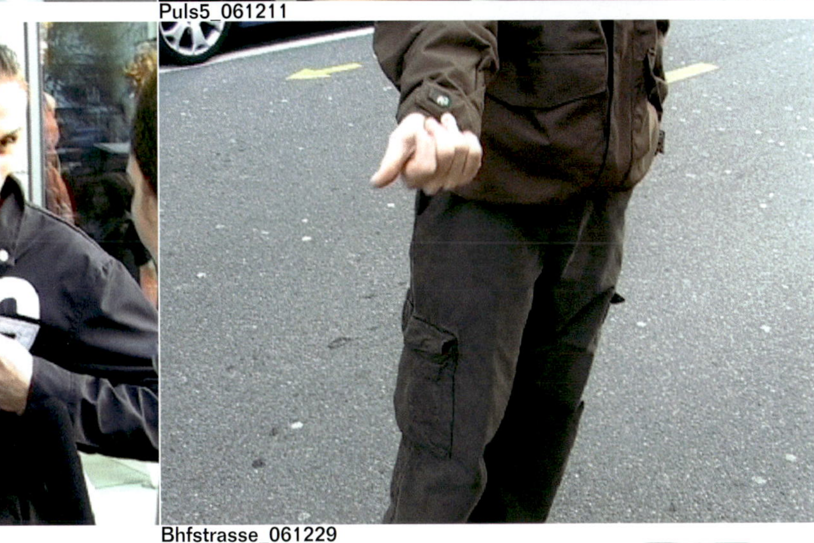

Bhfstrasse_061229

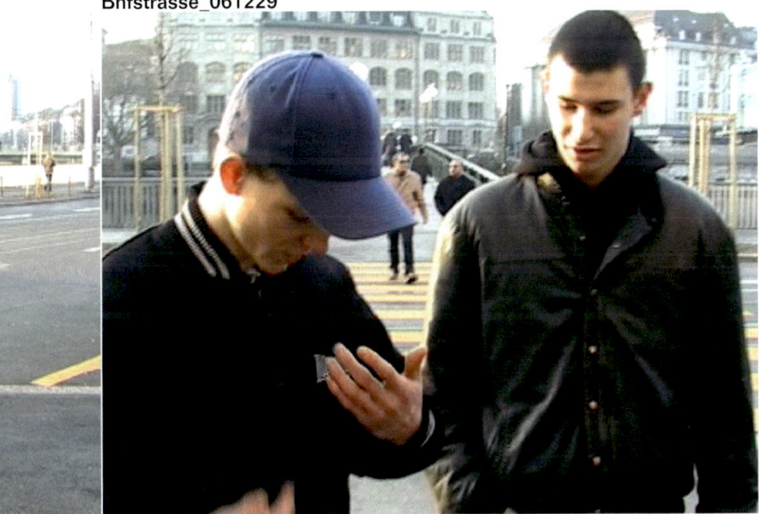

Limmatquai_061229

"MEN PAY ATTENTION TO BRANDS, WOMEN TO QUANTITY. MEN BUY ONE EXPENSIVE SWEATER, WOMEN THREE JACKETS INSTEAD OF ONE REALLY EXPENSIVE ONE."

Eva Wyler, brand consumer

"AD-CARRIERS LOOKING AS IF THEY WERE BORN THAT WAY ARE THE BEST; THEY NOT ONLY REPRESENT THE BRAND, BUT, PARTIALLY, ARE THE BRAND."

Gee-Jay Jenny, brand consumer

"EARLIER, QUALITY BRANDS AND STREET LABELS WENT DIFFERENT DIRECTIONS. MEANWHILE, YOU CAN SEE BURBERRY IN ST. MORITZ BUT AT ANY SOCCER GAME, TOO. CORDON SPORT, ORIGINALLY WASN'T A HOMEBOY BRAND, AS FAR AS I KNOW: IT WAS MADE A HOMEBOY BRAND BECAUSE IT WAS WORN BY BUSHIDO, THE GERMAN RAPPER, BECAUSE HE REPRESENTED IT."

Martin Ritter, brand consumer

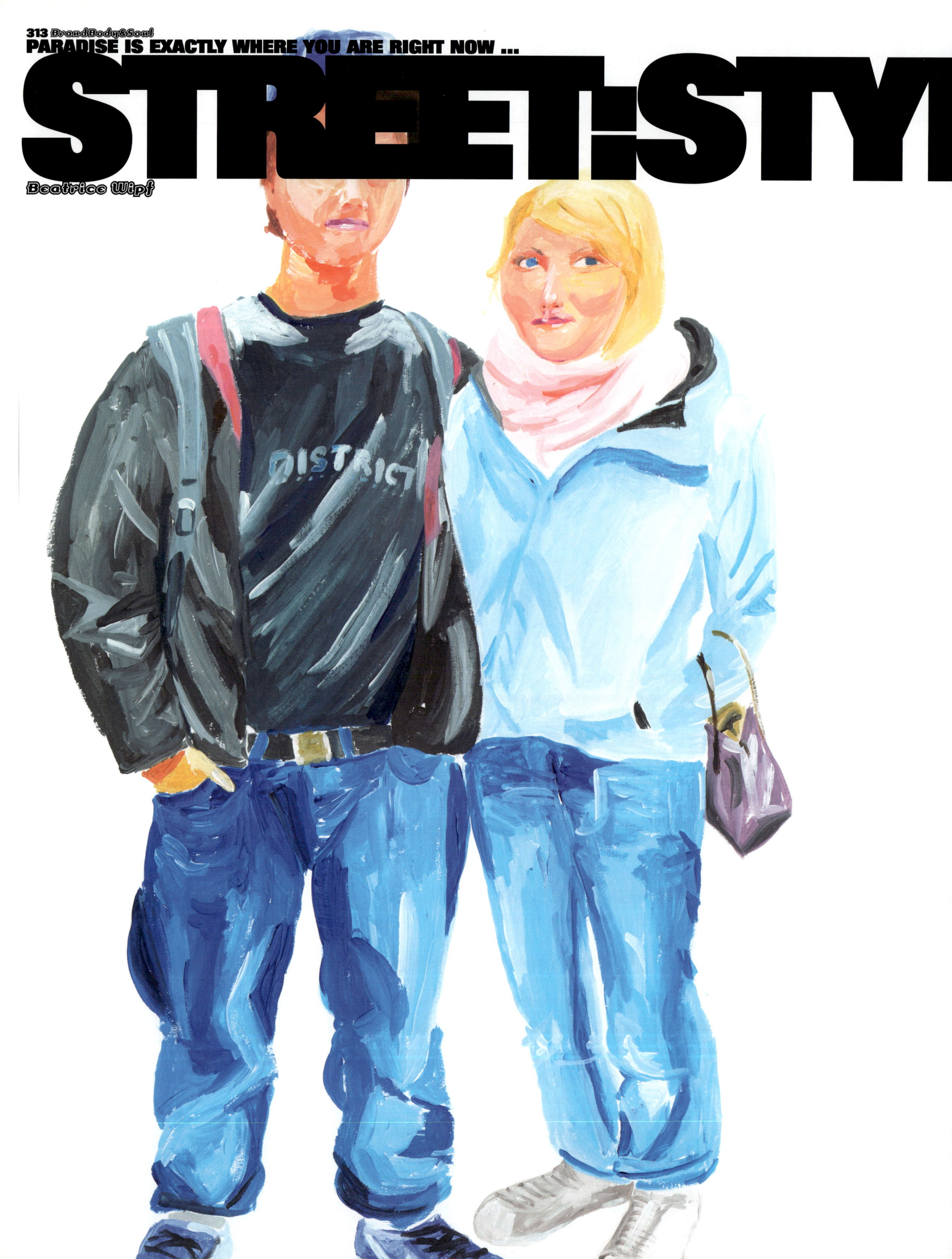313 BrandBody&Soul
PARADISE IS EXACTLY WHERE YOU ARE RIGHT NOW ...
STREET-STYI
Beatrice Wipf
DISTRICT

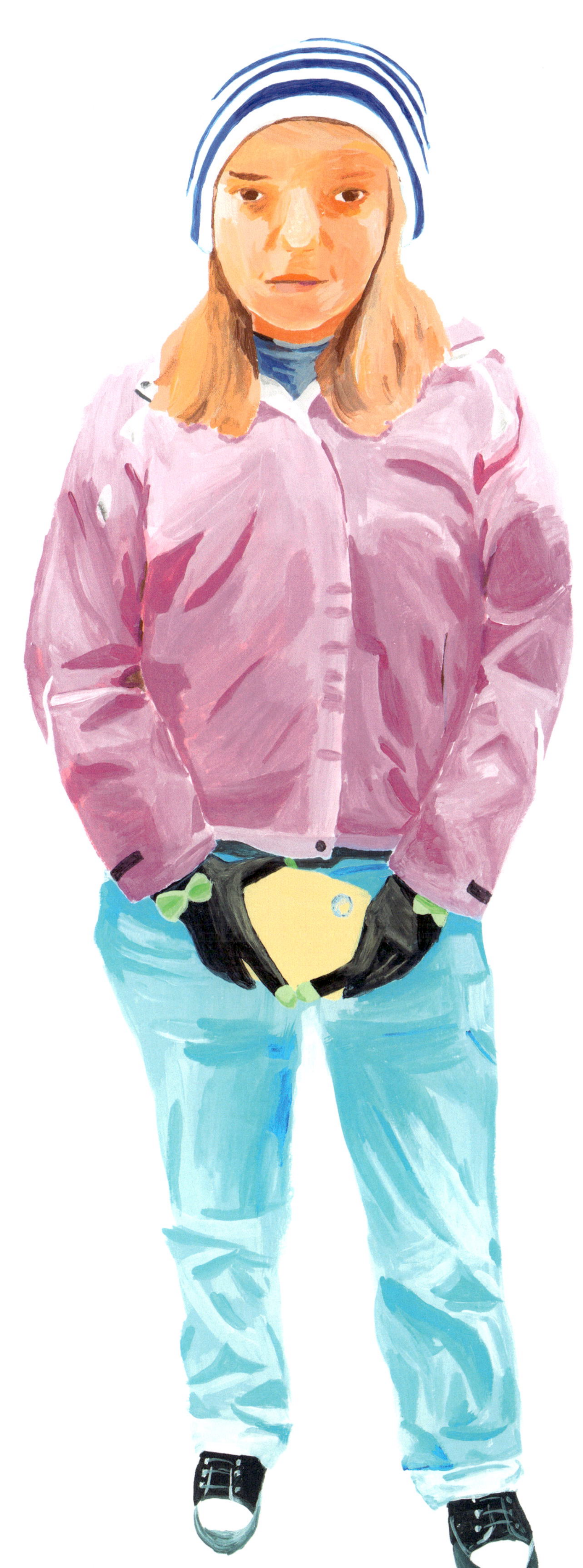

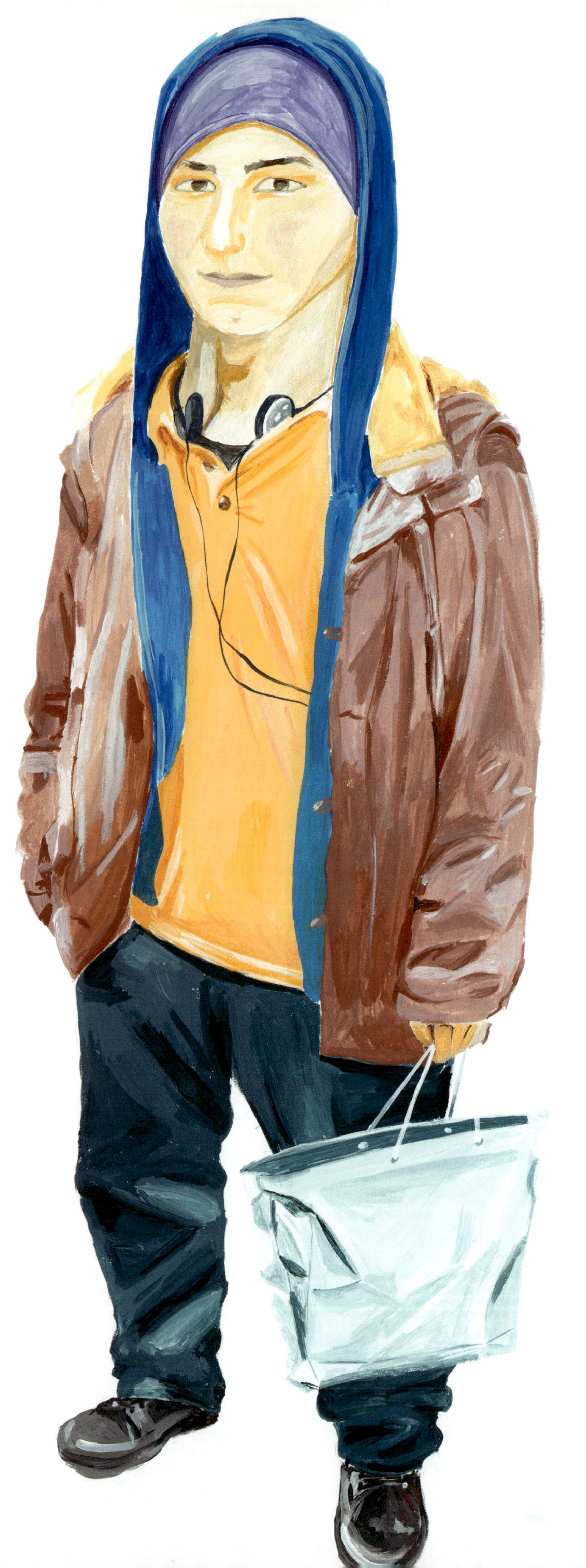

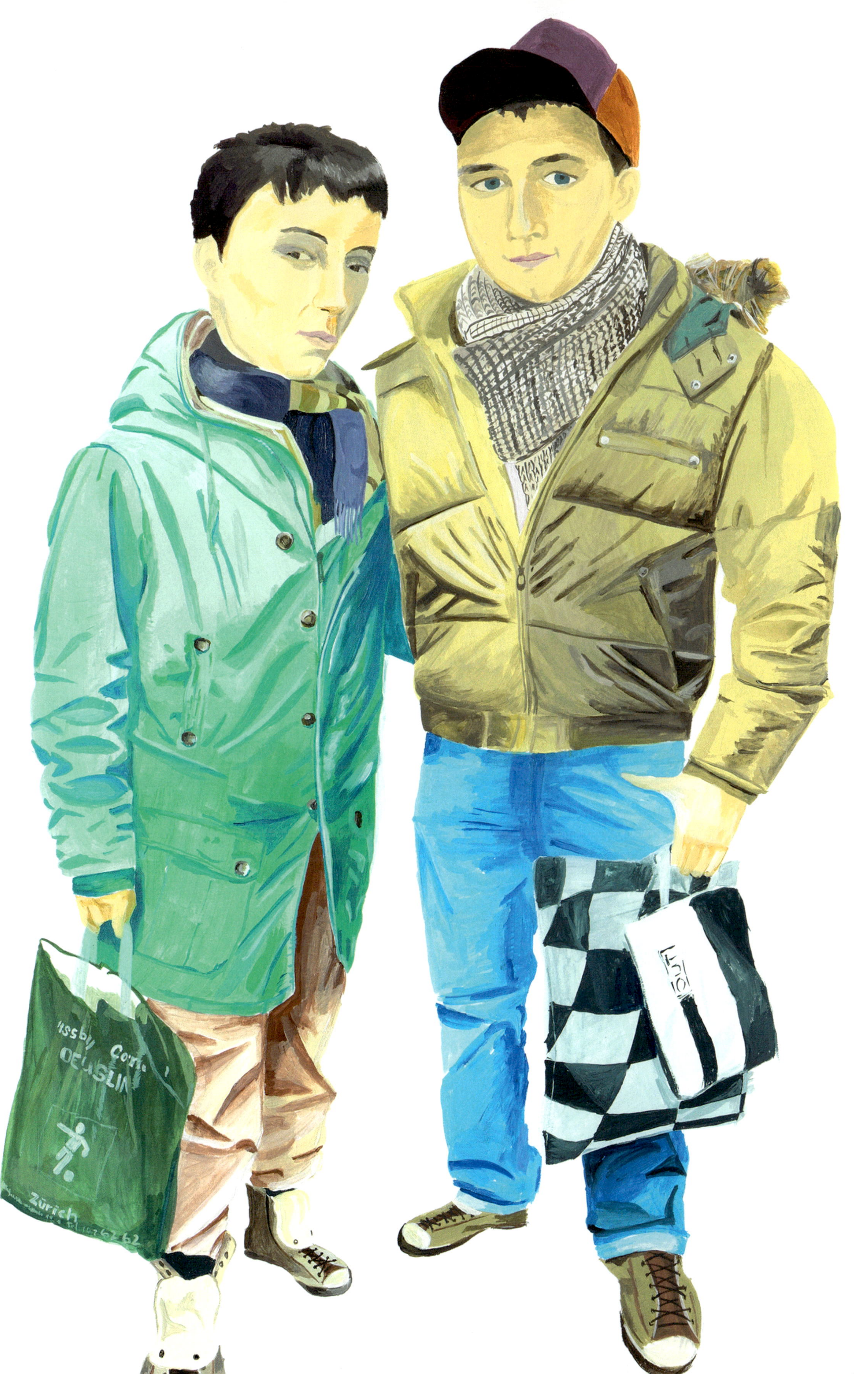

'ssby   Co...
OEUSLIN
Zürich

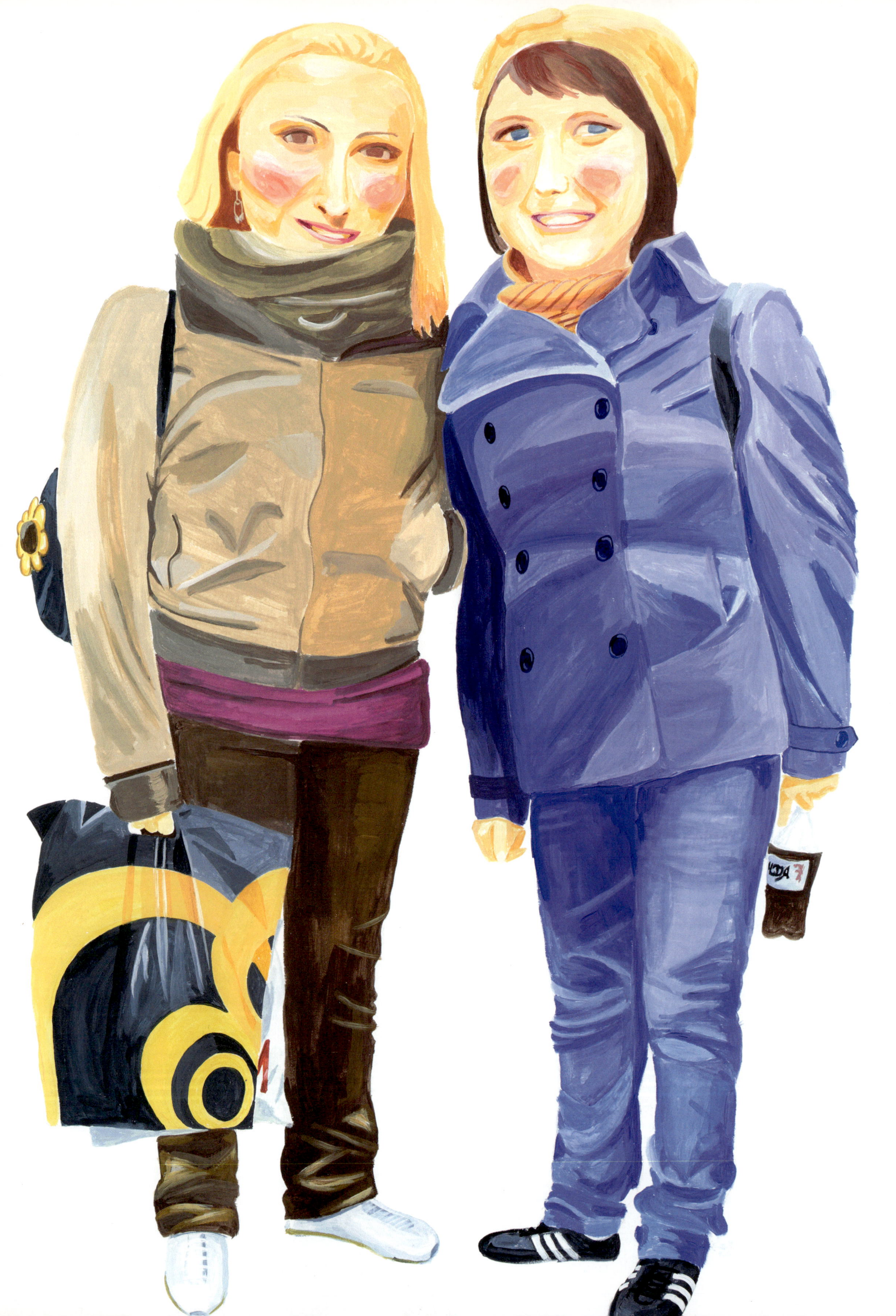

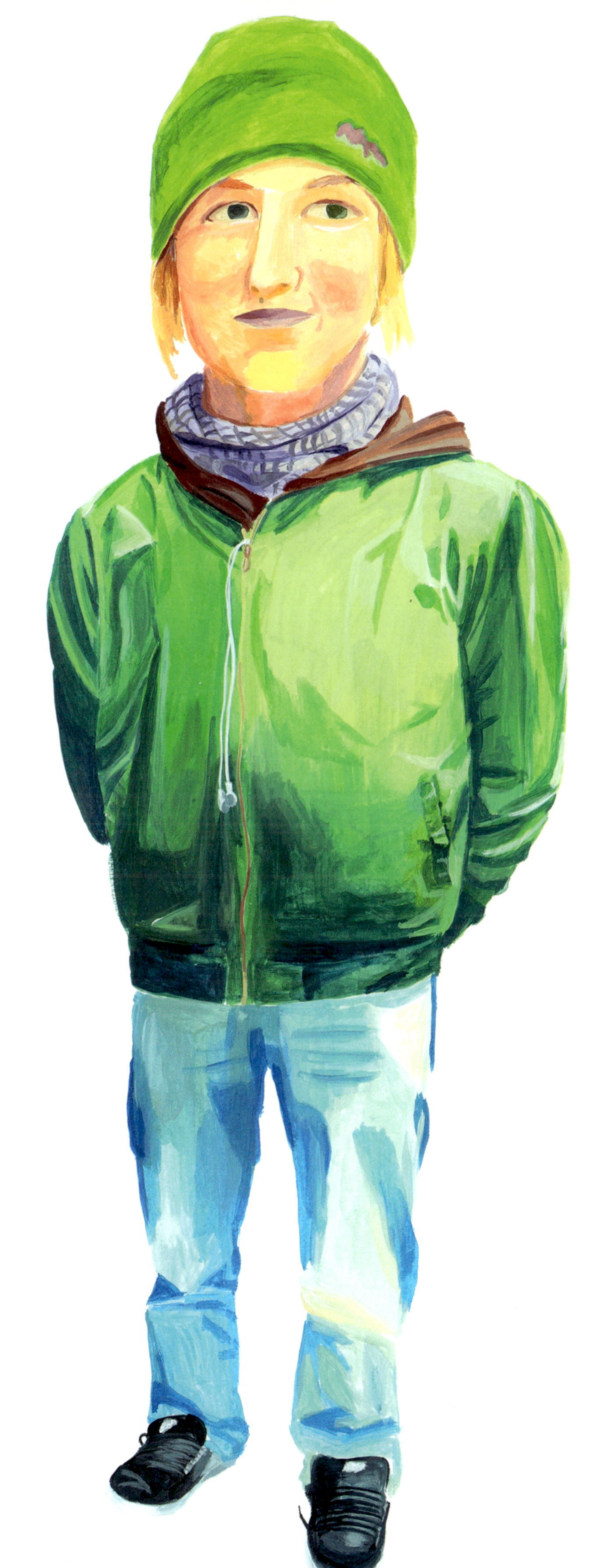

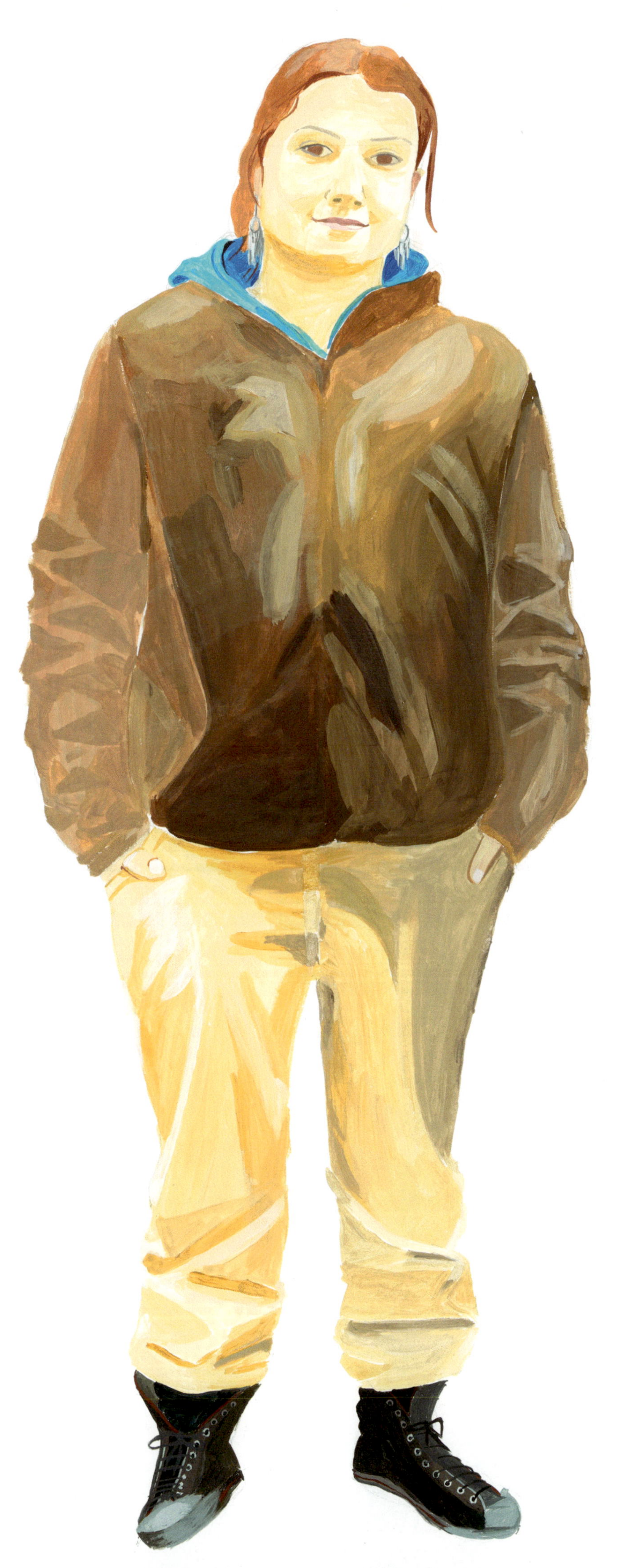

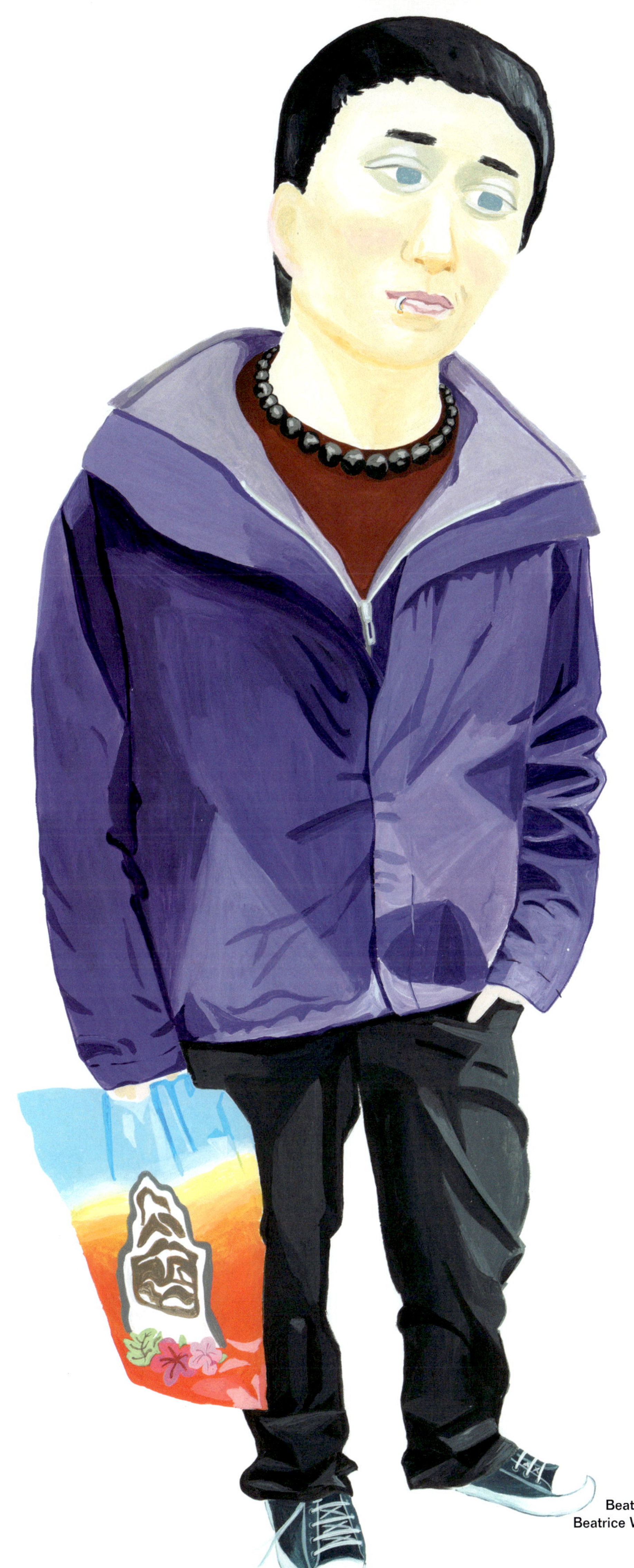

Beatrice Wipf ist freie Künstlerin in Zürich.
Beatrice Wipf works, independent artist, Zurich.

STREETSTYLE

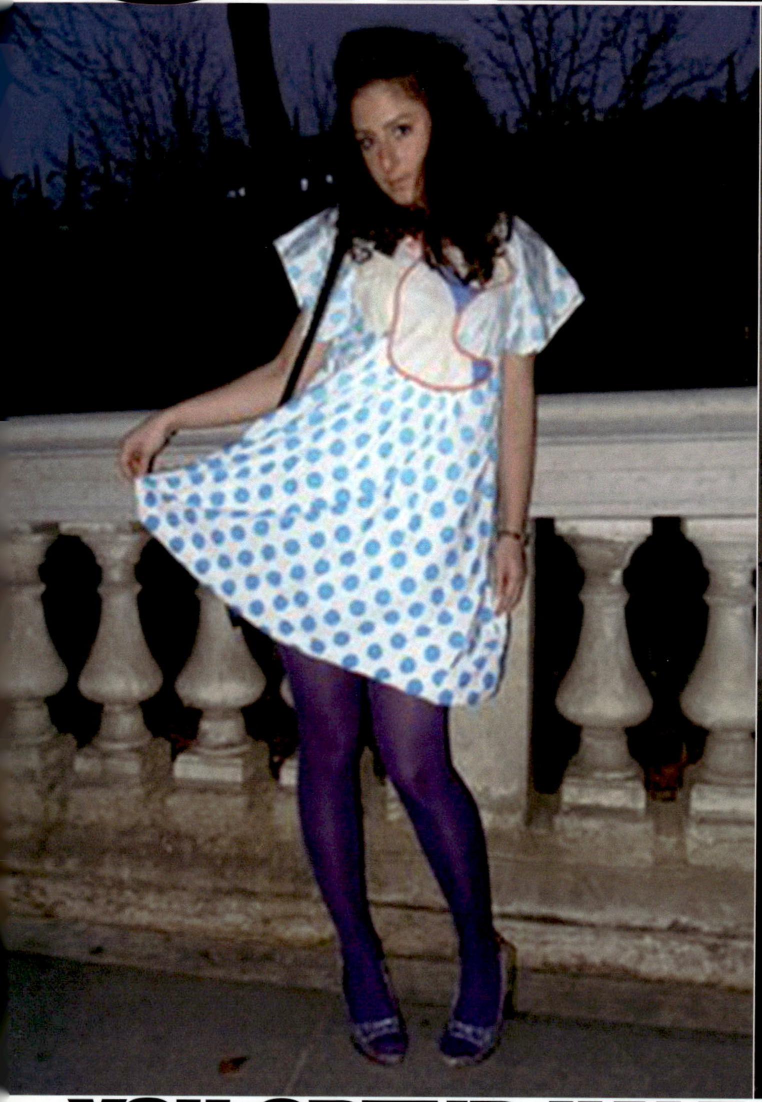

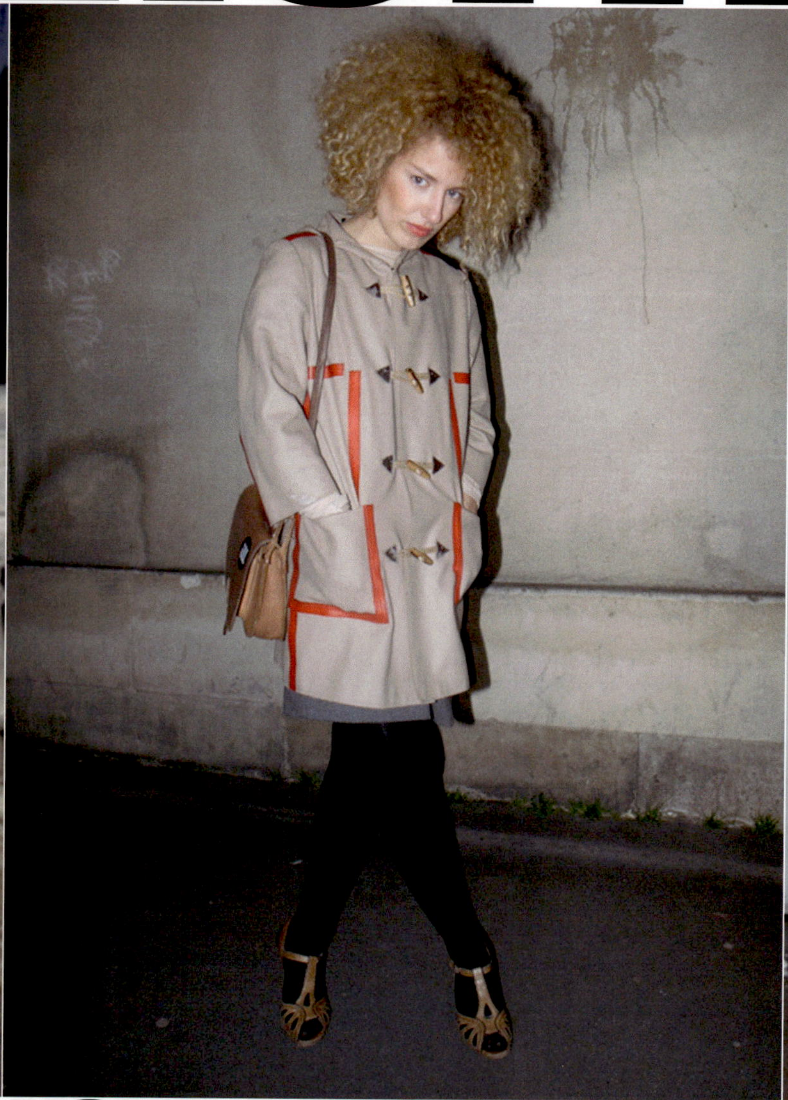

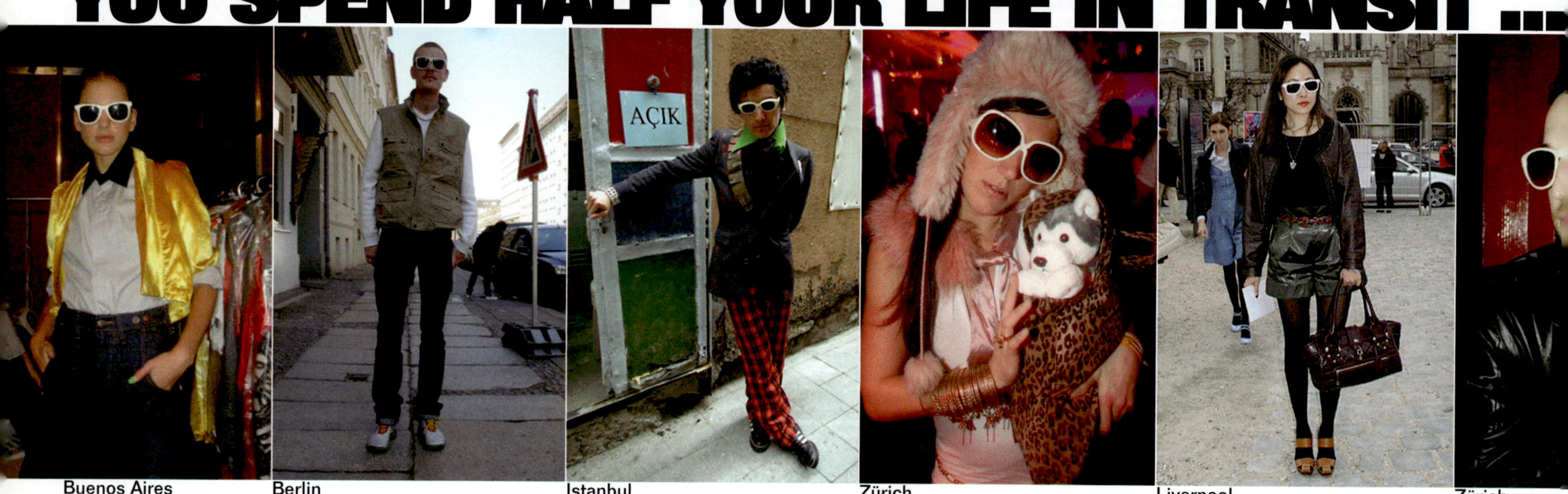

YOU SPEND HALF YOUR LIFE IN TRANSIT ...

Buenos Aires Berlin Istanbul Zürich Liverpool Zürich

GLOBAL

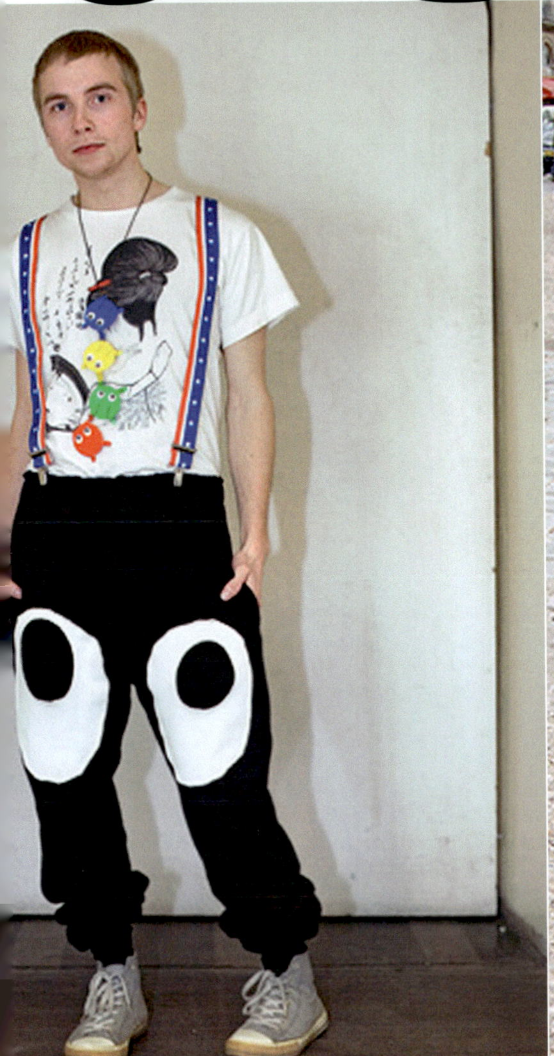

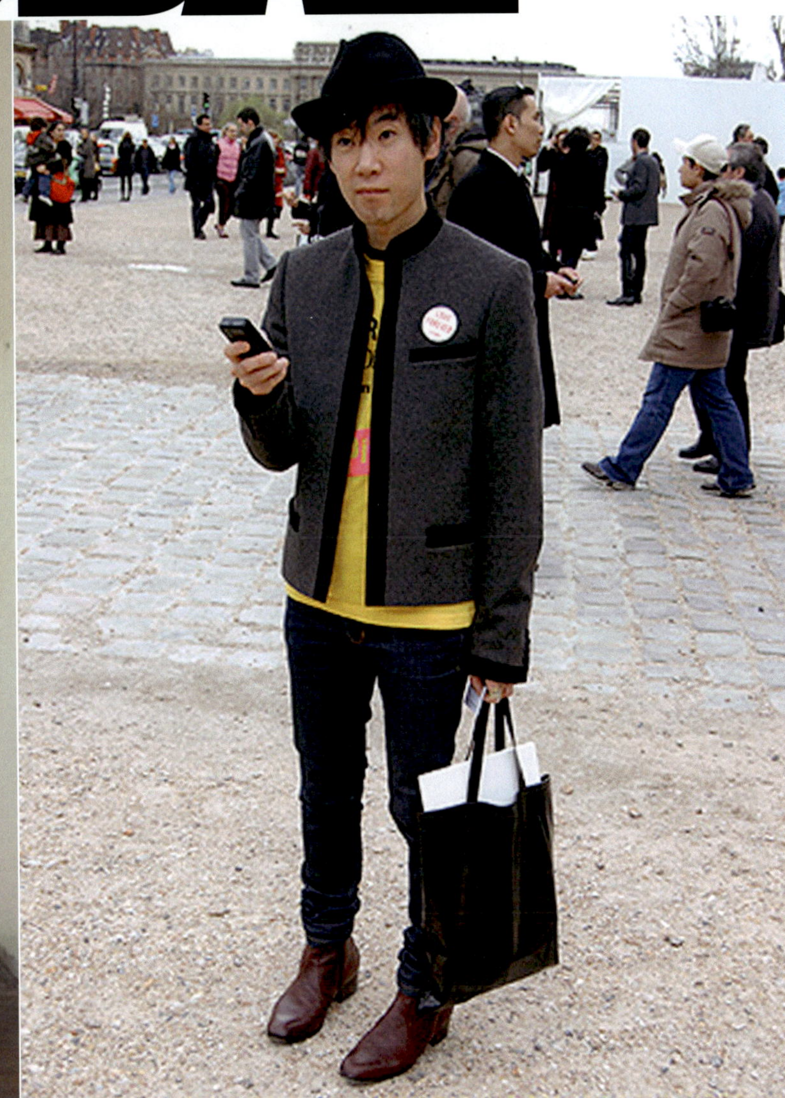

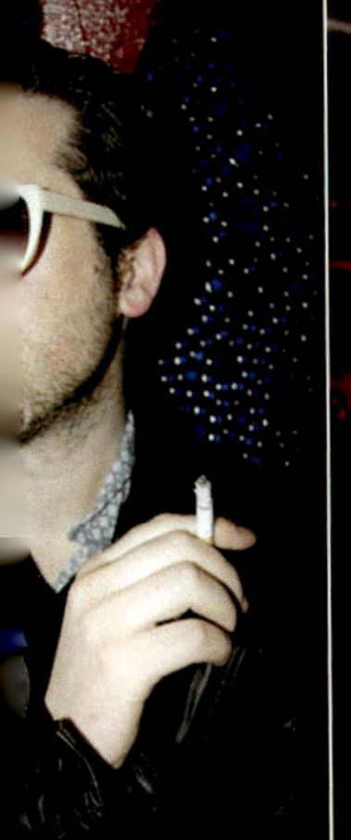

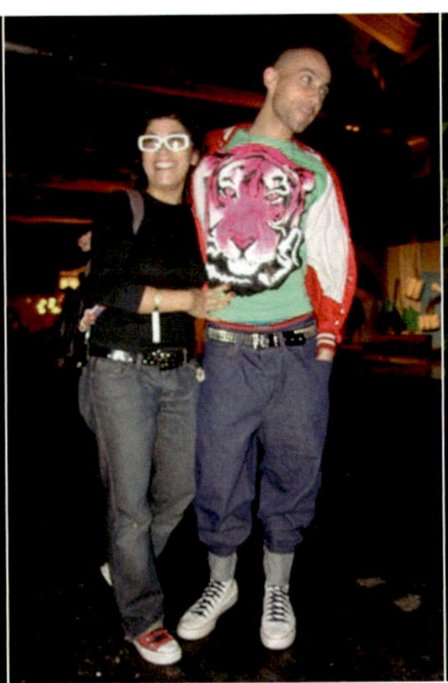

Buenos Aires

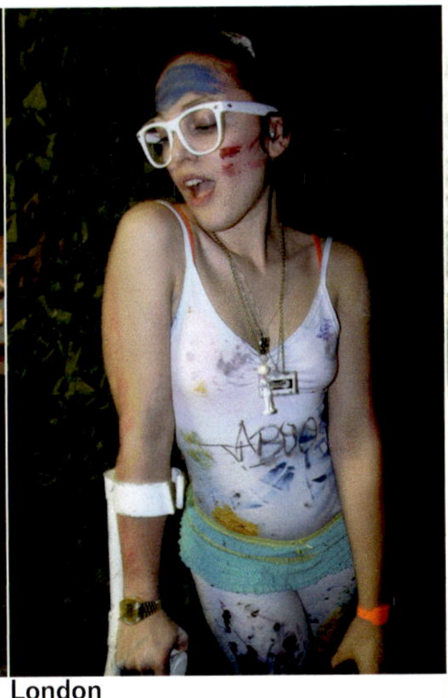

London

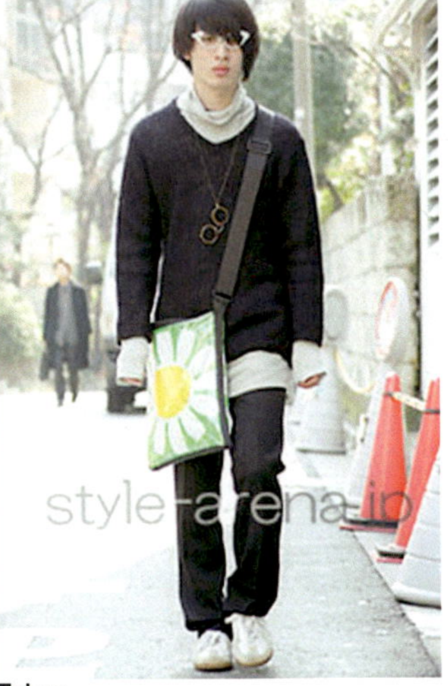

Tokyo

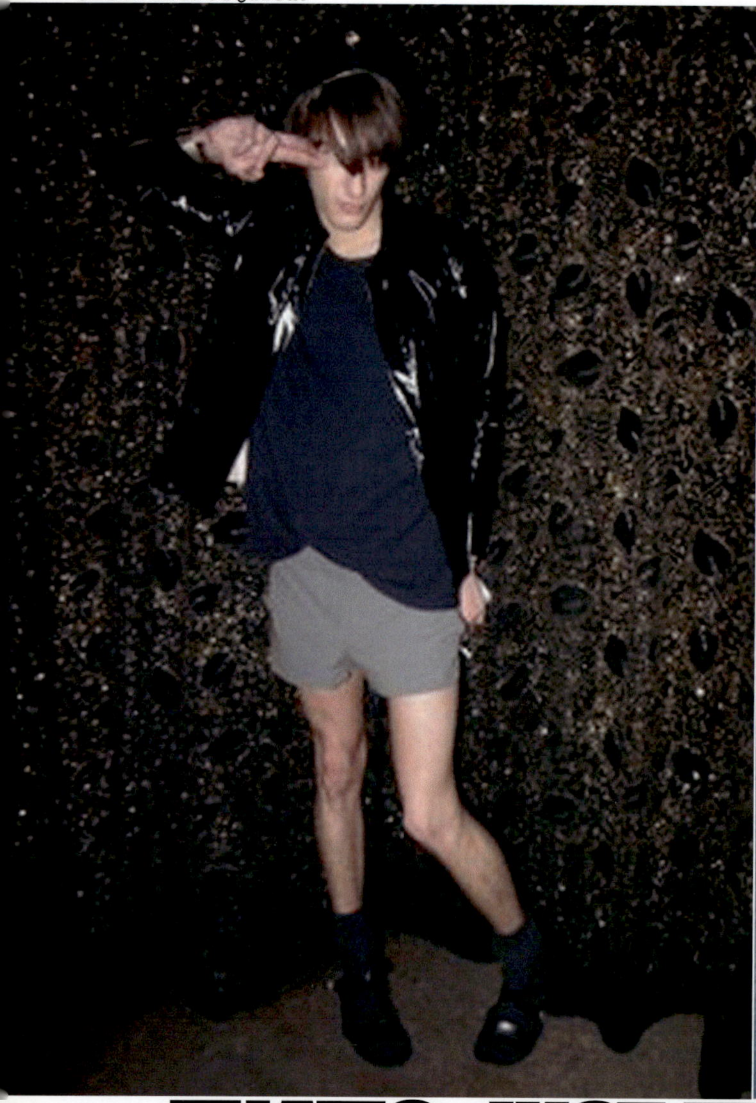

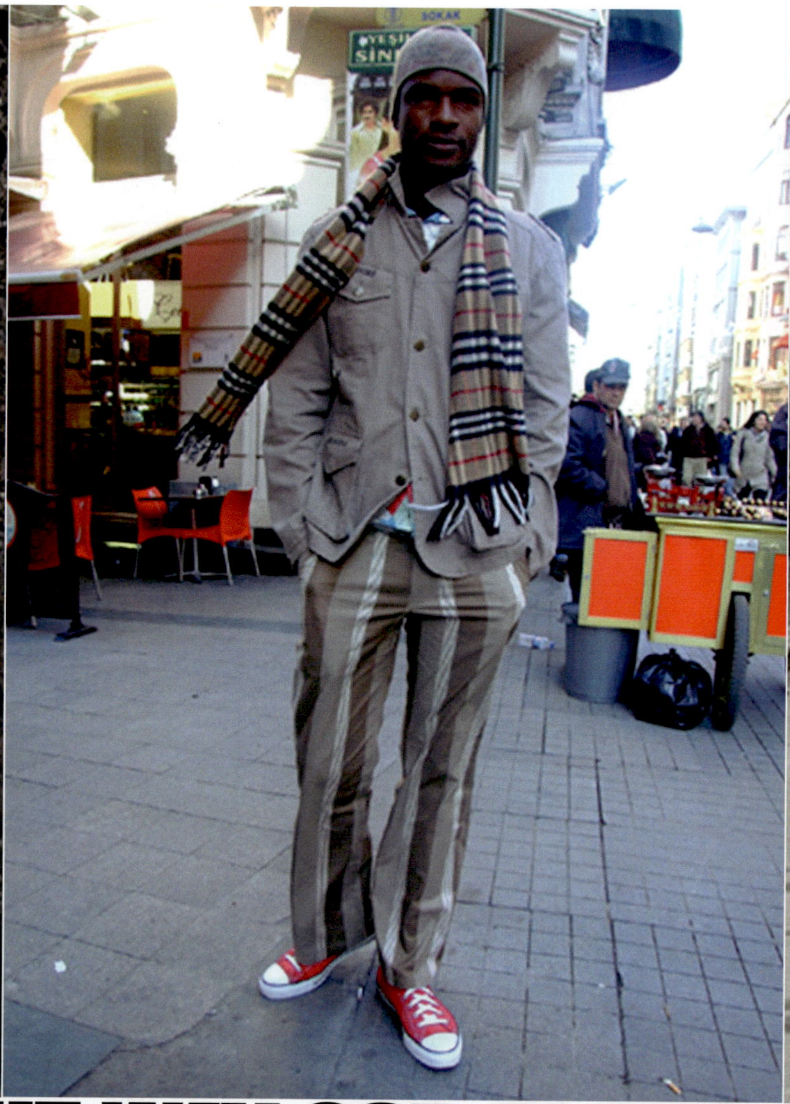

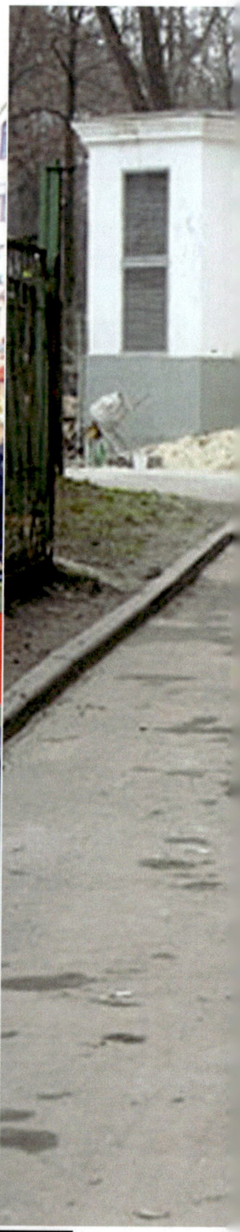

... THAT'S JUST THE WAY GOD PLANS IT.

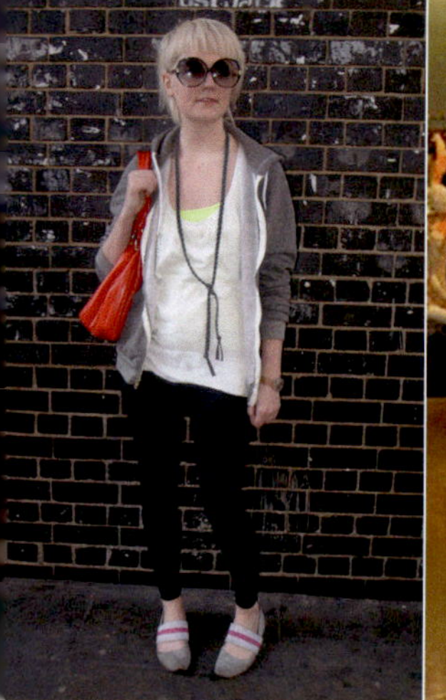

London

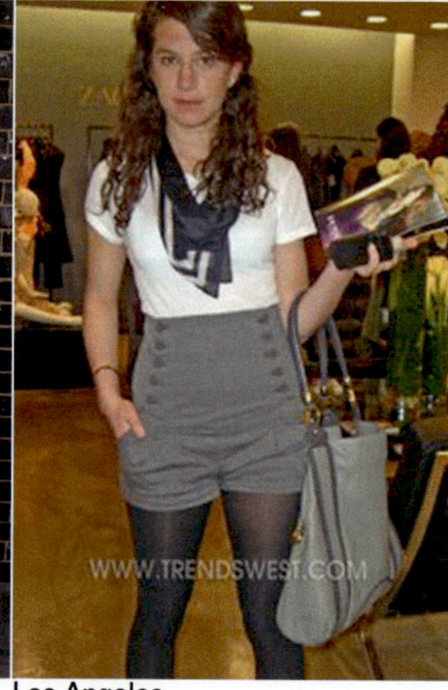

Los Angeles

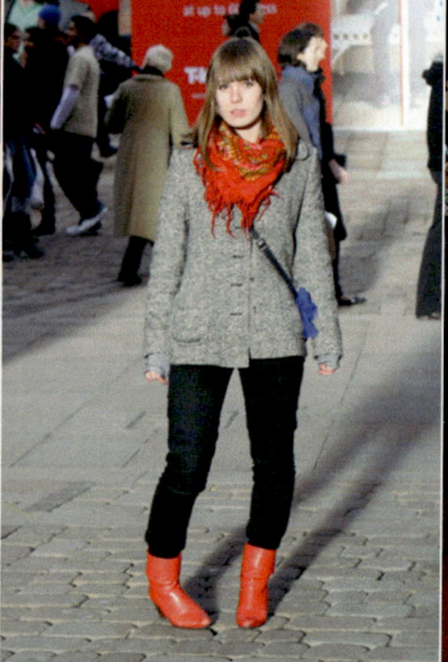

Liverpool

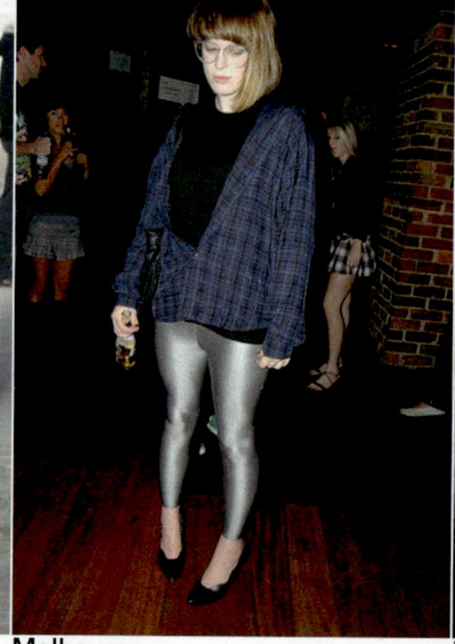

Melbourne

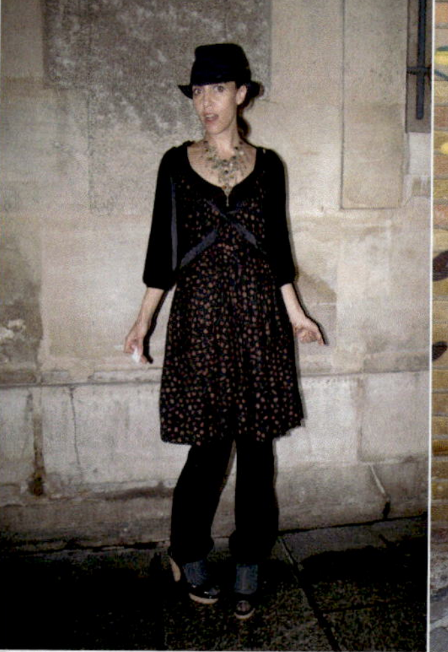

Paris

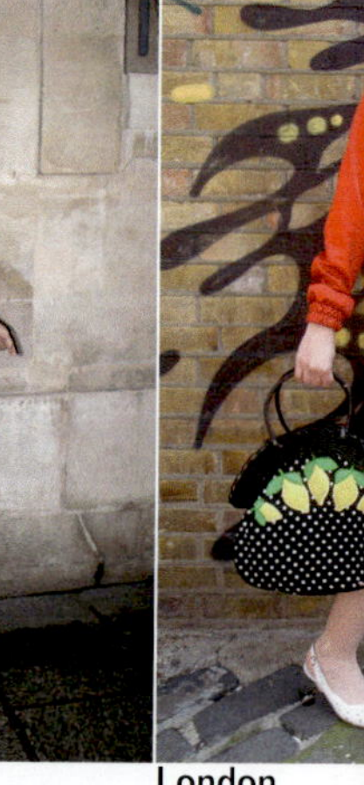

London

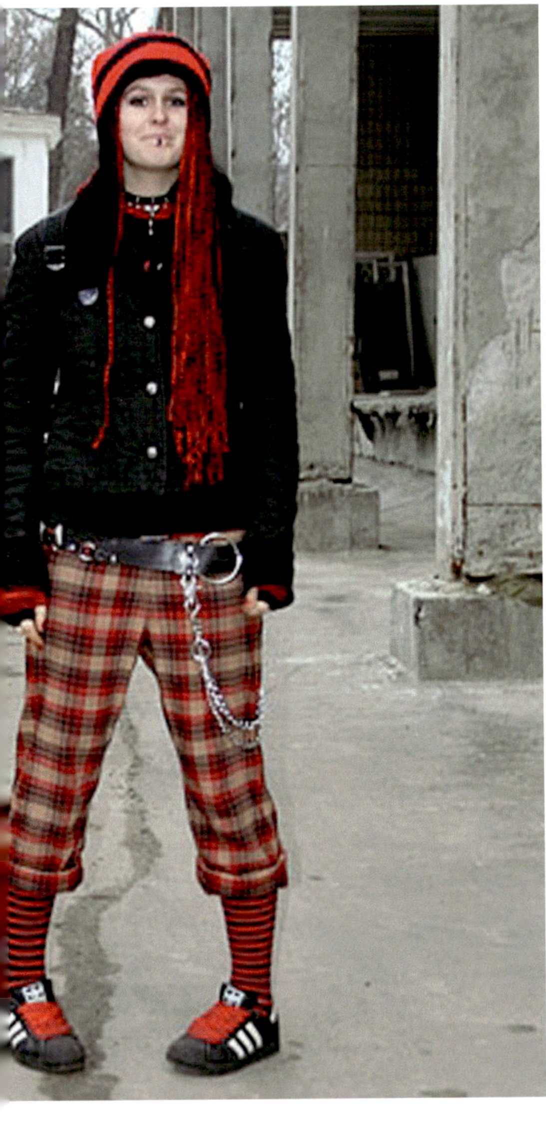

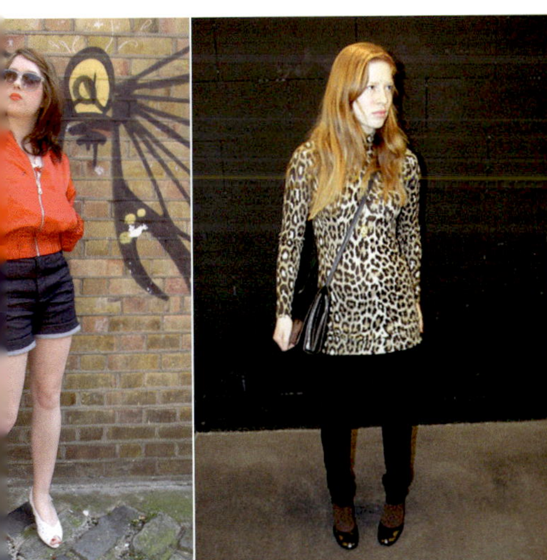

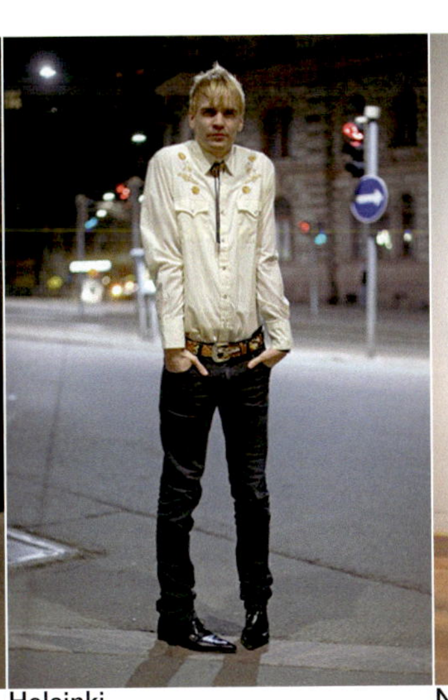

Zürich

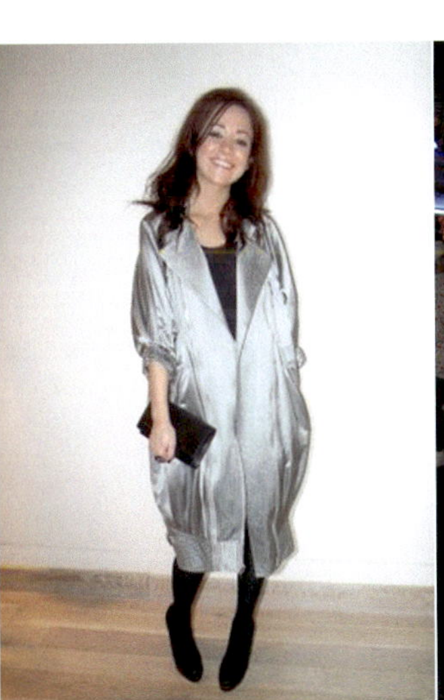

Helsinki

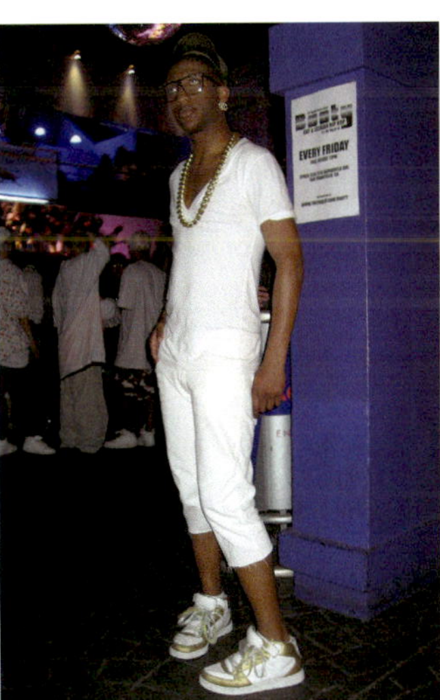

New York

San Francisco

FREITAG

MM AN VORANGEGANGENER STELLE SIND DIE MÖGLICHKEITEN DES KONVENTIONELLEN MAR-
KENMANAGEMENTS IM GEGENWÄRTIGEN MARKTUMFELD WIEDERHOLT RELATIVIERT ODER IN
FRAGE GESTELLT WORDEN (VGL. Z.B. SEITEN 011 UND 099 FF.). AN BEISPIELEN FÜR GESCHEI-
TERTE »MARKENFÜHRUNG« ODER AUSSER KONTROLLE GERATENE BRANDWORLDS HERRSCHT
BEKANNTLICH KEIN MANGEL. ÜBERZEUGENDER JEDOCH ALS ALLE NEGATIVEN BEISPIELE SIND
ERFOLGREICH AUFGEBAUTE MARKEN, DEREN PROGRESSIVE UND NACHHALTIGE ENTWICKLUNG
NICHT AUF MANAGEMENTKONZEPTEN BERUHEN, SONDERN AUF DER KONSEQUENTEN UND
JEDERZEIT AUTHENTISCHEN KOMMUNIKATION EINER PRODUKTIDEE. AUTHENTIZITÄT BEDEU-
TET IN DIESEM FALL: VERZICHT AUF MARKENSTRATEGISCHE REZEPTE ZUGUNSTEN EINER IN-
TEGRALEN KONZEPTION UND GESTALTUNG SÄMTLICHER, SOWOHL PRODUKTBEZOGENER ALS
AUCH KOMMUNIKATIVER MASSNAHMEN IM SINN DIESER EINEN IDEE.

Das Defizit an strategischer Planung wird dabei mehr als nur aufgewogen durch eine die gesamte Markenwelt durchdringende, stets auf direktestem Weg vermittelte und mitunter »persönliche« Leidenschaft der Projekt- und Unternehmensverantwortlichen. Diese Un-mittelbarkeit ist das Fundament eines schwer erschütterbaren, nachgerade »solidarischen« Vertrauens, das der Marke von ihren Kon-sumenten entgegengebracht wird. Der folgende Markenhorizont beschäftigt sich ausschnittweise mit einem solchen Beispiel, bei dem sämtliche Hürden von der Produktentwicklung über die Diversifizierung und Internationalisierung bis zur globalen Markenkommunikati-on ohne strategisch aufgebautes Markenversprechen überwunden worden sind. Ob dieser Horizont die Marke Freitag oder die Brüder Markus und Daniel Freitag aus Zürich im Blick hat, ist nicht letztgültig zu entscheiden.

DIE »IDEE« IST DIESELBE.

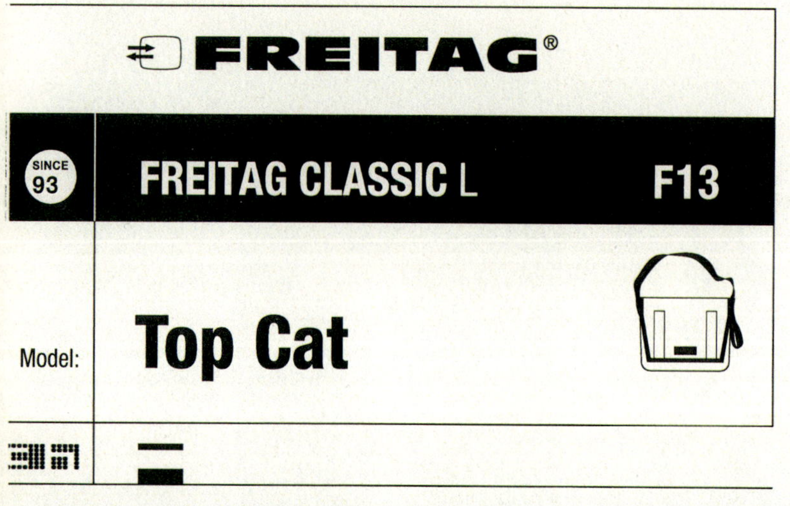

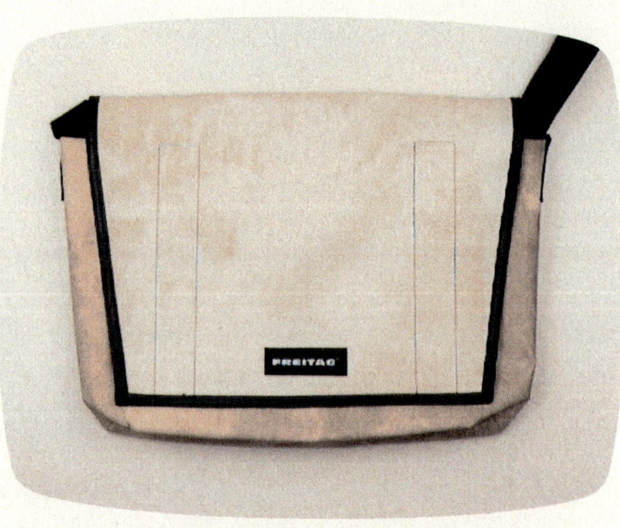

WWW.FREITAG.CH

 THE POSSIBILITIES OF CONVENTIONAL BRAND MANAGEMENT IN THE PRESENT MARKETING ENVIRONMENT HAVE REPEATEDLY BEEN PUT INTO PERSPECTIVE OR QUESTIONED IN THE CONTRIBUTIONS ABOVE (CF. PP. 021 AND PP. 103). AS WE KNOW, THERE'S NO LACK IN EXAMPLES FOR "BRAND MANAGEMENT" THAT FAILED, OR BRAND WORLDS THAT WENT OUT OF CONTROL. HOWEVER, A LOT MORE CONVINC-ING THAN ANY NEGATIVE EXAMPLES, ARE SUCCESSFULLY BUILT BRANDS THE PRO-GRESSIVE AND SUSTAINED DEVELOPMENT OF WHICH IS NOT BASED ON MANAGE-MENT CONCEPTS BUT ON A CONSISTENT AND THOROUGHLY AUTHENTIC IDEA OF A PRODUCT. AUTHENTICITY, IN THIS CASE, MEANING TO RENOUNCE BRAND-STRATEGIC FORMULAS IN FAVOUR OF AN INTEGRAL CONCEPTION AND DESIGN OF ALL PRODUCT-RELATED AND COMMUNICATIVE MEASURES CONNECTED WITH THIS ONE IDEA.

The lack in strategic planning is made up for by the passion of the people responsible for the project and the corporation, a passion pervading the whole brand world that's always communicated the most direct way. This immediacy is the basis of a hard to rock, almost "solidary" trust the consumers have in the brand. The following brandscape, in excerpts, deals with such an example, an example that cleared all the obstacles – from product development to diversification and inter-nationalisation to global brand communication – out of the way without a strategically developed brand promise. Whether this brandscape encompasses the brand Freitag or the brothers Markus and Daniel Freitag from Zurich, cannot really be decided unambiguously.

THE "IDEA" IS THE SAME.

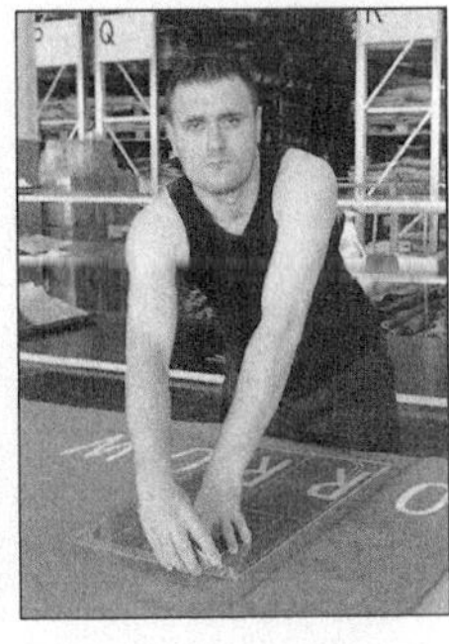

09/05/07

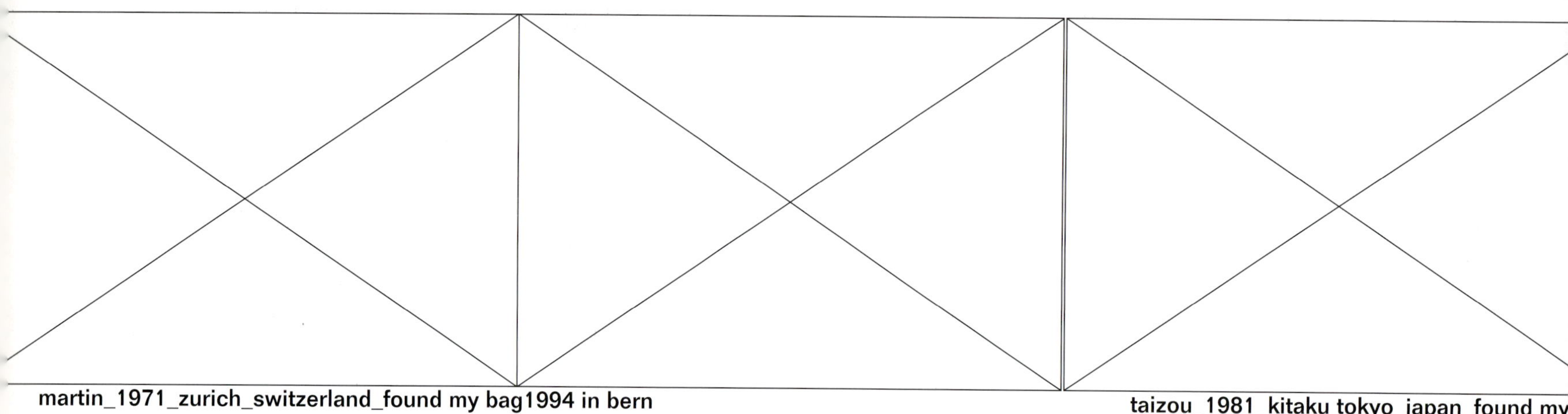

martin_1971_zurich_switzerland_found my bag1994 in bern
taizou_1981_kitaku tokyo_japan_found my

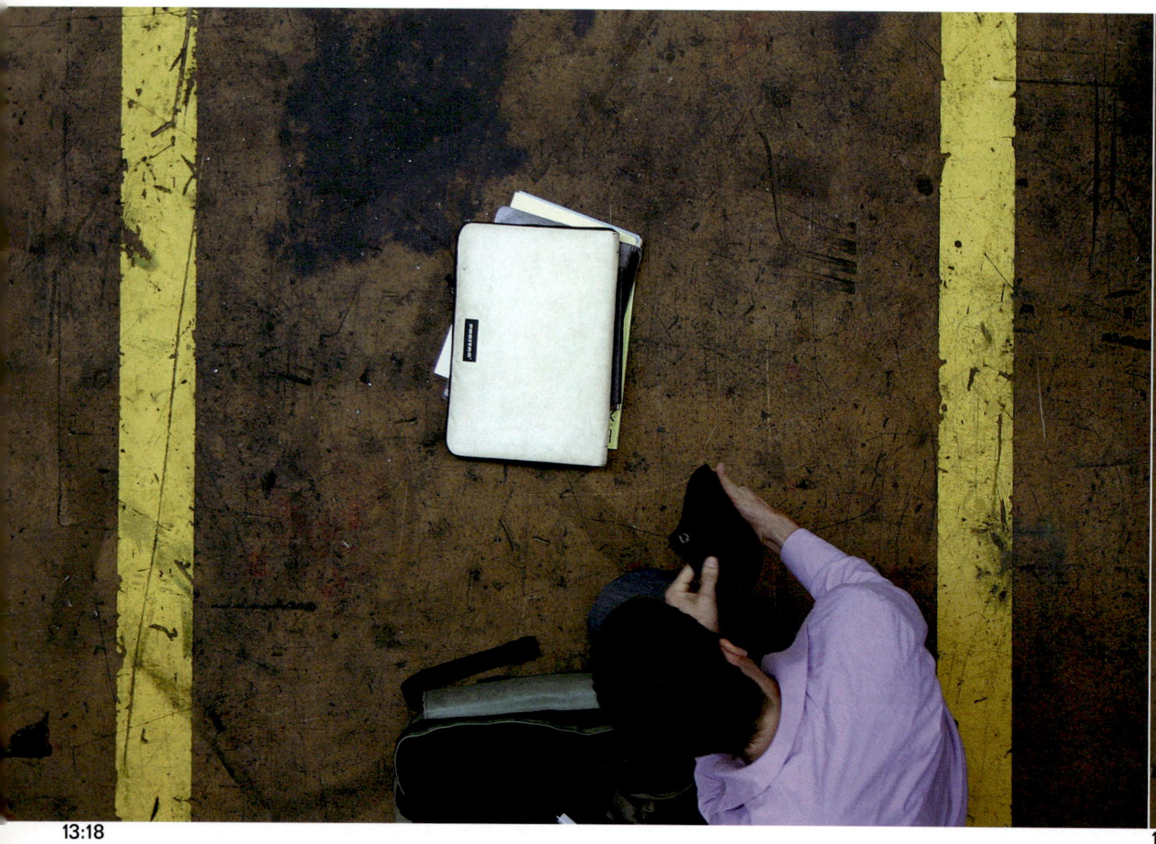

13:18

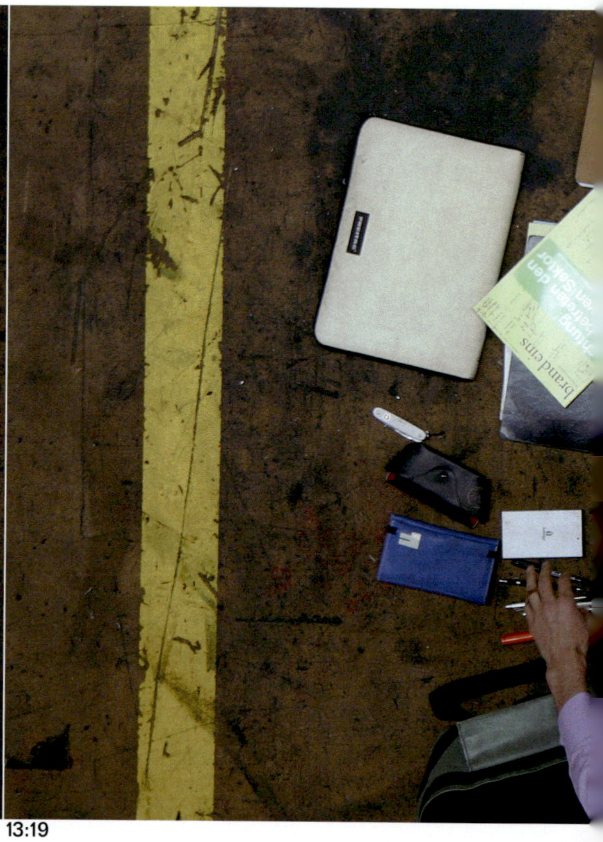

13:19

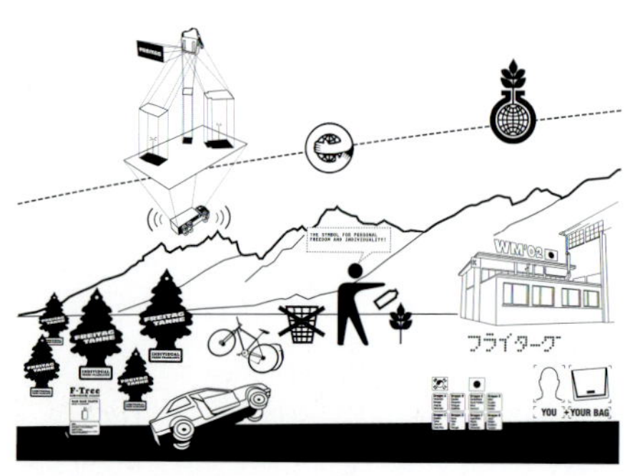

ag 2000 in tokyo
rafic_1973_beirut_lb_found my bag 2001 in pontresina

brand eins
Achtung!
Sie betreten den
kreativen Sektor

13:26

F69 Calcio
pallone di Calcio
geibl rot!
INN*** DAVOS
LAGER
CUT OUT
PLANZER
Continental

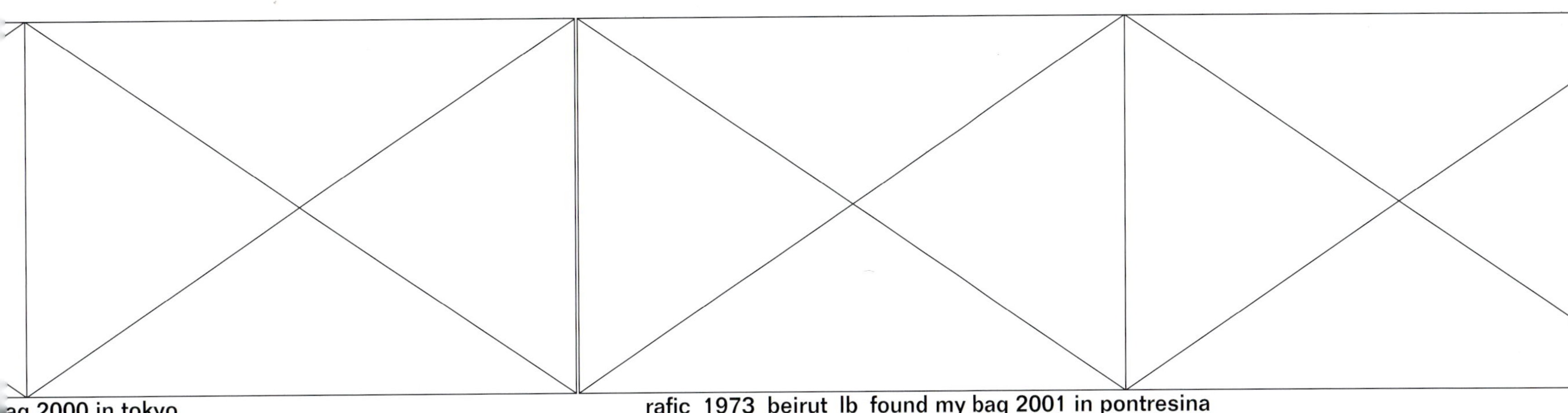

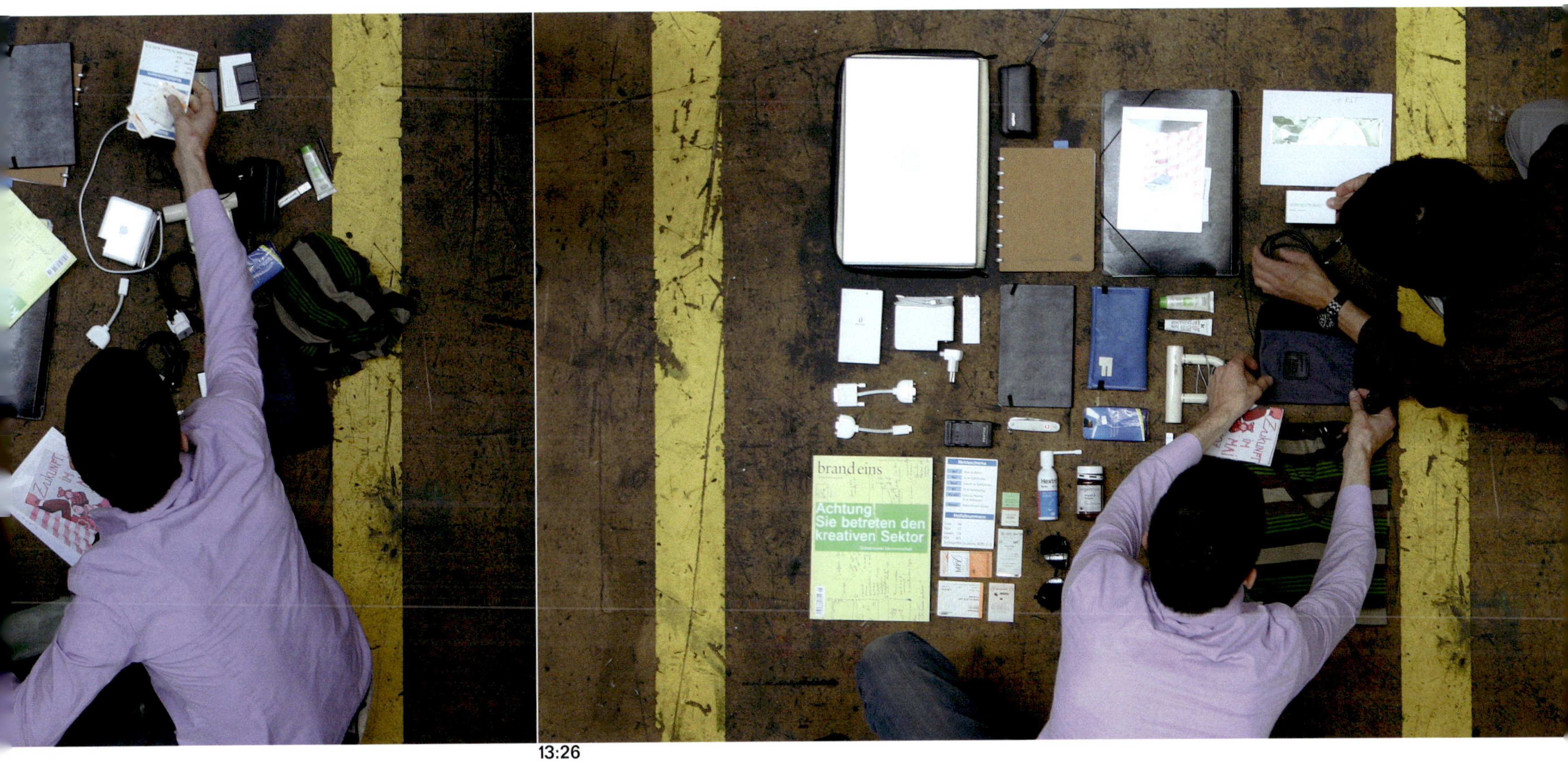

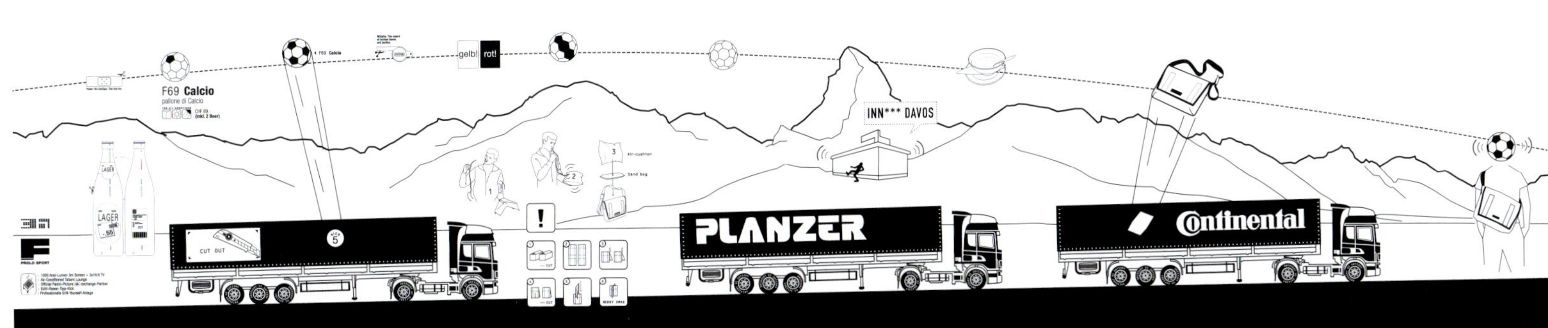

tom_1974_biel_switzerland_found my bag 1996 in bern

stefan_1968_munich_germany_f

13:28

13:32

フライターグ
F
FREITAG
SORRY
SONST
useful
products

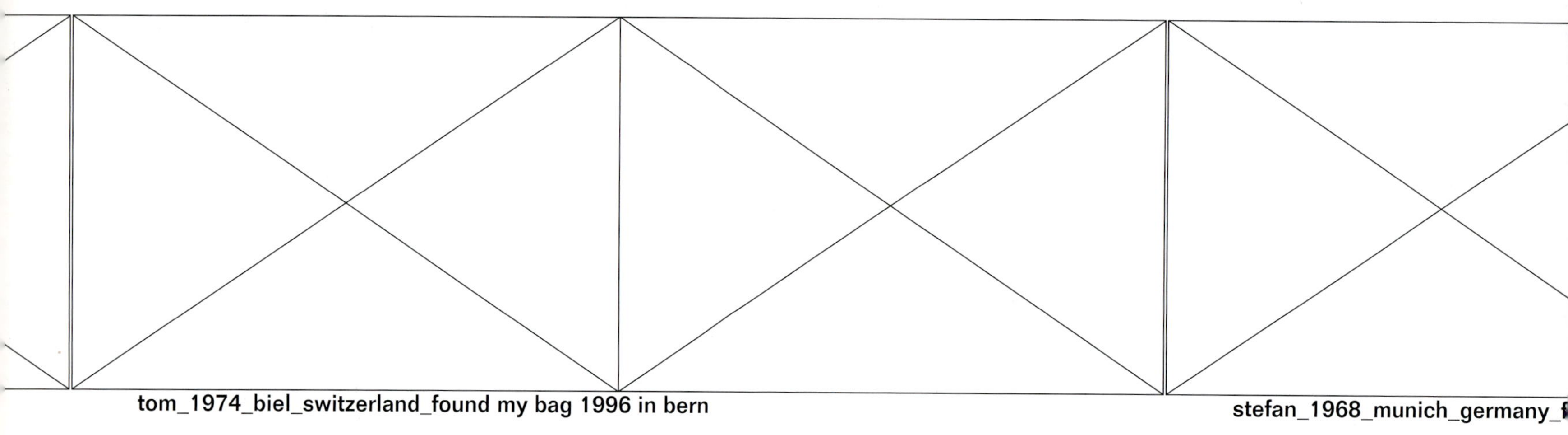

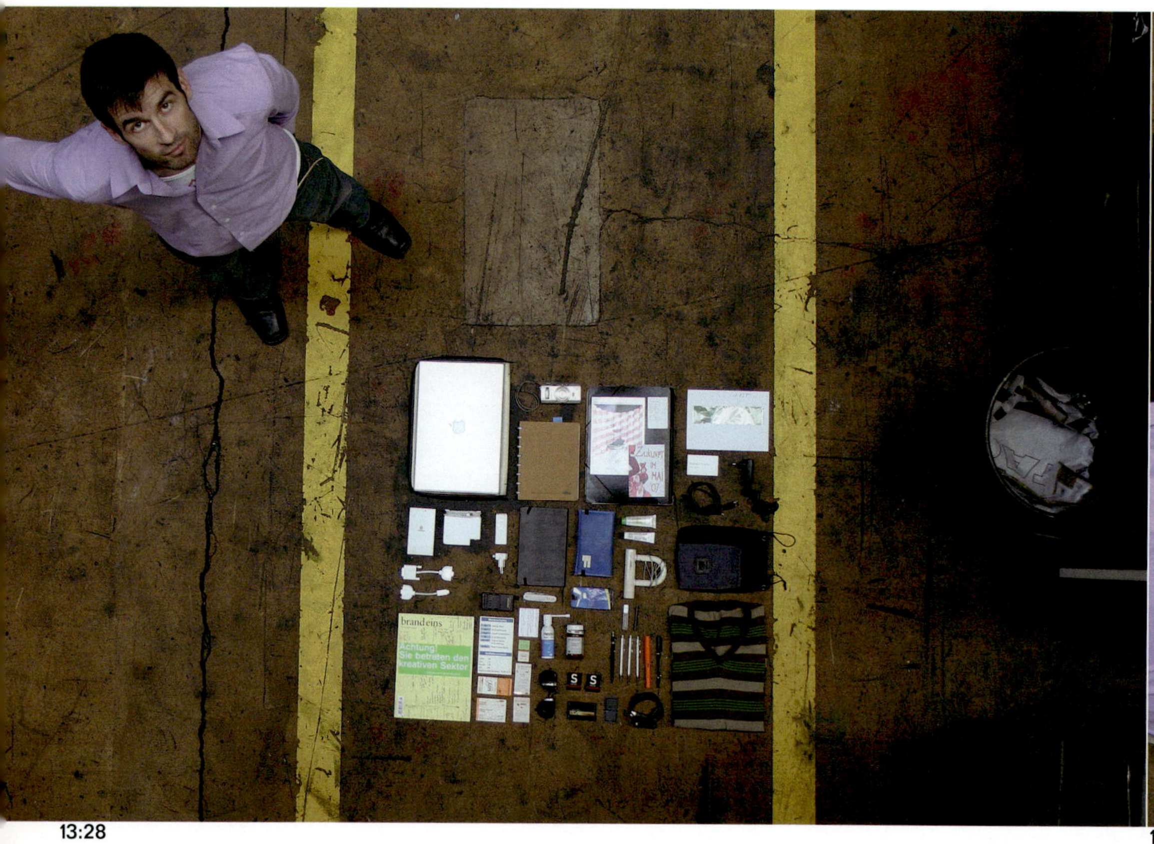

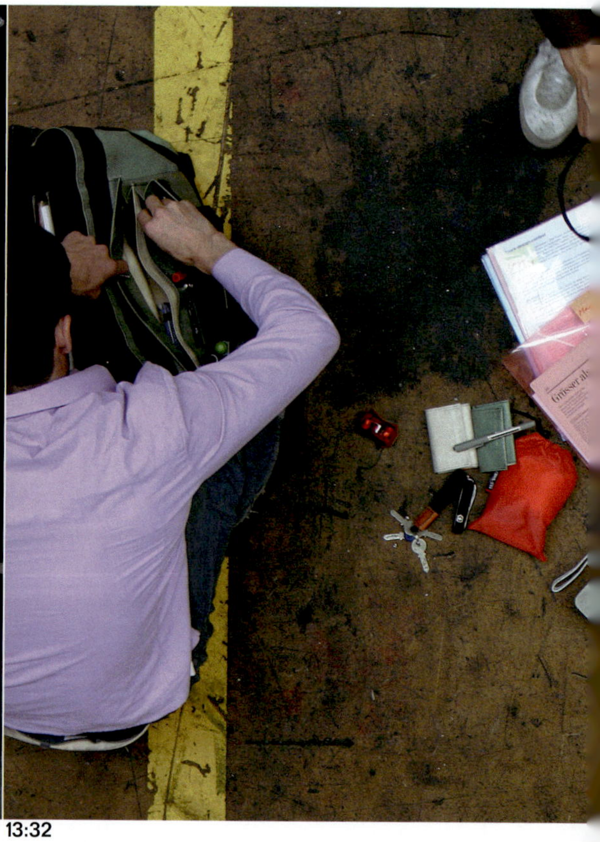

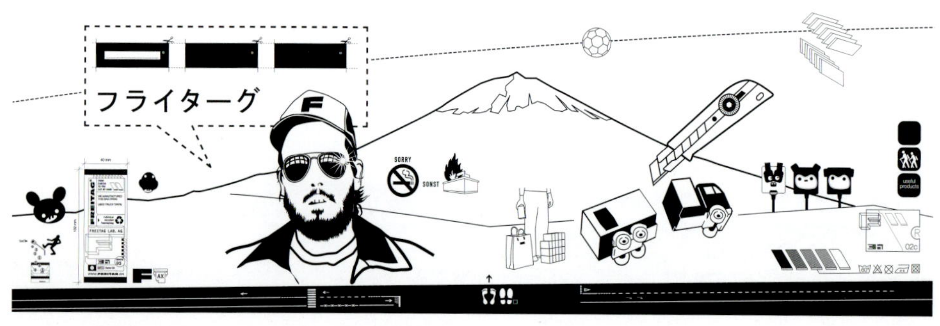

nd my bag 1997 in zurich
susanne_1977_graz_austria_found my bag 2001 in zurich

13:36

WHO DO YOU THINK YOU ARE?
EITAG FR
tv

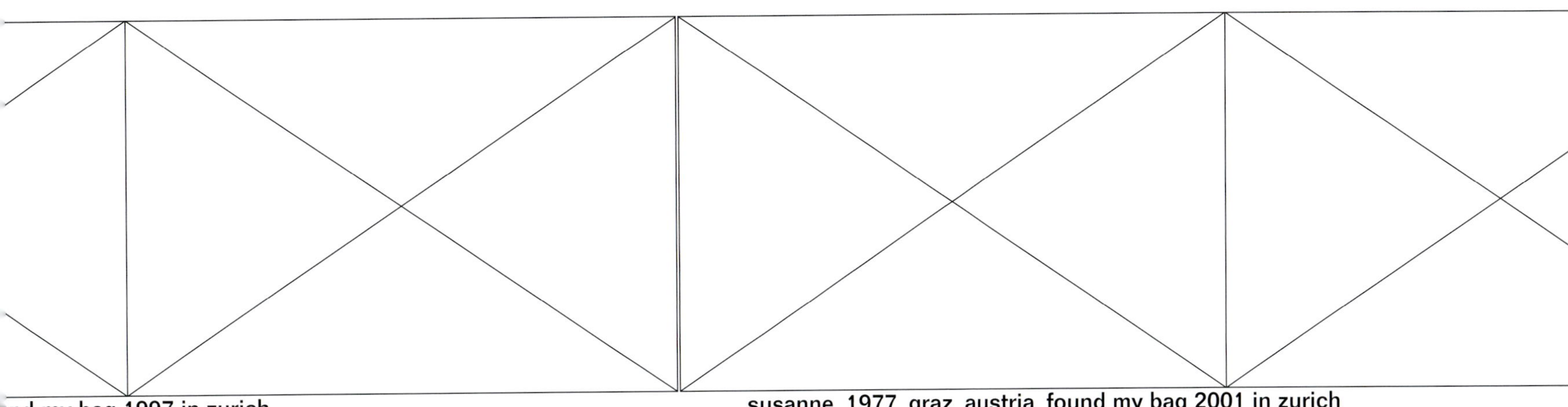

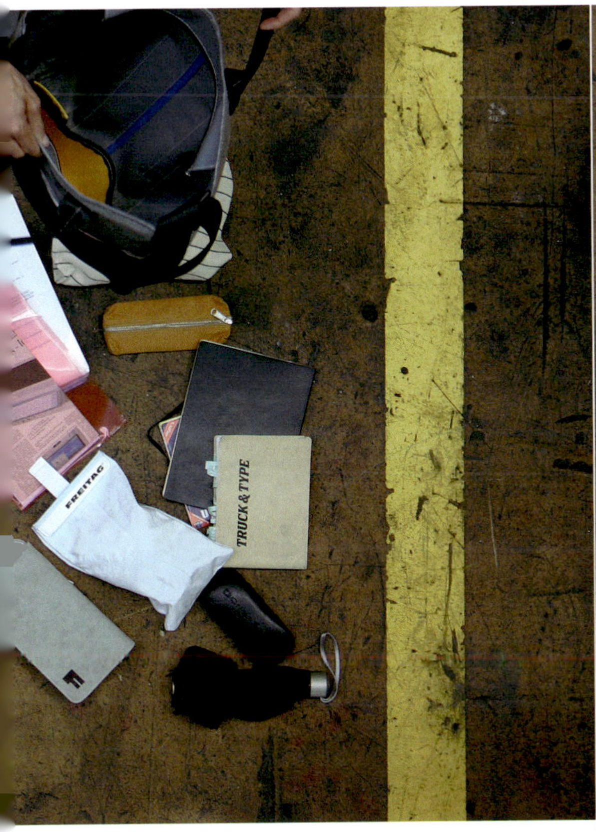

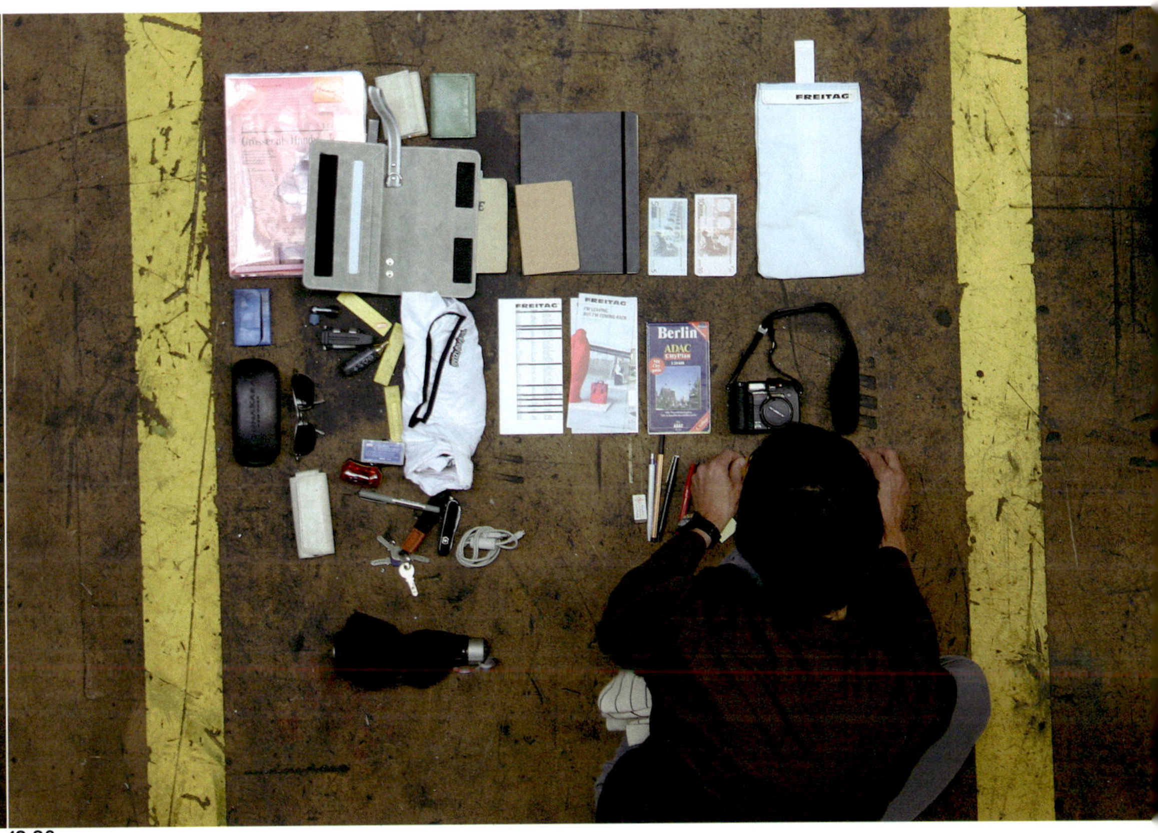

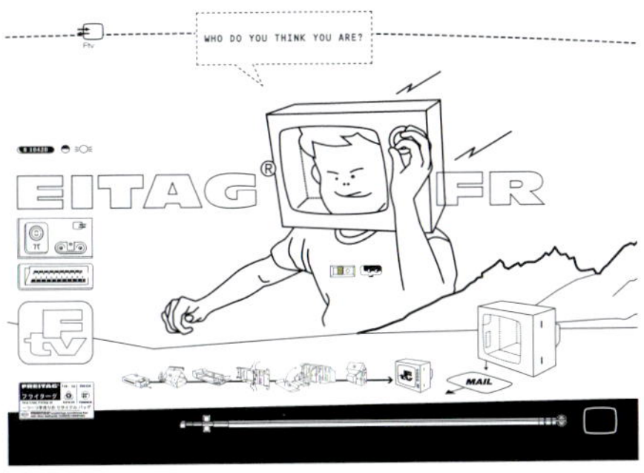

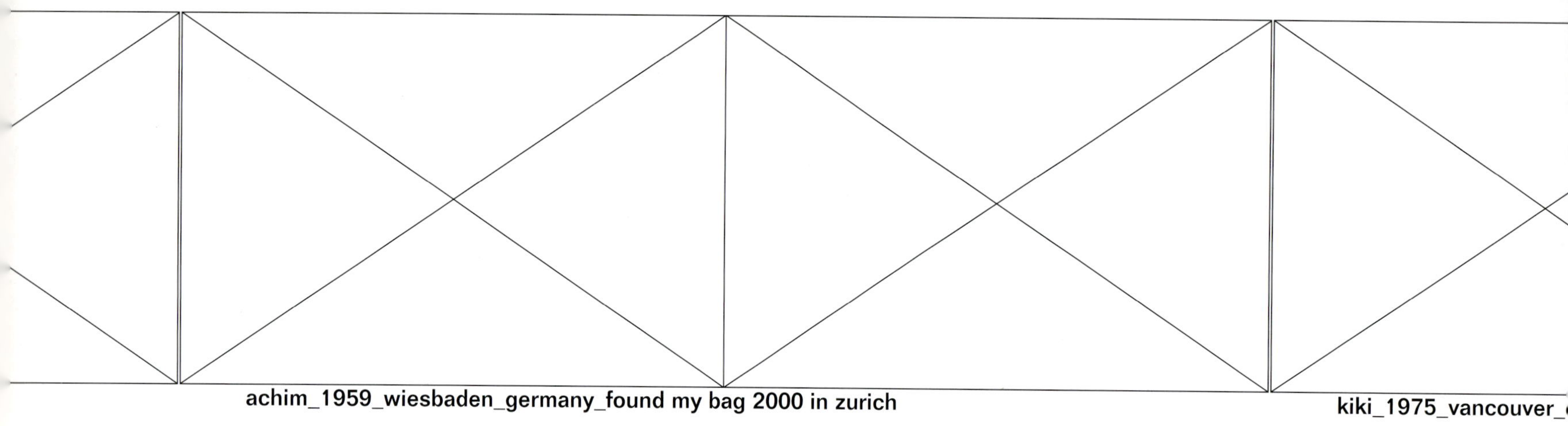

achim_1959_wiesbaden_germany_found my bag 2000 in zurich

kiki_1975_vancouver_

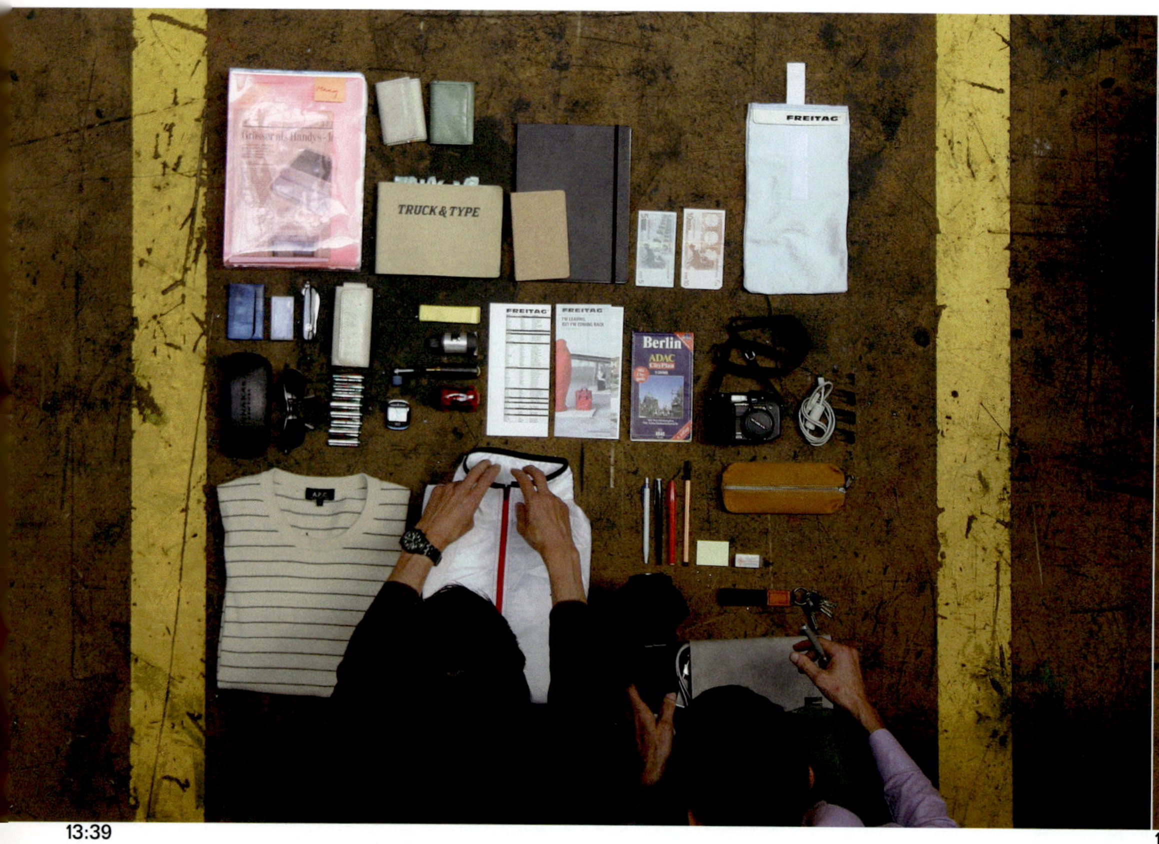

13:39

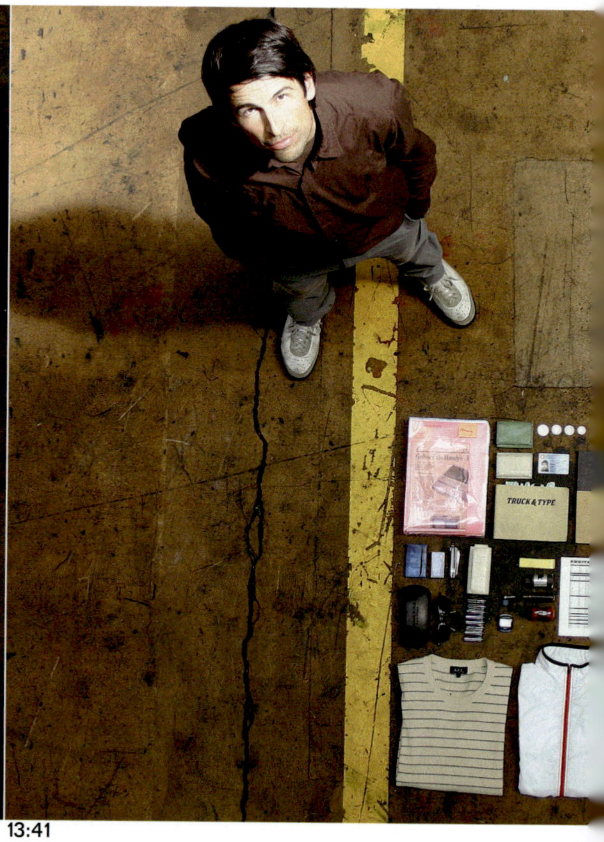

13:41

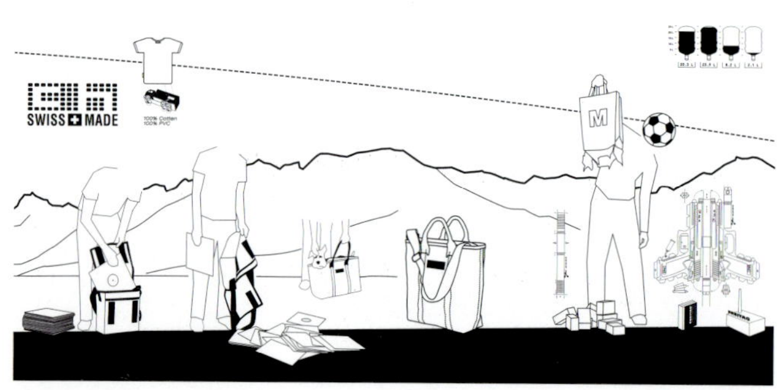

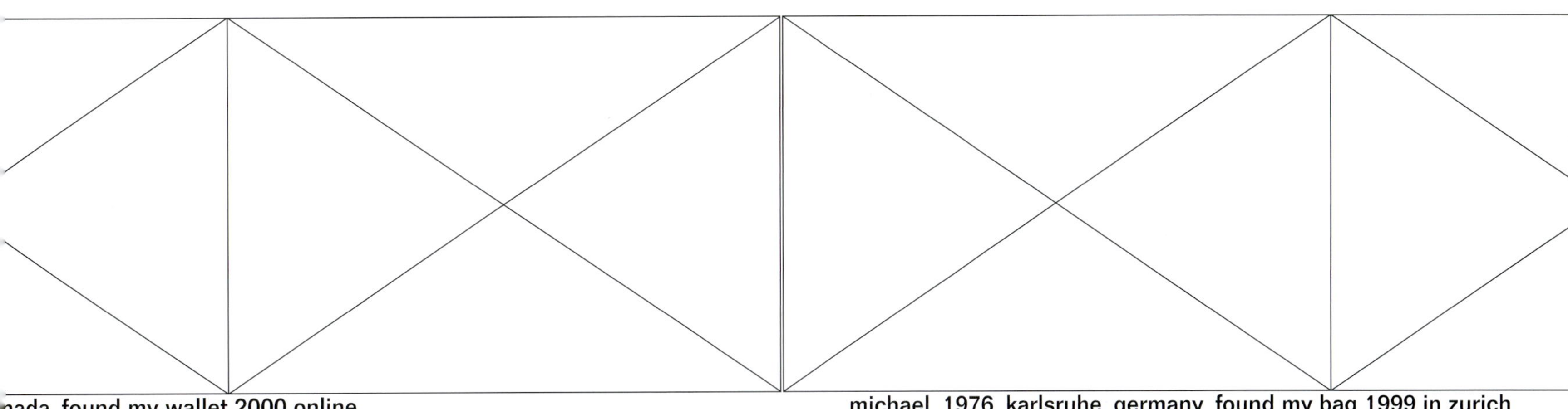

nada_found my wallet 2000 online

michael_1976_karlsruhe_germany_found my bag 1999 in zurich

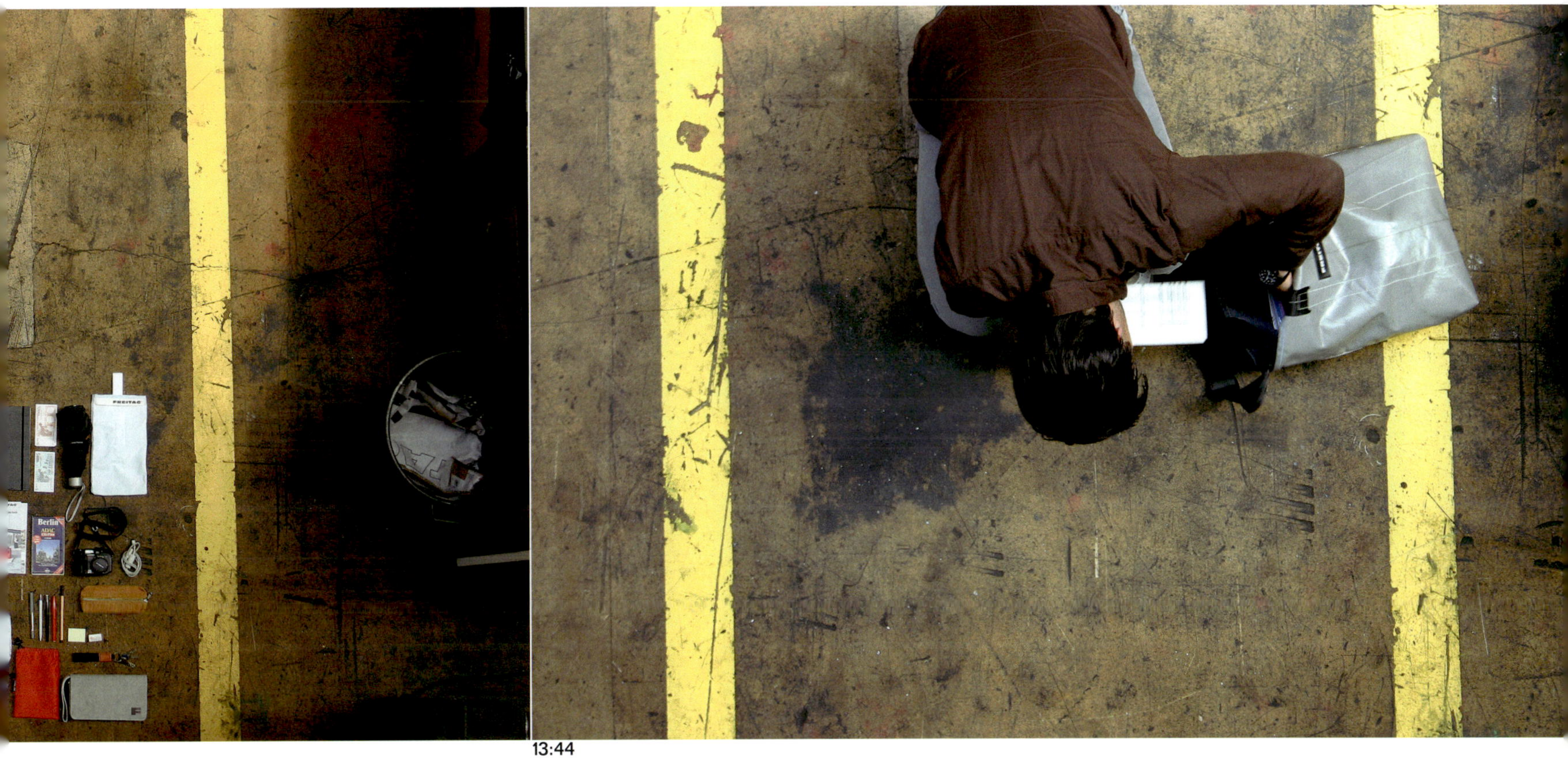

13:44

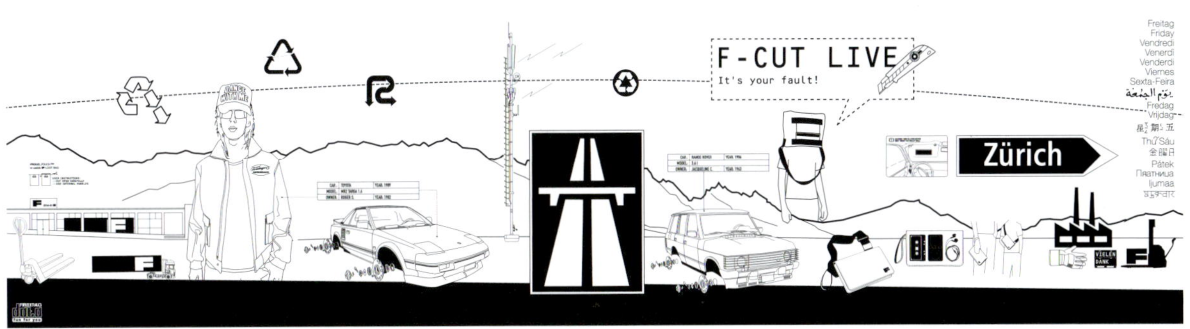

WEST-OST-SP

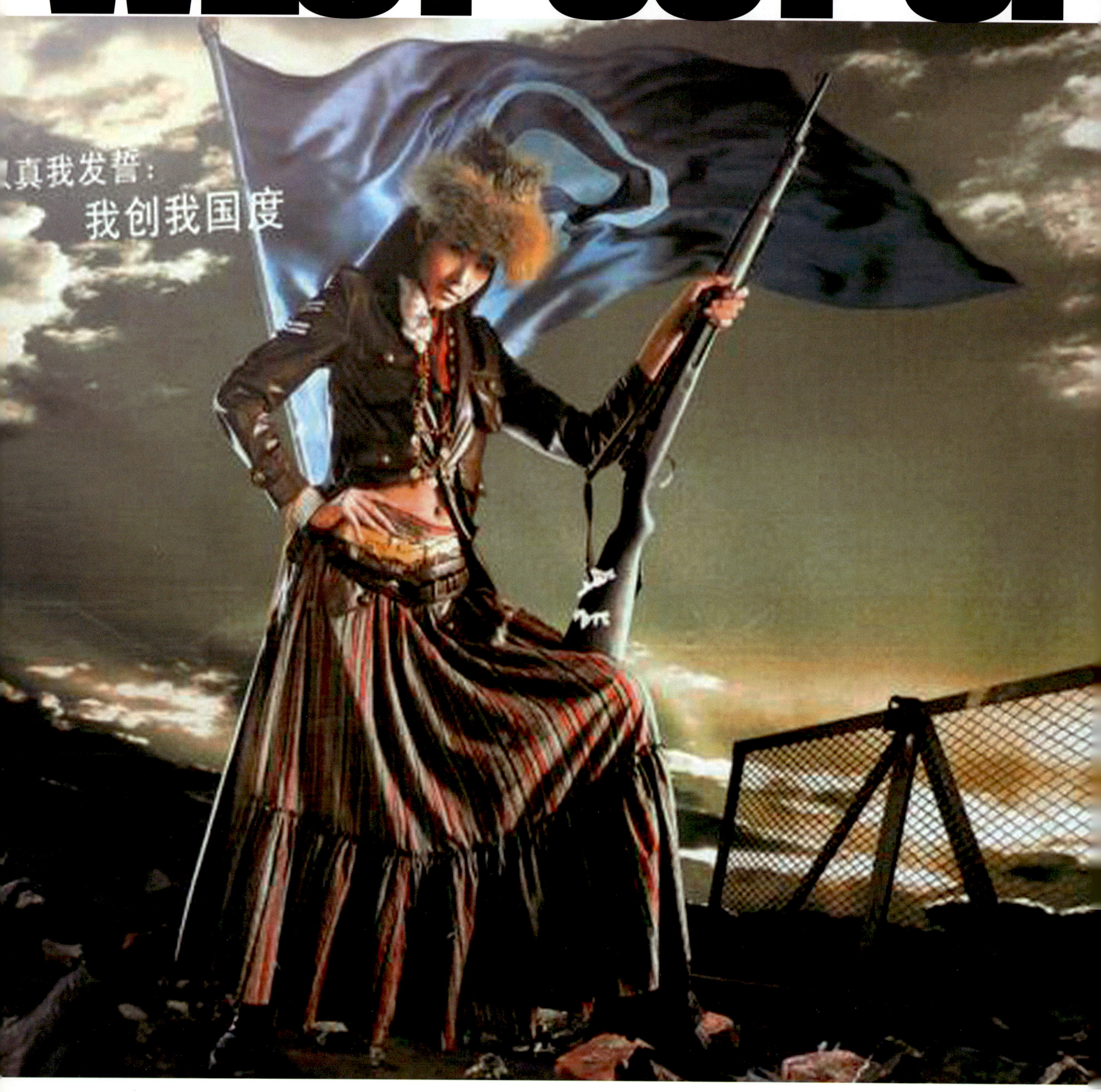

MELE[1]

JÖRG HUBER »GESTERN IST DER ERSTE H&M IN SHANGHAI (RESPEKTIVE CHINA) AUFGEGANGEN. DIE KYLIE MINOUGE HAT GESUNGEN, DER BEN (EINER DER BEKANNTESTEN CHINESISCHEN DJS) HAT DIE PLATTEN DREHEN LASSEN. 200 METER MUSSTEN SIE ANSTEHEN UND WARTEN, BIS DIE NÄCHSTE SCHICHT MENSCHEN REINGELASSEN WURDE, DAMIT SIE ALLE AM ERSTEN TAG SCHON EIN HÖSCHEN ODER EIN KLEIDCHEN AUS DEM BERÜHMTEN LADEN ERGATTERN KONNTEN. KEINE AHNUNG, WIE LANGE DIE WARTEZEIT BEI DEN UMKLEIDEKABINEN WAR.«

Brandneue *Brandnews* einer Freundin aus Shanghai. Seit Anfang der 90er Jahre des letzten Jahrhunderts Ermenegildo Zegna und Louis Vuitton den Reigen eröffneten, landen in dieser Metropole ununterbrochen neue Westbrands, begleitet von Werbeoffensiven, die den urbanen Raum mit weit über hundert Meter langen Plakatwänden und riesigen Videomonitoren brachial besetzen. Die Ankunftsspektakel – ökonomische Weihnachtsfeiern: *a brand is born!* – in monumentalen Brand-Malls, Hotel-Lobbys oder aufgepeppten alten Fabrikhallen zitieren den Geist von Las Vegas oder von »Brot und Spiele« im alten Rom. Die jeweiligen Adressen, die dann, scheinbar beliebig verfügbar, gewählt werden, sind immer vom Feinsten und an bester Lage; Ladenlandschaften von namhaften Designern und Architekten aus Japan, Amerika oder Europa als Gesamtkunstwerke gestaltet, umgeben von smarten Galerien und Top-Restaurants. *Fashion, art* und *food*, die Grenzen sind fliessend, oberstes Ziel ist die Erlebnissteigerung.

Nach einer langen, politisch verordneten Nacht der Abstinenz bezüglich *fun* und *glamour*, will man es wieder wissen und anknüpfen an die »guten alten Zeiten« der 20er und 30er Jahre, wo Shanghai als das Paris des Ostens galt und in der spezifischen Mischung von Mondänem und Verruchtem und als Lifestyle-Roulett die West-Vorlage weit übertraf. In den letzten 15 Jahren erfolgte eine erste Phase der Einübung in das Spiel mit den Brands, in der sich die entsprechenden Unsicherheiten in Form von New-Rich-Grellheiten aller Art manifestierten. Man wollte den Brand offensiv zur Schau stellen. Es ging um Luxus, das Zeigen von Reichtum – auch wenn man dazu das Etikett an der Brille baumeln lassen musste. Wichtig war, dass man es sich leisten konnte. Wie man damit umging, war eher sekundär. Zudem dienten die Brands als Kapital im Geschäftsleben, als Schmiergeld und »Gefälligkeitsgaben« (»*guanxi*«), als Geschenke der westlichen Geschäftsherren an die lokalen Konkubinen.

Auf diesen ersten Bühnen waren vor allem Männer die Akteure, während heute zunehmend die Damen das Parkett betreten. Und: Vermehrt beginnen nun die Kiddys ab 15 mitzumischen, die, als Produkte der Ein-Kind-Familien, an allen Ecken und Enden gepuscht werden. Sie sind ehrgeizig, im radikalen Konkurrenzdruck im Element, sie nehmen dezidiert am Spiel teil und wollen auch etwas vom grossen Kuchen abbekommen. Sie zeigen ein Wissen von und einen Sinn für das Brandgeschehen, ein Bewusstsein für Style. Ihr Hobby, für das sie oft mit strengen Sparübungen leiden und das sie nicht selten verbinden mit ihren beruflichen Ambitionen, ist Shoppen. Und das Geshoppte muss dann auch vorgeführt werden. Entsprechend boomt die Club- und DJ-Kultur. Zudem eröffnen sie tausende von kleinen bis mittleren Boutiquen, die oft ganze Strassenzüge oder alte Industrieareale füllen, um sich damit eine eigene Form von Öffentlichkeit zu schaffen. Das Branding des eigenen Körpers ist hier auch Branding des

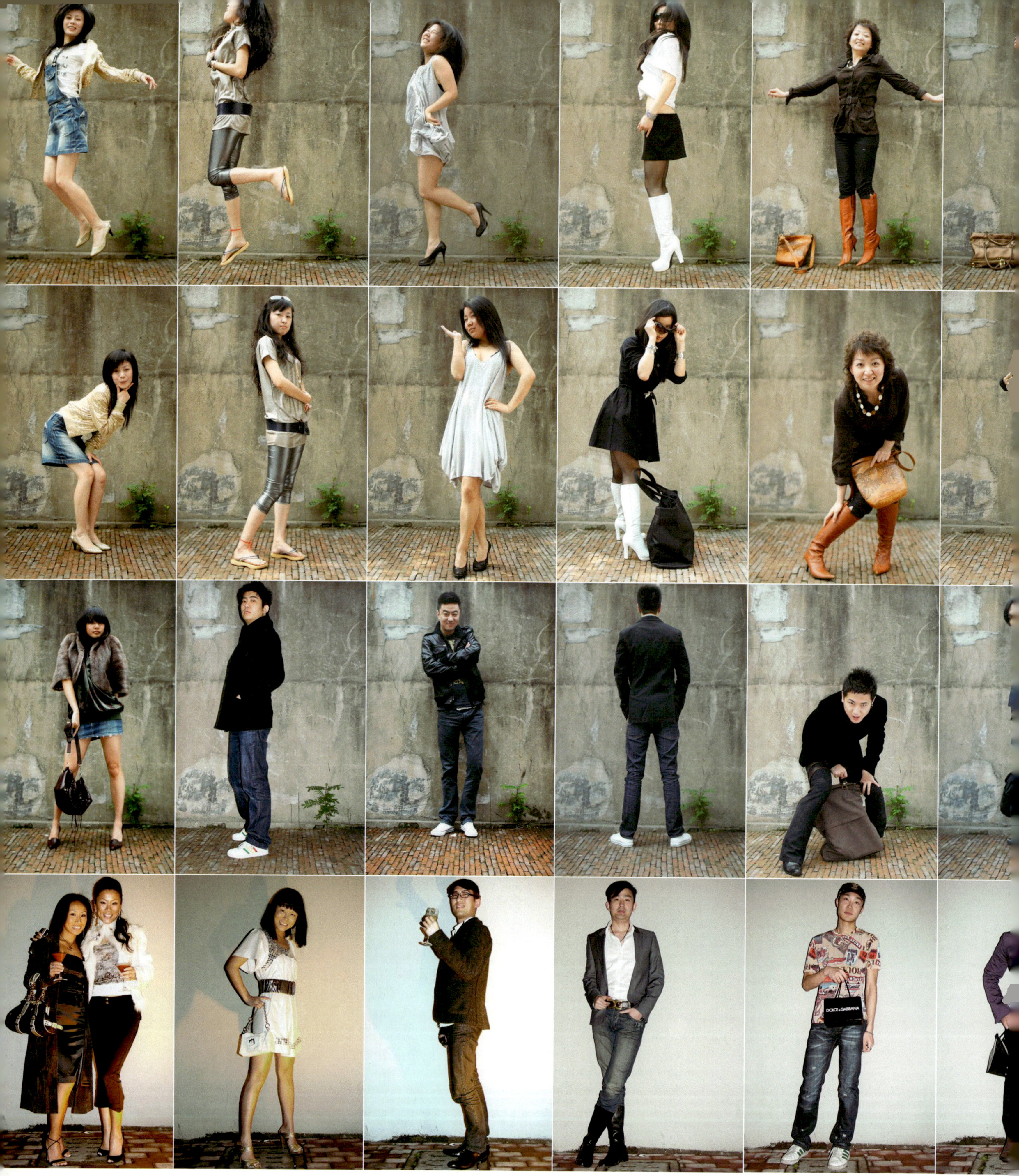

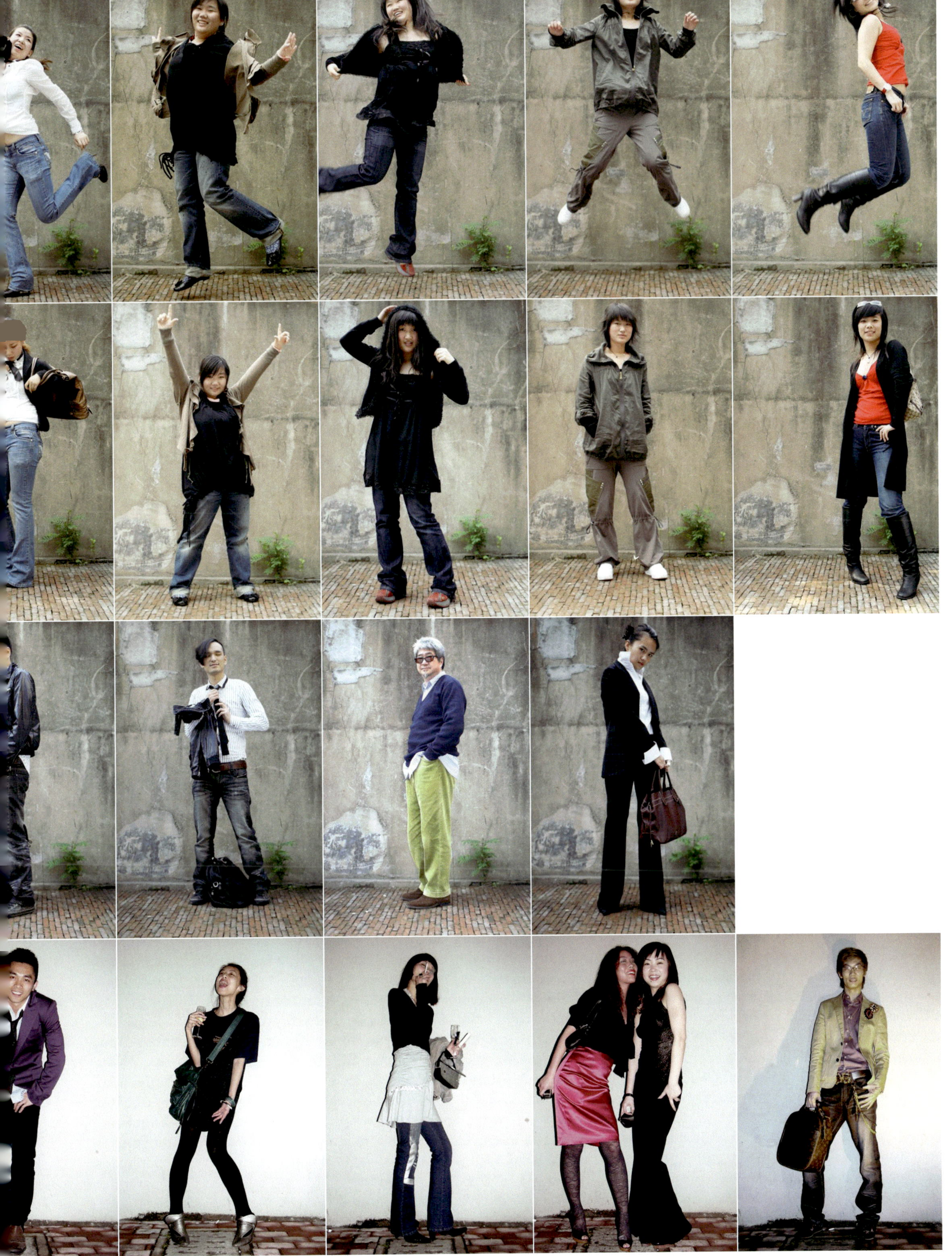

Photos: Rebecca Pfaffhauser

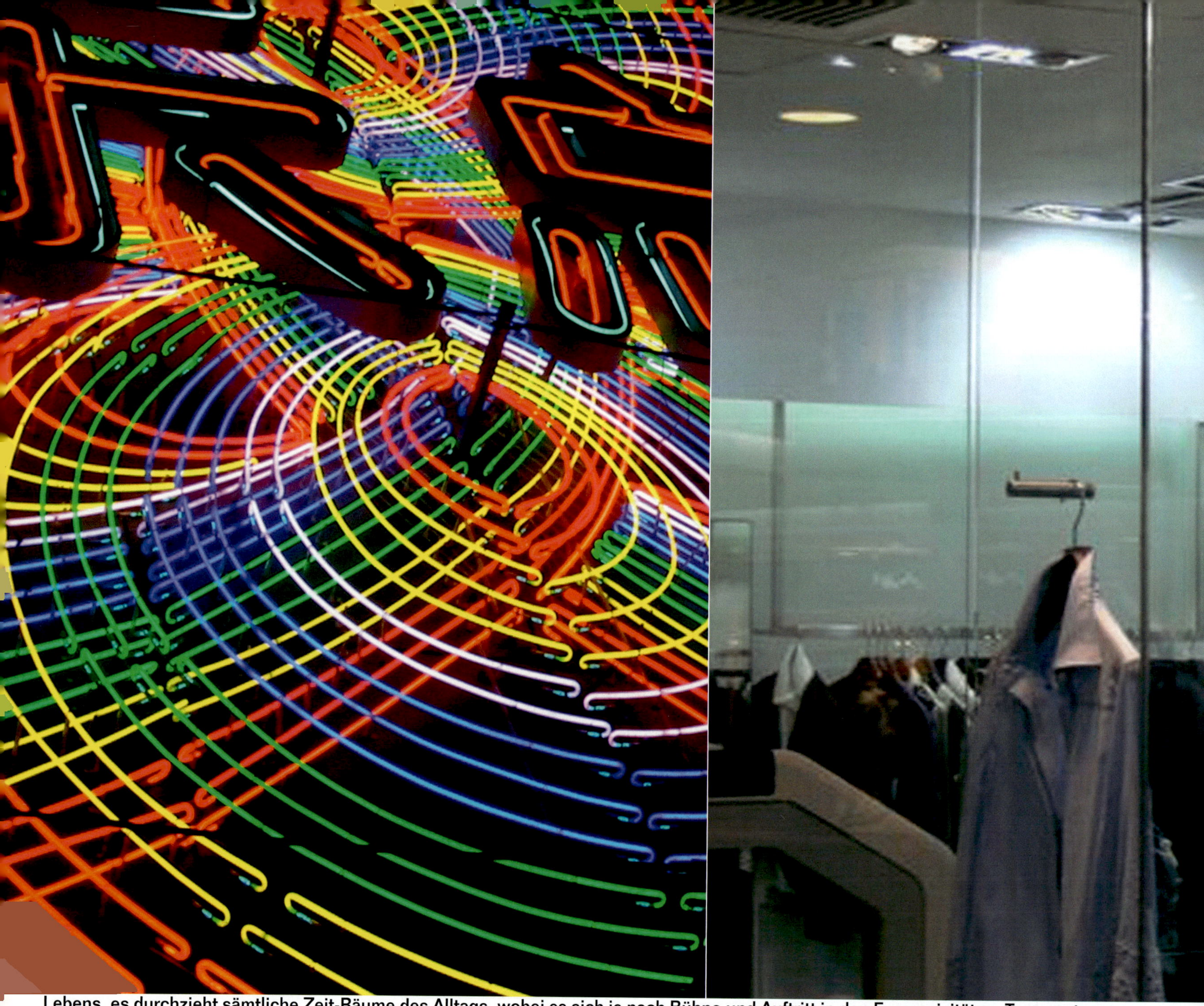

Lebens, es durchzieht sämtliche Zeit-Räume des Alltags, wobei es sich je nach Bühne und Auftritt in den Expressivitäten, Temperaturen und Stillagen gezielt unterscheidet.

Der Umgang mit den Brands wird auf bemerkenswert offensive und unbekümmerte Weise betrieben. Die Spielfreude ist grenzenlos, die Virtuosität in der Kombination von Marken, Stillagen, Zitaten und Verzeichnungen offensichtlich, die Selbstverständlichkeit im Spiel mit den Nachahmungen bezeichnend für die chinesische Kultur. Dabei geht es um die Teilnahme an einem verlockenden Geschehen, das deshalb verlockend ist, weil es Neues bringt, die Einübung in Öffentlichkeit ermöglicht (was wir unter urbaner „Öffentlichkeit" verstehen, gab es in China bis anhin nicht) und öffentliche Selbstwahrnehmungen zulässt, den Spass an Entgrenzungen, Extravaganzen, Frivolitäten erlaubt und das Spiel mit dem Ästhetischen eröffnet. Ein Spiel, das – ähnlich wie in der Kunst – die Absurditäten des Shanghai-Alltags thematisiert und gleichzeitig repräsentiert, was zu verschiedenen individuellen Moods und Haltungen führt: Melancholie, Sarkasmus, Begeisterung, Depression, Gleichgültigkeit, Paranoia, Hysterie, Langeweile, Isolation, Introversion – Stimmungen und Haltungen, die den simplen Gegensatz von Negation und Affirmation transzendieren. Dabei wirken die einzelnen Auftritte direkter, ungehemmter und zum Teil auch ironischer – d.h. weniger verquält und ungefiltert infantil – als in westlichen Kontexten. Das hängt eventuell damit zusammen, dass es in Shanghai auch immer um etwas geht, denn das Ganze findet in einem Kontext der erbarmungslosen Beschleunigung und Konkurrenz statt, wo die zentrifugalen Kräfte enorm sind, während bei uns – zum Beispiel in Zürich – die Implosion die vorherrschende Dynamik zu sein scheint.

Vorläufig zählen dabei nur die West-Brands. Die einheimische Produktion liefert einzig das Archiv für Zitate, nicht jedoch die grossen Narrative. Die Frage stellt sich jedoch, welche Prognosen möglich sind. Ein West-Brand hat in Shanghai Erfolg, weil er international Erfolg hat. Im Moment. Das Brandgeschehen ist, wie gesagt, noch nicht alt. Die spezifischeren Geschichten, die die einzelnen

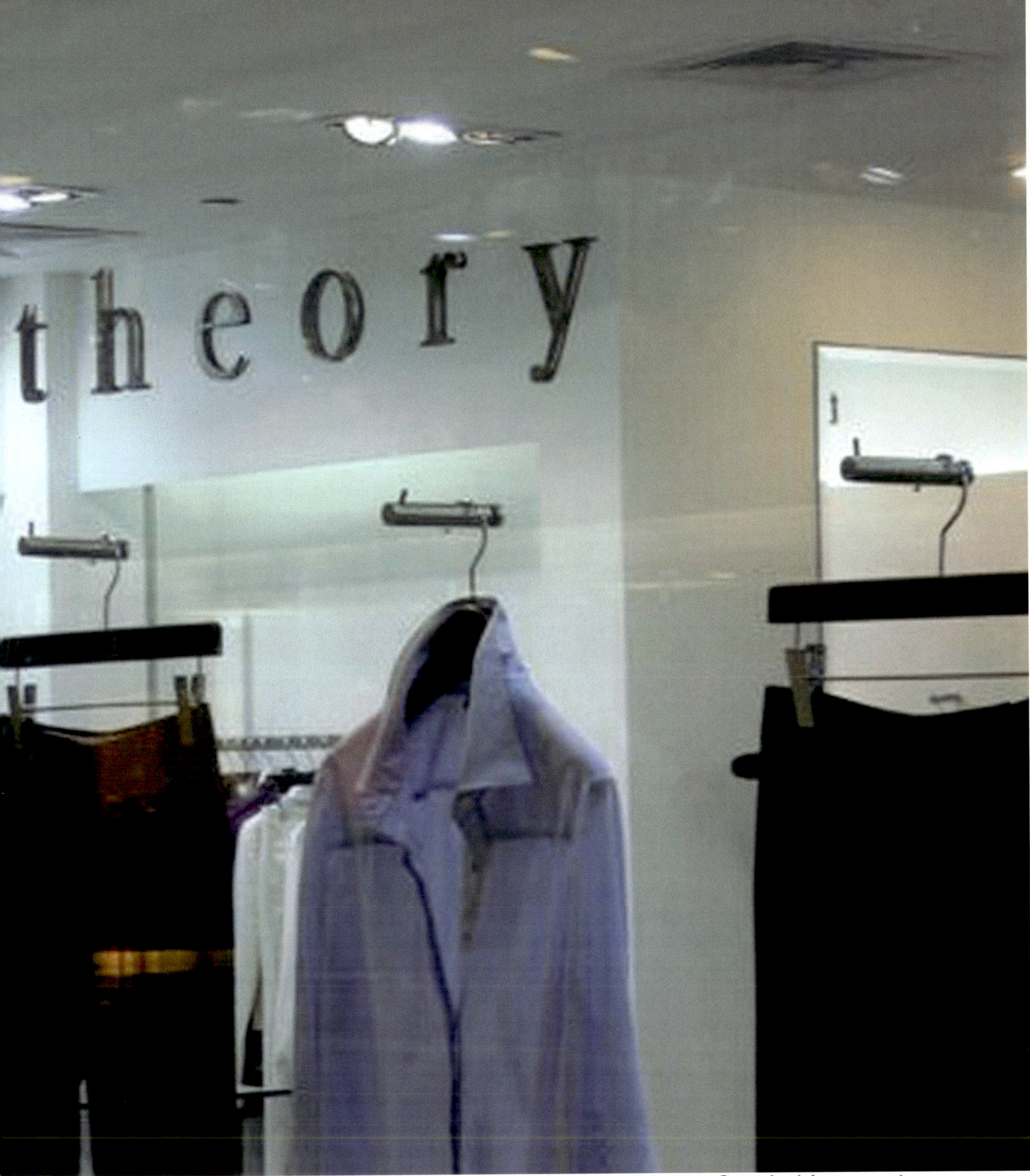

Brands erzählen, können (aus verschiedenen, u.a. sprachlichen Gründen) kaum greifen. Brands funktionieren hier äusserst zeichenhaft und radikal kontingent. Entsprechend prekär ist ihre jeweilige Konjunkturlage. Zudem manifestiert sich im heutigen Kulturleben Chinas explizit (und zunehmend) die Bedeutung von eigenen kulturellen Traditionen, offensichtlich in den Bereichen der Architektur, der Stadtplanung, der bildenden Kunst und ansatzweise, wenn auch noch zögerlich in den Welten der Mode und des Designs.

Brands, die global unterwegs sind und in Shanghai landen, werden sich in Bälde, wenn sie sich stabiler etablieren wollen, auf die lokalen Geschichten und Traditionen einlassen müssen. Was zu erwarten ist, ist ein vielfältiges Terrain von Anverwandlungen und interessanten Synkretismen, Hybriditäten, Scharaden, Verzeichnungen und Imitationen. Und, wer weiss, vielleicht wird all das wiederum Effekte in unserer Kultur hervorrufen, die uns überraschen werden. Die jungen Menschen in Shanghai sind die hauptsächlichen Akteure in dieser Entwicklung, was ihren alltäglichen Umgang mit Brands auch für uns interessant macht.

[1] Was hier skizziert wird, gilt vorläufig für Shanghai und eventuell einige andere Megalopolen in China, nicht aber (oder nur sehr begrenzt) für die vielen unterschiedlichen Regionen des ganzen Landes.

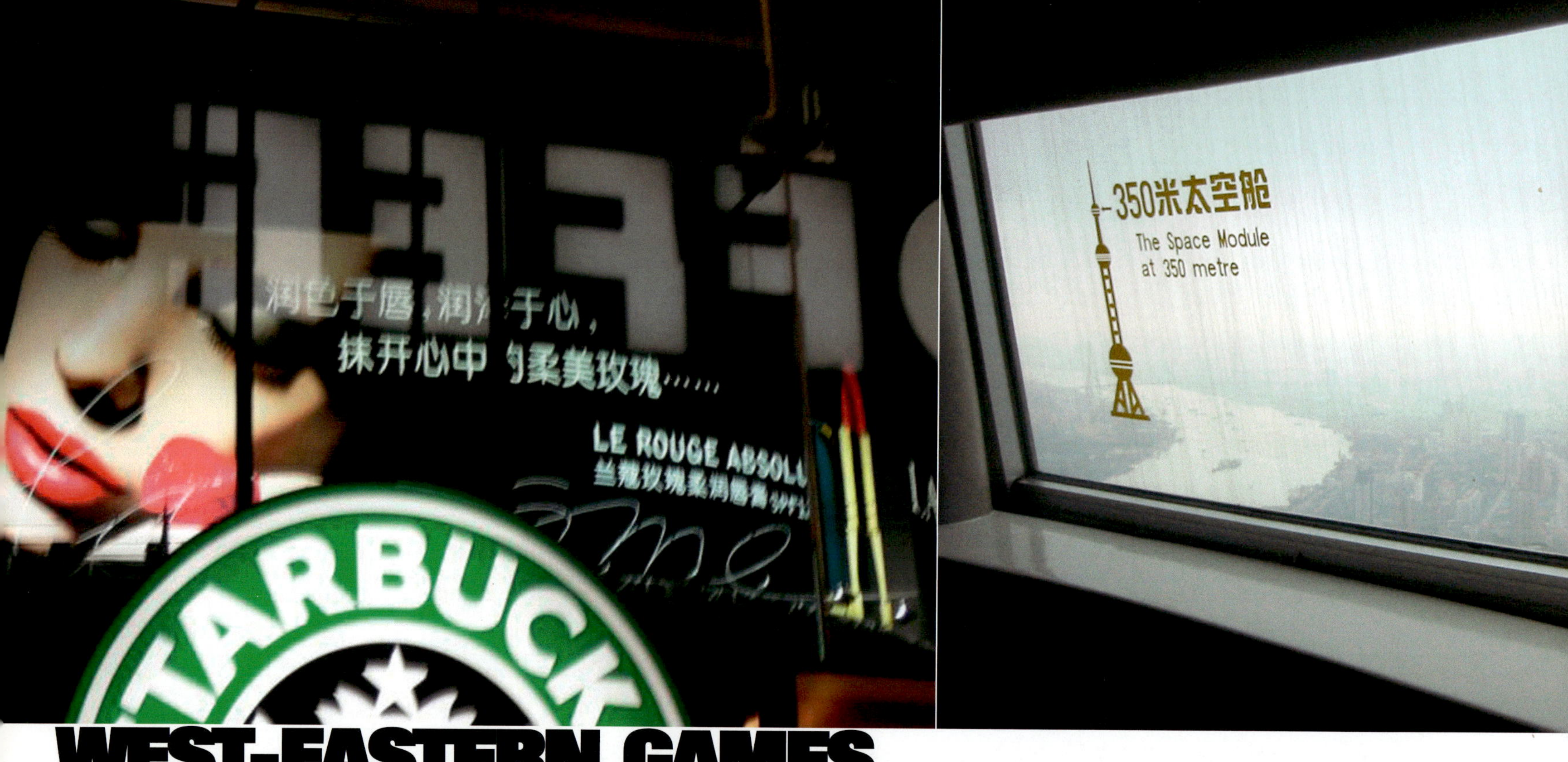

WEST-EASTERN GAMES

JÖRG HUBER "YESTERDAY, THE FIRST H&M SETTLEMENT WAS OPENED IN SHANGHAI. KYLIE MI-NOUGE SANG, BEN (ONE OF THE MOST FAMOUS DJS IN CHINA) WAS TURNING THE RECORDS. PEOPLE WAITED PATIENTLY, IN LINES TWO-HUNDRED METERS LONG, WAITED TO GET IN, ONE SHIFT AFTER THE OTHER, JUST TO GET IN, ON THIS FIRST DAY, JUST TO SNATCH A SLIP, OR SCAVENGE SOME LITTLE DRESS ADORNED WITH THE FAMOUS LABEL. I'VE NO IDEA HOW LONG THEY HAD TO WAIT IN FRONT OF THE CHANGING ROOMS."

Brand new *brand news* of a friend from Shanghai. Ever since Ermengildo Zegna and Louis Vuitton, at the beginning of the 90ies of the past century, started out in Shanghai, uncountable brands from the west followed, joined in, settled in the metropolis, accompanied by advertising campaigns occupying urban public space with billboards of over a hundred meters length or with giant video-monitors. The advent, a spectacle – celebrated like a Christmas party (for and on purely economic grounds): *A brand is born!* – taking place in monumental brand malls, hotel lobbies or redecorated factories, summons the spirit of Las Vegas or of "panem et circenses" (bread and circuses) of ancient Rome. The locations chosen, apparently readily available, always are the best; shop-scapes, styled as syntheses of the arts, by renowned designers and architects from Japan, the US, or Europe, surrounded by smart galleries and top restaurants. *Fashion, art,* and *food,* there are no longer any boundaries, the first aim is: to intensify the experience.

After a long, politically decreed, night of abstention (with respect to fun and glamour), now, here, we try again, resuscitating the "good old times", the twenties and thirties of the past century, when Shanghai was called the "Paris of the east", and when Shanghai, with its specific mixture of what could be called elegant, mundane, infamous, and a lifestyle roulette, by far exceeded its western example. The past 15 years were spent practising "playing with the brands", a first phase of how to deal with brands, during which the respective uncertainties manifested themselves in all kinds of "new rich stridencies". Brands had to be staged conspicuously. The name of the game was luxury, the demonstration of affluence – even if one had to leave the tag tangling from one's glasses. The only thing important was that one could afford it. How you dealt with it, was of minor importance. Brands, furthermore, were "capital" in business relations, bribe-money, and "courtesy-gifts" ("*guanxi*") of western business men for their local mistresses.

In this first staging, the actors were mainly male – today, to an ever growing extent, women enter the stage, too. And: more and more often, it's the kiddies, starting at the age of 15, who join in, being products of one-child-families, pushed in all respects. They are ambitious, feel at ease even under inexorable competitive pressure, play the game, and want to get their share. They have a lot of know-how of, a sense for the brand world, and ample flair for style. Even if they have to economise painfully, their hobby is shopping, and very often it is connected with their professional ambitions. They have to show off what they can afford. Clubs and DJ cultures are booming. Thousands of small or medium-sized boutiques are opened, often one next to the other, changing whole streets to get public attention. To brand your body, here, means to brand your whole life, branding pervades all spaces and times of daily life, but there are decisive differences – intentionally brought about, depending on the respective staging – in expression, temperatures and styles.

People deal with brands in a remarkable aggressive and (still) easygoing way. There are no limits to the fun one has playing the game, there's a virtuosity in combining various brands; styles, quotations, and references are obvious, it seems natural and is totally in tune with Chinese culture to playfully imitate. It all is about being part of a compelling happening, especially luring since it yields something new, since it allows "exercises in public appearance" (up to now, China didn't know the phenomenon we call urban "public life"), since self-perception in public becomes possible, since the pleasure in the dissolution of boundaries are accepted, or being extravagant, or

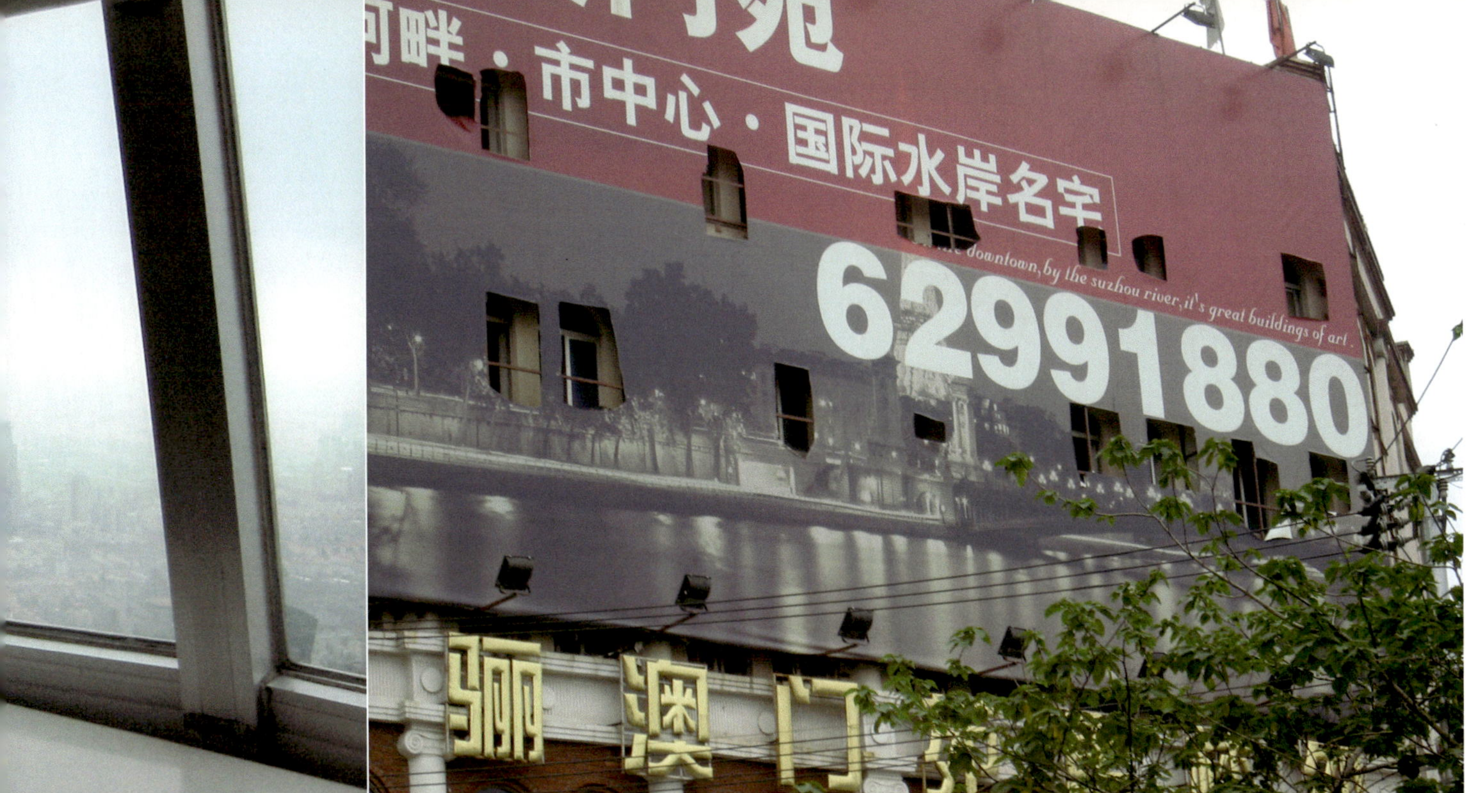

frivolous; since playing with aesthetics is introduced in society. A game that – similar to art – renders the absurdities of Shanghai daily life a topic of discussion, and, at the same time, represents the cause of the various individual moods and attitudes: melancholy, sarcasm, enthusiasm, depression, apathy, paranoia, hysteria, boredom, isolation, introversion – moods and attitudes transcending the simple opposition of negation and affirmation. Moreover, the staging often seems more direct, uninhibited and partly more ironic – i.e. effortless and genuinely infantile – than in western contexts. This may be due to the fact that there's always something at stake in Shanghai, everything is relentlessly accelerated, competition is high, centrifugal forces are enormous, while here, e.g. in Zurich, implosion seems to be the predominant dynamics.

So far, only western brands are important. Domestic production is an archive of quotations, does not produce the great narratives. The question is, what are the forecasts to be given? In Shanghai, a western brand is successful because it is internationally successful. At the moment. Brands still are, as mentioned above, a novelty in China. The more specific stories the individual brands tell are (for different reasons, one of them being language) hardly understood. In Shanghai, brands work on a highly symbolic level, and are radically contingent. Economic trends can be correspondingly precarious. Furthermore, in the cultural life of present-day China, domestic cultural traditions gain in importance, obviously in architecture, city planning, in the arts, and, to some extent, in the worlds of fashion and design.

Global brands, breaking ground in China, in the near future will have to take local narratives and traditions into account, if they want to permanently establish themselves. We can expect a diverse terrain of adaptations and interesting syncretisms, hybrids, charades, references and imitations. And, may be, this development, in return, will have surprising effects on our culture. Young people in Shanghai are the dominant actors in this play, a fact that makes their everyday use of brands a matter of interest for us, too.

1 This outline refers to Shanghai, and, maybe, one or the other megalopolis in China, but not (or only to a limited extent) to the many, highly varied other regions of the country.

I GOT A
PONY S
KNOWS
TO FOX-
LOPE A
PACE

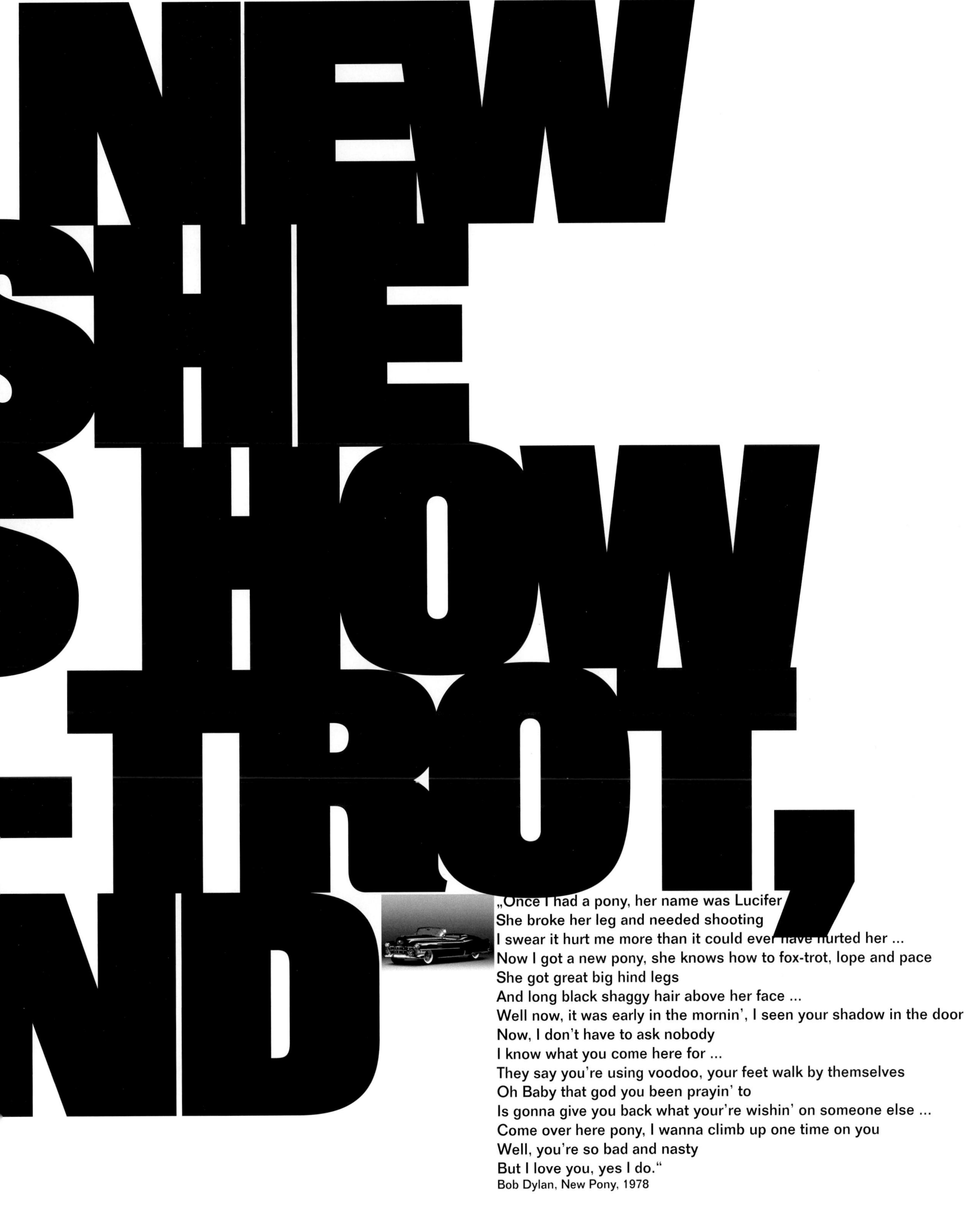

„Once I had a pony, her name was Lucifer
She broke her leg and needed shooting
I swear it hurt me more than it could ever have hurted her ...
Now I got a new pony, she knows how to fox-trot, lope and pace
She got great big hind legs
And long black shaggy hair above her face ...
Well now, it was early in the mornin', I seen your shadow in the door
Now, I don't have to ask nobody
I know what you come here for ...
They say you're using voodoo, your feet walk by themselves
Oh Baby that god you been prayin' to
Is gonna give you back what your're wishin' on someone else ...
Come over here pony, I wanna climb up one time on you
Well, you're so bad and nasty
But I love you, yes I do."
Bob Dylan, New Pony, 1978

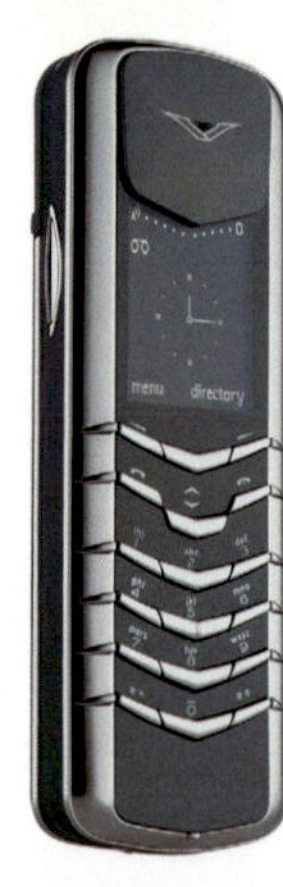
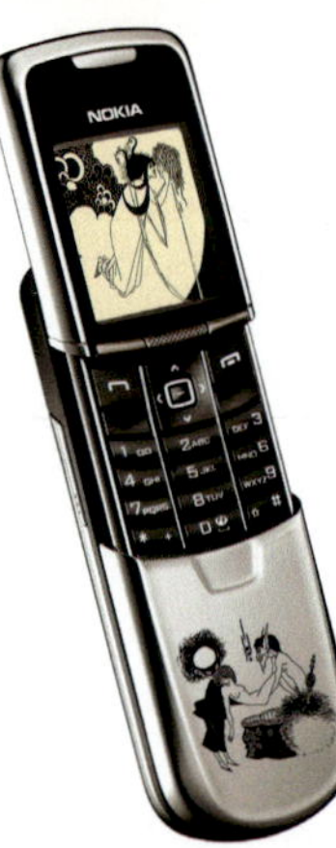

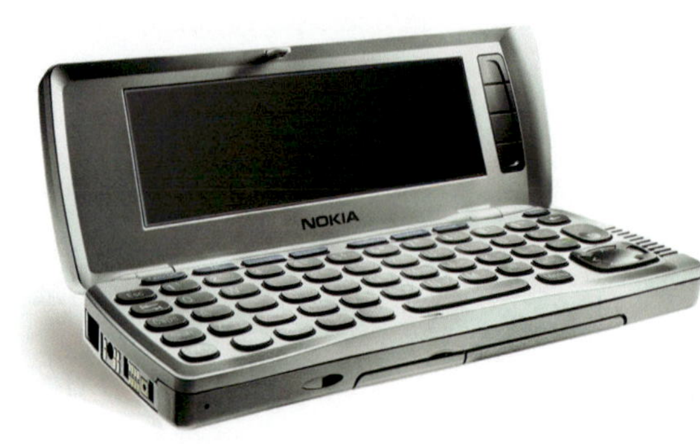

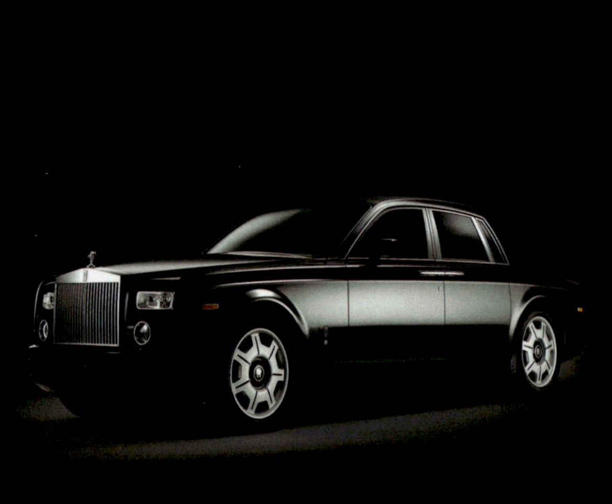
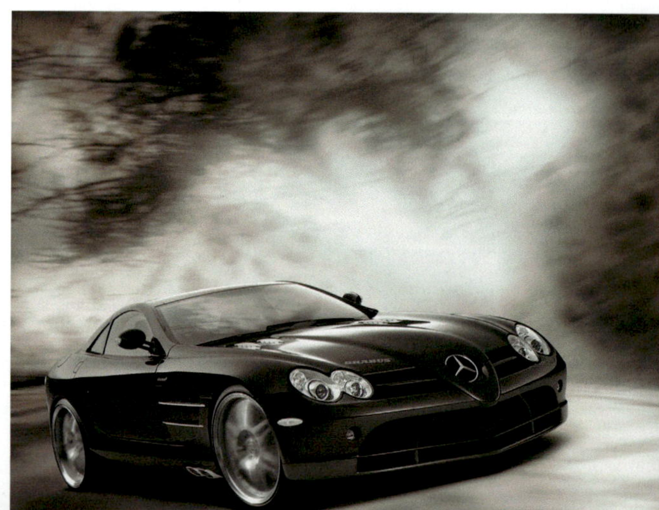
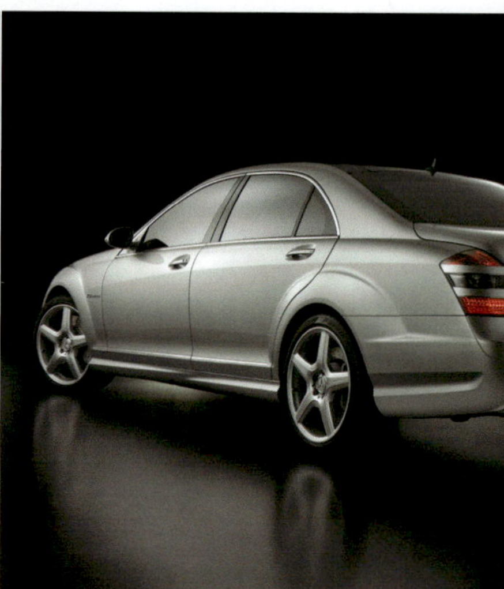

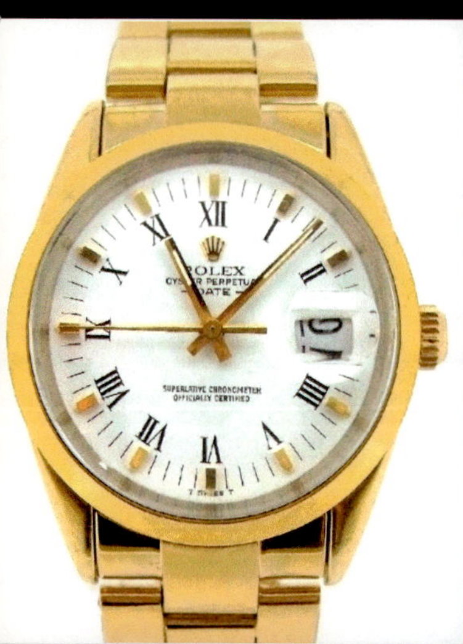
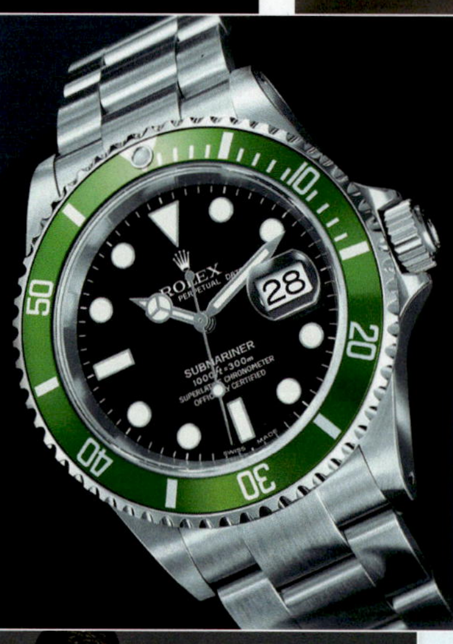
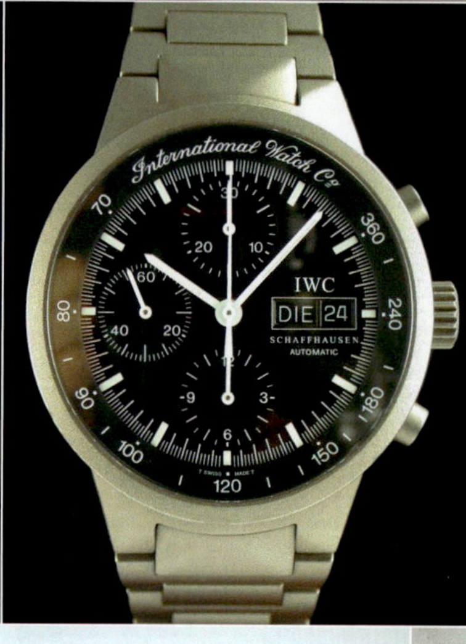
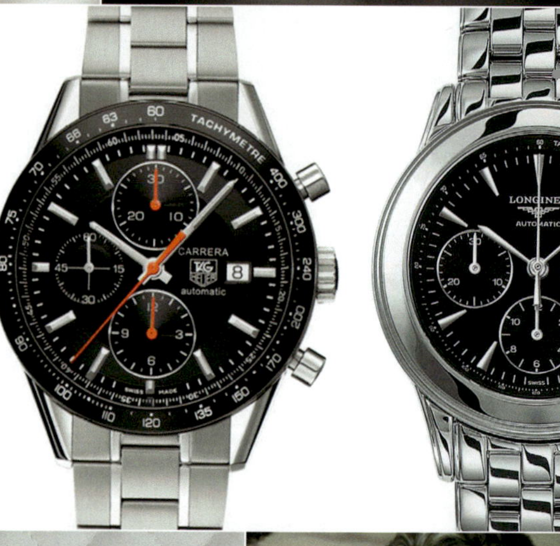

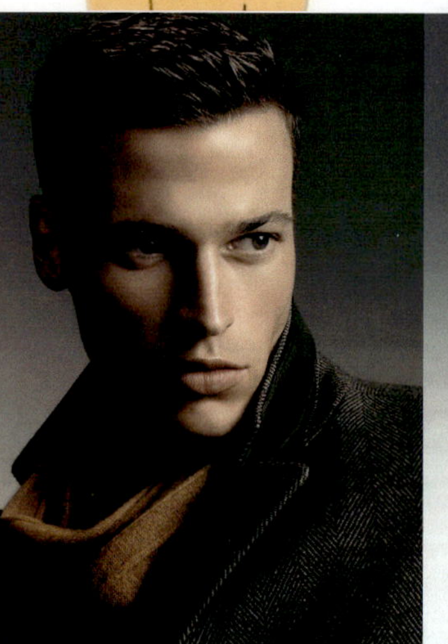
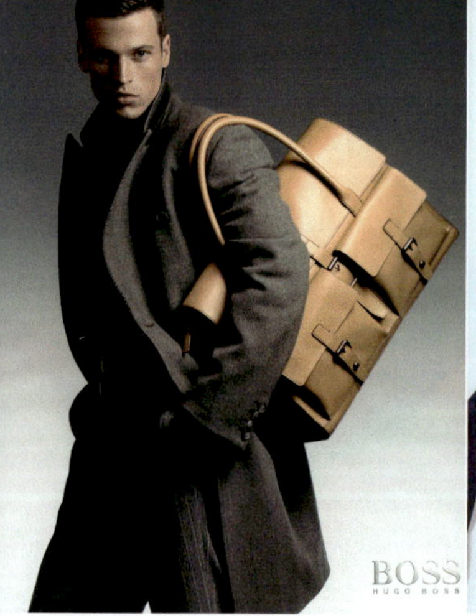
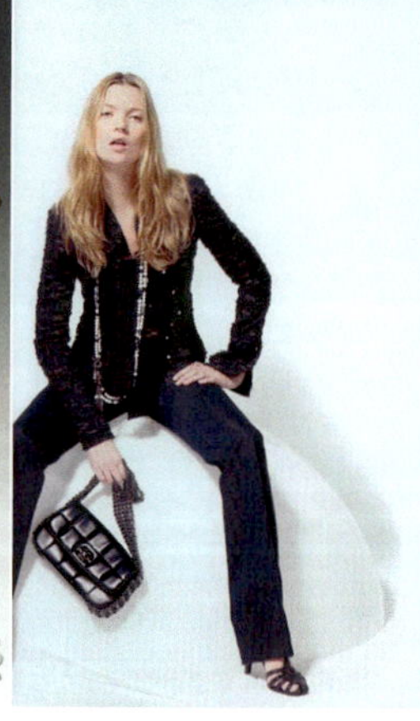

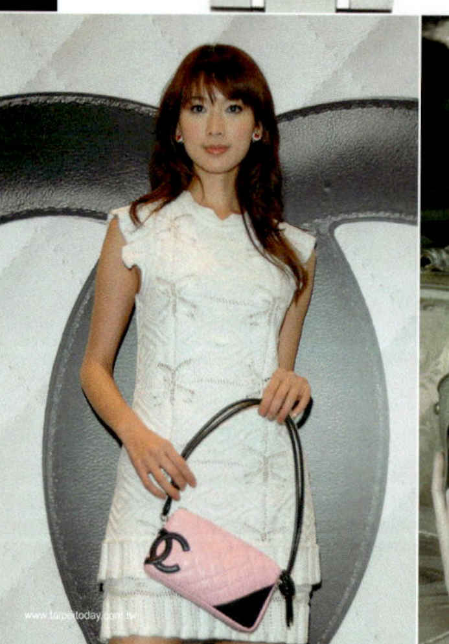
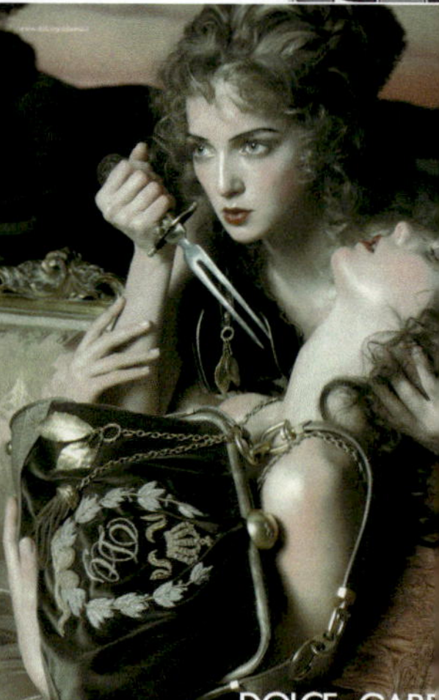

Zurich, Wednesday, 27 September 2006

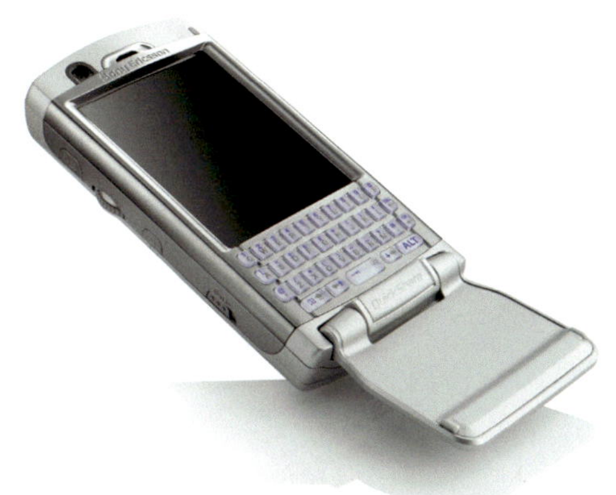
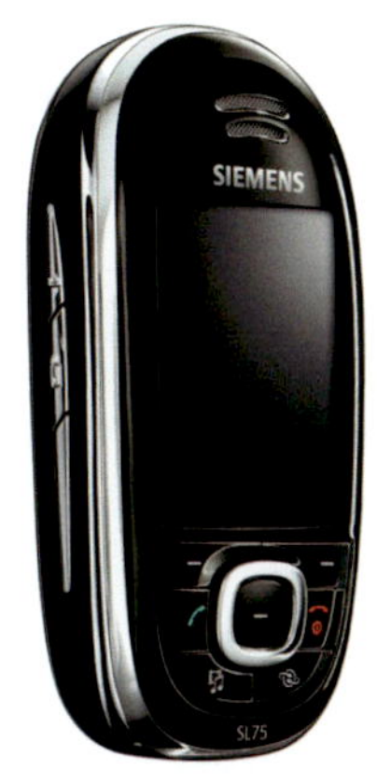
SIEMENS
SL75
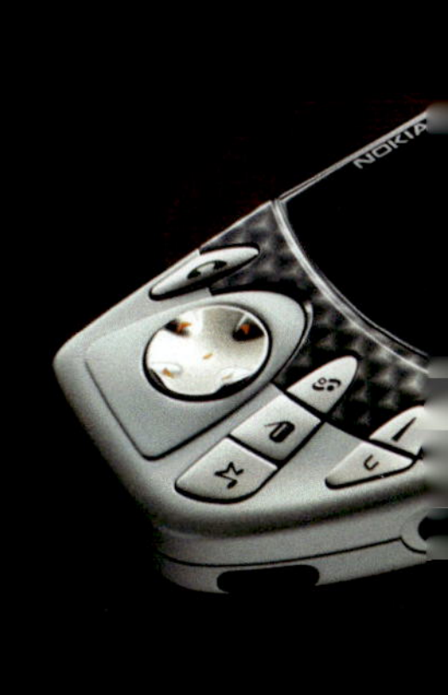
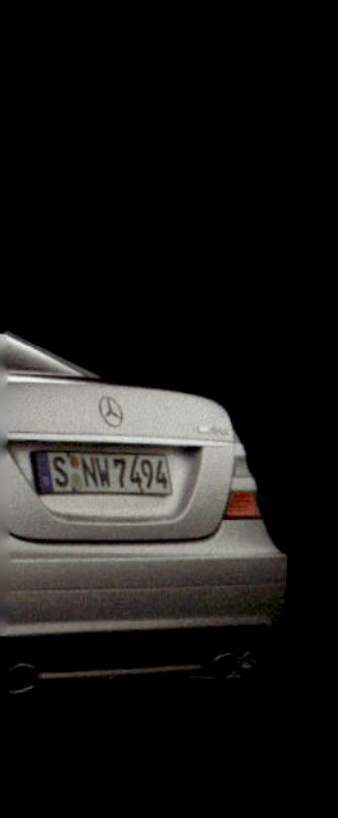
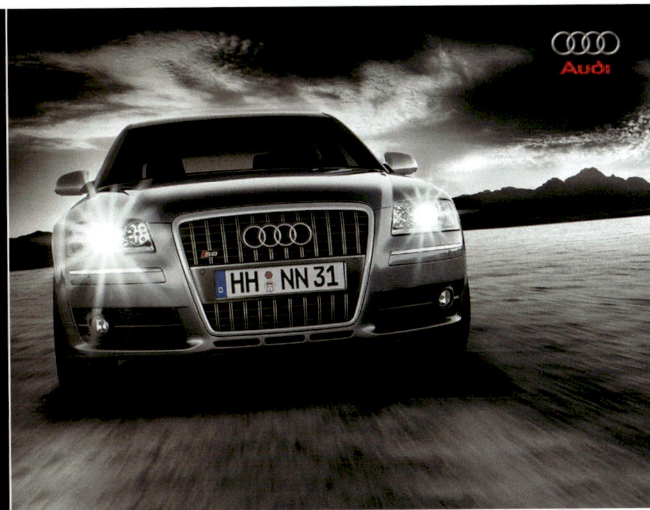
Audi
S NW 749
HH · NN 31
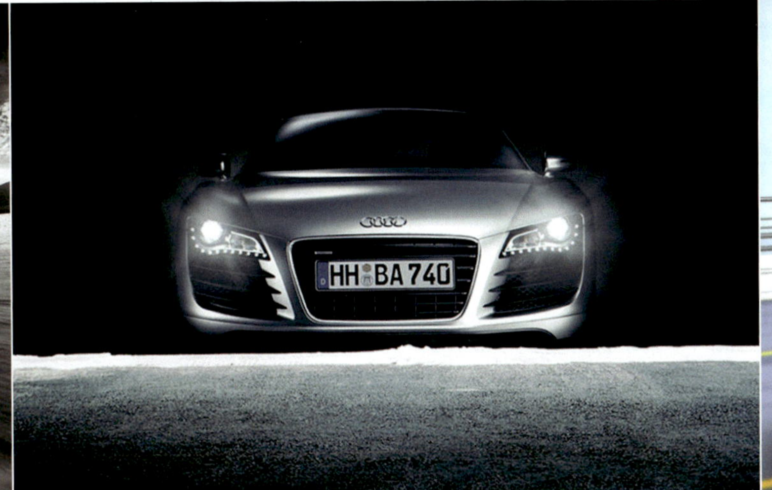
HH · BA 740
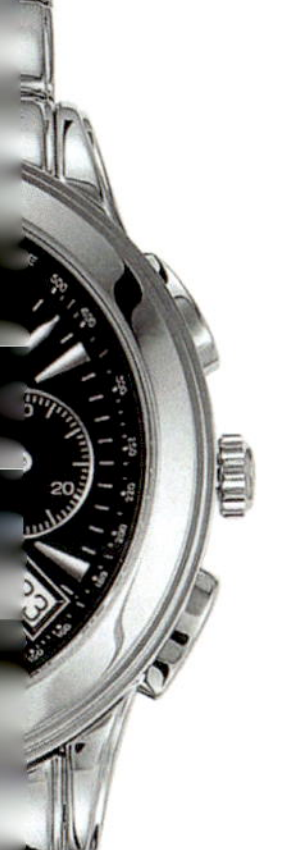
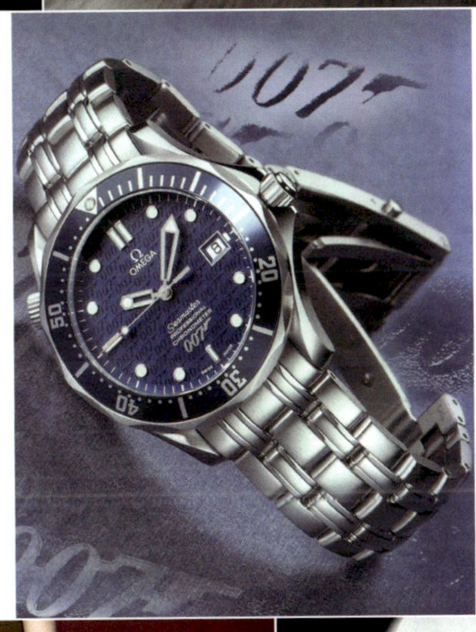
007
OMEGA
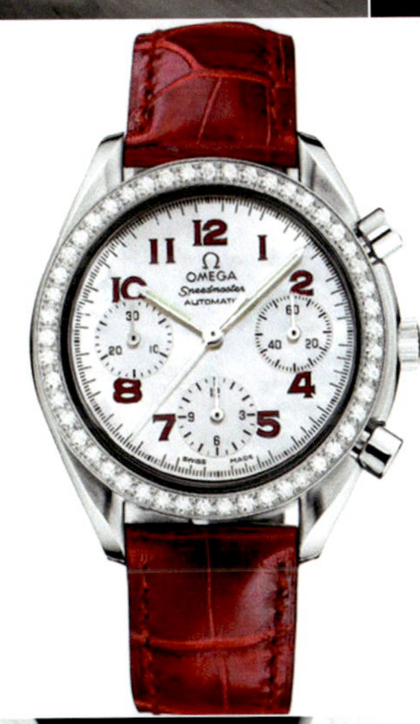
12
OMEGA
Speedmaster
AUTOMATIC
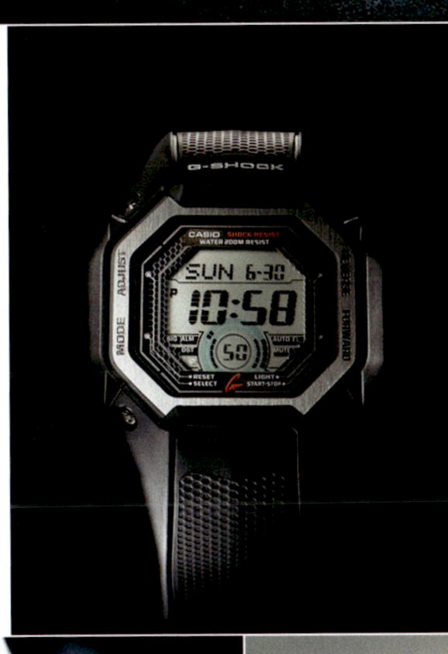
G-SHOCK
CASIO SHOCK RESIST
WATER 200M RESIST
SUN 6-30
10:58
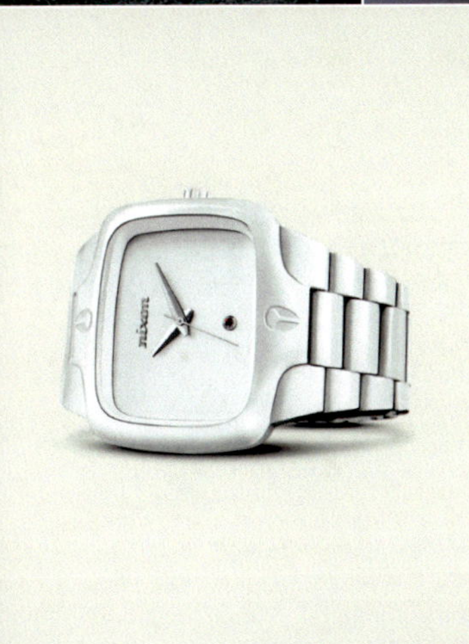
nixon
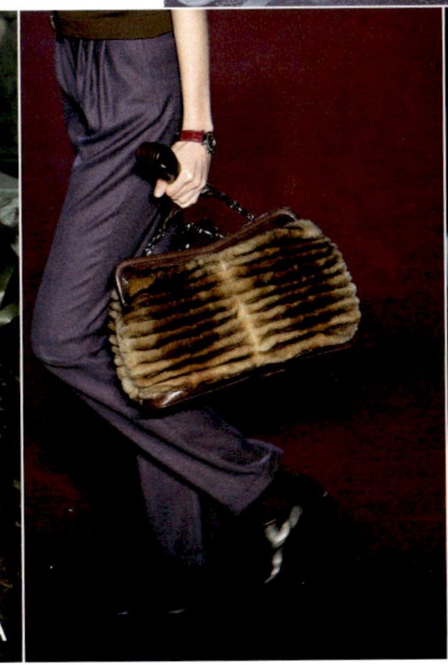
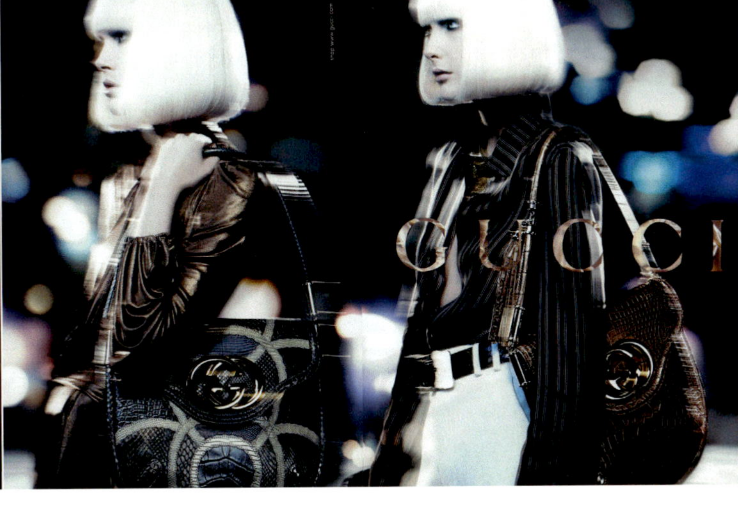
GUCCI
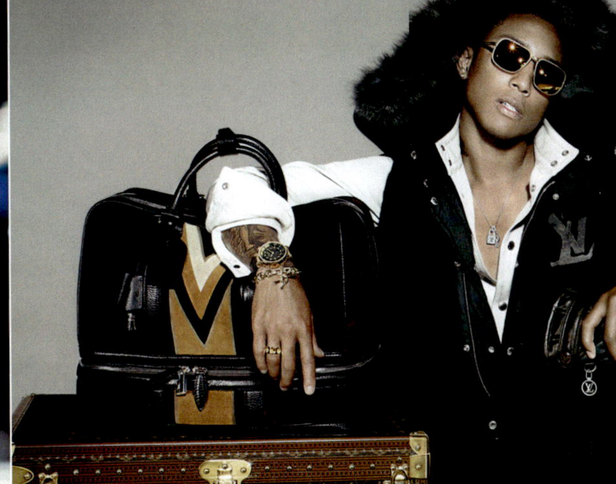

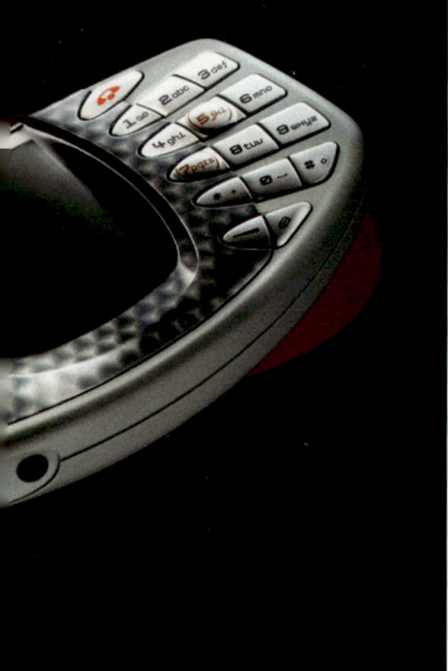
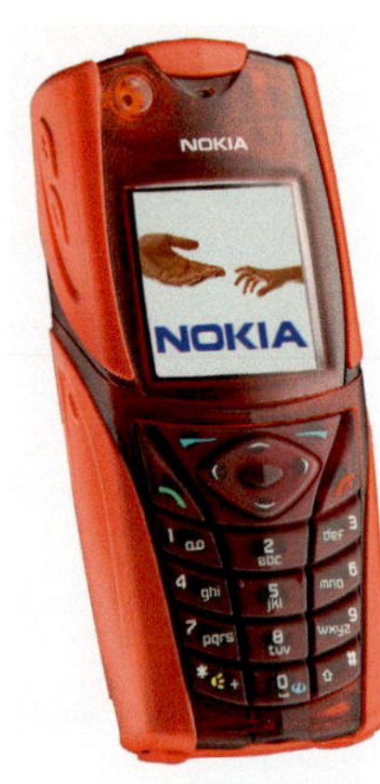
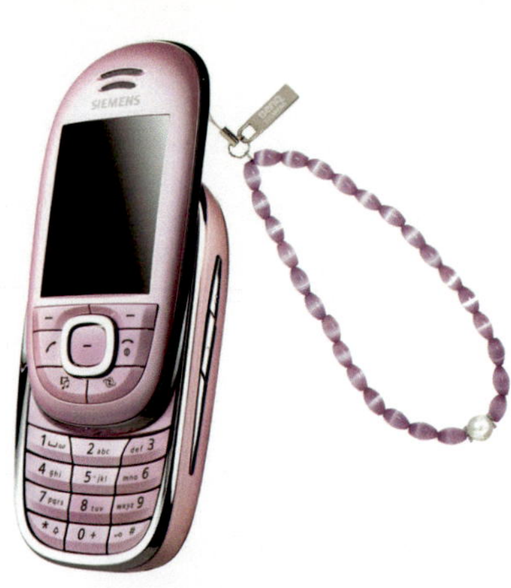
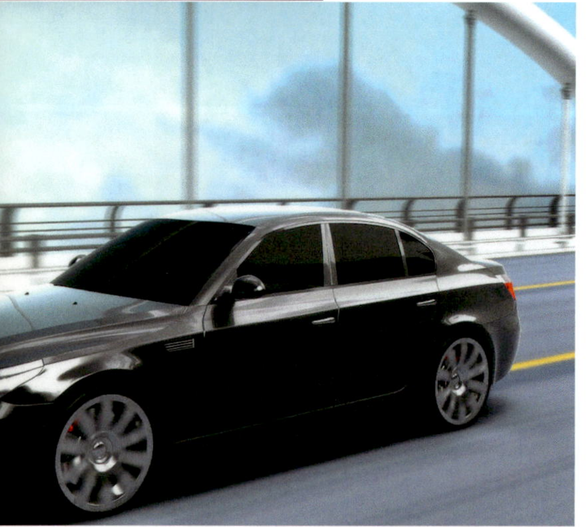
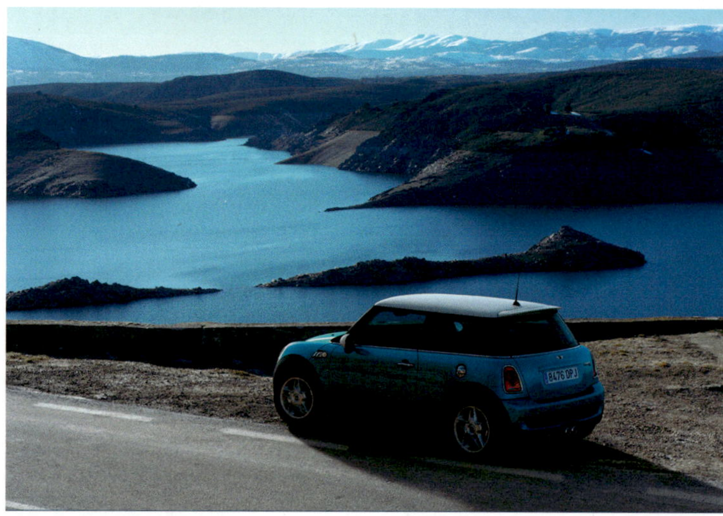
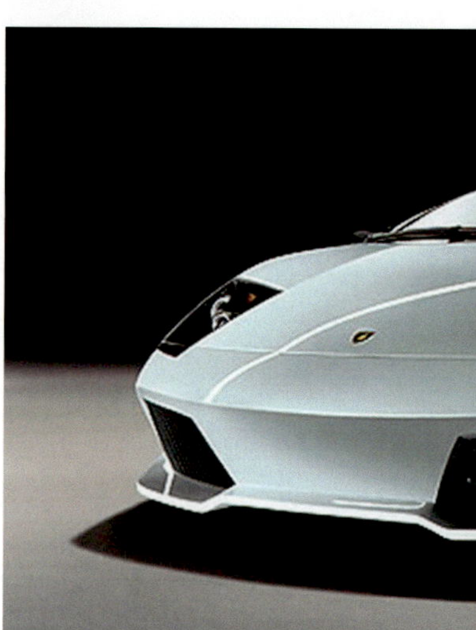
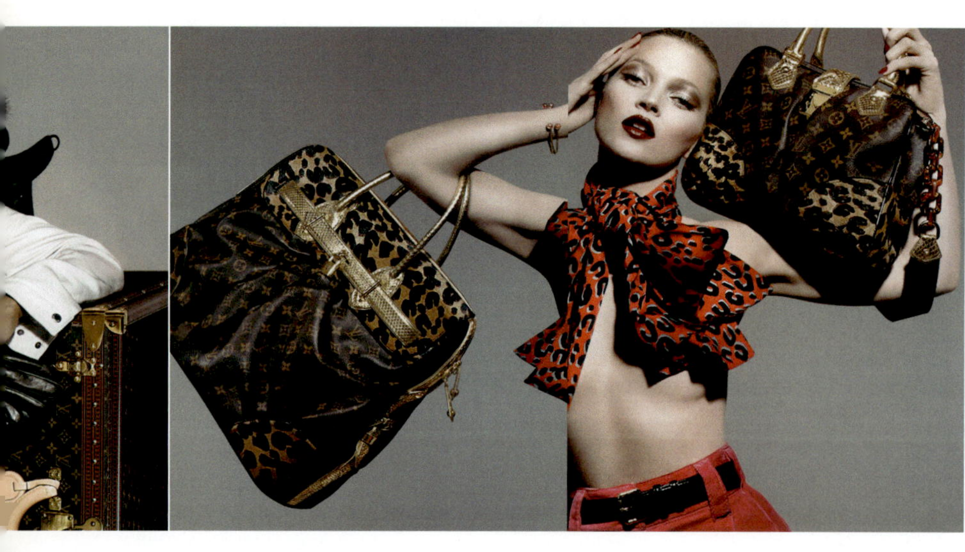

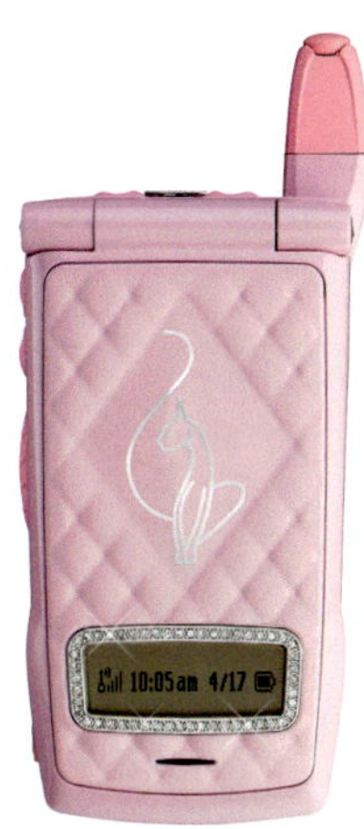

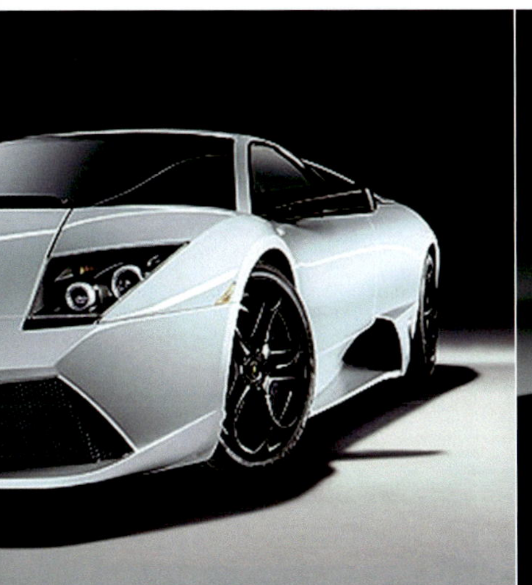

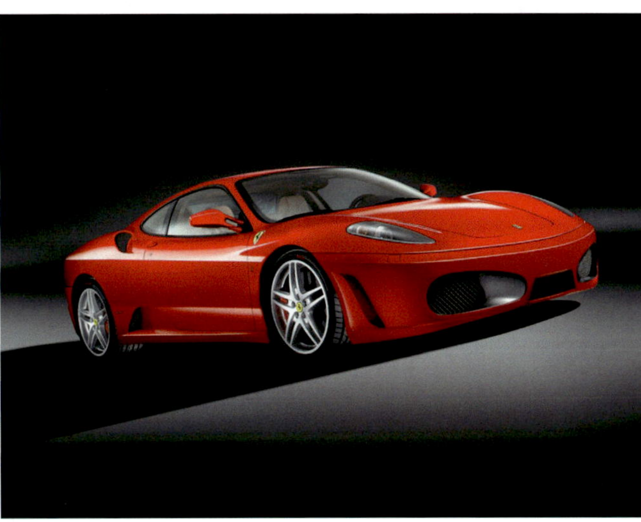

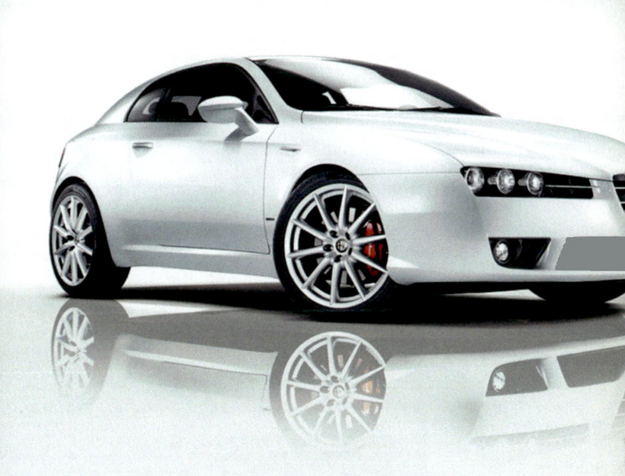

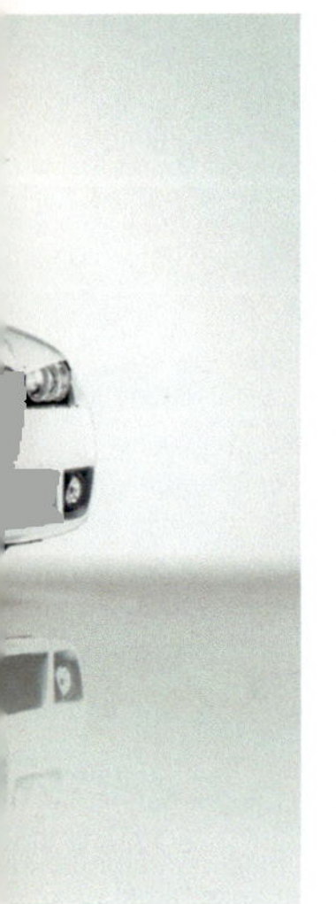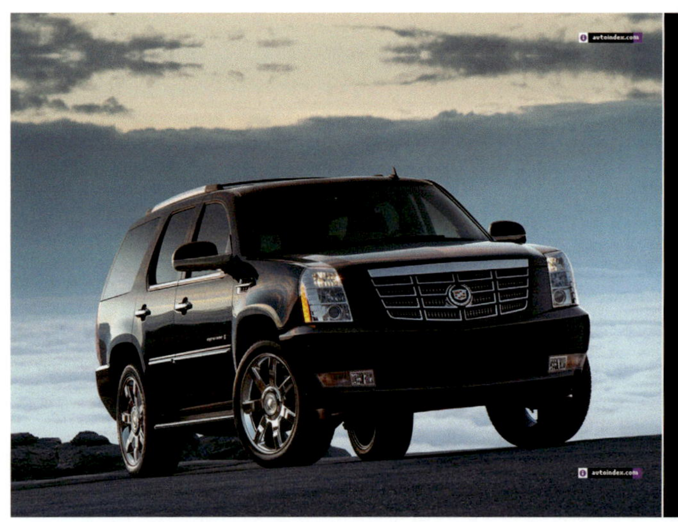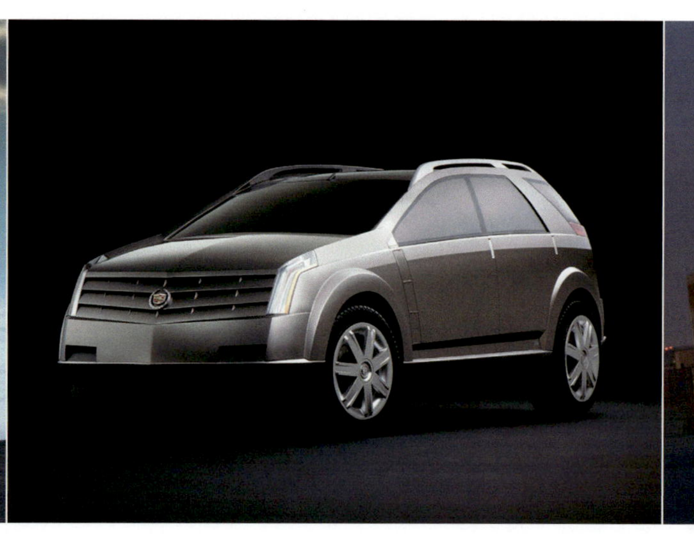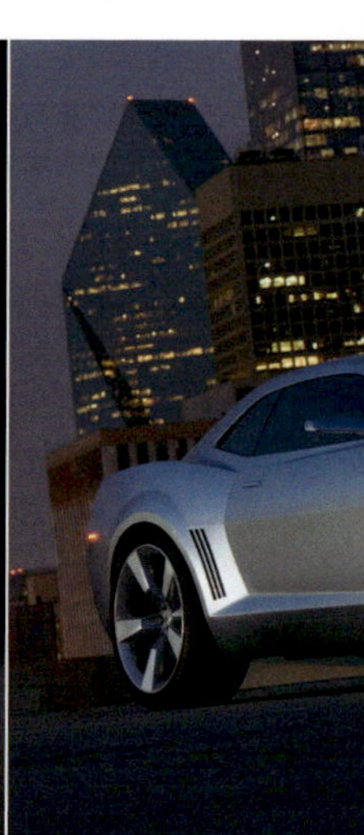

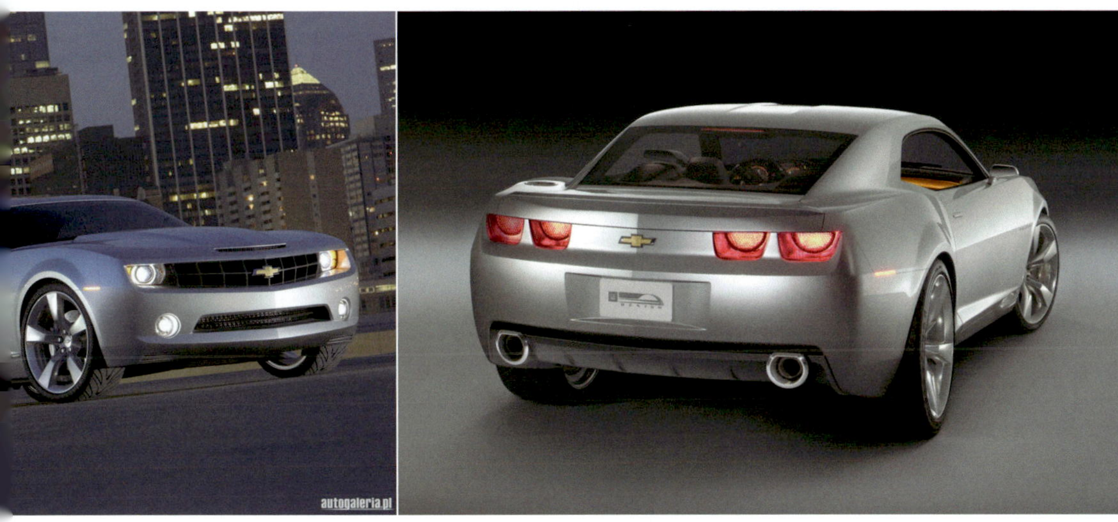

DADA/SUPI

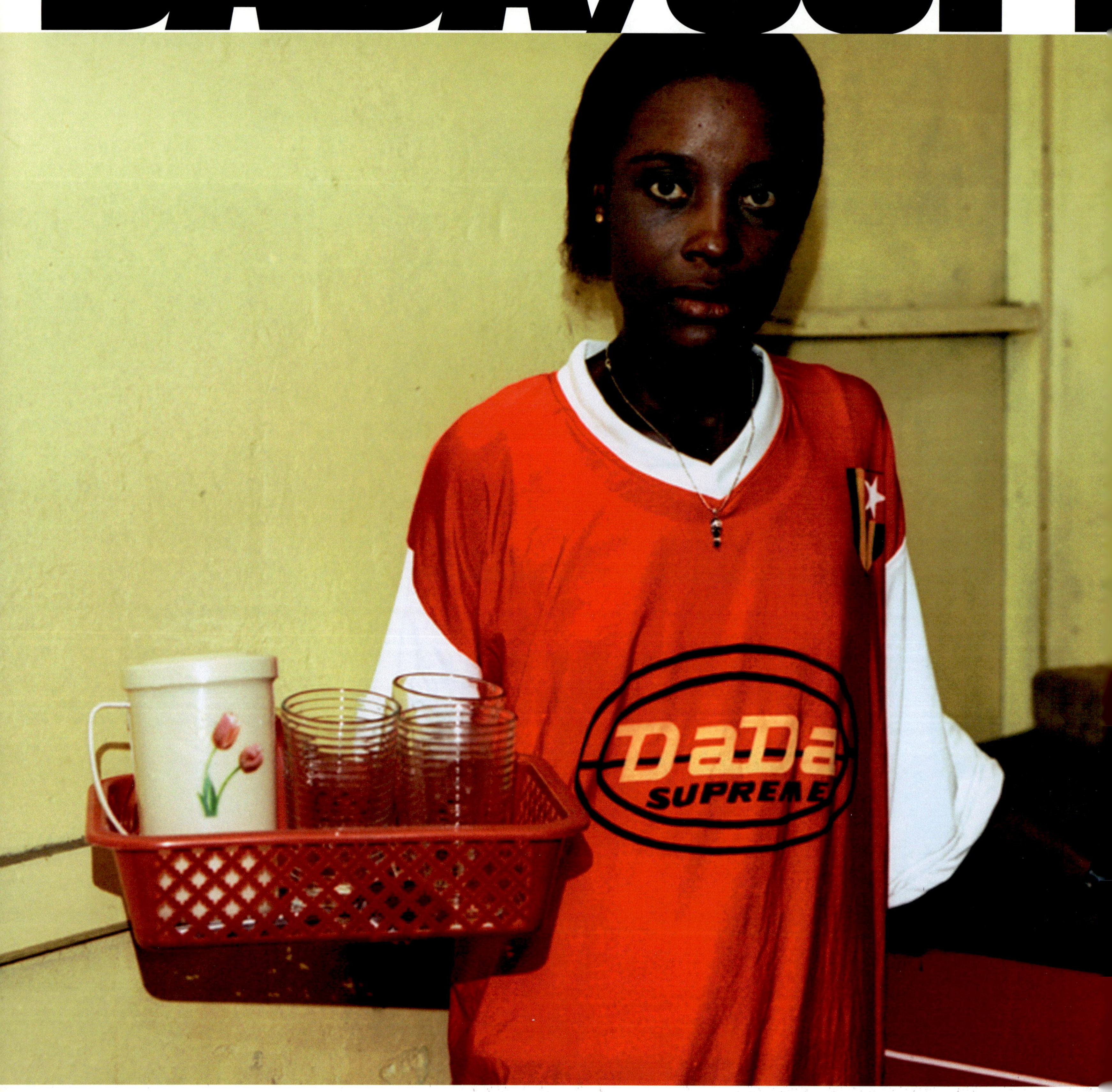

REME

DER MYTHOS IST DIE BOTSCHAFT.
EIN REMIX

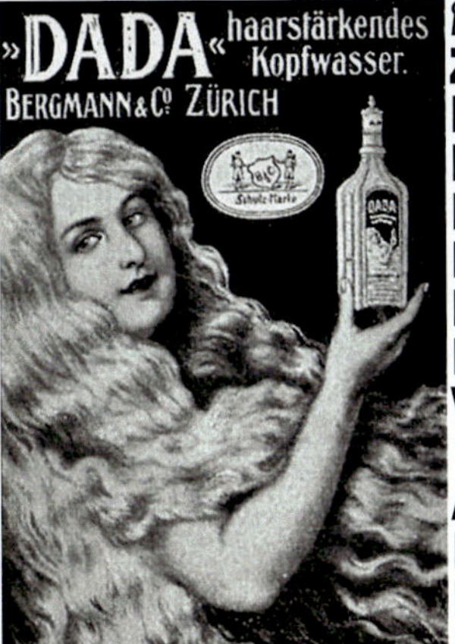

PHILIPP MEIER

ZÜRICH 1916 – »DADA«. ES WAR EINMAL DER NAME EINES MARKENPRODUKTES, DER SICH MIT HILFE AFRIKANISCHER SKULPTUREN IN DIE ERSTE GLOBALE KUNSTBEWEGUNG DER MODERNE VERWANDELTE. LOS ANGELES 1998 – »DADA SUPREME«. AUS DEM NAMEN EINER KUNSTBEWEGUNG WIRD MIT DEM SUPPORT AFROAMERIKANISCHER RAPPER EINE GLOBALE HIP-HOP-KLEIDERMARKE. ZÜRICH 1916 - »DADA«. »EIN INTERNATIONALES WORT. NUR EIN WORT UND DAS WORT ALS BEWEGUNG.« (HUGO BALL)

DADAISMUS. KURZ UND BÜNDIG.

Das *Cabaret Voltaire*, ein Haus in der Zürcher Altstadt, war vor 90 Jahren der Geburtsort der Kunstbewegung Dada. Ausgehend von Zürich hat diese Avantgarde-Kunstrichtung in die ganze Welt ausgestrahlt und in Paris, Berlin, New York, Südamerika, Osteuropa, Japan und Südafrika Wurzeln geschlagen. Fast alle interdisziplinären Kunst- und Kulturbewegungen des 20. Jahrhunderts haben aus den Strategien geschöpft, die Dada ins Gesellschaftsleben einführte (darunter Punk, Pop-Art, Musikfernsehen, Protest- und Jugendbewegungen).

Dada ist in der Gegenwart präsenter denn je: Nach der Wiedereröffnung des *Cabaret Voltaire* im Jahr 2004 präsentierten im Jubiläumsjahr 2005/06 das *Centre Pompidou* in Paris sowie das *Museum of Modern Art* in New York und die *National Gallery* in Washington D.C. grosse Ausstellungen zu Dada.

DADA. VON DER MARKE ZUR KUNST.

Bereits ganz zu Beginn des Dadaismus waren sich die Dadaisten der globalen Tauglichkeit und schier grenzenlosen mythologischen Aufladbarkeit des Wortes »Dada« bewusst. Damit begann ein stilbildendes Schaulaufen in Sachen Marken- und Mythenbildung. Was jedoch nur Insidern bekannt ist: Bereits vor der Begründung des Dadaismus in Zürich gab es in der Schweiz ein Produkt mit dem Namen *Dada*. Es war ein sehr erfolgreiches Produkt und wurde in zig Inseraten und in einem grossen Schaufenster an der Bahnhofstrasse beworben. Es gibt diverse Geschichten darüber, wie die Dadaisten das Wort er-/fanden. Kaum eine geht jedoch direkt auf dieses erfolgreiche Markenprodukt ein. Dennoch sei die Frage erlaubt: Hat

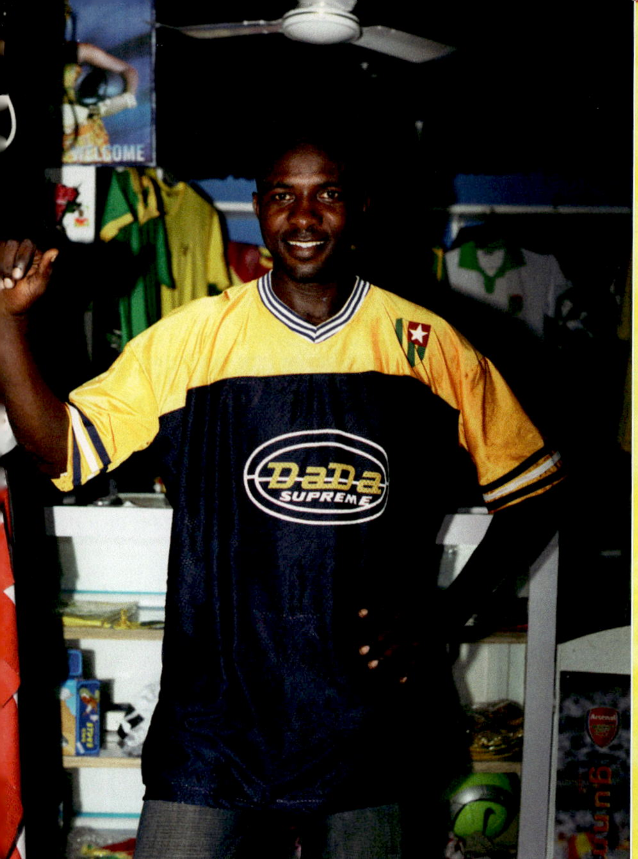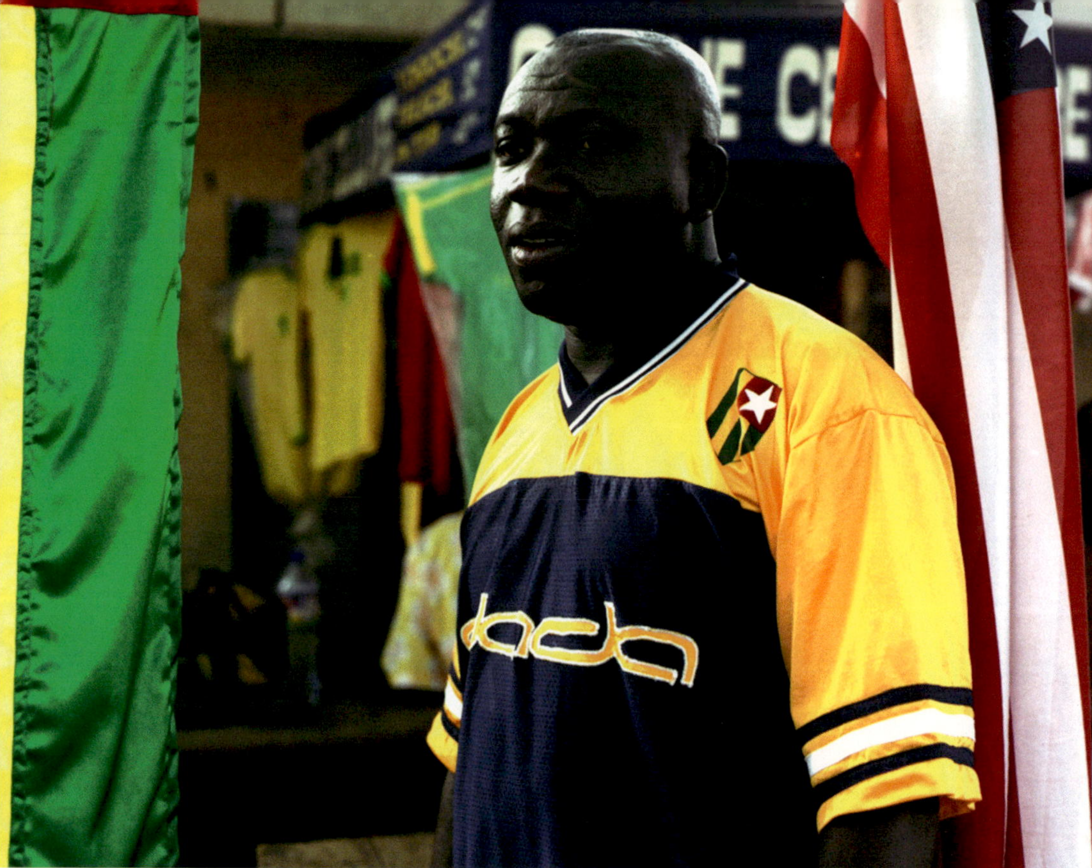

vielleicht bereits damals ein professioneller Werbefeldzug den Weg für die Bezeichnung einer avantgardistischen Kunstbewegung geebnet? – Raimund Meyer [1], ein profunder Dadaloge aus Zürich, beschreibt unter dem Titel *Dada ist die beste Lilienmilchseife der Welt* den Hintergrund zum Mythos der damaligen Marke Dada folgendermassen:

DADA. EIN MARKENPRODUKT. (1916)

»Vielen ist Dada ein unersetzliches Lebenselixier. Die Firma Bergmann & Co. empfahl ›Dada‹ als ›haarstärkendes Kopfwasser‹. 1891 wurde in Zürich eine Niederlassung dieser Firma gegründet, die in Dresden seit 1850 als ›Parfümerie & Fein-Seifen-Fabrik‹ bestand. Die Firma bot ein Sortiment von 100 Produkten, Seifen, Pomaden, Haarölen, Odeurs, Zahnmittel u.a. an, produziert wurde ausser in Dresden und Zürich noch in anderen Teilen Europas, geliefert wurde weltweit. Für das Topprodukt, die Lilienmilchseife, wurde so geworben: ›Millionen von Menschen verdanken ihr gesundes, blühendes, frisches Aussehen einzig und alleine der unübertrefflichen Wirkung von Bergmann's Lilienmilch-Seife.‹ Nach einem Bericht in der Presse wurde in der Schweiz nach wenigen Produktionsjahren in neun Monaten eine halbe Million dieser Seifen verkauft. Für den Erfolg der Zürcher Niederlassung spricht, dass sie 1901 an der Bahnhofstrasse ein Geschäft einrichten konnte, dessen Eröffnung in der Zürcher Presse mit Begeisterung aufgenommen wurde: ›Die Herren Bergmann und Cie. haben auf hiesigem Platze ein Parfümerie-Detailgeschäft [...] einrichten lassen, das wohl an Eleganz und höchst geschmackvoller Ausstattung zu den schönsten zählt und ganz gut mit den Pariser Boulevard-Geschäften verglichen werden kann.‹ ›Der Stadtbote‹ [...] Bergmann & Co. war in aller Munde, ihre Seife in aller Hände.

Wenn Hugo Ball in seinem Eröffnungs-Manifest, vorgetragen auf der 1. Dada-Soirée vom 14. Juli 1916, die Lilienmilchseife erwähnt, so spielt er auf dieses Bergmann-Produkt an: ›Dada ist die Weltseele, Dada ist der Clou, Dada ist die beste Lilienmilchseife der Welt.‹ Es handelt sich dabei aber um mehr als bloss einen dadaistischen Witz mit einem renommierten Produkt. Gab es doch eine sehr direkte Beziehung zwischen der Lilienmilchseife und Dada: Als Schutzmarke für die deutschen Fabrikate der Firma Bergmann wurde unter anderem die Bezeichnung ›Steckenpferd‹ verwendet. Angesichts des französischsprachigen Marktes in der Westschweiz war der Zürcher Geschäftsführung diese Marke zu wenig attraktiv, weshalb sie nach einer anderen Bezeichnung suchte. Dass sie sich dabei für das französische Wort für ›Steckenpferd‹ entschied und 1906 beim Eidgenössischen Amt für geistiges Eigentum die Marke Dada für sich schützen liess, entsprang nicht allein der nahe liegenden Idee einer Übersetzung. Auch hier wird die erwähnte Internationalität und Suggestivität des Wortes ihre Wirkung getan haben. Während man dem Spitzenprodukt, der Lilienmilchseife, die bereits klassische Schutzmarke ›Zwei Bergmänner‹ beliess, verwandte man für andere Produkte die Marke Dada. Bei der Verbreitung der Vokabel ›Dada‹ ist diese Bezeichnung besonders für die Lilienmilchcreme wichtig, für die ab 1910 in der ganzen Schweiz zusammen mit der Lilienmilchseife geworben wurde und mit der das Wort Dada im Schlepptau der Nr. 1 aus dem Hause Bergmann den Markt zu erobern versuchte, bevor ›Dada‹ da war. Auch bevor das ›haarstärkende Kopfwasser Dada‹ angeboten wurde. Dessen Existenz war im Gegensatz zur Lilienmilchcreme nur von kurzer Dauer. Ab ca. 1913 gelangte es auf den Markt, stand aber den Dadaisten für ihre Haarpflege möglicherweise schon nicht mehr zur Verfügung.

Es kann nicht ausgeschlossen werden, dass die Dada-Produkte der Firma Bergmann & Co. Ball auf das Wort Dada führten oder ihn bei der Namensfindung zumindest stimulierten. [...] Es erstaunt im Übrigen, dass scheinbar nur Ball der Dada-Produktion der Firma Bergmann zublinzelte. Naheliegend wäre gewesen, wenn sich die aktionistisch eingestellte ›société anonyme pour l'exploitation du vocabulaire dadaïste‹, der Werbetextverarbeiter Hans Arp oder Tristan Tzara mit seiner Werbemanie durch die Dada-Produkte hätte reizen lassen, um diese für sich und die dadaistische Idee nutzbar zu machen.

Kuriositätshalber noch ein Blick auf die Dada-Produkte in der Zeit nach Dada. Die Dada-Lilienmilchcreme war nie von dem Erfolg der Seife gekrönt. Ende der Zwanziger Jahre unternahm die Geschäftsleitung einen letzten Versuch, ihr auf dem Markt einen besseren Platz zu verschaffen. In einem gross aufgezogenen Wettbewerb – u.a. in der ›NZZ‹ und in der ›Schweizer Illustrierten‹ abgedruckt, jedoch mit kleinem Erfolg – wurde dazu aufgerufen, die Vorzüge der Lilienmilchprodukte in einem kurzen Vers zu beschreiben. Erst- und einmalig ging Dada somit in die Volksdichtung ein. Als prämierte Sprüche erschienen in der Presse und zirkulierten als Werbegeschenke der Firma Bergmann & Co. auf Duftkarten:

›Ha lang gläbt und bi doch gäng zwänzgi bliibe!

Meiteli, was häsch dänn tribe?

Für bloss drü Fränkli channsch es au ha

S'isch Liliemilch-Seife und Creme Dada!‹

›Unter vielen tausend Seifen

Würd' ich nur nach Bergmann greifen

Und von allen guten Cremen

Als die beste Dada nehmen.‹«

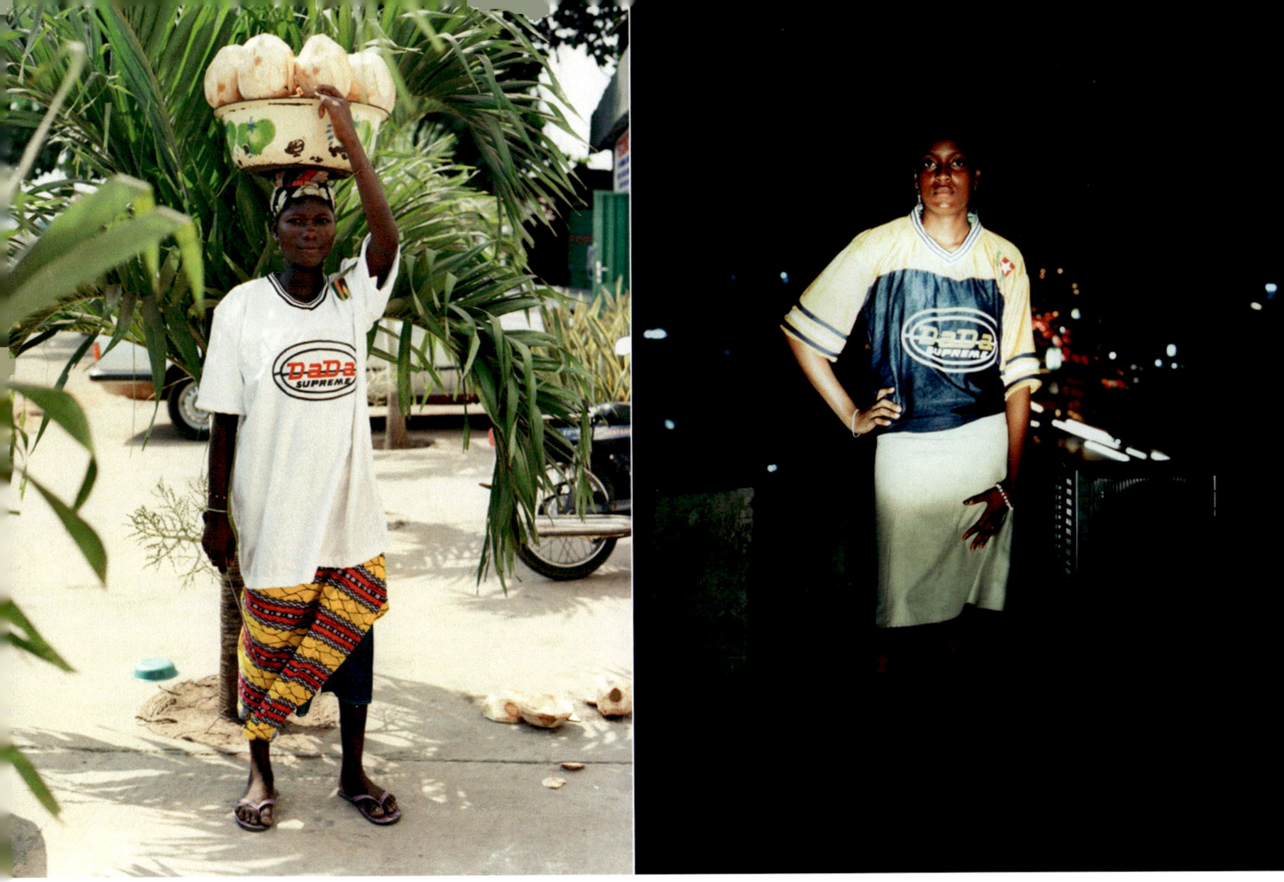

DADA. DAS WORT UND SEINE BEDEUTUNGEN.

Wie Raimund Meyer in seinen Ausführungen andeutet, hatte auch bei den Dadaisten das Wort Dada einen Bezug zur französischen Übersetzung des deutschen Wortes Steckenpferd. So führte Richard Huelsenbeck, ein Dadaist der ersten Stunde, in einem Buch aus: »Das Wort Dada wurde von Hugo Ball und mir zufällig in einem deutsch-französischen Diktionär entdeckt, als wir einen Namen für Madame le Roy, die Sängerin unseres Cabarets, suchten.« Unter anderem mit Tristan Tzara und Marcel Janco waren jedoch auch rumänische Künstler bei der Begründung des Dadaismus anwesend. In der rumänischen Sprache bedeutet »Da Da« eine doppelte Bejahung; im Sinne von »Ja, wahrhaftig!«, »Jawohl, wirklich!« oder »Ja, machen wir!« Die dritte Verbindung, welche die Dadaisten immer wieder herstellten, war das deutschsprachige Kinderwortspiel »Gugus – Dada«. Bei diesem ganz simplen Versteckspiel ruft ein Erwachsener aus einer Deckung heraus »Gugus«, um jedoch umgehend mit einem »Dada« aus diesem Versteck aufzutauchen.

Dada taucht jedoch in vielen Sprachen dieser Welt auf. Im Chinesischen gibt es diverse Betonungsvarianten. »Da-Da« meint da je nach Betonung unter anderem »hinauf-hinauf« oder »unbeschränkter Fortschritt«. Sehr stark verwurzelt ist das Wort Dada in diversen afrikanischen Sprachen. Einige Afrikaner tragen den Vornamen »Dada«, weil es in ihrer Sprache »geboren mit krausem Haar« bedeutet. In einer anderen afrikanischen Sprache bedeutet es »Mutter« und in einer weiteren »der werdende König«, also: der »Prinz«.

Tristan Tzara formulierte dazu einmal in einem Manifest: »Aus den Zeitungen erfährt man, dass die Kru-Neger den Schwanz einer heiligen Kuh Dada nennen. Der Würfel und die Mutter in einer gewissen Gegend Italiens: Dada. Weise Journalisten sehen in ihm eine Kunst für Säuglinge, andere heilige Jesus-lässt-die-Kindlein-zu-sich-kommen die Rückkehr zu einem trockenen und lärmenden, lärmenden und eintönigen Primitivismus.«

DADA. MIT AFRIKANISCHER KUNST AUFGELADEN.

Afrikanische Kunst, zu Beginn des letzten Jahrhunderts noch »primitive Kunst« oder »Negerkunst« genannt, beeindruckte und beeinflusste die Dadaisten sehr stark; insbesondere zur Zeit, als sie in Zürich ihre Aktivitäten starteten. Obwohl rückblickend die Begriffe sehr despektierlich wirken, verehrten gewisse Dadaisten diese Kunst ohne viel Wissen über deren Ursprünge. Sie wollten diese archaischen Kult- und Kunstobjekte ganz klar den dannzumal gepflegten, bourgeoisen »schönen Künsten«

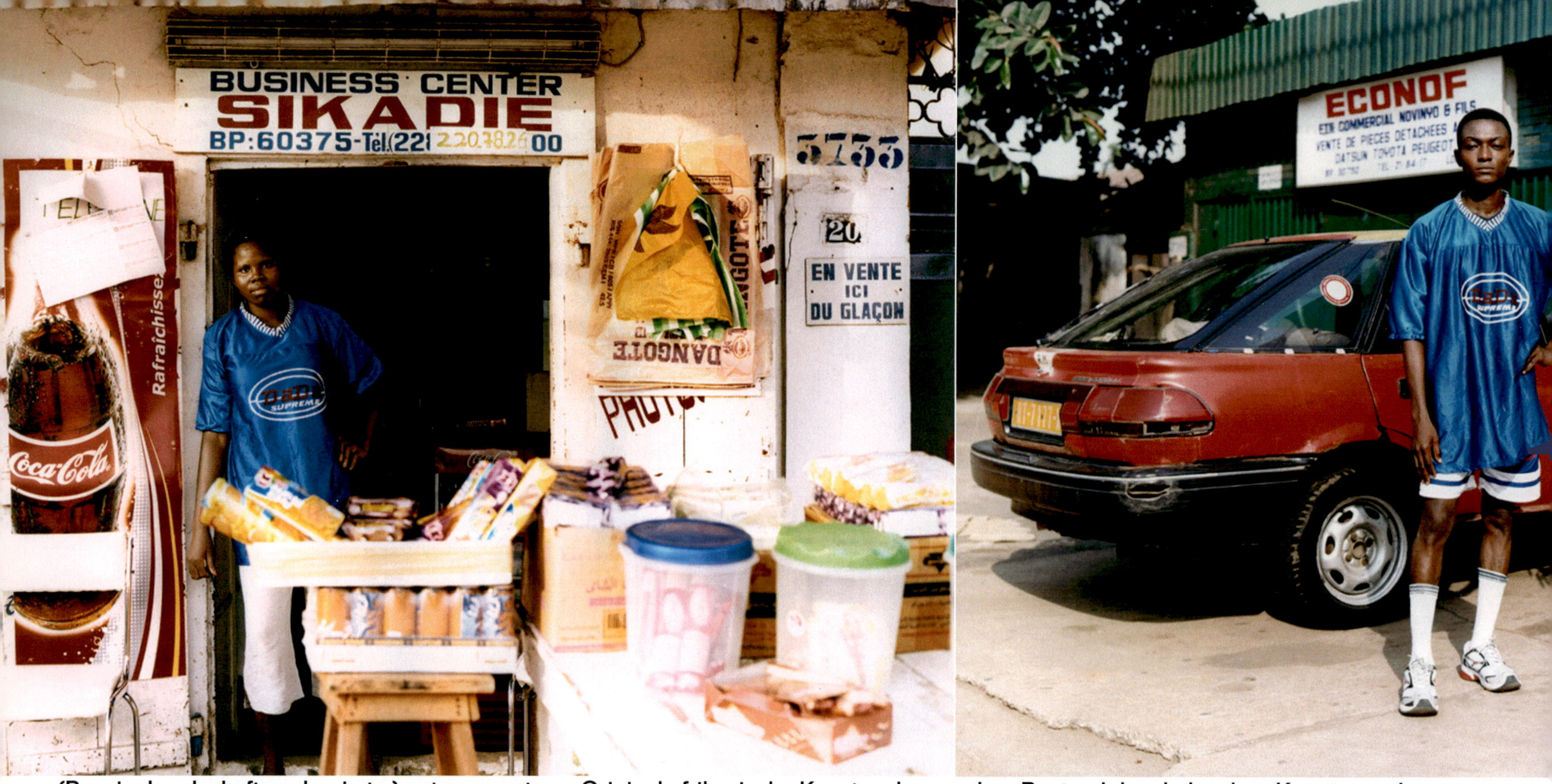

(Poesie, Landschaftsmalerei etc.) entgegensetzen. Original afrikanische Kunstwerke aus dem Bestand des dadanahen Kunstsammlers Han Coray ergänzten beispielsweise Ausstellungen mit Collagen und Skulpturen von Dadaisten (z.B. in der *Galerie Sprüngli* an der Bahnhofstrasse). Ein enger Freund von Coray war Marcel Janco. Er unterrichtete damals an einer Zürcher Hochschule Architektur und Design und flocht dort immer wieder die afrikanische Gestaltungskraft in seine Vorlesungen ein. Hierzu zwei Zitate von ihm: »Die Formensprache der Neger ist so reich und ihre Compositionskraft so angewachsen, dass sie Götzen und Waffen mit derselben Intensität bearbeiten.« »In der Negerkunst bewundern wir die Freiheit der Composition, das Entfernen von jeder Illusion, die Freude am Material, das unbewusste Können, der ehrliche, primäre, reine Erlebnisausdruck.«
Der Einfluss afrikanischer Kunst auf die Dadaisten wurde jedoch auch in deren Tanz, Musik, Literatur, Malerei, Grafik und Lyrik spür- und erlebbar.

DADAISMUS. EINE WERBESTRATEGIE.

Vieles spielte mit, dass die ersten Geburtszuckungen der Kunstbewegung Dada in einem kleinen Gasthaus inmitten Zürichs die Welt erzittern liess. Zum einen half dabei bestimmt die provokative Einbindung von »archaischer Kunst wilder Neger« in einen mehr oder weniger klassischen Kunstkontext. Zum anderen wütete damals in Europa der Erste Weltkrieg. Mit wenigen Ausnahmen waren alle Künstler, die dem Dadaismus Leben einhauchten, auf der Flucht und Durchreise; vor allem aus Deutschland, Rumänien und Frankreich kommend. Dies trug dazu bei, dass sich nach dem Krieg an den unterschiedlichsten Orten neue *Dada-Zellen* bildeten. Ein weiterer wichtiger Punkt, warum der Dadaismus zu seinem weltweiten Siegeszug ansetzte, war jedoch die oft unverblümte Nähe zur Werbung und zur Öffentlichkeitsarbeit im Allgemeinen. Die Dadaisten, vorneweg Tristan Tzara, hielten landauf landab provozierende Vorträge, die oft in Tumulten endeten. Sie schrieben Zeitungsartikel, Manifeste und druckten eigene Journaillen und Magazine. Das ging sogar so weit, dass sie in Zürich ein Gerücht streuten, zwei Dadaisten würden sich mit Pistolen duellieren, welches prompt von den Medien aufgegriffen wurde.
An anderem Ort führt Raimund Meyer zu diesen werbeähnlichen Strategien Folgendes aus:
»Mit der Entdeckung und Lancierung dieses goldenen Zweisilbers schlugen die Dadaisten eine Brücke zur Werbung und Warenwelt, die sich als sehr tragfähig erweisen sollte. Was bei der ersten Bekanntmachung von Dada eine leise Vorahnung war, entwickelte sich innert Kürze zur Gewissheit, mit dem Clou Dada manchen Coup landen zu können. Sehr bald erkannten die Dadaisten die Möglichkeiten dieses Wortes, dessen ›unerfindliche Phantastik‹ (Hugo Ball) und ›Suggestivität‹ (Richard Huelsenbeck) so vieles auszustrahlen und in sich aufzunehmen vermochte. Ein Prädikat, das der heterogenen Dada-Bewegung sehr entsprach und diese auch auf dieses eine Wort zurückgreifen liess, wenn es um Definitorisches ging. Die visuellen und klanglichen Qualitäten von Dada machten es möglich, mit diesem Wort variantenreich zu werben. Wie ›eine durch reitende Estafetten weitergegebene Parole‹ (Huelsenbeck) zirkulierte Dada und brachte Kunst und Leben in einen neuen Dialog. [...]
Die dadaistischen Reklameabteilungen und -beratungen waren immer ambivalent. Bei diesen Briefkastenfirmen ging es nicht einfach um einen demaskierenden Angriff auf Lug und Trug einer Scheinwelt, indem man das Nichts zur Ware machte. Dieses subversive Ansinnen, ›dass die Reklame dada die Universalreklame, die Reklame überhaupt ist‹, war gepaart mit einer Faszination für Strategien, Formen, Sprachen und Zeichen der Reklame – nicht zuletzt auch für deren wirksame Präsenz im Alltag. Die Anleihen, welche die Dadaisten bei der Werbung machten, weisen auf das Defizit von Kunst und Literatur hin, mit ihren traditionellen Mitteln Botschaften transportieren zu können.
Die Reklame musste in Dada, diesem ›unmittelbarsten Ausdruck der Zeit‹ (Theo von Doesburg), per definitionem ihren Platz haben. Zusätzlich schufen die Dadaisten einen Artefakt, indem sie Reklame, Bluff und Geschäft zu Teilen der Poesie und Kunst machten. Tristan Tzara in einem seiner Manifeste: ›La réclame et les affaires sont aussi des éléments poétiques.‹ [...]
Vom ›dadamade‹ – wie Man Ray einem Rady-made aufdruckte – wurden auch die eigenen ›Werke‹ eingeholt, die als ›dadaistische Erzeugnisse‹ der Warenwelt einverleibt wurden. Damit wurde die Aura des Werkcharakters im Ansatz zerstört und die Frage nach dem Kunstwerk neu gestellt. Auf individueller Ebene wurde dieser Schritt unter anderem durch Werk-Bezeichnungen wie ›fabrication de tableaux‹ (Max Ernst und Hans Arp) und ›Grosz-Heartfield montiert‹ bekräftigt.«

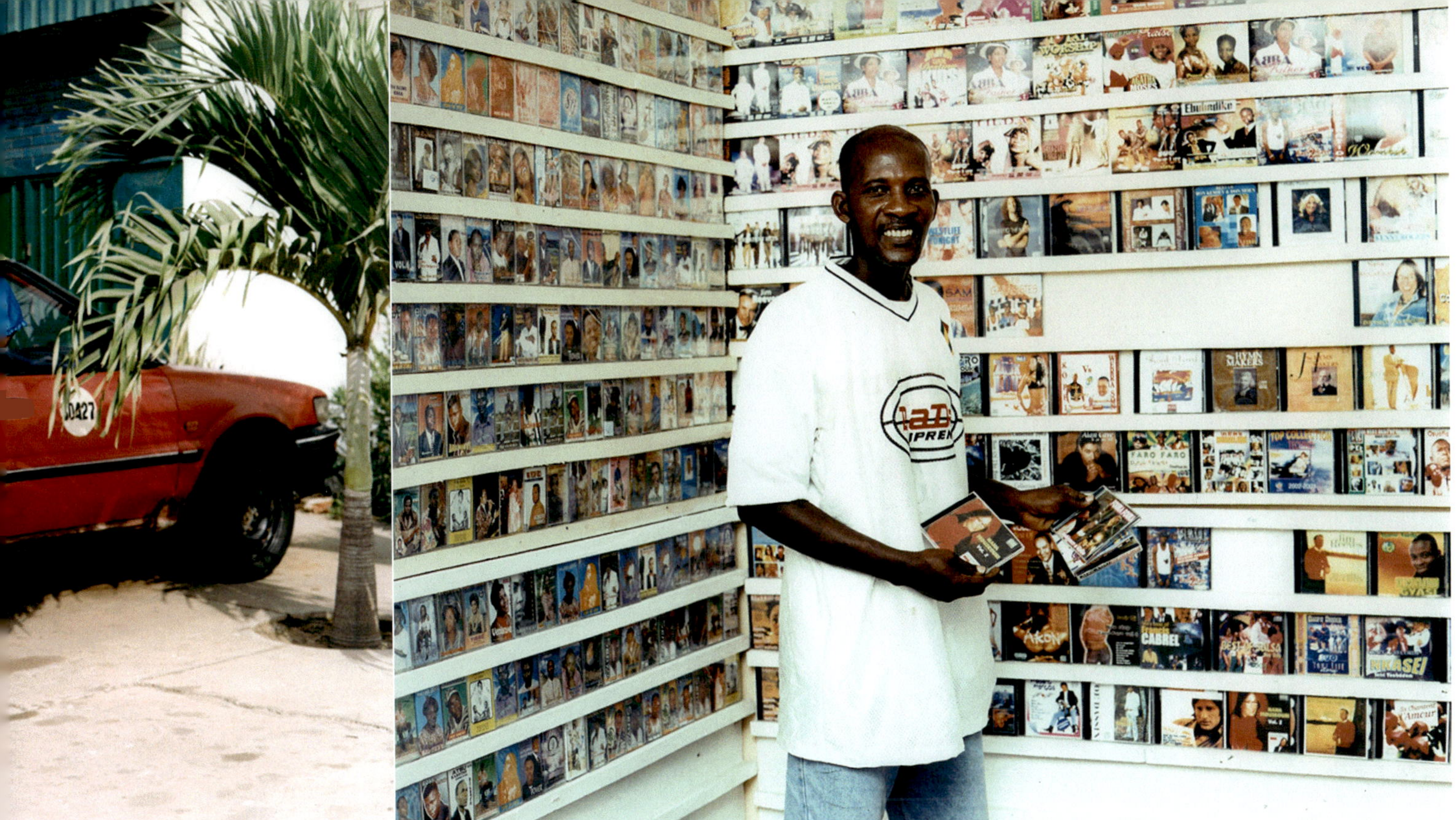

Das ging so weit, dass Kurt Schwitters, der dem Dadaismus nicht ganz unfreiwillig abschwor, seine Kunst fortan »Merz« nannte. Dieses Wort entlieh er einer selber gemachten Collage, in welcher er einen Ausriss aus einem Werbeinserat für die ComMERZ Bank verwendete.

»DADA SUPREME«. LOS ANGELES 1998.
»DaDa has become one of the hottest and most successful footwear and apparel companies in the United States« (»about us« auf www.dadafootwear.com)

DADA/SUPREME. VERBINDUNGEN.
Es gibt keinen direkten Zusammenhang zwischen der Kunstbewegung Dadaismus und dem Urban Fashion Brand »Dada Supreme«. Die Parallelen sind trotzdem frappant. Zum Beispiel der Bezug zu Afrika respektive zu den Afro-Roots: Der Dadaismus idealisierte die afrikanische Kunst; Dada Supreme ist seinerseits sehr stark in der afroamerikanischen Diaspora verwurzelt. Neben diesem Brand gibt es noch eine zweite bekannte afroamerikanische Hip-Hop-Fashionmarke, die den Community-Bezug sogar explizit und radikal im Namen trägt. Sie heisst »FUBU«, was ausgeschrieben ganz konkret »For us by us« bedeutet. Bei Dada Supreme ist der Bezug nicht ganz so direkt. Für Menschen mit afrikanischen Wurzeln ist jedoch, wie vorhergehend ausgeführt, das Wort Dada sehr eng mit ihrer Herkunft verbunden. Wenn irgendwo auf der Welt ein Mensch ein Kleidungsstück der Marke Dada Supreme trägt, dann ist es in vielen Fällen einer mit afrikanischen Wurzeln. Es ist also auch nicht weiter verwunderlich, dass solche Sneakers und vor allem Shirts in Afrika selber auftauchen und getragen werden, ob als Original oder als Fälschung (beide übrigens höchstwahrscheinlich in Asien produziert).
Eine weitere Parallele zwischen dem Dadaismus und der Marke Dada Supreme ist der Bezug zum Sprechgesang. Im Dadaismus waren die so genannten Lautgedichte ein wichtiges Stilmittel,

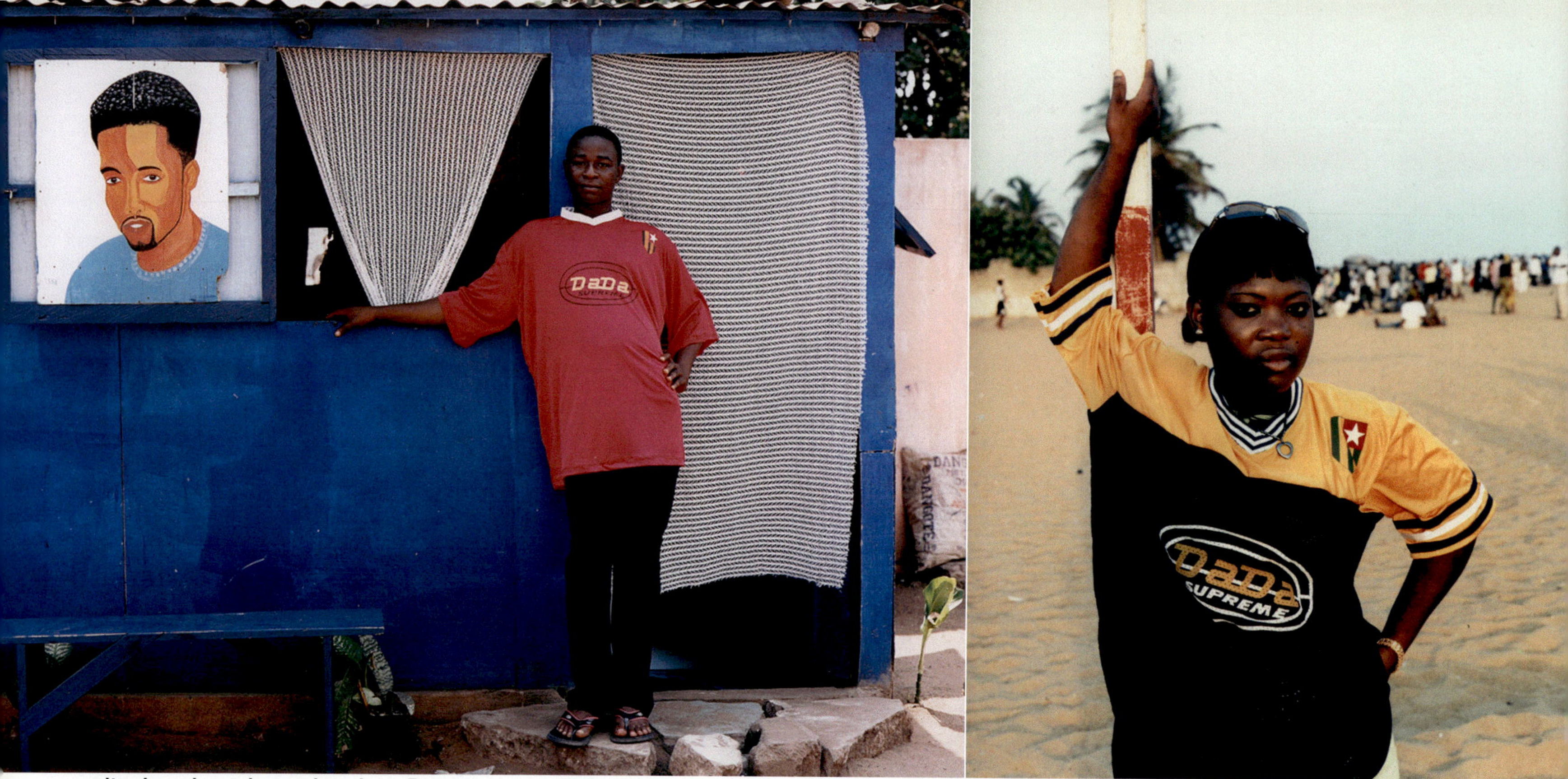

um die damals vorherrschenden »Poetismen« aufzubrechen. Anstelle von linearen Textlesungen und Sprechtheater setzten die Dadaisten rhythmische Klangbilder, stolpernde Reime bis hin zu ekstatischen Vokal- und Konsonanten-Stakkatos. Inwieweit diese über *Dada New York* auch die Entstehung von Rap beeinflussten, bleibt unklar. Der Rap, der eine wichtige Promotionsplattform für Dada Supreme darstellt, hat jedoch ganz klar afrikanische Wurzeln – um nun wirklich *alles* miteinander zu vermischen. Denn der Rap wurde sehr stark von der afrikanischen Griot-Tradition geprägt. Griot bezeichnet eine Gesangsform, in der lange Texte vorgetragen werden, um das Wissen oraler Kulturen weiterzugeben.

Doch zurück zur Marke Dada Supreme: Neben den zumeist afroamerikanischen Basketballstars sind vor allem Rapper die wichtigsten Testimonials des Brands. Lavetta Willis, CEO von Dada Supreme, beschreibt ihr bedeutendstes Aushängeschild so: *»Xzibit defines pop culture and his success in crossing various markets makes him the ultimate representative of the Dada brand.«*

DADA (SUPREME). ALLES IST MARKE. ALLE SIND MARKE.

Wie vorgängig ausgeführt, machten die Dadaisten Dada richtiggehend zu einer Marke, ihre Kunst zu Markenprodukten. Ihr grosses Engagement, den Dadaismus bekannt zu machen, entlehnten sie der Werbung, und beeinflussten diese nachgängig wieder. Sie luden ihre Marke Dada mit Fetischen (Masken, Skulpturen etc.) aus Afrika auf. Ohne es selber zu realisieren schufen sie damit den Vorläufer des Fetischs »Kunstwerk«.

Heute werden ganz konkret Mythen zur gegenseitigen Aufladung verhandelt: *»I respect the grassroots approach that [Dada] took – just like myself – with athletic shoes«, Xzibit told BallerStatus.com. »I just got respect for the company in general, so me coming along to do a product with them is good; it's an honor to me. I'm very happy with the complete product, and I'm pretty sure the public will be pleased as well.«*

Afrikaner haben diesbezüglich ein beeindruckendes, weil sehr starkes und vor allem selbstverständliches Markenbewusstsein. Sie schaffen sehr leicht den Sprung vom Fetisch respektive vom Talisman zum Markenmythos. Sie streben gar nicht erst nach einer, notabene: letztlich uneinlösbaren, »Authentizität«. Flurina Rothenberger, eine Fotografin mit einschlägig bekanntem Renommee, beschreibt ein persönliches Erlebnis in diesem Zusammenhang folgendermassen:

»Ein Freund von mir kommt aus Nigeria und lebt seit drei Jahren in der Schweiz. Nach einem Besuch bei seinem Bruder in Amerika betrachteten wir die Ferienbilder. Ich hatte klassische Reisebilder erwartet und war etwas überrascht, ein Bündel von Selbstportraits durchzusehen, die mich stark an das Bildgenre der Hip-Hop-Videoclips erinnerte. Die gewählten Schauplätze, die Posen und Allüren, die Markenkleider, die Luxuskarosserie, alles schien dieser Bildrhetorik entliehen. Besonders letzteres Attribut, das schicke Auto mit den weit aufgesperrten Türen, wiederholte sich als prägendes Bildelement auf vielen Aufnahmen. Die beiden Brüder an die Motorhaube gelehnt, die Augen durch eine Sonnenbrille verdeckt. Auf einem anderen Bild sitzt einer der Männer mit dem Handy in der Hand hinter dem Steuer oder scheint gelöst neben dem Fahrzeug zu warten, der Zündschlüssel baumelt von einem Finger. Aus Höflichkeit fragte ich nach dem Besitzer des Autos, der offensichtlich sein Bruder war; die Antwort überraschte mich nicht weniger als ihn meine unsinnige Frage. Das Auto hatten sie extra für die Aufnahmen geliehen, und auch die schicke Wohnung, in der sie sich auf weiteren Bildern zeigten, war nicht die seines Bruders, sondern gehörte einem Freund.

Ein grossspuriger Fake? – Immerhin suggerierten die Bilder nach meinem Verständnis, wenn auch etwas überspitzt, den Lebensstandard und das private Umfeld der Porträtierten. Sie vermittelten den erfüllten Traum eines erfolgreich bewerteten Lebens in der Fremde. Die Bilder schickte der Freund nach Nigeria zu seiner Familie, die weder ihn in der Schweiz noch seinen Bruder in Amerika je besucht hatte. Mich irritierte der ungenierte Ernst, mit dem eine Existenz beschrieben wurde, die gar nicht wirklich vorhanden ist. Ich erinnerte mich an Situationen aus meiner Kindheit an der Côte d'Ivoire. Mein Vater hat leidenschaftlich gerne fotografiert, doch nur selten willigten die Leute ein, sich in der unmittelbar entdeckten Situation porträtieren zu lassen. Sie verlangten Zeit, um sich herrichten zu können und einen geeigneten Hintergrund auszusuchen. Die gegenseitigen Vorstellungen von einem natürlichen Porträt klafften dabei weit auseinander.

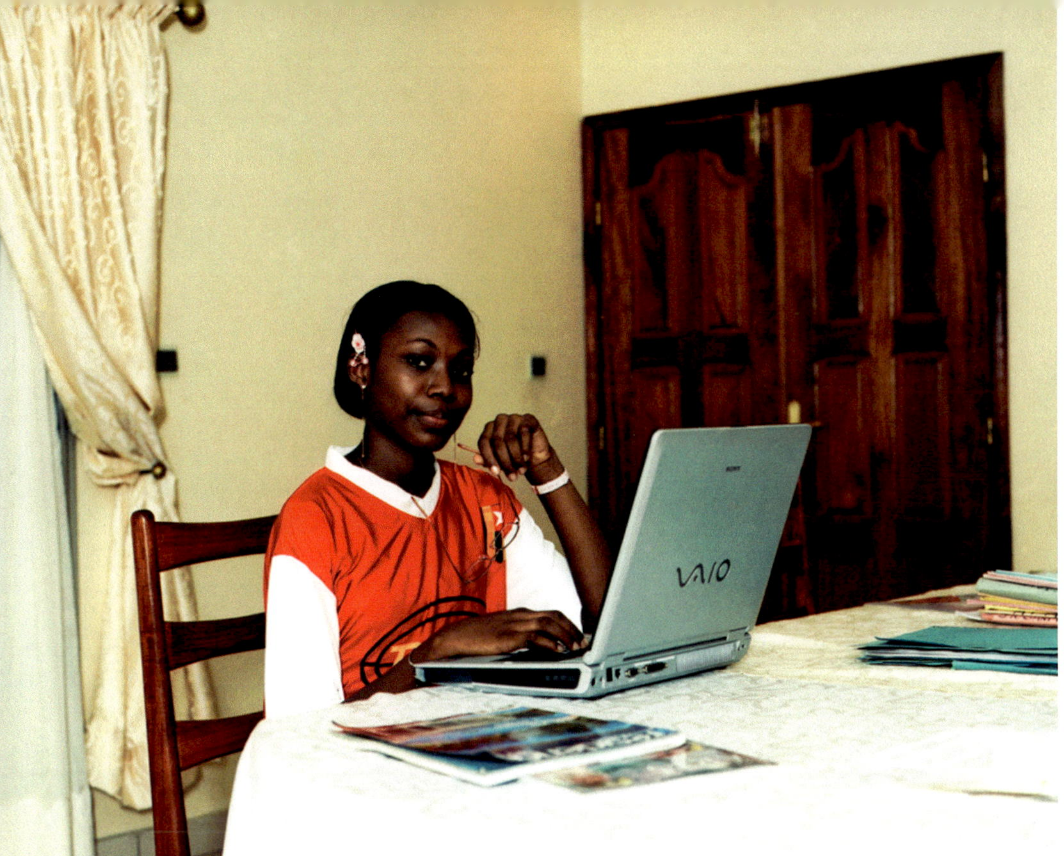

Die Authentizität, die ich in den eingangs erwähnten Bildern vermisste, hatte deren Autor nicht beschäftigt. [...] Er empfand die sachliche Aufrichtigkeit seiner Bildbotschaft dadurch nicht als entkräftet. Im Lauf der Betrachtung realisierte ich, dass diese Selbstinszenierungen einen intimen und privaten Zugang zu seiner Person ermöglichten, sie drückten nicht allein seine Bedürfnisse und Ambitionen aus, sondern auch, wie sein soziales Umfeld ihn wahrzunehmen hatte. Das Porträt greift in der bildlichen Übersetzung einer individuellen Identität auf Repräsentationsweisen zurück, die innerhalb eines kulturellen Kreises kollektiv erkannt und geteilt werden. [...]
Die Diskrepanz zwischen dem Erwartungshorizont und dem, was auf dem Bild tatsächlich zu sehen ist, empfindet und beurteilt der Betrachter aufgrund seiner Erfahrung. Das Wissen um die Bedeutung eines Symbols, einer Pose, eines Kleidungsstückes wirkt sich ebenso wie der vertraute Umgang mit konkreten ästhetischen Strategien unmittelbar auf das Verständnis und die Interpretation des Porträts aus.«

DADA/SUPREME. »DER MYTHOS IST DIE BOTSCHAFT.«

Die hier präsentierte Bildserie ist eine Art Remix aus vorgängig ausgeführten Hintergründen, Zusammenhängen, Assoziationen und deren Produktionsprozessen. Sie ist quasi die künstliche Inszenierung eines Markenbildungs- und -verbreitungsprozesses; wobei die Künstlichkeit so echt ist, dass die Darstellung als authentisch respektive der gesamte Prozess dahinter als Ready-made bezeichnet werden kann: In Lomé, der Hauptstadt von Togo in Westafrika, wurden auf dem Markt Original-Import-Shirts der Marke Dada Supreme eingekauft, welche wiederum als Vorlage dienten, um in einem lokalen Nähatelier von einheimischen Schneidern ebensolche Shirts zu reproduzieren und zu konfektionieren. Der grösstenteils synthetische Stoff, aus dem diese Shirts zusammengenäht wurden, stammt aus Europa. Die Reproduktionen sind relativ klar als kunsthandwerkliche Fälschungen erkennbar. Um eine Art Unikatcharakter jedes einzelnen Shirts zu erzielen, wurden sie aktionistisch veredelt. Jedes Shirt wurde in Lomé von einer jeweils anderen Person (WestafrikanerInnen, vom Schuhputzer bis zum Rich-Kid) für einen kurzen Moment getragen, was in einer Fotografie festgehalten wurde. Diese Fotos wurden dann, einem Labelbadge gleich, an die Shirts geheftet, welche wiederum in einem ausstellungsähnlichen Concept-Store im *Cabaret Voltaire* verkauft wurden.
Philipp Meier ist Kulturveranstalter und Direktor des Cabaret Voltaire in Zürich.

1 Vgl. z.B.: Hans Bolliger, Guido Magnaguagno & Raimund Meyer; Dada in Zürich, Zürich 1985.
 Raimund Meyer, Judith Hossli, Guido Magnaguagno, Juri Steiner & Hans Bolliger; Dada Global, Zürich 1994.

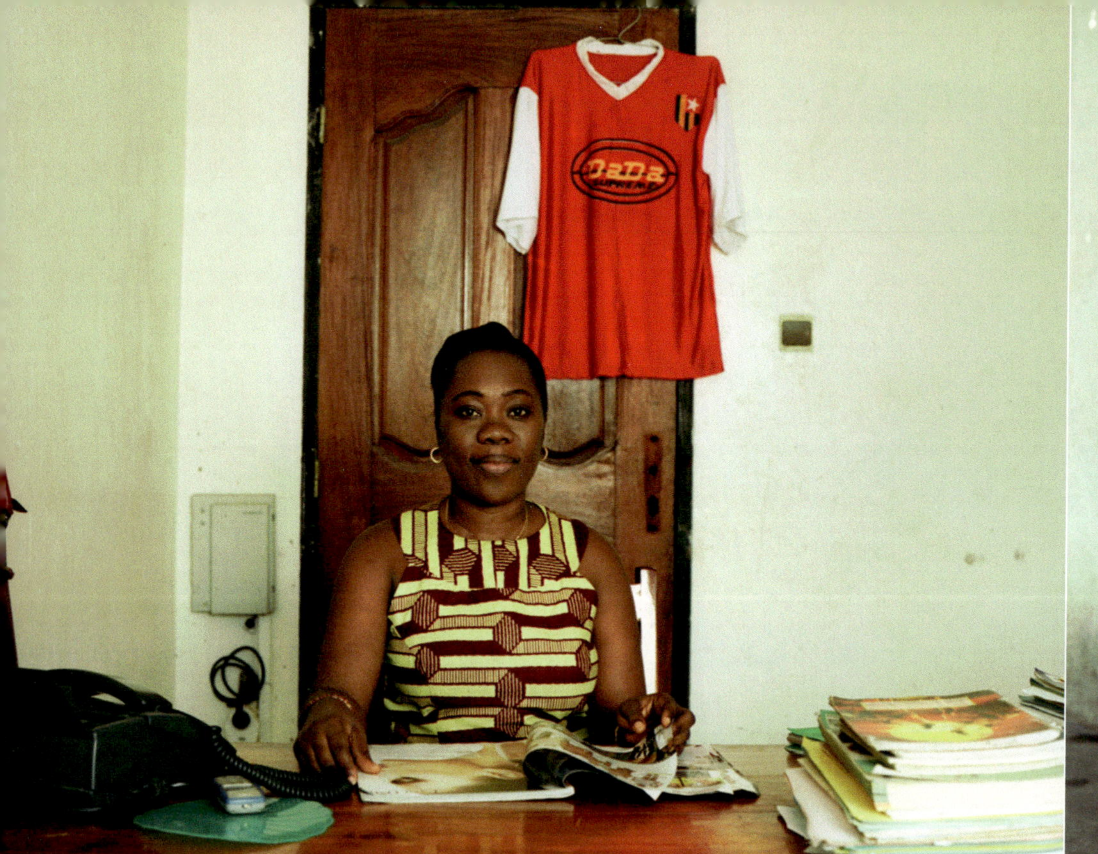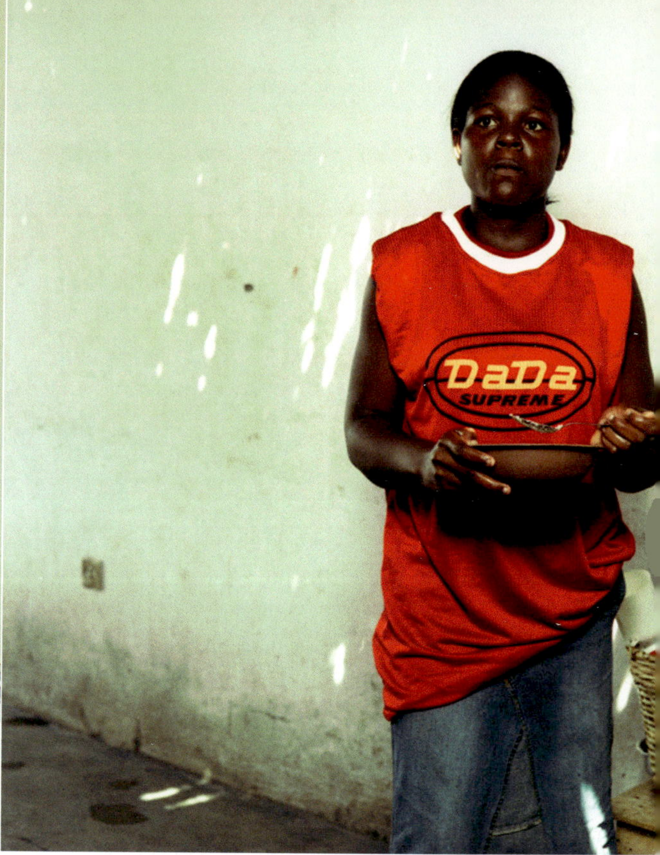

DADA/SUPREME

THE MYTH IS THE MESSAGE. A REMIX

PHILIPP MEIER

ZURICH 1916 – "DADA". ONCE, THERE WAS THE NAME OF A BRAND PRODUCT WHICH, WITH THE HELP OF AFRICAN SCULPTURES, TURNED INTO THE FIRST GLOBAL ART MOVEMENT OF MODERNISM. LOS ANGELES 1998 – "DADA SUPREME". THE NAME OF AN ART MOVEMENT, WITH THE SUPPORT OF AFRO-AMERICAN RAPPERS, TURNS INTO A GLOBAL HIP-HOP FASHION BRAND. ZURICH 1916 – "DADA". "AN INTERNATIONAL WORD. A WORD ONLY, AND THE WORD AS A MOVEMENT." (HUGO BALL)

DADAISM. IN A NUTSHELL.

90 years ago, *Cabaret Voltaire*, a house in the old centre of Zurich, was the birthplace of the art movement Dada. From there, this avant-garde art movement emanated to the whole world and took roots in Paris, Berlin, New York City, South America, Eastern Europe, Japan, and South Africa. Almost all interdisciplinary movements in art and culture of the 20th century drew upon the strategies Dada had introduced into social life (among them punk, pop-art, MTV, protest and youth movements).

Today, Dada is more present than ever: after the re-opening of the *Cabaret Voltaire* in Zurich in 2004, the *Centre Pompidou* in Paris, *the Museum of Modern Art* in New York City, and the *National Gallery* in Washington D.C. presented large Dada exhibitions in the anniversary year 2005/06.

DADA. FROM BRAND TO ART.

Already in the very beginning of Dadaism, the Dadaists were conscious of the almost unlimited mythological chargeability of the word and were convinced "Dada" would conquer the world. It started an unprecedented style-forming competition in the development of brands and myths. But only insiders know the following: already before the founding of Dadaism in Zurich, there existed a product with the name Dada. It was a very successful product and it was promoted in countless ads and displayed in a large shop window on Bahnhofstrasse. There are various stories as to how the Dadaists found or invented the word. Almost none, however, refers directly to that successful brand product. Still, one may put the question: Could it be possible that already then it had been a professional advertising campaign that helped pave the way for the name of an avant-garde art movement? – Raimund Meyer 1, an expert in Dadaism from Zurich, tells us the background story of the myth – titled Dada ist die beste Lilienmilchseife der Welt (Dada is the best milk-of-lily-soap in the world) – as follows.

DADA. A BRAND PRODUCT. (1916)

»Vielen ist Dada ein unersetzliches Lebenselixier. Die Firma Bergmann & Co. empfahl ›Dada‹ als ›haarstärkendes Kopfwasser‹. 1891 wurde in Zürich eine Niederlassung dieser Firma gegründet, die in Dresden seit 1850 als ›Parfümerie & Fein-Seifen-Fabrik‹ bestand. Die Firma bot ein Sortiment von 100 Produkten, Seifen, Pomaden, Haar-

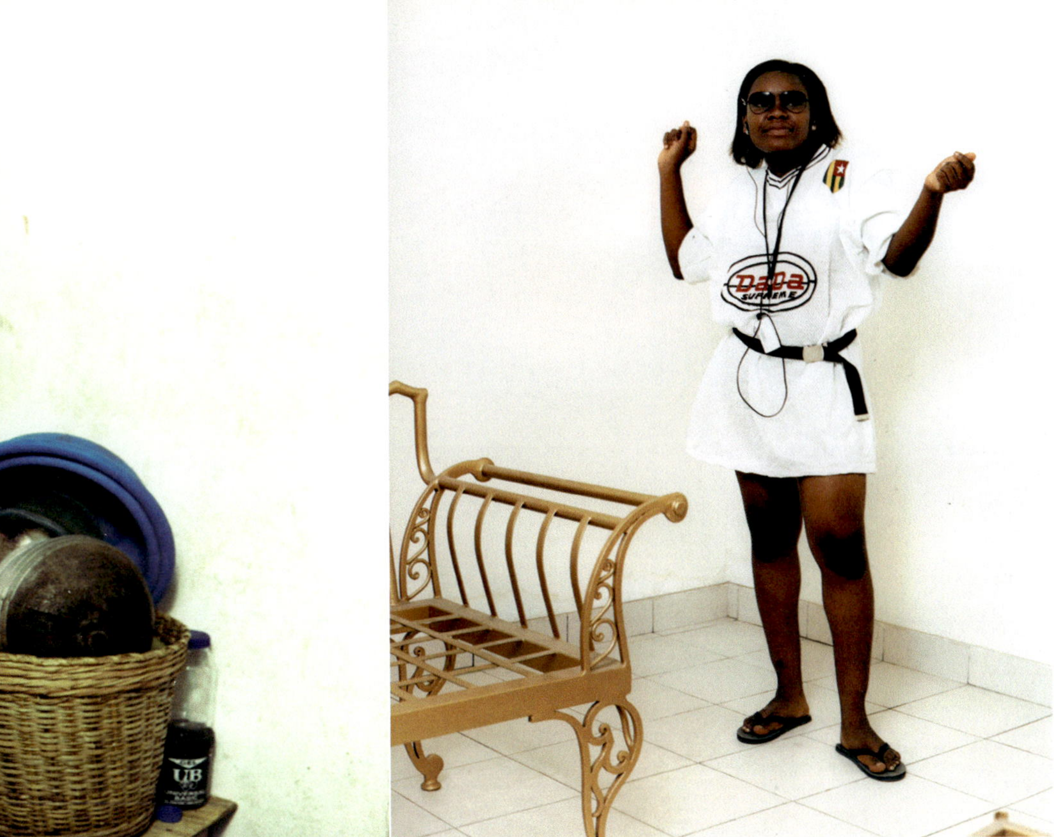

ölen, Odeurs, Zahnmittel u.a. an, produziert wurde ausser in Dresden und Zürich noch in anderen Teilen Europas, geliefert wurde weltweit. Für das Topprodukt, die Lilienmilch-seife, wurde so geworben: ›Millionen von Menschen verdanken ihr gesundes, blühendes, frisches Aussehen einzig und alleine der unübertrefflichen Wirkung von Bergmann's Lilienmilch-Seife.‹ Nach einem Bericht in der Presse wurde in der Schweiz nach wenigen Produktionsjahren in neun Monaten eine halbe Million dieser Seifen verkauft. Für den Erfolg der Zürcher Niederlassung spricht, dass sie 1901 an der Bahnhofstrasse ein Geschäft einrichten konnte, dessen Eröffnung in der Zürcher Presse mit Begeisterung aufgenommen wurde: ›Die Herren Bergmann und Cie. haben auf hiesigem Platze ein Parfümerie-Detailgeschäft […] einrichten lassen, das wohl an Eleganz und höchst geschmackvoller Ausstattung zu den schönsten zählt und ganz gut mit den Pariser Boulevard-Geschäften verglichen werden kann.‹ ›Der Stadtbote‹ […] Bergmann & Co. war in aller Munde, ihre Seife in aller Hände.

Wenn Hugo Ball in seinem Eröffnungs-Manifest, vorgetragen auf der 1. Dada-Soirée vom 14. Juli 1916, die Lilienmilchseife erwähnt, so spielt er auf dieses Bergmann-Produkt an: ›Dada ist die Weltseele, Dada ist der Clou, Dada ist die beste Lilienmilchseife der Welt.‹ Es handelt sich dabei aber um mehr als bloss einen dadaistischen Witz mit einem renommierten Produkt. Gab es doch eine sehr direkte Beziehung zwischen der Lilienmilchseife und Dada: Als Schutzmarke für die deutschen Fabrikate der Firma Bergmann wurde unter anderem die Bezeichnung ›Steckenpferd‹ verwendet. Angesichts des französischsprachigen Marktes in der Westschweiz war der Zürcher Geschäftsführung diese Marke zu wenig attraktiv, weshalb sie nach einer anderen Bezeichnung suchte. Dass sie sich dabei für das französische Wort für ›Steckenpferd‹ entschied und 1906 beim Eidgenössischen Amt für geistiges Eigentum die Marke Dada für sich schützen liess, entsprang nicht allein der nahe liegenden Idee einer Übersetzung. Auch hier wird die erwähnte Internationalität und Suggestivität des Wortes ihre Wirkung getan haben. Während man dem Spitzenprodukt der Lilienmilchseife, die bereits klassische Schutzmarke ›Zwei Bergmänner‹ beliess, verwandte man für andere Produkte die Marke Dada. Bei der Verbreitung der Vokabel ›Dada‹ ist diese Bezeichnung besonders für die Lilienmilchcreme wichtig, für die ab 1910 in der ganzen Schweiz zusammen mit der Lilienmilchseife geworben wurde und mit der das Wort Dada im Schlepptau der Nr. 1 aus dem Hause Bergmann den Markt zu erobern versuchte, bevor ›Dada‹ da war. Auch bevor das ›haarstärkende Kopfwasser Dada‹ angeboten wurde. Dessen Existenz war im Gegensatz zur Lilienmilchcreme nur von kurzer Dauer. Ab ca. 1913 gelangte es auf den Markt, stand aber den Dadaisten für ihre Haarpflege möglicherweise schon nicht mehr zur Verfügung.

Es kann nicht ausgeschlossen werden, dass die Dada-Produkte der Firma Bergmann & Co. Ball auf das Wort Dada führten oder ihn bei der Namensfindung zumindest stimulierten. […] Es erstaunt im Übrigen, dass scheinbar nur Ball der Dada-Produktion der Firma Bergmann zublinzelte. Naheliegend wäre gewesen, wenn sich die aktionistisch eingestellte ›société anonyme pour l'exploitation du vocabulaire dadaïste‹, der Werbetextverarbeiter Hans Arp oder Tristan Tzara mit seiner Werbemanie durch die Dada-Produkte hätten reizen lassen, um diese für sich und die dadaistische Idee nutzbar zu machen.

Kuriositätshalber noch ein Blick auf die Dada-Produkte in der Zeit nach Dada. Die Dada-Lilienmilchcreme war nie von dem Erfolg der Seife gekrönt. Ende der Zwanziger Jahre

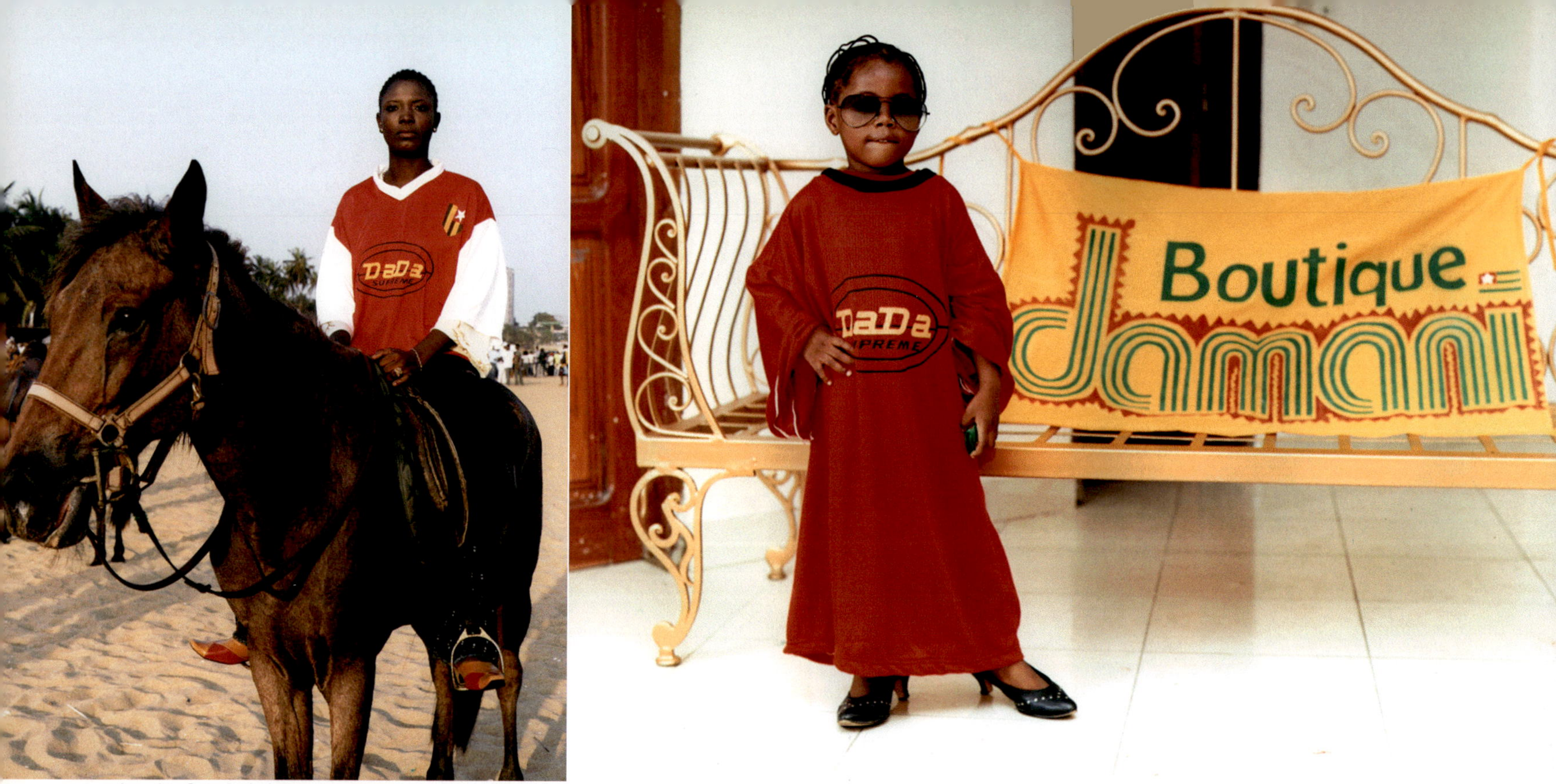

unternahm die Geschäftsleitung einen letzten Versuch, ihr auf dem Markt einen besseren Platz zu verschaffen. In einem gross aufgezogenen Wettbewerb – u.a. in der ›NZZ‹ und in der ›Schweizer Illustrierten‹ abgedruckt, jedoch mit kleinem Erfolg – wurde dazu aufgerufen, die Vorzüge der Lilienmilchprodukte in einem kurzen Vers zu beschreiben. Erst- und einmalig ging Dada somit in die Volksdichtung ein. Als prämierte Sprüche erschienen in der Presse und zirkulierten als Werbegeschenke der Firma Bergmann & Co. auf Duftkarten:
›Ha lang gläbt und bi doch gäng zwänzgi bliibe!
Meiteli, was häsch dänn tribe?
Für bloss drü Fränkli channsch es au ha
S'isch Liliemilch-Seife und Creme Dada!‹
›Unter vielen tausend Seifen
Würd' ich nur nach Bergmann greifen
Und von allen guten Cremen
Als die beste Dada nehmen.‹«

DADA. THE WORD AND ITS MEANINGS.
As Raimund Meyer indicates in his remarks, the word Dada was connected with the French word for hobby-horse in the view of the Dadaists, too. Richard Huelsenbeck, a Dadaist of the first hour, elaborates in a book: "Hugo Ball and I discovered the word Dada by chance when we were looking for a name for Madame le Roy, our singer, in a German-French dictionary." But Tristan Tzara and Marcel Janco from Romania belong to the founding fathers of Dadaism, too. In Romanian, "Da Da" is a repeated, an emphasised "Yes", like in "Yes, really!", "Yes, very much so!", or "Yes, we will!". A third explanation the Dadaists themselves gave, time and again, refers to children playing "peekaboo". In this very simple game of hide and seek, a grown up hides and calls out "peekaboo" just to re-appear soon again from this hideaway saying "Dada".
But Dada exists in many languages of the world. In Chinese, there a variants as to which syllable is stressed. Depending on which one "Dada" is stressed it can have the meaning of "up – up" or "unimpaired progress". The word Dada has strong roots in various African languages. Some Africans' first name is "Dada", since it means, in their language, "born with curly hair". In another African language it means "mother", and in yet another "going to be king", i.e. "prince".
As Tristan Tzara once formulated in a manifesto: "The newspapers tell us that the Kru-(negroes) call the tail of a holy cow Dada. The dice and the mother, in some regions of Italy: Dada. White journalists judge it an art for (nursing) infants, other holy Jesus-let-the-little-children-come-to-me as the return to some dry and raucous, raucous and dreary primitivism."

DADA. CHARGED WITH AFRICAN ART.
At the beginning of the past century, African art, still called "primitive art" or "Negro art", strongly impressed and influenced the Dadaists, in particular at the time when they started their activities in Zurich. Even if, looking back, the terms seem derogatory, some of the Dadaists adored this art without knowing a lot about its origins. They definitely wanted to set these archaic art and cult objects against the cherished bourgeois "beaux arts" (poetry, landscape painting etc.). Original works of art from Africa in the possession of the Dada-affiliated collector Han Coray, e.g., completed exhibitions of collages and sculptures by Dadaists (among other places in the Galerie Sprüngli on Bahnhofstrasse). Marcel Janco was a close friend of Coray. He, then, taught architecture and design at one of the Zurich academies and repeatedly referred to African creative power. Here are two quotes: "The formal language of the Negroes is

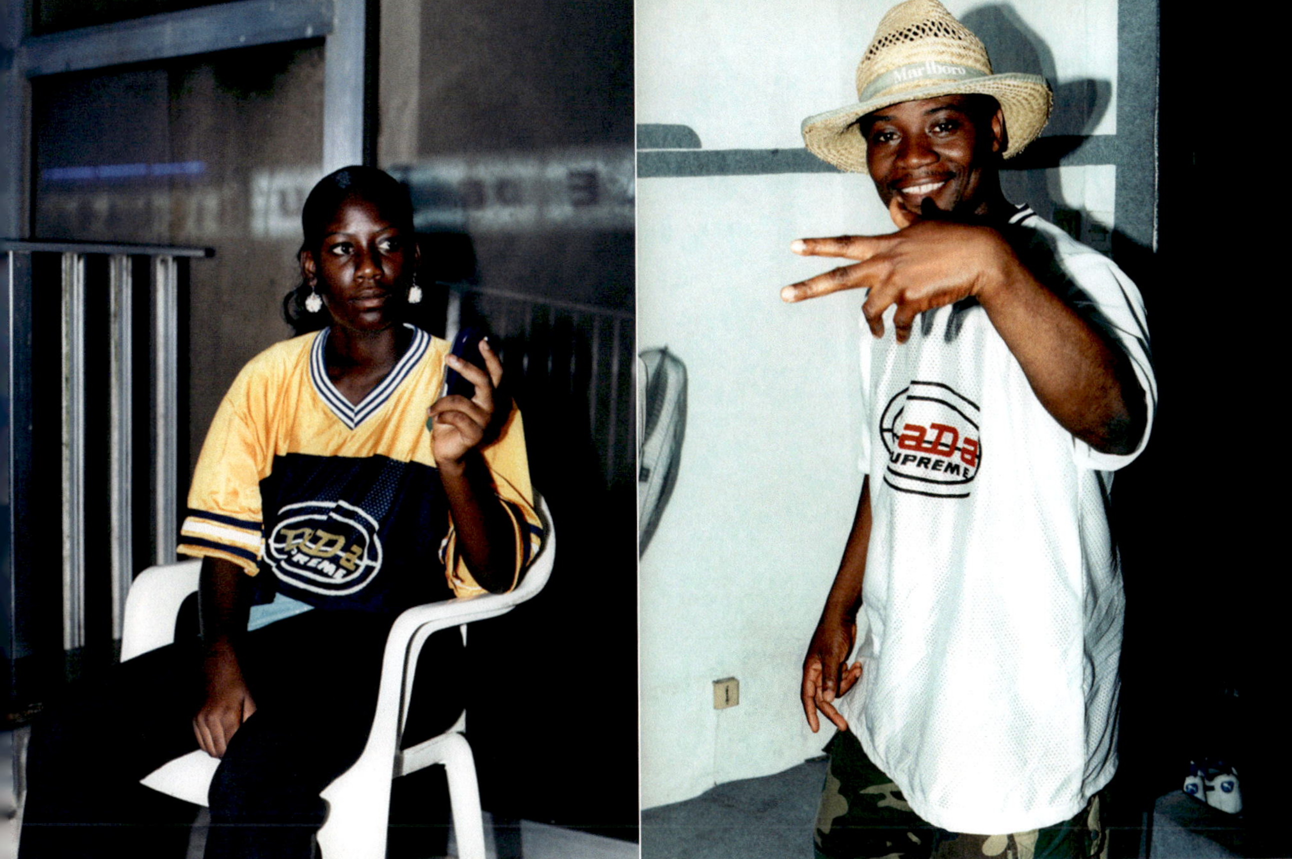

that rich and their power of composition has grown that much that they finish their cult objects
and weapons with the same devotion." "In Negro art, we admire the freedom of composition, the
elimination of all illusion, the pleasure in the material, the unconscious skills, the honest, primal,
pure expression of experience."
The influence of African art on the Dadaists, moreover, was to be seen and felt in their dance and
music performances, literature, painting, graphics and poetry, too.

DADAISM. AN ADVERTISING STRATEGY.

There were many of reasons why the first convulsions of the birth of the art movement Dada in
a small tavern in the centre of Zurich later shook the whole world. On the one hand, it certainly
was the provocative embedding of the "archaic art of wild Negroes" into a more or less classical
context of art. On the other hand, this was the time of the First World War raging in Europe. With
only a few exceptions, all artists animating Dadaism, were either travelling through or trying to
escape, in particular from Germany, Romania, and France. This contributed to the formation of
new Dada-cells in the most different places after the war. Another important point why Dadaism
became globally successful, however, was the undisguised closeness to advertising and public
relations in general. All over the place, the Dadaists, with Tristan Tzara being in the vanguard, gave
provocative talks, very often ending in turmoil. The Dadaists wrote articles for newspapers, wrote
manifestos, they printed their own yellow press and magazines. They even, e.g., started a rumour
that two Dadaists were going to fight a duel with pistols, with the media, of course, quickly taking
up the story.

Somewhere else, Raimund Meyer elaborates the Dadaists advertising-like strategies:

»Mit der Entdeckung und Lancierung dieses goldenen Zweisilbers schlugen die Dadaisten eine Brücke zur Werbung und
Warenwelt, die sich als sehr tragfähig erweisen sollte. Was bei der ersten Bekanntmachung von Dada eine leise Vorahnung war, entwickelte sich innert Kürze zur Gewissheit, mit dem Clou Dada manchen Coup landen zu können. Sehr bald
erkannten die Dadaisten die Möglichkeiten dieses Wortes, dessen ›unerfindliche Phantastik‹ (Hugo Ball) und ›Suggestivität‹ (Richard Huelsenbeck) so vieles auszustrahlen und in sich aufzunehmen vermochte. Ein Prädikat, das der heterogenen
Dada-Bewegung sehr entsprach und diese auch auf dieses eine Wort zurückgreifen liess, wenn es um Definitorisches ging.
Die visuellen und klanglichen Qualitäten von Dada machten es möglich, mit diesem Wort variantenreich zu werben. Wie
›eine durch reitende Estafetten weitergegebene Parole‹ (Huelsenbeck) zirkulierte Dada und brachte Kunst und Leben in
einen neuen Dialog. [...]
Die dadaistischen Reklameabteilungen und -beratungen waren immer ambivalent. Bei diesen Briefkastenfirmen ging es
nicht einfach um einen demaskierenden Angriff auf Lug und Trug einer Scheinwelt, indem man das Nichts zur Ware machte. Dieses subversive Ansinnen, ›dass die Reklame dada die Universalreklame, die Reklame überhaupt ist‹, war gepaart
mit einer Faszination für Strategien, Formen, Sprachen und Zeichen der Reklame – nicht zuletzt auch für deren wirksame
Präsenz im Alltag. Die Anleihen, welche die Dadaisten bei der Werbung machten, weisen auf das Defizit von Kunst und
Literatur hin, mit ihren traditionellen Mitteln Botschaften transportieren zu können.
Die Reklame musste in Dada, diesem ›unmittelbarsten Ausdruck der Zeit‹ (Theo von Doesburg), per definitionem ihren Platz
haben. Zusätzlich schufen die Dadaisten einen Artefakt, indem sie Reklame, Bluff und Geschäft zu Teilen der Poesie und

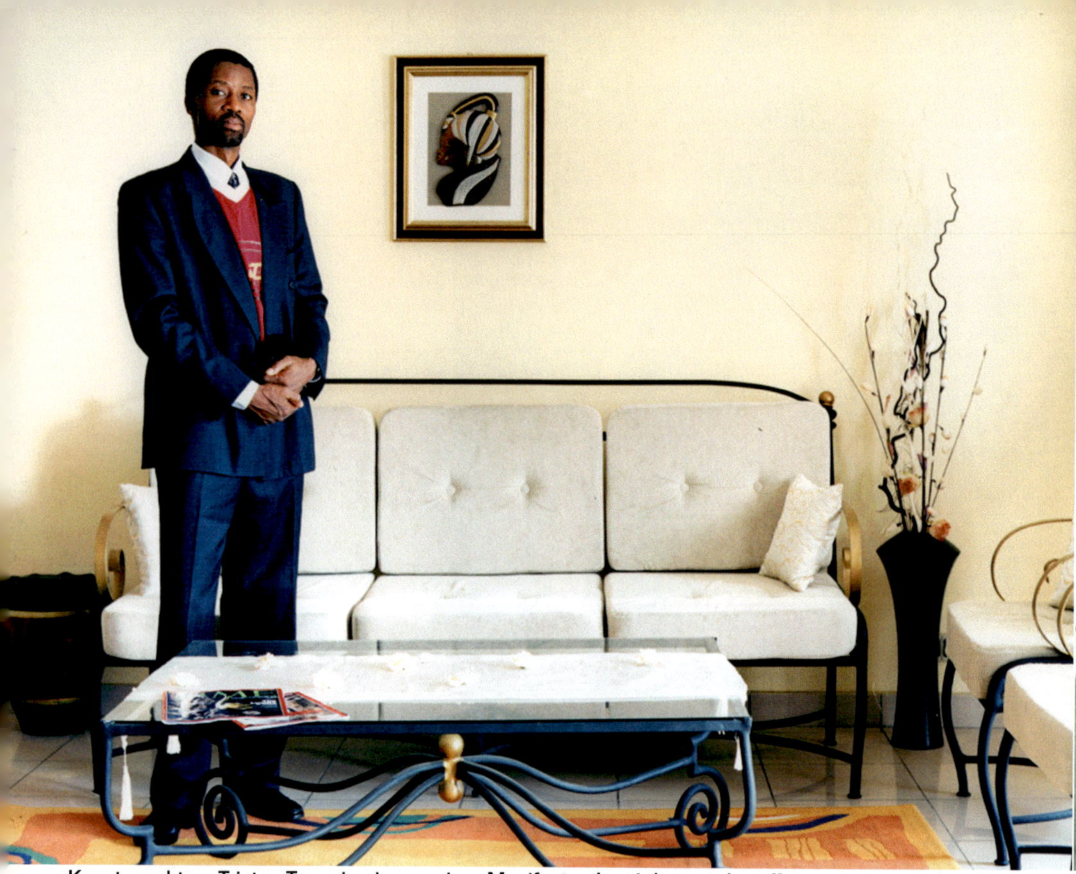

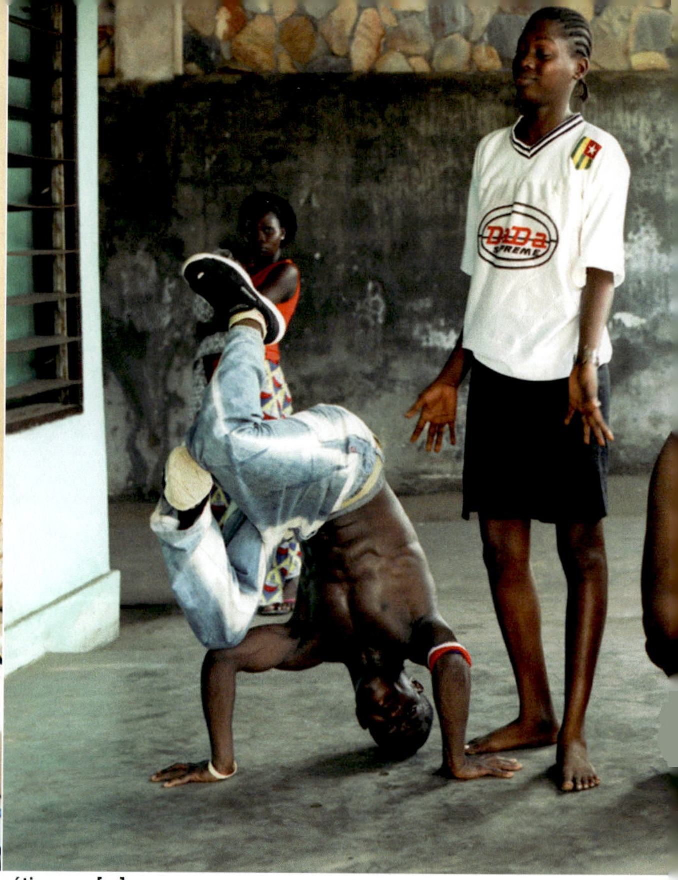

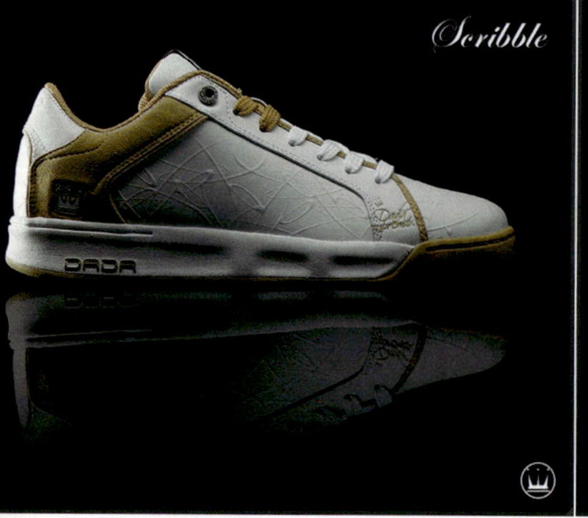

Kunst machten. Tristan Tzara in einem seiner Manifeste: ›La réclame et les affaires sont aussi des éléments poétiques.‹ [...]
Vom ›dadamade‹ – wie Man Ray einem Rady-made aufdruckte – wurden auch die eigenen ›Werke‹ eingeholt, die als ›dadaistische Erzeugnisse‹ der Warenwelt einverleibt wurden. Damit wurde die Aura des Werkcharakters im Ansatz zerstört und die Frage nach dem Kunstwerk neu gestellt. Auf individueller Ebene wurde dieser Schritt unter anderem durch Werk-Bezeichnungen wie ›fabrication de tableaux‹ (Max Ernst und Hans Arp) und ›Grosz-Heartfield montiert‹ bekräftigt.«

That went that far that Kurt Schwitters, who renounced Dadaism not indeliberately, from then on called his art "Merz". He borrowed the word from one of his own collages in which he used an advertisement of the ComMERZ Bank.

"DADA SUPREME". LOS ANGELES 1998.

"DaDa has become one of the hottest and most successful footwear and apparel companies in the United States." ("about us", www.dadafootwear.com)

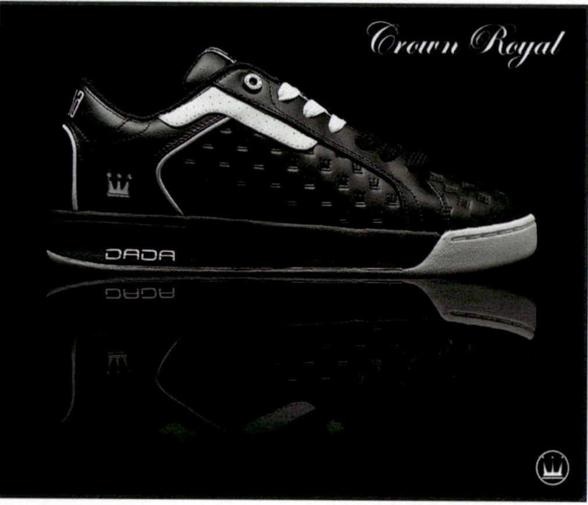

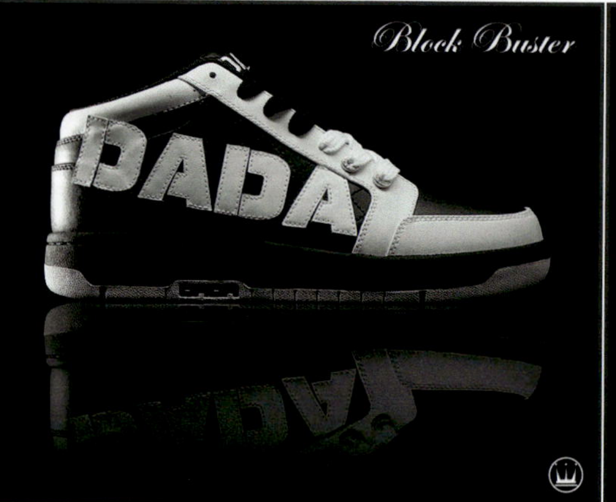

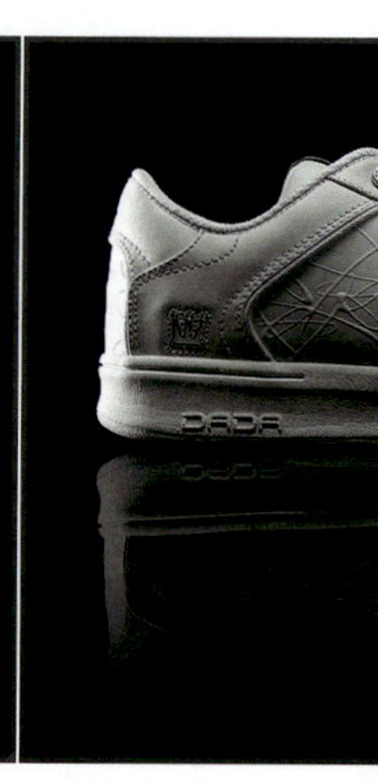

DADA/SUPREME. CONNECTIONS.

There is no direct link between Dadaism, the art movement, and the Urban Fashion Brand "Dada Supreme". The parallels, however, are striking. For example with regard to Africa or Afro-roots, respectively: Dadaism idealised African art; Dada Supreme is rooted strongly in the Afro-American diaspora. Besides this brand there is a second well-known Afro-American hip-hop fashion brand, showing its connection with the community explicitly and radically in its name. It is called "FUBU", meaning, in full writing, "For us by us". In the case of Dada Supreme the correlation is not as obvious. For people with African roots, however, like mentioned before, the word Dada is closely connected with their origins. No matter where in the world, if somebody wears an outfit branded Dada Supreme it most often is somebody with African roots. Thus, it is no surprise that Dada Supreme sneakers and, above all, shirts appear and are worn in Africa, too, no matter if it is an original or a fake (both having been produced in Asia most likely).
Another parallel between Dadaism and the brand Dada Supreme can be seen in connection with rap. In Dadaism, so-called sound poetry was an important stylistic device to break up the then predominant "poetisms". The Dadaists performed rhythmical sound pic-

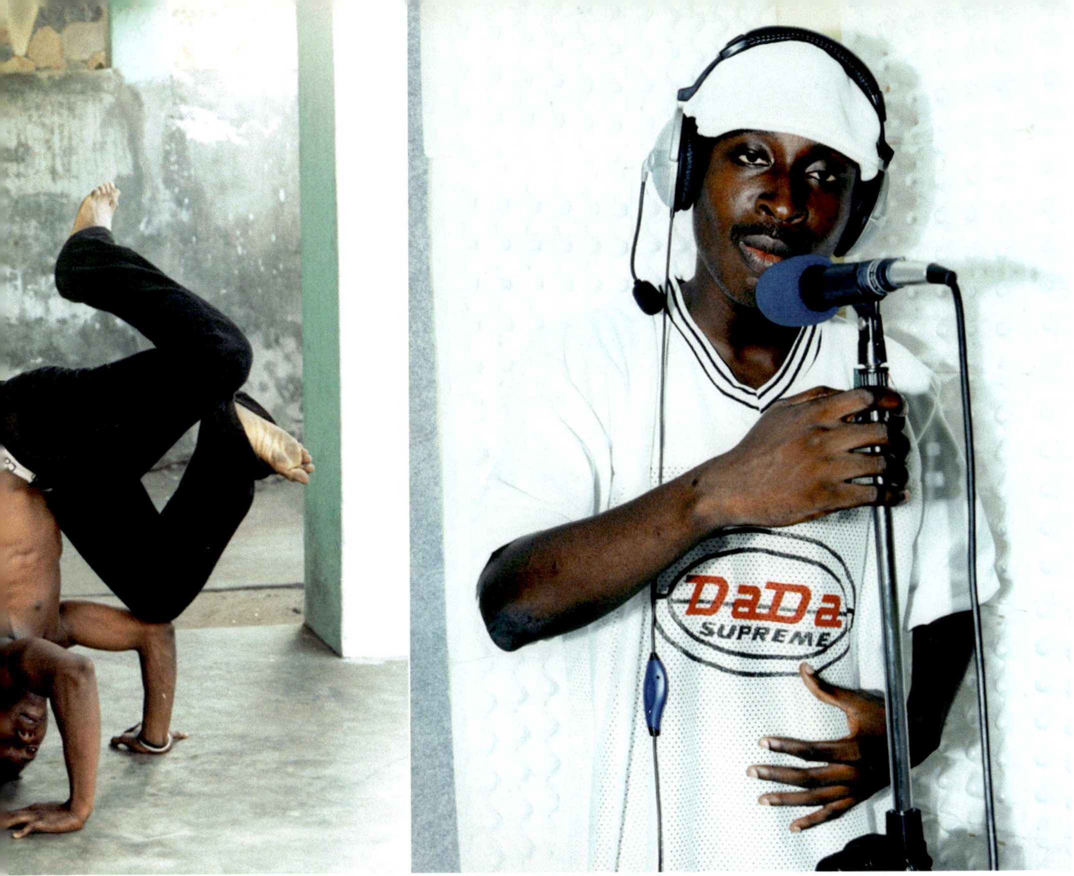

DaDa
SUPREME

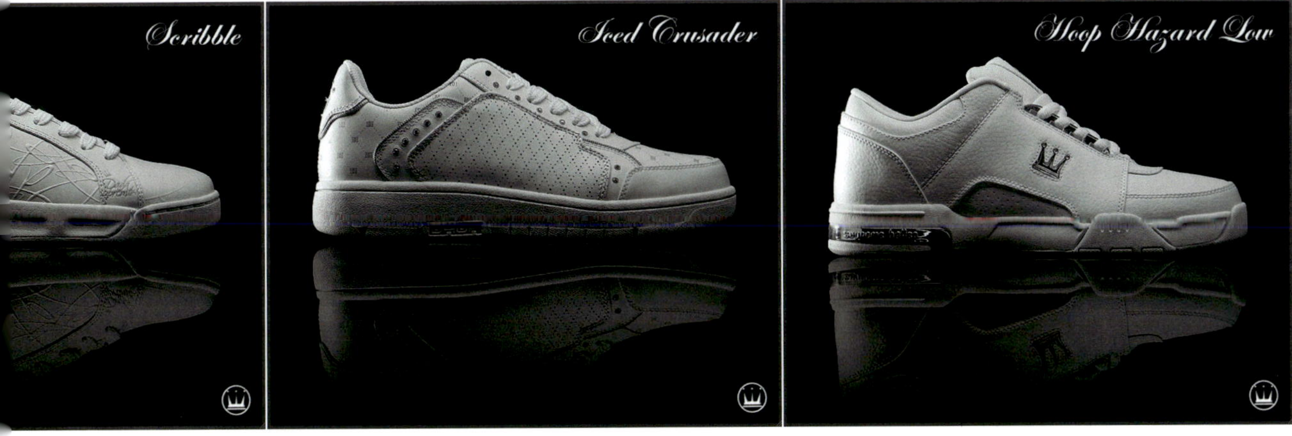

Scribble
Iced Crusader
Hoop Hazard Low

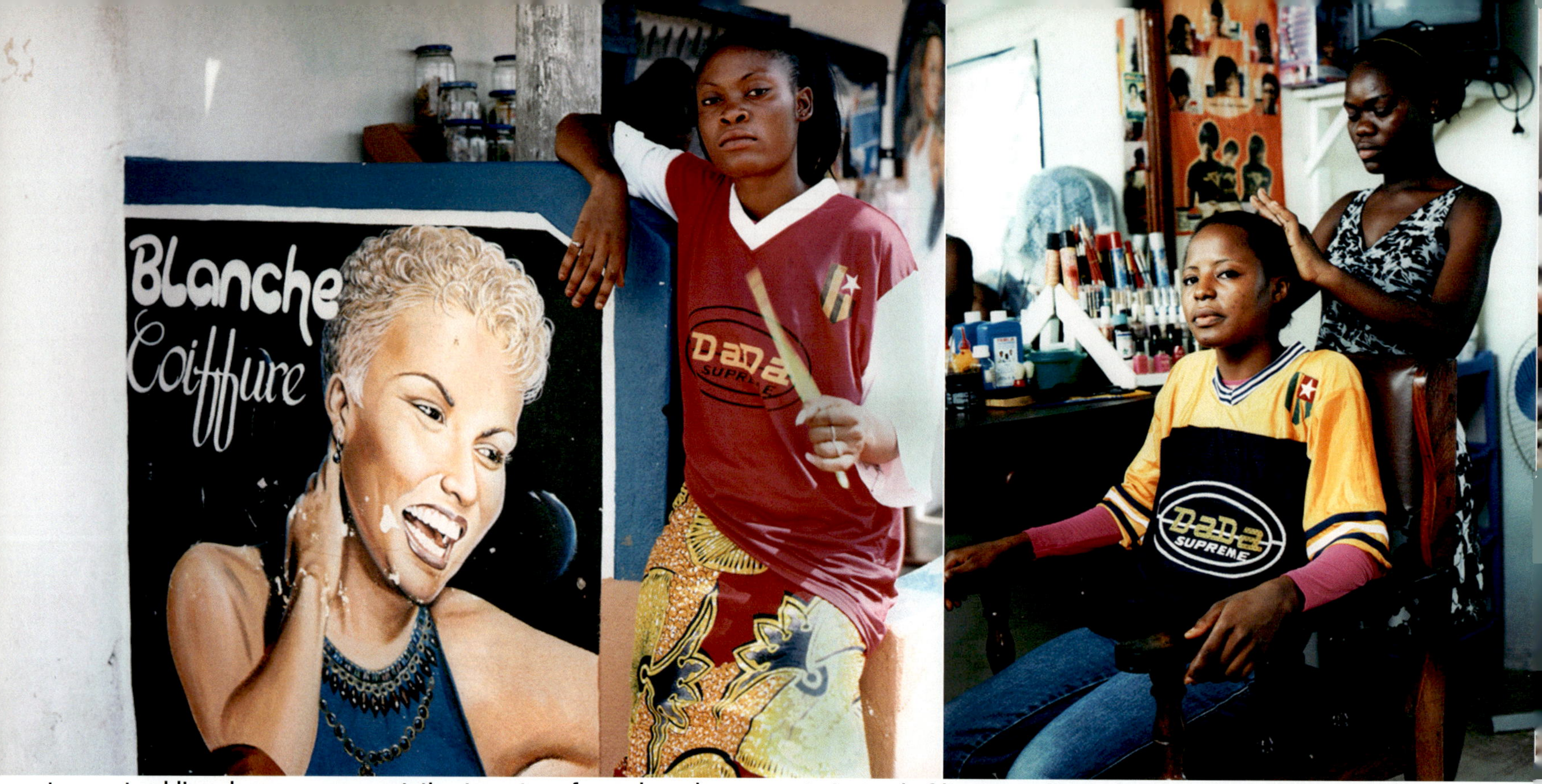

tures, stumbling rhymes, even ecstatic staccatos of vowels and consonants instead of linear readings of texts and straight theatre. In how far Dada in general and Dada New York, e.g., influenced the development of rap cannot be decided. But rap, representing an important promotion platform for Dada Supreme, clearly has African roots – just to mix everything with everything in the end. Rap was extremely influenced by the African Griot tradition. Griot is oral poetry – long texts are recited, more or less sung, to pass on the knowledge of oral cultures.

But back to Dada Supreme, the brand. Besides the (most often) Afro-American basket ball stars it is above all rappers who are the most important testimonials of the brand. Lavetta Willis, Dada Supreme CEO, describes her most prominent flagship as follows: "Xzibit defines pop culture and his success in crossing various markets makes him the ultimate representative of the Dada brand."

DADA (SUPREME). EVERYTHING IS A BRAND. EVERYBODY IS A BRAND.

As mentioned above, the Dadaists made Dada a veritable brand, made their art brand products. Their extensive engagement to make Dadaism popular is borrowed from advertising, and, in return, influenced advertising. They charged their brand Dada with fetishes (masks, sculptures etc.) from Africa. Without realising it, they created the predecessor of the fetish "work of art".

Today, myths are being explicitly negotiated for mutual charging: "I respect the grassroots approach that [Dada] took – just like myself – with athletic shoes", Xzibit told BallerStatus.com. "I just got respect for the company in general, so me coming along to do a product with them is good; it's an honor to me. I'm very happy with the complete product, and I'm pretty sure the public will be pleased as well."

Africans, in this respect, have an impressively strong and natural brand consciousness. They easily jump from the fetish or talisman to the brand myth. They do not strive for any kind of "authenticity" which, notabene, cannot be achieved in the end. Flurina Rothenberger, a photographer well known in the scene, describes her personal experience the following way:

»Ein Freund von mir kommt aus Nigeria und lebt seit drei Jahren in der Schweiz. Nach einem Besuch bei seinem Bruder in Amerika betrachteten wir die Ferienbilder. Ich hatte klassische Reisebilder erwartet und war etwas überrascht, ein Bündel von Selbstportraits durchzusehen, die mich stark an das Bildgenre der Hip-Hop-Videoclips erinnerte. Die gewählten Schauplätze, die Posen und Allüren, die Markenkleider, die Luxuskarosserie, alles schien dieser Bildrhetorik entliehen. Besonders letzteres Attribut, das schicke Auto mit den weit aufgesperrten Türen, wiederholte sich als prägendes Bildelement auf vielen Aufnahmen. Die beiden Brüder an die Motorhaube gelehnt, die Augen durch eine Sonnenbrille verdeckt. Auf einem anderen Bild sitzt einer der Männer mit dem Handy in der Hand hinter dem Steuer oder scheint gelöst neben dem Fahrzeug zu warten, der Zündschlüssel baumelt von einem Finger. Aus Höflichkeit fragte ich nach dem Besitzer des Autos, der offensichtlich sein Bruder war; die Antwort überraschte mich nicht weniger als ihn meine unsinnige Frage. Das Auto hatten sie extra für die Aufnahmen geliehen, und auch die schicke Wohnung, in der sie sich auf weiteren Bildern zeigten, war nicht die seines Bruders, sondern gehörte einem Freund.

Ein grossspuriger Fake? – Immerhin suggerierten die Bilder nach meinem Verständnis, wenn auch etwas überspitzt, den Lebensstandard und das private Umfeld der Porträtierten. Sie vermittelten den erfüllten Traum eines erfolgreich bewerteten Lebens in der Fremde. Die Bilder schickte der Freund nach Nigeria zu seiner Familie, die weder ihn in der Schweiz noch seinen Bruder in Amerika je besucht hatte. Mich irritierte der ungenierte Ernst, mit dem eine Existenz beschrieben wurde, die gar nicht wirklich vorhanden ist. Ich erinnere mich an Situationen aus meiner Kindheit an der Côte d'Ivoire. Mein Vater hat leidenschaftlich gerne fotografiert, doch nur selten willigten die Leute ein, sich in der unmittelbar entdeckten Situation porträtieren zu lassen. Sie verlangten Zeit, um sich herrichten zu können und einen geeigneten Hintergrund auszusuchen. Die gegenseitigen Vorstellungen von einem natürlichen Porträt klafften dabei weit auseinander.

Die Authentizität, die ich in den eingangs erwähnten Bildern vermisste, hatte deren Autor nicht beschäftigt. [...] Er empfand die sachliche Aufrichtigkeit seiner Bildbotschaft dadurch nicht als entkräftet. Im Lauf der Betrachtung realisierte ich, dass diese Selbstinszenierungen einen intimen und privaten Zugang zu seiner Person ermöglichten, sie drückten nicht allein seine Bedürfnisse und Ambitionen aus, sondern auch, wie sein soziales Umfeld ihn wahrzunehmen hatte. Das Porträt greift in der bildlichen Übersetzung einer individuellen Identität auf Repräsentationsweisen zurück, die innerhalb eines kulturellen Kreises kollektiv erkannt und geteilt werden. [...]

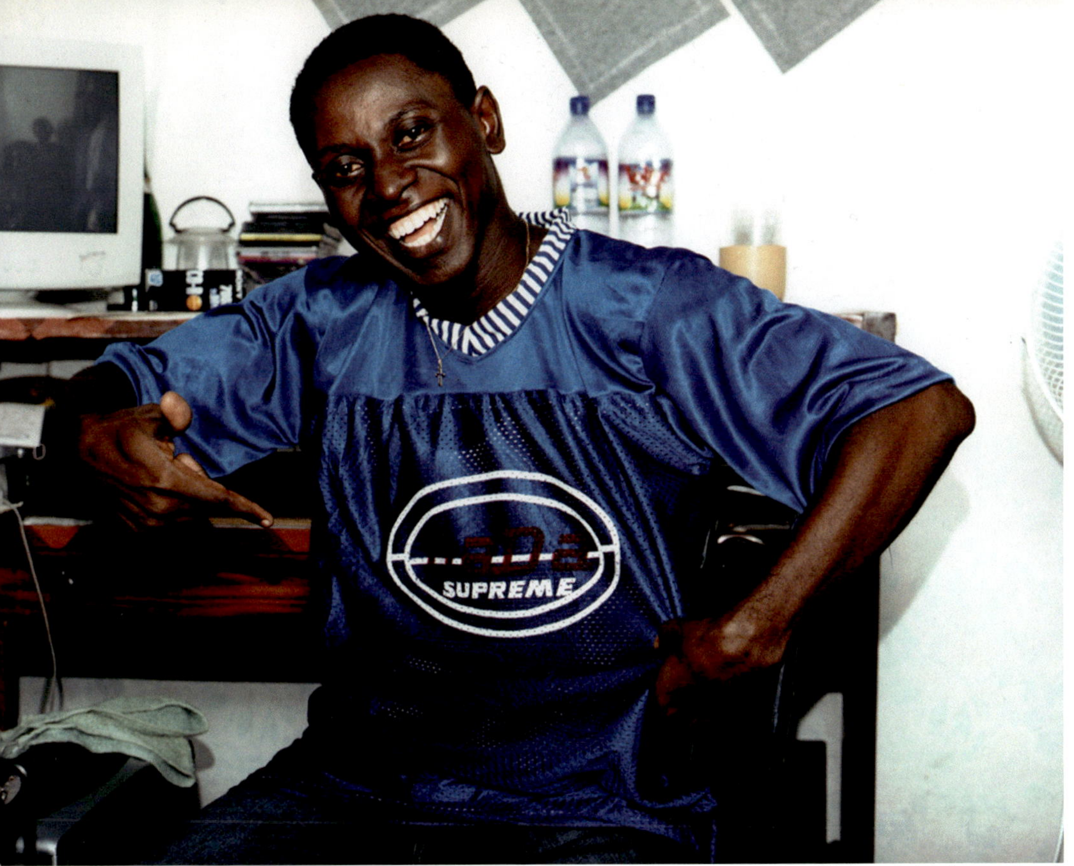

Die Diskrepanz zwischen dem Erwartungshorizont und dem, was auf dem Bild tatsächlich zu sehen ist, empfindet und beurteilt der Betrachter aufgrund seiner Erfahrung. Das Wissen um die Bedeutung eines Symbols, einer Pose, eines Kleidungsstückes wirkt sich ebenso wie der vertraute Umgang mit konkreten ästhetischen Strategien unmittelbar auf das Verständnis und die Interpretation des Porträts aus.«

DADA/SUPREME. "THE MYTH IS THE MESSAGE."

The following series of pictures is a kind of remix based on the backgrounds, correlations, associations (and their production processes) mentioned above. It may be seen as an artificial staging of the development and communication processes of a brand, the artificiality in this case being that genuine that the representation can be called "authentic" – and the whole process involved a ready-made: In Lomé, the capital of Togo in West Africa, original-import-shirts of Dada Supreme were bought on the market, they were used as patterns to have natives reproduce and finish the shirts in a local tailor's workshop. The mainly synthetic fabric these shirts are made of comes from Europe. The reproductions are easily recognised as fakes. To make every single shirt a unique specimen, they are "refined" in an actionistic way: In Lomé, each shirt was worn by another person (West Africans of both sexes, from shoe shine boys to rich kids) for a short moment for a picture to be taken. These pictures were, like label badges, attached to the shirts which, then, were sold in an exhibition-like "concept store" in the Cabaret Voltaire.
Philipp Meier, cultural event manager and director of the Cabaret Voltaire, Zurich.

Cf., e.g.: Hans Bolliger, Guido Magnaguagno & Raimund Meyer; Dada in Zürich, Zürich 1985.
Raimund Meyer, Judith Hossli, Guido Magnaguagno, Juri Steiner & Hans Bolliger; Dada Global, Zürich 1994.

BROOKLYN STR

HOME   FOOTWEAR   APPAREL   VIDEOS   STORE LOCATOR   JOIN THE M

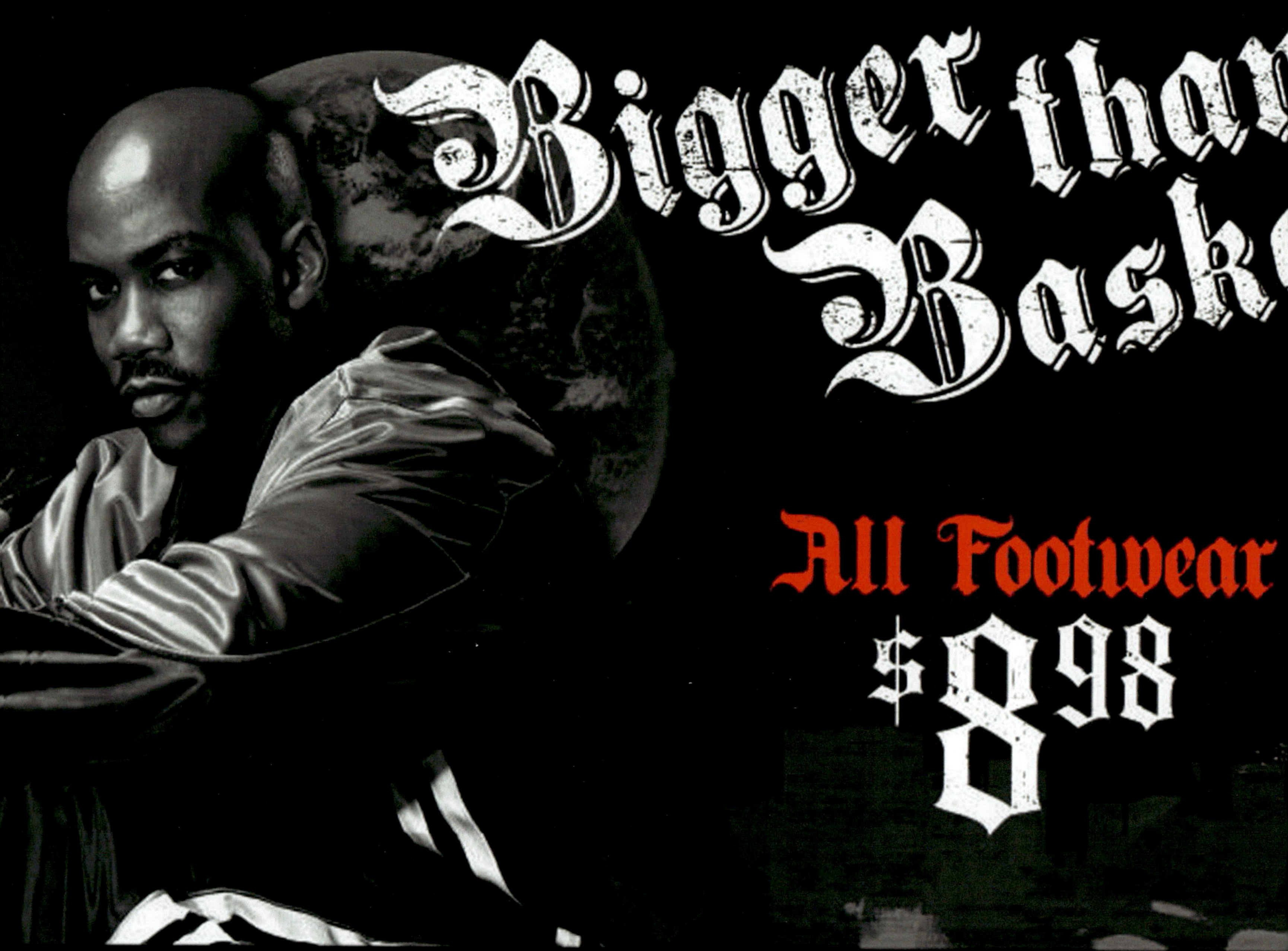

Big Ben Wallace   Terms of Use   Privacy Policy   Site Map

IKES BACK

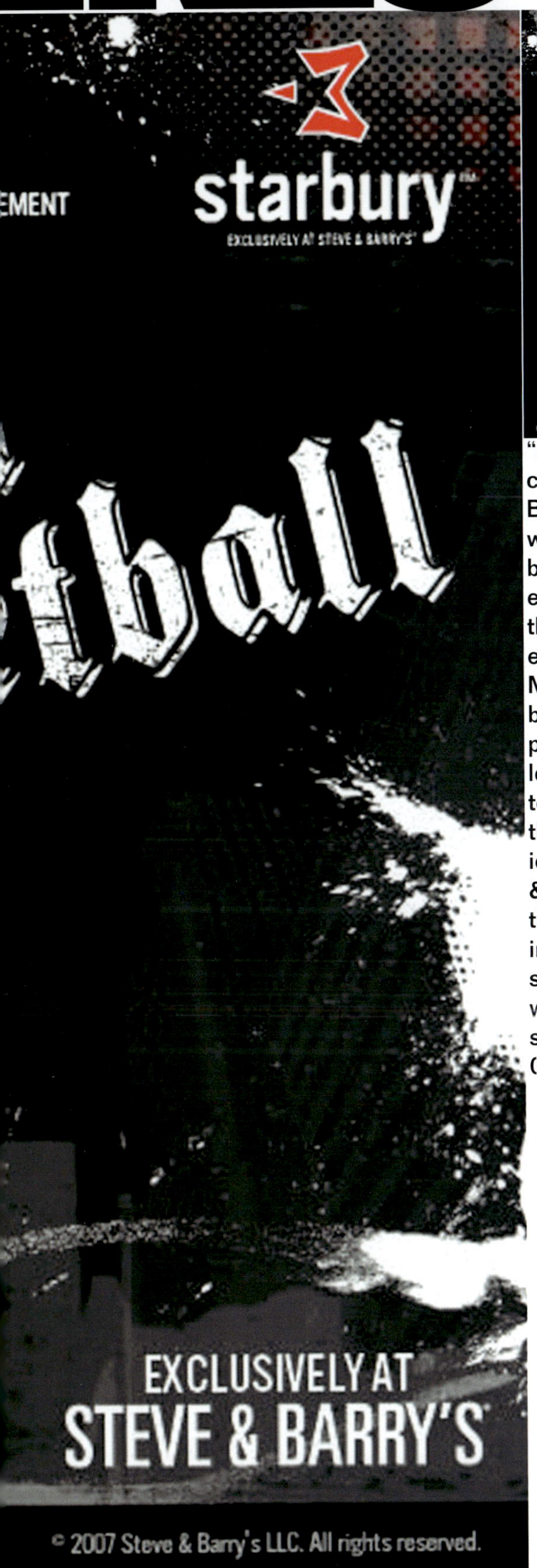

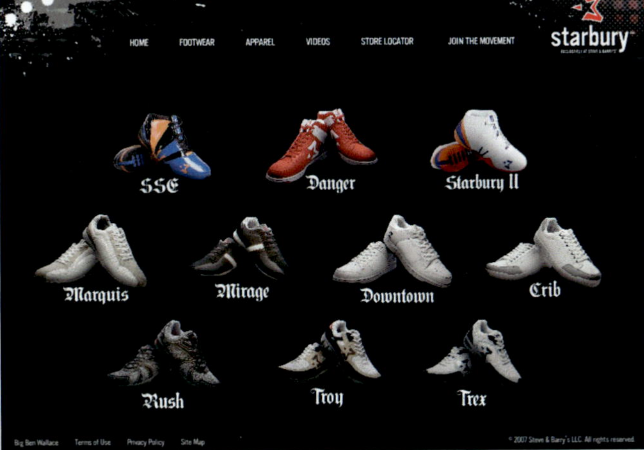

"Starbury, Inc. is an American brand of sneakers and clothing endosed by NBA players Stephon Marbury and Ben Wallace, and marketed by Steve & Barry's. The line was launched in September 2006, as a pair of $14.99 basketball shoes to compete with higher priced products endorsed by celebrity athletes. Steve and Barry's claim is that the products are of the same level of quality as more expensive alternatives.

Marbury remembers growing up in Brooklyn, NY, and not being able to afford the latest shoes. Having been inspired by a professor at Georgia Tech, Marbury has for a long time wanted to offer high-quality, inexpensive shoes to future generations of kids and basketball players, so that they would not have his same dilemma. He took this idea to Steve & Barry's, popular for on-campus university & college focused retailing. They agreed to manufacture the shoes in China, and to market them, with a third party involved to prevent sweatshop conditions. Marbury has so much confidence in his product that he has chosen to wear Starbury shoes exclusively while playing in the NBA starting with the 2006–07 season."

(http://en.wikipedia.org/wiki/Starbury)

»CIRCUS«: TI
OF A COLLECT

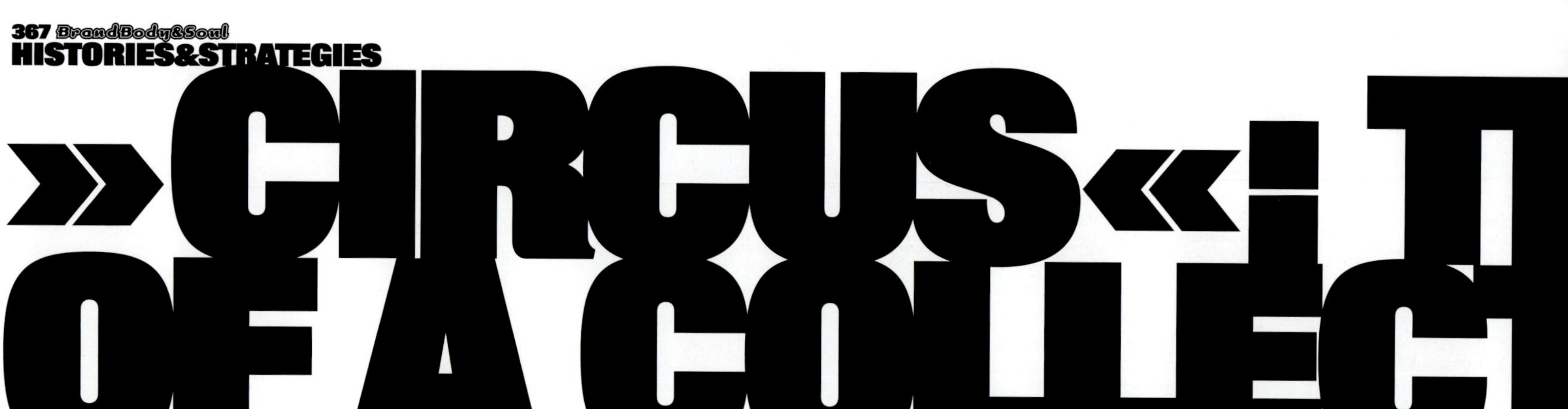

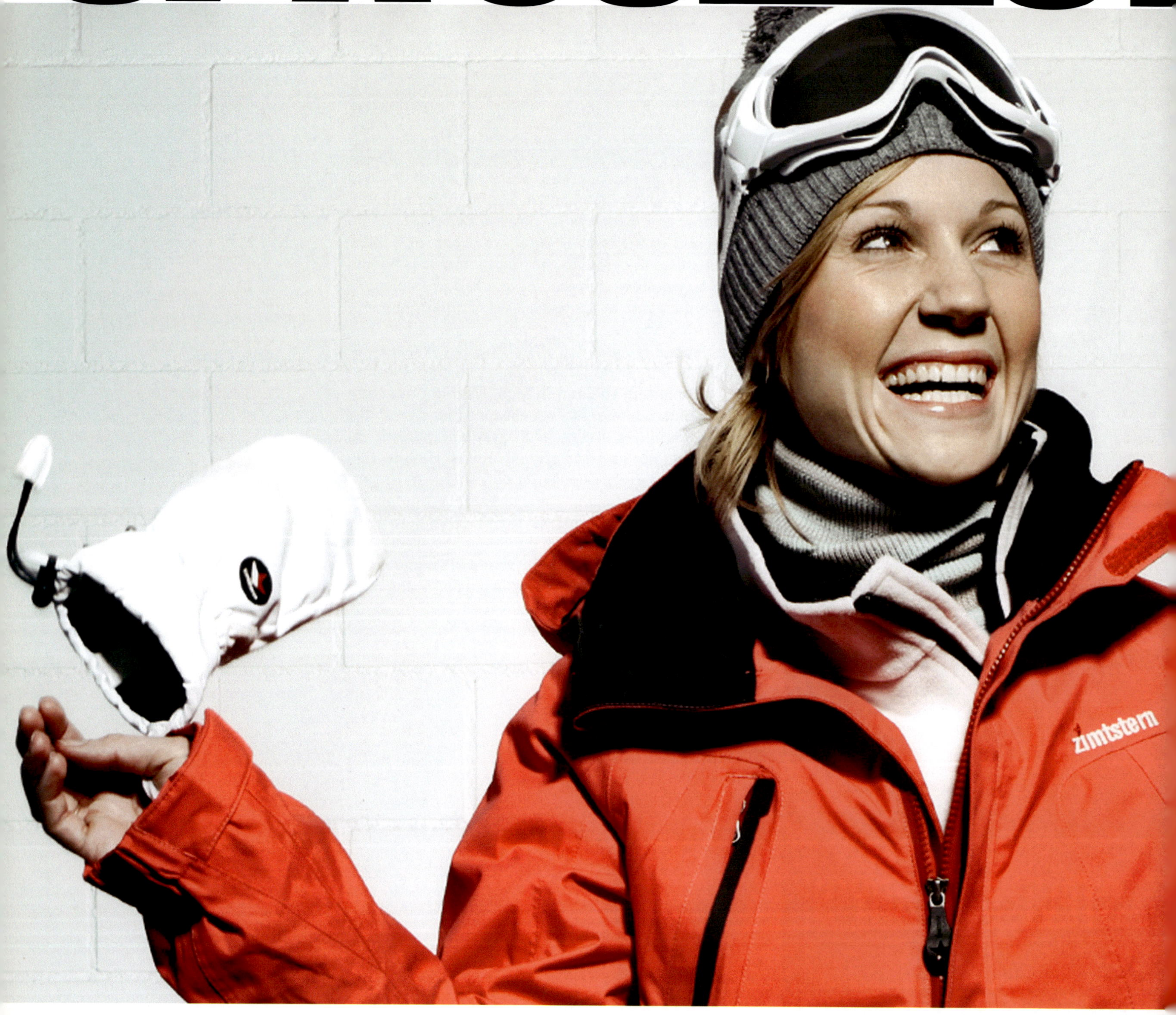

IE STORY
ION
VON DER INSPIRATION ZUR KOMMUNIKATION

NADJA BONDARENKO-HERGER (ZIMTSTERN) AM ANFANG STEHT DAS THEMA: DER RAHMEN FÜR DIE NEUE KOLLEKTION, UNSERE WELT FÜR DAS NEUE JAHR. EIN THEMA, DAS UNS DIE NÄCHSTEN 18 MONATE QUER DURCH ALLE ABTEILUNGEN BEGLEITEN WIRD. »HEREINSPAZIERT MEINE DAMEN UND HERREN, SEHR VEREHRTES PUBLIKUM!« – MIT »CIRCUS« ERÖFFNEN WIR DAS JAHR 2008.

1. Kreativität braucht Chaos

Inspirationsquellen werden angezapft, Moodboards wachsen in die Breite, und jedes Stück herrenlosen Papiers wird für Skizzen missbraucht. Illustrationen aus der Welt des Zirkus bestimmen den Arbeitsalltag. Brüllende Löwen, seiltanzende Ballerinas, feurige Dompteure und verrückte Clowns im Zimtstern-Stil werden von Grafikern und Künstlern zum Leben erweckt.

2. Ideen werden zu Designs

Die Zirkusshow braucht Strukturen. Das Kollektionskonzept entsteht. Farben, Stoffe, Schnitte und Umfang werden bestimmt. Labels und Hangtags kommunizieren das Kollektionsthema und kennzeichnen das Produkt und die Linie.

3. Produkte bekommen Namen

... »Harlekin«, »Fear«, »Diabolo«, »Tiger«, »Salto«, »Akrobat«, »Juggler«, »Dimitri«, »Illusive«, »Skull of Fame«, »Tamer«, »Conelli«, »Popcorn«, »Lionface«, »Joke«, »Spraying Clown«, »Artist«, »Spotlight«, »Paukenschlag«, »Audience«, »Zebra«, »Balance«, »Trapez«, »Dragon«, »Director«, »Spettacolo«, »Masquerade«, »Free my Peeps«, »Stage«, »Seiltanz«, »Trampolin«, »Hulahoop« ...
Jedes Stück der Kollektion bekommt seine Identität. Wir tauchen noch tiefer ein in den Zirkusozean und gestalten unsere eigene Zimtstern-Zirkusshow.

4. Der Entwurf wird lebendig

Zehn Monate sind seit der Geburtsstunde des Themas vergangen. Die ersten Fotomuster gehen auf Reisen. Prototypen werden diskutiert, überarbeitet und schließlich freigegeben.

5. Visualisierung des Themas

Bilder sollen unsere Inspiration zur neuen Kollektion einfangen. Models und Teamfahrer haben ihren grossen Auftritt im Blitzgewitter des Fotografen. Location, Styling und Pose sind Zirkus pur.

6. Der grosse Auftritt

Die Show beginnt. Die Kollektion wird den Facheinkäufern und Medien präsentiert. Die Zirkusvorführung ist nicht zu übersehen. Das Thema wird auch auf Messen bis ins letzte Detail umgesetzt. Unsere Besucher erleben die Kollektion. Wir erzählen unsere Geschichte und kreieren mit, neben und ausgehend von der Kollektion eine ganz neue Zimtstern-Welt.

7. Communicate!

Circus. Circus. Circus.

Nadja Bondarenko-Herger ist Public Relations Manager bei der Zimtstern GmbH in Zürich.

"CIRCUS": TI
OF A COLLECT

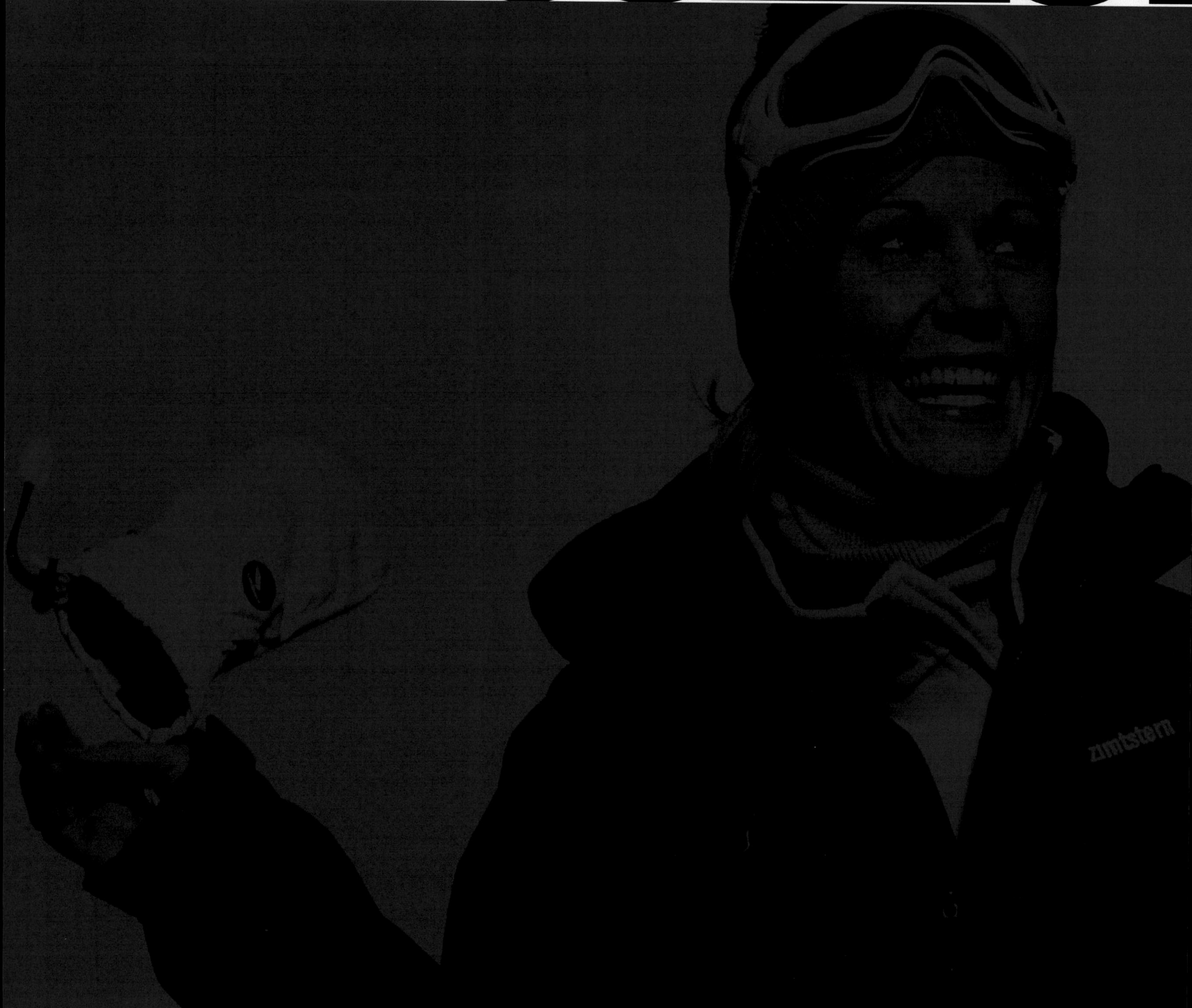

IE STORY
ION

FROM INSPIRATION TO COMMUNICATION

NADJA BONDARENKO-HERGER (ZIMTSTERN) IN THE BEGINNING, THERE'S THE THEME: THE FRAME FOR THE NEW COLLECTION, OUR WORLD FOR NEXT YEAR. A THEME THAT WILL ACCOMPANY US THROUGH ALL THE DEPARTMENTS DURING THE 18 MONTHS TO COME. "WELCOME, BIENVENU, WELCOME! LADIES AND GENTLEMEN, DO STEP IN!" – WE START THE YEAR 2008 WITH "CIRCUS".

1. Creativity needs chaos

Sources of inspiration are tapped, mood boards are increasing in width, and every abandoned piece of paper is used for sketching. Illustrations from the world of circus determine our daily life at work. Roaring lions, ballerinas walking the tightropes, fiery tamers, and crazy clowns in Zimtstern style are brought into being by the graphic designers and artists.

2. Ideas become designs

The circus show needs ideas. The concept of the collection is developed. Colours, fabrics, patterns, and scopes are determined. Labels and hangtags communicate the theme of the collection and mark the product and the line.

3. Products get names

... "Harlequin", "Fear", "Diabolo", "Tiger", "Salto", "Acrobat", "Juggler", "Dimitri", "Illusive", "Skull of Fame", "Tamer", "Conelli", "Popcorn", "Lionface", "Joke", "Spraying Clown", "Artist", "Spotlight", "Drumbeat", "Audience", "Zebra", "Balance", "Trapeze", "Dragon", "Director", "Spettacolo", "Masquerade", "Free my Peeps", "Stage", "On the tightrope", "Trampoline", "Hulahoop" ...

Each piece of the collection gets its identity. We dive deeply into the ocean of the circus and design our own Zimtstern circus show.

4. The draft comes alive

Ten months ago, the theme was born. Now, the first photo drafts go on their journey. Prototypes are being discussed, revised, and finally released.

5. The visualisation of the theme

Images are supposed to capture our inspirations for the new collection. Models and team drivers get their big entrance, the photographers flashing. Location, styling and pose: pure circus.

6. The big entrance

The show starts. The collection is presented to professional buyers and to the media. The circus show cannot be missed. On trade fairs, too, the theme is perfectly put into action down to the last detail. Our visitors experience the collection. We tell our story and create a whole new Zimtstern world (besides and based on the collection).

7. Communicate!

Circus. Circus. Circus.

Nadja Bondarenko-Herger, public relations manager of Zimtstern GmbH, Zurich.

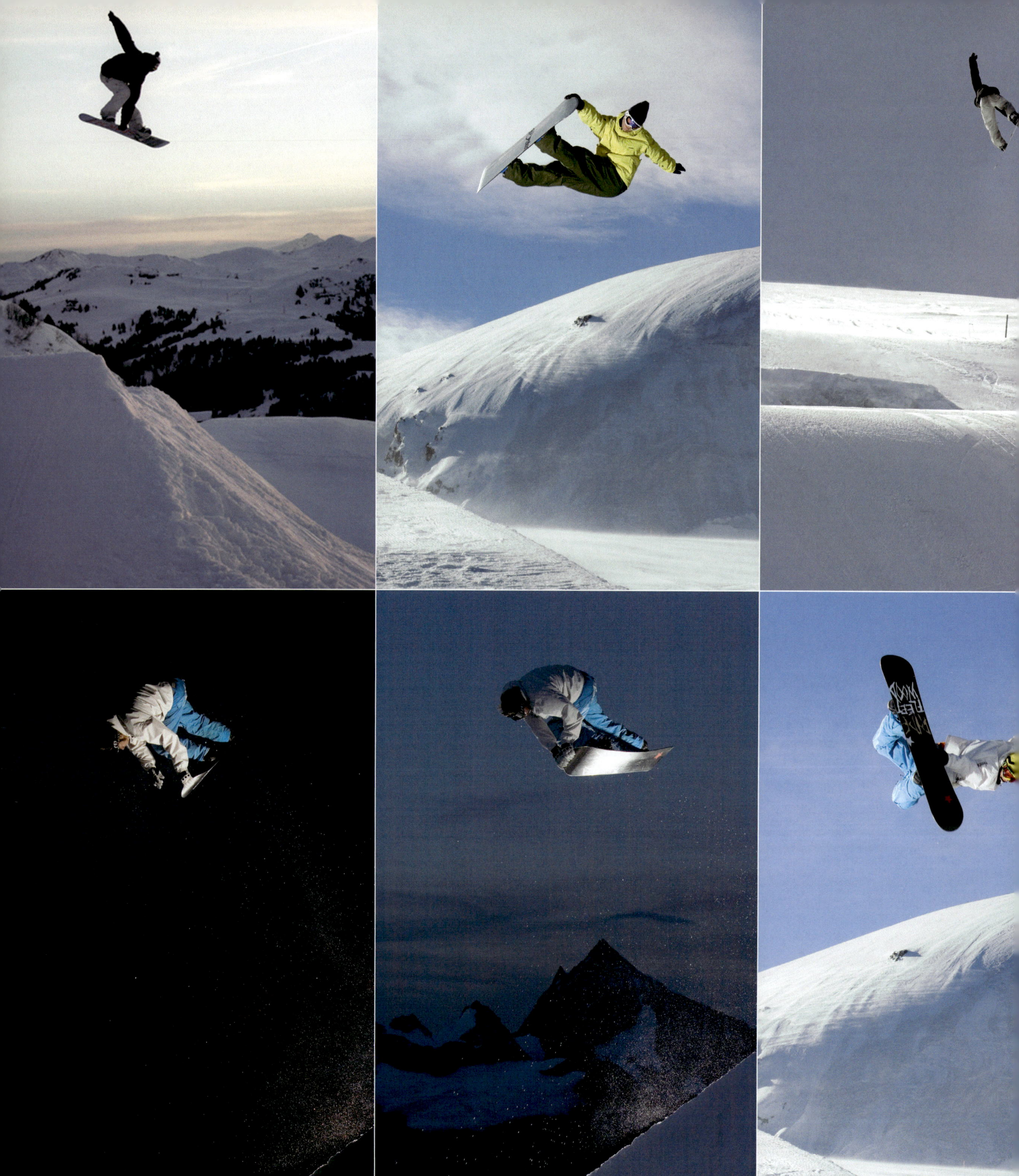

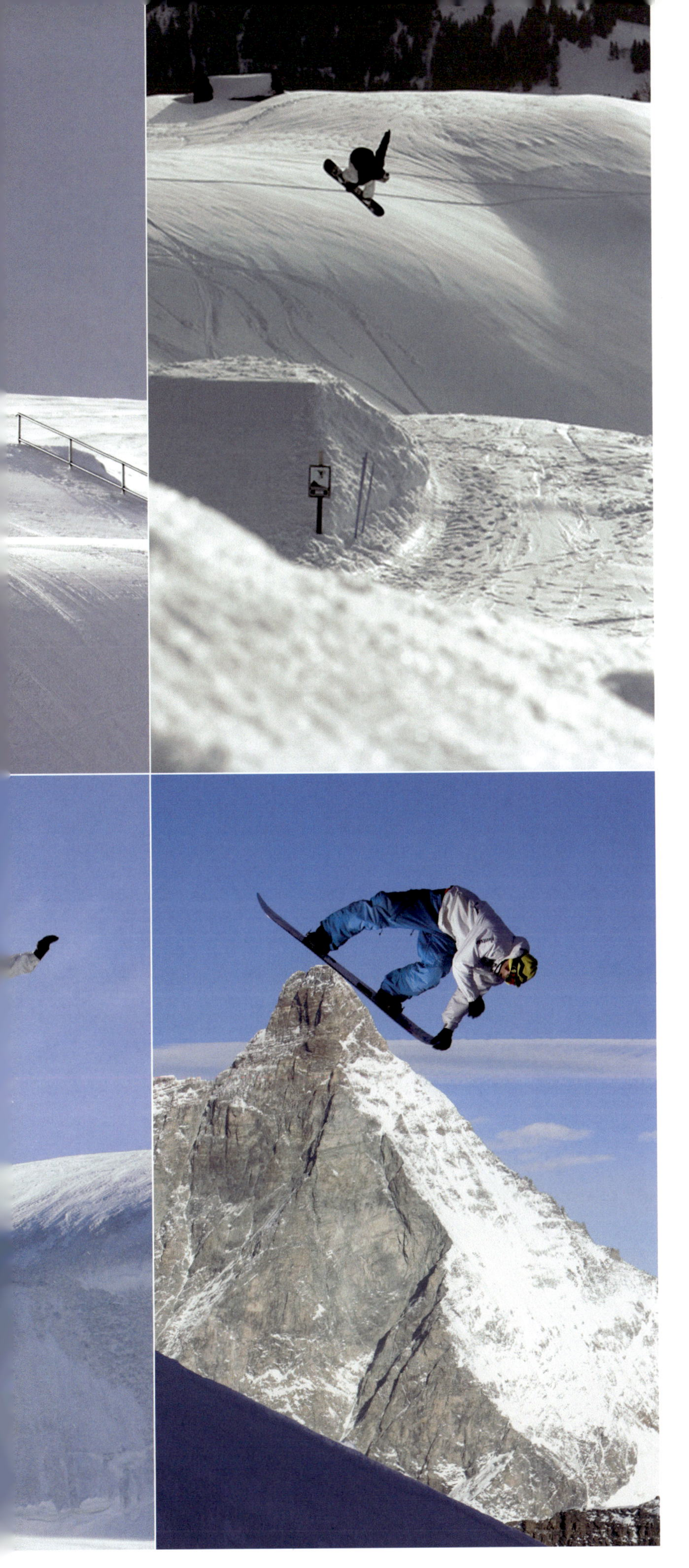

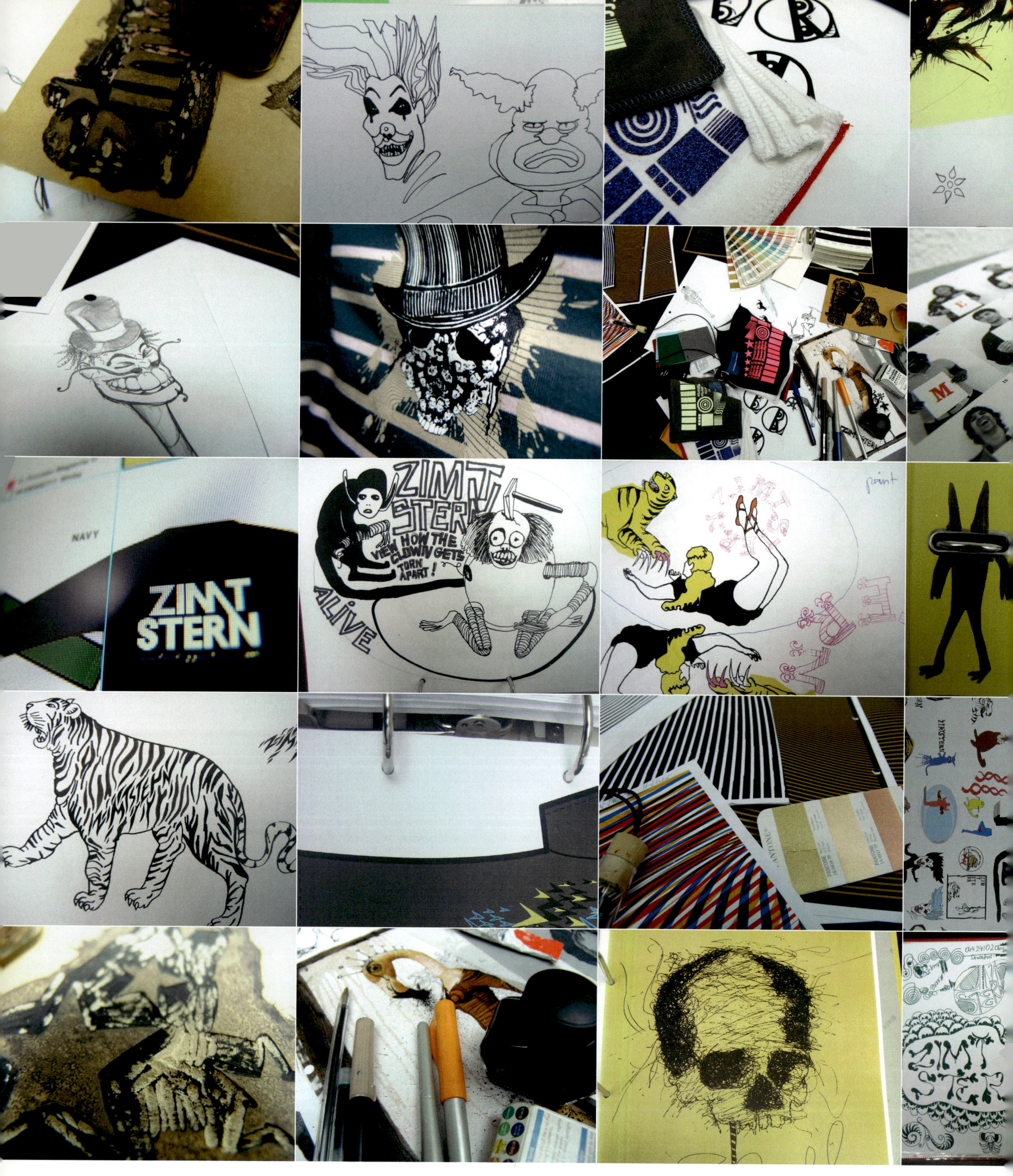

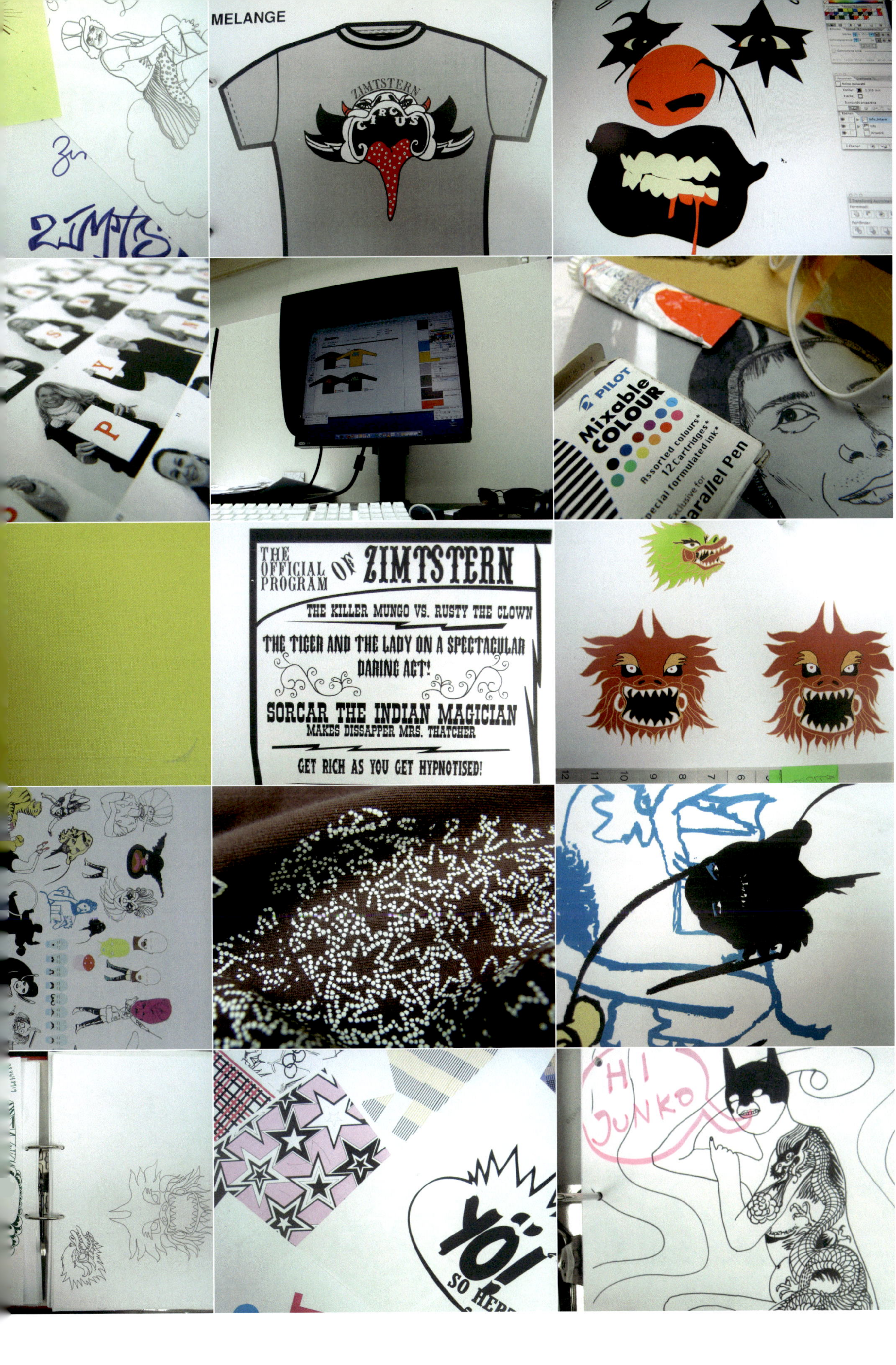
MELANGE
ZIMTSTERN CIRCUS
THE OFFICIAL PROGRAM OF ZIMTSTERN
THE KILLER MUNGO VS. RUSTY THE CLOWN
THE TIGER AND THE LADY ON A SPECTACULAR DARING ACT!
SORCAR THE INDIAN MAGICIAN
MAKES DISSAPPER MRS. THATCHER
GET RICH AS YOU GET HYPNOTISED!
PILOT
Mixable COLOUR
Assorted colours
12 Cartridges
Special formulated ink
Exclusive for
Parallel Pen
HI JUNKO
YO!
SO HERE

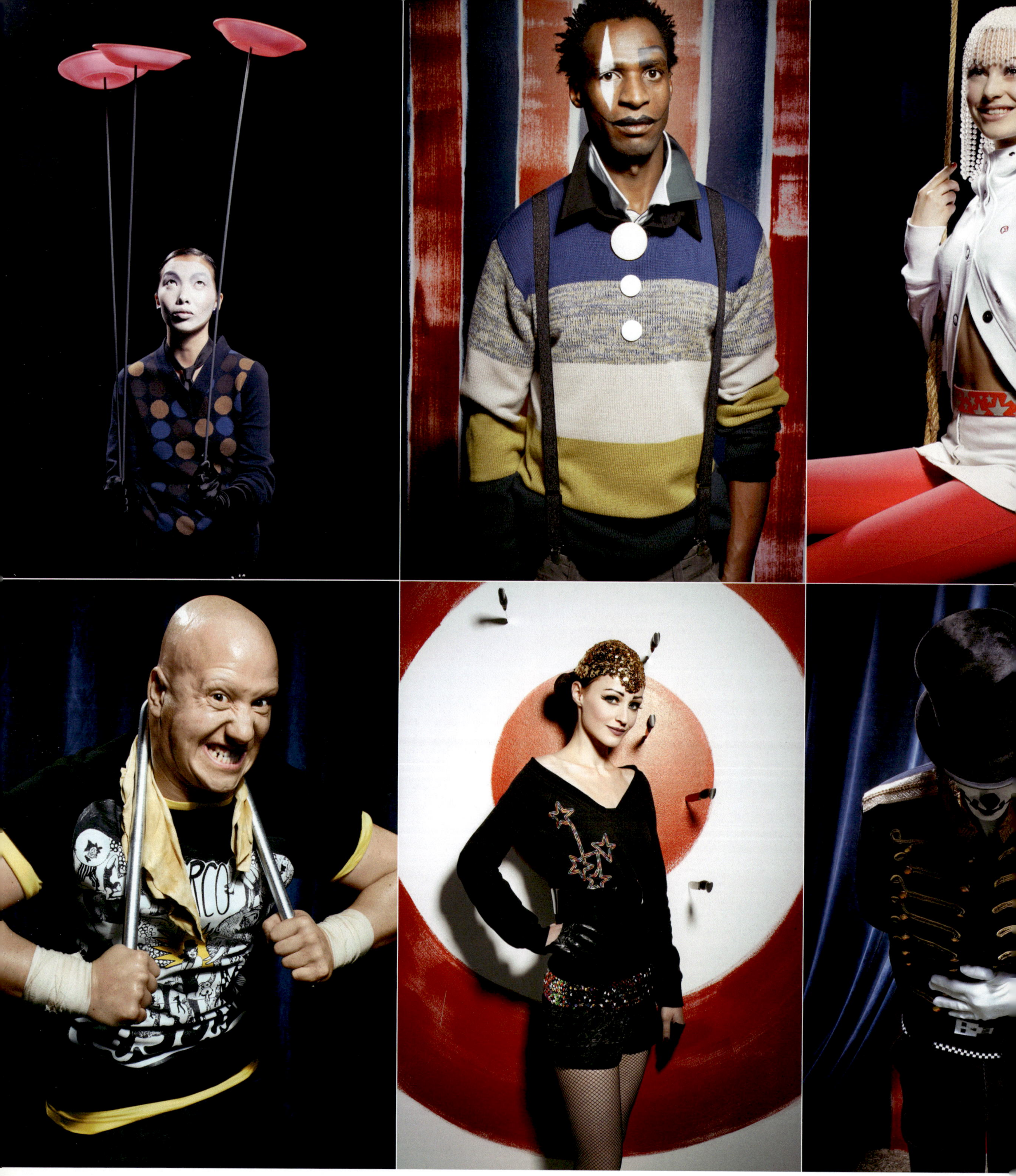

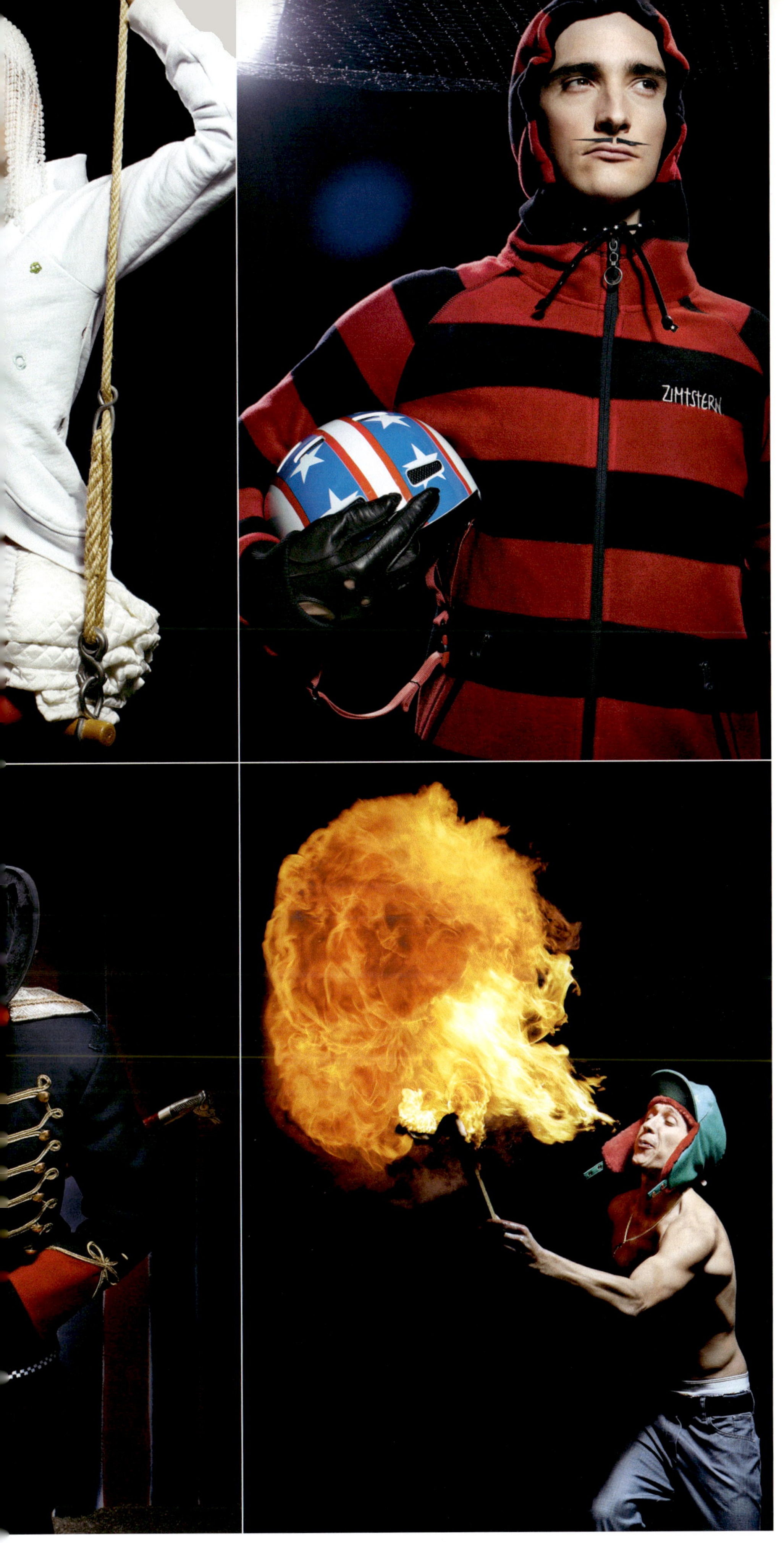
ZIMTSTERN

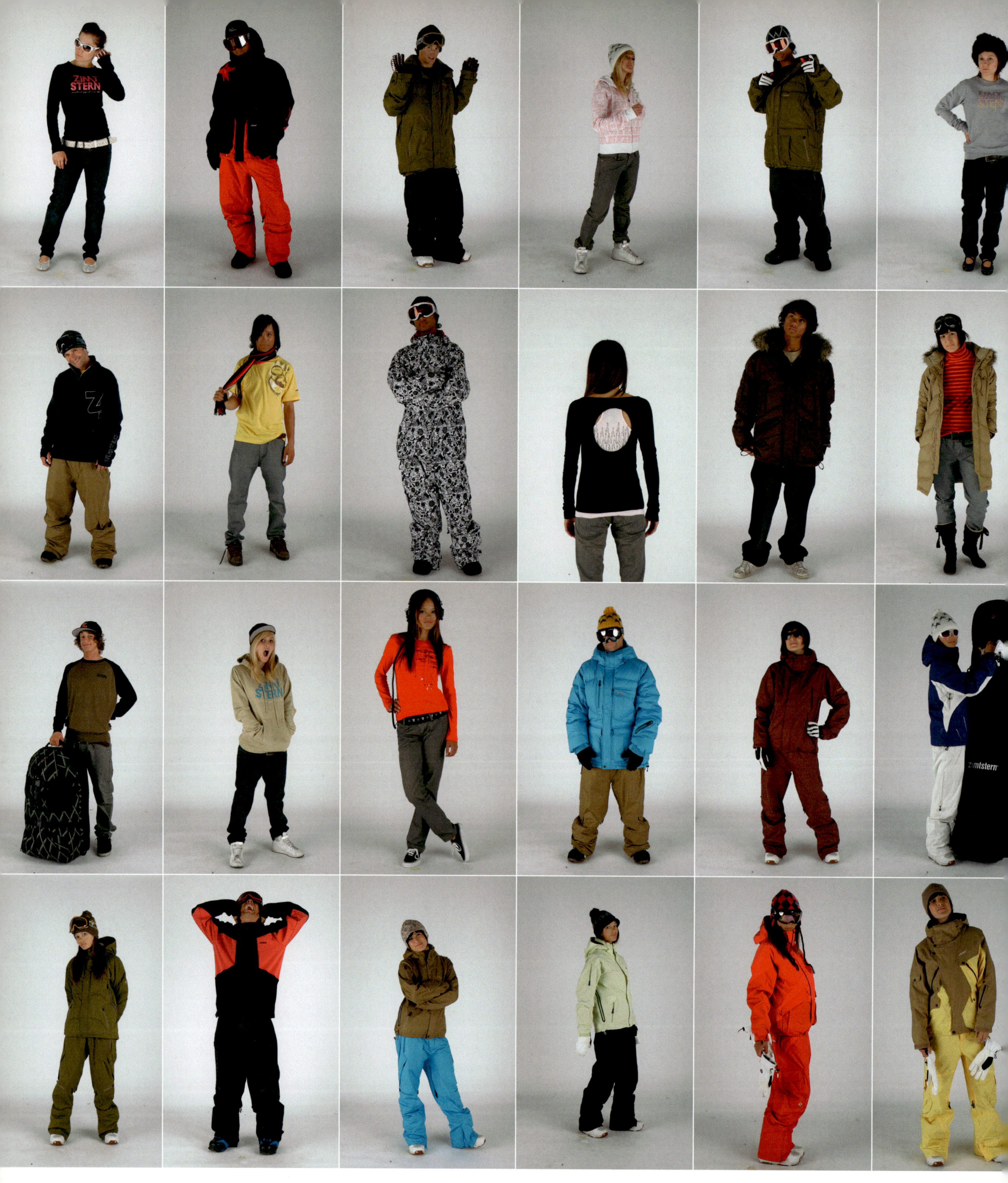

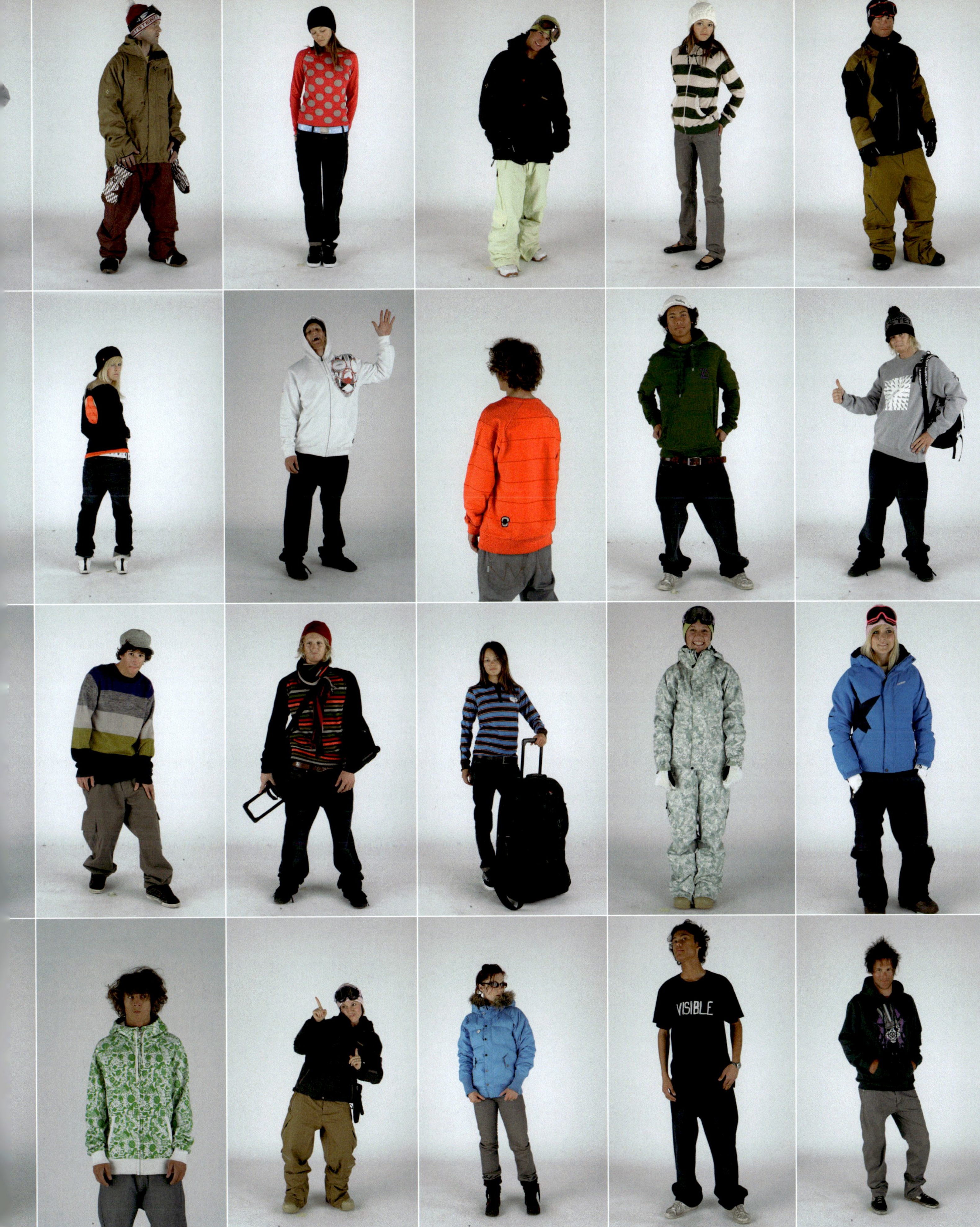

DAS PRINZI

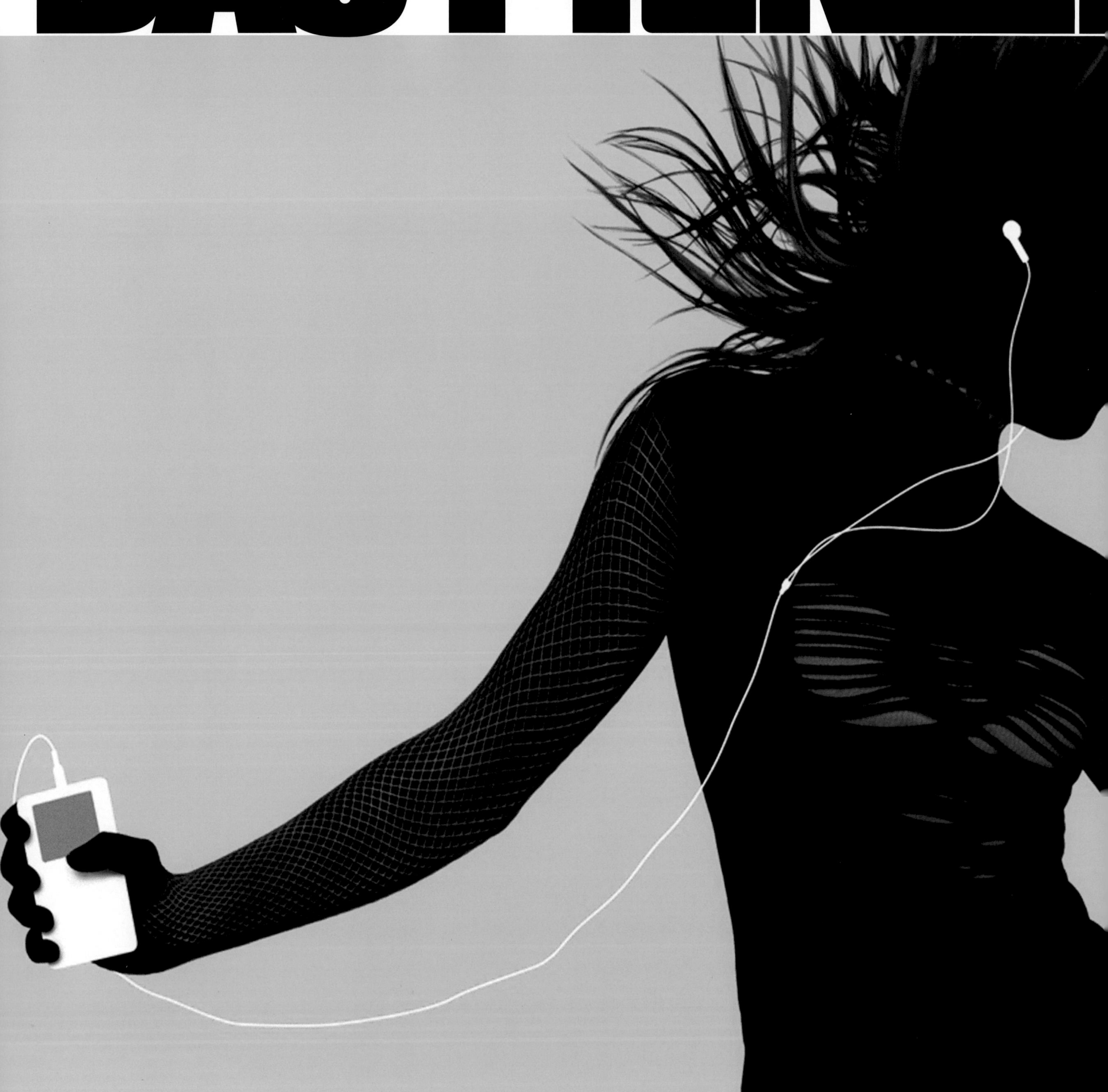

P iPOD

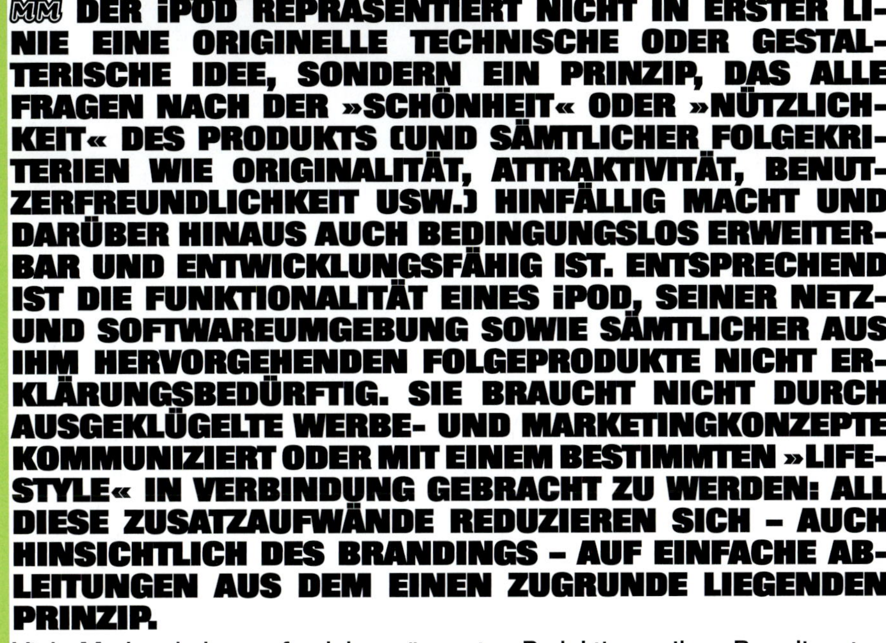

MM DER iPOD REPRÄSENTIERT NICHT IN ERSTER LINIE EINE ORIGINELLE TECHNISCHE ODER GESTALTERISCHE IDEE, SONDERN EIN PRINZIP, DAS ALLE FRAGEN NACH DER »SCHÖNHEIT« ODER »NÜTZLICHKEIT« DES PRODUKTS (UND SÄMTLICHER FOLGEKRITERIEN WIE ORIGINALITÄT, ATTRAKTIVITÄT, BENUTZERFREUNDLICHKEIT USW.) HINFÄLLIG MACHT UND DARÜBER HINAUS AUCH BEDINGUNGSLOS ERWEITERBAR UND ENTWICKLUNGSFÄHIG IST. ENTSPRECHEND IST DIE FUNKTIONALITÄT EINES iPOD, SEINER NETZ- UND SOFTWAREUMGEBUNG SOWIE SÄMTLICHER AUS IHM HERVORGEHENDEN FOLGEPRODUKTE NICHT ERKLÄRUNGSBEDÜRFTIG. SIE BRAUCHT NICHT DURCH AUSGEKLÜGELTE WERBE- UND MARKETINGKONZEPTE KOMMUNIZIERT ODER MIT EINEM BESTIMMTEN »LIFESTYLE« IN VERBINDUNG GEBRACHT ZU WERDEN: ALL DIESE ZUSATZAUFWÄNDE REDUZIEREN SICH – AUCH HINSICHTLICH DES BRANDINGS – AUF EINFACHE ABLEITUNGEN AUS DEM EINEN ZUGRUNDE LIEGENDEN PRINZIP.

Viele Marken haben auf solche prägnanten Reduktionen ihrer Brandingstrategien hingearbeitet, aber kaum eine ist damit bisher so weit gekommen wie Apple mit dem iPod. Der unbestrittene Marktleader unter den MP3-Playern, respektive seine Folgeprodukte bis hin zum iPhone, ist ein geradezu sprichwörtlich gewordenes Beispiel dafür, wie unkompliziert Komplexität sein kann und dass zugleich taugliche, ansehnliche und ökonomische Designlösungen für den Umgang mit wachsenden Komplexitäten durchaus realisierbar sind. Er steht idealtypisch für die Instrumentierung von Möglichkeiten, die bereits in der zentralen Ursache des generellen Komplexitätszuwachses angelegt sind, den wir heute zu bewältigen haben: in der fortschreitenden Expansion und Verdichtung von Technologien des Herstellens, Verarbeitens, Vermittelns und Transferierens von Information im umfassendsten Sinn. Es ist, als wäre bei der Entwicklung des iPod diese *prinzipielle Frage der Informationsgesellschaft* gestellt und beispielhaft in zeitgemässes Design übertragen worden: Was tun wir heute ganz selbstverständlich mit einer Informationsmenge, die zu gross oder zu komplex ist, um effizient damit arbeiten zu können? – Wir »komprimieren« sie.

Das Prinzip Kompression – etwas salopper und bildhafter könnte auch von einem »Suppenwürfelprinzip« die Rede sein – bestimmt den Brand iPod von der Produktentwicklung bis zur Markenkommunikation. Bei aller technologischen Cleverness, die das Gerät von Beginn weg ausgezeichnet hat, besteht der offensichtlichste Vorzug gegenüber sämtlichen Konkurrenzprodukten im Design; in der fraglosen, sinnlich-sinnfälligen *Ausdrücklichkeit der Funktionen*. Über die denkbar unkomplizierteste Form mit nicht mehr als zwei Bedienungselementen erschliesst sich unmittelbar und selbstverständlich die ganze Komplexität sämtlicher Nutzungsmöglichkeiten, die sich aufgrund der Verknüpfung einer mobilen Festplatte im Taschenformat mit dem Anspruch auf unbeschränkte Verfügbarkeit persönlicher Musik-, Bild- und anderer Daten aufdrängen. Diese *systemische Reduktion aufs Wesentliche* schlägt sich direkt im Erscheinungsbild des Brands nieder und lässt sich ohne kommunikationsstrategische Zusätze, dennoch aber höchst präzis über sämtliche Sprach- und Kulturgrenzen hinweg vermitteln.

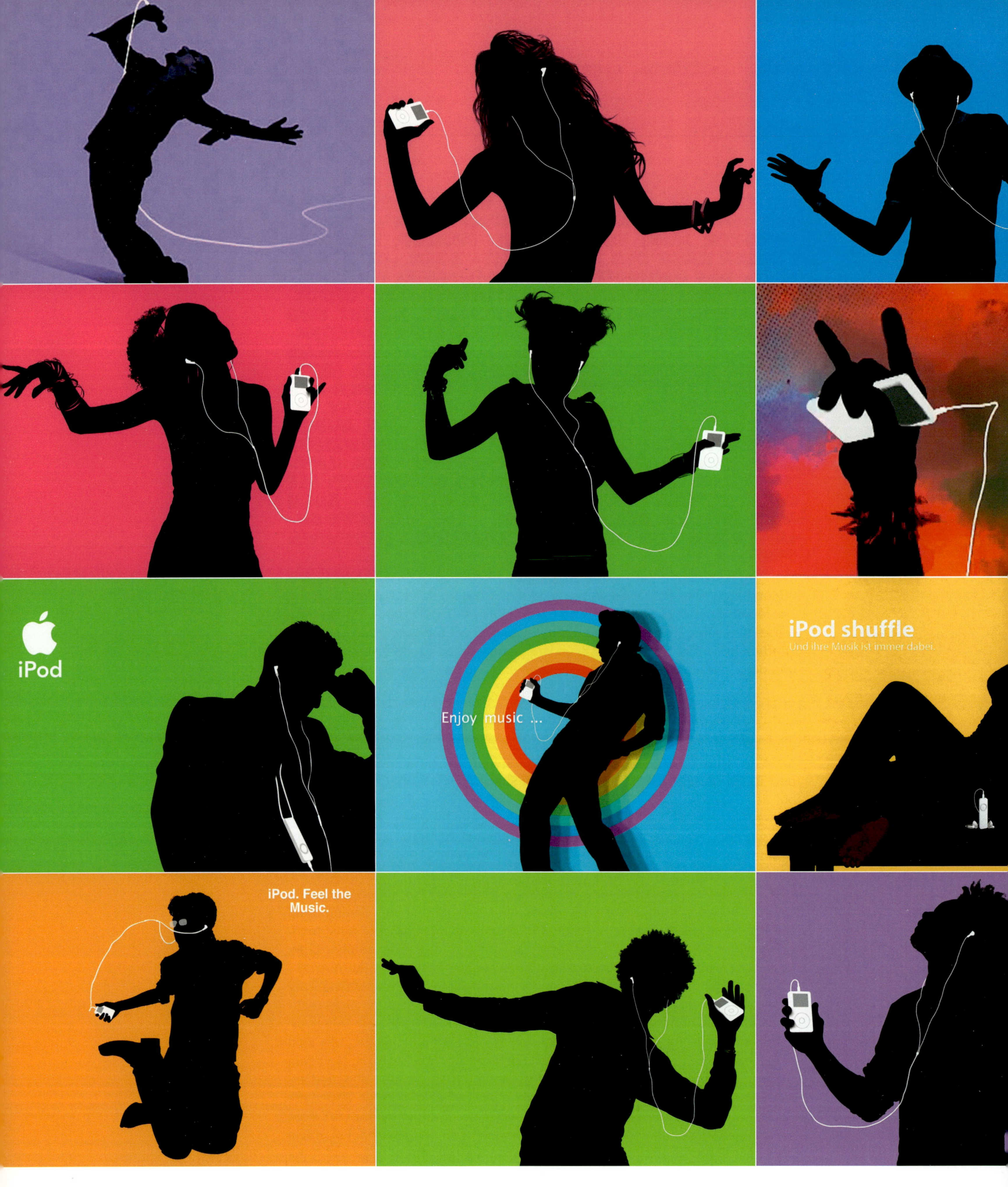
iPod
Enjoy music ...
iPod shuffle
Und Ihre Musik ist immer dabei.
iPod. Feel the Music.

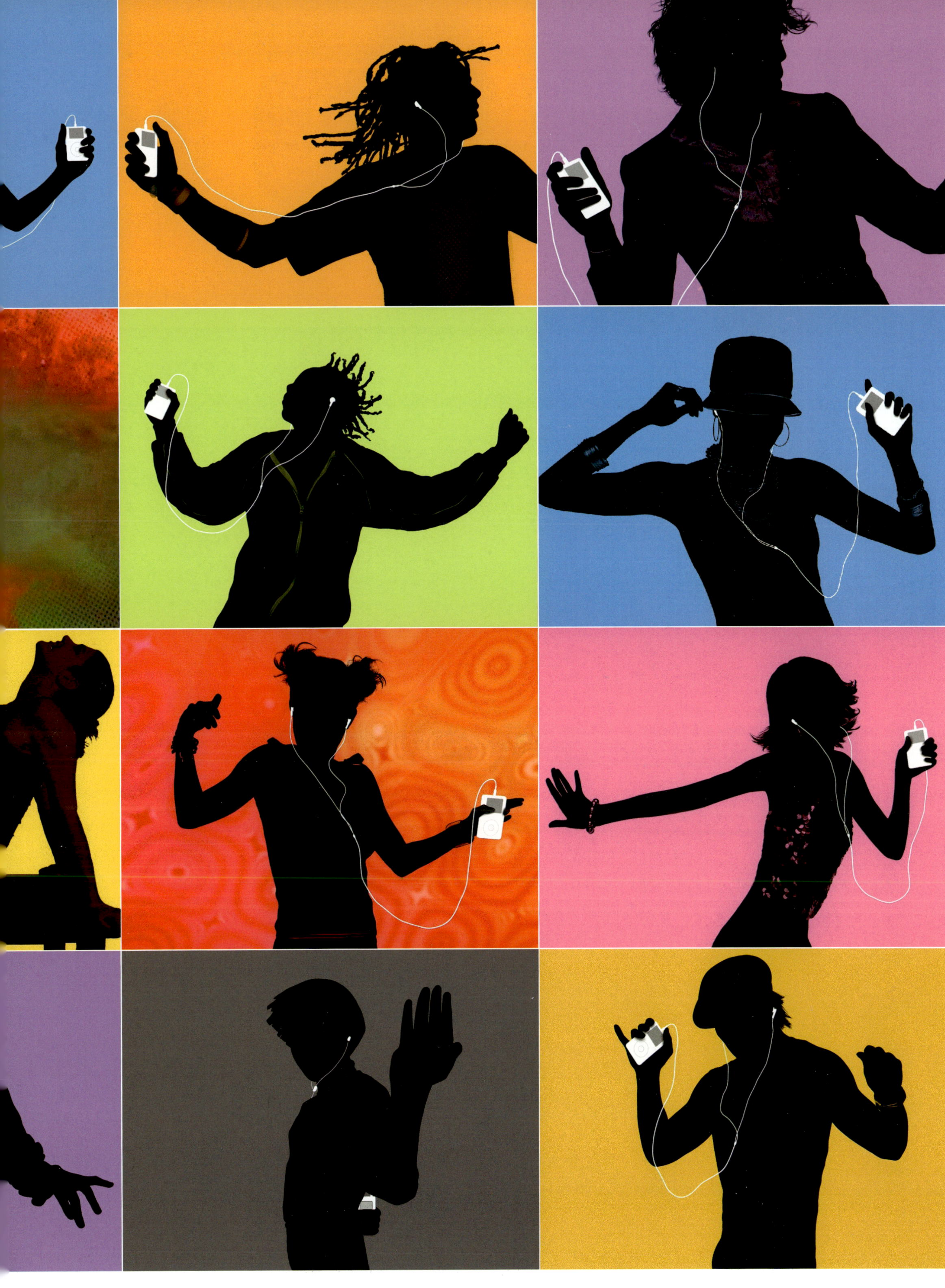

THE iPOD PR

RINCIPLE

MM THE iPOD, PRIMARILY, DOES NOT REPRESENT AN ORIGINAL TECHNICAL IDEA OR A NEW CONCEPT OF DESIGN, BUT, FIRST AND FOREMOST, A PRINCIPLE THAT RENDERS ALL QUESTIONS CONCERNING THE "BEAUTY" OR THE "USABILITY" OF THE PRODUCT (AND ALL SUBSEQUENT CRITERIA LIKE ORIGINALITY, ATTRACTIVITY, USER FRIENDLINESS ETC.) OBSOLETE, AND, FURTHERMORE, SEEMS ENDLESSLY EXTENDABLE AND DEVELOPABLE. ACCORDINGLY, THE FUNCTIONAL-ITY OF THE iPOD DOES NOT NEED ANY EXPLANATION, NEITHER WITH REGARD TO ITS INTERNET OR SOFT-WARE ENVIRONMENT NOR WITH REGARD TO THE WIDE RANGE OF DAUGHTER OR THIRD PARTY PRODUCTS. IT DOES NOT HAVE TO BE COMMUNICATED BY SOPHIS-TICATED ADVERTISING AND MARKETING CONCEPTS NOR ASSOCIATED WITH A CERTAIN "LIFESTYLE": ALL THESE ADDITIONAL EFFORTS, INCLUDING BRANDING, ARE MINIMISED, ARE REDUCED TO SIMPLE DEDUC-TIONS OF ONE BASIC PRINCIPLE.

A lot of brands have aimed at such concise reductions of their branding strategies, but none of them has come as far as Apple with the iPod. The uncontested market leader among MP3-players – and all its associated products, including the iPhone – has become an almost proverbial example of a product that's highly complex, yet easy to use, the design of which can, very well, provide apt, good-looking, and economic solutions for demands getting more and more complex. The MP3-player is an ideal example for the instrumentation of possibilities already geared toward the general growth in complexity which we have to deal with today: the increasing expansion and concentration of technologies of production, processing, communications, and transfer of information in the widest sense. One could look at it the following way: the development of the iPod asked all *the important questions of our information society* and transformed them – paradigmatically, brilliantly – into contemporary design: What are we, today, as a matter of course, to do with a quantity of information too large or too complex to deal with efficiently? – We "compress" it.

The *compressing principle* – one could, somewhat casually and picturesque, call it the "soup cube principle", too – determines the brand iPod, encompasses everything from the development of the product to brand communication. But, even considering all technological ingenuity characterising this gadget as a whole and from the beginning, the most obvious asset – compared to all competing products – is its design; the unquestionable, manifest-sensual *explicitness of the functions*. In the most simple shape imaginable, with the help of only two totally simple controls, one can, directly and easily, make use of the whole range of complex options of a pocket size mobile hard disk rendering all one's personal data (including music and pictures) available at any time. This *systematic reduction* to the basics manifests itself directly in the appearance of the brand, and can be communicated across all languages and cultural boundaries – with the utmost precision and without any "communication-strategic additives".

FAKED IDE

GLAUBWÜRDIGKEIT MARKIEREN

RENATE MENZI DAS »SO-TUN-ALSO-OB« IST EIN WESENTLICHER ZUG DES SPIELS, UNTER UM-STÄNDEN KANN ES ABER ALS RAUB VON GEISTIGEM EIGENTUM GEAHNDET WERDEN. GESETZ-LICHE REGELN ENTSCHEIDEN DARÜBER, WO DIE GRENZMARKIERUNGEN DAS SPIEL VOM ERNST TRENNEN. SICH MARKEN STILISTISCH ANZUNÄHERN, FIKTIVE PERSONEN UND LABELS ZU ER-FINDEN ODER EINZELNE MERKMALE VON PRODUKTEN ZU ÜBERNEHMEN IST BIS ZU EINEM GEWISSEN GRAD NOCH KEIN VERBRECHEN, DAS GETREUE KOPIEREN VON MARKENARTIKELN UND DEREN VERKAUF HINGEGEN SIND STRAFBAR. EINE MARKENRECHTLICHE FÄLSCHUNG LIEGT IMMER DANN VOR, WENN EIN PRODUKT DEN NAMEN ODER DAS LOGO EINER FIRMA TRÄGT, DIESE FIRMA JEDOCH DAS PRODUKT WEDER HERGESTELLT NOCH DIE VERWENDUNG DES LOGOS ZUGELASSEN HAT. WENN GRUNDSÄTZLICH ALS EIGENE LEISTUNG AUSGEGEBEN WIRD, WAS FREMDE URHEBER GESCHAFFEN HABEN, HÖRT DER SPASS AUF.

ECHTHEIT ABBILDEN

Im Internetauktionshaus ebay werden in nicht geringem Umfang markenrechtswidrige Repliken und Fälschungen angeboten. Da der Verkauf von Markenfälschungen nach den ebay-Bedingungen nicht erlaubt ist, hat der Käufer einen Anspruch auf Übergabe eines Mar-kenproduktes. Kann der Verkäufer diesen Anspruch nicht erfüllen, weil er das Markenprodukt gar nicht hat, kann der Käufer entweder auf Durchführung des Kaufvertrages, das heisst auf Lieferung des Markenproduktes klagen oder Schadenersatz geltend machen: Die-ser beträgt die Differenz zwischen dem gebotenen Kaufpreis und dem tatsächlichen Preis des Markenprodukts. Es ist gewissermassen der Mehrwert der Marke. ✪

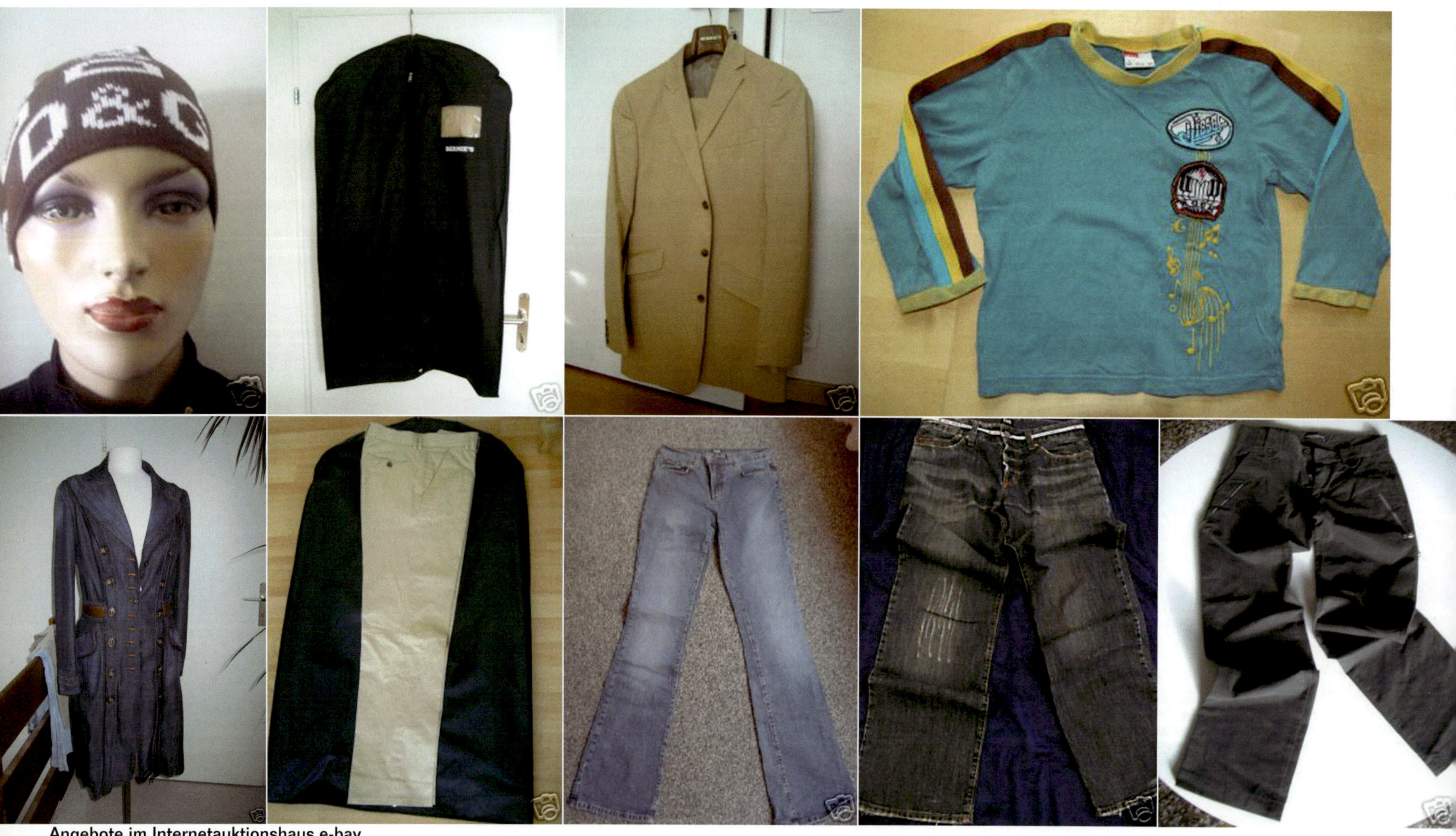

Angebote im Internetauktionshaus e-bay

Die fotografische Repräsentation von Markenartikeln für Verkaufsangebote im Internet hat eine eigene Bildsprache hervorgebracht. Die angebotenen Waren wirken in den meist laienhaft fotografierten Abbildungen nicht unmittelbar attraktiv. Von einer Inszenierung am menschlichen Körper und der damit verbundenen Erotisierung des Gegenstands oder anderen glamourösen Effekten wird abgesehen. Die Bilder gehorchen ausschliesslich der Funktion, die Echtheit des Abgebildeten zu beweisen. Oft wirken die aus der Werbung bekannten Produkte gar schäbig (besonders schwer haben es die Jeans im Used-look), wie sie hingeworfen auf den Teppichboden, schlaff an einem Bügel hängend oder von einem anonymen, angeschnittenen Arm ins Bild gehalten werden. Hier geht es nicht um Sex-Appeal, sondern um fotografische Evidenz. Die Waren werden auf ihre Zeichen der Echtheit hin drapiert. Auf dem Seziertisch liegend, offenbaren sie ihre Innereien. Labels mit Nummerncodes, Texturen und Logos in Nahaufnahme – differenzierte und differenzierende Details machen die Originalität des Angebots lesbar.

Die ästhetisch unbeholfenen Aufnahmen wecken das Begehren nicht unmittelbar. Es geht um den glaubwürdigen Anschluss an die Marke und die Versicherung einer Herkunft, die den Preis rechtfertigen muss. Je naiver die Darstellung, desto authentischer und glaubwürdiger wirkt das Angebot. Darum werden gerade solche Bilder gerne von Markenpiraten verwendet. Anstelle offizieller Aufnahmen aus der Werbung verwenden sie gerne Laienfotos, um ihre gefakete Massenware als private Anbieter zu verkaufen. Daneben gibt es natürlich auch Angebote, die deklarierte Kopien von Markenartikeln präsentieren und keinen Profit aus dem Mehrwert der Marke schlagen wollen. In diesem Zusammenhang fungiert das Bild aber nicht als Echtheitsbeweis, sondern zeigt lediglich das Produkt.

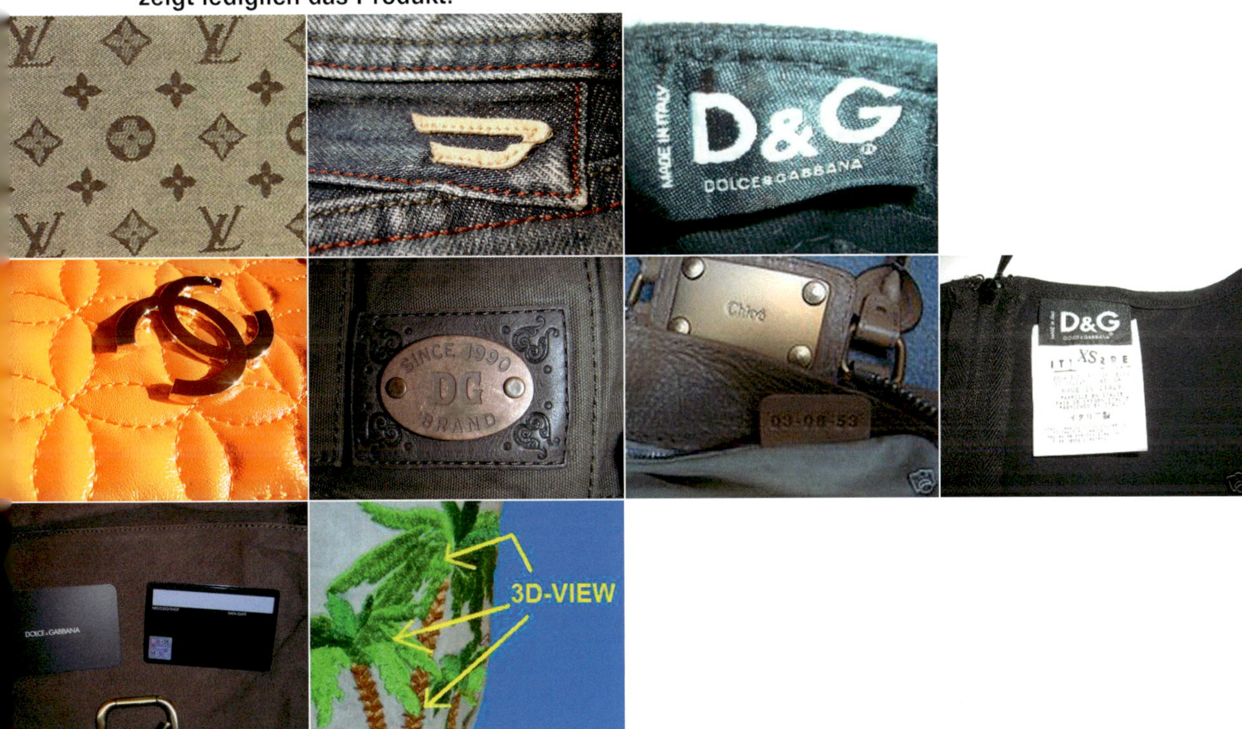

DIE LUST AM UNTERSCHIED

Die feine Ausdifferenzierung verlangt vom Käufer ein höchst spezialisiertes Wissen, das ständig aktualisiert werden muss, denn die Halbwertszeit glaubwürdiger Unterscheidungsmerkmale ist kurz und es wird deshalb empfohlen, auf mehrere Anzeichen an einem Gegenstand zu achten. Im kollegialen Tonfall informieren Ratgeberseiten über aktuell kursierende Fälschungen und neue Merkmale. Es wird empfohlen, neben dem Preis auf Charakteristiken unterschiedlicher Art (Materialeigenschaften, Schriftgrösse der Logos, Prägungstiefen, Nähte, Farbton, Reissverschlüsse etc.) zu achten, um Irrtümer auszuschliessen. Ein community-interner Diskurs, der offensichtlich Lust bereitet. ②

Aber auch die echten Marken produzieren innerhalb ihres Angebots feine Unterschiede und bieten variantenreiche Produktpaletten an. Damit fordern sie einerseits die Kopisten heraus und versorgen andererseits die User mit Stoff für das soziale Spiel der Distinktion. Es ist erstaunlich, welches Expertentum dieses Alphabet der Markenzeichen bei vielen Jugendlichen hervorgebracht hat. »Diese Tasche ist nicht echt, man sieht es am Leder und am Zeichen, die G's sind zu nahe beieinander.« (Strasseninterview, Zürich, 29. Dezember 2006)

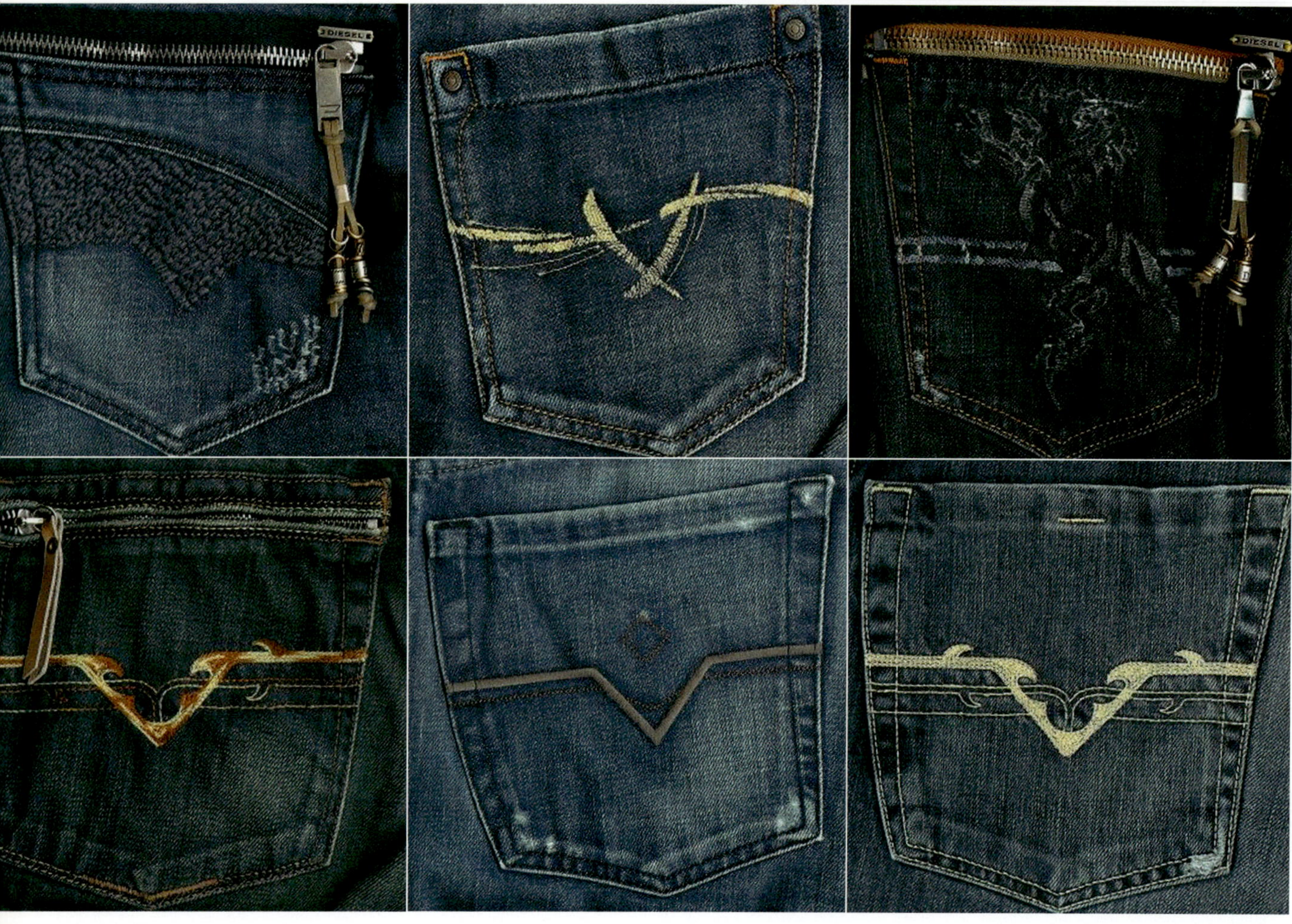

MAGIE DER MARKE

»Die Bedeutung eines Dings für eine Person ergibt sich aus der Art und Weise, in der andere Personen ihr gegenüber in Bezug auf dieses Ding handeln.« ⑤ Eine gute Fälschung ist nur von Kennern und aus der Nähe vom Original zu unterscheiden. Materialien und Verarbeitung sind oft von gleichwertiger Qualität. Wer also trotzdem ein Vielfaches für eine Chloé-Paddington-Tasche bezahlen möchte, bestätigt einen immateriellen Tauschwert. Wenn die minimalen Unterschiede in Design, Material oder der Verarbeitung den enormen Preisunterschied nicht mehr rechtfertigen, schleicht sich der Waren-Fetisch ein. Überträgt sich durch die originale Herkunft des massenproduzierten Gegenstands etwas vom Image, von der Aura des Brands auf seine Besitzerin? – Das Produkt wird ja möglicherweise im selben Sweatshop von denselben unterbezahlten Arbeitern gefertigt wie seine Kopie. Wie und wem kann sich die Echtheit überhaupt visuell vermitteln? –

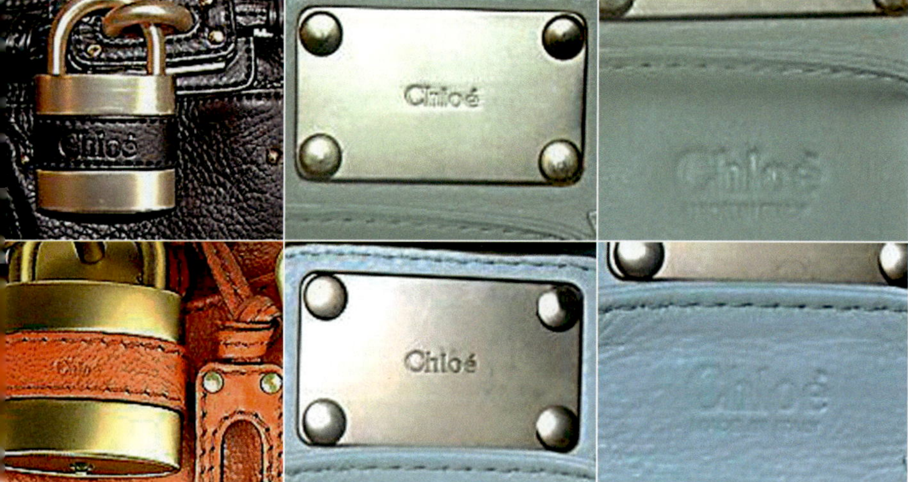

Schrift zu gross, Prägung zu tief, Oberfläche zu glänzend. Oft sind Fälschungen Übertreibungen: oben die Fälschung, unten das Original.

Marken funktionieren wie eine Währung, ein Tauschmittel, das selbst einen eigenen Wert annehmen kann. Es entscheidet dann nicht mehr der Preis, sondern das Image einer Marke über den Wert eines Produkts. Das System der Marken weist dabei eine Hierarchie auf, die dem Preisgefüge beim Geld sehr ähnlich ist. Sie drückt sich nicht in Preisen, sondern in Einstufungen zwischen hoch- und minderwertig aus. Marken als symbolische Kapitalformen stellen soziale und kulturelle Ressourcen dar, die zur gesellschaftlichen Verortung genutzt werden. Fakes unterlaufen diese Ordnung aber nur, wenn sie verwechselbar echt aussehen und glaubwürdig inszeniert werden. »Fakes erkennt man an der Qualität, die Farben stimmen oft nicht. Oder wenn du weisst, der macht eine Maler- oder Maurerlehre, dann können die Marken nicht echt sein.« (Leitfadeninterview, Zürich, 18. November 2006)

Im gesellschaftlichen Schichtenmodell sind es gerade die aufstrebenden Klassen, die Wert auf die Echtheit eines Markenprodukts legen. Durch demonstrativen Konsum 4 wird gezeigt, was man sich leisten kann, und damit der soziale Status definiert. Neben diesen kommunikativen Funktionen wirkt der Konsum aber auch gegen innen. Das Wissen, ein echtes Markenprodukt auf sich zu tragen, scheint eine magische Wirkung zu haben, die sich von der Marke über das Produkt auf die Konsumentin überträgt. Der Mehrwert der Marke wird zum Massstab des Selbstwerts. »Teure Kleider sind wie Sammlerstücke, ich habe Freude daran. Wenn einem etwas weh tut beim Kauf, weil es so teuer ist, wird es für einen selbst auch wertvoller, man weiss es dann. [...] Es gibt mir Sicherheit.« (Leitfadeninterview, Zürich 22. November 2006) Der immaterielle Wert der Marke wird körperlich spürbar, wenn er für die Konsumentin einen grossen Aufwand bedeutet.

Wer also hart für sein Einkommen arbeiten muss, dem wird vielleicht etwas schwindlig im Moment, in dem der Verkäufer den vierstelligen Betrag abbucht, das kostbare Stück in Seidenpapier einwickelt, in eine glänzende Papiertüte schiebt und lächelnd über den Ladentisch reicht: Es ist irrational und berauschend, den Ertrag vieler Arbeitsstunden in einem Moment zu vernichten. Wenn sich das Statussymbol als Symptom wirtschaftlichen Erfolgs wie eine sich selbst erfüllende Prophezeiung auswirkt, hat sich der Kauf gelohnt.

Als Talisman hilft es jenen, die auf sich selbst setzen. Im demonstrativen Konsum zeigen sie nicht nur, dass sie über wirtschaftliches Kapital verfügen. Gerade wenn sie es sich nicht leisten können, beweisen sie auch ihr Selbstvertrauen und ihren wirtschaftlichen Optimismus. Um diese Selbstsicherheit mit einer Fälschung zu erlangen, ist Aufgeklärtheit und schauspielerisches Talent nötig. Denn wenn schon hochgestapelt werden soll, dann geht das leichter mit echten Symbolen.

In der Logik des »Statusverbrauchsethos« hat der Erwerb von Luxusgütern aber durchaus einen Zweck. Es gibt eine neue Notwendigkeit, für sich selbst nicht nur festlegen zu können, sondern auch zu müssen, welche Verbrauchsstandards jeweils gepflegt werden und als legitim gelten sollen. 5 Darum darf der junge Banker keine falsche Rolex tragen, obwohl sie an ihm zweifellos echt aussehen würde. »Nicht alle können sich echte Markenprodukte leisten. Darum ist es gut, dass es Fälschungen gibt.« (Strasseninterview, Zürich, 29. Dezember 2006) Wer es sich also leisten kann, darf keine Fakes tragen; und wer es sich nicht leisten kann, hat die Wahl, sich zu verschulden oder Fakes zu tragen. »Ich trage im Ausgang gerne Gucci, Dolce&Gabbana, aber ich kann mir das gar nicht leisten. Der Kollege bringt mir Fälschungen aus Kroatien mit.« (Strasseninterview, Zürich, 11. Dezember 2006)

FIKTIVE PRODUKTE

Es gibt aber auch gefälschte Markenprodukte, die legal sind, weil sie ohne Original auskommen. Hier verlässt das »So-tun-als-ob« die Grenzen des Spiels nicht, weil es sich ausschliesslich auf die medial vermittelte Realität beschränkt. Die Designfirma Schein Berlin 6 entwirft fiktive Konsumgüter für Spielfilme und TV-Serien. »Die Sender haben ein grosses Interesse daran, keine realen Produkte zu zeigen. Nicht nur, um dem Vorwurf der Schleichwerbung vorzubeugen. Ihr Hauptinteresse ist es ja, die Werbeblöcke in den Pausen zu verkaufen. Und welche Brauerei würde schon gern für ihre Spots bezahlen, wenn in der Serie kostenlos das Bier der Konkurrenz fliesst?« (Jan Hülpüsch, Grafiker bei Schein Berlin)

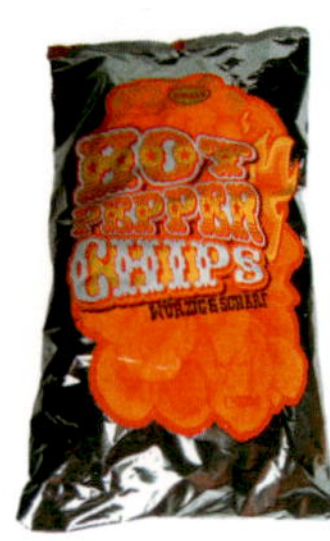
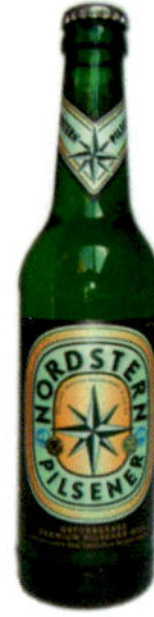
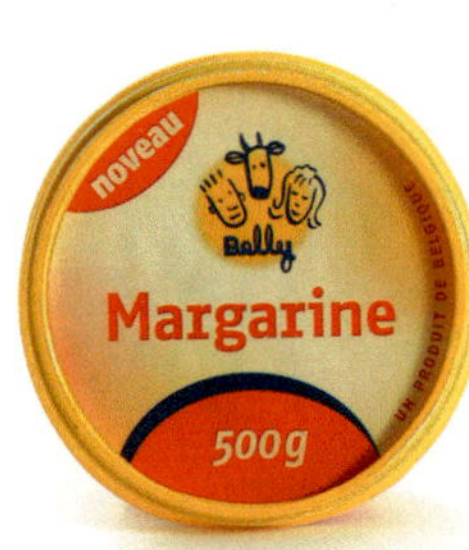
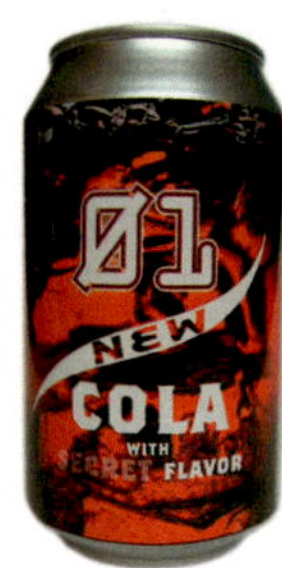
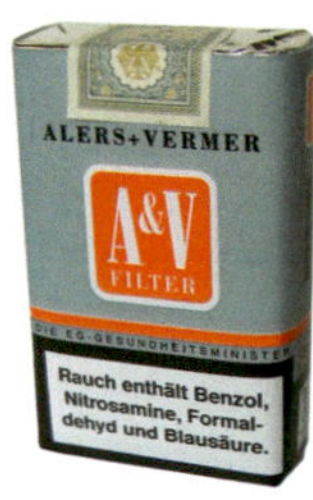

FIKTIVE PERSONEN

Rolex und Viagra sind die meistgebrauchten Begriffe in Spams. Im Internet tummeln sich neben gefaketen Produkten auch fiktive Persönlichkeiten, die sich als reale ausgeben. Nicht jede Person, die im Internet unter falschem Namen oder unter falschen persönlichen Angaben auftritt, gilt jedoch als »Faker«, sind doch in der Kultur des Internets fiktive Identitäten üblich und legitim, um beispielsweise Spams und andere Missbräuche zu vermeiden. Sie können auch helfen, in Internet-Communities freier und ungehemmter aufzutreten oder spielerisch verschiedene soziale Rollen auszuprobieren.

Über Monate war lonelygirl15 ein Darling der YouTube-Nutzer und der Medien. Im Frühling 2006 bildeten sich erste Foren, in denen über Bree (so ihr Name im richtigen Leben) diskutiert wurde. Aus ihrer Stamm-Zuschauerschaft entstand der Kern einer kleinen Fanbewegung. Auf dem Höhepunkt des Hypes wurde lonelygirl15 zur meistgesehenen Person bei YouTube. »Broadcast yourself« lautet das Motto von YouTube, und vieles in dieser Welt des selbstgemachten Fernsehens oszilliert zwischen Künstlichkeit und Authentizität. »Dass lonelygirls-Videos viel zu professionell produziert schienen, machte einen Teil der Faszination aus: All die Andeutungen und die Stringenz eines langsamen Story-Aufbaus empfanden Teile der Community als ganz besonders cool. Wo würde das hinführen? Andere hielten dagegen: Für sie hatte sich Bree längst zum Idol entwickelt. Bree musste wahr sein. [...] Die meisten aber spielten selbstironisch mit.« Ⅶ Als herauskam, dass lonelygirl15 bereits vor der Veröffentlichung des ersten Clips auf YouTube als Markenzeichen registriert worden war, platzte der Fake. Eine Geschichte, die der Science-fiction-Autor William Gibson in seinem Roman *Pattern Recognition* bereits 2005 vorweggenommen hat.

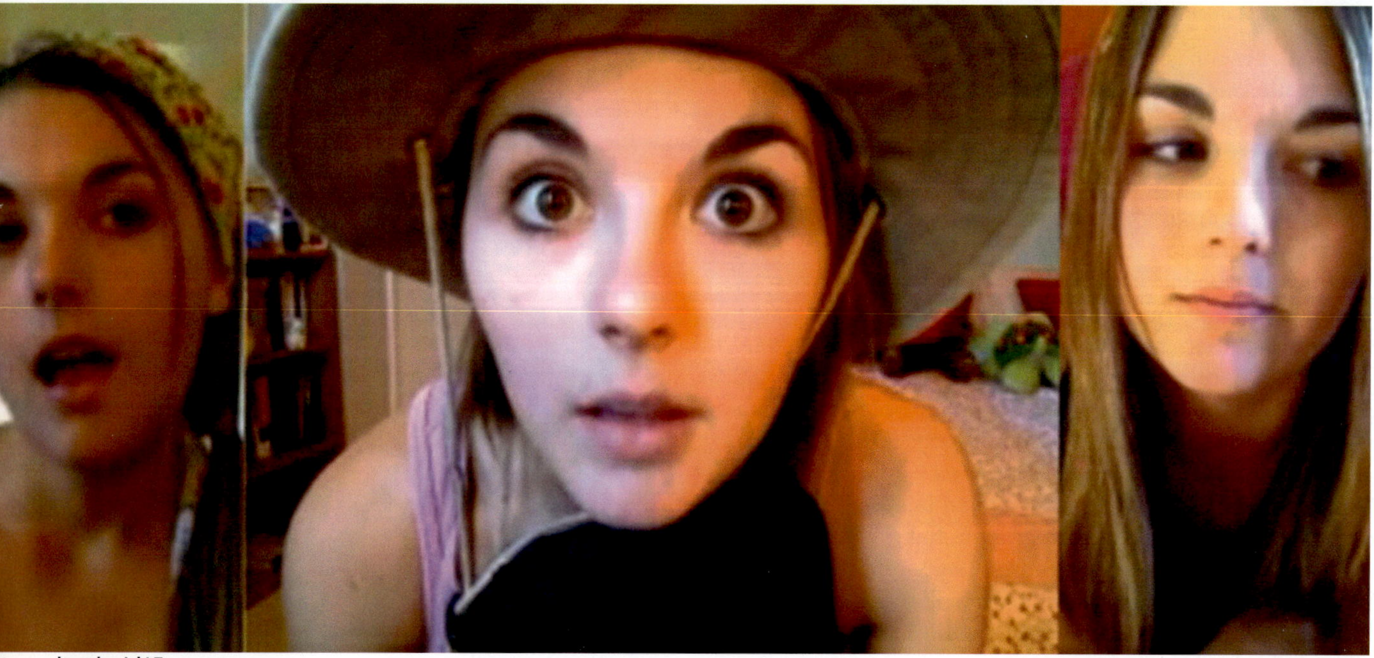

lonelygirl15

RANDFIGUREN

Der Erfolg einer Marke beruht laut Marketing-Fachliteratur auf ihrer einzigartigen Identität. Einerseits werden bei der Marke physisch-funktionale Nutzenkomponenten, andererseits verschiedenartige Zeichen als symbolische Nutzenkomponenten gebündelt. Diese führen beim Nachfrager zu einem Mehrwert, der für Unternehmen über Preis- und Mengenprämien kapitalisierbar ist. Ⓢ Warum nicht nur einige dieser symbolischen Nutzenkomponenten aufgreifen und davon profitieren? – Die unten gezeigten Produkte werden in China,

Taiwan oder Polen angeboten. Anders als beim Adbusting formulieren sie keine Kritik an bestehenden Marken, sondern bieten einen billigeren Ersatz. In der Hoffnung, dass etwas vom Glanz der globalen Brands auf sie abstrahle. ⑨

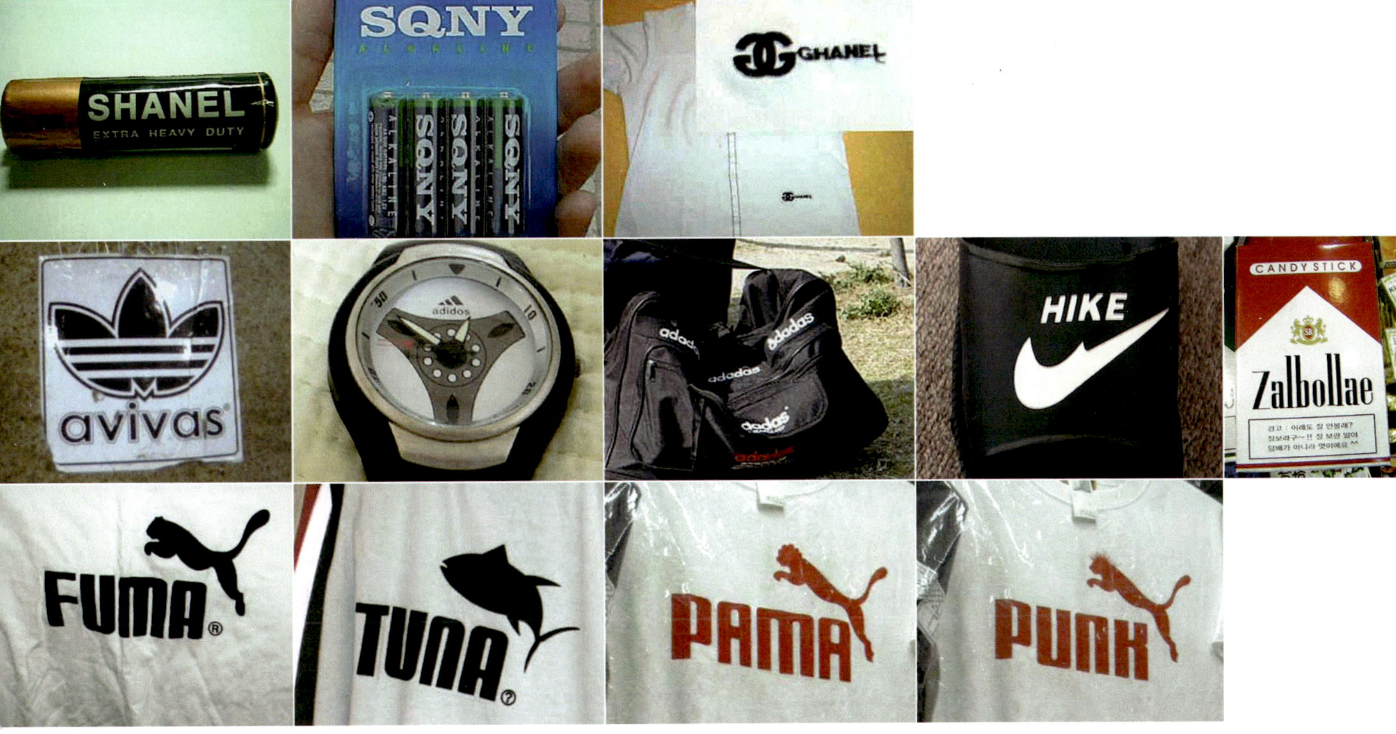

① http://www.internetrecht-rostock.de/
② http://testberichte.ebay.de/Chloe-Paddington-Faelschungen-Handtaschen
③ H. Blumer; Der methodologische Standort des symbolischen Interaktionismus. In: Arbeitsgruppe Bielefelder Soziologen (Hg.); Alltagswissen, Interaktion und gesellschaftliche Wirklichkeit. 5. Auflage, Opladen: Westdeutscher Verlag 1981, S. 80–146
④ Geltungskonsum gilt in der Soziologie seit Thorstein Veblens »Theorie der feinen Leute« (1899) als Bezeichnung für auffälliges, auf öffentliche Wirksamkeit zielendes güterverbrauchendes Handeln.
⑤ Dazu: N. Elias; Die höfische Gesellschaft, Frankfurt a.M. 1989. M. Wildt; Die Kunst der Wahl, Frankfurt a.M. 1997. J. Baudrillard; The Consumer Society, London 1989.
⑥ www.schein-berlin.de
⑦ F. Patalong; Nur falsch ist wirklich echt. In: Der Spiegel, 11.09.06.
⑧ C. Burmann, L. Blinda & A. Nitschke; Konzeptionelle Grundlagen des identitätsbasierten Markenmanagements. In: C. Burmann (Hg.); Arbeitspapier Nr. 1 des Lehrstuhls für innovatives Markenmanagement (I iM) der Universität Bremen – Fachbereich Wirtschaftswissenschaften, Bremen 2003.
⑨ http://www.marax.at/funpix/marken_fake.html

FAKED IDE

TO MARK CREDIBILITY

RENATE MENZI "PRETENDING" IS AN ESSENTIAL PART OF THE GAME, UNDER CERTAIN CONDITIONS, HOWEVER, IT CAN BE SANCTIONED AS THEFT OF INTELLECTUAL PROPERTY. RULES OF LAW DETERMINE THE LINES SEPARATING THE GAME FROM SERIOUS BUSINESS. TO IMITATE THE STYLING OF BRANDS, TO INVENT FICTITIOUS PERSONS AND LABELS, OR TO BORROW SINGLE FEATURES OF PRODUCTS, IN ITSELF, TO A CERTAIN EXTENT, IS NOT CONSIDERED A CRIME, THE EXACT COPYING OF BRAND PRODUCTS AND THEIR SELLING, ON THE OTHER HAND, WILL ENTAIL PROSECUTION. WE TALK ABOUT FAKING, THE VIOLATION OF A TRADEMARK, IF A PRODUCT CARRIES THE NAME OR LOGO OF A COMPANY THAT NEITHER MANUFACTURED THE PRODUCT NOR GAVE ITS PERMISSION TO USE THE LOGO. MATTERS GET SERIOUS IF SOMEBODY DECLARES SOMETHING CREATED BY OTHER AUTHORS HIS OWN ACHIEVEMENT.

TO DEPICT GENUINENESS

ebay, the internet auction house, offers a wide variety of illegal replicas and fakes. Since, according to ebay conditions, brand spoofing is not allowed, the buyer is entitled to the delivery of a brand product. If the seller cannot satisfy this claim, cannot deliver because he does not have the brand product, the buyer can sue him for breach of contract, and demand the delivery of the brand product, or seek redress payment: the difference between the offered selling price and the actual price of the brand product. This difference shows the value added by the brand. ▮

The photographic representation of brand articles for sale on the internet has generated its own imagery. The commodities, mostly offered in pictures apparently taken by amateur photographers, do not seem very attractive. The pictures do not stage the human body

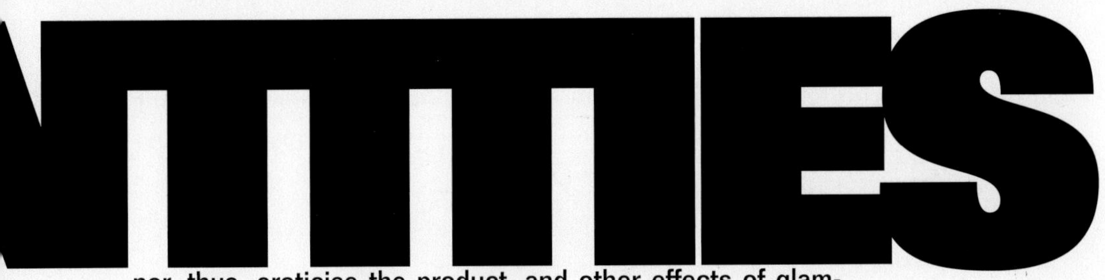

nor, thus, eroticise the product, and other effects of glamour are avoided, too. The pictures have one aim: to prove the genuineness of the commodity shown. Often, products well known from advertisements seem shabby (in particular, e.g., used-look jeans), spread out on the carpeted floor, or dangling from a hanger, or held straight into the picture by an anonymous hand truncated from the arm. There's no sex appeal intended, the aim is photographic evidence. The commodities are arranged to emphasise their signs of authenticity. When dissected, they show their innards. Labels with code numbers, textures and logos in close-ups – differentiated and differentiating details make the originality of the offer recognisable.

The aesthetically inept pictures do not create immediate desire. They aim at credibly proving the origin, the connection with the brand, in order to justify the price. The cruder the representation, the more credible the offer seems. That's why this sort of pictures often is used by brand pirates. They use amateur photographs, not pictures from the official advertis-

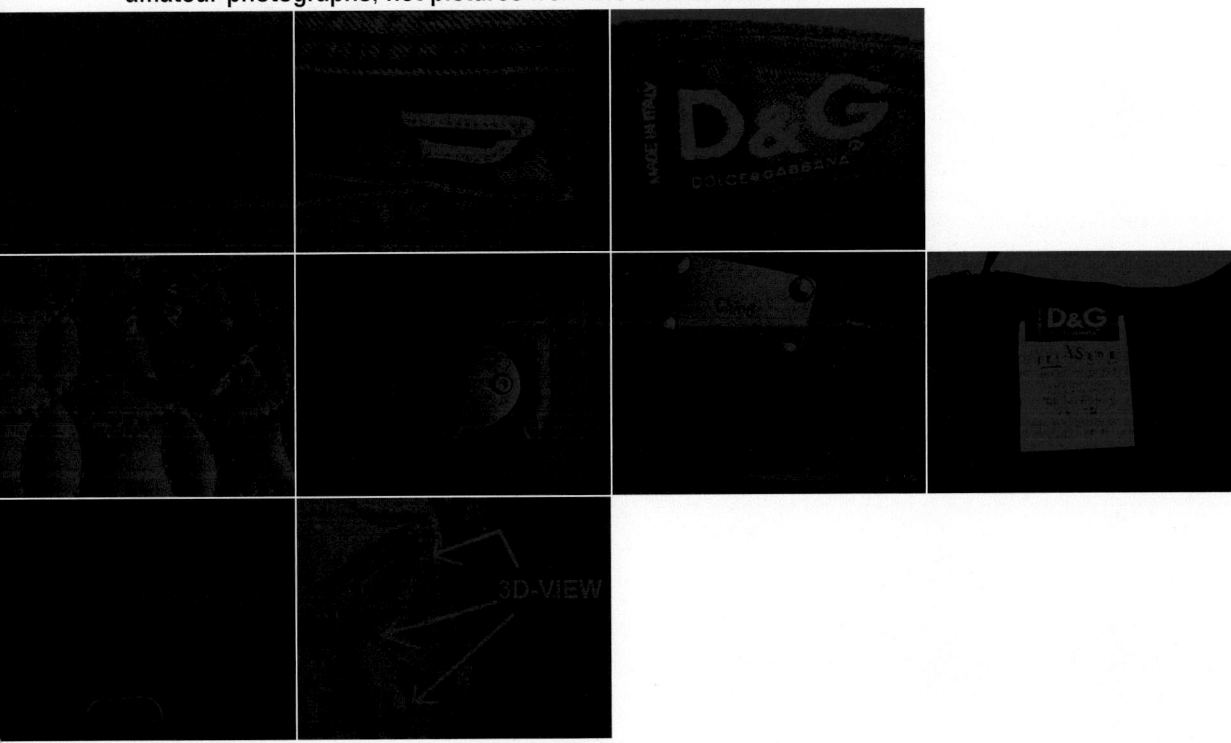

ing campaign, to sell their faked mass products as private suppliers. Besides, there are, of course, offers of declared copies of brand products not trying to make a profit of the value added by the brand. In this connection, the picture does not serve as proof of genuineness, but only shows the product.

THE PLEASURE OF DIFFERENTIATION

A detailed differentiation demands highly specialised knowledge always kept up to date by the consumer, since the half-life of the distinguishing features is very short. Thus, it is recommended to examine various details of a product closely. There are guidelines jovially informing prospective buyers about fakes currently in circulation, and about new features. It is recommended to pay attention to characteristics concerning the material, the type size of the logos, the depths of the embossments, seams, nuances in colour, zips, etc. in order to prevent errors. A discourse within the community that seems to make fun. **②**

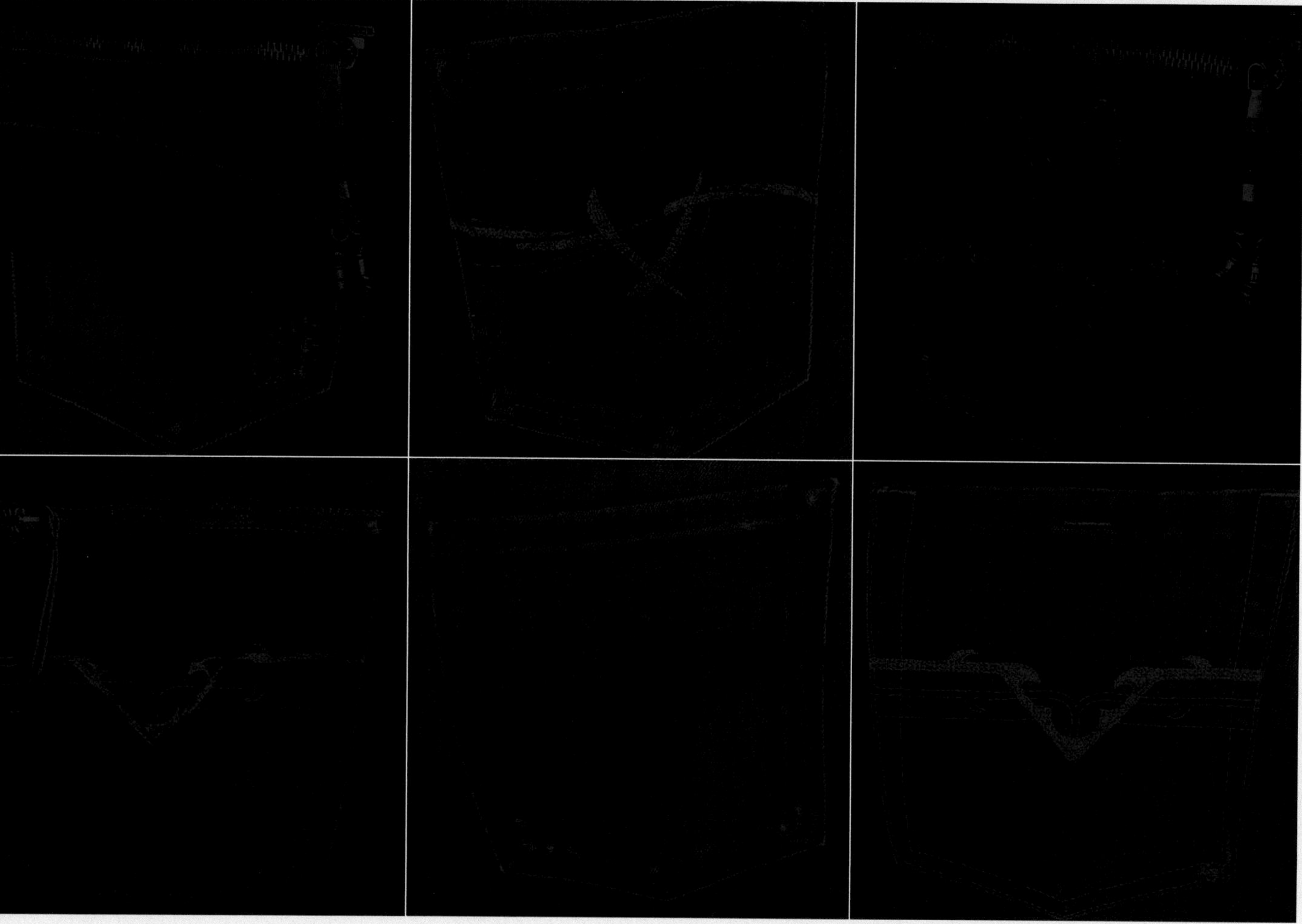

THE MAGIC OF THE BRAND

"The importance somebody attaches to some object is deduced from the way other persons act with regard to that object."**③** A good fake can only be recognised by insiders, and when directly being confronted with the original. Materials and handicraft very often are of similar quality. Whoever is willing to pay a distinctly higher price for a Chloé-Paddington bag confirms an immaterial exchange value. Wherever the minimal differences in design, material, or processing do not justify the enormous difference in price, the old "commodity-fetish" sneaks in through the back door again. Is something of the image of the, in any case, mass produced commodity, is the aura of the original brand conferred to the owner? – The product might, perhaps, have been manufactured in the same sweatshop by the same under-paid workers like the copy. How and to whom can genuineness be visually communicated? –

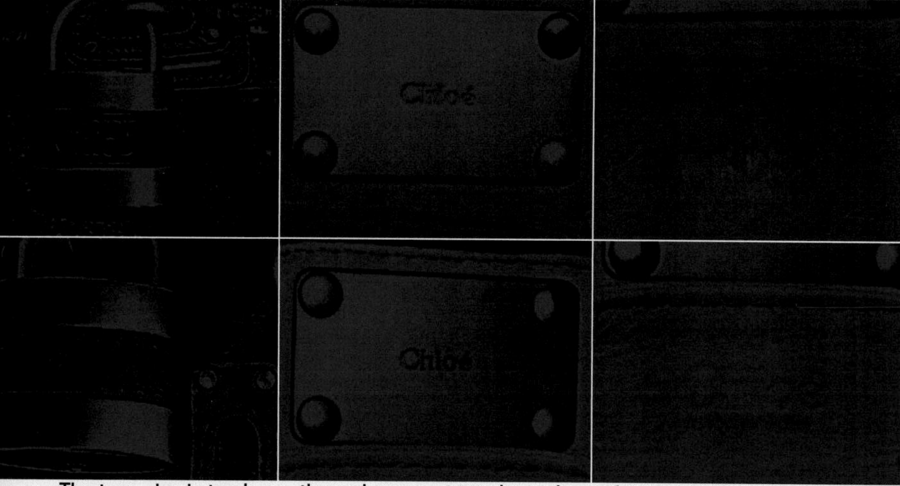

The type size is too large, the embossment too deep, the surface too brilliant. Very often, fakes are exaggerations: above, the fake; below, the original.

Brands are like currencies, a means of exchange, acquiring a value of its own. In the end, it's not the price but the image of a brand that determines the value of a product. The system of brands, in this respect, shows a hierarchy similar to the one in the money market. The hierarchy is not expressed in prices but by a gradation into "high" and "low". Brands represent symbolic forms of capital, represent social and cultural resources used for social orientation. Fakes undermine this hierarchy only, if they seem exchangeably genuine, if they are staged credibly. "You can recognise fakes because of the quality, very often, the colours are not right. Or, if you know somebody is being trained to become a bricklayer or a painter, then you know the brands can't be genuine." (Interview, Zurich, 18th November, 2006) In the social strata model, it is in particular the ascending classes that attach great importance to the authenticity of a brand. Ostentatious consumption shows what one can afford, and can, thus, define somebody's social status. Wearing a brand, however, not only serves the purpose of communication, it has effects on the person, affects the person wearing it, too. The knowledge that one is wearing a genuine brand product seems to have a magic effect which originates in the brand and which is, by the product, conferred to the consumer. The value added by the brand becomes a measure of self-esteem. "Expensive clothes are like collector's items, they give pleasure. If it hurts when you're buying it, if it hurts because it's that expensive, it simply gets more precious. [...] It gives me security." (Interview, Zurich, 22nd November, 2006) The immaterial value of a brand is bodily experienced by the consumer if it means a large expense.

Whoever has to work hard for his income, may get a bit dizzy when the salesman charges a four-figure amount, wraps the precious article in tissue paper, puts it into a glossy paper bag und reaches it over the counter, smilingly: It is irrational and intoxicating to annihilate the returns of many working hours in one single moment. If the status symbol, as proof of economical success, becomes a self-fulfilling prophecy, then the purchase will have paid off.

It will be a talisman for those who count on themselves. By conspicuous consumption they not only can display that they dispose of economic capital. Especially if they cannot really afford what they invest in, they can enhance their self-confidence and display economic optimism. You need competence, a knowledge of the facts to arrive at such self-confidence by wearing a fake, and it needs acting talent. It's easier to be an impostor if you have genuine symbols at your disposal.

In the logic of the "ethics of conspicuous consumption", the purchase of luxury goods certainly has its purpose. There is a necessity not only to be able to define for oneself but also to have to determine which levels of consumption have to be achieved and can be considered legitimate. [5] Thus, the young banker must not wear a faked Rolex, even if it seemed genuine in his case. "Not everybody can afford originals. Therefore, it's good that there are fakes." (Street interview, Zurich, 29th December, 2006) Whoever can afford it, should not wear fakes; whoever cannot afford the originals has the choice to run into debt, or wear fakes. "I like wearing Dolce&Gabbana when I'm going out, but I can't afford it. I rely on fakes a friend brings from Croatia." (Street interview, Zurich, 11th December, 2006)

FICTITIOUS PRODUCTS

Moreover, there are "faked" brand products that are legal, because they don't use an original. In this case, pretension does not exceed the rules of the game because it stays within the boundaries of an exclusively medially communicated reality. The graphic art studio

Schein Berlin **6** designs fictitious consumption goods for movies and TV series. "The television stations are very much interested not to show any real products in their series in order not to be blamed for covert advertising. They are very much interested in selling time slots during their commercial breaks. And which brewery would be willing to pay for time on air, if, in the series, people can be seen drinking a rival brand?" (Jan Hülpüsch, graphic designer at Schein Berlin)

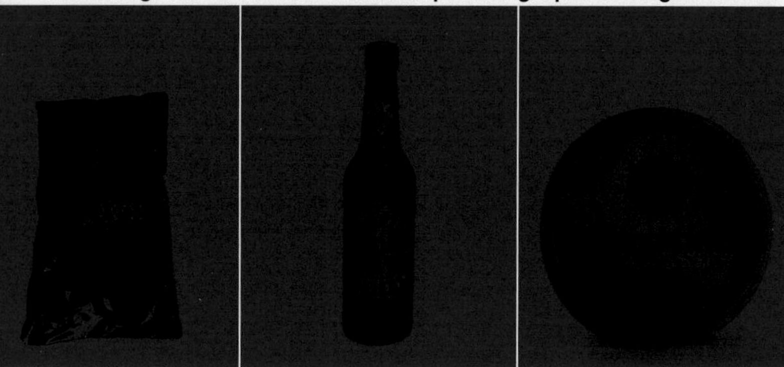
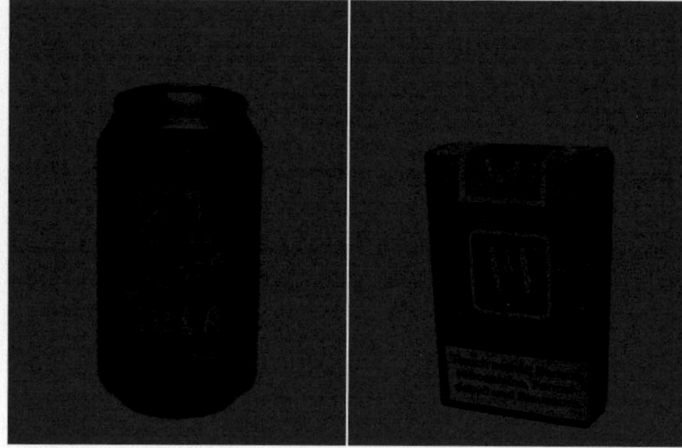

FICTITIOUS PERSONS

Rolex and Viagra are the brand names most often used in spam. The internet is a hustle and bustle, not only of faked product but also of fictitious personalities pretending to be real ones. However, not each and every person appearing on the internet under a pseudonym or providing "false" personal data is considered a "faker". Fictitious identities are very common and legitimate in the internet, e.g. to avoid spam and other misuse. Fictitious identities may help to communicate or appear more freely in internet communities, and to playfully try out social roles.

For months, lonelygirl15 was a darling of YouTube users and the media. In spring 2006, the first forums were founded to talk about Bree (her name in real life). Her core audience formed the nucleus of a small fan community. At the summit of the hype, lonelygirl15 was the most visited person on YouTube. The motto of YouTube is "Broadcast yourself", and a lot that can be seen in this world of self-made television oscillates between artificiality and authenticity. "That lonelygirl videos seemed to be produced way too professionally made up part of the fascination: part of the community judged the hints and the compelling nature of the plot really cool. Where would it lead? For others, Bree has become an idol long ago. Bree had to be true. […] But the majority continued playing the game self-ironically." **7** The bubble burst when it was found out that lonelygirl15 had been registered as a trademark long before the first clips were shown on YouTube. A story the science fiction writer William Gibson had already anticipated in his novel *Pattern Recognition* published in the year 2005.

lonelygirl15

MARGINAL FIGURES

The success of a brand, according to technical literature in marketing, is based on its unique identity. The brand pools physical-functional benefits, on the one hand, and, on the other hand, pools various signs and graphic features as symbolic benefits. They lead (according to people desiring the product) to additional value that producers can capitalise on in the form of bonuses in prices and quantities. **8** Why not simply take up some of these symbolical benefit components and profit? – The products shown below are being offered in China, in Taiwan, or in Poland. In contrast to ad-busting there's no criticism involved concerning the established brands, they simply offer (cheaper) surrogates. Hoping that some of the sparkle of the global brands would fall on them. [9]

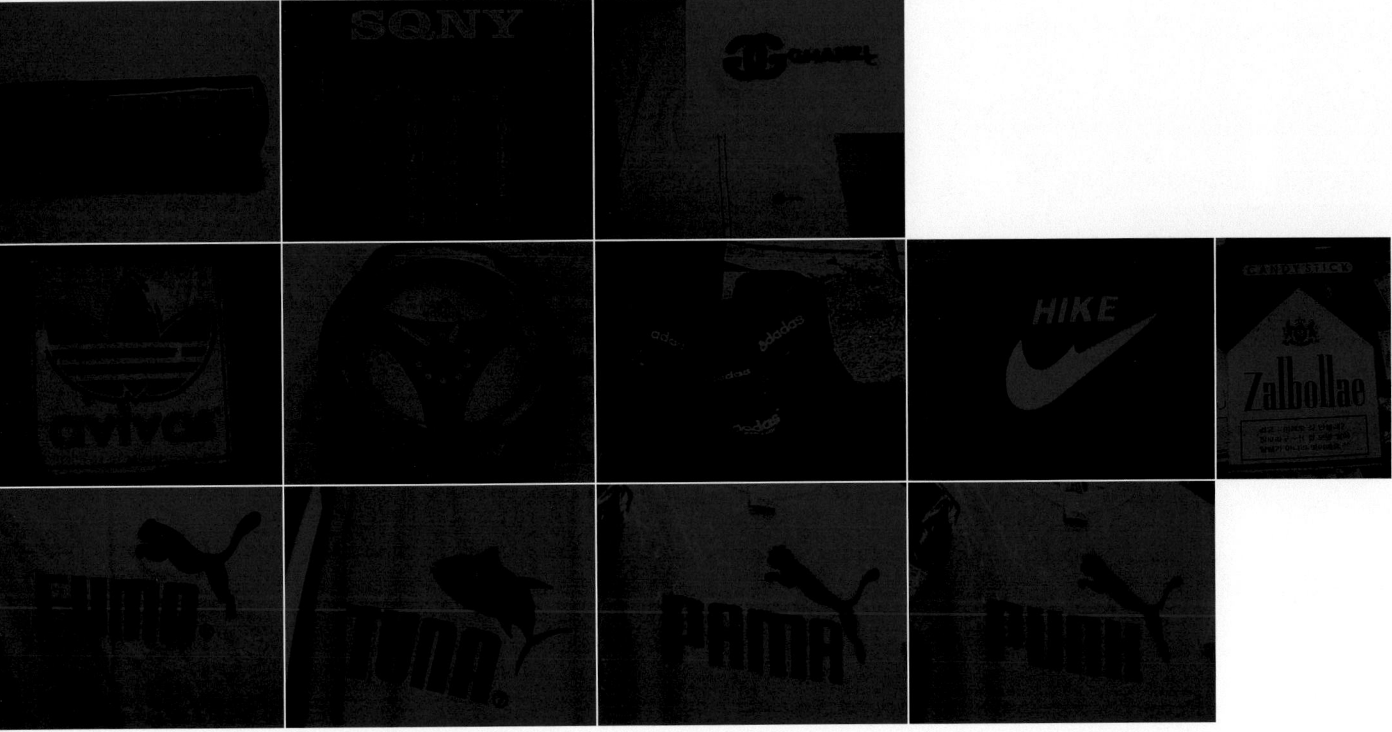

[1] http://www.internetrecht-rostock.de/
[2] http://testberichte.ebay.de/Chloe-Paddington-Faelschungen-Handtaschen
[3] H. Blumer; Der methodologische Standort des symbolischen Interaktionismus. In: Arbeitsgruppe Bielefelder Soziologen (Hg.); Alltagswissen, Interaktion und gesellschaftliche Wirklichkeit. 5. Auflage, Opladen: Westdeutscher Verlag 1981, pp. 80–146
[4] Ever since Thorstein Veblen published his "Theory of the leisure class" (1899), sociology uses 'conspicuous consumption' as a term for the ostentatious consumption of goods with the aim to be noticed in public.
[5] Cf.: N. Elias; Die höfische Gesellschaft, Frankfurt a.M. 1989. M. Wildt; Die Kunst der Wahl, Frankfurt a.M. 1997. Jean Baudrillard; The Consumer Society, London 1989.
[6] www.schein-berlin.de
[7] F. Patalong; Nur falsch ist wirklich echt. In: Der Spiegel, 11.09.06.
[8] C. Burmann, L. Blinda & A. Nitschke; Konzeptionelle Grundlagen des identitätsbasierten Markenmanagements. In: C. Burmann (Hg.); Arbeitspapier Nr. 1 des Lehrstuhls für innovatives Markenmanagement (LIM) der Universität Bremen – Fachbereich Wirtschaftswissenschaften, Bremen 2003.
[9] http://www.marax.at/funpix/marken_fake.html

CHANEL

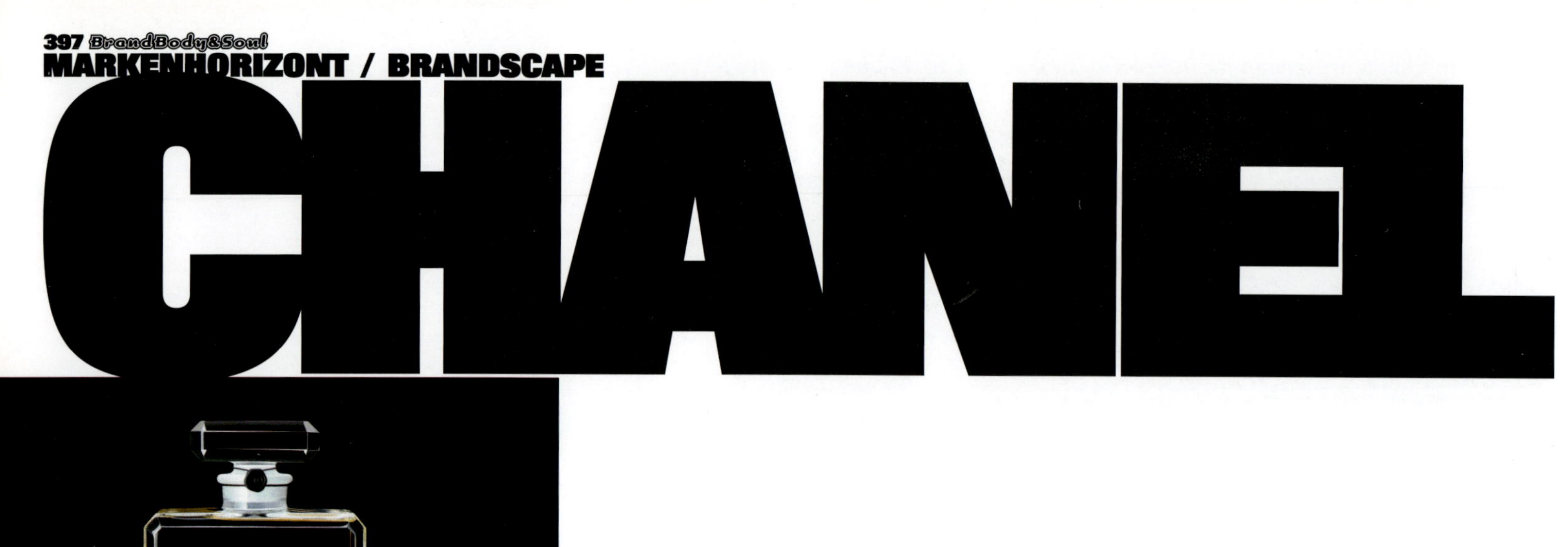

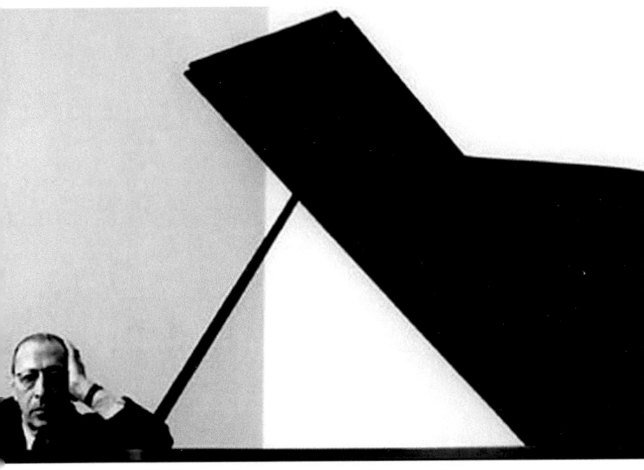

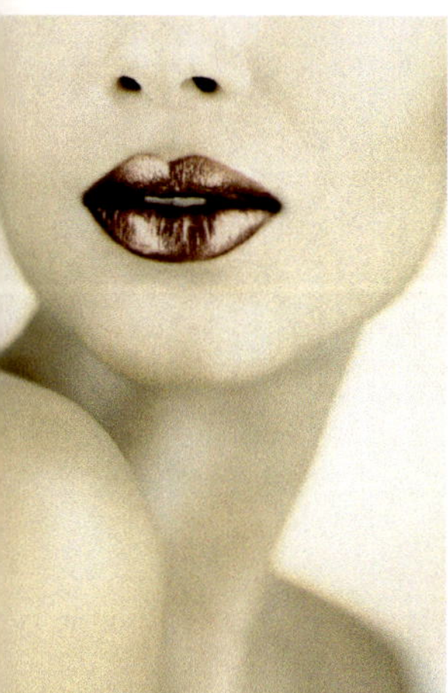

5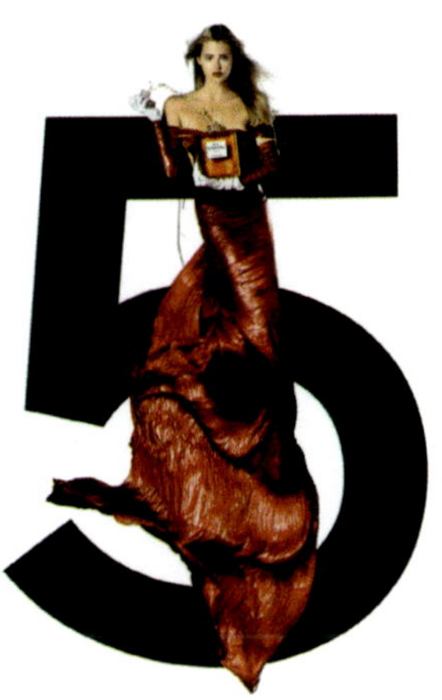

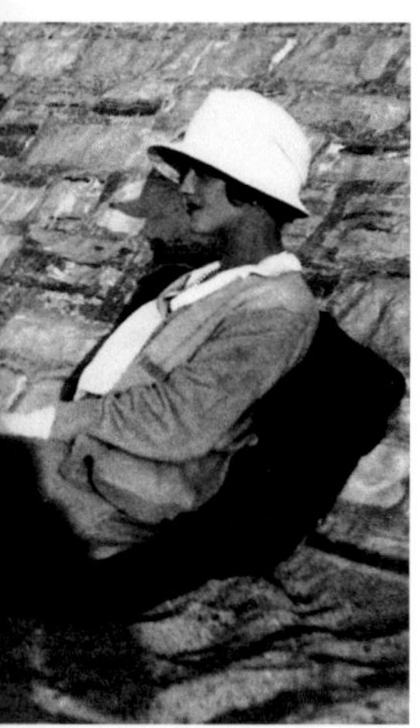

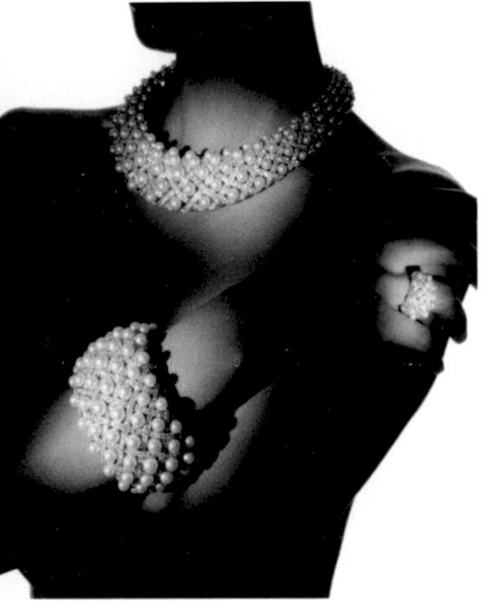

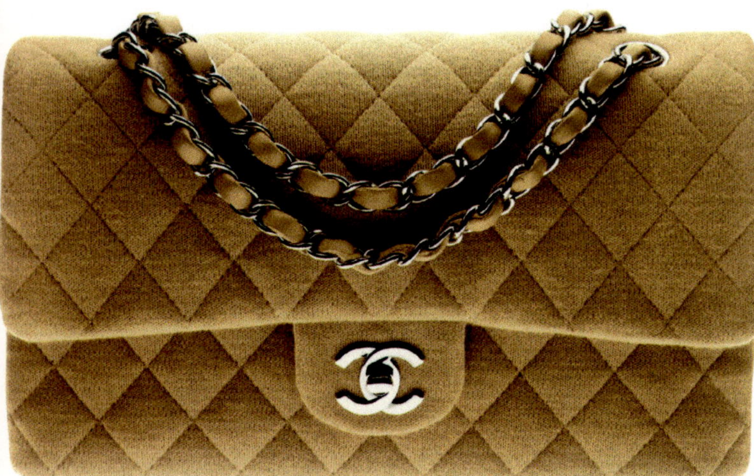

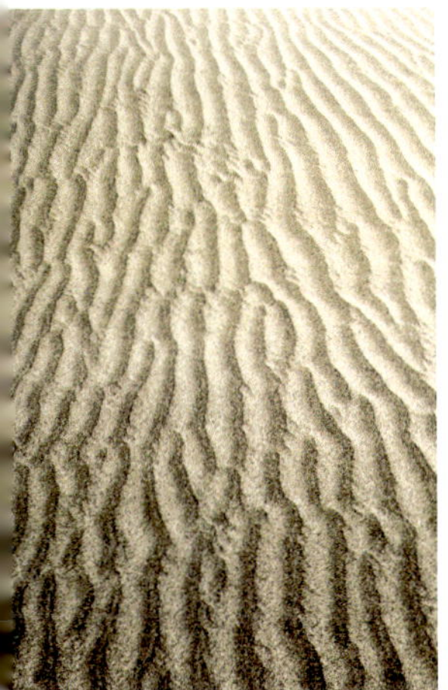

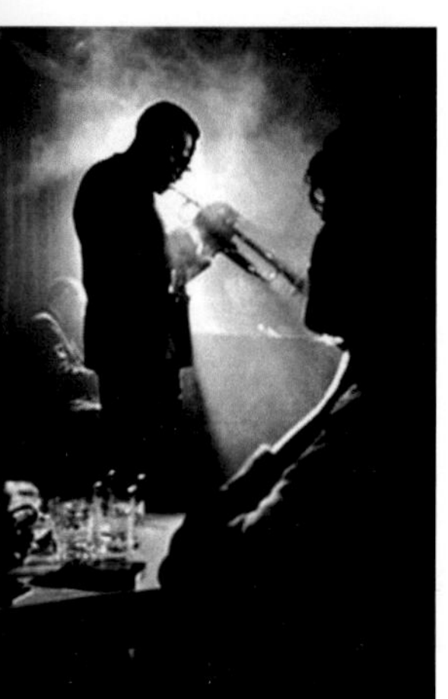

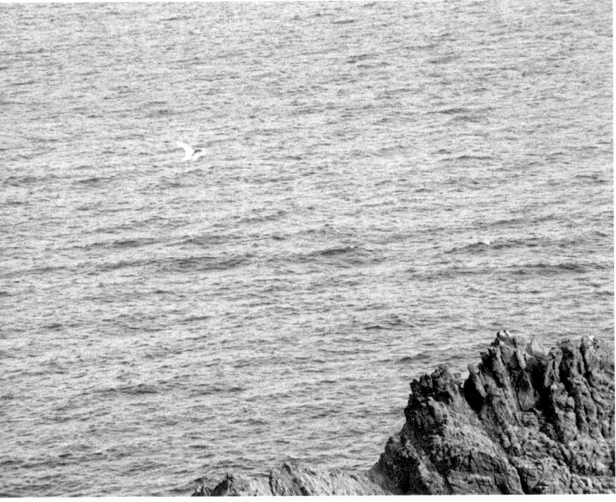

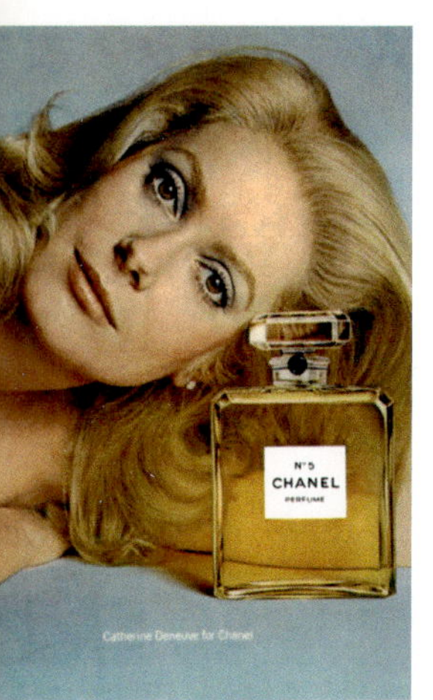
N°5
CHANEL
PERFUME
Catherine Deneuve for Chanel

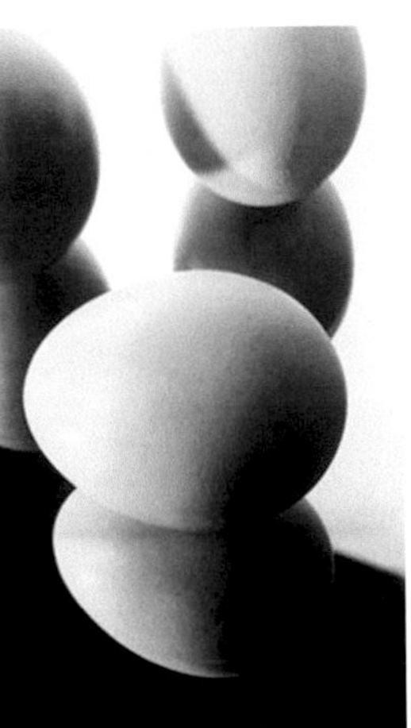

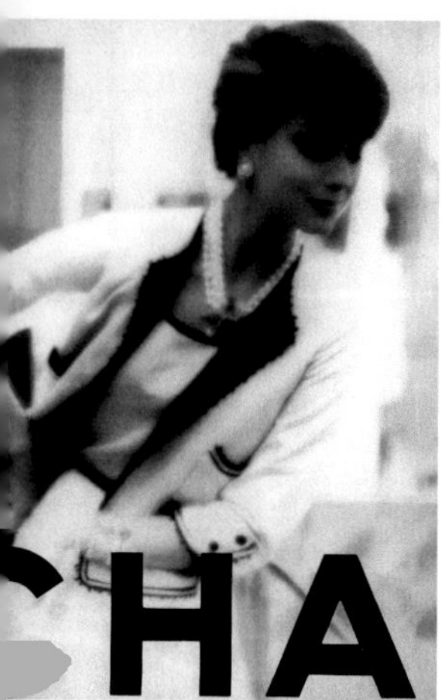

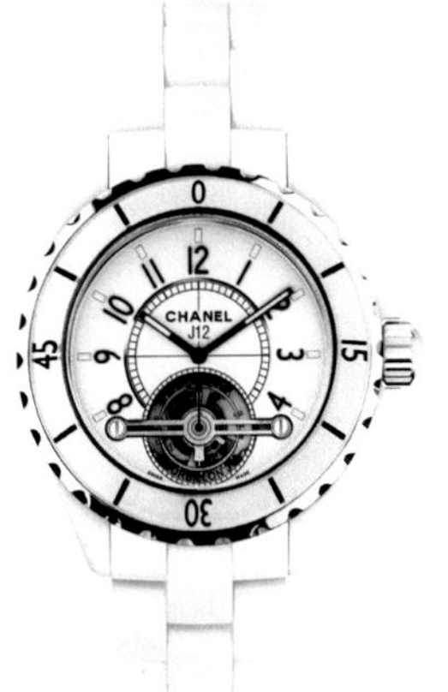

CHANEL
J12

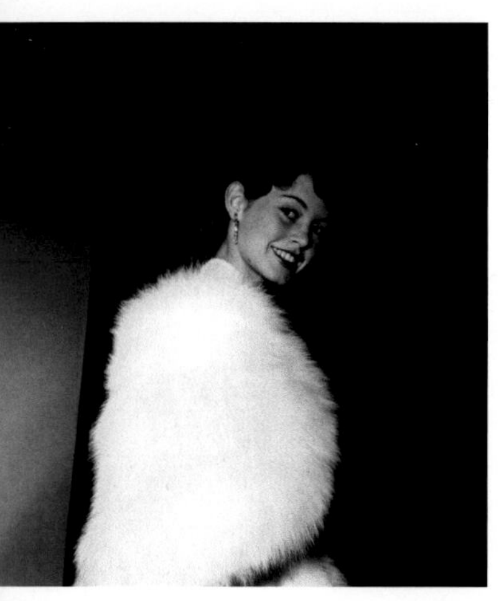

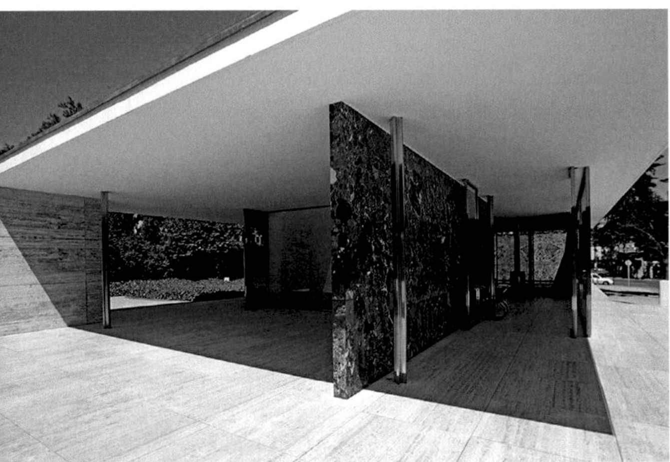

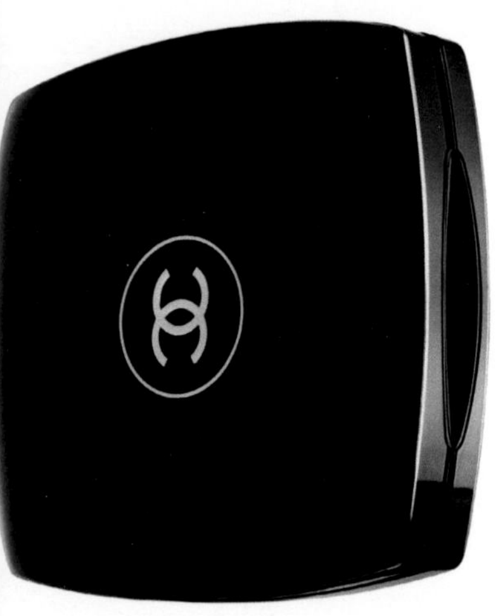

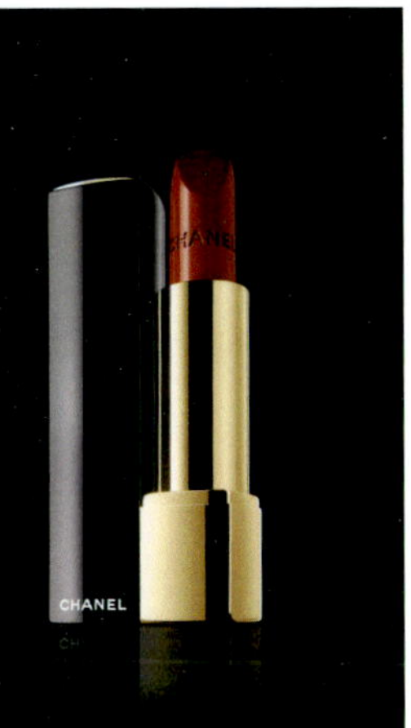
CHANEL

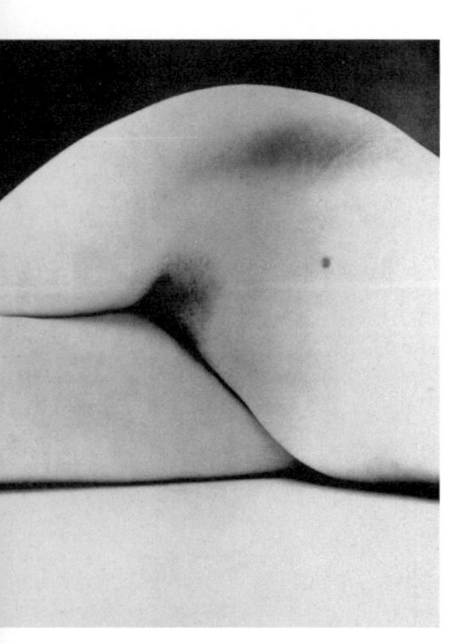

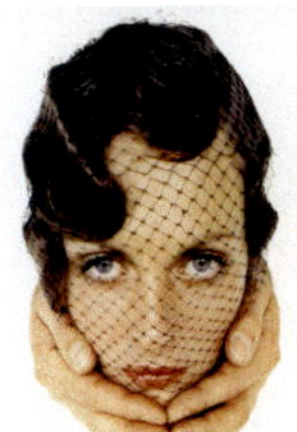
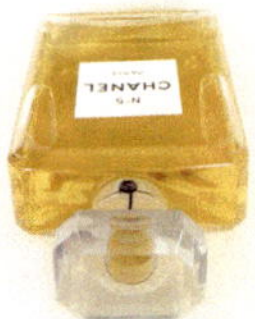
CHANEL
N°5

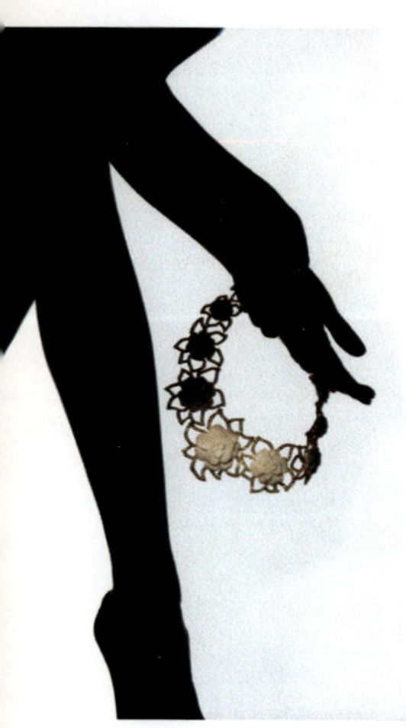

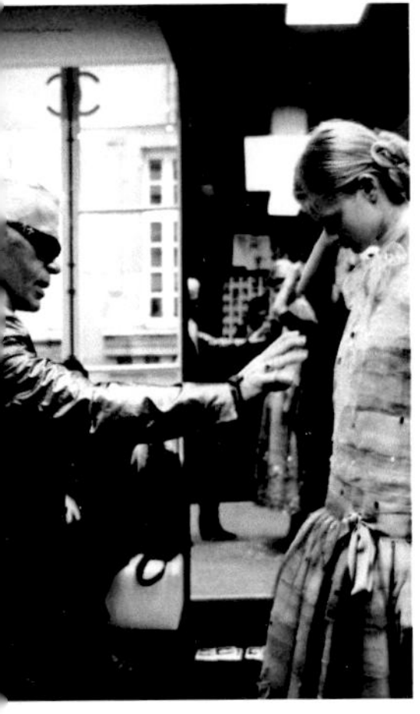

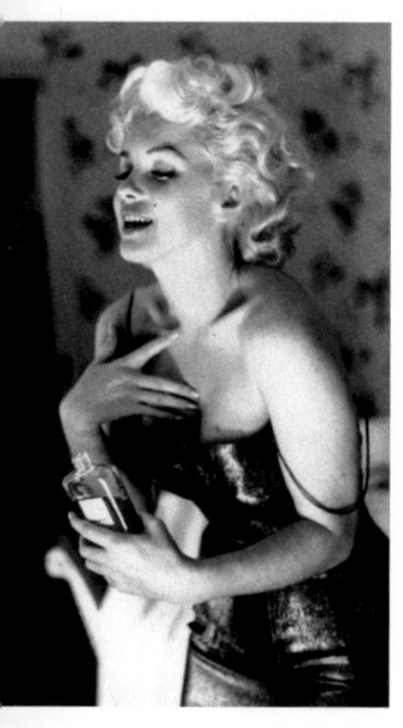

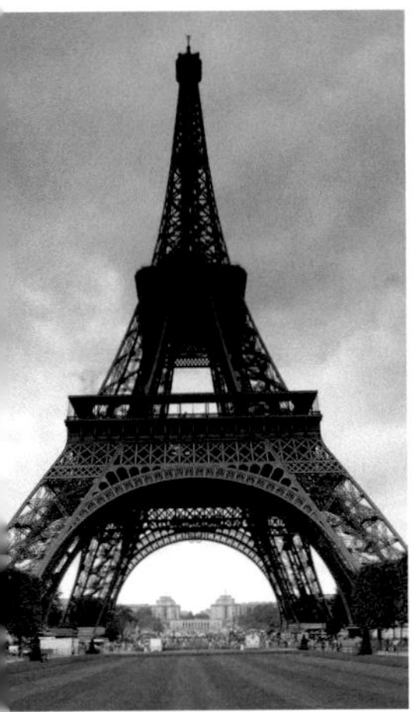

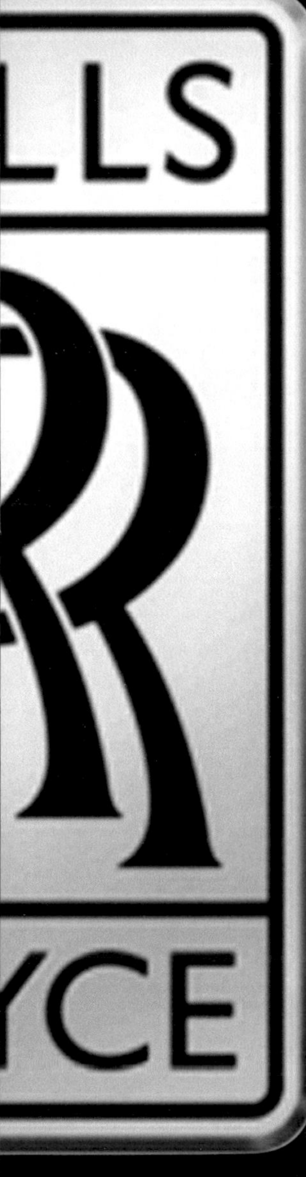

»MARKEN SIN
EMOTIONALES

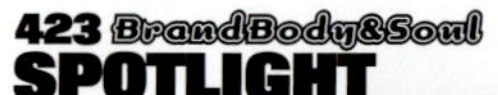

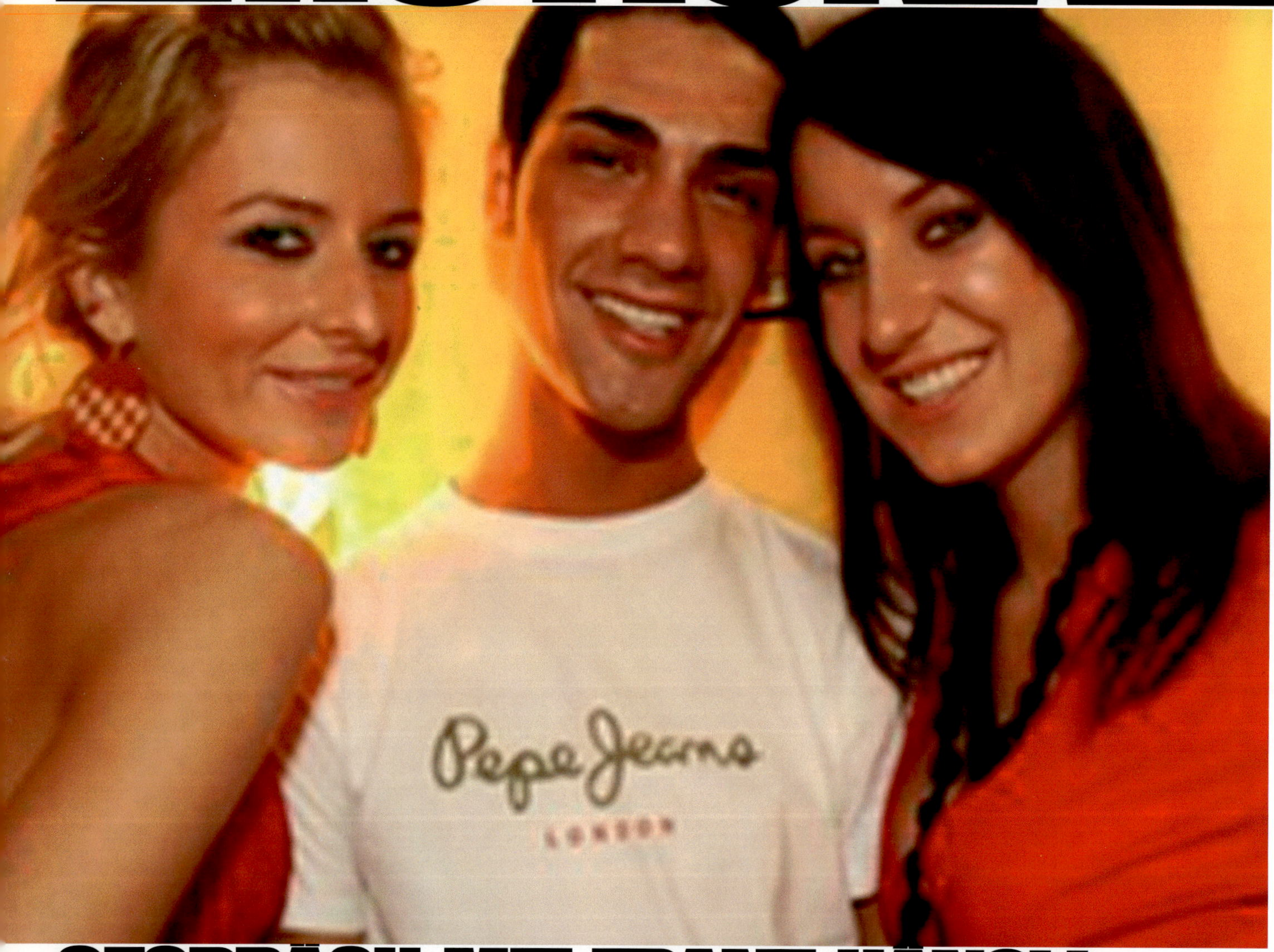

GESPRÄCH MIT FRANZ HÄNSLI
(RCG RESEARCH CONSULTANTS)

FRANZ HÄNSLI BETREIBT SEIT ÜBER DREISSIG JAHREN MARKTFORSCHUNG. NACH SEINER LANGJÄHRIGEN TÄTIGKEIT IN DER GESCHÄFTSLEITUNG BEI DEMOSCOPE (PSYCHOLOGISCHE MARKTFORSCHUNG) IST ER HEUTE CHAIRMAN DER FIRMA RCG RESEARCH CONSULTANTS IN ZÜRICH UND EIN INTERNATIONAL GEFRAGTER EXPERTE FÜR PRODUKTENTWICKLUNG. WIR HABEN MIT IHM ÜBER METHODEN UND GESCHICHTEN DER MARKTFORSCHUNG GESPROCHEN.

Herr Hänsli, was unterscheidet Modemarken von anderen Marken?

Ich beschäftige mich mit Marken aus allen Bereichen, das geht vom Brotaufstrich über Modeaccessoires, Uhren, Kleider bis hin zu Dienstleistungsunternehmen. Modemarken zeichnen sich durch eine sehr geschlossene kulturelle Welt aus. Diese auf die Spitze getriebene Harmonie oder Einheit der Äusserungen ist bei vielen anderen Produktbereichen seltener. Darum haben die in sich geschlossenen

SYSTEME «

High-Fashion-Welten auch eine gewisse Orientierungsrelevanz. Das heisst, sie funktionieren in unserer eklektizistischen, pluralistischen Welt wie Leuchttürme.

Hat das auch damit zu tun, dass Kleider direkt mit dem Körper verbunden sind?
Kleider sind ein idealer Träger für die Kommunikation des Identitätsentwurfs und sind als Code vielleicht am besten gelernt. Bekleidung ist einer der wenigen Bereiche, in denen eine gewisse Offensichtlichkeit existiert. Im Freizeit- oder Sportbereich ist eine Differenzierung eigentlich nur noch für Insider möglich. Dort gibt es einen Differenzierungswert durch Wissen, im Fashion-Bereich gibt es dagegen mehr Common-Sense-Frames, die einheitlicher dekodierbar sind als in anderen Lebenswelten, speziell von Jugendlichen.

Wie gehen sie methodisch vor, wenn Sie etwas über eine Marke erfahren wollen?
Es gibt ein reichhaltiges Set von Techniken. Die qualitative Forschung hat in den letzten zehn Jahren ziemliche Fortschritte gemacht, man setzt heute vermehrt auch ethnografische Techniken ein, experimentelle Techniken und Observationen. In Creative Workshops etwa haben die Teilnehmer eine Kiste mit Kostümen, mit denen sie sich anziehen können, wie sie sich im Moment gerade fühlen. Oder es gibt Techniken, bei denen man Leute mit Videokameras und Fotoapparaten ausstattet, mit denen sie Referenzen aus ihrem Alltag dokumentieren.

Wie wählen Sie die passende Methode aus?
In dieser ökonomischen, sozialpsychologischen Forschung hat man ein ganzes Set von Forschungstools, die man je nach Problemstellung oder Forschungsziel zusammenstellt. Es ist ein bisschen wie in Werbeagenturen: Die Vorstellungskraft des Kunden steuert zum Teil auch die Methodenwahl. Wir haben neulich in Deutschland ca. 40 ausgewählten typischen Haushalten eines ihrer Lieblingsprodukte weggenommen und durch ein anderes ersetzt. Die Leute haben dann von uns eine Kamera bekommen, um ihre Empfindungen, ihre Verzichtsschmerzen oder ihre Glückserlebnisse selbst zu dokumentieren. Solche »Filmscripts« sind dann ein indirekter Hinweis auf die Bindungsstruktur, die diese Leute eingehen können mit dem Objekt. Sie inszenieren das von A bis Z selber. Ein anderes Teilsample hat dann ein anderes Ersatzprodukt bekommen, und dann hat man die Resultate verglichen. Die Leute, die wir ausgewählt haben, haben vorher einen älteren Typus besessen und sie werden mit zwei unterschiedlichen neuen Produkttypen versehen. Dann sieht man natürlich auch schön die Innovationsbarrieren oder die Adaptionsprozesse, die im Zusammenhang mit einer Neulancierung laufen. Es gibt aber auch externe Parameter, die für uns bei der Methodenwahl entscheidend sind, zum Beispiel wie man die Marke einschätzt oder wie sich die Konkurrenz verhält, welche Zielgruppe man sich besonders definiert hat, ob man Folge- oder Submarken plant, auch das Geld, das man einsetzen kann. Manchmal hat es auch mit der internen Stellung unseres Auftraggebers zu tun, welcher Vorschlag Anklang findet.

Wie werten sie das gewonnene Material aus?
Das Filmmaterial wird thematisch ausgewertet, nach bestimmten Kriterien. Relevant sind Kameraführung, der Kameraeinsatz und der Umgang mit der Kamera. Und dann unterscheidet man die Art der Berichterstattung und schaut, in welcher Rolle das Produkt inszeniert wird.

In welcher Form präsentieren Sie die Forschungsergebnisse Ihren Kunden?
Es sind Territorien, die wir bestimmten, und in diesen Territorien sind Empfindungen, Gefühle, sind kognitive Konstrukte, sind Orientierungswerte von Konsumenten und sind Eigenschaften von Produkten und Biografien oder Traditionen von Produkten, denn die haben ja auch eine Vergangenheit und sind selten neu. Wir müssen die Ergebnisse immer auf eine aktionsrelevante

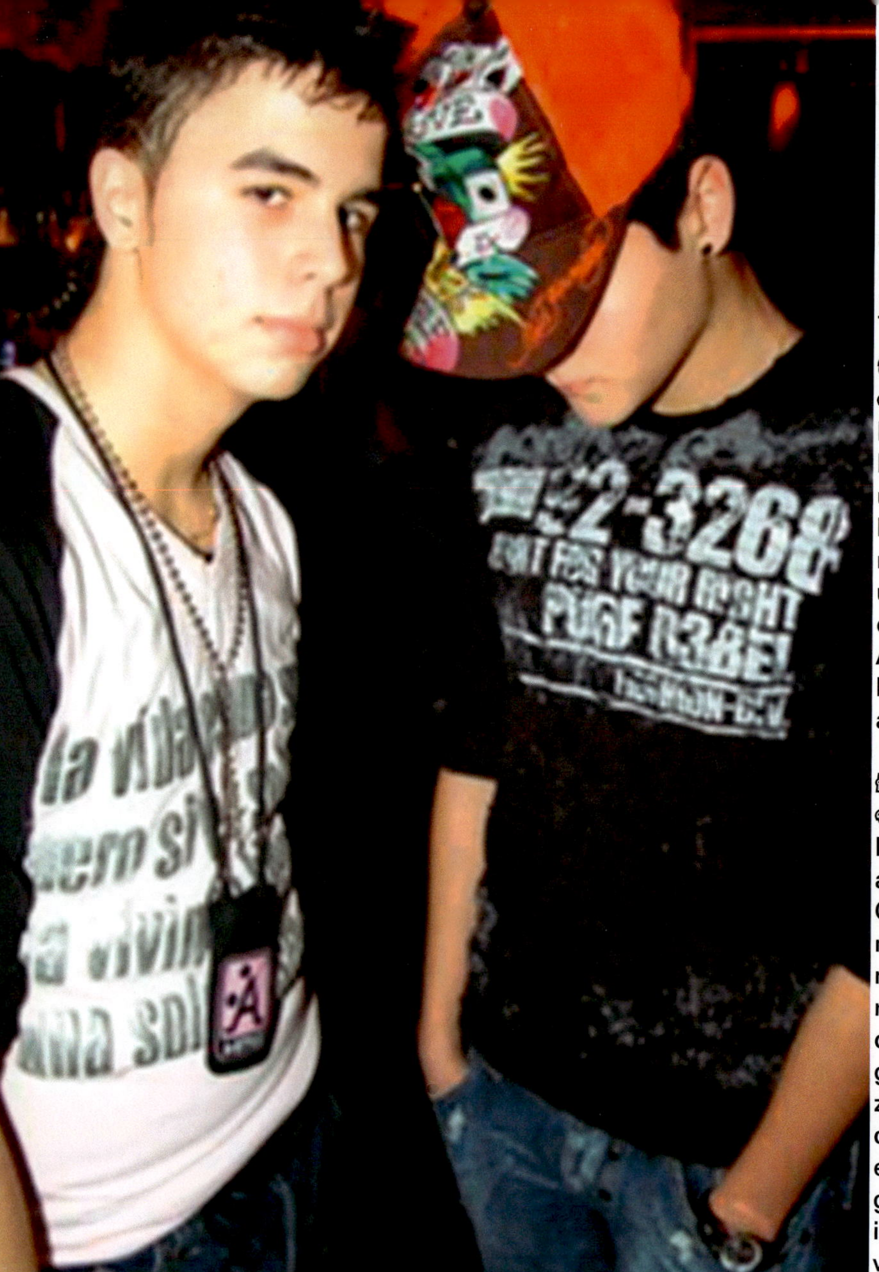

Ebene bringen. Das sind natürlich keine unumstösslichen Wahrheiten, sondern Hypothesen und Modelle, die man in der Praxis umsetzt, kontrolliert und nach Bedarf auch korrigiert. Mit jeder Technik, die wir anwenden und weiterentwickeln, lernen wir natürlich dazu. Unsere Hypothesen werden dann gebraucht, um einen neuen Produkttypus zu entwickeln oder Neulancierungen im Markt zu testen. In vielen Innovationsprojekten begleiten wir den Prozess bis zum fertigen Produkt.

Wie muss man sich eine solche Hypothese konkret vorstellen?

Eigentlich kann man von einem Netzwerk ausgehen, von einem Fischernetz mit Knoten. Wir alle haben so gewisse Frames, und in diesen vorfabrizierten Frames fassen wir verschiedene Knotenpunkte zusammen. Jetzt ist es relativ einfach: Wenn man die richtigen Informationen findet, kann man das reframen und hat dann vielleicht eine völlig andere Struktur, die man etablieren kann. Es gibt nicht nur einen Frame, wo man eine Argumentation oder eine Kultur oder eine Ästhetik reinpacken kann, sondern es gibt immer verschiedene Möglichkeiten. Wir arbeiten mit Szenarien.

Hat sich Ihre Vorgehensweise in den letzten Jahren verändert?

Mitte der 90er Jahre ist es aufgebrochen – vorher hat man eher auf kognitive Ansätze vertraut, die dann relativ einfältige 1:1-Gespräche respektive 1:1-Auswertungen waren. Es gibt heute noch eine Kluft zwischen der europäischen und der amerikanischen Forschungskultur. Die immer noch streng behaviouristische amerikanische Forschungskultur schliesst eigentlich die Lernfähigkeit des Menschen weitgehend aus. Das hat dazu geführt, dass man in diesen kognitiven Settings am Schluss zusammengezählt hat, wie oft die Leute in Gruppendiskussionen welchen Satz gesagt haben. Man hat gemeint, das sei es dann. Diese Kultur existiert immer noch, meistens im angelsächsischen Bereich, während sich die kontinentaleuropäische Forschungskultur seit Mitte der 90er Jahre sehr stark verändert hat. Man sieht es auch von den Berufsbildern her: In den 80er Jahren hatte man nur Sozialpsychologen und Soziologen, dann kam Ende 80er und zu Anfang der 90er Jahre die Welt der Ökonomen, die praktisch keine Kenntnisse in den Geisteswissenschaften hatten, und seit etwa 2000 haben wir viele Ethnologen, Semiotikspezialisten und mehr Geisteswissenschaftler in der Szene, was der Qualität sehr viel bringt.

Was hat sich im Vorgehen verändert?

Es hat vor allem mit ethnografischen Ansätzen begonnen. Man ist zu Leuten nach Hause gegangen, hat mit ihnen gelebt in den Haushaltungen für ein oder zwei Tage, hat sie begleitet, ihnen Aufgaben gestellt im Alltag und so weiter. Auch inszenierte Forschungssettings, in denen Leute eine Rolle annehmen, sind von der Analyse her sehr interessant geworden. Natürlich hat auch in den 80er Jahren niemand angenommen, dass die emotionalen Empfindungen direkt aus einem Konsumenten herausfliessen, wenn man mit ihm in einem relativ trostlosen Büro redet. Man kennt vielmehr die Transformationsmechanismen, die in einem kontrollierten Setting passieren, und kann dann aufgrund der Äusserungen eine Rückführung zu ihren Ursprüngen machen. Es ist eigentlich ähnlich wie in einem Setting, in dem jemand zu seinem Psychologen oder Psychiater geht. Was er dort auf der Couch erzählt, ist ja eigentlich auch sehr kodiert und muss dekodiert werden.

Welche Rolle spielen Bilder in Ihren Untersuchungen?

Bildinformationen spielen eine grosse Rolle in den meisten Projekten, die ich mache. Immer dann, wenn es etwas »offline« ist vom Forschungsmainstream. Oft lassen wir die Leute, die wir einladen, als Vorbereitung visuelle Welten aus Inseraten oder Videoclips sammeln und mitbringen. Ich habe hunderte von visuellen Welten aus Shanghai und Russland und von überall her auf der Welt. Es ist interessant, welche ästhetische Kultur man vorfindet, mit welchen Bildwelten die Leute operieren. Ich verwende dieses Bildmaterial oft für Selbstpräsentationen der Leute. Mir ist es nicht so wichtig, was sie mitbringen. Meistens sagen sie ja: »Ich habe nicht genau gefunden, was ich ausdrücken will.« Der Punkt ist aber dann, dass die Leute über die Welt reden, die sie gesammelt haben. Und dass sie sich mitteilen und versuchen, sich einzufühlen in diese Welten, und so auf eine indirekte Art ein gutes Bild ihrer ästhetischen Kultur formulieren. Es ist nämlich viel einfacher, eine Bildinterpretation zu machen als über sich selber zu reden.

In der qualitativen psychologischen Forschung versucht man, einen Teilbereich einzugrenzen. Dann ist von Interesse, wie die Leute diesen eingegrenzten Themenbereich strukturieren und wie sie ihn selbst interpretieren. Das ist unser grösster Erkenntnisfundus. Und weniger, wie diese Leute auf eine bestimmte Vorgabe reagieren. Diese Bilder sind dann auch ein Teil der Dokumentation. Visuelle Welten können viel hilfreicher sein als ein Text, vor allem wenn die Resultate dann in eine Agentur gehen, wo auch intuitiv und kreativ gearbeitet wird.

Wie repräsentativ sind ihre Forschungsresultate?
In der qualitativen Forschung hat man nicht den Anspruch, dass etwas eine Repräsentativität haben muss. Das sind immer experimentelle Ansätze. Wenn man sich in einer Thematik innerhalb eines Normalbereichs bewegt und wenn man 20 Personen hat, mit denen man arbeiten kann, bringen die statistisch gesehen über 90 Prozent aller möglichen Reaktions- und Denkmuster, das ist ein sehr vollständiges Set. Es geht ja darum, die inhaltliche Struktur zu begreifen, und nicht die Häufigkeit eines Reaktionsmusters. Schliesslich muss sich ein Unternehmen ja doch für eine Psychomechanik oder für eine Argumentationslogik oder für eine Präsentationsform entscheiden, und das ist immer ein subjektiver Entscheid, der auch Teil einer Firmen- oder Markenidentität ist.

Wie gehen sie mit der Kontingenz der Äusserungen um?
Vorher hat man an die Consumer-Insights geglaubt und ist davon ausgegangen, dass wenn man die Konsumenten in Psychodramen hineinversetzt, sie ihr unentdecktes Inneres preisgeben, an das man dann eine Marke hängen könnte. Langsam hat man wieder erkannt, dass es eine kulturelle Aufgabe der Marke ist, die ästhetische Lebenswelt der Menschen zu entwickeln und nicht nur zu reproduzieren. In der Kommunikationstheorie hatte man die Agendasettingtheorie; das bedeutet, dass man immer an Bestehendes appelliert und das Etablierte genutzt hat, um einen Marketingeffekt zu generieren oder ein Verhalten zu beeinflussen. Seit Ende der 90er Jahre verlassen die fortgeschrittenen Marken diesen Ansatz, weil sie begriffen haben, dass man die existierenden Frames zwar kennen sollte, dass es aber eigentlich darum geht, sie zu verändern. Das ist für mich auch der Grund, weshalb Sie in Ihrem Forschungsprojekt Top-Labels wie Gucci oder Dolce&Gabbana untersucht haben, denn die bauen nicht auf Bestehendem auf, sondern framen selbst aktiv.
Diese Agendasettingtheorie ist letztlich auch mitverantwortlich für den Zerfall der Gültigkeit einer Marke als Konzept. Wir hatten in den letzten zehn Jahren einen dramatischen Wertverlust von Marken erlitten, und gleichzeitig gibt es generische Brands, die praktisch auf dem gleichen Level funktionieren wie etablierte Marken. Das hat damit zu tun, dass diese Marken nur noch kapitalisiert haben, was bereits etabliert war. Damit verliert eine Marke die Verantwortung in der Gestaltung des Alltags. Wo kann eine Marke überhaupt einen Mehrwert schaffen, wenn auf der Seite der Hardware alles eingemittet ist und die Qualität im ursprünglichen Sinn an Bedeutung verloren hat? – Nur durch ein emotionales System.

Mit Franz Hänsli sprachen Flavia Caviezel, Richard Feurer, Renate Menzi und Christian Ritter am 12. Juni 2007. Transkription und Redaktion: Renate Menzi.

"BRANDS ARE SYSTEMS"

INTERVIEW WITH FRANZ HÄNSLI (RCG RESEARCH CONSULTANTS)

FRANZ HÄNSLI HAS BEEN IN MARKET RESEARCH FOR MORE THAN 30 YEARS. AFTER MANY YEARS ON THE EXECUTIVE BOARD OF DEMOSCOPE (PSYCHOLOGICAL MARKET RESEARCH), HE IS NOW CHAIRMAN OF RCG RESEARCH CONSULTANTS IN ZURICH, AND AN INTERNATIONALLY RENOWNED EXPERT IN PRODUCT DEVELOPMENT. WE TALKED TO HIM ABOUT METHODS IN AND STORIES OF MARKET RESEARCH.

What is the difference between fashion brands and other brands?

I have to deal with brands of the most different fields, from sandwich spread to fashion accessories, watches, clothing, even with brands of service enterprises. Fashion brands are characterised by a pretty uniform cultural sphere. Such harmony, brought to the boil, or such unity in appearance is rare in other product areas. That's why these high-fashion-worlds are, to a certain extent, relevant

EMOTIONAL

for orientation. In other words, they are like lighthouses in our eclecticistic, pluralistic world.

Is that related to the fact that clothing is worn directly on the body?
Garments are ideal carriers for the communication of a concept of identity and may be perceived as carriers of codes more distinctly than any other consumer goods. Fashion is one of the few fields where there is visibility involved. Today, in the field of leisure and sports, only insiders are able to adequately differentiate between the various brands. There, it is knowledge acquired, differentiation that ads to the value, in the case of fashion brands we have to deal with common sense frames that can be decoded more coherently than in other spheres of life, especially by teenagers.

What's your approach, if you want to investigate a brand?
There's a large set of techniques. Qualitative research has made great progress during the past ten years. Today, increasingly ethnographical techniques are applied, experimental techniques and observations. In creative workshops, e.g., the participants are confronted with a chest full of costumes out of which they can take the clothes they want to put on, matching the way they feel at that moment. Or, there are techniques of providing people with cameras and video cameras in order to have them document references of their daily life.

How do you decide which method is best suited?
In this economic, socio-psychological research there is a whole set of tools one can combine according to the problems to be studied, or according to the goals of one's research. It's a bit like in advertising agencies: the power of imagination of a client, to a certain extent, decides the method of choice. Recently, we deprived 40 German households of one of their favourite products and replaced it by another one. Then, we gave a camera to the people, to have them document how they felt, how they dealt with the pain to have to cope without it, or the moments of happiness they experienced. Such scenarios later on lead to direct hints as to how deeply these people can get involved with the object. They stage that themselves, from the beginning to the end. Another sample got another product replacing their favourite one, and then we compared the results. The people we chose had an older type of the product, and got two different new ones. Thus, you can easily study the barriers new things present, or the adaptation processes involved when new products are launched. But there are external parameters, too, which help to decide which method we use, e.g. why a brand is appreciated, or what strategies business rivals have, which target group one aims at, if there are plans for daughter or sub-brands, if there's enough money to spend. Sometimes, it depends on the position the client has within the company to help decide which method is adopted.

How do you analyse the material won?
The film material is analysed thematically, according to certain criteria: the handling of the camera, how it is used, camera work. And then you study the way things are reported, and how the product is being staged.

In which form do you present the results of your research to your clients?
There are territories which we determined, and within these territories there are sensitivities, emotions, there are cognitive constructs, values for consumer orientation, and qualities of products, and biographies, or product traditions, since products have a past, too, and are rarely new. We always have to push the results to a level relevant to the actions. Of course, these are no absolute truths but hypotheses and models one has to put into practice, to control, and, if

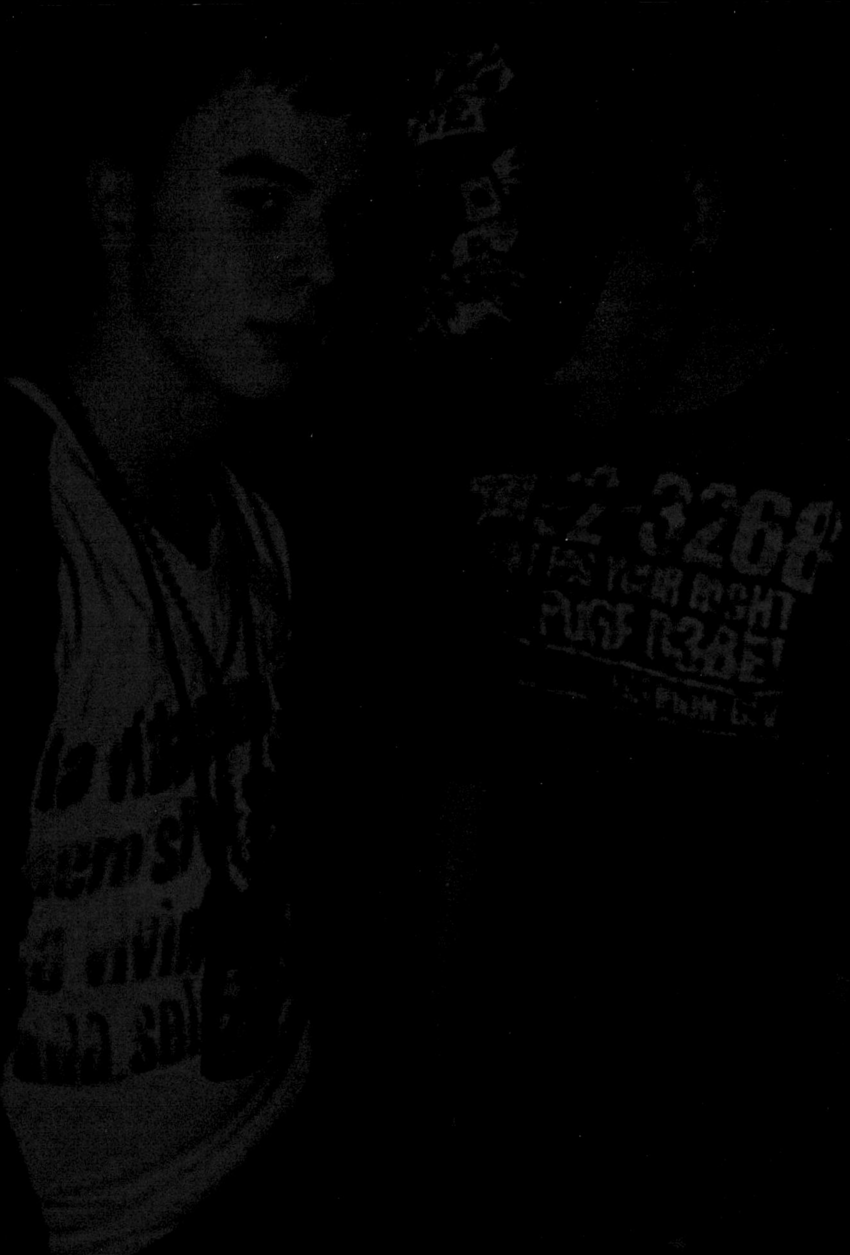

necessary, to correct. Of course, we learn with every tool or technique we use or develop further. Our hypotheses are used to develop a new type of the product or to test new launches on the market. In many innovation projects we accompany the whole process, till there's the finished product.

How should one envisage such a hypothesis in particular? Could you give an example?
You can, actually, start out with a network, a fisher's net with knots. We all have certain frames, and within these prefabricated frames we tie certain knots together. Now, what follows is pretty simple: if you find the right information, you can re-frame the whole thing, and maybe you then have a totally different structure you can establish. There's not only one frame to pack and wrap one argument or one culture or aesthetics, there's always more than one possibility. We work with scenarios.

Did you change your method during the past years?
In the mid-90ies, there was a change – before that time one confided, above all, in cognitive methods, i.e. relatively simple direct talks and direct evaluations, respectively. There is still, even today, a difference between European and American research methods. American methods, still strictly behaviouristic, essentially deny the educability of man. Which led to the phenomenon, that at the end of these cognitive sessions one summed up how often the people had said certain sentences in group discussions. One tought that that would be it. These methods do still exist, above all in the Anglo-Saxon countries, whereas continental European methods have changed a lot since the mid-90ies. Occupational images are one example: during the 80ies, there only were sociologists and social psychologists, then, toward the end of the 80ies and at the beginning of the 90ies, we had this world of economists who had no knowledge of the humanities, and since the year 2000 approximately, we have a large number of ethnologists, specialists in semiotics, and a lot more art scholars in our scene, which greatly improves the quality.

What has changed in the approach?
It all started with ethnographical methods. We went to peoples' homes, stayed at their houses for a day or two, accompanied them, had them fulfil assignments in daily life, etc. Staged research settings in which people play specific roles, too, resulted in interesting analyses. Of course, during the 80ies, nobody assumed that emotions would pour out of the consumer if you talked to him in a more or less dreary office. Of course, we know of the transformation mechanism that work in a controlled settings, and one is able, afterwards to trace the statements back to their origins. It's almost like the setting with a psychologist or psychiatrist. Whatever the patient tells on the couch is, to a large extent, encoded, and has to be decoded.

Which role do pictures play in your research?
Visual information plays an important role in most of my projects. Especially, if something is "offline" the research mainstream. Often, we have the people we invite prepare visual worlds of clips from advertisements or videos. I have hundreds of visual worlds from Shanghai, and Russia, and from all over the world. It is interesting to see which aesthetic culture one encounters, which visual worlds people operate with. I often use this visual material for the self-representations of the people. It's not that important what they bring along. Most often, they say: "I didn't find what I was looking for." The point is, the people talk about the world they collected. And that they communicate, and try to delve into these worlds, and that way they formulate, indirectly, a fitting picture of their aesthetics. You see, it's a lot easier to interpret a picture than to talk about oneself.
In qualitative psychological research one tries to isolate sub-areas. It is interesting how people structure that limited subject area and how they interpret it. That's our largest stock of insights. It is less important how the people react to a certain demand. These pictures, then, become part of the documentation, too. Visual worlds can tell more than texts, in particular if the results are, then, used by people working intuitively and creatively.

How representative are the results of your research?
Qualitative research doesn't claim that something could be representative. The approach is experimental. If you have to deal with an average topic, in the usual framework, and if you have 20 people you can work with, they, statistically speaking, provide 90 percent of all

possible reaction and thought patterns, that's a very complete set. The point
is, we want to understand the structure of the content, and not the frequency
of the reaction pattern. Last, but not least, an enterprise has to decide which
psycho-mechanics, or logic, or form of presentation it will use, and that's always a subjective decision, that's part of a company's or a brand's identity.

How do you deal with the contingency of the statements?
Before, you believed in consumer insights, and thought you could put consumers into a psycho-thriller and they'd turn their undiscovered inside out,
and you could attach some brand to it, later. Slowly, one started to realise
(again) that it's a cultural duty of the brand to further develop the aesthetic
world of people, and not only to reproduce. In communications theory you
had the agenda setting theory, which means, one always called upon existing
things and used things established to generate a marketing effect or influence consumer behaviour. Since the end of the 90ies, advanced brands have
changed their methods because they realised that one, of course, should be
familiar with the existing frames, but that they, actually, should be changed.
That is, to me, one of the reasons why you investigated top-labels like Gucci
or Dolce&Gabbana in your research project, because they do not further
develop existing frames but introduce new ones.
It's the agenda setting theory that is, finally, responsible for the fact that
we no longer adhere to the theory of a brand as a concept. During the past
ten years, we experienced a dramatic loss in brand values, and at the same
time, there are generic brands operating, more or less, on the same level as
conventional and well-recognised brands. One of the reasons is that these
brands merely capitalised on what people had already established. Thus, the
brand no longer has any responsibility in the design of everyday life. Where
is it that a brand can create some value added if, with regard to hardware,
everything is levelled, and quality, in its original sense has lost its meaning?
– Only by an emotional system.

The interview with Franz Hänsli took place on the 12th of June, 2007. It was conducted
by Flavia Caviezel, Richard Feurer, Renate Menzi, and Christian Ritter, transcribed and
edited by Renate Menzi.

PROBLEMSTELLUNG. VERSUCH 6
BRANDS&BRANI
TOPOLOGIEN ZEITGENÖSSISCHER MARKENKULTUR
CR/FC/JH/MM/RF/RM FORSCHUNGSBERICHT 2007 [AUSZUG]

SEPTEMBER 06 – JANUAR 07
Arbeitsaufteilung/-organisation des Forschungsteams: Gruppe A (Richard Feurer, Matthias Michel), Gruppe B (Renate Menzi, Christian Ritter, Flavia Caviezel); Planung und Koordination der einzelnen Arbeitsschritte.

Gruppe A:
Recherchen: Sichtung aktueller Literatur zu Brands und Branding sowie breit angelegte Bildrecherchen betr. Lifestyle-Bildwelten in Magazinen, Web-Auftritten sowie Kunst- und Kulturpublikationen im Oktober 2006. Ordnen und Kategorisieren der Bilder und Informationen. / Konzeption und Entwicklung von „Markenhorizonten" (vgl. »Wichtigste Resultate«). / Aufbereitung der Materialien für die vergleichende Analyse von Brandauftritten in den Bereichen Mode, Locations, Accessoires (Autos, Uhren, Mobiles usw.) und Personalities. / Vorbereitungen des 1. Workshops: Bereitstellung exemplarischen Bildmaterials und Formulierung der Fragestellungen für die Diskussion.

Gruppe B:
Recherchen: Sammeln und Ordnen von Bild- und Textbeiträgen zu Brands und Branding in wissenschaftlichen Publikationen, Fachzeitschriften, Internet, Tagespresse. / Scouting: Selektion einer Auswahl von GesprächspartnerInnen für Tiefenporträts (Video) mit möglichst unterschiedlichen Brand-Zugängen (Theoretical Sampling). Vorbereitung der semistrukturierten Leitfadeninterviews und der filmischen Settings (vgl. »Wichtigste Resultate«). / Durchführung, Sichtung, Transkription und Auswertung der Tiefenporträts nach Themen und Brands. / Internet-Recherche: Erstellung und Bewirtschaftung eines digitalen Bildarchivs zu thematischen Keywords und Brands. / Strasseninterviews: Kurzbefragungen im öffentlichen Raum an ausgewählten Jugendtreffpunkten. / Vorbereitungen des 1. Workshops: Bereitstellung exemplarischen Bildmaterials und Formulierung der Fragestellung für die Diskussion.

WORKSHOP 1 [19.01.07]
Anwesende Partner: Gabriel Baur, Daniel Freitag, Franz Hänsli, Peter Lux, Philipp Meier, Eva Mey, Daniel Zehntner. / Thesen: Visuelle Markenhorizonte am Beispiel D&G (Produzenten vs. Reproduzenten). Diskussion der Thesen und des methodischen Vorgehens.

FEBRUAR 07 – APRIL 07
Auswertung des Workshops. Konsequenzen für das weitere Vorgehen: Verdichtung und Vertiefung des Materials, Setzung von thematischen Schwerpunkten. Konzeption einer Publikation in Form eines Lifestyle-Magazins (Strukturierung der Themen, Gestaltung, Layout). Vorbereitungen für den 2. Workshop.

Gruppe A:
Konzeption einer Publikation der Forschungsmaterialien und -resultate in Form eines Print-Magazins. Erarbeitung und Aufbereitung von Lay-out-Entwürfen. / Erstellung weiterer Markenhorizonte aufgrund der Anregungen aus Workshop 1. / Recherchen: Breit angelegte Bildrecherchen betr. Lifestyle-Bildwelten in Magazinen, Web-Auftritten sowie Kunst- und Kulturpublikationen im März/April 2006. Ordnen und Kategorisieren der Bilder und Informationen. Aufbereitung der neuen Materialien für die vergleichende Analyse von Brandauftritten in den Bereichen Mode, Locations, Accessoires (Autos, Uhren, Mobiles usw.) und Personalities. / Vorbereitungen des 2. Workshops: Bereitstellung exemplarischen Bildmaterials und Formulierung der Fragestellungen für die Diskussion.

Gruppe B:
Entwicklung weiterer methodischer Ansätze (Malerei, Fotografie). Fotos Shanghai. / Analyse und Neuordnung des gesammelten visuellen Materials (Internetbilder, Video-Interviews etc.).

WORKSHOP 2 [20.04.07]
Anwesende Partner: Daniel Freitag, Urs Läubli, Philipp Meier, Daniel Zehntner. / Einführung zum Stand der Arbeiten. Präsentation und Diskussion von Konzept und Layout der Publikation. Selektion und Gewichtung der einzelnen Beiträge. Relevanz der Themen und Inhalte im Arbeitsalltag der Praxispartner.

MAI 07 – JUNI 07
Gruppe A:
Entwurf und Weiterentwicklung des Lay-outs für das Magazin. Textproduktion. Textredaktion und Betreuung der Beiträge von Praxispartnern. / Sammeln, Ordnen und Aufbereiten sämtlicher Projektmaterialien für das Lay-out.

Herstellen von Kontakten und Verhandlungen mit diversen Partnern (Verlage, Druckereien usw. im In- und Ausland) für die Produktion des Magazins.

Gruppe B:
Textproduktion. Selektion und Montage von Bildreihen, Stills aus Videos etc.

WICHTIGSTE RESULTATE
Markenhorizonte
Mit der Bildung von assoziativ konnotierten Bildwelten rund um eine Marke werden Marken in Bildern wirksam. Die Gegenüberstellung von Markenrepräsentation und Markenaneignung gibt Aufschluss über die Funktionen und Dynamiken aktueller Markenkulturen, die in den vergangenen Jahren nicht nur in Bezug auf die im öffentlichen Raum kolportierten Persönlichkeitsbilder und Identifikationsangebote an Bedeutung gewonnen haben, sondern zunehmend auch Gegenstand öffentlicher Debatten über die gegenwärtige Rolle von Brands und Brandings als Transmitter, »Trading Zones« und Platzhalter kollektiver Werthaltungen geworden sind.

Produktion und Rezeption
Die Konfrontation von visuellen Welten (Markenhorizonte), bzw. ihrer Semantik mit der Pragmatik des Gebrauchs (des alltäglichen Auftritts) zeigt deutliche Brüche zwischen Intentionalität und Wirkung von Modebrands. Die globale Mythenbildung seitens der Produzenten wird zwar partiell fortgeschrieben, sie vermischt sich jedoch mit lokalen und persönlichen Narrativen. In Bildreihen kann die »Landung« der Brands auf den Körpern, die Adaption von Gefühlswelten im sozialen Kontext der Benutzer beobachtet, interpretiert und dokumentiert werden.

Verbale und visuelle Äusserungen
Im Gespräch mit jugendlichen Brandkonsumenten bleibt vieles (Motive, Gefühle, Ängste, Wünsche, etc.) unausgesprochen und zeigt sich erst in der Bezugnahme auf visuelle Äusserungen oder in der aktiven Inszenierung. Das Erzählen und Zeigen folgt einer anderen Logik und anderen Topoi/Vorbildern. Durch gezielte Arbeit mit den Brandkonsumenten und eine Selektion und Interpretation des visuellen Materials konnten grundlegende Unterscheidungen im Gebrauch von Brands – in der Rolle, die Brands in der Konstruktion von Selbst- und Fremdbilder spielen – vorgenommen werden.

Magazin
Als Konsequenz aus dem methodischen Ansatz und im Sinn einer der Thematik gemässen Inszenierung werden die Forschungsresultate in der Form eines Printmagazins präsentiert. Es umfasst ca. 500 vollfarbige Seiten im Format 240 x 305 mm mit einem Bildanteil von 80–90%. Das Forschungsmaterial wird in über 50 Einzelbeiträgen aufbereitet, in fünf inhaltlich definierte Sektionen geordnet und mit Autorenbeiträgen seitens des Projektteams und der Praxispartner ergänzt. Die Magazinform bietet die Möglichkeit, die qualitativen Aspekte des heterogenen Materials zu akzentuieren und seinen ereignishaften ästhetischen Konturen Geltung zu verschaffen. In diesem Sinn orientiert sich das Gestaltungskonzept zwar an den Prinzipien anspruchsvoller Lifestyle-Magazine, spitzt diese jedoch auf die Forschungsinhalte hin zu, sodass bei aller ästhetischen Inszenierung ein analytischer und erkenntnisorientierter Zugang zu den Resultaten des Projekts gewährleistet bleibt.

GRÖSSERE ABWEICHUNGEN GEGENÜBER DEM URSPRÜNGLICHEN FORSCHUNGSPLAN
Halbierung des Budget seitens DORE
Viele der geplanten Vorgehensweisen konnten nur stark vereinfacht oder exemplarisch und auszugsweise durchgeführt werden (Einbezug der Partner aus China, künstlerische Bildproduktion, gross angelegte Foto- oder Videosettings). Für die Produktion der umfangreichen und aufwändigen Publikation müssen zusätzliche finanzielle Mittel (Sponsoring) beschafft werden.

Problematik Video-Porträts
Da sich das Team für die Magazin-Form entschieden hat, kann das aufschlussreiche Videomaterial (acht Stunden Interviews mit einem breiten Sample von Personen) nur auszugsweise Eingang in die Publikation finden (in verbalen Zitaten und Stills). Zur Produktion einer zusätzlichen DVD fehlen die finanziellen Mittel.

Problematik Internetforum
Die Vorstellung einer eigenen Internetplattform als interaktiver Ort der Recherche (unter der Mitwirkung jugendlicher User) zur Ergänzung der bestehenden Rechercheformate konnte nicht befriedigend umgesetzt werden. Die Gründe dafür liegen

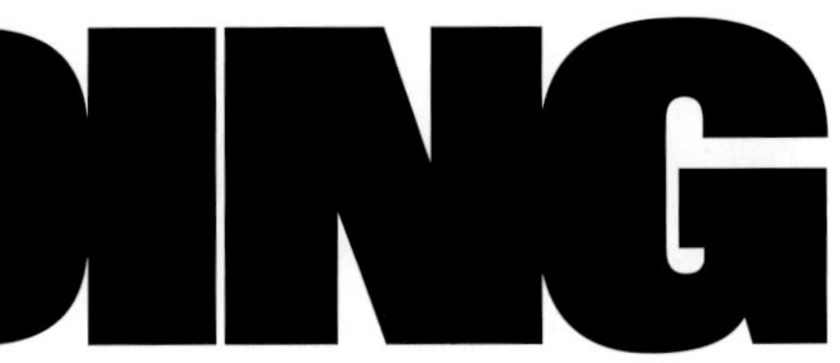

einerseits in der fehlenden visuellen und funktionalen Attraktivität der Plattform, deren entsprechende Realisierung unter den gegebenen finanziellen und zeitlichen Bedingungen nicht möglich war. Anderseits war die zu wenig weit reichende Promotion ein Grund für die ungenügende Frequentierung der Plattform. Ohne entsprechende Kooperation – z.B. mit einem Online-Medienpartner oder im angeleiteten Rahmen von Schulunterricht – ist es kaum möglich, genügend Personen für eine solche Mitarbeit zu gewinnen.

BESONDERE EREIGNISSE

Launch Publikation (Verlag, Titel, Auflage und Erscheinungsdatum sind derzeit noch offen, da die Angebote und Optionen diverser interessierter Verlage und Sponsoren noch evaluiert werden).

Projektpräsentation an der 5. Tagung der Deutschen Gesellschaft für Designtheorie und -forschung in Köln, Juni 2007.

Integration der Thematik in die Lehre an der Zürcher Hochschule der Künste (ZHdK): Seminar »Labels – Marken – Brands«, Studienbereich Theorie, Sommer 06; transdisziplinäres Lehrprojekt »Flow«, Departement Design, Studienbereich Visuelle Kommunikation, Winter 06/07.

ZUSAMMENFASSUNG

Inhalte

Das transdisziplinär angelegte Forschungsprojekt erkundet einerseits visuelle und rhetorische Strategien in der Kommunikation von »Lifestyle«-Marken, die auf die Selbstausstattung und Selbstauszeichnung von Konsumenten nicht nur hinsichtlich ihres sozialen Status, sondern auch ihrer Lebensentwürfe, Gruppenzugehörigkeiten, (sub)kulturellen Orientierungen usw. abzielen. Andererseits untersucht es Techniken und Verhaltensmuster, anhand derer Konsumenten diese Marken adaptieren, wie dabei Selbstbilder und Identitäten konstruiert, ausgestaltet und im öffentlichen Raum zur Darstellung gebracht werden. Ein zentraler Fokus liegt dabei auf den Korrelationen zwischen Brand und Körper. Die Gegenüberstellung von Markenrepräsentation und Markenaneignung gibt Aufschluss über inhaltliche und formal-ästhetische Feedback-Prozesse zwischen Markenmanagement und Markenkonsum, aber auch generell über die Funktionen und Dynamiken aktueller Markenkulturen, die in den vergangenen Jahren nicht nur in Bezug auf die im öffentlichen Raum kolportierten Persönlichkeitsbilder und Identifikationsangebote an Bedeutung gewonnen haben, sondern zunehmend auch Gegenstand öffentlicher Debatten über die gegenwärtige Rolle von Brands und Brandings als Transmitter, »Trading Zones« und Platzhalter kollektiver Werthaltungen geworden sind. Das Projekt operiert mit einem entsprechend weiten Markenbegriff, der neben Gebrauchs- und Konsumgegenständen beispielsweise auch Ereignisse, Lokalitäten oder Persönlichkeiten und ihre Geschichten als »markenfähig« in Betracht zieht.

Methoden

Das Vorgehen ist auf eine breite phänomenologische Bestandesaufnahme hin angelegt. Aus unmittelbar gegenwartsbezogener Perspektive wird zunächst das visuelle Geschehen in den derzeit massgeblichen Medien beobachtet, in denen die Kommunikation über Brands und Branding produktions- und rezeptionsseitig stattfindet: Was wird wie und in welchen Zusammenhängen sichtbar? Welche Rhetoriken und Performanzen kommen dabei zur Anwendung? – Im Mittelpunkt stehen Marken aus den Bereichen Mode, Accessoires und Unterhaltung. Die umfassenden Bild- und Medienrecherchen werden ergänzt durch Videointerviews und ästhetische Experimente mit den Erscheinungsbildern aktueller Brands. In einem zweiten Schritt erfolgt eine Kompilation und Kontextualisierung der gesammelten Materialien nach denselben visuellen und rhetorischen Kriterien, die bereits bei ihrer Entstehung und Gestaltung massgeblich gewesen sind. Dieser zweite Schritt umfasst nicht zuletzt auch das Entwickeln und Erproben von visuellen Inszenierungen und Darstellungsformen, die eine direkte, sinnlich-ästhetische Konfrontation mit dem Forschungsgegenstand ermöglichen und weitgehend ohne standardisierende Auswertungen, didaktische Kommentare oder theoretische Abstraktionen auskommen. Dabei geht es insbesondere darum, den Ereignischarakter gegenwärtiger Brands und Brandings herauszuarbeiten und erfahrbar zu machen.

Auf diese Weise setzt sich das Projekt auch mit den Methoden und Möglichkeiten visueller Forschung im Allgemeinen und Designforschung im Speziellen auseinander; es bezieht dabei eine Position, die gestalterische Strategien als probates Mittel dieses Forschungsbereichs stark zu machen versucht.

ZURICH, WED 21 MARCH

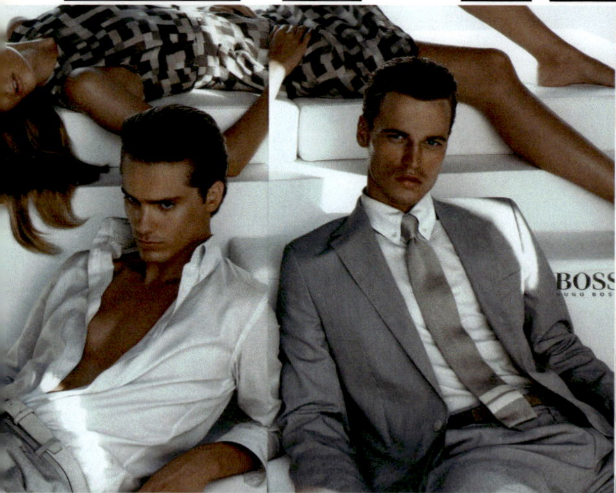
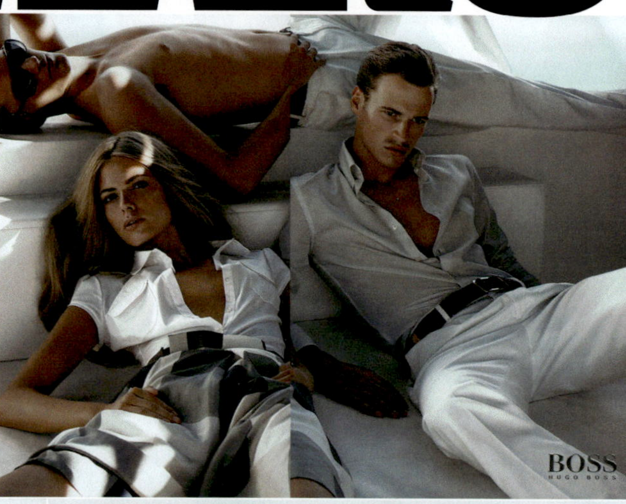
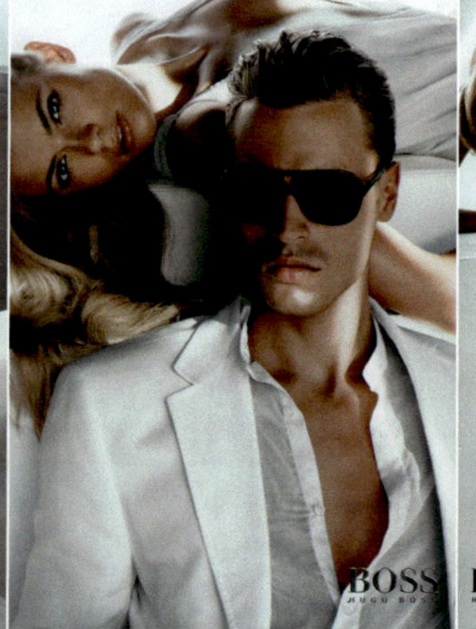
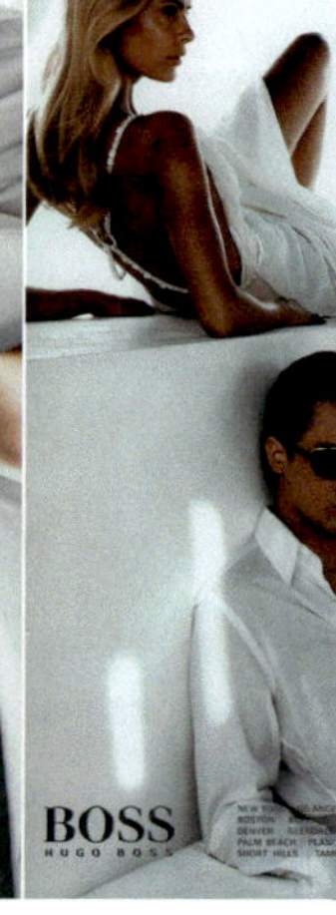

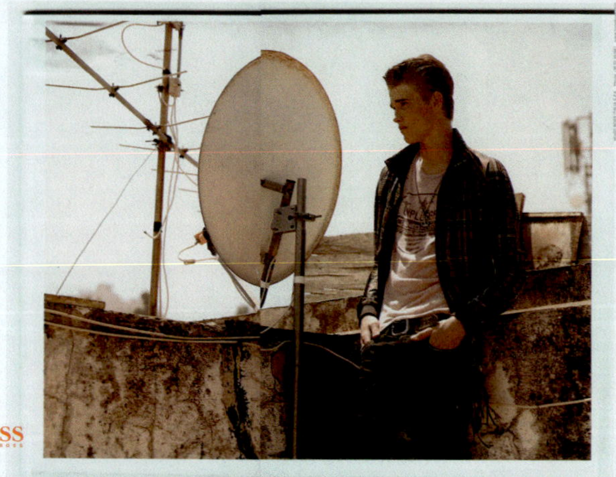
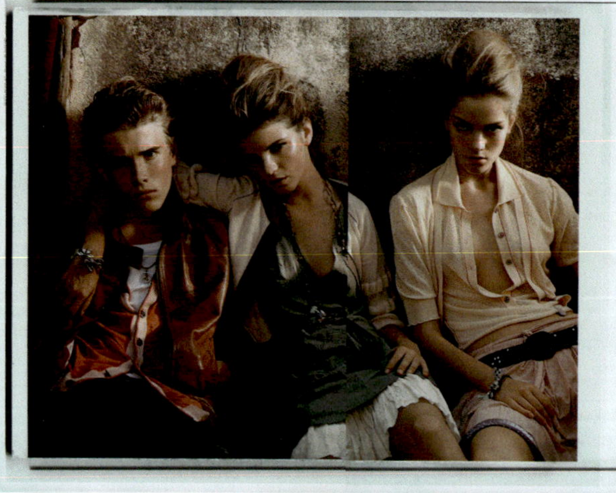

Boss

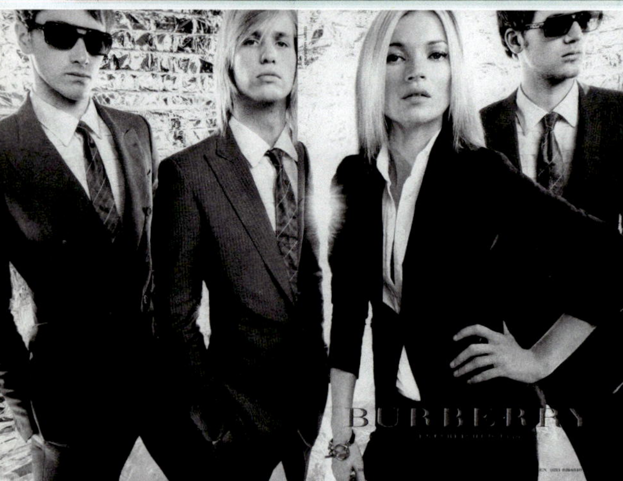
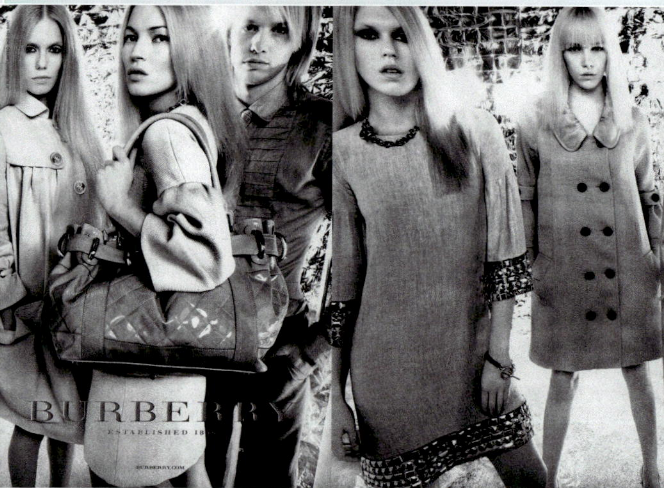
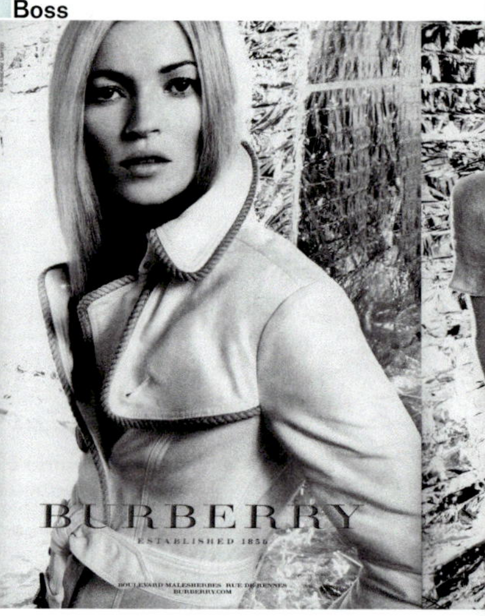

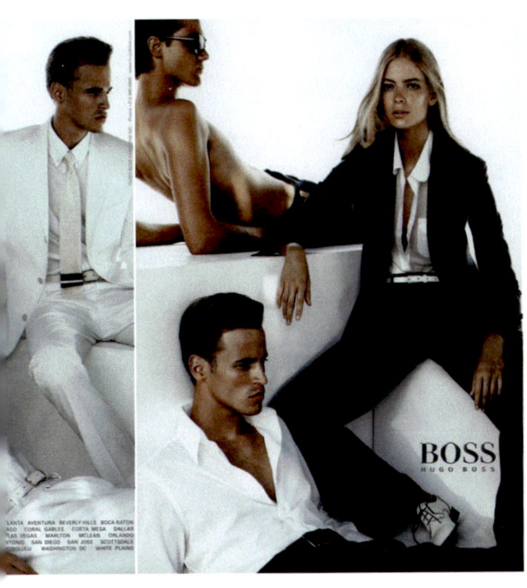

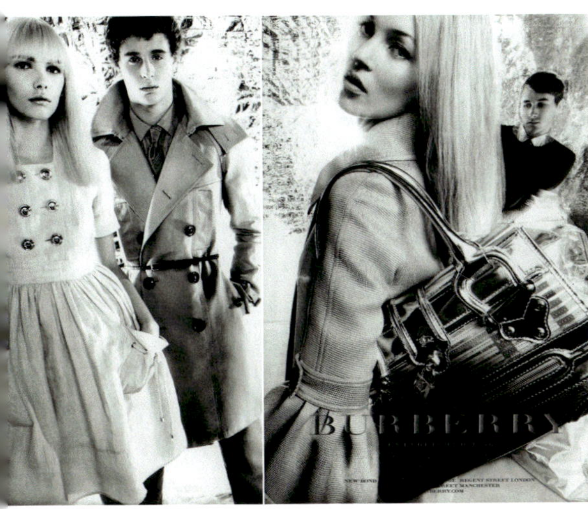

Burberry

CHANEL

CHANEL

CHANEL

CHANEL BOUTIQUES • Please call 800.550.0005

CHANEL

CHANEL

Chanel

DIESEL

DIESEL

DIESEL

DIESEL

GLOBAL WARMING READY

GLOBAL WARMING READY

GLOBAL WARMING READY

D&G
DOLCE & GABBANA

D&G
DOLCE & GABBANA

DOLCE & GABBANA

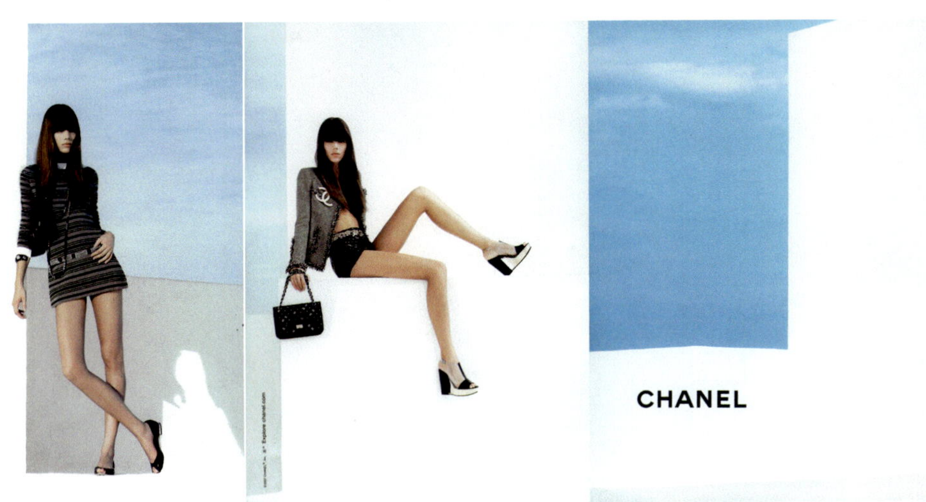

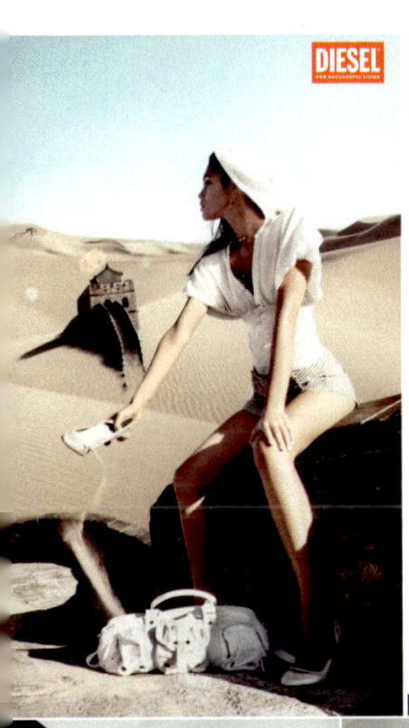

Diesel

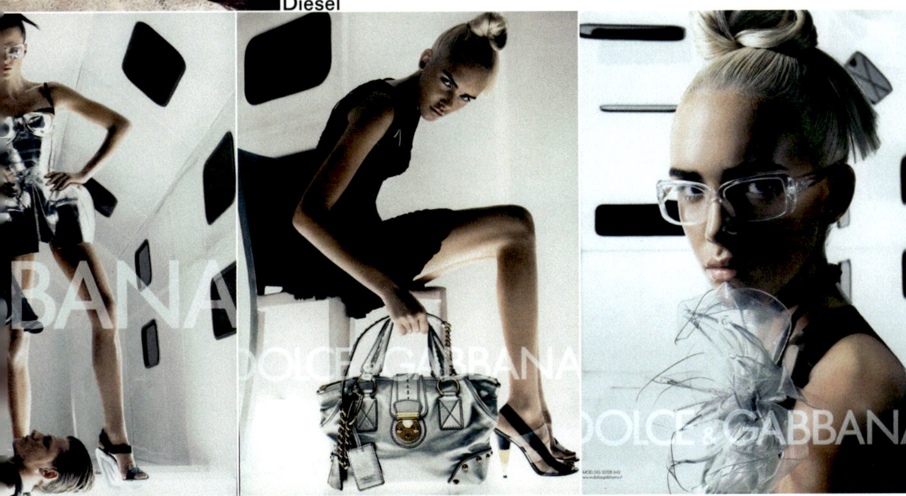

Dolce&Gabbana

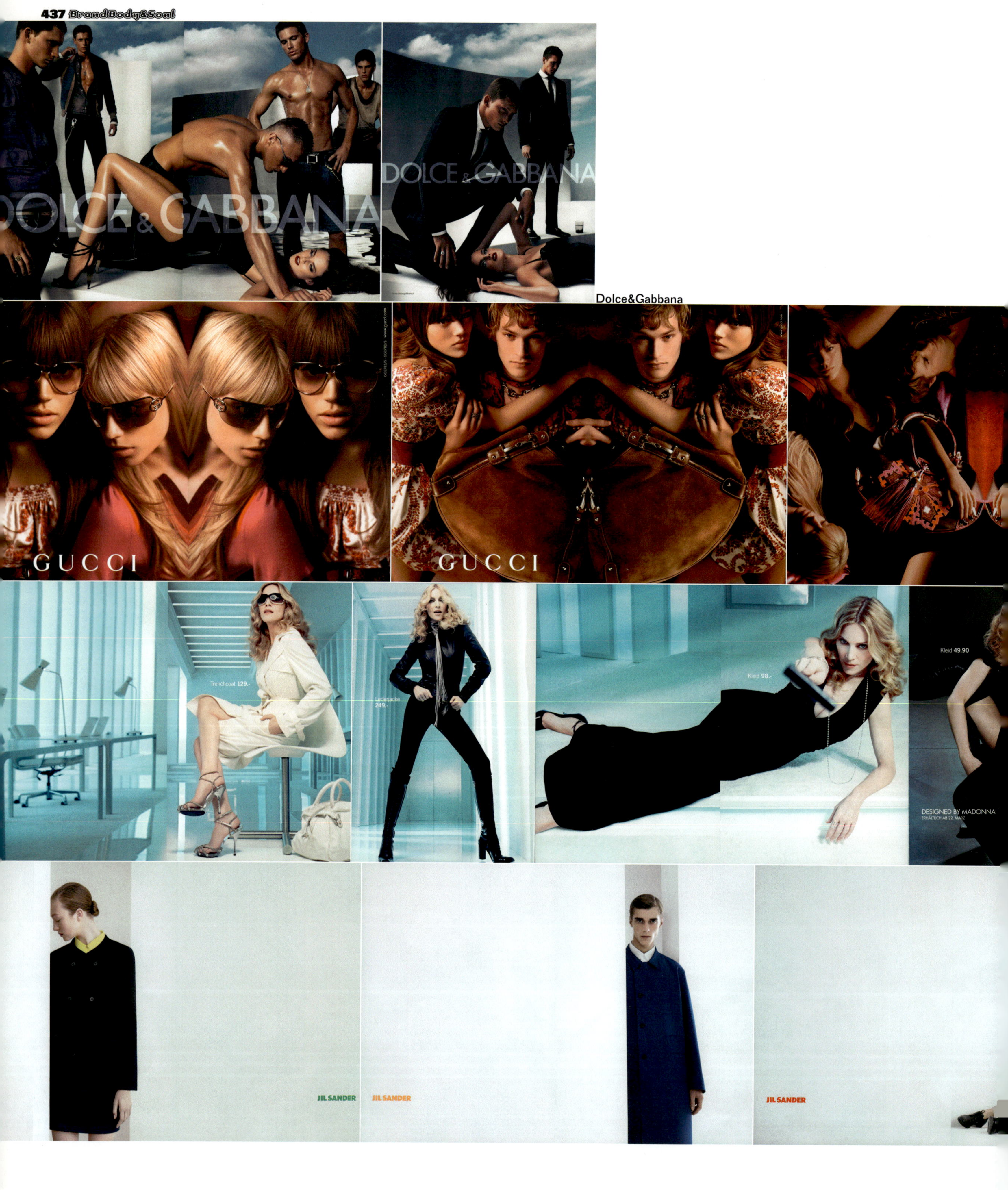
DOLCE & GABBANA
DOLCE & GABBANA
Dolce&Gabbana
GUCCI
GUCCI
Trenchcoat 129.-
Lederjacke. 249.-
Kleid 98.-
Kleid 49.90
DESIGNED BY MADONNA
JIL SANDER
JIL SANDER
JIL SANDER

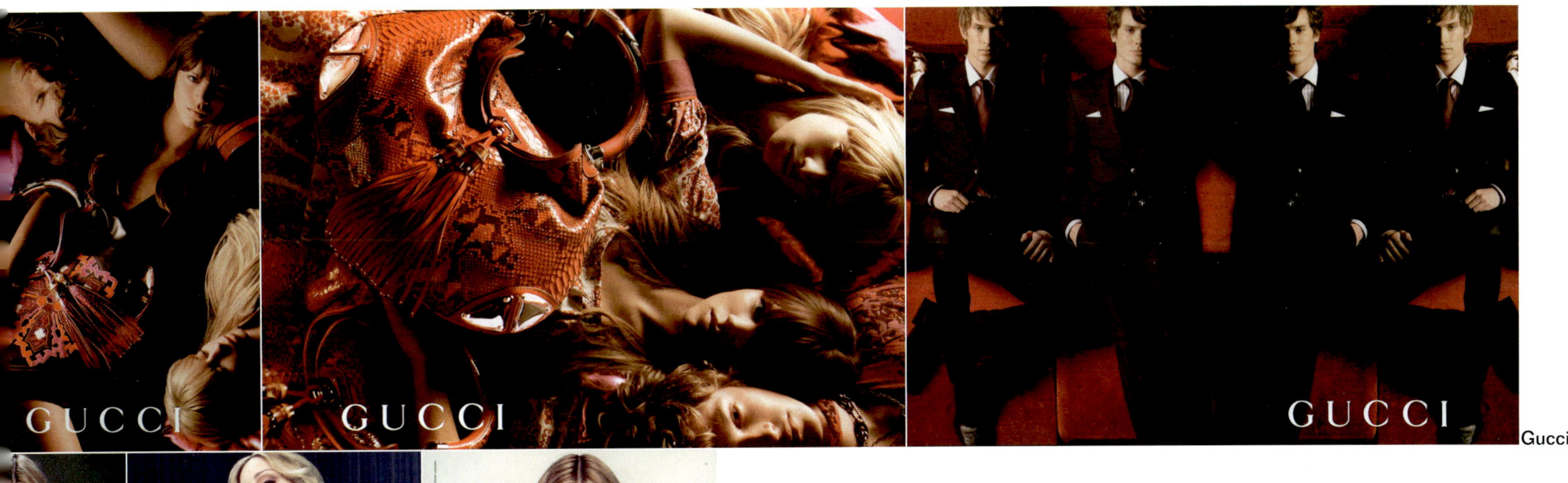

Gucci

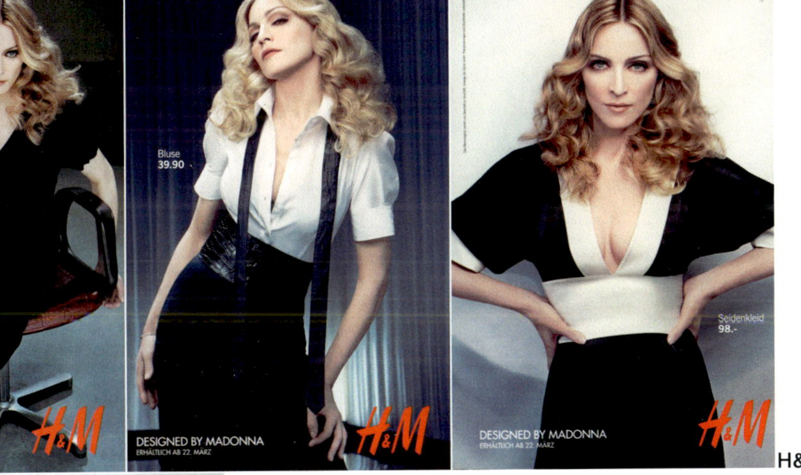

H&M

Jil Sander

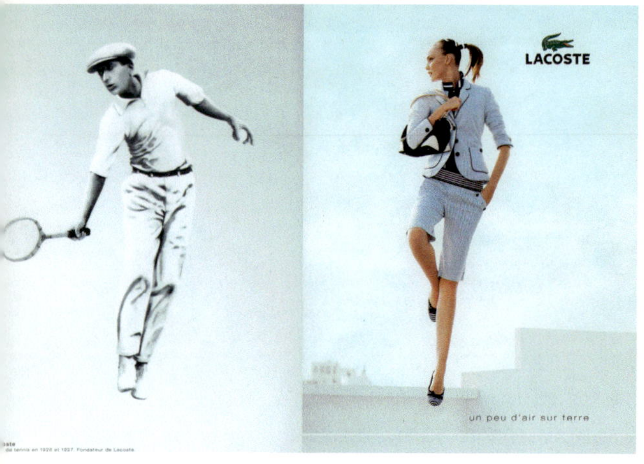

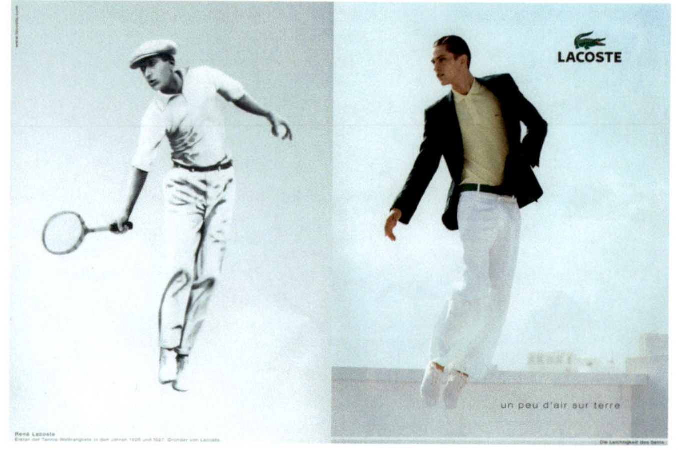

Lacoste

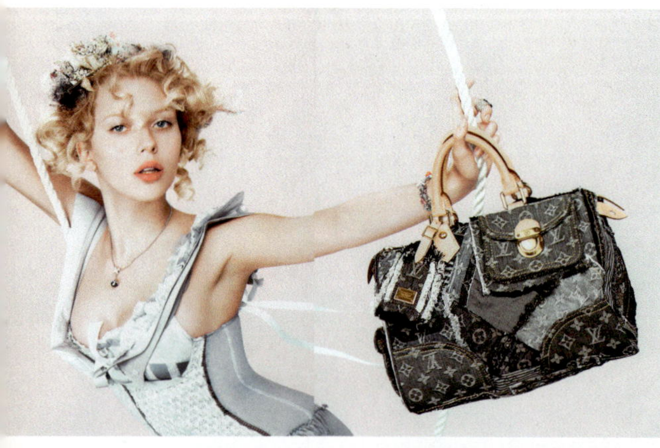

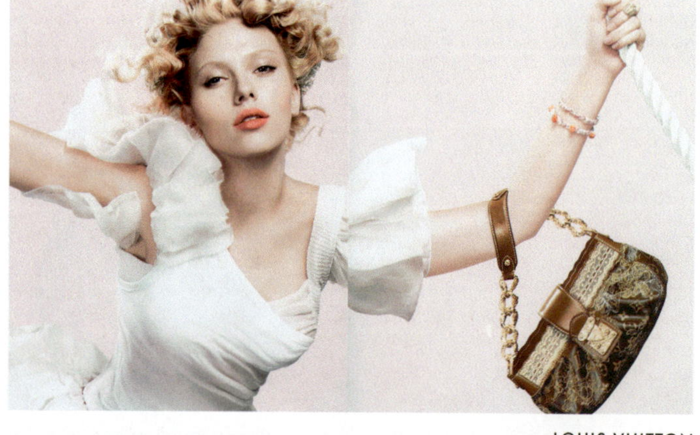

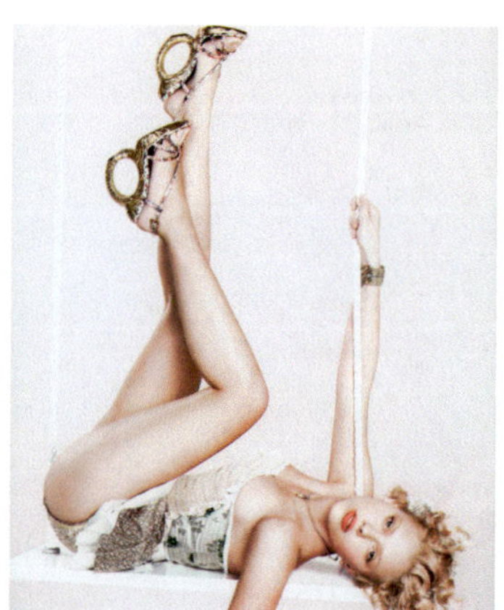

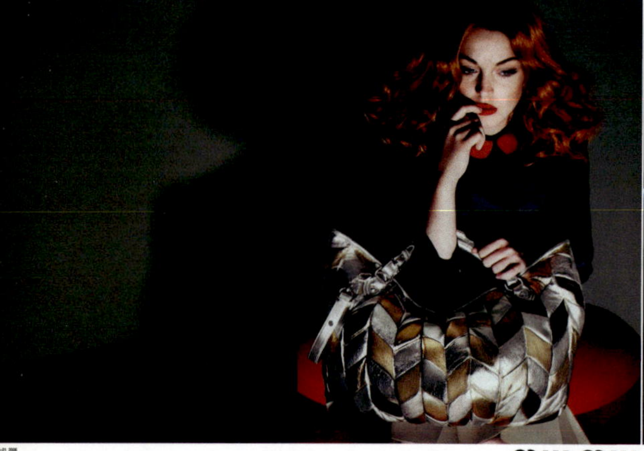

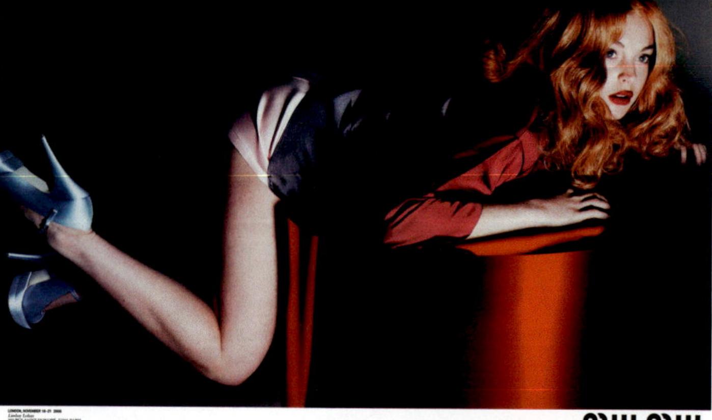

Miu Miu

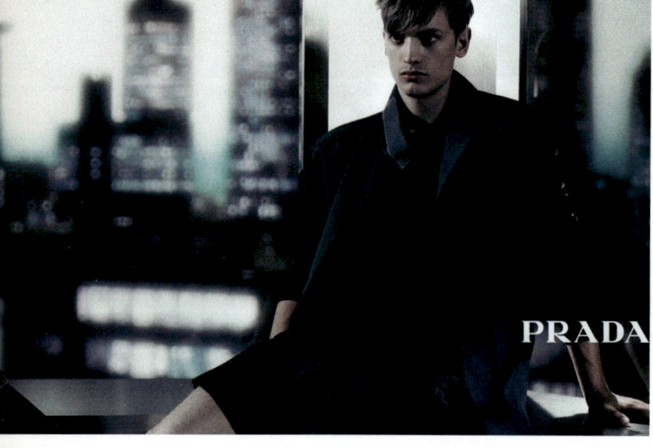

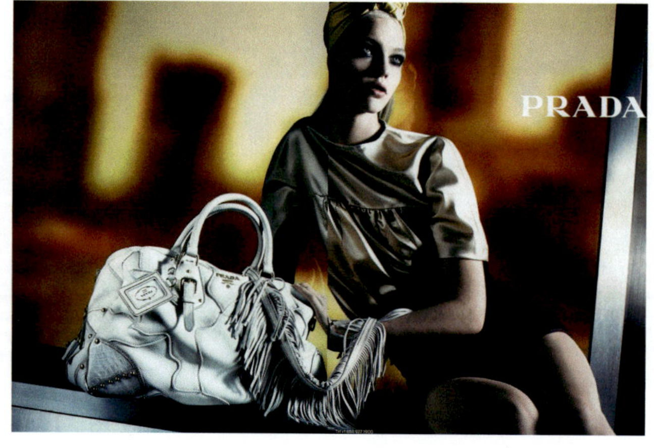

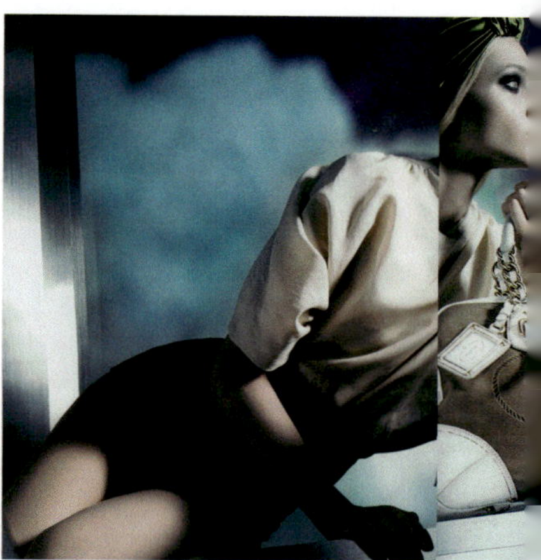

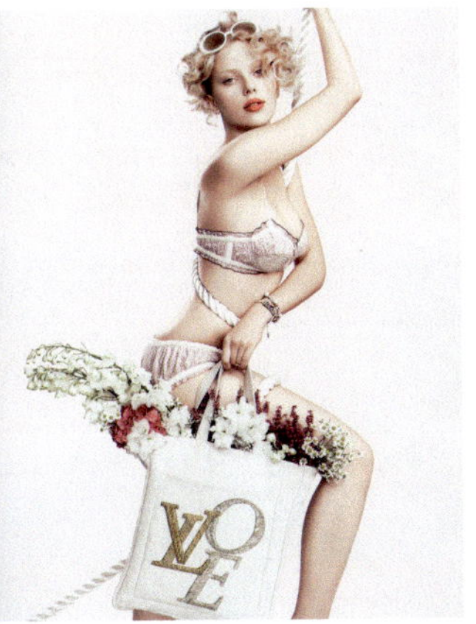
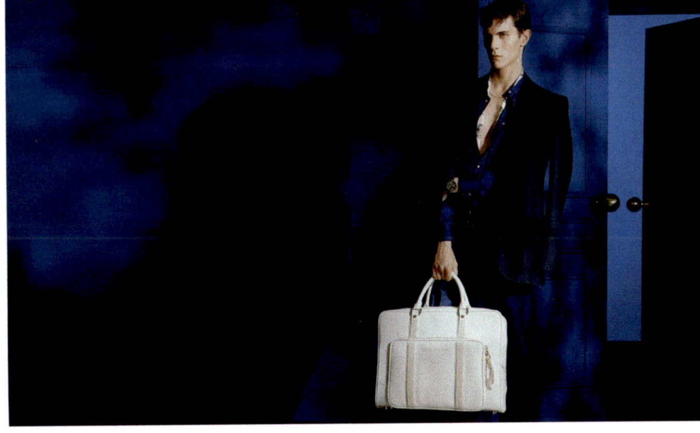

LOUIS VUITTON

LOUIS VUITTON

Louis Vuitton

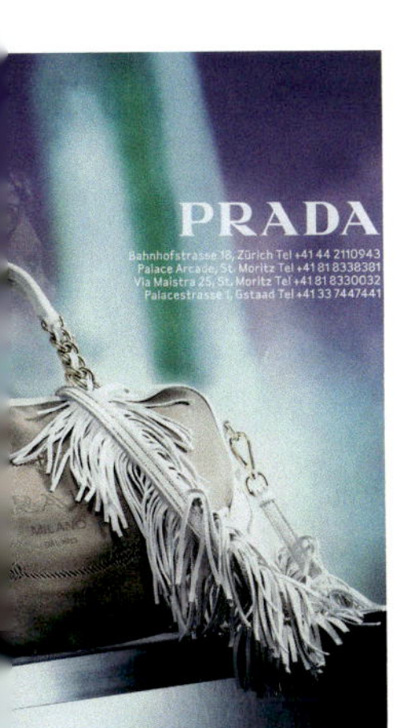
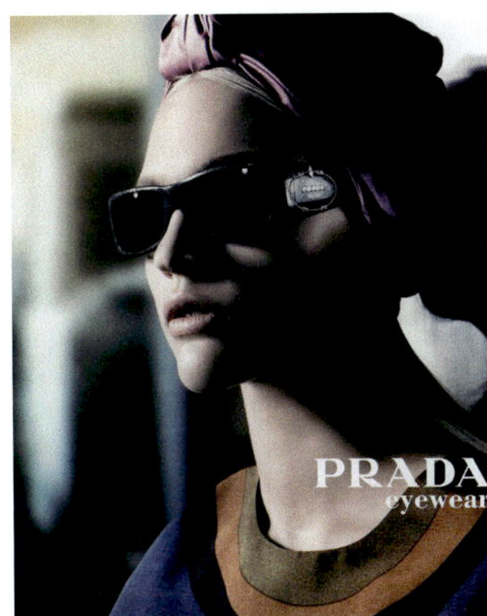

Prada

"MISSHAPI

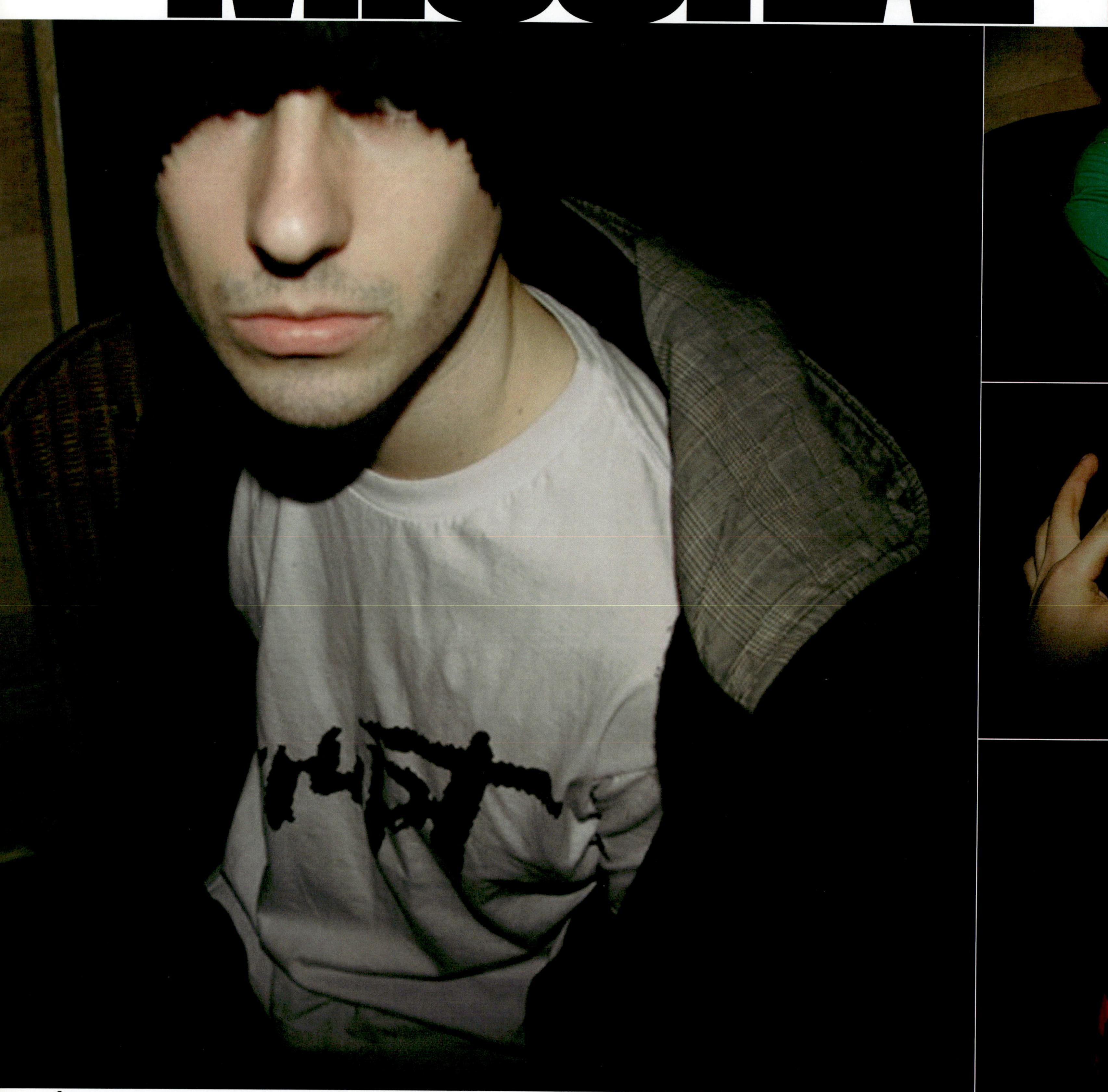

① Cf. above: Renate Menzi; Marke:Stil:Style/Brand:Style:Style!

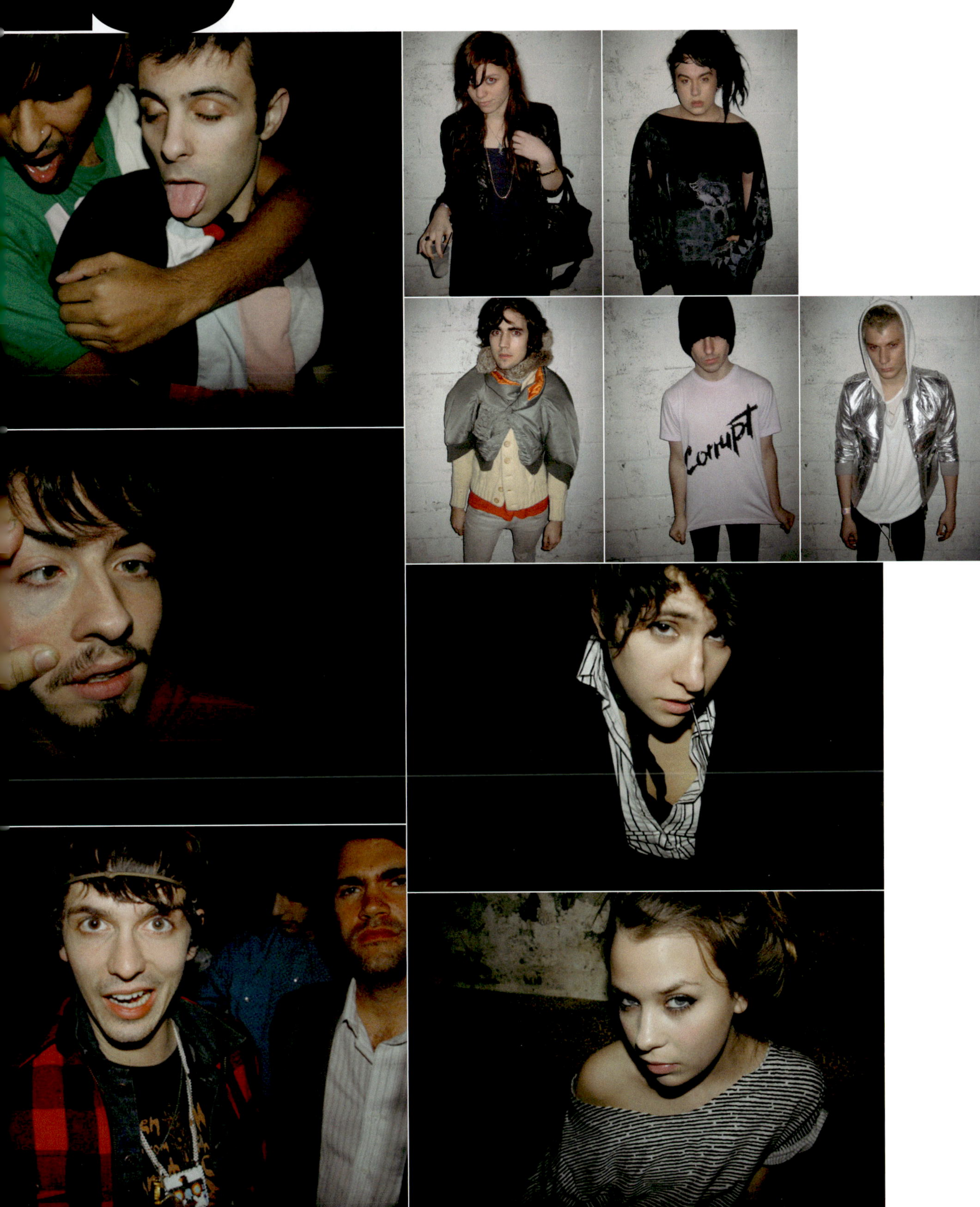
Corrupt

SHANGHAI, W
26 MARCH'

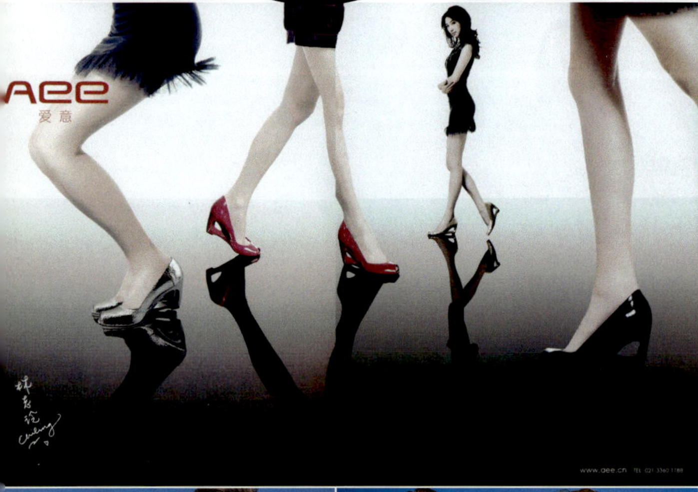

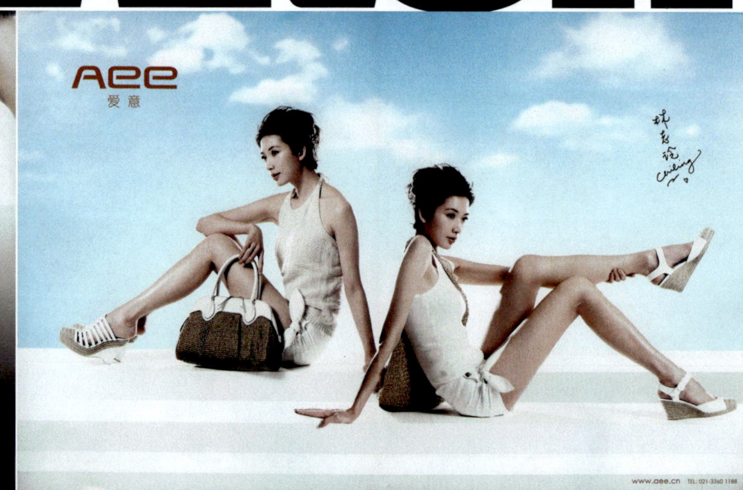
aee

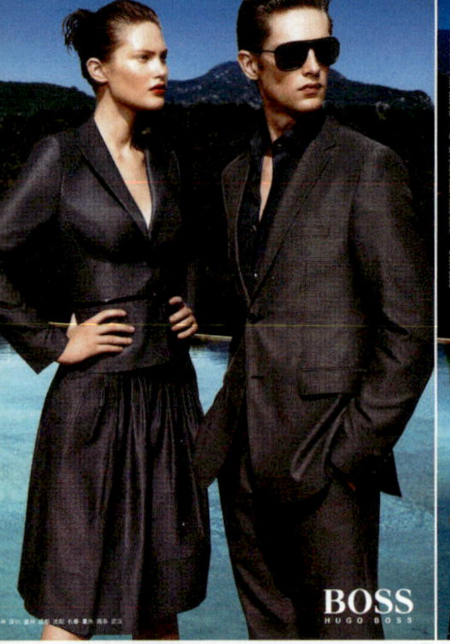

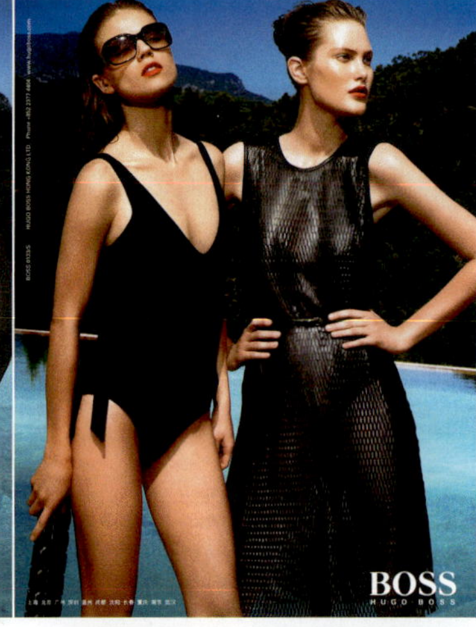
Boss

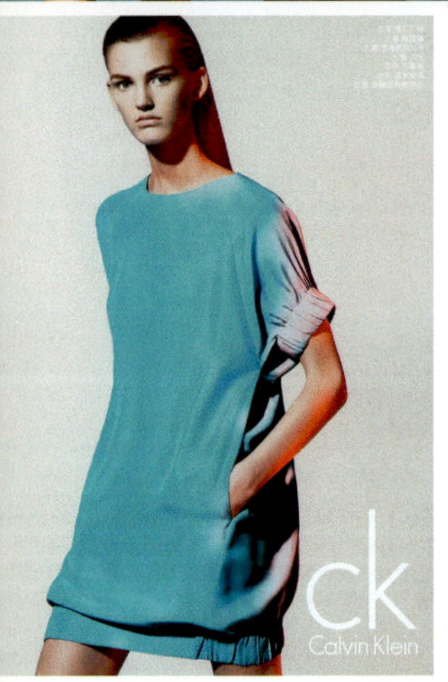

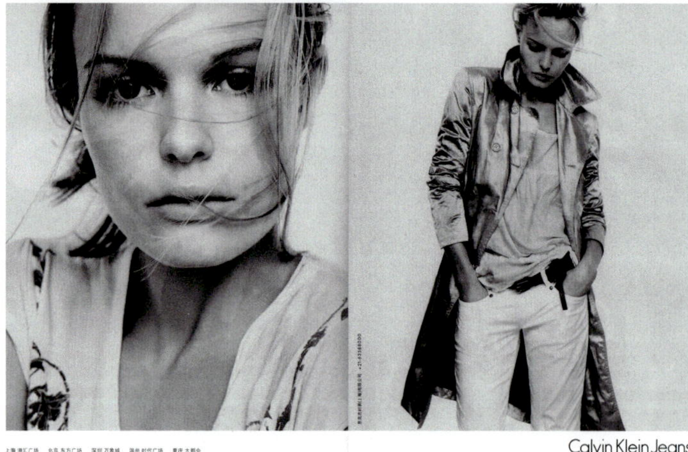
Calvin Klein Jeans   Calvin Klein

WEDNESDAY

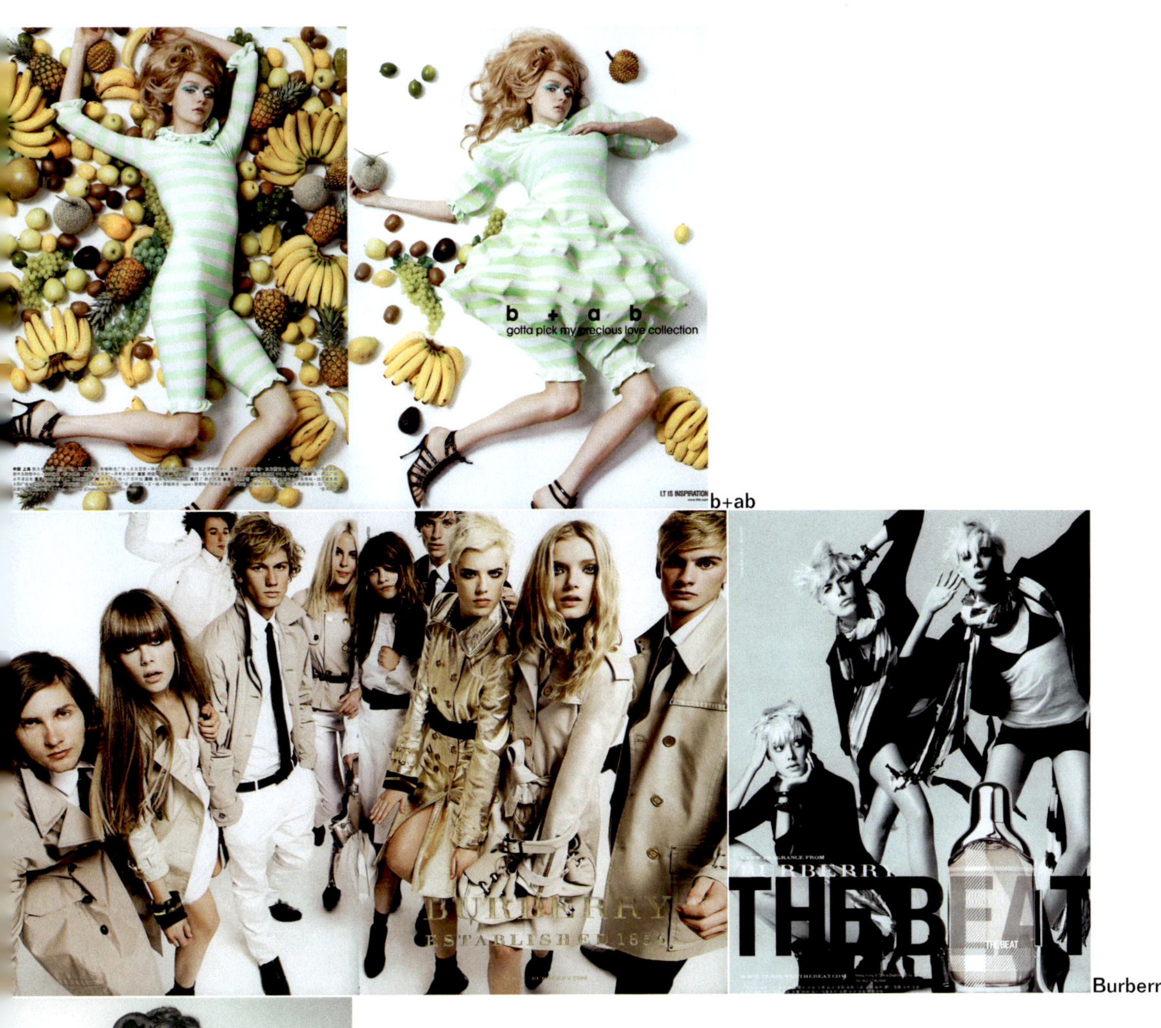

b+ab

Burberry

Chanel

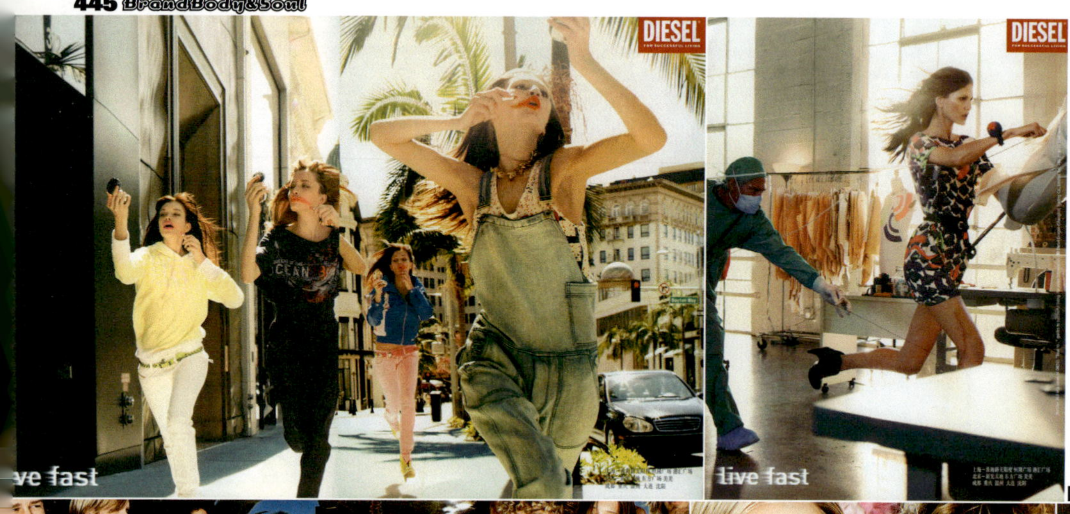

Diesel

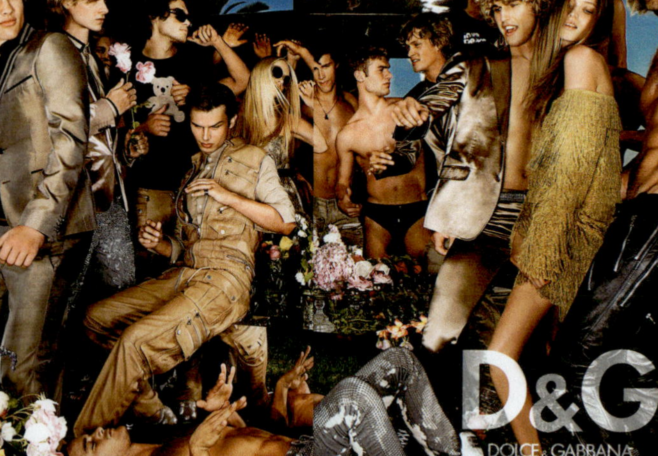

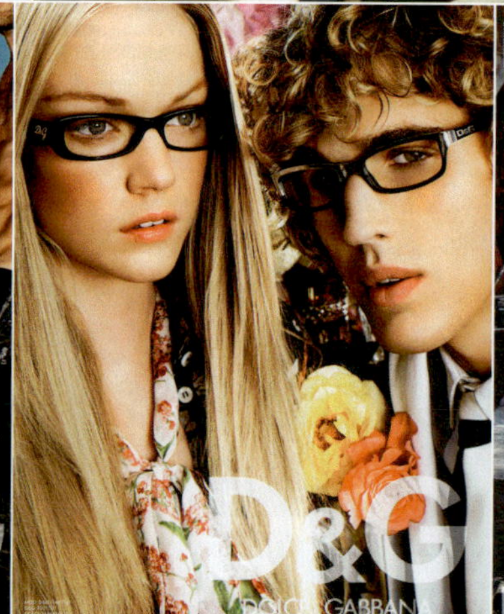

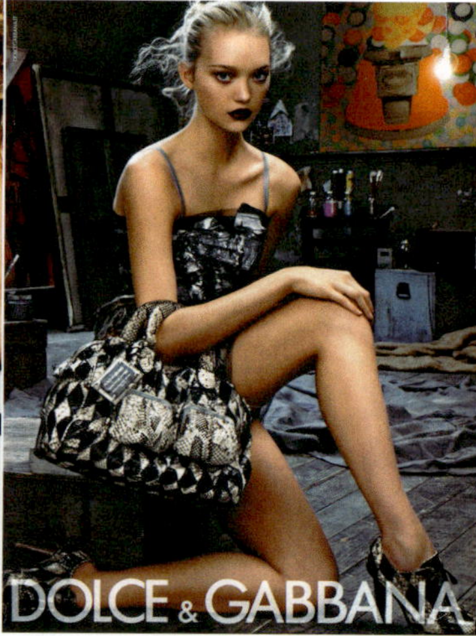

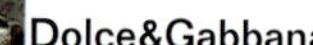

Dolce&Gabbana

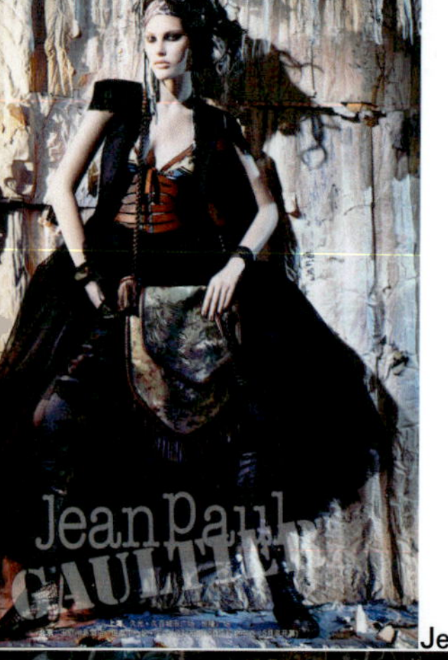

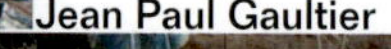

Jean Paul Gaultier

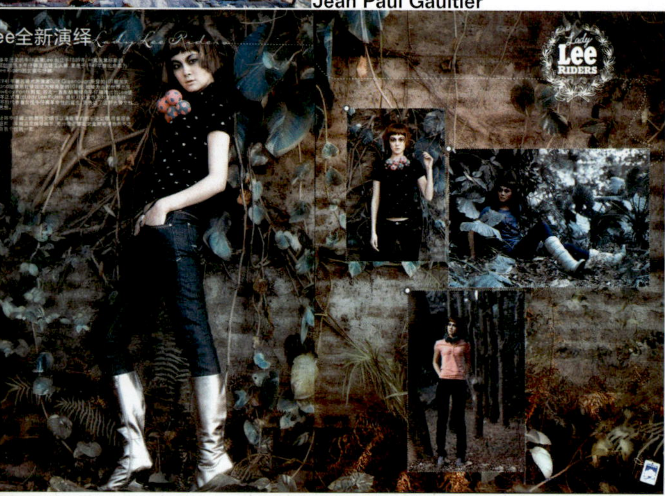

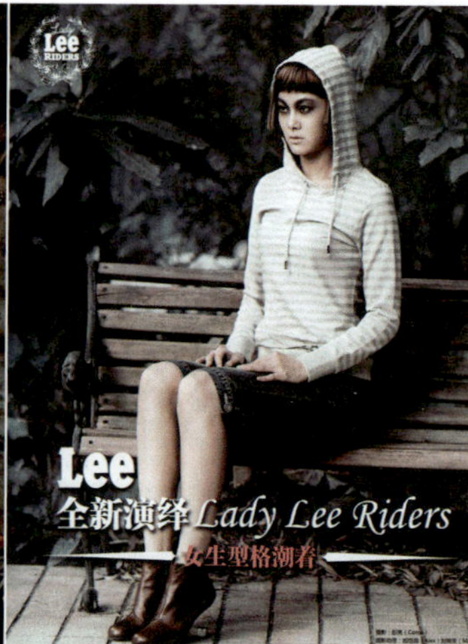

Lee

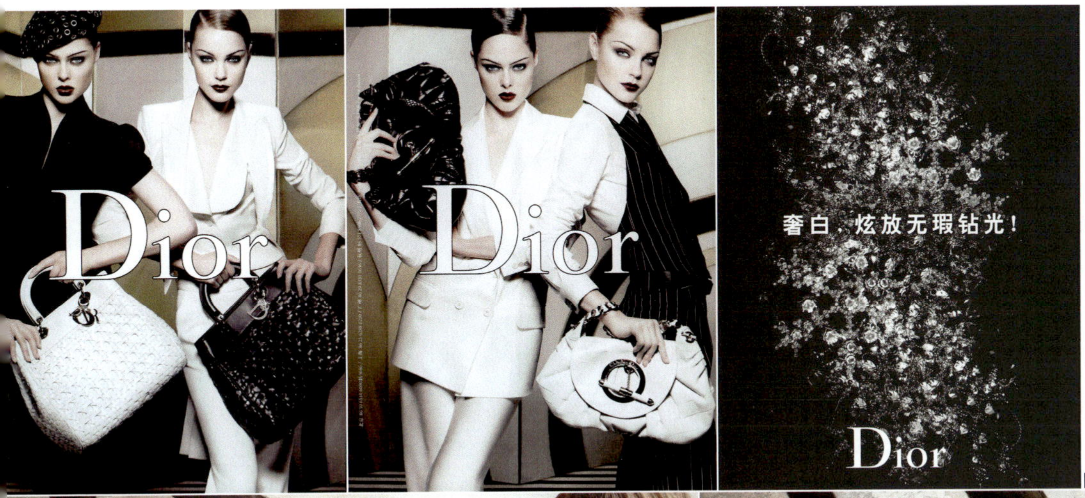

Dior

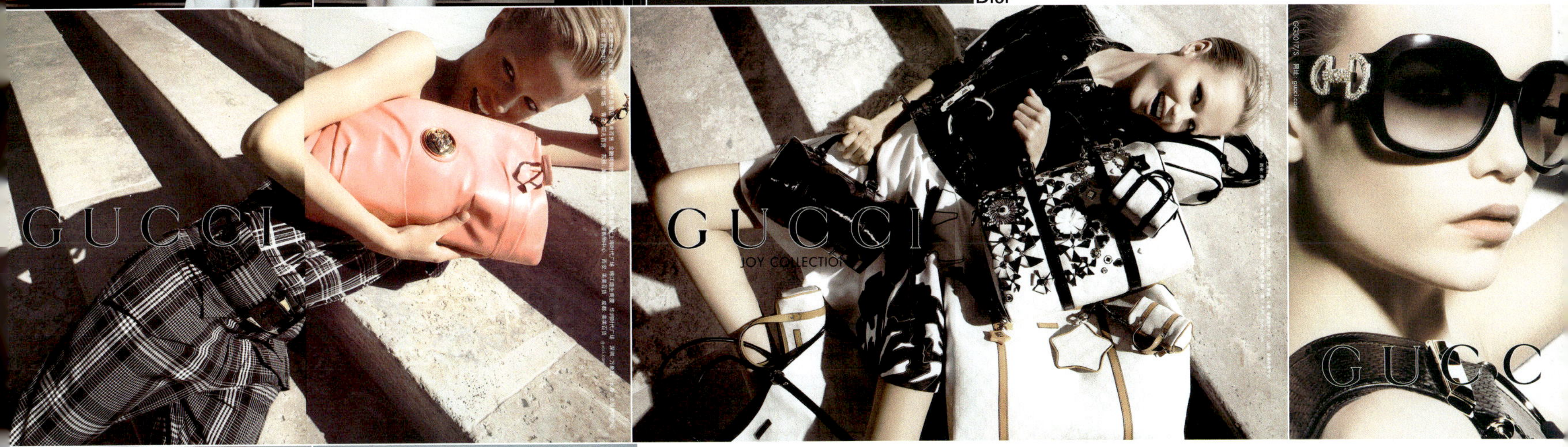

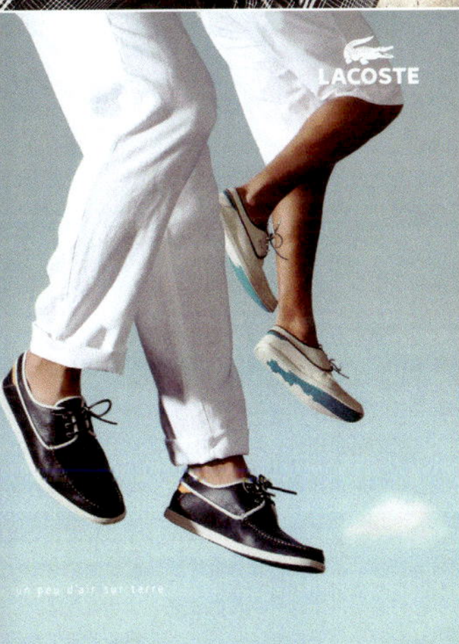

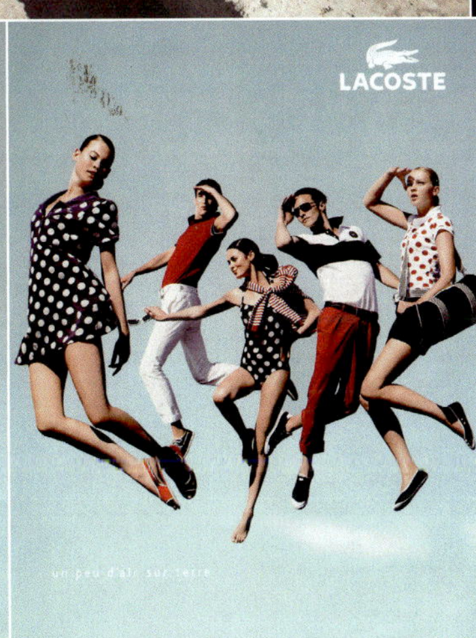

Lacoste

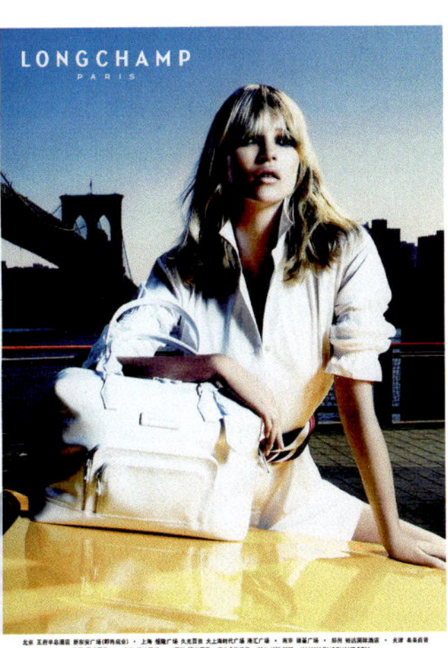

Longchamp

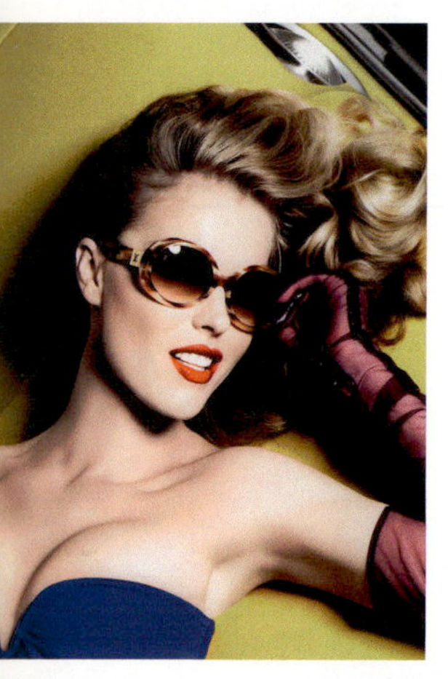

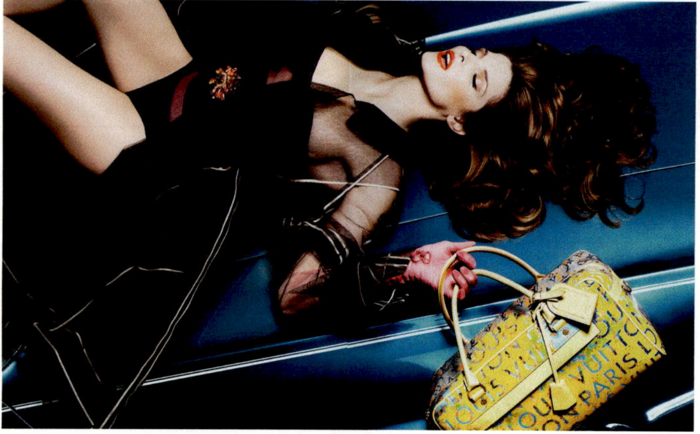

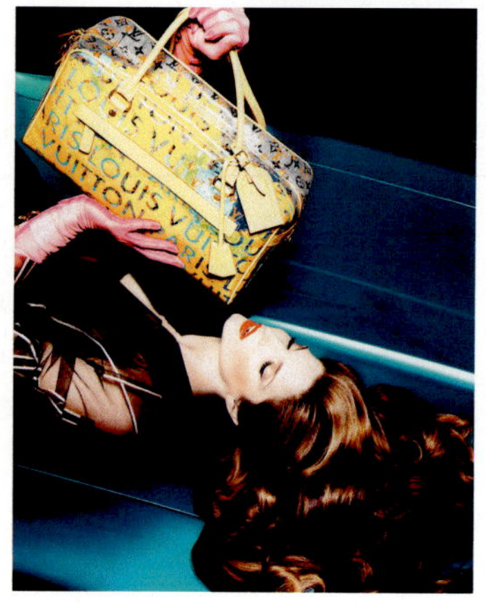

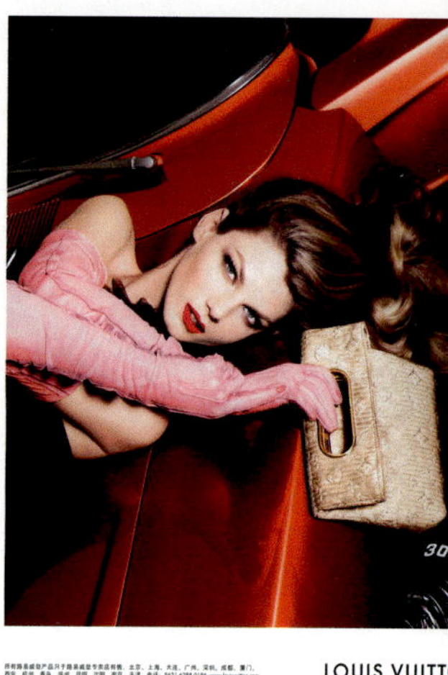

LOUIS VUITTON

LOUIS VUITTON

LOUIS VUITTON

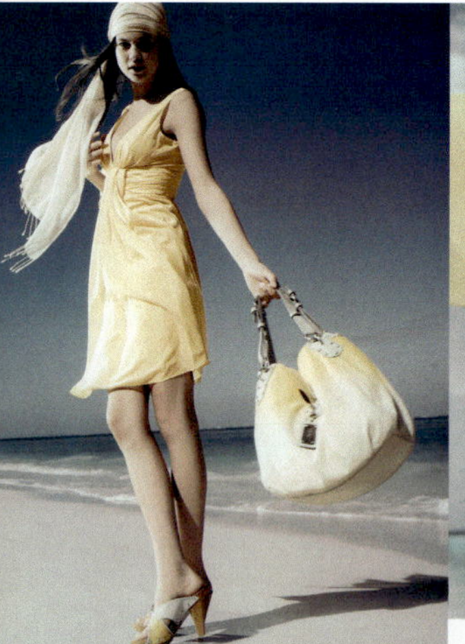

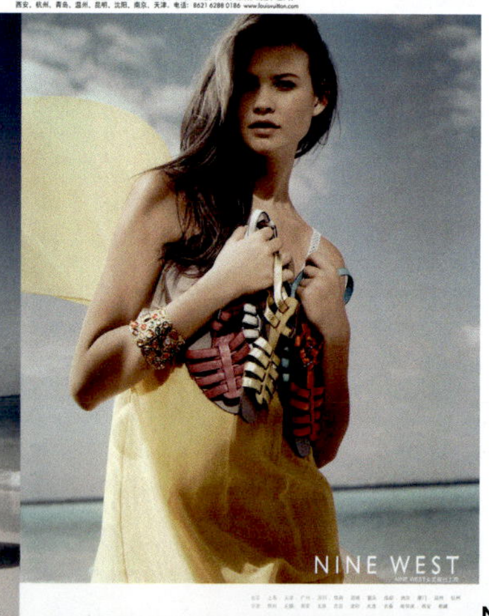

Nine West

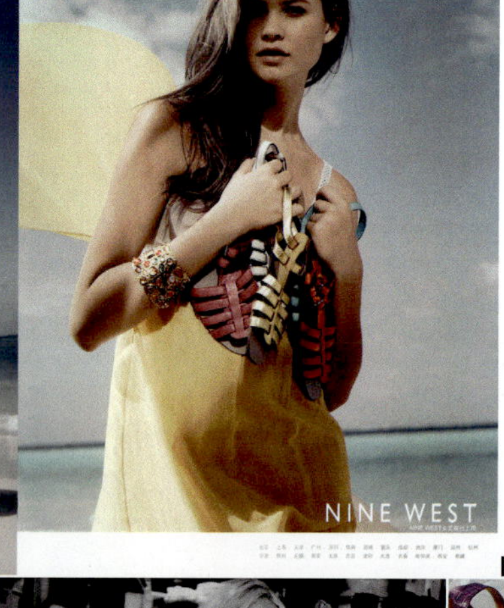

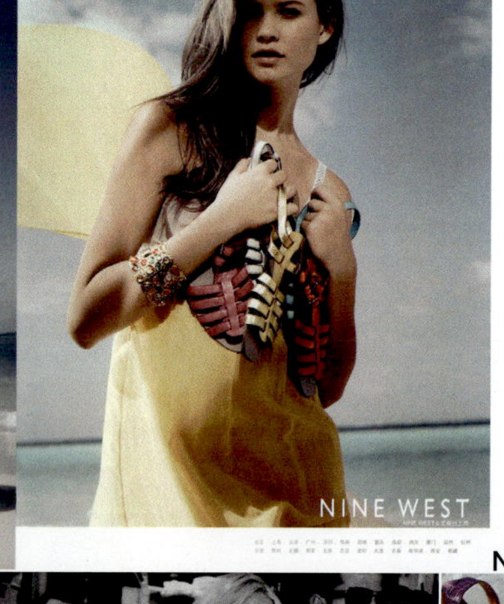

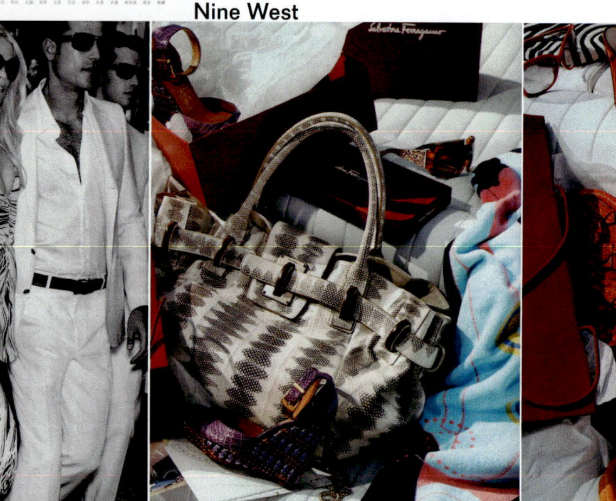

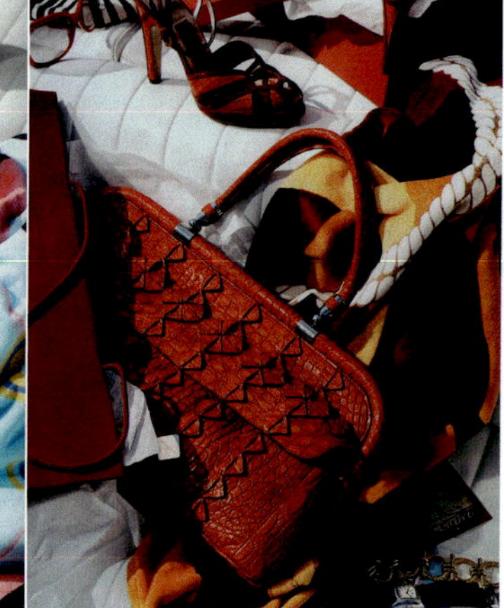

Salvatore Ferragamo

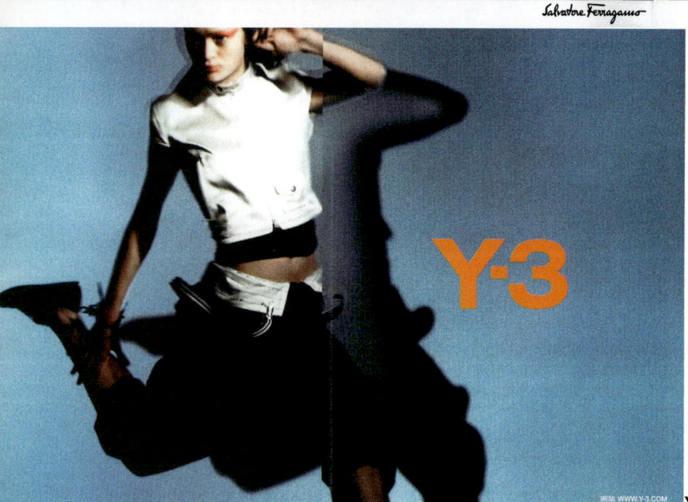

Y-3

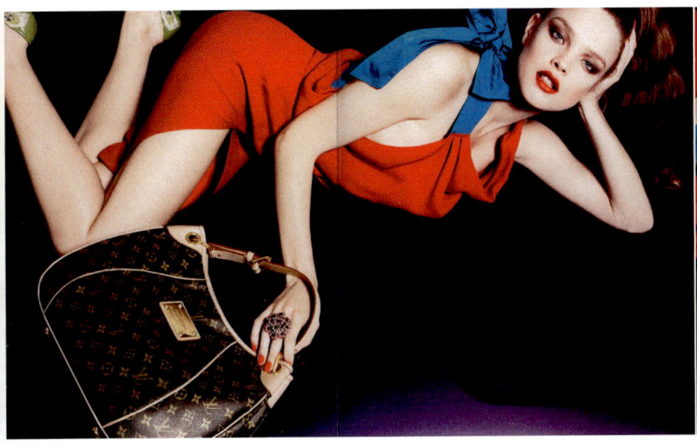
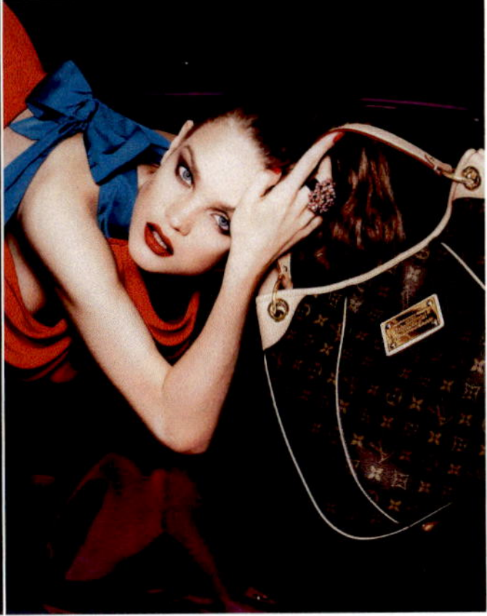

LOUIS VUITTON   **Louis Vuitton**

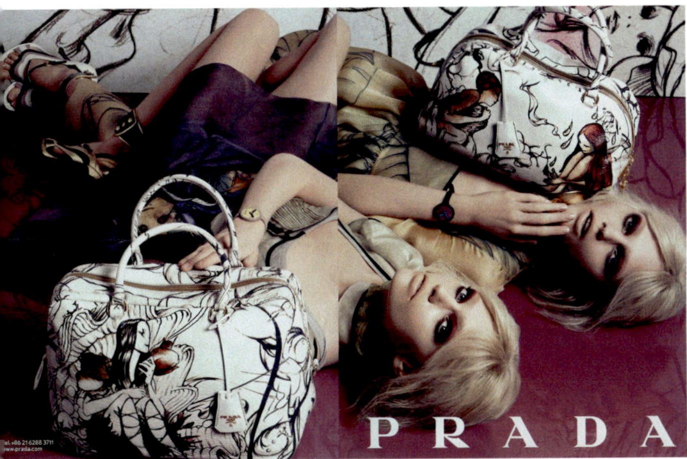

Prada

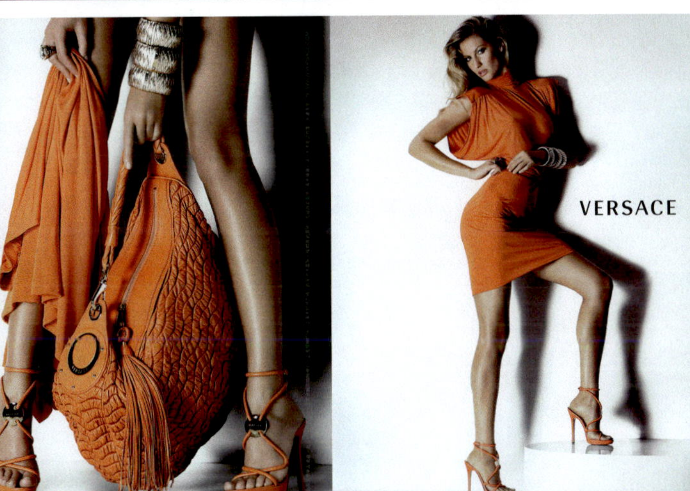

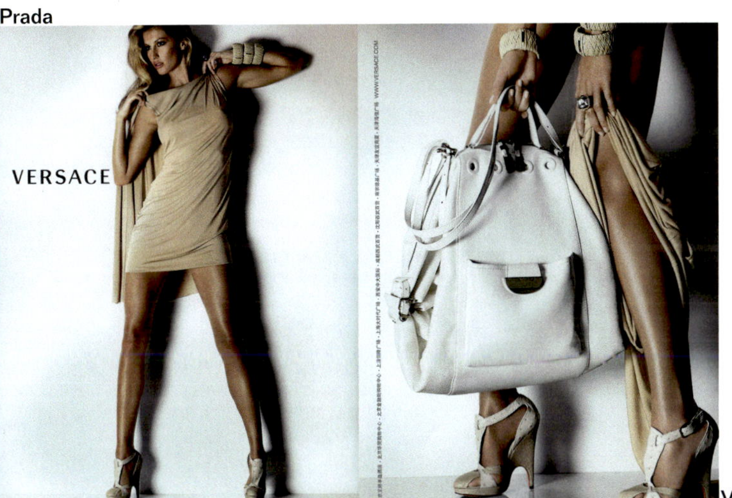

Versace

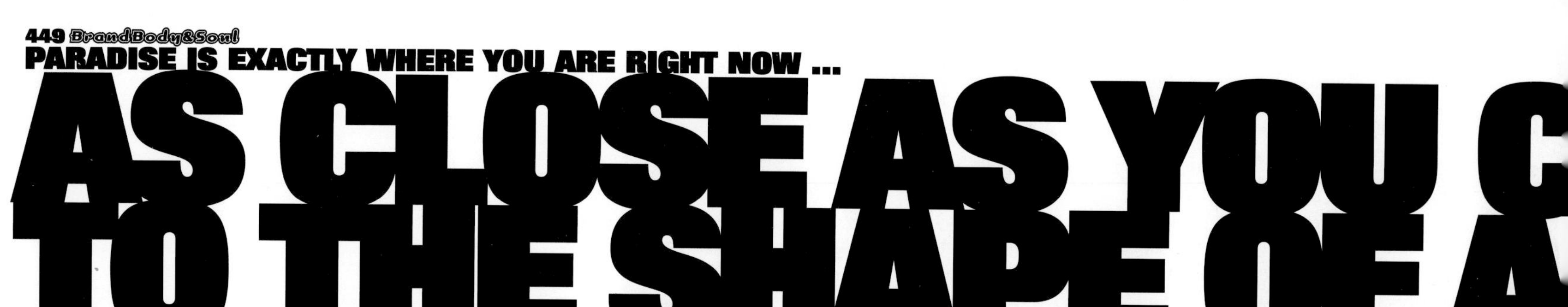

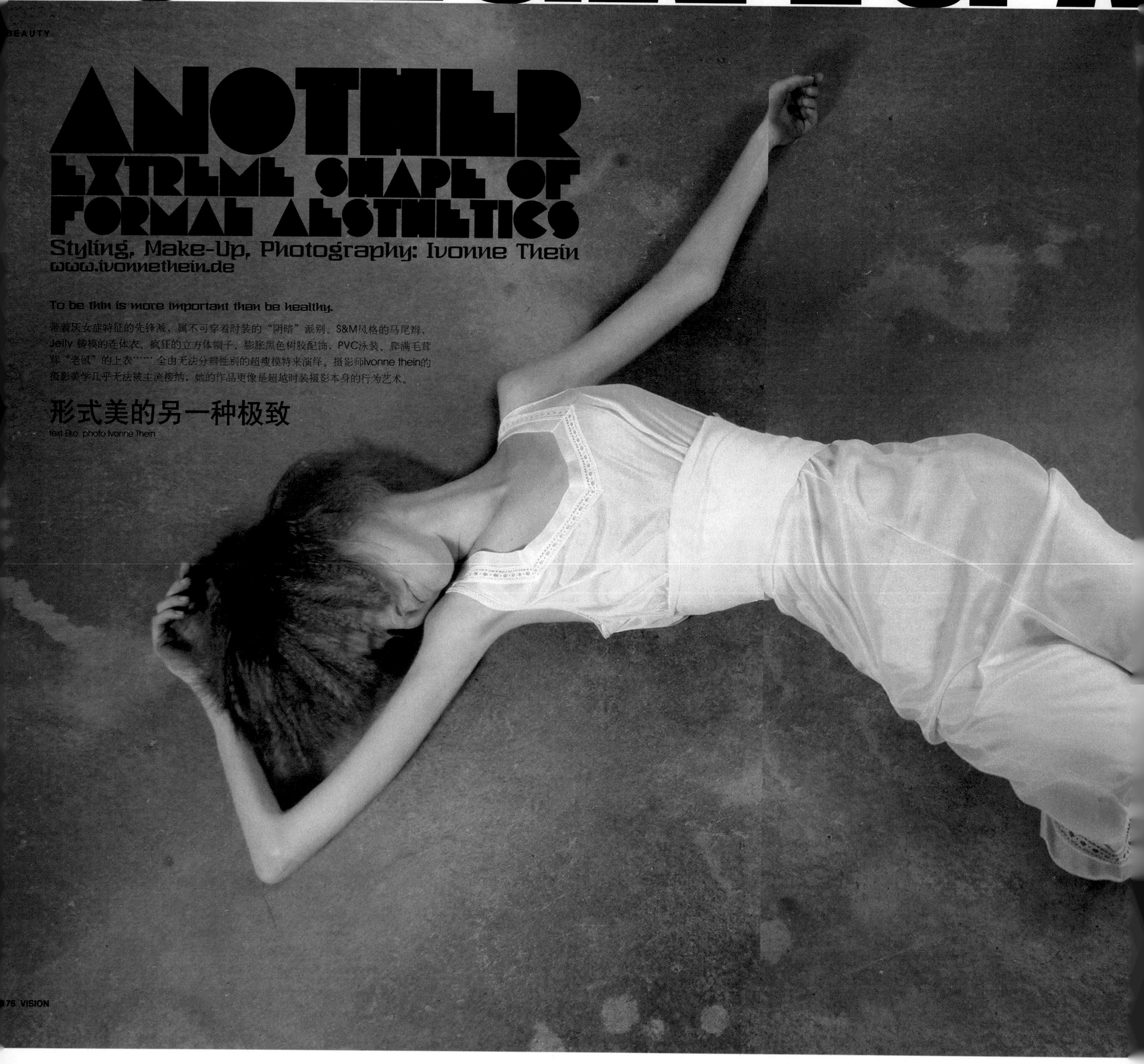

BEAUTY

ANOTHER EXTREME SHAPE OF FORMAL AESTHETICS

Styling, Make-Up, Photography: Ivonne Thein
www.ivonnethein.de

To be thin is more important than be healthy.

带着厌女症特征的先锋派、属不可穿着时装的"阴暗"派别。S&M风格的马尾辫、Jelly 铸模的连体衣、疯狂的立方体帽子、膨胀黑色树胶配饰、PVC泳装、爬满毛茸茸"老鼠"的上衣……全由无法分辨性别的超瘦模特来演绎。摄影师Ivonne thein的摄影美学几乎无法被主流接纳；她的作品更像是超越时装摄影本身的行为艺术。

形式美的另一种极致

text Eko photo Ivonne Thein

AN GET
CIGARETTE

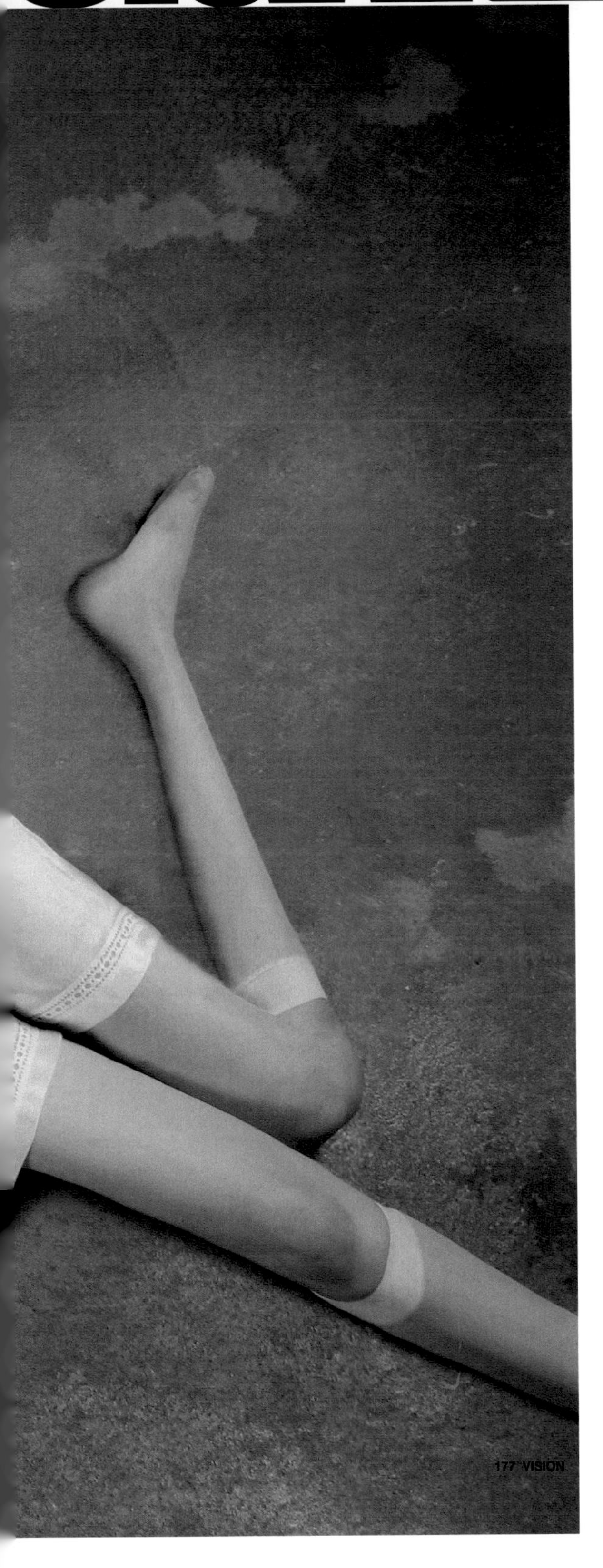

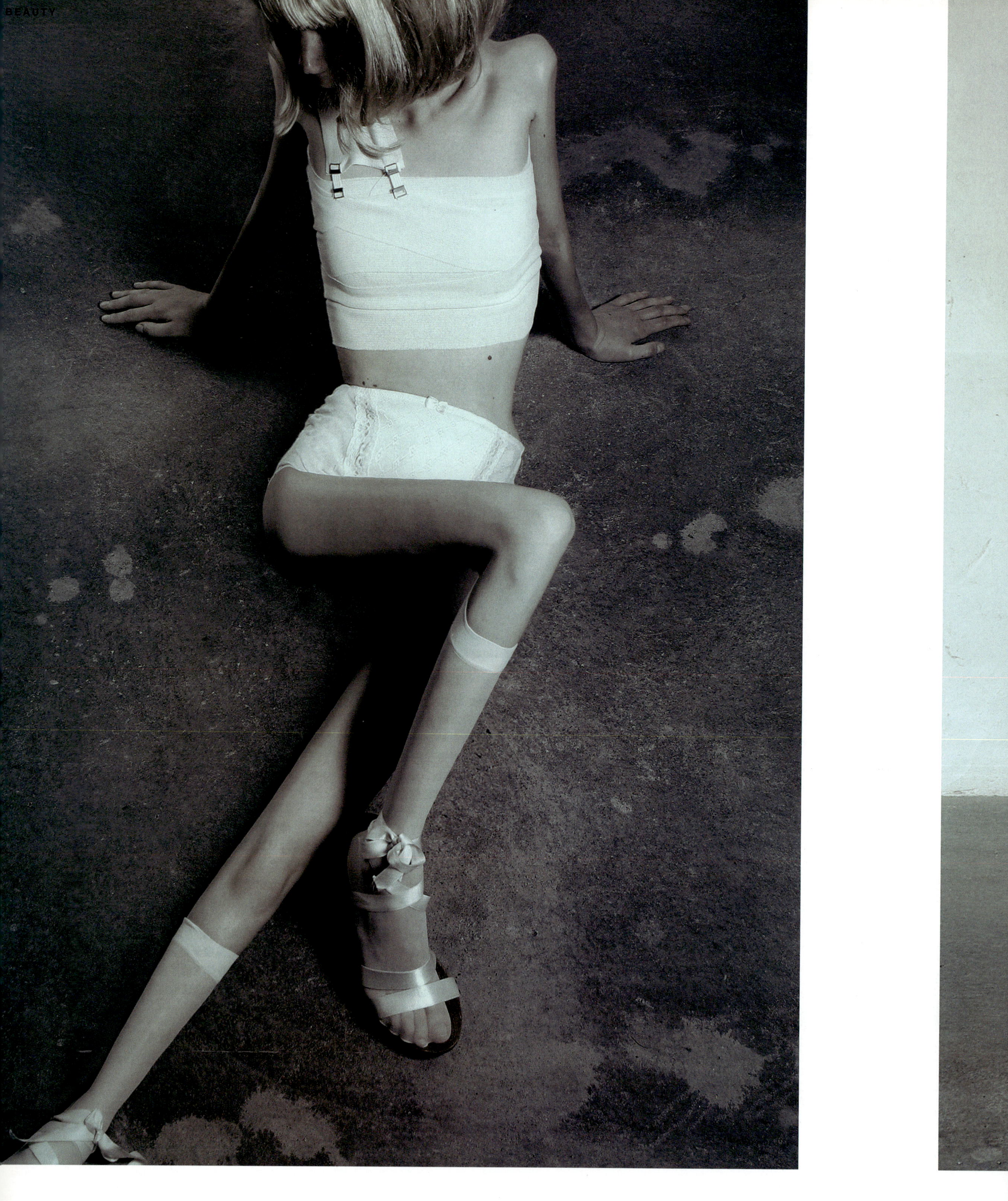

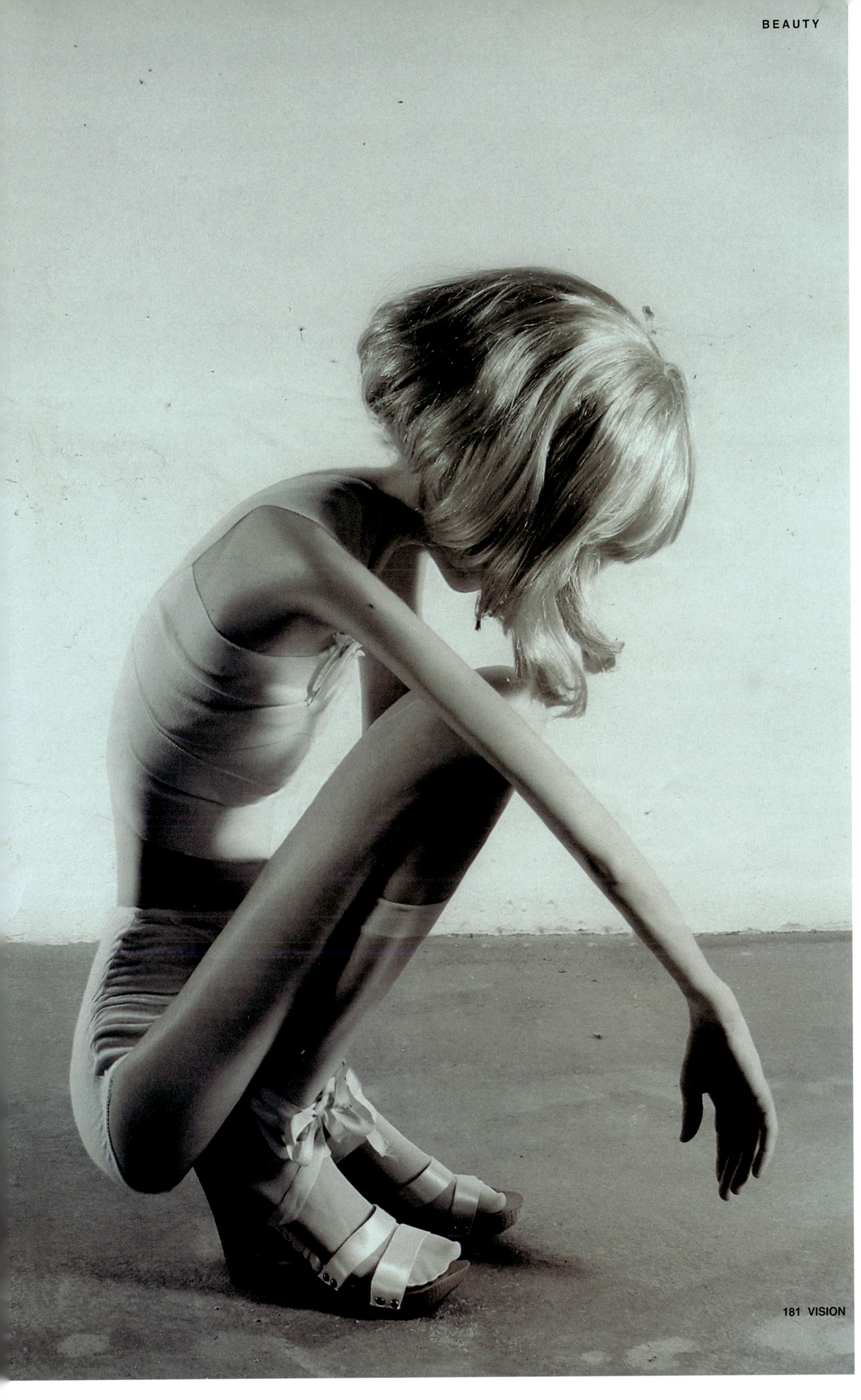

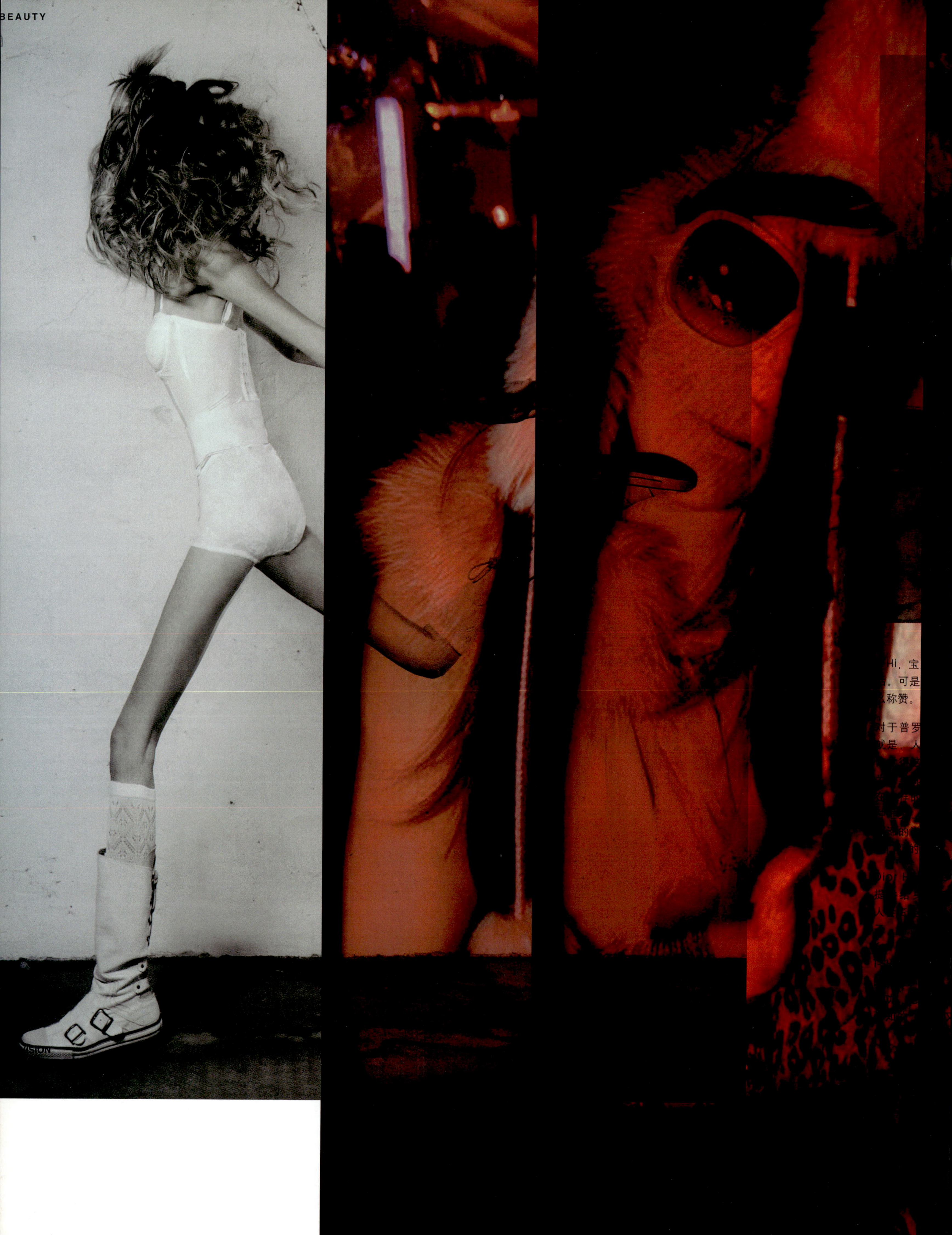
Hi，宝
。可是
么称赞。

对于普罗
就是，人

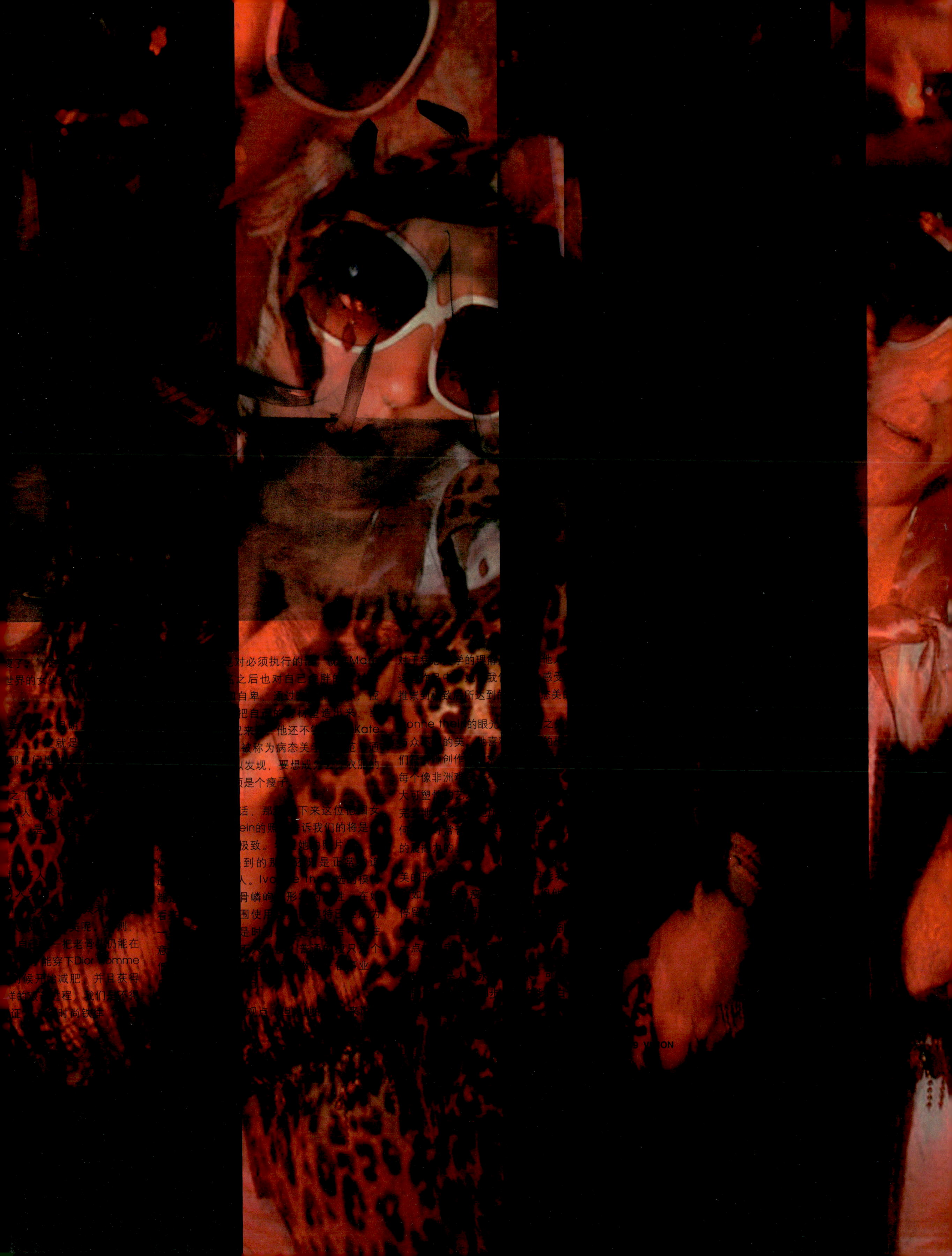

Impressum

BrandBody&Soul
GEPFLEGT:KRASS
Herausgegeben von Richard Feurer, Jörg Huber & Matthias Michel
In Zusammenarbeit mit Flavia Caviezel, Renate Menzi & Christian Ritter
Institut für Theorie (ith), Zürich
Konzept & Gestaltung: Richard Feurer & Matthias Michel
Lektorat & Korrektorat: Matthias Michel
Übersetzung: Ingrid Fichtner & Matthias Michel (unter Mitarbeit von Sonja Bonin)

Die Materialien für diese Publikation wurden im Rahmen des Forschungsprojekts »Brands&Branding – Topologien zeitgenössischer Markenkultur« (2006/2007) am Institut für Theorie (ith) unter der Leitung von Prof. Dr. Jörg Huber erarbeitet. Das Forschungsprojekt wurde unterstützt von DORE (Schweizerischer Nationalfonds).

Flavia Caviezel (FC)
Ethnologin, Videastin. Projektleiterin, wissenschaftliche Mitarbeiterin und Dozentin an der ZHdK, HGK Basel und anderen Hochschulen. Forschungsschwerpunkte: Grenzthematiken, transitorische Räume, visuelle Kultur.
www.likeyou.com/flaviacaviezel

Richard Feurer (RF)
Mediengestalter und Inhaber der feurer network ag (Kommunikation & Gestaltung), Zürich. Professor für Corporate Design und Design Direction an der ZHdK.
www.moondgarten.ch/www.feurer-network.ch

Jörg Huber (JH)
Professor für Kulturtheorie und Leiter des Instituts für Theorie der ZHdK. Forschungs- und Publikationsschwerpunkte: Theorie des Ästhetischen, Alltagskultur.
www.ith-z.ch

Renate Menzi (RM)
Dipl. Designerin FH. Dozentin für Design und Kulturtheorie an der ZHdK. Kuratorin der Designsammlung des Museum für Gestaltung Zürich.
www.museum-gestaltung.ch

Matthias Michel (MM)
Freier Autor, Mediengestalter und Kommunikationswissenschaftler. Projektpartner der feurer network ag (Kommunikation & Gestaltung), Zürich. Dozent für Konzeptentwicklung und Design Direction an der ZHdK.
www.moondgarten.ch/www.feurer-network.ch

Christian Ritter (CR)
Dipl. Designer FH. Wissenschaftlicher Mitarbeiter am Institut für Theorie der ZHdK. Arbeitsschwerpunkte: Jugend, Kultur und Identität.

Projektpartner:
Cabaret Voltaire, Zürich
Eclat AG, Zürich
Freitag Lab AG, Zürich
Hirzel.Neef.Schmid Konsulenten, Zürich
RCG Research Consultants Ltd., Zürich
Zimtstern GmbH, Zürich

Netzwerkpartner:
Hochschule Luzern – Soziale Arbeit
Onix Filmproduktion GmbH, Zürich

Das Institut für Theorie (ith, Leitung: Prof. Dr. Jörg Huber) ist Teil des Departements Kunst & Medien (DKM, Leitung: Prof. Giaco Schiesser) der Zürcher Hochschule der Künste (ZHdK, Zürcher Fachhochschule, Gründungsrektor: Prof. Dr. Hans-Peter Schwarz).

Druck: Druckerei Feldegg AG, Zollikerberg/Zürich
Siebdruck Einband: Atelier für Siebdruck Lorenz Boegli, Zürich
Ausrüstung: Buchbinderei Burkhardt AG, Mönchaltorf/Zürich
Produktionsleitung: Richard Feurer & Matthias Michel

Diese Publikation wurde im FM-Staccatoraster (frequenzmodulierter Raster mit Squarespot-Technologie) gedruckt. Die Herstellung erfolgte in nachhaltigen, sowohl ökonomisch als auch ökologisch laufend optimierten Prozessen (Umweltmanagementsystem ISO 14001). Klimaneutral gestellt.

Papier: Magno Star, FSC, glänzend gestrichen, hochweiss
Schriften: Folio (Konrad F. Bauer & Walter Baum 1957), Folio Gepflegt (Richard Feurer & Philipp Herrmann 2007), Folio Krass (Richard Feurer & Philipp Herrmann 2007), Dogma (Zuzana Licko 1994)

Die Publikation wurde grosszügig unterstützt von:
Druckerei Feldegg AG, Zollikerberg ZH
moondgarten (Intelligent Consumer Design) / feurer network ag (Kommunikation & Gestaltung), Zürich
Zürcher Hochschule der Künste (ZHdK)

Unser herzlicher Dank für diverse Mitarbeiten geht an:
Karin Arns, Karin Bättig, Sarah Blum, Hsin-Mei Chuang, Alain Denzler, Franziska Eggimann (Sekretariat
ith, ZHdK), Ruben Feurer, Stella Feurer, Hans Fischer, Claude Huber, Gabriel »Gee-Jay« Jenny,
Sarah Keller, Aude Lehmann, Zilla Leutenegger, Mara Meier, Pierluigi Mele, Irina Müller, Rebecca
Pfaffhauser, Martin Ritter, Gisèle Schindler, Moritz Schmid, Hans-Peter Schwarz (Gründungsrektor ZHdK),
Nico Stomeo, Andreas Tassonyi, Aracely Uzeda (Koordination F&E, ZHdK), Eva Wyler, Ibrahim Ziberi
und an die Vertiefung Fotografie (vfo) der ZHdK.

Verlag & Vertrieb:
Gestalten Verlag
Mariannenstrasse 9-10
D-10999 Berlin
www.gestalten.com
sales@gestalten.com

ISBN 978-3-89955-227-0

Acknowledgements, authors, and contributors

BrandBody&Soul
GEPFLEGT:KRASS
Edited by Richard Feurer, Jörg Huber & Matthias Michel
In collaboration with Flavia Caviezel, Renate Menzi & Christian Ritter
Institut für Theorie (ith), Zurich
Concept & design: Richard Feurer & Matthias Michel
Editing & proof-reading: Matthias Michel
Translation: Ingrid Fichtner & Matthias Michel (in partial collaboration with Sonja Bonin)

The contents of this publication were compiled within the framework of the research project "Brands&Branding – Topologies of contemporary brand culture" (2006/2007) at the Institut für Theorie (ith) under the direction of Prof. Dr. Jörg Huber. The project was supported by DORE (Swiss National Science Foundation).

Flavia Caviezel (FC)
Ethnologist, video researcher, project manager, scientific collaborator. Teaches at ZHdK, HGK Basel, and other universities. Main research: boundary cultures, transitory spaces, visual culture.
www.likeyou.com/flaviacaviezel

Richard Feurer (RF)
Media designer and owner of feurer network ag (communication and design), Zurich. Professor of corporate design and design direction at ZHdK.
www.moondgarten.ch/www.feurer-network.ch

Jörg Huber (JH)
Professor of cultural theory and head of the Institut für Theorie, ZHdK. Main research (and publications): theory of aesthetics, every day culture.
www.ith-z.ch

Renate Menzi (RM)
Dipl. Design FH, teaches design and cultural theory at ZHdK. Curator of the design collection of the museum of design Zurich.
www.museum-gestaltung.ch

Matthias Michel (MM)
Author, media designer and communication researcher. Teaches concept development and design direction at ZHdK, Zurich. Project partner with feurer network ag (communication and design), Zurich.
www.moondgarten.ch/www.feurer-network.ch

Christian Ritter (CR)
Dipl. Design FH; scientific collaborator at the Institut für Theorie der ZHdK. Main research: Youth, culture, and identity.

Project partners:
Cabaret Voltaire, Zürich
Eclat AG, Zürich
Freitag Lab AG, Zürich
Hirzel.Neef.Schmid Konsulenten, Zürich
RCG Research Consultants Ltd., Zürich
Zimtstern GmbH, Zürich

Network partners:
Hochschule Luzern – Soziale Arbeit
Onix Filmproduktion GmbH, Zürich

The Institut für Theorie (Head: Prof. Dr. Jörg Huber) is part of the Department of Art & Media (Head: Prof. Giaco Schiesser) of ZHdK, Zürcher Fachhochschule (Founding president: Prof. Dr. Hans-Peter Schwarz).

Print: Druckerei Feldegg AG, Zollikerberg/Zurich
Silk screen cover: Atelier für Siebdruck Lorenz Boegli, Zurich
Equipment: Buchbinderei Burkhardt AG, Mönchaltorf/Zurich
Production management: Richard Feurer & Matthias Michel

This publication is printed in FM staccato screen (frequency modulated screen with squarespot technology). The production complies with sustainable, economically as well as ecologically permanently optimised processes (environment management system ISO 14001). Climate neutral adjustment.

Paper: Magno Star, FSC, coated, glossy, bright white
Types: Folio (Konrad F. Bauer & Walter Baum 1957), Folio Gepflegt (Richard Feurer & Philipp Herrmann 2007), Folio Krass (Richard Feurer & Philipp Herrmann 2007), Dogma (Zuzana Licko 1994)

This publication was generously supported by:
Druckerei Feldegg AG, Zollikerberg ZH
moondgarten (Intelligent Consumer Design) / feurer network ag (communication and design), Zürich
Zurich University of the Arts (ZHdK)

Our sincere thanks for their contributions are extended to:
Karin Arns, Karin Bättig, Sarah Blum, Hsin-Mei Chuang, Alain Denzler, Franziska Eggimann (secretary ith, ZHdK), Ruben Feurer, Stella Feurer, Hans Fischer, Claude Huber, Gabriel »Gee-Jay« Jenny, Sarah Keller, Aude Lehmann, Zilla Leutenegger, Mara Meier, Pierluigi Mele, Irina Müller, Rebecca Pfaffhauser, Martin Ritter, Gisèle Schindler, Moritz Schmid, Hans-Peter Schwarz (founding president ZHdK), Nico Stomeo, Andreas Tassonyi, Aracely Uzeda (Coordination research & development, ZHdK), Eva Wyler, Ibrahim Ziberi and Vertiefung Fotografie (vfo) ZHdK.

Publisher and distribution:
Gestalten Verlag
Mariannenstrasse 9-10
D-10999 Berlin
www.gestalten.com
sales@gestalten.com

ISBN 978-3-89955-227-0

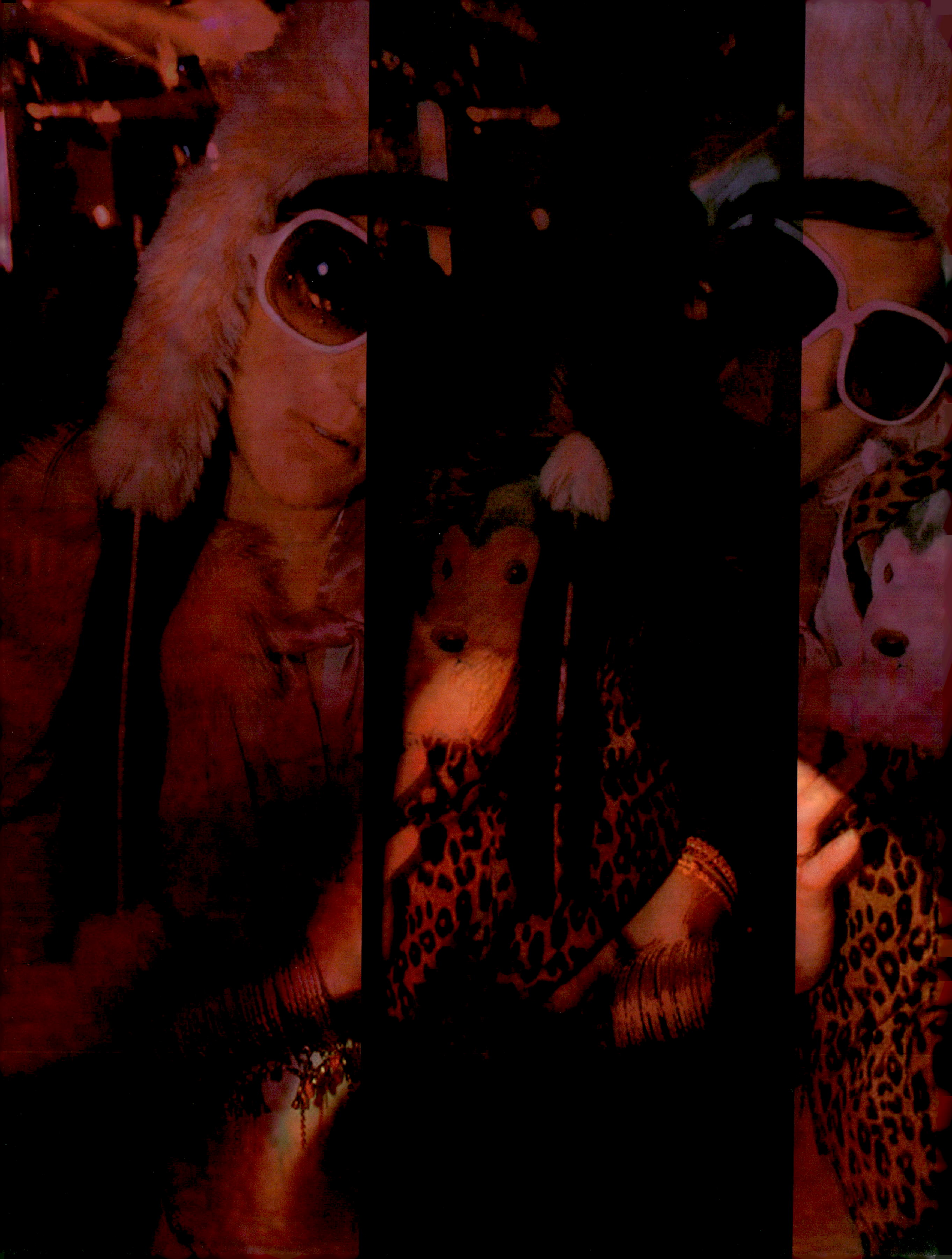

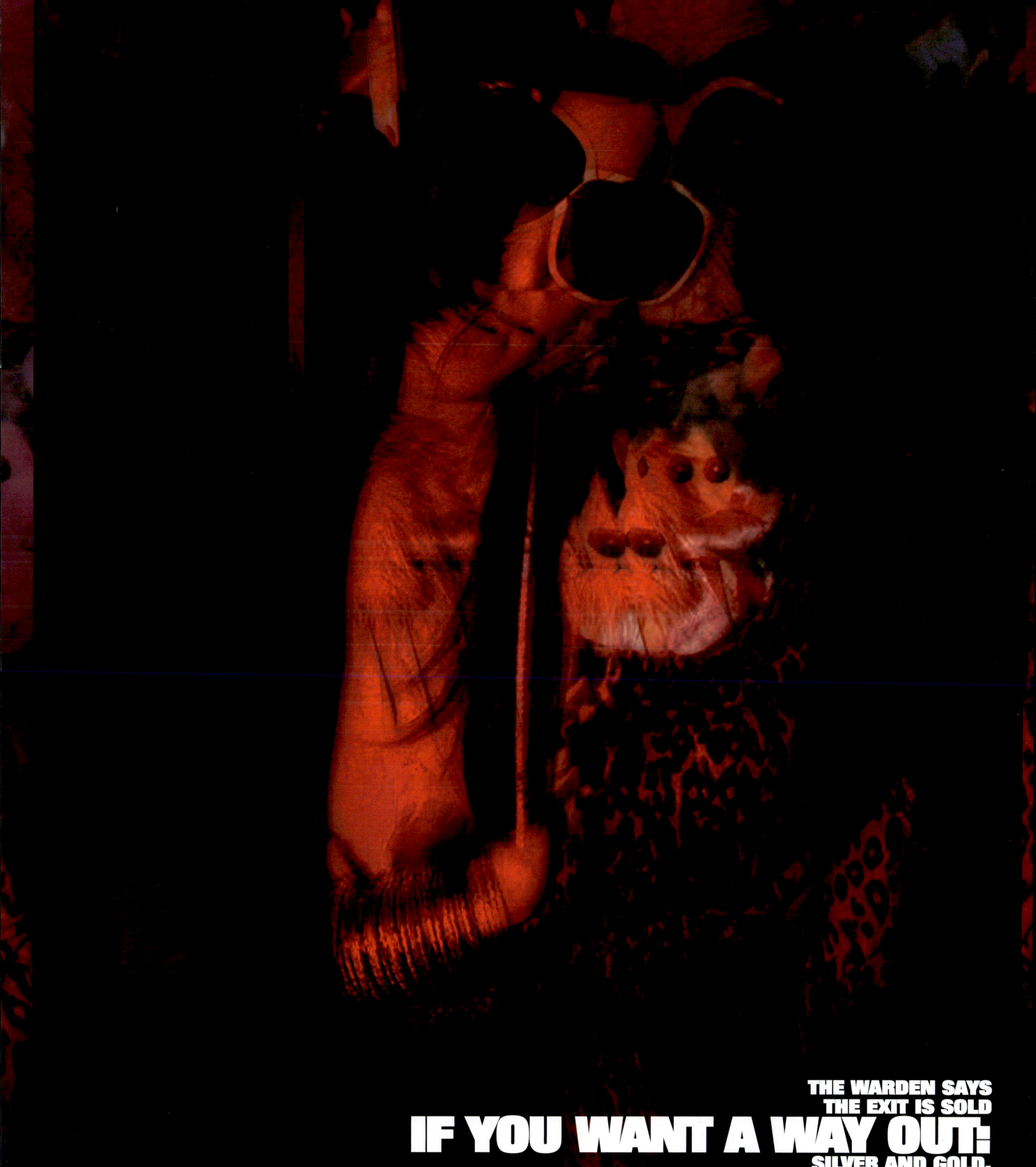

THE WARDEN SAYS
THE EXIT IS SOLD
IF YOU WANT A WAY OUT:
SILVER AND GOLD.

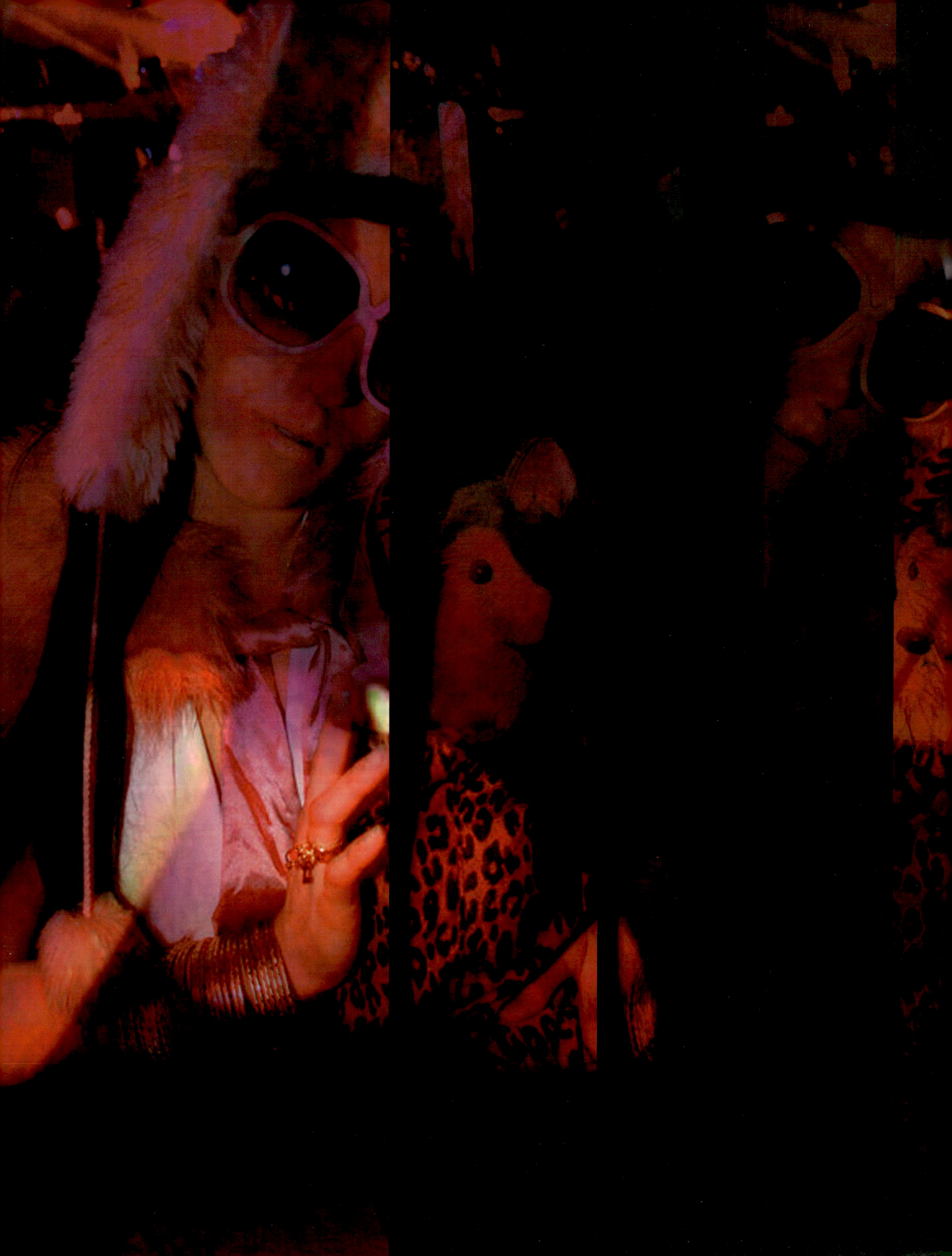

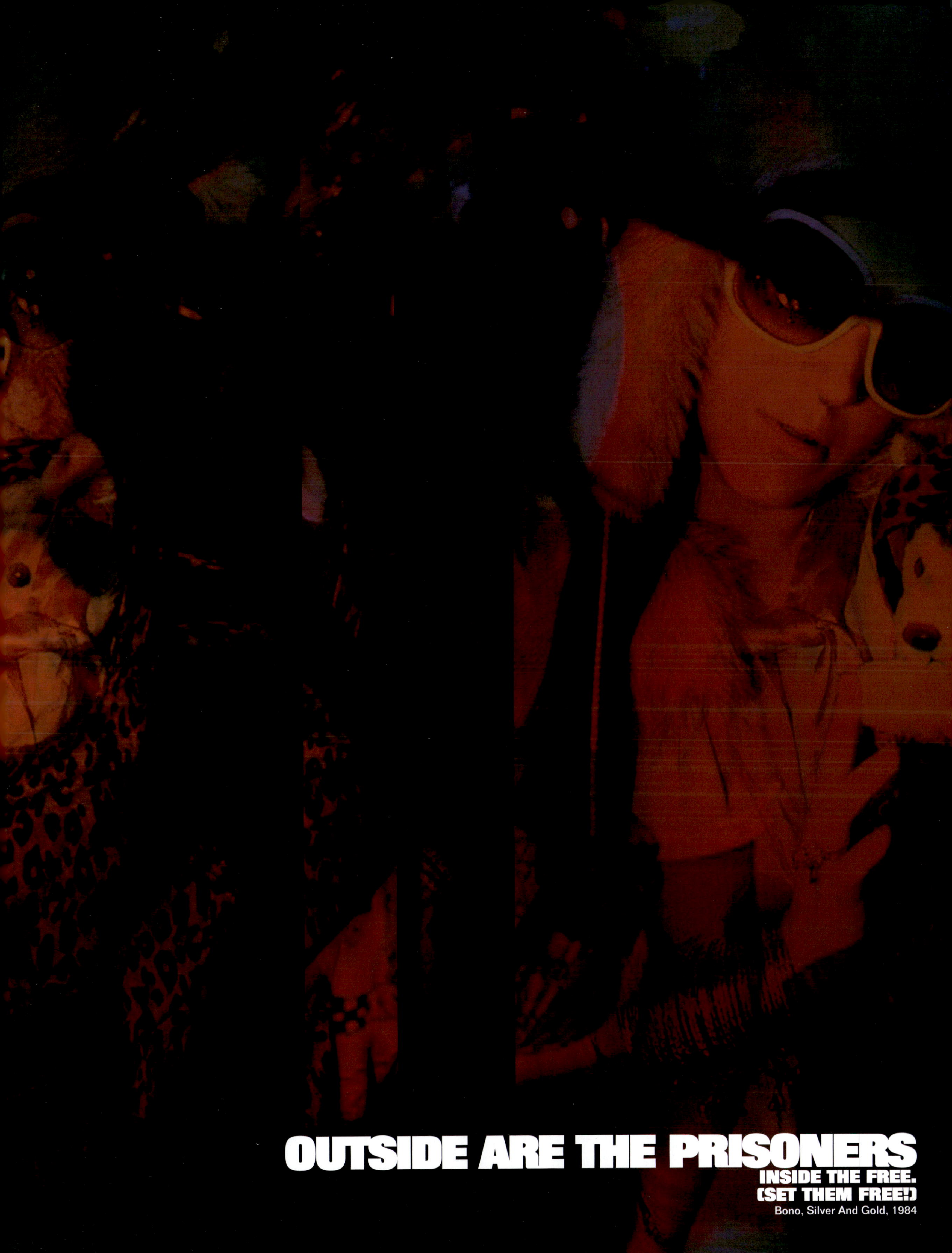

OUTSIDE ARE THE PRISONERS
INSIDE THE FREE.
(SET THEM FREE!)
Bono, Silver And Gold, 1984

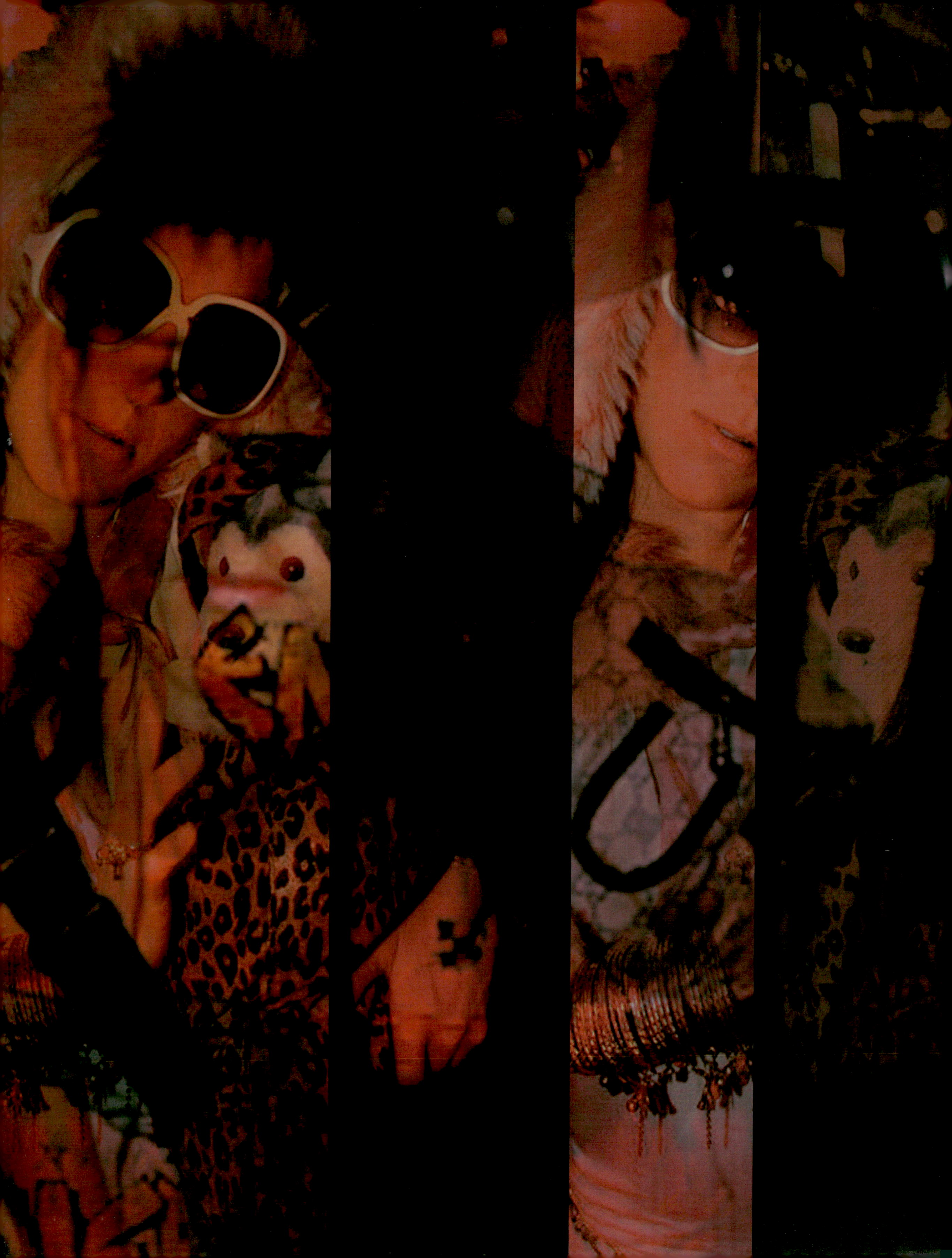

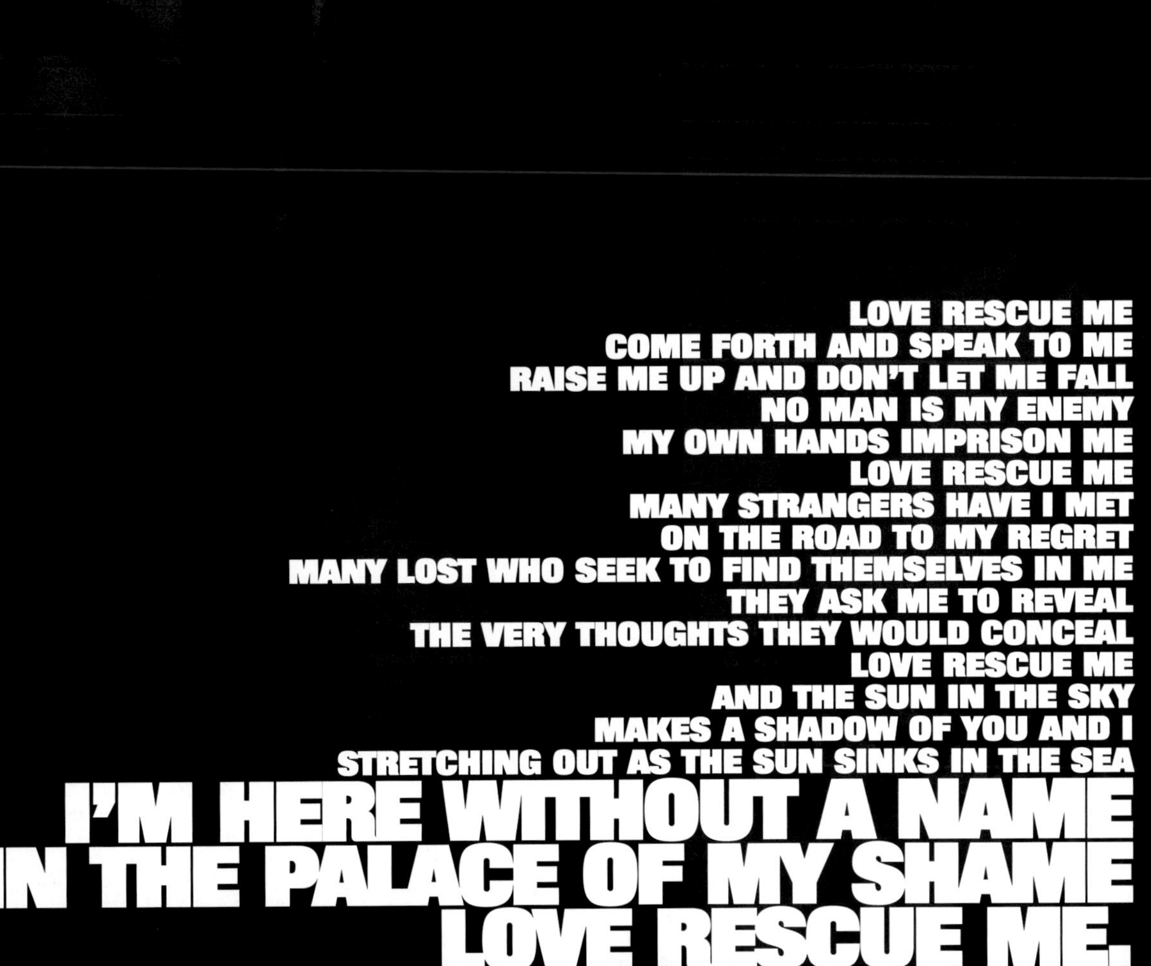

Bono & Bob Dylan, Love Rescue Me, 1988

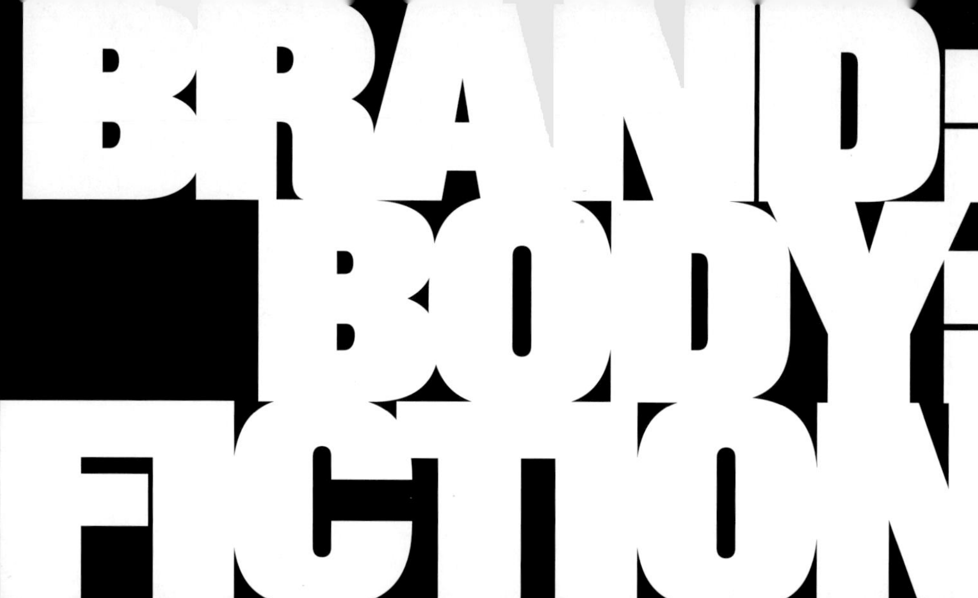

MM Bestimmungen und Genealogien des Markenbegriffs fingen einst mit dem Bild der Brandmarkung von Vieh an. Wenn wir nun – erschöpft von der weitschweifenden und dennoch bloss kursorischen Sightseeing Tour durch das unmittelbar gegenwärtige Markengeschehen; wohl wissend, dass wir dabei bloss an momentanen Oberflächen gekratzt und das Allerneuste bereits wieder verpasst haben – den Mut aufbringen würden, das Ganze gleichsam in der kulturhistorischen Totalen noch einmal Revue passieren zu lassen, so müssten wir zugeben, dass diese durchaus korrekte begriffliche Herleitung entweder zynisch oder bis an den Rand der Bedeutungslosigkeit unzureichend ist (was wir – selbstverständlich – schon vorher gewusst haben). Das betreffende Geschehen ist längst zu mächtig, zu weltumspannend und zu kulturdeterminant geworden für derlei etymologische und andere Korrektheiten. Kurz: Wir sind vielfach überfordert.

WIR WISSEN, AHNEN UND SEHEN MEHR, ABER BEGREIFEN WENIGER ALS ZUVOR.

Erlauben wir uns also, vorläufig abschliessend, ein wenig überforderte Unkorrektheit, indem wir noch einmal die globalkulturphilosophische Brille aufsetzen und uns durch ihre verstaubten Gläser eine mutmassende Perspektive verschaffen: einen Augenblick politisch-gestalterisch-wissenschaftlich unkorrekter *Brand Fiction* sozusagen. Und sei es auch bloss deshalb, weil wir uns mit irgendeiner Perspektive gewöhnlich besser fühlen als ohne.

Unabhängig davon, ob wir das Panorama auf den vorangegangenen Seiten eher im Sinn einer spätkapitalistischen Feier des entfesselten Individuums oder als Kaleidoskop neofeudalistischer Anleitungen zum Konsumzwang interpretieren, als »Offenbarung« – als »Apokalypse« – oder ganz einfach als Darbietung *nackter Tatsachen*, könnten wir beispielsweise das Offensichtlichste festhalten: dass das besagte Bild von der »Brandmarkierung« zwar mehr als tausend Worte zu sagen vermag, aber gerade in dieser visuellen Geschwätzigkeit stets an dem Punkt vorbeiredet, an dem es wirklich weh tun würde: dass es eloquent verschweigt, wie das Branding, ursprünglich ein Akt der Macht und Verfügungsgewalt seitens der *Markierenden*, im Markenverhalten moderner und zeitgenössischer Konsumenten zur (möglicherweise masochistischen) Lust und Sehnsucht der *Markierten* geworden ist. Diese Feststellung wäre zwar banal, dafür aber einigermassen wertfrei und unproblematisch; ob sie eher zu Utopien oder zu Albträumen Anlass gibt, mag jede und jeder für sich entscheiden.

Wir könnten aber auch, bereits etwas mutiger geworden, die These aufstellen, dass die hier ausgebreiteten Eindrücke davon Zeugnis ablegen, dass wir Bewohner und Bewohnerinnen des Abendlandes (und mit uns all jene, die unsere Leitbilder, freiwillig oder unfreiwillig, übernommen haben) dem Weltentwurf des vorchristlichen »Luzifer« und des postevangelischen »Satan« nie zuvor so nahe gekommen sind wie in der Markenkultur der Gegenwart. Wir würden dabei natürlich nicht an den Satan denken, den der Katholizismus als erfolgreichste christliche Sekte aller Zeiten auf dem Gewissen hat, sondern an den vorchristlichen »Lichtbringer« oder den »Verführer« des Neuen Testaments; an den aus prähistorischer Zeit und aus unterschiedlichsten Kulturen überlieferten Rebell, welcher der Herrschaft des Logos, des gänzlich unästhetischen und ausgesprochen bildfeindlichen Vatergeistes, das Ideal der Sinnlichkeit, der Lüste und Schönheiten des Körpers, der Pracht und des Glanzes, des Scheins und der Gestaltbarkeit einer materiellen Welt entgegengesetzt hat – einer schamlos trügerischen, einer *bedingungslos ästhetischen und ästhetisierten Welt*.

Oder wir könnten, wenn denn der Mut in Übermut umschlagen würde, das sozialromantische Epos von der *Grossen Hyperrealisation* erzählen; dies im Bewusstsein davon, dass wir es hier mit einer durch und durch »gestalteten« und »kommunizierten« Welt zu tun haben, deren gestalterische und kommunikative Dimensionen von den politischen oder den wissenschaftlichen nicht sinnvoll zu trennen sind. Die »Grosse Hyperrealisation«, als die der weltweite Aufstand der »markierten« Massen, der *Brands* und *Consumers*

Victims in den 60er Jahren des 21. Jahrhunderts in die Geschichte eingehen würde, wäre,
so würden wir uns vorstellen, durchaus nicht eine spontane globalpolitische Bewegung,
sondern motiviert durch das Öffentlichwerden der bestürzenden Beobachtungen jener uner-
schrockenen Pioniere und zum Äussersten entschlossenen Abenteurerinnen, die bereits in
den Jahrzehnten zuvor zu den Rändern und Horizonten der gestalteten Welt aufgebrochen
sein würden. Sie wären bei ihren Entdeckungsreisen wahrscheinlich von der Überzeugung
ausgegangen, dass die Welt, obschon sie rund ist, tatsächlich Ränder und Enden aufweist,
und dass wir bloss deshalb so lange nicht darauf aufmerksam geworden sind, weil wir mit
den gebräuchlichen Mitteln des Körpers und der Materie allein nicht zu diesen Rändern
vorstossen können. Was sie an den Enden der Welt vorfinden würden, wäre mit »bestür-
zend« höchst zurückhaltend beschrieben: Sie würden feststellen, dass die Formen und Farben der Phänomene in der Nähe dieser Ränder und Enden immer matter, durchscheinender
und monochromer würden,

BIS SCHLIESSLICH NUR NOCH DIE KONTUREN DER DINGE IN UMRISSLINIEN AUS FAHLEM, FAST SCHON ERLOSCHTEM LICHT WAHRNEHMBAR WÄREN.

Jenseits dieser Linien wäre nicht einfach Dunkelheit, sondern schlechterdings »nichts«: eine
ewige, grundlose Leere. Und jene Heldinnen und Wegbereiter der Grossen Hyperrealisation,
die sich über diese im Nichts verlaufenden Ränder der gestalteten Welt hinaus wagen würden, gingen selbst in dieses Nichts ein und würden – um es knapp und trocken zu formulieren – unwiderruflich aufhören zu existieren ...
Uns, die wir die Grosse Hyperrealisation noch vor uns haben und trotz all unserer ausgetüf-
telten Bildkritik noch weitgehend an unserem Glauben an das »Bild«, die »Gestalt« und die
»Erscheinung« festhalten, bleibt angesichts des hier zur Debatte gestellten Brandinggeschehens einstweilen die Einsicht, dass das Einzige, was unser Denken und Verstehen der Welt
in Bildern mit unserem Denken und Verstehen der Welt in Begriffen verbindet, »das Denken
selbst« ist; die Einsicht, dass sich die beiden Verständnisformen nur in Übereinstimmung
bringen lassen, wenn sich das Denken – das begriffbildlich-bildbegriffliche Denken
– wirklich und wirkungsmächtig in die Sinn- und Sinnlichkeitsangelegenheiten einmischt, in
die Belange des Ästhetischen also. Entsprechend hätte die Beobachtung und Untersuchung
der Ankunft eines Brands auf den Körperoberflächen von Konsumenten, so der vorderhand
triviale und nächstliegende Schluss, nicht nur Persönlichkeiten und aufmerksamkeitsbedürf-
tige »Seelen«, sondern womöglich sogar »Geist« ins Spiel zu bringen ... –

[MM] Once, definitions and genealogies of the concept of branding were traced back to the practice of branding livestock. If we now – exhausted by the extensive, but still only cursory sightseeing tour of the contemporary brand world, and knowing well enough that we, in doing so, merely scratched momentary surfaces and, of course, missed the very latest news at the same time –, if we now had the courage to let everything pass by once more, in one big total of our cultural history, so to speak, we would probably have to admit that this very correct genealogy either has to be viewed as cynical, or as – to the brink of insignificance – deficient and inadequate (something we, of course, were aware of before). The phenomena we've been investigating meanwhile have become way too powerful, too global(ised), and, to a very large (if not extreme) extent, determining our culture to justify this etymological (or any other) correctness. In short, we're unable to cope with what we are swamped with (in many ways).

WE KNOW, ANTICIPATE, AND SEE MORE, BUT COMPREHEND LESS THAN EVER BEFORE.

Thus, let us, sort of preliminarily concluding, let us be overtly challenged and permit ourselves some hardly covert incorrectness; let us put on, once again, our old global-cultural-philosophic spectacles, and let us try to catch an anticipatory glimpse through the smeared glasses: let us allow ourselves a moment of brand fiction that's incorrect in various connections: politics, design, science, etc. And all that, maybe, for one single reason: we do feel a lot better having some prospect than having none.

No matter, if we interpret the panoramic view of the preceding pages as a celebration of the unleashed individual of late capitalism, or as a kaleidoscope of neo-feudalistic directions on how to exert consumptive pressure, as "revelation" – as "apocalypse" –, or, simply, as a presentation of *naked facts*, we may, e.g., state the most obvious: that a "brand" – in the way referred to above – may tell more than a thousand words, but that it, in its garishness, in its garrulity, in its redundancy and visual abundance, always remains beside the point where it hurts: that it loquaciously conceals that branding, originally an act of power and control on part of the ones *branding* (livestock) has become, in the behaviour of modern, contemporary consumers, a (possibly masochistic) pleasure and desire of the *branded* (people). This observation may be considered banal but is as non-judgemental as unproblematic; whether this observation will elicit utopias or rather cause nightmares everybody will have to decide him- or herself.

We might just as well, having become a bit more courageous, put forth the thesis that the impressions spread out here provide evidence that we, citizens and denizens of the Western World (and with us all those who, whether willingly or not, adopted our general orientations) never before have come that close to the concept of either an all-encompassing pre-Christian "Lucifer" or the post-evangelical "Satan" as in today's brand cultures. Of course, we wouldn't think of the Satan that Catholicism, being the most successful Christian sect of all times, has on its conscience, but rather the pre-Christian "bearer of light", or the "seducer" of the New Testament; we'd think of the rebel from pre-historic times, passed on through history, by the most diverse cultures, who countered the dominance of logos, this totally un-aesthetic and decidedly iconophobic father-spirit, with an ideology of sensuality, of lust, of beauties of the body, of luxuriance and glamour, of sheer semblance as well as the designability of a material, shamelessly deceptive, *unconditionally aesthetic and aestheticising world*.

Or, we could, if our spirits would turn into high spirits, recount the socio-romantic epic of the *Big Hyperrealisation*; fully conscious of the fact that we, here, are confronted with a totally "designed" and "communicated" world, the creative and communicative dimensions of which cannot reasonably be separated from its political or scientific aspects. The "Big Hyperrealisation", as which the world wide revolution of the "branded" masses, of the *brand victims* and *consumer victims* of the 2060ies, will have become famous, would not really be, we imagine, a spontaneous global-political movement, but motivated by the becoming public of the startling ob-

BRAND: BODY: FICTION

servations by those fearless pioneers and adventurers, determined to the utmost, that had already, in the decades before, started out to the fringes and horizons of the designed world. They probably would have been convinced that this world, even if we think it round, in fact has its edges and ends, and that we simply did not discover that for such a long time, or did not pay attention to it, because we, by the means our bodies dispose of and by the means matter provides us with, never could protrude to this edges. What they would encounter at these edges could only euphemistically be called disturbing: they would realise that the shapes and colours of phenomena near these edges and ends gradually would become dim, and transparent, and monochrome,

UNTIL, EVENTUALLY, ONE COULD HARDLY PERCEIVE MORE THAN THE SHAPES, THE CONTOURS OF THINGS IN VERY LIVID, ALMOST DEAD LIGHT.

Beyond these contours there wouldn't be just darkness, but, simply "nothing": an eternal, bottomless void. And those of the heroines and pioneers of the Big Hyperrealisation who would dare to step beyond the edges of the designed world, who would have dared to step into this void, would be engulfed and swallowed by it, and would – to put it short and precise – irrevocably *cease to exist* …

We, having this Big Hyperrealisation still ahead of us, and holding onto our belief in the "visual", in "form", and in "appearance" (despite all our sophisticated critical discourse on imagery), have, in view of the branding world we have been debating here, to acknowledge that the only connection between our visual thinking and comprehension and our thinking and comprehension in concepts, is "thought" itself; the insight that both ways of thinking – *conceiving in visuals and visualising in concepts* – can only be brought into accord, if *thought itself* – actually and effectively – gets involved in sensory, sensuous, and sensual areas, i.e. in domains of aesthetics. Thus, and finally arriving at our trivial and obvious conclusion, the study and investigation of the arrival of a brand on the body surfaces of consumers would have to bring not only personalities and "souls" craving for attention into play, but probably even "spirit" … –

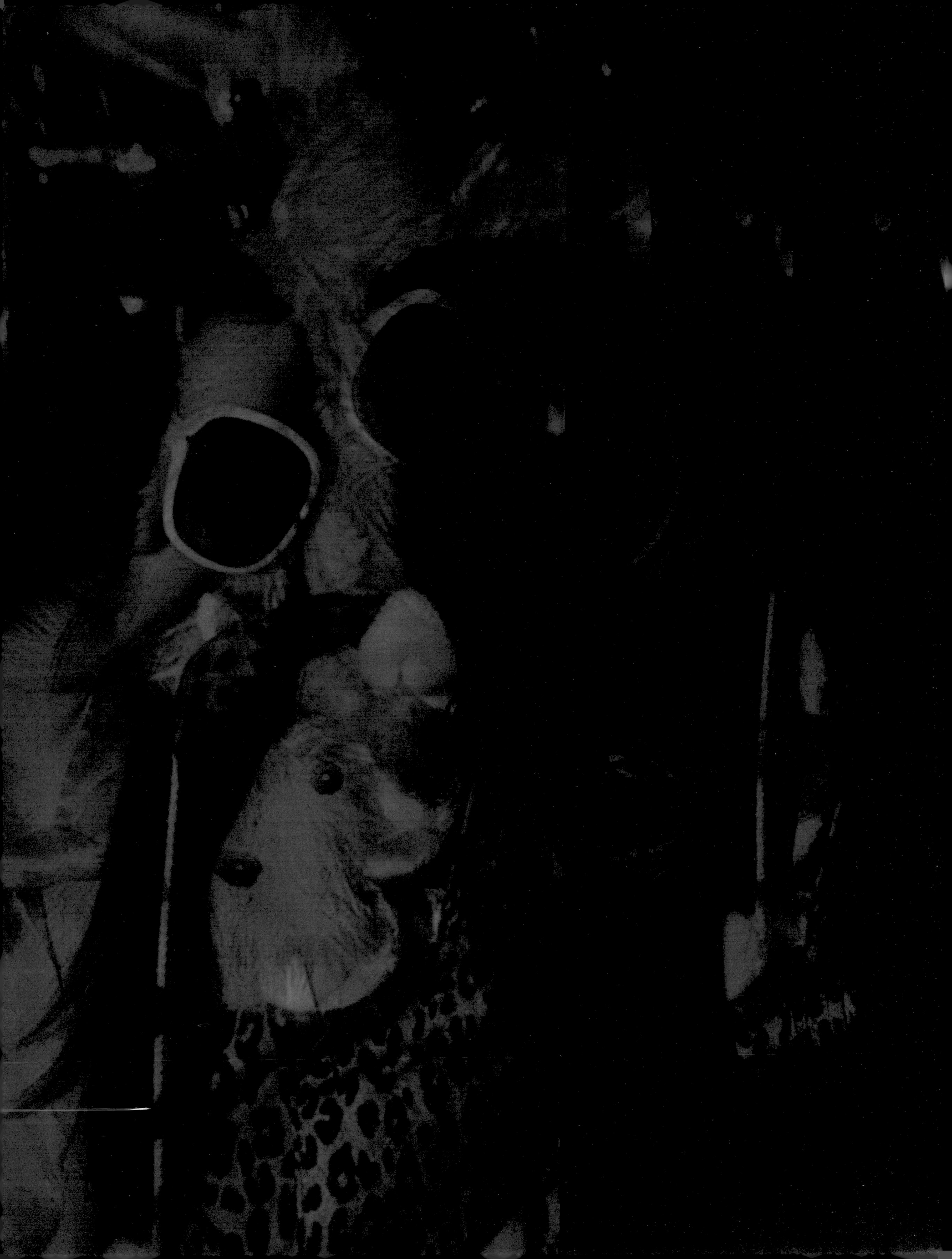

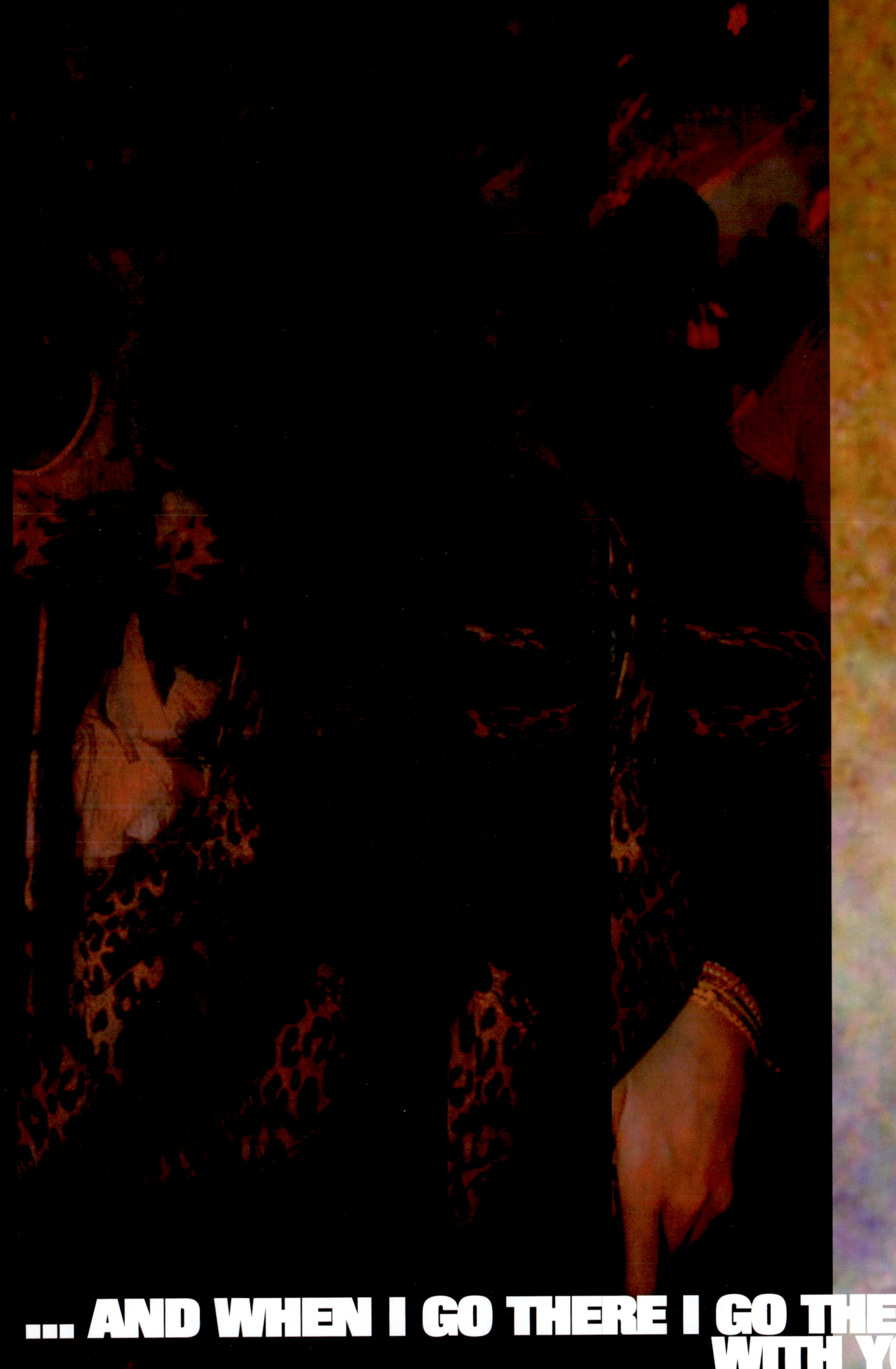
... AND WHEN I GO THERE I GO THERE
WITH YOU
IT'S ALL I CAN DO.
Bono, Where The Streets Have No Name, 1987

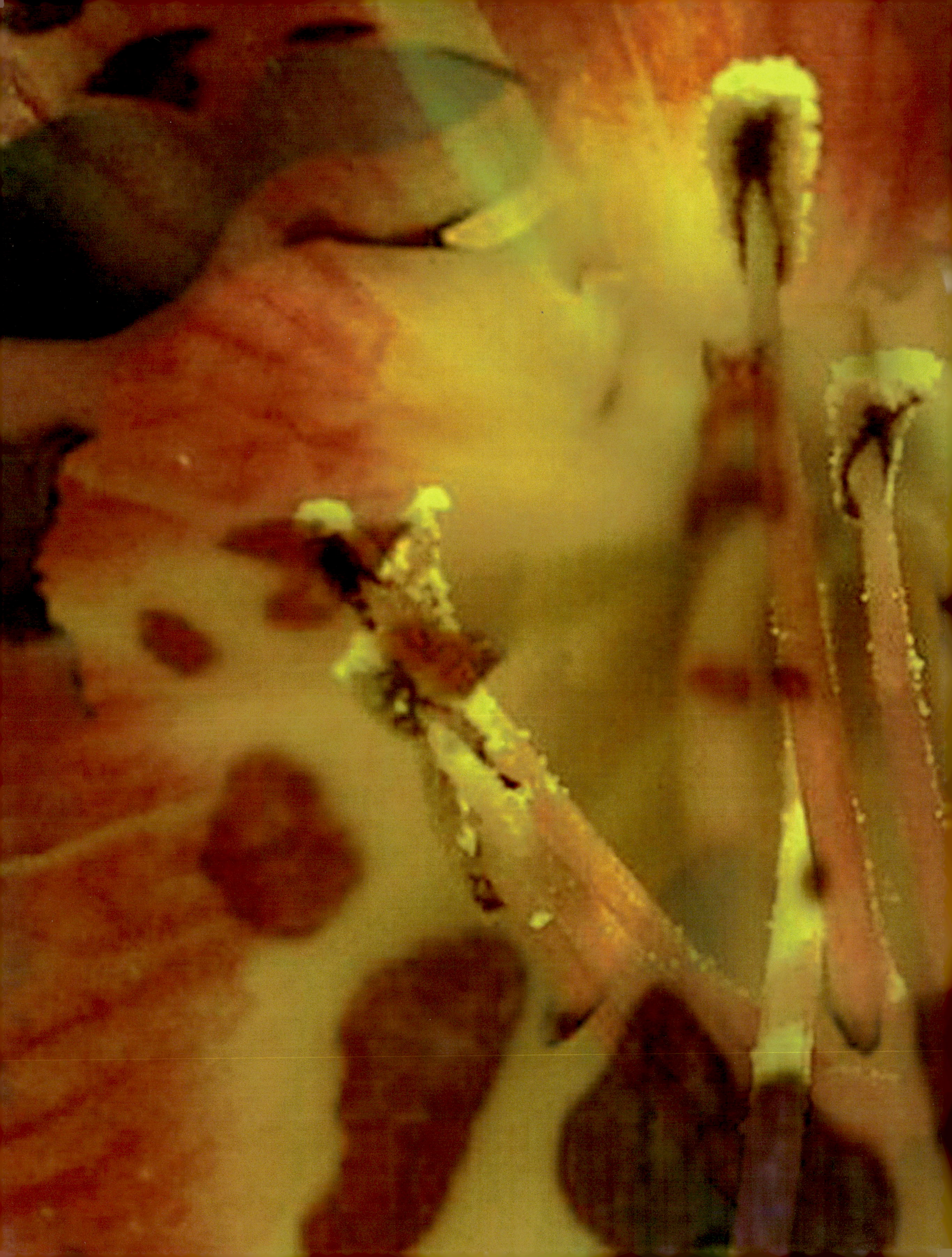

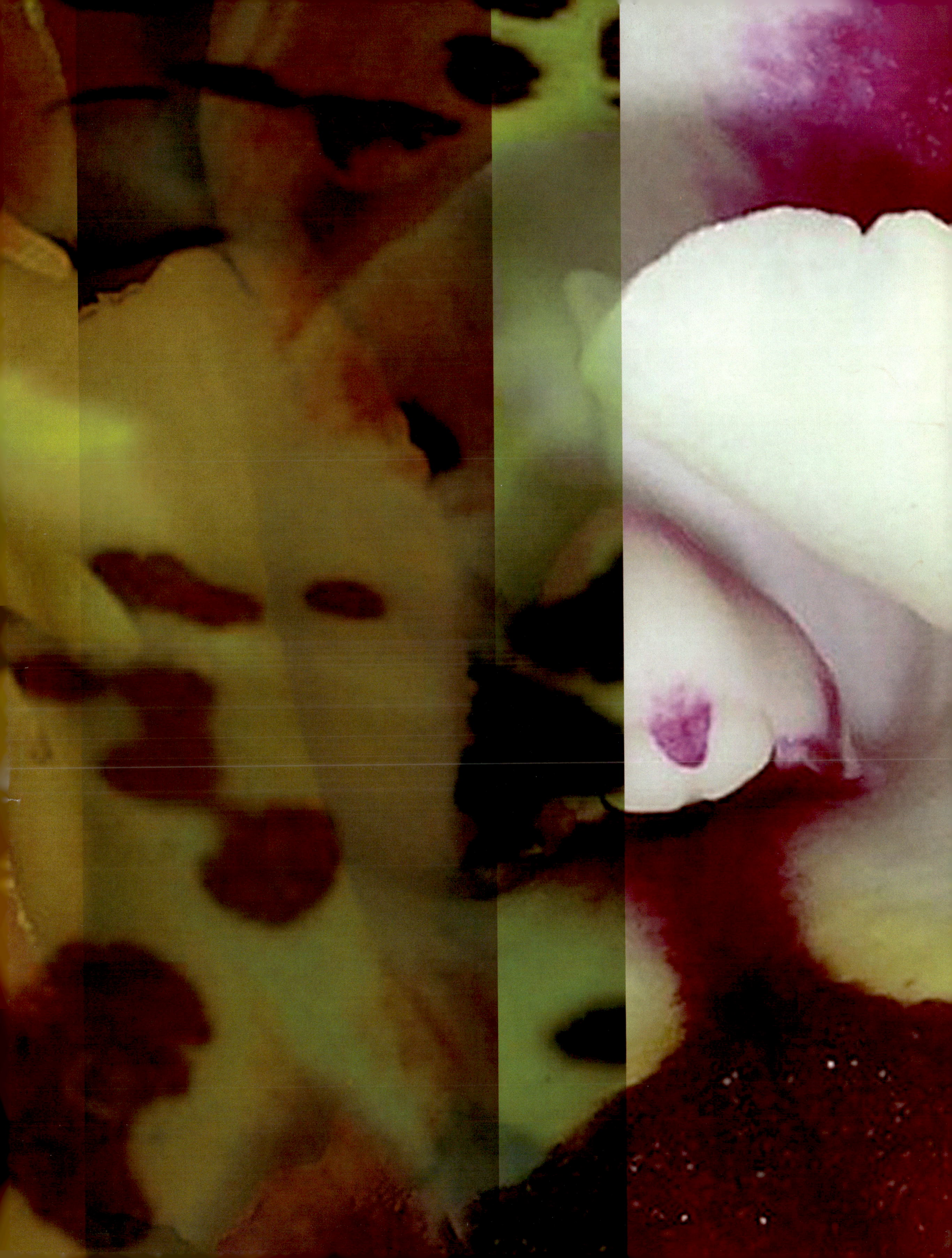

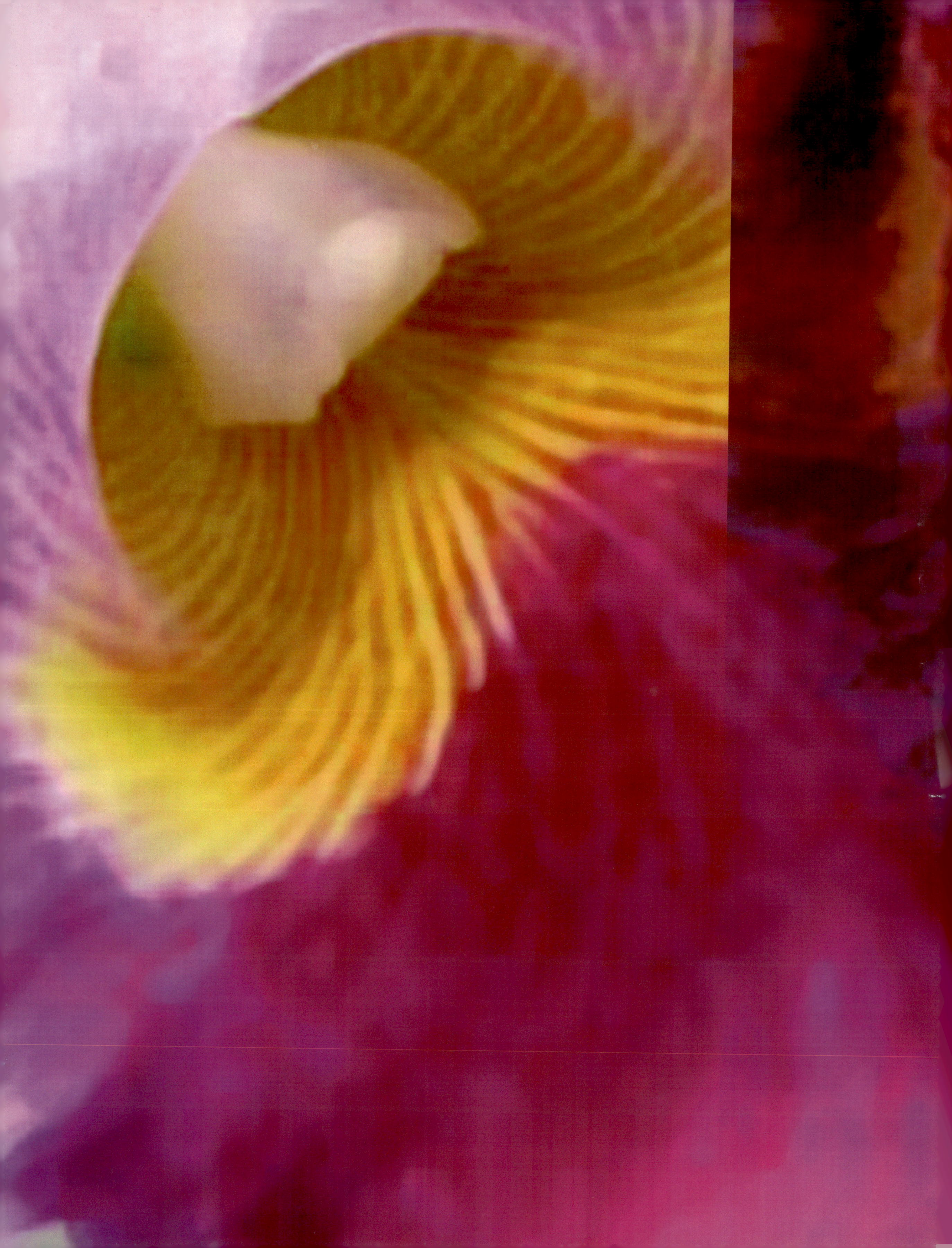

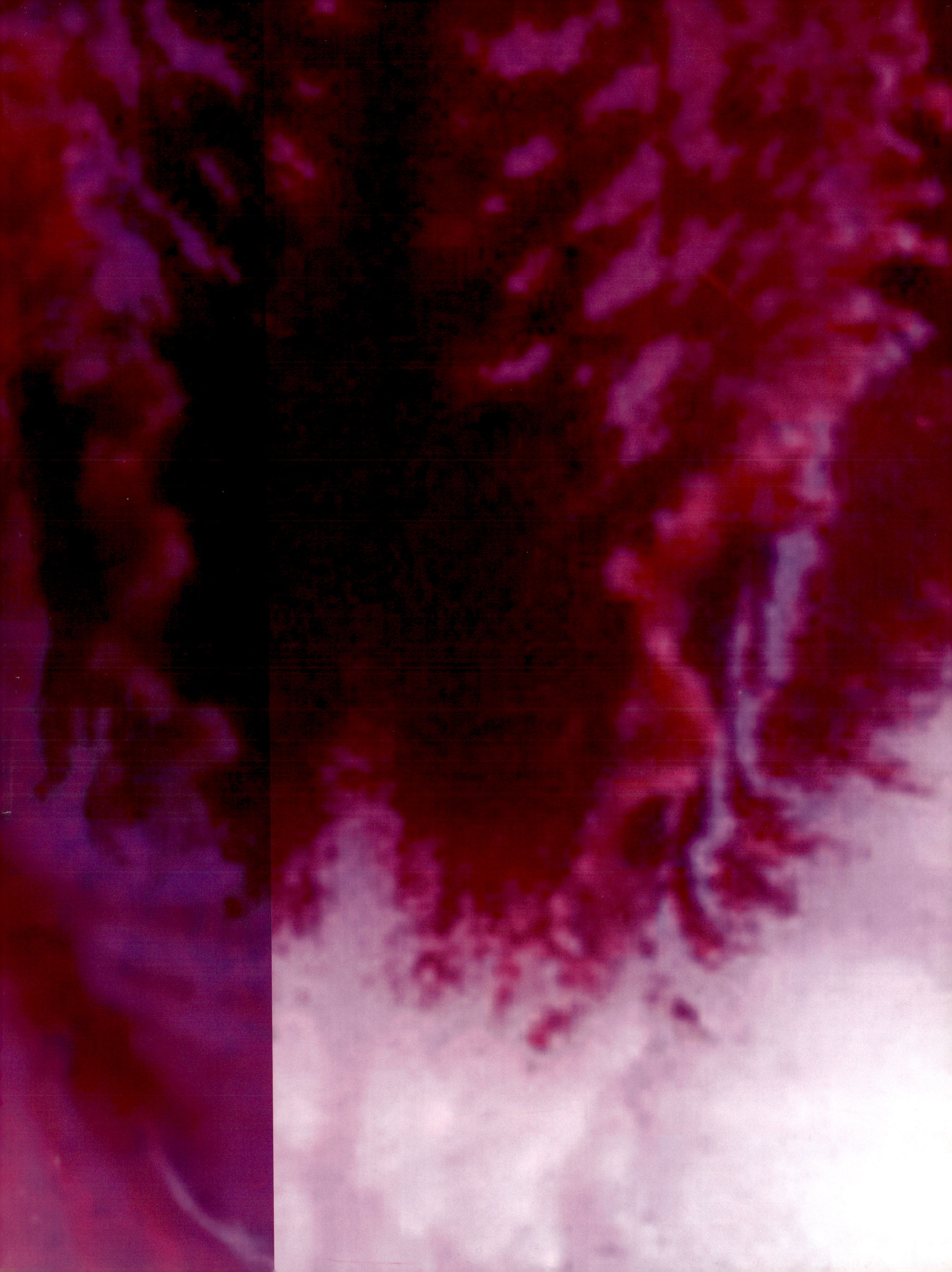

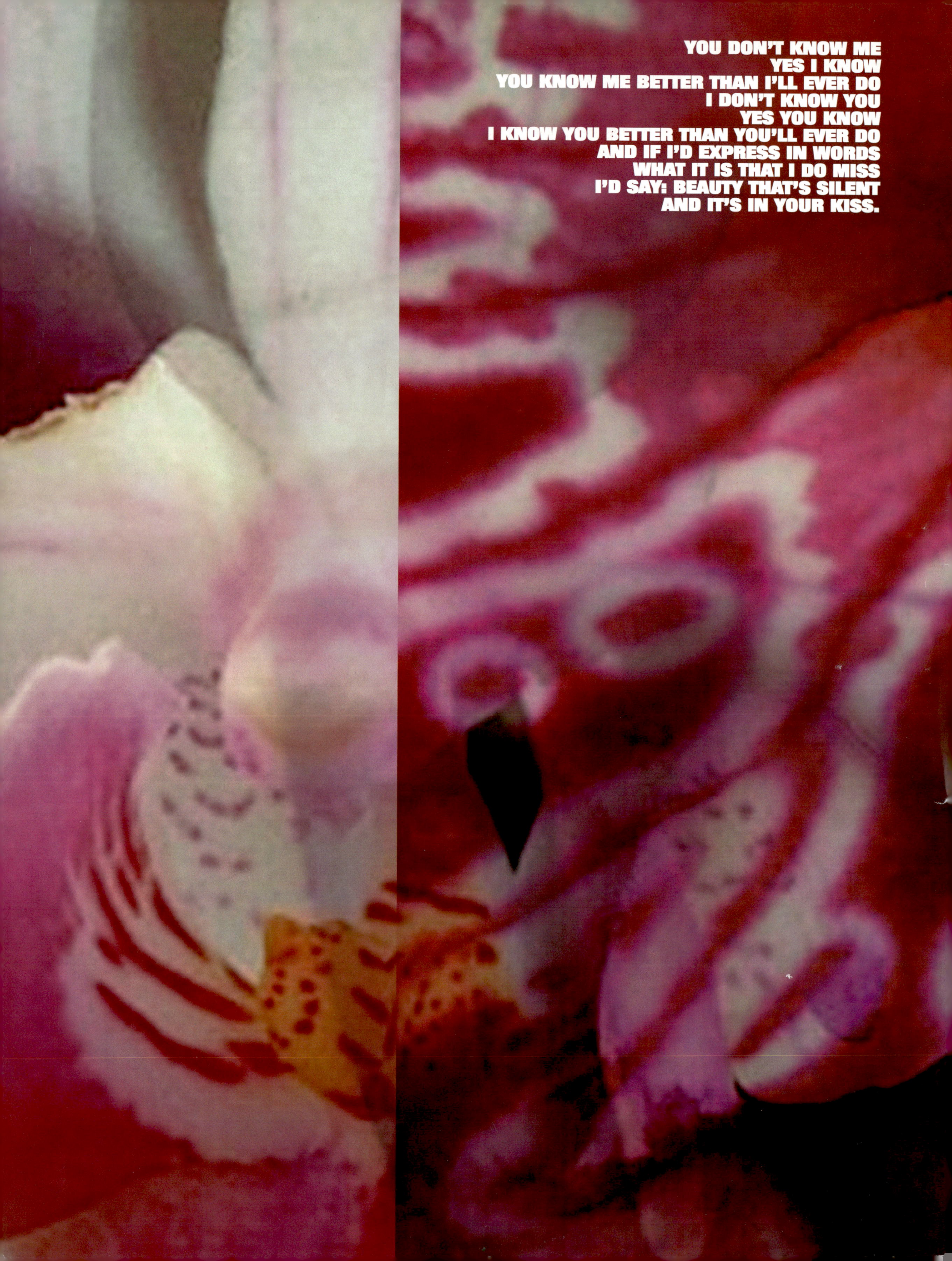

YOU DON'T KNOW ME
YES I KNOW
YOU KNOW ME BETTER THAN I'LL EVER DO
I DON'T KNOW YOU
YES YOU KNOW
I KNOW YOU BETTER THAN YOU'LL EVER DO
AND IF I'D EXPRESS IN WORDS
WHAT IT IS THAT I DO MISS
I'D SAY: BEAUTY THAT'S SILENT
AND IT'S IN YOUR KISS.

YOU KNOW MUCH MORE
THAN I KNOW
AND YOU KNOW IT ALL OUT OF THE BLUE
I KNOW MUCH MORE
THAN YOU KNOW
YES I KNOW BUT STILL DON'T HAVE A CLUE
AND IF I'D EXPRESS IN WORDS
WHAT'S SO DIFFERENT IN THE GAME WE PLAY:
IT'S YOUR BEAUTY THAT'S SILENT
AND REMAINS THAT WAY.

BEAUTY IS SILENT
AND REMAINS THAT WAY.

Vince Wonderwall, Beauty Brand Body & Soul, 2008

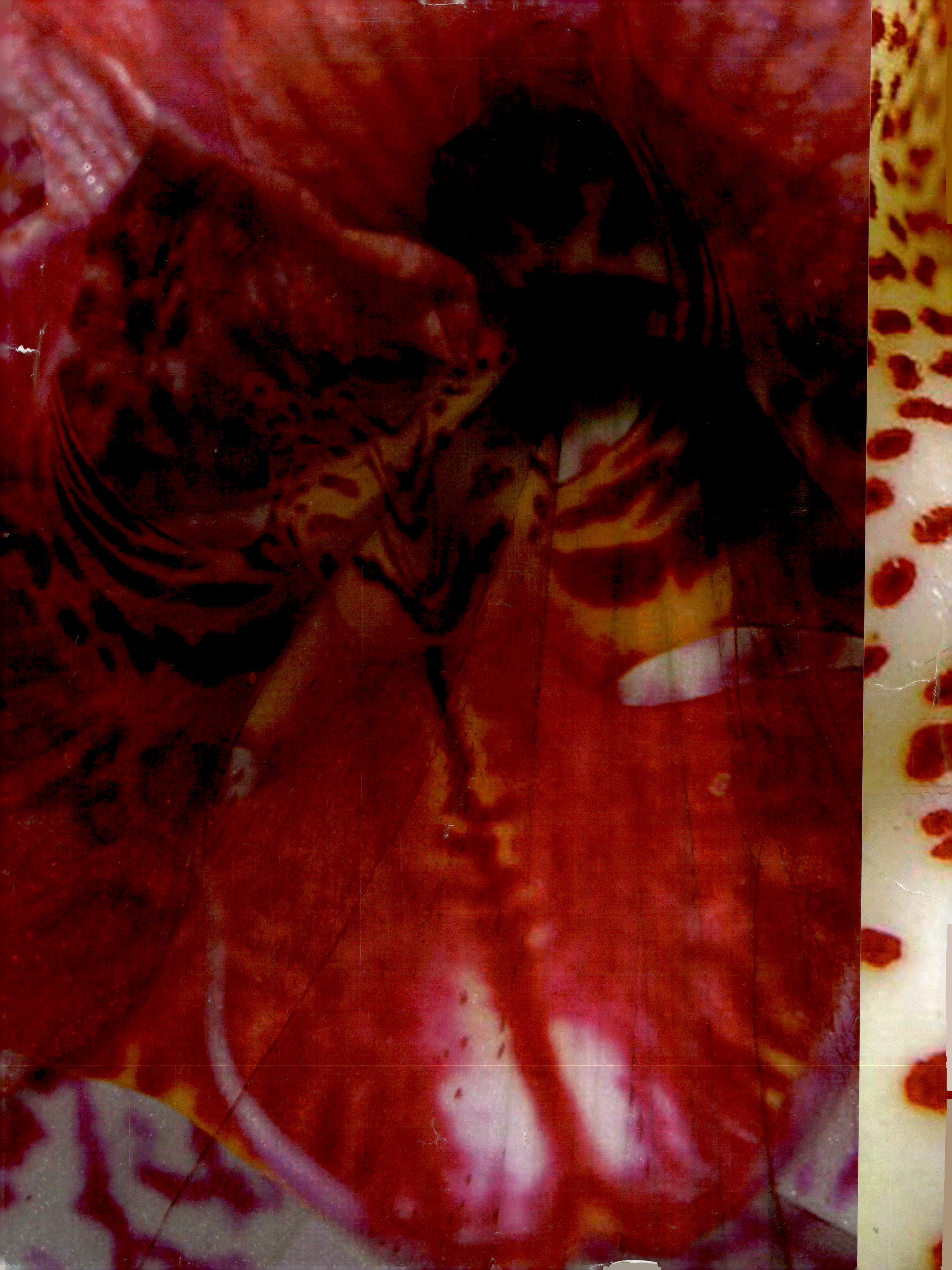